GABLER
BANK
LEXIKON

GABLER
BANK
LEXIKON

Bank, Börse, Finanzierung

herausgegeben von
Wolfgang Grill
Ludwig Gramlich
Roland Eller

11., vollständig neu bearbeitete und erweiterte Auflage

A–D

GABLER

Die Deutsche Bibliothek – CIP-Einheitsaufnahme

Gabler-Bank-Lexikon : Bank – Börse – Finanzierung / hrsg.
von Wolfgang Grill ... – [Taschenbuch-Ausg. in 4 Bd.]. –
Wiesbaden : Gabler.
  ISBN 3-409-46147-7
NE: Grill, Wolfgang [Hrsg.]

[Taschenbuch-Ausg. in 4 Bd.]
Bd. 1. A–D – 11., vollst. neu bearb. und erw. Aufl., unveränd.
  Nachdr. – 1996
  ISBN 3-409-46148-5

Schriftleitung: Prof. Dr. Ludwig Gramlich, Wolfgang Grill (†), Uwe-Peter Egger
Redaktion: Ute Arentzen, Gabriele Bourgon, Ulrike Lörcher, Karlheinz Müssig

1. Auflage 1953	7. Auflage 1975
2. Auflage 1959	8. Auflage 1978
3. Auflage 1961	9. Auflage 1983
4. Auflage 1961	10. Auflage 1988
5. Auflage 1963	11. Auflage 1995
6. Auflage 1969	

Ungekürzte Wiedergabe der Originalausgabe 1995

Der Gabler Verlag ist ein Unternehmen der Bertelsmann Fachinformation.

© Betriebswirtschaftlicher Verlag Dr. Th. Gabler GmbH, Wiesbaden 1996

Das Werk einschließlich aller seiner Teile ist urheberrechtlich geschützt. Jede Verwertung außerhalb der engen Grenzen des Urheberrechtsgesetzes ist ohne Zustimmung des Verlags unzulässig und strafbar. Das gilt insbesondere für Vervielfältigungen, Übersetzungen, Mikroverfilmungen und die Einspeicherung und Verarbeitung in elektronischen Systemen.

Höchste inhaltliche und technische Qualität unserer Produkte ist unser Ziel. Bei der Produktion und Verbreitung unserer Bücher wollen wir die Umwelt schonen: Dieses Buch ist auf säurefreiem und chlorarm gebleichtem Papier gedruckt. Die Einschweißfolie besteht aus Polyäthylen und damit aus organischen Grundstoffen, die weder bei der Herstellung noch bei der Verbrennung Schadstoffe freisetzen.

Die Wiedergabe von Gebrauchsnamen, Handelsnamen, Warenbezeichnungen usw. in diesem Werk berechtigt auch ohne besondere Kennzeichnung nicht zu der Annahme, daß solche Namen in Sinne der Warenzeichen- und Markenschutz-Gesetzgebung als frei zu betrachten wären und daher von jedermann benutzt werden dürften.

Umschlaggestaltung: Schrimpf und Partner, Wiesbaden
Satz: Druck- und Verlagsanstalt Konrad Triltsch, Würzburg
Druck und Bindung: Presse-Druck- und Verlags-GmbH, Augsburg
Printed in Germany

1. Band · ISBN 3-409-46148-5
Taschenbuch-Kassette mit 4 Bänden · ISBN 3-409-46147-7

Vorwort

Internationalisierung der Bankgeschäfte sowie Globalisierung der Geld- und Finanzmärkte haben in den letzten Jahren die Finanzwelt revolutioniert. Es gibt zwar noch die klassischen bzw. traditionellen Bankgeschäfte, doch die tiefgreifenden Marktveränderungen stellen neue Herausforderungen für Banker dar. Das Zusammenwachsen der Märkte und die damit verbundenen höheren Anforderungen an die Wettbewerbsfähigkeit haben ihre Auswirkungen auf das Bankmanagement sowie auf alle Marktbereiche. Im Privatkundengeschäft geht der Trend weg vom Bankschalter hin zum Home Banking und dem bargeldlosen Zahlungsverkehr. Im Firmenkundengeschäft nimmt einerseits die Bedeutung des Kreditgeschäfts ab, andererseits sind Banken hinsichtlich Zugang zu Kapitalmärkten, Börsengang und M&A-Dienstleistungen gefragte Ratgeber. Das Wertpapiergeschäft mit einer verwirrenden Vielfalt an derivativen Produkten erfordert aufgrund der internationalen Märkte sowie der immer größer werdenden Volumina ein erhöhtes Risikomanagement. Strategisches Management, Bank-Controlling und Bank-Marketing sind nur beispielhaft genannte Themen des Bankmanagements.

Außer mit Fragen des Bankbetriebs und Bankmanagements im engeren Sinne sowie den verschiedenen Bankgeschäften – unter Einfluß der Finanzinnovationen – befaßt sich das Gabler Bank-Lexikon mit dem Umfeld der Banktätigkeit. Erörtert werden dabei einerseits Aspekte des Bankenaufsichts- und Währungsrechts, andererseits auch Probleme der Wirtschaftspolitik und der Außenwirtschaft. Ergänzt wird dies durch einen Überblick zu Stand und Entwicklung des Bankwesens auf internationaler Ebene. Auch die rechtlichen und steuerlichen Rahmenbedingungen wurden berücksichtigt.

Das Gabler Bank-Lexikon, das Standardwerk für Bank- und Börsengeschäfte, wurde nicht nur aktualisiert, sondern neu konzipiert und die über 8000 Stichwörter von kompetenten und namhaften Fachleuten aus Bankpraxis und Wissenschaft geschrieben. Es ist ein Nachschlagewerk entstanden, das einerseits die wissenschaftlich-theoretischen, andererseits die praxisrelevanten Inhalte bedient. Wichtig waren uns: (1) die fachliche Richtigkeit und Aktualität der Inhalte, um so eine zuverlässige Basis für die tägliche Arbeit des Bankers zu bieten; (2) die komprimierte und übersichtliche Darstellungsweise, d.h. die relevanten Informationen werden kurz und prägnant unter dem nachgeschlagenen Begriff gebracht, strukturiert durch Zwischenüberschriften, so daß die Informationen im direkten Zugriff bereitstehen; (3) der allgemein-verständliche Stil, der das Verständnis auch dem Nicht-Insider ermöglicht; (4) die Vernetzung der Stichwörter mittels eines ausgefeilten Verweissystems, das den Leser zu spezielleren, zu übergeordneten und zu anderen relevanten („neuen") Sachverhalten führt. Besonderer Wert wurde auch auf die Illustration anhand von über 500 Abbildungen, Tabellen und Übersichten gelegt.

Das neue Gabler Bank-Lexikon ist Wolfgang Grills Lebenswerk. Bis zu seinem plötzlichen Tod 1994 war er die „treibende Kraft" – als Schriftleiter, als Autor und als Redakteur. Er entwickelte das Konzept, verfeinerte es, baute das Lexikon mittels detaillierter Begriffslisten „Steinchen für Steinchen" – d.h. Stichwort für Stichwort – auf. Er sprach Fachleute an, ihr Know-how als Stichworttexte einzubringen, oder aber schrieb selbst die Texte. In seinem Sinne und auch auf Wunsch seiner Frau Hannelore haben wir sein Werk komplettiert, aktualisiert und somit schließlich zu einem homogenen Werk vollendet. Wir hoffen, dadurch das von Wolfgang Grill in einem Schreiben vom 4. Januar 1994 geäußerte Anliegen, endlich doch „zu einem guten Ende zu kommen", last but not least und im Sinne des verstorbenen spiritus rector erfüllt zu haben.

Für die sachkundige Unterstützung schulden wir Herrn Uwe-Peter Egger Dank sowie im Hinblick auf die Darstellung steuerlicher Themen Frau Treisch und den Herren Forster und Robisch sowie dem Chemnitzer Kollegen Prof. Dr. D. Dziadkowski, der uns seine Assistenten kurzfristig „auslieh".

DIE HERAUSGEBER

Verzeichnis der Autoren

Dr. Jürgen Backhaus, Bonn

Wilfried Bandmann, Hannover

Gabriele Bourgon, Bochum

Dr. Wilfried Braun, Hachenburg

Dr. Carl Heinz Daube, Hamburg

Professor Dr. Klaus-Dieter Däumler, Felde-Jägerslust

Bundesbankdirektor a.D. Wilhelm David, Petershagen/Weser

Hans Werner Dort, Frankfurt a.M.

Roland Eller, Meitingen

Uwe-Peter Egger, Dinslaken

Bundesbankdirektor Horst-Uwe Endro, Frankfurt a.M.

Bundesbankdirektor Peter Fischer-Erlach, Bad Vilbel

Professor Dr. Rainer Förderreuther, München

Walter Geiger, Frankfurt a.M.

Professor Jürgen Grabe, Kiel

Professor Dr. Ludwig Gramlich, Münster

Wolfgang Grill, Satrup-Obdrup (verstorben)

Hans-Otto Hagemeister, Berlin

Professor Dr. Dr. h.c. Hugo J. Hahn, Würzburg

Professor Dr. Dr. h.c. Jürgen Hauschildt, Kiel

Professor Dr. Günter Heiduk, Duisburg

Heike Janssen-Popkes, Leer

Direktor Dietrich Jueterbock, Düsseldorf

Dr. Eberhart Ketzel, St. Augustin

Stefan Kiebler, Dingolfing

Professor Dr. Ernst Kilgus, Zürich

Abteilungsdirektor Lutz Krannich, Wuppertal

Dr. Erwin Kreim, Mainz

Paul Kreutz, Bonn

Direktor Rolf Kreutzfeldt, München

Dr. Gerhard Liebau, Göttingen

Professor Dr. Peter J. Lipperheide, Bundesbankdirektor a.D., Köln

Dr. Siegfried Martschinke, Hachenburg

Gerd Neitzel, Fürstenfeldbruck

Bundesbankdirektor Wilfried Neumann, Hachenburg (verstorben)

Norbert Paulsen, Fernwald

Hans Perczynski, Hamburg

Dr. Siegfried Platz, Hannover

Horst Probst, Burgwedel

Bundesbankdirektor Paul Probst, Hachenburg

Dr. Helmut Reinboth, Frankfurt a.M.

Dietmar Ruffert, St. Augustin

Steuerberater Dieter Schiederer, München

Dr. Dietrich Schönwitz, Hachenburg

Uwe E. Schröder, Neu-Isenburg

Torsten Schubert, Kerpen

Christian Spindler, München

Dr. Brita Steinbach-van der Veen, Hachenburg

Walter Swoboda, Winningen

Volker Texter, München

Johann Ull, Rosenheim (verstorben)

Dr. Hans-Jürgen Weber, Hachenburg

Ministerialrat Günter Winkelmann, Bonn

Helmut Wirth, Mirskofen

Hans E. Zahn, Bad Nauheim

Verzeichnis der Abkürzungen

AB1EG	– Amtsblatt der Europäischen Gemeinschaften	BGBl	– Bundesgesetzblatt
		BGH	– Bundesgerichtshof
Abs.	– Absatz	BHO	– Bundeshaushaltsordnung
Abschn	– Abschnitt	BImSchG	– Bundesimmissionsschutzgesetz
AbwAG	– Abwasserabgabengesetz	BiRiLiG	– Bilanzrichtlinien-Gesetz
AdK	– Arbeitsgemeinschaft deutscher Kassenvereine	BMBW	– Bundesminister für Bildung und Wissenschaft
AdVermiG	– Adoptionsvermittlungsgesetz	BMF	– Bundesminister der Finanzen
AEG	– Allgemeines Eisenbahngesetz	BMWi	– Bundesminister für Wirtschaft
a. F.	– alte Fassung	BOKraft	– Betriebsordnung für den Kraftverkehr
AFG	– Arbeitsförderungsgesetz	BörsG	– Börsengesetz
AG	– Aktiengesellschaft	BPersVG	– Bundespersonalvertretungsgesetz
AGB	– Allgemeine Geschäftsbedingungen	BpO (St)	– Betriebsprüfungsordnung (Steuer)
AGBG	– Gesetz zur Regelung des Rechts der Allgemeinen Geschäftsbedingungen	BRRG	– Beamtenrechtsrahmengesetz
		BSchG	– Binnenschiffsverkehrsgesetz
Aggl.	– Agglomeration	BSG	– Bundessozialgericht
AktG	– Aktiengesetz	BSHG	– Bundessozialhilfegesetz
AMG	– Arzneimittelgesetz	BSpkG	– Bausparkassengesetz
AnfG	– Anfechtungsgesetz	BStBl	– Bundessteuerblatt
AnzV	– Anzeigenverordnung	BtmG	– Betäubungsmittelgesetz
AO	– Abgabenordnung	BUrlG	– Bundesurlaubsgesetz
ArbGG	– Arbeitsgerichtsgesetz	BVerfGG	– Bundesverfassungsgerichtsgesetz
Art.	– Artikel	BVerwG	– Bundesverwaltungsgericht
AStG	– Außensteuergesetz	BVG	– Bundesversorgungsgesetz
AtG	– Atomgesetz	BZBl	– Bundeszollblatt
AÜG	– Arbeitnehmerüberlassungsgesetz	BZRG	– Bundeszentralregistergesetz
AuslG	– Ausländergesetz	BZÜ	– Belegloser Zahlschein-/Überweisungsverkehr
AVB	– Allgemeine Versicherungsbedingungen		
		DepotG	– Depotgesetz
AVG	– Angestelltenversicherungsgesetz	d. h.	– das heißt
AWG	– Außenwirtschaftsgesetz	DRiG	– Deutsches Richtergesetz
AWV	– Außenwirtschaftsverordnung	DV (DVO)	– Durchführungsverordnung
AZO	– Allgemeine Zollordnung	EDV	– Elektronische Datenverarbeitung
AZO	– Arbeitszeitordnung	EGAktG	– Einführungsgesetz zum Aktiengesetz
BaföG	– Bundesausbildungsförderungsgesetz	EGBGB	– Einführungsgesetz zum Bürgerlichen Gesetzbuch
BAnz	– Bundesanzeiger		
BAT	– Bundesangestelltentarif	EGGVG	– Einführungsgesetz zum Gerichtsverfassungsgesetz
BBankG	– Gesetz über die Deutsche Bundesbank		
BBankSatzung	– Satzung der Deutschen Bundesbank	EGHGB	– Einführungsgesetz zum Handelsgesetzbuch
BBiG	– Berufsbildungsgesetz		
BauGB	– Baugesetzbuch	EGStGB	– Einführungsgesetz zum Strafgesetzbuch
BbG	– Bundesbahngesetz		
BBG	– Bundesbeamtengesetz	EnWG	– Energiewirtschaftsgesetz
BBergG	– Bundesberggesetz	ErbbRVO	– Erbbaurechtsverordnung
BdF	– Bundesminister der Finanzen	ErbStG	– Erbschaftsteuer- und Schenkungsteuergesetz
BDSG	– Bundesdatenschutzgesetz		
BefrV	– Befreiungsverordnung	EStDV	– Einkommensteuer-Durchführungsverordnung
BetrAVG	– Gesetz zur Verbesserung der betrieblichen Altersversorgung (Betriebsrentengesetz)		
		EStG	– Einkommensteuergesetz
		EStR	– Einkommensteuer-Richtlinien
BetrVG	– Betriebsverfassungsgesetz	EuWG	– Europawahlgesetz
BewG	– Bewertungsgesetz	e. V.	– eingetragener Verein; einstweilige Verfügung
BfA	– Bundesversicherungsanstalt für Angestellte		
		EVO	– Eisenbahnverkehrsordnung
BFH	– Bundesfinanzhof	ff.	– folgende
BFStrG	– Bundesfernstraßengesetz	FGG	– Gesetz über die Angelegenheiten der freiwilligen Gerichtsbarkeit
BGB	– Bürgerliches Gesetzbuch		

FGO	– Finanzgerichtsordnung
FStrG	– Bundesfernstraßengesetz
FVG	– Finanzverwaltungsgesetz
GBl	– Gesetzblatt
GBO	– Grundbuchordnung
GebrMG	– Gebrauchsmustergesetz
GenG	– Genossenschaftsgesetz
GeschmMG	– Geschmacksmustergesetz
GewO	– Gewerbeordnung
GewStDV	– Gewerbesteuer-Durchführungsverordnung
GewStG	– Gewerbesteuergesetz
GewStR	– Gewerbesteuer-Richtlinien
GG	– Grundgesetz für die Bundesrepublik Deutschland
GKG	– Gerichtskostengesetz
GmbH	– Gesellschaft mit beschränkter Haftung
GmbHG	– Gesetz, betreffend die Gesellschaften mit beschränkter Haftung
GMBl	– Gemeinsames Ministerialblatt
GoB	– Grundsätze ordnungsmäßiger Buchführung
GO-BT	– Geschäftsordnung des Bundestages
GrEStG	– Grunderwerbsteuergesetz
GrStG	– Grundsteuergesetz
GüKG	– Güterkraftverkehrsgesetz
GVG	– Gerichtsverfassungsgesetz
GWB	– Gesetz gegen Wettbewerbsbeschränkungen (Kartellgesetz)
GwG	– Geldwäschegesetz
HandwO	– Handwerksordnung
HGB	– Handelsgesetzbuch
HGrG	– Haushaltsgrundsätzegesetz
h. M.	– herrschende Meinung
HypBankG	– Hypothekenbankgesetz
i. a.	– im allgemeinen
i. d. F.	– in der Fassung
i. d. R.	– in der Regel
i. e. S.	– im engeren Sinne
i. S.	– im Sinne
i. V. m.	– in Verbindung mit
i. w. S.	– im weiteren Sinne
JGG	– Jugendgerichtsgesetz
KAGG	– Gesetz über Kapitalanlagegesellschaften (Investmentgesetz)
KartellG	– Kartellgesetz (Gesetz gegen Wettbewerbsbeschränkungen)
KG	– Kommanditgesellschaft
KGaA	– Kommanditgesellschaft auf Aktien
KJHG	– Kinder- und Jugendhilfegesetz
KO	– Konkursordnung
KostO	– Kostenordnung
KSchG	– Kündigungsschutzgesetz
KStDV	– Verordnung zur Durchführung des Körperschaftsteuergesetzes
KStG	– Körperschaftsteuergesetz
KUG	– Kunsturhebergesetz
KSVG	– Künstlersozialversicherungsgesetz
KVStDV	– Kapitalverkehrsteuer-Durchführungsverordnung
KVStG	– Kapitalverkehrsteuergesetz
KWG	– Kreditwesengesetz
LAG	– Gesetz über den Lastenausgleich
LHO	– Landeshaushaltsordnung
LMBGG	– Lebensmittel- und Bedarfsgegenständegesetz
LohnFG	– Lohnfortzahlungsgesetz
LStDV	– Lohnsteuer-Durchführungsverordnung
LStR	– Lohnsteuer-Richtlinien
LZB	– Landeszentralbank
MHG	– Gesetz zur Regelung der Miethöhe
MitbG (MitbestG)	– Mitbestimmungsgesetz
m. spät. Änd.	– mit späteren Änderungen
MOG	– Marktordnungsgesetz
MoMitbestG	– Montan-Mitbestimmungsgesetz
MSchG	– Mutterschutzgesetz
MünzG	– Münzgesetz
Nr.	– Nummer
o. ä.	– oder ähnlich
OHG	– offene Handelsgesellschaft
OLG	– Oberlandesgericht
OWiG	– Ordnungswidrigkeitengesetz
PatG	– Patentgesetz
PBefG	– Personenbeförderungsgesetz
PfandBG	– Pfandbriefgesetz
PflVG	– Pflichtversicherungsgesetz
PolG	– Polizeigesetz
PostG	– Postgesetz
PostVerfG	– Postverfassungsgesetz
ProdHaftG	– Produkthaftungsgesetz
PublG	– Publizitätsgesetz
PVG	– Polizeiverwaltungsgesetz
RechKredV	– Verordnung über die Rechnungslegung der Kreditinstitute
RGBl	– Reichsgesetzblatt
RPflG	– Rechtspflegergesetz
RVO	– Reichsversicherungsordnung
SchG (ScheckG)	– Scheckgesetz
SchiffsG	– Schiffsgesetz
SchiffsBankG	– Schiffsbankgesetz
SchwbG	– Schwerbehindertengesetz
SGB	– Sozialgesetzbuch
SGG	– Sozialgerichtsgesetz
SolZG	– Solidaritätszuschlagsgesetz
StabG	– Stabilitätsgesetz
StBerG	– Steuerberatungsgesetz
StGB	– Strafgesetzbuch
StPO	– Strafprozeßordnung
str.	– strittig
StVG	– Straßenverkehrsgesetz
StVO	– Straßenverkehrsordnung
StVollzG	– Strafvollzugsgesetz
StVZO	– Straßenverkehrs-Zulassungs-Ordnung
TVG	– Tarifvertragsgesetz
u. a.	– unter anderem
u. ä.	– und ähnliches
UBGG	– Gesetz über Unternehmensbeteiligungsgesellschaften
UmwG	– Umwandlungsgesetz
UrhG	– Urheberrechtsgesetz
UStDB	– Durchführungsbestimmungen zum Umsatzsteuergesetz
UStG	– Umsatzsteuergesetz
UStDV	– Umsatzsteuer-Durchführungsverordnung
UStR	– Umsatzsteuer-Richtlinien
u. U.	– unter Umständen
UVPG	– Gesetz über die Umweltverträglichkeitsprüfung
UWG	– Gesetz gegen den unlauteren Wettbewerb
v. a.	– vor allem
VAG	– Versicherungsaufsichtsgesetz
VerbrkrG	– Verbraucherkreditgesetz
VerglO	– Vergleichsordnung

VerlG	– Verlagsgesetz	WBauG	– Wohnungsbaugesetz
VermG	– Vermögensgesetz	WEG	– Wohnungseigentumsgesetz
(5.) VermBG	– (Fünftes) Vermögensbildungsgesetz	WeinG	– Weingesetz
vgl.	– vergleiche	WG	– Wechselgesetz
v. H.	– von Hundert	WPO	– Wirtschaftsprüferordnung
VO	– Verordnung	WiStG	– Wirtschaftsstrafgesetz
VSF	– Vorschriftensammlung der Bundes-Finanzverwaltung nach Stoffgebieten gegliedert	WuSt	– Wirtschaft und Statistik
		WZG	– Warenzeichengesetz
		z. T.	– zum Teil
VStG	– Vermögensteuergesetz	z. Z.	– zur Zeit
VStR	– Vermögensteuer-Richtlinien	ZG	– Zollgesetz
VVG	– Versicherungsvertragsgesetz	ZGB	– Zivilgesetzbuch (der DDR)
VwGO	– Verwaltungsgerichtsordnung	ZPO	– Zivilprozeßordnung
VwVfG	– Verwaltungsverfahrensgesetz	ZVG	– Zwangsversteigerungsgesetz

Erläuterungen für den Benutzer

1. Die zahlreichen Gebiete des Gabler Bank-Lexikons sind nach Art eines Konversationslexikons in mehr als 8 000 Stichwörter aufgegliedert. Unter einem aufgesuchten Stichwort ist die nur speziell diesen Begriff erläuternde, gründliche Erklärung zu finden, die dem Benutzer sofort erforderliches Wissen ohne mehrmaliges Nachschlagen vermittelt. Die zahlreichen, durch das Verweiszeichen (→) gekennzeichneten Wörter erlauben es dem Leser, der sich umfassend unterrichten will, sich nicht nur über weitere, ihm wesentlich erscheinende Begriffe, sondern auch über die Hauptfragen an Hand größerer Abhandlungen ohne Zeitverlust zu orientieren.

2. Die alphabetische Reihenfolge ist – auch bei zusammengesetzten Stichwörtern – strikt eingehalten. Dies gilt sowohl für Begriffe, die durch Bindestriche verbunden sind, als auch für solche, die aus mehreren, durch Leerzeichen getrennten Wörtern bestehen. In beiden Fällen erfolgt die Sortierung, als wäre der Bindestrich bzw. das Leerzeichen nicht vorhanden. So steht z. B. „Nettoinvestition" vor „Netto-Rendite" und „Gesetzliche Rücklage" vor „Gesetzliches Pfandrecht".

3. Zusammengesetzte Begriffe, wie „Allgemeine Bankrisiken", „Internationale Finanzmärkte" und „Neue Aktien", sind in der Regel unter dem Adjektiv alphabetisch eingeordnet. Wird das gesuchte Wort unter dem Adjektiv nicht gefunden, empfiehlt es sich, das Substantiv nachzuschlagen.

4. Substantive sind in der Regel im Singular aufgeführt.

5. Die Umläute ä, ö, ü wurden bei der Einordnung in das Abc wie die Grundlaute a, o, u behandelt. ß wurde in ss aufgelöst.

6. Mit Ziffern, Zahlen und griechischen Buchstaben beginnende Stichwörter werden durch das jeweilige „Wort" bestimmt (z. B. „1992er Rahmenvertrag" entspricht „Neunzehnhundertzweiundneunziger Rahmenvertrag").

7. Geläufige Synonyme und anglo-amerikanische Termini werden jeweils am Anfang eines Stichwortes aufgeführt. Dabei werden Synonyme in Kursivschrift wiedergegeben. Querverweise gewährleisten auf jeden Fall das Auffinden der Begriffserläuterung.

8. Die häufigsten Abkürzungen, insbesondere von Gesetzen, sind im Abkürzungsverzeichnis enthalten. Allgemeingebräuchliche Textabkürzungen (wie z. B.) wurden in der Regel in das Abkürzungsverzeichnis nicht aufgenommen. Im Bankgeschäft übliche Abkürzungen anderer Art (wie DAX, LIFFE, POS) sind im Lexikon selbst erläutert.

Abandon

1. *GmbH-Gesetz:* Preisgabe eines Gesellschaftsanteils zur Vermeidung zukünftiger Zahlungen für → Nachschüsse (§ 26 GmbHG), die von der → Gesellschaft auf den Gesellschaftsanteil unbeschränkt eingefordert werden. Hierbei wird der Gesellschaftsanteil der Gesellschaft zwecks Befriedigung zur Verfügung gestellt und der Gesellschafter von seiner Nachschußpflicht gegenüber der Gesellschaft befreit (z.B. § 27 GmbHG). Im Unterschied zur → Kaduzierung erhält der GmbH-Gesellschafter den Überschuß aus seinem verwerteten → Anteil zurück.

2. *Aktiengesetz:* Recht eines → Aktionärs, bei → Umwandlung einer GmbH in eine AG seine neue → Aktie der Gesellschaft zur Verfügung zu stellen, wenn er gegen die Umwandlung → Widerspruch zur Niederschrift erklärt hat (§ 383 Abs. 1 Satz 1 AktG). Entsprechendes gilt auch bei der Umwandlung einer AG in eine GmbH für das A.-Recht des Gesellschafters (§ 375 AktG).

Abberufung von Geschäftsleitern,
→ bankaufsichtliche Maßnahmen 2.

Abbuchungsauftrag

Widerruflicher, schriftlicher → Auftrag des Zahlungspflichtigen an die Zahlstelle, eingehende → Lastschriften von seinem → Girokonto zu Gunsten bestimmter Zahlungsempfänger zu buchen.
(→ Lastschriftverkehr)

Abfindung außenstehender Aktionäre

Instrument zum Schutze außenstehender → Aktionäre bei der Bildung eines → Konzerns (→ Konzernrecht) oder bei der → Umwandlung einer → Aktiengesellschaft.

Beherrschungs- und Gewinnabführungsverträge (§§ 304 ff. AktG): Der Abschluß derartiger → Unternehmensverträge (→ Beherrschungsvertrag, → Gewinnabführungsvertrag) verpflichtet die den → Gewinn beziehende oder die beherrschende Obergesellschaft, auf Verlangen eines außenstehenden Aktionärs dessen → Aktien gegen eine im → Vertrag bestimmte angemessene A. zu erwerben. Die A. kann sich entweder durch einen Umtausch in Aktien des herrschenden Unternehmens oder durch eine Barentschädigung vollziehen. Enthält der Beherrschungs- oder Gewinnabführungsvertrag keine Abfindungsregelung oder entspricht diese nicht den gesetzlichen Vorschriften, weil sie zu niedrig angesetzt ist, kann jeder außenstehende Aktionär die zu gewährende A. gerichtlich bestimmen lassen (§ 306 AktG).

Eingliederung (§§ 319 ff. AktG): Durch die Eingliederung erwirbt die Hauptgesellschaft regelmäßig alle Aktien der → eingegliederten Gesellschaft. Deren Aktionäre haben deshalb ihre Aktienurkunden der Hauptgesellschaft nachträglich auszuhändigen. Bis zu der Aushändigung verbriefen die → Urkunden zwar nicht mehr die Mitgliedschaftsrechte, welche bereits auf die Obergesellschaft übergegangen sind, jedoch den Anspruch der Aktionäre auf A. (§ 320 Abs. 4 AktG). Die A. selbst ist entweder in Aktien der Hauptgesellschaft oder durch Barleistung zu gewähren.

Umwandlung: Beschließt die → Hauptversammlung einer Aktiengesellschaft die Übertragung des Vermögens auf eine andere Gesellschaft im Wege einer Verschmelzung durch Aufnahme (§§ 4 ff., 60 ff. UmwG), so muß im Zuge dieser übertragenden Umwandlung den ausscheidenden Aktionären eine angemessene Barabfindung angeboten werden (§ 29 UmwG). Erscheint einem Aktionär die angebotene A. nicht ausreichend,

Abfindungsangebot

so kann er die angemessene A. gerichtlich bestimmen lassen (§ 34 UmwG). Dasselbe gilt bei einer Vermögensübertragung (i. S. v. § 174 UmwG) auf die öffentliche Hand (§ 176 Abs. 2 UmwG) bzw. auf einen → Versicherungsverein auf Gegenseitigkeit oder ein öffentlich-rechtliches Versicherungsunternehmen.

Abfindungsangebot
Angebot einer → Aktiengesellschaft zur → Abfindung außenstehender Aktionäre.

Abgabe
Alle auf der Finanzhoheit beruhenden öffentlichen Einnahmen der Gebietskörperschaften und bestimmter → Parafisci. Im einzelnen: → Steuern einschl. → Kirchensteuer, → Zölle und Abschöpfungen, Gebühren, Beiträge und Sonderabgaben sowie Sozialabgaben („Quasisteuern") an die Träger der gesetzlichen Sozialversicherung. Vom Abgabepflichtigen her definiert: Pflichtgemäße Geldleistungen aller Art an ein Gemeinwesen. Das → Gesetz, das die wichtigsten diesbezüglich geltenden Regelungen zusammenfaßt, ist die → Abgabenordnung (AO). Sie gilt für alle A., obwohl ihr tragender Begriff bei der „Steuer" ist (§ 3 Abs. 1 AO).

Abgabenordnung (AO)
Steuerrechtliches Mantelgesetz, in dem Regelungen – insbesondere steuerverwaltungsrechtlicher Art – enthalten sind, die für alle oder für mehrere → Steuern gemeinsam gelten.

Anwendungsbereich: Die AO gilt für solche Steuern, die durch Bundes- oder EG-Recht geregelt werden, soweit sie durch Bundesfinanzbehörden oder Länderfinanzbehörden verwaltet werden (§ 1 AO). Gemeindesteuern können durch AO-Anwendungsgesetze oder Kommunalabgabengesetze der AO unterstellt werden.

Einteilung: Die AO ist in neun Teile gegliedert: (1) Einleitende Vorschriften (§§ 1–32 AO): Steuern, steuerliche Nebenleistungen, Gebühren, Beiträge, Wohnsitz, gewöhnlicher Aufenthalt, Geschäftsleitung, Sitz, → Betriebsstätte, → Finanzbehörden, Zuständigkeiten, Steuergeheimnis, (2) Steuerschuldrecht (§§ 33–77 AO): → Steuerpflichtiger, Steuerbegünstigte Zwecke, → Haftung, (3) Allgemeine Verfahrensvorschriften (§§ 78–133 AO): Verfahrensgrundsätze (insbes. Beteiligte am Verfahren, allgemeine Besteuerungsgrundsätze, Beweismittel, → Fristen, Termine, Wiedereinsetzung in den vorigen Stand, Steuer-→ Verwaltungsakt, (4) Durchführung der Besteuerung (§§ 134–217 AO): Erfassung der Steuerpflichtigen (insbes. Anzeigepflichten), Mitwirkungspflichten, Abgabe von → Steuererklärungen, Festsetzungs- und Feststellungsverfahren (Steuerfestsetzung, gesonderte Feststellung von Besteuerungsgrundlagen sowie Festsetzung von Steuermeßbeträgen mittels → Steuerbescheiden), → Außenprüfung, Steuer-/Zollfahndung, (5) Erhebungsverfahren (§§ 218–248 AO): → Fälligkeit und Erlöschen von → Ansprüchen aus dem Steuerschuldverhältnis (Zahlung, → Aufrechnung, Erlaß, → Stundung, → Verjährung, Verzinsung, Säumniszuschläge, → Sicherheitsleistung, (6) Vollstreckung (§§ 249–346 AO), (7) Außergerichtliches Rechtsbehelfsverfahren (§§ 347–368 AO), (8) Steuerstraf- und Bußgeldverfahren (§§ 369–410 AO), (9) Schlußvorschriften (§§ 413–415 AO).

Abgabenquote
Prozentualer Anteil der → Abgaben am → Sozialprodukt. In die A. werden im Gegensatz zur → Steuerquote die Sozialbeiträge mit einbezogen.

Abgabesätze
Verkaufszinssätze der → Deutschen Bundesbank bei der Abgabe von → Geldmarktpapieren, die von dieser nach geldpolitischen Erfordernissen festgesetzt werden.

Abgeld
Disagio; negatives → Aufgeld eines → Optionsscheines. Bei einem A. wird der Optionsschein unter seinem → inneren Wert gehandelt, d. h. beispielsweise ist der indirekte Kauf des → Basiswertes über einen → Call-Optionsschein billiger als der direkte Kauf. A. = (Aktueller Kurs Optionsschein × → Bezugsverhältnis + Bezugspreis − aktueller Kurs Basiswert) × 100 : aktueller Kurs Basiswert.
Gegensatz: → Aufgeld.
(→ Prämie, → Hebel, → Optionsschein-Omega, → Wandlungsprämie)

Abgesicherte Periode
Zeitraum, für den eine → Hedgingstrategie durchgeführt werden soll.

Abhängiges Unternehmen
Rechtlich selbständige Unternehmen, von denen das eine (herrschendes Unternehmen) aufgrund von → Beteiligungen oder auch von satzungsgemäßen oder von vertraglichen Rechten unmittelbar oder mittelbar auf ein anderes Unternehmen (a. U.) einen Einfluß ausüben kann. Von dem a. U. wird vermutet, daß es mit dem herrschenden Unternehmen einen → Konzern bildet. Diese Vermutung kann widerlegt werden, wenn keine einheitliche Leitung besteht (§ 18 AktG). Abhängige und herrschende Unternehmen unterliegen nach dem Aktienrecht den Vorschriften der → verbundenen Unternehmen.

Abhängigkeitsbericht
Bericht des Vorstands einer abhängigen → Aktiengesellschaft (→ abhängiges Unternehmen) über die Beziehungen zu → verbundenen Unternehmen, der gemäß § 312 AktG abzugeben ist. Im A. ist das herrschende und mit ihnen verbundene Unternehmen namentlich aufzuführen. Ein A. ist trotz bestehender Abhängigkeit nicht aufzustellen, wenn bis zum Bilanzstichtag der abhängigen Gesellschaft mit dem herrschenden Unternehmen ein → Beherrschungsvertrag oder ein → Gewinnabführungsvertrag abgeschlossen oder die Eingliederung in die herrschende Gesellschaft beschlossen worden ist und diese Maßnahme durch Eintragung in das → Handelsregister wirksam geworden ist (→ eingegliederte Gesellschaft).
Unter den Begriff der im A. zu erfassenden Maßnahmen, die auf Veranlassung oder im Interesse des herrschenden oder eines mit diesem verbundenen Unternehmens getroffen oder unterlassen werden, fallen insbesondere: Änderungen in der Produktion, → Investitionen, Finanzierungsmaßnahmen, Stillegung von Betriebsteilen, Abstimmung im Ein- oder Verkauf, Konzentration auf eine bestimmte Forschung, → Kündigung oder Anpassung eines → Vertrages, Unterlassung von → Rechtsgeschäften.

Abkommen für den zwischenbetrieblichen belegbegleitenden Datenträgeraustausch
Vereinbarung der → Spitzenverbände der deutschen Kreditwirtschaft, der → Deutschen Bundesbank und der → Deutschen Postbank AG zur einheitlichen Verfahrensregelung für → Kreditinstitute, Daten aus beleghaft eingereichten Kundenaufträgen in der entsprechenden Belegreihenfolge auf Magnetbänder zu übernehmen und Belege sowie Bänder weiterzuleiten.

Abkommenskonto
→ Konten, die aufgrund eines zwischen zwei Staaten abgeschlossenen → Zahlungsabkommens zur Durchführung des zentralisierten → Zahlungsverkehrs geführt werden (Clearing-Konten). Die Kontoführung liegt bei einer der beiden oder bei beiden → Zentralbanken. A. werden in der → Währung eines der vertragsschließenden Länder, in einer Drittwährung oder in → Rechnungseinheiten geführt.

Abkommen zum bargeldlosen Zahlungsverkehr
Abkommen zur Schaffung vereinheitlichter Verfahrensabläufe im → bargeldlosen Zahlungsverkehr. Dazu gehört auch die Regelung von Rechten und Pflichten der beteiligten Institute. Die Abkommen sind zwischen den → Spitzenverbänden der deutschen Kreditwirtschaft (in einigen Fällen unter Einbeziehung der → Deutschen Bundesbank und/oder der → Deutschen Postbank AG) geschlossen und führen gegenüber den Kunden der → Kreditinstitute zu → Sonderbedingungen, die neben die Regelungen der → Allgemeinen Geschäftsbedingungen treten (vgl. Abbildung S. 4). (→ Bankenabkommen)

Ablader
Bezeichnung im Seefrachtverkehr für denjenigen, der die → Ware zur Verschiffung anliefert und im Auftrag des → Befrachters das → Schiff belädt, z. B. ein Seehafenspediteur. Ist der A. gleichzeitig Befrachter, schließt er mit dem → Verfrachter (→ Reeder) oder dessen Vertreter (Schiffsmakler) den → Seefrachtvertrag.

Ablauforganisation
Regelung des sachlichen, zeitlichen und räumlichen Verlaufs der zur Aufgabenerfüllung notwendigen Arbeitsprozesse innerhalb der im → Betrieb bestehenden → Aufbauorganisation.

Abmahnung
Gesetzlich nicht ausdrücklich geregelte, aus dem Grundsatz von → Treu und Glauben hergeleitete, formlos mögliche geschäftsähnliche Rechtshandlung (→ Rechtsgeschäft), die bezweckt, daß Wettbewerbsverstöße und ähnliche Rechtsverletzungen be-

3

Abmahnung

Abkommen zum bargeldlosen Zahlungsverkehr

Abkommen (im Hinblick auf) Zahlungsverkehrsvordrucke	Abkommen (im Hinblick auf) Vereinbarung über Richtlinien für einheitliche und neutrale Zahlungsverkehrsvordrucke			
Instrumente im bargeldlosen Zahlungsverkehr	Überweisungsverkehr	Lastschriftverkehr	Scheckverkehr	Wechseleinzug
	Vereinbarung über Sicherungsmaßnahmen im zwischenbetrieblichen Überweisungsverkehr	Abkommen über den Lastschriftverkehr (Lastschriftabkommen)	Abkommen über die Rückgabe nicht eingelöster Schecks und die Behandlung von Ersatzstücken verlorengegangener Schecks im Scheckeinzugsverkehr (Scheckabkommen)	Abkommen über den Einzug von Wechseln und die Rückgabe nicht eingelöster und zurückgerufener Wechsel (Wechselabkommen)
			Abkommen zur Vereinfachung des Einzugs von Orderschecks (Orderscheckabkommen)	
			Vereinbarung über das Eurocheque-System	
			Beschluß zum Tankscheckverfahren	
Abkommen (für den) beleggebundenen Zahlungsverkehr	Vereinbarung über Richtlinien für einheitliche Zahlungsverkehrsvordrucke			
	Richtlinien für eine einheitliche Codierung von zwischenbetrieblich weiterzuleitenden Zahlungsverkehrsbelegen (Codierrichtlinien)			
	Abkommen für den zwischenbetrieblichen belegbegleitenden Datenträgeraustausch			
Abkommen (für den) beleglosen Zahlungsverkehr	Vereinbarung über Richtlinien für den beleglosen Datenträgeraustausch (Magnetband-Clearing-Verfahren)			
	Vereinbarung über Richtlinien für die Beteiligung von Service-Rechenzentren am beleglosen Datenträgeraustausch			
	Abkommen über die Umwandlung beleghaft erteilter Überweisungsaufträge in Datensätze und deren Bearbeitung (EZÜ-Abkommen)			
	Abkommen über die Umwandlung beleghaft erteilter Lastschriftaufträge in Datensätze und deren Bearbeitung (EZL-Abkommen)			
	Vereinbarung über ein institutsübergreifendes System zur bargeldlosen Zahlung an autorisierten Kassen (POS-System)			
	Abkommen über Bildschirmtext			

endet und außergerichtlich beigelegt werden.
In einer A. wird der Störer aufgefordert, ein konkret bezeichnetes (wettbewerbswidriges) Verhalten zu unterlassen und sich, um eine Wiederholungsgefahr auszuschließen, binnen angemessener Frist eine Vertragsstrafe (§§ 339 ff. BGB) zu unterwerfen. Diese wird bei erneuten Rechtsverletzungen fällig. Für den Fall, daß der Abgemahnte hiermit nicht einverstanden ist, müssen zudem gerichtliche Schritte angedroht werden. Die A. ist sinnvoll auch im Hinblick auf die Kosten eines Gerichtsverfahrens (§ 93 ZPO). Erfolgt sie unberechtigterweise, so kann in ihr eine → unerlaubte Handlung liegen. Die → Kosten einer rechtmäßigen A. hat nach der Rechtsprechung der Störer zu

tragen, einschl. der Gebühren und Auslagen eines damit beauftragten Rechtsanwalts.

Abmahnung eines Arbeitnehmers

Erklärung seitens des → Arbeitgebers, er mißbillige ein Fehlverhalten seines → Arbeitnehmers, was im Hinblick auf spätere Beweisprobleme schriftlich erfolgen sollte. Eine gesetzliche Regelung besteht nicht (→ Abmahnung). Die A. e. A., mit der der Verstoß gerügt (Hinweisfunktion) und darauf hingewiesen wird, daß bei weiteren Verstößen gegen Pflichten aus dem → Arbeitsvertrag eine → Kündigung droht (Androhungsfunktion), kann als Voraussetzung für eine verhaltensbedingte Kündigung ausnahmsweise dann entfallen, wenn das pflichtwidrige Verhalten des Arbeitnehmers so schwer wiegt, daß eine A. e. A. ihrem Warnzweck nicht genügt und nur eine außerordentliche Kündigung als angemessene Reaktion des Arbeitgebers angesehen werden kann (z. B. gravierende Störung im Vertrauensbereich). Im Regelfall wird die A. e. A. zur → Personalakte genommen und erfüllt damit (insbes. bei mehreren pflichtwidrigen Verhaltensweisen) auch noch eine Dokumentationsfunktion.

Abrechnung

Multilaterale Verrechnung der täglich zwischen → Kreditinstituten eines → Bankplatzes entstehenden → Forderungen und → Verbindlichkeiten über eine zentrale Stelle (→ LZB-Abrechnung). Rechtlich gesehen handelt es sich um sogenannte → Aufrechnung. Wird auch als → Clearing bezeichnet. (→ Abrechnungsverkehr der Deutschen Bundesbank)

Abrechnungsstellen, → Abrechnungsverkehr der Deutschen Bundesbank.

Abrechnungsverkehr der Deutschen Bundesbank

Abrechnungsstellen: Gemäß § 1 der Verordnung über Abrechnungsstellen im Wechsel- und Scheckverkehr vom 10.11.1953 sind Abrechnungsstellen, die bei einer LZB-Zweiganstalt (→ Zweiganstalten der Deutschen Bundesbank) errichtet sind, Abrechnungsstellen i. S. des Art. 38 Abs. 3 WG und des Art. 31 Abs. 2 SchG. Nach § 2 der Verordnung können → Wechsel und → Schecks in eine Abrechnungsstelle eingeliefert werden, wenn der → Bezogene oder Dritte, bei dem der Wechsel oder der Scheck zahlbar gestellt worden ist (Zahlstelle), bei der Abrechnungsstelle als Teilnehmer am A. zugelassen ist oder bei ihr durch einen Teilnehmer vertreten wird. Die Einlieferung steht der Vorlegung zur Zahlung gleich. Der Austausch der Zahlungsverkehrspapiere wird von den LZB-Zweiganstalten organisiert. Zahlungsverkehrspapiere sind bei Abrechnungsteilnehmern zahlbare Forderungspapiere; dazu gehören Wechsel, Schecks, → Lastschriften, → Anweisungen, Quittungen, Rechnungen (auch mit beigefügten → Wertpapieren oder → Ertragsscheinen) sowie Platzüberweisungen (→ Platzverkehr).

Für die *Abwicklung des A.* gelten die jeweiligen „Geschäftsbedingungen der Abrechnungsstelle". Die am Abrechnungsverkehr teilnehmenden → Kreditinstitute eines → Bankplatzes liefern bei diesen Abrechnungsstellen zu festgelegten Terminen die für die anderen Abrechnungsteilnehmer bestimmten Abrechnungspapiere ein und nehmen zugleich die für sie bestimmten Papiere in Empfang. Papiere, die nicht bezahlt werden, sind innerhalb bestimmter Fristen zurückzuliefern. Die Abrechnungsstellen errechnen den auf jeden Abrechnungsteilnehmer entfallenden → Saldo. Dieser wird auf dem für jeden Abrechnungsteilnehmer bei der LZB-Zweiganstalt geführten → Konto (LZB-Girokonto) verbucht. Der Abrechnungsteilnehmer hat die Deckung für einen in der Abrechnung etwa entstandenen Sollsaldo rechtzeitig auf seinem → Girokonto zur Verfügung zu stellen. Bis zum Ausgleich der Abrechnung sind die Abrechnungsteilnehmer nur → Verwahrer der ihnen ausgelieferten Abrechnungspapiere. Die LZB-Zweiganstalten nehmen selbst als Einlieferer und Empfänger von Abrechnungspapieren an der Abrechnung teil. Sie benutzen die Abrechnung insbes. zur Erleichterung ihres Einzugs von Wechseln aus dem → Diskont- und Auftragsgeschäft. Der A. dient in erster Linie zur Erleichterung des Zahlungsausgleichs am Bankplatz. Als *Abrechnungsteilnehmer* kommen deshalb insbes. Kreditinstitute am Platz der Abrechnungsstelle in Betracht, denen die fristgemäße Prüfung der in der Abrechnung empfangenen Papiere und die Rücklieferung etwa unbezahlt gebliebener Papiere bis zu dem in den „Geschäftsbedingungen der Abrechnungsstelle" festgelegten Zeitpunkt ohne weiteres möglich ist. Eine Verbreiterung der Grundlage des A. ist dadurch möglich, daß Kreditinstitute, die nicht am Ort der

Abrollgerät

Abrechnungsstelle (Bankplatz) ansässig sind, sich in der Abrechnung durch einen am Ort der Abrechnungsstelle ansässigen Abrechnungsteilnehmer vertreten lassen (sog. Anschlußinstitute). Sie können dann, ohne selbst unmittelbare Abrechnungsteilnehmer zu sein, als Bezogene und Zahlstelle mittelbar am A. teilnehmen. Bei Anschlußinstituten muß gewährleistet sein, daß ihnen die Abrechnungspapiere von ihrem Abrechnungsteilnehmer rechtzeitig übermittelt werden können und daß die unbezahlt gebliebenen Papiere bis zu dem in den „Geschäftsbedingungen der Abrechnungsstelle" festgelegten Zeitpunkt zurückgegeben und bei entsprechenden Vereinbarungen rechtzeitig fernmündlich angesagt werden können. Abrechnungspapiere, die bis zum Abrechnungstermin nicht zurückgeliefert werden, gelten der Abrechnungsstelle gegenüber als in Ordnung, d. h. als endgültig bezahlt. Wegen des Übergangs auf beleglose Verfahren und der Nutzung der → Datenfernübertragung (DFÜ) hat der traditionelle papiergebundene A. bei den LZB-Zweiganstalten an Bedeutung verloren.

Neben der konventionellen Abrechnung wird seit März 1990 regional den Kreditinstituten mit Girokonto bei der Landeszentralbank in Frankfurt a. M. eine → Elektronische Abrechnung mit Filetransfer (EAF) angeboten. Im Rahmen der Elektronischen Abrechnung werden → Überweisungen über hohe Beträge ab einem Mindestbetrag von derzeit 50 000 DM sowie → SWIFT-Inlandsanschlußzahlungen (ohne Mindestbetrag) vollautomatisiert per DFÜ zwischen den Teilnehmern ausgetauscht. Die bereits elektronisch verfügbaren Zahlungen müssen nicht erst wieder in Belege umgewandelt werden. Außerdem verbessert sich die Dispositionsmöglichkeit dank schnellerer Informationen über eingegangene Zahlungen. Teilnehmen können Kreditinstitute, die in der Lage sind, elektronische Zahlungen im DTA- oder SWIFT-Format zu leisten und entgegenzunehmen. Der Datenaustausch erfolgt im Laufe des Vormittags sukzessive in kurzen Takten über DFÜ-Leitungen an das LZB-Rechenzentrum in Frankfurt a. M. Das Rechenzentrum sortiert diese Zahlungsvorgänge und leitet sie in gewissen Zeitabständen ebenfalls über DFÜ-Leitungen an die Empfänger weiter. Nach dem Einlieferungsschlußtermin ermittelt das LZB-Rechenzentrum für alle Teilnehmer die Abrechnungssalden und leitet diese Salden an das → Rechnungswesen zur Buchung auf den Girokonten der Abrechnungsteilnehmer weiter. Mit der Buchung der Sollsalden (gegen 14.30 Uhr) ist die Elektronische Abrechnung des Tages rechtsverbindlich zustande gekommen. Wegen der Bedeutung Frankfurts als internationale → Clearingstelle sind die → Umsätze in der Elektronischen Abrechnung sehr hoch (in der Spitze über 1 200 Mrd. DM bei 110 000 Transaktionen).

In Vorbereitung ist eine zweite Stufe zur Weiterentwicklung der Elektronischen Abrechnung mit dem Ziel, den Empfängerkreditinstituten Zahlungseingänge eher als bisher unwiderruflich und vorbehaltlos (endgültig) zur Verfügung zu stellen, so daß sie ohne → Kreditrisiko an die → Bankkunden weitergeleitet werden können. Dabei wird angestrebt, wie bei dem bisherigen (Netto-) Abrechnungsverfahren weiterhin mit relativ geringen Liquiditätsanforderungen während des Tages auszukommen.

Abrollgerät

Gerät zur manuellen Erfassung der auf → Kreditkarten in hochgeprägter Form vorhandenen Daten bei Zahlung einer → Ware oder Dienstleistung wie: Name des → Karteninhabers, Kartennummer und Gültigkeitsdauer der Karte. A. für Kartentransaktionen werden heute zunehmend durch moderne → EFTPOS-Terminals ersetzt, bei denen die Daten elektronisch vom Magnetstreifen der Karte (→ Magnetstreifenkarte) abgetastet und an den → Processor weitergeleitet werden.

Abrufrisiko

→ Liquiditätsrisiko im → (Groß-)Kreditgeschäft.

ABS

Abk. für → Asset Backed Securities.

Absatz

Eine der marktgerichteten Grundfunktionen des → Betriebes bzw. der Unternehmung. Sie umfaßt sämtliche Maßnahmen, die dazu dienen, erzeugte Sachgüter bzw. bereitgestellte Dienstleistungen an Abnehmer (Weiterverarbeiter, Händler oder Endverbraucher) abzusetzen.

Der A. beendet den unternehmerischen Wertkreislauf, der mit der → Beschaffung beginnt und sich über die Produktion fortsetzt.

(→ Bankmarketing)

Abschreibung

Absatzfinanzierung
Marketing-Instrument von Herstellern langlebiger → Wirtschaftsgüter zwecks Absatzförderung. Besonders ausgeprägt in der Automobilindustrie. Käufer können – manchmal auch zu Zinssätzen, die unterhalb des Marktes liegen – ihre Anschaffungen finanzieren. Die Finanzierungsdauer wird im Hinblick auf die Nutzungsdauer des Wirtschaftsgutes individuell je nach Produkt festgelegt. Im Handel werden mit dem Wirtschaftsgut → Ratenkredite, teilweise unter Mithaftung des Verkäufers, angeboten, die von Teilzahlungsbanken gewährt oder refinanziert werden (→ Teilzahlungskredit).

Absatzfinanzierungsinstitute
Spezialinstitute, die gewerbliche → Ratenkredite geben, → Factoring (→ Factoring-Institute) und → Leasing (→ Leasing-Gesellschaften) betreiben.

Absatzkreditbanken, → Teilzahlungskreditinstitute.

Abschlag
(1) *Bei Forward-Geschäften*: Positive → Carry Basis, d. h. bei einem Forward-Geschäft ist der Kassakurs höher als der → Terminkurs (→ Forward). Der A. wird ermittelt:
A. = Kassakurs – Terminkurs.
(2) *Bei* → *Zinsfutures*: Positive Gross Basis, d. h. der Kassakurs einer → lieferbaren Anleihe ist größer als der → adjustierte Futureskurs. Ein A. wird auch als Diskont bezeichnet. Der A. wird ermittelt:
A.= Kassakurs – Futureskurs × → Preisfaktor.
(3) *Bei* → *Aktienindex-Futures*: Positive Gross Basis, d. h. der Kassakurs eines → Aktienindex ist größer als der Kurs des Aktienindex-Futures. Der A. wird ermittelt:
A. = Kurs des Aktienindex – Kurs des Aktienindex-Futures.
(4) *Bei* → *Abzinsungspapieren*: Zinsertrag etwa bei → Finanzierungsschätzen und T-Bills, der sich aus der Differenz zwischen → Nennwert und Kaufkurs errechnet. Grundlage für die Berechnung des A. ist der → Verkaufszinssatz bzw. → Rate of Discount:
A. = (→ Nominalwert · Verkaufszinssatz · Laufzeit in Tagen) : (Jahrestage · 100)
wobei:
Jahrestage = Anzahl Tage im Jahr in Abhängigkeit von der → Tageberechnungsmethode.

Ist der A. bekannt, kann die → Geldmarktrendite mit folgender Formel ermittelt werden:
Geldmarktrendite = (A. · Jahrestage · 100) : (Kaufkurs · Laufzeit in Tagen),
wobei:
Jahrestage = Anzahl Tage im Jahr in Abhängigkeit von der Tageberechnungsmethode
Gegensatz: → Aufschlag.

Abschlagsdividende, → Dividende.

Abschlagsprozentsatz, → Rate of Discount.

Abschlußprüfer
→ Kreditinstitute müssen ihren → Jahresabschluß und ihren → Lagebericht durch einen A. prüfen lassen (§ 340k Abs. 1 HGB i. V. mit § 316 Abs. 1 HGB). A. können Wirtschaftsprüfer und Wirtschaftsprüfungsgesellschaften sein (§ 319 Abs. 1 HGB). Jahresabschluß und Lagebericht von → Kreditgenossenschaften werden von dem zuständigen → genossenschaftlichen Prüfungsverband, Jahresabschluß und Lagebericht von → Sparkassen von der Prüfungsstelle eines → regionalen Sparkassen- und Giroverbandes durchgeführt (§ 340k Abs. 2 bzw. Abs. 3 HGB).
(→ Jahresabschluß der Kreditinstitute, Prüfung, → Prüfungsbericht)

Abschlußprüferrichtlinie
Achte EG-Richtlinie über die Zulassung der mit der Pflichtprüfung des → Jahresabschlusses von → Kapitalgesellschaften beauftragten → Personen. Die A. diente der Harmonisierung der Zulassungsvoraussetzungen für → natürliche und → juristische Personen zur Prüfung der Jahresabschlüsse von Kapitalgesellschaften und → Konzernen. Die Umsetzung in deutsches Recht erfolgt durch das → Bilanzrichtlinien-Gesetz.

Abschlußprüfung bei Kreditinstituten,
→ Jahresabschluß der Kreditinstitute, Prüfung.

Abschreibung
Unter A. versteht man die Verteilung einer einmaligen Ausgabe (→ Anschaffungs- oder → Herstellungskosten) für langfristig nutzbare Vermögensteile (→ Wirtschaftsgüter) auf eine Anzahl von Jahren. Die A. erfaßt den Werteverzehr von Vermögensteilen in der → Kostenrechnung als → Kosten, in der → Handelsbilanz als → Aufwand und in der → Steuerbilanz als → Betriebsausgaben

Abschreibungen und Wertberichtigungen auf Kredite

(bzw. → Werbungskosten). In der *Kostenrechnung* sollen die kalkulatorischen A. den Gebrauchs- und Zeitverschleiß verursachungsgerecht erfassen. Gebrauchsverschleiß ist auf die Nutzung der → Betriebsmittel zurückzuführen und den → variablen Kosten zuzurechnen. Zeitverschleiß entsteht unabhängig von der Betriebsmittelnutzung und gehört zu den → Fixkosten. Kalkulatorische A. mindern den Betriebserfolg. In der *Handels- und Steuerbilanz* werden die A. zur Beeinflussung des Gewinns eingesetzt. Die buchhalterischen A. mindern den → Jahresüberschuß, die steuerlichen A. (Absetzung für Abnutzung = AfA) die Steuerbemessungsgrundlage.

Die *Abschreibungsmethoden* sind (a) *lineare A.* (Anschaffungs- oder Herstellungskosten werden durch Nutzungsdauer geteilt), (b) *geometrisch-degressive A.* (jährlicher Abschreibungsbetrag ergibt sich als fester Prozentsatz vom Restbuchwert), (c) *arithmetisch-degressive* oder *digitale A.* (Abschreibungsbetrag wird durch die Summe der einzelnen Nutzungsjahre geteilt, bei 4 Jahren also durch $4+3+2+1=10$, dem ersten Jahr werden $\frac{4}{10}$, dem zweiten Jahr $\frac{1}{10}$, des abzuschreibenden Betrages zugerechnet), (d) *Leistungsabschreibung* (Abschreibungsbetrag wird durch die erwartete Gesamtleistung geteilt, der sich ergebende Kostensatz pro Leistungseinheit wird mit der Leistung eines Jahres multipliziert).

In der Kostenrechnung ist die Abschreibungsmethode frei wählbar; man verwendet die Methode, die die Abschreibungsursachen am besten erfaßt. In der Handelsbilanz sind alle Abschreibungsmethoden zulässig, die die Anschaffungs- oder Herstellungskosten nach einem Plan verteilen (§ 253 Abs. 2 HGB). In der Steuerbilanz sind nur die lineare A. und die geometrisch-degressive A. erlaubt, bei Nachweis auch die Leistungsabschreibung (§ 7 EStG).

HGB und Rechnungslegungsverordnung:
Das HGB verwendet nur den Begriff A., also einschließlich i. S. von „Zuführung zu Wertberichtigungen". In der → Rechnungslegungsverordnung werden die Begriffe A. und → Wertberichtigungen synonym verwendet.

Abschreibungen und Wertberichtigungen auf Kredite

Bei → Krediten kommen → Abschreibungen und → Wertberichtigungen für → Forderungen aus → Kontokorrentkrediten, in Raten zu tilgenden → Darlehen, → Wechseldiskontierungen und aus übernommenen → Bürgschaften in Frage. Forderungen aus → Bankkrediten zählen – unabhängig von der Fristigkeit – zum → Umlaufvermögen und sind daher nach dem strengen → Niederstwertprinzip zu bewerten. Jede einzelne Kreditforderung ist im Hinblick auf ihre → Adressenausfallrisiken zu prüfen (Prinzip der Einzelbewertung). Dabei ist der Bilanzwert nach der Bonität des → Schuldners und unter Berücksichtigung der Besicherung festzusetzen. Ist der wirtschaftliche Wert einer → Kreditsicherheit gesunken, kann trotz unveränderter Bonität des Kreditnehmers ein Ausfallrisiko vorliegen.

Einteilung von Kreditforderungen unter Bewertungsgesichtspunkten:
(1) *Einwandfreie Forderungen* können Ausfallrisiken enthalten, die im einzelnen noch nicht erkennbar und belegbar sind (latente Risiken). Deshalb muß das → Kreditinstitut nach handelsrechtlichen Grundsätzen durch Bildung von → Pauschalwertberichtigungen im erforderlichen Umfang Vorsorge gegen latente Risiken bilden. Der → Abschlußprüfer muß im → Prüfungsbericht bestätigen, daß das Kreditinstitut in angemessener Höhe Pauschalwertberichtigungen gebildet hat. Maßgebend für den Umfang des latenten Risikos sind die Verhältnisse am Bilanzstichtag. Entsprechend dem Charakter des latenten Risikos und mangels zuverlässiger Prognosemöglichkeiten bietet es sich an, der Schätzung Erfahrungswerte der Vergangenheit zugrunde zu legen. Auszugehen ist vom Gesamtkreditvolumen, erweitert um → Erfüllungsrisiken aus nicht bilanzwirksamen Geschäften (→ bilanzunwirksame Geschäfte), wobei solche Kredite, für die ein latentes Risiko nicht anzunehmen ist, abzusetzen sind (z. B. Forderungen gegen den Bund, ein Land, eine Gemeinde oder gegen eine sonstige inländische → Körperschaft oder → Anstalt des öffentlichen Rechts, für die die Gebietskörperschaft als → Gewährträger haftet). Die Schätzung des am Bilanzstichtag bestehenden latenten Risikos geht vom maßgeblichen Bestand des hiervon betroffenen Volumens aus, vermindert um einzelwertberichtigte Forderungen bzw. um gebildete → Einzelwertberichtigungen. Das Risiko ist mit einem Faktor zu multiplizieren, der es gestattet, das beobachtete Risiko der Vergangenheit in die Zukunft

Abschreibungen und Wertberichtigungen auf Wertpapiere

fortzuschreiben. Für die Bemessung des Faktors wird als Gesamtrisikoquote die durchschnittliche Quote einer bestimmten Vergangenheitsperiode errechnet. Der Faktor ist mit dem maßgeblichen → Kreditvolumen am Bilanzstichtag zu multiplizieren, um das latente Risiko der Zukunft zu schätzen. Das Verfahren kann durch Differenzierung nach Risikoklassen verfeinert werden. Die steuerliche Anerkennung von Pauschalwertberichtigungen wird von der Finanzverwaltung nach den Verhältnissen des einzelnen Kreditinstituts entschieden. Grundsätzlich ist eine Pauschalwertberichtigung zulässig, soweit sie insbesondere aufgrund der Forderungsausfälle der letzten Jahre erforderlich ist.

(2) *Forderungen mit erkennbaren und belegbaren Ausfallrisiken* (zweifelhafte Forderungen) werden wertberichtigt. Es werden als buchmäßige Auffangreserven für Forderungsverluste Einzelwertberichtigungen durch Abschreibungen gebildet.

(3) *Uneinbringliche Forderungen* werden direkt abgeschrieben.

Bilanzausweis: Einzelwertberichtigungen und Pauschalwertberichtigungen dürfen nach den Bilanzierungsvorschriften der → Rechnungslegungsverordnung nicht passivisch in der → Bankbilanz ausgewiesen werden. Sie sind aktivisch von den entsprechenden → Aktivposten abzusetzen. Die → Erträge aus Zuschreibungen zu → Wertpapieren der Liquiditätsreserve sowie die Abschreibungen und Wertberichtigungen auf diese Wertpapiere dürfen nach § 340f Abs. 3 HGB zusammen mit den Erträgen aus Zuschreibungen zu Forderungen sowie Erträgen aus der Auflösung von Rückstellungen im Kreditgeschäft und Abschreibungen und Wertberichtigungen auf Forderungen sowie Zuführungen zu → Rückstellungen im → Kreditgeschäft saldiert werden (sog. → Überkreuzkompensation). Eine teilweise Verrechnung ist unzulässig.
(→ Bilanzielle Risikovorsorge der Kreditinstitute, → Vorsorgereserven für Ausfallrisiken der Kreditinstitute)

Abschreibungen und Wertberichtigungen auf Wertpapiere

Für die Bewertung von → Wertpapieren beim Ausweis in der → Bankbilanz gilt grundsätzlich das Prinzip der Einzelbewertung, d. h. jede Effektengattung muß einzeln im Hinblick auf möglicherweise notwendige → Abschreibungen und → Wertberichtigungen überprüft werden.

(1) Für → *Wertpapiere des Handelsbestands* gilt das strenge → Niederstwertprinzip. → Erträge und → Aufwendungen aus Finanzgeschäften (→ Eigenhandelsergebnis) sind zu saldieren. Ein positiver → Saldo wird als „Nettoertrag aus Finanzgeschäften", ein negativer Saldo als „Nettoaufwand aus Finanzgeschäften" (→ Nettoertrag/Nettoaufwand aus Finanzgeschäften) ausgewiesen. In den Saldoposten sind nach § 340c Abs. 1 HGB einzubeziehen: Kursgewinne und Kursverluste, Abschreibungen und Zuschreibungen, Zuführungen zu → Rückstellungen für drohende Verluste aus schwebenden Finanzgeschäften und Auflösung von Rückstellungen für drohende Verluste aus schwebenden Finanzgeschäften. (Neben Geschäften mit Wertpapieren des Handelsbestandes gehören auch Geschäfte mit anderen Finanzinstrumenten wie z. B. → Futures, → Optionen, → Swaps sowie Geschäfte mit → Devisen und Edelmetallen zu Finanzgeschäften.)

(2) → *Wertpapiere des Anlagevermögens* sind nach dem gemilderten Niederstwertprinzip zu bewerten. Die Erträge aus Zuschreibungen zu → Beteiligungen, → Anteile an verbundenen Unternehmen und Wertpapiere des Anlagevermögens (→ Finanzanlagen) können mit Abschreibungen und Wertberichtigungen auf Beteiligungen, auf Anteile an verbundenen Unternehmen und auf Wertpapiere des Anlagevermögens saldiert werden. Eine teilweise Verrechnung ist unzulässig (§ 340c Abs. 2 HGB). Ein negativer Saldo ist in dem Posten „Abschreibungen und Wertberichtigungen auf Beteiligungen, auf Anteile an verbundenen Unternehmen und wie Anlagevermögen behandelte Wertpapiere", ein positiver Saldo in dem Posten „Erträge aus Zuschreibungen zu Beteiligungen, Anteilen an verbundenen Unternehmen und wie Anlagevermögen behandelten Wertpapieren" auszuweisen. Abschreibungen und Zuschreibungen auf die erwähnten Finanzanlagen sind im → Anlagespiegel anzugeben.

(3) → *Wertpapiere der Liquiditätsreserve* sind nach dem strengen Niederstwertprinzip zu bewerten. Die Erträge aus Zuschreibungen zu diesen Wertpapieren sowie die Abschreibungen und Wertberichtigungen auf diese Wertpapiere dürfen nach § 340f Abs. 3 HGB zusammen mit den Erträgen aus Zuschreibungen zu → Forderungen sowie

Abschreibungsgesellschaften

Erträgen aus der Auflösung von →Rückstellungen im →Kreditgeschäft und →Abschreibungen und Wertberichtigungen auf Kredite sowie Zuführungen zu Rückstellungen im Kreditgeschäft saldiert werden (sog. →Überkreuzkompensation). Eine teilweise Verrechnung ist unzulässig.

Bilanzausweis: Abschreibungen auf Wertpapiere erfolgen indirekt, d. h. es werden Wertberichtigungen gebildet, die in der →Bilanz aktivisch abgesetzt werden (→Wertpapiere im Jahresabschluß der Kreditinstitute).

Abschreibungsgesellschaften, →Verlustzuweisungsgesellschaften.

Abschreibungsquote

Kennzahl der →Bilanzanalyse, die die →Abschreibungen auf →Sachanlagen auf den Endbestand der Sachanlagen bezieht. Die A. läßt bei langfristiger Betrachtung erkennen, ob →stille Reserven zu Lasten des →Gewinnes gebildet (Quote steigt) oder zugunsten des Gewinnes aufgelöst werden (Quote sinkt).

Abschreibungsrisiko

Gefahr des Wertverfalls von →Aktiva, z. B. von →Forderungen (resultierend aus dem →Forderungsausfallrisiko bzw. →Adressenausfallrisiko) oder von →festverzinslichen Wertpapieren (resultierend aus dem →Zinsänderungsrisiko bzw. →Kurswertrisiko).
(→Bankbetriebliche (Erfolgs-)Risiken des liquiditätsmäßig-finanziellen Bereichs)

Abschwächende Basis

Gross Basis, die geringer wird (z. B. von +0,5 auf +0,3). Die Veränderung der Gross Basis spielt eine entscheidende Rolle bei →Hedgingstrategien und →Arbitragestrategien mit →Futures (z. B. Cash & Carry-Arbitrage).
Gegensatz: →verstärkende Basis.

Absicherungsstrategie, →Hedgingstrategien.

Absonderung

A. kann derjenige →Konkursgläubiger verlangen, der an Gegenständen, die zur →Konkursmasse gehören, ein →dingliches Recht besitzt (§ 47 KO). Solche Rechte werden begründet durch →Hypothek, →Pfandrecht, Sicherungseigentum (→ Sicherungsübereignung) u. a. Die Befriedigung des berechtigten →Gläubigers erfolgt durch →Verwertung des entsprechenden Gegenstandes zu seinen Gunsten. Ein etwaiger Mehrerlös fließt jedoch in die Konkursmasse zurück.

Abstrakte Sicherheit, →nichtakzessorische Kreditsicherheit.

Abstraktes Schuldversprechen

→Vertrag, mit dem eine Leistung in der Weise versprochen wird, daß allein das →Schuldversprechen die Verpflichtung selbständig ohne Rücksicht auf das zugrundeliegende →Verpflichtungsgeschäft begründen soll.
Dieses Versprechen bedarf der →Schriftform, sofern nicht für das Schuldverhältnis eine strengere Form (→Formvorschrift) vorgesehen ist (§ 780 BGB). Ein a. S. liegt z. B. beim →Dokumentenakkreditiv und beim →Wechsel vor. Sein Vorteil liegt in der günstigeren Beweisposition für den →Gläubiger, der seinen →Anspruch im Prozeß allein durch Vorlegung der das Versprechen enthaltenen →Urkunde begründen kann.

Abstraktionsprinzip

Grundsatz im deutschen →Privatrecht, nach dem sowohl →Verpflichtungsgeschäft als auch Erfüllungsgeschäft (→Verfügungsgeschäfte) in ihrer Wirksamkeit grundsätzlich voneinander unabhängig sind. Sie stellen sich häufig als ein einziger wirtschaftlicher Vorgang dar (→Kauf einer →Sache und →Übereignung der Sache; Kauf einer →Forderung und →Abtretung der Forderung, z. B. →Forfaitierung); rechtlich liegen jedoch zwei völlig selbständige Geschäfte vor. Mängel des Verpflichtungsgeschäftes berühren die Wirksamkeit des Erfüllungsgeschäftes nicht. Fehlt es umgekehrt an einem wirksamen Verfügungsgeschäft (z. B. bei →Anfechtung der Übereignung), so hat dies keine rechtliche Bedeutung für das wirksam abgeschlossene Verpflichtungsgeschäft. Aufgrund des A. aufgetretene unbillige Vermögensverschiebungen werden nach den Grundsätzen der →ungerechtfertigten Bereicherung rückabgewickelt.

Abtretung

Zession; abstraktes →Verfügungsgeschäft (→Abstraktionsprinzip), durch das eine →Forderung von dem bisherigen →Gläubiger (Zedent) durch →Vertrag auf einen neuen Gläubiger (Zessionar) übertragen wird, wobei allein die →Einigung zwischen beiden den Forderungsübergang bewirkt; die Kenntnis des →Schuldners ist nicht erforderlich (§ 398 BGB, →stille Zession). Meist liegt der A. ein Forderungskauf, wie z.B. beim →Factoring oder bei →Forfaitierung, bzw. ein →Kreditvertrag, wie bei der →Sicherungsabtretung, zugrunde.

Form: Der Abschluß des Abtretungsvertrages ist formfrei gültig, wird aber aus Beweissicherungsgründen i.d.R. schriftlich vorgenommen. Besondere Regelungen bestehen für die Übertragung von →Grundpfandrechten. Bei →Wertpapieren unterliegen nur die →Rektapapiere den zessionsrechtlichen Bestimmungen.

Wirksamkeitserfordernisse: Die abgetretenen Forderungen müssen individualisiert sein, wobei sich die Rechtsprechung hier im Unterschied zur →Übereignung →beweglicher Sachen mit der Bestimmbarkeit begnügt (→Globalzession). Die Forderung muß darüber hinaus auch abtretbar sein: Kann die Leistung gegenüber einem anderen als dem ursprünglichen Gläubiger nicht ohne Veränderung ihres Inhalts erfolgen, so besteht ein →Abtretungsverbot gemäß § 399 BGB; das gilt für höchstpersönliche Ansprüche (z.B. aus →Dienstvertrag, →Auftrag, →Miete und →Pacht; §§ 613, 664 Abs. 2, 535, 581 BGB) sowie für zweckgebundene Ansprüche (z.B. Ansprüche auf Kindergeld, Weihnachtsgeld und Urlaubsgeld). Aus sozialen Erwägungen wird die A. einer Forderung ausgeschlossen, soweit sie der →Pfändung nicht unterworfen ist (§ 400 BGB). Einzelheiten zu den pfändungsfreien Beträgen bei Arbeitseinkommen und der Pfändbarkeit sonstiger Sozialleistungen enthalten die §§ 850 ff. ZPO und die §§ 53 ff. des Ersten Buchs des Sozialgesetzbuches (SGB I). Gemäß § 399 BGB kann ein Abtretungsverbot auch zwischen Gläubiger und Schuldner einer Forderung vereinbart werden. Dies findet sich häufig für Lohn- und Gehaltsforderungen in →Tarifverträgen, →Betriebsvereinbarungen oder in einzelnen →Arbeitsverträgen. Darüber hinaus werden auch in →Allgemeine Geschäftsbedingungen Vereinbarungen aufgenommen, die entweder eine Übertragbarkeit der Forderungen ausschließen oder zumindest von der Zustimmung des Schuldners abhängig machen. Die →Spitzenverbände der deutschen Kreditwirtschaft geben aktualisierte Listen aus, in denen die betreffenden Schuldner verzeichnet sind.

Mängel in der Rechtsposition des Zedenten: (1) Ist der Zedent nicht oder nicht mehr Inhaber der abgetretenen Forderung, erfolgt kein Forderungserwerb. (2) Der Schuldner kann jedem Zessionar alle →Einreden (z.B. →Verjährung) und Einwendungen (insbes. Nichtabtretbarkeit) entgegenhalten, die er dem Zedenten gegenüber geltend machen kann (§§ 404 ff. BGB). Eine →Aufrechnung mit Gegenforderungen ist möglich, soweit der Schuldner sie vor seiner Kenntnis von der A. gegen den Zedenten erworben hat (§ 406 BGB).

Übergang von Sicherungsrechten: →Akzessorische Sicherheiten, →Nichtakzessorische Kreditsicherheiten.

Beweisurkunden: Der bisherige Gläubiger hat etwaige →Urkunden, die zur Geltendmachung oder zum Beweis der Forderung (→Rektapapiere, Beweisurkunden) erforderlich sind, dem Zessionar herauszugeben (§ 402 BGB).

Arten: →Einzelabtretung und →Rahmenabtretung; Sicherungsabtretung; stille Zession und →offene Zession; →Vorausabtretung; Globalzession und →Mantelzession; →Blankoabtretung.

Abtretung des Rückübertragungsanspruchs

→Kreditsicherheit für nachrangige Grundpfandrechtsgläubiger (→nachrangiges Hypothekendarlehen). Durch Tilgung eines →Hypothekendarlehens wird wegen der strengen Akzessorität (→akzessorische Sicherheit) auch die →Hypothek getilgt. Jeder nach- oder gleichrangige →Gläubiger kann die Löschung verlangen. Anders bei einer →Grundschuld: Trotz Tilgung des →Darlehens bleibt die Grundschuld bestehen; der →Schuldner erlangt jedoch einen →Anspruch auf Rückgewährung der Grundschuld und kann sich ein Nachranggläubiger abtreten lassen. Die →Abtretung wird dem Vorranggläubiger angezeigt und ist von ihm bestätigen zu lassen, so daß eine Wiedervalutierung nur mit Zustimmung des Abtretungsbegünstigten möglich ist.

Abtretungsverbot

Klausel in den Geschäftsbedingungen vieler Firmen. Mit Annahme dieser Bedingung akzeptiert der Lieferant, daß die bestehende oder künftige →Forderung gemäß § 399 BGB nicht sicherungshalber abgetreten werden kann (→ Abtretung). Das A. behindert die Entwicklung des Factoringgeschäftes (→ Factoring). Für Geldforderungen im Bereich des →Handelsrechts ist ein A. nicht wirksam (§ 354 a HGB).

Abtretung von Spareinlagen

Eine Art der →Sicherungsabtretung (Zession), bei der eine Reihe von Besonderheiten zu beachten sind. →Abtretungen von →Forderungen aus →Sparkonten sind nur bei anderen Kreditinstituten möglich, da niemand Forderungen gegen sich selbst haben kann. Die kreditgebende Bank verlangt i. d. R. die Hinterlegung des Sparbuches; auf diese Weise kann sie unberechtigte Verfügungen des Sparbuchinhabers vermeiden. Auf der anderen Seite hat das kontoführende Institut nach den →Allgemeinen Geschäftsbedingungen ein →Pfand- und →Zurückbehaltungsrecht an der Forderung.

Abwärtsgerichtete Fächer

→Trendfächer, die einen Abwärtstrend beschreiben.
Gegensatz: →Aufwärtsgerichtete Fächer.
(→Technische Analyse, →Technische Studie)

Abweichungsindikator im Europäischen Währungssystem

Im →Europäischen Währungssystem errechnete Abweichung des ECU-Tageswertes (→Europäische Währungseinheit) jeder am EWS teilnehmenden →Währung von ihrem →ECU-Leitkurs in Prozent der maximal zulässigen Abweichung. Diese liegt vor, wenn sich der Marktkurs der betreffenden Währung gegenüber allen anderen im ECU-Währungskorb enthaltenen Währungen um die volle Schwankungsbreite, d. h. seit 2. 8. 1993 um ±15 Prozent, von den →bilateralen Leitkursen entfernt hat. Der A. würde dann ±100 Prozent betragen. Wegen des unterschiedlichen Gewichts der einzelnen Währungen im ECU-Währungskorb ergeben sich für die Teilnehmerwährungen unterschiedlich große maximale Abweichungen. Die Konsequenzen der (vorübergehenden) Nichtteilnahme des Pfund Sterling und der Lira sowie der Drachme am Wechselkurssystem werden in der Weise berücksichtigt, daß in allen Fällen, in denen eine dieser Währungen von mindestens einer der anderen Währungen, gemessen an den (fiktiven) bilateralen Leitkursen, um mehr als ±15 Prozent abweicht, eine Korrektur des A. erfolgt. Dies soll sicherstellen, daß der A. nicht durch Entwicklungen außerhalb der →Bandbreiten beeinflußt wird. Die Korrektur bemißt sich nach der Höhe der Margenüberschreitung.

Der A. soll darüber Auskunft geben, ob eine der am Interventionssystem beteiligten Währungen sich deutlich anders entwickelt als die übrigen Währungen. Das Erreichen der sog. Abweichungsschwelle begründet eine Vermutung, daß Maßnahmen zur Verminderung oder Ausschaltung der so indizierten Spannungen im Wechselkursgefüge ergriffen werden, z. B. intramarginale Interventionen (→Interventionen am Devisenmarkt).

Abwertung

Devaluation, Devalvation. 1. Veränderung des →Leitkurses einer →Währung (so im →Europäischen Währungssystem; im →Bretton-Woods-System dagegen: Veränderung der →Parität) zu einer anderen Währung oder zu einem Währungskorb. Der Wert der fremden Währung bzw. des Währungskorbes, ausgedrückt in Einheiten der abgewerteten Währung, erhöht sich.

Der →Außenwert der abgewerteten Währung wird herabgesetzt und damit an die seit der vorangegangenen Fixierung des Leitkurses bzw. der Parität eingetretene Veränderung der Austauschrelationen angepaßt (Verschlechterung der →Terms of Trade). Hauptursache des Anpassungsbedarfs ist i. d. R. eine unterschiedliche Preisentwicklung im Inland gegenüber derjenigen im Ausland (höhere Preissteigerungsrate im Inland als im Ausland →Kaufkraftparitätentheorie).

2. Im System →fester Wechselkurse wird die A. als Instrument der Außenwirtschafts- bzw. →Außenhandelspolitik eingesetzt. I. d. R. wird die Verringerung eines Defizits in der →Leistungsbilanz angestrebt, und zwar einerseits wegen der wirtschaftspolitischen Verpflichtung zur Realisierung eines →außenwirtschaftlichen Gleichgewichts, andererseits wegen der damit erhoffte Verbesserung der internationalen Wettbewerbsposition des abwertenden Landes. Verteuern sich durch die A. die Inlandspreise der Importgüter und sinken die Auslandspreise der Exportgüter, ist mit der Verminderung des Leistungsbilanzdefizits zu rechnen. Länger-

fristig wird diese Wirkung der A. nur aufrechterhalten, wenn deren binnenwirtschaftliche Ursachen (z. B. höhere Inflationsraten als im Ausland) erfolgreich bekämpft werden.

3. Als A. wird auch die bei →flexiblen Wechselkursen sich ergebende Senkung des Außenwertes der Währung bezeichnet. Eine gleitende A. liegt vor, wenn der Außenwert einer Währung laufend angepaßt wird.

4. Der Begriff A. wird schließlich auch für die Herabsetzung des →Nominalwertes aller →Forderungen im Zusammenhang mit den →Währungsreformen 1923 und 1948 verwendet.

Gegensatz: →Aufwertung.
(→Wechselkurssysteme)

Abwicklung
Bezeichnung im →Gesellschaftsrecht für das Verfahren, das nach Auflösung einer →Gesellschaft durchgeführt wird, wenn nicht der →Konkurs eröffnet ist. Während das →Aktiengesetz von A. spricht, wird im HGB der Begriff →Liquidation verwendet.

Abwicklungsgesellschaft, →Liquidation.

Abzahlungsdarlehen
1. →Darlehen, das der Kreditnehmer durch fallende Jahresleistungen (gleichbleibender Tilgungsanteil, aber fallender Zinsanteil) zurückzahlt. Diese nicht annuitätische Rückzahlung führt im Gegensatz zum →Annuitätendarlehen zu einer wesentlich längeren →Laufzeit, sofern nicht ein sich jährlich erhöhender Tilgungssatz vereinbart ist.

2. Bezeichnung für →Ratenkredit (→Verbraucherkredit).

Abzahlungsgeschäft, →Abzahlungsgesetz, →finanzierter Abzahlungskauf, →Teilzahlungskredit, →Ratenkredit.

Abzahlungsgesetz
Mit Inkrafttreten des →Verbraucherkreditgesetzes aufgehobenes Gesetz zum Schutz von privaten und kleingewerblichen Ratenkäufern, das auf Kaufverträge Anwendung fand, bei denen eine Ratenzahlung vereinbart wurde (→finanzierter Abzahlungskauf). Das A. schrieb Schriftform vor und forderte, daß der effektive Jahreszins angegeben wurde und der Käufer deutlich auf sein innerhalb einer Frist von einer Woche auszuübendes Widerspruchsrecht hingewiesen wurde. Nach der Rechtsprechung wurde das

A. auch auf das →Kreditgeschäft angewendet, wenn die Voraussetzungen „eines wirtschaftlich einheitlichen Vorgangs mit dem Ziel, dem Darlehensnehmer zum Erwerb des Kaufgegenstandes auf Abzahlung zu verhelfen", vorlagen.

Abzahlungshypothek
Bezeichnung für hypothekarisch gesichertes →Abzahlungsdarlehen (→Hypothek mit besonderer Tilgungsabrede). Die Tilgungsabrede besteht darin, daß in bestimmten zeitlichen Abständen (jährlich, halbjährlich, vierteljährlich etc.) ein bestimmter, gleichbleibender Teilbetrag vom Ursprungskapital zurückgeführt wird. Daneben sind →Zinsen zu entrichten, deren Höhe durch die fortschreitende →Tilgung immer geringer wird.
Gegensatz: →Tilgungshypothek, →Festhypothek.

Abzahlungskredit, →finanzierter Abzahlungskauf.

Abzinsungsfaktor
Finanzmathematischer Faktor. Er zinst einen nach n Jahren fälligen Geldbetrag K_n unter Berücksichtigung von →Zins und →Zinseszins auf einen jetzt fälligen Geldbetrag K_0 ab (verwandelt „Einmalzahlung nach n Jahren" in „Einmalzahlung jetzt").

$$K_0 = K_n \cdot (1+i)^{-n} = K_n \cdot AbF$$

↳ Abzinsungsfaktor AbF

Durch Multiplikation des zukünftigen Wertes mit dem A. wird der →Barwert errechnet. Der A. wird mit folgender Formel ermittelt:

$$v^n = (1 + i)^{-n}$$

wobei:
v^n = Abzinsungsfaktor
i = Zinssatz, d. h. p/100
n = Restlaufzeit.

Alternativ wird der A. auch mit q^{-n} bezeichnet. Der Abzinsungsfaktor ist der Kehrwert des →Aufzinsungsfaktors. Die obige Gleichung kann deshalb wie folgt vereinfacht werden:

$$v^n = 1 : r^n$$

Abzinsungspapier

wobei:
v^n = Abzinsungfaktor
r^n = Aufzinsungsfaktor
n = Restlaufzeit.

Gegensatz: → Aufzinsungsfaktor.
(→ Barwert bei Zinseszinsrechnung, → Investitionsrechnung)

Abzinsungspapier
Kurzfristiges → Zinsinstrument, das mit einem → Abschlag vom → Nennwert gehandelt wird und keine laufenden Zinszahlungen hat. Der Zinsertrag bei → Emission entspricht der Differenz zwischen → Emissionskurs und → Nennwert. Der Käufer zahlt als Kaufpreis den um den Diskont (→ Abschlag) verringerten Nennwert und erhält am Ende der → Laufzeit den vollen Nennwert zurück. Es handelt sich beispielsweise um → Treasury Bills, → Commercial Papers, → Banker's Acceptances, U-Schätze (→ unverzinsliche Schatzanweisung), Bulis, → BTF sowie → Finanzierungsschätze.
Gegensatz: → zinstragendes Zinsinstrument.

Accepting Houses
Bankgruppe in Großbritannien, die zur Gruppe der → Merchant Banks gehört. A. H. sind → Universalbanken für die Industrie (→ Bankwesen Großbritannien).

Accrual Note
→ Zinsinstrument, bei dem ein Nominalzinssatz (→ Nominalzins) gezahlt wird, wenn der → Referenzzinssatz (z. B. → LIBOR) einen bestimmten Wert (Accrual Level) fällt. A.N. werden entweder als → variabel verzinsliche Anleihen oder → Festzinsanleihen emittiert. Variabel verzinsliche A. N. haben eine positive → Quoted Margin (z. B. 100 → Basispunkte), d. h. der Anleger erhält eine Verzinsung, die um 100 Basispunkte höher als der Referenzzinssatz ist. A. N. bestehen u. a. aus → Binary Options und traditionellen → Optionen.
Beispiel für das → Bond Stripping einer variabel verzinslichen A.N.: Eine variabel verzinsliche A. N. zahlt halbjährlich den 6-Monats-LIBOR + 100 Basispunkte (Quoted Margin). Der Anleger erhält den Nominalzinssatz (6-Monats-LIBOR + 100 Basispunkte), wenn der 6-Monats-LIBOR unter 5% liegt. Die variabel verzinsliche A. N. besteht aus folgenden Komponenten: (1) → Long Position in einem → Plain Vanilla Floater mit LIBOR flat, (2) → Short Position in einem → Cap mit → Basispreis 5%, (3) Long Position in einem → Digital Floor mit Basispreis 5%, das 100 Basispunkte zahlt und (4) Short Position in einem → Digital Cap mit ebenfalls Basispreis 5%, bei dem 500 Basispunkte bezahlt werden müssen. Die Zerlegung der variabel verzinslichen A. N. in die verschiedenen Komponenten zeigt, daß der Anleger eine Short Position in einem Digital Cap mit einer relativ hohen Ausgleichszahlung eingegangen ist. Da die Höhe der Ausgleichszahlung unabhängig vom → inneren Wert des Digital Caps ist, geht der Anleger mit dem Kauf der A. N. ein hohes Risiko ein. Für dieses Risiko wird der Anleger in Form einer relativ hohen Quoted Margin entschädigt. Die Quoted Margin kann als die annualisierte Capprämie (→ Cap) interpretiert werden, die der Anleger vom → Emittenten des Papiers erhält.
(→ Embedded Exotic Option)

Accrual Option
→ Exotische Option, bei der ein feststehender Betrag gezahlt wird, wenn der → Basiswert einen bestimmten Wert nicht überschreitet (obere Barriere) oder unterschreitet (untere Barriere) bzw. einen vorgegebenen Kurskanal nicht verläßt. A. O. wurden ursprünglich beispielsweise in → Accrual Notes als → Embedded Options eingesetzt. A. O. werden auch als verbriefte → Optionen (→ Exotischer Optionsschein) in → Accrual Warrant angeboten (z. B. → Hamster-Optionsschein, BOOST-Optionsschein).

Accrual Warrant
→ Exotischer Optionsschein, bei dem ein feststehender Betrag gezahlt wird, wenn der → Basiswert einen bestimmten Wert nicht überschreitet (obere Barriere) oder unterschreitet (untere Barriere) bzw. einen vorgegebenen Kurskanal nicht verläßt. A. W. sind beispielsweise → Hamster-Optionsschein, BOOST-Optionsschein, → E.A.R.N.-Optionsschein, → Single Barrier Accrual, → Dual Barrier Accrual.

Accrued Interest, → Stückzinsen.

Achsenabschnitt
Synonym für → Alpha.

ACMN, → GEISCO.

Actuals
Finanzinstrumente des → Kassamarktes, die Grundlage für Derivative Instrumente bilden.

Additional Margin

→ Margin, die für alle Optionspositionen und für die Non-Spread Futurespositionen einer Marginklasse (→ Margin) bei der DTB zum Zeitpunkt der Positionseröffnung (→ Opening Transaction) hinterlegt werden muß, um potentiell zusätzlich anfallende Glattstellungskosten (Closing Transaction) abzudecken. Die A. M. wird an der DTB nach dem → Risk Based Margining System ermittelt. Diese potentiellen Glattstellungskosten würden entstehen, wenn, ausgehend vom aktuellen Marktwert der Position, innerhalb von 24 Stunden die angenommene ungünstigste Kursentwicklung (Worst Case Loss) eintreten würde. Die A. M. wird für jede Marginklasse festgelegt und kann von der DTB jederzeit geändert werden.
(→ Futures Spread Margin, → Premium Margin)(→ Variation Margin, → Maintenance Margin)

Adjusted Beta

→ Betafaktor, der korrigiert wurde. Bei → Aktien mit einem extremen Betafaktor führt der Stichprobenfehler mit hoher Wahrscheinlichkeit zu einer Über- bzw. Unterschätzung gegenüber dem wahren → Beta. Deshalb kann erwartet werden, daß sich im Zeitablauf hohe Betafaktoren verringern bzw. geringe Betafaktoren erhöhen werden. In empirischen Studien wurde dieses Verhaltensmuster beispielsweise von Blume für den amerikanischen → Aktienmarkt nachgewiesen. Da langfristig alle Betafaktoren gegen den Betafaktor des gesamten Aktienmarktes, also 1 tendieren, werden in dem a. B. alle Betafaktoren, die unter 1 sind, etwas erhöht bzw. alle Betafaktoren, die über 1 sind, etwas verringert.

Adjusted Duration, → Modified Duration.

Adjusted Price, → Adjusted Simple Margin.

Adjusted Simple Margin (ASM)

Variante der → Margin-Analyse von → Plain Vanilla Floatern. Die ASM ist eine Weiterentwicklung der → Simple Margin: Die Differenz zwischen → Rückzahlungskurs und aktuellem Kurs eines Floaters hängt zum einen vom → Rückzahlungsgewinn oder → -verlust und zum anderen von Änderungen des → Referenzzinssatzes (z. B. → LIBOR, → FIBOR) seit dem letzten → Kupontermin ab. Die Simple Margin berücksichtigt im Gegensatz zur ASM nur einen eventuellen Rückzahlungsgewinn oder -verlust, nicht aber den Einfluß von Zinsänderungen auf den laufenden Kurs.

Ermittlung:

1. Schritt: Ermitteln der → Carry

Carry = (Kupon letzter Zinstermin – aktueller × Kupon) · d : Jahrestage

wobei:

d = Anzahl der Tage vom → Valutatag bis zum nächsten Kupontermin

Jahrestage = Anzahl Tage im Jahr in Abhängigkeit von der → Tageberechnungsmethode

Mit dieser Formel wird der am letzten Zinstermin fixierte Nominalzinssatz (→ Nominalzins) (Kupon letzter Zinstermin) mit dem aktuellen Nominalzinssatz (aktueller Kupon) verglichen, der sich ergeben würde, wenn der Nominalzinssatz an den aktuellen Referenzzinssatz angepaßt werden würde. Eine negative Carry bedeutet, daß der Anleger einen Zinsverlust erleidet, da der aktuelle Kupon höher ist als der bereits fixierte Zinssatz am letzten Zinstermin. Es wurde keine → Marge verdient. Bei einer positiven Carry erzielt der Anleger einen Zinsgewinn, da der aktuelle Kupon höher als der am letzten Zinstermin fixierte ist.

2. Schritt: Ermitteln des Adjusted Price (Neutral Price)

Adjusted Price = Kurs – Carry

wobei:

Kurs = Aktueller Kurs ohne → Stückzinsen

Carry = Ergebnis aus Schritt 1

3. Schritt: Ermitteln der ASM

ASM = (Tilgungskurs – Adjusted Price): Laufzeit + → Quoted Margin

wobei:

Adjusted Price = Ergebnis aus Schritt 2

Laufzeit = → Restlaufzeit

Steigt der Referenzzinssatz, dann steigen die Kosten für die → Refinanzierung des Floaters. Dieser Verlust reduziert den Rückzahlungsgewinn und damit die ASM. Fällt der Referenzzinssatz, dann steigt die ASM. Ein eventueller Rückzahlungsgewinn bzw. -verlust wird ähnlich wie bei der Simple Yield-to-Maturity (→ Börsenformel) linear auf die → Restlaufzeit des Papiers verteilt.

Adjustierter Futureskurs

Kurs eines mittelfristigen → Zinsfuture oder langfristigen Zinsfuture, der mit dem → Preisfaktor multipliziert wird. Der a. F. zeigt den implizierten Terminkurs einer → lieferbaren Anleihe an und wird u. a. zur

AdK

Ermittlung der Gross Basis und →Implied Yield verwendet.

AdK
Abk. für Arbeitsgemeinschaft deutscher Kassenvereine (→Deutscher Kassenverein AG, →Effektengiroverkehr).

AD-Linie
Trendindikator der →technischen Analyse eines Gesamtmarktes (z.B. DAX). Die AD-Linie wird als Ergänzung zur Analyse von Trends mittels →Trendlinien eingesetzt. Beispielsweise können → Aktienindices auch noch steigen, wenn die Mehrzahl der im Index enthaltenen Aktien bereits fallen. Dies ist möglich, wenn einige im Aktienindex relativ hoch gewichteten Aktien noch steigen und den Kursverfall der restlichen Werte somit kompensieren. Die AD-Linie wird als Zeitreihe der kumulierten täglichen Differenzen zwischen der Anzahl gestiegener und Anzahl gefallener Aktien berechnet. Während ein Aktienindex die wertmäßige Marktentwicklung widerspiegelt, zeigt die AD-Linie die mengenmäßige Entwicklung eines Marktes bzw. Marktsegmentes auf. Neben der Aussage über die Breite einer Marktbewegung läßt ein Vergleich über die Parallelität des Verlaufes der AD-Linie und des Marktindex Rückschlüße auf eine Trendbestätigung bzw. eine Trendwende zu. Entwickeln sich beide Werte parallel, so ist die AD-Linie als Bestätigung des durch den Index angezeigten Trends zu deuten. Weichen dagegen die Kursentwicklung des Index und die Entwicklung der AD-Linie voneinander ab, ist mit einer Trendumkehr zu rechnen.

Administrative Kreditpolitik
Bezeichnung für die →Geldpolitik einer →Zentralnotenbank mit der Befugnis, die Kreditgewährung der →Banken an Nichtbanken mengenmäßig zu begrenzen (→Kreditplafondierung).

Administrierte Preise
Preise für Güter und Dienstleistungen, die entweder von staatlichen oder kommunalen Stellen festgelegt werden (vor allem Benutzungsgebühren) oder die einer behördlichen Genehmigung bedürfen (etwa Tarife im Beförderungswesen). Durch Erhöhung von a.P. kann die →Inflation beschleunigt und die →Geldpolitik der Deutschen Bundesbank unterlaufen werden.

ADR
Abk. für →American Depositary Receipts.

Adresse
Bezeichnung für Geschäftspartner, z.B. im →Geldhandel. A. werden nach ihrer Bonität (→Kreditwürdigkeit) unterschieden.

Adressenausfallrisiko
Ausfallrisiko; Gefahr des teilweisen oder vollständigen Ausfalls einer von einem Geschäftspartner vertraglich zugesagten Leistung oder – bei →Beteiligungen – erwarteter Leistungen mit jeweils negativer Erfolgswirkung für den →Bankbetrieb.
Zu den A. zählen die Ausfallrisiken aus →bilanzwirksamen Geschäften (insbes. →Forderungsausfallrisiko) und aus →bilanzunwirksamen Geschäften sowie die →Eindeckungsrisiken aus bilanzunwirksamen Geschäften.
Die →Bankenaufsicht sucht dieses Risiko durch den →Grundsatz I zu begrenzen, der vorschreibt, daß das →haftende Eigenkapital der Kreditinstitute mindestens 8% der im Grundsatz I genannten →Risikoaktiva betragen muß (→Solvabilitätskoeffizient); §§ 10, 10a KWG.
(→Bankbetriebliche (Erfolgs-)Risiken des liquiditätsmäßig-finanziellen Bereichs, →Risiko-Management)

Advance-Decline-Linie, →AD-Linie.

Advance Payment Guarantee, →Anzahlungsgarantie.

AfA
Abk. für Absetzung für Abnutzung. Bei längerlebigen →Wirtschaftsgütern sieht § 7 Abs. 1 EStG als Grundsatz vor, die →Anschaffungskosten oder →Herstellungskosten gleichmäßig auf die betriebsgewöhnliche Nutzungsdauer zu verteilen. Dies gilt auch im Hinblick auf den Abzug von →Werbungskosten (§ 9 Abs. 5 EStG).
(→Einkommensteuer)

Affinity Card
→Kreditkarte von Non-Profit-Organisationen wie Sportvereine oder Sportverbände; besondere Form des →Co-brandings. Das mit der Karte erzielte →Disagio wird teilweise dazu verwendet, öffentliche Hilfsfonds zu unterstützen.

AGB-Pfandrecht der Kreditinstitute

à forfait
(französisch: in Bausch und Bogen)
Die Aufgabe von → Rechten, insbes. der Ausschluß des Rückgriffs auf vorherige Eigentümer (→ Forfaitierung) beim Ankauf von → Forderungen.

A-forfait-Geschäft, → Forfaitierung.

African Development Bank (AfDB),
→ Afrikanische Entwicklungsbank.

Afrikanische Entwicklungsbank (AfDB)
1963 von unabhängigen afrikanischen Staaten gegründete internationale Entwicklungsbank mit Sitz in Abidjan (Elfenbeinküste); seit 1982 auch mit nichtregionalen Mitgliedern (→ Internationale Entwicklungsbanken mit regionalem Tätigkeitsbereich).

AG
Abk. für → Aktiengesellschaft.

AGB
Abk. für → Allgemeine Geschäftsbedingungen.

AGB der Kreditinstitute, → Allgemeine Geschäftsbedingungen der Kreditinstitute.

AGB-Future
Kurzbezeichnung für den langfristigen Zinsfuture auf österreichische → Staatsanleihen an der ÖTOB, der mit dem → Bund-Future an der → LIFFE und DTB verglichen werden kann.

AGB-Gesetz
Abk. für Gesetz zur Regelung des Rechts der Allgemeinen Geschäftsbedingungen, → Allgemeine Geschäftsbedingungen.

AGB-Pfandrecht der Kreditinstitute
→ Vertragspfandrecht der → Banken und → Sparkassen in Form einer sehr weit gefaßten allgemeinen Pfandklausel in den → Allgemeinen Geschäftsbedingungen. Das AGB-P. erstreckt sich auf alle → Sachen und → Rechte des Kunden, die das → Kreditinstitut in seinem → Besitz oder in seiner Verfügungsgewalt hat (Nr. 14 Abs. 1 AGB Banken und Nr. 21 AGB Sparkassen). Das AGB-P. dient der Sicherung aller bestehenden und künftigen → Ansprüche des Kreditinstituts aus der → Geschäftsverbindung zwischen Kreditinstituten und dem Kunden.

Begründung des AGB-P.: Die erforderliche Einigung liegt in der Anerkennung der Allgemeinen Geschäftsbedingungen. Der Rang des → Pfandrechts der Bank bemißt sich nach dem Zeitpunkt der Bestellung, so daß das Pfandrecht des Kreditinstituts dem später bestellten Pfandrecht eines Dritten selbst dann im Range vorgeht, wenn eine zu sichernde → Forderung des Kreditinstituts erst danach entstehen sollte (§§ 1209, 1204 Abs. 2 BGB).

Pfandrecht an → beweglichen Sachen: Zum Erwerb reicht Besitzposition bzw. Verfügungsgewalt rechtlicher oder tatsächlicher Art aus. Mangels selbständiger Verpfändbarkeit erstreckt sich die Pfandklausel nicht auf einfache Beweisurkunden und → Rektapapiere sowie auf → Wertpapiere, bei denen zur Übertragung des verbrieften Rechts neben → Einigung und → Übergabe noch weitere Erfordernisse bestehen, z. B. → vinkulierte Namensaktie und → Grundschuldbrief. Sonstige Wertpapiere fallen dagegen genauso wie andere bewegliche Sachen unter den Anwendungsbereich, sofern sie nicht in einem bei einem betroffenen Kreditinstitut gemieteten → Schrankfach (geschlossenes → Depot) gelagert werden (Grund: fehlende Besitzposition, dann aber → Vermieterpfandrecht nach § 559 BGB). Nicht erfaßt werden auch die im Ausland befindlichen inländischen und ausländischen Wertpapiere.

Pfandrechte an Forderungen und sonstigen Rechten: Unter das AGB-P. können alle Ansprüche des Kunden gegen Dritte oder gegen das Kreditinstitut selbst fallen, sofern sich ihre Verfügungsgewalt darauf erstreckt. Von Bedeutung sind namentlich die bei dem betreffenden Institut gehaltenen Guthaben aus → Giro-, → Spar- und → Festgeldkonten (Pfandrecht an eigener Schuld), da eine → Sicherungsabtretung wegen der (infolge des Zusammenfalls der Gläubiger- und Schuldnerposition) eintretenden Konfusion ins Leere gehen würde. Die Schuldnerposition des Kreditinstituts macht außerdem die Verpfändungsanzeige nach § 1280 BGB entbehrlich.

Einschränkung des AGB-P.: Nr. 14 Abs. 2 AGB Banken und Nr. 21 Abs. 2 AGB Sparkassen grenzen von dem Anwendungsbereich der Pfandklausel bewegliche Sachen oder sonstige Vermögensgegenstände des

AG & Co. KG

Kunden aus, wenn diese dem Kreditinstitut nur zu einem ganz bestimmten Zweck ausgehändigt worden sind (z. B. Einreichung von → Schecks mit der Weisung, den Gegenwert zur Einlösung eines → Wechsels zu verwenden). Anderdepots, → Anderkonten, offene Treuhanddepots und offene → Treuhandkonten werden aus den gleichen Erwägungen vom AGB-Pfandrecht nicht erfaßt. Besonderheiten sind für → Oder-Konten sowie für → Und-Konten zu beachten.

AG & Co. KG

Gesellschaftsrechtliche Mischform, bei der eine → Aktiengesellschaft (AG) → Komplementärin einer → Kommanditgesellschaft ist.
(→ Kapitalgesellschaft & Co.)

Agency Arrangement

Absprache zwischen → Kreditinstituten über eine ständige → Geschäftsverbindung (Agenturvereinbarung). Sie ist Grundlage für ein → Korrespondentenverhältnis zwischen Kreditinstituten und regelt u. a. Fragen der Verrechnung (einseitige oder gegenseitige Kontoverbindung [→ Konto]), Einschaltung einer Remboursbank (→ Remboursieren). Einräumung von → Kreditlinien usw.

Agent

1. Synonyme Bezeichnung für → Handelsvertreter.

2. Bezeichnung für eine Bank (Agent Bank) als → Konsortialführerin bei → Emissionen von → Effekten, → Syndizierung von → Krediten (→ syndizierter Kredit) oder → Fazilitäten bei der Begebung von → Euronotes.

3. *Wertpapiergeschäft:* Der A. sorgt als Kommissionär für die Geschäftsvermittlung und führt diese im eigenen Namen und auf fremde Rechnung aus, d. h. auf Rechnung und Gefahr des Kunden. Ver- und Entleiher bleiben einander unbekannt, solange keine Partei in Verzug kommt. Agent-Geschäfte sind bilanzunwirksam.
Neuere Tendenzen zeigen, daß inländische Börsenmakler sich gegen Zahlung einer Provision als Vermittler zwischen Anbieter und Nachfrager stellen.
In der Praxis wird die Courtage von Maklern für die Wertpapierleihe z. B. wie folgt berechnet:

(1) „General Collateral"
(Nominalbetrag : 100) · (Tage : 360) · (1 : 64)
(2) „Specials"
(Nominalbetrag : 100) · (Tage : 360) · (1 : 32)

Agent Bank, → Agent.

Agio, → Aufgeld.

Agio-Anleihe

Festverzinsliches Papier, dessen → Rückzahlung oder → Kündigung mit einem Agio (→ Aufgeld) und somit über 100% erfolgt. Die Mehrzahl festverzinslicher Papiere wird zum → Nennwert (→ pari) getilgt.

Agiopapier, → Agio-Anleihe.

Agrargrenzausgleich

Mechanismus, der das bis 1993 neben dem → Europäischen Währungssystem in der EG (→ Europäische Gemeinschaften) bestehende weitere → Wechselkurssystem (durch „grüne Paritäten") ergänzte. Um negative Effekte der Änderung der in ECU (European Currency Unit) festgesetzten Interventionspreise im Rahmen der → Europäischen Agrarmarktordnungen zu vermeiden, erfolgte die Umrechnung in nationale → Währungen hier über spezielle Kurse. Daraus resultierende Wettbewerbsverzerrungen sollten durch Agrargrenzausgleichsbeträge kompensiert werden, durch welche die Interventionspreise in nationalen Währungen unverändert gehalten wurden.

AIBD

Abk. für Association of International Bond Dealers. Wurde umbenannt in → ISMA.

AIBD-Rendite, → ISMA-Rendite.

Air waybill, → Luftfrachtbrief.

AKA, Ausfuhrkredit-Gesellschaft mbH

→ Spezialbank für die mittel- und langfristige Exportfinanzierung (→ Kreditinstitute mit Sonderaufgaben, → Exportfinanzierung durch Kreditinstitute). Die AKA ist 1952 durch ein → Konsortium von Außenhandelsbanken als → Aktiengesellschaft gegründet und 1966 in eine GmbH umgewandelt worden. Dem → Eigenkapital kommt nicht die bankübliche Haftungsfunktion zu, da sich die Konsortialbanken zur → Refinanzierung der Plafonds A und C und gleichzeitig zum Risikoausgleich verpflichtet haben (Verlustübernahmeverpflichtung). Die Annahme von →Einlagen ist der AKA nicht gestattet.

Finanzierungsarten: Gegenstand der →Finanzierung sind hauptsächlich Investitionsgüterexporte in Form von →Lieferantenkrediten an deutsche Exporteure zur Refinanzierung der Produktionskosten bzw. der kreditierten Exportforderungen sowie von →Bestellerkrediten an ausländische Importeure oder deren →Banken zur Bezahlung der Lieferverbindlichkeiten gegenüber deutschen Exporteuren.

Kreditplafonds: Die Refinanzierung der streng zweckgebundenen →Kredite erfolgt über drei revolvierend einsetzbare →Kreditplafonds (A, B und C).
Der Plafond B ist ein Refinanzierungsrahmen, der der AKA von ihren Gesellschaftern entsprechend ihren Beteiligungsquoten (abgesehen vom sog. Hausbankanteil) zur Verfügung gestellt wird. Es handelt sich um Lieferantenkredite, bei denen die Exporteure DM-Solawechsel ohne Verfalldatum an die Order der AKA ausstellen, die von der AKA diskontiert werden. Zur Refinanzierung übernimmt die →Hausbank des Exporteurs je nach →Laufzeit eines Kredits einen Finanzierungsanteil von 25 bis 40%, während der Rest beim Gesamtkonsortium entsprechend der Konsortialquote plaziert wird (Diskontierung der →Solawechsel).
Um im Rahmen eines einfachen Verfahrens eine Vielzahl kleinerer Geschäfte mit einem oder mehreren ausländischen Käufern finanzieren zu können, werden →Globalkredite der AKA gewährt. Die A-Wechsel sind bei der →Deutschen Bundesbank lombardfähig, aber nicht diskontfähig.
Im Rahmen des Plafond B werden, gestützt auf eine Sonderrediskontlinie (→Rediskont-Kontingent) der Deutschen Bundesbank, kostengünstige Lieferantenkredite eingeräumt.
Im Rahmen des Plafond C gewährt die AKA direkt Kredite an ausländische Besteller (Käufer) oder deren Banken zur Ablösung der Exportforderung eines deutschen Exporteurs (→gebundene Finanzkredite, Bestellerkredite). Der Vorteil für die Exporteure liegt in der Bilanzentlastung (keine Haftung für die Kreditrückzahlung). Die Refinanzierung erfolgt durch langfristige →Buchkredite der Konsortialbanken.
(→Kreditinstitute mit Sonderausgaben, →AKA-Kredite)

Akkreditivauftrag

Akademie Deutscher Genossenschaften e. V.
Zentrale Weiterbildungsstätte der →Kreditgenossenschaften mit Sitz in Montabaur (Schloß Montabaur, 56410 Montabaur). Sie hat die Aufgabe, die Aufstiegsfortbildung der regionalen Bildungseinrichtungen des qualifizierten Fach- und Führungsnachwuchses weiterzuführen und gezielt fachliches Wissen im Rahmen von Weiterbildungsmaßnahmen (z. B. zu den Themen →Privat- und →Firmenkundengeschäft, →Auslandsgeschäft, Marketing, Arbeitsrecht, Organisation) zu vermitteln. Um den stetigen Änderungen der nationalen und internationalen bankbezogenen Rahmenbedingungen Rechnung zu tragen, bietet die Akademie außerdem Seminare zur Aktualisierung des Fach- und Führungswissens an.

AKA-Kredit
Zweckgebundene →Kredite der →AKA, Ausfuhrkredit-Gesellschaft mbH über die →Kreditplafonds A, B und C. Vgl. Übersicht S. 20/21.

Akkreditiv
Vertragliche Verpflichtung eines →Kreditinstituts, für Rechnung und nach Weisungen des Auftraggebers innerhalb eines bestimmten Zeitraumes und unter bestimmten Voraussetzungen eine Leistung an einen Dritten zu erbringen.
Nach den zu erfüllenden Voraussetzungen sind zu unterscheiden: (1) das →Dokumentenakkreditiv, bei dem die Leistung gegen Vorlage von →Warendokumenten; (2) das Barakkreditiv, bei dem die Leistung gegen Legitimationsnachweis erbracht wird.
Das Barakkreditiv hat keine Bedeutung mehr.

Akkreditivauftrag
Der an ein →Kreditinstitut gerichtete →Auftrag zur Eröffnung eines →Dokumentenakkreditivs.
Aufgrund der Vereinbarung im Kaufvertrag, Lieferungsvertrag o. ä. (Grundgeschäft) über die Stellung eines Dokumentenakkreditivs erteilt der Käufer bzw. Besteller einen A. an ein Kreditinstitut. Er hat vollständig und genau zu sein (Art. 5 ERA). Der Auftrag enthält bestimmte Angaben und bestimmte Weisungen für die Akkreditiveröffnung: Benennung des Begünstigten und (i. d. R.) seiner Bankverbindung, Angaben über Art, Beschaffenheit und Menge der

19

Akkreditivauftrag

AKA-Kredit

	Plafond A		Plafond B	Plafond C
	Einzelfinanzierung	Globalkredit		
Kreditgeber	AKA		AKA	AKA
Kreditnehmer	Deutscher Exporteur		Deutscher Exporteur (Endkreditnehmer); Vertragspartner der AKA: Bank des Exporteurs	(1) Ausländischer Besteller/Käufer (2) Bank des ausländischen Bestellers oder eine staatliche Institution
Verwendung	Finanzierung eines einzelnen Exportgeschäftes	Finanzierung diverser Einzelgeschäfte eines Exporteurs in einem vereinfachten Verfahren	Finanzierung von Exporten in alle Länder (außer EU), vornehmlich Finanzierung in Entwicklungsländern	Finanzierung von Exporten in alle Länder
Kreditart	Lieferantenkredit (Exporteurfinanzierung)		Lieferantenkredit (Exporteurfinanzierung)	gebundener Finanzkredit (Abnehmerfinanzierung)
Inanspruchnahme	Konsortialbanken		Alle im Bundesgebiet zugelassenen Banken	Konsortialbanken
Kreditbereitstellung	Diskontierung von DM-Solawechseln (an die Order der AKA) der deutschen Exporteure durch die AKA gemäß Finanzierungs- und Tilgungsplan (pro rata Finanzbedarf)		Diskontierung von DM-Solawechseln (an die Order der Hausbank) der deutschen Exporteure durch die AKA gemäß Finanzierungs- und Tilgungsplan (pro rata Finanzbedarf)	Buchkreditgewährung, Auszahlung an deutsche Exporteure pro rata Lieferung/Leistung
Refinanzierung der AKA	Konsortialbanken (Rediskontierung der Solawechsel durch Konsortialbanken)		Sonderrediskontlinie der AKA bei der Bundesbank	Konsortialbanken (Buchkredite der Konsortialbanken)

Akkreditivauftrag

AKA-Kredit (Fortsetzung)

	Plafond A		Plafond B	Plafond C
	Einzelfinanzierung	Globalkredit		
Kredithöhe und Kreditlaufzeit	Exportforderung ./. An- und Zwischenzahlungen ./. Selbstbeteiligung des Exporteurs mindestens 12 Monate	Exportforderungen ./. (mindestens) 30 Prozent Selbstbeteiligung mindestens 12 Monate maximal 48 Monate	Exportforderung ./. An- und Zwischenzahlungen ./. 30 Prozent Selbstbeteiligung	Abzulösende Exportforderung
Zinsgestaltung/ Zinsbasis	Variabler Zinssatz oder Festzinssatz/Kapitalmarktzins		Variabler Zinssatz (Diskontsatz der Bundesbank plus 1,5%) Bundesbankdiskontsatz	Variabler Zinssatz oder Festzinssatz/Kapitalmarktzins
Sicherheiten	(1) Abtretung der Forderungen aus Exportvertrag mit den dafür haftenden Sicherheiten (2) Abtretung der Ansprüche aus Kreditversicherungen (Hermes-Deckung)		(1) Abtretung der Forderungen aus Exportvertrag mit den dafür haftenden Sicherheiten (2) Abtretung der Ansprüche aus Kreditversicherungen (Hermes-Deckung) (Abtretung an die Hausbank und Weiterübertragung an die AKA) (3) Abtretung der Forderungen der Hausbank aus dem Kreditvertrag mit dem Exporteur	(1) Abtretung der Forderungen aus Exportvertrag mit den dafür haftenden Sicherheiten (2) Abtretung der Ansprüche aus Kreditversicherungen (Hermes-Deckung)

Akkreditivbank

→ Ware (vgl. Art. 4 ERA), Angabe der Akkreditivsumme (Einzelpreise × Menge plus Nebenkosten), Bezeichnung der geforderten Dokumente (Art. 20, 21 ERA), Angaben über den Transport der Ware (Abladeort, Transportweg, Bestimmungsort, Teilverladungen [Art. 40a ERA]), Fristen (1. Laufzeit des Akkreditivs, Gültigkeit des Akkreditivs = Verfalldatum für die Vorlage der Dokumente [Art. 42a ERA], 2. Verladefrist für die Ware, 3. Vorlegungsfrist [Präsentationsfrist] für die Dokumente [Art. 43a]), Angaben über die Einschaltung einer Zweitbank als avisierende Bank, Zahlstelle, Zahlbarstellung, Ort der Benutzbarkeit bzw. bestätigende Bank, Angaben über die Art der Benutzbarkeit (Sichtzahlung, hinausgeschobene Zahlung, Akzeptleistung oder Negoziierung [Art. 10a ERA]), Angaben über die Übermittlungswege für die Akkreditiveröffnung und für die Dokumente.

Akkreditivbank
Bezeichnung für ein → Kreditinstitut, das ein → Dokumentenakkreditiv eröffnet (Bezeichnung laut ERA: eröffnende Bank).

Akkreditivbestätigung
Abgabe eines → abstrakten Schuldversprechens auf der Grundlage eines → Dokumentenakkreditivs durch eine → Bank (bestätigende Bank) im Auftrag und unter dem Obligo der eröffnenden Bank (→ Akkreditivbank). Die Bestätigung begründet ein selbständiges Leistungsversprechen (Art. 9b ERA). Die Leistungsverpflichtung der bestätigenden Bank erfolgt aufgrund einer Remboursierung der eröffnenden Bank (→ Remboursieren).

Akkreditivklausel
Vereinbarung im Kaufvertrag (→ Kauf), → Werkvertrag, Werklieferungsvertrag o. ä., daß zur Erfüllung des → Vertrages ein → Dokumentenakkreditiv eröffnet werden soll.

Akkreditivkredit, → Importakkreditiv.

Akkreditivsteller
Bezeichnung für Akkreditivauftraggeber (→ Dokumentenakkreditiv).

Akkreditivübertragung, → übertragbares Akkreditiv.

Akquisition
Begriff: Gewinnung neuer Kunden bzw. Erweiterung bestehender Kundenverbindungen durch Aktivitäten in Verkauf und → Werbung.

Vorgehensweise: A: Definition der zu akquirierenden Zielgruppe: (1) Analyse der Kundenstruktur, (2) Vergleich der Kundenstruktur mit den Anforderungen des Marktes, (3) Definition der zu akquirierenden Zielkunden. – B: Entwicklung des zielgruppenorientierten Angebotes: (1) Ermittlung der zielgruppenspezifischen Problemstellungen, (2) Gestaltung der Angebote, die problemlösend sein müssen. – C: Vorbereitung der Kontaktaufnahme: (1) Adressenbeschaffung, (2) Adressenprüfung und Informationsbeschaffung über die einzelnen Zielkunden, die besucht werden sollen, (3) Erarbeitung der Präsentations-/Argumentationsleitlinie, (4) Konzept zur → Einwandbeantwortung. – D: Kontaktaufnahme sowie → Akquisitionshilfen. – E: Systematische Nacharbeit: (1) Auswertung des Erstgesprächs, (2) Erstellung eines konkreten Angebotes oder (3) Wiedervorlage, (4) begründeter Verzicht auf weitere Akquisitionsbemühungen.

Zielgruppenorientierte A.: Je nach gewählter Zielgruppe werden unterschiedliche Maßnahmen zur Kundengewinnung eingesetzt. Im Geschäft mit → Privatkunden werden zur Generierung neuer Geschäfte neben allgemeinen → Public-Relations-Maßnahmen und → Kundenveranstaltungen vorzugsweise → Mailings oder das → Telefon-Marketing eingesetzt. Die A. von oder bei → Firmenkunden erfolgt bevorzugt durch gezielte Akquisitions- und Beratungsgespräche nach vorheriger Terminvereinbarung seitens des → Firmenkundenbetreuers der → Bank oder Sparkasse.

Akquisitionshilfen
Alle Instrumente und Maßnahmen, die der Gewinnung neuer Kunden oder dem Ausbau bestehender Kundenverbindungen dienen: (1) *Externe Hilfen* sind Anzeigenwerbung, → Ausstellungen in Bankräumen zu bestimmten Themen, eventuell verbunden mit speziellen Beratungsleistungen, → Beziehungsmanagement, computergestützte Kundenberatung, → Fernsehwerbung, → Information-Banking, → Öffentlichkeitsarbeit, → Pressearbeit, → Unternehmensberatung, Unterstützung bei der Unternehmensplanung, → Verkaufsförderungsaktionen.
(2) *Interne Hilfen:* Kreditauskünfte (→ Kreditauskunft über Firmenkunden, → Kre-

ditauskunft über Privatkunden), →Kundenbesuchsplanung, →Potentialanalyse, →Zielgruppenselektion usw.

AKT
Abk. für →automatischer Kassentresor.

Aktie
Share, Stock.
Begriff: (1) Bruchteil des →Grundkapitals einer →Aktiengesellschaft. Jede A. repräsentiert einen in D-Mark ausgedrückten, nach der Gesamtzahl der ausgegebenen A. berechneten Bruchteil des Grundkapitals (§ 1 Abs. 2, § 6 AktG). Das deutsche Aktienrecht kennt nur die Nennwertaktie. In anderen Ländern hat sich daneben auch die Quotenaktie eingebürgert, die auf einen bestimmten Anteil, z.B. ein Fünfzigtausendstel, des Grundkapitals lautet. Der in der →Satzung festzulegende Nennbetrag (§ 23 Abs. 3 Nr. 4 AktG) muß pro A. mindestens 5 DM betragen. Höhere Nennbeträge müssen auf volle 5 DM lauten. Die Ausgabe von A. verschiedener Nennbeträge ist zulässig. Die Ausgabe von A. unter dem →Nennwert (mit →Disagio, Unterpari-Emission) ist unzulässig. Die Überpari-Emission (mit Agio [→Aufgeld]) ist zulässig (§ 9 AktG). Das Agio ist in die →Kapitalrücklage einzustellen. Die Preisfeststellung (→Kursfeststellung an der →Effektenbörse) erfolgt in DM je Stück, wobei jeweils die kleinste Stückelung einer →Aktiengattung zugrunde gelegt wird.

(2) *Mitgliedschaft:* Die in der A. verkörperte Mitgliedschaft umfaßt die Rechte und Pflichten des →Aktionärs. Rechte des Aktionärs sind das Recht auf Gewinnanteil (→Dividende) gemäß §§ 58 Abs. 4 und 60 Abs. 2 AktG, das Recht zur Teilnahme an der →Hauptversammlung sowie das →Stimmrecht in der Hauptversammlung, das →Bezugsrecht auf →junge Aktien (§ 186 Abs. 1 AktG) bei →Kapitalerhöhungen bzw. auf Wandelschuldverschreibungen (→Wandelanleihe), Optionsschuldverschreibungen (→Optionsanleihe), →Gewinnschuldverschreibungen und →Genußrechte (§ 221 Abs. 4 AktG) und das Recht auf quotenmäßigen Anteil am Liquidationserlös. Neben den →Stammaktien, die alle gesetzlichen und satzungsmäßigen →Aktionärsrechte verbriefen, können →Vorzugsaktien (mit Ausnahme von →Mehrstimmrechtsaktien) den Aktionären bestimmte Vorrechte gegenüber den Stammaktionären gewähren. Der Aktionär hat die Pflicht, die Kapitaleinlage zu leisten. Die Satzung kann den Aktionären Nebenverpflichtungen (wiederkehrende, nicht in Geld bestehende Leistungen) auferlegen (§ 55 AktG).

(3) *Wertpapier:* Die A. ist ein →Wertpapier, das der →Beteiligungsfinanzierung dient und das Mitgliedschaftsrecht (Teilhaberrecht, Anteilsrecht) des Aktionärs in einer Aktiengesellschaft verbrieft. Die A. ist ein deklaratorisches Wertpapier, da die →Urkunde lediglich die auch schon vorher bestehende mitgliedschaftliche Stellung des Aktionärs bestätigt, also nicht begründet. Die Verbriefung der Aktionärsrechte in A. dient der leichteren Übertragung der Mitgliedschaft und damit dem Aktienhandel.

Wirtschaftliche Funktionen: (1) Die *A. als Finanzierungsinstrument* dient der Beschaffung von →Risikokapital. Die →Aktienfinanzierung als Form der →Beteiligungsfinanzierung dominiert traditionell in Branchen, in denen vornehmlich große Unternehmen vertreten sind. Dazu zählen insbes. die Bereiche Energie- und Wasserversorgung, die chemische Industrie sowie der Stahl-, Maschinen- und Fahrzeugbau. Auch in der Kreditwirtschaft hat die Aktienfinanzierung eine erhebliche Bedeutung (→Aktienbanken, →Eigenkapital der Kreditinstitute).

(2) Die *A. als Anlageinstrument* hat vorrangig für Unternehmen und private Haushalte Bedeutung. Weitere Anlegergruppen sind Ausländische Investoren, Versicherungen, →Kapitalanlagegesellschaften und →Kreditinstitute sowie →öffentliche Haushalte. Mit einer Anlage in A. können verschiedene Ziele verfolgt werden: Beteiligung an einer Aktiengesellschaft als dauernde, ertragbringende Kapitalanlage (Anlagemotiv), Sachwertbeteiligung zur Vermeidung von Geldwertverlusten (Sachwertmotiv), Gewinnerzielung über Kauf und Verkauf (Spekulationsmotiv) und – für Großanleger – Einflußnahme auf die Geschäftspolitik der AG bzw. Beherrschung des Unternehmens (Mitsprache- und Beherrschungsmotiv).

Arten: (1) Nach der *A. der Übertragung* werden →Inhaberaktien, →Namensaktien (→geborene Orderpapiere) und →vinkulierte Namensaktien unterschieden.

(2) Nach dem *Umfang der verbrieften Rechte* werden Stammaktien und Vorzugsaktien unterschieden.

Aktienanalyse

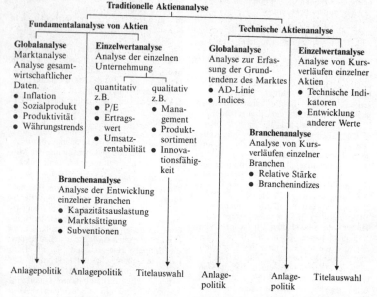

(3) Auf *Besonderheiten* weisen die Bezeichnungen von A. als → Volksaktien oder → Belegschaftsaktien sowie junge Aktien und → Berichtigungsaktien hin.
Bewertung: → Aktienanalyse.

Aktienanalyse
1. *Traditionelle A.:* Methodische Erfassung historischer, aktueller und prognostizierter Daten und darauf fußende Bewertung von → Aktien, → Aktiengesellschaften und → Aktienmärkten, um optimale Entscheidungen über Aktienauswahl (Selektionsproblem) und Kauf-Verkaufs-Zeitpunkt (Timing-Problem) treffen zu können.
Verfahren der A. sind die → Fundamentalanalyse von Aktien und die → technische Aktienanalyse (→ Technische Studie). Fundamentalanalyse und technische Aktienanalyse werden als Global-, Branchen- und Einzelwertanalyse durchgeführt.
(1) Die *Fundamentalanalyse* ist Diagnose und Prognose (Aktienkursprognose). Sie stützt sich auf Daten, die Einfluß auf den → Börsenkurs haben. Sie bezieht sich auf den inneren (objektiven) Wert einer Aktie: Liegt der → innere Wert einer Aktie unter dem aktuellen Börsenkurs, wird die Aktie als überbewertet bzw. überteuert angesehen. Liegt der innere Wert über dem Börsenkurs, wird die Aktie als unterbewertet und damit preiswert angesehen. (2) Die *technische Aktienanalyse*, die sich graphischer Aufzeichnungen von Kurs- und Umsatzverläufen und technischer Indikatoren (z. B. MACD-Studie, RSI) bedient (→ Charts, daher auch die Bezeichnung „Chartanalyse"), fußt auf den Daten der → Börse. Die technische Analyse will aus der Interpretation der in den Charts enthaltenen Linien und Zonen, → gleitenden Durchschnitte, → Formationen usw. Rückschlüsse auf die zukünftige Kursentwicklung ziehen.

Input, Verarbeitung, Output: Vgl. Übersicht „Aktienanalyse – Expertensystem".

Psychologische Faktoren der Kursprognose: Die A. muß herausfinden, wie Marktteilnehmer fundamentale Gegebenheiten und Veränderungen wahrnehmen, interpre-

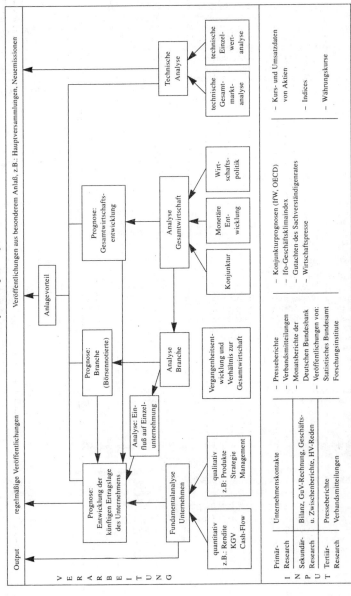

Aktienarten

tieren und gewichten. Je kürzer der Zeitraum einer Kursprognose, desto mehr gewinnen psychologische Gesetzmäßigkeiten des Anlegerverhaltens an Gewicht. Die A., die Anlegern mit höchst unterschiedlichen Anlagezeiträumen und Risikopräferenzen Entscheidungshilfen geben soll, wird deshalb nicht nur aus der Fundamental- und Bewertungsanalyse bestehen, sondern umfassende Untersuchung aller für Ausmaß und Wirkungszeitraum von Kursbewegungen wichtigen Faktoren sein müssen.

2. *Moderne A.:* → Asset Allocation; → moderne Portfolio-Theorie.

Aktienarten, → Aktie.

Aktienaustausch, → Aktientausch.

Aktienbanken
→ Banken in der Rechtsform der → Aktiengesellschaft (AG) und der → Kommanditgesellschaft auf Aktien (KGaA). Zu ihnen zählen vor allem → Großbanken und die → Regionalbanken.

Aktien-Beta, → Betafaktor.

Aktienbuch
Aktienregister, Aktionärsregister; das von einer → Aktiengesellschaft über → Namensaktien und → Zwischenscheine zu führende Buch. Nur der im A. Eingetragene gilt im Verhältnis zur AG als → Aktionär (§ 67 Abs. 2 AktG). Namensaktien sind unter Bezeichnung des Inhabers nach Namen, Wohnort und Beruf einzutragen (§ 67 Abs. 1 AktG). Ein Übergang einer Namensaktie oder eines → Zwischenscheins auf einen anderen Inhaber ist im A. zu vermerken (§ 68 Abs. 3 Satz 3 AktG).

Aktien-Derivat
Derivatives Instrument, das als → Basiswert → Aktien hat (z. B. → Aktienindex-Future, → Equity Swap, → Aktienoption, → Aktienindex-Option, → Option auf → Aktienindex-Future, → Aktienindex-Optionsschein).

Aktieneinziehung
Verfahren zur → Kapitalherabsetzung bei einer → Aktiengesellschaft (§ 237 Abs. 1 AktG). → Aktien können zwangsweise oder nach Erwerb durch die → Gesellschaft eingezogen werden. Die Zwangseinziehung ist nur zulässig, wenn sie nach der → Satzung oder durch eine Satzungsänderung vor Übernahme oder Zeichnung der Aktien gestattet war.

Aktienemission
Ausgabe von → Aktien im Rahmen der → Beteiligungsfinanzierung (Einlagenfinanzierung) bzw. → Selbstfinanzierung einer → Aktiengesellschaft.

Arten der Kapitalerhöhung: (1) Die *ordentliche Kapitalerhöhung* ist eine → Kapitalerhöhung gegen → Einlagen. Die → Aktionäre haben ein gesetzliches → Bezugsrecht (§ 186 Abs. 1 AktG). Das Bezugsrecht kann ganz oder zum Teil mit → qualifizierter Mehrheit ausgeschlossen werden (§ 186 Abs. 3 AktG). Als Ausschluß des Bezugsrechts gilt nicht, wenn die → jungen Aktien von einem → Kreditinstitut bzw. von einem → Emissionskonsortium mit der Verpflichtung übernommen werden, sie den Aktionären zum Bezug anzubieten. Zwischen Kreditinstitut bzw. Konsortium und der aktienausgebenden Gesellschaft wird ein → Vertrag zu Gunsten Dritter geschlossen,

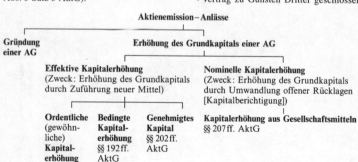

Aktiengesellschaft

durch den die alten Aktionäre ein mittelbares Bezugsrecht haben.

(2) Eine →*bedingte Kapitalerhöhung* ist eine Erhöhung des →Grundkapitals, die nur so weit durchgeführt werden soll, wie von einem Umtausch- oder Bezugsrecht Gebrauch gemacht wird, das die Gesellschaft auf die jungen Aktien (Bezugsaktien) einräumt (§ 192 Abs. 1 AktG). Sie ist nur zulässig zur Gewährung von Umtauschrechten aus Wandelschuldverschreibungen (→Wandelanleihe) oder Bezugsrechten aus →Optionsanleihen bzw. →Optionsgenußscheinen, zur Vorbereitung eines Zusammenschlusses mehrerer Unternehmen (→Fusion) und zur Ausgabe von →Belegschaftsaktien.

(3) Bei einem *genehmigten Kapital* ist der →Vorstand der →Gesellschaft gemäß § 202 Abs. 1 AktG für höchstens fünf Jahre ermächtigt, das Grundkapital bis zu einem bestimmten Nennbetrag durch Ausgabe junger Aktien gegen Einlagen zu erhöhen. Der Vorstand kann damit ohne Befragung der →Hauptversammlung Zeitpunkt und Höhe der A. auf die Aufnahmebereitschaft des →Kapitalmarkts abstimmen.

(4) Die →*Kapitalerhöhung aus Gesellschaftsmitteln* führt zu einer Umwandlung von →offenen Rücklagen in Grundkapital. Da der Gesellschaft kein zusätzliches →Eigenkapital zugeführt wird, spricht man auch von einer nominellen Kapitalerhöhung.

Aktienfinanzierung

Die klassische Form der Risikokapitalbeschaffung. Durch die →Plazierung von →jungen Aktien aus einer →Kapitalerhöhung fließt dem Unternehmen zusätzliches →Eigenkapital zu. Meist werden dabei zwei Bilanzpositionen gestärkt, und zwar zum einen das →gezeichnete Kapital (hier fließt der →Nominalwert der jungen Aktien ein) und die →Kapitalrücklage (dieser Position fließt die Differenz aus Emissionserlös und Nominalwert zu). Durch die A. sinkt also der Anteil des →Fremdkapitals, womit sich Solidität und →Kreditwürdigkeit des Unternehmens verbessern.

Die Kosten der A. sind (abgesehen von den Kosten für die →Emission der Aktien und von dem Umstand, daß sich der Anteil der →Altaktionäre am gezeichneten Kapital meist verringert) ertragsorientiert. Sie werden mit einer auf den Nominalwert bezogenen →Dividende bezahlt, die üblicherweise jährlich gezahlt wird und bei schlechter Geschäftslage auch einmal ausfallen kann.

Aktienfonds

→Investmentfonds, dessen Anlageschwerpunkt bei →Aktien sowie Wandelschuldverschreibungen (→Wandelanleihe), →Optionsanleihen und →Optionsscheinen liegt. Die Vertragsbedingungen der meisten A. sehen auch die Anlage eines Teils des →Vermögens in →Gläubigerpapieren vor. Bei A. zeigt sich der Vorteil der Anlagemischung (Risikomischung durch Anlagestreuung) besonders deutlich. Mit →Anteilsscheinen von A. ist der Anleger an substanz- und ertragsstarken in- und/oder ausländischen Unternehmen beteiligt. Ziel ist die Wertsteigerung des Investmentanteils.
(→Spezialitätenfonds, →Rentenfonds)

Aktiengattung

→Aktien, die ihren Inhabern die gleichen Rechte geben (→Stammaktien, →Vorzugsaktien).

Aktiengesellschaft (AG)

Wesen: →Gesellschaft mit eigener Rechtspersönlichkeit (§ 1 AktG). Sie hat ein in →Aktien zerlegtes →Grundkapital (§ 1 Abs. 2 AktG), an dem die Gesellschafter (→Aktionäre) mit →Einlagen beteiligt sind (→Kapitalgesellschaft). Für die →Verbindlichkeiten der Gesellschaft haftet nur die Gesellschaft mit ihrem Gesellschaftsvermögen. Sie ist eine →juristische Person und gilt gemäß § 3 AktG i. V. mit § 6 HGB als →Handelsgesellschaft, auch wenn der Gegenstand des Unternehmens nicht im Betrieb eines →Handelsgewerbes besteht. Die Firma der AG ist i. d. R. eine unpersönliche Unternehmensform, eine Sachfirma (§ 4 Abs. 1 AktG), und muß dem Gegenstand des Unternehmens zu entnehmen sein. Sie kann im Ausnahmefall auch einen Personennamen tragen, muß jedoch in jedem Falle den Zusatz „AG" haben. Eine AG kann zu jedem gesetzlich zulässigen Zweck errichtet werden.

Gründung: Die Gründung einer AG erfordert eine durch notarielle Beurkundung festzustellende →Satzung (§ 23 AktG). Die Satzung (Statut oder →Gesellschaftsvertrag) muß enthalten: Firma, Sitz, Gegenstand des Unternehmens, Grundkapital, Nominalbetrag der Aktien, Zahl der Vorstandsmitglieder, Bestimmungen über die Form der Bekanntmachungen der AG. Bei Sachgründungen müssen der Gegenstand der Sacheinlage, die erbringende Person oder der

Aktiengesellschaft

Nennbetrag der zu gewährenden Aktien in der Satzung festgestellt werden (§ 27 Abs. 1 AktG). An der Feststellung der Satzung müssen sich seit 1994 nicht mehr mindestens fünf Personen beteiligen, die die Aktien gegen Einlagen übernehmen; eine oder weniger als fünf reichen aus (§ 2 AktG n. F.). Regelungen zur Einpersonen-AG enthält § 42 AktG. Durch die Eintragung im → Handelsregister erlangt die AG → Rechtsfähigkeit. Vorher besteht sie als solche nicht (§ 41 Abs. 1 AktG). Ein Formmangel bei der Feststellung der Satzung wird durch spätere Eintragung in das Handelsregister geheilt. Wer vor der Eintragung der Gesellschaft in ihrem Namen handelt, haftet persönlich; handeln mehrere, so haften sie als → Gesamtschuldner.

Grundkapital/Aktien: Das Mindestgrundkapital beträgt 100.000 DM (§ 7 AktG). Es wird durch Ausgabe von Aktien aufgebracht. Inhaber von Aktien sind Aktionäre. Der Mindestnennbetrag einer Aktie beträgt 5 DM (§ 8 AktG). Die Einzahlung der Aktionäre muß mindestens 25% des Aktienkapitals betragen; die restlichen 75% müssen auf Einfordern gezahlt werden, widrigenfalls erfolgt → Kaduzierung.

Aktien sind unteilbar, dürfen nicht unter ihrem Nennbetrag, jedoch mit einem → Aufgeld zum Nennbetrag ausgegeben werden (§ 9 AktG). Das Agio muß sodann der → Kapitalrücklage zugeführt werden (§ 272 Abs. 2 HGB). Aktien können auf den Inhaber (→ Inhaberaktien) oder auf den Namen (→ Namensaktien) lauten. Sie können → Stammaktien oder → Vorzugsaktien sein. Bei Vorzugsaktien hat der Aktionär Vorzugsrechte, z. B. bei der Gewinnverteilung (§§ 10, 11 AktG). Vorzugsaktien können jedoch auch als Aktien ohne Stimmrecht ausgegeben werden (§ 12 Abs. 1 AktG). → Mehrstimmrechtsaktien sind grundsätzlich unzulässig (§ 12 Abs. 2 AktG).

Organe: (1) *Vorstand:* Der → Vorstand kann aus einer oder mehreren natürlichen, voll geschäftsfähigen Personen bestehen. Er leitet die AG in eigener Verantwortung und vertritt sie gerichtlich und außergerichtlich (§§ 78 ff. AktG). Dritten gegenüber ist die Vertretungsbefugnis des Vorstandes (→ Stellvertretung) unbeschränkbar (§ 82 Abs. 1 AktG). Besteht der Vorstand aus mehreren Personen, so sind diese, wenn die Satzung nichts anderes bestimmt, gesamtvertretungsberechtigt (§ 78 Abs. 2 AktG).

Vorstandsmitglieder werden durch den → Aufsichtsrat auf höchstens fünf Jahre bestellt (§ 84 AktG). Die Wiederbestellung ist zulässig.

(2) *Aufsichtsrat:* Der Aufsichtsrat ist zwingend zu bilden. Er überwacht die → Geschäftsführung des Vorstandes (§ 111 AktG), bestellt und entläßt den Vorstand, wird auf längstens vier Jahre gewählt und besteht aus mindestens drei, höchstens 21 Mitgliedern (§ 95 AktG). Im Gegensatz zum Vorstand ist der Aufsichtsrat nicht geschäftsführendes Organ. Allerdings können bestimmte Arten von Geschäften unter bestimmten Voraussetzungen nur mit seiner Zustimmung vorgenommen werden (§ 111 Abs. 4 AktG). Aufsichtsratsmitglieder können nicht zugleich Vorstandsmitglieder oder dauernde Stellvertreter von Vorstandsmitgliedern, → Prokuristen oder Handlungsbevollmächtigte (→ Handlungsvollmacht) der AG sein (§ 105 Abs. 1 AktG). Besondere Vorschriften gelten bei AGen mit bis zu 2.000 → Arbeitnehmern über die Zusammensetzung sowie die Wahl des Aufsichtsrates nach dem BetrVG 1952 (→ Betriebsverfassungsgesetz 1952) und bei mehr als 2.000 Arbeitnehmern nach dem Mitbestimmungsgesetz von 1976 (→ Mitbestimmung).

(3) *Hauptversammlung:* Oberstes Organ der AG ist die → Hauptversammlung. Sie beschließt in den durch Gesetz und Satzung bestimmten Angelegenheiten (§ 119 AktG). Sie ist vor allem zuständig für die Wahl der Vertreter der Aktionäre im Aufsichtsrat, Verwendung des → Bilanzgewinns (§ 174 AktG), wobei die Hauptversammlung an den durch den Vorstand und Aufsichtsrat festgestellten → Jahresabschluß gebunden ist, Feststellung des Jahresabschlusses, wenn Vorstand und Aufsichtsrat dies beschlossen haben, Entlastung von Vorstand und Aufsichtsrat, Beschlußfassung über Satzungsänderungen (z. B. → Kapitalerhöhungen bzw. → Kapitalherabsetzungen, Bestellung der Abschluß- und Sonderprüfer [§ 142 Abs. 1 AktG]).

I. d. R. bedürfen Beschlüsse der Hauptversammlung der einfachen Mehrheit, lediglich in besonderen Fällen ist eine sog. → qualifizierte Mehrheit erforderlich (z. B. Dreiviertelmehrheit bei Satzungsänderungen des bei der Beschlußfassung vertretenen Grundkapitals). Das Stimmrecht selbst wird in der Hauptversammlung nach Aktiennennbeträgen ausgeübt. Dies ist auch durch einen Be-

Aktienindex-Future

vollmächtigten möglich. Häufig geschieht die Ausübung des Stimmrechts auch durch ein → Kreditinstitut (→ Depotstimmrecht); hierfür gelten besondere Bestimmungen. Am Ende eines → Geschäftsjahres hat der Aktionär Anspruch auf die → Dividende, sofern nach dem Beschluß der Hauptversammlung eine solche ausgeschüttet werden soll.

Auflösung: Die Auflösung der AG kann auch aus den in § 262 Abs. 1 AktG genannten Gründen erfolgen. Außer im Falle der Eröffnung des → Konkurses findet nach der Auflösung der Gesellschaft die Abwicklung nach §§ 264 ff. AktG statt (→ Liquidation). Nach Beendigung der Abwicklung wird die Gesellschaft im Handelsregister gelöscht (§ 273 AktG). Eine aufgelöste Gesellschaft kann unter bestimmten Voraussetzungen durch Beschluß der Hauptversammlung fortgesetzt werden (§ 274 AktG).

Aktiengesetz (AktG)
Gesetz zur Regelung der Rechtsverhältnisse der AG, der KGaA und der → verbundenen Unternehmen.

Aktienindex
Kennziffer zur Darstellung der Kursentwicklung oder Performance (→ Performanceindex) von → Aktien. Das Verhalten eines Aktienkursindex wird neben einer eventuellen Gewichtung insbes. durch die Kurse der im → Index enthaltenen Aktien beeinflußt. An den internationalen → Aktienmärkten (→ internationale Aktienindices) gibt es A., die nur aus wenigen Papieren bestehen (z.B. Bel20 Index, DAX), auch Indices, die aus mehreren hundert Aktien errechnet werden (z.B. → CDAX, S & P 500 Index). A. können neben ihrer Gestaltung (Kurs- oder Performanceindex) bzw. Anzahl der Papiere (Index für wenige Papiere, marktbreiter Index) auch nach ihrer Gewichtung unterschieden werden.

(1) *Gleichgewichtete Indices*: Bei gleichgewichteten Indices wird in jede Aktie des Index der gleiche Betrag investiert. Bei Aktien, die relativ teuer sind, werden nur wenige Stücke in den Index aufgenommen, während bei relativ billigen Aktien entsprechend mehr Stücke aufgenommen werden. Ein gleichgewichteter Index reagiert auf prozentual gleich große Kursschwankungen der einzelnen Aktien gleich. Der US-amerikanische Value Line Composite Index und der niederländische EOE Dutch Stock Index sind gleichgewichtete Indices.

(2) *Preisgewichtete Indices*: Zur Ermittlung von preisgewichteten Indices werden nur die Kurse der in den Index aufgenommenen Aktien berücksichtigt, indem von jeder Aktie ein Stück in das Index-Portfolio aufgenommen wird. Je höher der Kurs einer Aktie ist, desto stärker ist der Einfluß auf die Indexentwicklung. Dieser Effekt wird bei gleichgewichteten A. vermieden. Eine → Börsenkapitalisierung oder die Höhe des → Grundkapitals wird weder bei gleichgewichteten noch preisgewichteten Indices berücksichtigt. Der → Dow Jones Industrial Average (DJIA), → BioTech Index (BGX) und → Major Market Index (MMI) sind preisgewichtete Indices.

(3) *Kapitalisierungsgewichtete Indices*: Diese berücksichtigen die absolute Größe der → Aktiengesellschaft. Die Gewichtung kann entweder nach der Börsenkapitalisierung oder nach dem Grundkapital erfolgen. Je größer der Gewichtungsfaktor einer Aktiengesellschaft ist, desto stärker beeinflußt diese Aktie bei gleicher Kursveränderung den Wert des Index. Die meisten A. sind kapitalisierungsgewichtet. Beispiele für börsenkapitalgewichtete Indices sind der S & P 100 Index, S & P 500 Index (Standard and Poor's), → CAC-40 Index und SMI-Index. Grundkapitalgewichtete Indices sind beispielsweise der DAX, CDAX und → HYPAX.

Aktienindex-Anleihe
Variante einer → Indexanleihe, bei der die → Rückzahlung an die Entwicklung eines → Aktienindex (z.B. DAX, → Nikkei-Index-300) gebunden ist. Bei → Equity Index Participation Notes ist die Höhe des → Nominalzinses an die Entwicklung eines Aktienindex oder einer einzelnen → Aktie gebunden. In Abhängigkeit vom gewählten Aktienindex werden diese → Anleihen auch als → DAX-linked-Anleihe bzw. Nikkei-linked-Anleihen bezeichnet.
(→ Koppelanleihe, → Bull-Bear-Bond, → Condoranleihe, → MEGA-Zertifikat)

Aktienindex-Future
Aktienindex-Terminkontrakte, Stock Index Future; Verpflichtung, zu einem festgelegten Zeitpunkt einen Indexwert zu einem vereinbarten Preis zu kaufen oder zu verkaufen. Da dem Indexwert ein → Aktienkorb (fiktives → Aktienportfolio) zugrunde liegt, ist

Aktienindex-Option

eine physische Lieferung des → Basiswertes zum Fälligkeitstermin ausgeschlossen. Das Geschäft wird durch Barausgleich (→ Cash Settlement) erfüllt. Bei dem Indexwert wird es sich grundsätzlich um einen führenden Marktindex handeln. So basieren der an der DTB gehandelte → DAX-Future auf dem → Deutschen Aktienindex (DAX) und die umsatzstärksten US-Kontrakte auf dem → Major Market Index bzw. den Standard & Poor's Indices, die 30 bzw. 100/500 US-Standardwerte umfassen.

Einsatzmöglichkeiten: Aktienindex-Terminkontrakte geben Anlegern die Möglichkeit, an der Entwicklung des → Aktienmarktes zu partizipieren. Spekulativ orientierte Anleger können durch den Erwerb von → Kontrakten auf steigende und durch Verkauf auf fallende Kurse setzen. Bei korrekter Einschätzung der zukünftigen Marktentwicklung verfügen Käufer und Verkäufer von → Futures auf Aktienindices über ein theoretisch unbegrenztes, nur durch den Verfalltermin des Kontraktes limitiertes Gewinnpotential, dem jedoch ein gleich hohes Verlustpotential gegenübersteht, wenn sich die Kurse konträr zu den Erwartungen entwickeln. Marktteilnehmer können andererseits jederzeit während der → Laufzeit einer → Long Position oder → Short Position erzielte → Gewinne realisieren oder aufgelaufene Verluste begrenzen, indem sie sich durch → Glattstellung aus ihren bestehenden Verpflichtungen lösen. Diese Positions-Liquidierung durch den Verkauf gekaufter und Rückkauf verkaufter Kontrakte wird durch die Standardisierung der Kontrakte und die in jeden Kauf oder Verkauf zwischengeschaltete → Clearingstelle der → Terminbörse ermöglicht. Gewinne und Verluste ergeben sich aus der Differenz zwischen dem Preis, zu dem die Positions-Eröffnung erfolgte, und dem bei Glattstellung geltenden Terminpreis. Neben dieser spekulativen Nutzungsmöglichkeit lassen sich Index-Termine auch als Absicherungsinstrumente einsetzen (→ Hedgingstrategie), d.h. durch die Einnahme einer der → Kassa-Position entgegengesetzten Position am → Futures-Markt versuchen Marktteilnehmer, Wertminderungen bzw. Opportunitätsverluste in Verbindung mit der Kassaposition durch Gewinne aus der Terminposition auszugleichen. Diversifizierte Aktienportfolios können beispielsweise durch den Verkauf von Kontrakten (Short-Futures-Position) gegen Kursverluste abgesichert werden (→ Short Hedge). Die erforderliche Kontraktzahl errechnet sich, indem der abzusichernde Betrag durch den Kontraktwert (aktueller Indexstand × Indexmultiplikator) dividiert wird. Kommt es nach Eröffnung dieser Short Position zu einem Abwärtstrend am Aktienmarkt, wird der Wertverlust des Portefeuilles weitgehend durch den Wertzuwachs der Kontraktposition ausgeglichen. Umgekehrt kann ein Marktteilnehmer ein für einen späteren Zeitpunkt geplantes Aktien-Investment durch den Kauf von Kontrakten (Long-Futures-Position) gegen zwischenzeitliche Kurssteigerungen absichern (→ Long Hedge). Höhere Einstandspreise werden durch den Gewinn aus der Futures-Position ausgeglichen. Da der Kompensationseffekt jedoch in beide Richtungen wirkt, wird jeder Kassagewinn durch einen entsprechenden Verlust der Terminposition neutralisiert. Eine vollständige Neutralisierung der Kursrisiken, ein sogenannter → Perfect Hedge, ist nicht zu realisieren, da sich zum einen die Kurse an → Kassa- und Futures-Märkten nicht absolut gleichgerichtet entwickeln (→ Basis, → Future) und sich zum anderen der Index und das abzusichernde Portefeuille in ihrer Zusammensetzung unterscheiden. Um einen möglichst weitgehenden Einklang in der wertmäßigen Entwicklung von Kassa- und Futures-Position zu gewährleisten, wird häufig eine Berichtigung der Anzahl der zu erwerbenden oder zu verkaufenden Kontrakte mit Hilfe des → Beta-Faktors vorgenommen, der die Preissensitivität einer Aktie bzw. eines Portfolios zu einem gegebenen Index mißt.
(→ Finanz-Terminkontrakte)

Aktienindex-Option

Die → Option auf einen → Aktienindex berechtigt den Erwerber eines → Call bei Optionsausübung entweder zum Erhalt des Differenzbetrages, um den der aktuelle Indexstand den → Basispreis des Call übersteigt (→ DAX-Option), oder zum Kauf des korrespondierenden → Future (→ DAX-Future-Option). Umgekehrt ist mit einem → Put für den Erwerber das Recht auf Verkauf eines → Index-Future oder auf Auszahlung des Betrages verbunden, um den der aktuelle Indexstand den Basispreis des Put unterschreitet. Im Gegenzug verpflichtet sich der Verkäufer der Option (→ Stillhalter) mit dem Erhalt der → Optionsprämie zur Zahlung des Differenzbetrages zwischen Basispreis und

aktuellem Indexstand oder zur Übernahme bzw. Bereitstellung eines Future. Resultiert die Ausübung in einer Futures-Position, übernehmen Käufer und Verkäufer die mit diesen →Positionen verbundenen Verpflichtungen (→Optionen auf Futures).
Analog zu den auf →Indices basierenden Futures (→Aktienindex-Futures) handelt es sich bei den Index-Optionen um ein →derivatives Instrument, mit dem Anleger die von ihnen erwartete Entwicklung des →Aktienmarktes gewinnbringend nutzen können. Marktteilnehmer können mit dem Erwerb von Calls auf anziehende Notierungen, mit dem Erwerb von Puts hingegen auf rückläufige Kurse spekulieren, wobei das Risiko immer auf den eingesetzten Betrag begrenzt bleibt. Von den Aktienindex-Futures unterscheiden sich die →Index-Optionen insofern, als mit ihnen keine Erfüllungsverpflichtung verbunden ist. Hat sich der Markt konträr zu seinen Erwartungen entwickelt, kann der Erwerber eines Call oder Put auf die Ausübung seiner Option verzichten. Stillhalter sind ausschließlich an der Vereinnahmung der Optionsprämie interessiert. Bei einem Verkauf von Index-Calls erwarten sie einen stagnierenden bis leicht rückläufigen Aktienindex, bei einem Verkauf von Index-Puts weitgehend unveränderte bis geringfügig festere Kurse. Während Index-Optionen einerseits von spekulativ orientierten Anlegern zur Erzielung von Differenzgewinnen genutzt werden, lassen sie sich andererseits auch als Hedginginstrument einsetzen. So können durch den Erwerb von Puts Aktienportefeuilles gegen Kursverluste abgesichert oder durch den Kauf von Calls geplante →Investments am Aktienmarkt gegen höhere Einstandspreise gehedgt werden (→Hedging). Der Vorteil einer Absicherung mit Index-Optionen gegenüber Index-Futures liegt in der Erhaltung des Gewinnpotentials bei einer konträr zu den Erwartungen verlaufenden Marktentwicklung, der Nachteil in den höheren Absicherungskosten. Hinsichtlich Funktionsweise, Aufbau von Grund- und Kombinations-Positionen sowie Gewinn- und Verlustprofilen entsprechen sie →Aktienoptionen.

Aktienindex-Optionsschein
→Optionsschein, der als →Basiswert einen →Aktienindex (z.B. DAX, →CDAX, →TOPIX, FAZ) hat. Wurde als Basiswert nur ein Branchenindex gewählt, bezeichnet man diesen Optionsschein als →Branchenindex-Optionsschein.
Mit dem Kauf von Call-Indexoptionsscheinen profitiert der Inhaber des Optionsscheines von einem steigenden Aktienindex, mit Put-Indexoptionsscheinen dagegen von einem fallenden Aktienindex. A.-O. können in Spekulationsstrategien, →Tradingstrategien und →Arbitragestrategien eingesetzt werden. Gegenüber Optionsscheinen auf einzelne →Aktien bieten A.-O. den Vorteil, daß eine →Diversifikation erreicht wird und zum anderen Stockpicking (→Stockpicker) entfällt.
A.-O. werden in unterschiedlichen Varianten angeboten: →Average Rate-Option, →Look-back-Optionsscheine, →Wünsch-Dir-Was-Optionsscheine, →Ladder-Warrants.

Aktienindex-Terminkontrakt, →Aktienindex-Future.

Aktienkapital
Bezeichnung für das in Anteile (→Aktien) zerlegte →Grundkapital einer →Aktiengesellschaft (AG). Nach § 7 AktG ist der Mindestnennbetrag 100.000 DM.

Aktienkorb
Stock Basket; eine auf der Grundlage eines →Aktienindex gebildete Zusammenstellung von →Aktien.

Aktienkorb-Optionsschein
→Optionsschein, der als →Basiswert nicht eine einzelne →Aktie, sondern mehrere Aktien, d.h. einen →Aktienkorb, hat. Dieser Aktienkorb kann beispielsweise aus Aktien bestimmter Branchen (z.B. Banken, Umweltschutz, Goldminen), mehrerer Länder (z.B. Thailand, Malaysia, Singapore) oder aus Aktien mit bestimmter Kursphantasie (z.B. →Red-Warrants, →GREEN Warrants) bestehen. Bezieht sich der Optionsschein auf einen →Aktienindex (z.B. DAX, →Nikkei-Index-300), bezeichnet man diese Variante als A.-O. als →Aktienindex-Optionsschein oder Index-Optionsschein (→Index Warrant).
A.-O. eignen sich beispielsweise zur Spekulation auf eine bestimmte Branchenentwicklung, ohne aber auf eine einzelne Aktie zu setzen. Der Anleger erreicht eine →Diversifikation und das Stockpicking (→Stockpicker) entfällt. Da ein A.-O. aus mehreren Aktien besteht, ist die →Volatilität

Aktienkursprognose

aufgrund der gegenseitigen → Korrelationen geringer.

Aktienkursprognose, → Aktienanalyse.

Aktienkursrisiko

Risiko, das in der Gefahr der negativen Abweichung zwischen tatsächlichem und erwartetem Erfolg aus Anlagen in börsennotierten → Aktien besteht.

Risikoinhalt: Die Gefahr derartiger Kursverluste kann sich als → Adressenausfallrisiko (Ausfallrisiko) und als → Preisrisiko (Marktrisiko) darstellen. Beim A. als Ausfallrisiko (→ unsystematisches Risiko) resultieren die Gefahren sinkender Kurse aus unternehmensindividuellen Daten der einzelnen → Aktiengesellschaften (z. B. drohende Verlustgefahren oder Gefahr sinkender Gewinne). Dagegen bezieht sich das A. als Preis- bzw. Marktrisiko (→ systematisches Risiko) auf die Gefahr negativer Entwicklung am → Aktienmarkt insgesamt im Sinne eines allgemein sinkenden Aktienkursniveaus, z. B. repräsentiert durch den Verlauf eines → Aktienindexes (wie → Deutscher Aktienindex [DAX]).

Risikomanagement: Im Rahmen des → Risikomanagements wird Risikodiversifikation (→ Diversifikation) zur Sicherung gegen → Kurswertrisiken im Sinne des systematischen Risikos (→ Bankbetriebliche Risiken) betrieben. Theoretische Basis kann die → Portfolio Selection sein. Marktrisiken lassen sich durch Instrumente des → Hedging absichern. Für das Hedging von A. im Sinne des systematischen Risikos bieten sich → Aktienindex-Futures, → Aktienoptionen und → Aktienindex-Optionen an. Dabei stellt der → Betafaktor unter Ertrags- und Risikogesichtspunkten ein wichtiges Maß für Kursbewegungen einzelner Aktien bzw. eines individuellen Aktienportefeuilles in Relation zur Entwicklung am Gesamtmarkt dar.

Aktienmarkt

Markt für Beteiligungskapital, das durch → Aktien verkörpert ist (→ Beteiligungsfinanzierung). Er umfaßt die Ausgabe (→ Emission) von Aktien (→ Primärmarkt) und den Handel mit Aktien (→ Sekundärmarkt). Teilmärkte des Sekundärmarktes, der oftmals mit dem Begriff A. gleichgesetzt wird, sind der börsenmäßige Aktienhandel (amtlicher Handel, → geregelter Markt, → Freiverkehr) und der außerbörsliche Aktienhandel.
Die Kursentwicklung am A. (börslicher Aktienhandel) wird durch die Entwicklung des → Deutschen Aktienindex (DAX) gemessen.
Der A. ist ein Teil des → Wertpapiermarkts und des → Kapitalmarkts.

Aktienmehrheit

Einfache oder → qualifizierte Mehrheit der Anzahl von → Aktien einer → Aktiengesellschaft. Einfache Mehrheit liegt vor, wenn der Aktienbesitz mehr als 50% des → Aktienkapitals (→ Grundkapital) repräsentiert. Qualifizierte Mehrheit liegt vor, wenn der Aktienbesitz mehr als 75% des Aktienkapitals repräsentiert. Eine qualifizierte Mehrheit ist bei der Abstimmung in der → Hauptversammlung für Änderungen der → Satzung, wie z. B. Erhöhung oder Herabsetzung des Grundkapitals, erforderlich (→ Kapitalerhöhung, → Kapitalherabsetzung).

Aktienoption

Recht, nicht aber die Verpflichtung, eine bestimmte Anzahl von → Aktien (50 Aktien bei den an der DTB gehandelten → Kontrakten) jederzeit vor dem Verfalltermin der → Option zu einem vereinbarten Preis (→ Basispreis) zu kaufen (→ Call) oder zu verkaufen (→ Put). Mit dem Erwerb von Calls bzw. Puts nehmen Anleger eine Long-Call- oder Long-Put-, mit dem Verkauf eine Short-Call- oder Short-Put-Position ein. Im Gegenzug verpflichtet sich der Verkäufer der Option (→ Stillhalter), die den Kontrakten zugrundeliegenden Aktien bei Optionsausübung bereitzustellen oder zu übernehmen. Für die Einräumung des Optionsrechtes zahlt der Erwerber dem Verkäufer den auch als → Optionsprämie bezeichneten Optionspreis, der nicht zurückerstattet wird, gleichgültig, ob es zur Ausübung der Option kommt oder nicht. Aus der Sicht des Optionsverkäufers ist diese Optionsprämie der Ausgleich für das Risiko, das er mit dem Verkauf von Optionen übernimmt.

Grundlagen des Handels an der Deutschen Terminbörse: Für den Handel in A. an der DTB wurden zwanzig Titel ausgewählt, die ein breites Spektrum der deutschen Wirtschaft repräsentieren. Käufe und Verkäufe basieren auf standardisierten Kontrakten mit

→ Laufzeiten von ein, zwei, drei sowie längstens sechs Monaten. Angeboten werden immer fünf Verfallsmonate, und zwar jeweils die folgenden drei Monate sowie die nächsten beiden aus dem Zyklus März/Juni/September/Dezember. Für jeden Call und Put stehen für jede → Fälligkeit mindestens drei Serien mit je einem Basispreis im Geld (→ In-the-Money), am Geld (→ At-the-Money) und aus dem Geld (→ Out-of-the-Money) für den Handel zur Verfügung. Unter einer → Optionsserie sind alle Kontrakte mit gleichem Optionstyp, → Basiswert und Verfalltermin zu verstehen. Je weiter sich eine Option ins Geld bewegt, desto höher steigt der Optionspreis. Der letzte Handelstag (→ Last Trading Day) einer Optionsserie fällt auf den dritten Freitag eines jeweiligen Monats, sofern dieser Freitag ein Börsentag ist, andernfalls auf den davorliegenden Börsentag.

Bei den DTB-A. handelt es sich um sogenannte → amerikanische Optionen. Kommt es zu einer Optionsausübung, erfolgt die Erfüllung des Kontraktes durch Übernahme bzw. Lieferung der → effektiven Stücke oder durch einen Barausgleich (→ Cash Settlement). Bei einer physischen Kontrakterfüllung ist der Stillhalter eines Call verpflichtet, am zweiten Börsentag nach Ausübung der Option gegenüber der DTB die dem Kontrakt zugrundeliegenden Aktien zu dem vereinbarten Basispreis zu liefern. Bei der Ausübung eines Put ist der Verkäufer verpflichtet, am zweiten Börsentag nach Ausübung gegenüber der DTB den vereinbarten Basispreis für die Lieferung der zugrundeliegenden Aktien zu zahlen. Zu einer physischen Kontrakterfüllung kommt es jedoch selten. I. d. R. werden die → Positionen vor ihrem Ablauf durch entsprechende Gegengeschäfte glattgestellt (→ Glattstellung). Der → Gewinn ergibt sich aus der Differenz zwischen gezahltem und vereinnahmtem Optionspreis. Ermöglicht wird die vorzeitige Liquidation von Optionspositionen durch die in jedes Geschäft eingeschaltete → Clearing-Stelle der → Terminbörse, die die Garantie für die Erfüllung der Kontrakte gegenüber Käufer und Verkäufer übernimmt. Als Sicherheit müssen die Clearing-Mitglieder (Banken) auf alle Verkaufs-Positionen Einschußzahlungen leisten. Gleichzeitig sind sie verpflichtet, → Sicherheitsleistungen in mindestens gleicher Höhe von ihren Kunden zu verlangen (→ Margins).

Optionspreis: Der vom Käufer eines Call oder Put zu entrichtende Optionspreis (Optionsprämie) setzt sich aus zwei Komponenten zusammen, dem → inneren Wert und dem → Zeitwert. Der innere Wert der Option ergibt sich aus der Differenz zwischen dem aktuellen Kassakurs der Aktie und dem Basispreis. Unter dem Zeitwert ist der Preis zu verstehen, den Anleger in Erwartung des Wertzuwachses einer Option zu zahlen bereit sind. Er ergibt sich durch Abzug des inneren Wertes vom Optionspreis. Ein Call kann nur einen Zeitwert besitzen, denn der Kassakurs entspricht dem Basispreis oder liegt unter diesem. Zu einer Umkehrung der vorstehenden Wechselbeziehung kommt es bei Puts, die nur einen inneren Wert aufweisen, wenn der Kassakurs unter dem Basispreis liegt.

Aktien-Optionsschein

Equity Warrant; → Optionsschein mit einer einzelnen → Aktie als → Basiswert (Regelfall). In immer stärkerem Umfang werden auch → Aktienindex-Optionsscheine und → Aktienkorb-Optionsscheine emittiert. Im Vergleich zu ersteren erwartet der Anleger in diesen Fällen nicht die Veränderung einer einzelnen Aktie, sondern mehrerer Werte.

Bei Ausübung erfolgt keine physische Lieferung (→ physische Erfüllung), sondern ein Barausgleich (→ Cash Settlement) in Höhe der Differenz zwischen dem aktuellen Stand des → Index und dem → Basispreis. → Short-Optionsscheine, mit denen eine → Short Position in O. eingegangen wird, können von Anlegern ebenfalls gekauft werden.

Aktienpaket

Größerer Nominalbetrag von → Aktien einer → Gesellschaft, der sich in einer Hand befindet und dem Besitzer Einfluß auf die Gesellschaft sichert. Der Besitz von 5% des → Grundkapitals genügt, um die Einberufung einer → Hauptversammlung zu erzwingen (§ 122 AktG). Anteile in Höhe von mehr als 20% gelten gemäß § 271 Abs. 1 HGB als → Beteiligung. Mit über 25% Anteilsbesitz kann die Beschlußfassung verhindert werden (→ Sperrminorität) in den Fällen, in denen eine Dreiviertel-Kapitalmehrheit erforderlich ist (z. B. bei Satzungsänderung, → Kapitalerhöhung, Auflösung, → Fusion, Vermögensübertragung). Der Besitz von über 75% sichert die völlige Beherrschung. In der Praxis kann aber meist mit wesentlich

Aktienportfolio

geringerem A. ein entscheidender Einfluß ausgeübt werden, oft mit 30% und weniger. Beteiligungen ab 25% müssen bei der AG angemeldet werden (→ Mitteilungspflicht von Beteiligungen).
Für die steuerliche Bewertung ist ein Paketzuschlag anzusetzen, wenn die Voraussetzungen von § 11 Abs. 3 BewG vorliegen (→ Paket).

Aktienportfolio
Aktienportefeuille; → Portfolio aus → Aktien verschiedener Gesellschaften.

Aktienregister
Im Ausland gebräuchliche, synonyme Bezeichnung für → Aktienbuch.

Aktienrendite
→ Periodenrendite von → Aktien, → Dividendenrendite.

Aktiensplit
Aufteilung einer → Aktie in zwei oder mehr Anteile (→ Splitting).

Aktienstimmrecht, → Stimmrecht des Aktionärs.

Aktientausch
Aktienaustausch; gegenseitiger Beteiligungserwerb (Erwerb von → Aktienpaketen) zwischen → Aktiengesellschaften, meist zur Durchführung von Kooperationen. Oftmals ist eine → Kapitalerhöhung erforderlich. Gehören jedem Unternehmen mehr als 25% der Anteile des anderen Unternehmens, handelt es sich um wechselseitig beteiligte Unternehmen, die dem Recht der → verbundenen Unternehmen (§§ 291 bis 338 AktG) unterliegen.

Aktienumtausch
Umtausch von Aktienurkunden bei Änderung der → Stückelung, zur Korrektur unrichtig gewordener → Urkunden (z. B. bei geänderter → Firma), bei → Fusion durch Aufnahme oder Neubildung usw. Gegen Einreichung der → Aktien der zu übernehmenden → Gesellschaft werden bei einer Fusion solche der übernehmenden Gesellschaft ausgehändigt.

Aktienzertifikat
Von → Banken ausgestellte Bescheinigung über hinterlegte ausländische → Aktien (→ Auslandsaktien), um den Börsenhandel (→ Börse) zu ermöglichen und zu erleichtern.
(1) In *Deutschland* werden A. für ausländische Aktien ausgegeben, die bei einer → Wertpapiersammelbank hinterlegt sind und an der Börse gehandelt werden. Das ist insbes. erforderlich bei → Namensaktien, um durch die auf den Inhaber lautenden Zertifikate den Börsenhandel zu ermöglichen bzw. zu erleichtern. A. können im → Sammelbestand bei einer Wertpapiersammelbank (z. B. → Deutscher Auslandskassenverein) verwahrt werden. Die Zertifikatsinhaber sind dann Miteigentümer (→ Miteigentum nach Bruchteilen). Auf Wunsch erfolgt Umtausch in das Originalpapier.
(2) In den *USA* werden A. (dort als → American Depositary Receipts bezeichnet) für bei bestimmten Banken im Ursprungsland im → Depot befindliche ausländische Aktien ausgegeben. Diese Zertifikate werden auf den Namen ausgestellt, sind aber mit einer Abtretungsklausel versehen und daher leicht übertragbar.
(3) Eine neue Konstruktion wurde gelegentlich der Börseneinführung einer Aktie gefunden in Gestalt einer sog. *Leistungsschuldverschreibung* (eine in Wertpapierform gefaßte Quittung einer Wertpapiersammelbank).

Aktienzertifikate mit garantiertem Rückzahlungsbetrag
Synonym für → DAX-Zertifikate mit garantiertem Rückzahlungsbetrag.

Aktienzusammenlegung, → Kapitalherabsetzung.

Aktionär
Share Holder; Eigentümer von → Aktien und damit Teilhaber (Gesellschafter) einer → Aktiengesellschaft. Seine Rechte (→ Aktionärsrechte) und Pflichten (→ Aktionärspflichten) werden durch das → Aktiengesetz und durch die Satzung der Aktiengesellschaft bestimmt.

Aktionärsbrief
Unterrichtung der → Aktionäre über die wirtschaftliche Situation der → Gesellschaft, heute zumeist ergänzend zur jährlichen Berichterstattung (→ Jahresabschluß) als → Zwischenberichte der Kreditinstitute ausgestaltet. Diese Zwischenberichte sind

Pflicht für Aktiengesellschaften, deren Aktien zum amtlichen Handel zugelassen sind (§ 44 b BörsG, §§ 53 ff. Börsenzulassungsverordnung).

Aktionärsminderheiten, → Minderheitsaktionäre, → Minderheitsrechte.

Aktionärsmitteilungen
Mitteilungen der AG an → Aktionäre gemäß § 125 Abs. 1 AktG über die Einberufung der → Hauptversammlung, die Tagesordnung, Anträge und Wahlvorschläge von Aktionären. Die Mitteilungen sind auch → Kreditinstituten und Aktionärsvereinigungen (→ Wertpapierschutzvereinigungen) zuzustellen, die in der letzten Hauptversammlung → Stimmrechte für Aktionäre ausgeübt haben. Kreditinstitute haben die Mitteilungen nach § 125 Abs. 1 AktG unverzüglich an die Aktionäre weiterzugeben (§ 128 Abs. 1 AktG).

Aktionärspflege
Maßnahmen der → Aktiengesellschaften, um sich ein gutes Ansehen bei ihren → Aktionären zu erhalten und die Bereitschaft der Aktionäre zu fördern, bei → Kapitalerhöhungen → junge Aktien zu zeichnen. Zur A. gehören umfassende Informationen (→ Aktionärsbriefe, Aktionärszeitschriften, → Zwischenberichte der Kreditinstitute, → Geschäftsberichte usw.), eine → Dividendenpolitik, die den Erwartungen der Aktionäre auf Ausschüttungen entspricht, und eine Emissionspolitik, die die Interessen der Aktionäre ausreichend berücksichtigt.

Aktionärspflichten
Pflichten, die der → Aktionär als Teilhaber einer → Aktiengesellschaft zu erfüllen hat. Sie werden durch das → Aktiengesetz und durch die → Satzung der → Gesellschaft bestimmt. Der A. hat die Pflicht, die Einlage in Höhe des Nominalbetrages bzw. des satzungsgemäß höheren Ausgabebetrages der → Aktie zu leisten (§ 54 AktG). Er kann jedoch auch in der Satzung zu einer Sacheinlage verpflichtet werden. Von der Einlagenpflicht kann der A. nicht befreit werden (§ 66 AktG). Kommt er seiner Einlagenpflicht nicht rechtzeitig nach, kann er unter den Voraussetzungen des § 64 AktG seiner Aktien und der bereits geleisteten Einzahlungen für verlustig erklärt werden (→ Kaduzierung, § 64 AktG). Ferner kann der A. durch die Satzung zu einer nicht in Geld zu erbringenden Nebenleistung angehalten werden (§ 55 AktG).

Aktionärsrechte
Rechte, die dem → Aktionär als Teilhaber einer → Aktiengesellschaft zustehen. Sie werden durch das → Aktiengesetz und durch die → Satzung der → Gesellschaft bestimmt und in der → Hauptversammlung ausgeübt (§ 118 Abs. 1 AktG). Im Rahmen der Verwaltungsrechte steht dem Aktionär ein Stimmrecht in der Hauptversammlung (→ Stimmrecht des Aktionärs), ein Auskunftsrecht in der Hauptversammlung gegenüber dem → Vorstand sowie ein Anfechtungsrecht in bezug auf Beschlüsse der Hauptversammlung zu. Das Stimmrecht in der Hauptversammlung wird nach Aktien-Nennbeträgen ausgeübt (§ 134 Abs. 1 Satz 1 AktG). Jedem Aktionär ist auf Verlangen in der Hauptversammlung vom Vorstand Auskunft über Angelegenheiten der Gesellschaft zu geben, soweit sie zur sachgemäßen Beurteilung des Gegenstands der Tagesordnung erforderlich ist (§ 131 Abs. 1 Satz 1 und 2 AktG). Der Vorstand darf die Auskunft in bestimmten in § 131 Abs. 3 aufgezählten Fällen verweigern (→ Auskunftsrecht des Aktionärs). Die Aktionäre haben ein Recht auf Gewinnanteil (→ Dividende). Der Dividendenanspruch wird begrenzt durch die Pflicht der Gesellschaft, eine → gesetzliche Rücklage zu bilden (§ 150 Abs. 1 und 2 AktG). Die Verteilung des → Bilanzgewinns, auf den die Aktionäre gemäß § 58 Abs. 4 AktG Anspruch haben, kann durch die Satzung oder durch einen Beschluß der Hauptversammlung eingeschränkt oder ausgeschlossen werden (Gewinnverwendung der Aktiengesellschaft). Das Recht auf Bezug → junger Aktien ergibt sich aus § 186 Abs. 1 AktG, wonach bei → Kapitalerhöhungen jedem Aktionär ein seinem Anteil an dem bisherigen Grundkapital entsprechender Teil der jungen Aktien zugeteilt werden muß (→ Bezugsrecht). Bei Auflösung der AG hat der Aktionär Anspruch auf einen Anteil am Liquidationserlös (§ 271 Abs. 1 AktG). Bei mehreren Aktiengattungen können einzelne mit Vorrechten ausgestattet sein (→ Vorzugsaktien).

Aktionärsregister
Im Ausland gebräuchliche, synonyme Bezeichnung für → Aktienbuch.

Aktionärsschutz

Aktionärsschutz
Schutz der Rechte des → Aktionärs (→ Aktionärsrechte) und der Interessen des Aktionärs, insbes. des → Kleinaktionärs. Organisierten A. bietet die → Deutsche Schutzvereinigung für Wertpapierbesitz e. V.

Aktionärsvereinigungen, → Wertpapierschutzvereinigungen.

Aktionärsvertreter
Bevollmächtigter des → Aktionärs, i. d. R. im Rahmen einer Stimmrechtsvollmacht, für die → Hauptversammlung einer → Aktiengesellschaft.

Aktiva
1. Bezeichnung für → Aktivposten der → Bilanz.
2. Bezeichnung für Vermögenswerte (→ Assets) (→ Aktiv-Passiv-Management).
Gegensatz: → Passiva.

Aktive Anlagestrategie
A. A. mit → Zinsinstrumenten gehen davon aus, daß durch Kauf- und Verkaufstrategien der Ertrag eines → Rentenportefeuille im Vergleich zu einer → passiven Anlagestrategie gesteigert werden kann. Der Anleger versucht, die Kursschwankungen am → Rentenmarkt auszunützen und → festverzinsliche Papiere entsprechend der prognostizierten Rendite- bzw. Kursentwicklung zu kaufen oder verkaufen. Um zu einer detaillierten Zinserwartung zu kommen, analysiert der Anleger im ersten Schritt (Wirtschaftsanalyse) eine Vielzahl von Einflußfakoren (z. B. Verschuldung der öffentlichen Hand, Entwicklung der Inflationsrate, das konjunkturelle Wachstum, Geldmengenentwicklung, Politik der Bundesbank usw). Aus diesen wirtschaftlichen, politischen und markttechnischen Einflußfaktoren wird im nächsten Schritt, der Kapitalmarktanalyse, eine zukünftige Zinsentwicklung prognostiziert. Die Zinsentwicklung ist die Basis für die Anlagestrategie (Wertpapieranalyse) in Zinsinstrumenten. In der Wertpapieranalyse werden die Papiere mit verschiedenen Kennzahlen festverzinslicher Papiere (z. B. → Rendite, → Duration, → Modified Duration) analysiert und bewertet.
Erwartet der Anleger steigende Renditen, wird er mit Neu-Engagements am Rentenmarkt noch warten oder vielleicht sogar einige → Positionen, die hohe → zinsinduzierte Kursrisiken haben, verkaufen, um Verluste zu vermeiden (→ Risk-altering Bond-Management). U. U. kann der Anleger auch beispielsweise → Hedgingstrategien mit → Zinsfutures abschließen, um erwartete Kursverluste abzusichern. Umgekehrt wird der Anleger bei fallenden → Zinsen Zinsinstrumente kaufen, die den höchsten → (erwarteten) Total Return erzielen. Eine weitere Möglichkeit, den Ertrag zu erhöhen, besteht darin, festverzinsliche Papiere am Markt aufzuspüren, die im Vergleich zu Papieren mit ähnlichen Ausstattungsmerkmalen unterbewertet sind. Der Anleger kauft die fehlbewerteten Papiere und verkauft diese wieder, wenn sie im Vergleich zu anderen Papieren fair bewertet sind. Der Vorteil von aktiven Strategien liegt darin, ein Rentenportefeuille entsprechend den erwarteten Zinsänderungen zu strukturieren und damit höhere Erträge zu erwirtschaften, als bei einer passiven Anlagestrategie.
(→ Semiaktive Anlagestrategien, → Bullet-to-Dumbbell Bond Swap, → Butterfly Spread Trade, → Riding-the-Yield-Curve, → Portfolio Insurance, → Constant Proportion Portfolio Insurance)

Aktivengpaß, → Passivüberhang.

Aktivgeschäfte
→ Bankgeschäfte, die sich auf der Aktivseite der → Bankbilanz niederschlagen, z. B. → Kreditgeschäfte.
Gegensatz: → Passivgeschäfte.
(→ Bilanzunwirksame Geschäfte)

Aktivierung
Bezeichnung für die Bilanzierung von Wirtschaftsgütern des → Betriebsvermögens (nach §§ 4 Abs. 1, 5 Abs. 1 EStG) bzw. von Vermögensgegenständen (so nach → Handelsrecht) auf der Aktivseite. Nach § 264 HGB sind sämtliche Vermögensgegenstände des Unternehmens zu aktivieren, auch die entgeltlich erworbenen → immateriellen Vermögenswerte (z. B. Konzessionen, Patente, Lizenzen). Aktivierungsverbote bestehen nach § 248 HGB für immaterielle Vermögenswerte, die nicht entgeltlich erworben wurden, für Gründungsaufwendungen und für Eigenkapitalbeschaffungsaufwendungen. Für das → Disagio (§ 250 Abs. 3 HGB) und für den Geschäftswert oder Firmenwert (§ 255 Abs. 4 HGB) gelten in der → Handelsbilanz → Bilanzierungswahlrechte, in der → Steuerbilanz dagegen

Bilanzierungsgebote. Nicht bilanzierungsfähige → Aufwendungen für die Ingangsetzung und Erweiterung des Geschäftsbetriebes (§ 269 HGB) dürfen in der Handelsbilanz als → Bilanzierungshilfe aktiviert werden, in der Steuerbilanz unterliegen sie einem Bilanzierungsverbot.

Aktivisches Festzinsrisiko, → Zinsänderungsrisiko.

Aktivmindestreserve, → Mindestreserven.

Aktiv-Passiv-Management
Asset and Liability Management; Management zur Gestaltung optimaler Aktiv- und Passivpositionen im Sinne der Unternehmenszielsetzung (→ Zielkonzeptionen von Kreditinstituten) und unter Beachtung gesetzlicher Vorschriften. Das A.-P.-M. ist Aufgabe des → Treasury Management. (→ Bilanzstruktur-Management, → Controlling)

Aktiv-Passiv-Steuerungsausschuß
Synonym für → Asset Liability Management Committee (ALCO).

Aktivposten der Bankbilanz
Die Posten (mit Ziffern gekennzeichnet) und die Unterposten (mit kleinen Buchstaben gekennzeichnet) der → Bilanz haben bestimmte, in der → Rechnungslegungsverordnung (RechKredV) festgelegte Inhalte auszuweisen (Übersicht „Aktivposten der Bankbilanz – Posten und Unterposten im einzelnen"). → Aktien, die → Beteiligungen verkörpern oder Anteile an → verbundenen Unternehmen darstellen, sind nicht im Posten 6 „Aktien", sondern im Posten 7 „Beteiligungen" bzw. Posten 8 „Anteile an verbundenen Unternehmen" auszuweisen. Ist ein Beteiligungsverhältnis gleichzeitig eine Unternehmensverbindung, so hat der Ausweis als „Anteile an verbundenen Unternehmen" Vorrang.

Aktivswap, → Receiver Swap.

Aktivüberhang
Passivengpaß; Fehlen hinreichender Mittel zur Finanzierung der → Aktiva.

Akzelerator
Das Akzeleratorprinzip unterstellt, daß die Unternehmen bei ausgelasteten → Kapazitäten ihre Investitionsentscheidungen an den Änderungen der → gesamtwirtschaftlichen Nachfrage orientieren. Steigt die Nachfrage, dann wird investiert (Ausbau der Produktionskapazitäten, Steigen des → Kapitalstocks). Umgekehrt werden die Kapazitäten bei sinkender Nachfrage reduziert.
Im einfachen Akzeleratormodell ruft eine Änderung der Gesamtnachfrage, die in der Höhe dem → Volkseinkommen entspricht, eine prozentual größere (akzelerierte) Veränderung der Nettoinvestitionen (→ Investitionen) hervor. Der (starre) A. (a) ist der Faktor, mit dem die Änderung des Volkseinkommens (ΔY) multipliziert wird, um die Höhe der Nettoinvestition (I) zu erhalten ($I = a \cdot \Delta Y$). Steigt das Volkseinkommen mit zunehmenden Wachstumsraten, dann nehmen auch die induzierten Investitionen zu. Sinken die Zuwächse des Volkseinkommens, dann nehmen die Investitionen bereits ab. Wie die unten stehende Abbildung zeigt, erreichen die Investitionen im Konjunkturverlauf (→ Konjunktur) ihren oberen Wendepunkt früher als das Volkseinkommen (Frühindikatoren). Das Akzeleratorprinzip kann im Zusammenwirken mit dem → Multiplikator zur Erklärung von Konjunktur- und Wachstumsschwankungen beitragen (→ Multiplikator-Akzelerator-Prozeß).

Akzeleratorprinzip

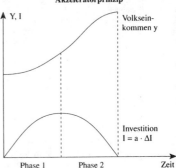

Akzept
1. Vom → Bezogenen angenommener → Wechsel. Er stellt den Regelfall des Wechsels im Wirtschaftsverkehr dar, da noch nicht akzeptierte → Tratten schwieriger in Umlauf gebracht werden können.

2. Wechselmäßige Verpflichtungserklärung des → Bezogenen (→ Wechsel, Annahme).

Akzeptakkreditiv, → Akzeptierungsakkreditiv.

Akzeptakkreditiv

Aktivposten der Bankbilanz – Posten und Unterposten im einzelnen

1. *Barreserve* (§ 12 RechKredV)	*Liquide Mittel*
a) Kassenbestand	Gesetzliche Zahlungsmittel einschl. Sorten, Postwertzeichen, Gerichtsgebührenmarken Kein Ausweis: mit Agio erworbene Gedenkmünzen, Goldmünzen (auch nicht als gesetzliche Zahlungsmittel), Barrengold (Ausweis unter Aktivposten Nr. 15)
b) Guthaben bei Zentralnotenbanken c) Guthaben bei Postgiroämtern	Nur Ausweis täglich fälliger Guthaben einschl. täglich fälliger Fremdwährungsguthaben bei Zentralnotenbanken und Postgiroämtern der Niederlassungsländer des Kreditinstituts (Ausweis anderer Guthaben unter Aktivposten 3) Keine Verrechnung mit in Anspruch genommenen Lombarddarlehen bei Zentralnotenbanken (Ausweis dieser Lombarddarlehen unter Passivposten Nr. 1)
2. *Schuldtitel öffentlicher Stellen und Wechsel, die zur Refinanzierung bei Zentralnotenbanken zugelassen sind* (§ 13 RechKredV)	*Refinanzierungsfähige (notenbankfähige) Titel*
a) Schatzwechsel und unverzinsliche Schatzanweisungen sowie ähnliche Schuldtitel öffentlicher Stellen	Ausweis von Schatzwechseln und unverzinslichen Schatzanweisungen sowie ähnlichen Schuldtiteln öffentlicher Stellen (öffentliche Haushalte einschl. ihrer Sondervermögen), die unter Diskontabzug hereingenommen wurden und zur Refinanzierung bei den Zentralnotenbanken in den Niederlassungsländern zugelassen sind (Ausweis börsenfähiger Schuldtitel öffentlicher Stellen ohne Erfüllung der vorgenannten Voraussetzungen unter Aktivposten Nr. 5 Buchst. a, aa, bei Nichtbörsenfähigkeit unter Aktivposten Nr. 4)
b) Wechsel	Ausweis notenbankfähiger Wechsel (ohne Bestand an eigenen Akzepten) (Ausweis nichtnotenbankfähiger Wechsel wie Buchforderungen, d. h. unter Aktivposten Nr. 3 bzw. Nr. 4) Angabe der bei der Bundesbank refinanzierbaren Papiere für beide Unterposten jeweils in einem Vermerk (Ausgliederung)
3. *Forderungen an Kreditinstitute* (§ 14 RechKredV)	*Forderungen aus Bankgeschäften an inländische und ausländische Kreditinstitute*
a) täglich fällig (gem. § 8 Abs. 3 RechKredV)	Ausweis von Forderungen, über die jederzeit ohne vorherige Kündigung verfügt werden kann oder für die eine Laufzeit oder Kündigungsfrist von 24 Stunden oder von einem Geschäftstag vereinbart worden ist, auch Ausweis der Tagesgelder und Gelder mit täglicher Kündigung einschließlich der angelegten Gelder mit Fälligkeit oder Kündigungsmöglichkeiten am nächsten Geschäftstag

Akzeptakkreditiv

Aktivposten der Bankbilanz – Posten und Unterposten im einzelnen (Fortsetzung)

b) andere Forderungen	Buchforderungen (einschließlich Forderungen aus nichtverbrieften Genußrechten, Bausparguthaben aus abgeschlossenen Bausparverträgen, Sollsalden aus Effektengeschäften und Verrechnungskonten), Forderungen aus von Kreditinstituten eingereichten nichtnotenbankfähigen Wechseln, Forderungen aus à forfait eingereichten, von Kreditinstituten akzeptierten nichtnotenbankfähigen Wechseln, Forderungen aus nichtbörsenfähigen Schuldverschreibungen und aus Namensschuldverschreibungen
	Aufgliederung der anderen Forderungen an Kreditinstitute (mit Ausnahme der darin enthaltenen Bausparguthaben aus abgeschlossenen Bausparverträgen) im Anhang nach Fristen gem. § 9 Abs. 1 und 2 RechKredV
	Für Geschäftsjahre mit Beginn *nach dem 31.12.1992* und vor dem 1. Januar 1998 Aufgliederung nach Ursprungslaufzeiten, d.h. in Forderungen mit ursprünglich vereinbarter Laufzeit oder Kündigungsfrist von a) weniger als 3 Monaten, b) mit mindestens 3 Monaten, aber weniger als 4 Jahren, c) 4 Jahre oder länger. Zusätzliche Angabepflicht gem. §39 Abs. 5 Satz 1 Nr. 4 RechKredV
	Für Geschäftsjahre, die *nach dem 1. Januar 1998* beginnen, Aufgliederung nach Restlaufzeiten, d.h. Aufteilung nach Fälligkeitsgruppen: Forderungen mit Restlaufzeiten 1. bis 3 Monate, 2. mehr als 3 Monate bis ein Jahr, 3. mehr als ein Jahr bis 5 Jahre, 4. mehr als 5 Jahre.
	Angabe der im Gesamtbetrag enthaltenen Forderungen von Sparkassen an die eigene Girozentrale und von Kreditgenossenschaften an die zuständige genossenschaftliche Zentralbank im Anhang (zusätzliche Pflichtangabe gem. § 35 Abs. 1 Nr. 9 und 11 RechKredV)
4. *Forderungen an Kunden* (§ 15 RechKredV)	Forderungen an inländische Nichtbanken (alle Arten von Vermögensgegenständen): Buchforderungen, Forderungen aus von Kunden eingereichten, nichtnotenbankfähigen Wechseln, Forderungen aus à forfait eingereichten, von Nichtbanken akzeptierten Wechseln, Forderungen aus nichtbörsenfähigen Schuldverschreibungen und aus Namensschuldverschreibungen, Forderungen aus dem eigenen Warengeschäft
	Aufgliederung nach Ursprungslaufzeiten, für Geschäftsjahre mit Beginn nach dem 1. Januar 1998 nach Restlaufzeiten (Zusätzliche Angabepflicht gem. § 39 Abs. 5 Satz 1 Nr. 3 RechKredV)
	Ausgliederung der grundpfandrechtlich gesicherten (auch langfristigen) Kredite einschl. der Ib-Hypothekendarlehen und der Kommunalkredite

Akzeptakkreditiv

Aktivposten der Bankbilanz – Posten und Unterposten im einzelnen (Fortsetzung)

5. *Schuldverschreibungen und andere festverzinsliche Wertpapiere* (§ 16 RechKredV)	Börsenfähige Schuldverschreibungen und andere börsenfähige festverzinsliche Wertpapiere
a) Geldmarktpapiere aa) von öffentlichen Emittenten ab) von anderen Emittenten	Schatzwechsel, Schatzanweisungen und andere Geldmarktpapiere (Commercial Papers, Euronotes, Certificates of Deposit, Bons de Caisse und ähnliche verbriefte Rechte),
b) Anleihen und Schuldverschreibungen ba) von öffentlichen Emittenten bb) von anderen Emittenten	Festverzinsliche Inhaberschuldverschreibungen, Orderschuldverschreibungen, die Teile einer Gesamtemission sind, Kassenobligationen sowie Schuldbuchforderungen, Auch Ausweis variabel verzinslicher Schuldverschreibungen, wenn der Zinssatz an eine bestimmte Größe (z. B. Interbankzinssatz oder Eurogeldmarktsatz) gebunden ist, Null-Kupon-Anleihen und Schuldverschreibungen, die einen anteiligen Anspruch auf Erlöse aus einem gepoolten Forderungsvermögen verbriefen Auch Ausweis von vor Fälligkeit hereingenommenen Zinsscheinen
darunter: beleihbar bei der Deutschen Bundesbank	Ausgliederung der lombardfähigen Wertpapiere Bildung eines Unterpostens für zurückgekaufte börsenfähige Schuldverschreibungen eigener Emissionen
c) eigene Schuldverschreibungen	Aufgliederung in börsennotierte und nichtbörsennotierte Papiere im Anhang (zusätzliche Pflichtangabe gem. § 35 Abs. 1 Nr. 1 RechKredV; zusätzliche Angabepflicht gem. § 39 Abs. 5 Satz 1 Nr. 2 RechKredV)
6. *Aktien und andere nicht festverzinsliche Wertpapiere* (§ 17 RechKredV)	Ausweis von Aktien, soweit sie nicht als Beteiligungen unter Aktivposten Nr. 7 oder im Posten „Anteile an verbundenen Unternehmen" (Aktivposten Nr. 8) auszuweisen sind, ferner Ausweis von Investmentanteilen, Optionsscheinen, als Inhaber- oder Orderpapiere ausgestaltete börsenfähige Genußscheine und andere nicht festverzinsliche, börsennotierte Wertpapiere, außerdem Kuxe und Zwischenscheine Auch Ausweis von vor Fälligkeit hereingenommenen Gewinnanteilsscheinen Aufgliederung der im Posten enthaltenen börsenfähigen Wertpapiere in börsennotierte und nichtbörsennotierte im Anhang (zusätzliche Pflichtangabe gem. § 35 Abs. 1 Nr. 1 RechKredV)
7. *Beteiligungen* (§ 18 RechKredV)	Ausweis von verbrieften oder nicht verbrieften Anteilen an anderen Unternehmen, die dazu bestimmt sind, dem eigenen Geschäftsbetrieb durch Herstellung einer dauernden Verbindung zu jenen Unternehmen zu dienen (Anteile an einer Kapitalgesellschaft von mehr als 20% des Nennkapitals sind im Zweifel Beteiligungen)

Akzeptakkreditiv

Aktivposten der Bankbilanz – Posten und Unterposten im einzelnen (Fortsetzung)

	Auch Ausweis von Geschäftsguthaben von Kreditgenossenschaften und genossenschaftlichen Zentralbanken bei Genossenschaften (unter entsprechender Anpassung der Postenbezeichnung)
	Aufgliederung der Beteiligungen an Kreditinstituten: Aufgliederung der im Posten enthaltenen börsenfähigen Wertpapiere in börsennotierte und nichtbörsennotierte im Anhang (zusätzliche Pflichtangabe gem. § 35 Abs. 1 Satz 1 Nr. 1 RechKredV)
8. *Anteile an verbundenen Unternehmen*	Ausweis von aktiven Unternehmensbeziehungen im Sinne von § 271 Abs. 2 HGB
	Ausgliederung der Anteile an Kreditinstituten
	Aufgliederung der im Posten enthaltenen börsenfähigen Wertpapiere in börsennotierte und nichtbörsennotierte im Anhang (zusätzliche Pflichtangabe gem. § 35 Abs. 1 Satz 1 Nr. 1 RechKredV)
9. *Treuhandvermögen* (§ 6 RechKredV)	Ausweis von Vermögensgegenständen, die ein Kreditinstitut im eigenen Namen, aber für fremde Rechnung hält. Aufgliederung des Gesamtbetrages im Anhang. Ausgliederung des Betrages der Treuhandkredite
	(keine Bilanzierung von Vermögensgegenständen, die ein Kreditinstitut im fremden Namen und für fremde Rechnung hält)
10. *Ausgleichsforderungen gegen die öffentliche Hand einschl. Schuldverschreibungen aus deren Umtausch* (§ 19 RechKredV)	Ausweis von Ausgleichsforderungen aus der Währungsreform 1948 sowie Ausgleichsforderungen gegenüber dem Ausgleichsfonds Währungsumstellung
	Ausweis von Schuldverschreibungen des Ausgleichsfonds Währungsumstellung aus der Umwandlung von gegen ihn gerichteten Ausgleichsforderungen
11. *Immaterielle Anlagewerte*	Ausweis bestimmter in § 340e Abs. 1 HGB aufgezählter Gegenstände des Anlagevermögens
	Einbeziehung der Beträge in den Anlagespiegel
12. *Sachanlagen*	Ausweis von Grundstücken und Gebäuden sowie Betriebs- und Geschäftsausstattung, soweit sie Gegenstände des Anlagevermögens sind
	Angabe der Gesamtbeträge der bankbetrieblich genutzten Grundstücke und Gebäude sowie der Betriebs- und Geschäftsausstattung im Anhang (zusätzliche Pflichtangabe gem. § 35 Abs. 2 RechKredV)
	Einbeziehung in den Anlagespiegel (Anlagegitter) gem. § 268 Abs. 2 HGB i.V. mit § 34 Abs. 3 RechKredV
13. *Ausstehende Einlagen auf das gezeichnete Kapital*	Angaben gem. § 272 Abs. 1 HGB
	Ausgliederung der eingeforderten ausstehenden Einlagen

Akzeptanzstellen

Aktivposten der Bankbilanz – Posten und Unterposten im einzelnen (Fortsetzung)

14. *Eigene Aktien oder Anteile*	Ausweis der sich im Besitz des Kreditinstituts befindenden eigenen Aktien oder Anteile; Ausgliederung des Nennbetrages
15. *Sonstige Vermögensgegenstände* (§ 20 RechKredV)	Ausweis von Forderungen und sonstigen Vermögensgegenständen, die einem anderen Posten nicht zugeordnet werden können, mit Angabe der wichtigsten, für die Beurteilung wesentlichen Einzelbeträge im Anhang (zusätzliche Pflichtangabe gem. § 35 Abs. 1 Satz 1 Nr. 4 RechKredV)
	Ausweis der mit einem Agio erworbenen Gedenkmünzen sowie Goldmünzen und Barrengold
	Ausweis von Schecks, fälligen Schuldverschreibungen, Zins- und Gewinnanteilscheinen, Inkassowechseln und sonstigen Inkassopapieren, soweit sie innerhalb von 30 Tagen ab Einreichung zur Vorlage bestimmt und dem Einreicher bereits gutgeschrieben worden sind
	Ausweis von nicht verbrieften, nicht rückzahlbaren Genußrechten, ebenfalls Grundstücke und Gebäude, die als Umlaufvermögen anzusehen sind
Steuerabgrenzung gemäß § 274 Abs. 2 HGB	Bildung eines so bezeichneten Aktivpostens zwischen den Posten Sonstige Vermögensgegenstände und Rechnungsabgrenzungsposten für den Fall, daß das Kreditinstitut von § 274 Abs. 2 HGB Gebrauch macht und latente Steuern aktiv abgrenzt Erläuterungspflicht im Anhang
16. *Rechnungsabgrenzungsposten*	Ausweis aktiver nach § 250 Abs. 1 und 3 HGB sowie nach § 340e Abs. 2 HGB gebildeter Rechnungsabgrenzungsposten
	Angabe der nach § 250 Abs. 3 HGB gebildeten Rechnungsabgrenzungsposten im Anhang
17. *Nicht durch Eigenkapital gedeckter Fehlbetrag*	Für den Fall einer Überschuldung vorgesehener Aktivposten

Akzeptanzstellen

Vertragsunternehmen der Kreditkartenausgeber, insbes. Hotels, Restaurants, Fluggesellschaften, Mietwagenketten, Tankstellen sowie eine Vielzahl von Einzelhandelsgeschäften. A. sind verpflichtet, den Inhabern von → Kreditkarten Leistungen gegen Quittierung von Leistungsbelegen, also unter Verzicht auf Barzahlung, zu erbringen.

Akzeptierungsakkreditiv

→ Dokumentenakkreditiv, bei dem die eröffnende Bank (bei einem → bestätigten Akkreditiv zusätzlich die bestätigende Bank) nach Art. 9a ERA verpflichtet ist, bei Vorlage ordnungsmäßiger Dokumente und Erfüllung der Akkreditivbedingungen
(1) „vom Begünstigten gezogene → Tratten zu akzeptieren und sie bei Fälligkeit zu bezahlen" (falls Ziehung der Tratten auf die eröffnende Bank in den Akkreditivbedingungen vorgesehen ist), oder
(2) die Verantwortung für die Akzeptierung von Tratten und deren Einlösung bei → Fälligkeit zu übernehmen (falls Ziehung der Tratten auf eine andere im Akkreditiv benannte bezogene Bank vorgesehen ist).

Akzeptkredit

Begriff/Verwendung: Kreditgewährung durch eine → Bank, indem diese im Rahmen getroffener Kreditabsprachen von erstklassigen Kunden ausgestellte → Wechsel akzeptiert. Hierdurch stellt die Bank ihrem Kunden die eigene Bonität zur Verfügung. Erfolgt zumeist durch Diskontierung seitens der Akzeptbank im Rahmen eines bestehenden → Diskontkredites, der Gegenwert fließt in die → Betriebsmittel des Kunden (Aussteller des → Akzeptes). Seltener wird das Akzept an einen → Gläubiger des Kunden weitergegeben (indossiert).

A. im → Bankgeschäft: a) Da der Kunde als → Schuldner in den Büchern erscheint, handelt es sich zum einen um ein → Aktivgeschäft. b) Nachdem das Akzept in Umlauf gebracht ist, haftet die Bank als Wechselschuldner. In der → Bankbilanz ist der Akzeptbetrag auf der Passivseite unter „eigene Akzepte und Solawechsel im Umlauf" einzusetzen.

Bedeutung: Vorteile für die Bankkunden ergeben sich aus der Differenz zwischen dem gültigen Marktzins für → Kontokorrentkredite einerseits und zu zahlender Akzeptprovision und → Diskontsatz andererseits. → Kreditinstitute halten ihr → Kreditrisiko überschaubar, indem sie A. nur erstklassigen Kunden zur Verfügung stellen.

Sonderformen: a) Bei reinem Handelsgeschäften akzeptiert die Bank einen Wechsel des Käufers zugunsten des Verkäufers. Die Wechsellaufzeit beträgt zumeist 90 Tage. b) Akzepte einer ausländischen Bank in fremder → Währung (Valutaakzepte) dienen beim → Remboursgeschäft zur → Finanzierung des Außenhandelsgeschäftes.

Akzeptländer
Länder, deren → Banken selbst keine → Scheckgarantiekarten im Rahmen des → eurocheque-Systems ausgeben, aber eurocheques anderer Länder im Tausch gegen → Bargeld einlösen.

Akzeptverbindlichkeit
→ Verbindlichkeit in verbriefter Form (→ Solawechsel, → Akzept), auch wenn eine Diskontierung als Eigenakzept (→ Diskontkredit) erfolgt. Bei → Banken werden → Bankakzepte unter „Kredite an Wirtschaft und Private" ausgewiesen, denn sollten sie bei → Fälligkeit vom Kunden nicht eingelöst werden können, wird die Bank sie zu Lasten des Kundenkontos (→ Überziehungskredit) umbuchen.

Akzessorische Sicherheit
Gesetzlich geregeltes Sicherungsrecht (sogenannte geborene Sicherheit), das mit der gesicherten → Forderung untrennbar verbunden ist (→ Bürgschaft, → Hypothek, → Pfandrecht). Erlischt die zu sichernde Forderung (→ Schuldverhältnis), geht auch das Sicherungsrecht unter. Sicherheit und Forderung können nur gemeinsam übertragen werden, wobei die → Abtretung (Zession) der Forderung den Übergang des Sicherungsrechts nach sich zieht (§§ 401, 1153 Abs. 2, 1250 BGB). Der Sicherungsgeber kann grundsätzlich alle Einwendungen gegenüber dem → Kreditinstitut als Sicherungsnehmer (→ Gläubiger) hinsichtlich der Kreditforderung (z. B. → Stundung) geltend machen, die auch der Hauptschuldner (Kreditnehmer) erheben kann (§§ 768, 770, 1137, 1211 BGB). Der Umfang der Akzessorietät ist bei den einzelnen Sicherheiten unterschiedlich ausgestaltet.

Gegensatz: → nichtakzessorische Kreditsicherheit (→ Kreditsicherheit)

Aladdin Bond
Neuemission einer → Schuldverschreibung, die durch die Konvertierung einer bestehenden → Emission nach festgelegten → Wandlungsbedingungen entsteht.

ALCO
Abk. für → Asset Liability Management Committee.

Allfinanz-Angebot von Kreditinstituten
→ Verträge über → Lebensversicherungen, → Leasing und → Factoring, → Vermögensverwaltungen, Vermittlung von → Immobilien und → Bausparverträgen, Ausgabe von → Kreditkarten, → Unternehmensberatung (→ Consulting Banking).

Ursache: Der Grund für strategische Überlegungen der → Kreditinstitute zum Aufbau von A.-A. liegt in dem nach Art und Zahl immer größer werdenden Kreis von Konkurrenten im Finanzdienstleistungsmarkt. Zusätzlich zu dem gruppeninternen Wettbewerb der großen → Bankengruppen stehen die Kreditinstitute im Wettbewerb mit Versicherungsunternehmen (Angebot von Kapitallebensversicherungen, Policendarlehen, → Investmentanteilen usw.), → Bausparkassen, → Kreditkartengesellschaften, → Brokern, Anlageberatern (Angebot von Kapitalanlagen und Vermögens-

Allfinanz-Unternehmen

verwaltungen) und mit Handels- und Industrieunternehmen (Angebote zur → Absatzfinanzierung).

Ziele: Kreditinstitute bezwecken mit A.-A.:
(1) Stärkung der Kundenbindung (Festigung der → Bankloyalität) und damit Abschottung der Kunden gegenüber der Konkurrenz, (2) Erweiterung des Kundenkreises (→ Akquisition neuer Kunden), (3) Absatzerhöhung und Erweiterung von Marktanteilen durch → Cross-Selling, (4) Verbesserung der → Rentabilität durch zusätzliche → Provisionsgeschäfte zur Kompensation des Margenrückgangs im → Zinsgeschäft, (5) die Erreichung von Synergieeffekten im Vertrieb, (6) → Diversifikation.

Durchführung: Kreditinstitute betreiben das Allfinanz-Geschäft durch (Vertriebs-)Kooperationen mit anderen → Finanzinstituten (z. B. mit Versicherungsgesellschaften, → Leasinggesellschaften, Bausparkassen und Kreditkartengesellschaften; → Kreditgenossenschaften in Form des → genossenschaftlichen Verbundes, → Sparkassen durch die Sparkassen-Finanzgruppe), durch Gründung von → Tochterunternehmen (z. B. durch Gründung von Lebensversicherungs- oder Vermögensverwaltungs- oder Beratungsgesellschaften) oder durch Erwerb von oder durch → Beteiligung an anderen → Finanzinstituten.

Allfinanz-Unternehmen

→ Banken, Versicherungsunternehmen (→ Versicherungsverein auf Gegenseitigkeit) und andere Unternehmungen, die sich nicht auf die ihnen eigentümlichen Tätigkeiten (etwa → Bankgeschäfte) beschränken, sondern selbst, in → Kooperation mit anderen oder durch → Tochtergesellschaften, ein breites Spektrum von → Finanzdienstleistungen anbieten (→ Allfinanz-Angebot von Kreditinstituten).

Allgemeine Bankrisiken

Gemäß § 340f Abs. 1 HGB „die besonderen Risiken des Geschäftszweigs der Kreditinstitute".

Allgemeine Geschäftsbedingungen

Alle für eine Vielzahl von → Verträgen vorformulierten Vertragsbedingungen, die eine Vertragspartei (Verwender) der anderen Vertragspartei bei Abschluß eines Vertrages stellt. Ob die Bestimmungen einen äußerlich gesonderten Bestandteil des Vertrages bilden oder wie bei → Formularverträgen in die Vertragsurkunde selbst aufgenommen werden, ist gleichgültig. Vorformulierte Vertragsbedingungen finden in allen Wirtschaftsbereichen Anwendung. Ohne die damit einhergehende Standardisierung und Typisierung lassen sich Massengeschäfte nicht abwickeln (Rationalisierungsfunktion). Außerdem sind sie ein Instrument zur Ausfüllung von Regelungslücken im Wirtschaftsvertragsrecht, z. B. im Hinblick auf gesetzlich nicht geregelte Vertragstypen (→ Leasing). Schließlich läßt sich mit ihnen eine vernünftige und sachgerechte Risikoverteilung erreichen. In der Risikoverteilungsfunktion liegt die Gefahr, daß der Verwender (statt des gegenseitigen gesetzlich geregelten Interessenausgleichs) seine eigene Rechtsposition zu stärken und die Rechte des Kunden durch Überwälzung unangemessener Geschäftsrisiken in ungerechtfertigter Weise zu kürzen versucht (→ Vertragsfreiheit). Das AGB-Gesetz hat der Gefahr des Mißbrauchs durch den ökonomisch überlegenen AGB-Verwender vorgebeugt und die Allgemeinen Geschäftsbedingungen einer bestimmten normativen Kontrolle unterworfen, soweit dieses Gesetz Anwendung findet.

Anwendungsbereich des AGB-Gesetzes: Die Regelungen gelten grundsätzlich nicht, sofern der Vertrag ausländischem Recht untersteht. Nicht anwendbar sind die gesetzlichen Bestimmungen auch auf Verträge auf dem Gebiet des → Arbeitsrechts, → Erbrechts, → Familienrechts und → Gesellschaftsrechts (§ 23 Abs. 1). Von besonderer Bedeutung ist aber, daß die Regelungen des Gesetzes auf Kaufleute innerhalb ihres → Handelsgewerbes und auf die öffentliche Hand einschließlich ihrer öffentlich-rechtlichen → Sondervermögen nur beschränkt Anwendung finden (§ 24).

Allgemeine Geschäftsbedingungen der Deutschen Bundesbank

Für den Geschäftsverkehr mit der → Deutschen Bundesbank geltende Regelungen, die von der Bundesbank zur Abwicklung ihrer Geschäfte erlassen und im → Bundesanzeiger veröffentlicht werden. Ihre rechtliche Beurteilung unterliegt wie alle anderen → Allgemeinen Geschäftsbedingungen dem AGB-Gesetz.

Inhaltsübersicht: Allgemeines, Giroverkehr, vereinfachter Scheck- und Lastschrifteinzug für die Kreditinstitute, Ein- und Auszah-

Allgemeiner Bankvertrag

lungsverkehr für Personen ohne Girokonto, Ankauf von Inlandswechseln, Lombardverkehr, Auftragspapiere Inland, An- und Verkauf von Wertpapieren, verschlossene Depots, offene Depots, Devisenverkehr. Die AGB der Bundesbank begründen keinen → Anspruch auf die Vornahme bestimmter Geschäfte durch die Bundesbank.

Allgemeine Geschäftsbedingungen der Kreditinstitute

In 20 (Banken) bzw. 28 (Sparkassen) Punkten gefaßte Rahmenbedingungen, die Grundlage der Geschäftsbedingungen zwischen Kunde und Kreditinstitut sind (vgl. die Übersichten S. 46 ff.).
Ergänzt werden die AGB d. K. durch zahlreiche → Sonderbedingungen der Kreditinstitute, die für bestimmte Geschäftsarten oder bestimmte Geschäftsbereiche gültig sind, z. B. Bedingungen für → Anderkonten und Anderdepots von Rechtsanwälten, Notaren usw., Bedingungen für die Vermietung von → Schrankfächern, für die Annahme von → Verwahrstücken, für die Benutzung des Tages-Nacht-Tresors, → Sonderbedingungen für den beleglosen Datenträgeraustausch, Bedingungen für den Scheckverkehr, → Sonderbedingungen für den ec-Service, Sonderbedingungen für → Auslandsgeschäfte in → Wertpapieren usw.

Allgemeine Geschäftsbedingungen der Postbank

Seit Aufhebung der Postgiroordnung und der Postsparkassenordnung und dem Übergang zu privatrechtlichen Vertragsbeziehungen bedient sich auch die → Deutsche Bundespost Postbank seit Mitte 1991 Allgemeiner Geschäftsbedingungen im Verhältnis zu ihren Kunden (→ Allgemeine Geschäftsbedingungen). Das Regelwerk besteht seit Anfang 1995 aus allgemeinen („AGB Postbank") und besonderen Bedingungen einschließlich solcher für den Sparverkehr sowie dem Preisverzeichnis über die Leistungsentgelte.
Die AGB Postbank gliedern sich in sieben Abschnitte mit 19 Nummern und lehnen sich eng an die → Geschäftsbedingungen der Banken und Sparkassen an. Die „Besonderen Bedingungen" betreffen u. a. → Postanweisungen und → Zahlungsanweisungen, Notar-Anderkonten, Patentanwalt-Anderkonten und Rechtsanwalt-Anderkonten (→ Anderkonto). Inhaltlich wurden teils Bestimmungen aus der Postgiroordnung und der Postsparkassenordnung übernommen.

Allgemeiner Bankvertrag

Rahmenvertrag, der Grundlage der Geschäftsverbindung im Ganzen zwischen dem → Kreditinstitut und dem Kunden und auch Grundlage für die vielfältigen, rechtlich unterschiedlichen → Bankgeschäfte ist. Er ist ein Dauervertragsverhältnis (→ Dauerschuldverhältnis), das sich nach seinem Rechtsgehalt als → Geschäftsbesorgungsvertrag i. S. von § 675 BGB darstellt. Durch den Bankvertrag werden die Rechte und Pflichten der Vertragspartner i. a. festgelegt. Zum a. B. kommen i. d. R. → Ergänzungsverträge zwischen Kreditinstitut und dem Kunden hinzu.

Abschluß und Inhalt: Regelmäßig kommt der a. B. stillschweigend, vor allem durch die Eröffnung eines → Bankkontos (→ Konto) zustande. Mit dem Bankvertrag stellt das Kreditinstitut dem Kunden seine Geschäftseinrichtungen zur Verfügung, ohne daß es aber zur Durchführung risikobehafteter Geschäfte, wie z. B. Aushändigung von Scheckformularen (→ Scheckvertrag) oder Gewährung eines → Kredites (→ Kreditvertrag) verpflichtet wäre. Hierzu sind Sonderverträge (Ergänzungsverträge) erforderlich. Der Bankvertrag begründet ein Vertrauensverhältnis zwischen dem Kreditinstitut und dem Kunden. Die daraus resultierende Verpflichtung, auf die jeweiligen Vermögensinteressen Rücksicht zu nehmen, verlangt von beiden Partnern die Einhaltung bestimmter Sorgfaltspflichten, die auch schon in gewissem Umfang mit Beginn der Vertragshandlungen entstehen können (→ Verschulden bei Vertragsschluß). Konkrete Leistungsverpflichtungen erwachsen dem Kreditinstitut erst aus den einzelnen Bankgeschäften, rechtlich also aus Sonderverträgen. Die → Allgemeinen Geschäftsbedingungen der Kreditinstitute sind Grundlage für den Geschäftsverkehr mit der Kundschaft; sie gelten für jegliche Tätigkeit des Kreditinstituts, soweit nicht im Einzelfall etwas anderes vereinbart ist. Sie sind daher Bestandteil des allgemeinen Bankvertrages und bestimmen maßgeblich seinen Inhalt. Der Bankvertrag endet mit der Auflösung der Geschäftsbeziehung zwischen dem Kreditinstitut und dem Kunden sowie bei → Konkurs des Kunden, dauert dann aber bis zur Kenntnis bzw. bis zum Kennenmüssen des Konkurses durch das Kreditinstitut (§§ 23 KO, 674 BGB). Dagegen erlischt beim → Tod des

Allgemeiner Bankvertrag

Allgemeine Geschäftsbedingungen der Kreditinstitute

	Banken	Sparkassen
	Grundregeln für die Beziehung zwischen Kunde und Bank (Nr. 1–6)	*Allgemeines (Nr. 1–6)*
Nr. 1	Geltungsbereich und Änderungen dieser Geschäftsbedingungen und der Sonderbedingungen für einzelne Geschäftsbeziehungen 1.1 Geltungsbereich 1.2 Änderungen	Grundlagen der Geschäftsbeziehung 1.1 Geschäftsbeziehung als Vertrauensverhältnis 1.2 Allgemeine und besondere Geschäftsbedingungen
Nr. 2	Bankgeheimnis und Bankauskunft 2.1 Bankgeheimnis 2.2 Bankauskunft 2.3 Voraussetzungen für die Erteilung einer Bankauskunft 2.4 Empfänger von Bankauskünften	Änderungen der Geschäftsbedingungen 2.1 Art und Weise des Hinweises 2.2 Genehmigung der Änderung
Nr. 3	Haftung der Bank: Mitverschulden des Kunden 3.1 Haftungsgrundsätze 3.2 Weitergeleitete Aufträge 3.3 Störung des Betriebs	Bankauskünfte 3.1 Voraussetzungen für die Auskunftserteilung 3.2 Berechtigung der Sparkasse zur Auskunftserteilung 3.3 Schriftliche Bestätigung
Nr. 4	Grenzen der Aufrechnungsbefugnis des Kunden	Vertretungs- und Verfügungsbefugnisse 4.1 Bekanntgabe 4.2 Mangel in der Geschäftsfähigkeit des Vertreters
Nr. 5	Verfügungsberechtigung nach dem Tod des Kunden	Legitimationsurkunden 5.1 Erbnachweise 5.2 Leistungsbefugnis der Sparkasse 5.3 Sonstige ausländische Urkunden
Nr. 6	Maßgebliches Recht und Gerichtsstand bei kaufmännischen und öffentlich-rechtlichen Kunden 6.1 Geltung deutschen Rechts 6.2 Gerichtsstand für Inlandskunden 6.3 Gerichtsstand für Auslandskunden	Rechtswahl, Gerichtsstand, Erfüllungsort 6.1 Deutsches Recht 6.2 Erfüllungsort 6.3 Gerichtsstand
	Kontoführung (Nr. 7–10)	*Kontokorrentkonten und andere Geschäfte (Nr. 7–16)*
Nr. 7	Rechnungsabschlüsse bei Kontokorrentkonten (Konten in laufender Rechnung) 7.1 Erteilung der Rechnungsabschlüsse 7.2 Frist für Einwendungen; Genehmigung durch Schweigen	Kontokorrent, Rechnungsabschluß 7.1 Kontokorrent-Vereinbarung 7.2 Rechnungsabschluß 7.3 Einwendungen gegen den Rechnungsabschluß
Nr. 8	Storno- und Berichtigungsbuchungen der Bank 8.1 Vor Rechnungsabschluß 8.2 Nach Rechnungsabschluß 8.3 Information des Kunden; Zinsberechnung	Korrektur fehlerhafter Gutschriften 8.1 Stornobuchung 8.2 Korrekturbuchung nach Rechnungsabschluß 8.3 Kennzeichnung

Allgemeiner Bankvertrag

Allgemeine Geschäftsbedingungen der Kreditinstitute (Fortsetzung)

	Banken	Sparkassen
	Kontoführung (Nr. 7–10)	*Kontokorrentkonten und andere Geschäfte (Nr. 7–16)*
Nr. 9	Einzugsaufträge 9.1 Erteilung von Vorbehaltsgutschriften bei der Einreichung 9.2 Einlösung von Lastschriften und vom Kunden ausgestellter Schecks	Gutschrift und Einlösung von Einzugspapieren 9.1 Gutschriften „Eingang vorbehalten" 9.2 Einlösung
Nr. 10	Risiken bei Fremdwährungskonten und Fremdwährungsgeschäften 10.1 Auftragsausführung bei Fremdwährungskonten 10.2 Gutschriften bei Fremdwährungskonten mit dem Kunden 10.3 Vorübergehende Beschränkung der Leistung der Bank	Auftragsbestätigung vor Ausführung
	Mitwirkungspflichten des Kunden (Nr. 11)	
Nr. 11	Mitwirkungspflichten des Kunden 11.1 Änderungen von Name, Anschrift oder einer gegenüber der Bank erteilten Vertretungsmacht 11.2 Klarheit von Aufträgen 11.3 Besonderer Hinweis bei Eilbedürftigkeit der Ausführung eines Auftrags 11.4 Prüfung und Einwendungen bei Mitteilungen der Bank 11.5 Benachrichtigung der Bank bei Ausbleiben von Mitteilungen	Aufrechnung und Verrechnung 11.1 Aufrechnung durch den Kunden 11.2 Verrechnung durch die Sparkasse
	Kosten der Bankdienstleistungen (Nr. 12)	
Nr. 12	Zinsen, Entgelte und Auslagen 12.1 Zinsen und Entgelte im Privatkundengeschäft 12.2 Zinsen und Entgelte außerhalb des Privatkundengeschäfts 12.3 Änderung von Zinsen und Entgelten 12.4 Kündigungsrecht des Kunden bei Erhöhung von Zinsen und Entgelten 12.5 Auslagen 12.6 Besonderheiten bei Verbraucherkrediten	Guthaben in ausländischer Währung

Allgemeiner Bankvertrag

Allgemeine Geschäftsbedingungen der Kreditinstitute (Fortsetzung)

	Banken	Sparkassen
	Sicherheiten für die Ansprüche der Bank gegen den Kunden	
Nr. 13	Bestellung oder Verstärkung von Sicherheiten 13.1 Anspruch der Bank auf Bestellung von Sicherheiten 13.2 Veränderungen des Risikos 13.3 Fristsetzung für die Bestellung oder Verstärkung von Sicherheiten	Geldeingang in ausländischer Währung
Nr. 14	Vereinbarung eines Pfandrechts zugunsten der Bank 14.1 Einigung über das Pfandrecht 14.2 Gesicherte Ansprüche 14.3 Ausnahmen vom Pfandrecht 14.4 Zins- und Gewinnanteilscheine	Kredit in ausländischer Währung
Nr. 15	Sicherungsrechte bei Einzugspapieren und diskontierten Wechseln 15.1 Sicherungsübereignung 15.2 Sicherungsabtretung 15.3 Zweckgebundene Einzugspapiere 15.4 Gesicherte Ansprüche der Bank	Einlagengeschäfte
Nr. 16	Begrenzung des Besicherungsanspruchs und Freigabeverpflichtung 16.1 Deckungsgrenze 16.2 Freigabe 16.3 Sondervereinbarungen	Akkreditiv und Kreditbrief
		Entgelte einschließlich Überziehungszinsen (Nr. 17 und 18)
Nr. 17	Verwertung von Sicherheiten 17.1 Wahlrecht der Bank 17.2 Erlösgutschrift nach dem Umsatzsteuerrecht	*Entgelte, Kosten, Auslagen* 17.1 Entgelt-Berechtigung 17.2 Festsetzung und Ausweis der Entgelte 17.3 Kosten und Auslagen
	Kündigung (Nr. 18 und 19)	
Nr. 18	Kündigungsrechte des Kunden 18.1 Jederzeitiges Kündigungsrecht 18.2 Kündigung aus wichtigem Grund	Überziehungszinsen

Allgemeiner Bankvertrag

Allgemeine Geschäftsbedingungen der Kreditinstitute (Fortsetzung)

	Banken	Sparkassen
		Pflichten und Haftung von Sparkasse und Kunde (Nr. 19 und 20)
Nr. 19	Kündigungsrechte der Bank 19.1 Kündigung unter Einhaltung einer Kündigungsfrist 19.2 Kündigung unbefristeter Kredite 19.3 Kündigung aus wichtigem Grund ohne Einhaltung einer Kündigungsfrist 19.4 Kündigung von Verbraucherkrediten bei Verzug 19.5 Abwicklung nach einer Kündigung	Haftung der Sparkasse 19.1 Haftung für Verschulden 19.2 Haftung für Dritte 19.3 Haftung bei höherer Gewalt
	Schutz der Einlagen (Nr. 20)	
Nr. 20	Einlagensicherungsfonds	Mitwirkungs- und Sorgfaltspflichten des Kunden 20.1 Grundsatz 20.2 Haftung bei Pflichtverletzungen
		AGB-Pfandrecht, Nachsicherung, Sicherheitenfreigabe (Nr. 21–22)
Nr. 21		Pfandrecht, Sicherungsabtretung 21.1 Umfang 21.2 Ausnahmen 21.3 Gesicherte Ansprüche 21.4 Geltendmachung des Pfandrechts 21.5 Verwertung
Nr. 22		Nachsicherung und Freigabe 22.1 Nachsicherungsrecht 22.2 Freigabe-Verpflichtung
		Einzugspapiere (Nr. 23–25)
Nr. 23		Inkasso von Einzugspapieren 23.1 Inkasso-Vereinbarung 23.2 Rückbelastung
Nr. 24		Vorlegungsfrist, Eilmittel
Nr. 25		Sicherungsrecht an Einzugspapieren 25.1 Sicherungseigentum 25.2 Sicherungsabtretung
		Auflösung der Geschäftsverbindung (Nr. 26–28)
Nr. 26		Kündigungsrecht 26.1 Ordentliche Kündigung 26.2 Kündigung aus wichtigem Grund 26.3 Rechtsfolgen bei Kündigung
Nr. 27		Weitergeltung der Allgemeinen Geschäftsbedingungen
Nr. 28		Schutz der Einlagen

Allgemeiner Bankvertrag

Die in den AGB der Kreditinstitute festgelegten Bestimmungen

Art der Bestimmung	Banken-AGB-Nr.	Sparkassen-AGB-Nr.
Allgemeine Grundregeln für die Beziehungen zwischen Kunde und Kreditinstitut	1	1, 2
Bankgeheimnis und Bankauskunft	2	3
Rechtswahl, Gerichtsstand, Erfüllungsort	6	6
Rechnungsabschlüsse bei Kontokorrentkonten	7	7
Einlagengeschäft		15
Storno- und Berichtigungsbuchungen, Korrektur fehlerhafter Gutschriften	8	8
Einzugsaufträge, Inkasso von Einzugspapieren	9	9, 16, 23, 24
Aufrechnung und Verrechnung	4	11
Vertretungs- und Verfügungsberechtigung, Legitimationsurkunden	5, 11	4, 5
Fremdwährungsgeschäfte	10	12, 13, 14
Zinsen, Entgelte, Kosten, Auslagen	12	17, 18
Haftung der Kreditinstitute	3	19
Mitwirkungs- und Sorgfaltspflichten des Kunden	11	20
Pfandrecht und Sicherheiten	13, 14, 16, 17	21, 22
Sicherungsrechte an Einzugspapieren	15	25
Auflösung der Geschäftsverbindung, Kündigungsrechte	18, 19	26, 27
Schutz der Einlagen	20	28

Bankkunden der Bankvertrag nicht (§ 672 BGB).

Verpflichtungen des Kreditinstituts: Aufgrund der Vertrauensbeziehung hat das Kreditinstitut Verschwiegenheit über Vorgänge des Geschäftsverkehrs mit dem Kunden gegenüber Dritten zu wahren (→ Bankgeheimnis). Es ist ihm unter gewissen Voraussetzungen zur Auskunftserteilung verpflichtet (→ Bankauskunft). Es hat bestimmte Verhaltenspflichten zu beachten, die im einzelnen Aufklärungs-, Warn- und Informationspflichten sein können. Art und Umfang bemessen sich nach dem jeweiligen Bankgeschäft und nach der Aufklärungsbedürftigkeit des Kunden. Das Kreditinstitut ist stets verpflichtet, sich an die Weisungen des Kunden zu halten.

Verpflichtungen des Kunden: Der Kunde hat Informationspflichten gegenüber dem Kreditinstitut (Anzeigen über alle für die Geschäftsverbindung wesentlichen Tatsachen). Er hat (im Interesse des Kreditinstituts) gewisse Kontrollpflichten, z. B. Pflicht zur Prüfung der bei ihm eingehenden Bankunterlagen, wie →Kontoauszüge und sonstige Belege, und Anzeigepflicht bei Fehlern.

Geschützter Personenkreis: Aus dem Bankvertrag können nur die Beteiligten selbst (Kreditinstitut und Kunde) Rechte und

Pflichten herleiten. Gegenüber Dritten, z. B. gegenüber einem → Gläubiger des Kunden besteht (mit Ausnahme eines Auskunftsvertrags) keine vertragliche → Haftung der Bank, selbst wenn sie ihm durch ihr Verhalten Vermögensnachteile zufügt. In diesen Fällen sind Dritte auf deliktische Schadensersatzansprüche (→ unerlaubte Handlung) beschränkt.

Allgemeines Abkommen über den Dienstleistungsverkehr
General Agreement on Trade in Services, GATS; als Resultat der → Uruguay-Runde 1994 abgeschlossenes, mit dem → Allgemeinen Zoll- und Handelsabkommen (GATT) im Aufbau weitgehend übereinstimmendes, multilaterales Abkommen. Es beruht auf drei Säulen: Zum einen enthält das Rahmenabkommen grundlegende Verpflichtungen und „Disziplinen" für alle Mitgliedstaaten und institutionelle Regelungen, die vor allem die Einordnung in die → Welthandelsorganisation betreffen. Des weiteren sieht Teil IV des A. eine „progressive → Liberalisierung" derart vor, daß die Mitgliedstaaten zunächst in einer Liste „spezifische Verpflichtungen" zusammenstellen, die sie im Hinblick auf Marktzugang und Inländergleichbehandlung eingehen. Darin geben sie auch an, wann die jeweiligen Verpflichtungen wirksam werden. Künftig sollen dann Verhandlungsrunden stattfinden, bei denen die noch beibehaltenen Beschränkungen weiter reduziert und schließlich beseitigt werden. Schließlich enthält das Abkommen eine Anzahl von Anhängen mit Sonderregelungen vor allem für den Finanz- und Telekommunikationssektor. Der Begriff der „Finanzdienstleistung" („financial service") wird dort näher definiert; er umfaßt vor allem Versicherungs- und Bank-Dienstleistungen. Vorschriften zur → Bankenaufsicht werden als legitime Beschränkungen des Dienstleistungsverkehrs anerkannt. Mitgliedstaaten wird das Recht eingeräumt, innerhalb von sechs Monaten nach Inkrafttreten des WTO-Abkommens auch Finanzdienstleistungen in ihre Verpflichtungs-Liste aufzunehmen, die vom Grundsatz der → Meistbegünstigung abweichen. In diesem Zeitraum dürfen sie ferner ohne weiteres ihre Verpflichtungen ändern oder widerrufen.

Allgemeines Marktrisiko
Bezeichnung der → Kapitaladäquanzrichtlinie und des → Baseler Ausschusses für Bankenaufsicht für Kursrisiken von → Schuldverschreibungen, abgeleiteten Instrumenten (z. B. → Futures, → Zinsswaps) bzw. von → Aktien, die sich aus der allgemeinen Veränderung des Renditeniveaus bzw. des Aktienkursniveaus ergeben (z. B. Änderung der → Geldpolitik, Crash). Die Berechnung des a. m. kann für Schuldverschreibungen und abgeleitete Instrumente entweder nach der Restlaufzeitmethode oder Durationsmethode (→ Duration, → Modified Duration) erfolgen. Das a. M. kann mit dem → systematischen Risiko der → modernen Portfolio-Theorie verglichen werden. Vgl. auch → Markt-Modell, → Index-Modell, → Asset Allocation.

Allgemeines Risiko
→ *allgemeines Marktrisiko.*
Gegensatz: → spezifisches Risiko.

Allgemeines Zoll- und Handelsabkommen
General Agreement on Tariffs and Trade, GATT; formalrechtlich 1948 in Kraft getretenes multilaterales Handelsabkommen, de facto jedoch internationale Organisation mit eigener Rechtspersönlichkeit. Die Unterzeichnerstaaten des GATT führen nicht die Bezeichnung „Mitglieder", sondern „Vertragsparteien". Dem GATT sind über 140 Staaten angeschlossen (Vertragsparteien und Anwender), davon zwei Drittel → Entwicklungsländer.
Leitbild ist der → Freihandel und damit der Abbau von Handelshemmnissen. Einer Vertragspartei gewährte Begünstigungen gelten gegenüber allen Handelspartnern (Gewährung der allgemeinen → Meistbegünstigung). Um steuerliche Diskriminierungen im → Außenhandel zu vermeiden, gilt für indirekte Steuern das → Bestimmungslandprinzip. Ein weiterer Grundsatz ist die Inländerbehandlung (Nichtdiskriminierung). Mehrere Verhandlungsrunden, sog. „Zollrunden", haben zum weitgehenden Abbau von → Zöllen geführt.
Außer Zöllen und sonstigen Belastungen darf eine Vertragspartei bei der → Ein- oder → Ausfuhr von → Waren Verbote oder Beschränkungen in Form von Kontingenten (→ Kontingentierung), Einfuhr- und Ausfuhrbewilligungen oder anderen Maßnahmen weder einführen noch beibehalten (Ausnahmen: Begegnung eines kritischen Mangels an Lebensmitteln oder anderer wichtiger Waren, Einführung erforderlicher

All-In Premium

Normen oder notwendiger Vorschriften über die Sortierung, die Einteilung nach Güteklassen und den Absatz von Waren im internationalen Handel, Durchführung von staatlichen Maßnahmen zugunsten der Landwirtschaft oder Fischerei, Sicherung der → Zahlungsbilanz oder, als Entwicklungsland, Ergreifen von Schutzmaßnahmen zum Aufbau und zur Förderung seiner Wirtschaft). Sofern eine Vertragspartei mengenmäßige Beschränkungen bei der Aus- und Einfuhr anwendet, muß dies grundsätzlich ohne Diskriminierung der anderen Vertragspartei geschehen. Von diesem Grundsatz darf nur abgewichen werden, wenn Beschränkungen aus Zahlungsbilanzgründen bei der Einfuhr verfügt, beibehalten oder verschärft werden und diese die gleiche Wirkung haben wie Zahlungs- und Transferbeschränkungen bei laufenden internationalen Geschäften, die diese Vertragspartei nach bestimmten Regeln des IWF-Abkommens anwenden darf.

Ausnahmen von den Grundregeln des GATT gelten u. a. für die Gründung von → Freihandelszonen und → Zollunionen; sie sind auch zulässig zugunsten von Entwicklungsländern (Zollpräferenzen). Eine Vertragspartei kann bei Vorliegen außergewöhnlicher Umstände von den Verpflichtungen des GATT befreit werden (sog. „waiver") (→ Internationale Organisationen und Abkommen im Bereich von Währung und Wirtschaft). Zum Abschluß der → Uruguay-Runde 1993 wurden wesentliche Reformen des GATT vereinbart, insbesondere eine Einbindung in die neue → Welthandelsorganisation (WTO), neben einem weiteren → Allgemeinen Abkommen über den Dienstleistungsverkehr.

All-In Premium, → Aufgeld.

Allokation

Wirtschaftstheorie für die Verteilung der → Produktionsfaktoren einer Volkswirtschaft auf den jeweiligen Verwendungszweck. Eine optimale A. bedeutet eine optimale Verteilung von Ressourcen auf alternative Verwendungszwecke.

Allonge

Im Wechselverkehr der Anhang einer Wechselurkunde (→ Anhang 1).

All-or-nothing Option

Variante einer → Binary Option, bei der die → Long Position einen festen Betrag erhält, wenn der → Basiswert bei → Fälligkeit über (→ Call) bzw. unter (→ Put) dem → Basispreis liegt.
(→ One-Touch Option)

Allzweckdarlehen

→ Ratenkredit der → Sparkassen im Rahmen des S-Allzweckkredit-Programms; er ist als zweckfreier → Kredit an die Stelle des zweckgebundenen → Anschaffungsdarlehens getreten.

Alpha

1. *Allgemein*: Achsenabschnitt einer Geraden, d. h. Schnittpunkt einer Geraden mit der Y-Achse.

2. *Finanzmathematik*: Achsenabschnitt der Regressionsgeraden im → Markt-Modell. Die wertpapierbezogene → Rendite wird in diesem Modell durch das A. gemessen, d. h. das A. mißt den Durchschnitt der unsystematischen → Periodenrenditen. Die marktbezogene Rendite des → Wertpapiers wird dagegen durch den → Betafaktor gemessen.

Altaktien, → alte Aktien.

Altaktionär

Besitzer von → alten Aktien.

Alte Aktien

→ Aktien, die im Gegensatz zu → jungen Aktien schon vor einer → Kapitalerhöhung vorhanden waren und im Gegensatz zu den jungen Aktien voll dividendenberechtigt sein können.

Altenteil

Kein selbständiges → dingliches Recht an einem → Grundstück, sondern eine Kombination von → Reallast - Pflicht zur Zahlung von Geldbeträgen und zur Sachlieferung - mit einer → beschränkten persönlichen Dienstbarkeit, vor allem Wohnrecht auf Lebenszeit. Beide Rechte können unter einheitlichen Bezeichnung „A." in das → Grundbuch eingetragen werden (§ 49 GBO), wobei sich ihr konkreter Inhalt aus der Eintragungsbewilligung (→ Grundbuchverfahren) ergibt.

Vorrangige A. (→ Rang von Grundstücksrechten) können sich negativ auf den → Beleihungswert des Grundstücks im Zusammenhang mit einem → Realkredit auswirken. Die Ermittlung des Kapitalwertes von lebenslänglichen Nutzungen und Leistungen erfolgt nach § 14 BewG. Nach den Ausführungsgesetzen zum ZVG der meisten Bundesländer erlöschen sie im Zwangsver-

steigerungsverfahren (→ Zwangsversteigerung) nur, sofern der Grundpfandgläubiger dies besonders beantragt (§ 9 Abs. 2 EinführungsG zum ZVG).
(→ Grundstücksrechte, → Grundbuch)

Alternate Currency, → Quanto Swap.

Alternative Option
→ Exotische Option, die dem Anleger das Recht gewährt, einen → Basiswert unter mehreren auszuwählen, der die bessere → Wertentwicklung (Better-of-two Option) bzw. schlechtere Wertentwicklung (Worst-of-two Option) im Vergleich zu einem definierten Ausgangsniveau hat. I.d.R. kann der Anleger zwischen zwei Werten der gleichen → Assetklasse (z. B. → Aktien) wählen. A. O. können sowohl mit → Straight Bonds verschiedener Märkte (z. B. → Bundesanleihe versus → OAT), Straight Bonds des gleichen Marktes (z. B. → Bundesanleihe versus → Bundesobligation), als auch mit Aktien (z. B. DAX versus S & P 500 Index) usw. abgeschlossen werden. Die Ausgleichszahlung (→ Cash Settlement) bei → Fälligkeit einer Better-of-two-Option wird nur durch die Differenz zwischen aktuellem Kurs und → Basispreis des stärker gestiegenen Basiswertes bestimmt. Better-of-two Options (Worst-of-two Options) bestehen aus zwei → Calls (→ Puts) mit unterschiedlichen Basiswerten (z. B. DAX, FT-SE 100 Index) und gleicher Fälligkeit. I.d.R. werden die Basispreise → At-the-Money gewählt, und die → Nominalwerte beider Optionen sind identisch. Bei Fälligkeit der Better-of-two Option (Worst-of-two Option) erhält der Anleger den → inneren Wert des Wertes, der besser (schlechter) performte. Der Anleger erhält auch dann keine Ausgleichszahlung vom zurückgebliebenen Wert, wenn dieser bei Fälligkeit ebenfalls im Geld sein sollte. Die → Optionsprämie einer A. O. ist geringer als die Prämie zweier Calls bzw. Puts, da bei Fälligkeit der Option auch nur eine Option die Höhe der Ausgleichszahlung fixiert, wenn beide Optionen im Geld sind. A. O. sind → Correlation Products, da bei der Ermittlung des → Fair Values die → Korrelation der Basiswerte berücksichtigt wird. Im Gegensatz zu → Outperformance Options sind A. O. für Anleger interessant, die erwarten, daß beide Basiswerte steigen bzw. fallen und sie an der Kursentwicklung des besseren bzw. schlechteren partizipieren möchten. A. O. sind exotische Optionen, die im Rahmen der taktischen → Asset Allocation eingesetzt werden, um bei begrenztem Risiko zwischen verschiedenen Werten einer Assetklasse mit geringen Transaktionskosten zu switchen (→ Switching).

Altersentlastungsbetrag
Betrag von 40 v. H. des Arbeitslohns und der positiven Summe der Einkünfte (ohne → Einkünfte aus nichtselbständiger Arbeit), der nach § 24a EStG → Steuerpflichtigen nach Vollendung des 64. Lebensjahres bis zu einem Höchstbetrag von 3.720 DM im Kalenderjahr gewährt wird (→ Einkommensteuer).

Altschuldenhilfe
Zur angemessenen Bewirtschaftung des Wohnungsbestandes, insbesondere zur Verbesserung der Kredit- und Investitionsfähigkeit gewährte Leistungen an bestimmte Wohnungsunternehmen und private Vermieter mit Wohnraum in den neuen Bundesländern (§ 1 Altschuldenhilfe-Gesetz vom 23. 6. 1993, BGBl. I S. 986). A. erfolgt einmal durch Teilentlastung im Hinblick auf Altverbindlichkeiten (§ 3), die vom → Erblastentilgungsfonds mit befreiender Wirkung gegenüber dem bisherigen → Gläubiger übernommen werden (§ 4). Voraussetzung hierfür ist u. a., daß sich die Wohnungsunternehmen zur Privatisierung oder Veräußerung von Wohnraum und zur Abführung hieraus erzielter Erlöse (nach Maßgabe von § 5) verpflichten. Über (bis Ende 1993 zu stellende) Anträge entscheidet für den Bund die → Kreditanstalt für Wiederaufbau (§ 11). Ferner werden auf Antrag für die auf Altverbindlichkeiten vom 1. 1. 1994 bis 30. 6. 1995 zu zahlenden marktüblichen Zinsen Zinshilfen in voller Höhe gewährt (§ 7). Die Kosten hierfür tragen Bund und neue Bundesländer sowie das Land Berlin je zur Hälfte.

American Depositary Receipts (ADR)
Zertifikate (→ Aktienzertifikate) bedeuten der US-Banken über bei ihnen hinterlegte Bestände an nichtamerikanischen → Dividendenpapieren, mit deren Hilfe Transaktionen in solchen Werten erleichtert, verbilligt und beschleunigt werden sollen, weil damit die Versendung der hinterlegten Werte entbehrlich wird (→ Sammelzertifikat). Anfallende → Dividenden werden von der amerikanischen Hinterlegungsstelle eingezogen und dem Zertifikatinhaber übermittelt. Auch werden ihm die für → Aktionäre wich-

tigen Informationen von der Hinterlegungsstelle zur Kenntnis gebracht.

American Express
Ausgeber von → Reiseschecks sowie → Emittent von → Kreditkarten. A. E. gehört neben → Diners Club zur Gruppe der Travel-and-Entertainment-Karten.

American Stock Exchange (AMEX)
Zweitgrößte amerikanische Börse. Bis 1921 wurde die AMEX als Curb Exchange bezeichnet. An der AMEX werden im Gegensatz zur NYSE insbes. → Aktien und → festverzinsliche Papiere von kleineren und mittleren Gesellschaften gehandelt. An der AMEX notieren eine Vielzahl von → Optionen auf Aktien, die an der NYSE gehandelt werden. Darüber hinaus sind an der AMEX auch → Aktienindex-Optionen gelistet (z. B. Major Market Index, Institutional Index).
(→ FLEX-Options, → Options- und Terminbörsen an den internationalen Finanzplätzen)

Amerikanische Option
→ Option, die an jedem Handelstag während der Optionsfrist durch ihren Inhaber ausgeübt werden kann (z. B. → Aktien-Optionen an der DTB).
Gegensatz: → Europäische Option, → Bermuda Option.

Amerikanisches Verfahren
Zuteilungsverfahren (→ Tenderverfahren) bei → Emission von → Bundeswertpapieren, z. B. insbes. bei → Schatzanweisungen und → Wertpapierpensionsgeschäften der → Deutschen Bundesbank. Die Bundesbank wendet bei Wertpapierpensionsgeschäften auch das → holländische Verfahren an.

AMEX
Abk. für → American Stock Exchange.

Am Geld, → At-the-Money.

Amortisationsrechnung
Statische → Investitionsrechnung, bei der man errechnet, in wieviel Jahren sich eine → Investition selbst bezahlt macht, d.h. in welcher Zeitspanne die Summe der Kapitalrückflüsse genauso hoch ist wie der Kapitaleinsatz, d.h. die ursprüngliche Anschaffungsauszahlung:

$$\text{Amortisationszeit} = \frac{\text{Kapitaleinsatz}}{\text{jährliche Nettoeinzahlungen}}.$$

Lohnend ist eine Investition nach der A. dann, wenn ihre tatsächliche Amortisationszeit nicht größer ist als die von der Unternehmungsleitung vorgegebene maximal zulässige Amortisationszeit.

Problem: Die A. sollte wegen der Mängel, die den statischen Methoden anhaften, nicht zur alleinigen Grundlage von Investitionsentscheidungen gemacht werden. Es kann aber nützlich sein, sie neben einer dynamischen Investitionsrechnungsmethode als zusätzliche Entscheidungshilfe zu nutzen.
(→ Investitionsrechnung)

Amortizing Swap
Finanz-Swap (→ Swap), bei dem der Nominalbetrag während der → Laufzeit stufenweise reduziert wird (→ Exotic Swaps).
Gegensatz: → Step-up Swap.

AMR
Abk. für → Anweisung der Deutschen Bundesbank über Mindestreserven.

Amtlicher (Börsen-)Handel
Markt für → Effekten, die von der Zulassungsstelle der → Wertpapierbörse auf Antrag des → Emittenten zusammen mit einem an der → Börse zugelassenen → Kreditinstitut zur amtlichen → Notierung zugelassen sind. Die näheren rechtlichen Regelungen für den a. H. enthalten §§ 36 ff. BörsenG sowie die Börsenzulassungs-Verordnung (BörsZulV).

Amtlicher Devisenkurs
An der → Devisenbörse durch amtlich bestellte → Devisenmakler ermittelter Marktkurs für → Devisen (amtlicher Börsenpreis). A. D. müssen bei Abrechnungen von → Kundengeschäften im Devisenhandel zugrunde gelegt werden, soweit diese von → Kreditinstituten als → Kommissionäre ausgeführt werden (§§ 383 ff., § 400 Abs. 5 HGB, Nr. 35 AGB Banken (1989), Nr. 40 AGB Sparkassen). Im → Bundesanzeiger werden die → Amtlichen Frankfurter Devisenkurse veröffentlicht.

Amtlicher Frankfurter Devisenkurs
Im → Bundesanzeiger veröffentlichte, an der Frankfurter → Devisenbörse festgestellte Kurse für → Devisen. Sie gelten einheitlich für die fünf deutschen Devisenbörsen.

Amtliches Kursblatt
Von den → Wertpapierbörsen an jedem Börsentag herausgegebenes Blatt, welches im

amtlichen Teil außer den Kursen der zum → amtlichen (Börsen-)Handel zugelassenen → Effekten eine Reihe weiterer Angaben enthält, z. B. Betrag und → Stückelung von → Emissionen. Das a. K. enthält auch Veröffentlichungen des → Börsenvorstands sowie (nicht-amtlich) die Kurse für Papiere des → geregelten Marktes und des → Freiverkehrs. Die Bekanntmachungspflichten des Börsenvorstands sind notwendiger Inhalt der Börsenordnung (§ 4 Abs. 2 BörsenG; → Börsenrecht).

Amtshaftung
Aus der ursprünglich den Beamten persönlich treffenden → Haftung für schuldhaftes Fehlverhalten im Dienst abgeleitete, heute regelmäßig den Staat (Bund, Länder, Kommunen) treffende Verpflichtung zum → Schadensersatz gemäß Art. 34 des Grundgesetzes (GG), § 839 BGB.

Anatozismus
Berechnung von Zinsen auf Zinsen (→ Zinseszinsen).

Andere Ergebnisrücklagen
Bezeichnung bei → Kreditgenossenschaften für → andere Gewinnrücklagen. Es sind zweckfreie Rücklagen (→ Rücklagen der Kreditinstitute).

Andere Gewinnrücklagen
Zweckfreie Rücklagen (→ Rücklagen der Kreditinstitute); bei Sparkassen als → „andere Rücklagen", bei → Kreditgenossenschaften als → „andere Ergebnisrücklagen" ausgewiesen.

Andere Rücklagen
Bezeichnung bei → Sparkassen für → andere Gewinnrücklagen. Es sind zweckfreie Rücklagen (→ Rücklagen der Kreditinstitute).

Andere Verbindlichkeiten
→ Verbindlichkeiten gegenüber Kunden.

Anderkonto
Offenes → Treuhandkonto, das der Verwaltung von Vermögenswerten Dritter (Treuhandvermögen) dient und aufgrund einer Vereinbarung der → Spitzenverbände der deutschen Kreditwirtschaft nur für Rechtsanwälte (Rechtsanwalt-A.), Notare (Notar-A.), Angehörige der öffentlich bestellten wirtschaftsprüfenden und wirtschafts- und steuerberatenden Berufe (Treuhänder-A.) sowie für Patentanwälte (Patentanwälte-A.) geführt werden darf. Der Begriff „A." bezieht sich sowohl auf Einlagenkonten als auch auf → Depotkonten (→ Bankkonto).

Rechtsgrundlagen: Für A. gelten besondere Geschäftsbedingungen Sie enthalten Sonderregelung für die Geltendmachung von Rechten des → Kreditinstituts (Nr. 8), für die Erteilung einer → Kontovollmacht (Nr. 11) sowie für den Konkursfall des Kontoinhabers (Nr. 15), den Todesfall des Kontoinhabers (Nr. 13) und bei → Pfändung (Nr. 14). Ansprüche aus A. sind nicht abtretbar und nicht verpfändbar (Nr. 10). Die „Bedingungen für A. und Anderdepots" sind von den Standesorganisationen derjenigen Personengruppen, die zur Führung von A. berechtigt sind, in Zusammenarbeit mit den Spitzenverbänden entwickelt worden.

Berechtigter Personenkreis: Zu den Berufsgruppen, die eine besondere Vertrauensstellung genießen, zählen Rechtsanwälte (und seit 1980 auch Rechtsbeistände, sofern sie einer Rechtsanwaltskammer beigetreten sind), Patentanwälte, Notare und Angehörige der öffentlich bestellten wirtschaftsprüfenden und wirtschafts- und steuerberatenden Berufe (Treuhänder i. S. der Anderkontenbedingungen). Der zuletzt genannten Personengruppe gehören an Wirtschaftsprüfer, vereidigte Buchprüfer, Steuerberater und Steuerbevollmächtigte, Wirtschaftsprüfungsgesellschaften, Buchprüfungsgesellschaften und Steuerberatungsgesellschaften. Die Angehörigen der aufgeführten Berufsstände unterliegen einer besonderen Berufs- und Standesaufsicht. Dadurch soll zusätzlich eine zweifelsfreie und ordnungsgemäße Abwicklung der Treuhandgeschäfte sichergestellt werden. Andere Personen und Berufsgruppen, wie Vormünder (→ Vormundschaft), Pfle-ger (→ Pflegschaft), Nachlaßverwalter (→ Nachlaßverwaltung), Testamentsvollstrecker, Konkursverwalter, sind zur Führung von A. nicht berechtigt. Das gleiche gilt für → Makler, Wohnungsbauunternehmer oder Treuhandgesellschaften. Hier kommt nur die Einrichtung eines gewöhnlichen Treuhandkontos in Betracht.

Einrichtung: A. lauten auf den Namen des kontoführenden Treuhänders und werden mit dem Zusatz „Anderkonto" gekennzeichnet. Bei jeder → Kontoeröffnung ist der Kontoinhaber verpflichtet, den Namen und die Anschrift desjenigen mitzuteilen, für dessen Rechnung er handelt. Diese Verpflichtung ergibt sich aus dem → Geldwäschegesetz. Zur Errichtung eines A. bedarf es eines besonderen Antrags, aus dem ausdrücklich hervorgeht, daß das Konto nicht eigenen Zwecken dient, sondern ausschließlich Fremdwerte aufnimmt (Offenkundigkeitsprinzip). Außerdem verpflichtet sich der Kontoinhaber, dem A. keine eigenen Gelder zuzuführen. Verstöße gegen dieses Gebot können zur Auflösung der Geschäftsverbindung aus wichtigem Grunde führen (Nr. 19 Abs. 3 AGB Banken, Nr. 26 Abs. 2 AGB Sparkassen). Wird ein Rechtsanwalt, Notar oder Treuhänder gleichzeitig für mehrere Treugeber tätig, so ist für jeden Treugeber ein gesondertes A. einzurichten. Um eine Vermischung verschiedener Fremdwerte zu vermeiden, sind Sammelkonten unzulässig.

Außen- und Innenverhältnis: Im Verhältnis zum kontoführenden Kreditinstitut (Außenverhältnis) gilt der Treuhänder als alleiniger Kontoinhaber. Er nimmt die Stellung eines Vollrechtsinhabers ein und besitzt uneingeschränkte Verfügungsgewalt über das Konto (fiduziarische Vollrechtsübertragung), wodurch der Treugeber im Außenverhältnis völlig verdrängt wird. Danach ist der Anderkontoinhaber nicht lediglich Bevollmächtigter des Treugebers, wie es bei der Ermächtigungstreuhand der Fall wäre. Das Verhältnis zwischen dem Inhaber des A. und dem wirtschaftlich Berechtigten, dem Treugeber (Innenverhältnis), bezeichnet man als „fiduziarische Treuhandvereinbarung". Danach ist der Treuhänder dem Treugeber gegenüber schuldrechtlich verpflichtet, dessen Interessen wahrzunehmen und nur solche Verfügungen zu treffen, die aufgrund der Treuhandrede im Innenverhältnis angesprochen sind.

Verfügungsberechtigung: Der Inhaber des A. besitzt aufgrund der Vollrechtsübertragung unbeschränkte Verfügungsgewalt. Dennoch ist ihm aufgrund der Anderkontobedingungen untersagt, das Treuguthaben abzutreten oder zu verpfänden. Verfügungen des Anderkontoinhabers, die dem Abtretungs- und Verpfändungsverbot zuwiderlaufen, darf das kontoführende Kreditinstitut nicht beachten. Weitergehende Prüfungspflichten bezüglich der Ordnungsmäßigkeit der vom A. getroffenen Verfügung übernimmt das Kreditinstitut nicht. Der Treugeber selbst besitzt keine Verfügungsrechte an dem A. Auch Auskünfte dürfen ihm nicht erteilt werden. Neben dem Anderkontoinhaber selbst können noch weitere Personen Verfügungsbefugnis über ein A. besitzen. Dazu zählt zum einen ein amtlich bestellter Vertreter, soweit es sich um ein Rechtsanwalts- oder Notar-A. handelt. Ein solcher Vertreter hat sich durch eine amtliche Bestallungsurkunde auszuweisen. Außerdem kann bestimmten Personen Kontovollmacht eingeräumt werden. Voraussetzung ist aber, daß die betreffenden Personen selbst zur Führung von A. berechtigt sind, also der besonderen Berufsgruppe angehören. Notaren ist allerdings aufgrund interner Verwaltungsvorschriften (§ 12 DONot) die Erteilung von Kontovollmachten untersagt.

AGB-Pfandrecht und weitere Rechte: Unter der Voraussetzung, daß das A. offenkundig gemacht wird, sehen die Anderkontobedingungen vor, daß das Kreditinstitut weder das Recht der → Aufrechnung noch ein → Pfandrecht oder → Zurückbehaltungsrecht geltend machen kann, es sei denn wegen → Forderungen, die in bezug auf das A. selbst entstanden sind.

Pfändung: Da das Guthaben auf dem A. (Treuguthaben) nicht dem Anderkontoinhaber zusteht, ist es i. a. auch nicht dem Zugriff persönlicher → Gläubiger des Anderkontoinhabers ausgesetzt. Andernfalls besitzt der Treugeber das Recht der → Drittwiderspruchsklage gemäß § 771 ZPO.
Gegensatz: → Eigenkonto.
(→ Bankkonten)

Anderskosten

Von Kosiol geprägter Begriff für → Aufwendungen, die kalkulatorisch → Kosten sind, in der Kostenrechnung jedoch in der Höhe „anders" als der betriebliche Aufwand erfaßt werden. A. sind „bewertungsverschiedene" oder „aufwandsungleiche" Kosten, z. B. Ersatz der Bilanzabschreibungen durch kalkulatorische → Abschreibungen und Ersatz der Fremdkapitalzinsen durch kalkulatorische → Zinsen (→ kalkulatorische Kosten).
Gegensatz: → Grundkosten.

Änderungskündigung

→ Kündigung eines → Vertrags, verbunden mit dem Angebot auf Abschluß eines neuen Vertrags. Die künftige Regelung ist zumeist für den Gekündigten ungünstiger als die bisher geltende. *Ä. im Arbeitsrecht:* Spricht der → Arbeitgeber eine Ä. aus, so wird bei Annahme durch den → Arbeitnehmer das Arbeitsverhältnis mit neuem Inhalt fortgesetzt.

Anfechtungsgesetz

Ansonsten endet der →Arbeitsvertrag mit Ablauf der Kündigungsfrist. Greift jedoch das →Kündigungsschutzgesetz (KSchG) ein, kann der Arbeitnehmer das Angebot auch unter dem Vorbehalt annehmen, daß die Änderungen der Arbeitsbedingungen nicht sozial ungerechtfertigt sind (§ 1 Abs. 2, 3 KSchG). Diesen Vorbehalt muß der Arbeitnehmer dem Arbeitgeber innerhalb der Kündigungsfrist, spätestens jedoch innerhalb von drei Wochen nach Zugang der Kündigung erklären (§ 2 KSchG). Da eine echte Kündigung vorliegt, muß gemäß § 102 BetrVG der →Betriebsrat angehört werden. Binnen drei Wochen nach Zugang der Ä. kann der Arbeitnehmer Klage zum Arbeitsgericht erheben (§ 4 KSchG). Beantragt er die Feststellung, das Arbeitsverhältnis sei durch Kündigung nicht aufgelöst, so führt dies zum Fortbestand der bisherigen Arbeitsbedingungen oder zur Beendigung des Arbeitsverhältnisses. Stellt das Gericht bei einem Vorbehalt fest, daß die Änderung sozial ungerechtfertigt ist, gilt die Ä. als von Anfang an unwirksam (§ 8 KSchG), ansonsten besteht der Arbeitsvertrag mit geändertem Inhalt weiter. Auch bei außerordentlichen Kündigungen ist eine Ä. möglich (§ 13 Abs. 1 KSchG).

Ä. beim →Kreditvertrag: Bei Nichtannahme wird das Vertragsverhältnis zum vereinbarten Ablauftermin beendet; zu diesem Zeitpunkt ist die Kreditvaluta vom Kreditnehmer anzuschaffen. Bei Annahme der Ä. gelten ab dem vereinbarten Datum neue Bedingungen. Eine Ä. bezieht sich meist auf →Kreditkosten oder Sicherungsvereinbarungen; sie kann seitens der Bank oder seitens des Kunden erfolgen.

Andienen
Bezeichnung für „anbieten" i. S. von Lieferbereitschaft. Ausdruck, der im Dokumentengeschäft und im →Effektengeschäft verwendet wird.

An Erfüllungs Statt, →Leistung an Erfüllungs Statt.

Anfänglicher effektiver Jahreszins, →Effektivverzinsung von Krediten, →Preisangabenverordnung.

Anfangswert des Kapitals, →Barwert.

Anfechtung
1. *Bürgerliches Gesetzbuch:* Im *BGB* ist A. bei bestimmten fehlerhaften →Willenserklärungen möglich, nämlich bei Irrtum über Erklärungshandlung oder -inhalt (§ 119 Abs. 1 BGB) sowie über verkehrswesentliche Eigenschaften von →Personen (z. B. Identität des →Gläubigers) oder →Sachen (etwa Echtheit) und bei Falschübermittlung (§ 120 BGB). Um wirksam zu sein, muß die A. hier unverzüglich (§ 121 BGB) nach Kenntnis vom Anfechtungsgrund erklärt werden, und sie verpflichtet den Anfechtenden regelmäßig zum Ersatz des Vertrauensschadens (§ 122 BGB). Willenserklärungen sind auch bei arglistiger Täuschung oder widerrechtlicher Drohung anfechtbar (§ 123 BGB). Ob die Ankündigung eines Nachteils rechtswidrig ist, bemißt sich aufgrund der Widerrechtlichkeit des Mittels, des Zwecks oder deren inadäquatem Verhältnis: Die Androhung der Klageerhebung oder von Maßnahmen der →Zwangsvollstreckung ist nicht rechtswidrig. Die Anfechtungsfrist bei arglistiger Täuschung oder Drohung beträgt ein Jahr ab Kenntnis der Anfechtbarkeit oder Wegfall der Zwangslage (§ 124 BGB). Die A. bewirkt, daß das angefochtene →Rechtsgeschäft als von Anfang an nichtig anzusehen ist (§ 142 BGB); wird das Rechtsgeschäft hingegen (auch formlos) bestätigt, ist eine A. hernach ausgeschlossen (§ 144 BGB). Sonderregeln für die A. bestehen im Familien- und im →Erbrecht (z. B. §§ 31 ff. EheG; §§ 2078 ff. BGB).

2. *Konkursordnung:* Gemäß §§ 29 ff. KO sind bestimmte Rechtshandlungen, die vor der Eröffnung des Konkursverfahrens vorgenommen wurden, als den →Konkursgläubigern gegenüber unwirksam anfechtbar. Auch außerhalb des Konkursverfahrens kommt die A. der Rechtshandlungen eines →Schuldners zum Zwecke der Befriedigung eines Gläubigers in Betracht (nach §§ 1 ff. des →Anfechtungsgesetzes).

3. *Aktiengesetz:* Gemäß §§ 243 Abs. 1, 251, 254, 255 AktG können Beschlüsse der →Hauptversammlung der AG bei Verstößen gegen gesetzliche Bestimmungen zum Schutz der →Aktionäre bei Verfahrens- und Abstimmungsfehlern, Satzungswidrigkeiten usw. angefochten werden.

Anfechtungsgesetz (AnfG)
Gesetz „betreffend die Anfechtung von Rechtshandlungen eines Schuldners außerhalb des Konkursverfahrens" vom 21.7.1879 (Anfechtungsgesetz). Hiernach dient die →Anfechtung der vollständigen

Befriedigung eines → Gläubigers, der einen vollstreckbaren → Titel erlangt hat und dessen → Anspruch fällig ist (§ 2 AnfG). Anfechtbar sind gewisse Rechtshandlungen des → Schuldners (§ 3 AnfG) oder eines → Erben (§ 3 a AnfG), die den Gläubiger benachteiligen. Diesem steht in diesen Fällen ein Rückgewähranspruch gegen den Leistungsempfänger (Anfechtungsgegner) zu (§ 7 AnfG).

Anforderungsprofil

1. Anforderungen, die eine bestimmte Tätigkeit an den ausführenden Bankmitarbeiter stellt: (1) erforderliche Fachkenntnisse, (2) Geschicklichkeit, (3) körperliche Anforderungen, (4) geistige Beanspruchung, (5) Grad der Verantwortungsbereitschaft.

2. Anforderungen, die Bankkunden an Bankmitarbeiter stellen: (1) Fach- und Entscheidungskompetenz, (2) Höflichkeit und Freundlichkeit, (3) Kundenorientierung, (4) sympathisches, aufgeschlossenes Wesen, (5) gepflegte Erscheinung, (6) Einfühlungsvermögen in Kundenbelange, (7) Schnelligkeit, (8) Zuverlässigkeit, (9) Flexibilität.

Angebotslücke, → inflatorische Lücke.

Angebotsorientierte Wirtschaftspolitik

Wirtschaftspolitische Schule, die aufbauend auf einer Kritik an der → Keynesschen Theorie und in Abwendung von der Konzeption der → nachfrageorientierten Wirtschaftspolitik die Wiederbesinnung auf liberales Gedankengut postuliert und stärkere Zurückhaltung des Staates bei wirtschaftspolitischen Eingriffen fordert. Statt dessen sollen private Initiative, marktwirtschaftliche Flexibilität und Risikobereitschaft durch eine Verbesserung der Angebotsbedingungen im Wege einer Absenkung sozialstaatlicher Belastungen der Wirtschaftseinheiten, Reprivatisierung staatlicher Unternehmen und einer Verringerung hemmender Auflagen und gesetzlicher Regelungen (→ Deregulierung) gefördert werden.

An die Stelle fallweiser Eingriffe (→ Interventionismus, → Globalsteuerung) im Rahmen einer diskretionären, nachfrageorientierten → Wirtschaftspolitik soll eine auf Verstetigung der Produktionsbedingungen gerichtete mittel- und langfristige Strategie treten. An die Stelle konjunkturzyklusorientierter Regelmechanismen, wie z.B. bei der antizyklischen keynesianischen Fiskalpolitik, soll eine trendorientierte Regelbindung treten, z.B. eine potentialorientierte Geldmengenpolitik (→ Geldpolitik der Deutschen Bundesbank). Wie die → Geldpolitik soll sich auch die staatliche Ausgabenpolitik einer potentialorientierten Regelbindung unterwerfen.

Angstindossament

→ Indossament auf einen → Wechsel, das durch den Zusatz „ohne Obligo" o. ä. keine Garantiefunktion hat.

Angstklausel, → Wechsel, Ausstellung.

Anhang

1. Im Wechselverkehr das an die → Urkunde geheftete Blatt, auf das die → Indossamente gesetzt werden, für die die Rückseite des → Wechsels nicht mehr ausreicht. Wird auch als Allonge bezeichnet.

2. Teil des → Jahresabschlusses, zusammen mit der → Bilanz und der → Gewinn- und Verlustrechnung (GuV) (§ 264 HGB). Die Pflicht zur Aufstellung eines A. gilt für alle → Kapitalgesellschaften uneingeschränkt; hinsichtlich des Umfangs bestehen jedoch unternehmensgrößenspezifische Erleichterungen für mittelgroße und kleine Kapitalgesellschaften. Der Jahresabschluß der Kapitalgesellschaft hat unter Beachtung der → Grundsätze ordnungsmäßiger Buchführung (GoB) ein den tatsächlichen Verhältnissen entsprechendes Bild der Vermögens-, Finanz- und Ertragslage der Kapitalgesellschaft zu vermitteln (§ 264 Abs. 2 HGB). Allein durch Bilanz und GuV ließe sich diese Anforderung nicht erfüllen.

Der A. enthält für den Jahresabschlußadressaten (z.B. Gesellschafter ohne Geschäftsführungsbefugnis, → Gläubiger, Mitarbeiter, Allgemeinheit) wichtige Informationen, die er nicht aus der Bilanz und GuV entnehmen kann. Der A. dient der Erläuterung von Bilanz und GuV (§ 285 HGB).

Damit der A. seine Funktion – den Adressatenkreis ergänzend zur Bilanz und GuV-Rechnung zu informieren – erfüllen kann, muß er gegliedert werden. Bsp.: 1. Erläuterungen zu Bilanzierungs-, Bewertungs- und Umrechnungsmethode; 2. Erläuterungen zum Jahresabschluß, 2.1 Allgemeine Erläuterungen, 2.2 Erläuterungen zur Bilanz, 2.3 Erläuterungen zur GuV-Rechnung; 3. Sonstige Angaben, 3.1 Haftungsverhältnisse und sonstige Verpflichtungen, 3.2 Beziehungen zu → verbundenen Unternehmen,

3.3 Beziehungen zu Unternehmensorganen, 3.4 Weitere Angaben.

Anhang zum Jahresabschluß der Kreditinstitute

Teil des →Jahresabschlusses mit erläuternden Angaben zur →Bilanz und zur →Gewinn- und Verlustrechnung (GuV) und mit sonstigen Pflichtangaben (→Jahresabschluß der Kreditinstitute, Bankbilanz, Posten nach der Rechnungslegungsverordnung, →Gewinn- und Verlustrechnung der Kreditinstitute, Erläuterungen zu bestimmten Posten). Seit 1993 hat der Anhang für →Kreditinstitute erhebliche Ausweitung erfahren, nicht nur weil die früher durch § 25 a Abs. 2 KWG erfolgte Ausnahme von den meisten der seit 1987 für →Kapitalgesellschaften vorgesehenen Angabepflichten entfällt, sondern auch dadurch, daß durch das →Bankbilanzrichtlinie-Gesetz sowie die Verordnung über die Rechnungslegung der Kreditinstitute (→Rechnungslegungsverordnung) eine ganze Reihe zusätzlicher Angabe- und Erläuterungspflichten ausschließlich für Kreditinstitute hinzukommen.

1. *Allgemeine Angaben* (zu Inhalt und Gliederung von Bilanz und Gewinn- und Verlustrechnung): Allgemeine Angaben zu Inhalt und Gliederung von Bilanz und Gewinn- und Verlustrechnung kommen im Hinblick auf die detaillierten Regelungen für Kreditinstitute im Vierten Abschnitt des Dritten Buchs des HGB sowie in der Rechnungslegungsverordnung im Regelfall nicht in Betracht; der Vollständigkeit halber sind sie erwähnt: (1) Angabe und Begründung der wegen besonderer Umstände notwendigen Abweichungen von der bisherigen Form der Darstellung, insbesondere der Gliederung der aufeinanderfolgenden Bilanzen und Gewinn- und Verlustrechnungen (§ 265 Abs. 1 Satz 2 HGB); (2) Angabe und Erläuterung der nicht vergleichbaren oder angepaßten in der Bilanz oder der Gewinn- und Verlustrechnung angegebenen Vorjahresbeträge (§ 265 Abs. 2 Satz 2 und 3 HGB); (3) Angabe und Begründung der Ergänzung des Gliederungsschemas, wenn wegen mehrerer Geschäftszweige verschiedene Gliederungsvorschriften zu beachten sind (§ 265 Abs. 4 Satz 2 HGB); (4) Zusätzliche Angaben, falls besondere Umstände dazu führen, daß trotz Beachtung der GoB Bilanz und Gewinn- und Verlustrechnung ein den tatsächlichen Verhältnissen entsprechendes Bild nicht vermitteln (§ 264 Abs. 2 Satz 2 HGB).

2. *Bilanzierungs- und Bewertungsmethoden:* (1) Angaben zu den auf die Posten der Bilanz und der Gewinn- und Verlustrechnung angewandten Bilanzierungs- und Bewertungsmethoden; Angabe der „Grundlagen" für die Umrechnung von Fremdwährungsposten in DM (§ 284 Abs. 2 Nr. 1 und 2 HGB); (2) Angabe und Begründung der aus steuerlichen Gründen unterlassenen Zuschreibungen (mit Ausnahme solcher auf →Forderungen und bestimmte →Wertpapiere gemäß § 340f Abs. 1 HGB) (§ 280 Abs. 3 HGB); (3) Angabe des Betrages und Begründung der allein nach steuerrechtlichen Vorschriften vorgenommenen →Abschreibungen, getrennt nach →Anlage- und →Umlaufvermögen (z. B. steuerliche Sonderabschreibungen auf Gebäude) (§ 281 Abs. 2 Satz 1 HGB); (4) Angabe und Begründung von Änderungen der Bilanzierungs- und Bewertungsmethoden und Darstellung des Einflusses auf die Vermögens-, Finanz- und Ertragslage (§ 284 Abs. 2 Nr. 3 HGB); (5) Angaben über die Einbeziehung von →Zinsen für Fremdkapital in die →Herstellungskosten nach § 255 Abs. 3 Satz 2 HGB (§ 284 Abs. 2 Nr. 5 HGB).

3. *Erläuterungen zur Bilanz:* (1) Angabe des in Aktivposten 3 enthaltenen Betrages der Forderungen einer Sparkasse an die eigene →Girozentrale bzw. einer →Kreditgenossenschaft an die zuständige →genossenschaftliche Zentralbank sowie des in Passivposten 1 enthaltenen Betrages der →Verbindlichkeiten einer Sparkasse gegenüber der eigenen Girozentrale bzw. einer Kreditgenossenschaft gegenüber der zuständigen genossenschaftlichen Zentralbank (§ 35 Abs. 1 Nr. 9 bzw. 11 RechKredV; entsprechende Angaben sind auch von Girozentralen, genossenschaftlichen Zentralbanken und der Deutschen Genossenschaftsbank zu machen – § 35 Abs. 1 Nr. 10, 12, 13 RechKredV); (2) Angabe der verbrieften und unverbrieften Forderungen und →Verbindlichkeiten an bzw. gegenüber →verbundenen Unternehmen bzw. Unternehmen, mit denen ein Beteiligungsverhältnis besteht, gegliedert nach den Bilanzposten, in denen sie enthalten sind, soweit die Ausgliederung nicht in der Bilanz erfolgt (§ 3 RechKredV); (3) Angabe der →Aktiva nachrangiger Art, gegliedert nach den entsprechenden Bilanzposten mit Ausgliederung solcher, die ver-

Anhang zum Jahresabschluß der Kreditinstitute

bundene Unternehmen und die Unternehmen, mit denen ein Beteiligungsverhältnis besteht, betreffen (§§ 3, 4 Abs. 2 RechKredV); (4) Aufgliederung der Wertpapiere (aus Aktivposten 5 bis 8) nach börsennotierten und nicht börsennotierten (§ 35 Abs. 1 Nr. 1 RechKredV); (5) Angabe des Betrages der nicht nach dem →Niederstwertprinzip bewerteten Wertpapiere (aus Aktivposten 5 und 6) sowie Nennung des Unterscheidungskriteriums (§ 35 Abs. 1 Nr. 2 RechKredV); (6) Angabe der im Aktivposten →Sachanlagen enthaltenen, für den Geschäftsbetrieb genutzten →Grundstücke und Gebäude sowie Angabe der Betriebs- und Geschäftsausstattung (§ 35 Abs. 2 RechKredV); (7) Angabe des auf das Leasinggeschäft (→Leasing) entfallenden Betrages sowie der in den „Abschreibungen und Wertberichtigungen auf immaterielle Anlagewerte und Sachanlagen" enthaltenen Abschreibungen und →Wertberichtigungen auf Leasinggegenstände, ferner der in den „Sonstigen betrieblichen Erträgen" enthaltenen Erträge aus Leasinggeschäften (§ 35 Abs. 1 Nr. 3 RechKredV); (8) Darstellung der Entwicklung der einzelnen Posten des Anlagevermögens (Anlagegitter, →Anlagespiegel) (§ 268 Abs. 2 HGB i. V. m. § 34 Abs. 3 RechKredV); (9) Angabe der für Disagien/Agien bei Forderungen und Verbindlichkeiten gebildeten →Rechnungsabgrenzungsposten (§ 268 Abs. 6 HGB/§ 340e Abs. 2 HGB); (10) Erläuterungen zur aktivischen Abgrenzung →latenter Steuern (§ 274 Abs. 2 HGB); (11) Angabe der →Rückstellung für latente Steuern (§ 274 Abs. 1 HGB); (12) Angabe der Vorschriften, nach denen →Sonderposten mit Rücklageanteil gebildet worden sind (§§ 273 Satz 2, 281 Abs. 1 Satz 2 HGB); (12 a) Angabe des Betrages nicht realisierter Reserven, die gem. § 10 Abs. 4 a Nr. 4 KWG dem →haftenden Eigenkapital zugerechnet werden (§ 340c Abs. 3 HGB); (13) gemäß § 340d Satz 1 HGB Aufgliederung nach Fristigkeiten für die Bilanzposten bzw. Unterposten: „andere Forderungen an Kreditinstitute", „Forderungen an Kunden", „Verbindlichkeiten gegenüber Kreditinstituten mit vereinbarter Laufzeit oder Kündigungsfrist", „andere Verbindlichkeiten gegenüber Kunden mit vereinbarter Laufzeit oder Kündigungsfrist" (bis 1997 nach Ursprungslaufzeit, § 39 Abs. 5 Nr. 1, 3, 4 RechKredV, ab 1998 nach Fälligkeiten unter zusätzlicher Angabe der Forderungen an Kunden mit unbestimmter →Laufzeit, § 9 Abs. 1 Nr. 1, 2, 3, 5, Abs. 2, Abs. 3 RechKredV); →„Spareinlagen mit vereinbarter Kündigungsfrist von mehr als 3 Monaten" (bis 1997 keine Aufgliederung, ab 1998 nach →Fälligkeiten, § 9 Abs. 1 Nr. 4, Abs. 2 RechKredV); „andere verbriefte Verbindlichkeiten" (bis 1997 wie →Schuldverschreibungen, § 39 Abs. 5 Nr. 2, 4 RechKredV, ab 1998 nach Fälligkeiten, § 9 Abs. 1 Nr. 5, Abs. 2 RechKredV); →„Anleihen und Schuldverschreibungen", „begebene Schuldverschreibungen" (bis 1997 nach Ursprungslaufzeiten, § 39 Abs. 5 Nr. 2, 4 RechKredV, ab 1998 nur Angabe der in dem auf den Bilanzstichtag folgenden Jahr fällig werdenden Beträge, § 9 Abs. 3 Nr. 2 RechKredV); (14) Angaben in DM über den umgerechneten Gesamtbetrag der Aktiva und den umgerechneten Gesamtbetrag der →Passiva, die auf Fremdwährung lauten (§ 35 Abs. 1 Nr. 6 RechKredV); (15) Angabe des Buchwertes der im Wege echter →Pensionsgeschäfte übertragenen Vermögensgegenstände (§ 340b Abs. 4 HGB); (16) Angabe der Gesamtbeträge der für eigene Verbindlichkeiten einschließlich Eventualverbindlichkeiten gestellten Sicherheiten entsprechend den in Frage kommenden Passivposten (§ 35 Abs. 5 RechKredV); (17) Angabe der Mitzugehörigkeit zu anderen Posten der Bilanz, wenn diese zur Klarheit und Übersichtlichkeit erforderlich ist (§ 265 Abs. 3 Satz 1 HGB); (18) Aufgliederung der →Treuhandvermögen und →Treuhandverbindlichkeiten nach in Frage kommenden Aktiv- und Passivposten der Bilanz (§ 6 Abs. 1 RechKredV); (19) Erläuterung für den Fall, daß als →Bilanzierungshilfe „Aufwendungen für die Ingangsetzung des Geschäftsbetriebs" aktiviert worden sind (§ 269 HGB); (20) Angabe und Erläuterung der in den „Sonstigen Vermögensgegenständen" enthaltenen Beträge, die für die Beurteilung des Jahresabschlusses nicht unwesentlich sind (§ 35 Abs. 1 Nr. 4 RechKredV); (21) Angabe und Erläuterung der in den „Sonstigen Verbindlichkeiten" enthaltenen Beträge, die für die Beurteilung des Jahresabschlusses nicht unwesentlich sind (§ 35 Abs. 1 Nr. 4 RechKredV); (22) Zum Passivposten →Nachrangige Verbindlichkeiten Nennung von (a) Betrag der angefallenen Aufwendungen, (b) zu jeder 10 vom Hundert des Gesamtbetrags der nachrangigen Verbindlichkeiten übersteikennung genden Mittelaufnahme [(aa) der Betrag, die → Währung, auf die sie lautet, ihr Zinssatz und ihre Fälligkeit sowie ob eine vorzeitige Rückzahlungsverpflichtung entstehen kann; (bb) die Bedingungen ihrer Nachrangigkeit und ihrer etwaigen Umwandlung in → Kapital oder in eine andere Schuldform], (c) zu anderen Mittelaufnahmen die wesentlichen Bedingungen (§ 35 Abs. 3 RechKredV); (23) Angabe von Art und Betrag jeder „Eventualverbindlichkeit", die in Bezug auf die Gesamttätigkeit des Instituts von wesentlicher Bedeutung ist (§ 35 Abs. 4 RechKredV); (24) Angabe von Art und Höhe jeder „anderen Verpflichtung", die in bezug auf die Gesamttätigkeit des Instituts von wesentlicher Bedeutung ist (§ 35 Abs. 6 RechKredV); (25) Bericht über Inanspruchnahme aus Plazierungs- und Übernahmeverpflichtungen (§ 27 Abs. 1 RechKredV); (26) Angabe des Gesamtbetrages der nicht aus der Bilanz ersichtlichen sonstigen finanziellen Verpflichtungen, sofern diese Angabe für die Beurteilung der Finanzlage von Bedeutung ist – unter gesonderter Angabe derjenigen gegenüber verbundenen Unternehmen (§ 285 Nr. 3 HGB); (27) Angabe über → Termingeschäfte, und zwar unterschieden nach Termingeschäfte in fremden Währungen und Edelmetallen, Zinsbezogene Termingeschäfte und Termingeschäfte mit sonstigen → Preisrisiken. Für jeden Posten soll angegeben werden, ob ein wesentlicher Teil dieser Termingeschäfte auf → Handelsgeschäfte entfällt (§ 36 RechKredV). Faktisch nicht relevante Vorschriften: § 2 Abs. 2 RechkredV, § 268 Abs. 4 Satz 2 HGB, § 268 Abs. 5 Satz 3 HGB und Art. 28 Abs. 2 EGHGB.

4. *Erläuterungen zur Gewinn- und Verlustrechnung:* (1) Angaben über die Auswirkungen steuerlicher Sonderbewertungsmaßnahmen auf das Jahresergebnis und hinsichtlich daraus resultierender künftiger Belastungen (§ 285 Nr. 5 HGB); (2) Aufgliederung der Zinserträge, Erträge aus Wertpapieren, → Beteiligungen und Anteilen an verbundenen Unternehmen, Provisionserträge, → Gewinne aus Finanzgeschäften und sonstigen betrieblichen Erträgen nach geographischen Märkten, soweit sich diese unter Berücksichtigung der Organisation der für das Kreditinstitut typischen Geschäfte wesentlich voneinander unterscheiden und diese Angaben nicht geeignet sind, dem Unternehmen einen erheblichen Nachteil zuzufügen (§ 34 Abs. 2 Nr. 1 RechKredV); (3) Angabe der gegenüber Dritten erbrachten Dienstleistungen für Verwaltung und Vermittlung, sofern ihr Umfang in bezug auf die Gesamttätigkeit von wesentlicher Bedeutung ist (§ 35 Abs. 1 Nr. 5 RechKredV); (4) Angabe und Erläuterung der in den „Sonstigen betrieblichen Aufwendungen" und den „Sonstigen betrieblichen Erträgen" enthaltenen, für die Beurteilung des Jahresabschlusses nicht unwesentlichen Beträge, soweit nicht die Ausnahmeregelung nach § 286 Abs. 3 HGB eingreift (keine Angaben zu → Eigenkapital und Jahresergebnis); (5) Angabe und Erläuterung wesentlicher „Außerordentlicher Aufwendungen" und „Außerordentlicher Erträge" einschließlich periodenfremder Erfolge (§ 277 Abs. 4 Sätze 2 u. 3 HGB/§ 35 Abs. 1 Nr. 4 RechKredV); (6) Angabe für die Gründe einer Abschreibung des → Geschäftswerts über mehr als 4 Jahre (§ 285 Nr. 13 HGB); (7) Angabe, in welchem Ausmaß die Ertragsteuern das Ergebnis der gewöhnlichen Geschäftstätigkeit und das → außerordentliche Ergebnis belasten (§ 285 Nr. 6 HGB).

5. *Sonstige Angaben:* (1) Angaben zu bestimmten Beteiligungen: Name, Sitz, Anteil am Kapital, Höhe des Eigenkapitals, letztes Geschäftsergebnis (§ 285 Nr. 11 HGB). (Diese Angaben dürfen gemäß § 287 HGB auch in einer gesonderten Aufstellung des Anteilsbesitzes gemacht werden, die nach § 325 Abs. 2 Satz 2 HGB nicht im → Bundesanzeiger bekanntgemacht zu werden braucht; für sie gilt die sogenannte Hinweisbekanntmachung. Soweit diese Angaben für die Darstellung der Vermögens-, Finanz- und Ertragslage von untergeordneter Bedeutung sind, können sie gemäß § 286 Abs. 3 Satz 1 Nr. 1 HGB entfallen.) (2) Nennung der Mitglieder des Geschäftsführungsorgans und eines → Aufsichtsrats (§ 285 Nr. 10 HGB); (3) Angabe der Gesamtbezüge der Mitglieder des Geschäftsführungsorgans, eines Aufsichtsrats, eines Beirats oder einer ähnlichen Einrichtung, getrennt nach Gruppen (§ 285 Nr. 9 a HGB); (4) Angabe der Gesamtbezüge früherer Mitglieder vorgenannter → Organe und ihrer Hinterbliebenen einschließlich gebildeter Pensionsrückstellungen, getrennt nach Gruppen (§ 285 Nr. 9 b HGB); (5) Angabe der Gesamtbeträge der an die Mitglieder der vorgenannten Organe gewährten Vorschüsse und → Kredite einschließlich zu de-

ren Gunsten eingegangener Haftungsverhältnisse, getrennt nach Gruppen (§ 34 Abs. 2 Nr. 2 RechKredV); (6) Angabe der durchschnittlichen Arbeitnehmerzahl getrennt nach Gruppen (§ 285 Nr. 7 HGB).
Die aufgelisteten Angabe- und Erläuterungspflichten betreffen den Anhang des Einzelabschlusses. Für den →Konzernanhang von Kreditinstituten gelten grundsätzlich die gleichen Angabe- und Erläuterungspflichten (§§ 313, 314 i. V. m. § 340i Abs. 2 HGB). Gemäß § 298 Abs. 3 HGB dürfen der Konzernanhang und der Anhang des Jahresabschlusses des →Mutterunternehmens zusammengefaßt werden.

Ankerwährung

Bezeichnung für die führende Rolle der →Währung eines Staates im Verhältnis zu anderen Währungen innerhalb eines Währungsverbundes, z. B. des US-Dollar im →Bretton-Woods-System oder auch der DM im →Europäischen Währungssystem. Soweit die Rolle nicht durch Rechtsvorschriften festgelegt ist, sondern durch die Bewertung der Währungen an den Märkten bestimmt wird, hängt die Beibehaltung der Rolle als A. davon ab, daß die →Zentralbank eine stabilitätsorientierte →Geldpolitik betreibt.

Anlageberatung

Vermögensberatung. Umfaßt die Bereiche Vermögensbildung (langfristige Schaffung von →Kapital), →Vermögensanlage (Anlage bereits vorhandener Kapitalwerte) und →Vermögensverwaltung (Verwaltung bereits bestehender Kapitalwerte). Die Beratung über Geld- und Kapitalanlagen wird heute sowohl von →Kreditinstituten und deren Verbundpartnern (Investmentgesellschaften, →Bausparkassen, Lebensversicherungsgesellschaften, Vermögensverwaltungsgesellschaften u. ä.), als auch von selbständigen Beratern oder Vermögensverwaltern angeboten.

Folgende *Faktoren* beeinflußten die A. in den letzten Jahren erheblich:
– das steigende Realeinkommen,
– die steigende Entwicklung des privaten Geldvermögens,
– die Vermögenstransfers im Rahmen der Erbfolge ("Erbengeneration" – bis zum Jahre 2000 werden Vermögensübertragungen in Höhe von schätzungsweise 1000 Milliarden DM erwartet),
– die zunehmend hohen Ablaufleistungen fälliger Lebensversicherungen,
– die Vermögens- und Erbmassen konzentrieren sich bei sinkenden Kinderzahlen auf immer weniger Menschen,
– die gestiegene Lebenserwartung und die gleichzeitig sinkende Kinderzahl zwingt die Menschen zum Aufbau einer zusätzlichen Altersversorgung neben ihrer →Rente,
– die Aufgeschlossenheit der Kunden für wirtschaftliches Denken, das daraus resultierende Zinsbewußtsein und die Informationsmöglichkeiten, die zur Geld- und Kapitalanlage zur Verfügung stehen.

Grundsätze der A.: Die A. kann nicht nach einem Patentrezept oder schematisch erfolgen. Je vermögender der Kunde ist, um so mehr handelt es sich bei seiner Beratung um Maßarbeit. Dabei sollte der Berater natürlich die Ziele der Geschäftspolitik seines Hauses auch berücksichtigen. Gerade in der Zeit sinkender Zinsspannen und wachsenden Kostendenkens muß die A. auch auf erzielbare Erträge in den einzelnen Bereichen achten.
An die Beratung werden heute hohe Anforderungen gestellt:
(1) *Individualität*: In der A. stehen die besonderen Wünsche und Vorstellungen des Kunden im Mittelpunkt. Im Gespräch werden seine persönlichen Wünsche und Anlageziele, seine individuelle Einkommens- und Vermögenslage und seine steuerlichen Verhältnisse ermittelt und analysiert. Darüber hinaus muß der Berater die persönlichen Umstände (Lebensplanung u. ä.) des Kunden und seine Anlegermentalität (Risikoneigung) erkennen und in seinen Empfehlungen berücksichtigen. Erst wenn die individuellen Wünsche und der konkrete Bedarf erkannt werden, kann für den Kunden eine adäquate Anlage gefunden werden. Damit fühlt sich der Kunde verstanden und betreut und ist mit der Qualität der angebotenen Leistung und der Qualität der Beratung zufrieden.
(2) *Objektivität*: Der Kunde wird über Vor- und Nachteile der jeweiligen Anlageformen (→Assetklassen) informiert. Dieser Aspekt ist entscheidend für eine vertrauensvolle und dauerhafte Kundenbeziehung.
(3) *Komplexität/Vollständigkeit*: Der Kunde will über alle relevanten Aspekte der jeweiligen Anlageform informiert werden,

Anlageberatung

d. h. Sicherheit, →Rentabilität, →Liquidität, →Kosten und steuerliche Aspekte.
(4) *Aktivität/Aktualität:* Eine ständige, individuelle Beratung und Betreuung intensiviert die Beziehung zwischen Kunden und Anlageberater. Dazu gehört die laufende Beobachtung von Markt und angelegtem Vermögen des Kunden. Zum guten Service gehört außerdem die aktive Ansprache bei Veränderungen und die Entwicklung entsprechender neuer Anlagekonzepte und -strategien.

Informationen für die A.: Für eine erfolgreiche A. sind umfassende Kenntnisse des Beraters über die verschiedenen Anlageformen und die persönlichen Verhältnisse des Anlegers erforderlich:
(1) *Informationen über den Anleger:*
– *Anlageziel:*
Das Anlageziel bzw. die Entschlüsse zur Geldanlage reichen von kurzfristigen Konsumwünschen bis hin zur langfristigen Vermögensbildung.
– *Persönliche Verhältnisse:*
Alter, Familien- und →Güterstand und Beruf beeinflussen die Struktur der Geldanlagen entscheidend. Z. B. die immer mehr zunehmende Zahl von „Single"-Haushalten wird zu Veränderungen der Anlagestrukturen führen, da ein alleinstehender Kunde seine Geldanlagen von anderen Kriterien abhängig machen wird als beispielsweise ein Familienvater. Ebenso beeinflußt das Alter die persönliche Lebensplanung der Kunden.
– *Steuerliche Situation:*
Für einen maßgeschneiderten Anlagevorschlag ist die Berücksichtigung des Einkommens und der steuerlichen Situation des Anlegers wichtig.
→Einkommensteuer und damit verbunden die →Zinsabschlagsteuer und →Kapitalertragsteuer, Erbschaft- und Schenkungsteuer, →Vermögensteuer, →Grunderwerbsteuer, →Grundsteuer und →Umsatzsteuer werden in einer gezielten Beratung berücksichtigt.
– *Vermögenssituation:*
In der A. ist auch immer die bisherige Vermögensstruktur und -höhe zu berücksichtigen.
Bei höheren Vermögensbeträgen empfiehlt es sich, auf eine Diversifizierung (Aufsplittung) der Anlage zu achten.
Ein idealtypischer Vermögensaufbau kann in der sog. „Anlagepyramide" dargestellt werden:

> **III.**
> Risikokapital,
> →Optionsgeschäfte
> **II.**
> →Aktien,
> Immobilien,
> Edelmetalle
> **I.**
> →Festverzinsliche Wertpapiere,
> →Investmentzertifikate,
> Sach- und Lebensversicherungen,
> Kontensparen
> →Bargeld

(2) *Informationen über das Anlageprodukt:*
– *Anlagebetrag:*
Handelt es sich um einen einmaligen Betrag oder um eine laufende Kapitalansammlung? Wie hoch ist der Anlagebetrag?
– *Anlagedauer:*
Wann wird die Anlage fällig, bzw. welcher Kündigungsfrist unterliegt sie?
– *Liquidität:*
Wie schnell läßt sich die Anlageform ohne Verluste in Bargeld umwandeln?
Je schneller und einfacher eine Anlage in Bargeld umgewandelt werden kann, um so liquider ist sie.
– *Rentabilität:*
Welche Erträge wirft die Anlageform ab (z. B. fest vereinbarte oder variable Erträge, staatliche Zuwendungen oder Kurs- und Veräußerungsgewinne)? Welche Kosten verursacht sie?
Maßstab hierfür ist die →Rendite (effektive Verzinsung, Effektivverzinsung), d. h. das Verhältnis des jährlichen Ertrags bezogen auf den Kapitaleinsatz.
– *Sicherheit:*
Inwieweit birgt die Anlageform Risiken, wie z. B. →Kursrisiko bei Devisengeschäften, →Bonitätsrisiko des →Emittenten, →Währungsrisiko, →Zinsänderungsrisiko oder Ertragsrisiko?
Die vorgenannten Kriterien stehen z. T. in Konkurrenz zueinander, so kann die höchste Rentabilität z. B. nicht mit gleichzeitiger hoher Liquidität erreicht werden, gleichzeitig kann die sicherste Anlageform nicht die rentabelste Anlageform sein. Demzufolge müssen Präferenzen gesetzt werden.

Methoden der A.: Die A. kann sowohl in Form eines persönlichen Beratungsgesprächs als auch telefonisch erfolgen. Darüber hinaus können den Kunden Informa-

Anlageberatung

tionen schriftlich bzw. per EDV übermittelt werden.
Für den Verlauf eines Beratungsgesprächs sind verschiedene Phasen zu unterscheiden, die sich in der sogenannten KIV-Formel (=Kontakt-, Informations- und Verkaufsphase) zusammenfassen lassen. Diese ist ein „roter Faden" für den erfolgreichen Ablauf einer A.:
(1) *Kontaktphase:* Eine Kaufentscheidung wird auch emotional beeinflußt. In den ersten Augenblicken des Kontakts mit dem Kunden werden die Weichen für den Aufbau einer positiven Beziehung gestellt. Die richtige Gesprächseröffnung und die Kontaktpflege während des gesamten Beratungsgesprächs schaffen eine positive und vertrauensvolle Beziehung.
(2) *Informationsphase:* Die exakte Ermittlung des Bedarfs des einzelnen Kunden ist Voraussetzung für ein erfolgreiches Beratungsgespräch. Die Informationsphase ist das Kernstück dieses Gesprächs. Nur eine Vielzahl an Informationen kann den Beratungserfolg sicherstellen. Je besser die Informationen sind, um so besser wird das Angebot für den Kunden.
(3) *Verkaufsphase:* Der Abschluß ist das Ziel des Beratungsgesprächs. Der Berater erkennt Kaufsignale (z. B. direkte, indirekte, verbale, non-verbale) und setzt die dafür entsprechenden Abschlußtechniken (z. B. Vorschläge, Alternativen) ein. In der Verkaufsphase werden noch einmal die Kundenwünsche mit dem Anlagevorschlag verglichen. Evtl. noch offene Fragen werden geklärt. Im Interesse einer dauerhaften Kundenbeziehung soll er in der Beratung nicht überredet, sondern überzeugt werden. Abschließend trifft der Kunde eine konkrete Anlageentscheidung.

→ *Haftung bei der A.:* Nach dem sogenannten „Bond-Urteil" des BGH vom 06. 07. 1993 muß eine sachgerechte Beratung zwei Aspekte besonders berücksichtigen:
(1) *Anlegergerechte Beratung:* „Eine Bank hat bei der A. den – gegebenenfalls zu erfragenden – Wissensstand des Kunden über Anlagegeschäfte der vorgesehenen Art und dessen Risikobereitschaft zu berücksichtigen."
(2) *Objektgerechte Beratung:* „Das von der Bank empfohlene Anlageobjekt muß den Kriterien des Anlegers (s. o. – Anm. d. Verf.) Rechnung tragen."

Dies bedeutet für die Anlageberater, daß ein Produkt nur in ihr Angebot aufgenommen werden sollte, wenn die betreffende Anlage zuvor einer eigenen Prüfung unterzogen worden ist. Kann eine solche Prüfung nicht erfolgen, sollte die Anlage auch nicht in ein Anlageprogramm aufgenommen werden. Nur auf ausdrücklichen Wunsch des jeweiligen Kunden unter deutlichem Hinweis auf eine fehlende Überprüfung und möglicherweise bestehende Risiken bei dem jeweiligen Anlageobjekt kann diese Anlageform dem Kunden angeboten werden. Eine lediglich formularmäßige Haftungsfreizeichnung genügt dabei dem geforderten ausdrücklichen Risikohinweis nicht.

Dies bedeutet für die Praxis, daß die empfohlene Anlage unter Berücksichtigung des Anlageziels auf die persönlichen Verhältnisse des Kunden zugeschnitten sein muß. Damit hat der BGH einen Grundsatz der Praxis der A. rechtlich fixiert. Ein Anleger muß umfassend und vollständig beraten werden. Nur wenn eine Anlage individuell und „maßgeschneidert" auf den Anleger paßt, wird der Kunde mit seiner getroffenen Anlageentscheidung zufrieden sein, und, sofern das wirtschaftliche Umfeld stimmt, auch den erwarteten Erfolg erzielen.

Zweites → *Finanzmarktförderungsgesetz – ein Ausblick:* Im 2. Finanzmarktförderungsgesetz und dem darin enthaltenen → Wertpapierhandelsgesetz (WpHG) werden die Pflichten für die A. auch gesetzlich festgeschrieben, und zwar in einer sehr weitreichenden Form:
Darin werden u.a. die sogenannten Wertpapierdienstleistungsunternehmen (§ 2 Abs. 4) verpflichtet,
– ihre Tätigkeit mit der erforderlichen Sachkenntnis, Sorgfalt und Gewissenhaftigkeit auszuüben,
– sich über die finanziellen Verhältnisse des Kunden, dessen Erfahrungen in Wertpapiergeschäften und dessen Anlageziele zu erkundigen,
– den Kunden über die wichtigsten Aspekte seiner Geldanlage zu unterrichten (§ 31).
Gemäß § 34 WpHG werden die Unternehmen verpflichtet, über jede erbrachte Wertpapierdienstleistung (§ 2 Abs. 3) eine Aufzeichnung über deren Inhalt und die Einhaltung der maßgeblichen Verhaltensregeln zu fertigen.

Anlagendeckung

Anlagegitter im Jahresabschluß der Kreditinstitute, → Anlagespiegel im Jahresabschluß der Kreditinstitute.

Anlagehorizont, → Planungshorizont.

Anlageinvestition
Kauf von dauerhaften Produktionsmitteln (Nutzungsdauer von mehr als einem Jahr und [üblicherweise] bilanzielle Aktivierung) durch Unternehmen, → öffentliche Haushalte und private Organisationen ohne Erwerbscharakter sowie Wohnungsbau der privaten Haushalte. A. umfassen Ausrüstungsinvestitionen und Bauinvestitionen sowie den Einsatz selbsterstellter Anlagen. Der Kauf von dauerhaften Produktionsmitteln und der Einsatz selbsterstellter Anlagen ist die Bruttoanlageinvestition. Durch Abzug der → Ersatzinvestition (Reinvestition) ergibt sich die Nettoanlageinvestition.
In der Betriebswirtschaft ein eher selten genutzter Begriff. Gleichwohl liegt die Verbindung zur → Bilanz einer → Kapitalgesellschaft nahe, denn diese gliedert sich nach § 266 HGB in → Anlagevermögen und → Umlaufvermögen. Normalerweise jedoch werden → Investitionen dem Anlaß nach meist in → Sachinvestitionen, → Finanzinvestitionen und immaterielle Vermögenswerte unterteilt.

Anlagekonto
Investmentkonto; → Konto bei einem → Kreditinstitut oder einer Investmentgesellschaft zum Zwecke des Ansparens und Ansammelns eines Investmentvermögens (→ Anlagemöglichkeiten für Investmentsparer). Das A. ist ein → Depotkonto mit stückemäßigen Buchungen.

Anlagemöglichkeiten für Investmentsparer
Investmentsparer haben bei → offenen Fonds (→ Investmentfonds) grundsätzlich die Wahl zwischen → Wertpapierfonds, → Beteiligungsfonds und → offenen Immobilienfonds (sowie → Geldmarktfonds). Der Anleger kann über eine → Bank oder Sparkasse → Anteilscheine eines Fonds erwerben, im → offenen Depot (Streifbanddepot oder Girosammeldepot) verwahren lassen bzw. selbst zu Hause oder in einem → Schließfach verwahren (Eigenverwahrung).

Einzahlpläne: Investmentsparer können sich auch ein → Investmentkonto als Anlagekonto (→ Depotkonto mit stückemäßigen Buchungen) bei einem → Kreditinstitut oder einer → Kapitalanlagegesellschaft einrichten lassen und darauf eine Einmaleinzahlung oder laufende Einzahlungen nach einem Investmenteinzahlplan vornehmen. Einzahlpläne, die insbes. bei längerfristigen Sparzielen zu empfehlen sind, bewirken, daß der Investmentsparer bei regelmäßiger Anlage auf einem Investmentkonto den Durchschnittskosteneffekt (Cost-average-Effekt, → Cost-averaging) und den Zinseszinseffekt für sich nutzen wird. Bei relativ hohen Börsenkursen und entsprechend hohem Ausgabepreis für das → Investmentzertifikat kauft der Anleger bei regelmäßiger Anlage weniger Anteilscheine und bei relativ niedrigen Börsenkursen bzw. relativ geringem Ausgabepreis mehr Anteilscheine, wobei diese wiederum an den Wertsteigerungen und an den Ausschüttungen partizipieren (Kumulativeffekt). Der Durchschnittskosteneffekt ergibt sich dadurch, daß der tatsächlich gezahlte durchschnittliche Preis der erworbenen Anteile niedriger ist als der theoretisch mögliche durchschnittliche Ausgabepreis. Für die Wiederanlage von → Ausschüttungen im Rahmen des Investmentkontos oder eines Investmentsparplans wird ein Nachlaß auf den Ausgabepreis gewährt (Wiederanlagerabatt). Einzahlpläne können mit dem Abschluß von Risikolebensversicherungen kombiniert werden.

Auszahlpläne: Investmentgesellschaften bieten auch Auszahlpläne an, insbes. Auszahlpläne über → Rentenfonds. Sie dienen als private Altersversorgung oder zur Ergänzung der gesetzlichen Altersversorgung. Ein vorher erworbenes Vermögen von Investmentanteilscheinen dient dazu, dem Anleger einen regelmäßigen Zufluß von Geldbeträgen zu sichern. Auszahlpläne können Kapitalerhaltung oder Kapitalverzehr vorsehen. Die Entscheidung zwischen diesen beiden Möglichkeiten beeinflußt Höhe und Dauer der Auszahlungsraten.

Anlagendeckung
Kennzahl der → Bilanzanalyse, die angibt, inwieweit das → Anlagevermögen durch → Eigenkapital und langfristiges → Kapital gedeckt ist. Die A. soll Auskunft über die → Liquidität des Unternehmens geben. Man erwartet, daß die Liquidität eines Unternehmens gewährleistet ist, wenn die Kapitalbindungsdauer und die Kapitalüberlas-

Anlagenintensität

sungsdauer übereinstimmen (goldene Finanzierungsregel).
Die Idealforderung besagt, daß das Anlagevermögen voll durch Eigenkapital (EK), das dem Unternehmen unbegrenzt zur Verfügung steht, finanziert sein soll (*Deckungsgrad A*). Diese Forderung hatte bei „ordentlichen hanseatischen Kaufleuten" in vorindustriellen Zeiten bei relativ geringem Anlagevermögen und guter Eigenkapitalausstattung (EK:FK = 1:1) ihre Berechtigung. Heute ist sie für den Durchschnitt der Unternehmen nicht erfüllbar. Der *Deckungsgrad B* entspricht eher den heutigen Anforderungen; er fordert, daß neben dem Eigenkapital auch langfristiges → Fremdkapital (FK) zur Finanzierung von langfristigem Vermögen herangezogen wird. Teilweise wird auch der *Deckungsgrad C* ermittelt, der davon ausgeht, daß nicht nur langfristiges Anlagevermögen, sondern auch langfristig gebundenes → Umlaufvermögen (eiserne Bestände) langfristig finanziert sein sollten. Diese Forderung ist sinnvoll, aber wenig praktikabel, weil das langfristig gebundene Umlaufvermögen für den externen Bilanzanalytiker schwer zu ermitteln ist.

Anlagenintensität
Kennzahl der → Bilanzanalyse, die das → Anlagevermögen zum Gesamtvermögen in Beziehung setzt. Bei steigender A. nimmt die Flexibilität bei Beschäftigungsschwankungen und die Anpassungsfähigkeit an veränderte Marktsituationen ab. Eine hohe A. führt außerdem zu hohen → Fixkosten mit entsprechender Dauerbelastung für das Unternehmen. Die richtige Beurteilung dieser Kennzahl erfordert jedoch genaue Kenntnisse über das Unternehmen, da eine niedrige A. auch bedeuten kann, daß mit veralteten und im wesentlichen abgeschriebenen Anlagen gearbeitet wird.

Anlagenkredit, → Investitionskredit.

Anlagespiegel
Die großen und mittelgroßen → Kapitalgesellschaften müssen die Entwicklung des → Anlagevermögens und der aktivierten → Aufwendungen für die Ingangsetzung und Erweiterung des Geschäftsbetriebes in einem A. darstellen (§ 268 Abs. 2 HGB). Der A. kann wahlweise in der → Bilanz oder im Anhang dargestellt werden. Er ist nach dem Brutto-Prinzip aufgebaut. Ausgehend von den Anfangsbeständen zu ursprünglichen → Anschaffungskosten (AK) oder → Herstellungskosten (HK) werden die Zu- und Abgänge sowie die Umbuchungen zu den Anschaffungs- und Herstellungskosten erfaßt. Die seit dem Anschaffungszeitpunkt vorgenommenen → Abschreibungen werden als kumulierte Abschreibungen dargestellt, die mit den Zuschreibungen der Vorjahre saldiert sind. Die Abschreibungen des → Geschäftsjahres (GJ) können in einer gesonderten Spalte des A. ausgewiesen werden, ansonsten sind sie in anderer Weise in der Bilanz oder im Anhang anzugeben. Die Zuschreibungen des Geschäftsjahres werden ebenfalls in einer Spalte dargestellt. Der A. schließt ab mit den Buchwerten am Ende dieses Geschäftsjahres und des vorangegangenen Geschäftsjahres (vgl. Abbildung).
Aus der Sicht des externen Analytikers ermöglicht der A. einen guten Einblick in den technischen Stand, die vorhandene Kapazität, Vermögenslage sowie Abschreibungs- und Investitionspolitik der Unternehmung.

Anlagespiegel im Jahresabschluß der Kreditinstitute
Darstellung der Entwicklung des → Anlagevermögens nach § 268 Abs. 2 HGB, die im → Anhang erfolgt (§ 34 Abs. 1, 3 RechKredV). Sie ist nach § 34 Abs. 3 RechKredV (in den Jahresabschlüssen ab 1993) für alle Vermögensgegenstände i. S. des § 340e Abs. 1 HGB zu machen, d. h. i. d. R. für Anlagewertpapiere, → Beteiligungen und Anteile an → verbundenen Unternehmen (Finanzanlagen), für Immaterielle Anlagewerte und für → Sachanlagen. Ausgehend von den historischen → Anschaffungskosten sind die Zugänge, Abgänge, Umbuchungen und Zuschreibungen des → Geschäftsjahres sowie die kumulierten → Abschreibungen anzugeben, ferner die Abschreibungen des Geschäftsjahres. Da für die Posten des → Finanzanlagevermögens nach § 34 Abs. 3 Satz 2 RechKredV die Möglichkeit einer Zusammenfassung der Veränderungsposten besteht, d. h. Angabe lediglich der Nettoveränderung, empfiehlt sich für → Kreditinstitute eine tabellarische Darstellung des A. nur für die Immateriellen Anlagewerte und die Sachanlagen. Bei der erstmaligen Anwendung der neuen Vorschriften im (im Jahresabschluß zum 31. 12. 1993) ist es im Fall unverhältnismäßiger Kosten oder Verzögerungen für die Feststellung der ursprünglichen Anschaffungs- oder → Herstellungskosten zulässig, die Buchwerte des

Anlagevorschriften des KWG für Kreditinstitute

letzten Jahresabschlusses (per 31.12.1992) zu verwenden (Art. 31 Abs. 6 EGHGB).

Anlagevermögen

Zum A. gehören alle Vermögensgegenstände (→ Wirtschaftsgüter), die am Bilanzstichtag dazu bestimmt sind, dem → Betrieb nicht nur vorübergehend, sondern dauernd oder wenigstens für eine längere Zeit zu dienen (§ 247 HGB). Das A. wird also nicht wie das → Umlaufvermögen innerhalb einer Periode umgeschlagen. Da für die Zuordnung der Vermögensgegenstände zum A. oder Umlaufvermögen die Zweckbestimmung am Bilanzstichtag maßgebend ist, können zwischen den Bilanzstichtagen Veränderungen eintreten. Die Zweckbestimmung ergibt sich einmal aus der Sache selbst (→ Grundstücke gehören i.d.R. zum A.); zum anderen bestimmt der Bilanzierende die Zuordnung (→ Wertpapiere des A. oder Umlaufvermögens).

Das A. kann eingeteilt werden in (a) materielle und immaterielle Wirtschaftsgüter (WG), (b) → Sach-, Rechts-, → Finanzanlagen, (c) bewegliche und unbewegliche WG, (d) abnutzbare und nicht abnutzbare WG (vgl. Übersicht).

In der → Bilanz ist das A. gesondert auszuweisen und hinreichend aufzugliedern (§ 247 Abs. 1 HGB). → Kapitalgesellschaften müssen das A. in immaterielle Wirtschaftsgüter, Sach- und Finanzanlagen untergliedern (§ 266 Abs. 2 HGB) und die Entwicklung der einzelnen Posten in der Bilanz oder im → Anhang in Form eines → Anlagespiegels darstellen (§ 268 Abs. 2 HGB).

Die zutreffende Einordnung der Wirtschaftsgüter in das A. oder Umlaufvermögen hat neben der formellen Bedeutung für die Bilanzgliederung eine erhebliche materielle Bedeutung für die → Bewertung des Anlage- und Umlaufvermögens.

Anlagevorschriften des KWG für Kreditinstitute

Die Anlagen von → Kreditinstituten sind in § 12 KWG geregelt.

Begrenzung des Umfangs der Anlagen: Nach § 12 Abs. 1 KWG dürfen die Anlagen eines Kreditinstituts in → Grundstücken, Gebäuden, Betriebs- und Geschäftsausstattung, → Schiffen, → Anteilen an Kreditinstituten und an sonstigen Unternehmen sowie in Forderungen aus Vermögenseinlagen als stiller Gesellschafter (→ Stille Vermögens-

Anlagespiegel gemäß § 268 Abs. 2 HGB							
Anlagenbestand zu historischen AK/HK	Zugänge der Periode zu AK/HK	Abgänge der Periode zu AK/HK	Umbuchung zu AK/HK	Abschreibung kumuliert	Zuschreibung des GJ	Buchwert am Ende des GJ	Buchwert am Anfang des GJ
gesonderte Angabe für jeden Posten								

Anlagewährung

Anlagevermögen

Einordnung / Nutzungsdauer	materielle WG (Sachanlagen)		immaterielle WG	
	beweglich	unbeweglich	Rechtsanlagen	Finanzanlagen
abnutzbar	Maschinen, Geschäftsausst., Fuhrpark	Gebäude	Patente, Lizenzen, Firmenwert	
nicht abnutzbar	Kunstwerke	Grund und Boden		Beteiligungen, Wertpapiere des A., Ausleihungen über 5 Jahre

einlagen), aus → Genußrechten und aus → nachrangigen Verbindlickeiten i.S. des § 10 Abs. 5a KWG an andere Kreditinstitute (ohne bestimmte Anlagen, die nach § 10 Abs. 6a Satz 1 Nr. 4 oder 5 KWG vom → haftenden Eigenkapital abgezogen sind) nach Buchwerten berechnet zusammen das haftende Eigenkapital der Kreditinstitute nicht übersteigen.

Sonderregelungen für die Nichtanwendung der Begrenzungsvorschriften des § 12 Abs. 1 KWG: Nach Abs. 2 gelten die Begrenzungsvorschriften des Abs. 1 nicht (1) für den Anteilsbesitz an sonstigen Unternehmen bis zur Grenze von 10% des Kapitals, (2) für → Wertpapiere, die zum → Eigenhandel oder zur → Kurspflege bestimmt sind, bis zur Grenze von 5% des Kapitals eines Unternehmens (bei Zulassung zum Börsenhandel bzw. geregelten Freiverkehr) und bei getrennter Erfassung und Verwaltung, (3) für Anteile an Unternehmen, die das Kreditinstitut im eigenen Namen für Rechnung eines Dritten erworben hat, solange es sie nicht länger als zwei Jahre behält, (4) für Grundstücke, Gebäude und Schiffe sowie Anteile an Unternehmen bei Erwerb durch das Kreditinstitut zur Verhütung von Verlusten im → Kreditgeschäft, solange sie das Kreditinstitut nicht länger als 5 Jahre behält, und (5) für Betriebs- und Geschäftsausstattung von → Genossenschaften, soweit sie zur Durchführung von Warengeschäften erforderlich ist.

Nach Abs. 5 darf die Beteiligung eines → Euro-Kreditinstituts an einem Nicht-Kreditinstitut im Grundsatz 15% des haftenden Eigenkapitals nicht übersteigen (Satz 1). Der Gesamtnennbetrag der → bedeutenden Beteiligungen i.S.d. KWG an diesen Unternehmen darf grundsätzlich 60% des haftenden Eigenkapitals des Kreditinstituts nicht übersteigen (Satz 2).

Anlagewährung, → Währung 2.

Anlage zum Jahresabschluß nach § 26 Abs. 1 KWG

Erläuterung des → Jahresabschlusses gemäß Verordnung vom 13.10.1993, die verbandsgeprüfte Kreditinstitute mit der Einreichung von Jahresabschluß und → Lagebericht dem → Bundesaufsichtsamt für das Kreditwesen und der Bundesbank gegenüber abgeben müssen. Teilweise sind hierfür Muster zu verwenden (→ Verordnung über die Anlage zum Jahresabschluß von Kreditinstituten, die eingetragene Genossenschaften oder Sparkassen sind (JAGSV)). Nach § 27 KWG ist die Anlage mit in die Prüfung des Jahresabschlusses einzubeziehen (→ Jahresabschluß der Kreditinstitute, Prüfung).

Anleihe

Bond, Loan, Obligation, Schuldverschreibung; Instrument mittel- und langfristiger → Kreditfinanzierung (→ Fremdfinanzierung).

Anleihe der öffentlichen Hand, → öffentliche Anleihe.

Anleihekonditionen

Bedingungen, zu denen → festverzinsliche Wertpapiere emittiert werden, insbes. Zinssatz, → Laufzeit, Tilgungsmodalitäten, Emissionskurs und Sicherheiten (→ Bond Research, → Risikomanagement festverzinslicher Wertpapiere).

Anleihemarkt,
→ Rentenmarkt.

Anleihe mit Emittentenkündigungsrecht,
→ Anleihe mit Schuldnerkündigungsrecht.

Anleihe mit Gläubigerkündigungsrecht
→ Zinsinstrument, das dem Anleger eine → Option gewährt, die → Anleihe nach einem bestimmten Zeitraum (z. B. nach einigen Jahren) jederzeit (→ Amerikanische Option, z. B. → Bundesschatzbriefe), an einem (→ Europäische Option) oder mehreren Zinsterminen (→ Bermuda Option) vorzeitig zu kündigen. Im Gegensatz zu A. m. G. kann bei → Anleihen mit Schuldnerkündigungsrecht der → Emittent vorzeitig kündigen. Da der Anleger ein Wahlrecht hat, handelt es sich bei der gewährten Option aus Anlegersicht um eine → Long-Put-Position auf diese Anleihe. A. m. G. sind oftmals → Step-up-Anleihen.

Anleihe mit Gläubigerwandlungsrecht,
→ Anleihe mit Zinswahlrecht.

Anleihe mit Mindestverzinsung, → Floor Floating Rate Note.

Anleihe mit Schuldnerkündigungsrecht
→ Zinsinstrument, das dem → Emittenten eine → Option gewährt, die → Anleihe nach einem bestimmten Zeitraum (z. B. nach einigen Jahren) jederzeit (→ Amerikanische Option), an einem (→ Europäische Option) oder mehreren Zinsterminen (→ Bermuda Option) vorzeitig zu kündigen. Im Gegensatz zu A. m. Sch. kann bei → Anleihen mit Gläubigerkündigungsrecht der Anleger vorzeitig kündigen. Da der Emittent ein Wahlrecht hat, handelt es sich bei der gewährten Option aus Emittentensicht um eine → Long-Call-Position auf diese Anleihe. A. m. Sch. sind oftmals → Agio-Anleihen.

Anleihe mit variablem Zinssatz
Synonym für → Plain Vanilla Floater.

Anleihe mit Verlängerungsoption
→ Zinsinstrument, das dem Anleger eine → Option gewährt, die → Laufzeit der → Anleihe nach einem bestimmten Zeitraum zu verlängern.

Anleihe mit Wahlrecht zur Rückzahlung in Aktien
Synonym für → Koppelanleihen. Vgl. auch → Condoranleihe.

Anleihe mit Wahlrecht zur Rückzahlung in US-Dollar
→ Zinsinstrument, bei dem der → Emittent das Recht hat, die → Anleihe zum → Nennwert in DM zu tilgen (z. B. 10.000 DM) oder wahlweise die → Rückzahlung eines vorher festgelegten Betrages in US-$ vorzunehmen. – Der Anleger geht bei solchen Anleihen das Risiko ein, Kursverluste zu erleiden, wenn der US-$ bei → Fälligkeit unter den fixierten Kaufpreis fällt. Der Kaufpreis bzw. Dollarkurs wird durch den Quotienten Nennwert der Anleihe in DM/Rückzahlungsbetrag in US-$ errechnet. A. m. W. z. R. i. US-$ sind → Composite Assets, die aus Anlegersicht aus einer → Long Position in einem → Straight Bond und einer → Short Position in einer → Put-Option auf den US-Dollar bestehen. Sollte der amtlich festgestellte $-Kurs während der Laufzeit an zwei aufeinanderfolgenden Börsentagen ein bestimmtes Barrier Level unterschreiten, erlischt das Recht des → Gläubigers, die → Tilgung durch Zahlung des vereinbarten US-$-Betrages vorzunehmen. Da die Put-Option also vor Fälligkeit wertlos erlischt, wenn der US-$ das → Knock-Out Level erreicht, handelt es sich bei der Option um eine Knock-Out-Option.
(→ Exotische Option, → exotischer Optionsschein, → Barrier Option, → Barrier Warrant, → Koppelanleihen).

Anleihe mit Währungsoptionsscheinen
Synonym für → Währungsoptions-Anleihe.

Anleihe mit Zinswahlrecht
→ Zinsinstrument, das dem Anleger eine → Option gewährt, nach einer gewissen → Laufzeit den Zinssatz zu wechseln. Der Anleger erhält bei einer A. m. Z. in den ersten Jahren einen → Festsatz. Nach einer bestimmten Zeit, i. d. R. nach vier und fünf Jahren, hat der Anleger das Recht, den Festsatz in einen → variablen Zinssatz (z. B. → LIBOR, → FIBOR) zu tauschen. Wird das Recht zum ersten Options-Termin ausgeübt, verfällt automatisch der zweite Termin (→ Bermuda Option). Macht der Anleger von seinem Recht Gebrauch, erhält er nicht mehr den Festsatz, sondern i. d. R. den 6-Monats-LIBOR. Er hat dann ab dem Tauschtermin kein → festverzinsliches Papier mehr, sondern ein variabel verzinsliches Papier (→ Plain Vanilla Floater). Allerdings kann der Anleger dieses Wahlrecht auch verfallen lassen, dann zahlt der

Anleihen mit Höchstzinssatz

→Emittent den Festsatz weiter bis zur →Fälligkeit des Papiers. Läßt der Anleger das Wahlrecht verfallen, beträgt die Laufzeit des festverzinslichen Papiers i.d.R. zehn Jahre.

Im Gegensatz hierzu steht der Tausch in den Plain Vanilla Floater: Ab dem Tauschtermin beträgt die Laufzeit des neuen Floaters zehn Jahre, so daß der Anleger unter Berücksichtigung der ersten vier bzw. fünf Jahre für insgesamt 14 bis 15 Jahre bis zur Fälligkeit des Papiers sein Geld anlegt. Nicht zu verwechseln sind A. m. Z. mit →Zinsänderungsanleihen. Während bei den ersteren ein Wahlrecht besteht, wird bei den Zinsänderungsanleihen automatisch in den Plain Vanilla Floater getauscht. Diese Option bei A. m. Z. erhält der Anleger allerdings nicht umsonst.

Gedanklich kann eine A. m. Z. in eine normale →Anleihe und eine →Long Call Option auf einen Plain Vanilla Floater bzw. →Long Put Option auf einen →Straight Bond aufgesplittet werden. Läßt der Anleger die Optionen verfallen, hat er eine normale Anleihe. Dieses Wahlrecht gewährt der Emittent dem Anleger allerdings nicht umsonst. Wie bei Optionen üblich, muß auch der Anleger eine →Optionsprämie zahlen. Allerdings zahlt er diese Prämie nicht in Form einer einmaligen Zahlung an den Emittenten, sondern erhält eine geringere Verzinsung für das Papier.

Strategien: A. m. Z. sind für Anleger interessant, die erwarten, daß die →Renditen zunächst fallen und ab dem Tauschtermin dann tendenziell steigen werden. Nach dem Tauschtermin besitzt der Anleger einen normalen Floater und profitiert von steigenden Renditen. Kursverluste wie bei normalen Papieren sind dann nahezu ausgeschlossen. Bei Floatern orientiert sich die Verzinsung am Geldmarktsatz. Je höher die Geldmarktsätze steigen, desto höher wird auch der Ertrag für den Anleger. Sollten aber die Zinsen weiter fallen, kann der Anleger sein Wahlrecht verfallen lassen und erhält weiterhin jährlich den Festsatz. Er profitiert von fallenden Zinsen, da die Festsatzanleihe im Kurs steigen wird. In beiden Zinsszenarien kann der Anleger seinen Ertrag optimieren. Allerdings muß der Anleger für dieses Wahlrecht eine geringere →laufende Verzinsung in Kauf nehmen.

Anleihen mit Höchstzinssatz, →Capped Floating Rate Note.

Anleihe-Rating, →Rating.

Anleihe-Swaps, →Bond Swap.

Anliegerkosten

Nicht aus dem →Grundbuch ersichtliche Belastungen eines →Grundstücks. Es handelt sich um von der Gemeinde erhobene Beiträge für die Erschließung des Grundstücks (Straßen, Versorgungsleitungen, Spielplätze u.a.). Sie sind stets vorrangig. Deshalb ist zu prüfen, ob die Beiträge bereits bezahlt sind, ob erst ein Bescheid vorliegt oder ob dieser noch aussteht. Die Höhe ist abhängig von den entstehenden Kosten und der Größe des Grundstücks. Es können auch Nachberechnungen erfolgen.

Annualisierte Standardabweichung

Volatilität; → Standardabweichung für einen bestimmten Zeitraum, die auf ein Jahr umgerechnet wurde (→ Annualisierung).
(→ Historische Volatilität, → implizite Volatilität)

Annualisierte Volatilität, →historische Volatilität.

Annualisierung

1. *Renditeberechnung*: Umrechnung der prozentualen Verzinsung eines →Investments (z.B. →Plain Vanilla Floater, →Straight Bond) auf ein Jahr (p.a.).

2. *Volatilitätsberechnung*: Umrechnung einer historischen →Standardabweichung der Performancefaktoren (Performance) einer →Anleihe für einen bestimmten Zeitraum (z.B. täglich, wöchentlich) in eine Standardabweichung pro Jahr. Eine jährliche Standardabweichung auf Basis historischer Kurse wird als →historische Volatilität bezeichnet.
(→ Implizite Volatilität)

Annually Compounded Yield, →Semiannually Compounded Yield.

Annuität

Bezeichnung für die aus einem Zinsanteil und einem Tilgungsanteil bestehende gleichbleibende Jahresleistung für einen →langfristigen Kredit in Form eines →Darlehens. Wenn die Zinsfestschreibung nicht für die gesamte →Laufzeit erfolgt, kann es zu Laufzeitverkürzungen oder -verlängerungen kommen, wenn der Zinsanteil an der A. sich ändert (Berechnung mit Hilfe von Tabellen oder PC-Programmen). Die A. ist auch ein Begriff der →Investitionsrechnung (→Annuitätenmethode).

Annuitätenanleihe

Annuitäten-Bond; →Zinsinstrument, bei dem die jährliche →Tilgung in einem bestimmten Prozentsatz vom Ursprungskapital zuzüglich der durch das kontinuierliche Sinken des Restkapitals ersparten →Zinsen erfolgt (→Tilgungsanleihe), so daß die jährliche finanzielle Belastung des →Emittenten gleich bleibt (→Annuität), aber die Tilgungsraten wachsen (die Tilgung steigt um die gesparten Zinsen). Demgegenüber werden →Ratenanleihen in gleichbleibenden Tilgungsraten zurückgezahlt. Bei hohem Investitionsbedarf können mehrere A. so gebündelt werden, daß die →Rückzahlung nach Ablauf von gestaffelten tilgungsfreien Jahren erfolgt.
(→Bond Research)

Annuitäten-Bond, →Annuitätenanleihe.

Annuitätendarlehen

→Darlehen, das ein Kreditnehmer durch gleichbleibende Jahresleistungen (→Annuitäten) zurückzahlt. Die Jahresleistung, die in halb-, vierteljährlichen oder monatlichen Raten gezahlt wird, besteht aus einem Zinsanteil und einem Tilgungsanteil. Da durch Tilgungsverrechnung mit fortschreitender Darlehenslaufzeit der zu verzinsende Darlehensbetrag geringer wird, die Annuität jedoch unverändert bleibt, steigen die jährlichen Tilgungsbeträge um die sogenannten „ersparten" →Zinsen (progressive →Tilgung). Tilgungsleistungen können sofort bei Zahlung verrechnet werden. Es kann auch eine sogenannte nachschüssige Tilgungsverrechnung vereinbart werden, so daß die Tilgungsleistungen erst mit Beginn des nächsten Verrechnungsabschnittes (i. d. R. ein Jahr) für die Zinsberechnung wirksam werden. Vereinbarungen für solche unterjährigen Tilgungsleistungen ohne Zinsschuldminderung während des Jahres sind auch gegenüber →Privatkunden zulässig, wenn das Kreditinstitut dem Kunden den effektiven Jahreszins und einen →Tilgungsplan mitteilt.
Gegensatz: →Abzahlungsdarlehen.
(→langfristiger Kredit)

Annuitätenmethode

Dynamische →Investitionsrechnung, bei der Ein- und Auszahlungsbarwerte in gleiche Jahresbeträge (→Annuitäten) umgerechnet werden. Lohnend ist eine →Investition dann, wenn beim gegebenen →Kalkulationszinsfuß ein durchschnittlicher jährlicher Überschuß entsteht, der größer oder gleich Null ist: DJÜ ≥ 0. Der durchschnittliche jährliche Überschuß ist die Differenz zwischen den durchschnittlichen jährlichen Ein- und Auszahlungen DJÜ = DJE − DJA. Die Bedingung für die Vorteilhaftigkeit einer Investition kann auch so formuliert werden: DJE ≥ DJA.

Problem: (1) Die Ermittlung der Durchschnittswerte DJÜ, DJE und DJA beruht auf Schätzungen, wie dies bei allen zukunftsorientierten Rechnungen der Fall ist. Der Rechnende muß außerdem seinen Kalkulationszinsfuß in sinnvoller Weise festlegen. (2) Bei bekanntem Kapitalwert C_0 (→Kapitalwertmethode) kann der durchschnittliche jährliche Überschuß in der Weise ermittelt werden, daß man den Kapitalwert mit dem →Kapitalwiedergewinnungsfaktor (KWF) multipliziert: DJÜ = C_0 · KWF. Dieses Verfahren empfiehlt sich, falls die jährlichen Ein- und Auszahlungen nicht konstant sind. (3) Sind die jährlichen Ein- und Auszahlungen konstant, lassen sich die Durchschnittswerte auch in den Weise ermitteln, daß man den Restwert R mit Hilfe des →Restwertverteilungsfaktors (RVF) auf die Nutzungsjahre umlegt und zu den jährlichen Einzahlungen e addiert bzw. die Anschaffungsauszahlung A mit Hilfe des Kapitalwiedergewinnungsfaktors (KWF) auf die Nutzungsjahre verteilt und zu den jährlichen Auszahlungen a addiert. Somit gilt: DJE = e + R · RVF und DJA = a + A · KWF.
(→Investitionsrechnung)

Annuitätenpapier, →Annuitätenanleihe.

Anpassungsinflation, →importierte Inflation.

Anrechenbare Kapitalertragsteuer

Im Rahmen eines Steuerabzugsverfahrens vom →Schuldner der →Kapitalerträge bzw. von einem inländischen →Kreditinstitut für Rechnung des →Gläubigers der Kapitalerträge einbehaltene →Steuer, die durch eine →Steuerbescheinigung (→Kapitalertragsteuer-Bescheinigungen) nachgewiesen wird (→Quellensteuer). Sie ist eine Voraus-

Anrechenbare Körperschaftsteuer

zahlung auf die →Einkommensteuer oder auf die →Körperschaftsteuer, die mit der Steuerschuld zu verrechnen ist. Bei unbeschränkt steuerpflichtigen Anteilseignern, die nicht veranlagt werden, erfolgt auf Antrag und gegen Vorlage einer →Nichtveranlagungs-Bescheinigung eine Erstattung der →Kapitalertragsteuer durch das Bundesamt für Finanzen (→Kapitalertragsteuer-Erstattung).

Anrechenbare Körperschaftsteuer

Im Rahmen der →Ausschüttungsbelastung von einer körperschaftsteuerpflichtigen →Gesellschaft gezahlte →Körperschaftsteuer, die beim Anteilseigner auf seine →Einkommensteuer oder auf seine →Körperschaftsteuer angerechnet bzw. dem steuerpflichtigen →Aktionär vergütet wird, um eine →Doppelbesteuerung des →Gewinns der →Kapitalgesellschaft beim Unternehmen und beim Aktionär zu vermeiden.
Bei unbeschränkt steuerpflichtigen Anteilseignern, die zur Einkommen- oder Körperschaftsteuer veranlagt werden, erfolgt eine Anrechnung der von der Gesellschaft gezahlten Körperschaftsteuer (→Anrechnungsverfahren bei der Körperschaftsteuer). Bei unbeschränkt steuerpflichtigen Anteilseignern, die nicht veranlagt werden, erfolgt eine Vergütung der Körperschaftsteuer durch das Bundesamt für Finanzen (→Vergütungsverfahren bei der Körperschaftsteuer). Die a. K. wird beim Anteilseigner entsprechend seiner jeweiligen Steuerbelastung erfaßt. Bei einem einkommensteuerpflichtigen Anteilseigner unterliegt sie der Einkommensteuer, bei Körperschaften al Anteilseigner der Körperschaftsteuer.
Die a. K. muß durch eine Steuerbescheinigung (→Körperschaftsteuer-Bescheinigung) nachgewiesen werden. Sie beträgt 3/7 (bis einschl. 1993 9/16) der →Bardividende und wird als Steuergutschrift oder Steuerguthaben bezeichnet das mit der Steuerschuld oder dem Erstattungsanspruch zu verrechnen ist.

Anrechenbarer Zinsabschlag

Im Rahmen der →Zinsbesteuerung von der auszahlenden Stelle (im Falle der Depotverwahrung von →Wertpapieren oder des Ankaufs bzw. des Inkassos von →Zinsscheinen von dem inländischen →Kreditinstitut einbehaltene →Zinsabschlagsteuer (→Kapitalertragsteuer), die durch eine Steuerbescheinigung (→Kapitalertragsteuer-Bescheinigung) nachgewiesen wird. Mit Hilfe der Steuerbescheinigung kann der →Steuerpflichtige den →Zinsabschlag bei seiner Veranlagung anrechnen lassen, ähnlich wie bei der →anrechenbaren Kapitalertragsteuer.

Anrechnungsverfahren bei der Körperschaftsteuer

Durch das Körperschaftsteuergesetz 1977 geschaffenes Verfahren zur Beseitigung der Doppelbelastung ausgeschütteter Körperschaftsgewinne sowohl auf der Ebene der ausschüttenden →Gesellschaft (→Körperschaftsteuer) als auch auf der Ebene des Anteilseigners (§§ 27 ff. KStG). Bei der Gesellschaft unterliegt der →Gewinn zunächst der →Tarifbelastung. Bei Ausschüttung von Gewinnen wird die sogenannte →Ausschüttungsbelastung hergestellt, die einheitlich geregelt ist.

Voraussetzung für die Körperschaftsteuer-Anrechnung ist, daß der Anteilseigner Einnahmen nach § 20 Abs. 1 Nr. 1 oder 2 EStG (→Einkommensteuer, Einkunftsarten) von einer unbeschränkt steuerpflichtigen →Kapitalgesellschaft oder →Genossenschaft bezieht (insbes. →Dividenden der Aktiengesellschaften, Gewinnanteile der GmbH und Genossenschaften) und eine Steuerbescheinigung vorlegt (→Körperschaftsteuer-Bescheinigungen). Hierzu gehören auch die →verdeckten Gewinnausschüttungen (→Körperschaftsteuer, verdeckte Gewinnausschüttungen), weshalb für diese ebenfalls die Körperschaftsteuer-Anrechnung gilt. (Die Ausschüttung von Einlagen der Anteilseigner stellt bei den Anteilseignern keine Einnahme dar, weshalb hier die Körperschaftsteuer-Anrechnung entfällt. Diese Art der Ausschüttung wird in der Steuerbescheinigung gesondert vermerkt.) Die anrechenbare Körperschaftsteuer ist Bestandteil der →Kapitalerträge. Die auf den Gewinnausschüttungen lastende Körperschaftsteuer wird bei der Veranlagung des Anteilseigners auf seine Einkommensteuerschuld angerechnet.

Die *Beseitigung der Doppelbelastung* erfolgt auf zwei Ebenen.
Anrechnungsberechtigt sind nur unbeschränkt steuerpflichtige Anteilseigner, beschränkt →Steuerpflichtige sind von der Körperschaftsteuer-Anrechnung ausgeschlossen (§ 51 KStG). Bei den Körper-

Ansatzvorschriften

Anrechnungsverfahren bei der Körperschaftsteuer

Ebene der ausschüttenden Gesellschaft			
Gewinn vor Körperschaftsteuer (Bruttodividende)	100		
./. 45% KSt		./. 45	(= Tarifbelastung)
= verwendbares Eigenkapital (EK 55)	55		(Verwendbarkeit für Ausschüttung)
+ KSt-Änderung	15		(KSt-Satz-Minderung auf Ausschüttungsbelastung von 45%
= Bardividende	70		auf 30% = Differenz von 15 Prozentpunkten. Das sind 15/100 Körperschaftsteuerentlastung des Gewinns vor Körperschaftsteuer, 15/55 des EK 55 bzw. 15/70 der Bardividende)
./. 25% KESt		./. 17,5	
= Dividendengutschrift für den Anteilseigner	52,5		

Ebene des Anteilseigners		
Dividendengutschrift	52,5	
+ einbehaltene KESt	17,5	
= Bardividende	70	
+ anzurechnende KSt	30	(3/7 der Bardividende)
= Einkünfte aus Kapitalvermögen	100	(Bruttodividende)
40% ESt (unterstellter individueller Steuersatz)	40	
anrechenbare KESt 17,5		
anrechenbare KSt 30	47,5	
zu verrechnende Einkommensteuer	7,5	
Dividendengutschrift	52,5	
Ertrag nach Steuern	60	

schaften erfolgt keine Anrechnung und Vergütung, wenn Anteilseigner juristische Personen des öffentlichen Rechts, von der Körperschaftsteuer befreite Körperschaften oder beschränkt steuerpflichtige Körperschaften sind. Die Gewinnanteile sind i. d. R. bei den Anteilseignern als →Einkünfte aus Kapitalvermögen zu erfassen, es sei denn, sie fallen bei den Einkünften aus Land- und Forstwirtschaft, Gewerbebetrieb, selbständiger Arbeit oder Vermietung und Verpachtung an.
(→ Körperschaftsteuer)

Ansatzvorschriften

Das HGB enthält in den §§ 246–251 Vorschriften darüber, welche →Wirtschaftsgüter bilanziert werden müssen (Bilanzierungsgebot), welche bilanziert werden können (→ Bilanzierungswahlrecht) und welche nicht bilanziert werden dürfen (Bilanzierungsverbot). Die allgemeinen Grundsätze (§ 246 HGB) enthalten das Gebot der Vollständigkeit (sämtliche Vermögensgegenstände, →Schulden, →Rechnungsabgrenzungsposten sowie →Aufwendungen und →Erträge sind zu erfassen)

Anschaffung im Devisenhandel

Ansatzvorschriften

	Bilanzierungspflicht	Bilanzierungswahlrecht	Bilanzierungsverbot
Aktivseite	§§ 246–247 Sämtliche Vermögensgegenstände, Aktive Rechnungsabgrenzungsposten (transitorische Posten)	§ 255 Abs. 4 Entgeltlich erworbener Firmenwert § 250 Abs. 3 Disagio (Damnum)	§ 248 Abs. 1 Aufwendungen für die Gründung und für die Eigenkapitalbeschaffung § 248 Abs. 2 Nicht entgeltlich erworbene immaterielle Vermögensgegenstände
Passivseite	§§ 246–247 Schulden, Passive Rechnungsabgrenzungsposten (transitorische Posten) § 249 Rückstellungen – für ungewisse Verbindlichkeiten (§ 249 Abs. 1 Satz 1) – Drohverlustrückstellungen (§ 249 Abs. 1 Satz 1) – Pensionsrückstellungen (§ 249 Abs. 1 Satz 1) – Aufwendungen für unterlassene Instandhaltung zwischen 1. und 3. Monat (§ 249 Abs. 1 Satz 2) – Aufwendungen für unterlassene Abraumbeseitigung (§ 249 Abs. 1 Satz 2) – Kulanzrückstellungen (§ 249 Abs. 1 Satz 2)	§ 247 Abs. 3 Sonderposten mit Rücklageanteil (Rücklagen, die auf Grund ertragsteuerlicher Vorschriften zulässig sind) § 249 Abs. 1 Aufwendungen für unterlassene Instandhaltung zwischen 4. und 12. Monat § 249 Abs. 2 Aufwendungen für künftige Großreparaturen	

und das Saldierungsverbot (es dürfen keine Aktivpositionen mit Passivpositionen und keine Aufwendungen mit Erträgen saldiert werden). In der Bilanz sind → Anlage- und → Umlaufvermögen (Aktivseite), → Eigenkapital und Schulden (Passivseite) sowie die Rechnungsabgrenzungsposten gesondert auszuweisen und nach den Grundsätzen ordnungsmäßiger Buchführung und Bilanzierung hinreichend aufzugliedern (§ 247 HGB). Für → Einzelunternehmen und → Personengesellschaften gibt es keine vorgeschriebene Bilanzgliederung.

Anschaffung im Devisenhandel
Zurverfügungstellung eines Devisenbetrages auf einem vom Käufer benannten → Bankkonto.

Anschaffungsdarlehen

Ursprüngliche Bezeichnung für einen →Ratenkredit (→Konsumentenkredit), der von →Kreditbanken, →Sparkassen und →Kreditgenossenschaften zweckgebunden über höhere Beträge als →Kleinkredit zur Verfügung gestellt wurde. An die Stelle des A. sind moderne, den gestiegenen und differenzierten Kreditbedürfnissen privater Haushalte entsprechende Formen des Konsumentenkredits getreten. Kreditinstitute bieten →Ratenkredite in verschiedenen Varianten als →persönliche Kredite an, wobei sie unter Verzicht auf eine Zweckbindung in erster Linie auf die persönliche →Kreditwürdigkeit abstellen.

Anschaffungskosten

A. sind als Bewertungsmaßstab für Vermögensgegenstände, die von Dritten erworben werden, zugrunde zu legen. Die A. bilden die Wertobergrenze für alle fremdbezogenen Vermögensgegenstände des →Anlagevermögens und →Umlaufvermögens in der →Handels- und →Steuerbilanz. Handelsrechtlich sind die A. im HGB definiert. Da eine Definition der A. im Steuerrecht fehlt, sind die handelsrechtlichen A. für die Steuerbilanz maßgebend (Abschn. 32a Abs. 1 EStR). Somit unterscheiden sich die handels- und steuerrechtlichen A. nicht. Gemäß § 255 Abs. 1 HGB werden A. *definiert* als diejenigen →Aufwendungen, die geleistet werden, um einen Vermögensgegenstand zu erwerben und ihn in einen betriebsbereiten Zustand zu versetzen, soweit sie dem Vermögensgegenstand einzeln zugeordnet werden können. Zu den A. gehören auch die Nebenkosten sowie die nachträglichen A. Anschaffungspreisminderungen sind abzuziehen.

Wesentlicher *Bestandteil der A.* ist der *Anschaffungspreis* des Vermögensgegenstandes. Als Anschaffungspreis ist der Betrag anzusehen, der aufgewendet werden muß, um die Verfügungsgewalt über den Vermögensgegenstand zu erlangen. Zu den A. gehören auch die Aufwendungen, die geleistet werden, um einen Vermögensgegenstand in einen betriebsbereiten Zustand zu versetzen. Dazu gehören z. B. bei der Anschaffung von Maschinen Aufwendungen für den Transport, die Fundamentierung, Aufstellung und Montage und damit zusammenhängende bauliche Veränderungen. Bei Fremdleistungen ergeben sich die zu aktivierenden Aufwendungen aus der Rechnung, bei Eigenleistungen dürfen nur die →Einzelkosten (Material- und Lohnkosten) ohne Gemeinkostenzuschläge erfaßt werden. – Zu den *Anschaffungsnebenkosten* gehören u. a. Versicherungen, →Zölle und Verbrauchsteuern, →Grunderwerbsteuer, Bankprovisionen. – Aktivierungspflichtige A. können auch nachträglich, d. h. *nach Abschluß des Anschaffungsvorganges* entstehen (§ 255 Abs. 1 Satz 2 HGB), wenn sie sich schon bei der Anschaffung angefallen wären (z. B. nachträgliche Erhöhung des Kaufpreises, nachträglich festgesetzte Grunderwerbsteuer). Aufwendungen zur Anpassung an später veränderte betriebliche Verhältnisse sind keine nachträglichen A., sondern Erhaltungsaufwand oder →Herstellungskosten. – *Anschaffungspreisminderungen*, wie Sofortrabatte und nachträgliche Rabatte, Skontoabzüge oder andere Preisnachlässe (z. B. aufgrund von Mängelrügen) sind bei der Ermittlung der A. zu berücksichtigen.

Anschaffungsrisiko

Bei der Abwicklung von →Devisengeschäften fließen am Fälligkeitstag jeweils zwei Zahlungen: der Käufer eines Währungsbetrages überweist den Gegenwert auf ein →Konto des Verkäufers, der Verkäufer der Währung zahlt diese auf ein Konto des Käufers. Das A. besteht darin, daß eine Partei die Zahlung der Gegenpartei zwar empfängt, die Gegenzahlung im Fall einer →Insolvenz aber nicht mehr leistet.

Anschlußfinanzierung

Kreditgewährung einer →Bank an einen Importeur in Form eines →Importvorschusses oder in Form eines anderen →Kredites zur Einlösung von Inkasso- oder Akkreditivdokumenten (→Dokumente im Außenhandel). Eine Anschlußfinanzierung wird notwendig, wenn ein Importeur eingeführte →Ware an inländische Abnehmer auf Ziel verkauft.

Anschlußkonkurs

Der nach dem Scheitern des gerichtlichen →Vergleichsverfahrens (Ablehnung der Eröffnung des Vergleichsverfahrens, Einstellung des Vergleichsverfahrens, Nichtbestätigung oder Nichterfüllung des →Vergleiches) eröffnete →Konkurs. Sind die nach der →Konkursordnung geforderten

Anschlußzession

Voraussetzungen gegeben, so wird der A. vom Vergleichsgericht (Amtsgericht) eröffnet, anderenfalls wird die Eröffnung des Konkursverfahrens abgelehnt (z. B. mangels Masse). Für das Anschlußkonkursverfahren gelten die Vorschriften der Konkursordnung, ergänzt und teilweise geändert durch §§ 102–107 VerglO.

Anschlußzession

Bezeichnung für eine → Abtretung (i. d. R. → Globalzession), die an eine → Sicherungsübereignung bzw. einen → Eigentumsvorbehalt anschließt, sofern das Sicherungs- bzw. Vorbehaltsgut bestimmungsgemäß an die Abnehmer des Sicherungsgebers veräußert werden soll. Die Vereinbarung, daß die → Forderung aus dem Verkauf des Vorbehalts- bzw. Sicherungsguts im vorhinein abgetreten werden soll, gilt als hinreichend bestimmt.

Anspruch

Recht, von einem anderen ein Tun oder Unterlassen zu verlangen (§ 194 Abs. 1 BGB). Der A. kann aus einem → Schuldverhältnis, aus einem → dinglichen Recht sowie aus familien- oder erbrechtlichen Verhältnissen entstehen. A. können vor dem zuständigen Gericht durch Klage durchgesetzt werden (→ Zivilprozeß). Gegen A. können u. U. → Einreden (z. B. Einrede der → Verjährung, Einrede der → Aufrechnung, Einrede der Vorausklage durch den Bürgen [→ Bürgschaft]) oder Einwendungen (z. B. Einwendung der Geschäftsunfähigkeit) erhoben werden. A. unterliegen der Verjährung.

Anstalt des öffentlichen Rechts

Öffentlich-rechtliche Verwaltungseinheit, die einem bestimmten öffentlichen Zweck dienen soll (z. B. Rundfunkanstalten, kommunale → Sparkassen). Es gibt rechtsfähige A. (→ juristische Person), die durch oder aufgrund eines Gesetzes errichtet sind und staatlicher Rechtsaufsicht unterliegen. Daneben gibt es nichtrechtsfähige A. als rein organisatorische Einheiten (z. B. Schulen). Im Gegensatz zur → Körperschaft des öffentlichen Rechts ist die Anstalt nicht mitgliedschaftlich organisiert, sondern hat Benutzer. Das Rechtsverhältnis zwischen A. und Benutzer kann freiwillig (z. B. Rundfunkanstalt) oder zwangsweise (z. B. Strafvollzug) begründet werden. Soweit nicht gesetzlich bestimmt (so bis 1994 nach § 7 PostG für die → Deutsche Bundespost Postbank), kann die Benutzung auf der Grundlage des →öffentlichen Rechts oder des → Privatrechts (z. B. AGB der Sparkassen) erfolgen.

Anstaltsaufsicht

Neben der Aufsicht durch das → Bundesaufsichtsamt für das Kreditwesen (BAK) (Fachaufsicht) bestehende Staatsaufsicht, die die Länder über die → Sparkassen und → Bausparkassen nach dem Verwaltungsrecht ausüben (→ Sparkassenaufsicht). Kompetenzverteilung auf zwei Instanzen – „Oberste Aufsichtsbehörde" (Minister bzw. Senator), „Aufsichtsbehörde" (Regierungspräsident, Regierung) – oder auf eine Instanz.

Anstaltslast

Rechtliche Verpflichtung des Anstaltsträgers (grundsätzlich → Gewährträger einer Sparkasse oder → Landesbank/Girozentrale), seine → Anstalt des öffentlichen Rechts mit den für die Funktionsfähigkeit notwendigen Mitteln auszustatten. Von der A. ist die → Gewährträgerhaftung zu unterscheiden.

Anstellungsvertrag, → Arbeitsvertrag.

Anteil

1. → Geschäftsanteil eines Gesellschafters.

2. Das im → Anteilsschein (→ Investmentzertifikat) verbriefte Eigentumsrecht eines Anlegers am → Sondervermögen (Fonds) einer → Kapitalanlagegesellschaft.

Anteile an verbundenen Unternehmen

Aktivposten Nr. 8 in der → Bankbilanz (→ Aktivposten der Bankbilanz); Ausweis von aktiven Unternehmensbeziehungen i. S. von § 271 Abs. 2 HGB, wobei Anteile an → Kreditinstituten ausgegliedert ausgewiesen werden müssen (→ verbundene Unternehmen).

Anteilsbruchteil eines Investmentanteils

Gutschrift auf einem → Anlagekonto (Investmentanlagekonto), die weniger als einen → Anteil, d. h. nur Bruchteile eines Anteils, umfaßt.

Anteilseigner

Shareholder, Partner; Eigentümer von Kapitalanteilen eines Unternehmens, insbes. von → Kapitalgesellschaften.
(→ Aktionär)

Anteilsinhaber
1. *Im weiteren Sinne:* Inhaber von Kapitalanteilen, z. B. → Aktionär oder GmbH-Gesellschafter.

2. *Im engeren Sinne:* Besitzer von → Investmentanteilen (→ Investmentzertifikat).

Anteilspapier, → Teilhaberpapier.

Anteilsrecht, → Teilhaberrecht.

Anteilsschein
1. *I. e. S.:* Synonyme Bezeichnung für → Investmentzertifikat.

2. *I. w. S.:* Als A. werden auch andere → Wertpapiere bezeichnet, in denen → Teilhaberrechte (Mitgliedschaftsrechte) an → Kapitalgesellschaften verbrieft sind. Der von einer → Gesellschaft mit beschränkter Haftung ausgegebene A. (→ Geschäftsanteil) ist allerdings kein Wertpapier, sondern nur Beweisurkunde.
Die Bezeichnung A. wird vom Aktiengesetz auch für → Zwischenscheine, die → Aktionären vor Ausgabe der → Aktien erteilt werden, verwendet.

Anteilswert
Wert eines → Investmentzertifikats, der durch Division des Fondsvermögens durch die Zahl der umlaufenden → Anteile errechnet wird. Durch Hinzurechnung des Ausgabeaufschlags ergibt sich der Ausgabepreis des Zertifikats.

Anticipatory Credit, → Packing Credit.

Anticipatory Hedge
→ Hedging, das der Absicherung gegen eine erwartete Marktentwicklung dient.

Antizyklische Finanzpolitik, → Finanzpolitik.

Anwartschaftsrecht
Zu einer Rechtsposition verdichtete Aussicht, künftig das volle → Recht zu erwerben. Bedeutsam ist das A. des Eigentumsvorbehaltskäufers (→ Eigentumsvorbehalt). Dieses kann wie die Sache selbst übertragen werden. Bei → Sicherungsübereignung einer mit Eigentumsvorbehalt belasteten Sache an ein → Kreditinstitut erlangt das Kreditinstitut mit Eintritt der Bedingung (Kaufpreiszahlung) unmittelbar das → Eigentum vom Eigentumsvorbehaltsverkäufer, so daß z. B. eine spätere → Pfändung anderer → Gläubiger dem Kreditinstitut gegenüber unwirksam ist. Das A. auf das Eigentum gewährt dem Inhaber gegenüber Dritten die gleichen Befugnisse wie dem Eigentümer.

Anweisung
In §§ 783 ff. BGB geregelte Grundform des → Wertpapiers. Dabei händigt eine → Person (→ Aussteller) einem anderen (Anweisungsempfänger) eine → Urkunde aus, in der er einen Dritten (Angewiesener) anweist, an den Anweisungsempfänger → Geld, Wertpapiere oder andere → vertretbare Sachen zu leisten. Nimmt der Angewiesene die A. an, ist er auch dem Anweisungsempfänger gegenüber zur Leistung verpflichtet. Eine besondere Form der A. ist der → Wechsel (→ Tratte).

Anweisung der Deutschen Bundesbank über Mindestreserven (AMR)
Auf der Grundlage von § 16 BBankG erlassene Ausführungsbestimmungen für die Pflicht der → Kreditinstitute, → Mindestreserven bei der → Deutschen Bundesbank zu unterhalten.

Anzahlungsgarantie
Advance Payment Guarantee; → Bankgarantie, die den Käufer (Garantienehmer) für den Fall schützen soll, daß der Verkäufer oder Unternehmer (Garantieauftraggeber) nicht liefert oder leistet und auch eine erhaltene Anzahlung nicht zurückerstattet (→ Bankgarantien im Außenhandel).

Anzeigen der Kreditinstitute über personelle, finanzielle und gesellschaftsrechtliche Veränderungen
Damit die → Bankenaufsicht wirksam wahrgenommen werden kann, wird in Ergänzung zu den erforderlichen Meldungen für das Kreditgeschäft (für → Großkredite, → Millionenkredite und → Organkredite, → Kreditanzeigen nach KWG) vorgeschrieben, daß → Kreditinstitute bzw. deren → Geschäftsleiter bestimmte Umstände personeller, finanzieller und rechtlicher Art anzuzeigen haben.

1. *Pflichten der Kreditinstitute:* Die Kreditinstitute haben nach § 24 Abs. 1 KWG dem → Bundesaufsichtsamt für das Kreditwesen (BAK) und der → Deutschen Bundesbank unverzüglich anzuzeigen: (1) Die Bestellung eines Geschäftsleiters und die Ermächtigung einer Person zur Einzelvertretung des Kreditinstituts (→ Stellvertretung) in dessen gesamten Geschäftsbereich, unter Angabe der Tatsachen, die für die Beurteilung von Zuverlässigkeit und fachlicher Eignung we-

Anzeigen der Kreditinstitute

sentlich sind. Zweck ist die Überprüfung der Qualifikation der Geschäftsleiter (→ Erlaubniserteilung für Kreditinstitute). Bei fehlender Qualifikation wird das BAK gegen die Bestellung einschreiten (mit einem Tätigkeitsverbot und/oder Abberufungsverlangen nach § 36 Abs. 1 KWG). Zur Einzelvertretung ermächtigte Personen (wie Generalbevollmächtigte, mit → Prokura oder → Handlungsvollmacht ausgestattete Personen) sind zwar nicht Geschäftsleiter, können aber wie diese die Geschäftsentwicklung eines Kreditinstituts maßgeblich beeinflussen. (2) Das Ausscheiden eines Geschäftsleiters sowie die Entziehung des Rechts zur Einzelvertretung des Kreditinstituts im gesamten Geschäftsbereich. Dies dient der Prüfung, ob noch mindestens zwei Geschäftsleiter vorhanden sind (→ „Vieraugenprinzip"). (3) Die Übernahme und die Aufgabe einer unmittelbaren → Beteiligung an einem anderen Unternehmen – nach § 24 Abs. 1 KWG jedes Halten von mindestens 10% des → Kapitals oder der → Stimmrechte –, sowie Veränderungen von mehr als 10% dieser Beteiligung. Einmal pro Jahr ist zudem eine Sammelanzeige der unmittelbaren und der mittelbaren Beteiligungen einzureichen, damit die Aufsichtsbehörden einen aktuellen und kompletten Datenbestand erhalten. Genereller Zweck dieser Anzeigepflicht ist die Unterrichtung der Aufsichtsbehörden über finanzielle Verflechtungen und Abhängigkeiten zwischen einem Kreditinstitut und anderen Unternehmen, gleichgültig, ob diese ebenfalls Kreditinstitute sind (→ Bankbeteiligungen). (4) Die Änderung der Rechtsform (→ Unternehmensrechtsformen) der → Firma, des → Gesellschaftsvertrages oder der → Satzung. Die Bankenaufsicht erhält damit Aufschluß über die Geschäftsführungs- und Vertretungsbefugnisse, die Einwirkungsmöglichkeiten anderer Unternehmensorgane auf die Geschäftsleitung, die Vereinbarkeit des Unternehmensgegenstands mit dem Umfang der Erlaubnis und über die Folgen des Ausscheidens von Gesellschaftern. (5) Verlust in Höhe von 25% des → haftenden Eigenkapitals der Kreditinstitute, Kapitalveränderungen, die in → öffentliche Register einzutragen sind (→ Handelsregister), die Kündigung von → Genußrechten und → nachrangigen Verbindlichkeiten (→ Ergänzungskapital), sowie bei Kreditinstituten in der Rechtsform einer → Personenhandelsgesellschaft und bei → stillen Gesellschaften die → Kündigung der Gesellschaft und die → Rückzahlung der Gesellschaftseinlagen. Das BAK soll rechtzeitig über Entwicklungen informiert sein, die zu einer Verschlechterung der Kapitalverhältnisse führen. Da bei Verlust der Hälfte des haftenden Eigenkapitals oder bei nachhaltig fehlender → Rentabilität die Erlaubnis entzogen werden kann (→ bankaufsichtliche Maßnahmen), soll die Aufsichtsbehörde zur Behebung der Gefahrensituation in der Lage sein. (6) Verlegung der Niederlassung oder des Sitzes. (7) Errichtung, Verlegung, Schließung einer Zweigstelle im Inland. (8) Einstellung des Geschäftsbetriebes. (9) Aufnahme und Einstellung des Betreibens von Geschäften, die nicht → Bankgeschäfte sind. Mit dem (nicht verbotenen) Betreiben anderer Geschäfte (Reise-, Waren-, Immobiliengeschäft) können besondere, nicht ohne weiteres erkennbare Risiken verbunden sein. Geschäfte, wie → Devisengeschäfte, → Sortengeschäfte i. S. des KWG oder → Optionsgeschäfte, brauchen nach § 9 Abs. 2 BefrV nicht angezeigt zu werden, auch sonstige Geschäfte nur dann, wenn voraussichtlich ein Jahresumsatz von mehr als 250.000 DM erzielt wird (§ 9 Abs. 1 BefrV). Zum Teil kennzeichnen solche Geschäfte ein → Finanzinstitut i. S. des KWG. (10) Die Absicht, Bankgeschäfte, für ein Finanzinstitut kennzeichnende Tätigkeiten, Handelsauskünfte oder Schließfachvermietungen als grenzüberschreitende Dienstleistung, d. h. ohne Errichtung einer ausländischen Zweigstelle, in einem anderen Mitgliedsland der EG auszuüben. Die ihm jeweils angezeigten Finanzdienstleistungen teilt das BAK sodann den dortigen Aufsichtsbehörden innerhalb eines Monats mit (§ 44a Abs. 4 KWG). (11) Der Erwerb oder die Aufgabe einer → bedeutenden Beteiligung sowie das Erreichen, Über- oder Unterschreiten von Beteiligungsschwellen (20, 33, 50%) der Stimmrechte oder des Kapitals, ferner die Stellung als → Tochterunternehmen (i. S. des § 1 Abs. 7 KWG). Ein Kreditinstitut muß diese Änderungen in den Verhältnissen seiner Anteilsinhaber anzeigen, wenn es davon Kenntnis erlangt. Die Verpflichtung bildet das Gegenstück zur Anzeigepflicht der Erwerber oder Inhaber von → bedeutenden Beteiligungen i. S. des KWG. (12) Einmal jährlich Name und Anschrift von Inhabern einer bedeutenden Beteiligung sowie deren Höhe, ebenso bei solchen Anteilsinhabern bei nachgeordneten ausländischen Kreditin-

Anzeigenverordnung

stituten (→ Kreditinstitutsgruppen i.S. des KWG). Die Bankenaufsicht benötigt hierüber aktuelle Informationen, um die Zuverlässigkeit, Eignung und mögliche Einflußnahme der Inhaber beurteilen zu können.
Gemäß § 12a Abs. 1 Satz 3 KWG muß ein übergeordnetes Kreditinstitut ferner den Erwerb, die Veränderung oder die Aufgabe einer → erheblichen Beteiligung oder → maßgeblichen Beteiligung i. S. des KWG an einem Unternehmen mit Sitz im Ausland anzeigen, wenn dieses Bankgeschäfte betreibt oder sonst als nachgeordnetes Kreditinstitut gilt. Rechtzeitig anzuzeigen ist auch die Absicht der Vereinigung mit einem anderen Kreditinstitut (§ 24 Abs. 2 KWG), damit das BAK eingreifen kann, wenn durch die → Fusion → Gläubiger benachteiligt werden.

2. *Pflichten der Geschäftsleiter:* Geschäftsleiter eines Kreditinstituts haben dem BAK und der Deutschen Bundesbank (§ 24 Abs. 3 KWG) unverzüglich anzuzeigen: (1) Aufnahme und Beendigung einer Tätigkeit als Geschäftsleiter oder als Mitglied des → Aufsichtsrats (AR) oder → Verwaltungsrats eines anderen Kreditinstituts oder Unternehmens, (2) Übernahme, Aufgabe sowie Veränderung in der Höhe einer Beteiligung von mindestens 25 v. H. des Kapitals an einem Unternehmen. Beide Tatbestände können zu bankaufsichtlich relevanten Interessenkollisionen führen und/oder die Geschäftsleiter daran hindern, ihre Verpflichtungen aus dem KWG ordnungsgemäß wahrzunehmen.

3. *Errichtung ausländischer Zweigstellen:* Im Rahmen der Zuständigkeiten des BAK als der Aufsichtsbehörde des Herkunftsmitgliedstaates (§ 1 Abs. 4 KWG) zur Ausstellung des „Europäischen Passes" müssen → Euro-Kreditinstitute ihre Absicht, eine Zweigstelle in einem anderen EU-Mitgliedsland zu errichten, dem BAK und der Bundesbank anzeigen (§ 24a KWG). Die Anzeige muß enthalten: die Angabe des Aufnahmemitgliedstaates (§ 1 Abs. 5 KWG), einen Geschäftsplan, die Anschrift, unter der Unterlagen des Kreditinstituts im ausländischen Staat angefordert und Schriftstücke zugestellt werden können, sowie den Namen des Leiters der Zweigstelle. Ändern sich später die anfangs angezeigten Verhältnisse oder die der Sicherungseinrichtung, der das Kreditinstitut angehört (→ Einlagensicherung), so muß auch dies mindestens einen Monat vorher dem BAK und der Bundesbank, aber auch den zuständigen Behörden des Aufnahmemitgliedstaates angezeigt werden (§ 24a Abs. 3 KWG). Für die Errichtung von Zweigstellen außerhalb des EU-Gebiets können entsprechende Pflichten (durch → Rechtsverordnung des Bundesfinanzministers) eingeführt werden, sofern mit dritten Ländern diesbezügliche Abkommen geschlossen sind (§ 24a Abs. 4 KWG). Bedeutsam dürfte dies vor allem für die Mitgliedstaaten des → Europäischen Wirtschaftsraums (EWR) werden.

4. *Zweigstellen ausländischer Unternehmen im Bundesgebiet:* Für Zweigstellen von in einem anderen EU-Mitgliedstaat ansässigen Kreditinstituten und bestimmten Finanzinstituten gilt § 24 Abs. 1 Nr. 6 bis 9 KWG entsprechend (§ 53b Abs. 3 Satz 1, Abs. 7 Satz 3). Sie müssen also anzeigen: die Verlegung der Niederlassung oder des Sitzes; die Errichtung, die Verlegung und die Schließung einer Zweigstelle (im Inland); die Einstellung des Geschäftsbetriebes; die Aufnahme und die Einstellung des Betreibens von Geschäften, die nicht Bankgeschäfte sind. Auch insoweit ist eine Ausdehnung auf in Drittländern ansässige Unternehmen nach Maßgabe einschlägiger Abkommen – im Wege einer Rechtsverordnung – möglich (§ 53c Nr. 1 KWG). Für → Repräsentanzen ausländischer Bank-Unternehmen gilt eine Anzeigepflicht hinsichtlich der Errichtung, Verlegung und Schließung. Sie ist von deren Leiter zu erfüllen (§ 53a KWG).

5. *Sanktionen:* Wer vorsätzlich oder leichtfertig der Pflicht zur Anzeige nach § 24 Abs. 1 oder Abs. 3, § 24a Abs. 1 oder Abs. 3, § 53a oder § 53b Abs. 3 Satz 1 (i. V. m. § 24 Abs. 1 Nr. 6 bis 9) KWG nicht, nicht rechtzeitig oder nicht vollständig nachkommt oder in einer solchen Anzeige unrichtige Angaben macht, handelt ordnungswidrig (§ 56 Abs. 1 Nr. 4 KWG) und kann mit einer Geldbuße bis zu 100 000 DM belegt werden (§ 56 Abs. 2 KWG). Auch gegen das Kreditinstitut selbst kann ein solches Bußgeld verhängt werden (§ 59 KWG, § 30 OWiG).
(→ Bankenaufsicht)

Anzeigenverordnung (AnzV)
→ Rechtsverordnung des → Bundesaufsichtsamts für das Kreditwesen (BAK), die Ausführungsbestimmungen über die Erstat-

Anzeigepflichten des Kreditinstituts beim Tod eines Kunden

tung von Anzeigen nach dem KWG, z. B. →Kreditanzeigen nach KWG und →Anzeigen der Kreditinstitute über personelle, finanzielle und gesellschaftsrechtliche Veränderungen sowie die Vorlage von Unterlagen, z. B. →Jahresabschluß und →Prüfungsberichte, enthält. Nach § 32 Abs. 1 Satz 3 KWG regelt die Neufassung vom 6.7.1993 (BGBl. I, S. 1141) im § 13 auch Näheres über Anzeigen und Unterlagen im Rahmen der →Erlaubniserteilung für Kreditinstitute. Ferner bestimmt § 1 AnzV, wie Anzeigen von Inhabern →bedeutender Beteiligungen i. S. des KWG abzugeben sind. Rechtsgrundlage: § 24 Abs. 4 KWG i. V. m. § 1 der Verordnung zur Übertragung der Befugnis zum Erlaß von Rechtsverordnungen auf das BAK vom 28.6.1985 (BGBl. I, S. 1255).

Anzeigepflichten des Kreditinstituts beim Tod eines Kunden

Gemäß § 33 ErbStG i. V. m. § 5 ErbStDV besteht für alle geschäftsmäßigen Vermögensverwalter und Vermögensverwahrer (also auch für →Kreditinstitute) eine Anzeigepflicht beim →Tod des Bankkunden (Erbfallmeldung). Die Meldung kann an das Finanzamt erfolgen, das für die Verwaltung der Erbschaftsteuer zuständig ist (§ 35 ErbStG, §§ 19 Abs. 2, 20 AO). Durch die Erbfallmeldung soll die Erhebung der Erbschaftsteuer durch den Fiskus gewährleistet werden. Zuwiderhandlungen gegen die Anzeigepflicht gelten als →Steuerordnungswidrigkeit.

Bekanntwerden des Todesfalls: Die Erbfallmeldung muß von dem Kreditinstitut gemäß § 33 Abs. 1 Nr. 1 ErbStG i. d. R. innerhalb eines Monats nach Bekanntwerden des Todesfalls erfolgen (positive Kenntnisnahme vom Erbfall durch das Kreditinstitut, z. B. bei Vorlage einer Sterbeurkunde, Antrag auf Kontoumschreibung). Der Anzeigepflicht unterliegen die im Gewahrsam des Kreditinstitutes befindlichen fremden Vermögensstücke und die gegen das Kreditinstitut bestehenden →Forderungen (z. B. aus →Spareinlagen, →Sichteinlagen), die zu Beginn des Todestages des →Erblassers zu dessen →Vermögen gehörten oder über die dem Erblasser die Verfügungsmacht zustand. Bei Feststellung der Vermögenswerte und der Kontostände ist daher vom Stand des Vortages auszugehen. Die zu erstattende Anzeige darf unterbleiben, wenn das bei dem einzelnen Kreditinstitut verwahrte Vermögen (→Konten, →Depots usw.) insgesamt nicht mehr als 2000 DM beträgt. Bis zum Todestag aufgelaufene Guthabenzinsen braucht das Kreditinstitut zur Zeit noch nicht von sich aus mitzuteilen, sondern erst auf Anforderung des Finanzamtes.

Besondere anzeigepflichtige Vorgänge: (1) *→Gemeinschaftskonten*: Die Anzeigepflicht besteht auch, wenn an dem in Verwahrung oder Verwaltung befindlichen →Wirtschaftsgut außer dem Erblasser noch andere Personen beteiligt sind. Dem Finanzamt ist auch dann vom Todesfall Meldung zu erstatten, wenn ein Kontomitinhaber verstirbt. Gemeldet wird das gesamte Guthaben, unabhängig von der Anzahl der Mitinhaber des Kontos, sowie die Tatsache, daß es sich um ein →Gemeinschaftskonto handelt. Nicht anzugeben sind die Namen der übrigen (überlebenden) Kontoinhaber. (2) *Konten, für die eine Vollmacht über den Tod hinaus erteilt ist*: Eine Anzeigepflicht besteht ebenfalls hinsichtlich solcher Konten des Erblassers, über die eine dritte Person aufgrund einer vom Erblasser (Vollmachtgeber) erteilten Vollmacht über den Tod hinaus bzw. für den Todesfall (postmortale Vollmacht) Verfügungsberechtigung besitzt (→Kontovollmacht). (3) *Konten mit Drittbegünstigung*: Eine Anzeigepflicht besteht auch, wenn der verstorbene Kontoinhaber durch →Vertrag zugunsten Dritter mit dem Kreditinstitut eine Vereinbarung getroffen hat, wonach ein Dritter im Zeitpunkt seines Todes Forderungsberechtigter werden soll. Die Anzeigepflicht ergibt sich daraus, daß dem Kontoinhaber ungeachtet der Drittbegünstigung zum Zeitpunkt seines Todes die Verfügungsmacht über die auf den Begünstigten übergegangenen Vermögenswerte zustand. (4) *→Gesamthandsgemeinschaften*: Das Kreditinstitut hat auch Vermögenswerte einer →Erbengemeinschaft oder BGB-Gesellschaft dem Finanzamt anzuzeigen, wenn ihm bekannt wird, daß der Verstorbene an der Erbengemeinschaft bzw. der Gesellschaft bürgerlichen Rechts beteiligt war. Die Meldepflicht ergibt sich aus dem amtlichen Formblatt zu § 5 ErbStDV, obwohl es sich hier um ein →Sondervermögen der Gemeinschaft handelt. Der Anzeigevordruck verlangt aber die Angabe von Gemeinschaftskonten bzw. →Gemeinschaftsdepots. Darunter fallen auch die Gesamt-

handskonten von Erbengemeinschaften und Gesellschaften bürgerlichen Rechts.
(5) → *Schließfächer*: Das Vorhandensein eines Schließfaches ist beim Tode des Kunden dem Finanzamt zu melden, wenn es sich im Mitverschluß des Kreditinstituts befindet.

Nichtanzeigepflichtige Vorgänge: (1) → *Anderkonten*: Die Anzeigepflicht trifft beim Ableben des Treugebers (Erblassers) wegen der auf einem Anderkonto befindlichen Guthaben des Treugebers den Treuhänder, also den Inhaber des Anderkontos. Er hat das Vermögen des Erblassers in Gewahrsam. Den Treuhänder trifft damit allein die erbsteuerliche Haftungsvorschrift des § 20 Abs. 6 ErbStG. Stirbt dagegen der Anderkontoinhaber, so hat das Kreditinstitut nur die Tatsache zu erwähnen, daß ein Anderkonto besteht, nicht dagegen die auf dem Anderkonto unterhaltenen Guthaben. Nach gegenteiliger Auffassung ist auch das Guthaben zu melden
(2) *Konten für* → *Personenhandelsgesellschaften*: Nach Auffassung der → Spitzenverbände der deutschen Kreditwirtschaft besteht keine Anzeigepflicht, wenn eine Personenhandelsgesellschaft (OHG, KG) Kontoinhaber ist und einer der (auch persönlich haftenden) Gesellschafter stirbt.
(3) *Konten mit Verfügungsberechtigung kraft gesetzlicher Vertretung bzw. Verwaltung*: Die Anzeige darf unterbleiben, wenn es sich um Vermögenswerte handelt, über die der Erblasser nur als Vertreter, Liquidator, Verwalter, → Testamentsvollstrecker oder Pfleger (→ Pflegschaft, → Betreuung) die Verfügungsmacht hatte (§ 5 Abs. 4 ErbStG).
Vgl. auch → Tod des Bankkunden.

Anzeigepflichten von Kreditinstituten,
→ Anzeigen der Kreditinstitute über personelle, finanzielle und gesellschaftsrechtliche Veränderungen, → Kreditanzeigen nach KWG.

AO
Abk. für → Abgabenordnung.

A/O
Abk. für Zinstermine (→ Kupontermin) „April/Oktober" bei → Zinsinstrumenten, d.h. Zinszahlung am 1. April und 1. Oktober.

APT
Abk. für → Automated Pit Trading.

Arabischer Währungsfonds
Arab Monetary Fund (AMF); Einrichtung im Rahmen der Arabischen Liga zur Förderung der → Wechselkursstabilität und Unterstützung der währungspolitischen Entwicklung im arabischen Raum.

Arbeitgeber
→ Natürliche oder → juristische Person, die mit einem → Arbeitnehmer einen → Arbeitsvertrag abschließt oder auch einen → Tarifvertrag mit einer → Gewerkschaft. Typisch für den A. ist das Direktionsrecht seinen Arbeitnehmern gegenüber.

Arbeitgeberdarlehen
Unentgeltliche oder verbilligte Überlassung eines → Darlehens vom → Arbeitgeber an den → Arbeitnehmer. Vom A. sind die Abschlagszahlung (Zahlung auf bereits verdienten, aber noch nicht abgerechneten Arbeitslohn) und der Vorschuß (Vorauszahlung auf künftig fällig werdenden Lohnanspruch) zu unterscheiden. Ein A. liegt immer dann vor, wenn der Arbeitgeber dem Arbeitnehmer einen die jeweilige Lohnzahlungen weit übersteigenden Betrag überläßt und der Arbeitnehmer diesen Betrag in Raten an den Arbeitgeber zurückzahlen muß. Die Abgrenzung zum Vorschuß ist in vielen Fällen schwierig. Entscheidend sind insbes. der Wille der Beteiligten sowie klare vertragliche Abmachungen über Verzinsung, → Tilgung und → Kündigung; die Bezeichnung dagegen ist unerheblich. Die Abgrenzung zum Vorschuß ist insbes. aus steuerlichen Gründen von Interesse: Ein echtes → Darlehen ist kein steuerbarer Zufluß. – Ein Zinsvorteil (ab 1993: Verzinsung geringer als 6 Prozent) ist steuerlich als geldwerter Vorteil zu behandeln.

Arbeitgeberverband der Deutschen Volksbanken und Raiffeisenbanken e.V.
Fachverband zur Vertretung der arbeitsrechtlichen und sozialpolitischen Interessen der → Kreditgenossenschaften als → Arbeitgeber mit Sitz in Bonn.

Arbeitgeberverband des privaten Bankgewerbes e.V.
Fachverband zur Vertretung der arbeitsrechtlichen und sozialpolitischen Interessen der → Arbeitgeber im Bereich der → Kredit-

Arbeitgeberverbände

banken mit Sitz in Köln. Der Mitgliedskreis umfaßt neben → Großbanken, → Regionalbanken und → Privatbankiers auch → private Hypothekenbanken, → private Bausparkassen und → Spezialbanken.
Der Arbeitgeberverband schließt als Tarifträger (Tarifvertragspartei) auf Bundesebene → Tarifverträge mit der → Deutschen Angestellten-Gewerkschaft (DAG) und der → Gewerkschaft Handel, Banken und Versicherungen (HBV) im Deutschen Gewerkschaftsbund und anderen → Gewerkschaften/Berufsverbänden ab. Der Arbeitgeberverband des privaten Bankgewerbes befindet sich dabei mit den → öffentlichen Banken und den → Kreditgenossenschaften in einer Tarifgemeinschaft.
Zu den weiteren Aufgaben des Verbandes gehören die Information und Beratung der Mitgliedsinstitute in arbeits-, tarif- und sozialversicherungsrechtlichen sowie allen sozialpolitischen Fragen, die Vertretung der Institute vor Arbeits- und Sozialgerichten in Grundsatzfragen, die Wahrnehmung der sozialpolitischen Belange des privaten Bankgewerbes gegenüber Regierungs- und Verwaltungsstellen, die Benennung von Vertretern des Bankgewerbes für die Arbeits- und Sozialgerichtsbarkeit sowie für die auf Bundesebene zuständigen Selbstverwaltungsorgane der Sozialversicherung (Bundesversicherungsanstalt für Angestellte, → Bundesanstalt für Arbeit, Verwaltungs-Berufsgenossenschaft).

Arbeitgeberverbände

Zusammenschluß mehrerer → Arbeitgeber zu Fachverbänden, die in arbeitsrechtlichen und sozialpolitischen Fragen die Interessen der Arbeitgeber wahrnehmen, insbesondere durch Abschluß von → Tarifverträgen (Tariffähigkeit) mit den → Gewerkschaften (→ Tarifautonomie), ihre Mitglieder beraten und vor Arbeits- und Sozialgerichten vertreten sowie Stellungnahmen in arbeitsrechtlichen und sozialpolitischen Fragen abgeben (z. B. → Arbeitgeberverband der privaten Bankgewerbes). Die Verbände (Landesarbeitgeberverbände, Fachspitzenverbände) sind in der Bundesvereinigung der deutschen Arbeitgeberverbände, Köln, zusammengeschlossen.
Die arbeitsrechtlichen und sozialpolitischen Interessen des → privaten Bankgewerbes werden durch den Arbeitgeberverband des privaten Bankgewerbes mit Sitz in Köln, die Interessen der → Kreditgenossenschaften durch den → Arbeitgeberverband der Deutschen Volksbanken und Raiffeisenbanken e. V. mit Sitz in Bonn vertreten. Weitere Verbände, die neben wirtschaftspolitischen Aufgaben auch sozialpolitische Aufgaben erfüllen, sind der → Verband der privaten Bausparkassen e. V., Bonn, der → Verband öffentlicher Banken e. V., Bonn. Die Interessen der → öffentlich-rechtlichen Sparkassen vertritt die Vereinigung der kommunalen Arbeitgeberverbände e. V., Köln.

Arbeitnehmer

Jede Person, die in einem Arbeitsverhältnis steht, d. h. unselbständige, fremdbestimmte Arbeit leistet. Der A. kann Angestellter oder Arbeiter sein oder sich in einer Berufsausbildung befinden (§ 5 Abs. 1 BetrVG).
Keine Arbeitnehmer sind die Mitglieder des Vertretungsorgans einer → juristischen Person (→ Vorstand, → Geschäftsführer) und die Mitglieder von Personengesamtheiten (OHG, KG, → Gesellschaft bürgerlichen Rechts u. a.).

Sonderstellung der leitenden Angestellten:
→ Leitende Angestellte nehmen in bestimmtem Umfang auch Arbeitgeberfunktionen wahr und haben damit eine arbeitgeberähnliche Stellung, ohne selbst → Arbeitgeber zu sein. Allerdings gebraucht der Gesetzgeber den Begriff des „leitenden Angestellten" nicht einheitlich. Nach § 14 Abs. 2 KSchG sind „Angestellte in leitender Stellung" Geschäftsführer, Betriebsleiter und solche Angestellte, die zur selbständigen Einstellung oder Entlassung von Arbeitnehmern berechtigt sind. Die besondere Behandlung dieses Personenkreises liegt darin, daß im Falle einer sozialwidrigen → Kündigung des Arbeitsverhältnisses seitens des Arbeitgebers ein vom Arbeitgeber gestellter Auflösungsantrag keiner Begründung bedarf. Nach § 5 Abs. 3 BetrVG ist der Kreis der leitenden Angestellten wesentlich größer: Einmal zählen hierzu diejenigen, die bereits nach dem KSchG Angestellte in leitender Stellung sind. Ferner sind leitende Angestellte im Sinne des BetrVG Angestellte mit → Generalvollmacht oder → Prokura sowie Angestellte, die im wesentlichen eigenverantwortliche Aufgaben wahrnehmen, die ihnen regelmäßig wegen deren Bedeutung für den Bestand und die Entwicklung des Unternehmens oder eines Betriebes im Hinblick auf besondere Erfahrungen und Kenntnisse übertragen werden. Entschei-

dend ist für diesen Personenkreis die Wahrnehmung spezifischer unternehmerischer Aufgaben oder Teilaufgaben.

Arbeitnehmer i. S. des VermBG: § 1 Abs. 2 5. VermBG (→ Vermögenswirksames Sparen).

Arbeitnehmer-Sparzulage nach dem Fünften Vermögensbildungsgesetz

Zulage, die der Staat an den → Arbeitnehmer im Rahmen des Fünften → Vermögensbildungsgesetzes für → vermögenswirksame Leistungen zahlt. Arbeitnehmer mit → Einkünften aus nichtselbständiger Arbeit haben für die nach § 2 Abs. 1 Nr. 1 bis 5, Abs. 2 bis Abs. 4 Fünftes VermBG angelegten vermögenswirksamen Leistungen bis zu einem begünstigten Höchstbetrag von 936 DM im Kalenderjahr Anspruch auf eine A.-S., wenn das → zu versteuernde Einkommen im Kalenderjahr der Anlage 27.000 DM (bei Zusammenveranlagung von Ehegatten 54.000 DM) nicht übersteigt. Für diese Anlageformen beträgt die A.-S. (seit Neufassung vom 4. 3. 1994 einheitlich) 10 Prozent. Die A.-S. gilt weder als steuerpflichtige Einnahme i. S. des EStG noch als → Einkommen, Verdienst oder Arbeitsentgelt i. S. der Sozialversicherung oder des Arbeitsförderungsgesetzes. Der Anspruch auf A.-S. ist nicht übertragbar. Der Anspruch entfällt mit Wirkung für die Vergangenheit, wenn die Anlagefristen nicht eingehalten werden. Die Verwaltung der A.-S. liegt bei den Finanzämtern. Sie wird aus dem Aufkommen der → Lohnsteuer bezahlt. Der Arbeitnehmer muß den Antrag auf die A.-S. spätestens bis zum Ablauf des zweiten Kalenderjahres nach dem Kalenderjahr stellen, in dem die vermögenswirksamen Leistungen angelegt worden sind. Dem Antrag ist grundsätzlich die → Lohnsteuerkarte mit vollständiger Lohnsteuerbescheinigung beizufügen. Das Finanzamt teilt die festgesetzte A.-S. mit. Für vermögenswirksame Leistungen, die vor dem 1. 1. 1990 angelegt wurden, gelten die damaligen Vorschriften weiter.

Arbeitnehmervertretung im Aufsichtsrat,

→ Aufsichtsrat, → Betriebsverfassungsgesetz, → Mitbestimmung.

Arbeitsdirektor

Nach dem Montan-Mitbestimmungsgesetz sowie nach dem Mitbestimmungsgesetz von 1976 (→ Mitbestimmung) zu bestellendes Mitglied des Vertretungsorgans (→ Vorstand, → Geschäftsführer) einer → Kapitalgesellschaft, das für die besondere Betreuung von Personal- und Sozialfragen zuständig ist (§ 33 Abs. 1 Satz 1 MitbestG; die Vorschrift gilt nicht für die → Kommanditgesellschaft auf Aktien). Im Gegensatz zum Montan-Mitbestimmungsgesetz kann der A. nach dem Mitbestimmungsgesetz von 1976 gegen die Stimmen der Arbeitnehmervertreter berufen und abberufen werden (§ 31 MitbestG).

Arbeitsgemeinschaft der Deutschen Wertpapierbörsen

Wahrnehmung aller überregionalen Angelegenheiten des deutschen Börsenwesens, insbes. die Interessenvertretung der deutschen → Börsen gegenüber in- und ausländischen Stellen und die überregionale Öffentlichkeitsarbeit. Sitz ist Frankfurt a. M.

Arbeitsgemeinschaft genossenschaftlicher Teilzahlungsbanken e. V.

Interessenvertretung, korporatives Mitglied im → Bankenfachverband e. V. Sitz ist Brühl.
(→ Verbände und Arbeitsgemeinschaften der Kreditwirtschaft)

Arbeitslosenquote

Kennziffer zur Messung der → Arbeitslosigkeit; prozentualer Anteil der registrierten Arbeitslosen an den abhängigen Erwerbspersonen. Ergänzend werden die gemeldeten offenen Stellen, Kurzarbeit und sonstige Formen verdeckter Arbeitslosigkeit zur Beurteilung des Grades der Vollbeschäftigung (→ gesamtwirtschaftliches Gleichgewicht) herangezogen.

Arbeitslosigkeit

A. liegt vor, wenn auf dem Arbeitsmarkt das Angebot von Arbeitsleistungen zu bestimmten Bedingungen oder Löhnen die Nachfrage nach Arbeitskräften übersteigt, für einen Teil der arbeitsfähigen und -willigen → Arbeitnehmer also keine (dauerhafte) Beschäftigungsmöglichkeit besteht. Dabei tritt neben (bei den Arbeitsämtern als solche) registrierter A. auch „verdeckte" A. auf, etwa bei Kurzarbeit, Beschäftigung in Arbeitsbeschaffungsmaßnahmen (ABM), Vorruhestand. Eine dritte Gruppe der A. bilden Personen, die sich nicht arbeitslos melden, aber auch ihre Absicht zur (unselbständigen) Erwerbstätigkeit nicht endgültig aufgeben wollen. Kennzif-

Arbeitsmarktpolitik

fer zur Messung der A. ist die →Arbeitslosenquote.

Ursachen und Formen der A.: (1) Friktionelle A. entsteht aus (kurzfristigen) zeitlichen Diskrepanzen zwischen der Beendigung von Beschäftigungsverhältnissen und Neueinstellung. (2) Saisonale A. resultiert aus jahreszeitlichen Produktions- oder Nachfrageschwankungen in bestimmten Regionen (z. B. bei Tourismus) oder Wirtschaftszweigen (etwa Baugewerbe, Landwirtschaft). (3) Lohnkosteninduzierte A. wird durch hohe Löhne hervorgerufen, die den Arbeitsmarkt verzerren, zu Unterbeschäftigung führen und ggf. in eine Substitution von Arbeit durch →Kapital münden („technologische" A.). (4) Konjunkturelle A. tritt als Folge eines konjunkturell bedingten Rückgangs der→gesamtwirtschaftlichen Nachfrage auf. Sie bildete in der Weltwirtschaftskrise der dreißiger Jahre ein schwerwiegendes Problem, tritt aber auch heute wieder auf (z. B. im Gefolge von Rationalisierungsmaßnahmen) und schlägt oft in strukturelle A. um. (5) Strukturelle A. trifft Beschäftigte solcher Branchen, die an wirtschaftlicher Bedeutung verlieren. Sie kann auch bei gesamtwirtschaftlich quantitativ ausreichender Arbeitskräftenachfrage auftreten, wenn die Art der Arbeitskräftenachfrage von der Art des Angebots abweicht. Ausprägungen sind regionale, berufliche bzw. qualifikationsspezifische, branchenmäßige, geschlechts- oder altersspezifische A., z. B. Frauen-, Jugend-A. (6) Seit den siebziger Jahren wird als weiterer Fall eine Wachstumsdefizit-A. erörtert. Sie entsteht infolge einer anhaltenden, nicht nur konjunkturell bedingten Verlangsamung des →Wirtschaftswachstums und wird (im Sinne des Konzepts einer →angebotsorientierten Wirtschaftspolitik) auf die Behinderung marktwirtschaftlicher Dynamik durch wenig profitable Produktionsbedingungen (z. B. hohe Belastungen durch →Steuern und andere →Abgaben, „bürokratische" Anforderungen seitens des Gesetzgebers und der Verwaltung) zurückgeführt. (7) Demographische A. liegt vor, wenn das Wirtschaftswachstum nicht ausreicht, um beim Auftreten geburtenstarker Jahrgänge Vollbeschäftigung zu sichern.

Der Bekämpfung und Eindämmung von A. dienen insbesondere vielfältige Maßnahmen der →Beschäftigungspolitik und der →Arbeitsmarktpolitik.

Arbeitsmarktpolitik

Maßnahmen der →Wirtschaftspolitik und der →Sozialpolitik mit dem Ziel, →Arbeitslosigkeit zu vermeiden. Ziel der A. ist es, einen hohen Beschäftigungsstand zu erzielen und aufrechtzuerhalten, also Vollbeschäftigung (→gesamtwirtschaftliches Gleichgewicht) herzustellen. Mit ihr soll die dauerhafte, den individuellen Neigungen und Fähigkeiten aller arbeitsfähigen und arbeitswilligen Personen entsprechende berufliche Betätigung zu bestmöglichen Beschäftigungsbedingungen ermöglicht und gesichert werden. Durch ständige Verbesserung der Beschäftigungsstruktur soll zugleich das →Wirtschaftswachstum gefördert werden. Enge Beziehungen bestehen zur →Beschäftigungspolitik sowie zur →Einkommenspolitik.

Aufgaben: (1) Optimierung von Menge, Struktur und Qualität des tatsächlichen und möglichen Potentials an Arbeitskräften, (2) bestmögliche Anpassung der verfügbaren Arbeitskräfte und Arbeitsplätze auf dem Arbeitsmarkt insgesamt wie auf seinen sektoralen, qualifikatorischen und gruppenspezifischen Teilmärkten, (3) möglichst umfassende und kontinuierliche Nutzung des Arbeitskräftepotentials zur Steigerung des individuellen und gesellschaftlichen Wohlergehens.

Träger und Instrumente: In der BRD ist außer dem Bundesgesetzgeber (Art. 74 Nr. 12 GG) und der Bundesregierung sowie den Tarifvertragsparteien (→Tarifautonomie) die →Bundesanstalt für Arbeit maßgeblicher Träger der A. Nach § 3 des Arbeitsförderungsgesetzes (AFG) 1969 obliegen ihr die Berufsberatung, die Arbeitsvermittlung, die Förderung der beruflichen Bildung (Aus- und Fortbildung, Umschulung), die Gewährung von berufsfördernden Leistungen zur Rehabilitation, von Leistungen zur Förderung der Arbeitsaufnahme und der Aufnahme einer selbständigen Tätigkeit, zur Schaffung bzw. Erhaltung von Arbeitsplätzen (Kurzarbeiter-, Schlechtwettergeld, produktive Winterbauförderung; Arbeitsbeschaffungsmaßnahmen [ABM]) sowie von Arbeitslosen- und Konkursausfallgeld. Ferner gewährt sie Arbeitslosenhilfe im Auftrag des Bundes, betreibt Arbeitsmarkt- und Berufsforschung und leistet Eingliederungshilfe für Spätaussiedler.

Arbeitsproduktivität
Verhältnis von erzeugter Gütermenge zu der dafür eingesetzten Menge des → Produktionsfaktors Arbeit. Die gesamtwirtschaftliche A. ist das reale Bruttoinlandsprodukt zu Marktpreisen (→ Sozialprodukt) je durchschnittlich Erwerbstätigen oder je Erwerbstätigenstunde (→ Produktivität). Die Kreditwirtschaft weist eine vergleichsweise hohe A. auf.

Arbeitsrecht
Recht der Arbeitsverhältnisse. Es ist teilweise → Privatrecht (z. B. → Arbeitsvertrag) und teilweise → öffentliches Recht (z. B. → Arbeitsschutz; → Betriebsverfassungsgesetz [BetrVG], Schwerbehindertenrecht, teilweise Tarifvertragsrecht). Rechtsstreitigkeiten auf dem Gebiet des A. unterliegen der besonderen Zuständigkeit der Arbeitsgerichte (§ 1 ArbGG).

Arbeitsschutz
Arbeitsrechtliche Vorschriften, die dem → Arbeitnehmer Schutz vor aus der Arbeit erwachsenden Gefahren geben. Hierbei bezieht sich der Gesetzgeber entweder auf bestimmte Arbeitnehmergruppen (z. B. Jugendliche, Mütter, Schwerbehinderte) oder alle Arbeitnehmer (z. B. Arbeitszeit, Gefahrenschutz). Die gesetzlichen Regelungen über den A. sind zwingendes Recht; sie können damit vertraglich nicht abbedungen werden, auch kann der einzelne auf sie nicht wirksam verzichten. Arbeitsschutzregelungen sind Schutzgesetze im Sinne von § 823 Abs. 2 BGB. Bei schuldhafter Verletzung des A. wird demzufolge ein Schadensersatzanspruch ausgelöst.

Arbeitsvertrag
Ein grundsätzlich formlos zwischen → Arbeitgeber und → Arbeitnehmer geschlossener → Vertrag, durch den sich der Arbeitnehmer zur Leistung abhängiger Arbeit und der Arbeitgeber zur Zahlung des Arbeitslohns verpflichtet. Rechtlich gesehen ist er ein Unterfall des → Dienstvertrages (§§ 611 ff. BGB). Er unterliegt den Vorschriften der §§ 611–630 BGB. Ein A. besonderer Art ist der Berufsausbildungsvertrag (§ 3 Abs. 2 BBiG). Auf den Inhalt des A. wirken sich ein bestehender → Tarifvertrag und eine → Betriebsvereinbarung aus. In → Kreditinstituten werden A. grundsätzlich schriftlich abgeschlossen (→ Schriftform) und einheitlich ausgestaltet. Sie regeln vor allem Beginn, Dauer und Art der Tätigkeit, Höhe der Vergütung, Sozialleistungen (einschließlich Urlaub), Kündigungsfristen (→ Kündigung, → Fristen).

Arbeitszeugnis
Schriftstück (→ Urkunde), das dem → Arbeitnehmer oder → Auszubildenden bereits nach der → Kündigung, nicht erst nach Beendigung des Arbeits- oder Berufsausbildungsverhältnisses auszuhändigen ist (§ 630 BGB, § 73 HGB, § 113 GewO, § 8 BBiG).

Arten des A.: Das einfache A. enthält lediglich Angaben zu Art und Dauer der Beschäftigung. Ein nur auf Verlangen des Arbeitnehmers zu fertigendes qualifiziertes A. befaßt sich zusätzlich mit Verhalten und Leistung der betreffenden Person. Dabei muß eine Gesamtdarstellung erfolgen; einmalige nachteilige Vorkommnisse oder Fehlleistungen sind nicht zu erwähnen. Was näher aufzuführen ist, bestimmt sich nach der Art der Tätigkeit (z. B. Ehrlichkeit des Kassierers, Verkaufserfolge des → Firmenkundenbetreuers, Führungsqualitäten des Filialleiters). Das A. soll eine wohlwollende, verständige Würdigung enthalten; sein Inhalt muß den Tatsachen entsprechen. Auf Erteilung und ggf. Berichtigung eines A. kann vor dem Arbeitsgericht geklagt werden.

Arbitrage
Geschäfte zur Ausnutzung von Preis- oder Kursunterschieden an Märkten zum selben Zeitpunkt (→ Arbitragehandel), z. B. an → Devisenmärkten (→ Devisenarbitrage) oder an → Wertpapiermärkten (Wertpapierarbitrage). Man unterscheidet zwischen → Ausgleichsarbitrage und → Differenzarbitrage. Bei → Zinsarbitragen werden Zinsdifferenzen zwischen verschiedenen → Geldmärkten genutzt. Arbitragegeschäfte sorgten in der Zeit des → Goldstandards dafür, daß sich der → Wechselkurs nicht wesentlich vom Paritätskurs (→ Parität) entfernte.
Unter A. wird aber auch private Schiedsgerichtsbarkeit („arbitration") verstanden. So gibt es für viele Rohstoffe als ständige Einrichtungen Qualitätsarbitragen.

Arbitrage auf Futures- und Optionsmärkten
Ziel von Arbitragegeschäften auf → Futures- und → Optionsmärkten ist die gewinnbringende Nutzung von Kursunterschieden zwi-

schen →Kassamarkt und →Terminmarkt oder zwischen zwei →Terminkontrakten durch den Aufbau gegenläufiger →Positionen.

Futures-Arbitrage: Zu einer →Arbitrage zwischen Kassa- und Futures-Markt kommt es, wenn ein →Future über oder unter seinem theoretischen Wert notiert, der sich aus dem aktuellen Marktwert des Kassawerts plus Finanzierungskosten minus Erträgen (→Dividende, →Zinsen) bis zum Fälligkeitstermin errechnet. Ist der Future überbewertet, also zu teuer, wird der Arbitrageur den →Kontrakt verkaufen und gleichzeitig den Titel am Kassamarkt erwerben. Seine Lieferverpflichtungen aus der Short-Futures-Position (→Short Position) erfüllt der Arbitrageur zum Fälligkeitstermin mit dem erworbenen Kassatitel. Ein Arbitragegewinn ist garantiert, wenn der Kassa-Kaufpreis plus Finanzierungskosten und →Stückzinsen niedriger ist als sein durch die Eröffnung der Futures-Position festgelegter Wiederverkaufspreis plus Stückzinsen. Liegt eine Unterbewertung des Future vor, kommt es zu einer Umkehrung der vorangegangenen Transaktionen, d. h. der Arbitrageur nimmt eine Leerverkaufsposition am Kassamarkt ein und erwirbt den Future. Zur Erzielung eines Arbitragegewinnes muß der Leerverkaufspreis plus Zinseinnahme aus der Anlage des Verkaufserlöses am →Geldmarkt über dem durch die Long-Futures-Position festgeschriebenen Kaufpreis liegen.

Der Futures-Arbitrage werden auch *Spread Trades* zugerechnet, bei denen Marktteilnehmer davon ausgehen, daß die Preise zweier Kontrakte nicht im richtigen Verhältnis zueinander stehen und sich der →Spread zwischen beiden in nächster Zukunft erweitern oder verengen wird. Spread Trades können auf zwei unterschiedlichen, aber korrelierenden Futures, auf zwei Liefermonaten ein und desselben Future oder auf zwei identischen Kontrakten basieren, die jedoch an verschiedenen Börsen gehandelt werden (→Futures, Einsatzmöglichkeiten).

Der Arbitragegrundsatz, Preisanomalien zwischen Märkten durch gegenläufige Positionen, d. h. durch den Kauf des billigen und Verkauf des teuren Kontraktes, zu nutzen, wird auch an den Optionsmärkten praktiziert (→Option). Ein Marktteilnehmer, der einen →Call oder →Put für unterbewertet hält, wird diesen in der Hoffnung kaufen, daß er ihn nach einer Preiskorrektur mit einem entsprechenden Wertzuwachs wieder verkaufen kann. Erscheint ihm die Option zu teuer, wird er sie verkaufen, um sie später auf einem niedrigeren Preisniveau zurückzukaufen. Ob eine Option über- oder unterbewertet ist, ergibt sich aus dem Vergleich zwischen der aktuellen Bewertung am Markt und ihrem theoretischen Wert (→Optionen (aus Optionsgeschäften), Optionspreisbildung). Fehlbewertungen von Optionen liegen ferner vor, wenn eine Option unter ihrem →inneren Wert gehandelt wird, d. h., wenn beispielsweise bei einem Call die Summe aus →Basispreis und Optionspreis unter dem aktuellen Kassakurs liegt.

Störungen des korrekten Gleichgewichtes zwischen Kassa- und Optionsmärkten lassen sich ferner durch einen Vergleich von Kassapositionen mit sog. synthetischen Positionen feststellen und nutzen. Diese Positionen basieren auf Optionskombinationen (→kombinierte Optionsstrategien) und replizieren Engagements an den Kassamärkten. So ergeben der Kauf eines Call und der Verkauf eines Put mit identischen Ausstattungsmerkmalen eine Position, die in ihrem Gewinn- und Verlustprofil dem Kauf des entsprechenden →Basiswertes am Kassamarkt entspricht. Die Arbitrage auf der Basis gegenläufiger Positionen setzt ein, sobald die Preise des echten und des synthetischen Basiswertes voneinander abweichen.

Arbitragehandel
Handelstätigkeit, die den Preisunterschied eines Gutes (→Wertpapier, →Geldkapital, →Devisen, Gold, →Waren) an verschiedenen Marktplätzen auszunutzen versucht, indem (im Gegensatz zur Spekulation, die zeitliche Preisunterschiede auszunutzen versucht) gleichzeitig am Platz der niedrigeren Preise gekauft und am Platz der höheren Preise verkauft wird. Nach der Art des gehandelten Gutes unterscheidet man zwischen Effektenarbitrage bei Wertpapieren, →Zinsarbitrage bei Geldkapital, →Devisenarbitrage bei Währungsbeträgen, Goldarbitrage bei Gold und Warenarbitrage bei anderen börsen- oder marktgängigen Gütern. Das Arbitragegeschäft basiert auf schneller Nachrichtenübermittlung. Es enthält im Vergleich zur Spekulation (→Spekulationsgewinn) geringere Risiken.

Arbitragestrategie

Ausgleichsarbitrage zwischen Kassa- und mittel- und langfristigen Zinsfutures

Cash & Carry-Arbitrage	Reverse Cash & Carry-Arbitrage
– Long Cheapest-to-Delivery (CTD)	– Short Cheapest-to-Delivery (CTD)
– Short Future	– Long Future
Future ist im Vergleich zur CTD zu teuer	Future ist im Vergleich zur CTD zu billig
Implied Repo Rate > Repo Rate	Implied Repo Rate < Repo Rate

Arbitragestrategien mit Asset-Swaps

Long Straight Bond	Long Floating Rate Note
+ Zahler des Festsatzes (Long Swap)	+ Empfänger des Festsatzes (Short Swap)
= Long synthetische Floating Rate Note (FRN)	= Long synthetischer Straight Bond
Verzinsung: > Referenzzinssatz am Kassamarkt	Verzinsung: > Zinssatz eines Straight Bonds am Kassamarkt

Arbitragestrategie
Strategie mit Kassapapieren, → Optionen, → Finanzterminkontrakten, → Forwards bzw. → Financial Swaps, um → Gewinne durch die Ausnutzung von Kursunterschieden zu erzielen.

1. *A. mit mittel- und langfristigen Zinsfutures*: Ausnutzen von Kursungleichgewichten zwischen der Cheapest-to-Delivery (→ CTD-Anleihe) und den entsprechenden mittel- und langfristigen Zinsfutures-Kontrakten. Man unterscheidet zwischen der → Cash & Carry-Arbitrage und → Reverse Cash & Carry-Arbitrage. Vgl. Abbildung „Ausgleichsarbitrage zwischen Kassa- und → mittel- bzw. langfristigen Zinsfutures".
(→ Basis Trading)

2. *A. mit Asset Swaps*: → Asset-Swaps können eingesetzt werden, um den laufenden Ertrag eines Bond-Portfolios (→ Bond, → Portfolio) zu erhöhen, indem Zusatzerträge erzielt werden. Der Anleger versucht beispielsweise, mit → Zinsswaps ein bestehendes Arbitragepotential auszuschöpfen. Ziel ist es, bestehende Kursungleichgewichte auszunutzen. Asset-Swaps werden in A. eingesetzt, um (1) aus → Straight Bonds synthetische → Floating Rate Notes oder (2) aus Floating Rate Notes synthetische Straight Bonds herzustellen.

Man unterscheidet zwischen → Ausgleichsarbitrage und → Differenzarbitrage. → Tradingstrategien, → Hedgingstrategien.
(→ Liability Swaps)

Arithmetisches Mittel
Durchschnittswert, angewendet zur statistischen Ermittlung eines → Lageparameters bzw. Mittelwertes. Das a. M. kann man zum einen ungewichtet, zum anderen gewichtet ermitteln (vgl. → gewichtetes arithmetisches Mittel). – Das (ungewichtete) a. M. ist die Summe der → Merkmalswerte x_i, mit $x_i = x_1, x_2, \ldots x_n$, dividiert durch die Anzahl der Einzelwerte n. Im Gegensatz zum → geometrischen Mittel erfolgt die Mittelwertbildung also additiv. Das a. M. hat die Eigenschaft, daß die Summe der Abweichungen der einzelnen Merkmalswerte vom a. M. gleich Null ist.

Arms Ease of Movement
Indikator der → technischen Analyse, der zeigt, mit welcher Leichtigkeit bzw. mit welcher Mühe sich die Preise nach oben oder nach unten bewegen. Basis des A. E. o. M. ist das Volumen (→ Umsatz). Erfinder des A. E. o. M. ist → Arms.
(→ Technische Studie)

Arms, Richard
Erfinder und Namensgeber des → Arms Ease of Movement.

ARO
Abk. für → Average Rate Option.

Arrest
Besonderes Sicherungsmittel des → Gläubigers einer Geldforderung, der noch keinen → Vollstreckungstitel besitzt. Der Gläubiger kann die gerichtliche Anordnung des A. beantragen, wenn er eine Arrestforderung (Geldforderung) und einen Arrestgrund (Befürchtung der Vereitelung oder wesentlichen Erschwerung der → Zwangsvollstreckung) glaubhaft machen kann (§§ 916 ff. ZPO). Verschlechterte Vermögenslage des → Schuldners ist kein Arrestgrund, wohl aber Verschleuderung oder Verschwendung des → Vermögens oder Vermögenstransfer ins Ausland. Zu unterscheiden sind der dingliche (Zugriff auf das Vermögen) und der persönliche A. (Zugriff auf den Schuldner). Der dingliche A. wird durch einen vollstreckbaren Arrestbefehl nach den allgemeinen Grundsätzen der Zwangsvollstreckung vollzogen; es erfolgt aber wegen des reinen Sicherungscharakters keine → Verwertung (§§ 928 ff. ZPO). Erstreckt sich der A. auf das bewegliche Vermögen des Schuldners, entsteht ein → Pfandrecht des Gläubigers (Arrestpfand), das sich nach erfolgreichem Abschluß des Hauptverfahrens in ein → Pfändungspfandrecht umwandelt. Bezieht sich der A. auf ein → Grundstück, so wird auf Antrag des Gläubigers eine → Arresthypothek als → Sicherungshypothek im Grundbuch eingetragen; sie unterliegt den Vorschriften über die → Zwangshypothek. Die Vollziehung des persönlichen A. erfolgt durch die Auferlegung einer Meldepflicht, im Extremfall durch Inhaftnahme mit Hilfe des Gerichtsvollziehers (§ 933, §§ 904 ff. ZPO).

Arresthypothek
→ Sicherungshypothek, durch die sich der → Gläubiger im Wege des → Arrestes gegenüber dem → Schuldner eine vorläufige Sicherheit verschafft, indem er die Eintragung der → Hypothek durch das → Grundbuchamt mittels Arrestbefehls erwirkt (§ 932 ZPO).
Wird seinem Anspruch im Hauptverfahren stattgegeben, so wandelt sich die A. rangwahrend (→ Rang von Grundstücksrechten) in eine → Zwangshypothek um.

Artvollmacht, → Handlungsvollmacht, → Vollmacht.

Asian Development Bank, → Asiatische Entwicklungsbank.

Asian-Euro-Markt
Asiatischer Teil des → Euro-Marktes mit den Zentren Tokyo, Singapur und Hongkong.

Asian-Option, → Average Rate-Option.

Asiatische Entwicklungsbank
1965/1966 gegründete internationale → Entwicklungsbank mit dem Auftrag, die wirtschaftliche Entwicklung und die Zusammenarbeit in Asien und dem Fernen Osten zu fördern und insbes. zur Beschleunigung des wirtschaftlichen Wachstums der in dieser Region gelegenen, in der Entwicklung befindlichen Mitglieder beizutragen. Sitz ist Manila (→ Internationale Entwicklungsbanken mit regionalem Tätigkeitsbereich). Für privatwirtschaftliche Geschäfte bedient sich die A. E. der 1990 errichteten „Asian Finance and Investment Corporation", an der sie 30 Prozent des Kapitals hält. Ihr wichtigster Sonderfonds, der „Asian Development Fund", vergibt seit 1974 → Kredite zu Vorzugsbedingungen an besonders bedürftige regionale Mitgliedsländer.

Asiatischer Warrant, → Average Rate-Option.

Ask
Briefkurs; → Preis, zu dem ein Verkäufer bereit ist, ein Finanzinstrument (z. B. → Aktie, → festverzinsliches Papier) zu verkaufen.
Gegensatz: → Bid.

ASM
Abk. für → Adjusted Simple Margin.

Assessment-Center (AC)
Im Rahmen der → Personalentwicklung bei der Eignungsuntersuchung potentieller → Führungskräfte zunehmend eingesetztes psychologisches Testverfahren zur Feststellung des Entwicklungspotentials und Prognose des wahrscheinlichen Erfolges der Untersuchten als Führungskraft. Bewerber werden über mehrere Tage hinweg zumeist in Gruppen in verschiedenen praxisbezogenen Leistungssituationen von speziell geschulten Beurteilern (Führungskräfte und Personalfachleute der Bank) begutachtet. Zum Programm eines AC gehören u. a. Präsentationsübungen, Gruppenübungen, Übungen zur Arbeitstechnik (z. B. Postkorbübung), rhetorische Übungen sowie die Beobachtung des gruppendynamischen Verhal-

tens der Probanden. Aus den Ergebnissen der Übungen werden dann durch das Beurteilerteam Rückschlüsse auf intellektuelle, kommunikative und kooperative Fähigkeiten sowie das → Führungsverhalten gezogen.

Asset

Aktivum; Anlageform an den → Geldmärkten, → Kapitalmärkten, Immobilien- und Rohstoffmärkten, aber auch sonstigen Märkten (z. B. Kunst- und Antiquitätenmarkt).
(→ Asset Allocation, → Assetklassen)

Asset Allocation

Bei der Steuerung und Verwaltung eines → Vermögens bzw. eines Fonds (z. B. Publikumsfonds, → Spezialfonds) ist die Aufteilung des zur Verfügung stehenden → Kapitals auf die verschiedenen Märkte bzw. Marktsegmente und → Währungen von ausschlaggebender Bedeutung für den Erfolg. Für die Ermittlung dieser Aufteilung ist aus Sicht eines Investors eine Vorgehensweise wünschenswert, die folgende Eigenschaften aufweist: eine logische Systematik; nachvollziehbare Entscheidungskriterien (keine „Black-Box"); Einbeziehung der Restriktionen und Präferenzen des Investors. Ein Ansatz, der diese Anforderungen erfüllt, wird als A. A. bezeichnet. Dieser Begriff wird allerdings nicht immer einheitlich definiert und verwendet. Im folgenden wird mit dem Begriff A. A. ein Prozeß bezeichnet, der mit quantitativen (statistischen) Methoden die Aufteilung eines Vermögens auf unterschiedliche Investitionsobjekte optimiert.
Die klassische A. A. beruht auf der von → Markowitz entwickelten Theorie der → Portfolio-Selection und wird in der Praxis am häufigsten verwendet. Da auch andere Ansätze der A. A. oft lediglich Weiterentwicklungen oder Modifikationen der klassischen A. A. sind, beschränken sich die weiteren Ausführungen auf diese klassische A. A.

Grundprinzipien: 1. Ermittlung der → Periodenrenditen (Returns): Bei der Bewertung von unterschiedlichen → Assetklassen steht zunächst der zu erwartende → Ertrag im Vordergrund. Da es sich dabei um zukünftige Erträge handelt, sind diese mehr oder minder mit Unsicherheiten behaftet. Eine Ausnahme bilden kurzfristige → Zinsinstrumente, die keinen → zinsinduzierten Kursrisiken unterliegen und deren Ertrag, d. h. Zinssatz, bekannt ist. Für alle anderen Assetklassen müssen daher die zukünftigen Erträge geschätzt werden.

a) Vorgehensweisen: (1) *Extrapolation von historischen Erträgen in die Zukunft*: Dabei wird unterstellt, daß sich der durchschnittliche Return einer Anlagealternative in der Vergangenheit in der Zukunft im Durchschnitt wieder erreichen läßt. Diese Vorgehensweise ist nur sinnvoll, wenn der Investitionshorizont weit in der Zukunft liegt, da nur dann die Möglichkeit besteht, daß sich über- und unterdurchschnittliche Returns ausgleichen. Daher wird diese Methode vorwiegend in der strategischen A. A. verwendet, die sich mit der grundsätzlichen und langfristigen Aufteilung des Vermögens auf verschiedene Assetklassen beschäftigt. (2) *Einsatz von Research-Abteilungen*: Diese werten die zur Verfügung stehenden quantitativen und qualitativen Informationen aus und gelangen aufgrund von unterstellten Kausalzusammenhängen zu dezidierten Ertragsschätzungen. Hierbei besteht insgesamt eine Tendenz zur Verwendung quantitativer Methoden, wie z. B. ökonometrische Modelle oder multivariate Methoden (z. B. die Faktorenanalyse). Daneben besteht die Möglichkeit, verschiedene Szenarien zu entwickeln, die mit Wahrscheinlichkeiten belegt werden und aus denen statistische Erwartungswerte gebildet werden können. Da die Prognosegüte mit zunehmendem Prognosezeitraum sehr schnell abnimmt, wird diese Art der Ertragsschätzung eher in der kurz- bis mittelfristig orientierten taktischen A. A. herangezogen.

b) Neben den Ertragsschätzungen ist gleichzeitig eine Erwartung für den Kursverlauf eines → Assets und eine regelmäßige Adjustierung der Ertragsschätzungen notwendig, da sonst in der praktischen Umsetzung im Rahmen eines → Portfolio-Managements folgende *Probleme* auftreten: (1) Entspricht der Kursverlauf nicht den Erwartungen und bleiben gleichzeitig die Ertragsschätzungen konstant, verschiebt sich die relative Attraktivität der Assets. Bei z. B. fallenden Kursen eines Assets steigt dessen Attraktivität immer weiter an, so daß der Anteil dieses Assets im → Portfolio tendenziell zunehmen würde. Zur Vermeidung von Fehlentwicklungen sind daher regelmäßige Adjustierungen der Ertragsschätzungen notwendig. (2) In der Praxis bestehen für Portfolio Manager Verlust-Limite, bei deren Erreichen Investitionen aufzulösen sind. Eine Fehleinschätzung des Kursverlaufes könnte daher eine solche Positionsauflösung zur Folge haben, auch wenn sich im nachhinein die Ertragsschätzung als richtig erweisen sollte. (3) Existiert für den →Planungshorizont eine risikolose Anlagealternative, werden die Ertragsschätzungen i.d.R. um den Return der sicheren Anlage bereinigt. So würde z.B. bei einem Anlagehorizont von sechs Monaten der Return des 6-Monatsgeldes von dem erwarteten Ertrag einer anderen Finanzanlage abgezogen werden. Der verbleibende Ertrag, der Excess Return, ist dann der maßgebliche Return.

2. *Risikomessung*: Schon bei der Betrachtung des Excess Returns wird das Risiko einer Anlage indirekt mit einbezogen, denn ein negativer Excess Return bedeutet, daß eine risikobehaftete Anlage einen geringeren Return erwarten läßt als eine risikofreie Anlage. Für einen risikoaversen Investor kommt damit eine solche Anlage zunächst einmal nicht in Betracht. Obwohl die Risiken, die bei einer Investition in →Finanzanlagen auftreten können, sehr unterschiedlich sind, können sie in zwei Kategorien eingeteilt werden. Zum einen besteht das generelle →Marktrisiko (→systematisches Risiko), also z.B. bei einem Zinsinstrument das →Zinsänderungsrisiko. Zum anderen gibt es das →unsystematische Risiko einer ganz bestimmten Anlage, dies könnte z.B. bei Euro-Bonds das →Bonitätsrisiko sein. Für die Verwendung der Variablen Risiko in der A.A. ist die Quantifizierung dieses Begriffs notwendig. Allgemein üblich ist die Verwendung der →Standardabweichung bzw. →Varianz der Periodenerträge einer Finanzanlage als Risikomaß. Die Standardabweichung ist folgendermaßen definiert:

$$S = \sqrt{1/(n-1) \cdot \sum_{i=1}^{n}(x_i - x_D)} = \sqrt{\text{Varianz}}$$

wobei:
x_i = Return von Asset
x_D = Durchschnittlicher Return
n = Anzahl der Beobachtungen.

In der praktischen Anwendung bereitet die Berechnung der Standardabweichung des Returns i.d.R. keine Probleme, wohl aber die Wahl des Beobachtungszeitraumes. Für die Festlegung dieses Zeitraumes existieret keine allgemein gültige Regel, sie unterliegt vielmehr der subjektiven Einschätzung des Analysten. In der Praxis wird oft ein Beobachtungszeitraum von 60 Monaten für einen Anlagehorizont von 3–6 Monaten gewählt.

Unterstellt man eine →Normalverteilung der Returns, dann sagt die Standardabweichung aus, daß sich in 66% der Fälle der Return in dem Intervall $X_D - S$; $X_D + S$ befindet.

3. *Korrelation*: Die Schätzungen zukünftiger Periodenrenditen sind mit Unsicherheiten behaftet. Deshalb wird nicht nur in eine Assetklasse investiert, auch dann nicht, wenn diese die höchste Ertragserwartung aufweist. Stattdesssen wird versucht, diese Unsicherheit durch →Diversifikation zu reduzieren. Die für eine Diversifikation notwendige Kennzahl ist die →Korrelation der Returns verschiedener Assets. Aufgrund des starken Zinszusammenhanges würde beispielsweise eine Diversifikation in niederländische und deutsche →Staatsanleihen keinen Sinn ergeben. Der Zusammenhang zwischen zwei Assets wird durch den Korrelationskoeffizienten gemessen. Dieser Koeffizient ist normiert auf Werte zwischen -1 und +1, wobei ein Wert von -1 eine exakt gegenläufige und ein Wert von +1 eine exakt gleichläufige Entwicklung des Returns zweier Assets zum Ausdruck bringt.

Der Portfolio Return ergibt sich aus:

$$R_p = \sum_i W_i R_i$$

wobei:
R_p = Portfolio Return
W_i = Anteil des Assets i im Portfolio
R_i = Return des Assets i.

Das bedeutet, daß sich der Portfolio Return aus der mit den Anteilen gewichteten Summe der Einzelreturns ergibt.

Die Berechnung der Portfoliovarianz (Varianz der Portfolio-Rendite) bzw. -standardabweichung ergibt sich aus:

$$V_p = \sum_{i=1}^{n} W_i^2 S_i^2 + \sum_{i=1}^{n}\sum_{j=1}^{n} W_i W_j S_i S_j K_{i,j}$$

wobei:
V_p = Portfoliovarianz
S_i = Standardabweichung des Returns des Assets i
S_j = Standardabweichung des Returns des Assets j
$K_{i,j}$ = Korrelationskoeffizient des Returns von Asset i mit dem Return von Asset j.

Die Portfoliostandardabweichung (S_p) ergibt sich aus:

$$S_p = \sqrt{V_p}.$$

Vor diesem Hintergrund wird die ausschlaggebende Bedeutung der Korrelation für die Portfoliovarianz deutlich, da z. B. bei einem Korrelationskoeffizienten von 0 zwischen zwei Asset-Returns auch der zweite Term bei der Berechnung von V_p 0 wird.

4. Effiziente Linie: Mit Hilfe der Standardabweichung, des Returns und der Korrelation kann nun für jede denkbare Portfoliozusammensetzung der Portfolio-Return und das entsprechende Portfolio-Risiko berechnet werden. Von diesen Werten sind nur jene von Interesse, die optimal sind. Diese Optimaleigenschaft besitzen nur diejenigen Portfolios, die bei einem gegebenen Risiko den höchsten Return bzw. bei einem gegebenen Return das niedrigste Risiko aufweisen. Das Portfolio A in der Abbildung „Asset Allocation – Effiziente Linie" weist diese Optimalität auf, da kein Portfolio existiert, das bei gleichem Risiko einen höheren Return aufweist. Die Verbindungslinie aller optimalen Portfolios wird Effiziente Linie genannt. Alle Portfolios unter dieser Linie werden von den Portfolios auf der Linie dominiert, da aufgrund eines rationalen Kalküls nie ein Portfolio unter der Linie ausgewählt werden würde. Alle Portfolios auf der Linie dagegen sind gleichermaßen effizient, so daß eine Entscheidung für oder gegen ein Portfolio nur von der individuellen Risikopräferenz des Investors abhängt.

Theoretisch wird das Problem der Entscheidung für ein bestimmtes Portfolio und damit für eine bestimmte Risiko/Return Konstellation durch die Verwendung konvexer Indifferenz- bzw. Isonutzenkurven gelöst. Es wird das Portfolio gewählt, das im Tangentialpunkt von effizienter Linie und höchster Isonutzenkurve liegt. In der praktischen Arbeit hat dieses Konzept in Ermangelung von Isonutzenkurven wenig Relevanz. Statt dessen bedient man sich bei der Wahl eines Portfolios auf der effizienten Linie einer Idee aus der Kapitalmarkttheorie.

5. Kapitalmarktlinie: Ein Ansatz der Kapitalmarkttheorie, der auf das → Capital Asset Pricing Model (CAPM) zurückgeht, bezieht neben der Existenz von risikobehafteten Anlagen eine sichere, also risikolose Anlage mit in die Analyse ein. Diese risikolose Anlage entspricht in der Realität einem Geldmarktsatz. Innerhalb des CAPM wird nun unterstellt, daß jeder Investor zu diesem Geldmarktsatz entweder Geld anlegen oder Kredit aufnehmen kann. Dadurch können auch Portfolios über der effizienten Linie erreicht werden, indem Mischungen zwischen dem Portfolio M und der risikolosen Anlage R_F vorgenommen werden. Das Portfolio M wird innerhalb des CAPM als das Marktportfolio bezeichnet. Die Kapitalmarktlinie ergibt sich aus der Verbindungslinie zwischen R_F und M. Portfolios links von M auf dieser Linie werden durch gemischte Anlagen im Marktportfolio und in der risikolosen Anlage erreicht. Portfolios rechts von M werden erreicht, indem zusätzlich zu dem bereits im Marktportfolio investierten Kapital ein Kredit zu R_F aufgenommen wird und der Kredit ebenfalls in das Marktportfolio investiert wird. Die Steigung der Kapitalmarktlinie ergibt sich aus

$$(R_M - R_F)/S_M$$

Dieser Quotient gibt an, um wieviel der Return steigt, wenn sich das Risiko um 1 Einheit erhöht. Von daher bezeichnet man diesen Quotienten auch als Marktpreis für Risiko. Soll die Investition nun nur in risikobehaftete Assets erfolgen, sollte daraus auch eine Risikoprämie resultieren, und zwar in Höhe ihres Marktpreises. Daher ist ein Ansatz zur Auswahl eines Portfolios auf der effizienten Linie, das Portfolio auszuwählen, das im Tangentialpunkt der Kapitalmarktlinie und der effizienten Linie liegt.

Im Rahmen dieser kapitalmarkttheoretischen Betrachtungen wird zum einen versucht, einen theoretischen Preis eines → Wertpapieres abzuleiten (das eigentliche Capital Asset Pricing Model) und zum anderen das Risiko eines Wertpapieres zu relativieren. Das Risiko wird nicht mehr wie oben beschrieben absolut als Standardabweichung des Returns definiert, sondern relativ zum Marktrisiko betrachtet. Dieses Risiko, i. d. R. → Beta genannt, weist einen

Asset Allocation – Effiziente Linie

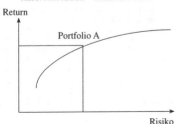

Asset Allocation – Effiziente Linie und Kapitalmarktlinie

Wert von 1 auf, wenn die Returns des Wertpapieres sich völlig gleich zu denen des Marktportfolios entwickeln. Werte über 1 (unter 1) bedeuten, daß sich die Returns des einzelnen Assets überproportional (unterproportional) zum Marktreturn verhalten. Berechnet wird das Beta nach

$$b_i = K_{i,M} \cdot S_i / S_M$$

wobei:
b_i = Beta des Wertpapieres i
$K_{i,M}$ = Korrelation zwischen Marktportfolio M und Asset i
S_i = Standardabweichung der Returns von Asset i
S_M = Standardabweichung der Returns des Marktportfolios M.

Das Beta spielt in der praktischen Arbeit eine besondere Rolle, da die meisten Portfolio Manager sich mit einem vom Investor vorgegebenen →Benchmark konfrontiert sehen, dessen Return erreicht werden soll. I.d.R. führt das dazu, daß die grundlegende Struktur des Benchmarks im Portfolio nachgebildet wird, um so einen hohen Prozentsatz des Benchmark Returns zu sichern. Da oft eine Überperformance des Benchmarks erreicht werden soll, wird dann die kurzfristige Erwartung für einzelne Märkte in eine Beta Positionierung transformiert. Das heißt, daß ein Beta von über 1 in einem Teilportfolio angestebt wird, wenn ein freundlicher Markt erwartet wird, bzw. unter 1, wenn eine negative Markterwartung besteht.

Bewertung der klassischen quantitativen A.A.: Eine wichtige theoretische Voraussetzung dieses Ansatzes ist die Annahme der Normalverteilung der Returns von Wertpapieren. Diese Annahme ist äußerst umstritten. Eine Normalverteilung der Returns ist allerdings um so wahrscheinlicher, desto länger der betrachtete Zeitraum ist. In diesem Zusammenhang ist auch die Unterstellung, daß die Returns von Wertpapieren einem stochastischen Prozeß folgen, also Zufallsvariablen im statistischen Sinne darstellen, zweifelhaft. Darüber hinaus steht diese Betrachtungsweise diametral zu der Praxis der Wertpapieranalyse, die durch technische und/oder fundamentale Überlegungen zukünftige Kurse und Returns schätzt. Eine weitere Problematik ergibt sich aus der Verwendung von historischen Standardabweichungen als Risikomaß und den darauf aufbauenden Korrelationsmatrizen. Die Extrapolation dieser historischen Werte in die Zukunft ist oft fehlerhaft, gleichzeitig muß aber auch betont werden, daß eine individuelle Schätzung dieser Werte extrem schwierig und die Prognosegüte nicht unbedingt höher ist. In der Praxis besteht zudem oft eine asymetrische Bewertung von Verlusten und entgangenen Gewinnen, während die Standardabweichung jede Abweichung von einem Erwartungswert sowohl nach oben als auch nach unten als Risiko ausweist. Modifikationen der klassischen A. A. benutzen daher oft andere Risikomaße, die diesen Kritikpunkten Rechnung tragen.

Einsatz der A.A. im Bond Portfolio Management: Die A.A. ist ursprünglich für →Aktien entwickelt worden und muß für den Einsatz im Bond Portfolio Management modifiziert werden. Diese Modifikationen resultieren zum einen aus den unterschiedlichen Charakteristika von Zinsinstrumenten im Vergleich zu Aktien und zum anderen aus den sich daraus ergebenden unterschiedlichen Investmentstrategien im Bereich des Bond Portfolio Management.

1. *Unterschiede zwischen Aktien und Zinsinstrumenten*: Mit der Kategorie Zinsinstrumente sind im folgenden →Straight Bonds gemeint, also →festverzinsliche Wertpapiere, die eine feste →Laufzeit, einen festen →Kupon und eine →Rückzahlung zum Nennwert aufweisen.

Die im Gegensatz zu Aktien begrenzte Laufzeit von Zinsinstrumenten und deren i. d. R. sichere und gleichmäßige Zahlungen sind die Hauptursache für die unterschiedlichen Investmentstrategien, auf die im nächsten Abschnitt eingegangen wird. Darüber hinaus unterscheiden sich Aktien und Zinsinstrumente sehr stark hinsichtlich der →Kurssensibilität und der Aussagekraft von historischen Daten bei Einzelwerten. Die

Kurssensibilität von Aktien gegenüber Änderungen des Marktes (Beta) schwankt und ist nicht immer vorhersehbar. Bei Bonds dagegen kann die Kurssensitivität durch die Verwendung der → Modified Duration approximiert werden. Da z. B. bei Staatsanleihen neben dem Marktrisiko (→ Zinsänderungsrisiko) keine anderen Risiken vorhanden sind, kann durch diese Approximation sogar die gesamte Preisveränderung bei einer bestimmten Zinsänderung angegeben werden (→ Marktrisikofaktoren-Analyse). Sind dagegen neben der Zinsentwicklung noch weitere kursbestimmende Faktoren vorhanden (z. B. geringe → Liquidität, hohes → Bonitätsrisiko des → Emittenten), kann durch die Modified Duration nur noch die theoretische Sensitivität der Anleihe bezüglich Zinsänderungen angegeben werden.

Eine große Problematik ergibt sich bei der A. A. im Bond-Bereich, wenn auf der Ebene der einzelnen Papiere historische Daten herangezogen werden sollen. Diese sind, falls überhaupt vorhanden, für eine Extrapolation äußerst ungeeignet, da aufgrund der ständigen Laufzeitverkürzung die historischen Werte einerseits verzerrt sind und andererseits die Kurssensibilität in der Zukunft tendenziell überschätzt wird. Diese Problematik kann zum Teil mit Hilfe der Modified Duration und einem Marktindex gelöst werden, worauf im folgenden noch eingegangen wird.

2. *Unterschiede in den Investmentstrategien*: Im Bond Portfolio Management werden häufig folgende Investmentstrategien verfolgt, wobei es im einzelnen auch zu Mischungen oder Modifikationen kommen kann: a) → Buy and Hold-Strategie; b) → Immunisierungsstrategien; c) Indexierungsstrategien; d) Strategien zur Return-Maximierung. Je nach Art der gewählten Strategie unterscheidet sich die Zielsetzung und damit auch die zu optimierende Zielfunktion innerhalb der A.A.

a) *Buy and Hold-Strategie*: Bei dieser Strategie wird ein Bond mit einer Laufzeit, die dem → Planungshorizont entspricht, gekauft und bis zu seiner Endfälligkeit gehalten. Diese Strategie beinhaltet zum einen das Bonitätsrisiko des Emittenten, das aber durch die Wahl eines erstklassigen Emittenten minimiert werden kann, und zum anderen das → Wiederanlagerisiko des Kupons. Damit die → Rendite auch tatsächlich erwirtschaftet werden kann, muß die Rendite der Kuponwiederanlage der Kaufrendite entsprechen. Ist der Wiederanlagezins tendenziell höher (tiefer) als die Kaufrendite, wird auf die gesamte Laufzeit eine Überperformance (Unterperformance) im Vergleich zur ursprünglichen Rendite erzielt. Die Entscheidungsvariable bei der Buy and Hold Strategie ist die Höhe des Kupons des Wertpapieres, da durch seine Höhe auch das Ausmaß des Wiederanlagerisikos determiniert wird. Das Ausmaß dieses Risikos kann zum Teil beträchtlich sein. In der Abbildung „Asset Allocation – Anteil Wiederanlage an der Gesamtperformance" wird der Anteil des Wiederanlageerfolges in Prozent der Gesamtperformance in Abhängigkeit von der Kuponhöhe dargestellt. Dabei wurde unterstellt, daß ein Bond mit zehnjähriger Laufzeit bei einer Rendite von 6% gekauft wird und auch die Wiederanlage mit einem Satz von 6% erfolgt.

Bei der Entscheidung für eine bestimmte Kuponhöhe sind zwei Parameter ausschlaggebend: Die individuelle Risikopräferenz und die Erwartung bezüglich des Wiederanlagezinses. Aufgrund der meist sehr langen Investitionshorizonte ist der zweite Parameter nur sehr schwer mit einer hinreichenden Zuverlässigkeit zu beziffern, so daß eine quantitative Optimierung für eine Buy and Hold Strategie nicht sehr ratsam ist. Man kann aber tendenziell die Aussage machen, daß, wenn keine weiteren Entscheidungsparameter zu berücksichtigen sind, bei niedrigen Kaufrenditen ein hoher Kupon bzw. bei hohen Kaufrenditen ein niedriger Kupon empfehlenswert ist.

b) *Immunisierungsstrategie*: Die Zielsetzung einer Immunisierungsstrategie besteht darin, eine festgelegte Performance über einen bestimmten Zeitraum mit minimalen Risiko zu erwirtschaften. Im Gegensatz zur Buy and Hold-Strategie wird bei einer Immunisierungsstrategie auch das Wiederanlagerisiko minimiert. Bei einem Kauf eines Zero-Bonds (→ Nullkupon-Anleihe) sind beide Strategien identisch. Die klassische Immunisierungsstrategie wird realisiert, indem in einen Bond bzw. in ein Portfolio investiert wird, dessen Duration dem Anlagehorizont entspricht. Diese Vorgehensweise begründet sich in der Interpretation der Duration als dem Zeitraum, in dem sich die Auswirkungen einer Zinsänderung (Kursveränderung), veränderter Wiederanlagezins) genau ausgleichen. Damit werden aber

Asset Allocation

Asset Allocation – Anteil der Wiederanlage an der Gesamtperformance

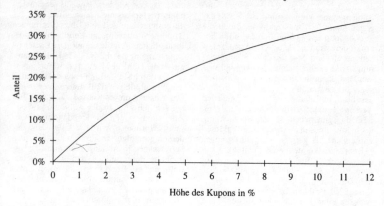

sofort auch die Probleme dieser Strategie offensichtlich, da die obige Interpretation der Duration nur für eine einmalige →Parallelverschiebung der →Renditestrukturkurve gilt. Darüber hinaus sind Adjustierungen des Portfolios bei längeren Planungszeiträumen im Zeitablauf notwendig, da die Duration langsamer abnimmt als die →Restlaufzeit des Anlagehorizontes. Damit verbleiben bei der Implementierung einer Immunisierungsstrategie zwei Arten von Risiken, den →(erwarteten) Total Return zu verfehlen: (1) Das Risiko der permanenten Zinsänderung, das sich insbes. bei der Wiederanlage und am Ende des Anlagehorizontes bemerkbar macht. (2) Das Risiko einer nichtparallelen Zinsverschiebung. Das unter (1) beschriebene Risiko entspricht zum Teil dem im Abschnitt Buy and Hold-Strategie behandelten Wiederanlagerisiko und kann durch die Höhe des Kupons beeinflußt werden. Darüber hinaus kann das Wiederanlagerisiko und das Risiko einer nicht-parallelen Zinsverschiebung durch die Varianz der im Portfolio enthaltenen Restlaufzeiten der Bonds gesteuert werden. Je enger (weiter) die Fälligkeitstermine der Bonds streuen, desto kleiner (größer) ist das Wiederanlagerisiko und die Auswirkung einer Drehung der Renditestrukturkurve. Dies soll an einem einfachen Beispiel dargestellt werden. Für einen Investitionshorizont von fünf Jahren beträgt die angestrebte Duration ebenfalls fünf Jahre. Diese Duration könnte allein durch einen Bond erreicht werden, dessen Duration ebenfalls fünf Jahre beträgt oder durch ein Portfolio, in dem zu gleichen Anteilen Bonds mit einer Duration von drei bzw. sieben Jahren enthalten sind. Die sich aus den Alternativen ergebenden →Cashflows sind in der Abbildung „Asset Allocation – Cash-flow-Vergleich bei identischer Duration" dargestellt.

Wird die Portfolio Alternative gewählt, so muß während der Investitionsperiode ein wesentlich höherer Kapitalbetrag reinvestiert werden als im Falle des einzelnen Bonds. Daraus wird ersichtlich, daß die Varianz der Restlaufzeiten in einem Portfolio das Risiko einer Immunisierungsstrategie in maßgeblicher Weise beeinflußt und somit die wichtigste Entscheidungsvariable bei der Umsetzung dieser Strategie darstellt. Wie bei der Buy and Hold Strategie ist auch hier eine quantitative Optimierung nicht möglich, da diese eine genaue Spezifizierung der zukünftigen Zinsentwicklung benötigt, die über so lange Zeiträume, wenn überhaupt, nur mit großer Unsicherheit möglich ist. Man kann auch für diese Strategie nur Tendenzaussagen machen. So ist eine Umsetzung der Immunisierungsstrategie mit niedrigen Kupons und eng streuenden Laufzeiten risikoärmer als eine Umsetzung mit hohen Kupons und einer großen Streuung der im Portfolio vorhandenen Laufzeiten.

c) *Indexierungsstrategien*: Diese Strategien, die auch im Aktien Portfolio Management

Asset Allocation

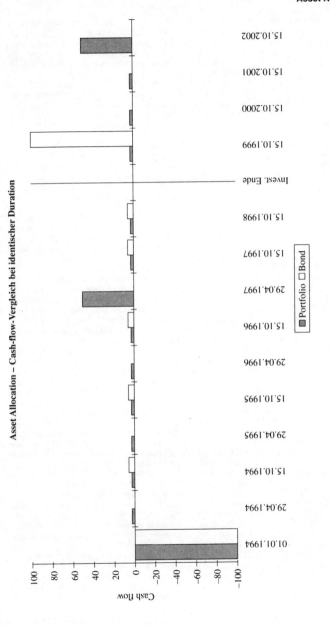

95

Asset Allocation

weit verbreitet sind, haben zum Ziel, einen vom Investor vorgegebenen Index (z. B. →REX) optimal nachzubilden. Die Optimierung dieser Nachbildung mündet in eine Trade Off Beziehung. Diese besteht darin, daß bei einer vollständigen Nachbildung eines →Index eine hohe Anzahl von Papieren gehalten werden muß (z. B. etwa 200 Papiere für den J.P. Morgan Europa Bond Index). Dies führt zu erheblichen Transaktionskosten bei Aufbau und Adjustierung des Portfolios und ist auch für das Management nur schwer überschaubar und steuerbar. Versucht man dagegen einen Index mit nur sehr wenigen Papieren nachzubilden, läuft man Gefahr, den Index-Return nicht zu erreichen.

Das Ziel einer quantitativen Optimierung dieser Strategie ist daher die Zusammenstellung von Portfolios, die entweder bei einer vorgegebenen Anzahl von Papieren die Abweichung vom Index-Return minimieren bzw. bei vorgegebener maximaler Abweichung des Returns die Anzahl der Papiere minimieren. Die Abweichung des Portfolio-Returns vom Index-Return wird als →Tracking Error bezeichnet. Dieser Tracking Error ist definiert als die Standardabweichung (oder Varianz) der Return-Unterschiede innerhalb eines festgelegten Zeitraumes.

Bei der Anwendung dieser Strategien und der damit verbundenen Optimierung innerhalb des Bond Managements muß nach der Art des nachzubildenden Index differenziert werden. Zum einen existieren Indizes, die auf fiktiven Anleihen beruhen, z. B. der REX Index, zum anderen Indizes, die die Performance realer Anleihen zusammenfassen, z.B. J.P. Morgan Indizes. Der wesentliche Unterschied zwischen diesen Indizes besteht darin, daß sich bei Verwendung von realen Anleihen sowohl die Laufzeitverkürzung und die damit einhergehende Verringerung der Modified Duration als auch die tatsächliche Angebot/Nachfrage Situation im Index niederschlägt. Indizes mit fiktiven Anleihen haben dagegen den Vorteil, daß ihre Struktur im Zeitablauf relativ konstant bleibt. Da historische Zeitreihen für einzelne Bonds für das Bond Portfolio Management keine Aussagekraft haben, muß bei der quantitativen Optimierung ein anderer Weg gegangen werden als z. B. im Aktien Portfolio Management.

Dazu sind folgende Schritte erforderlich:

(1) Analyse der Struktur des Index hinsichtlich von Kriterien wie Art der Papiere (öffentliche Anleihen, →Pfandbriefe, Euro-Bonds), Kuponstruktur, Laufzeitstruktur und Kennzahlen wie Modified Duration, Konvexität usw.

(2) Definition der Bedingungen, die das Portfolio hinsichtlich der obigen Kriterien erfüllen soll. Dazu müssen bestimmte Intervalle angegeben werden, da eine 100% Übereinstimmung mit dem Index nur sehr selten erreichbar ist.

(3) Optimierung der Zielfunktion unter Berücksichtigung der Nebenbedingungen.

Das Ergebnis wird ein Portfolio sein, das mit einer minimalen Anzahl von Papieren die Struktur des Index innerhalb bestimmter Bandbreiten nachbildet und somit einen Return aufweist, der in etwa dem Index-Return entspricht. Je enger die Bandbreiten bei der Definition der Portfolio-Bedingungen gewählt werden, desto geringer fällt die Abweichung des Portfolio-Returns vom Index-Return aus.

d) *Strategien zur Return-Maximierung*: Im Gegensatz zu der Indexierungsstrategie, die näherungsweise den Return des betreffenden Marktes realisiert, soll bei den Strategien zur Return Maximierung der Markt-Return übertroffen werden. Dazu werden ganz bewußt nur in ausgesuchten Märkten bzw. Marktsegmenten Positionierungen vorgenommen. Dahinter steckt die Annahme (bzw. Hoffnung), daß es dauerhaft möglich ist, durch Analysen und den Einsatz von Researchkapazitäten eine höhere Performance zu erzielen, als der Markt allgemein. Diese Annahme drückt nichts anderes aus, als daß davon ausgegangen wird, daß die Bond-Märkte bezüglich der Informationsverarbeitung nicht effiziente Märkte sind. Inwieweit dies zutrifft, kann nach heutigen Kenntnisstand nicht beantwortet werden.

Diese Strategie hat zwar als Zielsetzung die Returnmaximierung, dennoch kann dies nicht ohne Betrachtung des Risikos geschehen. Dabei kann das Risiko zum einen definiert sein als die Unsicherheit, mit der die Returnschätzungen behaftet sind, oder zum anderen als historisches Risiko von Marktindizes. In der Praxis überwiegt die zweite Risikodefinition, da sie einfacher zu handhaben ist und zudem die darauf aufbauenden Korrelationsmatrizen auch sehr einfach zu berechnen sind. Innerhalb des deutschen →Rentenmarktes könnte man z. B. die Zeitreihen des REX heranziehen, um für die einzelnen Laufzeiten-Subindizes Standardabweichungen zu ermitteln. Damit sind die drei Komponenten → Periodenrendite, Standardabweichung und → Korrelation vorhanden, mit denen dann eine A.A. durchgeführt werden kann.

3. *Bewertung der A.A. im Bond Management*: Neben dem allgemeinen Problem der Unsicherheit der Returnschätzungen tritt bei der Umsetzung der Optimierungsergebnisse das Problem auf, daß Bonds gefunden werden müssen, die den Charakteristika der verwendeten Marktindizes entsprechen. Dies hieße z. B. bei Verwendung der REX Subindizes und einer Investition in zehnjährige Bonds, daß eine öffentliche Anleihe mit Restlaufzeit von genau zehn Jahren und einem Kupon von ca. 7.2% vorhanden sein muß. Da dies nur selten der Fall ist, kann die Zinssitivität des Index durch einen anderen Bond approximiert werden, der die gleiche Modified Duration wie der Marktindex aufweist. In dem Beispiel hieße dies, daß bei einer Rendite von 6% der Bond eine Modified Duration von 7.15 aufweisen sollte. Vor diesem Hintergrund wird deutlich, daß die historischen Standardabweichungen von Markt-Indizes lediglich als Indikatoren der Returnschwankungen von Bonds herangezogen werden können.

Insgesamt läßt sich festhalten, daß die klassische quantitative Optimierung der A.A. im Bond Portfolio Management nur mit Einschränkungen verwendbar ist. Die Ursache liegt letztendlich in der begrenzten Laufzeit von Bonds, die eine Verwendung von historischen Zeitreihen nur in aggregierter Form auf der Ebene von Laufzeit-Segmenten, nicht aber auf der Ebene von Einzelpapieren zuläßt. Man kann aber durch die Verwendung der Modified Duration als eine Art Beta, zumindest näherungsweise, von den Returnschwankungen auf der Ebene der Laufzeit-Segmente auf die Returnschwankungen der Einzelpapiere approximieren.

Internationale Diversifizierung: Ein wesentliches Merkmal der A.A. ist die Durchführung einer Risikodiversifikation, wobei die Korrelation zwischen den einzelnen Assets eine große Rolle spielt. Untersucht man die Zinsentwicklung am deutschen Markt für öffentliche Anleihen, stellt man fest, daß die Zinsentwicklung in den verschiedenen Laufzeit-Segmenten eine sehr hohe Korrelation aufweist.

So weist z. B. die Renditeentwicklung von einjährigen und zehnjährigen → Bundesanleihen eine Korrelation von ca. 0.9 auf. Ebenso ist die Entwicklung der Returns in den verschiedenen Laufzeitenklassen z. T. sehr hoch korreliert. Die Returnentwicklung von einjährigen und zehnjährigen Bundesanleihen weist einen Korrelationskoeffizienten von ca. 0.7 auf. Die Schlußfolgerung daraus ergibt, daß allein mit deutschen öffentlichen Anleihen eine deutliche Risikodiversifikation nicht vorgenommen werden kann. Dies bedeutet, daß man entweder andere Sektoren auf dem deutschen Rentenmarkt oder → Fremdwährungsanleihen in Betracht ziehen muß. Da die erste Alternative kaum Fortschritte bei der Diversifikation zeigen wird, sollen hier lediglich die Fremdwährungsanleihen betrachtet werden. Mit der Ausweitung des Bond Managements auf internationale Märkte ergibt sich eine breite Palette von Möglichkeiten und Risiken. Die Vorteile ergeben sich aus den internationalen Renditedifferenzen und den zum Teil unterschiedlichen Zinszyklen. Das im Vordergrund stehende Risiko bei Fremdwährungsanleihen ist, neben den unterschiedlichen Zinsänderungsrisiken, das Wechselkursrisiko, das allerdings durch Absicherungsstrategien auf den Währungsmärkten deutlich abgesenkt werden kann. Sollen Fremdwährungsanleihen zum Zweck der Risikodiversifikation eingesetzt werden, so ist zunächst zu prüfen, ob die Korrelationskoeffizienten der Märkte überhaupt eine Diversifikation zulassen.

In der nachstehenden Tabelle sind die Korrelationskoeffizienten zwischen den Länder-Subindizes des J.P. Morgan Europa Bond Index (Traded) angegeben, wobei der Return in D-Mark verwendet wurde.

Vergleicht man diese Korrelationsmatrix mit den Korrelationen der deutschen öffentlichen Anleihen, so sind deutlich niedrigere Korrelationen zwischen den einzelnen europäischen Bondmärkten festzustellen. Aus Sicht eines deutschen Investors erscheint daher eine Ausweitung auf Fremdwährungsanleihen zur Risikodiversifikation sehr sinnvoll. Es stellt sich nur die Frage, wie hoch der Anteil von Fremdwährungsanleihen in einem Portfolio sein sollte. Diese Fragestellung könnte durch eine quantitative Optimierung beantwortet werden, wenn einerseits Returnschätzungen und andererseits historische Standardabweichungen und Korrelationsmatrizen vorlägen.

Asset Allocation

Korrelation des Returns von J. P. Morgan Länderindizes (Okt. 88–Okt. 93)

Währung	BEF	DKK	FRF	DEM	ITL	NLG	ESP	SEK	GBP
BEF	1.000								
DKK	0.690	1.000							
FRF	0.701	0.689	1.000						
DEM	0.589	0.450	0.650	1.000					
ITL	0.142	0.349	0.144	−0.047	1.000				
NLG	0.626	0.453	0.685	0.920	−0.002	1.000			
ESP	0.350	0.372	0.396	0.140	0.551	0.212	1.000		
SEK	0.415	0.365	0.339	0.132	0.508	0.147	0.390	1.000	
GBP	0.291	0.284	0.325	0.225	0.332	0.239	0.490	0.476	1.000

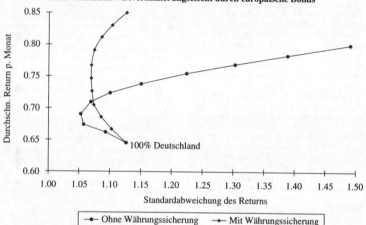

Asset Allocation – Diversifizierungseffekt durch europäische Bonds

Beispielhaft soll für dieses Problem die historische Entwicklung von Oktober 1988 bis Oktober 1993 betrachtet werden. Ausgangspunkt ist ein Portfolio, das zu 100% in deutsche öffentliche Anleihen investiert ist. Dabei bildet der J. P. Morgan Index (Traded) für Deutschland den deutschen Markt ab. Der Anteil deutscher Anleihen wird sukzessive in Schritten von 10% reduziert und durch den J. P. Morgan Europa Index (Traded, ohne Deutschland) ersetzt. Für diese Portfolios wird jeweils der durchschnittliche Return und das Risiko (Standardabweichung) ermittelt. Daneben werden für die gleichen Portfoliozusammensetzungen, die aber währungsgesichert sind, ebenfalls Return und Risiko berechnet. Die Ergebnisse sind in der Abbildung „Asset Allocation – Diversifizierungseffekt durch europäische Bonds" dargestellt.

In dieser Darstellung wird deutlich, daß in dem obigen Zeitraum rein deutsche Portfolios nicht effizient waren, da deutlich höhere Returns bei geringerem Risiko durch die Zumischung von Fremdwährungsanleihen erreichbar waren. Dies gilt sowohl für Portfolios mit als auch ohne Währungssicherung. Für einen sehr risikoaversen deutschen Investor wäre daher ein Anteil von europäischen Fremdwährungsanleihen von 30% bzw. bei Währungssicherung von sogar 50% optimal gewesen.

Beurteilung: Die bisherigen Ausführungen haben gezeigt, daß die Methodik der klassischen quantitativen A. A. und insbes. deren Anwendung im Bereich des Bond Portfolio Managements nicht unproblematisch ist. Dennoch ist die Verwendung dieser Vorgehensweise grundsätzlich zu befürworten, da

Asset Swap

sich u. a. folgende Vorteile daraus ergeben: (1) Durch die Quantifizierung der Returnerwartungen und der Risiken wird dem Investor das Gewinn- und Verlustpotential deutlich gemacht, und der Investor kann seine Risikopräferenzen explizit in die Anlagestrategie einfließen lassen. (2) Durch die notwendigen statistischen Analysen der historischen Entwicklungen werden die Einschätzungen der möglichen Erträge und der Risiken auf ein breiteres analytisches Fundament gestellt. (3) Für die Durchführung dieser Strategie sind schon im Vorfeld der Investitionsentscheidungen intensive Gespräche zwischen Investor und den Portfolio Managern über Risikopräferenzen und Anlagestrategien notwendig. Dadurch lassen sich spätere Unstimmigkeiten zwischen diesen Parteien bezüglich des Anlageerfolges vermeiden. (4) In den letzten Jahren ist eine Tendenz zur Internationalisierung der Investoren festzustellen, so daß die damit verbundenen Investitionsentscheidungen an Komplexität zunehmen. Diese lassen sich allein mit qualitativen Methoden nicht mehr optimal lösen. Vor dem Hintergrund dieser Vorteile kann man davon ausgehen, daß zukünftig, trotz aller Mängel, die klassische A. A. in zunehmenden Maße ihre Anwendung im Bond Portfolio Management finden wird.
(→ Portfolioorientierte Aktienanalyse)

Asset and Liability Management, → Aktiv-Passiv-Management.

Asset Backed Securities (ABS)
Finanzierungstechnik durch speziell besicherte → Wertpapiere, die es dem Unternehmen ermöglicht, in der → Bilanz gebundene Mittel zu refinanzieren. Die mit Sicherheiten unterlegten Finanzaktiva (z. B. Forderungen aus → Hypothekar-, Auto- und → Konsumentenkrediten, Leasingfinanzierungen, Kreditkartenforderungen) werden in ein → Treuhandvermögen eines eigens dafür gegründeten, rechtlich selbständigen Fonds eingebracht, der dann → Emittent der ABS-Papiere ist. Der Zins- und → Tilgungsdienst dieser Wertpapiere wird mit Hilfe der Zahlungseingänge aus den zugrundeliegenden → Aktiva geleistet. → Pfandbriefe weisen Ähnlichkeit mit den ABS auf; anders als beim ABS-Pool ist ein „Pfandbriefpool" jedoch offen und kein selbständiges Rechtssubjekt.

Assetklassen
Die im Rahmen der strategischen → Asset Allocation zur Verfügung stehenden → Assets. Man unterscheidet i. d. R. folgende A.:
(1) Standardisierte Handelbarkeit:
– → Zinsinstrumente
– – kurzfristige Zinsinstrumente
– – langfristige Zinsinstrumente
– – Derivative Zinsinstrumente
– → Equities
– – → Stammaktien
– – → Vorzugsaktien
– – → Aktien-Derivate
– → Investmentfonds
– Edelmetalle
(2) Nicht standardisierte Handelbarkeit:
– Immobilien
– Antiquitäten
– Kunstgegenstände.
(→ Ertragskomponenten von Zinsinstrumenten, → Marktrisikofaktoren)

Asset Liability Management Committee
(auch ALCO); aufbauorganisatorische Umsetzung des Asset and Liability Managements in einem Ausschuß, der auf Basis der Prognose der Entwicklung am → Geld- und → Kapitalmarkt Maßnahmen zur Steuerung der Bilanzstruktur ergreift. Dem A.L.M.C. gehören neben dem → Vorstand Teilnehmer aller Bereiche an, die entweder Informationen für die Entscheidungsfindung (z. B. → Controlling) liefern oder mit der Umsetzung der Maßnahmen (z. B. Depot-Asset-and-Liability-Management, → Firmenkundengeschäft) betraut sind.

Asset Management
Aktivmanagement; Steuerung des → Aktivgeschäfts.
(→ Aktiv-Passiv-Management)

Asset Mix, → Asset Allocation.

Assets
Anglo-amerikanische Bezeichnung für Vermögenswerte (→ Aktiva).
Gegensatz: → Liabilities (→ Verbindlichkeiten).
(→ Aktiv-Passiv-Management)

Asset Swap
→ Zins-Swap, → Währungs-Swap oder → Equity Swap, der mit einem → Asset (z. B. → Straight Bond, → Floating Rate Note [FRN], → Aktien) verbunden ist. A. S. wer-

Assignment

Asset Swap i.w.S.

Zins- oder Währungsswap, der mit einer Aktiva verbunden ist

Private Asset Swaps	Public Asset Swaps
Transaktion nur Vertragspartnern bekannt, d. h. Investor und Swappartner	Transaktion wird publiziert. Es wird ein neues Asset emittiert.

Asset Swaps i.e. S.

Investor Asset Swap	Packaged Asset Swap (Synthetic Security)	Securitised Asset Swap (Repackaged Security)
Investor hat sowohl ein Asset als auch eine Swapposition	Investor hat nur eine Position in einem synthetischen Asset. Intermediary hält das Asset im Bestand	Bereits emittierte Assets werden durch „Neuverpackung" in Assets mit anderer Ausstattung umgewandelt
Alle Aktivitäten zur Erlangung des synthetischen Assets liegen beim Investor	Alle Aktivitäten zur Erlangung des synthetischen Assets liegen beim Intermediary	Alle Aktivitäten zur Erlangung des Repackaged Security liegen beim Special Purpose Vehicle (SPV)

Asset Swap-Grundstruktur

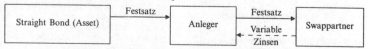

den von Anlegern in → Arbitragestrategien, → Tradingstrategien und → Hedgingstrategien verwendet. A. S. können wie in der obigen Abbildung gezeigt strukturiert werden. Im Gegensatz zu → Liability Swaps, die von → Emittenten eingesetzt werden, werden A. S. immer von Anlegern vorgenommen. Die Abbildung „Asset Swap-Grundstruktur" zeigt die Grundstruktur.
(→ Investor Asset Swap, → Packaged Asset Swap, → Securitised Asset Swap)(→ Arbitragestrategien mit Asset Swaps)

Assignment

Möglichkeit, einen → Asset Swap oder → Liability Swap vor Fälligkeit aufzulösen (→ Unwinding von Swaps), indem die Swapposition am → Sekundärmarkt verkauft wird, d. h. die Swapposition wird mit dem ursprünglichen Vertragspartner gelöst und an einen neuen weitergegeben. Damit gehen alle Rechte und Pflichten aus der Swapposition an die dritte Partei über. Im Gegensatz zu einem → Umkehr-Swap wird bei einem A. kein Gegengeschäft abgeschlossen. Bei einem → Close-out wird dagegen die Swapposition vorzeitig aufgelöst. Ein A. ist von der Zustimmung des ursprünglichen Vertragspartners abhängig, da dieser mit dem neuen Swappartner möglicherweise ein zusätzliches → Counterpart-Risiko eingeht. Die Möglichkeit eines A. ist an die → Liquidität des Sekundärmarktes gebunden.

Assoziiertes Unternehmen

Unternehmen, das nicht in den → Konzernabschluß einbezogen ist, auf dessen Geschäfts- und Finanzpolitik aber ein in den Konzernabschluß einbezogenes Unternehmen maßgeblichen Einfluß ausübt (→ Konzernrechnungslegung der Kreditinstitute).

Assoziierung
Besondere Form der → Integration zwischen mehreren Staaten, durch die eine in unterschiedlicher Weise gestaltbare Vorzugsbehandlung gegenüber anderen Ländern geschaffen wird. Im wirtschaftlichen Bereich haben insbes. die im Vertrag zur Gründung der → Europäischen Wirtschaftsgemeinschaft (EWG) vorgesehenen Assoziierungsmöglichkeiten für Nichtmitgliedstaaten Bedeutung erlangt, etwa als Vorstufe eines späteren Beitritts oder zur Unterstützung bestimmter → Entwicklungsländer.

ASX
Abk. für Australian Stock Exchange (→ Options- und Terminbörsen an den internationalen Finanzplätzen).

Asymmetrisches Risikoinstrument
→ Zinsinstrument, bei dem das Risiko begrenzt ist, während das Gewinnpotential unbegrenzt ist. Hierzu zählen alle → Long-Positionen in → Optionsscheinen, → Optionen und optionsähnlichen Innovationen wie beispielsweise → Caps und → Floors. Bei einer Long Position in Optionen ist das Risiko des Käufers auf die gezahlte → Prämie beschränkt, während das Gewinnpotential unbegrenzt ist.
Gegensatz: → Symmetrische Risikoinstrumente.

AT-Angestellter
Abkürzung für außertariflicher Angestellter. → Arbeitnehmer, der ein über die höchste tarifliche Vergütungsgruppe (z. B. des → Tarifvertrags für das private Bankgewerbe) hinausgehendes Arbeitsentgelt bezieht und auch nicht unter den persönlichen Geltungsbereich des Tarifvertrags fällt. Die Höhe seiner Vergütung richtet sich dann nach der im → Arbeitsvertrag getroffenen Einzelvereinbarung. AT-A. sind oft, aber nicht notwendig zugleich → Leitende Angestellte i. S. des § 5 Abs. 3 BetrVG.

Atlantic Option
Synonym für → Bermuda Option.

ATM
Abk. für → At-the-Money.

ATM Implied Volatility
→ Implizite Volatilität von → Optionen, die → At-the-Money (abgekürzt ATM) sind.

Atomistische Konkurrenz
In der Volkswirtschaftslehre Bezeichnung für die Marktform des → Polypols auf dem vollkommenen Markt (→ vollständige Konkurrenz).

At-the-Market-FRA
→ Forward Rate Agreement (FRA), bei dem → FRA-Satz und die zum Zeitpunkt des Vertragsabschlusses errechneten → Forward Rates identisch sind.

At-the-Market-Kuponswap
→ Kuponswap, bei dem → Swapsatz, d. h. der → Festsatz, und → Rendite identisch sind.

At-the-Money
am Geld; Situation, in der der Ausübungspreis (→ Basispreis) einer → Option oder eines → Optionsscheins (Warrant) dem Kassakurs des zugrundeliegenden Gegenstandes (→ Basiswert) entspricht.
Gegensatz: → In-the-Money; → Out-of-the-Money.

Atypische stille Gesellschaft, → Stille Gesellschaft.

Atypische Verträge
Im Unterschied zu den im BGB und anderen → Gesetzen vorgegebenen, dispositiven Vertragstypen (z. B. → Kauf, → Miete) inhaltlich nicht näher ausgestaltete Vereinbarungen, die aufgrund der → Vertragsfreiheit rechtswirksam abgeschlossen und nach dem Willen der Vertragsparteien mit eigenem Inhalt gefüllt werden können (z. B. → Leasing).

Auditing
Anglo-amerikanische Bezeichnung für Revision.

Aufbauorganisation
Arbeitsteilige Gliederung von betrieblichen Aufgaben, ihre Bindung und Zuordnung auf Stellen und die Beziehungsordnung zwischen den Stellen. Der Verteilungszusammenhang dokumentiert dabei die sachbezogene Aufgabenverteilung, während im Leistungszusammenhang die Über- und Unterordnung der einzelnen Stellen dargestellt werden (→ Ablauforganisation).

Organisation von Bankbetrieben: → Bankorganisation, Strukturmodelle.

Aufbewahrung von Unterlagen
Aufbewahrungspflicht für (1) Handelsbücher, Inventare, Eröffnungsbilanzen,

Auf derselben Marktseite

→ Jahresabschlüsse, → Lageberichte usw., (2) empfangene Handelsbriefe, (3) Wiedergabe der abgesandten Handelsbriefe, (4) Buchungsbelege (§ 257 Abs. 1 HGB, § 147 Abs. 1 AO).
Art der Aufbewahrung: (1) Im Original oder in Durchschrift: Eröffnungsbilanzen und Jahresabschlüsse, (2) als Wiedergabe (Bildträger [Fotomikrokopien, Mikrofilme] oder Datenträger [Magnetbänder, Magnetplatten]): alle anderen aufbewahrungspflichtigen Unterlagen (§ 257 Abs. 3 HGB; § 147 Abs. 2 AO).
Aufbewahrungsfrist für Handelsbücher, Inventare, Eröffnungsbilanzen, Jahresabschlüsse, Lageberichte: zehn Jahre, sonstige Aufbewahrungsfrist: sechs Jahre (§ 257 Abs. 4 HGB, § 147 Abs. 3 AO). Die Aufbewahrungsfrist beginnt handels- und steuerrechtlich mit dem Schluß des Kalenderjahres, in dem die letzte Eintragung in das Handelsbuch/Buch gemacht ist, das Inventar aufgestellt ist, die → Bilanz festgestellt ist, der Handelsbrief/Geschäftsbrief empfangen oder abgesandt ist, der Buchungsbeleg entstanden ist, die Aufzeichnungen vorgenommen sind, die sonstigen Unterlagen entstanden sind (§ 257 Abs. 4 HGB, § 147 Abs. 4 AO). Nach § 147 Abs. 3 AO läuft die Aufbewahrungsfrist nicht ab, solange und soweit die Unterlagen für → Steuern von Bedeutung sind, für welche die Festsetzungsfrist noch nicht abgelaufen ist, § 169 Abs. 2 Satz 2 AO gilt nicht.

Auf derselben Marktseite

Zwei Positionen befinden sich a. d. M., wenn entweder beide → bullish oder beide → bearish sind. Beispielsweise ist eine → Short Position in einem → Put a. d. M. wie eine → Long Position in einem → Call.

Aufgabe

Bezeichnung für die Benennung des Kontrahenten bei von → Maklern vermittelten Geschäften.

Aufgebot(sverfahren)

Allgemein in §§ 946 ff. der Zivilprozeßordnung (ZPO) geregeltes (gerichtliches) Verfahren, bei dem Rechtsinhaber öffentlich aufgefordert werden, innerhalb einer bestimmten Frist ihre → Ansprüche oder → Rechte anzumelden (z.B. das → Eigentum an einem → Grundstück, § 927 BGB). Geschieht dies nicht, so wird durch Ausschlußurteil der Verlust des Rechts festgestellt. Ein spezielles A. gilt für die Kraftloserklärung von → Urkunden (§§ 1003 ff. ZPO). Es findet bei → Wertpapieren (mit Besonderheiten bei → Zinsscheinen o. ä. und „hinkenden" → Inhaberpapieren sowie kaufmännischen → Orderpapieren gemäß § 363 HGB) Anwendung (→ Warenwertpapiere), ist aber auch bei → Inhaberschuldverschreibungen (§ 799 BGB), → Grundschuldbrief und → Hypothekenbriefen (§ 1162 BGB) und im Hinblick auf den → Gläubiger einer → Vormerkung (§ 887 BGB) vorgesehen. Auch abhandengekommene oder vernichtete → Wechsel und → Schecks können im Wege des A. für kraftlos erklärt werden (Art. 90 WG, Art. 59 ScheckG).

Aufgeld

Agio. Das A. eines → Optionsscheines gibt an, um wieviel Prozent der Bezug des → Basiswertes über den → Call-Optionsschein teurer ist als der direkte Erwerb, und ist das Entgelt für den sog. → Hebeleffekt des Optionsscheines.

Berechnung: Das A. eines Call-Optionsscheines wird mit folgender Formel ermittelt:

A. = (Aktueller Kurs Optionsschein · Bezugsverhältnis + Bezugspreis − aktueller Kurs Basiswert) · 100 : aktueller Kurs Basiswert.

Die Differenz im Zähler dieser Formel entspricht i. d. R. dem → Zeitwert des Optionsscheines und wird auch als → Prämie bezeichnet. Die Prämie entspricht immer dann dem Zeitwert, wenn der innere Wert größer oder gleich Null ist. Deshalb kann die Formel für diesen Fall wie folgt vereinfacht werden:

A. = Prämie (Zeitwert) · 100 : aktueller Kurs Basiswert.

Interpretation: Das A. wird ebenfalls wie der → Hebel in Prozent angegeben. I.d.R. ist das A. positiv. Ein positives Vorzeichen bedeutet, daß der indirekte Kauf des Basiswertes über den Optionsschein teurer und spekulativer ist als der direkte Kauf. Je höher das A. ist, desto teurer ist der Optionsschein. Ein negatives Vorzeichen bedeutet, daß der indirekte Kauf des Basiswertes über den Optionsschein billiger ist als der direkte Kauf. Ein negatives A. wird auch als → Abgeld oder → Disagio bezeichnet. Je geringer das A. ist, desto billiger ist der Optionsschein. In einigen Fällen kann beobachtet werden, daß Optionsscheine ein geringfügiges negatives A. aufweisen, d. h. ein Kauf des Basiswertes über den Optionsschein wäre billiger als der direkte Erwerb. Dies trifft vor allem für Optionsscheine zu, die nur noch eine geringe → Laufzeit haben. Ein A. von null bedeutet, daß es für den Investor indifferent ist, ob er den Basiswert über den Optionsschein oder direkt an der → Börse kauft. Alternativ kann das A. auch dahingehend interpretiert werden, daß es angibt, um wieviel der Kurs des Basiswertes steigen muß, damit der Optionsscheininhaber den → Break-even-Kurs erreicht. Der Break-even-Kurs ist jener Kurs, den der Basiswert erreichen muß, damit der Anleger die Gewinnzone erreicht. Bei einem A. von 10% müßte der Basiswert um 10% steigen, damit der Anleger bei Ausübung des Optionsscheines weder einen → Gewinn noch Verlust erzielt. Erst wenn der Basiswert mehr als 10% steigt, realisiert der Anleger einen Gewinn. Steigt der Basiswert dagegen weniger als 10%, realisiert der Anleger einen Verlust.

I.d.R. ist das A. auch bei Put-Optionsscheinen positiv. Ein positives Vorzeichen bedeutet, daß der indirekte Verkauf des Basiswertes über den Optionsschein ungünstiger, d.h. billiger ist als der direkte Verkauf. Je höher das A. ist, desto teurer und spekulativer ist der Optionsschein. Ein negatives Vorzeichen bedeutet, daß der indirekte Verkauf des Basiswertes über den Optionsschein teurer ist als der direkte Verkauf.

Andere Bezeichnungen: Oftmals wird das A. annualisiert, um das → jährliche Aufgeld ermitteln zu können. Bei → Wandelanleihen wird das A. als → Wandlungsprämie bezeichnet.

Aufgenommene Gelder (und Darlehen)

Mittelbeschaffung der → Kreditinstitute. Die am → Geldmarkt wie am → Kapitalmarkt aufgenommenen „Gelder" (über Millionenbeträge) stammen von anderen Kreditinstituten, → öffentlichen Haushalten sowie von Versicherungs- und anderen großen Unternehmen. Aufgenommen werden → Zentralbankguthaben in Form von → Tagesgeld, → terminiertem Tagesgeld und → Termingeld mit → Laufzeiten von regelmäßig bis zu einem Jahr. Langfristige → Darlehen zur → Finanzierung → langfristiger Kredite werden außer bei öffentlichen Haushalten bei → Kapitalsammelstellen und bei → Kreditinstituten mit Sonderaufgaben aufgenommen. Anders als bei → Einlagen geht die Initiative bei a.G.(u.D.) vom Kreditinstitut aus.

Auflage

1. → Letztwillige Anordnung des → Erblassers in einer → Verfügung von Todes wegen, die den Beschwerten zu einer Leistung verpflichtet, ohne einem Begünstigten ein → Recht auf die Leistung zuzuwenden (§ 1940 BGB). Beschwert kann der → Erbe oder ein Vermächtnisnehmer sein.

2. Nebenbestimmung zu einem → Verwaltungsakt, z.B. gemäß § 32 Abs. 2 KWG.

Auflassung

→ Einigung zwischen Käufer und Verkäufer eines → Grundstücks über den Übergang des → Eigentums (§ 925 BGB).
Die A. ist neben der Eintragung im → Grundbuch Voraussetzung für den Übergang des Eigentums an dieser unbeweglichen → Sache und hat bei gleichzeitiger Anwesenheit beider Vertragsteile vor einem Notar (in Ausnahmefällen vor dem Gericht) erklärt zu werden. Nach dem → Abstraktionsprinzip ist dieser sachenrechtliche → Vertrag von dem meist zugrundeliegenden → Kauf als Grundgeschäft (→ Verpflichtungsgeschäft) rechtlich unabhängig. Eine A., die unter einer Bedingung (§ 158 BGB) oder einer Zeitbestimmung (Befristung, § 163 BGB) erfolgt, ist unwirksam (§ 925 Abs. 2 BGB).

Auflassungsvormerkung

Anspruchsicherung des Vormerkungsberechtigten auf Erwerb des → Eigentums am → Grundstück durch einen Vermerk in Abteilung II des → Grundbuches. Spätere Verfügungen oder Belastungen ohne Zustimmung des Auflassungsberechtigten sind unwirksam. Die A. sichert den Anspruch aus einem Grundstückskaufvertrag bis zur Eintragung des Eigentumsübergangs im Grundbuch.

Auflösung von Swaps, → Unwinding von → Swaps.

Aufrechnung

Wechselseitige → Tilgung zweier sich gegenüberstehender → Forderungen im Wege der Verrechnung (§§ 387ff. BGB). Beispiel für A. zwischen → Kreditinstituten: → LZB-Abrechnung. Die A. ist ein Erfüllungssurrogat (hat also Erfüllungswirkung) und erfolgt durch einseitige Erklärung. Sie setzt → Fälligkeit, Gegenseitigkeit und Gleichartigkeit der Forderungen voraus (Aufrechnungslage). Die Erklärung der A. hat zur Folge, daß die beiden Forderungen zum Zeitpunkt

103

Aufschlag

der Aufrechnungslage als erloschen gelten (§ 389 BGB). Mit einer Forderung, der eine →Einrede entgegen steht, kann nicht aufgerechnet werden (§ 390 BGB). Die A. ist auch ausgeschlossen gegen eine Forderung aus vorsätzlicher →unerlaubter Handlung (§ 393 BGB) sowie gegen eine unpfändbare Forderung (§ 394 BGB). Wenn der Gläubiger seine Forderung an einen Dritten abtritt (→Abtretung), kann der Schuldner i.d.R. auch diesem gegenüber aufrechnen (§ 406 BGB).
Ein Bürge kann bei Vorliegen der Aufrechnungslage die Befriedigung des Gläubigers verweigern (§ 770 Abs. 2 BGB). Diese Einrede kann auch der Eigentümer eines hypothekarisch belasteten →Grundstücks (§ 1137 BGB) sowie der Verpfänder einer →beweglichen Sache (§ 1224 BGB) geltend machen.

A. im Verhältnis Kreditinstitut – Kunde nach AGB: Das Aufrechnungsrecht der Banken und Sparkassen ist in deren →Allgemeinen Geschäftsbedingungen nicht geregelt. Es bestimmt sich daher nach den gesetzlichen Vorschriften. Die Aufrechnungsbefugnis des Kunden ist nach Nr. 4 AGB Banken bzw. Nr. 11 Abs. 1 AGB Sparkassen, Nr. 4 AGB Postbank auf Forderungen beschränkt, die unbestritten oder rechtskräftig festgestellt sind. Er kann nur Forderungen mit →Verbindlichkeiten in derselben →Währung aufrechnen.

A. im Steuerschuldrecht: Im Steuerschuldrecht können Ansprüche des Finanzamts Ansprüchen gegen das Finanzamt gegenüberstehen. Diese können gegeneinander aufgerechnet werden.

Aufschlag

(1) *Bei Forward-Geschäften:* Negative →Carry Basis, d.h. der Kassakurs ist geringer als der →Terminkurs bei einem Forward-Geschäft (→Forward). Der A. wird ermittelt:

A. = Kassakurs – Terminkurs.

(2) *Bei* →*Zinsfutures:* Negative Gross Basis, d.h. der Kassakurs einer →lieferbaren Anleihe ist geringer als der →adjustierte Futureskurs. Ein A. wird auch als →Prämie bezeichnet. Der A. wird ermittelt:

A. = Kassakurs – Futureskurs · →Preisfaktor.

(3) *Bei* →*Aktienindex-Futures:* Negative Gross Basis, d.h. der Kassakurs eines →Aktienindex ist geringer als der Kurs des Aktienindex-Futures. Der A. wird ermittelt:

A. = Kurs des Aktienindex – Kurs des Aktienindex-Futures.

Aktienindex-Futures werden i.d.R. mit einem A. gehandelt, da die Finanzierungskosten höher sind als die Dividendenerträge.
Gegensatz: →Abschlag.

Aufsichtsrat (AR)

Bei bestimmten →Gesellschaften (→Aktiengesellschaft, §§ 95ff. AktG; →Kommanditgesellschaft auf Aktien, §§ 278 Abs. 2, 287 AktG; →Genossenschaft, §§ 36ff. GenG) vorgeschriebenes →Organ zur Überwachung der →Geschäftsführung des →Vorstandes.

AR einer Aktiengesellschaft: Der AR prüft →Jahresabschluß und →Lagebericht und berichtet darüber der →Hauptversammlung (HV) (§ 171 AktG). Er muß aus mindestens drei Mitgliedern bestehen (§ 95 AktG), die nicht gleichzeitig der Geschäftsführung angehören dürfen (§ 105 AktG). Ebenso kann derjenige nicht AR-Mitglied werden, der bereits in zehn gesetzlich zu bildenden A. Mandate ausübt (§ 100 Abs. 2 S. 1 AktG). Ferner darf Mitglied des AR nicht sein, wer →gesetzlicher Vertreter einer anderen →Kapitalgesellschaft bzw. →bergrechtlichen Gewerkschaft ist, in deren AR ein Vorstandsmitglied der Gesellschaft sitzt (Verbot der „Überkreuzverflechtung", § 100 Abs. 2 S. 2 u. 3 AktG). Ein Drittel der AR-Mitglieder müssen Vertreter der →Arbeitnehmer sein (§§ 76ff. BetrVG).
Für AR-Mitglieder können gemäß § 104 AktG Ersatzmitglieder bestellt werden.
Die Wahl des AR erfolgt – mit Ausnahme der Arbeitnehmervertreter – durch die Hauptversammlung. Der erste AR wird durch die Gründer gewählt. Gemäß § 101 Abs. 2 AktG kann aber in der →Satzung ein Entsendungsrecht für bestimmte →Aktionäre oder Inhaber bestimmter →Aktien (→vinkulierte Namensaktien) vorgesehen sein.
Die Amtsdauer eines AR-Mitglieds beträgt höchstens vier →Geschäftsjahre (§ 102 Abs. 1 AktG), beim ersten AR läuft sie nur bis zur Hauptversammlung, die über die Entlastung für das erste volle oder Rumpf-Geschäftsjahr zu beschließen hat. Veränderungen im AR sind in den →Gesellschaftsblättern zu veröffentlichen und unverzüglich dem →Handelsregister einzureichen. Eine

Aufsichtsrat

Abberufung des AR ist, falls die Satzung nichts anderes vorsieht, nur mit Dreiviertel-Mehrheit der Hauptversammlung möglich. Ein AR-Mitglied kann auch auf Antrag des AR (Beschluß mit einfacher Mehrheit) vom Gericht abberufen werden, wenn ein wichtiger Grund in dessen Person vorliegt (§ 103 AktG). Für seine Tätigkeit erhält der AR eine Vergütung (→ Tantieme) (§ 113 AktG). Falls ein Mitglied seine Obliegenheiten nicht mit der Sorgfalt eines ordentlichen → Kaufmannes wahrnimmt, kann es für Schäden von den Aktionären haftbar gemacht werden (§§ 116, 117 u. 93 AktG). Der AR soll i. d. R. einmal im Kalenderviertel jahr einberufen werden. Er ist beschlußfähig, wenn mindestens die Hälfte der Mitglieder an der Beschlußfassung teilnimmt (§ 108 AktG); in jedem Fall müssen mindestens drei Mitglieder teilnehmen. Gemäß § 90 AktG ist der Vorstand gegenüber dem AR zur Berichterstattung verpflichtet. Die Häufigkeit der Berichte hängt von deren Inhalt ab (§ 90 Abs. 2 AktG).

Der AR ist nicht geschäftsführungsbefugt. Allerdings können bestimmte Arten von Geschäften nur mit seiner Zustimmung vorgenommen werden (§ 111 AktG). Der AR hat eine Hauptversammlung einzuberufen (Beschluß mit Dreiviertel-Mehrheit der abgegebenen Stimmen), wenn das Wohl der Gesellschaft es erfordert.

Vorschriften des → Betriebsverfassungsgesetzes und des Mitbestimmungsgesetzes:
Von der Pflicht zur Drittelbeteiligung der Arbeitnehmer nach dem BetrVG im A. sind Aktiengesellschaften und Kommanditgesellschaften auf Aktien, die → Familiengesellschaften sind und weniger als 500 Arbeitnehmer beschäftigen, sowie sog. Tendenzbetriebe (Unternehmen, die überwiegend politischen, konfessionellen, karitativen, erzieherischen, wissenschaftlichen oder künstlerischen Zwecken dienen) befreit. Das MitbestG von 1976 ist nicht anzuwenden auf Tendenzbetriebe und auf Unternehmen, die den Zwecken der Berichterstattung oder Meinungsäußerung dienen.

AR einer GmbH: Bei einer GmbH muß ein A. bei Beschäftigung von mehr als 500 Arbeitnehmern gebildet werden (§§ 77 Abs. 1 BetrVG, 52 i. V. mit §§ 129 BetrVG, 72). Im übrigen sind die meisten einschlägigen Bestimmungen des AktG anzuwenden (§ 52

Aufsichtsrat der AG – Zusammensetzung nach Mitbestimmungsgesetz

Mitbestimmung nach	Anwendung bei	Zahl der Mitglieder des Aufsichtsrats	Zusammensetzung	
			Anteilseigner	Arbeitnehmer
Betriebsverfassungsgesetz 1952	bis zu 2000 Arbeitnehmern	Regelung nach Aktiengesetz: mindestens 3 höchstens 21, bei Grundkapital bis 3 Mio. DM 9 bei Grundkapital bis 20 Mio. DM 15 bei Grundkapital über 20 Mio. DM 21	2/3 der Mitglieder	1/3 der Mitglieder
Mitbestimmungsgesetz von 1976	mehr als 2000 Arbeitnehmern	bis 10 000 Arbeitnehmer: mindestens 12 10 000–20 000 Arbeitnehmer: mindestens 16 mehr als 20 000 Arbeitnehmer: mindestens 20	6 8 10	(davon Gewerkschaftsvertreter) 6 (2) 8 (2) 10 (3)

Aufsichtsratsteuer

Abs. 1 GmbHG); sie können aber durch die Satzung abbedungen werden. → Kapitalanlagegesellschaften, die überwiegend die Rechtsform einer GmbH haben, müssen gemäß § 3 KAGG einen AR bilden, dessen Zusammensetzung, Rechte und Pflichten sich aus § 4 KAGG sowie aus den in § 3 KAGG aufgeführten Bestimmungen des AktG ergeben.

AR einer Genossenschaft: Er ist vorgeschrieben (§ 9 Abs. 1 GenG) und besteht aus mindestens drei von der → Generalversammlung zu wählenden Genossenschaftsmitgliedern. Der AR der Genossenschaft hat in erster Linie Überwachungsaufgaben (§§ 38–40 GenG); eine → Haftung für Obliegenheitsverletzungen ergibt sich aus § 41 GenG.

Aufsichtsratsteuer
Erhebungsart der → Einkommensteuer für → Aufsichtsratsvergütungen, die an beschränkt → Steuerpflichtige gezahlt werden. Die A. beträgt 30% der Bruttovergütungen und wird im Wege des Steuerabzuges erhoben (§ 50a Abs. 1–3 EStG).

Aufsichtsratsvergütung
Vergütung jeder Art, die an Mitglieder des → Aufsichtsrats gewährt wird (nicht jedoch Auslagenersatz); sie kann in einer festen Vergütung oder in einem Anteil am → Gewinn bestehen (§ 113 AktG).

Steuerliche Behandlung: A. ist bei der Ermittlung des steuerpflichtigen Einkommens der → Körperschaft zur Hälfte nicht abzugsfähig (§ 10 Nr. 4 KStG). A. gehört bei den Aufsichtsratsmitgliedern i. a. zu den → Einkünften aus selbständiger Arbeit (§ 18 Abs. 1 Nr. 3 EStG). Steuerabzug erfolgt nur bei beschränkt → Steuerpflichtigen (→ Aufsichtsratsteuer).

Aufsichtsrechtliche Begrenzungsnormen, → bankbetriebliche Risiken und bankaufsichtliche Risikobegrenzungsnormen.

Aufstiegsfortbildung, → berufsbegleitende Weiterbildungsmöglichkeiten, Genossenschaftsbanken.

Auftrag
Unvollkommen zweiseitig verpflichtender → Vertrag, durch den sich der Beauftragte verpflichtet, für den Auftraggeber unentgeltlich ein Geschäft zu besorgen (§ 662 BGB).

BGB-Regelungen: Der Beauftragte ist grundsätzlich an die Weisungen seines Auftraggebers gebunden und darf nur ausnahmsweise von ihnen abweichen (§ 665 BGB). Er hat dem Auftraggeber die erforderliche Nachricht zu geben, auf Verlangen Auskunft zu erteilen und Rechenschaft abzulegen und alles, was er durch die Ausführung des A. erlangt hat, an ihn herauszugeben (§§ 665–667 BGB). Macht der Beauftragte → Aufwendungen, die er zur Ausführung des A. für erforderlich halten durfte, ist der Auftraggeber zum Ersatz verpflichtet (§ 670 BGB). Der Auftraggeber kann den A. widerrufen, der Beauftragte ihn jederzeit kündigen. Der Auftragnehmer schuldet zwar keinen bestimmten Arbeitserfolg, aber auch nicht nur einfaches Tätigwerden, sondern die Besorgung eines fremden Geschäfts (zweckgerichtetes Handeln im wirtschaftlichen oder persönlichen Interessenbereich des Auftraggebers).

Auftragsgeschäft der Kreditinstitute: Die wesentlichen Vorschriften des BGB zum A. finden auf den → Geschäftsbesorgungsvertrag Anwendung, der die entgeltliche Geschäftsbesorgung zum Inhalt hat (§ 675 BGB) und in vielfacher Hinsicht für → Rechtsgeschäfte der → Kreditinstitute Bedeutung hat (z. B. → Girovertrag, Vertrag zwischen Herausgeber und Inhaber einer → Kreditkarte, Vertrag zwischen Akkreditivauftraggeber und der Bank, die ein → Dokumentenakkreditiv eröffnet, → Inkassovertrag im → Zahlungsverkehr).

Ausführung von A. an Kreditinstituten durch Dritte: Nach Nr. 3 Abs. 2 AGB Banken, Nr. 19 Abs. 2 AGB Sparkassen bzw. Nr. 3 Abs. 2 AGB Postbank darf das Kreditinstitut mit der Ausführung aller ihm übertragenen Geschäfte im eigenen Namen selbständig Dritte ganz oder teilweise beauftragen, wenn es dies auch unter Abwägung der Interessen des Kunden für gerechtfertigt hält. Macht das Kreditinstitut von der Weiterleitung Gebrauch, so beschränkt sich seine Verantwortlichkeit auf sorgfältige Auswahl und Unterweisung des beauftragten Dritten, weil der Organisationsablauf bei den anderen Unternehmen außerhalb der von ihm beherrschbaren Sphäre liegt. Die Beschränkung der → Haftung auf ein Auswahlverschulden widerspricht § 11 Nr. 7

AGB Banken, wenn es sich bei den Dritten nicht um einen Substituten (z. B. → Korrespondenzbank, → Deutsche Bundesbank, → Deutsche Postbank AG), sondern um einen → Erfüllungsgehilfen handelt. Ein Ausschluß oder eine Begrenzung der Haftung für einen Schaden, der auf einer grob fahrlässigen Vertragsverletzung durch einen → gesetzlichen Vertreter oder → Erfüllungsgehilfen des Kreditinstituts beruht, ist unwirksam. Lediglich dann, wenn der eingeschaltete Dritte als Substitut (Ersatzperson des Schuldners) anzusehen ist, ist eine Beschränkung der Haftung auf den Rahmen des § 664 Abs. 1 S. 2 BGB zulässig, auch insoweit werden aber Bedenken aus § 9 Abs. 2 Nr. 2 AGBG erhoben. Folgt das Kreditinstitut bei der Auswahl des Dritten einer Weisung des Kunden, so trifft es keine Haftung; es ist jedoch verpflichtet, dem Kunden etwaige Ansprüche gegen den Dritten abzutreten.

Auftragsarten an der DTB
Beim Handel mit → Optionen und → Futures an der → Deutschen Terminbörse (DTB) können unlimitierte Aufträge, limitierte Aufträge und → kombinierte Aufträge vorgegeben werden (vgl. Abbildung S. 108).
(→ Good-till-cancelled GTC, → Good-till-date GTD, → Fill-or-kill FOK, → Immediate-or-cancel IOC)

Aufwand
Periodisierte (erfolgswirksame) Ausgaben.
A. kann nach den bankbetrieblichen Entstehungs- bzw. Leistungsbereichen (und dort nochmals nach Einsatz von → Produktionsfaktoren, wie z. B. Zinsaufwand, Personalaufwand, Sachaufwand) gegliedert werden.
Gegensatz: → Ertrag.

Aufwandsrentabilität
Bei der operativen Steuerung des → Bankgeschäfts verwendete Kennziffer, die ausdrückt, welcher Ertrag mit einem bestimmten → Aufwand erwirtschaftet wird.

Aufwandsrückstellung, → Rückstellungen.

Aufwands- und Ertragskonsolidierung
Bei der Erstellung des → Konzernabschlusses muß der Wert der konzerninternen Lieferungs- und Leistungsgeschäfte verrechnet werden. Gemäß § 305 Abs. 2 HGB kann auf die A. u. E. verzichtet werden, wenn sie für die Vermittlung eines den tatsächlichen Verhältnissen entsprechenden Bildes der Vermögens-, Finanz- und Ertragslage des → Konzerns von untergeordneter Bedeutung ist. Zusätzlich ist eine Zwischenergebniskonsolidierung (§ 304 HGB) erforderlich, wenn die konzerninternen Lieferungs- und Leistungsgeschäfte mit einem Zwischengewinn oder Zwischenverlust erfolgen (→ Konsolidierung).

Aufwärtsgerichtete Fächer
→ Trendfächer, die einen Aufwärtstrend beschreiben.
Gegensatz: → Abwärtsgerichtete Fächer.

Aufwendungen
1. → Aufwand.
2. Freiwillig erbrachte (Geld-)Leistungen, für die die begünstigte → Person unter Umständen → Aufwendungsersatz schuldet.

Aufwendungsersatz
Im Unterschied zum → Schadensersatz → Anspruch auf Grundlage eines → Vertrages oder kraft → Gesetzes auf Ausgleich freiwillig übernommener finanzieller → Aufwendungen, z. B. im Rahmen eines → Geschäftsbesorgungsvertrages (§ 675 i. V. m. § 670 BGB).

Aufwertung
Revaluation, Revalvation. Veränderung des → Leitkurses einer → Währung (so im → Europäischen Währungssystem; im → Bretton-Woods-System dagegen: Veränderung der → Parität) zu einer anderen Währung bzw. zu einem Währungskorb. Der Wert der fremden Währung bzw. des Währungskorbes, ausgedrückt in Einheiten der aufgewerteten Währung, verringert sich.
Der → Außenwert der aufgewerteten Währung wird heraufgesetzt und damit an die seit der vorangegangenen Fixierung des Leitkurses bzw. der Parität eingetretene Veränderung der Austauschrelationen angepaßt (Verbesserung der → Terms of Trade). Hauptursache des Anpassungsbedarfs ist i. d. R. eine unterschiedliche Preisentwicklung im Inland gegenüber dem Ausland (niedrigere Preissteigerungsrate im Inland als im Ausland, → Kaufkraftparitätentheorie).
Im System → fester Wechselkurse kann eine A. aufgrund des Drucks von Ländern mit Leistungsbilanzdefiziten (EWS) und/oder aufgrund inländischer wirtschaftspoliti-

Aufzinsung

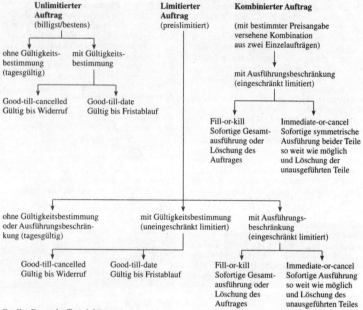

Quelle: Deutsche Terminbörse

scher Ziele (so z. B. → außenwirtschaftliches Gleichgewicht) erfolgen. Die Verringerung eines Überschusses in der → Leistungsbilanz soll durch die aufwertungsbedingte Senkung der Inlandspreise der Importgüter und Erhöhung der Auslandspreise der Exportgüter erreicht werden. Damit kann sich die internationale Wettbewerbsposition des aufwertenden Landes verschlechtern. Bei geringerer Geldentwertung (→ Inflation) des Inlandes im Vergleich zum Ausland bedeutet die A. die Anpassung des → Wechselkurses an die tatsächlichen Kaufkraftverhältnisse.

Ziel einer A. kann auch die Dämpfung einer inländischen Überbeschäftigungssituation und eines unerwünscht hohen Preisauftriebs sein. Letzteres wird auch durch eine → importierte Inflation verursacht.

Als A. wird auch die sich bei → flexiblen Wechselkursen ergebende Erhöhung des Außenwertes der Währung bezeichnet. Der um das Preisgefälle zwischen den Ländern bereinigte Aufwertungsanteil ist die reale A. *Gegensatz:* → Abwertung.
(→ Wechselkurssysteme)

Aufzinsung

Verfahren der → Zinseszinsrechnung, bei dem ein zukünftiger Kapitalbetrag (Endkapital K_n) unter Verwendung eines Zinssatzes zu einem zeitlich späteren Datum bewertet wird (Anfangskapital K_0).

$$K_n = K_0 \cdot (1+i)^n$$

wobei:

n = Anzahl der Zinsperioden,

$i = \dfrac{p}{100}$ mit p = Zinssatz der Periode

Gerechnet werden kann auch mit → Aufzinsungsfaktor q^n (q = 1 + i):

$$K_n = K_0 \cdot q^n$$

Die Aufzinsungsmethode wird z. B. bei der Berechnung des Endwertes von → Bundesschatzbriefen (Typ B) und anderen →Aufzinsungspapieren, z. B. →Nullkupon-Anleihe als →Aufzinsungsanleihe (Zinssammler), angewandt.

Aufzinsungsanleihe
Capital Growth Bond, Kapitalzuwachsanleihe, Wertzuwachsanleihe, Zinssammler; →Schuldverschreibung, die einschl. →Zinseszinsen zurückgezahlt wird (→Aufzinsungspapiere).
Beispiel: Nullkupon-Anleihe als A. (→Nullkupon-Anleihe).

Aufzinsungsfaktor
Begriff der →Zinseszinsrechnung. Er zinst einen jetzt fälligen Geldbetrag K_0 mit →Zins und →Zinseszins auf einen nach n Jahren fälligen Geldbetrag K_n auf (verwandelt „Einmalzahlung jetzt" in „Einmalzahlung nach n Jahren"). Der A. wird mit folgender Formel ermittelt:

$$r^n = (1 + i)^n$$

wobei:
r^n = Aufzinsungsfaktor
i = Zinssatz, d. h. p/100
n = →Restlaufzeit.
Der A. wird bei der Ermittlung des →zukünftigen Wertes benötigt. Alternativ wird der A. auch mit q^n bezeichnet.

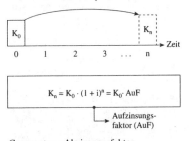

$$K_n = K_0 \cdot (1 + i)^n = K_0 \cdot AuF$$

Aufzinsungsfaktor (AuF)

Gegensatz: →Abzinsungsfaktor.
(→Endwertformel bei Zinseszinsrechnung, →Investitionsrechnung)

Aufzinsungspapier
→Wertpapier, das zum →Nominalwert (Nennwert) erworben und einschl. →Zinseszinsen zurückgezahlt wird (→Aufzinsung). Es erfolgen keine laufenden, zu bestimmten Terminen fällige Zinszahlungen, weshalb eine Ausgabe ohne →Zinsscheine erfolgt.

Beispiele: →Bundesschatzbrief (Typ B), →Nullkupon-Anleihe als →Aufzinsungsanleihe.

Augenblicksverzinsung, →stetige Verzinsung.

Ausbietungsgarantie
→Garantie, bei der sich der Garant gegenüber dem Inhaber eines →Grundpfandrechts verpflichtet, diesen vor einem Ausfall innerhalb des Zwangsversteigerungsverfahrens (→Zwangsversteigerung) des belasteten →Grundstücks zu bewahren.
Der Garant verpflichtet sich, entweder bis zur Höhe des Grundpfandrechts mitzubieten, einen Ausfall des →Gläubigers wegen zu geringen Gebotes zu verhindern (und bei Nichterfüllung dieser Verpflichtung →Schadensersatz zu leisten) oder dem Gläubiger einen etwaigen Ausfall mit dem Grundpfandrecht zu erstatten. Im ersten Fall übernimmt der Garant durch den Garantievertrag eine bedingte Verpflichtung zum Erwerb eines →Grundstücks, die einer →notariellen Beurkundung bedarf (§ 313 BGB).
Mit der A. läßt sich der Sicherungswert eines außerhalb der →Beleihungsgrenze des betreffenden Grundstücks liegenden Grundpfandrechts verbessern. Die A. kommt als →Kreditsicherungsgarantie vor.

Ausbildung im Bankensektor
Bankkaufmann/-frau: Staatlich anerkannter Ausbildungsberuf, der zur Gruppe der kaufmännischen Ausbildungsberufe gehört. Die i. d. R. drei Jahre dauernde Ausbildung wird im wesentlichen im Ausbildungsbetrieb und in der Berufsschule vermittelt (duales System). Unter bestimmten Voraussetzungen ist eine kürzere Ausbildungsdauer möglich. Grundlage für die Berufsausbildung ist die Verordnung über die Berufsausbildung zum Bankkaufmann/zur Bankkauffrau vom 8. 2. 1979 in Verbindung mit dem Rahmenlehrplan der Ständigen Konferenz der Kultusminister aus dem Jahr 1978. Derzeit (Stand: 4/95) wird über eine Neugestaltung der Ausbildungsordnung nachgedacht, um den veränderten betrieblichen und marktorientierten Anforderungen an das Berufsbild des Bankkaufmanns gerecht zu werden. Gegenstand der Ausbildung ist gegenwärtig die Vermittlung von Fähigkeiten und Kenntnissen in den Bereichen Kontoführung, Inlands- und Auslandszahlungsverkehr, Geld- und Kapitalanlage, Finanzierung sowie In-

Ausbildung im Bankensektor

nenbetrieb. Die Abschlußprüfung wird von der jeweils zuständigen Industrie- und Handelskammer abgenommen. (Anfang 1996 läuft dieser Ausbildungsgang bei der → Deutschen Bundesbank aus.)

Sparkassenkaufmann/-frau: Staatlich anerkannter Ausbildungsberuf (öffentlicher Dienst), der nur von den niedersächsischen → Sparkassen ausgebildet wird und vom Grundsatz her mit der Ausbildung zum Bankkaufmann/-frau vergleichbar ist. Die Ausbildung dauert i.d.R. drei Jahre; sie kann unter bestimmten Voraussetzungen verkürzt werden. Neben den Ausbildungsinhalten der Verordnung über die Berufsausbildung zum Bankkaufmann/zur Bankkauffrau vom 8.2.1979 in Verbindung mit dem Rahmenlehrplan der Ständigen Konferenz der Kultusminister von 1978 werden insbes. Kenntnisse vermittelt (z.B. Sparkassenrecht), die an der Berufsschule als typische Merkmale der Sparkassenorganisation keine Berücksichtigung finden. Zwischen- und Abschlußprüfung werden von der Sparkassenakademie Hannover durchgeführt.

Bürokaufmann/-frau: Die Ausbildung zum/zur Bürokaufmann/-frau ist staatlich anerkannt. Sie dauert i.d.R. drei Jahre, kann aber unter bestimmten Voraussetzungen verkürzt werden. Grundlage für die Berufsausbildung ist die Verordnung über die Berufsausbildung zum Bürokaufmann/zur Bürokauffrau vom 13.2.1991. Gegenstand der Ausbildung ist die Vermittlung von Fähigkeiten und Kenntnissen in den Bereichen Ausbildungsbetrieb, Organisation und Leitung, Bürowirtschaft und Statistik, Informationsverarbeitung, Betriebliches Rechnungswesen, Personalwesen und Büroorganisation sowie Auftrags- und Rechnungsbearbeitung. Die Zwischen- und Abschlußprüfung werden von der jeweils zuständigen Industrie- und Handelskammer vorgenommen.

Kaufmann/-frau für Bürokommunikation: Staatlich anerkannter Ausbildungsberuf mit einer Ausbildungsdauer von drei Jahren, wobei unter bestimmten Voraussetzungen eine Verkürzung möglich ist. Typische Ausbildungsinhalte gemäß der Verordnung über die Berufsausbildung zum/zur Fachangestellten für Bürokommunikation vom 12.3.1992 sind Bürokommunikation und -koordination, Textformulierung und -gestaltung, bereichsbezogenes Personal- und Rechnungswesen sowie die Sachbearbeitung in den jeweiligen Einsatzgebieten. Desweiteren werden Kenntnisse und Fähigkeiten über betriebliche Funktionszusammenhänge sowie Assistenz- und Sekretariatsaufgaben vermittelt. Dieser Ausbildungsberuf hat gemeinsame Ausbildungsinhalte mit dem Ausbildungsberuf Bürokaufmann/-frau, wobei die Berufsqualifikation beider Berufe als gleichwertig anzusehen ist.

Mathematisch-technischer Assistent/Mathematisch-technische Assistentin: Nach dem Berufsbildungsgesetz anerkannter Ausbildungsberuf. Die Ausbildungsdauer beträgt i.d.R. zweieinhalb Jahre, vereinzelt auch drei Jahre. Voraussetzung für diesen Ausbildungsgang ist das Abitur, unter Umständen auch eine fachgebundene Hochschulreife bzw. die Fachhochschulreife, wenn eine sehr gute mathematische Begabung vorliegt. Obwohl es kein einheitliches, durch Ausbildungsverordnungen nach dem Berufsbildungsgesetz festgelegtes Berufsbild gibt, findet der Ausbildungsberuf dennoch Anerkennung (z.B. bei der Deutschen Bundesbank). Der Schwerpunkt der praktischen Ausbildung orientiert sich an den fachspezifischen Besonderheiten des Ausbildungsbetriebes. Bei der Deutschen Bundesbank sind dies z.B. Anwendungsprogrammierung, Datenbanken, Betriebssysteme und Datenkommunikation. Das theoretische Wissen wird im Betrieb bzw. an einigen wenigen schulischen Bildungseinrichtungen vermittelt. Manche Unternehmen sind bereits zu einer gemeinsamen theoretischen Ausbildung übergegangen. Diese umfaßt z.B. bei der Deutschen Bundesbank Mathematik, Datenverarbeitung (Programmierung, Softwareentwicklung) und Betriebswirtschaftslehre. Im Regelfall findet die Abschlußprüfung vor der Industrie- und Handelskammer statt.

Berufs- und Wirtschaftsakademien: Spezielle Ausbildungsangebote für Abiturienten als Alternative zum Hochschulstudium bieten die Berufs- und Wirtschaftsakademien an. Spezifisches Kennzeichen dieser Akademien ist die Verbindung zwischen wissenschaftsbezogener und praxisorientierter Ausbildung. Neben dem Studium steht der Abiturient gleichzeitig in einem vertraglichen Ausbildungsverhältnis mit einem Betrieb. Die theoretische und praktische Wissensvermittlung erfolgt im zeitlichen Wechsel an der Studienakademie und im Betrieb. I. d. R. kann nach dreijähriger Ausbildung durch eine staatliche Prüfung z. B. der berufsqualifizierende Abschluß Diplom-Betriebswirt (Berufsakademie) erworben werden. Den Absolventen der Berufsakademien in Baden-Württemberg, Sachsen und Berlin, mit dem Studienschwerpunkt Bankwesen, bieten sich gute Möglichkeiten, nach ihrer Abschlußprüfung eine Anstellung im Kreditgewerbe zu finden. Der Genossenschaftsverband Weser-Ems und der Genossenschaftsverband Berlin-Hannover haben auf der Basis des neuen Niedersächsischen Berufsakademiegesetzes vom 6.6.1994 zwei eigene Berufsakademien gegründet. In dreieinhalb Jahren kann hier eine kombinierte Ausbildung zum Bankkaufmann und Betriebswirt (Berufsakademie) absolviert werden.

Ausbildungsberufe im Bankensektor,
→ Ausbildung im Bankensektor.

Ausbildungssparen
Form des → Sparens, mit der die Ausbildung der Kinder schon frühzeitig finanziert werden soll. Sie wird in den verschiedensten Varianten sowohl von → Kreditinstituten als auch Versicherungsgesellschaften angeboten.

Aus dem Geld, → Out-of-the-Money.

Auseinandersetzung
Völlige oder teilweise Auflösung des Vermögens einer Personenmehrheit. Es gelten insoweit für die → Erbengemeinschaft die §§ 2042 ff. BGB, für die → Gütergemeinschaft §§ 1474 ff. BGB und für die → Gesellschaft bürgerlichen Rechts (BGB-Gesellschaft, GbR) die §§ 730 ff. BGB.

Ausfallbürgschaft
→ Bürgschaft, bei der ein Rückgriff des → Gläubigers auf den Bürgen gegenüber der → selbstschuldnerischen Bürgschaft erschwert wird. Der Gläubiger kann den Bürgen erst dann in Anspruch nehmen, wenn er nachweist, daß er bei der verbürgten → Forderung einen Verlust erlitten hat.
Der Ausfall gilt als eingetreten, wenn der Gläubiger ohne Erfolg versucht hat, durch → Zwangsvollstreckung in das gesamte → Vermögen des Hauptschuldners Befriedigung zu erlangen und dabei überhaupt nicht oder nicht in voller Höhe befriedigt worden ist. Die Nachweispflicht und der umfassend ergebnislose Vollstreckungsversuch stellen eine nicht unerhebliche Erschwerung gegenüber der → gewöhnlichen Bürgschaft dar (vgl. §§ 771, 772 ZPO). In der Kreditpraxis ist deshalb die A. in Form der modifizierten A. anzutreffen, bei der zur Erleichterung des Gläubigers die konkreten Umstände des Ausfalls im Bürgschaftsvertrag festgelegt werden (z. B. Antrag auf Eröffnung eines → Vergleichs/→ Konkurses).

Ausfallgarantie
→ Garantie, die analog zur → Ausfallbürgschaft in der Weise übernommen wird, daß der Garant für den nachgewiesenen Ausfall der garantierten → Forderung einsteht.

Ausfallrisiko, → Adressenausfallrisiko.

Ausfallwahrscheinlichkeit
Synonym für → Shortfall Risk.

Ausfuhr
Nach der Begriffsbestimmung des → Außenwirtschaftsrechts (§ 4 Abs. 2 AWG) das Verbringen von → Sachen und Elektrizität aus dem Wirtschaftsgebiet in fremde Wirtschaftsgebiete (→ Export).

Ausfuhrbeschränkungen
Staatliche Maßnahmen, die die → Ausfuhr von → Waren einschränken. Sie können sich auf alle Waren, eine Warengruppe, eine Ware und/oder auf ein Land bzw. mehrere Länder beziehen. Ziele der A. können wirtschaftlicher Art (z. B. Schutz der heimischen Industrie) oder außerökonomischer Art sein, so etwa ein politisch begründetes Ausfuhrverbot in bestimmte Länder (→ Embargo). Ausfuhrbeschränkende Maßnahmen wirken in mehr oder weniger direkter Form auf die Exportmenge: Ausfuhrkontingente stellen ein gezielt anwendbares Instrument zur direkten Einschränkung der Exportmenge dar. Preisbelastungen in Form von Exportzöllen können das Ausfuhrvolumen dagegen nur indirekt, aber ebenso gezielt verringern. Gleiches gilt auch für den Abbau von Exportsubventionen bzw. -prämien, die im Gegensatz zum → Zoll eine Preisentlastung darstellen. Die → Aufwertung der eigenen → Währung kann ebenfalls ausfuhrbeschränkend wirken, doch zielt sie i. a. nicht auf die Beeinflussung der Exporte, sondern auf eine Verteuerung des auf dem → Devisenmarkt geltenden Preises der inländischen Währung, unabhängig von der Art der außenwirtschaftlichen Transaktion.

Ausfuhrbürgschaft

Ausfuhrbürgschaft
Instrument zur Abdeckung von Ausfuhrrisiken (→ Exportkreditversicherung), die im Rahmen privatwirtschaftlicher und staatlicher → Kreditversicherung übernommen werden.
Nach den Allgemeinen Bedingungen werden bei den → Ausfuhrgewährleistungen des Bundes als „Ausfuhrbürgschaften" Gewährleistungen für Geldforderungen deutscher Exporteure aus Ausfuhrverträgen über Lieferungen und Leistungen verstanden, wenn der ausländische Vertragspartner des deutschen Exporteurs oder ein für das Forderungsrisiko voll haftender Garant eine Gebietskörperschaft oder eine vergleichbare Institution ist. Bürgschaftsfälle sind Uneinbringlichkeit infolge politischer Umstände und wegen Nichtzahlung sechs Monate nach → Fälligkeit.

Ausfuhrdeckung,
→ Ausfuhrgewährleistung des Bundes.

Ausfuhrfinanzierung,
→ Exportfinanzierung durch Kreditinstitute.

Ausfuhrförderung
I. e. S. sämtliche Maßnahmen des Staates zur Steigerung des → Exportes und damit der Deviseneinnahmen eines Landes. Ziele der A. sind vor allem die Beseitigung eines Defizits in der → Handelsbilanz sowie die Aufrechterhaltung der Vollbeschäftigung. Der Export kann z. B. gefördert werden durch Steuervergünstigungen (z. B. bei der → Umsatzsteuer, bei Verbrauchsteuern und → Zöllen) sowie durch Möglichkeiten zur Bildung steuerfreier Rücklagen oder zur Vornahme von Sonderabschreibungen, durch direkte → Subventionen (wie z. B. Ausfuhrprämien, Zinszuschüsse bei Exportkrediten), → Ausfuhrgarantien, Vergünstigungen bei der Ausfuhrfinanzierung (→ Exportfinanzierung durch Kreditinstitute) und durch währungspolitische Maßnahmen (wie z. B. → Abwertung).
Ein Großteil der ausfuhrfördernden Maßnahmen bewirkt internationale Wettbewerbsverzerrungen und beeinträchtigt damit die positiven Wirkungen der internationalen Arbeitsteilung. Aus diesem Grunde wird versucht, sie in internationalen Abkommen zu unterbinden.
Zu den Zielsetzungen der OECD, des GATT und der EU gehört u. a. auch die Abschaffung der Wettbewerb verzerrender Förderungsmaßnahmen. Diese Bestrebungen richten sich gegen alle Ausfuhrvergünstigungen mit ausgesprochenem Subventionscharakter.
In der Bundesrepublik Deutschland werden grundsätzlich keine derartigen Ausfuhrförderungsmaßnahmen mehr durchgeführt. Die im Zusammenhang mit Ausfuhrgeschäften gewährten → Kredite der → AKA Ausfuhrkredit-Gesellschaft mbH oder der → Kreditanstalt für Wiederaufbau (KfW), ferner die → Ausfuhrgewährleistungen des Bundes sowie die Umsatzsteuerfreiheit für deutsche Ausfuhren (Umsatzsteuerrückvergütung, → Bestimmungslandprinzip) gehören nicht zu jenen Förderungsmaßnahmen, deren Beseitigung angestrebt wird.

Ausfuhrgarantie
→ Garantie zur Abdeckung von Ausfuhrrisiken (→ Exportkreditversicherung), die im Rahmen privatwirtschaftlicher und staatlicher → Kreditversicherung übernommen werden können.
Nach den Allgemeinen Bedingungen werden bei den → Ausfuhrgewährleistungen des Bundes unterschieden (1) „Ausfuhrgarantien" (Ausfuhrgewährleistungen für Geldforderungen deutscher Exporteure aus Ausfuhrverträgen über Lieferungen und Leistungen an private → Schuldner wegen Uneinbringlichkeit infolge politischer oder wirtschaftlicher Umstände und wegen Nichtzahlung sechs Monate nach → Fälligkeit [Garantiefälle]), (2) „Ausfuhrgarantien/kurzfristige Einzeldeckungen" (Ausfuhrgewährleistungen für Geldforderungen deutscher Exporteure aus Ausfuhrverträgen über Lieferungen und Leistungen an private ausländische Schuldner bis zu zwei Jahren Kreditlaufzeit wegen Uneinbringlichkeit infolge politischer und wirtschaftlicher Umstände [Garantiefälle], (3) „Ausfuhr-Pauschal-Gewährleistungen" (Ausfuhrgewährleistungen für eine Mehrzahl von Geldforderungen deutscher Exporteure aus Ausfuhrverträgen über Lieferungen und Leistungen an eine Mehrzahl ausländischer Schuldner bis zu zwei Jahren Kreditlaufzeit. Garantiefälle: wie (1)).

Ausfuhrgewährleistungen des Bundes
Auf der Grundlage des § 39 der Bundeshaushaltsordnung sowie der jährlichen Bundes-Haushaltsgesetzes von der BRD eingegangene → Ausfuhrgarantien (→ Garantie) und → Ausfuhrbürgschaften an inländische Exporteure zwecks Absicherung von politi-

Ausfuhrgewährleistungen des Bundes

schen und wirtschaftlichen Risiken bei Ausfuhrgeschäften, wobei die vertraglich zu liefernden → Waren oder zu erbringenden Leistungen ebenfalls (überwiegend) inländischen Ursprung haben müssen.

Notwendigkeit und Grenzen einer staatlichen → Exportkreditversicherung: Eine Exportkreditversicherung seitens des Staates existiert in den meisten Industrieländern, in Deutschland bereits seit den zwanziger Jahren. Eine Harmonisierung im Rahmen der → Europäischen Union steht noch aus. Dieses Instrument soll den heimischen Exporteuren eine Absicherung der nicht abschätzbaren und damit auch kalkulatorisch nicht erfaßbaren besonderen Risiken im Zusammenhang mit Liefer-, Leistungs- und Finanzierungsverträgen mit ausländischen Geschäftspartnern ermöglichen. Wird auf dem privaten Versicherungsmarkt eine Ausfuhrdeckung allgemein in derselben Art und in demselben Umfang angeboten, kommt eine A. d. B. nicht in Betracht. Sie beschränkt sich also auf die Fälle, in denen der Gesamtumfang der versicherungsbedürftigen Risiken, die oft unvermeidliche Risikoballung auf einzelne Märkte und vor allem die versicherungsmathematisch nicht berechenbare Entwicklung der politischen Risiken (d. h. Eingriffe des Staates des Importeurs in die Geschäftsabwicklung) deren Übernahme durch Private nicht zulassen (Subsidiaritätsprinzip). Diese Art indirekter → Ausfuhrförderung soll sich grundsätzlich selbst tragen. Seit 1983 überstiegen freilich die Entschädigungszahlungen zunehmend die Erträge aus den Entgelten für A. Ab Mitte 1994 wurde daher das System der Entgeltsätze neu geregelt. Neben Bearbeitungsentgelten (Antrags-, Verlängerungs- und Ausfertigungsgebühr) werden seither für die Übernahme von Deckungen Entgelte erhoben, die je nach dem spezifischen → Länderrisiko unterschiedlich hoch sind. Die Reform verfolgte auch das Ziel, dem Vorwurf zu begegnen, es erfolgten hier gegen die Regeln des GATT verstoßende → Subventionen. Mit der Schaffung einer Exportkreditversicherung erkannte die BRD die Notwendigkeit einer dauerhaften Unterstützung und Förderung der Exportbemühungen ihrer Wirtschaft grundsätzlich an. Im Unterschied zu privaten → Kreditversicherungen werden bei A. → Kreditrisiken umfassend übernommen, d. h. wirtschaftliche (kommerzielle) und politische Risiken abgedeckt.

Voraussetzungen und Verfahren: A. dürfen nach dem Haushaltsgesetz und den dazu ergangenen Ausführungsrichtlinien des Bundesministers für Wirtschaft nur übernommen werden im Zusammenhang mit „förderungswürdigen" oder solchen Ausfuhren, „an deren Durchführung ein besonderes staatliches Interesse der Bundesrepublik Deutschland besteht", zugunsten von Ausführern und zugunsten von Kreditgebern für Kredite an ausländische → Schuldner (Importeure), ferner zum Zweck der Umschuldung hiernach gedeckter → Forderungen deutscher → Gläubiger. Ob die recht unbestimmt definierten Voraussetzungen für die Übernahme einer A. vorliegen, entscheidet der → Interministerielle Ausschuß für Ausfuhrgarantien und Ausfuhrbürgschaften. Der Begriff der „Förderungswürdigkeit" beschränkt die Deckung nicht auf Ausnahmefälle, wenn auch in der Praxis A. insbes. für → Entwicklungsländer und osteuropäische Staaten nachgefragt werden. Andererseits verbietet sich jedoch eine Förderung solcher Ausfuhrgeschäfte, die den internationalen Verpflichtungen oder den politischen Grundentscheidungen in der BRD zuwiderlaufen oder gar gegen gesetzliche Bestimmungen verstoßen. Zwischen Förderungswürdigkeit und Risiko besteht eine Wechselbeziehung: Je höher die mit der Übernahme einer A. verbundenen Risiken einzuschätzen sind, desto strengere Anforderungen sind zu stellen.

An den Sitzungen des Interministeriellen Ausschusses nehmen Vertreter der Bundesministerien für Wirtschaft, für Finanzen, für Äußeres und für wirtschaftliche Zusammenarbeit teil, ferner die mit der Geschäftsführung betrauten Mandatare, die → Hermes Kreditversicherungs-AG – daher „Hermes"-Deckung – und die C & L Treuarbeit Deutsche Revision (→ Treuarbeit Aktiengesellschaft). Darüber hinaus können beratende Sachverständige (z. B. aus der → Deutschen Bundesbank) hinzugezogen werden. Bei Deckungen bis zu 2 Mio. DM entscheiden die Mandatare selbst, bis 5 Mio. DM ein Kleiner Interministerieller Ausschuß. Vor der „endgültigen Deckungszusage" kann eine „grundsätzliche Stellungnahme" eingeholt werden, die eine befristete Zusicherung über die spätere Übernahme der A. beinhaltet.

Geschäftsbesorgung durch Mandatargesellschaften: Die Exportkreditversicherung wird namens und für Rechnung des Bundes von zwei privaten Mandataren durchge-

Ausfuhrkredit-Gesellschaft mbH

führt. Beide haben hierzu ein → Konsortium gebildet, welches im Hinblick auf A. unter der Federführung von Hermes steht. Im Rahmen ihrer Geschäftsbesorgung für den Bund sind Hermes und Treuarbeit ermächtigt, alle Erklärungen, die sich auf Ausfuhrgarantien und -bürgschaften beziehen, abzugeben oder entgegenzunehmen sowie alle erforderlichen Rechtshandlungen vorzunehmen, soweit diese nicht, wie die Erstellung der Garantie- oder Bürgschafts-„Erklärung", der → Bundesschuldenverwaltung vorbehalten sind. Unter Berücksichtigung von allgemeinen und auf Einzelfälle bezogenen Weisungen der zuständigen Bundesminister obliegt es den Mandataren, Unternehmen und Verbände zu beraten, Anträge entgegenzunehmen, zu bearbeiten, die nötigen Aufklärungen und Auswertungen zu betreiben und Entscheidungen des (Kleinen) Interministeriellen Ausschusses vorzubereiten. Die Mandatare geben dessen jeweilige Entscheidungen bekannt, bereiten die Garantie- oder Bürgschaftsurkunden vor und händigen diese dem Deckungsnehmer aus. Auch die weitere Abwicklung der Geschäftsvorgänge bis hin zur Prüfung und Regulierung von Entschädigungsanträgen wird von Hermes und Treuarbeit wahrgenommen. Die schriftliche Gewährleistungs-„Erklärung" befaßt sich näher mit den Gegenständen der Deckung, den Risikotatbeständen, dem Selbstbehalt des Deckungsnehmers, der Höchsthaftungssumme und den Voraussetzungen, unter denen der Bund die Deckung beschränken darf. Wiederkehrende Vertragsbestimmungen werden vom Bundesminister für Wirtschaft im Einvernehmen mit dem Bundesfinanzminister in Allgemeinen Bedingungen (→ Allgemeine Geschäftsbedingungen) festgelegt, die periodisch überarbeitet werden.

Zur Durchführung ihrer Aufgabe als Mandatar unterhält die Hermes Kreditversicherungs-AG in Hamburg eine von ihrem übrigen Geschäftsbetrieb organisatorisch getrennte Abteilung, der auch ein Mitarbeiterstab der Treuarbeit angegliedert ist. Intern sind die Aufgaben so verteilt, daß Hermes die aus der Federführung resultierenden Gesamtaufgaben wahrnimmt und die Ausfuhrgarantien bearbeitet, während die Treuarbeit für die Ausfuhrbürgschaften zuständig sind. Tritt bei Abwicklung des Ausfuhrgeschäfts ein Garantie- oder Bürgschaftsfall ein, so entschädigt der Bund nicht den gesamten Ausfall des Exporteurs oder → Kreditinstituts, sondern der Deckungsnehmer muß eine Selbstbeteiligung tragen. Dieser „Selbstbehalt" beträgt in der Regel für die politischen Risiken zehn Prozent, für die wirtschaftlichen Risiken bei Garantien sowie für das Nichtzahlungsrisiko bei Bürgschaften 15 Prozent des Ausfalls. Er darf nicht anderweitig versichert werden. Die sich aus der Übernahme von A. („Deckungszusage") gegen den Bund ergebenden Ansprüche können Exporteure an Kreditinstitute abtreten; der Bund muß dem zustimmen. Hierdurch wird es den Ausführern ermöglicht oder zumindest erleichtert, für die den ausländischen Bestellern eingeräumten → Lieferantenkredite eine → Refinanzierung zu erlangen.

Arten und Formen: Der Bund übernimmt A. in Form von Lieferantenkredit-, Fabrikationsrisiko- und Finanzkreditdeckungen, wobei als Grundform die Einzel-Deckung vorgesehen ist, die teils jedoch revolvierend ausgestaltet werden kann. Allgemeine Bedingungen werden verwendet für Ausfuhrgarantien (G) (mittel- und langfristiges Geschäft), für Ausfuhrgarantien/kurzfristige Einzeldeckungen (G/kE) (kurzfristiges Geschäft), für Ausfuhrbürgschaften (B), für → Fabrikationsrisikogarantien (FG), für → Fabrikationsrisikobürgschaften (FB), für → Finanzkreditgarantien (FKG) und → Finanzkreditbürgschaften (FKB), ferner für Ausfuhr-Pauschal-Gewährleistungen (APG), einer vereinfachten Möglichkeit zur Deckung kurzfristiger Ausfuhrgeschäfte. Im Zusammenhang mit förderungswürdigen Ausfuhren übernimmt der Bund auch Deckungen zur Absicherung des → Devisenkursrisikos (→ Wechselkursversicherung). Alle bei einem Ausfuhrgeschäft in Betracht kommenden Risiken werden als Einheit angesehen und können nur insgesamt abgesichert werden.

Ausfuhrkredit-Gesellschaft mbH, → AKA, Ausfuhrkredit-Gesellschaft mbH.

Ausfuhrkreditversicherung, → Exportkreditversicherung.

Ausfuhr-Pauschal-Gewährleistungen, → Ausfuhrgarantie.

Ausführungsrisiko, → Execution-Risk.

Ausgabeaufschlag
Gebühr, die beim Verkauf von → Investmentzertifikaten eines → Investmentfonds

Ausgleichsforderungen

erhoben und zum → Anteilswert hinzugerechnet wird.

Ausgabe von Aktien, → Aktienemission.

Ausgleichsarbitrage
Cross Market Arbitrage; Variante einer → Arbitragestrategie, bei der verschiedene Finanzinstrumente auf verschiedenen Märkten (z. B. → Futuresmarkt, → Optionsmarkt, → Devisenarbitrage) mit unterschiedlichen Kursen bewertet werden. → Cash & Carry Arbitrage bzw. → Reverse Cash & Carry Arbitrage ist eine A. zwischen → Kassamarkt und Futuresmarkt. → Conversionen und Reversals (→ Umkehr-Swap) werden als A. zwischen → Basiswert und Optionsmarkt bezeichnet. Auch zwischen kurzfristigen → Zinsfutures (z. B. → Euro-DM-Future) und kurzfristigen → Kuponswaps kann über Euro-DM-→ Strips eine A. vollzogen werden. Über A. werden Verbindungen zwischen den verschiedenen Märkten hergestellt, die zu Wechselwirkungen führen. *Gegensatz*: → Differenzarbitrage.

Ausgleichsbank, → Deutsche Ausgleichsbank.

Ausgleichsfonds Währungsumstellung
Gemäß Art. 8 § 3 der Anlage I zum Staatsvertrag zwischen der Bundesrepublik Deutschland und der DDR zur Währungsunion mit der (ehemaligen) DDR 1990 errichtetes → Sondervermögen des Bundes zur Durchführung der Währungsumstellung. Der Ausgleichsfonds ist → Schuldner der verzinslichen → Forderungen, die → Geldinstituten mit Sitz in den neuen Bundesländern und (früheren) Außenhandelsbetrieben zugeteilt wurden, soweit ihre Vermögenswerte zur Deckung der aus der Einführung der DM-Währung und der Währungsumstellung in der DDR hervorgehenden → Verbindlichkeiten nicht ausreichten. Geplant ist, daß die → Tilgung der Forderungen zum 1. Juli 1995 beginnt, in Höhe von 2,5 Prozent des → Nennwertes jährlich. Eingehende Rückzahlungen waren bis zum 31.12.1994 an den → Kreditabwicklungsfonds und sind seit dem 1.1.1995 an den → Erblastentilgungsfonds abzuführen.

Ausgleichsforderungen
Bei der → Währungsreform 1948 entstandene → Schuldbuchforderungen gegen Bund oder Länder, durch die den → Geldinstituten (einschl. → Realkreditinstituten, → Bausparkassen) und Versicherungen – im Rahmen einer Sonderbehandlung zur Erhaltung des Vertrauens der Bevölkerung in das Bank- und Versicherungswesen, zur Sicherstellung ihrer Arbeitsfähigkeit und zum Ausgleich ihrer → Bilanzen – Deckungswerte aus öffentlichen Mitteln zugeführt wurden. Ihre Höhe entsprach dem Unterschied zwischen den nach Kriegsverlusten und Währungsreform verbliebenen → Aktiva und den verbliebenen und durchsetzbaren → Verbindlichkeiten, soweit die Lücke

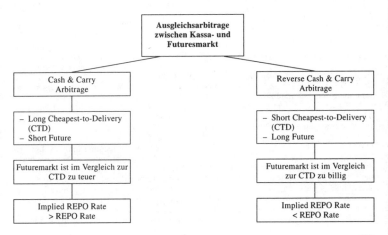

Ausgleichsoperationen am Geldmarkt

nicht durch die Liquiditätsausstattung seitens der →Landeszentralbanken geschlossen wurde. A. für die verschiedenen →Gläubiger sind unterschiedlich verzinslich; sie können von der →Deutschen Bundesbank uneingeschränkt beliehen oder angekauft (§ 24 BBankG), aber dürfen sonst nur unter Einschränkungen erworben oder veräußert werden. Sie müssen zum →Nennwert bilanziert werden.

Ausgleichsoperationen am Geldmarkt
→Pensionsgeschäfte in →Wertpapieren und →Wechseln, Devisenpensions- und -swapgeschäfte (→geldmarktbezogene Devisenpolitik), →Schnelltender sowie kurzfristige Schatzwechselabgaben.

Ausgleichsposten zur Auslandsposition der Deutschen Bundesbank
In der →Zahlungsbilanz der BRD als Gegenposten zu Veränderungen der in der →Gold- und Devisenbilanz enthaltenen →Währungsreserven geführt, die nicht in Zusammenhang mit außenwirtschaftlichen Transaktionen des Leistungs- und Kapitalverkehrs stehen. Der A. enthält u. a. die Zuteilung von →Sonderziehungsrechten sowie Änderungen des DM-Wertes der Währungsreserven und anderer →Auslandsaktiva der Bundesbank aufgrund von Neufestsetzungen der →Parität oder der →Leitkurse. Die Bundesbank muß ihre Auslandsaktiva gem. § 253 Abs. 3 HGB zum strengen →Niederstwertprinzip bewerten. Eine rechnerische (bewertungsbedingte) Verringerung der Währungsreserven ist Folge der →Aufwertungen der Deutschen Mark bzw. der →Abwertungen fremder Währungen und kann zu einem negativen A. führen.

Ausgleichszahlung, →Cash Settlement.

Auskunftsrecht des Aktionärs
Recht des →Aktionärs, in der →Hauptversammlung vom →Vorstand der →Aktiengesellschaft Auskunft über Angelegenheiten der →Gesellschaft zu verlangen, soweit sie zur sachgemäßen Beurteilung des Gegenstands der Tagesordnung erforderlich ist (§ 131 Abs. 1 AktG).

Das A. d. A. zielt darauf ab, dem Aktionär die notwendigen Kenntnisse und Einsichten zur sachgemäßen Ausübung des →Stimmrechts zu verschaffen. Der Vorstand hat auch die Pflicht, über die rechtlichen und geschäftlichen Beziehungen der Gesellschaft zu einem →verbundenen Unternehmen Auskunft zu geben. Macht die AG beim →Jahresabschluß von Erleichterungen Gebrauch, die das HGB in § 266 Abs. 1 Satz 2 (verkürzte →Bilanz einer kleinen Aktiengesellschaft), § 276 (Erleichterungen für kleine und mittelgroße Aktiengesellschaften bei der Aufstellung der →Gewinn- und Verlustrechnung) und § 288 (Erleichterungen für kleine bzw. mittelgroße Aktiengesellschaften bei bestimmten Angabepflichten) Gebraucht, so kann der Aktionär verlangen, daß ihm in der Hauptversammlung der Jahresabschluß in der Form vorgelegt wird, die der Jahresabschluß ohne Anwendung der genannten Vorschriften hätte.

Auskunftsverweigerungsrecht des Vorstands (§ 131 Abs. 3 AktG): Der Vorstand darf die Auskunft verweigern, (1) soweit die Erteilung der Auskunft nach vernünftiger kaufmännischer Beurteilung geeignet ist, der Gesellschaft oder einem verbundenen Unternehmen einen nicht unerheblichen Nachteil zuzufügen; (2) soweit sie sich auf steuerliche Wertansätze oder die Höhe einzelner →Steuern bezieht; (3) über den Unterschied zwischen dem Wert, mit dem Gegenstände in der Jahresbilanz angesetzt worden sind, und einem höheren Wert dieser Gegenstände, es sei denn, daß die Hauptversammlung den Jahresabschluß feststellt; (4) über die Bilanzierungs- und Bewertungsmethoden, soweit die Angabe dieser Methoden im →Anhang ausreicht, um ein den tatsächlichen Verhältnissen entsprechendes Bild der Vermögens-, Finanz- und Ertragslage der Gesellschaft im Sinne des § 264 Abs. 2 des Handelsgesetzbuchs zu vermitteln (dies gilt nicht, wenn die Hauptversammlung den Jahresabschluß feststellt); (5) soweit sich der Vorstand durch die Erteilung der Auskunft strafbar machen würde. Aus anderen Gründen darf die Auskunft nicht verweigert werden.
Eine Auskunftsverweigerung unterliegt gerichtlicher Nachprüfung (§ 132 AktG).

Auskunftsvertrag
Von der Rechtsprechung entwickelter, gesetzlich nicht geregelter →Vertrag, durch den sich ein →Kreditinstitut gegenüber einem Nichtkunden zur richtigen Auskunftserteilung über die Vermögensverhältnisse seiner Kunden verpflichtet (→Bankauskunft). Die Rechtsprechung nimmt einen stillschweigend geschlossenen A. für den

Fall an, daß die Auskunft des Instituts für den Dritten erkennbar von erheblichem Gewicht ist. Die daraus resultierende vertragliche oder vertragsähnliche → Haftung soll aber nicht nur gegenüber dem Auskunftssuchenden selbst, sondern gegenüber allen weiteren → Personen bestehen, die in der gleichen Weise darauf vertraut haben (z. B. Kreditgeber des Kunden).

Auskunftsverweigerungsrecht des Vorstands der Aktiengesellschaft, → Auskunftsrecht des Aktionärs.

Ausländer-DM-Konto
Bei deutschen → Geldinstituten geführte DM-Konten für → Gebietsfremde. Sie sind mit der Herstellung der → Konvertibilität aus den bis 1958 geführten → frei konvertierbaren DM-Konten und den → beschränkt konvertierbaren DM-Konten hervorgegangen. Die Führung und Verzinsung von Konten Gebietsfremder bei deutschen Geldinstituten kann nach § 23 AWG beschränkt werden. A.-DM-K. werden von den kontoführenden Instituten besonders gekennzeichnet. Die Kennzeichnung hat über das außenwirtschaftliche Meldewesen hinaus Bedeutung für die → Anweisung der Deutschen Bundesbank über Mindestreserven (AMR) und die Meldungen nach § 18 BBankG (→ Deutsche Bundesbank, Statistische Erhebungen).

Ausländerkonten, → Ausländer-DM-Konten, → Fremdwährungskonten.

Ausländerkonvertibilität, → Konvertibilität.

Auslandinvestment-Gesetz (AuslInvestmG)
Kurzbezeichnung für das Gesetz über den Vertrieb ausländischer Investmentanteile und über die Besteuerung der Erträge aus ausländischen Investmentanteilen. Das Gesetz dient dem Schutz der deutschen Käufer von → ausländischen Investmentanteilen. Es soll gleiche Wettbewerbsbedingungen zwischen deutschen und ausländischen Investmentgesellschaften schaffen.

Ausländische Aktie, → Auslandsaktie.

Ausländische Kreditinstitute im Mehrheitsbesitz deutscher Kreditinstitute
Ausländische → Banken, an denen deutsche → Kreditinstitute mit mehr als 50% beteiligt sind. Deutsche Kreditinstitute wurden zu grenzüberschreitenden geschäftlichen Aktivitäten durch die starke Expansion des deutschen → Außenhandels, die wachsende Zahl → multinationaler Unternehmen, die Zunahme der → Direktinvestitionen im Ausland und durch eine sich abzeichnende Marktsättigung im Inland veranlaßt. Anfangs wurden internationale → Kooperationen mit Partnerinstituten betrieben, später folgten → Beteiligungen an Banken. Mit dem gewonnenen Know-how gingen die Kreditinstitute zur Gründung von Filialen und → Tochtergesellschaften im Ausland über. Führend sind in diesen Geschäftsbereichen die → Großbanken, gefolgt von den großen → Regionalbanken, den → Landesbanken/Girozentralen und der Deutschen Genossenschaftsbank.
Die von der Bundesbank veröffentlichten bilanzstatistischen Daten (→ Monatsberichte der Deutschen Bundesbank) zeigen, daß die Luxemburger Auslandstöchter die größte Bedeutung haben. Diese Dominanz ist durch den → Euromarkt bedingt (→ Eurogeldmarkt, → Eurokapitalmarkt, → Eurokreditmarkt). Über die Luxemburger Auslandstöchter werden bzw. wurden im wesentlichen Umfang → Einlagen- und → Kreditgeschäfte mit inländischen Nichtbanken ins Ausland verlagert (bedingt durch Mindestreservebestimmungen [→ Mindestreserven, → Mindestreservepolitik der Deutschen Bundesbank] bzw. durch bankaufsichtliche Strukturnormen [→ Grundsätze über das Eigenkapital und die Liquidität der Kreditinstitute]). Mit Einführung eines bankaufsichtlichen Konsolidierungsverfahrens (→ Großkredite, → Eigenkapitalgrundsätze) im Geltungsbereich des → Kreditwesengesetzes reduziert sich das → Kreditvolumen. Rund die Hälfte des → Geschäftsvolumens aller Auslandstöchter entfällt auf den → Interbankenhandel. Für die Aktivitäten deutscher Kreditinstitute im Ausland sind neben den rechtlich selbständigen Instituten auch die Auslandsfilialen von großer Bedeutung (→ Auslandsfilialen deutscher Kreditinstitute).

Ausländischer Investmentanteil
→ Investmentanteil, der von einer ausländischen Investmentgesellschaft (Gesellschaft mit Sitz außerhalb der Bundesrepublik Deutschland) in Deutschland vertrieben wird.

Ausländischer Investmentfonds

Rechtsgrundlage: Ausländische Investmentgesellschaften unterliegen nicht dem → Gesetz über Kapitalanlagegesellschaften (KAGG; Investmentgesetz), mit dem Vertrieb ihrer Anteile in Deutschland jedoch dem → Auslandinvestment-Gesetz. Dieses Gesetz soll die inländischen Investmentsparer schützen und die Wettbewerbsbedingungen in Deutschland zwischen den deutschen und den ausländischen Investmentgesellschaften angleichen. Auch die Besteuerung der → Erträge aus den ausländischen Investmentanteilen wird durch das Auslandinvestment-Gesetz der Ertragsbesteuerung deutscher Investmentanteile angepaßt.

Anteile von ausländischen Investmentgesellschaften mit Sitz außerhalb der EU: Für die Zulassung der Investmentanteile zum öffentlichen Vertrieb hat die Gesellschaft einen Repräsentanten in Deutschland für die gerichtliche und außergerichtliche Vertretung zu bestellen. Das Fondsvermögen ist von einer → Depotbank zu verwahren, welche die Anteilsinhaber in einer dem deutschen Investmentgesetz vergleichbaren Weise sichert. Die Auslandinvestmentgesellschaft hat in Deutschland eine Zahlstelle einzurichten, über die die von den Anteilsscheininhabern geleistete oder für sie bestimmte Zahlungen geleistet werden können. Der Vertrieb von Investmentanteilen ist von der Gesellschaft dem → Bundesaufsichtsamt für das Kreditwesen anzuzeigen.

Anteile von Investmentgesellschaften mit Sitz in der EU: EU-Investmentanteile dürfen in Deutschland grundsätzlich bereits vertrieben werden, wenn die Investmentgesellschaft eine Bescheinigung der zuständigen Aufsichtsbehörde ihres Landes vorlegt, wonach der Fonds die Bestimmungen zur Koordinierung der Vorschriften über gemeinsame Anlagen in → Wertpapieren (→ EG-Bankrecht) beachtet. Für die Aufnahme des Vertriebs ist Voraussetzung, daß mindestens ein inländisches → Kreditinstitut für die Zahlungen für die Anteilsscheininhaber und für die Rücknahme der Anteilsscheine benannt ist. Der Vertrieb der EU-Investmentanteile ist ebenfalls dem Bundesaufsichtsamt für das Kreditwesen anzuzeigen.

Steuerliche Behandlung: Vgl. Übersicht „Ausländische Investmentanteile – Besteuerung".

Ausländischer Investmentfonds
→ Investmentfonds, dessen Verwaltungsgesellschaft ihren Sitz außerhalb der Bundesrepublik Deutschland hat und daher nicht dem → Gesetz über Kapitalanlagegesellschaften (KAGG-, Investmentgesetz) unterliegt und nicht durch das → Bundesaufsichtsamt für das Kreditwesen beaufsichtigt wird. Soweit ausländische Investmentgesellschaften ausländische Investmentanteile in Deutschland vertreiben, haben sie das → Auslandinvestment-Gesetz zu beachten.

Auslandsaktie
Ausländische Aktie; → Aktie ausländischer Unternehmen; sie werden an deutschen → Wertpapierbörsen amtlich und nicht amtlich gehandelt. → Dividenden von A. werden → Aktionären in DM oder in fremder → Währung gutgeschrieben. → Dividendenbekanntmachungen für in Deutschland zum Handel zugelassene ausländische Aktien erfolgen im → Bundesanzeiger und in einem → Börsenpflichtblatt. Für die steuerliche Behandlung von A. ist entscheidend, ob → Doppelbesteuerungsabkommen bestehen.

Auslandsaktiva
→ Forderungen von Wirtschaftssubjekten an das Ausland. Die Brutto-A. abzüglich der Auslandsverbindlichkeiten (→ Auslandspassiva) ergeben die Netto-A. (→ Vermögensrechnung). In der BRD besteht eine Statistik nur für den (in diesem Zusammenhang ökonomisch bedeutsamsten) Sektor der → Banken. Eine umfassende Statistik über die Devisenbestände und sonstigen Auslandspositionen für alle Wirtschaftssubjekte liegt nicht vor (→ Nettoauslandsposition). In den → Bankstatistischen Gesamtrechnungen der → Deutschen Bundesbank wird zwischen A. der Bundesbank und A. der → Kreditinstitute unterschieden (Netto-Auslandsaktiva der Deutschen Bundesbank).

Auslandsanleihe
Foreign Bond; → Anleihe ausländischer → Emittenten, die auf einem einzelnen nationalen Markt emittiert wird. Anleihewährung ist die → Währung des Landes, in dem die Anleihe begeben wird. Die → Plazierung erfolgt vornehmlich im Inland, wobei das Anleihekonsortium bzw. die Führungs- und Garantiegruppe ausschließlich oder überwiegend aus inländischen

Auslandsanleihe

Ausländische Investmentanteile – Besteuerung

Fondsart	Gewinn-verwendungs-politik	Erträge aus vereinnahmten Zinsen und Dividenden	Erträge aus Kursgewinnen, Verkaufserlösen und Bezugsrechten		
			realisierte	nicht realisierte	
Inlandsfonds	ausschüttende	steuerpflichtig		steuerfrei	
	reinvestierende	steuerpflichtig		steuerfrei	
	thesaurierende	steuerpflichtig		steuerfrei	
Auslandsfonds Gruppe 1	ausschüttende	steuerpflichtig		steuerfrei	
	reinvestierende	steuerpflichtig		steuerfrei	
	thesaurierende	steuerpflichtig		steuerfrei	
Gruppe 2	ausschüttende	steuerpflichtig	steuerpflichtig	steuerfrei	
	reinvestierende	steuerpflichtig	steuerpflichtig	steuerfrei	
	thesaurierende	steuerpflichtig	steuerpflichtig	steuerfrei	
Gruppe 3	ausschüttende	steuerpflichtig	steuerpflichtig	90 %	steuerpflichtig
	reinvestierende	steuerpflichtig	steuerpflichtig	90 %	steuerpflichtig
	thesaurierende	steuerpflichtig	steuerpflichtig	90 %	steuerpflichtig

→ Banken und Emissionshäusern besteht. A. unterliegen der Gesetzgebung des Landes, in denen sie emittiert werden. Die Konditionen sind weitgehend an die des betreffenden Inlandsmarktes angelehnt.
Die A. sind von den → *Euroanleihen* (Euro Bonds) abzugrenzen. In beiden Fällen handelt es sich zwar um Finanztransaktionen auf internationalen → Kapitalmärkten, die sich im Gegensatz zu den nationalen Anleihen über Staatsgrenzen hinweg erstrecken. Während jedoch die A. den nationalen Kapitalmärkten für Ausländer zuzurechnen sind (es sind modifizierte inländische Kapitalmärkte), handelt es sich bei den Euroanleihen um Transaktionen auf → Eurokapitalmärkten, internationalen Märkten im eigentlichen Sinne, da sie sich der Kontrolle nationaler Behörden und Aufsichtsorgane entziehen. Ein Unterschied liegt i. d. R. auch in der Zusammensetzung der Führungsgruppe, so z. B. gehören ihr am → Euro-DM-Markt nicht nur ausschließlich deutsche Banken an.

Bedeutsame Märkte: (1) *Bundesrepublik Deutschland:* Am deutschen Markt treten als Emittenten von A. supranationale Institutionen (z. B. EG, → Weltbank), ausländische Staaten (z. B. Australien, Kanada), ausländische Provinzen (z. B. Ontario, Quebec), ausländische Städte (z. B. Wien, Jokohama), Banken (z. B. Ungarische Nationalbank) und Wirtschaftsunternehmen (z. B. Unilever, Uniroyal) in Erscheinung. Da diese Anleihen auf DM lauten, spricht man auch von *DM-Auslandsanleihen*, um sie von den Anleihen ausländischer Emittenten, die auf ausländische Währungen lauten, den *Währungsanleihen*, abzugrenzen (diese Euroanleihen werden in Deutschland i. d. R. jedoch nur im → Telefonverkehr gehandelt).
(2) *Schweiz:* Bedeutsam für A. ist der schweizerische Kapitalmarkt, dessen Leistungsfähigkeit nicht nur durch das hohe inländische Sparniveau, sondern auch durch den ständigen Zufluß ausländischen → Kapitals (begünstigt durch die wirtschaftliche und politische Kontinuität, die Neutralität des Staates, das schweizerische → Bankgeheimnis und die Stabilität des Schweizer Frankens) beeinflußt wird. Für ausländische Emittenten ist das niedrige Zinsniveau attraktiv, sie haben jedoch auch die Nachteile einer aufwertungsverdächtigen Währung im Kalkül zu berücksichtigen. Wegen des hohen Anteils der Auslandstransaktionen an den monetären Märkten wird auch der Markt der Auslandsanleihen aus währungspolitischen Gründen von der Schweizerischen Nationalbank (Notenbank) strikt kontrolliert (Gesamtemissionsvolumen, Höchstbetrag der Einzeltransaktionen, Restriktionen im Bereich der Plazierung, Publizität, Handel im → Sekundärmarkt, → Laufzeit usw.). Die Begebung der schweizerischen A. obliegt Schweizer Banken.
(3) *USA:* Vgl. → Yankee.
(4) *Japan:* Vgl. → Samurai Bond.
(5) *Großbritannien:* Vgl. → Bulldog Bond.

Auslandsbanken

Auslandsbanken
Sammelbegriff für →Zweigstellen ausländischer Banken in der BRD und für inländische →Kreditinstitute im Mehrheitsbesitz ausländischer Banken. Die Bundesbank veröffentlicht in ihrer →Bankenstatistik Daten gesondert für die Zweigstellen ausländischer Banken und für die Gruppe der A. Während die Zweigstellen ausländischer Banken als gesonderte Bankgruppe innerhalb der →Kreditbanken erfaßt werden, führt die Bundesbank statistisch die im Mehrheitsbesitz ausländischer Banken stehenden inländischen Kreditinstitute je nach ihrer Rechtsform in der Gruppe der →Regionalbanken bzw. auch in der Gruppe der →Privatbankiers. Bei A. dominieren das →Auslandsgeschäft und die Beziehungen zu Kreditinstituten (→Interbankenhandel). Die Zweigstellen ausländischer Banken betreiben Interbankengeschäfte vorwiegend mit ausländischen Kreditinstituten, meist mit den eigenen Häusern im Ausland. Die Tochterinstitute ausländischer Banken dagegen unterhalten wesentlich intensivere Geschäftsbeziehungen zu inländischen Nichtbanken. Tochterinstitute ausländischer Banken haben eine stärkere Inlandsverankerung, zumal wenn es sich um alteingesessene Inlandsbanken handelt, als die Zweigstellen ausländischer Banken.

Auslandsfilialen deutscher Kreditinstitute
Rechtlich unselbständige Geschäftsstellen deutscher →Kreditinstitute im Ausland.

Auslandsgeschäft
Zusammenfassende Bezeichnung für →Bankgeschäfte *mit dem* Ausland, d. h. →Kreditinstituten, Unternehmen (→Firmenkunden) und in geringerem Maße auch mit →Privatkunden außerhalb des Staates, in dem das jeweilige Institut seinen Sitz hat. Das A. deutscher Kreditinstitute ist durch →Außenwirtschaftsrecht oder sonstige Vorschriften des →öffentlichen Rechts kaum beschränkt. Auch die →Deutsche Bundesbank darf gemäß § 19 Abs. 1 Nr. 9 BBankG alle Bankgeschäfte im Verkehr mit dem Ausland betreiben, nicht nur bei Geschäften mit Kreditinstituten (→Deutsche Bundesbank, Geschäfte mit Kreditinstituten), sondern generell mit jedem Kunden (→Deutsche Bundesbank, Geschäfte mit öffentlichen Verwaltungen, →Deutsche Bundesbank, Geschäfte mit jedermann). Der →Auslandszahlungsverkehr der Deutschen Bundesbank dient der Erleichterung und Beschleunigung von Teilen des A. der →Geschäftsbanken.
Zum A. der Kreditinstitute gehören insbesondere der →Zahlungsverkehr (→Zahlungen ins Ausland, →Zahlungen aus dem Ausland) einschließlich →Dokumenteninkasso und →Dokumentenakkreditiv, die →Exportfinanzierung durch Kreditinstitute sowie Geschäfte im →Devisenhandel und das →Auslandskreditgeschäft. Der Deutschen Bundesbank gegenüber sind →Meldungen über den Außenwirtschaftsverkehr abzugeben. Die Banktätigkeit *im* Ausland richtet sich in erster Linie nach den im jeweiligen „Gaststaat" geltenden Vorschriften. Im Rahmen der →Europäischen Union (EU) ist jedoch schon eine weitgehende Harmonisierung erreicht (→EG-Bankrecht).

Auslandskreditgeschäft
Kreditgewährung an inländische Kreditnehmer (Exporteure und Importeure [→Außenhandelsfinanzierung]) und ausländische Kreditnehmer einschl. der Gewährung von →Eurokrediten.

Auslandspassiva
→Verbindlichkeiten von Wirtschaftssubjekten gegenüber dem Ausland. In den →Bankstatistischen Gesamtrechnungen der Deutschen Bundesbank wird zwischen den A. der Bundesbank und den A. der →Kreditinstitute unterschieden (→Auslandsaktiva).

Auslandsposition, →Auslandsvermögensstatus.

Auslandsposition der Deutschen Bundesbank, →Währungsreserven, →Wochenausweis der Deutschen Bundesbank, →gesamtwirtschaftliche Finanzierungsrechnung.

Auslandsscheck
→Schecks, die von →Gebietsfremden auf ausländische →Kreditinstitute gezogen und an →Gebietsansässige begeben werden. Dazu zählen auf ausländische →Währung gezogene Schecks (→Fremdwährungsschecks, Art. 36 SchG) sowie DM-Schecks (insbes. →eurocheques (ec) auf die Länder, die an dem Abkommen über den einheitlichen eurocheque teilnehmen). (Im Ausland ausgestellte →„gekreuzte Schecks"

[Crossed cheques] werden in Deutschland als → Verrechnungsschecks behandelt.) A. können angekauft (Eingang-vorbehalten[E.v.]-Gutschrift) oder zum → Inkasso übernommen und nach Eingang des Gegenwertes gutgeschrieben werden. → Bankschecks werden i.d.R. angekauft. DM-eurocheques auf ausländische Kreditinstitute werden im Rahmen des Höchstgarantiebetrages ausgezahlt oder dem Einreicher E.v. gutgeschrieben. Fremdwährungsschecks werden i.a. in Deutsche Mark zum Scheckankaufskurs (→ Sichtkurs) umgerechnet (Geldkurs [Devisenkassakurs] minus Spanne zwischen Geld- und Mittelkurs). Die Bundesbank legt im Vereinfachten Scheckeinzug für A. für die Umrechnung von Fremdwährungsschecks die Scheckeinzugskurse zugrunde, die sie geschäftstäglich festsetzt und im → Bundesanzeiger veröffentlicht. Kreditinstitute ziehen A. über die Deutsche Bundesbank (Einzug von Fremdwährungsschecks im → Vereinfachten Einzug von Auslandsschecks für Kreditinstitute und öffentliche Verwaltungen), über ihre → Korrespondenzbanken und über die GZS (Einzug von DM-eurocheques) ein.

Auslandsschulden des Deutschen Reiches, → Londoner Schuldenabkommen, → Fundierungsschuldverschreibungen.

Auslandsstatus
Nach § 18 BBankG von der → Deutschen Bundesbank angeordnete Erhebung der → Auslandsaktiva und → Auslandspassiva der → Kreditinstitute. Zu unterscheiden sind die monatliche Meldung (Erstattung von Kreditinstituten mit Auslandsaktiva oder Auslandspassiva von mehr als 20 Mio. DM) und die bankwöchentliche Kurzmeldung (Erstattung von allen Kreditinstituten, die die monatliche Meldung abgeben müssen). Im Rahmen der monatlichen Meldung haben die Kreditinstitute der Bundesbank monatlich den Stand der Auslandsaktiva und Auslandspassiva zu melden, gegliedert nach Arten, Fristigkeiten, Wirtschaftssektoren, → Währungen (einschließlich internationaler Währungs- und → Rechnungseinheiten sowie Edelmetalle) und Ländern. Ferner sind Angaben über Eventualverbindlichkeiten (→ Haftungsverhältnisse) gegenüber Ausländern zu machen und ist der Stand der Fremdwährungsaktiva und -passiva gegenüber inländischen Geschäftspartnern, gegliedert nach Währungen, mitzuteilen. Im Rahmen der bankwöchentlichen Kurzmeldung haben die Kreditinstitute der Bundesbank bankwöchentlich den Stand ihrer kurzfristigen Auslandsforderungen und Auslandsverbindlichkeiten, gegliedert nach Arten, Fristigkeiten und Wirtschaftssektoren sowie nach DM und Fremdwährung (einschl. Edelmetallen) zum 7., 15., 23. und Letzten eines jeden Monats zu melden. Zu berichten ist auch über den Stand der Geschäftsbeziehungen zu Zweigstellen bzw. zur Zentrale oder Schwester-Filialen im Ausland. Es sind die „Richtlinien für die Meldungen der Kreditinstitute über ihren A." zu beachten. Der A. der Kreditinstitute ist ein Teil der → Bankenstatistik. Er dient zur Erfassung der Auslandsforderungen und der Auslandsverbindlichkeiten der Kreditinstitute und damit zur Erstellung der → Zahlungsbilanz. Er ermöglicht der Bundesbank Einblick in die → Devisenpositionen der Kreditinstitute.
(→ Melde- und Anzeigepflichten der Kreditinstitute)

Auslandstöchter, → ausländische Kreditinstitute im Mehrheitsbesitz deutscher Kreditinstitute.

Auslandsvermögensstatus
Auch als Auslandsposition bezeichnete, die → Zahlungsbilanz ergänzende Bestandsgrößenrechnung, die die finanziellen → Forderungen und → Verbindlichkeiten des Inländer gegenüber den Ausländern erfaßt. I.d.R. erfolgt eine Gliederung in verschiedene inländische Sektoren und in verschiedene Vermögensarten. Die Bundesbank unterscheidet dabei (→ Deutsche Bundesbank, statistische Erhebungen) zwischen der eigenen Auslandsposition, → Kreditinstituten, Unternehmen und Privatpersonen, Öffentlichen Stellen und sonstigen → Auslandspassiva. Bei den → Auslandsaktiva und -passiva weist sie zudem kurz- und langfristige Positionen, Wertpapieranlagen und → Kredite sowie → Direktinvestitionen je gesondert aus. Bei der Betrachtung des A. einer Volkswirtschaft kommt der Auslandsposition der → Zentralbank eine besondere Bedeutung zu, weil diese die → Währungsreserven eines Landes beschreibt und ihre Höhe so einen Gradmesser dafür darstellt, in welchem Umfang die Zentralbank Defizite der → Leistungsbilanz oder der → Kapitalbilanz vorübergehend finanzieren und damit eine → Abwertung der eigenen → Währung verhindern kann.

Auslandsverschuldung

Verschuldung eines Staates gegenüber ausländischen →Gläubigern (Langfristige A. der Bundesrepublik Deutschland: →Londoner Schuldenabkommen). Zu einem bedeutsamen Problem ist in den achtziger Jahren die A. der →Entwicklungsländer geworden. Insbes. der zunehmende Anteil der Verschuldung gegenüber privaten Gläubigern führte zu einer Erhöhung der Zinsbelastung, da diese → Kredite oft mit einem → variablen Zinssatz (→ Libor) ausgestattet waren, der sich an den jeweiligen Marktbedingungen orientierte.

Auslandswechsel

→ Wechsel, die auf → Gebietsfremde gezogen und von diesen akzeptiert oder als → Solawechsel ausgestellt sind. Sie können auf DM oder über eine fremde → Währung (→ Fremdwährungswechsel) lauten. → Kreditinstitute kaufen A. an (Diskontierung), z. B. im Rahmen eines → D/A-Inkassos (→ Dokumenteninkasso, → Exportfinanzierung der Kreditinstitute). Die Bundesbank kauft von Kreditinstituten und öffentlichen Verwaltungen A. nach Maßgabe ihrer AGB an, von öffentlichen Verwaltungen nur Fremdwährungswechsel (→ Bundesbankfähige Wechsel). Dabei sind besondere Ländervorschriften zu beachten. Die Ankaufskurse der Deutschen Bundesbank für A. werden im →Bundesanzeiger veröffentlicht.

Sachliche und förmliche Voraussetzungen für den Ankauf durch die Bundesbank: (1) Die Wechsel müssen (a) auf eine → Person oder → Personenvereinigung im Ausland gezogen und von ihr akzeptiert oder von einer Person oder Personenvereinigung im Ausland als eigene Wechsel ausgestellt sein, (b) die Unterschriften von mindestens drei als zahlungsfähig bekannten Verpflichteten tragen; die Bundesbank kann sich mit zwei Unterschriften begnügen, wenn die Sicherheit des Wechsels in anderer Weise gewährleistet ist, (c) den Bestimmungen in den „Mitteilungen der Deutschen Bundesbank", insbes. über Währung und Zahlbarstellung, entsprechen, (d) den ausländischen Gesetzen gemäß versteuert sein.

(2) Die Wechsel sollen gute → Handelswechsel sein. Ein Wechselanhang (→ Allonge) muß die zur Bezeichnung des Wechsels erforderlichen Angaben enthalten. Die Wechsel dürfen beim Ankauf eine → Laufzeit von höchstens drei Monaten haben, wobei die in einzelnen Ländern üblichen → Respekttage nicht mitzählen. Sie müssen eine Mindestlaufzeit von zwanzig Tagen haben. Das → Indossament an den Verkäufer muß ein → Vollindossament sein. Das Indossament des Verkäufers muß „An Deutsche Bundesbank" (ohne Angabe eines Ortes) gerichtet sein.

Auslandszahlungen, → Zahlungen ins Ausland, → Zahlungen aus dem Ausland.

Auslandszahlungsverkehr der Deutschen Bundesbank

Die → Deutsche Bundesbank als → Notenbank überläßt die Abwicklung des kommerziellen →Zahlungsverkehrs mit dem Ausland den →Geschäftsbanken. Sie nimmt im wesentlichen Aufträge für den A. nur von öffentlichen Verwaltungen und von den → Kreditinstituten entgegen, die keine Kontoverbindungen bei → Korrespondenzbanken im Ausland unterhalten. Die der Bundesbank erteilten *Auslandszahlungsaufträge* werden im wesentlichen im automatisierten Dauerauftragsverfahren über das →SWIFT-Netz beleglos abgewickelt. Seit dem 16. März 1995 werden Zahlungsaufträge, soweit sie bei den LZB-Zweiganstalten eingeliefert werden, mittels → Datenfernübertragung (DFÜ) tagleich an die Dienststelle des Direktoriums der Bundesbank zu übertragen, die im Zahlungsverkehr mit dem Ausland als Schnittstelle für die Gesamtbank fungiert. Ebenso werden in entgegengesetzter Richtung die beim Direktorium eintreffenden Auslandszahlungen im Auslands-Zahlungsverkehr (→ Fernüberweisungsverkehr der Deutschen Bundesbank) an die LZB-Zweiganstalten per DFÜ weitergeleitet. Über das Direktorium, das an das SWIFT-Netz angeschlossen ist, wird auf diese Weise ein durchgängiger Datenfernübertragungsverbund zwischen den Korrespondenzbanken im Ausland und jeder → Zweiganstalt der Bundesbank in beiden Richtungen hergestellt.

Die Bundesbank zieht im → *vereinfachten Einzug von Auslandsschecks* für Kreditinstitute und öffentliche Verwaltungen, die bei ihr ein →Girokonto unterhalten, → Auslandsschecks ein. Die → Schecks müssen auf eine Bank im Ausland gezogen sein und den Bestimmungen gemäß „Mitteilungen der Deutschen Bundesbank", insbes. über → Währung und Zahlungsland, entsprechen. Schecks, die der Einreicher ausgestellt hat, sind vom Einzug ausgeschlossen. Der Gegenwert der von Kreditinstituten eingereichten Schecks wird unter Abzug einer Gebühr am Abrechnungstag auf Girokonto gutgeschrieben. Der Gegenwert der von öffentlichen Verwaltungen eingereichten Schecks wird nach Eingang (Buchungstag) gutgeschrieben. Die Gutschriften werden jeweils E. v. (→ Eingang vorbehalten) erteilt. Die über ausländische Währung lautenden Schecks werden an die Korrespondenten der Bundesbank zur Einlösung oder zur Einziehung gesandt.

AuslInvestmG
Abk. für → Auslandinvestment-Gesetz.

Auslosungsanzeige
Ankündigung an den → Stillhalter, daß seine → Option zur Ausübung ausgelost wurde. Wird beispielsweise ein Ausübungsauftrag in das System eingegeben, ermittelt die DTB-Clearing-Stelle (→ Deutsche Terminbörse [DTB]) in der dem Ausübungstag folgenden nächtlichen Datenverarbeitung mit Hilfe eines Zufallsverfahrens den Stillhalter (Zuteilung).

Ausschließlichkeitserklärung
Nebenbestimmung eines → Kreditvertrages mit der Firmenkundschaft, welche den Kreditnehmer verpflichtet, nur bei dem kreditgebenden Institut → Konten zu unterhalten. Ein Verstoß dagegen berechtigt das → Kreditinstitut üblicherweise zur → Kündigung des Kredits.

Ausschließlichkeitsklausel, → Ausschließlichkeitserklärung.

Ausschluß des Bezugsrechts, → Bezugsrecht.

Ausschluß eines (säumigen) Aktionärs, → Aktionärspflichten, → Kaduzierung.

Ausschreibungsverfahren
In vielen Bereichen zur Ermittlung des günstigsten Angebots eingesetztes (behördliches) Verfahren. Die → Deutsche Bundesbank bietet etwa Mitgliedern des → Bundesanleihekonsortiums Teilbeträge der → Emission einer → Bundesanleihe im Wege eines A. an. Auch im Rahmen der → Offenmarktgeschäfte der Deutschen Bundesbank werden A. durchgeführt, als → Mengentender oder als → Zinstender (→ Wertpapierpensionsgeschäfte, → Tenderverfahren, → amerikanisches Verfahren, → holländisches Verfahren).

Ausschreibung von Anleihen, → Tenderverfahren.

Ausschüttung
Zahlung von Gewinnanteilen, z. B. → Dividende, an die Gesellschafter.

Ausschüttungsbelastung
Belastung der Gewinnausschüttung einer körperschaftsteuerpflichtigen → Körperschaft mit 30% → Körperschaftsteuer (bis Ende 1994 36%) des → Gewinns vor Abzug der Körperschaftsteuer (§ 27 Abs. 1 KStG). Die A. wird dem Anteilseigner angerechnet (→ Anrechnungsverfahren bei der Körperschaftsteuer) oder vergütet (→ Vergütungsverfahren bei der Körperschaftsteuer).

Ausschüttungsfonds
→ Investmentfonds, der im Gegensatz zu → Thesaurierungsfonds → Erträge ausschüttet.
Werden nur ordentliche Erträge (→ Dividenden und → Zinsen) ausgeschüttet und → außerordentliche Erträge (realisierte Kursgewinne und Erlöse aus → Bezugsrechten) zur Erhaltung der Substanz des Investmentfonds einbehalten, spricht man von *akkumulierenden Fonds*. Diese sind in Deutschland vorherrschend.

Ausschüttungspolitik, → Dividendenpolitik.

Außenbeitrag
Saldo der → Ex- und → Importe von → Waren und Dienstleistungen, d. h. der zusammengefaßten → Handels- und → Dienstleistungsbilanz (ggf. ohne grenzüberschreitende Faktoreinkommen) in der → Zahlungsbilanz. Außenwirtschaftlich bedingte Überhänge beim gesamtwirtschaftlichen Angebot oder bei der → gesamtwirtschaftlichen Nachfrage können Ansatzpunkte für Maßnahmen im Rahmen der Stabilisierungsaufgabe des Staates (Beeinflussung von Konjunktur und Wachstum) sein.
Durch Exporte von Waren und Dienstleistungen entsteht bei Inländern Einkommen.

Außenfinanzierung

Ein positiver A. erhöht → Sozialprodukt und → Volkseinkommen.

Außenfinanzierung
Form der → Finanzierung, bei der einem Unternehmen von außen → Kapital zugeführt wird (externe Finanzierung). A. ist → Eigenfinanzierung, wenn → Eigenkapital zur Verfügung gestellt wird (z. B. gegen Ausgabe von → Aktien: → Beteiligungsfinanzierung). A. ist → Fremdfinanzierung, wenn → Fremdkapital zur Verfügung gestellt wird (z. B. durch Aufnahme von → Bankkrediten oder Ausgabe von → Schuldverschreibungen).
Im Jahre 1992 betrug der Anteil der A. am gesamten Mittelaufkommen (A. plus → Innenfinanzierung) aller deutschen Unternehmen 22,5 Prozent. Maßgebend für den Anteil der A. sind dabei die Außenfinanzierungsmöglichkeiten der kapitalsuchenden Unternehmen (abhängig insbes. von der Rechtsform, von steuerlichen Gegebenheiten und den Konditionen an den → Finanzmärkten) sowie die Möglichkeiten zur Bereitstellung von Eigenfinanzierungsmitteln im Wege der Innenfinanzierung.
(→ Finanzierung)

Außengeldmarkt
→ Geldmarkt, bei dem Marktteilnehmer und Handelsobjekte fremden Währungsbereichen angehören, z. B. → Euro-Geldmarkt.
Gegensatz: nationaler Geldmarkt.

Außenhandel
Grenzüberschreitender Warenverkehr eines Staates (→ Einfuhr und → Ausfuhr). Bestimmungsfaktoren sind u. a. Ausstattung mit → Produktionsfaktoren, insbes. natürliche Produktionsbedingungen (Vorhandensein von Rohstoffen, klimatische Gegebenheiten), Entwicklungsstand, Preise, → Wechselkurs, Käuferpräferenzen, (von der Transporttechnologie) abhängige Transportkosten. Der A. der BRD (→ Handelsbilanz) wird in der amtlichen → Außenhandelsstatistik nach Menge und Wert der → Waren sowie nach Bezugs- und Abnehmerländern ausgewiesen.

Außenhandelsfinanzierung
→ Finanzierung von Export- und Importgeschäften sowie von Transithandelsgeschäften (→ Transithandel). A. sind hinsichtlich Abwicklung und Besicherung durch die besonderen → Zahlungsbedingungen im Außenhandel geprägt. Zu unterscheiden sind → Exportfinanzierung und → Importfinanzierung durch Kreditinstitute, ferner → kurzfristige A. (bis zu einem Jahr), mittel- und langfristige Finanzierung. Zu letzteren zählen Export-Leasing (→ Leasing), → AKA-Kredite, Kreditlinien der KfW, Finanzierungen im Rahmen der → Entwicklungshilfe.

Außenhandelspolitik
Staatliche Maßnahmen zur Beeinflussung des → Außenhandels. Die A. ist ein Teilbereich der Außenwirtschaftspolitik. Leitbild liberaler A. ist die Idee des → Freihandels. Abweichungen sind in der Realität oft anzutreffen; gewinnen sie an Bedeutung, so entsteht → Protektionismus.
Instrumente der A. sind u. a. → Zölle, → Kontingentierungen, Ausfuhr- bzw. Einfuhrverbote, Subventionierung von Exporten sowie administrative Beschränkungen (→ Ausfuhrbeschränkungen, → Einfuhrbeschränkungen).
Nicht nur Maßnahmen der A., insbes. der → Wechselkurspolitik, sondern auch solche der binnenwirtschaftlich orientierten → Wirtschaftspolitik können den Außenhandel beeinflussen. Teilweise ist die A. in internationale Vereinbarungen eingebettet (→ Allgemeines Zoll- und Handelsabkommen [GATT], → Europäische Union [EU]). Art, Intensität und Häufigkeit der staatlichen Eingriffe in den Außenhandel hängen von der → Wirtschaftsordnung eines Landes ab. Sind mit der Verwirklichung des Freihandelsprinzips in → Marktwirtschaften staatliche Eingriffe grundsätzlich unvereinbar, wenn auch in der Realität oft anzutreffen, so wurden dagegen zur Abwicklung des Außenhandels in zentralgelenkten Volkswirtschaften staatliche Außenhandelsmonopole (staatliche Zentralen) eingesetzt.

Außenhandelsquote
Anteil des Außenhandelsumsatzes (→ Importe und → Exporte) am → Bruttosozialprodukt.

Außenhandelsstatistik
Teilgebiet der amtlichen Statistik zur Erfassung des grenzüberschreitenden Warenverkehrs nach Umfang, Struktur und Richtung. Als Kriterium dient die außenhandelsbedingte Veränderung der inländischen verfügbaren Gütermenge, nicht jedoch die Geldgegenleistung. Die A. ermöglicht zeit-

liche und räumliche Vergleiche von Ein- und Ausfuhrdaten. Die Ergebnisse gehen sowohl in die Zahlungsbilanzstatistik (→ Zahlungsbilanz) als auch in die → volkswirtschaftliche Gesamtrechnung ein.

Außenkapitalmarkt
→ Kapitalmarkt, bei dem Marktteilnehmer und Handelsobjekte fremden Währungsbereichen angehören, z. B. → Euro-Kapitalmarkt.
Gegensatz: nationaler Kapitalmarkt.

Außenprüfung
Im Außendienst durchgeführte (früher als Betriebsprüfung bezeichnete) Prüfung, die der Ermittlung der steuerlichen Verhältnisse des → Steuerpflichtigen dient. Der Außenprüfer hat dabei die tatsächlichen Verhältnisse zugunsten wie zuungunsten des Steuerpflichtigen zu prüfen. Die A. wird von den für die Besteuerung zuständigen → Finanzbehörden durchgeführt. Sie ist nach § 193 AO grundsätzlich bei Unternehmern (Gewerbetreibende, Land- und Forstwirte, Freiberufler) sowie bei Steuerpflichtigen, die Steuern für Rechnung eines anderen zu entrichten oder → Steuern einzubehalten und abzuführen haben, zulässig. Bei anderen → Personen ist sie nur dann zulässig, wenn Verhältnisse aufzuklären sind, die für die Besteuerung erheblich sind und eine Prüfung im Amt nicht zweckmäßig erscheint. Von einer abgekürzten A. spricht man, wenn sich die Prüfung auf die wesentlichen Besteuerungsgrundlagen beschränkt.

Außenstehende Aktionäre
Bezeichnung für → Minderheitsaktionäre bei Abschluß eines → Gewinnabführungsvertrags oder eines → Beherrschungsvertrags.
(→ Abfindung außenstehender Aktionäre)

Außensteuergesetz (AStG)
Gesetz über die Besteuerung bei Auslandsbeziehungen, das z. B. Wettbewerbsverzerrungen, die sich aus Sitzverlagerungen und dem zwischenstaatlichen Steuergefälle ergeben können, entgegenwirken soll. Darunter fallen Handhabungen zur Gewinnberichtigung bei international → verbundenen Unternehmen, die erweiterte beschränkte Steuerpflicht bei Wohnsitzwechsel in ein Niedrigsteuerland, die Besteuerung des Vermögenszuwachses aus wesentlichen → Beteiligungen bei Wohnsitzwechsel in das Ausland und die Besteuerung von Einkünften aus Beteiligungen an ausländischen Zwischengesellschaften. Jedoch können Doppelbesteuerungsabkommen den Bestimmungen des AStG z. T. vorgehen (§ 20 Abs. 1 AStG).

Außenwert
Begriff: Wert der eigenen → Währung im Ausland; wird nicht in seiner absoluten Höhe, sondern nur in seiner Veränderung gegenüber einer bestimmten anderen Währung oder einer Gruppe anderer Währungen in Form einer Meßzahl errechnet.

Berechnung: Ausgegangen wird von einem bestimmten Referenzzeitpunkt, zu dem die Relation zwischen den untersuchten Währungen = 100 gesetzt wird. Die inzwischen eingetretene Veränderung wird in einer Indexziffer ausgedrückt. Ist z. B. der Kurs der Währung X von 80 DM auf 60 DM zurückgegangen, ergibt sich eine Indexzahl des A. der D-Mark gegenüber der Währung X von 133,3. Neben der „nominalen" Veränderung des A. kann auch der „reale" A. (→ realer Außenwert) errechnet werden.

Statistik: Die → Deutsche Bundesbank veröffentlicht in den Monatsberichten (→ Monatsberichte der Deutschen Bundesbank) und in den Statistischen Beiheften neben den bilateralen Veränderungen des nominalen A. der D-Mark auch den mit den Im- und Exporten der BRD gewogenen A. der D-Mark gegenüber den Währungen von 18 Industrieländern sowie gegenüber den Währungen verschiedener Ländergruppen. Daneben errechnet die Bundesbank einen realen DM-A. gegenüber 18 Industrieländern auf Basis der Verbraucherpreise (→ Preisindex für die Lebenshaltung).

Außenwert der DM, → Außenwert.

Außenwirtschaftliche Absicherung
Abschirmung der Binnenwirtschaft bzw. der inländischen → Wirtschaftspolitik vor unerwünschten wirtschaftlichen Einflüssen aus dem Ausland. Die Maßnahmen zur a. A. können sowohl außen- (→ Außenhandelspolitik, → Außenwirtschaftsrecht) als auch binnenorientiert sein. Insbes. eine auf die Stabilität des Preisniveaus gerichtete Wirtschaftspolitik bedarf der a. A., wenn die Inflationsraten in anderen Ländern höher sind und → feste Wechselkurse herrschen. In der BRD ist die Stabilitätspolitik hauptsächlich

durch → Aufwertungen der Deutschen Mark sowie durch Maßnahmen des Außenwirtschaftsgesetzes abgesichert worden.
Vor allem in der ersten Hälfte der siebziger Jahre wurde in vielen Industrieländern versucht, durch administrative Regulierungen des Kapitalverkehrs (→ Kapitalverkehrskontrollen) sowohl die → Wechselkurse stabil zu halten, als auch eine auf das Ziel Preisniveaustabilität gerichtete Wirtschaftspolitik durchzusetzen. Die praktischen Erfahrungen haben gezeigt, daß die a. A. durch Kapitalverkehrskontrollen relativ geringe Erfolge zeitigen konnte. Z. Z. sind die größeren Schwankungsbreiten der Wechselkurse (→ flexible Wechselkurse) wichtigstes Instrument zur außenwirtschaftlichen Absicherung (→ Protektionismus).

Außenwirtschaftliches Gleichgewicht

Im Gesetz zur Förderung der Stabilität und des Wachstums der Wirtschaft (→ Stabilitätsgesetz) genanntes gesamtwirtschaftliches Ziel. A. G. ist gegeben, wenn bei stabilem → Wechselkurs die → Währungsreserven ohne staatliche Eingriffe unverändert bleiben (→ Zahlungsbilanzausgleich) und von der Außenwirtschaft keine unmittelbaren Nachteile auf die gesamtwirtschaftlichen Ziele → Geldwertstabilität, hoher Beschäftigungsstand (→ Beschäftigungspolitik), stetiges und angemessenes → Wirtschaftswachstum ausgehen.
Zur Erreichung des a. G. werden insbes. Maßnahmen der → Zahlungsbilanzpolitik eingesetzt.
In den mittelfristigen Zielprojektionen der Bundesregierung wird als Maßstab des a. G. der prozentuale Anteil des → Außenbeitrags am → Bruttosozialprodukt bzw. → Bruttoinlandsprodukt verwendet.

Außenwirtschaftsgesetz, → Außenwirtschaftsrecht.

Außenwirtschaftspolitik, → Außenhandelspolitik, → außenwirtschaftliches Gleichgewicht, → Zahlungsbilanzpolitik.

Außenwirtschaftsrecht

Durch das Außenwirtschaftsgesetz (AWG) und die → Außenwirtschaftsverordnung (AWV) geregeltes (nationales) Recht des → Außenwirtschaftsverkehrs.
Das AWG trat 1961 in Kraft. Es geht in § 1 Abs. 1 aus vom Grundsatz der Freiheit des Außenwirtschaftsverkehrs, d. h. des Waren-, Dienstleistungs-, Kapital-, Zahlungs- und sonstigen Wirtschaftsverkehrs mit fremden Wirtschaftsgebieten (§ 4 Abs. 1 Nr. 2 AWG) sowie des Verkehrs mit Auslandswerten (§ 4 Abs. 2 Nr. 1) und Gold zwischen → Gebietsansässigen. Der Außenwirtschaftsverkehr unterliegt nur den Einschränkungen des AWG selbst sowie der aufgrund des AWG erlassenen → Rechtsverordnungen, also der AWV. Arten der Beschränkungen sind Genehmigungspflichten und Verbote (§ 2 Abs. 1 AWG). Allgemeine Beschränkungsmöglichkeiten zur Erfüllung zwischenstaatlicher Verpflichtungen, etwa im Hinblick auf → EG-Rechtsakte (§ 5), zur Abwehr schädigender Einwirkungen aus fremden Wirtschaftsgebieten (§ 6) sowie zum Schutz der nationalen Sicherheit und der auswärtigen Interessen (§ 7) werden ergänzt durch Beschränkungsmöglichkeiten für einzelne Bereiche (für Waren-, Dienstleistungs-, Kapital-, jedoch nicht für Zahlungsverkehr, §§ 8–24). Keine Beschränkungen gelten für und gegenüber der Bundesbank (§ 25).
Die einzige direkt im AWG (§ 10) vorgesehene Beschränkung betrifft die Wareneinfuhr nach Maßgabe der Einfuhrliste, welche jedoch durch Rechtsverordnung geändert werden kann. Die Einfuhrliste bildet eine Anlage zum AWG und führt Waren nach den Nummern und Benennungen des Verzeichnisses für die → Außenhandelsstatistik auf. Aus ihr geht hervor, ob eine → Einfuhr ohne oder nur mit Genehmigung zulässig ist, sowie, ob eine Einfuhrlizenz nach Maßgabe des Rechts der → Europäischen (Wirtschafts-)Gemeinschaft erforderlich ist. Die Einfuhrliste enthält zudem Länderlisten.
Das AWG ermächtigt die Bundesregierung in §§ 26, 26a weiterhin zum Erlaß von Verfahrens- und Meldevorschriften (→ Meldungen über den Außenwirtschaftsverkehr). Genehmigungsstellen sind im Bereich des Kapital- und Zahlungsverkehrs die Deutsche Bundesbank und der Bundesminister der Finanzen, ansonsten meist das Bundesamt für Wirtschaft oder das Bundesausfuhramt (§ 28 AWG). Ohne die erforderliche Genehmigung vorgenommene → Rechtsgeschäfte sind unwirksam (§ 31); überdies kommen in diesem Fall Bußgelder (§ 33) oder gar Freiheits- oder Geldstrafen in Betracht (§ 34). Die Überwachung der Ausfuhr, Einfuhr und Durchfuhr obliegt den Zollbehörden (§ 46). Auskunfts- und Vorlegungspflichten bestehen aber auch den Ge-

Außerordentliche Hauptversammlung

nehmigungsstellen gegenüber, nicht zuletzt der Bundesbank (§ 44 AWG).
Seit der deutschen Einigung sind die für den innerdeutschen Wirtschaftsverkehr geltenden Sonderregelungen des Militärregierungsgesetzes Nr. 53 (MRG 53) weggefallen.
Das AWG als zentrale Regelung des A. wird ergänzt durch spezielle Rechtsvorschriften, z. B. das Marktordnungsgesetz für den Agrarbereich oder das Zollrecht. In weiten Teilen, insbes. beim Warenverkehr, gehen die Regelungen des EU-Rechts (→ Europäische Union) seinen Bestimmungen vor (§ 1 Abs. 2 AWG).

Außenwirtschaftsverkehr
Nach der Definition in § 1 Außenwirtschaftsgesetz
(1) Waren-, Dienstleistungs-, Kapital-, Zahlungs- und sonstiger Wirtschaftsverkehr mit fremden Wirtschaftsgebieten (fremde Wirtschaftsgebiete i. S. des Außenwirtschaftsgesetzes sind alle Gebiete außerhalb des Gebietes der BRD).
(2) Verkehr mit Auslandswerten und Gold zwischen → Gebietsansässigen (Auslandswerte sind unbewegliche Vermögenswerte in fremden Wirtschaftsgebieten, → Forderungen in Deutscher Mark gegen → Gebietsfremde, auf ausländische → Währung lautende → Zahlungsmittel, Forderungen und → Wertpapiere).
Der A. ist grundsätzlich frei. Er unterliegt nur den Einschränkungen des Außenwirtschaftsgesetzes und der aufgrund des Außenwirtschaftsgesetzes erlassenen → Außenwirtschaftsverordnung.

Außenwirtschaftsverordnung (AWV)
→ Rechtsverordnung, die die Ausführungsvorschriften zum Außenwirtschaftsgesetz zusammenfaßt und insbes. die Beschränkungen des → Außenwirtschaftsverkehrs sowie Melde- und Verfahrensbestimmungen enthält.

Außergerichtlicher Vergleich
→ Vertrag i. S. von § 779 BGB (bürgerlich-rechtlicher → Vergleich).

Außergewöhnliche Belastungen
Kosten der privaten Lebensführung, die auf Antrag u. U. zu einer Verringerung der → Einkommensteuer oder → Lohnsteuer führen können (§§ 33 ff. EStG). Es sind → Aufwendungen, die dem Grunde nach außergewöhnlich und zwangsläufig sind und außerdem die dem → Steuerpflichtigen zumutbare Belastung übersteigen. Einzelheiten sind in Nr. 186–188 EStR geregelt.
Aufwendungen, die zu → Betriebsausgaben, → Werbungskosten oder → Sonderausgaben zählen, können nicht a. B. sein.

Außerordentliche Erträge
Nach § 277 Abs. 4 Satz 1 HGB die → Erträge, die „außerhalb der gewöhnlichen Geschäftstätigkeit" anfallen. Im Formblatt für die Staffelform der Gewinn- und Verlustrechnung der Kreditinstitute (→ Gewinn- und Verlustrechnung der Kreditinstitute, Formblätter nach der Rechnungslegungsverordnung) wird statt des Begriffes „gewöhnliche Geschäftstätigkeit" die Bezeichnung „normale Geschäftstätigkeit" verwendet. Der Begriff der a. E. ist mit dem → Bilanzrichtlinien-Gesetz in das deutsche Recht eingeführt worden. Er ist anglo-amerikanischen Ursprungs. Außerordentlich sind Erträge, wenn sie ungewöhnlicher Art sind, selten vorkommen und von sachlicher Bedeutung sind (Beispiele: → Gewinn- und Verlustrechnung der Kreditinstitute). Periodenfremde → Aufwendungen und Erträge sind keine a. E. A. E. werden in besonderen Posten der Gewinn- und Verlustrechnung erfaßt und können (bei Verwendung des Formblatts der Staffelform) in dem Zwischenposten → „Außerordentliches Ergebnis" zusammengefaßt werden. Betragsmäßig wesentliche a. E. bzw. außerordentliche Aufwendungen sind gemäß § 277 Abs. 4 HGB und § 35 Abs. 1 RechKredV im Anhang anzugeben und zu erläutern (→ Anhang zum Jahresabschluß der Kreditinstitute).

Außerordentliche Erträge eines Investmentfonds
Von einem → Wertpapierfonds realisierte Kursgewinne und erzielte Erlöse aus der Veräußerung von → Bezugsrechten sowie Veräußerungsgewinne bei einem → offenen Immobilienfonds. Für den Inhaber von → Investmentzertifikaten sind a. E. steuerfrei, wenn die Zertifikate zum Privatvermögen gehören.

Außerordentliche Hauptversammlung
→ Hauptversammlung der → Aktiengesellschaft, die – im Gegensatz zur alljährlich stattfindenden ordentlichen Hauptversammlung – auf Verlangen einer Minderheit von → Aktionären (mit Anteilen von insge-

Außerordentlicher Aufwand

samt mindestens 5% des →Grundkapitals) einberufen wird (§ 122 AktG).

Außerordentlicher Aufwand
In der Betriebswirtschaftslehre als →Aufwand definiert, der unregelmäßig anfällt (z. B. Verkauf einer Anlage unter Buchwert). Nach HGB wird der a. A., der innerhalb der gewöhnlichen Geschäftstätigkeit anfällt, unter der Position „sonstiger betrieblicher Aufwand" erfaßt. Nur der ungewöhnlich anfallende a. A. wird unter dem →außerordentlichen Ergebnis erfaßt.

Außerordentlicher Erfolg
I.S. der Gewinn- und Verlustrechnung (→Gewinn- und Verlustrechnung der Kreditinstitute) alle →Aufwendungen und →Erträge, sofern sie außerhalb der gewöhnlichen (normalen) Geschäftstätigkeit anfallen.
Gegensatz: →Ordentlicher Erfolg.

Außerordentlicher Ertrag
In der Betriebswirtschaftslehre als Ertrag definiert, der unregelmäßig anfällt (z. B. Verkauf eines Wertpapierpakets über Anschaffungskurs). Nach HGB wird der a. E., der innerhalb der gewöhnlichen Geschäftstätigkeit anfällt, unter der Position „sonstiger betrieblicher Ertrag" erfaßt. Nur der ungewöhnlich anfallende a. E. wird unter dem →außerordentlichen Ergebnis erfaßt.

Außerordentliches Ergebnis
Bezeichnung im Formblatt der Staffelform der Gewinn- und Verlustrechnung der Kreditinstitute (→Gewinn- und Verlustrechnung der Kreditinstitute, Formblätter nach der Rechnungslegungsverordnung) für den Posten, der die →außerordentlichen Erträge und außerordentlichen Aufwendungen zusammenfaßt.

Aussie
Kurzbezeichnung für einen auf australische Dollar lautenden EuroBond.

Aussonderung
Bezeichnung für Herausnahme von Gegenständen aus der →Konkursmasse. A. können nach § 43 KO im Konkursverfahren diejenigen Berechtigten verlangen, von denen der →Gemeinschuldner einen Gegenstand in Besitz hat, der nicht zur Konkursmasse gehört. → Eigentum z. B. berechtigt zur A., nicht jedoch Sicherungseigentum (→Sicherungsübereignung); in diesem Falle ist →Absonderung möglich.

Aussonderungsrecht bei →*Verwahrung von* →*Wertpapieren:* →Sonderverwahrung, →Sammelverwahrung, →Drittverwahrung.

Ausstehende Einlagen
A. E. sind in der →Bilanz einer →Kapitalgesellschaft anzusetzen, wenn Teile des →gezeichneten Kapitals noch nicht eingezahlt sind. Sie stellen →Forderungen gegenüber den Anteilseignern dar, die entweder bereits eingefordert oder noch nicht eingefordert sind. In der →Bilanzanalyse werden noch nicht eingeforderte a. E. gegen das →Eigenkapital verrechnet. Für den Ausweis der a. E. in der Bilanz besteht ein Wahlrecht, wenn sie am Bilanzstichtag noch nicht eingefordert sind. (a) Beim *Bruttoausweis* (§ 272 Abs. 1 Satz 2 HGB) ist das gezeichnete Kapital in voller Höhe auf der Passivseite auszuweisen; die gesamten a. E. sind auf der Aktivseite vor dem →Anlagevermögen gesondert auszuweisen; die davon eingeforderten Einlagen sind zu vermerken. (b) Beim *Nettoausweis* (§ 272 Abs. 1 Satz 3 HGB) werden die nicht eingeforderten a. E. offen vom gezeichneten Kapital abgesetzt, der verbleibende Betrag ist als „eingefordertes Kapital" in der Hauptspalte des Eigenkapitals auszuweisen. Die eingeforderten Einlagen sind unter den Forderungen gesondert auszuweisen.
(→ gezeichnetes Kapital)

Aussteller
Derjenige, der die (Wertpapier-)→Urkunde ausfertigt und begibt oder durch einen anderen begeben läßt. Der A. muß voll geschäftsfähig sein. Bei beschränkt Geschäftsfähigen (→Geschäftsfähigkeit) ist Zustimmung des →gesetzlichen Vertreters und i.d.R. Genehmigung des Vormundschaftsgerichts erforderlich (→Scheck, Ausstellung; →Wechsel, Ausstellung).

Ausstellung in Bankräumen
→Akquisitionshilfe und Teil der →Öffentlichkeitsarbeit des →Kreditinstitutes. A. i. B. müssen jeweils klar zielgruppendefiniert und damit für die gewählte Zielgruppe attraktiv sein, wenn sie ein Erfolg werden sollen. Planungsschritte: (1) Festlegung des Themas, (2) Bestimmung des Ausstellungszeitraumes, (3) Ort der Ausstellung, (4) Eröffnungsdatum/Eröffnungs-

empfang, (5) Art der Ausstellung, (6) Auswahl des Künstlers, Moderators, Ausstellungsverantwortlichen, (7) Wertermittlung und Versicherung der Ausstellungsgegenstände, (8) Erstellung von Einladungen, Prospekten, Plakaten, (9) Festlegung der Zielpersonen und deren Einladung, (10) Presseinformationen, (11) Aufbau der Ausstellung, benötigtes Material, Aufstellungszeitraum, (12) Beschaffung von Übertragungstechnik, Speisen und Getränken, Blumen usw., (13) Bereitstellung von Mitarbeitern zur Kundenbetreuung.

Austrian Government Bond Future
Offizielle Bezeichnung für den AGB-Future.

Ausübungspreis, → Basispreis.

Ausweis
Notenbankausweis, Bankausweis; von der → Deutschen Bundesbank nach § 28 BBankG jeweils nach dem Stand vom 7., 15., 23. und Letzten jeden Monats im → Bundesanzeiger zu veröffentlichender Überblick über die wichtigsten → Aktiva und → Passiva der Bundesbank (→ Wochenausweis der Deutschen Bundesbank).

Auszahlplan
Form des → Sparens, bei der ein bestimmter Geldbetrag innerhalb einer individuell gewählten → Laufzeit in monatlichen Raten oder in anderen Zeitabständen ausgezahlt wird. Dabei sind zahlreiche Varianten möglich. So kann beispielsweise vereinbart werden, daß der angelegte Geldbetrag während der Laufzeit einschließlich → Zinsen voll zur Auszahlung kommt oder daß lediglich Zinsen gezahlt werden und der ursprünglich angelegte Geldbetrag bei Vertragsende wieder zurückgezahlt wird. I. d. R. dient der A. der Mehrung des → Einkommens im Alter, kann aber auch zum → Ausbildungssparen verwendet werden. Ein A. kann sowohl im Rahmen eines → Investmentgeschäfts als auch mit → Kreditinstituten oder Versicherungen vereinbart werden.

Auszahlplan (beim Investmentsparen)
Entnahmeplan, der für einen Investmentsparer Höhe und Termine der regelmäßigen Auszahlungsraten festlegt (→ Anlagemöglichkeiten für Investmentsparer).

Auszahlung
Bezeichnung im → Devisenhandel für den Ort der → Anschaffung einer gehandelten → Devise. Der Ort der A. wird mitunter synonym für die Bezeichnung der gehandelten → Währung verwendet. So bedeutet z. B. „Auszahlung London", daß es sich bei der kontrahierten Währung um englische Pfund Sterling handelt und daß diese in London ausgezahlt, d. h. auf ein → Konto des Käufers überwiesen werden. Die Anzahl der Anschaffungsorte ist i. d. R. auf die hauptsächlichen → Bankplätze je Währung beschränkt, für englische Pfund Sterling z. B. auf London.

Auszahlungskurs
Anteil des Nominalkreditbetrages, den der Kunde tatsächlich erhält (→ Damnum, → Disagio). Kunden wünschen aus steuerlichen Gründen oft einen geringeren A. als 100 Prozent, weil dieser Abschlag sofort absetzbare → Werbungskosten darstellt.
Ein geringerer A. wird bei der Berechnung des → Effektivzinses berücksichtigt und stellt insofern keine Benachteiligung des Kunden dar.
Ist eine vorzeitige → Tilgung zulässig, muß das Disagio anteilig zurückerstattet werden. Bei → Firmenkunden kann dies ausgeschlossen werden, z. B. bei Krediten der → Kreditanstalt für Wiederaufbau (KfW).

Auszubildender
A. sind → natürliche Personen, häufig noch minderjährig (→ Geschäftsfähigkeit), die in einem Berufsausbildungsverhältnis stehen. Dabei handelt es sich nicht um einen → Arbeitsvertrag; Einzelheiten der → Rechte und Pflichten der Vertragsparteien ergeben sich aus §§ 3 ff. des Berufsbildungsgesetzes (BBiG). Eine allgemeine Ermächtigung der → gesetzlichen Vertreter des A. für den Abschluß von → Rechtsgeschäften nach § 113 BGB greift hier nicht ein. Vielmehr bedürfen → Willenserklärungen des A. zu ihrer Wirksamkeit der → Einwilligung oder Zustimmung im Einzelfall; wichtig ist dies für die → Kontoeröffnung.

Authority to Pay, → Negoziierungskredit.

Authority to Purchase, → Negoziierungskredit.

129

Autobanken

Autobanken
→ Kreditinstitute, die als → Tochtergesellschaften von Automobilunternehmen → Teilzahlungskredite gewähren (→ Absatzfinanzierung), z. T. auch → Leasing-Geschäfte betreiben (sofern keine herstellereigene → Leasing-Gesellschaft besteht). Sie sind im → Privatkundengeschäft und im → Firmenkundengeschäft tätig. Neben Finanzierungen für Autokäufer (Kundenfinanzierungen) nehmen sie auch Finanzierungen für (Auto-)Händler vor (Händlerfinanzierungen). → Automobilkredit und → Auto-Leasing gelten als wesentliches Instrument der herstellerorientierten Absatzförderung. Das Geschäftsgebiet von A. ist teilweise sehr ausgeweitet worden (→ Konzernbanken, → Corporate Banks). Der Arbeitskreis der Banken und Leasing-Gesellschaften der Automobilwirtschaft ist korporatives Mitglied des → Bankenfachverbandes e. V.

Autokredit, → Automobilkredit.

Auto-Leasing
Sonderform des → Leasing. Zumeist bieten Autohersteller Leasingverträge für Privatpersonen und Gewerbebetriebe zwecks Absatzförderung als Alternative zum Fahrzeugkauf an. Käufer zahlen einen am Fahrzeugwert orientierten Betrag und schließen einen Mietvertrag auf 24 oder 36 Monate mit festen monatlichen Leasingraten ab. Das Fahrzeug bleibt im → Eigentum des Herstellers oder Händlers. Es wird zu einem vereinbarten und an die Kilometerleistung gebundenen Restwert nach Ablauf des Leasingvertrages zurückgenommen oder an den Leasingnehmer verkauft. Bei höheren Fahrleistungen als den vereinbarten reduziert sich der Restwert entsprechend.

Automated Confirmation Matching and Advisory Netting Service (ACMN),
→ GEISCO.

Automated Pit Trading
Elektronisches Handelssystem der → LIFFE.

Automatenkarte, → Debit-Karte.

Automatische Ausübung
→ Optionen und → Optionsscheine werden bei → amerikanischen Optionen während der → Laufzeit und bei → europäischen Optionen am Ende der Laufzeit ausgeübt, ohne daß es hierzu einer gesonderten Erklärung der → Long Position (Optionsscheininhaber) bedarf.
(→ BOOST-Optionsschein, → CAPS, → One-Touch Option)

Automatischer Kassentresor (AKT)
Im Zuge der Automation des Barverkehrs zur Entlastung der Hauptkasse und zur besseren Kundenbetreuung geschaffene Einrichtung, bei der Kundenbetreuer auch Ein- und Auszahlungswünsche ihres Kunden erfüllen können, ohne daß sich der Kunde an die Kasse wenden muß. Der Vorteil des AKT liegt in der geschlossenen Geldaufbewahrung (Sicherheitsaspekt).

Automatisches Sparen
Spartechnik bzw. → Sondersparform, bei welcher der Sparer seinem → Kreditinstitut einen einmaligen Auftrag erteilt, regelmäßig Beträge von seinem → Girokonto auf ein → Sparkonto zu übertragen. Ist der Umbuchungsauftrag in der Höhe variabel, verwendet man im Sparkassenbereich die Bezeichnung → Plus-Sparen. Bleibt dagegen der regelmäßig umzubuchende Sparbetrag konstant, handelt es sich um → Dauerauftrags-Sparen.
(→ Sondersparformen)

Automatische Wertpapierleihe
Form der → Wertpapierleihe, die vielfach von Clearing-Häusern wie → Euroclear, → Cedel oder dem Deutschen Kassenverein (DKV) für → Kreditinstitute, aber auch für institutionelle Anleger und → Privatkunden von Banken angeboten wird. Hierbei überläßt der Depotinhaber Depotbestände dem Entleiher, auf die dieser je nach Bedarf zurückgreifen kann. → Bonitätsrisiken mit den Clearing-Häusern bestehen nicht. Beim DKV übernimmt beispielsweise ein Konsortium bestehend aus den 20 größten Banken eine Ausfallgarantie bis zu einem Gesamtbetrag von 50 Mio. pro Kontrahent.
Der DKV und das Bankenkonsortium erhalten derzeit jeder 0,25% Provision, die der Entleiher zusätzlich zahlen muß. Hierdurch wird die a. W. beim DKV uninteressanter, da der Entleiher die Wertpapiere im Direktgeschäft mit Kontrahenten u. U. günstiger erhalten kann. Dies führt zu einer entsprechend geringeren Auslastung des Verleiherbestandes. Die geringere Nachfrage von Entleihern hat zu einem Margendruck beim

Avalkredit

DKV geführt, so erhält der Verleiher nicht wie bei Einführung der a. W. eine Wertpapierleihe-Gebühr von 1,75%, sondern aktuell nur noch 1,0%.
Jeder Entleiher hat bei der DKV zur Abdeckung der Risiken aus allen laufenden Geschäften Sicherheiten in Form von Bargeld, das nicht verzinst wird oder von Wertpapieren mit einem bestimmten Beleihungswert zu hinterlegen.
Gegensatz: → gelegentliche Wertpapierleihe.

Automobilkredit
→ Kredit von Autohändlern oder Banken; erfolgt in Form von → Ratenkrediten, die innerhalb von höchstens 48 Monaten zurückgezahlt werden müssen. Als → Kreditsicherheiten dienen die → Abtretung des pfändbaren Teiles des Arbeitseinkommens der Käufer sowie die → Sicherungsübereignung des zu finanzierenden Fahrzeugs. Autohändler haben dabei die Möglichkeit, entweder mit dem → Finanzinstitut des Autoherstellers oder mit einem beliebigen → Kreditinstitut zusammenzuarbeiten.
(→ Absatzfinanzierung)

Autorisiertes Kapital
Bezeichnung für → genehmigtes Kapital (authorized capital).

Autorisierungslimit, → Floor-Limit.

Autorisierung von Zahlungsvorgängen
Identitäts- und Deckungsprüfung für Zahlungen mittels → Debit-Karte beim → POS-Banking und im → EFTPOS-System. Dies gilt zudem für Bargeldauszahlungen an → Geldausgabeautomaten. Die Prüfung umfaßt insbes. auch etwaige Kartensperren.
(→ Electronic cash, → eurocheque-Karte, → Kreditkarte, → Kundenkarte)

Avalakzept
→ Akzept, mit dem ein Bürge durch seine Unterschrift auf einem → Wechsel eine eigene wechselmäßige Verpflichtung übernimmt. Das A. muß angeben, für wen der Bürge die → Wechselbürgschaft übernimmt. Fehlt diese Angabe, gilt die Bürgschaft als für den → Aussteller (→ Wechsel, Ausstellung) übernommen.

Avalkredit
Bankaval: → Kreditinstitute übernehmen als Avalkreditgeber auftrags ihrer Kunden gegenüber Dritten (Begünstigte) die → Haftung für eine bestimmte Geldsumme durch Hergabe einer → Bürgschaft oder einer → Garantie. Die Bank stellt hierbei keine eigenen Mittel, sondern lediglich ihre → Kreditwürdigkeit zur Verfügung (→ Kreditleihe). Da der Kreditinstitute nachrichtlich unter „Verbindlichkeiten aus Bürgschaften, Wechsel- und Scheckbürgschaften sowie Gewährleistungsverträgen" auszuweisen sind.

Rechtssituation: a) Zwischen Avalkreditgeber (Bank) und Avalkreditnehmer (Kunde) liegt ein → Geschäftsbesorgungsvertrag (§ 675 BGB) vor. b) Zwischen Avalkreditgeber und dem Begünstigten aus dem Aval wird die Rechtsbeziehung von der Art des Avales bestimmt. Grundsätzlich gibt es folgende Arten von Avalen: die Bürgschaft (§§ 765 ff. BGB), den → Kreditauftrag (§ 778 BGB) sowie im → Auslandsgeschäft gebräuchliche Garantien.

Formen: A. werden dem beabsichtigten Verwendungszweck und dem dadurch bestimmten Haftungsumfang angepaßt. Avalurkunden werden unbefristet oder befristet ausgestellt. Hinsichtlich der Befristung werden kurz-, mittel- und langfristige Avale unterschieden. Unbefristete Avale erlöschen nach Rückgabe der Avalurkunde oder wenn der Begünstigte auf seine Rechte und → Ansprüche aus dem Aval verzichtet. Die gängigsten Avalkreditarten sind Anzahlungsbürgschaft oder -garantie, → Bietungsgarantie, Frachtstundungsbürgschaft, → Kreditbürgschaft, Lieferungs- und Leistungsbürgschaft oder -garantie einschließlich Gewährleistungsbürgschaft oder -garantie, → Prozeßbürgschaft, → Zoll- und Steuerbürgschaft. Die → Konnossementsgarantie ist im Auslandsgeschäft anzutreffen.

Besicherung: A. werden von den Kreditinstituten zumeist wie → Barkredite behandelt. Sie sind entsprechend abzusichern oder werden bei entsprechender Schuldnerbonität blanko gewährt.

Kosten: Für die *Ausnutzung* von A. rechnen Kreditinstitute Avalprovision, prozentual auf den Wert der herausgegebenen Avalurkunden. Diese ist abhängig von der → Lauf-

Average Life

zeit des A., der Kreditnehmerbonität, der Art der abzusichernden Risiken, der Größenordnung der Einzelgeschäfte sowie der gestellten Sicherheiten. Der Satz bewegt sich üblicherweise zwischen 0,5 Prozent und 3 Prozent. Zusätzlich wird im allgemeinen je → Urkunde eine Ausfertigungsgebühr gerechnet.

Average Life, → mittlere Laufzeit.

Average Price Option, → Average Rate Option.

Average Rate-Option

→ Exotische Option oder → Exotischer Optionsschein, bei denen der Wert des → Basiswertes nicht zu einem einzigen Zeitpunkt festgestellt wird, sondern als Durchschnitt (z. B. → arithmetisches Mittel, → geometrisches Mittel) mehrerer Zeitperioden (z. B. täglich, wöchentlich, monatlich) ermittelt wird. Im Gegensatz zu normalen → Optionen wird bei A. R.-O. der ermittelte Durchschnittswert bei → Fälligkeit der Option mit dem → Basispreis verglichen. A. R.-O. wurden kreiert, um Verzerrungen, die durch zufallsbedingte Ausschläge entstehen können, zu vermeiden. Auch wenn bei Fälligkeit der Basiswert nicht im Geld (→ In-the-Money) ist, kann der Anleger eines → Calls einen Barausgleich (→ Cash Settlement) erhalten, wenn der Basiswert während der Laufzeit überwiegend über dem Basispreis gelegen hat.
Da die → Volatilität eines Durchschnittes geringer ist, sind A. R.-O. billiger als → europäische Optionen. Je mehr Werte zur Ermittlung des Durchschnittes verwendet werden, desto geringer ist die Volatilität. A. R.-

O. haben immer einen Barausgleich und können nur bei Fälligkeit (Europäische Option) ausgeübt werden.
(→ Low-Cost-Option)

Average Shortfall, → Mean-Average Shortfall-Approach, → Mean-Variance-Approach.

Average Strike Option

→ Exotische Option, bei der der → Basispreis erst bei → Fälligkeit der Option festgelegt wird. Bei einer A. St. O. wird der Basispreis als Durchschnitt des Kurses des → Basiswertes (z. B. → Aktie, → Devise) ermittelt. Im Gegensatz zu → Average Rate Options wird zur Berechnung des → inneren Wertes der aktuelle Kurs des Basiswertes mit dem durchschnittlichen Basispreis verglichen. A. St. O. haben verglichen mit normalen → europäischen Optionen eine geringere → Optionsprämie.
(→ Low-Cost-Option, → Chooser-Optionsschein)

AVT
Abk. für Allgemeine Verlosungstabelle (→ Wertpapier-Mitteilungen).

AWG
Abk. für Außenwirtschaftsgesetz (→ Außenwirtschaftsrecht).

AWV, → Außenwirtschaftsverordnung.

A-Zyklus
→ Delivery Month von → Optionen und → Futures in den Monaten Januar, April, Juli und Oktober.
(→ C-Zyklus)

B

BAA
(Selten vorkommende) Abk. für → Bundesaufsichtsamt für das Kreditwesen (allgemein üblich: BAK, manchmal auch: BAKred).

Baby-Bell-Aktienindex
Preisgewichteter amerikanischer → Aktienindex, der jene → Aktiengesellschaften umfaßt, die vor Jahren von AT&T abgespalten worden sind.

Back Bond
Virgin Bond; → Anleihe, die der Anleger durch Ausübung eines → Optionsscheins oder einer → Option erhält.

Back-end Set Swap, → LIBOR in Arrears-Swap.

Back Month
→ Delivery Month von → Optionen und → Futures, die nach den → Front Months fällig werden. B. M. werden durch bestimmte Farben identifiziert, d. h. → Red Months, → Green Months, → Blue Months und schließlich → Gold Months.

Back Office
1. Bezeichnung für den Bereich in der Bank, in dem die Abwicklung von im → Front Office abgeschlossenen Geschäften erfolgt.

2. → Devisenhandels-Abteilung.

Backspread
→ Spread mit → Optionen, bei dem die Anzahl der → Long-Positionen nicht identisch mit der Anzahl der → Short-Positionen ist. Grundsätzlich werden mehr Optionen gekauft als → Stillhalter-Positionen eingegangen werden. Man unterscheidet Call-Ratio-Backspreads (→ Call) und Put-Ratio-Backspreads (→ Put).

Back-to-Back Credit, → Gegenakkreditiv.

Back-to-Back-Kredit
Austausch von → Krediten im gleichen Gegenwert in unterschiedlicher → Währung mit gleicher → Fälligkeit zwischen zwei Vertragspartnern. Weiterentwicklung eines → Parallel Loans und Vorläuferprodukt von → Währungsswaps. Durch eine veränderte Vertragsgestaltung wird das → Kreditrisiko im Vergleich zu Parallel Loans eliminiert. Die Grundstruktur zeigt die Abbildung auf S. 134.
Die beiden Muttergesellschaften tauschen im Vergleich zu Parallel Loans zu Beginn des B.-t.-B.-K. die Kapitalbeträge in ihren jeweiligen Heimatwährungen direkt untereinander aus, d. h. B gewährt A einen DM-Kredit, bzw. A gewährt B einen US-$-Kredit. Damit wird das Kreditrisiko erheblich verringert, da gegenseitige Verpflichtungen bestehen. In einem nächsten Schritt werden die Kredite an die eigenen → Tochtergesellschaften im Land der Gegenpartei weitergeleitet. Im Gegensatz zu Parallel Loans werden jetzt nur noch die Differenzbeträge (→ Interest Netting) zwischen den Zinssätzen für die jeweiligen Landeswährungen von den Mutterunternehmen gezahlt. Allerdings ist bei B.-t.-B.-K. eine Umgehung von → Kapitalverkehrskontrollen nicht immer möglich, da die Kapitalbeträge sowohl bei Abschluß als auch bei Fälligkeit die nationalen Grenzen passieren müssen.

Back-to-Back-Kredite versus Währungsswaps: Die Kapitalbewegungen eines B.-t.-B.-K. sind mit denen von Währungsswaps identisch. Allerdings ist die Weiterleitung der erhaltenen Beträge an die jeweilige Tochtergesellschaft nicht Bestandteil eines Währungsswaps. Heute spielen B.-t.-B.-K. eine unbedeutende Rolle, da Währungsswaps und die weitgehende → Liberalisie-

Back-to-Back-Loan

Back-to-Back-Kredit

```
┌─────────────────────┐                    ┌─────────────────────┐
│  Mutterunternehmen  │──────────────────→│  Tochterunternehmen │
│      in USA         │        USD         │    von B in USA     │
│       (A)           │────┐               │        (C)          │
└─────────────────────┘    │               └─────────────────────┘
     ↑     ↓               │
    DEM   USD              │
     ↓     ↑               │
┌─────────────────────┐    │               ┌─────────────────────┐
│  Mutterunternehmen  │    │      DEM      │  Tochterunternehmen │
│   in Deutschland    │────┴──────────────→│  von A in Deutschland│
│       (B)           │                    │        (D)          │
└─────────────────────┘                    └─────────────────────┘
```

rung des Kapitalverkehrs B.-t.-B.-K. verdrängt haben. Der Vorteil von Währungsswaps gegenüber B.-t.-B.-K. liegt darin, daß Währungsswaps nicht mehr direkt in der → Bilanz ausgewiesen werden müssen (→ Off Balance Sheet-Instrument).

Back-to-Back-Loan, → Back-to-Back-Kredit.

Back-to-Back-Trading
Eine Art des Wertpapierhandels, bei der dem Kauf von z. B. festverzinslichen Papieren der Weiterverkauf sofort folgt. Die Erfüllungsfrist spielt beim B.-t.-B.-T. eine große Rolle. Wird beispielsweise ein Wertpapier mit → internationaler Valuta erworben und sofort an einer deutschen → Wertpapierbörse mit zweitägiger → Valuta weiterverkauft, so kann der Wertpapierhändler den Weiterverkauf nicht rechtzeitig beliefern und erhält deshalb vom Käufer nicht den Kaufbetrag überwiesen. Um dieses Problem zu lösen, kann sich der Händler bis zur Belieferung des Anschaffungsgeschäftes den → Titel über ein → Wertpapierdarlehen oder → Wertpapierpensionsgeschäft leihen, mit diesem Papier seine Lieferverpflichtung aus seinem Weiterverkaufsvertrag erfüllen und den erhaltenen Gegenwert zinsbringend bis zu seiner Belieferung anlegen, da die Überweisung des Kaufbetrages somit erfolgt. Sobald er das Papier von dem B.-t.-B.-T.-Verkäufer erhält, kann er seine offene Verpflichtung aus dem Wertpapierdarlehen erfüllen bzw. das Wertpapierpensionsgeschäft → glattstellen. Der → Gewinn ergibt sich aus dem → Zins der zwischenzeitlichen Anlage abzüglich der → Leihprämie beim Wertpapierdarlehen bzw. des Reposatzes (→ Repo Rate) bei Wertpapierpensionsgeschäften.

Back-up-Line
Standby-Line; Kreditzusage an → Schuldner, die im Zusammenhang mit einer Back-up-Fazilität (→ Fazilität) eingeräumt wurde.

Backwardation
(1) Der → Future wird gegenüber dem → Basiswert mit einem → Abschlag gehandelt (Gross Basis).
(2) Futures mit einem späteren → Delivery Month haben einen niedrigeren Kurs im Vergleich zu Futures des gleichen → Basiswertes mit einem früheren Delivery Month. *Gegensatz:* → Contango, → Spread.

Bad Date
Fälligkeit eines → Zinsinstrumentes an einem Wochenende oder → Bankfeiertag, so daß der Anleger den Tilgungsbetrag erst verspätet erhält.

Bahnanleihe, → Bundesanleihe.

Bahn-Card
Service der Deutschen Bundesbahn mit Rabattfunktion. Voraussichtlich ab 1. 7. 1995 wird die alte B.-C. durch eine neue ersetzt, in der zusätzlich eine Kreditkartenfunktion enthalten ist (→ Kreditkarte). Partner der Bundesbahn ist dabei die deutsche Tochter des amerikanischen Citibank-Konzerns.

Bahnschatzanweisung, → Bundesschatzanweisung.

Baisse
Bear Market; Börsensituation, die durch anhaltend sinkende Kurse gekennzeichnet ist. *Gegensatz:* → Hausse.

Baissier
Bear; Investor, der auf sinkende Kurse setzt. *Gegensatz:* → Haussier.

BAK
Abk. für → Bundesaufsichtsamt für das Kreditwesen (weitere Abk.: BAKred, BAA).

BAKred
Abk. für → Bundesaufsichtsamt für das Kreditwesen (allgemein übliche Abk.: BAK, selten: BAA).

Balkenchart
Barchart; Graphische Darstellung der Höchst-, Tiefst- und Schlußkurse einer Berichtsperiode. Für jede Eröffnungs-Zeiteinheit (z. B. ein Tag) wird der höchste mit dem tiefsten Kurs der Periode verbunden, wodurch ein Balken oder Strich entsteht. Der Eröffnungskurs wird links, der Schlußkurs rechts durch einen Punkt angedeutet.

B. verdeutlichen das Ausmaß der Schwankungen innerhalb einer Zeiteinheit deutlich. Darüber hinaus lassen sich aus der Lage der Höchst-, Tiefst- und Schlußkurse zueinander Rückschlüsse auf die Angebots- und Nachfragesituation ableiten.
(→ Linienchart, → Point & Figure Chart)
(→ Market Profile Chart)

Ballon
Letzter Rückzahlungsbetrag eines → Zinsinstrumentes, der verglichen mit den anderen Rückzahlungsbeträgen hoch ist.
(→ Rückzahlung)

Ballonwechsel
→ Wechsel im Rahmen von → finanzierten Abzahlungsgeschäften bzw. Teilzahlungsgeschäften, die in einem höheren Betrag am Ende einer Ratenserie fällig sind.

Bandbreite
→ Marge (Spanne), innerhalb derer ein → Wechselkurs einer → Währung am → Devisenmarkt von einer → Parität (z. B. Goldparität, Dollarparität) oder einem → Leitkurs nach oben (oberer Interventionspunkt) oder nach unten (unterer Interventionspunkt) abweichen darf, z. B. im → Europäischen Währungssystem, ohne daß die jeweilige → Zentralbank zum Eingreifen durch → Interventionen am Devisenmarkt verpflichtet ist.
Wechselkursschwankungen werden durch ungleiche Veränderungen des Devisenangebotes und der -nachfrage verursacht. Erreicht der Wechselkurs einer fremden Währung, ausgedrückt in Einheiten der inländischen Währung, den oberen Interventionspunkt, muß die inländische Zentralbank eigene Währung gegen Abgabe der fremden Währung aus ihrem Devisenbestand (→ Währungsreserven) aufkaufen (Abbau des Nachfrageüberschusses nach der fremden Währung). Am unteren Interventionspunkt kauft sie den Angebotsüberschuß der fremden Währung gegen Abgabe der eigenen Währung auf. Dadurch wird gewährleistet, daß der Wechselkurs nicht über die B. hinaus schwanken kann und somit ein System → fester Wechselkurse aufrechterhalten bleibt.

Bandbreiten-Optionsschein, → Range Warrant.

Bank
Wirtschaftseinheit, die durch Verknüpfung der bankbetrieblichen Produktionsfaktoren (→ Produktionsfaktoren im Bankbetrieb) geld- und kreditbezogene Dienstleistungen erstellt.

Volkswirtschaftliche Funktion: → Liquiditätsausgleich innerhalb des dem Wertestrom der Sachgüter und Dienstleistungen entgegengerichteten Geldstroms durch Liquiditätstransformation (Losgrößen- und Fristentransformation) sowie Risikotransformation.

Einzelwirtschaftliche Funktionen: (1) Umtauschfunktion: Schaffung von Möglichkeiten des Tauschs liquider Mittel unterschiedlicher Form und/oder Qualität, (2) Depotfunktion: Verwahrung liquider Mittel über bestimmte Zeiträume, (3) Transportfunktion: räumliche Übertragung monetärer Mittel, (4) Finanzierungsfunktion: zeitweilige Überlassung von → Geld oder → Kredit an Dritte.

Bankbetrieb und Kreditinstitut: „Bank" ist ein wirtschaftlicher, „Kreditinstitut" ein rechtlicher Begriff. Die Bezeichnungen werden oft synonym verwendet. Nach § 1 KWG sind → Kreditinstitute alle Unternehmen, die → Bankgeschäfte betreiben, wenn der Umfang dieser Geschäfte einen in kaufmännischer Weise eingerichteten Ge-

Bank

schäftsbetrieb erfordert. Sie können auch in öffentlicher Hand sein (öffentliche Kreditinstitute). Kreditinstitute sind demnach: → Geschäftsbanken und → Privatbankiers, → Sparkassen und → Landesbanken/Girozentralen, Genossenschaftsbanken (→ Kreditgenossenschaften) und genossenschaftliche Zentralkassen, → Realkreditinstitute, → Teilzahlungskreditinstitute, → Kreditinstitute mit Sonderaufgaben, → Bausparkassen und → Kapitalanlagegesellschaften.

„Bank", → Bezeichnungsschutz für Kreditinstitute.

Bankakademie

Eine von den Verbänden der Kreditwirtschaft getragene Einrichtung. Sie hat ihren Sitz und ihre Geschäftsstelle in Frankfurt am Main (Oederweg 16–18, 60318 Frankfurt am Main). Ihr Bildungsangebot richtet sich grundsätzlich an alle Mitarbeiter des Kreditgewerbes, die ihre berufliche Qualifikation verbessern und die Übernahme von Fach- und Führungsaufgaben gezielt vorbereiten wollen. Die Bildungsmaßnahmen werden bundesweit durchgeführt und umfassen nicht nur bankspezifische Seminare und Veranstaltungen, sondern insbes. berufsbegleitende Studiengänge, die sich als Alternative zum Hochschulstudium verstehen. Die drei Studiengänge bauen aufeinander auf, wobei auch Quereinsteiger mit vergleichbarer Qualifikation zugelassen werden.

1. Stufe (Bankfachwirt-Studium): Zulassungsvoraussetzung ist eine abgeschlossene Berufsausbildung zum Bankkaufmann. Bestimmte Abschlüsse werden nicht verlangt. In vier Semestern wird praxisbezogenes Fachwissen in den Fächern Allgemeine Bankbetriebslehre, Betriebs- und Volkswirtschaftslehre, Bankrecht, Besondere Bankbetriebslehre und Personalwesen vermittelt. Das Studium schließt mit der IHK-Prüfung Bankfachwirt/-in (IHK) ab. Der erfolgreiche Absolvent hat insbes. die Befähigung für die Übernahme qualifizierter Sachbearbeiterfunktionen und die gehobene Kundenbetreuung.

2. Stufe (Bankbetriebswirt-Studium): Zielgruppe dieses Studienganges sind primär engagierte Bankfachwirte, die sich auf die Übernahme fach- und personalorientierter Führungsaufgaben vorbereiten. In zwei Semestern werden folgende Studieninhalte vermittelt: Entwicklung der methodischen Kompetenz, Anwendungsfelder der Bankpolitik, Integrationsmodell bankbetrieblicher Aktivitäten (Bankplanspiel), Ausgewählte Geschäftsfelder, Entwicklung der persönlichen und sozialen Kompetenz. Nach erfolgreicher Abschlußprüfung erhalten die Absolventen den Titel Bankbetriebswirt/-in (Bankakademie). Sie sind in der Lage, → Firmenkunden und/oder vermögende → Privatkunden zu beraten oder eine Geschäftsstelle oder Gruppe zu leiten.

3. Stufe (Management-Studium): Dieser Studiengang richtet sich an Bankbetriebswirte (Bankakademie) und Interessierte mit vergleichbarer Qualifikation. Zu den Studieninhalten gehört das Entwicklungsorientierte Management (EOM), das den größten Teil des zweisemestrigen Studienprogramms repräsentiert. Es gliedert sich in Inhalts- und Prozeßkurse. In den Inhaltskursen werden managementspezifisches Wissen und anwendungsorientierte Fähigkeiten vermittelt, in den Prozeßkursen Managementinstrumente und -methoden gezielt angewendet. Das Studium schließt mit der Prüfung zum/zur Dipl.-Bankbetriebswirt/-in (Bankakademie) ab. Der Absolvent ist als personal- und fachorientierte → Führungskraft für mittlere Positionen einsetzbar.

Weitere berufsbegleitende Studiengänge und Seminare der B. sind u.a.: Training Bankausbildung: In 40 Studienbriefen wird das Bankwissen im Selbstlernprogramm vermittelt; PC-gestütztes Bankplanspiel; Ausbilder-Seminar: In dem dreizehntägigen Vollzeitseminar werden die Teilnehmer auf die Ausbildereignungsprüfung vor der Industrie- und Handelskammer vorbereitet; Banken-Sommer-Akademie (vierwöchiges Post-Graduate-Studium für Führungskräfte).

(→ Hochschule für Bankwirtschaft, → berufsbegleitende Weiterbildungsmöglichkeiten, Kreditbanken)

Bankaktie

→ Aktie einer → Aktienbank (→ Kreditbank und → private Hypothekenbank). B. sind zinsreagible Werte, da die Ertragsentwicklung der Banken und damit die Kursentwicklung der B. von der → Geldpolitik, insbes. von der → Zinspolitik der Deutschen Bundesbank beeinflußt wird.

B. werden in den Amtlichen Kursblättern und in Zeitungen zu einer Gruppe zusammengefaßt.

Bankakzept

1. Von einem erstklassigen Kunden auf eine → Bank im Rahmen eines → Akzeptkredites gezogener → Wechsel, den diese zumeist selbst diskontiert (→ Diskontgeschäft). An die → Kreditleihe schließt sich dann unmittelbar das Geldleihgeschäft (→ Geldleihe) an. B. können jedoch, wie jedes andere → Akzept auch, bei einer anderen Bank zum Diskont ein- oder an einen → Gläubiger weitergereicht werden. B. gelten unter bestimmten Voraussetzungen auch als → Privatdiskonte.

2. Ein zur Deckung des bankeigenen Finanzierungsbedarfs begebenes B. wird auch als Finanzakzept bezeichnet.

Bank-an-Bank-Verkehr

Unmittelbare Weiterleitung von Überweisungs- und Einzugsaufträgen an ein anderes → Kreditinstitut am Platz bzw. im Geschäftsbereich des beauftragten Kreditinstituts unter direkter Verrechnung des Gegenwertes.

Bankaufsichtliche Auskünfte und Prüfungen

Aufgrund der → Melde- und Anzeigepflichten der Kreditinstitute und der → Vorlagepflichten der Kreditinstitute erhält das → Bundesaufsichtsamt für das Kreditwesen (BAK) teils laufend, teils bei Vorliegen bestimmter Tatbestände umfangreiches Informationsmaterial (→ Kreditanzeigen nach KWG, → Anzeigen der Kreditinstitute über personelle, finanzielle und gesellschaftsrechtliche Veränderungen, → Monatsausweise, → Jahresabschlüsse und → Lageberichte, → Prüfungsberichte). Diese Rechte werden als Voraussetzungen einer wirksamen → Bankenaufsicht gemäß § 44 KWG durch umfassende Auskunfts- und Prüfungsbefugnisse ergänzt. Das BAK kann hiernach im Inland und nach § 44a KWG in begrenztem Umfang auch im Ausland Auskünfte und Unterlagen über aufsichtsrelevante Tatbestände erhalten und klärungsbedürftige Sachverhalte an Ort und Stelle nachprüfen.

Auskünfte und Prüfungen im Inland: Gemäß § 44 Abs. 1 Nr. 1 KWG ist das BAK befugt, von Kreditinstituten und Mitgliedern ihrer → Organe Auskünfte über alle Geschäftsangelegenheiten sowie Vorlage der Bücher und Schriften zu verlangen; ab 1996 werden auch andere Unternehmen einer → Kreditinstitutsgruppe i. S. des KWG erfaßt (§ 44 Abs. 1 Nr. 1 a). Soweit die → Deutsche Bundesbank im Rahmen der Bankenaufsicht tätig wird, steht auch ihr dieses Recht zu (§ 44 Abs. 3 Satz 2). Das BAK bittet i. d. R. zunächst formlos um die benötigten Informationen, bevor ein förmliches Auskunftsersuchen oder Vorlegungsverlangen erfolgt. Dabei kann sich das BAK der Hilfe anderer Personen oder Einrichtungen (etwa Wirtschaftsprüfer, → Prüfungsverbände) bedienen. Auskünfte betreffen z. B. die Umsätze in bestimmten → Wertpapieren, den Umfang der gewährten → Kontokorrentkredite, die Entwicklung eines bestimmten Kredits. Bei → Verträgen, Schriftwechsel, Buchführungsunterlagen, Arbeitsanweisungen oder Aktenvermerken kann Vorlegung verlangt werden. Auf das → Bankgeheimnis oder die Unverletzlichkeit der Geschäftsräume (Art. 13 GG) können sich Kreditinstitute hierbei nicht berufen. Prüfungen bei Kreditinstituten dürfen ohne besonderen Anlaß vorgenommen werden. Bis zur KWG-Änderung 1976 war dies notwendig, etwa bei begründetem Verdacht größerer Kreditverluste. Vom Instrument solcher „Sonderprüfungen" wurde jedoch selten Gebrauch gemacht, weil dergleichen kaum geheim zu halten war und daher regelmäßig zu Vertrauensverlusten für die betroffenen Kreditinstitute führte. Zudem kamen die Prüfungen meist zu spät. Seit der Novellierung des KWG erfolgen Routineprüfungen bei Instituten jeder Art und Größe, ohne daß damit etwas Anrüchiges verbunden wäre. In unregelmäßigen Abständen – der Stichtag der Prüfung weicht häufig von dem des Jahresabschlusses ab – werden meist Teilbereiche geprüft, etwa das → Kreditgeschäft i. S. des KWG, → Großkredite, bestimmte Engagements, Revisionswesen, Organisation, → Wertpapiergeschäfte, → Depotgeschäft, → Devisengeschäft, Einhaltung des § 18 KWG usw. Das BAK beauftragt, da es keinen eigenen Prüferstab hat, i. d. R. Wirtschaftsprüfer, Wirtschaftsprüfungsgesellschaften, Prüfungsverbände oder die Bundesbank (insbes. bei Devisenprüfungen), die Maßnahme durchzuführen (§ 44 Abs. 3 Satz 1 i. V. m. § 8 Abs. 1 KWG). Dabei wird vermieden, die Jahresabschlußprüfer (→ Jahresabschlußprüfung) einzuschalten, um Interessenkollisionen auszuschließen; bei → verbandsgeprüften Kreditinstituten werden es jeweils andere prüfende Personen sein. Um eine Überschneidung mit den Prüfungen der Einrichtungen der Verbände zur → Einlagensicherung zu vermeiden (→ Jahresabschluß der Kreditinstitute), werden Prüfungszeitpunkt und -umfang mit diesen abgestimmt. Das BAK kann ferner Vertreter zu den →Haupt-, →General- oder Gesellschafterversammlungen sowie den Sitzungen der Aufsichtsorgane von Banken entsenden (§ 44 Abs. 1 Nr. 2 KWG); diese können dort das Wort ergreifen. Zudem kann die Einberufung dieser Versammlungen, die Anberaumung von Sitzungen der Verwaltungs- und Aufsichtsorgane und die Ankündigung von Gegenständen zur Beschlußfassung verlangt werden; auch dann sind die Vertreter des BAK redeberechtigt (§ 44 Abs. 1 Nr. 3 KWG). Auskünfte über Geschäftsangelegenheiten sowie die Vorlegung der Bücher und Schriften kann das BAK auch von Unternehmen verlangen, bei dem Tatsachen die Annahme rechtfertigen, daß →Bankgeschäfte ohne Erlaubnis oder →verbotene Bankgeschäfte nach dem KWG betrieben werden (§ 44 Abs. 2 KWG). Insoweit darf jedoch ohne Zustimmung des betroffenen Unternehmens keine Prüfung erfolgen.

Prüfung der Inhaber bedeutender Beteiligungen: Während des Bestehens einer → bedeutenden Beteiligung i. S. des KWG an einem Kreditinstitut soll das BAK in der Lage sein zu überwachen, ob der → Anteilsinhaber den an ihn zu stellenden Anforderungen genügt, sofern tatsächliche Zweifel hieran auftauchen (§ 44b KWG). Das BAK kann dann verlangen, daß ihm und der Bundesbank Jahresabschlüsse und Angaben zur Konzernstruktur sowie →Konzernabschlüsse einschl. der Prüfungsberichte eingereicht werden. Deren Überprüfung kann auch durch einen vom Bundesaufsichtsamt bestimmten Wirtschaftsprüfer erfolgen, und zwar bereits im Rahmen des Verfahrens der → Erlaubniserteilung für Kreditinstitute. Maßnahmen nach § 44b sollen insbes. zur Bekämpfung der → Geldwäsche dienen.

Grenzüberschreitende Auskünfte und Prüfungen: Auf die Datenübermittlung zwischen Kreditinstituten sind Rechtsvorschriften, welche diesen Vorgang beschränken (z. B. § 4 Bundesdatenschutzgesetz 1990), nicht anzuwenden, wenn ein ausländisches Unternehmen an dem inländischen Kreditinstitut mindestens 25% der Kapitalanteile hält und die Datenübermittlung für die bankaufsichtliche Überwachung auf konsolidierter Basis erforderlich ist (§ 44 a Abs. 1 Satz 1 KWG); auch hier bringt die 5. KWG-Novelle eine Erweiterung. Um einen einseitigen Datenfluß von der BRD in andere Staaten zu verhindern, kann das BAK einer Bank die Übermittlung von Daten untersagen, wenn die Gegenseitigkeit nicht gewährleistet ist. Im Rahmen grenzüberschreitender Amtshilfe hat das BAK gemäß § 44a Abs. 2 KWG auf Ersuchen einer Bankenaufsichtsbehörde eines anderen EG-Mitgliedstaates Daten zu überprüfen oder zu gestatten, daß jene Behörde, ein Wirtschaftsprüfer oder ein Sachverständiger dies tut. Im Gegenzug hat das BAK gemäß § 44a Abs. 3 die Befugnis, bei bestimmten nachgeordneten ausländischen Unternehmen (Kreditinstitute, →Factoring-Institute und →Forfaitierungs-Unternehmen) Prüfungen durchzuführen, insbes. die Richtigkeit der für die (quotale) Zusammenfassung übermittelten Daten bezüglich des angemessenen → haftenden Eigenkapitals (→ Eigenkapitalgrundsätze), der Vorschriften über →Großkredite und →Monatsausweise zu überprüfen, soweit dies zur Erfüllung der eigenen Aufgaben erforderlich und nach dem Recht des anderen Staates zulässig ist. Bei Zweigstellen von Unternehmen mit Sitz in einem anderen EG-Mitgliedstaat gestattet § 53 b Abs. 6 KWG den Aufsichtsbehörden dieses „Herkunftsmitgliedstaates" (§ 1 Abs. 4 KWG), nach vorheriger Unterrichtung des BAK selbst oder durch ihre Beauftragten die für die bankaufsichtliche Überwachung der Zweigstelle erforderlichen Informationen bei dieser zu prüfen. Die ausländischen Behörden können hierbei aber auch im Rahmen des § 44a Abs. 2 KWG mit deutschen Stellen zusammenarbeiten. Im Gegenzug steht dem BAK eine entsprechende Prüfungsbefugnis im „Aufnahmemitgliedstaat" (§ 1 Abs. 5 KWG) für dortige Zweigstellen deutscher Banken zu. Diesbezügliche Regelungen mußten die anderen EG-Mitgliedsländer aufgrund von Art. 15 der Zweiten → Bankrechts-Koordinierungsrichtlinie treffen.

(→ Bankenaufsicht)

Bankaufsichtliche Maßnahmen
Die Vorschriften des → Kreditwesengesetzes (KWG) über die → Bankenaufsicht dienen der vorbeugenden Gefahrenabwehr. In einer marktwirtschaftlichen Ordnung lassen sich jedoch auch für → Kreditinstitute Ge-

Bankaufsichtliche Maßnahmen

fahrensituationen und →Bankinsolvenzen nicht völlig verhindern. Zur Bekämpfung von Mißständen und Gefahren der den Kreditinstituten anvertrauten Vermögenswerte enthält das KWG einen Katalog von abgestuften Einwirkungs- und Eingriffsbefugnissen. Wegen der Dringlichkeit der jeweiligen Maßnahmen haben Widerspruch und Anfechtungsklage gegen Akte des →Bundesaufsichtsamts für das Kreditwesen (BAK) meist keine aufschiebende Wirkung (§ 49 KWG). Diese und damit der Wegfall der sofortigen Vollziehbarkeit kann aber auf Antrag des Betroffenen vom Verwaltungsgericht angeordnet werden (§ 80 Abs. 5 VwGO). Wird dem BAK eine bedenkliche Entwicklung bei einer Bank bekannt, so wird die Behörde häufig zunächst im Gespräch mit den →Geschäftsleitern oder dem unternehmenseigenen Kontrollgremium (→ Aufsichtsrat, → Verwaltungsrat) versuchen, eine Bereinigung der Lage auf ,,informellem" Wege zu erreichen. Solch flexibles und diskretes Vorgehen kann die Änderung der Geschäftspolitik, die Zuführung neuen →Eigenkapitals, das Auswechseln von Geschäftsleitern, die Anlehnung an ein gesundes Institut usw. zum Ziel haben und stützt sich auf § 6 Abs. 2 KWG. Mißlingt diese Einflußnahme, verbleiben die gesetzlichen Eingriffsmöglichkeiten.

1. *Maßnahmen bei unzureichendem Eigenkapital oder unzureichender Liquidität:* § 45 KWG gibt dem BAK Handhaben für die Fälle, in denen das →haftende Eigenkapital des Kreditinstituts den Anforderungen des § 10 Abs. 1 Satz 1 KWG oder die Anlage seiner Mittel § 11 Satz 1 oder § 12 (→ Eigenkapitaldeckung des Anlagevermögens bei Kreditinstituten) nicht entspricht. Für den Regelfall ist hierfür die (Nicht-)Einhaltung der Kennziffern der →Eigenkapitalgrundsätze bzw. →Liquiditätsgrundsätze maßgeblich; es können jedoch Sonderverhältnisse berücksichtigt werden. Dem Kreditinstitut muß zunächst eine Frist zur Behebung der Mängel gesetzt werden (§ 45 Abs. 2 Satz 1 KWG). Danach erlassene Anordnungen des BAK sind sofort vollziehbar, und ein schuldhaftes Zuwiderhandeln stellt eine Ordnungswidrigkeit dar (§ 56 Abs. 1 Nr. 3 KWG).
Nach pflichtgemäßem Ermessen kann das BAK folgende Maßnahmen (einzeln oder nebeneinander) ergreifen: (1) Untersagung oder Beschränkung von *Entnahmen durch die Inhaber oder Gesellschafter;* (2) Untersagung oder Beschränkung der *Ausschüttung von Gewinnen:* Beschlüsse hierüber sind insoweit nichtig, als sie einer Anordnung des BAK widersprechen (§ 45 Abs. 2 Satz 2 KWG). Erfaßt wird auch die Abführung von Überschüssen öffentlich-rechtlicher Kreditinstitute an ihre →Gewährträger. Eine derartige Untersagungsbefugnis steht dem BAK bei → privaten Hypothekenbanken und → Schiffspfandbriefbanken auch dann zu, wenn die Umlaufgrenzen überschritten werden (§ 35a Abs. 2 HypBankG, § 36b Abs. 2 SchiffsbankG). (3) Untersagung oder Beschränkung der *Gewährung von Krediten* (→ Kreditbegriff des KWG): Eine Beschränkung ist sowohl quantitativ als auch qualitativ möglich (z. B. Kreditausweitung höchstens bis zu einem bestimmten Prozentsatz innerhalb eines bestimmten Zeitraums, keine Kredite mit →Laufzeiten von mehr als drei Monaten; keine Gewährung von Gelddarlehen aller Art; Gewährung nur von → Akzeptkrediten). Die Verlängerung befristet gewährter Kredite darf aber nicht angeordnet werden. Entgegen einem Verbot gewährte Kredite bleiben rechtswirksam.
Die genannten Maßnahmen sind auch auf übergeordnete Kreditinstitute anwendbar (§ 45 Abs. 1 Satz 3 KWG), wenn das haftende Eigenkapital der →Kreditinstitutsgruppe i. S. des KWG unzureichend ist. Bei unzureichender → Liquidität ist ferner das Verbot zulässig, verfügbare Mittel in den nach § 12 KWG anzurechnenden Vermögenswerten anzulegen (Anlagebeschränkung).
Alle Maßnahmen nach § 45 dienen dem Ziel, strukturelle Schwächen zu beheben, die geschäftspolitisch korrigierbar erscheinen. Obwohl das Verbot von Entnahmen oder von Gewinnausschüttungen primär auf Substanzerhaltung abzielt, während das Verbot der Kreditgewährung oder eine Anlagebeschränkung in erster Linie auf die Erhaltung der Zahlungsbereitschaft hinwirken, stehen die Maßnahmen doch in einem Wirkungszusammenhang. So verhindert das Verbot, Kredite zu gewähren, eine Ausweitung der Risiken des →Aktivgeschäfts und hält damit den effektiven Sicherungswert des vorhandenen Eigenkapitals aufrecht. Die Maßnahmen des BAK bewirken zwar nicht stets eine Besserung, verhindern im allgemeinen jedoch eine Verschlechterung der Situation. Sie können sich durchaus ne-

139

Bankaufsichtliche Maßnahmen

gativ auf das Vertrauen des Publikums zu einem Kreditinstitut auswirken, weil sie kaum auf längere Zeit geheimzuhalten sind. Daher genügt in der Praxis zumeist die Fristsetzung, um die notwendigen Korrekturen bei einer Bank auszulösen. Maßnahmen nach § 45 KWG stellen ein Mißtrauensvotum gegen die Geschäftsleiter dar; beim Vorliegen der Voraussetzungen ist daher auch die Überprüfung von deren Eignung angezeigt.

2. *Abberufung von Geschäftsleitern bei Unzuverlässigkeit oder fehlender fachlicher Eignung* (§ 36 Abs. 1 KWG): Voraussetzungen hierfür sind mangelnde Zuverlässigkeit oder mangelnde fachliche Eignung oder fehlende wirtschaftliche Sicherheit. Letzteres ist anzunehmen, wenn eine Gefahr für die Erfüllung der Verpflichtungen eines Kreditinstituts gegenüber seinen → Gläubigern besteht und diese nicht durch andere b. M. abgewendet werden kann. Eine derartige Gefahr liegt vor bei einem Verlust in Höhe von mindestens 50% des haftenden Eigenkapitals oder nachhaltigen Verlusten i. S. des § 35 Abs. 2 Nr. 4 b KWG. Das Verhalten des Geschäftsleiters muß ursächlich für die Gefahr sein, und i. d. R. muß er vorsätzlich oder fahrlässig gehandelt haben.
Als Maßnahmen kommen ein Abberufungsverlangen oder ein Tätigkeitsverbot in Frage. (1) *Abberufungsverlangen:* Das BAK kann nicht selbst die gesellschaftsrechtliche oder organschaftliche Funktion des Geschäftsleiters beenden; es kann nur das Verlangen nach Abberufung an das Kreditinstitut richten, zweckmäßigerweise an dessen hierfür zuständiges (Aufsichts-)→ Organ. Die Aufforderung kann ggf. mit den Zwangsmitteln des § 50 KWG durchgesetzt werden; hiergegen stehen dem Kreditinstitut wie dem betroffenen Geschäftsleiter Rechtsbehelfe zu, die aber keine aufschiebende Wirkung haben (§ 49 KWG). Ein Abberufungsverlangen ist ausgeschlossen bei → Einzelbankiers; hier kann lediglich die Erlaubnis gemäß § 35 KWG aufgehoben werden. Bei „gekorenen" Geschäftsleitern (→ Erlaubniserteilung für Kreditinstitute) kommt nur der Widerruf der „Bezeichnung" durch das BAK in Betracht (§ 1 Abs. 2 Sätze 2, 3 KWG). (2) *Tätigkeitsverbot:* Allein bei Kreditinstituten in der Rechtsform einer → juristischen Person (des privaten oder des öffentlichen Rechts) kann das BAK auch einem Geschäftsleiter die Ausübung seiner Tätigkeit untersagen, selbst wenn dieser Beamter ist. Das BAK wendet sich hier unmittelbar an den Geschäftsleiter; das Kreditinstitut wird gleichzeitig benachrichtigt. Das Tätigkeitsverbot wirkt nur öffentlich-rechtlich; es hat keinen direkten Einfluß auf die Vertretungsmacht des Betroffenen und dessen interne Beziehungen zu dem Kreditinstitut. Oft wird es aber einen wichtigen Grund für den Widerruf der Bestellung, für eine → Kündigung oder eine Entlassung bilden. Das Tätigkeitsverbot, das nicht qualifizierte Geschäftsleiter von einem verantwortlichen Handeln bei einer Bank ausschließen soll, wirkt schneller als ein Abberufungsverlangen und greift so stärker in den Geschäftsbetrieb ein. Es soll als Sofortmaßnahme verhindern, daß in der Zeit bis zur Erfüllung eines (daneben zulässigen) Abberufungsverlangens der Geschäftsleiter in Ausübung seiner Befugnisse das Kreditinstitut oder dessen Kunden weiterhin schädigt. (3) Bei nachhaltigem, vorsätzlichem oder leichtfertigem *Verstoß gegen Aufsichtsvorschriften* – Bestimmungen des KWG, Durchführungsverordnungen oder Anordnungen des BAK – und Fortsetzung dieses Verhaltens trotz Verwarnung durch das BAK kann diese Behörde ebenfalls die Abberufung von Geschäftsleitern verlangen (§ 36 Abs. 2 KWG).

3. *Maßnahmen bei Gefahr für die Erfüllung der Verpflichtungen gegenüber Gläubigern (§§ 46, 46 a KWG):* Bei drohender oder bereits eingetretener Gefahr für die Erfüllung der Verpflichtungen gegenüber der Gläubigern, insbes. für die Sicherheit der dem Kreditinstitut anvertrauten Vermögenswerte, kann das BAK nach § 46 KWG einstweilige Maßnahmen treffen. Ursachen für die Gefahr können in der Unfähigkeit der Geschäftsleiter, der unzureichenden Kreditstreuung, bevorstehender → Illiquidität, dem besonderen Risiko von Geschäften, die nicht → Bankgeschäfte sind, der mangelnden Beweiskraft der Buchführung oder schweren Verstößen gegen das → Depotgesetz liegen. Eine Gefahr für die Sicherheit. der anvertrauten Vermögenswerte ist bei einem Verlust in Höhe der Hälfte des haftenden Eigenkapitals bzw. von jeweils mehr als 10% des haftenden Eigenkapitals in mindestens drei aufeinanderfolgenden → Geschäftsjahren anzunehmen (§ 35 Abs. 2 Nr. 4 KWG). Bei der Beurteilung, ob eine Ge-

Bankaufsichtliche Maßnahmen

fahr besteht, ist allein die Situation des Instituts maßgebend. Die → Gewährträgerhaftung, Pflicht zum Nachschuß (bei → Kreditgenossenschaften) oder → Einlagensicherung können nur im Hinblick auf die angemessenen Maßnahmen bedeutsam werden. Das BAK darf nur vorläufige Maßnahmen treffen. Sie sind aufzuheben, wenn es gelingt, die kritische Lage zu bewältigen; andernfalls sind sie durch endgültige Maßnahmen zu ersetzen, wie z. B. Abberufungsverlangen und Aufhebung der Erlaubnis. Die Aufzählung in § 46 Abs. 1 Satz 2 KWG ist nicht erschöpfend; das BAK darf auch die in § 45 KWG vorgesehenen Maßnahmen anordnen. Besonders aufgeführt sind die praktisch wichtigsten Anweisungen für die → Geschäftsführung, nämlich Verbot oder Begrenzung des → Einlagengeschäfts und/oder → Kreditgeschäfts i. S. des KWG. Weiter kommen in Frage: ein Gebot zur Verstärkung der Sicherheiten oder zur Kündigung bestimmter Kredite, Änderung der Innenorganisation, Verzicht auf verlustbringende → banknahe Geschäfte, Vorbereitung einer → Kapitalerhöhung, Untersagung der Ausgabe ungedeckter → Schuldverschreibungen, der → Refinanzierung durch eigene → Akzepte, → Solawechsel oder nicht abgerechnete → Debitorenziehungen usw. Das Verbot der Annahme von → Einlagen kann sich auf einzelne Einlagenarten bzw. → aufgenommene Gelder und Darlehen beziehen; auch kann das Einlagengeschäft im Verhältnis zum haftenden Eigenkapital oder die einzelne Einlage (wegen der Abrufrisiken) auf einen Höchstbetrag begrenzt werden. Das Verbot oder die Begrenzung der Kreditgewährung kann sich ebenfalls auf einzelne Kreditarten beziehen.

Zur Abwendung einer Gefahr kann das BAK ferner eine Untersagung oder Einschränkung der Tätigkeit von Inhabern oder Geschäftsleitern anordnen, und zwar anders als nach § 36 KWG nicht auf juristische Personen begrenzt. Ein Tätigkeitsverbot ist gegenüber einem Einzelbankier nur mit öffentlich-rechtlicher Wirkung möglich, weil sonst das Kreditinstitut funktionsunfähig würde, was dem Ziel des § 46 Abs. 1 KWG zuwiderliefe. In den übrigen Fällen einer Untersagungsverfügung sind die Geschäftsleiter für deren Dauer von der Geschäftsführung und Vertretung der Bank ausgeschlossen (§ 46 Abs. 1 Satz 4 KWG). Durch Eintragung nach den gesellschafts- oder genossenschaftsrechtlichen Vorschriften in das jeweilige Register wird dies auch handelsrechtlich wirksam. Bei der Beschränkung der Tätigkeit wird die Vertretungsbefugnis im allgemeinen an die Mitwirkung einer weiteren Person (eines anderen Geschäftsleiters oder → Prokuristen) gebunden. Vom BAK eingesetzte Aufsichtspersonen sind weder zur Führung der Geschäfte noch zur Vertretung des Kreditinstituts befugt; sie dürfen nur intern für eine ordnungsgemäße Geschäftsführung Sorge tragen. Die Bestellung hat lediglich öffentlich-rechtliche Wirkung und ist bei Kreditinstituten jeder Rechtsform möglich. Aufsichtspersonen sind an Weisungen des BAK gebunden. Als Überwachungsmaßnahme kommt etwa in Betracht, daß die Geschäftsleitung der Aufsichtsperson alle verpflichtenden Vorgänge vor Abgang zur Kenntnisnahme vorlegen muß. Bestimmte Maßnahmen des Inhabers oder der Geschäftsleiter können auch an die (interne) Zustimmung der Aufsichtsperson gebunden werden.

Bei Gefahr für die Erfüllung der Verpflichtungen (i. S. des § 46 Abs. 1 KWG) kann das BAK nach § 46a KWG zur Vermeidung eines → Konkurses vorübergehende Maßnahmen anordnen. Der Erlaß eines Veräußerungs- und Zahlungsverbots wirkt wie eine → Stundung. Dem Kreditinstitut bleibt gestattet, seine laufenden Geschäfte selbst abzuwickeln, soweit die Sicherungseinrichtung eines Verbandes gewährleistet, daß hierdurch die im Falle eines späteren Konkurses allen Gläubigern zur Verfügung stehende Vermögensmasse nicht geschmälert wird. Das BAK kann weiterhin die Schließung des Kreditinstituts für den Verkehr mit dem Publikum anordnen. Die Behörde kann auch nur noch die Auszahlung der geschützten Einlagen und die Abwicklung laufender Geschäfte zulassen. Vom Verbot der Entgegennahme von Zahlungen nicht erfaßt werden Leistungen, die zur → Tilgung von → Schulden gegenüber dem Kreditinstitut bestimmt sind, und solche, für die die Sicherungseinrichtung eines Verbands es übernimmt, die Berechtigten in vollem Umfang zu befriedigen. Diese Maßnahmen gehören zu den die Einlagensicherung flankierenden Regelungen. Eine offene → Insolvenz würde oft zu beträchtlichen Verlusten führen, die bei ohne Zeitdruck zu führenden Sanierungsverhandlungen oder einer stillen → Liquidation vermeidbar sind. Bis zum Abschluß von Stützungsmaßnah-

Bankaufsichtliche Maßnahmen

men bzw. bis zur Konkurseröffnung sollen daher nicht Gläubiger ungleichmäßig befriedigt (Veräußerungs- und Zahlungsverbot) oder zum Schaden von Einzelnen noch Gelder angenommen werden (Verbot der Entgegennahme von Zahlungen, Schalterschließung). In Anlehnung an § 14 Abs. 1 KO sind während des Moratoriums →Zwangsvollstreckung, →Arrest und →einstweilige Verfügung nicht zulässig, damit sich nicht einzelne Gläubiger vorab aus dem Vermögen des Kreditinstituts befriedigen können (§ 46a Abs. 1 Satz 4 KWG). Im Zusammenhang mit der Regelung über das Moratorium bestimmt § 46b KWG, daß einen Antrag auf Konkurseröffnung nur das BAK stellen kann. Das Amtsgericht als Konkursgericht hat diesem Antrag zu entsprechen, es sei denn, die →Konkursmasse reiche zur Deckung der Verfahrenskosten nicht aus oder es bestehe ein Konkursverbot (wie nach manchen Sparkassengesetzen). Bei →Zahlungsunfähigkeit oder →Überschuldung tritt an die Stelle der Antragspflicht nach anderen Rechtsvorschriften die Anzeigepflicht des Inhabers oder der Geschäftsleiter gegenüber dem BAK. Der Zustimmung des BAK bedarf auch ein Antrag auf Eröffnung des →Vergleichsverfahrens (§ 112 Abs. 2 VerglO). Zur Sicherstellung der Funktionsfähigkeit eines Kreditinstituts während eines Moratoriums kann das BAK nach § 46a Abs. 2 KWG beim zuständigen Gericht die Bestellung geschäftsführungs- und vertretungsberechtigter Personen beantragen, falls erforderlich. Das nach § 145 Abs. 1 FGG zuständige Amtsgericht muß dem nachkommen.

4. *Aufhebung der Erlaubnis zum Betreiben von Bankgeschäften (§ 35 KWG):* Aufhebung meint sowohl die Rücknahme einer rechtswidrigen als auch den Widerruf einer rechtmäßigen Erlaubnis. Das BAK darf eine Erlaubnis nach den Vorschriften des Verwaltungsverfahrensgesetzes (VwVfG) insbes. dann widerrufen (§ 49 Abs. 2 Nr. 2 VwVfG), wenn der Inhaber mit dieser verbundene →Auflagen (i.S. des § 32 Abs. 2 Satz 1 KWG) nicht (rechtzeitig) erfüllt, z.B. nicht innerhalb angemessener Frist einen weiteren Geschäftsleiter bestellt. Eine Rücknahme kommt vor allem in Betracht, wenn die Erlaubnis durch unrichtige oder unvollständige Angaben, Täuschung, Drohung oder sonstige unlautere Mittel erwirkt worden ist (§ 48 Abs. 2 Satz 3 VwVfG).

Außerdem ist die Aufhebung nach § 35 Abs. 2 KWG zulässig, wenn der Geschäftsbetrieb, auf den sich die Erlaubnis bezieht, ein Jahr lang nicht mehr ausgeübt worden ist (Nr. 1). Darunter fällt auch das Absinken des Umfangs der Bankgeschäfte auf die Stufe eines →Minderkaufmanns. Die Aufhebung ist auch zulässig, wenn das Kreditinstitut in der Rechtsform eines →Einzelkaufmanns betrieben wird, also z.B. Gesellschafter aus einer →Offenen Handelsgesellschaft ausscheiden oder sterben (Nr. 2). Dem Alleininhaber ist hier eine hinreichende Frist einzuräumen, einen neuen Geschäftspartner zu finden. Vor Änderung des KWG 1976 erteilte Erlaubnisse für Einzelkaufleute bleiben aber bestehen.

Ein weiterer Aufhebungsgrund liegt vor, wenn dem BAK Tatsachen bekannt werden (selbst wenn sie schon bei Erlaubniserteilung bestanden haben), welche die Versagung wegen Unzuverlässigkeit oder mangelnder fachlicher Eignung des Inhabers oder eines Geschäftsleiters rechtfertigen würden (Nr. 3a). Beispiele für ersteres sind begangene Vermögensdelikte (Betrug, Veruntreuung usw.), aber auch andere Straftaten oder schuldhafte Verletzungen von Pflichten gegenüber dem BAK, für das zweite etwa ungenügende Fachkenntnisse oder unzulängliche Leistungen bei Geschäftsführung und Kontrolle der Mitarbeiter. Eine Aufhebung ist schließlich möglich, wenn das seit 1976 geltende Vieraugenprinzip verletzt wird (Nr. 3b) oder wenn Gefahr für die Erfüllung der Verpflichtungen des Kreditinstituts besteht, freilich nur, wenn diese nicht durch andere b. M. abgewendet werden kann. Von einer solchen Gefahr ist auch auszugehen, wenn ein Verlust in Höhe der Hälfte des haftenden Eigenkapitals eintritt oder von jeweils mehr als 10% desselben in mindestens drei aufeinanderfolgenden Geschäftsjahren (Nr. 4). Seit der 4. KWG-Novelle stellt es einen weiteren Aufhebungsgrund dar, wenn das gemäß § 33 Abs. 1 Nr. 1 KWG nötige Anfangskapital – Gegenwert von 5 Mio. ECU (European Currency Unit) – später unterschritten wird (§ 35 Abs. 2 Nr. 3b) KWG). Für bestehende Kreditinstitute gilt freilich ein Bestandsschutz nach § 64b Abs. 1 und 2 KWG. Eine Aufhebung kommt nunmehr auch in Betracht, wenn eine wirksame Aufsicht über ein Kreditinstitut nicht möglich ist, weil dieses in eine unübersichtliche Unternehmensgruppe über eine →bedeutende Beteiligung

Bankauskunft

i. S. des KWG eingebunden ist (§ 35 Abs. 2 Nr. 3 b) i. V. m. § 33 Abs. 1 Satz 2 KWG). Die Aufhebung der Erlaubnis bleibt dem BAK als äußerstes Mittel, wenn Maßnahmen nach § 45, § 46 oder § 46a KWG ohne Erfolg bleiben oder von vornherein aussichtslos erscheinen. Für die Dauer der offenen oder stillen Abwicklung bleibt das Unternehmen Kreditinstitut i. S. des KWG, so daß es weiterhin dessen Vorschriften unterliegt. Das BAK kann insoweit allgemeine Weisungen erlassen (§ 38 Abs. 2 KWG).

5. *Maßnahmen der Bundesregierung (§ 47 KWG):* Sind wirtschaftliche Schwierigkeiten bei Kreditinstituten zu befürchten, die schwerwiegende Gefahren für die Gesamtwirtschaft, insbes. für den geordneten Ablauf des allgemeinen → Zahlungsverkehrs erwarten lassen, kann die Bundesregierung durch → Rechtsverordnung nach vorheriger Anhörung der → Deutschen Bundesbank ein Moratorium für ein Kreditinstitut oder für einzelne Banken anordnen, aber auch die vorübergehende Schließung aller Kreditinstitute für den Verkehr mit dem Publikum (→ Bankfeiertage). Der Verkehr mit der Bundesbank wird nicht, der mit Zentralinstituten nicht notwendig erfaßt. Die Anordnung kann auf Arten oder Gruppen von Kreditinstituten sowie auf bestimmte Bankgeschäfte, ggf. bis zu Höchstbeträgen, beschränkt werden. Dieser Bestimmung unterliegt auch die → Deutsche Postbank AG. Schließlich kann auch eine vorübergehende Schließung der → Wertpapierbörsen angeordnet werden. Hierbei handelt es sich weniger um b. M. mit gewerbepolizeilicher Zielsetzung als um wirtschaftspolitische Akte zur Abwehr gesamtwirtschaftlicher Gefahren, woraus sich die Zuständigkeit der Bundesregierung begründet. Diese ist gleichermaßen zu Rechtsverordnungen über die Wiederaufnahme des Bank- und Börsenverkehrs befugt und kann hierbei insbes. die Auszahlung von Guthaben zeitweiligen Beschränkungen unterwerfen (§ 48 Abs. 1 KWG). Verordnungen nach § 47 Abs. 1 wie nach § 48 Abs. 1 KWG bleiben längstens drei Monate in Geltung (§ 48 Abs. 2 KWG). (→ Bankenaufsicht)

Bankauskunft
Allgemein gehaltene Mitteilung eines → Kreditinstitutes an einen Dritten über die wirtschaftlichen Verhältnisse, das Geschäftsgebaren und die Geschäftsmoral eines seiner Kunden. Nach Nr. 2 Abs. 2 AGB Banken und AGB Postbank sowie Nr. 3 Abs. 1 AGB Sparkassen sind B. allgemein gehaltene Feststellungen und Bemerkungen über die wirtschaftlichen Verhältnisse des Kunden, seine → Kreditwürdigkeit und Zahlungsfähigkeit. Betragsmäßige Angaben über Kontostände, Sparguthaben, Depotvermögen und sonstige dem Kreditinstitut anvertraute Vermögenswerte sowie Kreditinanspruchnahmen werden nicht gemacht. Eine → Scheckauskunft oder weitergehende Informationen sind daher keine B. i. S. der AGB. Die damit verbundene Durchbrechung des → Bankgeheimnisses erfordert eine besondere Rechtfertigung. Um einerseits dem Interesse des Kunden an der Wahrung des Bankgeheimnisses und des → Datenschutzes Rechnung zu tragen, andererseits das Bankauskunftsverfahren auf eine Rechtsgrundlage zu stellen, haben die → Spitzenverbände der deutschen Kreditwirtschaft im Einvernehmen mit dem Datenschutzbeauftragten des Bundes und der Länder die Zulässigkeitsvoraussetzungen formuliert, die in die AGB aufgenommen worden sind, und „Grundsätze für die Durchführung des Bankauskunftsverfahrens zwischen Kreditinstituten" aufgestellt, die seit 1.5.1987 die formelle zwischenbetriebliche Abwicklung des Auskunftsverfahrens regeln. Die Rechtmäßigkeit von B. wird durch die Grundsätze nicht entschieden; die rechtliche Zulässigkeit hängt davon ab, ob die Zulässigkeitsvoraussetzungen erfüllt sind.

Voraussetzungen für die Auskunftserteilung: Auskunftsberechtigt ist das Kreditinstitut nur bei Einwilligung des Kunden, die bei Geschäftskunden (nach Nr. 2 Abs. 3 AGB Banken bzw. Nr. 3 Abs. 2 AGB Sparkassen sind das → juristische Personen und im → Handelsregister eingetragene Kaufleute; → Firmenkunden) stillschweigend unterstellt wird. Von deren mutmaßlichem Einverständnis kann das Kreditinstitut wegen des erhöhten Informationsbedürfnisses im Handelsverkehr regelmäßig ausgehen (Handelsbrauch, → Rechtsquellen). Bei B. über → Privatkunden (nach den AGB sind das sonstige → Personen und Vereinigungen) muß eine allgemeine oder für den Einzelfall ausdrücklich ausgesprochene Zustimmung vorliegen. Bei Vollkaufleuten, die → natürliche Personen sind, ist hinsichtlich der

Bankauskunft

Zulässigkeitsvoraussetzung zu entscheiden, ob die Kontobeziehung dem geschäftlichen oder dem privaten Lebensbereich des Kunden zuzurechnen ist. B. erhalten nach den AGB nur eigene Kunden der Kreditinstitute für deren eigene Zwecke und für die Zwecke ihrer Kunden. Der Anfragende will i. d. R. Informationen über die → Kreditwürdigkeit von Geschäftspartnern, er erhält eine B. unter der Voraussetzung, daß er ein berechtigtes Interesse an der gewünschten Auskunft glaubhaft darlegt. → Landeszentralbanken holen B. über Wechselverpflichtete ein (Beurteilung der Zahlungsfähigkeit gemäß § 19 Abs. 1 BBankG). Zur Beurteilung der Bonität von Kreditkunden benötigen → Teilzahlungskreditinstitute und → Bausparkassen B. Auch Gesellschaften, die → Kreditkarten ausgeben, benötigen B. Auskunfteien erhalten grundsätzlich keine Auskünfte, da die Gefahr der Streuung von Daten besteht. Die Zuverlässigkeit der Weiterleitung von Informationen an die → SCHUFA sowie die Speicherung von Informationen und die Einholung von Auskünften bei der SCHUFA beurteilt sich nach anderen Grundsätzen (→ SCHUFA-Klausel). Die Auskunfterteilung durch das Kreditinstitut beruht entweder auf einem → allgemeinen Bankvertrag (Anfrager ist ein Kunde des Kreditinstituts) oder auf einem → Auskunftsvertrag (Anfrager ist ein anderes Kreditinstitut oder ein Nichtkunde).

Pflichten des auskunftgebenden Kreditinstituts gegenüber dem Anfrager: Die Auskunft muß richtig und vollständig sein. Nach allgemeiner Übung wird eine B. inhaltlich knapp und vorsichtig formuliert sowie unter Vermeidung von Einzelheiten erteilt. Regelmäßig geht die Auskunft nicht über die Anfrage hinaus. Sie darf sich nur auf die wirtschaftlichen Verhältnisse des Kunden und auf sein Verhalten im Geschäftsleben beziehen, grundsätzlich also nicht auf sein Privatleben. Das Kreditinstitut hat alle für die Kreditwürdigkeit des Kunden relevanten Tatsachen mitzuteilen, dazu gehören auch Angaben über → Wechselproteste, Scheck- und Lastschriftrückgaben mangels Deckung sowie Vollstreckungsmaßnahmen durch Dritte (→ Zwangsvollstreckung). Bei schuldhafter Verletzung (→ Verschulden) haftet das Kreditinstitut dem Auskunftsempfänger für den entstehenden Vertrauensschaden (→ Schadensersatz) für → Fahrlässigkeit und → Vorsatz unter dem Gesichtspunkt der → positiven Vertragsverletzung des allgemeinen Bankvertrages bzw. des Auskunftsvertrages.

Pflichten des auskunftgebenden Kreditinstituts gegenüber dem von der Anfrage betroffenen Kunden: Gegenüber dem betroffenen Kunden haftet das auskunftgebende Kreditinstitut in vollem Umfang, d. h. auch bei leichter Fahrlässigkeit im Falle einer nachteiligen, unrichtigen oder unvollständigen Auskunft sowie bei einer richtigen Auskunft, sofern das erforderliche Einverständnis des Kunden gefehlt hat. Auf Verlangen des angefragten Kunden ist der Inhalt der B. (nicht jedoch der Name des Anfragers) mitzuteilen.

Grundsätze für die Durchführung des Bankauskunftsverfahrens (nach Nr. 2 AGB Banken und AGB Postbank bzw. Nr. 3 AGB Sparkassen) zwischen Kreditinstituten: 1. Auskunftsanfragen sollen schriftlich, nur in Ausnahmefällen fernschriftlich oder (fern)mündlich, gestellt werden. 2. In der Auskunftsanfrage ist der Anfragegrund, mit dem das berechtigte Interesse an der B. glaubhaft gemacht wird, anzugeben. Das anfragende Kreditinstitut hat klarzustellen, ob es die Auskunft im eigenen oder im Kundeninteresse einholt. 3. Bei Auskunftsanfragen im Interesse eines Kunden wird dessen Namen nicht genannt. Das anfragende Kreditinstitut ist jedoch verpflichtet, den Namen des anfragenden Kunden dem angefragten Kreditinstitut zu nennen, wenn dem Kunden, über den eine Auskunft erteilt wurde, ein Anspruch auf Nennung des Anfragers zusteht. 4. Wird eine Auskunftsanfrage von dem angefragten Kreditinstitut an ein drittes Kreditinstitut weitergeleitet, ist das Anfrageschreiben weiterzugeben. 5. Soweit nach Nr. 2 Abs. 1 AGB Banken, Nr. 2 Abs. 2 AGB Postbank bzw. Nr. 3 Abs. 2 AGB Sparkassen eine B. nur mit ausdrücklicher Zustimmung des Betroffenen erteilt werden darf, genügt auch die Versicherung des anfragenden Kreditinstituts, daß ihm diese Zustimmungserklärung vorliegt. Die anfragende Kreditinstitut ist verpflichtet, diese Erklärung auf Verlangen vorzulegen. Das anfragende Institut haftet dem auskunftgebenden Kreditinstitut für alle die Schäden, die diesem daraus entstehen, daß es im Vertrauen auf die Versicherung eine unberechtigte B. erteilt hat. 6. B. sollen allgemein gehalten sein. Sie sollen schriftlich, nur

Bankbeteiligungen

in Ausnahmefällen fernschriftlich oder (fern)mündlich, erteilt werden; mündlich erteilte Auskünfte sind zu dokumentieren und sollen i.d.R. schriftlich bestätigt werden. Von einem Verbot der Weitergabe der B. ist abzusehen, wenn die Anfrage im Kundeninteresse gestellt worden ist. 7. B. werden nur aufgrund von Erkenntnissen erteilt, die der auskunftgebenden Stelle vorliegen. Es werden keine Recherchen angestellt. 8. B. werden – auch im Fall der Weiterleitung gemäß Ziff. 4 – unmittelbar der anfragenden Stelle erteilt. 9. Auskunftsverweigerungen sollen allgemein gehalten sein. Liegt bei Privatkunden eine Einwilligung nicht vor oder hat bei Geschäftskunden der Kunde die Erteilung einer Auskunft untersagt, ist die Auskunftsverweigerung förmlich so zu formulieren, daß sie nicht als negative Auskunft verstanden werden kann. Hat die angefragte Stelle keinen Einblick in die wirtschaftlichen Verhältnisse des Kunden, ist dies in der Antwort deutlich zum Ausdruck zu bringen. 10. Die im Kundeninteresse eingeholte B. wird an diesen inhaltlich unverändert weitergegeben. Der Kunde, der eine B. erhält, ist ausdrücklich darauf hinzuweisen, daß er empfangene Informationen nur für den angegebenen Zweck verwenden und nicht an Dritte weitergeben darf.

Auskünfte von Kreditinstituten gegenüber Finanzbehörden: Gemäß § 30a AO haben die Finanzbehörden auf das Vertrauensverhältnis zwischen Kreditinstituten und deren Kunden besonders Rücksicht zu nehmen. Sie dürfen von den Kreditinstituten zum Zwecke der allgemeinen Überwachung einmalige oder periodische Mitteilung über → Konten in bestimmter Art oder bestimmter Höhe nicht verlangen. Die Guthabenkonten oder → Depots, bei deren Errichtung eine → Legitimationsprüfung nach § 154 Abs. 2 AO vorgenommen worden ist, dürfen anläßlich der → Außenprüfung bei einem Kreditinstitut nicht zwecks Nachprüfung der ordnungsgemäßen Versteuerung festgestellt oder abgeschrieben werden. Die Ausschreibung von → Kontrollmitteilungen soll insoweit unterbleiben. In Vordrucken für Steuererklärungen soll die Angabe von Nummern von Konten und Depots, die der Steuerpflichtige bei Kreditinstituten unterhält, nicht verlangt werden, soweit nicht steuermindernde Ausgaben oder Vergünstigungen geltend gemacht werden oder die Abwicklung des → Zahlungsverkehrs mit dem Finanzamt dies bedingt.

Bankauswels, → Wochenausweis der Deutschen Bundesbank.

Bankaval, → Avalkredit.

Bankavalierter Wechsel
Mit → Wechselbürgschaft (Aval) einer → Bank versehene → Wechsel, womit diese die wechselrechtliche → Haftung für die Bezahlung übernimmt (Art. 32 WechselG). Bei der Vereinbarung → Dokumente gegen Akzept (→ Dokumenteninkasso) wird zumeist im Inkassoauftrag des Exporteurs nicht nur die Weisung erteilt, die Dokumente nur gegen Akzeptierung einer auf den Importeur gezogenen → Tratte auszuhändigen, sondern dieser Wechsel muß bankavaliert sein. In solchen Fällen muß eindeutig geregelt werden, wie zu verfahren ist, wenn der → Bezogene die Akzeptleistung verweigert oder bei Fälligkeit sein → Akzept nicht einlöst. Die Avalprovision schuldet der Importeur.

Bankbeteiligungen
Nach § 12 Abs. 1 KWG → Anteile an → Kreditinstituten und an sonstigen Unternehmen (auch ohne Beteiligungsabsicht).
Abweichend von dem Beteiligungsbegriff des § 271 Abs. 1 HGB (→ Beteiligungen) erfaßt das KWG als B.: (1) jeden unmittelbaren Anteilsbesitz an anderen Kreditinstituten, (2) den Anteilsbesitz an sonstigen Unternehmen, wenn er 10% des → Kapitals des Unternehmens (Nominalkapital, Summe der Kapitalanteile) übersteigt. Hierzu gehören verbriefte und unverbriefte Anteilsrechte an → Personengesellschaften, → Kapitalgesellschaften, → Genossenschaften und an → Anstalten des öffentlichen Rechts, (3) → Forderungen aus Vermögenseinlagen als stiller Gesellschafter (→ Stille Vermögenseinlagen), (4) Forderungen aus → Genußrechten und (5) Forderungen aus → nachrangigen Verbindlichkeiten im Sinne von § 10 Abs. 5a KWG.
Für Übernahme und Aufgabe einer unmittelbaren Beteiligung an einem anderen Unternehmen haben die Kreditinstitute nach § 24 Abs. 1 Nr. 3 KWG besondere Anzeigepflichten (→ Anzeigen der Kreditinstitute über personelle, finanzielle und gesellschaftsrechtliche Veränderungen).
(→ Anlagevorschriften des KWG für Kreditinstitute, → Bankenkonzentration, → Macht der Banken)

Bankbetrieb

Bankbetrieb (Leistungsbereiche und Steuerungsbereich)

Der B. kann – wie auch jeder andere Betrieb – auf der Grundlage abgrenzbarer wesensgleicher betrieblicher Zusammenhänge geschäftspolitischer, liquiditätsmäßig-finanzieller und technisch-organisatorischer Art in drei Analysebereiche gegliedert werden: den geschäftspolitischen Bereich (GPB), den liquiditätsmäßig-finanziellen Bereich (LFB) und den technisch-organisatorischen Bereich (TOB). Dieses von Deppe entwickelte Konzept zur Erklärung und Analyse der betrieblichen Realität basiert auf einem systemorientierten Verständnis des B. als einem Subsystem der Tauschwirtschaft in Form der Geldwirtschaft. Dabei wird die Sichtweise des Bankbetriebs als „GPB-LFB-TOB-System" von der am Leistungsfluß orientierten Sicht überlagert: Die leistungsflußorientierte Sicht erfaßt den Betrieb als offenes „Input-Output-System" und beruht auf den bekannten Funktionen Beschaffung, Kombination und Absatz von Leistungen. Vgl. Übersicht S. 147.

Betriebliche Leistungsbereiche: Auf der Grundlage dieser Konzeption erfassen LFB und TOB die konkreten Leistungsprozesse als Zusammenhänge zwischen Produktionsfaktoreinsatzmengen (Input) und Faktorleistungen bzw. erstellten Marktleistungen (Output). LFB und TOB lassen sich daher als betriebliche Leistungsbereiche bezeichnen. Die eindeutige Trennung in einen Leistungsbereich LFB und in einen Leistungsbereich TOB basiert auf der konsequenten Abgrenzung zwischen → monetärem Faktor (mit darauf aufbauenden monetären Leistungsprozessen im LFB) einerseits und technisch-organisatorischen Faktoren (mit darauf aufbauenden technisch-organisatorischen Leistungsprozessen im TOB) andererseits (→ Produktionsfaktoren im Bankbetrieb).

Steuerungsbereich: Der dritte Analysebereich, der GPB, ist im Gegensatz zum LFB und TOB kein betrieblicher Leistungsbereich: Im GPB sind nicht etwa Produktionsfaktoren oder auf dem Faktoreinsatz beruhende Leistungsflußzusammenhänge, sondern ausschließlich normative Größen als Ergebnisse von Führungsentscheidungen gedanklich zusammengefaßt. Der GPB wird als reiner Katalog von Normen zur Steuerung und Kontrolle betrieblicher monetärer und nichtmonetärer Leistungsprozesse ver-

standen und von daher als den Leistungsbereichen LFB und TOB übergeordneter Steuerungsbereich bezeichnet.

Der GPB als die gedankliche Einheit aus normative Informationen zur Steuerung und Kontrolle betrieblicher Leistungsprozesse läßt sich in drei Gruppen von Normen gliedern, und zwar in: (1) die übergeordnete Zielkonzeption des Betriebs (z. B. Gewinnerzielung, „öffentlicher Auftrag" bei → Sparkassen oder Förderungsauftrag der → Kreditgenossenschaften, → Zielkonzeptionen von Kreditinstituten), (2) die strategischen Grundsätze als allgemeine Handlungsanweisungen bzw. generelle Regelungen und die Strategien als konkretisierte Handlungsanweisungen zur Zielerreichung (z. B. die institutsspezifischen Führungsentscheidungen im Sinne von → Produkt- und Sortimentspolitik, → Preispolitik, Liquiditätspolitik [→ Liquiditätsmanagement], Sicherheitspolitik, Zweigstellenpolitik) sowie (3) die Ziel-Strategie-Kontroll-Normen zur Kontrolle des Leistungsprozesses im Hinblick auf die Zielerreichung (z. B. Sollvorgaben für Soll-Ist-Vergleiche).

Liquiditätsmäßig-finanzieller Bereich: Der LFB umfaßt das gegebene und durch strategische Grundsätze bzw. Strategien im Sinne der betrieblichen Zielerreichung zu steuernde monetäre Beziehungsgefüge im Bankbetrieb, d. h. insbes. die Zahlungs- und Haftungszusammenhänge zwischen Angebot von Finanzierungsleistungen (z. B. im → Kreditgeschäft) und Beschaffung von dafür erforderlichen Finanzierungs- bzw. auch Haftungsmittel durch Eigenkapitalbildung, → Einlagengeschäft und Nutzung von Refinanzierungsmöglichkeiten. Dabei sind diese monetären Zusammenhänge in starken Maße durch rechtliche Bestimmungen genereller Art (z. B. §§ 10 und 11 KWG mit den darauf aufbauenden → Grundsätzen über das Eigenkapital und die Liquidität der Kreditinstitute) sowie speziellerer Art (z. B. Anlagevorschriften in den Sparkassengesetzen, Satzungsbestimmungen von Kreditinstituten) geprägt.

Technisch-organisatorischer Bereich: Der TOB ist in dieser Konzeption durch das technisch-organisatorische Zusammenwirken von menschlicher Arbeitskraft, → Betriebsmitteln und Informationen im Prozeß der betrieblichen Leistungserstellung gekennzeichnet. Dabei sind quantitative und qualitative Zusammenhänge zwischen Marktlei-

Bankbetrieb

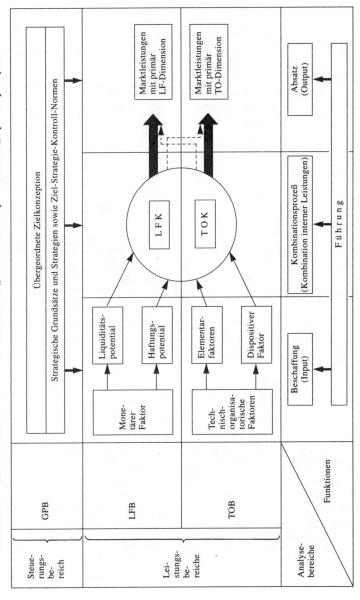

Bankbetrieb – Vereinfachtes Modell einer Wirtschaftseinheit als „GPB-LFB-TOB-System" und als „Input-Output-System"

Bankbetriebliche (Erfolgs-)Risiken

stungsmenge als Output (in Form von z. B. Kreditleistungen oder technisch-organisatorischen Dienstleistungen wie Zahlungsverkehrs- oder Effektenverkehrsgeschäfte) und dem dafür notwendigen Input an menschlicher Arbeitskraft, Betriebsmitteln und Informationen zu analysieren. Wie das im LFB erfaßte Beziehungsgefüge ist auch der TOB durch strategische Grundsätze und Strategien im Sinne der Zielerreichung zu steuern (z. B. Prinzip der Wirtschaftlichkeit, aufbau- und ablauforganisatorische Grundsätze).

Leistungsdualismus im B.: Mit Blick auf die Abgrenzung der beiden Leistungsbereiche LFB und TOB liegt der Aussagewert des GPB-LFB-TOB-Systems in der konsequenten Unterscheidung von monetären und nichtmonetären (technisch-organisatorischen) betrieblichen Leistungsflußzusammenhängen bei gleichzeitiger Betonung, daß im Sinne des Leistungsdualismus jede Marktleistung des Betriebs immer nur das Ergebnis von Teilleistungen des technisch-organisatorischen und des liquiditätsmäßig-finanziellen Kombinationsprozesses sein kann. So sind z. B. bei Kreditleistungen die auf den Einsatz des monetären Faktors beruhenden Zahlungsleistungen an den Kreditnehmer das charakterisierende, nachfrageauslösende Marktleistungselement; trotzdem kann keine derartige Marktleistung mit primär liquiditätsmäßig-finanzieller Dimension ohne technisch-organisatorische Teilleistungen erstellt werden (z. B. technisch-organisatorischer Vorgang der Kreditsachbearbeitung). Entsprechende Zusammenhänge gelten für Marktleistungen mit primär technisch-organisatorischer Dimension, wie z. B. „reine" Zahlungsverkehrsgeschäfte oder Effektenverkehrsgeschäfte: Das charakterisierende, nachfrageauslösende Marktleistungselement beruht auf dem Einsatz technisch-organisatorischer Faktoren im Bankbetrieb; trotzdem ist auch für diese Marktleistungen der Einsatz des monetären Faktors generell notwendig (z. B. Bindung von Zahlungsleistungen in Betriebsmitteln des Kreditinstituts).

Bankbetriebliche (Erfolgs-)Risiken des liquiditätsmäßig-finanziellen Bereichs

(Erfolgs-)Risiken des →liquiditätsmäßig-finanziellen Bereichs des Bankbetriebs (LFB) ergeben sich im Zusammenhang mit der Beschaffung des →monetären Faktors, aus dem monetären Leistungsprozeß (liquiditätsmäßig-finanzieller Kombinationsprozeß) und aus dem Absatz von Marktleistungen des Bankbetriebs mit primär liquiditätsmäßig-finanzieller Dimension (z. B. Kreditleistungen und Beteiligungserwerb).

Bei der *Systematisierung bankbetrieblicher (Erfolgs-)Risiken des LFB* kann zwischen →Adressenausfallrisiken und →Preisrisiken sowie dem liquiditätsdeterminierten Erfolgsrisiko unterschieden werden. Die Differenzierung zwischen Adressenausfall- und Preisrisiken liegt im Prinzip auch der Abgrenzung zwischen den beiden Eigenkapitalgrundsätzen des →Bundesaufsichtsamtes für das Kreditwesen zugrunde (→Grundsatz I: Adressenausfallrisiken, →Grundsatz I a: Preisrisiken). Das Adressenausfallrisiko stellt sich als Gefahr des teilweisen oder vollständigen Ausfalls einer von einem Geschäftspartner vertraglich zugesagten Leistung oder – bei →Beteiligungen – erwarteter Leistungen mit jeweils negativer Erfolgswirkung für den Bankbetrieb dar. Das Preisrisiko, häufig auch als →Marktrisiko bezeichnet, folgt aus der Gefahr der negativen Abweichung zukünftiger tatsächlicher Marktpreise für beschaffte oder abgesetzte monetäre Leistungen von den erwarteten Marktpreisen mit der Folge der Ertragsminderung oder Aufwandserhöhung für den Bankbetrieb. Adressenausfall- und Preisrisiken können sowohl aus →bilanzwirksamen als auch aus nicht bilanzwirksamen Geschäften resultieren (On-Balance-Sheet-Risiken und Off-Balance-Sheet-Risiken). Das liquiditätsdeterminierte Erfolgsrisiko besteht in negativen Erfolgswirkungen aus liquiditätsbezogenen Maßnahmen zur Beseitigung unerwartet aufgetretener Liquiditätsengpässe.

Ausfallrisiken aus bilanzwirksamen Geschäften treten bei gläubigerrechtlichen und beteiligungsrechtlichen Angebotsformen monetärer Leistungen von Bankbetrieben auf. In beiden Fällen kann zwischen in →Wertpapieren verbrieften und unverbrieften Angebotsformen unterschieden werden. Das für Bankbetriebe i. d. R. wohl bedeutsamste Risiko ergibt sich aus den gläubigerrechtlichen Angebotsformen als →Forderungsausfallrisiko (Bonitätsrisiko), wobei insbesondere das klassische Kreditausfallrisiko aus dem →Kreditgeschäft (Buchkredite) zu nennen ist. Eine spezifische Form des Ausfallrisikos stellt im grenz-

Bankbetriebliche (Erfolgs-)Risiken des liquiditätsmäßig-finanziellen Bereichs

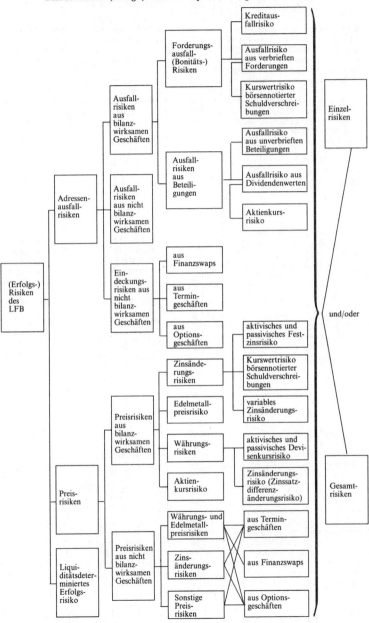

Bankbetriebliche (Erfolgs-)Risiken

überschreitenden Kredit- und Kapitalverkehr auch das → Länderrisiko dar.

Mit Blick auf Ausfallrisiken aus Beteiligungen ist zu beachten, daß der Bankbetrieb bei Beteiligungen im Gegensatz zu → Forderungen keine vertraglich fixierten festen → Ansprüche in Form von Zins- und Tilgungszahlungen, sondern nur variable Ansprüche (Gewinnanteile, Rückzahlung des Anteils am Liquidationserlös bzw. am Auseinandersetzungswert) hat. Der mit Beteiligungen verbundene Erfolg und damit auch das Risiko sind daher schwieriger abzuschätzen. Zudem sind Ausfallrisiken aus Beteiligungen prinzipiell wahrscheinlicher als Ausfallrisiken aus Forderungen an denselben Betrieb: Für Beteiligungen fehlt in bezug auf Risiken im finanzmittelnehmenden Betrieb der schützende Puffer Haftungspotential; die Beteiligung ist selbst Teil dieses Puffers.

Werden verbriefte Forderungen (→ Schuldverschreibungen) oder verbriefte Beteiligungen (→ Aktien) an einer → Börse marktmäßig gehandelt, so stellen sich die Ausfallrisiken – auch mit Blick auf die Messung von → Abschreibungen – als Teil des → Kurswertrisikos dar. Das im Zusammenhang mit dem Ausfallrisiko stehende Kurswertrisiko (→ unsystematisches Risiko) ist vom Kurswertrisiko als Preisrisiko (→ systematisches Risiko) abzugrenzen (→ Aktienkursrisiko).

Als *Ausfallrisiko aus bilanzunwirksamen Geschäften* sind die erfolgsrechnerischen Auswirkungen aus der möglichen Inanspruchnahme des Bankbetriebs aus Verpflichtungen zu erfassen, die in der Bankbilanz „unter dem Bilanzstrich" als „Eventualverbindlichkeiten" (→ Haftungsverhältnisse) und „Andere Verpflichtungen" aufgeführt sind. Hingewiesen sei z. B. auf die → Kreditleihe mit der Gefahr von Haftungsrisiken aus Bürgschaftserklärungen (→ Bürgschaft) und Garantieerklärungen im Avalkreditgeschäft (→ Avalkredit).

Eindeckungsrisiken aus bilanzunwirksamen Geschäften resultieren aus Finanzswaps (→ Zinsswaps und → Währungsswaps oder kombinierte Formen) sowie aus → Termingeschäften (einschließlich → Optionsgeschäfte). Wurde mit derartigen Geschäften z. B. eine offene Zins- oder Fremdwährungsposition (→ Devisenposition) geschlossen und fällt der Geschäftspartner (z. B. der → Stillhalter einer erworbenen Kaufoption oder Verkaufsoption) aus, so ist die bis dahin geschlossene Marktposition wieder offen. Das Adressenausfallrisiko bezieht sich hier im Gegensatz zum Forderungsausfallrisiko nicht auf den Verlust eines hingegebenen Kapitalbetrages, sondern nur auf erfolgsrechnerische Nachteile wegen der wieder offenen Position bzw. wegen möglicherweise höherer Aufwendungen bei erneuter Schließung der Marktposition (z. B. höherer Optionspreis gegenüber dem mit dem ausgefallenen Kontrahenten vereinbarten Konditionen). Wie die → Deutsche Bundesbank zum Grundsatz I feststellt, bestimmt sich die Höhe des Eindeckungsrisiken nicht nur nach der Bonität des Geschäftspartners, sondern auch nach der Schwankungsbreite (→ Volatilität) der in Frage kommenden Preise (→ Zinsen, → Wechselkurse, Aktienkurse u. ä.) und der Kontraktlaufzeit.

Unter den *Preisrisiken aus bilanzwirksamen Geschäften* stellen → Zinsänderungsrisiken und → Währungsrisiken (Fremdwährungsrisiken) die Haupt-Marktrisiken von Bankbetrieben dar. Als spezielle Form des Zinsänderungsrisikos ist das Kurswertrisiko börsennotierter, insbesondere festverzinslicher Schuldverschreibungen aufzufassen, soweit es im Sinne des systematischen Risikos auf die Gefahr von Marktzinsänderungen zurückzuführen ist. Ein dem Währungsrisiko vergleichbares Risiko tritt als → Edelmetallpreisrisiko bei → Edelmetallpositionen (Gold, Silber, Platinmetalle) auf. Ein weiteres Preisrisiko aus bilanzwirksamen Geschäften ist das Aktienkursrisiko, wobei hier in Abgrenzung zum Aktienkursrisiko als Adressenausfallrisiko – analog zur Vorgehensweise bei börsennotierten Schuldverschreibungen – nur die von der Gesamtmarktentwicklung abhängigen Risiken sinkender Aktienkurse zu erfassen sind (systematisches Risiko), z. B. repräsentiert durch die Entwicklung des → Deutschen Aktienindexes (DAX). Unberücksichtigt bleiben also die Risiken sinkender Kurse, die aus unternehmensindividuellen Daten (z. B. Verlustgefahren oder sinkende Gewinnerwartungen) folgen (unsystematisches Risiko).

Preisrisiken aus bilanzunwirksamen Geschäften treten bei Finanzswaps und Termingeschäften (einschl. Optionsgeschäfte) auf. Entscheidend für auftretende Preisrisiken sind → offene Positionen aus solchen Geschäften, soweit diese risikoerhöhend

Bankbetriebliche (Erfolgs-)Risiken

wirken, d. h. die Geschäfte nicht offene Positionen aus anderen (bilanzwirksamen) Geschäften decken. Das Risiko derartiger Transaktionen liegt darin, daß aus zu erfüllenden Liefer- und Zahlungsverpflichtungen auf der einen und erworbenen Liefer- und Zahlungsansprüchen auf der anderen Seite nicht der erwartete Erfolgsbeitrag folgt, weil sich die jeweils relevanten Marktpreise bzw. Kurse nicht erwartungsgemäß entwickeln. In Abhängigkeit von den Geschäftsgegenständen, auf die sich derartige Liefer- und Zahlungsverpflichtungen bzw. Liefer- und Zahlungsansprüche beziehen, kann zwischen Währungs- und Edelmetallpreisrisiken, Zinsänderungsrisiken und sonstigen Preisrisiken unterschieden werden.

Offene Fremdwährungs- oder Edelmetallpositionen können aus Finanzswaps und Termingeschäften (einschl. Optionsgeschäfte) resultieren, soweit diese Geschäfte auf Fremdwährung bzw. Edelmetalle lauten bzw. mit einer Fremdwährungs- oder Edelmetallkomponente versehen sind. Für Währungsrisiken seien z. B. genannt: Währungsswaps, kombinierte Zins-/Währungsswaps, „klassische" → Devisentermingeschäfte, Währungs-Futures (→ Devisen-Futures) als börsenmäßige Devisentermingeschäfte in standardisierten → Kontrakte sowie → Devisenoptionen. Für Zinsänderungsrisiken ist auf entsprechende Zinspositionen wie → Zins-Futures oder Zinsausgleichsvereinbarungen als Zinstermingeschäfte und → Zinsoptionen hinzuweisen. Sonstige Preisrisiken sind insbesondere mit Aktien- und Indextermingeschäften bzw. entsprechenden Optionsgeschäften verbunden.

Wie hoch Preisrisiken aus nicht bilanzwirksamen Geschäften im Einzelfall einzuschätzen sind, kann nur unter Beachtung der jeweils relevanten Einflußfaktoren beurteilt werden. Solche Einflußfaktoren sind z. B. die Volatilität der Zinssätze oder Wechselkurse, die Geschäftsart (z. B. Termin- oder Optionsgeschäft, börsenmäßiger Handel oder individuelle Verträge) sowie die → Laufzeit bzw. → Restlaufzeit von Verträgen.
(→ Bankbetriebliche Risiken)

Bankbetriebliche (Erfolgs-)Risiken des technisch-organisatorischen Bereichs

(Erfolgs-)Risiken des → technisch-organisatorischen Bereichs des Bankbetriebs (TOB) resultieren aus dem Absatz von Marktleistungen des Bankbetriebs mit primär technisch-organisatorischer Dimension (z. B. → Zahlungsverkehrs-, Effektenverkehrs- und → Emissionsgeschäft) sowie aus dem gesamten, auf den Einsatz technisch-organisatorischer Produktionsfaktoren (dispositive und objektbezogene menschliche Arbeit, → Betriebsmittel und Informationen) basierenden technisch-organisatorischen Kombinationsprozeß (→ Produktionsfaktoren im Bankbetrieb).

Risiken aus technisch-organisatorischen Marktleistungen zeigen sich im Sinne der Gefahr negativer Abweichung zwischen tatsächlichem und erwartetem Erfolgsbeitrag aus diesen nichtmonetären Marktleistungen, z. B. in Haftungsrisiken im Zusammenhang mit der Wertpapieranlageberatung bis hin zur → Vermögensverwaltung oder in der Prospekthaftpflicht im Emissionsgeschäft. Für das Zahlungsverkehrsgeschäft ist z. B. auf die Gefahr mißbräuchlicher Benutzung kundenbedienter Datenstationen hinzuweisen. Als Risiken aus dem technisch-organisatorischen Kombinationsprozeß zur Erstellung monetärer und nichtmonetärer Marktleistungen sind in der Sozialsphäre (Beschaffung und Einsatz menschlicher Arbeitskraft) z. B. nicht eingeplante Steigerungen der Personalaufwendungen (höhere Tarifsteigerungen oder stärkere Zunahme der Beschäftigtenzahl als geplant), Unterschlagungsrisiken oder nicht hinreichende Aus- und Weiterbildung des Personals und dadurch bedingte negative Wirkungen auf den Erfolg zu nennen. Auch das mit Blick auf die dispositive menschliche Arbeit häufig herausgestellte Managementrisiko ist hier einzuordnen. Die Risikoursache Managementfehler kann jedoch nur relativ unscharf von anderen Risikoursachen im LFB und TOB anhand allgemeiner Kriterien wie gravierende Fehlentscheidungen, zu hohe Risikobereitschaft, mangelhafte Kontrolle usw. abgegrenzt werden. Als Risiken in der Realsphäre (Beschaffung und Einsatz von Betriebsmitteln) oder in der Informations- und Kommunikationssphäre (Beschaffung und Einsatz von Informationen) sind z. B. zu nennen: Brandgefahren, Gefahr von Funktionsstörungen in der EDV und damit verbundene Geschäftsunterbrechungen oder sogar Datenvernichtung, Gefahr des Aufbaus überdimensionierter Kapazitäten z. B. im Geschäftsstellennetz oder bei EDV-gestützten Kundendiensteinrichtungen aller Art (Fixkostenrisiko).
(→ Bankbetriebliche Risiken)

Bankbetriebliche Produktionsfaktoren

Bankbetriebliche Produktionsfaktoren,
→ Produktionsfaktoren im Bankbetrieb.

Bankbetriebliche Risiken
Risiko kann wirtschaftswissenschaftlich definiert werden als Gefahr der negativen Abweichung eines zukünftig realisierten ökonomischen Wertes vom erwarteten Wert. Soweit Risiken meßbar sind, ließe sich im Sinne solcher erwarteten Werte z. B. der mathematische → Erwartungswert zugrunde legen, gegebenenfalls unter Einbeziehung der → Varianz oder der → Standardabweichung zur Messung der Streuung der möglichen Ergebnisse um den Erwartungswert.

Ausgehend von dieser weiten Definition des Risikos sind als bedeutsame b. R. insbes. das → Erfolgsrisiko und das → Liquiditätsrisiko zu nennen. Das Liquiditätsrisiko ist als die Gefahr von Liquiditätsstörungen bis hin zur Zahlungsstockung oder – im Extremfall – bis hin zur Zahlungseinstellung (Störungen der Zahlungsfähigkeit des Bankbetriebs) zu interpretieren. Das Erfolgsrisiko besteht in der Gefahr einer negativen Abweichung der zukünftigen Zielrealisation vom erwarteten Wert. Ziel in dieser engeren Risikodefinition ist das Streben nach → Gewinn. Die Gefahr der negativen Beeinflussung des Gewinns (Erfolgs) ergibt sich damit aus möglichen Ertragsminderungen und/oder Aufwandserhöhungen gegenüber erwarteten Erträgen und Aufwendungen bzw. gegenüber deren Differenz, dem erwarteten Erfolg. Zu erfassen sind nicht nur Situationen, in denen der Bankbetrieb durch den Eintritt von Risiken in die Verlustzone geriete, sondern bereits die mögliche Minderung des Gewinns gegenüber dem erwarteten Wert. Ausgehend von der Gliederung des Bankbetriebs (→ Betrieb) in seine beiden Leistungsbereiche → liquiditätsmäßig-finanzieller Bereich des Bankbetriebs (LFB) und → technisch-organisatorischer Bereich des Bankbetriebs (TOB) lassen sich → bankbetriebliche (Erfolgs-)Risiken des liquiditätsmäßig-finanziellen Bereichs und → bankbetriebliche (Erfolgs-)Risiken des technisch-organisatorischen Bereichs unterscheiden.

Eine weitere Klassifikation ist die Unterscheidung von Einzel- und → Gesamtrisiken. Viele Risikoarten können dann allerdings sowohl unter dem Aspekt des Einzelrisikos (z. B. Kreditausfallrisiko als Risiko des Ausfalls eines einzelnen → Kredits) als auch unter dem Aspekt des Gesamtrisikos (z. B. kumulierte Kreditausfallrisiken wegen ungenügender Kreditstreuung z. B. nach Kreditnehmergruppen oder Ländern) gesehen werden. Ein für Bankbetriebe sehr bedeutsames Einzelrisiko ist das → Großkreditrisiko, das auch der Gesetzgeber durch die §§ 13 und 13a KWG reglementiert (→ Großkredite). Typische bankbetriebliche Gesamtrisiken folgen aus offenen → Festzins- und offenen Fremdwährungspositionen. Mit Blick auf Gesamtrisiken ist zudem auf die Gefahr kumulierter Risiken (z. B. → Bonitäts-, → Zinsänderungs- und → Währungsrisiken) hinzuweisen, die insbesondere in der Rezession bei gleichzeitig relativ hoher → Volatilität von Zinssätzen und → Wechselkursen gegeben sein kann. Im Hinblick auf die Abgrenzung verschieden gewichtiger Risiken für den Bankbetrieb lassen sich aus der Perspektive der Bankleitung → strategische Risiken von → operativen Risiken abgrenzen.

Bankbetriebliche Risiken und bankaufsichtsrechtliche Risikobegrenzungsnormen
Beim Streben nach Zielerreichung (i. d. R. Gewinnerzielung durch Absatz von Marktleistungen) unterliegen Bankbetriebe wie alle anderen → Betriebe vielfältigen Risiken. Zur Systematisierung → bankbetrieblicher Risiken kann zum einen von der Gliederung des Bankbetriebs in seine beiden Leistungsbereiche → Liquiditätsmäßig-finanzieller Bereich des Bankbetriebs (LFB) und → technisch-organisatorischer Bereich des Bankbetriebs (TOB) und zum anderen von der Differenzierung zwischen erfolgsrechnerischer Ebene und Zahlungsmittelebene ausgegangen werden. Es lassen sich so → bankbetriebliche (Erfolgs-)Risiken des liquiditätsmäßig-finanziellen Bereichs, → bankbetriebliche (Erfolgs-)Risiken des technisch-organisatorischen Bereichs und → Liquiditätsrisiken abgrenzen. Die für Bankbetriebe besonders typischen Risiken treten im LFB auf.

Aufgabe bankbetrieblicher Geschäftspolitik ist es unter anderem, alle relevanten Risiken zu erkennen, zu steuern und zu kontrollieren. Bei der Festlegung ihrer Geschäftspolitik mittels strategischer Grundsätze und konkretisierter Strategien zum Management von Erfolgsrisiken (→ Risikomanagement) und von Liquiditätsrisiken (→ Liquiditätsmanagement) ist die Geschäftsleitung nicht völlig autonom: Als →Rechtssubjekte müssen Bankbetriebe wie auch Nichtbanken aus der Rechtsordnung herrührende Restriktionen beachten, die für alle Betriebe oder rechtsformspezifisch gelten. Hinzuweisen ist z. b. auf die Regelungen des Insolvenzrechts zur →Zahlungsunfähigkeit von Betrieben oder zur →Überschuldung von →Kapitalgesellschaften sowie auf haftungsbezogene Bestimmungen des →Aktiengesetzes (z. B. § 92 AktG).

Bankbetriebe (wie auch Versicherungsbetriebe) unterliegen zudem besonderer staatlicher Aufsicht und haben beim Management von Erfolgs- und Liquiditätsrisiken spezielle risikobeschränkende Regelungen des Gesetzgebers sowie der Aufsichtsorgane einzuhalten. Derartige Regelungen können risikobezogene Strategien der einzelnen Bankbetriebs zwar nicht ersetzen, weil sie z. b. mit Blick auf die „individuelle Risikosituation" der einzelnen Bank nicht hinreichend spezifisch sind und weil sie nur äußerste Grenzen der Übernahme von Erfolgsbzw. Liquiditätsrisiken bankaufsichtsrechtlich festlegen. Als Daten bzw. Rahmenbedingungen im Sinne des Versuchs der Normierung „klugen Bankierverhaltens" hat sie der Bankbetrieb aber beim (Erfolgs-)Risikomanagement bzw. beim Liquiditätsmanagement zu beachten.

Gründe für die Regulierung des Bankgeschäfts und die damit gegebene besondere Einschränkung bankbetrieblicher Autonomie (bankspezifische Gesetze und Verordnungen, →Bankenaufsicht) liegen in der herausragenden Bedeutung, die ein funktionsfähiges Geld- und Kreditwesen für die Volkswirtschaft hat, sowie in der großen Zahl schutzbedürftiger und schutzwürdiger Bankengläubiger (Einleger) bei gleichzeitig relativ geringen Eigenkapitalquoten der Banken. Entsprechend heißt es im § 6 Abs. 2 Kreditwesengesetz (KWG) zur Aufgabenabgrenzung des →Bundesaufsichtsamtes für das Kreditwesen, des wichtigsten Aufsichtsorgans im Bankenbereich: „Das Bundesaufsichtsamt hat Mißständen im Kreditwesen entgegenzuwirken, die die Sicherheit der den Kreditinstituten anvertrauten Vermögenswerte gefährden, die ordnungsmäßige Durchführung der Bankgeschäfte beeinträchtigen oder erhebliche Nachteile für die Gesamtwirtschaft herbeiführen können."

Die *bedeutsamsten bankaufsichtsrechtlichen Risikobegrenzungsnormen* betreffen die in den §§ 1 u. 2 KWG begrifflich abgegrenzten →Kreditinstitute. Den Kern dieser Regelungen enthalten die in den §§ 10, 10a, 11, 12, 13 u. 13a KWG festgelegten eigenkapital- bzw. liquiditätsbezogenen Vorschriften des Gesetzgebers sowie die im Anschluß an die §§ 10 u. 11 KWG vom Bundesaufsichtsamt für das Kreditwesen im Einvernehmen mit der →Deutschen Bundesbank aufgestellten →Grundsätze über das Eigenkapital und die Liquidität der Kreditinstitute (→Grundsatz I, →Grundsatz Ia, →Grundsatz II und →Grundsatz III). Das so abgesteckte, relativ komplexe Geflecht von Normensetzungen dient im wesentlichen der Begrenzung banktypischer Erfolgs- und Liquiditätsrisiken des LFB. Die Übersicht auf S. 154 stellt den Versuch dar, dieses Normengeflecht zu veranschaulichen und dabei auch Zusammenhänge mit einzelnen Formen von Risiken innerhalb der Erfolgs- bzw. Liquiditätsrisiken aufzuzeigen.

Da in der Übersicht nur Bezüge zwischen banktypischen Risiken des LFB und den bedeutsamsten Risikobegrenzungsnormen des KWG bzw. der Bankenaufsicht erfaßt sind, seien *Veränderungen* bzw. *Erweiterungen* dieses Rahmens für bankaufsichtsrechtliche Risikobegrenzungsnormen kurz in fünf Punkten skizziert:

(1) Wichtige in der Übersicht erfaßte Bestimmungen zur Begrenzung bankbetrieblicher Risiken sind das Ergebnis der Umsetzung von EG-Richtlinien in deutsches Recht (Vierte KWG-Novelle zum 1. 1. 1993). Zu nennen sind insbesondere die →Eigenmittel-Richtlinie mit der daran anknüpfenden neuen Eigenkapitaldefinition des § 10 KWG und die →Solvabilitäts-Richtlinie mit der durch sie ausgelösten Änderung der Eigenkapitalgrundsätze I und Ia. Der Prozeß der Harmonisierung des Aufsichtsrechts für Bankleistungen bzw. – allgemeiner – für Finanzdienstleistungen ist in der →Europäischen Union ist nicht abgeschlossen. Auch in Deutschland müssen noch weitere EG-Richtlinien im nationalen Recht wirksam werden. Hinzuweisen ist zum einen – insbesondere mit Blick auf Veränderungen der §§ 10a, 13 u. 13a KWG – auf die EG-Richtlinien von 1992 über die Beaufsichtigung von Kreditinstituten auf konsolidierter Basis (→Konsolidierungs-Richtlinie) und über die Überwachung und Kontrolle der Großkredite von Kreditinstituten (→Großkredit-Richtlinie), die den Schwerpunkt der Fünf-

Bankbetriebliche Risiken und grundlegende bankaufsichtsrechtliche Risikobegrenzungsnormen für Kreditinstitute auf der Basis des KWG

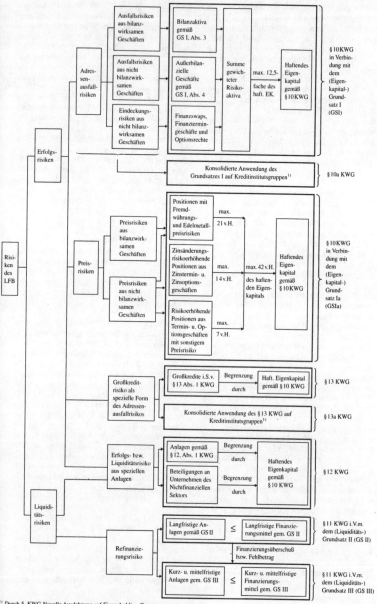

[1] Durch 5. KWG-Novelle Ausdehnung auf Finanzholding-Gruppen.

ten KWG-Novelle (1994) bildeten (in Kraft treten Ende 1995). Zum anderen wird die Umsetzung der Richtlinie zur Kapitaladäquanz von Kreditinstituten und Wertpapierfirmen (einheitliche Eigenkapitalvorschriften) eine nochmalige Überarbeitung des Grundsatzes I und eine völlige Neufassung des Grundsatzes I a mit sich bringen. Diese → Kapitaladäquanz-Richtlinie gestattet den Aufsichtsbehörden auch, mit Bezug auf die von der Richtlinie erfaßten Positionen im Wertpapiereigenhandelsgeschäft (→ „Trading-book") und im Fremdwährungsbereich bei der Unterlegung der Risiken mit Eigenkapital eine (gegenüber der Eigenmittel-Richtlinie) erweiterte Abgrenzung der Komponenten des → haftenden Eigenkapitals zuzulassen.

(2) Bezüge zur Begrenzung bankbetrieblicher Risiken weisen zusätzlich zu den in der Übersicht erfaßten Paragraphen des KWG auch andere Rechtsnormen dieses Gesetzes auf. Zu nennen sind z. B. die Vorschriften über die Vergabe von → Millionenkrediten (§ 14) und von → Organkrediten (§§ 15 u. 16), über das Erfordernis der Offenlegung der wirtschaftlichen Verhältnisse von Kreditnehmern (§ 18), über die Zulassung zum Geschäftsbetrieb (§§ 32 u. 33) sowie über Maßnahmen des Bundesaufsichtsamtes in besonderen Fällen (§§ 45 ff.). Reglementiert werden nicht nur Risiken des LFB, sondern in einigen Rechtsnormen auch Risiken des TOB. So stehen z. B. die Vorschriften zur Anzahl und Qualität von → Geschäftsleitern der Kreditinstitute (§ 33) mit dem Managementrisiko in Beziehung.

(3) Für einzelne Gruppen von Bankbetrieben, die überwiegend Kreditinstitute sind und somit dem KWG unterliegen, besteht das von ihnen zu beachtende Bankrecht außerdem aus besonderen Rechtsvorschriften im Sinne spezieller Gesetze bzw. Verordnungen. Als Beispiele für solche Rechtsvorschriften lassen sich nennen: die Sparkassengesetze der Länder mit den Sparkassenverordnungen und Mustersatzungen, das → Hypothekenbankgesetz, das → Bausparkassengesetz oder das → Gesetz über Kapitalanlagegesellschaften. Die hier niedergelegten Vorschriften beinhalten auch Risikobegrenzungsnormen für die Tätigkeiten der diesen Gesetzen unterliegenden Institute. So enthält z. B. das Hypothekenbankgesetz Bestimmungen über die zulässigen Geschäfte der Hypothekenbanken (§ 5), zur Deckung im Umlauf befindlicher → Hypothekenpfandbriefe (§ 6), zur Umlaufgrenze für → Pfandbriefe (§ 7), zur Beleihungswertermittlung von → Grundstücken (§ 12) sowie zur → Beleihungsgrenze (§ 11).

(4) Die Zweite Bankrechtskoordinierungs-Richtlinie (→ Bankrechtskoordinierungs-Richtlinien), die mit der Vierten KWG-Novelle in deutsches Recht umgesetzt wurde, beinhaltet unter anderem die Einführung des „Europäischen Passes" für Kreditinstitute mit dem Prinzip der „Heimatlandkontrolle". Damit unterliegen Zweigstellen von Kreditinstituten aus EU-Mitgliedsstaaten in dem Rahmen, wie er durch die Richtlinie abgesteckt ist, grundsätzlich der Bankenaufsicht ihres Heimatlandes. Insofern gelten für in Deutschland errichtete Zweigstellen von Kreditinstituten aus anderen EU-Ländern im Bereich des harmonisierten Aufsichtsrechts (eigenkapitalbezogene Vorschriften) die bankaufsichtsrechtlichen Risikobegrenzungsnormen dieser anderen EU-Staaten. Für ausländische Zweigstellen von in Deutschland domizilierenden Kreditinstituten, d. h. bei umgekehrter Blickrichtung, ist die Regelung entsprechend anzuwenden.

(5) Im Rahmen der internationalen Harmonisierung des Bankenaufsichtsrechts (→ Baseler Konkordat) hat der → Baseler Ausschuß für Bankenaufsicht bei der → Bank für Internationalen Zahlungsausgleich (BIZ) 1988 eine Eigenmittelempfehlung für international tätige Kreditinstitute („Cooke-Empfehlung") herausgegeben. In den Ländern, die wie Deutschland dieser Empfehlung folgen, unterliegen die davon betroffenen Banken also auch diesen international abgestimmten bankaufsichtsrechtlichen Regelungen. Die Baseler Eigenmittelempfehlung bezieht sich auf die Abdeckung des Kreditrisikos (→ Adressenausfallrisiko). Darüber hinaus hat der Baseler Ausschuß 1993 einen mit der EG-Kapitaladäquanz-Richtlinie vergleichbaren Vorschlag zur Beaufsichtigung von → Marktrisiken (→ Preisrisiken) aus den Wertpapiereigenhandelsgeschäften sowie aus Fremdwährungs- und Edelmetallgeschäften der international tätigen Banken unterbreitet („Marktrisiko-Konsultationspapier").

Bankbetriebliches Rechnungswesen,
→ Rechnungswesen des Bankbetriebs.

Bankbetriebslehre

Bankbetriebslehre

Die B. wird zu den speziellen Betriebswirtschaftslehren (Wirtschaftszweiglehren) gerechnet und ist damit eine Teildisziplin der Wirtschaftswissenschaften.

Objekte der B. sind → Bankbetriebe, insbesondere die der Definition des § 1 KWG genügenden → Kreditinstitute. Darüber hinaus erstreckt sich das Untersuchungsgebiet der B. auf weitere Betriebe und Institutionen des Finanziellen Sektors der Volkswirtschaft (z. B. → Deutsche Bundesbank, → Leasinggesellschaften, Verbände der deutschen Kreditwirtschaft). Eine eindeutige Abgrenzung des Erkenntnisobjekts der B., d. h. der in bankbetriebliche Analysen einzubeziehenden Wirtschaftseinheiten bzw. Leistungsprozesse, bereitet jedoch auch aufgrund neuerer Entwicklungen auf den Finanzmärkten erhebliche Probleme (z. B. → Allfinanz-Angebot von Kreditinstituten, → Finanzdienstleistungen von → Near Banks und → Non Banks).

Die grundlegenden *Ziele der B.* in Forschung und Lehre sind zum einen die Erklärung der bankbetrieblichen Wirklichkeit und zum anderen das Bemühen, Beiträge zur Gestaltung dieser Wirklichkeit zu liefern. Dabei hat sich die B. nicht nur mit den wesentlichen betriebswirtschaftlichen Problemfeldern der einzelnen Bankbetriebs zu befassen, sondern aus einzelwirtschaftlicher Perspektive auch komplexere Probleme zu behandeln. Diese ergeben sich aus der herausragenden Rolle der Banken in einer funktionsfähigen Tauschwirtschaft in Form der Geldwirtschaft und haben z. B. volkswirtschaftliche oder ordnungspolitische Bezüge. Stellungnahmen zu Fragen der Bankenstruktur (z. B. → Universalbanksystem oder → Trennbankensystem), zu geld- und kreditpolitischen Regelungen der → Zentralbank und zur Plausibilität bankaufsichtsrechtlicher Bestimmungen (→ Bankenaufsicht) gehören ebenso dazu wie Versuche, z. B. volkswirtschaftliche Zins- oder Kredittheorien aus bankbetriebswirtschaftlicher Perspektive zu fundieren.

Im Mittelpunkt der in Deutschland noch bis Ende der 50er Jahre vorherrschenden traditionellen B. standen vorwiegend die Beschreibung der bankbetrieblichen Geschäfte (→ Aktivgeschäfte und → Passivgeschäfte sowie → Dienstleistungsgeschäfte der Kreditinstitute), der Arten von Bankbetrieben, des bankbetrieblichen Rechnungswesens (→ Rechnungswesen des Bankbetriebs), der → Bankorganisation usw. In der Tradition derartiger Problemfelder stehen auch Fragestellungen, die die B. in den 70er und 80er Jahren aufgrund einer Fülle von Datenänderungen sowie dadurch ausgelöster Wandlungen auf den Finanzmärkten aufzugreifen hatte (z. B. Einführung marktorientierter Organisationsformen, strukturelle Veränderungen im Bankensystem, → EG-Rechtsakte [→ Europäischer Bankenmarkt] und deren Umsetzung in deutsches Recht, → Finanzinnovationen). Der traditionellen B. fehlte es weitgehend noch an einer Theorie des Bankbetriebs. Die sich ab Mitte der 50er Jahre allmählich entwickelnde wissenschaftliche B. analysiert auf theoretisch fundierter Basis insbesondere die sich im Bankbetrieb vollziehenden Prozesse als Zusammenhänge zwischen Leistungsbeschaffung (Input) und Leistungsabsatz (Output) sowie die Planung, Steuerung und Kontrolle dieser Zusammenhänge im Sinne der mit dem Leistungsbeschaffungs-, Leistungskombinations- und Leistungsabsatzprozeß verfolgten Ziele. Angewendet wird dabei heute ein breites Spektrum wissenschaftlicher Methoden: Neben der schon die traditionelle B. kennzeichnenden empirisch-induktiven Methode haben theoretisch-deduktive Analysen für die wissenschaftliche B. große Bedeutung erlangt. Für diese letztgenannten Ansätze ist die modellmäßige Formulierung bankbetrieblicher Zusammenhänge kennzeichnend. Zu erwähnen sind hier – ausgehend von verschiedenen Abgrenzungskriterien – z. B. bankbetriebliche Erklärungs- oder Entscheidungsmodelle, Gesamt- oder Partialmodelle, statische oder dynamische Modelle sowie deterministische oder probabilistische Modelle. Mit derartigen Modellformulierungen verbunden sind auch Fragen nach Prognoseverfahren für die relevanten bankbetrieblichen Daten (z. B. Einlagenentwicklung, Zinssätze) sowie nach verfügbaren mathematischen Lösungsverfahren (z. B. marginalanalytischer Ansatz, Lineare Programmierung). Bis heute liegt zwar keine umfassende, allgemein akzeptierte Theorie des Bankbetriebs vor, jedoch wurden in den vergangenen Jahrzehnten wesentliche Grundlagen dafür erarbeitet, auch unter Auswertung vorhandener Ergebnisse der Allgemeinen Betriebswirtschaftslehre, der Wirtschaftswissenschaften allgemein oder anderer Wissenschaftsgebiete (z. B. Systemtheorie, Entscheidungstheorie).

Einen *Systematisierungsansatz* für von der wissenschaftlichen B. zu analysierende einzelbankbetriebliche Fragenkomplexe bietet die Abgrenzung der Analysebereiche geschäftspolitischer Bereich (GPB), → liquiditätsmäßig-finanzieller Bereich (LFB) und → technisch-organisatorischer Bereich (TOB) (→ Bankbetrieb).

Bei der Untersuchung des geschäftspolitischen Bereichs sind die übergeordneten Zielkonzeptionen der Bankbetriebe, die Handlungsanweisungen zur Zielerreichung sowie die Maßstäbe zur Kontrolle des Zielerreichungsgrades zu analysieren. Untersuchungsfelder sind mit Blick auf die konkrete Geschäftspolitik etwa die → Produkt- und Sortimentspolitik (z. B. → Kreditpolitik, Einlagenpolitik), die → Konditionenpolitik, strategische Grundsätze und konkretisierte Strategien zur Sicherung jederzeitiger Zahlungsfähigkeit und Schuldendeckungsfähigkeit (z. B. Liquiditätspolitik [→ Liquiditätsmanagement], risikopolitische Maßnahmen des → Risikomanagements zur Steuerung von → Forderungsausfallrisiken [Bonitätsrisiken] oder von → Zinsänderungsrisiken, Aufbau angemessener Haftungspotentiale) sowie die Maßnahmen zur Gestaltung des technisch-organisatorischen Apparats der Bankbetriebe (z. B. Organisationsprinzipien [→ Bankorganisation, Strukturmodelle], Zweigstellenpolitik, Strategien zur Kundenselbstbedienung).

Die Abgrenzung der bankbetrieblichen Leistungsbereiche LFB und TOB folgt aus der Erkenntnis, daß zur Erstellung jeder Art von Marktleistung zum einen der Einsatz technisch-organisatorischer Produktionsfaktoren (→ Produktionsfaktoren im Bankbetrieb) und zum anderen der Einsatz des → monetären Faktors in Form von Zahlungs- und Haftungsleistungen erforderlich ist. Liquiditätsmäßig-finanzielle und technisch-organisatorische Analysen beziehen sich auf die Zusammenhänge (Mechanismen), die im jeweiligen Analysebereich (LFB bzw. TOB) zwischen Faktoreinsatz einerseits und Marktleistungsabsatz andererseits aufgrund vielfältiger ökonomischer, rechtlicher oder naturgesetzlicher Fakten gegeben sind und gegen die beim Streben nach Zielerreichung in der Realität nicht verstoßen werden kann (z. B. begrenzte Leistungsfähigkeit des Menschen) oder nicht verstoßen werden darf (z. B. Rechtsnormen). Die einzelnen gegebenen Zusammenhänge zwischen ökonomischen Elementen in Form von Daten und Aktionsparametern beziehen sich also auf alle Arten bestehender Restriktionen im bankbetrieblichen monetären und technisch-organisatorischen Leistungsprozeß. Diese Restriktionen werden als empirisch begründete Nebenbedingungen teilweise z. B. auch in betriebswirtschaftlichen Total- oder Partialmodellen formuliert.

Liquiditätsmäßig-finanzielle Analysen zentrieren um die Existenzbedingungen der Zahlungsfähigkeit und der Schuldendeckungsfähigkeit, d. h. um die auf diesen Ebenen gegebenen Mechanismen. Diese folgen u. a. aus den Bestimmungen des KWG und der → Bankenaufsicht (z. B. §§ 10, 10a, 11, 12, 13 und 13a KWG, Grundsätze I, Ia, → II und III des BAK). Technisch-organisatorische Analysen beziehen sich auf den für ein bestimmtes Marktleistungsvolumen in quantitativer und qualitativer Hinsicht erforderlichen Einsatz an technisch-organisatorischen Produktionsfaktoren in Form von menschlicher Arbeitskraft, → Betriebsmitteln und Informationen.

Bankbilanz

Teil des → Jahresabschlusses eines → Kreditinstituts, mitunter auch Bezeichnung für den Jahresabschluß selbst (→ Jahresabschluß der Kreditinstitute). Kennzeichnend für die B. ist, daß fast alle Posten Geldforderungen oder Geldverbindlichkeiten darstellen und die → Sachanlagen i. d. R. von geringer Bedeutung sind. Auf der Passivseite ist das → Fremdkapital dominierend. Im Gegensatz zum Gliederungsschema des § 266 HGB fehlt in dem Formblatt der → Rechnungslegungsverordnung eine nach außen sichtbare Zuordnung der Aktivposten zum → Anlagevermögen oder → Umlaufvermögen (→ Bankbilanz, Formblatt nach der Rechnungslegungsverordnung); ausgenommen sind Sachanlagen und immaterielle Anlagewerte.

Aufgaben: Entsprechend der Generalklausel in § 264 Abs. 2 HGB soll die B. ein den tatsächlichen Verhältnissen entsprechendes Bild der Vermögens- und Finanzlage des Kreditinstituts vermitteln. Dabei steht die → Liquidität im Vordergrund. Entsprechend sind die Posten der Aktivseite und der Passivseite im Formblatt liquiditätsorientiert gegliedert. Die Aktivposten sind grundsätzlich nach ihrer Liquidisierbarkeit (nach ab-

Bankbilanz, Formblatt

nehmender Liquidität) geordnet. Der erste Posten der Aktivseite ist die →Barreserve, am Ende der Aktivseite findet man die Sachanlagen. Die Posten der Passivseite sind in der Reihenfolge einer für das Kreditinstitut zunehmenden Verfügungsdauer geordnet. Am Anfang der Passivseite stehen die nichtverbrieften →Verbindlichkeiten gegenüber Kreditinstituten bzw. gegenüber Kunden (unter grundsätzlicher Voranstellung der täglich fälligen Verbindlichkeiten) und die verbrieften Verbindlichkeiten des Kreditinstituts (→Wertpapier). Am Ende der Passivseite stehen eigenkapitalähnliche Posten bzw. Posten mit Eigenkapitalnähe und die Posten des →Eigenkapitals selbst.

Fristengliederung: Nach den Übergangsvorschriften der Rechnungslegungsverordnung ist für →Geschäftsjahre, die nach dem 31.12.1992 und vor dem 1.1.1998 beginnen, für die Gliederung von Bilanzposten nach der Fristigkeit die ursprünglich vereinbarte →Laufzeit oder Kündigungsfrist und nicht die →Restlaufzeit am Bilanzstichtag maßgebend (§ 39 Abs. 4 Satz 1 RechKredV). Für Geschäftsjahre, die nach dem 31.12.1997 beginnen, ist für die Gliederung nach der Fristigkeit die Restlaufzeit am Bilanzstichtag maßgebend. Dabei ist § 9 RechKredV zu beachten. Die Vorschriften über die Fristengliederung betreffen auf der Aktivseite die →Forderungen an Kreditinstitute, →Anleihen und →Schuldverschreibungen und Forderungen an Kunden sowie auf der Passivseite Verbindlichkeiten gegenüber Kreditinstituten, Verbindlichkeiten gegenüber Kunden und verbriefte Verbindlichkeiten.

Aussagefähigkeit: Die Liquidität kann aus der B. nur stichtagsbezogen ermittelt werden. Für eine zeitraumbezogene, dynamische Liquiditätsbeurteilung werden in der Bilanz keine Angaben gemacht. Auch unter Sicherheits- bzw. Risikogesichtspunkten bietet die Bilanz nicht alle erforderlichen Informationen über die Vermögens- und Finanzlage. So macht die Bilanz keine Aussagen über eingegangene →Währungsrisiken des Kreditinstituts und durch Anwendung der Fristengliederung nach Restlaufzeiten (ab 1998) auch nur eingeschränkte Aussagen über →Zinsänderungsrisiken.

Bankbilanz, Formblatt nach der Rechnungslegungsverordnung

Während nach der bis 1992 geltenden Verordnung über Formblätter für die Gliederung des →Jahresabschlusses von →Kreditinstituten (→Formblattverordnung) gesonderte Formblätter für die verschiedenen Institutsgruppen (→Privatbankiers, →Aktienbanken, →Kreditgenossenschaften und →genossenschaftliche Zentralbanken, →Bausparkassen, →private Hypothekenbanken sowie →Schiffspfandbriefbanken) detailliert vorschrieb, enthält die Rechnungslegungsverordnung nur noch ein einheitliches Schema (Formblatt 1 der Rechnungslegungsverordnung), in dem allerdings durch eine Reihe von Fußnoten den Besonderheiten der verschiedenen Gruppen Rechnung getragen wird. Zum Formblattaufbau vgl. Darstellung „Bankbilanz-Formblattaufbau".

Zu welchen Aktiv- und Passivposten im Formblatt 1 generell Unterposten gesondert auszuweisen sind, wird in § 3 RechKredV geregelt. Die Angaben können statt in der Bilanz auch im Anhang in der Reihenfolge der betroffenen Posten gemacht werden (→Anhang zum Jahresabschluß der Kreditinstitute). Für die Zuordnung von →Aktiva und →Passiva zu Bilanzposten des Formblattes wichtige Definitionen sind in den §§ 4 bis 7 RechKredV enthalten. Bestimmungen über →Restlaufzeit finden sich in § 8, über die Fristengliederung in § 9, über die Zulässigkeit von Verrechnungen (→Kompensation von Forderungen und Verbindlichkeiten in der Bankbilanz) von →Forderungen und →Verbindlichkeiten in § 10 und über den Ausweis von anteiligen →Zinsen in § 11 RechKredV.

Bankbilanz, Posten nach der Rechnungslegungsverordnung,

→Aktivposten der Bankbilanz, →Passivposten der Bankbilanz.

Bankbilanzrichtlinie

EG-Richtlinie vom 8.12.1986 zur Harmonisierung des Rechnungslegungsrechts der europäischen →Kreditinstitute. Die „Richtlinie über den Jahresabschluß und den konsolidierten Abschluß von Banken und anderen Finanzinstituten" (B.) dient der Ergänzung und Modifizierung der →Bilanzrichtlinie, der →Konzernbilanzrichtlinie und der →Abschlußprüferrichtlinie.

Bankbilanzrichtlinie

Bankbilanz – Formblattaufbau

Jahresbilanz zum ....
der ....

Aktivseite

	DM	DM	DM
1. Barreserve			
a) Kassenbestand		.....	
b) Guthaben bei Zentralnotenbanken		.....	
darunter:			
bei der Deutschen Bundesbank .... DM			
c) Guthaben bei Postgiroämtern		.....	.....
2. Schuldtitel öffentlicher Stellen und Wechsel, die zur Refinanzierung bei Zentralnotenbanken zugelassen sind			
a) Schatzwechsel und unverzinsliche Schatzanweisungen sowie ähnliche Schuldtitel öffentlicher Stellen		.....	
darunter:			
bei der Deutschen Bundesbank refinanzierbar ..... DM			
b) Wechsel		.....	.....
darunter:			
bei der Deutschen Bundesbank refinanzierbar ..... DM			
3. Forderungen an Kreditinstitute [1]			
a) täglich fällig		.....	
b) andere Forderungen		.....	.....

Passivseite

	DM	DM	DM
1. Verbindlichkeiten gegenüber Kreditinstituten [6]			
a) täglich fällig	.....		
b) mit vereinbarter Laufzeit oder Kündigungsfrist	.....	.....	
2. Verbindlichkeiten gegenüber Kunden [7]			
a) Spareinlagen			
aa) mit vereinbarter Kündigungsfrist von drei Monaten	.....		
ab) mit vereinbarter Kündigungsfrist von mehr als drei Monaten	.....	.....	
b) andere Verbindlichkeiten			
ba) täglich fällig	.....		
bb) mit vereinbarter Laufzeit oder Kündigungsfrist	.....	.....	.....
[8]			
3. Verbriefte Verbindlichkeiten [9]			
a) begebene Schuldverschreibungen		.....	
b) andere verbriefte Verbindlichkeiten			
darunter:			
Geldmarktpapiere ..... DM			
eigene Akzepte und Solawechsel im Umlauf ..... DM		.....	.....

Bankbilanzrichtlinie

Bankbilanz – Formblattaufbau (Fortsetzung)

noch Aktivseite

	DM	DM	DM
4. Forderungen an Kunden[2] darunter:			
durch Grundpfandrechte gesichert ......DM			
Kommunalkredite ......DM			
5. Schuldverschreibungen und andere festverzinsliche Wertpapiere			
a) Geldmarktpapiere			
aa) von öffentlichen Emittenten	.....		
ab) von anderen Emittenten	.....	.....	
b) Anleihen und Schuldverschreibungen			
ba) von öffentlichen Emittenten	.....		
bb) von anderen Emittenten darunter:	.....		
beleihbar bei der Deutschen Bundesbank ......DM		.....	
c) eigene Schuldverschreibungen Nennbetrag ......DM		.....	.....
6. Aktien und andere nicht festverzinsliche Wertpapiere[3]			.....
7. Beteiligungen[4] darunter:			
an Kreditinstituten ......DM			.....
8. Anteile an verbundenen Unternehmen darunter:			
an Kreditinstituten ......DM			

noch Passivseite

	DM	DM	DM
4. Treuhandverbindlichkeiten darunter:			
Treuhandkredite ......DM			
5. Sonstige Verbindlichkeiten			.....
6. Rechnungsabgrenzungsposten[10]			.....
7. Rückstellungen			
a) Rückstellungen für Pensionen und ähnliche Verpflichtungen		.....	
b) Steuerrückstellungen		.....	
c) andere Rückstellungen		.....	.....
[11])			
8. Sonderposten mit Rücklageanteil			.....
9. Nachrangige Verbindlichkeiten			.....
10. Genußrechtskapital darunter:			
vor Ablauf von zwei Jahren fällig ......DM			.....
11. Fonds für allgemeine Bankrisiken			.....
12. Eigenkapital			
a) gezeichnetes Kapital[12]			.....
b) Kapitalrücklage			.....
c) Gewinnrücklagen[13]			
ca) gesetzliche Rücklage	.....		
cb) Rücklage für eigene Anteile	.....		
cc) satzungsmäßige Rücklagen	.....		

Bankbilanzrichtlinie

Bankbilanz – Formblattaufbau (Fortsetzung)

noch Aktivseite

	DM	DM	DM

9. Treuhandvermögen
  darunter:
  Treuhandkredite ......DM			

10. Ausgleichsforderungen gegen die öffentliche Hand einschließlich Schuldverschreibungen aus deren Umtausch			.....
11. Immaterielle Anlagewerte			.....
12. Sachanlagen			.....

13. Ausstehende Einlagen auf das gezeichnete Kapital
  darunter:
  eingefordert ......DM
			.....

14. Eigene Aktien oder Anteile Nennbetrag ......DM			.....
15. Sonstige Vermögensgegenstände			.....
16. Rechnungsabgrenzungsposten [5])			.....
17. Nicht durch Eigenkapital gedeckter Fehlbetrag			.....
Summe der Aktiva			=====

noch Passivseite

	DM	DM	DM
cd) andere Gewinnrücklagen d) Bilanzgewinn/Bilanzverlust		.....	
Summe der Passiva			=====

1. Eventualverbindlichkeiten
   a) Eventualverbindlichkeiten aus weitergegebenen abgerechneten Wechseln .....
   b) Verbindlichkeiten aus Bürgschaften und Gewährleistungsverträgen .....
   c) Haftung aus der Bestellung von Sicherheiten für fremde Verbindlichkeiten .....
2. Andere Verpflichtungen
   a) Rücknahmeverpflichtungen aus unechten Pensionsgeschäften .....
   b) Plazierungs- und Übernahmeverpflichtungen .....
   c) Unwiderrufliche Kreditzusagen .....

Bankbilanzrichtlinie

Bankbilanz – Formblattaufbau (Fortsetzung)

[1]) Folgende Arten von Instituten haben den Posten 3 „Forderungen an Kreditinstitute" in der Bilanz wie folgt zu untergliedern:

Realkreditinstitute: „a) Hypothekendarlehen ...... DM
                    b) Kommunalkredite ...... DM
                    c) andere Forderungen ...... DM
                       darunter:
                       täglich fällig ...... DM
                       gegen Beleihung von Wertpapieren ...... DM",

Bausparkassen: „a) Bauspardarlehen ...... DM
                b) Vor- und Zwischenfinanzierungskredite ...... DM
                c) sonstige Baudarlehen ...... DM
                d) andere Forderungen ...... DM
                   darunter:
                   täglich fällig ...... DM",

[2]) Folgende Arten von Instituten haben den Posten 4 „Forderungen an Kunden" in der Bilanz wie folgt zu untergliedern:

Realkreditinstitute: „a) Hypothekendarlehen ...... DM
                    b) Kommunalkredite ...... DM
                    c) andere Forderungen ...... DM
                     darunter:
                     gegen Beleihung von Wertpapieren ...... DM",

Bausparkassen: „a) Baudarlehen
                  aa) aus Zuteilungen (Bauspardarlehen) ...... DM
                  ab) zur Vor- und Zwischenfinanzierung ...... DM
                  ac) sonstige ...... DM
                     darunter:
                     durch Grundpfandrechte gesichert ...... DM
                b) andere Forderungen ...... DM".

Kreditgenossenschaften, die das Warengeschäft betreiben, haben in den Posten 4 „Forderungen an Kunden" in der Bilanz zusätzlich folgenden Darunterposten einzufügen:

„Warenforderungen ...... DM".

Bankbilanzrichtlinie

Bankbilanz – Formblattaufbau (Fortsetzung)

3) Kreditgenossenschaften, die das Warengeschäft betreiben, haben nach dem Posten 6 „Aktien und andere nichtfestverzinsliche Wertpapiere" in der Bilanz folgenden Posten einzufügen:

„6a. Warenbestand ...... DM".

4) Kreditgenossenschaften und genossenschaftliche Zentralbanken haben den Posten 7 „Beteiligungen" in der Bilanz wie folgt zu untergliedern:

„a) Beteiligungen ...... DM
    darunter:
    an Kreditinstituten ...... DM
b) Geschäftsguthaben bei Genossenschaften ...... DM
    darunter:
    bei Kreditgenossenschaften ...... DM".

5) Realkreditinstitute haben den Posten 16 „Rechnungsabgrenzungsposten" in der Bilanz wie folgt zu untergliedern:

„a) aus dem Emissions- und Darlehensgeschäft ...... DM
b) andere ...... DM".

6) Folgende Arten von Instituten haben den Posten 1 „Verbindlichkeiten gegenüber Kreditinstituten" in der Bilanz wie folgt zu untergliedern:

Realkreditinstitute: „a) begebene Hypotheken-Namenspfandbriefe ...... DM
    b) begebene öffentliche Namenspfandbriefe ...... DM
    c) andere Verbindlichkeiten ...... DM
    darunter:
    täglich fällig ...... DM
    zur Sicherstellung aufgenommener Darlehen an den Darlehensgeber ausgehändigte Hypotheken-Namenspfandbriefe ...... DM
    und öffentliche Namenspfandbriefe ...... DM".

Bausparkassen: „a) Bauspareinlagen ...... DM
    darunter:
    auf gekündigte Verträge ...... DM
    auf zugeteilte Verträge ...... DM
b) andere Verbindlichkeiten ...... DM
    darunter:
    täglich fällig ...... DM".

Bankbilanzrichtlinie

Bankbilanz – Formblattaufbau (Fortsetzung)

[7)] Realkreditinstitute haben den Posten 2 „Verbindlichkeiten gegenüber Kunden" in der Bilanz wie folgt zu untergliedern:

„a) begebene Hypotheken-Namenspfandbriefe ...... DM
b) begebene öffentliche Namenspfandbriefe ...... DM
c) Spareinlagen
 ca) mit vereinbarter Kündigungsfrist von drei Monaten ...... DM
 cb) mit vereinbarter Kündigungsfrist von mehr als drei Monaten ...... DM ...... DM
d) andere Verbindlichkeiten ...... DM
 darunter:
 täglich fällig ...... DM
Zur Sicherstellung aufgenommener Darlehen an den Darlehensgeber ausgehändigte Hypotheken-Namenspfandbriefe ...... DM
und öffentliche Namenspfandbriefe ...... DM".

Bausparkassen haben statt des Unterpostens a „Spareinlagen" in der Bilanz folgenden Unterposten auszuweisen:

„a) Einlagen aus dem Bauspargeschäft und Spareinlagen ...... DM
 aa) Bauspareinlagen
  darunter:
  auf gekündigte Verträge ...... DM
  auf zugeteilte Verträge ...... DM
 ab) Abschlußeinlagen
 ac) Spareinlagen mit vereinbarter Kündigungsfrist von drei Monaten ...... DM
 ad) Spareinlagen mit vereinbarter Kündigungsfrist von mehr als drei Monaten ...... DM".

[8)] Kreditgenossenschaften, die das Warengeschäft betreiben, haben nach dem Posten 2 „Verbindlichkeiten gegenüber Kunden" in der Bilanz folgenden Posten einzufügen:

„2a. Verpflichtungen aus Warengeschäften und aufgenommenen Warenkrediten ...... DM".

Bankbilanzrichtlinie

Bankbilanz – Formblattaufbau (Fortsetzung)

⁹) Realkreditinstitute haben den Posten 3 „Verbriefte Verbindlichkeiten" in der Bilanz wie folgt zu untergliedern:

```
„a) begebene Schuldverschreibungen
    aa) Hypothekenpfandbriefe                    ...... DM
    ab) öffentliche Pfandbriefe                  ...... DM
    ac) sonstige Schuldverschreibungen           ...... DM
 b) andere verbriefte Verbindlichkeiten          ...... DM
    darunter:
    Geldmarktpapiere ...... DM".
```

Kreditgenossenschaften, die das Warengeschäft betreiben, haben im Posten 3 „Verbriefte Verbindlichkeiten" zu dem Darunterposten 3 b Eigene Akzepte und Solawechsel im Umlauf folgenden zusätzlichen Darunterposten einzufügen:
„aus dem Warengeschäft ...... DM".

¹⁰) Realkreditinstitute haben den Posten 6 „Rechnungsabgrenzungsposten" in der Bilanz wie folgt zu untergliedern:
```
„a) aus dem Emissions- und Darlehensgeschäft    ...... DM
 b) andere                                      ...... DM".
```

¹¹) Bausparkassen haben nach dem Posten 7 „Rückstellungen" in der Bilanz folgender Posten einzufügen:
„7a. Fonds zur bauspartechnischen Absicherung ...... DM".

¹²) Genossenschaften haben in der Bilanz beim Unterposten a gezeichnetes Kapital sowohl die Geschäftsguthaben der Genossen als auch die Einlagen stiller Gesellschaften auszuweisen.

¹³) Genossenschaften haben in der Bilanz an Stelle der Gewinnrücklagen die Ergebnisrücklagen auszuweisen und wie folgt aufzugliedern:
```
„ca) gesetzliche Rücklage                       ...... DM
 cb) andere Ergebnisrücklagen                   ...... DM".
```

Die Ergebnisrücklage nach § 73 Abs. 3 des Gesetzes betreffend die Erwerbs- und Wirtschaftsgenossenschaften und die Beträge, die aus dieser Ergebnisrücklage an ausgeschiedene Genossen auszuzahlen sind, müssen vermerkt werden.

Die mit kleinen Buchstaben versehenen Posten können in der zur Veröffentlichung bestimmten Bilanz und in der zur Veröffentlichung bestimmten Gewinn- und Verlustrechnung zusammengefaßt werden, wenn sie (1.) einen Betrag enthalten, der für die Vermittlung eines der tatsächlichen Verhältnissen entsprechenden Bildes (§ 264 Abs. 2 HGB) nicht erheblich ist, oder (2.) dadurch die Klarheit der Darstellung vergrößert wird (§ 2 Abs. 2 Satz 1 RechKredV). Im 2. Fall müssen die zusammengefaßten Posten im Anhang gesondert ausgewiesen werden.

Bankbilanzrichtlinie-Gesetz

Umsetzung: In deutsches Recht umgesetzt wurde dieser →EG-Rechtsakt durch das →Bankbilanzrichtlinie-Gesetz vom 30.11. 1990 (BGBl. I S. 2570). Während die Bilanzrichtlinie, die Konzernbilanzrichtlinie und die Abschlußprüferrichtlinie ausschließlich durch das → Bilanzrichtlinien-Gesetz in deutsches Recht umgesetzt wurden, erfolgte die Transformation der B. in zwei Schritten, und zwar durch das Bankbilanzrichtlinie-Gesetz sowie durch die „Verordnung über die Rechnungslegung der Kreditinstitute" (→ Rechnungslegungsverordnung). Die aufgeführten EG-Richtlinien wurden nach dem Vorbild des Bilanzrichtlinien-Gesetzes schwerpunktmäßig im HGB umgesetzt (→Rechnungslegungsrecht der Kreditinstitute).

Bedeutung: Aufgrund der B. mußten →Kreditinstitute rechtsformunabhängig (mit Ausnahme der Einzelkaufleute) verpflichtet werden, ihren → Jahresabschluß, bestehend aus der → Bilanz, der → Gewinn- und Verlustrechnung und dem→ Anhang, nach weitgehend übereinstimmenden Gliederungs-, Bilanzansatz- und Bewertungsvorschriften aufzustellen (→Jahresabschluß der Kreditinstitute). Es mußte außerdem die Aufstellung eines Lageberichts vorgeschrieben werden (→ Lagebericht der Kreditinstitute). Die B. enthält vor allem Vorschriften über die Gliederung der Bilanz und der Gewinn- und Verlustrechnung, den Inhalt der einzelnen Posten und die im Anhang zu machenden Angaben. Abweichend von der Bilanzrichtlinie unterscheidet die B. nicht zwischen kleinen, mittelgroßen und großen Kreditinstituten. Die B. enthält keine rechtsformbezogenen Erleichterungen. Bis auf weiteres erlaubt bleibt die Bildung → stiller Reserven der Kreditinstitute; hierfür dürfen nicht mehr als 4% der → Forderungen und, soweit es um → Wertpapiere geht, nur solche verwendet werden, die weder → Finanzanlagen noch Teil des Handelsbestands sind (→ Wertpapiere im Jahresabschluß der Kreditinstitute).

Auf Grund der B. mußte von allen Kreditinstituten, die →Mutterunternehmen i.S. von § 290 HGB sind, ein → Konzernabschluß, bestehend aus der Konzernbilanz, der Konzern-Gewinn- und Verlustrechnung und dem Konzernanhang, sowie ein Konzernlagebericht nach den an die Konzernbilanzrichtlinie angepaßten Vorschriften des deutschen Rechts verlangt werden (→Konzernabschluß von Kreditinstituten, →Konzernlagebericht von Kreditinstituten, →Konzernrechnungslegung der Kreditinstitute).

Bankbilanzrichtlinie-Gesetz

Aus zwölf Artikeln bestehendes Gesetz vom 30.11.1990 (BGBl. I S. 2570) zur Angleichung von Vorschriften des deutschen Rechts an die EG-Bankbilanzrichtlinie (→ Bankbilanzrichtlinie). Auf Grund der Bankbilanzrichtlinie war die BRD verpflichtet, diejenigen Schutzvorschriften zu koordinieren und gleichwertig zu gestalten, die in den Mitgliedstaaten der EG → Banken und anderen → Finanzinstituten im Interesse der Gesellschafter sowie Dritter vorgeschrieben wurden. Das B.-G. dient außerdem der Umsetzung der →Bankzweigniederlassungsrichtlinie.

1. *Umsetzung der EG-Bankbilanzrichtlinie:* Nach dem Vorbild des →Bilanzrichtlinien-Gesetzes ist die Anpassung des deutschen Rechts an die Bankbilanzrichtlinie schwerpunktmäßig in dem durch das Bilanzrichtlinien-Gesetz neu geschaffenen 3. Buch des HGB und ergänzend durch die „Verordnung über die Rechnungslegung der Kreditinstitute" (→ Rechnungslegungsverordnung) vorgenommen worden. Das 3. Buch des HGB wurde um einen 4. Abschnitt erweitert, in dem „Ergänzende Vorschriften für Kreditinstitute" zusammengefaßt wurden. Im → Kreditwesengesetz sind nur noch solche Rechnungslegungsvorschriften verblieben, die in unmittelbarem Zusammenhang mit der → Bankenaufsicht stehen. Die aufgrund von § 330 Abs. 2 HGB erlassene Rechnungslegungsverordnung tritt an die Stelle der → Formblattverordnung und der → Bilanzierungsrichtlinien des →Bundesaufsichtsamts für das → Kreditwesen (→ Rechnungslegungsrecht der Kreditinstitute).

Das B.-G. ist erstmals auf → Geschäftsjahre anzuwenden, die nach dem 31.12.1992 beginnen. Auch die Konzern-Rechnungslegungsvorschriften (→ Konzernrechnungslegung der Kreditinstitute), einschl. der allgemeinen Regelungen der §§ 290 ff. HGB, mit denen die → Konzernbilanzrichtlinie umgesetzt worden ist, muß ab dem Geschäftsjahr 1993 beachtet werden. Damit wurde den Kreditinstituten die gleichzeitige Umstellung von →Jahresabschluß und → Konzernabschluß auf das neue Recht ermöglicht.

Bankbilanzrichtlinie-Gesetz

2. *Anwendungsbereich:* Die neuen Regelungen betreffen alle Kreditinstitute i. S. von § 1 Abs. 1 KWG, und zwar unabhängig von ihrer Größe und von ihrer Rechtsform. Erleichterungen, die → Privatbankiers (Kreditinstitute in der Rechtsform der Einzelkaufleute und → Personenhandelsgesellschaften) nach dem → Publizitätsgesetz hatten, entfallen aber 1993. Auch öffentlich-rechtliche Kreditinstitute (→ öffentliche Banken) und → Sparkassen sind nicht mehr nach den Vorschriften des Publizitätsgesetzes bzw. der aufsichtsbehördlichen Erlasse, sondern nach dem B.-G. und der Rechnungslegungsverordnung zur Rechnungslegung verpflichtet. Die Vorschriften sind grundsätzlich auch von → Zweigstellen ausländischer Banken (→ Auslandsbanken) anzuwenden. Zweigstellen von Banken mit Hauptsitz der Zentrale in einem anderen EG-Staat müssen allerdings nicht mehr einen auf ihre Geschäftstätigkeit in Deutschland bezogenen Jahresabschluß aufstellen, sondern haben nur noch die Jahresabschlußunterlagen des Gesamtinstituts offenzulegen.

3. *Jahresabschluß und Lagebericht:* Kreditinstitute müssen gemäß § 340 a Abs. 1 HGB die für große → Kapitalgesellschaften geltenden Vorschriften des HGB (§§ 264–289) anwenden (→ Größenklassen der Kapitalgesellschaften), soweit nicht nach den „Ergänzenden Vorschriften für Kreditinstitute" die Anwendung ausdrücklich ausgeschlossen ist. Der Jahresabschluß von Banken und Sparkassen besteht daher aus → Bilanz, → Gewinn- und Verlustrechnung und → Anhang. Kreditinstitute haben außerdem einen Lagebericht nach § 289 HGB aufzustellen (→ Jahresabschluß der Kreditinstitute, → Anhang zum Jahresabschluß der Kreditinstitute, → Lagebericht der Kreditinstitute). Die Formblätter für die Bankbilanz sowie für die Gewinn- und Verlustrechnung der Kreditinstitute werden durch die Rechnungslegungsverordnung geregelt (Bankbilanz, Formblatt nach Rechtslegungsverordnung).

Sonderregelungen für Kreditinstitute ergeben sich, wenn HGB-Vorschriften für große Kapitalgesellschaften (2. Abschnitt des 3. Buches) ausdrücklich nicht anzuwenden sind oder wenn bankspezifische Regelungen die Vorschriften ersetzen (§ 340 a Abs. 2 HGB) (Übersicht „Bankbilanzrichtlinie-Gesetz – Sonderregelung für Kreditinstitute", S. 168/169).

Pensionsgeschäfte: Nach § 340 b HGB wird nur noch zwischen echten und unechten → Pensionsgeschäften unterschieden (sog. „unechte echte Pensionsgeschäfte" gibt es nicht mehr). Im Fall von echten Pensionsgeschäften sind die übertragenen Vermögensgegenstände in der Bilanz des Pensionsgebers, im Fall von unechten Pensionsgeschäften in der Bilanz des Pensionsnehmers auszuweisen (Pensionsgeschäfte der Kreditinstitute nach § 340 b HGB).

Gewinn- und Verlustrechnung: In § 340 c HGB sind die Regelungen zusammengefaßt, die branchenspezifische Abweichungen für die Gewinn- und Verlustrechnung enthalten. Die Gliederungsschemata sind in der Rechnungslegungsverordnung geregelt.

Fristengliederung: Mit § 340 d HGB wird die in der Bankbilanzrichtlinie nach dem Vorbild der → Bilanzrichtlinie und der → Konzernbilanzrichtlinie eingeführte Gliederung von → Forderungen und → Verbindlichkeiten nach → Restlaufzeiten geregelt. Die Angaben sind aber nicht in der Bilanz, sondern ausschließlich im Anhang zu machen. Die Abkehr von den Ursprungslaufzeiten, die bisher in der Bilanz als vereinbarte → Laufzeiten oder Kündigungsfristen angegeben werden müssen, erfolgt aber erst am 1.1.1998. Das B.-G. macht damit von der in der Bankbilanzrichtlinie enthaltenen Möglichkeit zur Schaffung einer Übergangsregelung bis 1998 Gebrauch, um den Kreditinstituten ausreichend Zeit zur Anpassung zu geben.

Bewertungsvorschriften: Kreditinstitute haben gemäß § 340 e Abs. 1 HGB Vermögensgegenstände entsprechend der Zweckbestimmung und entsprechend den Grundsätzen für die Bewertung des → Anlagevermögens (§ 253 Abs. 2 HGB) oder entsprechend den Grundsätzen für die Bewertung des → Umlaufvermögens (§ 253 Abs. 3 HGB) zu bewerten (→ Bewertungsgrundsätze). Vermögensgegenstände sind wie Anlagevermögen zu bewerten, wenn sie dauernd dem Geschäftsbetrieb zu dienen bestimmt sind. Vermögensgegenstände, insbesondere Forderungen und → Wertpapiere, sind wie Umlaufvermögen zu bewerten, wenn sie nicht dazu bestimmt sind, dauernd dem Geschäftsbetrieb zu dienen. Die Zweckbestimmung von Wertpapierbeständen, dauernd dem Geschäftsbetrieb zu dienen, setzt eine aktenkundig zu machende Entscheidung der zuständigen Stelle voraus

Bankbilanzrichtlinie-Gesetz

Bankbilanzrichtlinie-Gesetz – Sonderregelung für Kreditinstitute (1)

Von Kreditinstituten nicht anzuwendende Vorschriften des 2. Abschnitts des 3. Buches des HGB

§ 246 Abs. 2 HGB [1]	Verrechnungsverbot
§ 265 Abs. 6 HGB	Änderung der Gliederung und Bezeichnung von Posten der Bilanz und der Gewinn- und Verlustrechnung
§ 265 Abs. 7 HGB	Zusammenfassung von Posten der Bilanz und der Gewinn- und Verlustrechnung
§ 267 HGB	Umschreibung der Größenklassen
§ 268 Abs. 4 Satz 1 HGB	Fristengliederung von Forderungen
§ 268 Abs. 5 Satz 1 und 2 HGB	Fristengliederung von Verbindlichkeiten; Bilanzausweis von erhaltenen Anzahlungen
§ 276 HGB	Größenabhängige Erleichterungen für die Gewinn- und Verlustrechnung
§ 277 Abs. 1 HGB	Definition des Begriffs „Umsatzerlöse"
§ 277 Abs. 2 HGB	Definition des Begriffs „Bestandsveränderungen"
§ 277 Abs. 3 Satz 1 HGB	Ausweis außerplanmäßiger Abschreibungen
§ 279 Abs. 1 Satz 2 HGB [2]	Beschränkung der Möglichkeit, Niederstwertabschreibungen auch bei voraussichtlich nicht dauernden Wertminderungen bilden zu können, auf Vermögensgegenstände, die Finanzanlagen sind
§ 284 Abs. 2 Nr. 4 HGB	Angabe des Tageswertes bei Anwendung von Bewertungsvereinfachungsverfahren
§ 285 Nr. 8 HGB	Angaben im Anhang bei Anwendung des Umsatzkostenverfahrens
§ 285 Nr. 12 HGB	Erläuterung sonstiger Rückstellungen im Anhang
§ 288 HGB	Größenabhängige Erleichterungen für den Anhang

Durch bankspezifische Regelungen ersetzte/ergänzte Vorschriften

§ 247 Abs. 1 HGB	Allgemeine Gliederungskriterien für die Bilanz
§ 251 HGB	Bilanzvermerk von Haftungsverhältnissen
§ 266 HGB	Gliederung der Bilanz
§ 268 Abs. 2 HGB	Angaben über die Entwicklung des Anlagevermögens
§ 268 Abs. 7 HGB	Ausweis von Haftungsverhältnissen
§ 275 HGB	Gliederung der Gewinn- und Verlustrechnung
§ 285 Nr. 1,2 HGB	Fristengliederung von Verbindlichkeiten: Angabe von Verbindlichkeiten, die durch Pfandrechte gesichert sind
§ 285 Nr. 4 HGB	Aufgliederung der Umsatzerlöse
§ 285 Nr. 9c HGB	Angabe von Organkrediten

[1] Soweit abweichende Vorschriften bestehen (§§ 340c, 340f Abs. 3 HGB)
[2] Durch § 340e Abs. 1 Satz 3 HGB geregelt
Quelle: Die Bank 11/90, S. 640 u. 641

(→ Wertpapiere im Jahresabschluß der Kreditinstitute).

Bildung von Reserven: Durch § 340f HGB, der den aufgehobenen § 26a KWG ersetzt, gibt das B.-G. den Instituten die Möglichkeit, → Vorsorgereserven für allgemeine Bankrisiken zu bilden. Nach früherem Recht durften Kreditinstitute als Kapitalgesellschaften → stille Reserven auf Grund von § 26a Abs. 1 KWG bei Forderungen und Wertpapieren des Umlaufvermögens bilden, indem sie diese mit einem niedrigeren als dem nach § 253 Abs. 1 und 3 und § 279 Abs. 1 Satz 1 HGB vorgeschriebenen oder zugelassenen Wert ansetzten, soweit dies nach vernünftiger kaufmännischer Beurteilung zur Sicherung gegen die besonderen bankspezifischen Risiken notwendig war. Kreditinstitute in anderen Rechtsformen konnten solche stillen Reserven nach § 253 Abs. 4 HGB bilden, der zusätzliche → Abschreibungen bei allen Vermögensgegenständen im Rahmen vernünftiger kaufmännischer Beurteilung auch dann zuläßt, wenn besondere bankspezifische Risiken nicht be-

Bankbilanzrichtlinie-Gesetz – Sonderregelung für Kreditinstitute (2)

Von Kreditinstituten anzuwendende Vorschriften des 2. Abschnitts des 3. Buches des HGB	
§ 265 Abs. 2 HGB	Angabe von Vorjahreszahlen zu jedem Posten der Bilanz und Gewinn- und Verlustrechnung[1]
§ 265 Abs. 5 HGB	Zulässigkeit einer weiteren Untergliederung von Posten der Bilanz und Gewinn- und Verlustrechnung
§ 268 Abs. 1 HGB	Zulässigkeit der Bilanzerstellung unter vollständiger oder teilweiser Verwendung des Jahresergebnisses
§ 268 Abs. 3 HGB	Bilanzausweis eines nicht durch Eigenkapital gedeckten Fehlbetrages
§ 268 Abs. 4 Satz 2 HGB	Erläuterung antizipativer Aktiva, die als sonstige Vermögensgegenstände ausgewiesen werden
§ 268 Abs. 5 Satz 3 HGB	Erläuterung antizipativer Verbindlichkeiten
§ 268 Abs. 6 HGB	Gesonderter Ausweis eines Emissionsdisagios
§ 277 Abs. 3 Satz 2 HGB	Gesonderter Ausweis der Aufwendungen und Erträge aus Verlustübernahmen und Gewinnabführungsverträgen
§ 277 Abs. 4 HGB	Erläuterung außerordentlicher und periodenfremder Erträge und Aufwendungen
§ 280 HGB	Wertaufholungsgebot[2]
§ 284 Abs. 2 Nrn. 1, 2, 3, 5 HGB	Angaben über die Bilanzierungs- und Bewertungsmethoden und die Grundlagen für die Währungsumrechnung
§ 285 Nr. 3 HGB	Angaben des Gesamtbetrages nicht in der Bilanz erscheinender sonstiger finanzieller Verpflichtungen
§ 285 Nr. 5 HGB	Angabe der Auswirkungen von Abschreibungen aufgrund steuerlicher Vorschriften auf das Jahresergebnis
§ 285 Nr. 6 HGB	Angabe des auf die gewöhnliche Geschäftstätigkeit und das außerordentliche Ergebnis jeweils entfallenden Einkommensteueranteils
§ 289 Abs. 2 Nr. 3 HGB	Angaben im Lagebericht zum Bereich Forschung und Entwicklung

[1] Nicht bei erstmaliger Anwendung
[2] Soweit nicht § 340f HGB etwas anderes bestimmt

Quelle: Die Bank 11/90, S. 640 u. 641

stehen. Das frühere Recht erlaubte außerdem die stille Bildung und stille Auflösung solcher Reserven durch die sog. → Überkreuzkompensation. Kreditinstitute durften → Erträge aus höherer Bewertung oder Erträge aus dem Eingang ganz oder teilweise abgeschriebener Forderungen sowie aus höherer Bewertung oder dem Abgang von Wertpapieren mit → Aufwendungen aus Abschreibungen und → Wertberichtigungen auf Forderungen oder auf Wertpapiere ganz oder teilweise verrechnen. Das B.-G. führt das frühere Recht mit gewissen Einschränkungen fort. Gegenüber dem früheren Recht darf der Handelsbestand an Wertpapieren nicht Bemessungsgrundlage für die Reservebildung sein. Der Betrag der Vorsorgereserven darf 4% der Bemessungsgrundlage (Forderungen an Kreditinstitute und Kunden + Wertpapiere der → Liquiditätsreserve) nicht übersteigen. Da die Bildung von Vorsorgereserven für allgemeine Bankrisiken gestattet ist, mußte auch die Bildung eines Sonderpostens für allgemeine Bankrisiken in der Bilanz erlaubt werden. Er wird als → „Fonds für allgemeine Bankrisiken" bezeichnet (→ stille Reserven der Kreditinstitute).

Währungsumrechnung: Auf ausländische → Währung lautende Vermögensgegenstände (mit Ausnahme der Vermögensgegenstände, die wie Anlagevermögen behandelt werden) und auf ausländische Währung lautende → Schulden sowie am Bilanzstichtag nicht abgewickelte → Kassageschäfte sind gemäß § 340h HGB mit dem Kassakurs am Bilanzstichtag in DM umzurechnen. Nicht abgewickelte → Termingeschäfte sind zum → Terminkurs am Bilanzstichtag in DM umzurechnen. Vermögensgegenstände auf

Bankbuchführung

ausländische Währung, die wie Anlagevermögen behandelt werden, sind mit ihrem Anschaffungskurs in DM umzurechnen, soweit sie weder durch Verbindlichkeiten noch durch Termingeschäfte in derselben Währung besonders gedeckt sind (→ Währungsumrechnung in der Bankbilanz).

4. *Konzernabschluß und -lagebericht:* Kreditinstitute müssen bei Vorliegen der in § 290 HGB genannten Voraussetzungen unabhängig von ihrer Rechtsform und unabhängig von ihrer Größe einen Konzernabschluß und einen Konzernlagebericht nach den Vorschriften der §§ 290–315 HGB aufstellen (→ Konzernrechnungslegung der Kreditinstitute).

Prüfung: Kreditinstitute müssen unabhängig von ihrer Größe ihren Jahresabschluß und Lagebericht sowie ihren Konzernabschluß und Konzernlagebericht nach den Vorschriften der §§ 316–324 HGB prüfen lassen (§ 340k Abs. 1 HGB). Für die Prüfung von → Kreditgenossenschaften gilt gemäß § 340k Abs. 2 HGB das Genossenschaftsrecht. Sie sind nach § 53 GenG prüfungspflichtig. Die Prüfung von Sparkassen darf nach § 340k Abs. 3 HGB von der Prüfungsstelle eines → regionalen Sparkassen- und Giroverbandes durchgeführt werden.

Offenlegung: Alle Kreditinstitute haben gemäß § 340l HGB ihren Jahresabschluß und den Lagebericht sowie den Konzernabschluß und den Konzernlagebericht und die anderen in § 325 HGB bezeichneten Unterlagen offenzulegen (in den ersten neun Monaten nach Ablauf des Geschäftsjahres). Die Unterlagen sind grundsätzlich im → Bundesanzeiger zu veröffentlichen und zum → Handelsregister einzureichen. Für Kreditinstitute, deren Bilanzsumme am Bilanzstichtag 300 Mio. DM nicht übersteigt, tritt an die Stelle der Bundesanzeigerpublizität die Handelsregisterpublizität. Kreditgenossenschaften haben Unterlagen nicht zum Handelsregister, sondern zum → Genossenschaftsregister einzureichen.

Bankbuchführung

Teilbereich des bankbetrieblichen → Rechnungswesens, das die Aufgabe hat, die mit der Abwicklung von → Bankgeschäften anfallenden (buchungsrelevanten) Vorgänge zu erfassen und zu dokumentieren. Die B. ist Teil des → externen Rechnungswesens.

Anforderungen: Auf Grund der Eigenarten des Bankbetriebs und der Bankgeschäfte gelten die Grundsätze Tagfertigkeit (Zeitnähe), Zuverlässigkeit und Sicherheit sowie Wirtschaftlichkeit. Grundsätzlich ist die Bankbuchhaltung so einzurichten, daß alle Geschäftsvorfälle zeitnah erfaßt und verarbeitet werden (Tagfertigkeit bzw. Stundenfertigkeit). Dies gewährleistet die jederzeitige Abrufbereitschaft aktueller Kontostands- und Liquiditätsinformationen und ermöglicht es der Geschäftsleitung und allen anderen Entscheidungsträgern, kurzfristig eigene Dispositionen und Kundengeschäfte zielgerichtet und rentabel vorzunehmen.

Organisation: Um möglichst einheitliche Grundlagen zu schaffen, sind von den Verbänden der Kreditwirtschaft → Kontenrahmen erarbeitet und zur Einführung empfohlen worden. Aus den Kontenrahmen entwickeln die → Banken und → Sparkassen ihre betriebsindividuellen → Kontenpläne. Im Rahmen der EDV-Buchführung werden im On-line-Verfahren Realtime-processing (Echtzeit- oder Sofort-Verarbeitung) und Batch-processing (Stapelverarbeitung) betrieben. Über Schalterterminals kann in vielen Geschäftsbereichen die Ausführungen von Bankleistungen im Dialogbetrieb sofort erfaßt und gebucht werden.

Rechtsgrundlagen: → Rechnungslegungsrecht der Kreditinstitute, → Rechnungswesen des Bankbetriebs.

Organisation des Buchungsablaufs in Kreditinstituten: Geschäftsvorfälle in → Kreditinstituten müssen zeitnah gebucht werden. Die Umsätze eines Buchungstages müssen im Grundbuch (als Listen geführt und als Primanote, Journal oder Memorial bezeichnet) erfaßt werden, auf den Kundenkonten (Personalkonten) gebucht werden und auf den Hauptbuchkonten gebucht und zur → Tagesbilanz zusammengefaßt werden. Die Erfassung der Belege in Grundbüchern wird vielfach als Primanotisierung bezeichnet. „Prima Nota" heißt wörtlich „erste Aufzeichnung". In einer Primanote werden Belege chronologisch zu ersten Buchungen zusammengefaßt. Zweck der Primanote ist die summenmäßige Zusammenfassung gleichartiger Einzel- und Sammelbelege, die Abstimmung der Soll- und Habenbuchungen vor der Weiterverarbeitung und die Sicherung durch Erfassen des Buchungsmaterials. Das Hauptbuch dient der systematischen Erfassung der Umsätze. Es enthält die Sach-

konten, gegliedert nach Bestands- und Erfolgskonten. Die Umsätze der Sachkonten werden täglich zu einer Rohbilanz (Tagesbilanz) zusammengefaßt.
Alle Buchungen werden durch Belege nachgewiesen (Belegzwang). Der Belegzwang gilt unabhängig von der Buchführungstechnik. „Die Art der Buchführungstechnik ändert nicht den Grundsatz, daß ein gesonderter Nachweis über sämtliche buchungspflichtigen Geschäftsfälle vorliegen muß, wohl aber kann die Form der Belege und die Art der Aufbewahrung durch Einsatz von EDV Modifikationen erfahren." „Der Nachweis des Geschäftsfalles ist nicht in jedem Fall an einen Beleg in der herkömmlichen Form einer gesondert erstellten schriftlichen Einzel- oder Sammelunterlage gebunden. Listungen oder Dauerbelege in Verbindung mit Arbeitsprogrammen und Schlüsselverzeichnissen oder Sammelnachweise mit gesicherter Rückgriffsmöglichkeit auf die Belegablage eines Geschäftsfreundes können Belegfunktion annehmen. Ob eine derartige Nachweisform Beleg im Sinne ordnungsmäßiger Buchführung sein kann, ist im Einzelfall jeweils daran zu messen, ob sie für einen sachverständigen Dritten in angemessener Zeit einen ausreichend sicheren, klaren und verständlichen Nachweis der Geschäftsfälle darstellt; dazu können auch die Programmunterlagen gehören." (Stellungnahme des Fachausschusses für moderne Abrechnungssysteme 1/75) „Belege können auch innerhalb eines EDV-Systems direkt auf Datenträger hergestellt werden. Das Verfahren des Zustandekommens solcher Belege ist zu dokumentieren" (Grundsätze ordnungsmäßiger Speicherbuchführung). Der Verzicht auf einen herkömmlichen Beleg darf die Möglichkeit der Prüfung des betreffenden Buchungsvorgangs in formeller und sachlicher Hinsicht nicht beeinträchtigen.

Bankbürgschaft
→ Bürgschaft, die ein → Kreditinstitut im Auftrag ihres Kunden gegen Entgelt (→ Avalkredit) herauslegt.
Sie ist gemäß § 350 HGB wegen der Vollkaufmannseigenschaft (→ Vollkaufmann) der Kreditinstitute stets eine → selbstschuldnerische Bürgschaft, die auch formlos wirksam ist. In den → Formularverträgen wird sie regelmäßig als → Höchstbetragsbürgschaft und mit Ausnahme der → Prozeßbürgschaft auch als → Zeitbürgschaft ausgestaltet. Die Abweichung von § 670

BGB in den AGB der Banken bzw. der Sparkassen, wonach bereits bei einseitiger Zahlungsaufforderung durch den → Gläubiger geleistet werden durfte, ist in den Neufassungen 1993 nicht mehr enthalten. Solche Klauseln verlagerten die Auseinandersetzung um die Hauptverbindlichkeit in das zugrundeliegende Vertragsverhältnis zwischen dem Kunden und seinem Gläubiger. Nur wenn der Kunde hierbei unverzüglich schlüssige und in tatsächlicher Hinsicht ohne weiteres beweisbare → Einreden oder Einwendungen gegen die → Forderung geltend macht (z. B. → Tilgung der Hauptschuld), darf das Kreditinstitut mit Rücksicht auf dessen Interessen nach → Treu und Glauben (§ 242 BGB) keine Zahlungen erbringen. Im Falle der Teilleistung an den Gläubiger geht gemäß § 774 Abs. 1 S. 1 BGB der entsprechende Teil der Gläubigerforderung auf das Kreditinstitut über. Neben der allgemeinen Sicherung von Zahlungsansprüchen im Wirtschaftsverkehr kommt die B. vor allem im Zusammenhang mit den in der VOB Teil B geregelten Sicherheiten zur Abdeckung von Risiken des Auftraggebers bei der Ausführung von Bauleistungen als Bietungs-, Anzahlungs-, Abschlagszahlungs-, Vertragserfüllungs- und Gewährleistungsbürgschaft (§ 17) vor.

Bank-Card
→ Kundenkarte von → Kreditinstituten, die der Karteninhaber wie seine → eurocheque-Karte als → Debit-Karte für Beschaffung von Bargeld an → Geldausgabeautomaten, zum → POS-Banking sowie zur Kundenselbstbedienung an → Kontoauszugsdruckern nutzen kann. Beispiel: → S-Card.

Bank-Controlling
Nach Schierenbeck ertragsorientierte Management-Konzeption mit gleichzeitig deutlich defensiver Grundhaltung im Hinblick auf das Eingehen von Risiken. In der konkreten Umsetzung bedeutet dies für → Rentabilität, Wachstum und Sicherheit, daß die Rentabilität im Mittelpunkt der Geschäftspolitik steht, Wachstum nur insoweit angestrebt werden darf, wie eine zur Existenzsicherung notwendige Mindestrentabilität nicht unterschritten wird, eine Übernahme von Risiken nur in Abhängigkeit von den Gesamtertragsmöglichkeiten erfolgen darf und als Prozentsatz des erzielbaren → Betriebsergebnisses begrenzt werden muß. B.-C. ist somit die ertrags- und sicher-

Bank-Controlling – Verflechtung von Portfolio-, Bilanzstruktur- und Budget-Management

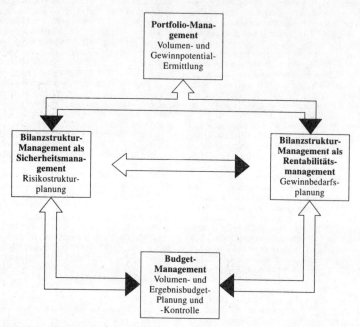

Quelle: Schierenbeck/Seidel/Rolfes, Controlling in Kreditgenossenschaften, Wiesbaden 1988, S. 32

heitsorientierte Planung, die Steuerung und Überwachung aller Unternehmensaktivitäten (→ Aktiv-Passiv-Management).

Voraussetzungen: Das → Kreditinstitut muß über ein ertragsorientiertes Zielsystem (→ Zielkonzeptionen von Kreditinstituten) mit operationalen Zielformulierungen für alle Führungsebenen verfügen. Führungsträger müssen erfolgsorientiert beurteilt und leistungsentsprechend bezahlt werden. Jeder Entscheidungsträger in der Bank muß seinen Beitrag zum Betriebsergebnis kennen und sich der Konsequenzen seiner Entscheidungen für die → Erträge bewußt sein. Eine → Profit-Center-Organisation mit dezentraler Führungsstruktur muß Kundenorientiertheit zum Organisationsprinzip haben.

Inhalt: Entsprechend zur Ertrags- und Sicherheitsorientiertheit beinhaltet das B.-C. Rentabilitäts- und Risikosteuerung (→ Rentabilitäts-Management, → Risiko-Management bzw. Sicherheitsmanagement). Dabei sind → Portfolio-Management (Volumen- und Gewinnpotentialermittlung) sowie → Bilanzstruktur-Management als Sicherheitsmanagement (Risikostrukturplanung) und als Rentabilitätsmanagement (Gewinnbedarfsplanung) Ausprägungen des → strategischen Controlling, während das → Budget-Management (Volumen- und Ergebnisbudget-Planung und -Kontrolle) das Zentrum des → operativen Controlling bildet. Alle Controlling-Aktivitäten sind i.S. eines Regelkreislaufes aufeinander abzustimmen. Die Zusammenhänge zeigen die Abbildun-

Banken

Bank-Controlling – Aktivitäten

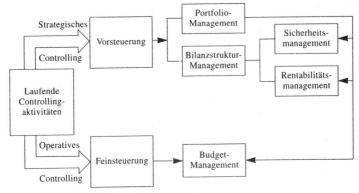

Quelle: Schierenbeck/Seidel/Rolfes, Controlling in Kreditgenossenschaften, Wiesbaden 1988, S. 25

gen „Bank-Controlling-Verflechtung von Portfolio-, Bilanzstruktur- und Budgetmanagement" und „Bank-Controlling-Aktivitäten".

Informationsaufgabe der Kosten- und Erlösrechnung im Rahmen des Bank-Controllings: Das → interne Rechnungswesen hat mit der Kosten- und Erlösrechnung (→ Kosten- und Erlösrechnung im Bankbetrieb) eine zentrale Bedeutung für das Rentabilitätsmanagement. Im Mittelpunkt steht dabei die → Zinsspannenrechnung nach der → Marktzinsmethode und die Kalkulation der → Betriebskosten auf der Grundlage der → Standard-Einzelkostenrechnung (Kostenmanagement). Ausgehend von einer einzelgeschäftsbezogenen Kalkulation können → Kundenkalkulationen bzw. → Kundengruppenkalkulationen bzw. Produktkalkulationen bzw. Produktgruppenkalkulationen (→ Geschäftsspartenkalkulation) sowie → Geschäftsstellenkalkulationen auf Teilkostenbasis durchgeführt werden (→ Deckungsbeitragsrechnungen).

Bank deutscher Länder (BdL)

In den westlichen Besatzungszonen 1948 aufgrund alliierter Militärgesetzgebung errichtete öffentlich-rechtliche Bank, die die Zentralbankpolitik koordinierte und das Recht zur Notenausgabe (→ Zentralnotenbank) hatte. Neben dem → Notenausgabemonopol stand der BdL bis 1950 das Emissionsrecht für → Münzen zu. Die BdL war ein Tochterinstitut der (damals) rechtlich selbständigen → Landeszentralbanken. Oberstes, die Zentralbankpolitik bestimmendes Organ des zweistufigen → Zentralbanksystems (BdL mit Landeszentralbanken) war der Zentralbankrat mit den Präsidenten der Landeszentralbanken und dem Präsidenten des Direktoriums der BdL als „geborenen" Mitgliedern. Unter Verschmelzung mit den Landeszentralbanken einschl. der Berliner Zentralbank wurde die BdL 1957 → Deutsche Bundesbank (§ 1 BBankG).

Banken

Privat- oder öffentlich-rechtlich organisierte Unternehmen, die den Zahlungsverkehr durchführen, → Einlagen annehmen und → Kredite gewähren, mit → Geldkapital und Kapitalrechten handeln, Vermögenswerte verwalten und weitere Dienstleistungen erbringen. Für B. synonym gebrauchte Bezeichnungen sind: → Kreditinstitute, → Geldinstitute, → Geschäftsbanken, → Bankbetriebe. Auch → Sparkassen sind, funktional gesehen, B.

Bankensystem: → Zentralbank (→ Zentralbanksystem) und Geschäftsbanken (→ Ge-

Bankenabkommen

schäftsbanksysteme in der EU) werden unter dem Oberbegriff B. (Bankensystem) zusammengefaßt. Im Bankensystem der BRD wird der (im wirtschaftlichen Sinne verwendeten) Begriff „Geschäftsbank" mit dem (im wirtschaftlichen und rechtlichen Sinne verwendeten) Begriff „Kreditinstitut" in vielfacher Hinsicht gleichgesetzt.

Geschäftsbankensystem: Im Geschäftsbankensystem werden → Universalbanken (Geschäftsbanken, die nahezu alle → Bankgeschäfte betreiben) und → Spezialbanken (Geschäftsbanken, die nur eine Art oder wenige Arten der Bankgeschäfte betreiben) unterschieden.

Bankgruppen nach der Bankenstatistik der Deutschen Bundesbank: Die Bundesbank erfaßt im Rahmen der → Bankenstatistik folgende Gruppen von Kreditinstituten (Bankengruppen): → Kreditbanken (→ Großbanken, → Regionalbanken und sonstige Kreditbanken, → Zweigstellen ausländischer Banken, → Privatbankiers), → Girozentralen (einschl. → Deutsche Girozentrale – Deutsche Kommunalbank), → Sparkassen, → Genossenschaftliche Zentralbanken (einschl. Deutsche Genossenschaftsbank), → Kreditgenossenschaften, → Realkreditinstitute (→ private Hypothekenbanken, → öffentlich-rechtliche Grundkreditanstalten), → Teilzahlungskreditinstitute (bis Ende 1986, seitdem als statistische Gruppe aufgelöst, Umgruppierung der Institute), → Kreditinstitute mit Sonderaufgaben (einschl. der → Deutschen Postbank AG), sowie die in der → Monatlichen Bilanzstatistik nicht erfaßten Bankengruppen: → Wohnungsunternehmen mit Spareinrichtung, → Kapitalanlagegesellschaften, → Wertpapiersammelbanken, → Bürgschaftsbanken, → Bausparkassen und sonstige Kreditinstitute. Die Bundesbank gibt in ihrer Statistik die Zahl der Kreditinstitute im Mehrheitsbesitz ausländischer Kreditinstitute und ausländischer Nichtbanken bekannt (Zweigstellen ausländischer B. und Kreditinstitute im Mehrheitsbesitz ausländischer B. werden zusammenfassend als → Auslandsbanken bezeichnet).

Kreditinstitute im rechtlichen Sinne: Der Begriff „Kreditinstitut" wird in § 1 Abs. 1 Satz 1 KWG definiert und ist von → „Finanzinstitut" i. S. des KWG zu unterscheiden (Definition in § 1 Abs. 3 KWG).

B. als finanzielle Sektoren der Volkswirtschaft: In der → gesamtwirtschaftlichen Finanzierungsrechnung der Bundesbank werden B. (Bundesbank und Kreditinstitute) gesondert von Bausparkassen und Versicherungen als → finanzielle Sektoren erfaßt und den nichtfinanziellen Sektoren (private Haushalte, → öffentliche Haushalte, Unternehmen, Ausland) gegenübergestellt. Aus der gesamtwirtschaftlichen Finanzierungsrechnung wird die quantitative Bedeutung der finanziellen Sektoren ersichtlich.

Bankenabkommen
Vereinbarungen der → Spitzenverbände der deutschen Kreditwirtschaft, die nur unmittelbare Rechte und Pflichten zwischen den beteiligten → Kreditinstituten begründen. Derartige Abkommen bestehen insbes. für den → Zahlungsverkehr (→ Abkommen zum bargeldlosen Zahlungsverkehr). Auch die Einführung neuer Techniken zur Rationalisierung und Automatisierung des Zahlungsverkehrs beruht auf Vereinbarungen der Spitzenverbände, die in Richtlinien ihren Ausdruck gefunden haben und eine einheitliche Abwicklung des netzübergreifenden Zahlungsverkehrs gewährleisten. Zentrale Vereinbarungen sind die Voraussetzung für eine Standardisierung der → Zahlungsmittel und die Nutzung rationeller, automatisierter Abwicklungsformen unter Einsatz maschineller Technik.

Rechtsposition des Bankkunden: Obwohl der Bankkunde kein Vertragspartner ist, wird seine Rechtsposition durch derartige Abkommen nachhaltig beeinflußt, da zur Erledigung der von ihm erteilten Aufträge meist mehrere Kreditinstitute eingeschaltet werden müssen und diese Vorgänge auf der Grundlage von Abkommen und Richtlinien bearbeitet und abgewickelt werden. Erleidet der Bankkunde durch nachlässiges Verhalten von Kreditinstituten, mit denen er nicht in vertraglichem Kontakt steht, Vermögensnachteile, so wären diese nicht kompensationsfähig, weil im Recht der → unerlaubten Handlungen eine Vermögensschädigung kein geschütztes Recht darstellt. An den Vertragspartner des beauftragten Kreditinstituts kann sich der Bankkunde nicht halten, da dieses nur für die sorgfältige Auswahl und richtige Unterweisung der eingeschalteten Zwischenbanken und Zentralstellen haftet, nicht aber für deren Fehlverhalten (→ Haftung der Kreditinstitute). Deshalb ist es gerechtfertigt, dem Bankkunden einen vertragsähnlichen Schadenersatzanspruch unter dem Gesichtspunkt des → Vertrages mit Schutzwirkung zugunsten Dritter gegenüber der sorgfaltswidrig handelnden Bank nach Maßgabe des betreffenden Abkommens zuzubilligen. Der Bundesgerichtshof (BGH) hat den „Vertrag mit Schutzwirkung für Dritte" in einem Urteil zum → Lastschriftverkehr auf den Bereich des Zahlungsverkehrs ausgedehnt.

Bankenaufsicht

Im Rahmen einer allgemeineren Wirtschaftsüberwachung von staatlichen Stellen ausgeübte Tätigkeiten mit dem Ziel, die → Kreditinstitute von Geschäftsbeginn an fortlaufend zu beobachten und ggf. auf sie einzuwirken, um die Einhaltung der den Aufsichtszwecken (Funktionsfähigkeit der Kredit- und der Volkswirtschaft, Gläubigerschutz) dienenden Rechtsvorschriften und sonstigen Regelungen zu gewährleisten.

Geschichtliche Entwicklung: Bankzusammenbrüche und ihre schädlichen gesamtwirtschaftlichen Auswirkungen in der Bankenkrise von 1931 führten dazu, daß erstmals in Deutschland eine Reichsaufsicht als Kontrolle über → Banken geschaffen wurde. Das Reichsgesetz über das Kreditwesen (RKWG) vom 4.9.1934 setzte einen einheitlichen, gewerberechtlichen Rahmen, dessen wesentliche Elemente bis heute fortbestehen und auch im → EG-Bankrecht enthalten sind: Bestimmungen zur Erlaubnispflicht und deren Voraussetzungen, über die Eigenverantwortlichkeit der → Geschäftsleiter, Strukturnormen über → Eigenkapital und → Liquidität, Anzeigepflichten als Basis für eine Überwachung. Nach 1945 waren in den drei westlichen Besatzungszonen zunächst die Länder für die B. zuständig, die sich dabei auch der → Landeszentralbanken bedienten. Die erneute Zentralisierung erfolgte mit Inkrafttreten des Gesetzes über das Kreditwesen (KWG) zum 1.1.1962 und der Errichtung des → Bundesaufsichtsamtes für das Kreditwesen (BAK) als Aufsichtsbehörde. Das KWG wurde seither mehrfach geändert und ergänzt:
Durch das 1. Änderungsgesetz vom 23.12.1971 wurde der monatliche Freibetrag bei → Spareinlagen mit (damals) gesetzlicher Kündigungsfrist auf 2.000 DM angehoben (§ 22 KWG).

Ein zweites Änderungsgesetz erging am 24.3.1976 in der Folge des durch Devisenspekulationen 1974 verursachten Zusammenbruchs der Herstatt-Bank. Vorschriften über das → Kreditgeschäft i.S. des KWG wurden verschärft, z.B. § 13 (→ Großkredite), § 18 (→ Offenlegung der wirtschaftlichen Verhältnisse) und § 19 (Kreditnehmereinheit). Anzeigepflichten gemäß § 24 KWG wurden ausgedehnt, die Prüfungsbefugnisse nach § 44 erweitert, ferner dem Jahresabschlußprüfer zusätzliche Prüfungs- und Mitteilungspflichten auferlegt (§ 29) sowie besondere Maßnahmen bei Konkursgefahr (§§ 46a bis 46c) und in §§ 35 bis 38 KWG vorgesehen. Das Vieraugenprinzip wurde eingeführt (§ 33 Abs. 1 KWG) und die Neuzulassung von → Einzelbankiers verboten (§ 2a). Durch → Grundsatz Ia (→ Grundsätze über das Eigenkapital und die Liquidität der Kreditinstitute) wurde die offene Devisenposition begrenzt.
Das 3. Änderungsgesetz vom 20.12.1984 führte die Quotenkonsolidierung zur Überwachung von → Kreditinstitutsgruppen i.S. des KWG auf zusammengefaßter Basis ein (Eigenkapitalausstattung, § 10a; Großkredite, § 13a; Monatsausweise, § 25 Abs. 2). Die Eigenkapitalvorschriften wurden reformiert (Einführung des → Genußrechtskapitals, § 10 Abs. 5; Erweiterung des Anlagenkatalogs in § 12; begrenzter Abbau des → Haftsummenzuschlags bei → Kreditgenossenschaften), die Großkreditgrenzen nach § 13 herabgesetzt, die Anzeigepflichten bei → Millionenkrediten (§ 14) ausgebaut, der → Kreditbegriff des KWG und die Zusammenfassung von Kreditnehmern (→ Kreditnehmerbegriff des KWG) erweitert. Ferner wurden der Verwaltungsaufwand bei → Organkrediten (§§ 15, 16) verringert, die Grenze für die Pflicht zur Offenlegung der wirtschaftlichen Verhältnisse (§ 18) auf 100.000 DM erhöht, die Anforderungen an die Qualifikation von Geschäftsleitern (§ 33) verschärft, die Pflichten des Jahresabschlußprüfers nach §§ 26, 29 und die internationale Zusammenarbeit der Aufsichtsbehörden in §§ 8, 9 und 44a näher geregelt, die Vorschriften über die Zulassung von → Zweigstellen ausländischer Banken (§ 53) durch Wegfall der Bedürfnisprüfung liberalisiert und klargestellt, daß entgegen der Rechtsprechung des Bundesgerichtshofs B. nur im öffentlichen Interesse ausgeübt wird (§ 6 Abs. 3 KWG).

Bankenaufsicht

Das 4. Gesetz zur Änderung des KWG vom 21.12.1992 bezweckte vor allem, Vorgaben des EG-Bankrechts, insbes. der 2. → Bankrechts-Koordinierungsrichtlinie und der → Eigenmittel-Richtlinie (→ Europäisches Bankenaufsichtsrecht), in deutsches Recht umzusetzen. So wurde der → „Europäische Paß" für Kreditinstitute mit Sitz innerhalb der → Europäischen Union eingeführt, wonach diese für die wichtigsten → Bankgeschäfte nur noch einer einzigen Zulassung (im Herkunftsmitgliedstaat, § 1 Abs. 4 KWG) bedürfen. Banken aus anderen EG-Ländern benötigen also in Deutschland für Zweigstellen oder Dienstleistungen keine gesonderte Betriebserlaubnis mehr (§ 53 b). Die Neuregelungen betreffen ferner eine Überprüfung der Zuverlässigkeit von Personen, die eine → bedeutende Beteiligung i. S. des KWG an Kreditinstituten innehaben (§ 2 b). Im Hinblick auf Nicht-Banken werden Anlagen von Kreditinstituten weiter begrenzt (§ 12 Abs. 5). Eine wesentliche Umgestaltung erfuhr die Definition des → haftenden Eigenkapitals der Kreditinstitute (§ 10). Nicht durch → EG-Rechtsakte veranlaßt sind die nunmehr eröffneten Möglichkeiten für das BAK, die → Erlaubniserteilung für (neue) Kreditinstitute zu versagen oder eine Erlaubnisrücknahme (→ bankaufsichtliche Maßnahmen) zu betreiben, wenn der Aufbau eines Bankkonzerns eine wirksame Aufsicht nicht erlaubt (§ 33 Abs. 1 Satz 2, § 35 Abs. 2 Nr. 3). Zum 1.7.1993 wurden die Vorschriften über den Sparverkehr (§§ 21 bis 22 a) aufgehoben, da ein gesetzlicher Eingriff in die → Vertragsfreiheit aufgrund der Entwicklung im modernen Spar- und → Einlagengeschäft der Kreditinstitute nicht mehr für erforderlich erachtet wird. Jedoch bleibt eine rechtsförmliche Definition von → Spareinlagen und Sparbuch in der Verordnung über die Rechnungslegung der Kreditinstitute (→ Rechnungslegungsverordnung) bestehen. Schließlich unterliegt die → Deutsche Bundespost POSTBANK bzw. die → Deutsche Postbank AG seit 1995 uneingeschränkt den Vorschriften des KWG (§ 64).

Rechtsgrundlagen: Das KWG ist die allgemeine gesetzliche Basis für die B. → Öffentlich-rechtliche Kreditinstitute (→ Öffentliche Banken) unterliegen daneben gemäß § 52 KWG einer besonderen (Anstalts-)Aufsicht; diese hat sicherzustellen, daß die jeweilige gesetzliche Aufgabe ordnungsgemäß erfüllt wird. Für → Spezialbanken gelten ferner Sondergesetze: für die → privaten Hypothekenbanken das → Hypothekenbankgesetz, für die → Schiffspfandbriefbanken das → Schiffsbankgesetz, für öffentlich-rechtliche Kreditanstalten das Gesetz über die → Pfandbriefe und verwandten → Schuldverschreibungen öffentlich-rechtlicher Kreditanstalten (→ Pfandbriefgesetz), für die → Bausparkassen das → Bausparkassengesetz und für Investmentgesellschaften (→ Kapitalanlagegesellschaft) das → Gesetz über Kapitalanlagegesellschaften.

Träger der B. nach dem KWG: Für den Bund wird in erster Linie das Bundesaufsichtsamt für das Kreditwesen (BAK) tätig (§§ 5, 6 KWG). Es arbeitet hierbei eng mit der → Deutschen Bundesbank zusammen (§ 7), da sich seine Aufgaben mit denen der → Zentralnotenbank vielfach berühren und es verwaltungsökonomisch ist, die Ortsnähe und Sachkenntnis der Bundesbank zu nutzen. Diese führt auch durch die → Landeszentralbanken die laufende Überwachung aufgrund der von den Kreditinstituten einzureichenden Meldungen, Monatsausweise und Jahresabschlußunterlagen (→ Jahresabschluß der Kreditinstitute) durch. Sie leitet diese Unterlagen mit ihrer Stellungnahme an das BAK weiter.

Bedeutung: Die Notwendigkeit einer B. folgt aus der zentralen Stellung der Kreditinstitute im Wirtschaftskreislauf. Diese beruht auf der vielfältigen und intensiven Verflechtung mit anderen Wirtschaftseinheiten. Jedoch bedient sich auch die Bundesbank der Kreditinstitute zur Durchsetzung ihrer Aufgaben als → Währungsbank. Banken sind Liquiditätshalter der Unternehmen, Sammelstelle für Ersparnisse, Kreditgeber der Wirtschaft und Träger des inländischen wie des internationalen Geld- und Kapitalverkehrs. Vor Bankinsolvenzen haben daher eine viel größere Breitenwirkung als andere → Konkurse. Überdies hängen Kreditinstitute in besonderem Maße vom Vertrauen der Einleger ab. Wird das Vertrauensverhältnis zu einem Institut beeinträchtigt, besteht die Gefahr, daß dies auf andere Banken übergreift („run") und letztlich die Funktionsfähigkeit der Kreditwirtschaft insgesamt gestört wird.

Ziele: Die B. will primär ein intaktes → Geschäftsbankensystem gewährleisten. Diese gesamtwirtschaftliche Zielsetzung sucht sie durch einen weitgehenden Schutz der → Gläubiger vor Verlusten zu erreichen. Die Sicherung der Einleger bildet so die sozialpolitische Komponente der B. Das KWG soll ferner die allgemeine Ordnung im Kreditwesen (ordnungsgemäße Abwicklung von Bankgeschäften) aufrechthalten.

Konzeption des KWG: Zur Erreichung seiner Ziele ist das KWG liberal konzipiert. In einer → Marktwirtschaft kann es nicht Aufgabe der B. sein, Bankinsolvenzen unter allen Umständen zu verhüten. Der Leistungswettbewerb soll erhalten bleiben. Das BAK nimmt daher nicht unmittelbar Einfluß auf die Vertragsbeziehungen zwischen Bank und Kunden. Die Aufsicht zielt vielmehr darauf ab, die finanzielle Stabilität der Kreditinstitute zu stärken und ihre Krisenanfälligkeit zu vermindern. Dies geschieht teils mit Hilfe von Ordnungsvorschriften (z. B. Erlaubniserteilung, Offenlegung der wirtschaftlichen Verhältnisse, → Bezeichnungsschutz für Kreditinstitute, Bankgeschäfte, Zweigstellen ausländischer Banken, → Repräsentanzen ausländischer Banken), teils mittels Strukturnormen (z. B. Eigenkapital- und Liquiditätsgrundsätze, Großkredite, → Eigenkapitaldeckung des Anlagevermögens bei Kreditinstituten, ferner Kreditnehmereinheit, Kreditbegriff, haftendes Eigenkapital). Aufsichtsbestimmungen vorbeugenden Charakters werden ergänzt durch eine Vorverlegung der Insolvenzschwelle; das BAK ist berechtigt, bei einem hohen Verlust bzw. nachhaltig fehlender Rentabilität die Betriebserlaubnis aufzuheben (§ 35 Abs. 2 KWG). Das KWG sieht des weiteren Maßnahmen zur Vermeidung von → Insolvenzen oder bei deren Eintreten zur Milderung der Folgen vor, wie einstweilige Maßnahmen nach § 46 KWG, Konkursantrag durch das BAK (§ 46 b), Abberufung ungeeigneter Geschäftsleiter bzw. Tätigkeitsverbot für diese (§ 36), Anordnung eines → Moratoriums durch die Bundesregierung (§ 47) (bankaufsichtliche Maßnahmen). Der marktwirtschaftliche Ausleseprozeß soll sich möglichst ohne Verluste für die Einleger vollziehen. Dem dient auch die im internationalen Vergleich recht gut ausgebaute, aber noch nicht gesetzlich geregelte → Einlagensicherung, als eine konsequente Ergänzung der B. (vgl. § 23 a KWG).
Grenzen für die Wirksamkeit der B. ergeben sich auch aus ihrer Organisation als Anzeigen- und Meldesystem. So ist das BAK auf die korrekte Erfüllung der Informationspflichten angewiesen. Verspätete, unvollständige oder gar falsche Anzeigen beeinträchtigen die Möglichkeiten des BAK zum Einschreiten. Der Aufsichtsbehörde steht daher zwecks Überprüfung und Ergänzung der einzureichenden Anzeigen und Meldungen (→ Melde- und Anzeigepflichten der Kreditinstitute) eine Befugnis zu → bankaufsichtlichen Auskünften und Prüfungen zu. Hierauf aufbauend, bedient sich das BAK bei der Analyse und Bewertung der Bildung von Kennzahlen, insbesondere zur Risikodiagnose (z. B. im → Grundsatz I). Geeignete Indikatoren eines Kennzahlensystems ermöglichen die notwendigen zeitlichen und Quervergleiche auf der Lage innerhalb einer Institutsgruppe und können so eine Warnfunktion ausüben.

Bankendichte, → Bankstellendichte.

Bankenerlaß, → Bankgeheimnis.

Bankenfachverband e. V.
Verband zur Interessenvertretung der → Teilzahlungskreditinstitute (Ratenkreditbanken).

Bankengeld
→ Giralgeld (Buchgeld), das außerhalb des → Zentralbanksystems vom → Geschäftsbankensystem (→ Bankensystem) geschaffen wird.

Bankengeldmarkt
Interbankengeldmarkt; → Geldmarkt zwischen → Banken, d. h. für den Handel mit → Zentralbankguthaben unter Banken (→ Geldhandel).

Bankengruppen
Zusammenfassung von → Kreditinstituten. Die Deutsche Bundesbank berichtet in der → Bankenstatistik über folgende B.:
– Kreditbanken:
  Großbanken
  Regionalbanken und sonstige Kreditbanken
  Zweigstellen ausländischer Banken
  Privatbankiers
– Girozentralen
– Sparkassen
– Genossenschaftliche Zentralbanken
– Kreditgenossenschaften

177

Bankenkonzentration

- Realkreditinstitute:
  *Private Hypothekenbanken
  Öffentlich-rechtliche Grundkreditanstalten
- Kreditinstitute mit Sonderaufgaben
- Bausparkassen:
  Private Bausparkassen
  Öffentliche Bausparkassen

In der Monatlichen Bilanzstatistik nicht erfaßte Bankengruppen:
- Kapitalanlagegesellschaften
- Wertpapiersammelbanken
- Bürgschaftsbanken und sonstige Kreditinstitute

Zweigstellen ausländischer Banken und inländische Kreditinstitute im Mehrheitsbesitz ausländischer Banken werden zusammengefaßt als → Auslandsbanken bezeichnet.

Bankenkonzentration
Begriff, der sowohl die → Unternehmenskonzentration im → Bankensystem (horizontale B.) als auch die Einflußmöglichkeiten der → Kreditinstitute auf den Nichtbankensektor (vertikale B.) umfaßt.
Die Messung der horizontalen B. beschränkt sich auf die Darstellung der Größenverhältnisse der verschiedenen Kreditinstitute untereinander. Sie wird meist durch die Verteilung der Geschäftsvolumina bzw. → Bilanzsummen bei Kreditinstituten auf die Institute dargestellt.
Untersuchungen der vertikalen B. machen die Einflußnahmemöglichkeiten deutlich, die → Großbanken auf andere Bankinstitute und auf Unternehmen des Nichtbankensektors z. B. durch kapitalmäßige Beteiligung ausüben (→ Macht der Banken).

Bankenliquidität
Bezeichnung für die → Liquidität des → Geschäftsbankensystems (→ Bankensystem).
B. hängt ab von den → Liquiditätsreserven der → Kreditinstitute.
Zu unterscheiden sind: (1) Primäre Liquiditätsreserven (Primärliquidität). Primäre Liquiditätsreserven der Kreditinstitute sind ihre Kassenbestände, Guthaben bei den → Landeszentralbanken (→ Zentralbankguthaben), soweit sie über das Mindestreservesoll (→ Mindestreserven) hinausgehen (Überschußguthaben) und Postgiroguthaben (Guthaben bei → Postgiroämtern). (2) Sekundäre Liquiditätsreserven (Sekundärliquidität), die auch als → freie Liquiditätsreserven bezeichnet werden. Die sekundären Liquiditätsreserven umfassen die Liquidität, die durch Rückgriffsmöglichkeiten auf die Bundesbank geschaffen werden kann. Dazu gehören unausgenutzte Rediskontlinien (→ Rediskontkontingente), → Geldmarktpapiere, deren jederzeitigen Ankauf die Bundesbank zugesagt hat, lombardfähige → Wertpapiere (→ Lombardverzeichnis) und Währungsbestände (→ Devisen), zu deren Ankauf die Bundesbank im Interventionsfall aufgrund internationaler Vereinbarungen (z. B. im → Europäischen Währungssystem) verpflichtet ist (→ Interventionen am Devisenmarkt).
In der → bankstatistischen Gesamtrechnung „Zentralbankgeldbedarf der Banken und liquiditätspolitische Maßnahmen der Deutschen Bundesbank" teilt die Bundesbank die „Unausgenutzten Refinanzierungslinien (einschl. Linien ankaufsfähiger Geldmarktpapiere)" mit; diese Linien stellen im wesentlichen die früher von der Bundesbank als Zwischenzielgröße der → Geldpolitik gewählten freien Liquiditätsreserven dar. Seit dem Übergang zum → Floating gegenüber dem US-Dollar (→ Bretton-Woods-System) werden von der Bundesbank Fremdwährungsbestände trotz der Interventionspflichten im EWS nicht mehr zu den freien Liquiditätsreserven gezählt. Unter der Voraussetzung, daß die Bundesbank Kontingente für die Lombardierung von Wertpapieren festsetzt, zählen unausgenutzte → Lombardlinien zu den freien Liquiditätsreserven.

Bankenmacht, → Macht der Banken.

Bankensektor, → Bankensystem.

Bankenstatistik (der Deutschen Bundesbank)
Bezeichnung für die statistischen Erhebungen der Bundesbank aufgrund § 18 BBankG bzw. § 25 KWG. Die B. dient als Grundlage für währungspolitische (geld- und kreditpolitische) Entscheidungen.

Teile: → Monatliche Bilanzstatistik (die gemäß § 25 KWG zugleich als → Monatsausweis gilt), vierteljährliche → Kreditnehmerstatistik, jährliche → Depotstatistik, → Auslandsstatus der Kreditinstitute, → Statistik über Auslandstöchter, → Kreditzusagenstatistik, Erhebung über Soll- und Habenzinssätze für ausgewählte Kredit- und Einlagearten (→ Zinserhebung, auch als Zinsstatistik bezeichnet), → Emissionsstatistik, Statistik über → Kapitalanlagegesellschaften. Auf der B. fußen die → bankstatistischen Gesamtrechnungen, die in den → Monatsberichten der Deutschen Bundesbank enthalten sind (→ Deutsche Bundesbank, Veröffentlichungen).

Veröffentlichung: Alle Ergebnisse der Bankenstatistik werden im statistischen Teil der Monatsberichte der Bundesbank veröffentlicht. Hier wird auch die Zahl der monatlich berichtenden → Kreditinstitute sowie deren Gliederung nach Größenklassen angegeben.

Bankenstimmrecht, → Depotstimmrecht.

Bankensystem
Sammelbegriff für → Zentralbanksystem und → Geschäftsbankensystem. Das B. ist der bedeutendste finanzielle Sektor der Volkswirtschaft.
(→ Funktionen und Struktur des Kreditwesens)

Bankensystem in der (ehemaligen) DDR
→ Bankensystem, das ein Teil des planwirtschaftlich organisierten Staates war, aber nicht aus einer staatlichen Einheitsbank, sondern aus mehreren Instituten bzw. Institutsgruppen bestand, die allerdings entsprechend den Grundsätzen einer Zentralverwaltungswirtschaft vollständig in staatlichem Eigentum und unter einheitlicher staatlicher Leitung standen (staatliches Bankenmonopol). Jedes Institut bzw. jede Institutsgruppe war nur für einen bestimmten Kundenkreis zuständig.

Aufbau bis 1.4.1990: (1) Die → Staatsbank der DDR nahm nicht nur Zentralbankfunktionen wahr, sondern war auch gleichzeitig als wichtigste → Geschäftsbank der DDR für die volkseigene Wirtschaft zuständig. (2) Die Bank für Landwirtschaft und Nahrungsgüterwirtschaft der DDR fungierte als → Spezialbank für die Land-, Forst- und Nahrungsgüterwirtschaft. Im Mai 1990 in Genossenschaftsbank Berlin umbenannt; sie war nach Übertragung der Filialen auf die Bäuerlichen Handelsgenossenschaften zunächst gemeinschaftlich mit der DG-Bank als Zentralbank für die Raiffeisenbanken in den fünf neuen Bundesländern tätig. Sie wurde inzwischen mit der DG-Bank verschmolzen. (3) Genossenschaftskassen für Handwerk und Gewerbe waren für die Handwerks- und Fischereigenossenschaften und für die privaten Handwerksbetriebe zuständig. Sie bestehen heute als Volksbanken weiter. (4) Die → Sparkassen sammelten früher im wesentlichen die → Spareinlagen der Bevölkerung und leiteten die Gelder an die Staatsbank weiter, die damit → Kredite an die volkseigene Wirtschaft vergab. Im → Aktivgeschäft vergab sie fast nur Kredite an junge Eheleute und für den Eigenheimbau, aber auch insofern nur nach engen staatlichen Vorgaben. (5) Bäuerliche Handelsgenossenschaften, die in Fortsetzung der Tradition der Raiffeisenkassen neben Aufgaben außerhalb des Bankbereichs auch die Konten der Landbevölkerung führten, bestehen heute als → Raiffeisenbanken weiter. (6) Die Deutsche Außenhandelsbank AG (DABA) als für den Außenhandel zuständige Spezialbank gründete nach der Wende mit der WestLB als → Joint Venture die Deutsche Industrie- und Handelsbank AG (DIHB). Die DABA wird abgewickelt. (7) Die Deutsche Handelsbank AG nahm Sonderaufgaben im Außenhandel wahr; sie wurde von einer westdeutschen Großbank übernommen. (8) Die Deutsche Post betrieb fünf Postscheckämter und ein Postsparkassenamt.

Entflechtung der Staatsbank der DDR: Noch vor der Währungsunion mit der DDR (1.7.1990) erfolgte die Entflechtung in → Staatsbank Berlin und Deutsche Kreditbank AG; letztere bildete Joint Ventures mit zwei westdeutschen Großbanken, auf die die Geschäftsbankaktivitäten übergeleitet wurden. Diese wurden inzwischen mit den Muttergesellschaften verschmolzen.
Die Staatsbank Berlin refinanzierte im wesentlichen die Deutsche Kreditbank AG und übernahm damit mittelbar die → Finanzierung der → Schulden der ostdeutschen Wirtschaft. Außerdem kümmerte sie sich um die → Forderungen ostdeutscher Banken und Unternehmen gegenüber den ehemaligen Ostblockstaaten. Die → Refinanzierung erfolgte über die Plazierung von → Anleihen. → Gewährträger war der Bund. Noch vor Beendigung dieses Aufgabenkreises wurde die Staatsbank Berlin 1994 in die → Kreditanstalt für Wiederaufbau eingegliedert.

Umstellung nach der Währungsunion vom 1.7.1990: Mit der Währungsumstellung wurde in der ehemaligen DDR begonnen, ein Bankensystem nach dem Vorbild der BRD aufzubauen. Die Bundesbank errichtete in Ostberlin mit der Übernahme der Zentralbankfunktionen eine vorläufige Verwaltungsstelle mit → Filialen. Die vorläufige Verwaltungsstelle wurde am 1.11.1992 mit

Bankenverbände

der Neuordnung der Bundesbankstruktur aufgelöst (→ Deutsche Bundesbank, Organisationsstruktur).

Bankenverbände
Bezeichnung für die in der Kreditwirtschaft tätigen Interessenvereinigungen (→ Verbände und Arbeitsgemeinschaften der Kreditwirtschaft).

Banker's Acceptance
US-Dollar-Akzeptkredit (→ Akzeptkredit) einer in den USA domizilierenden → Bank zur kurzfristigen → Außenhandelsfinanzierung. Die Bank akzeptiert und diskontiert einen von der ausländischen Bank (bzw. deren Kunden) gezogenen → Wechsel. Ein B. A., das den Anforderungen des → Federal Reserve System entspricht, kann dort oder im → Sekundärmarkt refinanziert werden (→ Exportfinanzierung durch Kreditinstitute). BA's sind → Abzinsungspapiere und werden mit einem → Abschlag vom → Nennwert gehandelt.
(→ Zinsinstrumente)

Bankfachwirt,
→ berufsbegleitende Weiterbildungsmöglichkeiten, Genossenschaftsbanken, → berufsbegleitende Weiterbildungsmöglichkeiten, Kreditbanken.

Bankfeiertage
Wochentage, an denen alle → Kreditinstitute geschlossen sind; nach tarifvertraglicher Regelung in der BRD 24. und 31. Dezember. Im Ausland gelten besondere Regelungen.

Bank für Internationalen Zahlungsausgleich (BIZ)
1930 gegründete internationale Organisation mit Sitz in Basel, ursprünglich als Treuhänderin für die Reparationsgläubiger des Deutschen Reichs. Die BIZ ist ein zwischenstaatliches → Finanzinstitut in der Rechtsform einer → Aktiengesellschaft nach schweizerischem Recht. Nach Art. 3 ihrer Statuten hat sie die Zusammenarbeit der → Zentralbanken zu fördern („Bank der Zentralbanken"), neue Möglichkeiten für internationale Finanzgeschäfte zu schaffen und als Treuhänder (Trustee) oder Agent bei internationalen Zahlungsgeschäften zu wirken. Das Kapital der BIZ befindet sich zum größten Teil in Händen der Zentralbanken. Rechnungseinheit der BIZ ist der Goldfranken, der 0,29032258... Gramm Feingold entspricht. Organe der BIZ sind die Generalversammlung und der Verwaltungsrat (→ Geschäftsführung).

Geschäfte: Nach den Statuten sind zulässig: Gold- und → Devisengeschäfte für eigene Rechnung und für Rechnung von Zentralbanken, die → Verwahrung von Gold für Rechnung der Zentralbanken, Diskont- und Lombardgeschäfte mit den Zentralbanken, Kauf und Verkauf von börsengängigen → Wertpapieren (mit Ausnahme von → Aktien) für eigene und für Rechnung von Zentralbanken. Die BIZ darf ferner → Konten bei Zentralbanken unterhalten und ihrerseits → Einlagen von Zentralbanken annehmen sowie als Agent und Korrespondent von Zentralbanken auftreten. Diese Geschäfte dürfen – wenn die Zentralbanken keinen Einspruch erheben – auch mit → Banken, Handels- und Industrieunternehmen sowie Privatpersonen abgeschlossen werden. Eine Reihe von Geschäften ist der BIZ ausdrücklich untersagt, so z. B. die Notenausgabe, die Akzeptierung von → Wechseln und die Kreditgewährung an Regierungen. Die Geschäfte der BIZ müssen mit der → Währungspolitik der Zentralbanken vereinbar sein. Vor der Durchführung eines Finanzgeschäfts auf einem bestimmten Markt oder in einer bestimmten → Währung hat der Verwaltungsrat der BIZ daher den betreffenden Zentralbanken Gelegenheit zu geben, von ihrem Einspruchsrecht Gebrauch zu machen.

Forum für internationale währungspolitische Zusammenarbeit von Zentralbanken und internationalen Finanzinstitutionen: Regelmäßige Sitzungen des Verwaltungsrats der BIZ mit den Zentralbankgouverneuren der → Europäischen Union sowie den Ländern der → Zehnergruppe einschl. der Schweiz (häufig dabei Stützungsvereinbarungen für bestimmte Währungen, → Baseler Abkommen), periodische Zusammenkünfte von Zentralbankexperten, Beteiligung als Beobachter an den Arbeiten des → Interimsausschusses des IWF sowie von währungspolitischen Gremien der Zehnergruppe und der OECD.
Seit den siebziger Jahren werden im Rahmen der BIZ auch bankaufsichtliche Regeln erarbeitet (Cooke Committee, → Baseler Ausschuß für Bankenaufsicht).

Forschung: Studien auf dem Gebiet der inneren und äußeren Währungstheorie und -politik, Beobachtung der internationalen → Finanzmärkte, statistische Erfassung der

Bankgarantie im Außenhandel

Zahlungsbilanzüberschüsse und -defizite der Länder der Zehnergruppe und des internationalen Bankgeschäfts, Datenbank für die Zentralbanken der Zehnergruppenländer. Regelmäßige Veröffentlichungen: Jahresbericht, Berichte über das internationale Bankgeschäft.

Aufgaben als Agent: Pfandhalter für die ausgegebenen gesicherten Anleihen der Montanunion (EGKS), Agent des → Europäischen Fonds für währungspolitische Zusammenarbeit (EFWZ) bzw. seit 1994 des → Europäischen Währungsinstituts (EWI), Transaktionen im Zusammenhang mit dem → Europäischen Währungssystem und Funktionen bei der finanziellen Abwicklung der EG-Gemeinschaftsanleihen, Sekretariatsaufgaben im Auftrag der Zentralbanken.

Die BIZ ist auch → Clearingstelle für die private Verwendung von Europäischen Währungseinheiten (ECU) (→ Internationale Organisationen und Abkommen im Bereich von Währung und Wirtschaft).

Bankgarantie

1. Typ der → Garantie, bei denen eine → Bank als Garant auftritt.

Sie findet überwiegend im Außenhandelsgeschäft Anwendung und dient entweder der Bezahlung eines Außenhandelsgeschäfts (sogenannte → Zahlungsgarantie) oder begründet eine Ausfallhaftung gegenüber der Bank für verschiedene Risiken, die sich aus einer nichtplanmäßigen Abwicklung eines Geschäfts vor allem im Zusammenhang mit größeren Projekten, wie etwa der Errichtung eines umfangreichen Bauwerks, ergeben können. Insoweit stellt sie sich entweder als → Bietungsgarantie, → Leistungsgarantie und → Liefergarantie, → Anzahlungsgarantie und Auszahlungsgarantie oder → Gewährleistungsgarantie dar. Dabei verspricht die garantierende Bank in aller Regel, den Garantiebetrag bereits auf erstes Anfordern des Garantiebegünstigten (sogenannte Effektivklausel) zu zahlen, so daß dieser nur behaupten muß, der Garantiefall, also das im Garantievertrag genau bezeichnete schadensträchtige Ereignis, sei eingetreten. Die Richtigkeit der Behauptung wird von der Bank nicht geprüft. Gegen den Garantieanspruch des Begünstigten kann allenfalls der Einwand des Rechtsmißbrauchs (→ Treu und Glauben) erhoben werden, der dann im Wege der → einstweiligen Verfügung geltend zu machen ist.

2. Scheckeinlösungsgarantie (→ Scheckkartengarantie), die aufgrund der Bedingungen für den eurocheque-Service das → Kreditinstitut gegenüber dem Scheckinhaber zur Leistung (Zahlung, Einlösung) verpflichtet. Sie besteht in bestimmter Höhe (z. Z. 400 DM), sofern Name des Kreditinstituts, Konto- und Kartennummer sowie Unterschrift auf → eurocheque und → Scheckkarte äußerlich übereinstimmen.

Bankgarantie im Außenhandel

→ Bankgarantien, die als Sicherungsmittel zur Abwicklung von Außenhandelsgeschäften verwendet werden.

Formen: (1) → *Bietungsgarantien* (tender bond, tender guarantee) schützen bei internationalen Ausschreibungen den Ausschreibenden (Garantienehmer) für den Fall, daß der Bieter (Garantieauftraggeber) bei einem Zuschlag nicht zu seinem Angebot steht, d.h. den angebotenen → Vertrag nicht abschließt oder eine vereinbarte Lieferungsgarantie nicht stellt. Im Garantiefall soll der Garantiebetrag die → Aufwendungen der ausschreibenden Stelle ausgleichen. (2) *Erfüllungsgarantien* schützen den Käufer oder Besteller (Garantienehmer) für den Fall, daß der Verkäufer oder Unternehmer seine Vertragspflichten nicht oder schlecht erfüllt. Dazu zählen (a) die → *Leistungsgarantie* (Schutz gegen Nichterbringung vertraglich vereinbarter Leistungen, z. B. Montageleistungen), (b) die *Lieferungsgarantie* (Schutz gegen Nichtlieferung), (c) die → *Gewährleistungsgarantie* (Schutz gegen Nichteinhaltung vertraglich vereinbarter Gewährleistungspflichten), (d) die *Vertragserfüllungsgarantie* (Schutz gegen Nichterfüllung des gesamten Vertrages). (3) → *Anzahlungsgarantien* (Advance Payment Guarantee) schützen den Käufer oder Besteller (Garantienehmer) für den Fall, daß der Verkäufer oder Unternehmer (Garantieauftraggeber) seine Liefer- bzw. Leistungspflichten nicht erfüllt, ohne die erhaltene Anzahlung zurückzuzahlen. (4) *Konnossementsgarantien* schützen den → Verfrachter (Garantienehmer) für den Fall, daß → Waren ohne Vorlage des vollen Satzes der Originalkonnossemente ausgeliefert werden und daraus Nachteile entstehen. (5) → *Zahlungsgarantien* schützen den Exporteur (Garantienehmer) für den Fall, daß der Importeur (Garantieauftraggeber) seine Zahlungsverpflichtungen nicht erfüllt (Art

Bankgeheimnis

der Vertragserfüllungsgarantie). Bei Zahlungsgarantien ausländischer →Zentralbanken kann die Zahlungsgarantie gleichzeitig eine Transfergarantie beinhalten (Garantie des Devisentransfers). B. i. A. enthalten im Regelfall die Zahlungsklausel „auf erstes Anfordern". Bei einer Bankgarantie mit dieser Zahlungsklausel genügt die Anforderung der Zahlung durch den Begünstigten, um seinen Zahlungsanspruch gegen die garantierende Bank zu begründen. Gemäß internationaler Praxis drückt diese Klausel die Übernahme eines eigenständigen, vom Grundvertrag unabhängigen Zahlungsversprechens durch die Garantiebank aus.

Ist die Bankgarantie eine Direktgarantie (direkte Garantie), so ist die Bank des Auftraggebers die Garantiebank. Zwischen ihr und ihrem Auftraggeber (Garantieauftraggeber) besteht ein →Geschäftsbesorgungsvertrag (§ 675 BGB), der die Übernahme der Garantie zum Gegenstand hat. Eine direkte Garantie kann durch die Bank des Garantienehmers bestätigt werden. Durch die Bestätigung einer direkten Garantie, aber auch (und praxisüblich) durch eine sog. indirekte Garantie erhält der Garantienehmer einen Zahlungsanspruch gegen eine Bank in seinem Land.

Bei indirekter Garantiestellung erteilt die Bank des Auftraggebers (Erstbank) einer vom Auftraggeber vorgeschriebenen oder von ihr ausgewählten Bank (Zweitbank) den Auftrag, eine Garantie zu stellen. Die Zweitbank ist dann die garantierende Bank. Die wichtigsten Konsequenzen sind: Maßgeblichkeit des Sitzrechtes der Zweitbank nach den Regeln des →Internationalen Privatrechts, wie sie in den maßgeblichen Außenhandelsländern gelten, Ausschluß fremder Gerichtsbarkeit und damit Ausschluß des Risikos der Blockierung der Auszahlung der Garantie durch Eilmaßnahmen von Gerichten (Einstweilige Verfügung) im Heimatland des Garantieauftraggebers, Unabhängigkeit der Erfüllung der Garantie von Maßnahmen auf dem Gebiet des Devisen-, Währungs- und →Außenwirtschaftsrechts im Lande der Erstbank, Verringerung des Postlaufrisikos bei Inanspruchnahme.

Auch Zollgarantien zugunsten ausländischer Zollbehörden dürfen fast ausschließlich nur von Banken im Einfuhrland nach den landesrechtlichen Vorschriften erstellt werden. Unbefristete Garantien verlieren ihre Wirksamkeit erst mit Rückgabe des Garantieversprechens. Eine Befristung führt zum Erlöschen der Garantie, wenn sie nicht vor Verfall in Anspruch genommen wurde.

Bankgeheimnis

Auf dem →allgemeinen Bankvertrag bzw. in der →Geschäftsverbindung zwischen →Kreditinstituten und dem Kunden bestehenden und im gegenseitigen Vertrauensverhältnis zwischen Kreditinstituten und Kunden wurzelnden Berufs- und Geschäftsgeheimnis des Kreditinstituts. Es beinhaltet die Pflichten des Kreditinstituts, Stillschweigen über die Vermögensverhältnisse (Guthaben und Verbindlichkeiten) seiner Kunden (und ggf. auch eines Nichtkunden) und über die sonstigen Belange zu wahren, von denen das Kreditinstitut im Rahmen seiner Geschäftstätigkeit Kenntnis erlangt hat. Es beinhaltet zum anderen das Recht, Auskünfte entsprechend der Geheimhaltungspflicht zu verweigern (→Bankauskunft), sofern das Kreditinstitut nicht von seiner Verschwiegenheitspflicht entbunden ist oder aufgrund gesetzlicher Vorschrift eine Auskunftspflicht besteht. Das B. ist in der deutschen Rechtsordnung nicht gesetzlich verankert; es ergibt sich als selbstverständlicher Bestandteil des Bankvertrages bzw. als selbstverständliche Nebenpflicht des Kreditinstituts aus der Geschäftsbeziehung mit dem Kunden. Im Postsparkassendienst (→Postsparkassenämter, →Deutsche Postbank AG) besteht ein Postsparkassengeheimnis, im →Postgirodienst ein Postgirogeheimnis (§ 6 Postgesetz); eine Auskunftserteilung ist nur in den Fällen einer gesetzlich bestehenden Auskunftspflicht zulässig.

Geheimhaltungspflicht: Unter die Geheimhaltungspflicht eines Kreditinstituts fallen nicht nur vermögensmäßige Tatsachen, sondern auch sonstige, dem Privatbereich zuzuordnende Tatsachen, wie z. B. Erbfälle, Ehescheidungen usw. Geheimzuhalten sind auch sog. Negativtatsachen (z. B. Nichtausschöpfung eines Kreditrahmens, Nichtausübung einer →Vollmacht o. ä.). Nicht nur Tatsachen sind geheimhaltungspflichtig, sondern auch Erkenntnisse und Werturteile. Anspruch auf Erfüllung der Geheimhaltungspflicht durch das Kreditinstitut hat der Kunde, also im Regelfall ein Kontoinhaber oder ein Vertragspartner des Kreditinstituts. Die →Organe (z. B. bei →Kapitalgesellschaften) und die bzw. der Inhaber (bei →Privatbankiers) sind Träger der Geheimhaltungspflicht. Angestellte oder andere Personen sind aufgrund des →Arbeitsver-

Bankgeheimnis

trages bzw. Dienstvertrages zur Geheimhaltung verpflichtet. Für die Beachtung des B. besteht eine → Haftung des Kreditinstituts. Die Geheimhaltungspflicht beginnt nicht erst mit Abschluß des Bankvertrages bzw. Zustandekommen der Geschäftsverbindung, sondern bereits mit Anbahnung der Geschäftsverbindung. Sie dauert auch über das Ende der Geschäftsverbindung hinaus an.

Schutz des B.: Innerhalb des → Zivilrechts besteht die Verschwiegenheitspflicht des Kreditinstituts auch ohne gesetzliche Verankerung. Verstöße gegen das B. können einen Schadenersatzanspruch wegen → positiver Vertragsverletzung oder einen Schadenersatzanspruch aus → unerlaubter Handlung auslösen. Die Verletzung des B. ist ein wichtiger Grund zur Kündigung der Geschäftsbedingung mit sofortiger Wirkung nach Nr. 18 AGB Banken bzw. Nr. 26 AGB Sparkassen. Eine Entbindung von der Verschwiegenheitspflicht bedarf immer der Einwilligung des Kunden. Das gilt grundsätzlich auch für die Weitergabe der gespeicherten Daten an die → SCHUFA. Gewöhnlich erteilt der Kunde seine Zustimmung formularmäßig durch Anerkennung der sog. → SCHUFA-Klausel. In bürgerlich-rechtlichen Rechtsstreitigkeiten und in den Verfahren, die diesen gesetzlich gleichgestellt sind (Angelegenheiten der → freiwilligen Gerichtsbarkeit, Konkursverfahren [→ Konkurs], → Vergleichsverfahren, Verfahren vor Arbeits-, Verwaltungs- und Sozialgerichten) besitzt das Kreditinstitut ein Auskunftsverweigerungsrecht; es steht nicht nur den → gesetzlichen Vertretern bzw. den Inhabern, sondern auch den Mitarbeitern zu (§§ 383 Abs. 1 Nr. 6, 384 Nr. 3 ZPO sowie § 15 FGG, § 73 KO, § 115 VerglO, § 46 ArbGG, § 98 VwGO und § 118 Abs. 1 SGG). Nicht davon erfaßt wird allerdings die sog. → Drittschuldnererklärung im Zwangsvollstreckungsverfahren (§ 840 ZPO). Keinen Schutz erfährt das B. im → öffentlichen Recht, weil insbes. im Strafrecht den Kreditinstituten ein Auskunftsverweigerungsrecht nicht zugebilligt wird. Wer allerdings von Datenschutzgesetz geschützte personenbezogene Daten, die nicht offenkundig sind, weitergibt, wird nach § 43 Abs. 1 BDSG mit Strafe bedroht (→ Datenschutz).

Begrenzung des B.: Im zivilrechtlichen Bereich findet das B. Schranken durch die Praxis der → Bankauskunft, durch das Verfahren der → SCHUFA sowie durch spezielle Auskünfte, die im Scheck- und Wechselverkehr (→ Scheckauskünfte) und bei Erbfällen gegenüber dem → Erben eines Kunden erteilt werden (→ Nachlaßkonto); diese Auskünfte stehen aufgrund der gegebenen Voraussetzungen nicht im Widerspruch zum B. Im Bereich des → öffentlichen Rechts (Strafverfahren, Steuerverfahren) hat das Kreditinstitut kein Auskunftsverweigerungsrecht, d. h. es kann sich nicht auf das B. berufen. Auch die → Bankenaufsicht des → Bundesaufsichtsamtes für das Kreditwesen (im Zusammenwirken mit der → Deutschen Bundesbank) bricht das B., wobei das Auskunftsrecht unter dem Vorbehalt der Verhältnismäßigkeit und der Erforderlichkeit ausgeübt werden muß. Im Strafverfahren überwiegt das öffentliche Interesse an der Wahrheitsfindung. Infolgedessen haben die Kreditinstitute im gesetzlichen Rahmen auch Beschlagnahme und Durchsuchung durch die Strafverfolgungsbehörden zu dulden und Beweismittel auf Verlangen herauszugeben. Des weiteren sind sie auch gegenüber der Staatsanwaltschaft zur Aussage verpflichtet.

Auskunftspflicht gegenüber → Finanzbehörden: Im Besteuerungsverfahren gegen einen Kunden des Kreditinstitutes ist das Kreditinstitut als „andere Person" gemäß § 93 AO verpflichtet, der Finanzbehörde die Auskünfte zu erteilen, die zur Feststellung eines für die Besteuerung erheblichen Sachverhalts erforderlich sind. Diese Auskunftspflichtung wird allerdings durch den Subsidiaritätsgrundsatz eingeschränkt, wonach auch Kreditinstitute erst dann zur Auskunft angehalten werden sollen, wenn die Sachverhaltsaufklärung durch die Beteiligten nicht zum Ziel führt oder keinen Erfolg verspricht (§ 93 Abs. 1 AO). Das Bundesfinanzministerium hat 1979 eine Verwaltungsanweisung erlassen (allgemein als „Bankenerlaß" bekannt geworden). Diese ist inhaltlich seit dem 3. 8. 1988 in § 30a AO enthalten. Damit sind nunmehr Rechte und Pflichten der Finanzbehörden und Kreditinstitute im Besteuerungsverfahren gesetzlich (und damit auch für die Gerichte bindend) geregelt. Die Finanzbehörden haben den Schutz des Vertrauensverhältnisses zwischen Kreditinstituten und Kunden zu beachten. Es gilt das Verbot einer allgemeinen Kontenüberwachung. Anläßlich der

Bankgeschäfte

→ Außenprüfung bei einem Kreditinstitut dürfen Guthabenkonten oder → Depots, die nach Durchführung einer → Legitimationsprüfung (§ 154 Abs. 2 AO) errichtet worden sind, nicht zwecks Nachprüfung der turnusmäßigen Versteuerung festgestellt oder abgeschrieben werden. Die Ausschreibung von → Kontrollmitteilungen soll insoweit unterbleiben. Für → CpD-Konten gilt die Vorschrift des § 30a Abs. 3 AO nicht. Das Auskunftsersuchen der Finanzbehörde ist zwar grundsätzlich formfrei, hat aber auf Verlangen des Kreditinstituts schriftlich zu ergehen. In dem Auskunftsersuchen ist anzugeben, worüber Auskünfte erteilt werden sollen und ob die Auskunft für die Besteuerung des Kreditinstituts oder für die Besteuerung anderer Personen angefordert wird (§ 93 Abs. 2 AO). In Steuerpfändungs- und Steuerstrafverfahren ist das Kreditinstitut auskunftspflichtig.

Besondere Anzeigepflichten, die das B. durchbrechen: Z. B. Anzeigpflicht der Kreditinstitute nach § 33 Abs. 2 ErbStG gegenüber dem für die Verwaltung der → Erbschaft- und Schenkungsteuer zuständigen Finanzamt beim → Tod des Bankkunden, Anzeigen gemäß § 45a Abs. 1 EStG über einbehaltene → Kapitalertragsteuer, Anzeigen über Kreditzusicherungen, zur Verhinderung von Mißbrauch bei der Inanspruchnahme der → staatlichen Sparförderung aufgrund des → Wohnungsbau-Prämiengesetzes, des → Vermögensbildungsgesetzes und von § 19 a EStG.

Bankgeschäfte

Geschäfte von → Banken; Produkte bankmäßiger Tätigkeit, auch als → Bankleistungen bezeichnet; Teil der → Finanzdienstleistungen.

Einteilungsmöglichkeiten: (1) Einteilung unter rechtlichen Gesichtspunkten: → Bankgeschäfte i.S. des KWG und sonstige Finanz- und Dienstleistungsgeschäfte, (2) Einteilung im Hinblick auf die Geschäftspartner: Kundengeschäfte (Geschäfte mit der Nichtbankenkundschaft, d. h. Geschäfte mit → Firmenkunden, → institutionellen und mit → Privatkunden) und → Interbankenhandel (Geschäfte mit Banken), (3) Einteilung unter bilanziellen Gesichtspunkten: → bilanzwirksame Geschäfte (→ Aktivgeschäfte, → Passivgeschäfte) und → bilanzunwirksame Geschäfte, (4) Einteilung unter organisatorischen und marktmäßigen Gesichtspunkten: → Einlagengeschäfte, → Kreditgeschäfte, → Effektengeschäfte, → Geldmarktgeschäfte, → Zahlungsverkehrsgeschäfte usw. Aus dem Trennbanksystem der USA (→ Bankwesen USA, → Geschäftsbankensystem) stammt die Unterscheidung von → Commercial Banking und → Investment Banking.

B. i. S. des Kreditwesengesetzes: In § 1 Abs. 1 KWG (abschließend) aufgeführte Geschäfte, die (schon beim Betreiben *eines* Geschäftes) die Eigenschaft eines → Kreditinstituts i. S. des KWG begründen: (1) Einlagengeschäft, (2) Kreditgeschäft, (3) → Diskontgeschäft, (4) Effektengeschäft, (5) → Depotgeschäft, (6) → Investmentgeschäft, (7) → Revolvinggeschäft, (8) → Garantiegeschäft, (9) → Girogeschäft. Kein Bankgeschäft ist der → Devisenhandel (einschl. → Sortenhandel).

Um den Katalog der B. ohne Gesetzesänderung elastisch der Entwicklung auf dem Gebiet des Bankwesens anpassen zu können, wird in § 1 Abs. 1 Satz 3 KWG der Bundesminister der Finanzen ermächtigt, nach Anhörung der Bundesbank durch → Rechtsverordnung weitere Geschäfte als B. zu bezeichnen, wenn dies nach der Verkehrsauffassung unter Berücksichtigung des mit dem KWG verfolgten Aufsichtszweckes gerechtfertigt ist. Von den B. (Geschäfte der Kreditinstitute) grenzt das KWG die Geschäfte der → Finanzinstitute i. S. des KWG ab (§ 1 Abs. 3 KWG).

Rechtsgrundlagen: Die gesetzlichen Bestimmungen sind auf verschiedene Gesetze verstreut (→ Bankrecht). Von grundlegender Bedeutung ist, daß das Betreiben von B. in vollkaufmännischem Umfang (→ Vollkaufmann) einer staatlichen Erlaubnis durch das → Bundesaufsichtsamt für das Kreditwesen bedarf (§ 32 KWG, → Erlaubniserteilung für Kreditinstitute). Die wenigen zivilrechtlichen Bestimmungen finden Anwendung, soweit die einzelnen B. den gesetzlich geregelten Typen und Sachverhalten entsprechen, was vor allem für das → Kontokorrent (§§ 355–357 HGB), das Girogeschäft (§ 675 BGB, → Girovertrag), das Einlagengeschäft (§§ 607 und 700 BGB) und das Kreditgeschäft (§§ 607 ff. BGB, → Kreditvertrag) zutrifft. In Anbetracht der gesetzlichen Vorschriften, die zum großen Teil dispositives Recht darstellen, herrscht für die privatrechtliche Geschäftsverbindung zwischen Bank und Kunde weitgehend

Bankinsolvenzen

→ Vertragsfreiheit. Davon haben die Kreditinstitute durch Aufstellung von Geschäftsbedingungen (→ Allgemeine Geschäftsbedingungen der Kreditinstitute, → Sonderbedingungen der Kreditinstitute und → Formularverträge) umfassend Gebrauch gemacht.

Bankgeschäfte
(i. S. des Kreditwesengesetzes)

In § 1 Abs. 1 KWG aufgeführte Geschäfte, die bei Betreiben die Eigenschaft eines → Kreditinstituts i. S. des → Kreditwesengesetzes begründen.
Die B. werden im § 1 Abs. 1 Satz 2 KWG abschließend aufgezählt. Gem. § 54 KWG ist das unerlaubte Betreiben von B. strafbar.
Der Begriff „Bankgeschäfte"ist nicht mit dem Begriff der „banküblichen" oder → „banknahen" Geschäfte identisch, der neben den B. auch die üblicherweise für Kunden erbrachten Dienstleistungen umfaßt (z. B. Vermietung von → Schließfächern, Handel mit Goldmünzen und Goldbarren, Agenturleistungen für Versicherungen, → Bausparkassen, andere Finanzierungsunternehmen, Touristikunternehmen usw.).
Um den Katalog der B. ohne Gesetzesänderung elastisch der Entwicklung auf dem Gebiete des Bankwesens anpassen zu können, wird im § 1 Abs. 1 Satz 3 KWG der Bundesminister der Finanzen ermächtigt, nach Anhörung der → Deutschen Bundesbank durch → Rechtsverordnung weitere Geschäfte als B. zu bezeichnen, wenn dies nach der Verkehrsauffassung unter Berücksichtigung des mit dem KWG verfolgten Aufsichtszweckes gerechtfertigt ist. Dies ist bisher nicht geschehen.
Die im § 1 KWG aufgeführten B. sind: (1) das → Einlagengeschäft, (2) das → Kreditgeschäft, (3) das → Diskontgeschäft, (4) das → Effektengeschäft, (5) das → Depotgeschäft, (6) das → Investmentgeschäft, (7) die Eingehung der Verpflichtung zum Erwerb nichtfälliger Darlehensforderungen (→ Revolvinggeschäft), (8) das → Garantiegeschäft und (9) das → Girogeschäft.
Kein B. i. S. des KWG ist der → Devisenhandel (einschl. → Sortenhandel). Das → Sortengeschäft i. S. des KWG, d. h. ausländische → Zahlungsmittel für eigene Rechnung oder im Auftrag von Kunden zu handeln oder zu wechseln, stellt eine der Haupttätigkeiten von → Finanzinstituten i. S. des KWG dar (§ 1 Abs. 3 Satz 1 Nr. 5 KWG).

„Bankier", → Bezeichnungsschutz für Kreditinstitute.

Bank-Informations-System
EDV-System, welches die Aufgabe hat, dem Management der → Bank die jeweils notwendige Information auf wirtschaftliche Art und Weise zum richtigen Zeitpunkt an den jeweils zuständigen Arbeitsplatz zu vermitteln.

Banking
Engl. Ausdruck für → Bankgeschäfte bzw. für Bankwesen. Kommt häufig in Wortverbindungen zur Kennzeichnung der bankgeschäftlichen Bereiche, z. B. Private Banking, Corporate Banking und Treasury Banking, vor.

Banking by Mail
1. Briefliche Form des Direct Marketing.
2. Bezeichnung für die Abwicklung von → Bankgeschäften per Brief.

Banking by Phone
1. Telefonische Form des Direct Marketing.
2. Bezeichnung für die Abwicklung von → Bankgeschäften per Telefon.

Banking Clubs
Bankengruppierung aufgrund von Kooperationsvereinbarungen deutscher → Banken mit ausländischen Instituten, z. B. „Europartners" (Commerzbank AG, Banco di Roma, Banco Hispano Americano, Crédit Lyonnais).

Banking-Theorie
Von englischen Ökonomen (J. S. Mill, J. Fullarton, Th. Torke) begründete Geldtheorie, nach der nicht nur → Banknoten und → Münzen Geldfunktion (→ Geld 2) ausüben und somit maßgeblich das Preisniveau beeinflussen, sondern auch Geldsurrogate, wie z. B. → Handelswechsel. Gegenposition: → Currency-Theorie.

Bankinsolvenzen
Angesichts der weitreichenden Folgen, die zeitweilige und insbesondere dauerhafte Kapital- und/oder Liquiditätsprobleme für Einleger, Kreditnehmer und die gesamte Volkswirtschaft verursachen können, waren B. (→ Konkurs) wesentliches Motiv für die Errichtung einer → Bankenaufsicht. Das → Bundesaufsichtsamt für das Kreditwesen (BAK) kann zur Vermeidung eines Konkur-

Bankkalkulation

ses besondere → bankaufsichtliche Maßnahmen treffen (§ 46a KWG). Im Falle der → Zahlungsunfähigkeit oder → Überschuldung ist allein diese Aufsichtsbehörde zur Stellung des Antrags auf Konkurseröffnung über das Vermögen eines → Kreditinstituts befugt; dessen → Geschäftsleiter müssen den Grund dem BAK unverzüglich anzeigen (§ 46b KWG). Den Schutz der Einleger bei einer B. bezweckt auch die Praxis des BAK, als Voraussetzung für die → Erlaubniserteilung für Kreditinstitute eine → Einlagensicherung (durch Mitgliedschaft in den Einrichtungen der → Bankenverbände) zu fordern.

Bankkalkulation, → Kosten- und Erlösrechnung im Bankbetrieb.

Bankkarten
→ Kreditkarten, die von → Kreditinstituten (Kundenkreditkarten und → Bankkreditkarten) ausgegeben werden. Zu den größten Bankkartensystemen weltweit zählen VISA und der Eurocard/Mastercard-Verbund.

Bankkaufmann/-frau, → Ausbildung im Bankensektor, → berufsbegleitende Weiterbildungsmöglichkeiten, Genossenschaftsbanken, → berufsbegleitende Weiterbildungsmöglichkeiten, Kreditbanken.

Bankkonto
Von einem → Kreditinstitut geführte Rechnung (→ Konto) zur Erfassung von → Forderungen und → Verbindlichkeiten (vgl. Übersicht). Kreditinstitute haben bei der Eröffnung von Konten für Dritte die Vorschriften der → Abgabenordnung zu beachten (→ Legitimationsprüfung).
Konten für besondere Zwecke: Sonderkonten (Unterkonten), → Sperrkonten, → Konten zugunsten Dritter, → Bausparkonten, → Nachlaßkonten, → CpD-Konten, → Nummernkonten. B. bei Kreditinstituten können für → Gebietsansässige auch als → ECU-Konten oder als → SZR-Konten geführt werden, wobei auf diesen Konten auch Verbindlichkeiten in Europäischen Währungseinheiten (ECU) oder → SZR (→ Sonderziehungsrechte des → Internationalen Währungsfonds) eingegangen werden können.

Bankkontokorrente
Von → Kreditinstituten für die Nichtbanken-Kundschaft geführte → Kontokorrentkon-

ten. Bei mehreren Konten eines Nichtbankenkunden bildet jedes Kontokorrentkonto ein → Kontokorrent.

Besonderheiten: Die Saldomitteilungen des Kreditinstituts (Tagesauszüge, → Kontoauszüge) stellen keinen Rechnungsabschluß dar. Sie sind rechtlich nur Informationen über den durch Belastung und Gutschrift veränderten Kontostand. Trotz der Stundung der beiderseitigen Ansprüche bis zum Rechnungsabschluß (Nr. 7 AGB Banken, Nr. 7 AGB Sparkassen) kann der Kunde als Saldogläubiger Auszahlung des Tagesguthabens bzw. Ausführung seiner Aufträge im Rahmen des Tagessaldos verlangen. Das Kreditinstitut als Saldogläubiger kann jederzeit Zahlung des → Saldos verlangen, sofern kein → Kontokorrentkredit gewährt worden ist. Kontokorrentzugehörige Einzelforderungen können weder abgetreten noch verpfändet werden. Abtretbar und verpfändbar ist nur der Saldo des Rechnungsabschlusses.

Bankkostenrechnung, → Kosten- und Erlösrechnung im Bankbetrieb.

Bankkredit
I. w. S. jeder → Kredit, den ein → Kreditinstitut (Bank oder Sparkasse) gewährt; i. e. S. (1) Kredit einer → Bank im Gegensatz zum → Sparkassenkredit; (2) → Barkredit und → Buchkredit.

Bankkreditkarte
→ Kreditkarte, die unter dem Emissionsrisiko eines → Kreditinstituts ausgegeben wird (Beispiel: Visa).
Gegensatz: Kreditkarte, die unter dem Emissionsrisiko einer Kartenorganisation ausgegeben wird (Diners Club und American Express).

Bankkunde
→ Natürliche Person, → juristische Person oder nichtrechtsfähige → Personenvereinigung als Vertragspartner eines → Kreditinstituts, mit der dieses einzelne oder mehrere → Bankgeschäfte tätigt. Die juristische Klammer dieser → Geschäftsverbindung (zwischen Kreditinstituten und dem Kunden) bildet der → allgemeine Bankvertrag. Der Kunde ist (formal) Inhaber der von dem Kreditinstitut geführten → Bankkonten bzw. → Depots. In wirtschaftlicher Hinsicht (Marktsegmentierung) unterscheiden Kreditinstitute i. a. zwischen → Privatkunden und → Firmenkunden.

Bankloyalität

Bankkonto – Übersicht

Zweck der Konten	Zahl und Verfügungsberechtigung der Kontoinhaber	Wirtschaftliche Zugehörigkeit der Vermögenswerte	Art der Kundschaft
Einlagenkonten: – Sparkonten – Termingeldkonten Zahlungsverkehrskonten: – Kontokorrentkonten – Girokonten Kreditkonten: – Kontokorrentkonten – Darlehenskonten Konten der Wertpapierverwahrung: – Depotkonten	Einzelkonten Gemeinschaftskonten: – Und-Konten – Oder-Konten	Eigenkonten Treuhandkonten (Fremdkonten): – Anderkonten – Allgemeine Treuhandkonten – Treuhandkonten gesetzlicher Treuhänder (z. B. Testamentsvollstrecker, Zwangsverwalter, Nachlaßverwalter, Konkursverwalter)	Konten für die Nichtbankenkundschaft – Konten für die Privatwirtschaft – Konten für die Firmenkundschaft Konten für die Bankenkundschaft (Interbankkonto)
Rechtsstellung der Kontoinhaber		Devisenrechtliche Stellung der Kontoinhaber	Währung
Konten für natürliche Personen – Konten für Geschäftsunfähige – Konten für beschränkt Geschäftsfähige – Konten für Geschäftsfähige Konten für juristische Personen Konten für nicht rechtsfähige Personenvereinigungen		Konten für Gebietsansässige Konten für Gebietsfremde (Ausländer-DM-Konten)	DM-Konten Währungskonten (Fremdwährungskonten)

Bankleistung
Markt- und innerbetriebliche Leistung als Ergebnis bankbetrieblicher Tätigkeit, meistens als Marktleistung i. S. von →Bankprodukt verstanden.
(→Dualismus der bankbetrieblichen Leistung)

Bankleistungen
Produkte, Bankprodukte; häufig verwendete Bezeichnung für →Bankgeschäfte. Im Gegensatz zum Leistungsbegriff in der Industrie und im Handel, der grundsätzlich als Stückleistung definiert ist, ist die B. sowohl Stückleistung als auch Werkleistung. Stückleistungen (synonyme Bezeichnung: Betriebsleistung) werden im →technisch-organisatorischen Bereich, Wertleistungen im →liquiditätsmäßig-finanziellen Bereich erbracht (→Produktionsfaktoren im Bankbetrieb). Jede Marktleistung des Bankbetriebes ist das Ergebnis von Teilleistungen des technisch-organisatorischen und des liquiditätsmäßig-finanziellen Bereichs (Leistungsdualismus).
(→Bankbetrieb)

Bankleitzahl
Numerische Kennzeichnung eines →Kreditinstituts nach einem einheitlichen System. Das B.-System ist wesentliches Hilfsmittel für eine rationale Durchführung des →Überweisungs- und →Einzugsverkehrs, da es wichtige Angaben zur geographischen Lage des Kreditinstitutes beinhaltet (Clearinggebiet, Clearingbezirk, →Bankplatz), die Art der Institutsgruppe angibt und die Zuordnung zu Bankplatz oder →Nebenplatz ermöglicht. Außerdem enthält die B. Platz für eine netzinterne Numerierung. Die achtstellige B. ist gleichzeitig die LZB-Girokontonummer der Kreditinstitute.

Bankloyalität
Bereitschaft eines Wirtschaftssubjekts, dauerhaft die Leistungen eines bestimmten →Kreditinstitutes nachzufragen. Der von Süchting in Anlehnung an Erkenntnisse aus der Theorie der Markentreue (Brand Loyality) entwickelte verhaltenswissenschaftliche Ansatz soll das Kunde-Bank-Verhältnis insbes. im →Mengengeschäft mit den privaten Haushalten erklären. Ursächlich für

Bankmanagement

die B. sind die spezifischen Merkmale von Bankdienstleistungen: Abstraktheit zusammen mit den Vertragselementen machen → Bankleistungen zu erklärungsbedürftigen Leistungen; das Leistungsobjekt → „Geld" sowie die Absatzbeziehungen im Zeitverlauf machen Bankleistungen zu vertrauensempfindlichen Leistungen. Beide Faktoren bewirken eine starke persönliche Bindung an ein Institut bzw. die dort tätigen Mitarbeiter und machen einen Bankwechsel zu einem unverhältnismäßig schwierigen Entschluß.

Außer von der B. und der Dringlichkeit des Bedürfnisses hängt die Nachfragebereitschaft eines Wirtschaftssubjektes nach Bankleistungen auch von den anderen absatzpolitischen Äußerungen der Bank und seiner Reaktionsbereitschaft hierauf ab, die durch die Bemühungen der Konkurrenz mit beeinflußt wird.

Häufigste Ursachen der B. sind (1) die bestehenden, langjährig gewachsenen, persönlichen Kontakte, (2) Bequemlichkeit als Hemmschwelle, die Bank zu wechseln, obwohl Leistungen von anderen Instituten günstiger angeboten werden.

Bankmanagement

Gesamtheit aller → Führungskräfte mit Leitungsfunktionen einschließlich → Geschäftsführung oder → Vorstand der → Bank.
Aufgaben des B. sind Strategieentwicklung, Organisation, Planung aller Aktivitäten, Mitarbeiterführung, Kundenpflege, Marktbeobachtung, Kontrolle und Controlling.

Bankmarketing

Nach Kother an den Kundenbedürfnissen orientierter, zielgerichteter Einsatz der absatzpolitischen Instrumente zur Überwindung der zwischen Angebot und Nachfrage bestehenden Marktwiderstände. B. ist zumeist der Bankleitung oder dem Vertrieb (bei Spartenorganisation der Sparte) zugeordnet.

Entwicklungsgeschichte: Ende der fünfziger/Anfang der sechziger Jahre wurde die Angebotspolitik der → Banken auch mit der Einbeziehung der privaten Haushalte als Kernzielgruppe marktorientiert gestaltet. Mit zunehmender Ausschöpfung der Marktsegmente und steigendem Kosten- und Rationalisierungsdenken stieg das Bewußtsein, daß langfristig nur mit einer ausgewogenen Abstimmung der zu befriedigenden Kundenbedürfnisse einerseits und der Erfüllung der Unternehmensziele andererseits Banken im Markt Erfolg haben könnten. Wachsender Wohlstand in der breiten Bevölkerung in den sechziger und siebziger Jahren führte im Bankenmarkt zum Wandel vom Verkäufer- zum Käufermarkt. Zur Vergrößerung der Marktanteile wurden eine expansive Geschäftsstellenpolitik und eine kreative Produktpolitik betrieben. Dieser Ausrichtung auf Wachstum folgte in den achtziger Jahren bei verschärftem Wettbewerb und erhöhter Preisempfindlichkeit der Kunden ein Wandel in den Zielen. „Ertrag vor Wachstum" mit steigender Bedeutung des Controlling (→ Bank-Controlling) kennzeichnet die gegenwärtigen Marketingkonzepte. Im Zuge des → Lean Banking werden unter dem Gesichtspunkt neuer Zielgruppenbildung und entsprechender Umstrukturierung der Vertriebswege im Bereich der Geschäftsstellenpolitik (stationärer Vertrieb) und der → Produkt- und Sortimentspolitik neue Ansätze gesucht.

Marketinginstrumente sind Produktpolitik, → Preispolitik, Vertriebspolitik und → Kommunikationspolitik, die im Marketing-Mix aufeinander abgestimmt werden müssen. Basis des Marketing bildet die Marktforschung mit folgenden Aufgaben: (1) Definition der anzusprechenden Zielgruppen und deren Bedarfsstruktur, (2) Festlegen von Zielen, die im Hinblick auf Sparten, Kundengruppen, Märkte usw. erreicht werden sollen, (3) Planung und Kontrolle der Maßnahmen, die zum Erreichen der Ziele geeignet erscheinen.

Banknahe Geschäfte

Tätigkeiten, die keine Bankgeschäfte i. S. des KWG sind, einem Kreditinstitut i. S. des KWG andererseits aber auch nicht untersagt sind. Sie bilden teilweise die Haupttätigkeit eines → Finanzinstituts i. S. des KWG, weitere b. G. sind in der Ausführungsverordnung zu § 24 Abs. 1 Nr. 9 KWG, der Befreiungsverordnung (BefrV), in § 9 Abs. 2 BefrV aufgeführt, etwa der Abschluß von → Devisengeschäften sowie der An- und Verkauf von → Sorten. B. G. werden auch von → Near Banks getätigt.

Banknoten

→ Geldzeichen, die von der → Zentralnotenbank ausgegeben werden (früher auch von → Privatnotenbanken) und auf einen runden

Betrag einer Mehrzahl von Währungseinheiten lauten (→ Notenausgabemonopol). Die Noten der → Deutschen Bundesbank lauten auf → Deutsche Mark. Eine Pflicht zur Einlösung gegen Währungsmetallgold (Goldmünzen, Silbermünzen, → Münzen) oder Goldbarren besteht nicht (→ Papierwährung; Gegensatz: → Metallwährung). Für die umlaufenden Noten bestehen weder Deckungsvorschriften noch gesetzlich festgelegte Umlaufgrenzen. B. enthalten kein Zahlungsversprechen der Bundesbank; sie sind keine → Schuldverschreibungen. Die Bundesbank ist nach § 14 Abs. 2 BBankG dem Inhaber einer B. gegenüber nur zum Umtausch verpflichtet, wenn sie Noten zur Einziehung aufruft, sowie unter bestimmten Voraussetzungen auch für beschädigte B.: Gemäß § 14 Abs. 3 BBankG muß sie hier Ersatz leisten, wenn der Inhaber entweder Teile einer Note vorlegt, die insgesamt größer sind als die Hälfte, oder nachweist, daß der Rest der Note vernichtet ist. Ansonsten besteht für vernichtete, verlorene, falsche, verfälschte oder ungültig gewordene Noten keine Ersatzverpflichtung.

Funktion: Die B. der Bundesbank sind das einzige unbeschränkte → gesetzliche Zahlungsmittel. → Münzen sind dagegen nur ein beschränktes gesetzliches Zahlungsmittel.

Notenwerte: Die Bundesbank gibt Scheine zu 5 DM, 10 DM, 20 DM, 50 DM, 100 DM, 200 DM, 500 DM und 1000 DM aus. Die → Geldzeichen sind unterschiedlich groß und verschieden in Farbe und Ausstattung, um insbes. Schutz vor Verwechslungen und Fälschungen (→ Geld- und Wertzeichenfälschungen) zu bieten. An die Stelle der bis auf weiteres vollgültigen alten Bundesbanknoten, deren vordere Seite(n) Kopfbildnisse nach bekannten Gemälden deutscher Meister tragen, traten seit 1989 neue Scheine. Hauptgrund für die Erneuerung ist der dadurch erhöhte vorbeugende Fälschungsschutz. Daneben soll die Annahme, Auszahlung und Bearbeitung der Noten durch Automaten (→ Geldausgabeautomaten, → Geldbearbeitungsautomaten) erleichtert und das graphische Erscheinungsbild modernisiert werden. Auf der Vorderseite erscheinen nunmehr bedeutende Frauen und Männer aus der deutschen Kulturgeschichte.

Sicherheitsmerkmale: Sicherheitsmerkmale der Bundesbanknoten (etwa Schutzlinienmuster) werden ergänzt durch ein weiteres Wasserzeichen mit der jeweiligen Wertzahl, einen aluminiumbeschichteten „Fenster"-Sicherheitsfaden und ein „Latent Image", das bei einem bestimmten Blickwinkel als „DM" erkennbar wird. An verschiedenen Stellen der Scheine findet sich Mikroschrift, auch im Durchsichtsregister, einem „D". Schließlich sind die Farben so aufeinander abgestimmt, daß eine Reproduktion erschwert wird. Einer automatischen Echtheits- und Stückelungserkennung dienen verschiedene, leicht prüfbare und ausreichend intensive Merkmale der B. Die Bundesbanknoten werden je zur Hälfte von der Bundesdruckerei und von der Giesecke und Devrient GmbH, München, gedruckt.

Banknotenumlauf
Teil des → Bargeldumlaufs, der in der → Bilanz (→ Deutsche Bundesbank, Jahresabschluß) und im Wochenausweis der Bundesbank (→ Wochenausweis der Deutschen Bundesbank) als Passivposition ausgewiesen wird.

Bank of England
→ Zentralbank in England. Ihr alleiniger Eigner ist seit der Verstaatlichung (1946) das Schatzamt (Treasury).

Organe: Das oberste Organ, dem die Leitung der Bank obliegt, ist der Court of Directors, dessen Mitglieder auf Vorschlag des Premierministers von der Krone ernannt werden (Mitglieder: Gouverneur und Vizegouverneur, deren Amtszeit fünf Jahre beträgt; 16 Direktoren, deren Amtszeit vier Jahre beträgt). Von den 16 Direktoren sind vier hauptamtlich (Executive Directors) und zwölf nebenamtlich tätig. Die nebenamtlichen Direktoren kommen aus → Banken, Industrie und → Gewerkschaften; sie sollen wirtschaftliche und gesellschaftliche Interessen vertreten. Von den 16 Direktoren werden jedes Jahr vier gewählt; hierdurch soll eine gewisse Stabilität und Kontinuität in das Gremium getragen werden. Die wesentlichen zentralbankpolitischen Entscheidungen fällt einer der acht ständigen Ausschüsse des Direktoriums, das Committee of Treasury (Mitglieder: Gouverneur, Vizegouverneur, fünf Direktoren, davon ein hauptamtlicher, die vom Court of Directors alljährlich in geheimer Wahl bestimmt werden). Der Gouverneur ist für die Zentralbankpolitik verantwortlich und vertritt sie gegenüber dem Schatzkanzler. Dieser hat gegenüber der B. zur Wahrung des öffentlichen Interesses ein Weisungsrecht. Im Verlauf der Verwirklichung der → Europäischen Wirtschafts- und Währungsunion muß der Bank Unabhängigkeit eingeräumt werden. Bisher geschieht dies nur sehr zögernd.

Notenbankpolitisches Instrumentarium: Dieses ist gesetzlich nicht im einzelnen geregelt. Die B. ist zwar befugt, mit Ermächtigung des Schatzamtes den Banken verbindliche Weisungen zu erteilen. Die geldpolitische Einflußnahme erfolgt jedoch meist über Empfehlungen (Recommendations) bzw. schriftliche oder mündliche Aufforderungen (Requests); Vereinbarungen (Agreements) mit den Banken und Moral Suasion sind von wesentlicher Bedeutung. Leitlinien (Qualitative Guidance), offizielle Empfehlungen allgemeiner oder institutionsbezogener Art, hatten einen hohen Wirkungsgrad; erst die wachsende Zahl ausländischer Banken verminderte deren geldpolitische Effizienz, so daß zu einem stärker reglementierenden Instrumentarium übergegangen wurde. Die wesentlichen geldpolitischen Instrumente sind die Mindestreservepolitik und die Offenmarktpolitik; die Diskontpolitik und die Lombardpolitik spielen kaum eine Rolle. Der Diskontsatz der B. wurde früher als → Bank Rate bezeichnet. Die B. ist in bestimmten Bereichen als Agent des Schatzamtes tätig, so in Fragen der äußeren → Währungspolitik, denn der Währungsausgleichsfonds (Exchange Equalization Account) wird von ihr verwaltet. Ferner hatte sie für die Finanzierung eventueller Fehlbeträge im öffentlichen Haushalt zu sorgen, da die Kassenkredite als Obergrenze alljährlich in einem Appropriation Act zur Ausführung des Staatshaushaltsplanes festgelegt wurden. Die → Geldpolitik hat sich so den Erfordernissen der Fiskalpolitik untergeordnet. Der B. obliegt auch die → Bankenaufsicht (→ Bankwesen Großbritannien).

Bankorderscheck

→ Scheck, der im → internationalen Zahlungsverkehr von einer inländischen → Bank in fremder → Währung auf ihre ausländische Korrespondenzbank gezogen wird (→ Bankscheck). Vgl. auch Übersicht S. 191.

Bankorganisation

Zielabhängige Gestaltung der Arbeitsabläufe im → Kreditinstitut durch systematisches und geplantes Zuordnen von Mitarbeitern, Materialien, Objekten und Funktionen bei vorgegebenen zeitlichen und räumlichen Bedingungen zur Erreichung der Bankziele.

Bankorganisation, Strukturmodelle

Dauerhafte Zusammenarbeit von Menschen und Maschinen zur Erfüllung von Bankaufgaben. Die in der bankwirtschaftlichen Theorie diskutierten Organisationsformen unterscheiden sich in bezug auf die Art der Willensbildungs- und -durchsetzungsprozesse im → Betrieb, hinsichtlich Führungs- und Sachverantwortung, Anzahl der Instanzenzüge, Raschheit der Entscheidungsverfahren, Markt- und Kundennähe. Zu den Modellen vgl. Übersicht S. 192.

Funktionale, produktorientierte Struktur: Die Bank wird nach banktypischen Funktionen wie Kreditgewährung, Durchführung von → Emissionen, Abwicklung von Geldmarkttransaktionen, → Anlageberatung und → Vermögensverwaltung usw. gegliedert. Wesensähnliche Bankaktivitäten werden so in Abteilungen, Hauptabteilungen, Bereiche, Ressorts und Departements gebündelt. Eine Strukturform, die von vielen als die klassische bezeichnet wird und deshalb nach wie vor stark verbreitet ist, eine Form aber auch, die andere als konservativ und überholt betrachten, weil sie die Marktkräfte (Regionen, Kunden) zu wenig berücksichtige.

Divisionale, spartenorientierte Struktur: Fortentwicklung der funktionellen Idee, indem Geschäftssparten wie → Commercial Banking, → Investment Banking und Trust Banking (→ Trust-Banken) zwar unter einheitlicher, kollegialer Leitung verbleiben, aber doch soweit verselbständigt werden, daß sie die Bedingungen für ein → Profit Center oder auch für ein Investment Center erfüllen: Eigenverantwortung für Erfolg (Gewinn bzw. Verlust) oder Eigenkapitalrendite (→ Return on Investment). Die unterstützenden Dienste werden analog als Cost Centers geführt, wobei die anfallenden Kosten i. d. R. anhand eines Systems bankinterner Verrechnungspreise (→ Normalkosten, Standardkosten) nach Maßgabe der Leistungsbeanspruchung den verschiedenen Kostenstellen belastet werden.

Gebietsorientierte Struktur: Die Bank wird nach Kontinenten, Wirtschaftsgroßräumen, Sprachgebieten, Ländern und/oder Regionen mit klar definierten Grenzen gegliedert, den betroffenen → Führungskräften entspre-

Bankorganisation

Bankorderscheck – Zahlungsmöglichkeiten

	1. Möglichkeit	2. Möglichkeit	3. Möglichkeit
Scheckaussteller	Beauftragtes inländisches Kreditinstitut = Bank des Zahlungspflichtigen		Ausländischer Auslandskorrespondent oder Auslandsniederlassung des inländischen Kreditinstituts
Ausstellung des Schecks	Manuell durch beauftragte Stelle oder maschinell nach EDV-Eingabe durch Hauptstelle der beauftragten Stelle		*SWIFT-Scheck* Systemveranlaßter Ausdruck aufgrund einer SWIFT-Nachricht an den Aussteller; mit Faksimile-Unterschriften. Ein Begleitbogen enthält Informationen über • auftraggebende Bank • Zahlungspflichtigen • Verwendungszweck
Bezogener des Schecks	Ausländischer Auslandskorrespondent oder Auslandsniederlassung des inländischen Kreditinstituts		
Schecknehmer („an die order von …") Versandanschrift	Ausländischer Begünstigter (Exporteur) – wenn dessen Bankverbindung nicht bekannt ist – wenn Korrespondent keine Kontoverbindung mit Kreditinstitut des Begünstigten hat	Bankverbindung des Begünstigten mit Auftrag, den Scheckbetrag dem Begünstigten unter Angabe des Verwendungszweck gutzuschreiben	Ausländischer Begünstigter (Exporteur) oder Bank des Begünstigten
Belastung des – Auftraggebers	Bei Scheckausstellung: – auf DM-Konto mit Briefkurs + Courtage + Provision + Spesen – auf Währungskonto mit Währungsbetrag + DM-Provision + DM-Spesen		Bei Absenden der SWIFT-Nachricht Zwei Börsentage nach Übermittlung der SWIFT-Nachricht auf Nostrokonto
– der beauftragten Kreditinstituts	Mit Scheckvorlage beim bezogenen Kreditinstitut auf Nostrokonto		
Einzug – durch Begünstigten – durch Inkassobank	*Scheckankauf* durch sofortige Gutschrift Eingang vorbehalten zum Sichtkurs oder *Scheckinkasso* zur Gutschrift nach Eingang des Gegenwertes zum Geldkurs am Tage des Geldeingangs unter Verrechnung des Scheckbetrages auf Loro- oder Nostrokonto bei bezogenem Kreditinstitut		

Bankorganisation

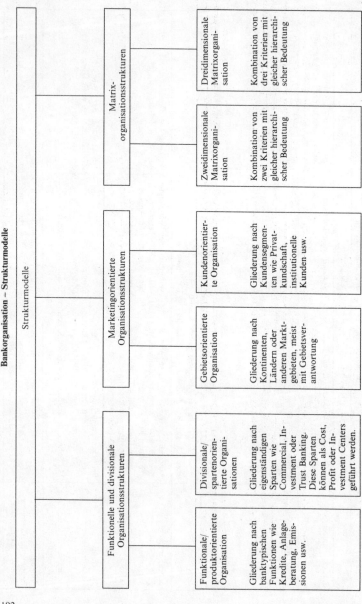

chend eine Gebietsverantwortung übertragen. Nach erfolgter gebietsorientierter Aufteilung wird dann je nach Lage funktional oder divisional weiter strukturiert. Nicht selten kommt es aber in einem solchen Fall zur Gründung eigener → Tochtergesellschaften mit Länderverantwortung und entsprechendem Sitz im jeweiligen Gastland.

Kundengruppenorientierte Struktur: Ansatz, der die Bedürfnisse des Kunden in den Mittelpunkt stellt und von der Bank fordert, sich organisatorisch nach den Kundenwünschen auszurichten. Zu diesem Zweck sind Kundensegmente zu bilden: große, mittlere, kleine → Firmenkunden, multinationale Unternehmen, freie Berufe, vermögende Privatkundschaft, Massen- und Mengenkunden, institutionelle Investoren wie Pensionskassen und Versicherungsgesellschaften, öffentlich-rechtliche Körperschaften wie Gemeinden, → Anstalten usw.

Zweidimensionale Matrixstruktur: Auf dem Wege über die Matrixorganisation wird die Kombination von zwei oder mehreren Gliederungsprinzipien gesucht. Bei der zweidimensionalen Matrix ist es häufig die Kombination von funktionaler und kundengruppenorientierter Gliederung. Beiden Dimensionen soll dabei hierarchisch der gleiche Stellenwert zukommen.

Dreidimensionale Matrixstruktur: Strukturierung der Bank nach drei gleichwertigen Kriterien, z. B. nach Funktionen, Regionen und Kundensegmenten (Übersicht unten).
(→ Ablauforganisation, → Aufbauorganisation, → Lean Banking)

Bankplanung
Oberbegriff für alle im → Bankbetrieb aufzustellenden Teilpläne. Bei den Teilplänen handelt es sich insbes. um (1) Vertriebsplan (Volumina, Margen, Provisionserträge, Werbe- und Aktionsplan; → Vertriebsplanung), (2) Personalplan und Personalbedarfsplan, (3) Plan der → Kosten und → Deckungsbeiträge, (4) → Investitionsplan, (5) Rentabilitätsplan.

Bankplatz
Ort, an dem sich eine → Zweiganstalt der Deutschen Bundesbank (Hauptstelle oder Zweigstelle) befindet.
Gegensatz: → Nebenplatz.

Bankprodukte
Leistungen von → Bankbetrieben (→ Bankleistungen). Neben der Palette von Standardprodukten im → Mengengeschäft bieten Bankbetriebe auch spezielle, auf einzelne Kunden zugeschnittene Problemlösungen an (→ Financial Engineering). Neben den klassischen Produkten, wie z. B. → Einlagen und → Kredite, stehen heute zunehmend Bankleistungen in Form von Produktbündeln, z. B. → Cash-Management-Systeme im → Firmenkundengeschäft.
(→ Produkt- und Sortimentspolitik)

Bank Rate
Früher Bezeichnung für → Diskontsatz der → Bank of England, heute im allgemeinen Bezeichnung für Diskontsatz der → Zentralbank, z. T. auch allgemein für Kreditzinssatz.

Bank-Rating
Beurteilung der Gesamtbonität eines Bankinstituts; vgl. im einzelnen → Rating.

Bankrecht
Rechtsvorschriften über das Bankwesen (→ Bankwesen Deutschland) und die typischen → Bankgeschäfte, die je nach Art und Zweckbestimmung unterschiedlicher

Bankorganisation – Dreidimensionale Matrixstruktur

Kunden / Regionen / Sparten	Private Kunden			Klein- und Mittelbetriebe			Institutionelle Kunden		
	Regionen			Regionen			Regionen		
	A	B	C	A	B	C	A	B	C
Kommerz									
Anlagen									
Investment Banking									

Bankrechtskoordinierungs-Richtlinien

Rechtsnatur sind und sich in öffentlich-rechtliche und privatrechtliche Regelungen aufteilen.

Öffentlich-rechtliche Bestimmungen befassen sich mit der Aufsicht des Staates gegenüber der Kreditwirtschaft, wie sie grundlegend im → Kreditwesengesetz ausgeprägt ist und im → Börsenrecht, vor allem durch das → Börsengesetz, geregelt ist. Der → Bankenaufsicht des Staates dienen verschiedene auf der Grundlage des Kreditwesengesetzes erlassene Verordnungen und Bekanntmachungen (so z. B. → Anzeigenverordnung, → Monatsausweisverordnung, → Grundsätze über das Eigenkapital und die Liquidität der Kreditinstitute). Zum öffentlichen Recht gehören auch die Sondervorschriften für bestimmte Kreditinstitutsgruppen, wie z. B. das → Hypothekenbankgesetz, das → Pfandbriefgesetz, das → Schiffsbankgesetz, das → Bausparkassengesetz und die Sparkassengesetze und -verordnungen der Länder (→ Sparkassenrecht). Im besonderen öffentlichen Interesse liegt die staatliche Sorge über die → Geldwertstabilität mit Hilfe der → Geldpolitik der Deutschen Bundesbank. Sie hat im Bundesbankgesetz ihren Niederschlag gefunden.

Privatrechtliche Vorschriften regeln die Beziehungen zwischen der Bank und ihren Kunden. Sie haben wegen ihrer vielschichtigen Struktur in den Bereichen des → Bürgerlichen Rechts (→ Bürgerliches Gesetzbuch und ergänzende Gesetze, wie z. B. AGB-Gesetz, → Verbraucherkreditgesetz, → Preisangabenverordnung, → Handelsgesetzbuch mit handelsrechtlichen Nebengesetzen) eine verstreute Regelung erfahren. Sie werden durch die Geschäftsbedingungen der Kreditinstitute (→ Allgemeine Geschäftsbedingungen der Kreditinstitute, → Sonderbedingungen der Kreditinstitute und → Formularverträge) und den innerhalb der Kreditwirtschaft geschlossenen → Bankenabkommen näher ausgeformt.

Bankrechtliche Gesetze enthalten z. T. sowohl öffentlich-rechtliche als auch privatrechtliche Vorschriften, so z. B. das → Depotgesetz und das Investmentgesetz (→ Gesetz über Kapitalanlagegesellschaften [KAGG]).

Bankrechtskoordinierungs-Richtlinien

Zwei Richtlinien des EG-Rates „zur Koordinierung der Rechts- und Verwaltungsvorschriften über die Aufnahme und Ausübung der Tätigkeit der Kreditinstitute" vom 12.12.1977 bzw. vom 15.12.1989 bezwecken die Vereinheitlichung der → Bankenaufsicht in der EU als zentralem Bestandteil eines → EG-Bankrechts. Beide → EG-Rechtsakte betreffen → Kreditinstitute in einem engen Sinn (nach EU-Definition Unternehmen, die sowohl Einlagen oder andere rückzahlbare Gelder des Publikums entgegennehmen [→ Einlagengeschäft] als auch Kredite für eigene Rechnung gewähren [→ Kreditgeschäft]; → Euro-Kreditinstitut). Ausdrücklich ausgenommen bleiben die → Zentralbanken, die „Postscheckämter" (→ Deutsche Bundespost POSTBANK, → Postgiroämter) sowie die → Kreditanstalt für Wiederaufbau.

Erste Richtlinie: Sie schreibt für alle Kreditinstitute eine Zulassungspflicht vor (→ Erlaubniserteilung für Kreditinstitute) und legt als deren Voraussetzungen fest: rechtlich verselbständigte Eigenmittel, ausreichendes Mindestkapital (→ Eigenmittel-Richtlinie), mindestens zwei zuverlässige, erfahrene Geschäftsführer (Vier-Augen-Prinzip), Geschäftsplan mit Darstellung der Art der künftigen Geschäfte und des organisatorischen Aufbaus.

Eine (nur ausnahmsweise zulässige) Bedürfnisprüfung ist an Kriterien gebunden, die auf Sicherheit der → Spareinlagen, erhöhte Leistungsfähigkeit des → Geschäftsbankensystems, besser ausgeglichener → Wettbewerb unter den einzelnen Banknetzen und einen breiten Fächer von Bank-Dienstleistungen abzielen.

Ansonsten gelten für Erteilung der Zulassung wie Erlaubnisrücknahme die nationalen Vorschriften des Herkunfts-, d. h. des Sitzstaates. Die KWG-Bestimmungen bedurften wegen der ersten Richtlinie keiner Änderung, zumal dort auch schon die Grundlagen für eine laufende Bankenaufsicht enthalten waren.

Zweite Richtlinie: Wesentliche Neuerungen legt hingegen die zweite Richtlinie fest. Dieses EU-„Grundgesetz" für Banken mußte bis 1.1.1993 in deutsches Recht umgesetzt werden, was durch die 4. KWG-Novelle vom 21.12.1992 geschah. Die Richtlinie schreibt vor, daß die diversen (in einer Liste im Anhang aufgeführten) Banktätigkeiten im Hoheitsgebiet jedes EU-Mitgliedstaates sowohl über eine Zweigstelle als auch im Wege eines grenzüberschreitenden freien Dienstleistungsverkehrs von jedem Kreditinstitut ausgeübt werden dürfen. Das Institut muß durch die Bankaufsichtsbehörden des Herkunftslandes (→ Bundesaufsichtsamt für das Kreditwesen) gemäß der Richtlinie zugelassen sein. Die EU-weite Zulassung reicht allerdings nur soweit, wie die betreffenden Tätigkeiten durch die heimatliche → Betriebserlaubnis abgedeckt sind (→ „Europäischer Paß"). Niederlassungs- und Dienstleistungsfreiheit erstrecken sich auch auf → Finanzinstitute i. S. des KWG (nach EU-Definition Unternehmen, deren Hauptaktivität darin besteht, → Beteiligungen zu erwerben oder im Richtlinien-Anhang aufgeführte → Bankgeschäfte zu betreiben), wenn sie u. a. 90%ige Töchter eines (zugelassenen) Kreditinstituts sind und einer konsolidierten Aufsicht unterliegen (→ Konsolidierungs-Richtlinien).

Als weitere Zulassungsvoraussetzungen für Kreditinstitute fordert die zweite Richtlinie ein Mindestanfangskapital von regelmäßig 5 Mio. ECU (→ Europäische Währungseinheit [ECU]), ferner eine Mitteilung über Identität und Beteiligungsbeträge der Aktionäre/Gesellschafter mit qualifizierten Anteilen (von mindestens 10 % des → Kapitals oder der → Stimmrechte). Von Zweigstellen in anderen EU-Mitgliedstaaten zugelassene Kreditinstitute dürfen weder eine besondere Erlaubnis noch ein → Dotationskapital verlangt werden; bei der Errichtung von → Tochter-Unternehmen muß vor der Zulassung eine Konsultation der Bankaufsichtsbehörden von Aufnahme- und Herkunftsmitgliedstaat (des Mutterinstituts) stattfinden. Neben dieser Eingangsfreiheit ist aber kein Marktaustrittsrecht gewährleistet, aufgrund dessen die Zulassung nicht räumlich beschränkt werden darf, so daß das → Regionalprinzip bei → Sparkassen nicht beseitigt werden muß.

Die Harmonisierung der Bedingungen für die Ausübung der (Bank-)Tätigkeiten umfaßt die grundsätzlich dauerhafte Erhaltung des Anfangsmindestkapitals und Mitteilungspflichten über Erwerbsabsichten Dritter wie über Änderungen von qualifizierten Beteiligungen beim Überschreiten bestimmter Schwellen. Hier sollen die erforderlichen → bankaufsichtlichen Maßnahmen getroffen werden können, um eine „umsichtige und solide Geschäftsführung" zu sichern. Die Aufsicht obliegt primär den Behörden des Herkunftsmitgliedstaates; sie umfaßt auch ordnungsgemäße Verwaltung und Buchführung sowie angemessene interne Kontrollverfahren. Eine unmittelbare Beschränkung gilt für das Halten von qualifizierten Beteiligungen an Unternehmen, die weder Kreditinstitute noch Finanzinstitute sind; im Einzelfall beträgt die Obergrenze 15% der Eigenmittel, insgesamt 50% (→ Eigenkapitaldeckung des Anlagevermögens bei Kreditinstituten).

Die Bankenaufsichtsbehörde des Aufnahmemitgliedstaats bleibt im wesentlichen (nur) zuständig für die Überwachung der Zweigstellen von Kreditinstituten aus anderen EG-Mitgliedstaaten in bezug auf → Liquidität und auf Einhaltung der Bestimmungen der → Geldpolitik, für die Kontrolle des gesetzmäßigen Verhaltens insgesamt, ferner dann, wenn Rechtsverletzungen durch Maßnahmen des Herkunftslands nicht (wirksam) begegnet wird. Jeder Mitgliedstaat darf auf Unregelmäßigkeiten reagieren, die aus einem Widerspruch zu aus Gründen des Allgemeininteresses erlassenen gesetzlichen Vorschriften herrühren.

Im Verhältnis zu Drittländern dehnt die zweite Richtlinie Meldepflichten bei Zulassungen oder Beteiligungserwerb fremder Kreditinstitute aus, die bereits durch die Vorgängerregelung eingeführt wurden. Bei fehlender Wahrung der Gegenseitigkeit für Kreditinstitute aus EG-Mitgliedstaaten auf Märkten dritter Staaten sind Verhandlungen seitens der EG-Kommission, aber auch befristete einseitige Zulassungs- bzw. Erwerbssperren vorgesehen, die jedoch nur künftige Fälle betreffen.

Ein Manko der Bankrechts-Koordinierung besteht in ihrem im Vergleich zum KWG beschränkteren Anwendungsbereich. Zur Vermeidung von Wettbewerbsverzerrungen für → Universalbanken folgte daher 1993 der Erlaß ergänzender, weithin paralleler Regelungen für → Wertpapierhäuser, nämlich der → Wertpapierdienstleistungs-Richtlinie und der → Kapitaladäquanz-Richtlinie über die angemessene Kapitalausstattung derartiger Unternehmen (→ Spezialbanken).

Bankrott
→ Konkursstraftat i. S. von § 283 StGB.

Bankscheck
Bezeichnung für eine Bank-auf-Bank-Scheckziehung (→ Bankorderscheck), die bei → Zahlungen ins Ausland verwendet wird; früher auch für im Inlandszahlungsverkehr verwandte → Schecks, um den (heute nicht mehr bedeutsamen) Gegensatz

Bankschuldverschreibung

zu →Postschecks zu betonen (vgl. aber Art. 54 SchG).

Bankschuldverschreibung
→Festverzinsliches Wertpapier, z. T. auch →variabel verzinsliche Anleihe bzw. →Schuldverschreibung (→Floating Rate Note), die von →Kreditinstituten ausgegeben wird.

Arten/Emittenten: Zu den B. zählen die von →Realkreditinstituten emittierten →Pfandbriefe, öffentlichen Pfandbriefe (früher: →Kommunalobligationen), →Schiffspfandbriefe und →Schiffskommunalschuldverschreibungen, Pfandbriefe und Kommunalobligationen von →Landesbanken/Girozentralen, Schuldverschreibungen der →Kreditinstitute mit Sonderaufgaben und die „sonstigen Bankschuldverschreibungen", deren →Emittenten v. a. →Großbanken, →Regionalbanken, Landesbanken, Großsparkassen (→Sparkassen) und →Genossenschaftliche Zentralbanken sind.

Sonstige B.: Hierzu werden die von Sparkassen als →Orderschuldverschreibungen ausgegebenen →Sparkassenobligationen bzw. die von anderen Banken emittierten Sparschuldverschreibungen sowie →Nullkupon-Anleihen, →Rentenschuldverschreibungen, →Gewinnschuldverschreibungen, →Optionsanleihen und Wandelschuldverschreibungen (→Wandelanleihen) der Banken gerechnet.
B. mit einer Ursprungslaufzeit von bis zu vier Jahren zählen zu den →Kassenobligationen. B. tragen vielfach die Bezeichnung →„Inhaberschuldverschreibung", was rechtlich gesehen i. a. auch für viele anders benannte B. zutrifft. Ausnahmen stellen vor allem die →Orderschuldverschreibungen der Sparkassen, die i. d. R. als →Namensschuldverschreibungen ausgestalteten →Sparbriefe/Sparkassenbriefe, dar. Für Pfandbriefe, öffentliche Pfandbriefe, Schiffspfandbriefe und Schiffskommunalschuldverschreibungen bestehen gesetzliche Deckungsvorschriften (→Pfandbriefdeckung). Die B. der Landesbanken werden meist durch satzungsmäßige zugelassene kongruente Ausleihungen abgesichert. Die Schuldverschreibungen der Kreditinstitute mit Sonderaufgaben können gesichert sein durch →selbstschuldnerische Bürgschaften oder →Garantien einer öffentlich-rechtlichen →Körperschaft (meist Bund oder ein Bundesland), durch die Bildung einer besonderen Deckungsmasse und/oder durch eine →Negativklausel in Anleihebedingungen.
Bei der Verwendung der Emissionserlöse unterliegen die Kreditinstitute keiner Zweckbindung (ausgenommen bei der Verwendung der „gedeckten" →Emissionen von Realkreditinstituten bzw. der Emissionen von Kreditinstituten mit Sonderaufgaben). Um →Zinsänderungsrisiken zu vermeiden, werden die mittel- und langfristigen Finanzierungsmittel meist fristenkongruent im →Kreditgeschäft zu festen Zinssätzen ausgeliehen. Aufgrund der Emission von Floating Rate Notes werden i. a. zinsvariable →Darlehen (→variabler Zinssatz) gewährt. Mit börsennotierten B. verschaffen sich die Kreditinstitute Zugang zum organisierten →Kapitalmarkt. Die Beschaffung der Finanzierungsmittel ist mindestreservefrei (→Mindestreserve), sofern die Ursprungslaufzeit mindestens vier Jahre beträgt. Inhaberschuldverschreibungen sind i. d. R. zum →amtlichen (Börsen-)Handel zugelassen. Kassenobligationen werden teils im →geregelten Markt, teils im →Telefonverkehr gehandelt.

Bankstatistik
Systematische Erfassung mengen- und/oder wertmäßiger Größen im Bereich der Bankwirtschaft oder im Betrieb eines einzelnen →Kreditinstituts (bankinterne Statistik).
Die Statistik umfaßt Verfahren zur Sammlung, Aufbereitung und Auswertung von Zahlen und Daten sowie Verfahren zur Darstellung der Ergebnisse. Sie soll die Zusammensetzung (Struktur) von Massenerscheinungen aufzeigen und darstellen. Die betriebliche Statistik soll zusätzliche Informationen geben, die durch Buchführung und →Jahresabschluß allein nicht geliefert werden können. Die durch Vergleichsrechnungen gewonnenen Informationen dienen wie die anderen Teile des →Rechnungswesens der betrieblichen Kontrolle und Planung.
Die Betriebsstatistik und insbesondere die →Postenstatistik ist Ausgang für die Kalkulation im Betriebsbereich (Selbstkostenermittlung) und für die →Profit-Center-Rechnungen.

Statistische Erhebungen über die gesamte Bankwirtschaft: →Bankenstatistik der Deutschen Bundesbank.

Bankinterne Statistik: Sie erfaßt alle Stück- (Betriebs-) und Wertleistungen eines Bank-

Bankstatistische Gesamtrechnungen – Inhalte der Veröffentlichungen

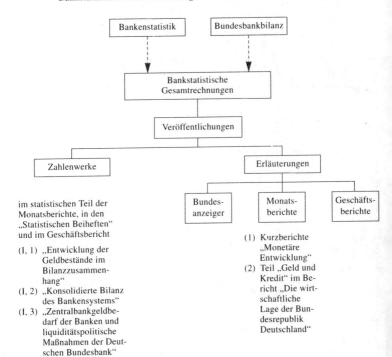

betriebs (Leistungsstatistik). Gegenstand der bankinternen Statistik sind z. B. die zahlenmäßige Erfassung von Geschäftsvorfällen (Postenstatistik), von Umsätzen auf →Konten oder in →Depots (Konten-, →Depotstatistik und Kundenstatistik) usw.

Bankstatistische Gesamtrechnungen (der Bundesbank)

Auf der Grundlage der →Bankenstatistik und der Bundesbankbilanz von der →Deutschen Bundesbank erstellte statistische Übersichten, die in den →Monatsberichten der Deutschen Bundesbank veröffentlicht werden. B. G. dienen für monetäre Analysen und geldpolitische Entscheidungen. Vgl. Übersicht „Bankstatistische Gesamtrechnungen – Inhalte der Veröffentlichungen".

Ein wichtiger Teil der b. G. ist die →konsolidierte Bilanz des →Bankensystems (vgl. Übersicht „Bankstatistische Gesamtrechnungen – Konsolidierte Bilanz des Banksystems"). Sie zeigt die →Forderungen und →Verbindlichkeiten der Bundesbank und der →Kreditinstitute gegenüber Nichtbanken (private und →öffentliche Haushalte, Unternehmen, Ausland). Die konsolidierte Bilanz weist das →Kreditvolumen, die Geldmengen M_1, M_2 und M_3 (→Geldmengenbegriffe) und das →Geldkapital aus. Durch Saldierung der →Auslandsaktiva mit den →Auslandspassiva ergeben sich die Netto-Forderungen des Bankensystems gegenüber dem Ausland.

Anhand eines Zeitvergleichs mehrerer konsolidierter Bilanzen stellt die Bundesbank

Bankstatistische Gesamtrechnungen

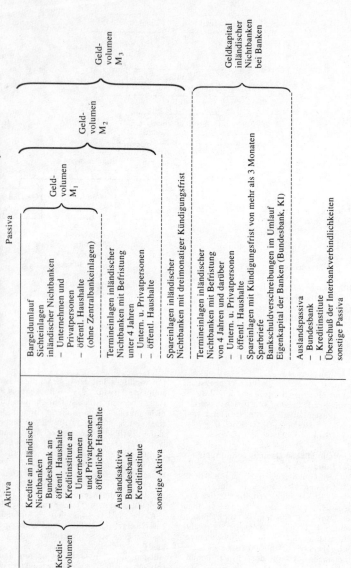

Bankstatistische Gesamtrechnungen – Entwicklung der Geldbestände im Bilanzzusammenhang

(Veränderungen im Verlauf des Monats; in Milliarden DM; verkürzte Darstellung)

	Mai 1994	Juni 1994	Juli 1994	Aug. 1994	Sept. 1994	Okt. 1994	Nov. 1994
1. Kredite an inländische Nichtbanken (Kreditvolumen)	+17,4	+32,1	+27,3	+14,3	+27,7	+29,9	+37,5
– Deutsche Bundesbank	–0,0	–0,1	–0,3	–0,1	–0,2	–0,1	–0,0
– Kreditinstitute	+17,3	+32,2	+27,6	+14,4	+27,9	+30,0	+37,5
2. Netto-Forderungen des Bankensystems gegenüber dem Ausland	–7,7	–4,7	–15,9	–9,3	+0,7	–20,5	+9,9
3. Geldkapitalbildung bei den Kreditinstituten	+12,0	+12,3	+15,0	+13,2	+8,9	+14,4	+20,0
4. Einlagen des Bundes im Bankensystem	+1,8	–5,8	+0,8	–0,1	+4,6	–5,6	–2,5
5. Sonstige Einflüsse	–7,1	+19,0	+5,9	–7,0	+23,2	–3,5	+9,3
Geldvolumen M3 (= 1 + 2 – 3 – 4 – 5)	+3,1	+1,9	–10,3	–1,1	–8,2	+4,0	+20,8
M2 (M3 ohne Spareinlagen)	+0,8	–1,3	–13,9	–5,1	–11,7	–0,0	+16,4
M1 (Bargeld und Sichteinlagen)	+3,0	+13,3	–7,4	+1,1	+5,4	+10,4	+37,5

Quelle: Deutsche Bundesbank, Monatsberichte

die „Entwicklung der Geldbestände im Bilanzzusammenhang" dar (vgl. Tabelle „Bankstatistische Gesamtrechnungen – Entwicklung der Geldbestände im Bilanzzusammenhang").
Die Bedeutung der einzelnen Bestimmungsfaktoren für die Entwicklung der → Geldmenge (M_3) im Zeitablauf wird durch die Graphik „Entwicklung der Geldmenge und wichtiger Bilanzgegenposten" veranschaulicht (vgl. Graphik „Bankstatistische Gesamtrechnungen – Entwicklung der Geldmenge und wichtiger Bilanzgegenposten"). Dabei läßt die Bundesbank die sonstigen Einflüsse (Überschuß der → Interbankverbindlichkeiten, Saldo aus sonstigen → Aktiva und sonstigen → Passiva) außer acht. Die Graphik verdeutlicht, welche Wirkung die Bilanzgegenposten auf die Geldmenge haben, nämlich eine kontraktive Wirkung (Reduzierung der Geldmenge) oder eine expansive Wirkung (Ausdehnung der Geldmenge). In Unterscheidung der binnenwirtschaftlichen Bestimmungsfaktoren (Veränderung von → Kreditvolumen, → Geldkapitalbildung und Kassentransaktionen der öffentlichen Hand) und den monetären Außeneinflüssen (Veränderung der Nettoforderungen von Bundesbank und Kreditinstituten) analysiert die Bundesbank die monetäre Entwicklung; sie stellt dabei auch die tatsächliche Entwicklung der Geldmenge (M_3) im Vergleich zu ihrem Geldmengenziel (als Zwischenzielgröße ihrer Geldpolitik) dar. Obwohl die Bundesbank das Geldmengenziel seit 1988 auf das Geldvolumen M_3 abstellt, betrachtet sie als wichtige → „monetäre Indikatoren" auch die → Zentralbankgeldmenge, die Geldvolumina M_2 und M_1 sowie das Kreditvolumen; sie verdeutlicht dies im Geschäftsbericht durch die Angabe dieser Größendarstellung bei der „Entwicklung der Geldbestände im Bilanzzusammenhang".
Ungeachtet des Nettoeffekts aller binnen- und außenwirtschaftlichen Bestimmungsfaktoren ist für Entscheidungen über den Einsatz geldpolitischer Instrumente die Bedeutung jeder einzelnen Einflußgröße von Wichtigkeit.
Mit Hilfe ihrer Instrumente gestaltet die Bundesbank mittelbar die Zinskonditionen und die Knappheitsverhältnisse am → Bankengeldmarkt (→ Geldpolitik der Deutschen Bundesbank). Sie verändert dazu ihre Zinssätze (→ Zinspolitik der Deutschen Bundes-

Bankstatistische Gesamtrechnungen

Bankstatistische Gesamtrechnungen – Entwicklung der Geldmenge und wichtiger Bilanzgegenposten
(Veränderung im angegebenen Zeitraum, saisonbereinigt)

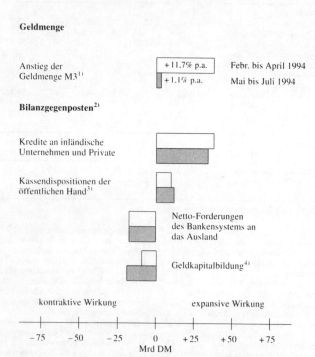

[1] M3 im Monatsdurchschnitt
[2] Die Veränderungen der Bilanzgegenposten sind entsprechend ihrer expansiven (+) bzw. kontraktiven (–) Wirkung auf die Geldmenge gezeigt; Monatsendstände
[3] Kredite des Bankensystems an öffentliche Haushalte abzüglich der Einlagen des Bundes im Bankensystem.
[4] Geldkapitalbildung inländischer Nichtbanken bei inländischen Kreditinstituten.

Quelle: Deutsche Bundesbank, Monatsbericht Februar 1995

Bankstatistische Gesamtrechnungen

bank) im Refinanzierungsgeschäft (→ Refinanzierungspolitik der Deutschen Bundesbank) und im Offenmarktgeschäft (→ Offenmarktpolitik der Deutschen Bundesbank). Die Abbildung „Bankstatistische Gesamtrechnungen – Steuerungsgrößen am Geldmarkt" verdeutlicht, daß der → Lombardsatz (zinsmäßig) die Obergrenze und der → Diskontsatz die Untergrenze für die Geldmarktoperationen der Bundesbank (z. B. mit → Wertpapierpensionsgeschäften) darstellen.

Sie zeigt, „daß Diskont- und Lombardfenster eine Art ‚Pufferfunktion' übernehmen können, die die monatlichen Defizite oder Überschüsse an → Zentralbankguthaben der Kreditinstitute ausgleicht, soweit diese nicht von den diskretionären Markteingriffen (fallweise Markteingriffe, d. Verf.) der Bundesbank kompensiert wurden" (Sonderdruck Nr. 7, S. 105). Die Bundesbank wählt „die ihr am besten geeignet erscheinenden Kanäle, über die sie Zentralbankguthaben bereitstellt oder entzieht, und entscheidet über den Zeitpunkt, zu dem sie im → Geldmarkt interveniert, sowie über die Zeitdauer, für die sie dem Geldmarkt → Liquidität zur Verfügung stellt" (Sonderdruck Nr. 7, S. 105).

Wie die Tabelle „Bankstatistische Gesamtrechnungen – Zentralbankgeldbedarf der Banken und liquiditätspolitische Maßnahmen der Deutschen Bundesbank" zahlenmäßig belegt, erfolgen die Ausgleichsoperationen der Bundesbank zur Geldmarktsteuerung durch Einsatz der liquiditätspolitischen Maßnahmen. Der Zentralbankgeldbedarf der Banken dient der Speisung des Bargeldumlaufs und der Unterhaltung von → Mindestreserven auf die Inlandsverbindlichkeiten (Position I 1). Da dieser Zentralbankgeldbedarf nicht identisch ist mit der Zentralbankgeldmenge, die ursprünglich dem Geldmengenziel der Bundesbank zugrunde lag, wird nachrichtlich der Bestand an Zentralbankgeld in der Abgrenzung ausgewiesen, der der Zielgrößendefinition zugrunde liegt (Mindestreservesoll zu jeweiligen Mindestreservesätzen). Die Position I 2 zeigt die „Laufenden Transaktionen", durch die dem Bankensystem – überwiegend marktmäßig verursacht – Zentralbankguthaben zufließen bzw. entzogen werden. Dazu gehören Devisenbestandsveränderungen bei der Bundesbank (→ Interventionen am Devisenmarkt), Veränderungen der Nettoguthaben inländischer Nichtbanken, der → „Float" im Zahlungsverkehr mit der Bundesbank und sonstige Einflüsse. Der Abschnitt II umfaßt die liquiditätspolitischen Maßnahmen der Bundesbank. Die Reihenfolge, in der die verschiedenen Maßnahmen (Instrumente) aufgeführt werden, entspricht der Abstufung von Mitteln der → Grobsteuerung und → Feinsteuerung am Geldmarkt zur Steuerung der → Bankenliquidität (Refinanzierungspolitik, Offenmarktpolitik, → Pensionsgeschäfte, → Einlagenpolitik der Deutschen Bundesbank). Aus der Summe der Positionen I und II ergibt sich ein Liquiditätsfehlbetrag oder ein Liquiditätsüberschuß für das Bankensystem; er wird unter III ausgewiesen. Das zeigt, daß die Veränderung der Bestände an Zentralbankgeld und die laufenden Transaktionen durch die liquiditätspolitischen Maßnahmen der Bundesbank nicht zu einem → Saldo von Null geführt werden. Die Position IV gibt an, wie der verbleibende Betrag gedeckt bzw. absorbiert wird. Für Fehlbeträge haben die Banken im wesentlichen zwei Ausgleichsmöglichkeiten, nämlich den Rückgriff auf die ungenutzten Refinanzierungslinien (→ Bankenliquidität) sowie die Verschuldung bei der Bundesbank über → Lombardkredite (u. U. auch über den → Sonderlombardkredit). Die nachrichtlich von der Bundesbank angegebenen „unausgenutzten Refinanzierungslinien" machen im wesentlichen die früheren → „freien Liquiditätsreserven" aus. Sie zeigen, in welcher Höhe die Banken unmittelbaren Zugang zur Versorgung mit Zentralbankguthaben besitzen. Daneben wird nachrichtlich die Lombardverschuldung (evtl. auch die Sonderlombardverschuldung) ausgewiesen, wobei hier allerdings nicht zu erkennen ist, welchen quantitativen oder qualitativen Beschränkungen die Lombardinanspruchnahme unterworfen ist. Unter der Position „sehr kurzfristige Ausgleichsoperationen der Bundesbank" werden die Maßnahmen zusammengefaßt, die zur Feinsteuerung des Geldmarktes gezählt werden (→ Devisenswapgeschäfte, → Devisenpensionsgeschäfte, Verlagerung von Bundesmitteln auf den Geldmarkt nach § 17 BBankG [bis 1994] sowie bestimmte Offenmarktgeschäfte, wie → Schnelltender und kurzfristige Abgabe von → Schatzwechseln). Schließlich werden die Wertpapierpensionsgeschäfte der Bundesbank angeführt. Aus diesen nachrichtlichen Angaben können sich auch erste Hinweise über die zukünftig zu treffenden li-

Bankstatistische Gesamtrechnungen

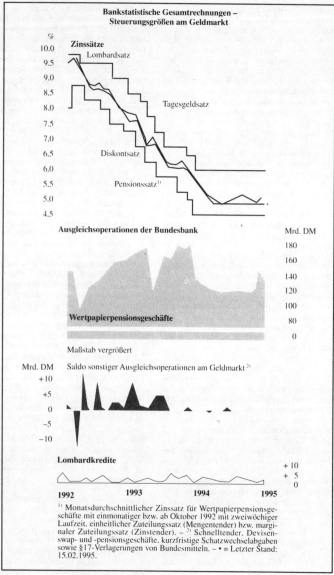

Quelle: Deutsche Bundesbank, Monatsbericht Februar 1995

Bankstatistische Gesamtrechnungen – Zentralbankgeldbedarf der Banken und liquiditätspolitische Maßnahmen der Deutschen Bundesbank*)

Mrd DM; berechnet auf der Basis von Tagesdurchschnitten der Monate

	1991	1992	1993	1994
I. Bereitstellung (+) bzw. Absorption (−) von Zentralbankguthaben durch				
1. Veränderungen der Bestände an Zentralbankgeld (Zunahme: -) davon				
− zusammen	− 20,2	− 38,7	− 21,5	− 15,0
− Bargeldumlauf[1])	− 13,4	− 24,1	− 14,2	− 13,5
− Mindestreserve auf Inlandsverbindlichkeiten[2])	− 6,8	− 14,6	− 7,3	− 1,5
Nachrichtlich: Bestand an Zentralbankgeld[3])[4])	266,3	305,0	294,3	280,9
2. Laufende Transaktionen				
− Devisenzugänge (+) bzw. -abgänge (−) bei der Bundesbank[5])	+ 1,1	+ 63,6	− 16,6	+ 6,3
− Veränderungen der Nettoguthaben inländischer Nichtbanken bei der Bundesbank[6])	+ 9,2	+ 15,5	− 9,2	+ 6,4
− „Float" im Zahlungsverkehr mit der Bundesbank	− 3,4	− 2,1	− 2,3	− 3,7
− Veränderung der „Überschußguthaben" (Abbau: +)	+ 0,6	+ 0,2	+ 0,4	− 0,0
− Sonstige Einflüsse[7])	− 15,6	− 21,9	− 17,0	− 25,1
Insgesamt (I.1 + I.2)	− 28,4	+ 16,6	− 66,2	− 31,1
II. Dauerhafte Mittelbereitstellung (+) bzw. -absorption (−) durch				
− Änderung der Mindestreservesätze[8]) (Zunahme: -)	− 0,1	− 0,9	+ 32,6	+ 29,5
− Änderungen der Refinanzierungslinien[9]) (Kürzungen: -)	− 7,6	− 15,5	+ 0,1	− 0,1
− Rückgriff auf unausgenutzte Refinanzierungslinien (Abbau: +)	− 2,0	+ 2,0	− 4,2	+ 2,7
− Offenmarktoperationen (Nettoverkäufe: -)				
− − in langfristigen Titeln („Outright-Geschäfte")	+ 0,6	+ 1,5	− 1,3	− 1,4
− − in Liquiditätspapieren[10])	+ 1,0	+ 1,8	− 25,2	+ 13,3
− Gewinnausschüttung der Bundesbank an den Bund	+ 8,3	+ 14,5	+ 13,1	+ 18,3
− Insgesamt (II.)	+ 0,1	+ 3,4	+ 15,0	+ 62,2
III. Veränderung der kurzfristigen Liquiditätslücke der Banken (I. + II., Zunahme: -)	− 28,3	+ 20,0	− 51,2	+ 31,1

Bankstatistische Gesamtrechnungen

Bankstatistische Gesamtrechnungen – Zentralbankgeldbedarf der Banken und liquiditätspolitische Maßnahmen der Deutschen Bundesbank*) (Fortsetzung)

Mrd DM; berechnet auf der Basis von Tagesdurchschnitten der Monate

	1991	1992	1993	1994
IV. Deckung des verbleibenden Fehlbetrages (+) bzw. Absorption des Überschusses (−) durch				
– Wertpapierpensionsgeschäfte der Bundesbank [11])	+ 29,8	− 16,0	+ 46,6	− 27,2
– sehr kurzfristige Ausgleichsoperationen der Bundesbank				
– Schnelltender	+ 0,8	− 0,8	± 0,0	± 0,0
– Devisenswap und -pensionsgeschäfte	− 0,6	± 0,0	± 0,0	–
– kurzfristige Schatzwechselabgaben	− 0,3	− 0,2	+ 0,4	± 0,0
– Verlagerungen von Bundesguthaben in den Geldmarkt [15]) und Wechselpensionsgeschäften	+ 0,9	− 1,7	+ 3,2	− 3,2
Veränderung der Lombard- bzw. Sonderlombardkredite (Zunahme: +)	− 2,3	− 1,4	+ 1,1	− 0,7
Nachrichtlich: Stand im Monatsdurchschnitt [4])				
– Unausgenutzte Refinanzierungslinien [9])	5,2	3,3	7,4	4,7
– Ausgleich der kurzfristigen Liquiditätslücke der Banken durch				
– Wertpapierpensionsgeschäfte der Bundesbank	145,1	129,0	175,6	148,4
– Sehr kurzfristige Ausgleichsoperationen der Bundesbank	2,2	− 0,4	3,2	–
– Lombard-/Sonderlombardkredite	1,9	0,5	1,5	0,8
– Saisonbereinigte Zentralbankgeldmenge [12])°)	[14]) 338,3	387,9	[14]) 417,2	436,7

* Ab Juli 1990 Angaben einschl. Ostdeutschland, ab Februar 1992 einschl. Deutsche Bundespost Postbank. – **1** Ab März 1978 ohne Kassenbestände der Kreditinstitute an inländischen Noten und Münzen. – **2** In jeweiligen Reservesätzen jedoch ohne Änderungen des Mindestreserve-Solls aufgrund von Neufestsetzungen der Reservesätze, die in Pos. II erfaßt sind. – **3** Bargeldumlauf plus Mindestreserven auf Inlandsverbindlichkeiten zu jeweiligen Reservesätzen. – **4** Im laufenden bzw. im letzten Monat der Periode. – **5** Effektive Transaktionswerte, ohne Devisenswap- und -pensionsgeschäften. – **6** Einschl. vorübergehender Verlagerungen von Bundesguthaben zu den Kreditinstituten (vgl. Anm. 15). – **7** Saldo der nicht im einzelnen aufgeführten Posten des Notenbankausweises; Veränderungen ergeben sich hauptsächlich aus den laufenden Ertragsbuchungen der Bundesbank (ohne separat ausgewiesene Gewinnausschüttungen an den Bund), im März 1994 im wesentlichen beeinflußt durch die Herabsetzung des Anrechnungssatzes für Kassenbestände der Kreditinstitute bei der Mindestreserveerfüllung. – **8** Einschl. wachstumsbedingter Veränderungen der Mindestreserven auf Auslandsverbindlichkeiten sowie (bis 1977) geringfügiger Änderungen des Bardepots. – **9** Rediskont- und (vom 1. Juli 1990 bis einschl. 1. November 1992) Refinanzierungskontingente einschl. Linien ankaufsfähiger Geldmarktpapiere. – **10** Bis einschl. Oktober 1992 auch in Mobilisierungspapieren und bis einschl. Dezember 1990 auch in Privatdiskonten, bis zur erstmaligen Auktion von „Bulis" im März 1993 ausschließlich mit (i. d. R. öffentlichen) Nichtbanken (teilweise auch über rückgabefähige Titel) bzw. bis 1980 auch ausschließlich mit Banken (über nicht rückgabefähige Titel); ohne (separat ausgewiesene) kurzfristige Schatzwechselabgaben (an Banken). – **11** Ohne (separat ausgewiesene) Schnelltender. – **12** Mit konstanten Reservesätzen (Basis Januar 1974) und ohne reserveverpflichtige Bankschuldverschreibungen und Geldmarktanlagen des Bundes (seit Jan. 1994) gerechnet. – **13** Statistisch bereinigt, vgl. Anm. 1. – **14** Statistisch bereinigt um vorübergehend zu den Kreditinstituten verlagerte Bundesguthaben (vgl. Anm. 15). – **15** nach § 17 BBankG in der Fassung bis 15. Juli 1994.
Quelle: Deutsche Bundesbank, Monatsberichte

quiditätspolitischen Entscheidungen der Bundesbank ergeben.

Bankstellen
Bezeichnung für die in den → Monatsberichten der Deutschen Bundesbank nach Anzahl und Zugehörigkeit zu → Bankengruppen ausgewiesenen → Kreditinstitute mit ihren inländischen Zweigstellen.

Bankstellendichte
Beziehungszahl, die angibt, wie viele Einwohner auf eine → Bankstelle entfallen.

Bankstellennetz in Deutschland
Deutschland verfügt über das dichteste B. aller größeren Industriestaaten (→ Bankstellendichte). Im Sinne des → Lean Banking erfolgt gegenwärtig bei vielen → Banken eine Neuorganisation des Filial- bzw. Zweigstellennetzes in der Form, daß die Kapazitäten einer Filiale bzw. Zweigstelle an die Nachfragestruktur im jeweiligen Einzugsgebiet angepaßt werden, d. h. es werden nur noch → Bankleistungen angeboten, die eine kostendeckende Auslastung der jeweiligen Kapazitäten erwarten lassen. Dabei spielen → Selbstbedienung sowie die Einführung bzw. der Ausbau von → Telefon-Banking und → Home-Banking bei der rationelleren Gestaltung der Filialsysteme eine zentrale Rolle.

Bankvertrag, → allgemeiner Bankvertrag.

Bankvollmacht
→ Vollmacht, die → Bankkunden erteilen, um gegenüber anderen → Kreditinstituten Vertreter für sich handeln zu lassen. Eine B. gibt dem oder den Bevollmächtigten das Recht, im Namen des Vollmachtgebers alle üblichen → Rechtsgeschäfte gegenüber dem Kreditinstitut vorzunehmen. Die B. berechtigt, über Guthaben, → Depots und sonstige bei dem Kreditinstitut unterhaltene Vermögenswerte des Vollmachtgebers zu verfügen, Weisungen und Aufträge im Namen des Vollmachtgebers zu erteilen, Abrechnungen, → Kontoauszüge und Schriftstücke für den Vollmachtgeber entgegenzunehmen und anzuerkennen. Ein Bankkunde kann für den Geschäftsverkehr mit seinem Kreditinstitut die B. auf einzelne Konten beschränken (→ Kontovollmacht). Die B. bezieht sich stets nur auf Guthaben und dem Bankkunden gehörende Vermögenswerte. Sie ermächtigt den Bevollmächtigten nicht, im Namen des Vollmachtgebers → Kredit aufzunehmen. Hierzu muß eine zusätzliche Bevollmächtigung vorgenommen werden. Bei einem → Girokonto (→ Kontokorrentkonto) wird aber in Kauf genommen, daß Verfügungen des Bevollmächtigten zu → Kontoüberziehungen innerhalb gewisser Grenzen führen. Die B. kann hinsichtlich der Befugnis, über eingeräumte → Kreditlinien zu verfügen bzw. aufzunehmen, verschiedene Regelungen vorsehen: (1) Die Vollmacht berechtigt zu Verfügungen innerhalb der Kreditlinien, die dem Vollmachtgeber vom Kreditinstitut eingeräumt sind. (2) Die Vollmacht berechtigt, bestimmte Arten von Krediten bis zu bestimmten Grenzen aufzunehmen und darüber zu verfügen. (3) Die Vollmacht berechtigt, unbeschränkt Kredite jeder Art aufzunehmen und darüber zu verfügen.
Eine Vollmacht ist bis zum Widerruf gültig. Man unterscheidet B. über den Tod des Vollmachtgebers hinaus (Regelfall in der Praxis), B. bis zum Tod des Vollmachtgebers, B. für den Todesfall des Vollmachtgebers. Art und Umfang der B. werden auf dem Unterschriftsblatt oder Kontoeröffnungsantrag festgehalten, um dem Kreditinstitut die Möglichkeit zu geben, Verfügungen des oder der Bevollmächtigten auf ihre Rechtmäßigkeit hin zu überprüfen. Wird an mehrere Personen B. erteilt, muß festgelegt sein, wie die Bevollmächtigten gegenüber dem Kreditinstitut zeichnen dürfen. Eine B. wird direkt dem Kreditinstitut gegenüber erklärt und festgehalten. Sie kann aber auch durch das Kreditinstitut gegenüber dem Bevollmächtigten erklärt werden.
(→ Stellvertretung, → Verfügungsberechtigung über Bankkonten, → Zeichnungsberechtigungen)

Bankvorausdarlehen
Langfristiger → Bankkredit zur → Vorfinanzierung von Eigen- und Fremdmitteln im Rahmen der → Baufinanzierung. Mit den durch das B. zur Verfügung gestellten Mitteln wird das notwendige Anspargutheben auf einen bei Darlehensaufnahme abzuschließenden → Bausparvertrag erbracht. Das B. wird aus dem zugeteilten Bausparvertrag abgelöst. Zweck des B. ist es, ein Bankdarlehen schnell verfügbar zu machen. Die Besicherung von B. erfolgt durch Eintragung einer → Grundschuld und → Abtretung der → Ansprüche aus dem Bausparvertrag. Um niedrigere monatliche Belastungen

des Kreditnehmers zu erreichen, können bei einem B. zwei bzw. ggf. drei Bausparverträge hintereinander geschaltet werden. B. kommen auch in Kombination mit Lebensversicherungsverträgen vor.

Bankwesen Deutschland

Innerhalb des Bankwesens der BRD ist das → Zentralbanksystem (→ Deutsche Bundesbank mit → Landeszentralbanken) und das → Geschäftsbankensystem zu unterscheiden. Vgl. auch Übersicht S. 207.

Geschäftsbankensystem der Bundesrepublik Deutschland: Dieses wird als ein → Universalbanksystem bezeichnet, weil die → Universalbanken, die sowohl das → Einlagengeschäft und → Kreditgeschäft als auch das → Wertpapiergeschäft (→ Effektengeschäft, → Depotgeschäft, → Emissionsgeschäft) betreiben, rund zwei Drittel des gesamten → Geschäftsvolumens auf sich vereinigen. Die Universalbanken betreiben grundsätzlich sämtliche → Bankgeschäfte, soweit dies einem einzelnen Institut gesetzlich erlaubt ist (ausgenommen das → Investmentgeschäft sowie das → Bauspargeschäft und das Pfandbriefgeschäft; dies ist den → Landesbanken/Girozentralen allerdings erlaubt). Zu den *Universalbanken* gehört der privatrechtlich organisierte Kreditbankensektor (→ Großbanken, → Regionalbanken, → Privatbanken, → Auslandsbanken), der fast ausschließlich öffentlich-rechtlich organisierte Sparkassensektor (→ Sparkassen, Landesbanken/Girozentralen, → Deutsche Girozentrale – Deutsche Kommunalbank) und der weitgehend genossenschaftlich organisierte Genossenschaftssektor (→ Kreditgenossenschaften, → genossenschaftliche Zentralbanken, Deutsche Genossenschaftsbank). Zu den *Spezialbanken,* die sich auf bestimmte Geschäftssparten spezialisiert haben und teilweise in einer Konkurrenzbeziehung zu den Universalbanken stehen, zählen die → Realkreditinstitute (→ private Hypothekenbanken, → Schiffspfandbriefbanken, → öffentlich-rechtliche Grundkreditanstalten), die → Teilzahlungskreditinstitute, die → Deutsche Postbank AG, die bis 1995 kein Kreditinstitut i. S. des KWG war, die → Kreditinstitute mit Sonderaufgaben, die → Bürgschaftsbanken, die → Wertpapiersammelbanken, die → Kapitalanlagegesellschaften (Investmentgesellschaften) und die → Bausparkassen. Die BRD weist eine große → *Bankstellendichte* auf. Die → Kreditinstitute haben sich zu Verbänden zwecks Wahrnehmung ihrer Interessen zusammengeschlossen (→ Verbände und Arbeitsgemeinschaften der Kreditwirtschaft). Die Kreditinstitute unterliegen einer staatlichen → Bankenaufsicht durch das → Bundesaufsichtsamt für das Kreditwesen (BAK).

Einfluß des Auslandes auf das deutsche Bankwesen: Auslandsbanken, → Zweigstellen ausländischer Banken.

Ausländische Aktivitäten deutscher Kreditinstitute: → Ausländische Kreditinstitute im Mehrheitsbesitz deutscher Kreditinstitute, → Auslandsfilialen deutscher Kreditinstitute.

Bankwesen Frankreich

Die seit etwa 1900 eingetretene, ausgeprägte Spezialisierung im französischen Bankensystem wurde 1941 gesetzlich fixiert, als strikte Trennung zwischen Depositenbanken (banques de dépôts) mit Geschäften bis zu zwei Jahren → Laufzeit und Beteiligungsbanken (banques d'affaires) sowie Banken für mittel- und langfristige → Kredite (→ Wertpapiergeschäfte, → Einlagen mit Fristen von mehr als zwei Jahren). Die Reform von 1967 brachte insoweit noch keine grundlegende Änderung; erst das Bankgesetz von 1984 brach mit der Unterscheidung und zählt zu den établissements de crédit nicht nur → Geschäftsbanken, Genossenschaftsbanken und → Sparkassen, sondern auch spezialisierte Finanzinstitute und Finanzgesellschaften.

1. *Trägerschaft:* 1945/46 wurden die →Zentralbank (Banque de France) und die größten Geschäftsbanken verstaatlicht. Die öffentliche Hand hält zudem Sparkassen und etliche → Spezialbanken. Weitere Verstaatlichungen im Jahr 1982 wurden teilweise nach dem Regierungswechsel von 1986 rückgängig gemacht. Weitere Privatisierungen haben 1993 begonnen. Jedoch behält der Staat eine dominante Stellung im Bankensektor, zumal als Element der „planification" vielfältige Mechanismen staatlicher Lenkung und (Kredit-)Subventionierung der Wirtschaft eingesetzt werden.

2. *Bankengruppen:* Unter dem Gesichtspunkt der Rechtsform lassen sich zunächst die regelmäßig als → Aktiengesellschaft or-

Bankwesen Frankreich

Bankwesen Deutschland

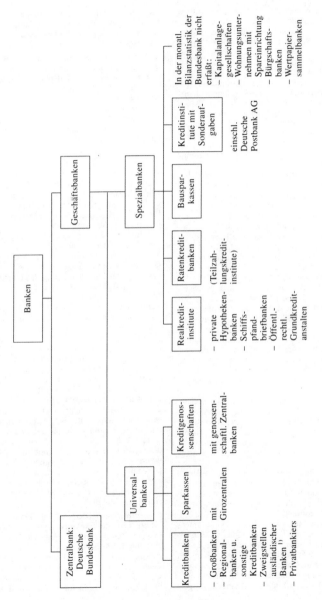

[1] Zweigstellen ausländischer Banken und inländischer Kreditinstitute im Mehrheitsbesitz ausländischer Banken werden zusammengefaßt als Auslandsbanken bezeichnet.

ganisierten Geschäftsbanken (als wichtiger Teil der sog. „banques AFB") nennen, zu denen insbes. die drei → Großbanken gehören (Banque Nationale de Paris, Crédit Lyonnais, Société Générale), mit einem ausgedehnten Zweigstellennetz und vielen ausländischen → Tochterunternehmen. Ferner zählen hierzu Pariser und Provinzbanken sowie → Auslandsbanken, vor allem italienische und britische Institute. Die Geschäftsbanken sind zumeist aus den früheren Depositenbanken entstanden, mit denen andere Institute verschmolzen oder verflochten wurden. Sie sind heute dem Typ der → Universalbank zuzuordnen (→ Geschäftsbankensysteme in der EU).

Eine zweite Gruppe bilden genossenschaftliche Institute (→ Kreditgenossenschaften); hier finden sich mehrere mehrstufige Verbundsysteme. Das System des Crédit Agricole setzt sich aus dem Zentralorgan, der Caisse Nationale de Crédit Agricole, Regionalkassen und Zweigstellen sowie einigen Spezialinstituten zusammen. Seine Kunden stammen nicht mehr nur aus dem landwirtschaftlichen Bereich. Über viele ländliche Zweigstellen verfügt auch der Crédit Mutuel mit Schwerpunkt im Spargeschäft. Die dritte genossenschaftliche Organisation ist der Crédit Populaire; die Banques Populaires ähneln den deutschen Volksbanken nicht nur im Namen und tätigen Geschäfte eher mit städtischen Kunden. An der Spitze des Verbundes der Sparkassen (Caisses d'Epargne) steht das Centre National des Caisses d'Epargne et de Prévoyance. Über ein noch breiteres Zweigstellennetz als die öffentlichen Sparkassen verfügt die über die Postämter tätige Caisse Nationale d'Epargne Postale. Heute sind diesen Institutsgruppen die meisten → Bankgeschäfte gestattet, wenngleich davon (noch) nicht durchweg Gebrauch gemacht wird.

3. *Spezialinstitute:* Vorwiegend im → Konsumentenkreditgeschäft sind Kommunalkreditbanken tätig. Im Zusammenhang mit staatlichen Förderaufgaben werden weitere Spezialkreditinstitute tätig: Hierzu zählen der Crédit Foncier de France (Wohnungsbau), der Crédit National (industrielle Entwicklungsbank), die Sociétés de Développement Régional sowie die Banque Française du Commerce Extérieur (Exportfinanzierung). Zu der Vielzahl von Finanzgesellschaften (Sociétés financières) gehören Bürgschaftsgemeinschaften, Immobilienkreditgesellschaften, → Leasinggesellschaften sowie Teilzahlungs- und → Factoringinstitute.

4. *Marktinstitute:* Etablissements de marché umfassen banques de marché und maisons de titres, die meist mit anderen Banken oder Versicherungsunternehmen verflochten sind und ebenfalls der → Bankenaufsicht unterliegen. Ihre Tätigkeit konzentriert sich auf Interbankgeschäfte und Wertpapiergeschäfte, ferner auf außerbilanzielle Finanzgeschäfte; i. d. R. haben sie Sitz und einzige Geschäftsstellen in Paris. Eine → *Einlagensicherung* besteht.

5. → *Bankenaufsicht:* Für die Aufsicht über Banken sind vier Institutionen zuständig. Die Zulassung ist Aufgabe des Comité des Etablissements de Crédit; maßgeblich hierfür sind die Kriterien des → EG-Bankrechts. Die eigentliche Aufsichtsbehörde ist die Commission Bancaire unter Leitung des Gouverneurs der Banque de France. Weitere Mitglieder dieses Gremiums sind der Directeur des Trésors im Finanzministerium, der Präsident der Finanzabteilung des obersten Verwaltungsgerichts (Conseil d'Etat), ein Mitglied der Cour de Cassation und je ein Vertreter von Banken und Personal. Beratende Funktionen hat einmal das Comité de la réglementation bancaire, welches dem Finanzministerium beim Erlaß von Vorschriften zur Bankenaufsicht zur Seite steht, etwa was das Mindest-Eigenkapital angeht. Der vom Finanzminister geleitete Conseil National de Crédit, dem Vertreter von Banken, des Staates und der Wirtschaft angehören, befaßt sich nicht nur mit Fragen der Ordnung des Bankwesens, sondern auch mit anderen geld- und kreditpolitischen Angelegenheiten. Auch in ihm hat die Banque de France maßgebliches Gewicht, weil ihr Gouverneur der stellvertretende Vorsitzende des Rates ist und die Zentralbank auch den personellen Unterbau bereitstellt. Außer dem Finanzminister nehmen u. U. auch andere Regierungsmitglieder, etwa der Postminister, an der Bankenaufsicht teil.

6. *Zentralbank:* Dies ist die Banque de France. Oberstes Exekutivorgan ist der *Gouverneur*, der ebenso wie seine beiden Stellvertreter auf Vorschlag der Regierung vom Präsidenten der Republik auf unbestimmte Zeit ernannt wird. Für den Gouverneur und seine Stellvertreter gilt das Inkompatibilitätsprinzip; sie dürfen keine sonstigen

kommerziellen Funktionen wahrnehmen. Der *Generalrat* (legislatives Organ) setzt sich aus dem Gouverneur, seinen beiden Stellvertretern und zehn Beiräten zusammen (neun der zehn Beiräte werden auf Vorschlag des Wirtschafts- und Finanzministers vom Ministerrat auf sechs Jahre ernannt; sachliche und fachliche Qualifikation ist entscheidend; der 10. Beirat wird von der Belegschaft der Notenbank aus ihren eigenen Reihen gewählt). An den Sitzungen des Generalrats nimmt ein vom Wirtschafts- und Finanzminister berufener *Zensor* mit einem aufschiebenden Vetorecht teil. Der Generalrat kann Kommissionen und *Komitees* bilden und sie durch außerhalb der Bank stehende Persönlichkeiten ergänzen, so z. B. die Beratende Versammlung (Konsultativorgan, Konsultativrat; mit 15 bis 24 Vertretern der Wirtschaft). Ein Gesetz über die Gewährung der Unabhängigkeit an die Banque de France trat Anfang 1994 in Kraft; es erfüllt die im Rahmen der → Wirtschafts- und Währungsunion gestellten Anforderungen.

Bankwesen Großbritannien

Herausragendes Kennzeichen ist die traditionelle, wenngleich nicht gesetzlich geprägte Arbeitsteilung mit einer zum Teil sehr weitgehenden Spezialisierung. Seit den 70er Jahren wächst aufgrund zunehmenden Wettbewerbs eine Tendenz zum → Universalbanksystem (→ Geschäftsbankensysteme in der EU); die einzelnen Institutsgruppen weisen nach wie vor deutliche Schwerpunkte in ihren geschäftlichen Aktivitäten auf. Charakteristisch ist die *geringe Zahl spezieller Rechtsnormen*. Im Vordergrund steht der enge informelle Kontakt der Banken zur → Zentralbank (→ Bank of England), die die starke räumliche Konzentration auf die Londoner City begünstigte. Auch institutsbezogen ist das britische Bankwesen stark konzentriert auf die Londoner Clearingbanken (→ Clearing Banks). London hat herausragende Bedeutung als → internationaler Finanzplatz, ursprünglich bedingt durch die Rolle Englands als Welthandelsmacht, später durch die liberale Haltung der britischen Regierung gegenüber ausländischen Banken, schließlich u. a. auch durch die günstige Zeitzonenlage (über London werden die Tokioter und die New Yorker Zeitzone miteinander verknüpft), die London zu einem führenden Eurogeld- und Eurokapitalmarktplatz werden ließ.

1. *Bankengruppen:* Im Mittelpunkt stehen die von der Bank of England erfaßten Institutsgruppen, die sog. „Statistical Banks" (Depositenbanken, Handelsbanken, Britische Auslandsbanken, Ausländische Banken, Konsortialbanken).

Die *Depositenbanken (Deposit Banks*, auch als Clearing Banks bezeichnet) bilden den Kern des britischen Bankwesens. Dominierende Teilgruppe dieser → Geschäftsbanken sind die sechs Londoner Clearingbanken, insbes. die „Big Four" (Barclays Bank, National Westminster Bank, Midland Bank, Lloyds Bank). Während ihre geschäftlichen Schwerpunkte früher das kurzfristige → Einlagen- und → Kreditgeschäft und die Abwicklung des → bargeldlosen Zahlungsverkehrs waren, haben sie sich später verstärkt dem längerfristigen Einlagen- (→ Spar- und → Termineinlagen) und Kreditgeschäft zugewandt. Seit 1971 verschärfte sich mit dem Verzicht auf die seit den 30er Jahren bestehenden Kartellvereinbarungen über Soll- und Habenzinsen der Wettbewerb mit Bestrebungen zum „Full Service Banking". Auch erstrecken sich die Aktivitäten der Depositenbanken auf die Unternehmens- und → Anlageberatung, die Verwaltung von → Investmentfonds, das internationale → Emissionsgeschäft und die Übernahme von Händlerfunktionen im → Wertpapiergeschäft. Durch den Financial Services Act wurde 1986 die Funktionstrennung von Jobbern (Eigenhändlern, die bis dahin nur im eigenen Namen und auf eigene Rechnung mit → Maklern handelten; sie verdienten am Unterschiedsbetrag) und → Brokern (Maklern, die bis dahin nur Wertpapiergeschäfte zwischen Jobbern und Publikum vermittelten) aufgehoben. Der Beteiligungserwerb an diesen Börsenfirmen war nicht mehr begrenzt und die Zulassung auch anderer Institute als vollberechtigte Mitglieder der → Wertpapierbörse ermöglicht.

Die *Handelsbanken (Merchant Banks)*, mit den *Akzeptbanken* (→ *Accepting Houses*) und den *Emissionsbanken* (→ *Issuing Houses*), bilden der zweite bedeutsame Gruppe. Der Ausdruck Merchant Banks ist darauf zurückzuführen, daß viele ursprünglich reine Handelsunternehmen („merchants") waren und später den internationalen Handel mit → Akzeptkrediten finanzierten. Sie entwickelten sich später zu Universalbanken für die Industrie. Akzeptbanken haben das Recht, daß die Bank of England ihre Akzepte ankauft und deren Erwerb durch andere Banken auf die vorgeschriebene Liquiditätshaltung angerechnet wird. Sie gewähren große kurz- und mittelfristige Kredite sowie gemeinsam mit den Clearingbanken Konsortialkredite, nehmen in großen Beträgen Einlagen entgegen (auch mittels Ausgabe von Depositenzertifikaten [→ Certificate of Deposit]) und haben eine vorrangige Stellung im Devisen-, Emissions- und Euromarktgeschäft. Ihre anpassungsfähige und dynamische Geschäftspolitik wird durch die finanzielle Beratung der Unternehmen bei → Fusionen und Übernahmen abgerundet. Die Issuing Houses übernehmen gegenüber → Emittenten die Garantie für die Unterbringung von → Wertpapieren (Underwriting [→ Emissionskonsortium]), wobei sie sich institutioneller Anleger (v. a. Versicherungen) als Sub-Underwriter bedienen.

Die *britischen Auslandsbanken* haben ihren Hauptsitz in London, sind aber über ein ausgedehntes Netz von → Tochterunternehmen, → Beteiligungen und Zweigstellen primär international tätig. Viele von ihnen sind im Besitz der Depositenbanken.

Die *ausländischen Banken* (*Overseas Banks*) sind durch → Filialen, Tochterunternehmen bzw. → Repräsentanzen in London vertreten. Entscheidend hierfür ist die Expansion der → Euromärkte.

Zu den *Consortium Banks* zählt die Bank of England Institute. An ihnen sind Banken aus mindestens zwei Ländern beteiligt, von denen keine die Mehrheit besitzt. Sie sind auf Euromarktgeschäfte spezialisiert.

Die *Discount Houses* übernehmen den → Liquiditätsausgleich zwischen Banken und Zentralbank. Andere Banken halten einen Teil der erforderlichen → Liquiditätsreserven bei den Discount Houses, die hierfür kurzfristige Wertpapiere erwerben. Die Discount Houses haben das Recht zur Kreditaufnahme bei der Bank of England; sie haben sich dafür verpflichtet, die wöchentlich von der Notenbank begebenen → Schatzwechsel zu übernehmen.

Die *Teilzahlungskreditinstitute* (*Finance Houses*) betreiben das Ratenkreditgeschäft und das Leasinggeschäft.

Die *Sparkassen* (*Trustee Savings Banks*) sind gemeinnützige Institute mit regional begrenztem Geschäftskreis, für deren → Verbindlichkeiten der Staat haftet. Sie beschränkten sich ursprünglich auf die Entgegennahme von Spareinlagen, die weitgehend an die Nationale Schuldenverwaltung (National Debt Office) abzuführen waren. Seit dem Sparkassengesetz von 1976 wurde der Kundenkreis auf Wirtschaftsunternehmen ausgedehnt und die Kreditvergabe an Private erlaubt; zugleich wurde eine TSB-Gruppe gebildet.

Die *National Savings Bank* verfügt in Zusammenarbeit mit der Postverwaltung über ein breites Zweigstellennetz und hat nach wie vor die Spareinlagen größtenteils an die Nationale Schuldenverwaltung abzuführen.

Die *Bausparkassen* (*Building Societies*) sind gemeinnützige, genossenschaftlich organisierte Institute.

Zu den Kapitalanlagegesellschaften zählen die → *Investment Trust Companies*, die sich die Mittel durch Ausgabe von → Aktien und → Schuldverschreibungen verschaffen und sie v. a. in → Effekten anlegen, ferner die *Unit Trusts*, die Zertifikate (Units), die Anteile an einem bestimmten Wertpapierfondsvermögen verbriefen, ausgeben bzw. zurückkaufen.

Einlagensicherung: Mit dem Bankengesetz von 1979 wurde eine → Einlagensicherung, die ausschließlich Sterling-Einlagen von Nichtbanken erfaßt, geschaffen. Der Einlagensicherungsfonds wird durch Beiträge der Mitglieder (grundsätzlich alle Banken) dotiert. Geschützt werden nur die Kleinanleger; gesichert sind 75% der geschützten Einlage (ausgenommen sind z. B. Termineinlagen mit einer → Laufzeit von mehr als fünf Jahren) bis max. 10 000 £.

2. *Zentralbanksystem:* Zentralbank ist die im staatlichen Eigentum stehende → Bank of England.

3. *Bankenaufsicht:* Bis 1979 gab es keine dem → Bundesaufsichtsamt für das Kreditwesen vergleichbare Aufsichtsbehörde, keine exakte Definition des Begriffs „Bank" und kein umfassendes Bankaufsichtsgesetz. → Bankgeschäfte durften in einem System von Anerkennungen und Befreiungen (erteilt aufgrund diverser Gesetze durch Regierungsstellen bzw. die Bank of England) grundsätzlich frei ausgeübt werden. Die Bank of England überwachte ohne gesetzliche Grundlage die von ihr als „Banken im engeren Sinne" anerkannten Institute. Mit dem Banking Act wurde 1979 die Aufsicht auf eine gesetzliche Basis gestellt und der Bank of England übertragen.

Bankwesen in den EU-Ländern
Vgl. Tabelle S. 211–213.

Bankwesen in den EU-Ländern

Bankwesen in den EU-Ländern (ohne BRD)

Länder	Wichtige Bankgruppen	Zentralbank	Bankenaufsicht	Einlagensicherungssystem
Belgien	Privatbanken öffentlich-rechtliche Spezialkreditinstitute Sparbanken (Sparkassen)	Banque Nationale de Belgique	Commission Bancaire (rechtl. selbständige Bankenkommisssion)	ja
Dänemark	Banken (Handelsbanken) Sparkassen Realkreditinstitute Finanzierungsgesellschaften	Danmarks Nationalbank	Aufsichtsamt für das Finanzwesen für Handelsbanken und Sparkassen, Industrieministerium für Realkreditinstitute	ja
Finnland	Geschäftsbanken Sparkassen Genossenschaftsbanken	Suomen Pankki (Finlands Bank)	Finanzkontrollbehörde i. V. m. Zentralbank	ja
Frankreich	Geschäftsbanken (Banken i.e.S.) Kreditgenossenschaften Sparkassen u. Postsparkassen Finanzierungsgesellschaften mit speziellen Geschäftsbereichen Spezialkreditinstitute mit Sonderaufgaben	Banque de France	Commission Bancaire, unterstützt durch Banque de France (drei weitere Institutionen zur Regulierung des Bankwesens)	ja
Griechenland	Geschäftsbanken Spezialkreditinstitute	Bank von Griechenland	Zentralbank	noch nicht

Bankwesen in den EU-Ländern

Bankwesen in den EU-Ländern (Fortsetzung)

Großbritannien	Depositenbanken (Clearing Banks) Handelsbanken (Merchant Banks) Diskonthäuser Finance Houses Sparkassen Bausparkassen	Bank of England	Zentralbank	ja
Irland	Associated Banks Nichtassoziierte Kreditinstitute (Handelsbanken, Industriebanken u.a.) Sparkassen Bausparkassen	Central Bank of Ireland	Zentralbank	ja
Italien	öffentlich-rechtliche Kreditinstitute Großbanken und andere private Kreditbanken Sparkassen und Pfandleihanstalten Volksbanken Landwirtschafts- und Handwerkskassen	Banca d'Italia	Zentralbank	ja
Luxemburg	Staatliche Sparkasse und Banken als Universalkreditinstitute Postsparkasse Spezialisierte Kreditinstitute	(Währungsunion mit Belgien) Keine Zentralbank. Wahrnehmung der Aufgaben durch IML Bank des Staates und Clearingstelle für Kreditinstitute ist die staatliche Sparkasse	Institut Monétaire Luxembourgeois (IML)	ja

Bankwesen in den EU-Ländern

Bankwesen in den EU-Ländern (Fortsetzung)

Niederlande	allgemeine Banken (Privatbanken) Sparkassen Effektenhäuser Hypothekenbanken	De Nederlandsche Bank N.V.	Zentralbank	ja
Österreich	Aktienbanken/Bankiers Sparkassen Volks-, Raiffeisenbanken Landes-Hypothekenbanken Bausparkassen Sonderbanken (einschl. Postsparkasse)	Österreichische Nationalbank AG	Bundesministerium für Finanzen i. V. m. OeNB	ja
Portugal	Depositenbanken Investitionsbanken Sparkassen Spezialisierte Kreditinstitute	Banco de Portugal	Zentralbank	noch nicht
Schweden	Geschäftsbanken Sparkassen Genossenschaftsbanken	Sveriges Riksbank	Finanzkontrollbehörde	noch nicht
Spanien	Privatbanken Sparkassen Kreditgenossenschaften öffentlich-rechtliche Kreditinstitute mit Sonderaufgaben	Banco des España	Zentralbank und Wirtschafts- und Finanzministerium	ja

Bankwesen Japan

Bankwesen Japan
Kennzeichnend ist ein →Geschäftsbankensystem mit Arbeitsteilung nicht nur nach der Art der →Bankgeschäfte, sondern auch nach ihrer Fristigkeit (→Trennbanksystem).

1. *Bankengruppen:* →Commercial Banks, von denen die City-Banken (mit flächendeckenden Filialnetzen) und die Regionalbanken (nach Marktanteilen gerechnet) die größte Bedeutung haben, Banken für langfristige →Kredite, die sich durch Ausgabe von →Schuldverschreibungen refinanzieren; →Trust Banken (Treuhandbanken), die neben dem Commercial Bank-Geschäft und dem Eigenhandel mit →Wertpapieren vor allem das →Treuhandgeschäft (Anlagen, Vermögensanlagen, Verwaltung von Pensionsfonds) betreiben; Spar- und Darlehenskassen auf Gegenseitigkeit (Sogo-Banken), Kreditkassen und →Kreditgenossenschaften und Agrargenossenschaften, die vornehmlich gewerbliche und ländliche Klein- und Mittelbetriebe als Kunden haben; →Investment Banks (Wertpapierhäuser), denen das Handels- und →Emissionsgeschäft in Wertpapieren vorbehalten ist; öffentliche Finanzinstitute einschl. Postsparkasse.
Es besteht eine →Einlagensicherung.

2. *Zentralbanksystem:* Als →Zentralbank und →Notenbank fungiert die Bank of Japan (Nippon Ginko), der ein ähnliches Instrumentarium wie der →Deutschen Bundesbank zur Verfügung steht, wobei die Bank of Japan zusätzlich den →Geschäftsbanken einen Rahmen für die Steigerung des →Kreditvolumens vorgibt. Die Regierung hat umfangreiche Weisungsrechte.

3. →*Bankenaufsicht:* Diese erfolgt durch das Finanzministerium.

Bankwesen Schweiz
Aufgrund der liberalen Wirtschaftsordnung hat sich ein →Universalbanksystem entwickelt. Entsprechend dem föderativen Staatsaufbau sind die Banken meist (ausgenommen die überregionalen →Großbanken) nur regional begrenzt tätig (Dezentralisation). Das Bankwesen ist stark konzentriert, sowohl räumlich (Ballung in Zürich, Genf und Basel) als auch institutsbezogen (Großbanken). Es ist zu berücksichtigen, daß von der Bilanzsumme der Großbanken etwa die Hälfte auf das Auslandsgeschäft entfällt und sie im bilanzindifferenten →Treuhandgeschäft eine dominierende Marktstellung aufweisen. Das Treuhandgeschäft ist im wesentlichen ein Auslandsgeschäft, bei dem die schweizerischen Banken im eigenen Namen treuhänderisch hereingenommene Mittel auf Rechnung und Gefahr von Kunden verwalten.

1. *Bankengruppen:* Neben den Großbanken sind die Kantonalbanken bedeutsam. Sie sind auf der Grundlage besonderer Kantonalbankgesetze errichtet. Die Marktanteile der übrigen Bankengruppen (→Regionalbanken, →Sparkassen, Darlehens- und Raiffeisenkassen u. a.) sind relativ gering.
Von der starken Auslandsverflechtung sind entscheidende Impulse auf die Entwicklung des Bankwesens ausgegangen; Zürich, Basel und Genf sind bedeutende internationale Finanzzentren. Das Ansehen der Schweiz als Bankplatz beruht auf den besonders günstigen politischen Verhältnissen (Neutralität, keine Kriege), der innenpolitischen Stabilität (z. B. Arbeitsfrieden), dem Vertrauen in den Schweizer Franken (wirtschaftliche Stabilität, freie Konvertierbarkeit, freier Kapitalimport und -export), der zuverlässigen Rechtsordnung (traditionell besonderer Schutz des privaten →Eigentums), den steuerlich günstigen Regelungen, dem im internationalen Vergleich hohen Anteil der eigenen Mittel an der →Bilanzsumme der Banken, der Leistungsfähigkeit der Banken, dem schweizerischen →Bankgeheimnis und der Einrichtung des →Nummernkontos.
Das *Bankgeheimnis* wurde zum Schutze der Vermögen von politisch oder rassistisch Verfolgten im Bankengesetz (Bundesgesetz) verankert. Um die Aufklärung krimineller Handlungen nicht zu behindern, ist die Auskunftspflicht („Zeugnispflicht") gegenüber schweizerischen Gerichten bzw. Staatsanwälten in der kantonalen Gesetzgebung geregelt (keine Auskunft an Polizei und Steuerbehörden). Mit dem Schweizerischen Bankengesetz über internationale Rechtshilfe in Strafsachen und durch das mit den USA abgeschlossene Insiderabkommen wird seit 1983 die Informationssperre gegenüber dem Ausland teilweise abgebaut.
Das *Nummernkonto* dient dazu, daß bankintern der Name eines Kontoinhabers nur wenigen Personen bekannt wird (keine gesetzliche Verankerung).

2. *Zentralbanksystem:* Die Schweizerische Nationalbank als →Notenbank der Schweiz ist eine →Aktiengesellschaft, deren →vin-

kulierte Namensaktien zur Hälfte einbezahlt sind (der Aktionärskreis ist beschränkt; Private, Kantone, Kantonalbanken, andere öffentlich-rechtliche → Körperschaften). Die Organisation und Tätigkeit der Bank werden jedoch nicht durch privatrechtliche Statuten, sondern durch Bundesgesetz geregelt. Rechtlicher und administrativer Sitz ist Bern, der Sitz des Direktoriums Zürich.

Zu den → *Organen* der Schweizerischen Nationalbank gehören die Generalversammlung, die Bankbehörden (Bankrat, Bankausschuß, Lokalkomitees, Revisionskommission) und die Geschäftsleitung (Direktorium, Direktoren der Zweigniederlassungen). Die Generalversammlung setzt sich aus den ins Aktienbuch eingetragenen → Aktionären zusammen, wird vom Präsidenten des Bankrates einmal jährlich einberufen, beschließt über die Gewinnverwendung, wählt die Revisionskommission und 15 der 40 Mitglieder des Bankrates. Die restlichen 25 Mitglieder des Bankrates werden vom Bundesrat (der Regierung) ebenfalls für vier Jahre ernannt (Vertreter verschiedener Wirtschaftsbereiche und Landesteile). Dem Bankrat obliegt die Aufsicht über die Geschäftsleitung, die Wahl des Bankausschusses, der Lokalkomitees und das Vorschlagsrecht für die Mitglieder der Geschäftsleitung. Der Bankausschuß besteht aus zehn Mitgliedern des Bankrates; er übt aufgrund einer Delegation des Bankrates die detaillierte Aufsicht und Kontrolle über die Notenbank aus. Das *Direktorium*, dessen drei Mitglieder auf Vorschlag des Bankrates vom Bundesrat auf sechs Jahre ernannt werden, ist das oberste geschäftsleitende und ausführende Organ, vertritt die Nationalbank nach außen und trifft als Kollegialbehörde die geldpolitischen Entscheidungen.

Das *geldpolitische Instrumentarium* umfaßt die Diskont-, die Lombard-, die Mindestreserve- und die Offenmarktpolitik (seit 1979 hat die Nationalbank das Recht, eigene → Schuldverschreibungen auszugeben und zurückzukaufen). Zur Vermeidung einer übermäßigen Beanspruchung des → Geld- und → Kapitalmarktes kann die Nationalbank mit Zustimmung des Bundesrates die öffentliche Ausgabe inländischer → Anleihen, → Kassenobligationen, → Aktien u. ä. Papiere sowie Konversionen für bewilligungspflichtig erklären (Emissionskontrolle). Eine vom Bundesrat eingesetzte Emissionskommission verteilt dann den von der Bank festgesetzten Emissionsplafond auf die → Emittenten. Die → Wechselkurspolitik ist seit dem Floating (1973) vom Bundesrat auf die Nationalbank übergegangen; sie wird nach Rücksprache mit dem Bundesrat festgelegt. Da wegen der hohen außenwirtschaftlichen Verflechtung marktkonforme Maßnahmen oft erfolglos bleiben, können ein Verzinsungsverbot oder Negativzins für ausländische Gelder festgelegt, der Erwerb inländischer → Wertpapiere durch Ausländer eingeschränkt oder verboten, die Kreditaufnahme im Ausland bewilligungspflichtig, die Einfuhr ausländischer → Banknoten beschränkt, der Ausgleich von Fremdwährungspositionen vorgeschrieben und die → Devisentermingeschäfte mit dem Ausland begrenzt werden. Der Bundesrat beschließt und die Nationalbank vollzieht derartige Maßnahmen; zur Kreditgewährung an den Staat besteht keinerlei gesetzliche Verpflichtung.

Die Schweizerische Nationalbank ist eine Notenbank mit einem hohen Grad an *Unabhängigkeit* gegenüber staatlichen Instanzen. Der Bund kann der Bank keine Weisungen erteilen und hat auch bei der Geschäftsleitung kein Mitspracherecht. Die Mitglieder des Direktoriums dürfen während ihrer Amtszeit weder dem Parlament (Bundesversammlung) noch den Kantonsregierungen angehören; sie wären jedoch prinzipiell durch die Wahl- bzw. Ernennungsinstanz unter Angabe der Gründe jederzeit abberufbar (noch nie erfolgt).

Bankwesen USA

Prägendes Merkmal ist das → *Trennbankensystem*. Ausgangspunkt für seine gesetzliche Verankerung waren die Bankenzusammenbrüche in der Wirtschaftskrise Ende der 20er Jahre, die zu Mißbräuchen im → Wertpapiergeschäft führten. Als Reaktion hierauf wurde der Banking Act 1933 erlassen. Die Banken mußten sich danach entscheiden, ob sie als → Commercial Bank das → Einlagen- und → Kreditgeschäft oder als → Investment Bank das Wertpapier-, → Emissions- und → Effektengeschäft betreiben wollten.

Kennzeichnend ist ferner der *föderative Aufbau* des → Bankensystems. Grundsätzlich haben sowohl der Bund als auch die Einzelstaaten das Recht, → Kreditinstitute zu konzessionieren und Gesetze, die die Kreditwirtschaft betreffen, zu erlassen. So gibt es nebeneinander „State Banks", die die Konzession eines Bundesstaates (State Charter)

Bankwesen USA

haben, und „National Banks", die die Erlaubnis von der Bundesregierung (National oder Federal Charter) erhalten. Die restriktive *Filialgesetzgebung*, deren Zielsetzung es ist, eine zu starke Machtkonzentration einzelner Institute zu verhindern, hat zu der für die USA charakteristischen Bankenstruktur beigetragen: eine große Anzahl von Instituten, die sich auf lokale Märkte beschränken. Gemäß *Bundesgesetz* sind → Filialen außerhalb des Sitzstaates *grundsätzlich verboten* (Interstate Branching). Aufgrund einzelstaatlichen Rechts gibt es Staaten, die die Eröffnung von Zweigstellen generell verbieten, andere, die die Zweigstellenexpansion in begrenztem Umfange zulassen, und Staaten, bei denen die Zweigstelleneröffnung keinen Beschränkungen unterliegt (Statewide Branching). Eine Durchbrechung des Verbots des Inter State Branching brachte der Edge Act von 1979, wonach es Banken ermöglicht wurde, → Tochtergesellschaften in anderen Staaten zu gründen, wenn sich deren Geschäftstätigkeit auf die Finanzierung von Außenhandelsgeschäften und die Hereinnahme von Einlagen ausländischer Herkunft beschränkt. Mit dem International Banking Act von 1978 wurde auch die Filialgründung in anderen Staaten zum Zwecke der Finanzierung internationaler Handelsgeschäfte erlaubt. Seit 1979 haben einzelne Staaten (für State Banks) das Interstate Banking gegenseitig erlaubt (Reziprozitätsabkommen). Zur Umgehung der Filialgesetzgebung und des Trennbanksystems gründeten die Banken Holdinggesellschaften (Dachgesellschaften). Zunächst waren es Multi Bank Holding Companies, die das Kapital mehrerer Banken hielten und somit in erster Linie das Interstate Banking-Verbot durchbrechen. Mit dem Bank Holding Company Act von 1956 wurden die Multi Bank Holding Companies unter staatliche Kontrolle gestellt, deren Geschäftstätigkeit eingeschränkt und die geographische Expansionsmöglichkeit eingeengt. Viele amerikanische → Geschäftsbanken sind in den letzten Jahren bereits dazu übergegangen, ihrer Kundschaft Investmentfonds-Zertifikate und auch andere → Wertpapiere zu offerieren. Wirksam ist die Trennung zwischen Geschäftsbanken und Investmentbanken hauptsächlich nur noch im Emissionsgeschäft; doch haben einige Banken in letzter Zeit Sondergenehmigungen erhalten, sich auch auf diesem Gebiet zu engagieren.

1. *Bankengruppen:* Commercial Banks sind die Geschäftsbanken (Depositbanken) i.e.S., während i.w.S. auch die Sparinstitute (Thrift Institutions: → Savings (& Loan) Associations, → Mutual Savings Banks und Credit Unions) zu den depositennehmenden Instituten gehören. Hingegen werden die nichtdepositennehmenden Institute (insbes. Investment Banks) dem eigentlichen Bankensektor nicht zugerechnet.

Commercial Banks: Die meist als → Aktiengesellschaft organisierten Commercial Banks sind die bedeutsamste Gruppe im Finanzsystem. Sie betreiben sowohl im Großkundengeschäft (Wholesale Banking) als auch im → Privatkundengeschäft (Retail Banking) hauptsächlich das kurz- und mittelfristige Kredit- und Einlagengeschäft, vergeben aber auch → Hypothekarkredite. Als einziger Institutsgruppe war ihnen die Führung von scheckfähigen Konten erlaubt. Sie dominieren die Abwicklung des → bargeldlosen Zahlungsverkehrs. Neben diesen bilanzneutralen Aktivitäten ist das bilanz- und organisationstechnisch von den übrigen Bankaktivitäten getrennte Treuhandgeschäft (Trustgeschäft) bedeutsam (→ Trust Companies). Die Wertpapieranlage war eng begrenzt (nur → Geldmarktpapiere und öffentliche → Anleihen), die Effektenemission war weitestgehend und die Effektenkommission vollständig verboten.

Thrift Institutions (*Sparinstitute, bankähnliche Institute*): Bei den Mutual Saving Banks handelt es sich um genossenschaftlich organisierte → Sparkassen, deren Tätigkeit sich auf die Hereinnahme von Spar- und → Termineinlagen und die Gewährung langfristiger Hypothekarkredite für den Wohnungsbau konzentriert. Die Savings (& Loan) Associations sind überwiegend genossenschaftlich organisiert und haben ihre Schwerpunkte ebenfalls im Spar- und Hypothekarkreditgeschäft. Zu den Thrift Institutions gehören ferner die *Credit Unions* (Kreditgenossenschaften). Sie sind genossenschaftlich organisierte, nicht nach Gewinn strebende, steuerfreie Vereine, deren Ziel es ist, den Sparsinn der Mitglieder zu fördern und ihnen Konsumenten- bzw. Hypothekarkredite zu gewähren. Da die Credit Unions keine Filialen unterhalten, handelt es sich um relativ kleine Institute.

Investment Banks: Das Effektengeschäft durfte nur von den Investment Banks

Bankwesen USA

getätigt werden, die als → Broker (Makler) und Dealer (Eigenhändler) den An- und Verkauf von Wertpapieren (→ Aktien, Obligationen, teilweise auch Geldmarkttitel) tätigen, als Emissionsbanken (→ Underwriters) auftreten sowie in der Unternehmens- und Anlagenberatung tätig sein konnten. Die Entgegennahme von Einlagen sowie das Treuhandgeschäft war ihnen verboten. Seit den 70er Jahren zeigen sich Ansätze, die Aktivitäten in den Bereich des Commercial Banking auszudehnen, wie andererseits die Commercial Banks über das Trustgeschäft in den Geschäftsbereich der Investment Banks einzudringen versuchen.

Nonbank Banks: Neben den Investment Banks konnten aufgrund der begrifflichen Abgrenzung einer Bank (als Institution, die → Sichteinlagen annimmt und auch Handelskredite vergibt) auch Versicherungen, Reisedienstleistungsunternehmen, Handelshäuser und Kreditkartenunternehmen → Finanzdienstleistungen erbringen. Teilweise bieten diese → Nonbank Banks den Einlegern sogar einen Versicherungsschutz (in einigen Fällen bei der Bundeseinlagenversicherung).

Finance Companies (Teilzahlungsinstitute): Eine kleine Gruppe relativ großer Institute, die auf die Vergabe von Konsumkrediten spezialisiert sind, sich teils auf die Refinanzierung des Einzelhandels, teils auf direkte → Verbraucherkredite beschränken und ihren Tätigkeitsbereich um gewerbliche Kredite, zunehmend auch in Form des → Leasing und des → Factoring, erweitert haben. Die Finance Companies refinanzieren sich sowohl bei ihren Muttergesellschaften als auch am → Geldmarkt durch Ausgabe von → Commercial Papers.

Einlagensicherungssysteme: Der Banking Act von 1933 sollte nach den Bankzusammenbrüchen von 1929 das Vertrauen der Öffentlichkeit in das Bankgewerbe wiederherstellen und die Grundlage für ein stabiles und funktionsfähiges Bankensystem bilden. Auf dieses Gesetz und den Federal Deposit Insurance Act von 1950 geht die Gründung der Federal Deposit Insurance Corporation (FDIC, Bundeseinlagenversicherung) zurück. Der Versicherungsschutz beträgt für jedes Konto einer Bank 100 000 $. Versicherungspflicht besteht für die National Banks. State Banks können sich freiwillig versichern, es sei denn, die Gesetzgebung eines Staates schreibt die Versicherungspflicht vor. Ist eine State Bank Mitglied des → Federal Reserve Systems (State-Member-Bank), so muß auch sie ihre Einlagen bei der FDIC versichern lassen. Fast alle Commercial Banks gehören der FDIC an. Die meisten Mutual Savings Banks und Savings (& Loan) Associations gehörten der Federal Savings and Loan Insurance Corporation an (1989 Übergang auf die FDIC). Die Credit Unions sind hingegen teilweise beim National Credit Union Share Insurance Fund versichert.

2. *Bankenaufsicht:* Die → Bankenaufsicht in den USA kann als Prüfungssystem gekennzeichnet werden, da die Bankaufsichtsinstitutionen jeweils mit einem eigenen Prüferstab die Banken überwachen. Grundsätzlich kontrolliert, wer die Konzession erteilt. Überschneidungen ergeben sich dadurch, daß Institute mit „State Charter" gleichzeitig Mitglieder in Bundesorganisationen sein können (Bundeseinlagenversicherung, Zentralbanksystem).

Der *Comptroller of the Currency*, eine weitgehend selbständige Abteilung des Schatzamtes (Treasury), überwacht die National Banks (Lizenz des Bundes) und ist damit die wichtigste Bankaufsichtsbehörde.

Der *Federal Reserve Board* (oder: Board of Governors of the Federal Reserve System), das oberste Organ des Zentralbanksystems, beaufsichtigt die Mitgliedsbanken des Notenbanksystems (faktisch nur, soweit sie nicht bereits vom Comptroller of the Currency überwacht werden), die Bank Holding Companies und die Edge Act Corporations.

Die *Federal Deposit Insurance Corporation* hat zwar das Recht, alle bei ihr versicherten Institute zu kontrollieren, übt die Aufsicht praktisch aber nur über diejenigen Banken aus, die nicht von den bereits genannten Bundesbehörden überwacht werden, d. h. die „state-non-member-banks". Die FDIC klassifiziert nach einem Rating-System die Wahrscheinlichkeit der Inanspruchnahme des Versicherungsfonds und führt eine Problembank-Liste. Die Savings (& Loan) Associations und Mutual Savings Banks wurden vom Federal Home Loan Bank Board überwacht; 1989 ging die Aufsicht auf das Office of Thrift Supervision über. Für die Credit Unions ist die National Credit Union Administration zuständig, soweit sie Pflichtmitglieder (bei

Bundeslizenz) bzw. freiwillige Mitglieder (bei Staatslizenz) dieser Organisationen sind.
Institute, die die Lizenz eines Staates haben, werden von den *State Banking Departments* (Aufsichtsorgane der Bundesstaaten) beaufsichtigt. Bei Mitgliedschaft in Bundesorganisationen besteht eine Abstimmungspflicht der Aufsichtsbehörden; dem dient der 1978 errichtete Federal Financial Institution Examination Council. Die *Securities and Exchange Commission* (SEC) hat die Einhaltung der Bundesgesetze für den Wertpapiersektor zu gewährleisten (z. B. Prospektprüfung von neuen Wertpapieremissionen, Zulassung von Wertpapieren zum Handel, Überwachung des außerbörslichen und des Börsenhandels, Überwachung von Insiderregeln), um den Anleger vor Mißbräuchen zu schützen.

3. *Zentralbanksystem:* Die Aufgaben einer → Notenbank werden vom Federal Reserve System wahrgenommen.

Bankzweigniederlassungsrichtlinie

EG-Richtlinie (→ EG-Rechtsakte) vom 13. 2. 1989, die in Ergänzung der → Bankbilanzrichtlinie die Vorschriften über die Publizität der → Rechnungslegung von Zweigniederlassungen von → Kreditinstituten in der EG harmonisieren soll. Für Zweigniederlassungen von nichtinländischen Kreditinstituten bestand in den meisten Mitgliedstaaten die Verpflichtung, jährlich einen auf die Zweigstelle bezogenen → Jahresabschluß und sonstige Unterlagen offenzulegen. Diese Verpflichtung ist auf Grund der B. für Zweigniederlassungen aus EG-Mitgliedstaaten entfallen. Statt dessen müssen die Zweigniederlassungen die von der Hauptniederlassung aufzustellenden Rechnungslegungsunterlagen an ihrem Sitz offenlegen. Zweigniederlassungen von Kreditinstituten mit Sitz in einem Nichtmitgliedstaat der EG müssen auf ihre eigene Tätigkeit bezogene Rechnungslegungsunterlagen offenlegen. Die Umsetzung der B. erfolgte durch das → Bankbilanzrichtlinie-Gesetz.

BAnz
Abk. für → Bundesanzeiger.

Barakkreditiv, → Akkreditiv.

Barausgleich, → Cash Settlement.

Barausschüttung eines Investmentfonds
Ausschüttungsbetrag, der dem Inhaber eines → Investmentzertifikats im Wege der Kontogutschrift oder durch Barauszahlung zufließt. Steuerbemessungsgrundlage für die → Einkommensteuer ist nicht die Barausschüttung, sondern die Gesamtausschüttung (→ Erträge aus Investmentanteilen, steuerliche Behandlung).

Barbell-Portfolio
Portfolio aus → Anleihen, das sowohl Papiere mit kurzen → Laufzeiten (z. B. → Plain Vanilla Floater) als auch Papiere mit langen Laufzeiten (z. B. → Straight Bonds, Zero Bonds) enthält. Wird oft auch als Sattelportfolio oder Dumbbell-Portfolio bezeichnet.
B.-P. haben ein höheres → Yield-Curve-Risk. Im Gegensatz dazu besteht ein → Bullet-Portfolio nur aus Papieren mit mittlerer Laufzeit. B.-P. können im Rahmen einer → aktiven Anlagestrategie konstruiert werden, um die → Convexity zu erhöhen (→ Portfolio-Optimierung bei festverzinslichen Wertpapieren).

Barchart, → Balkenchart.

Bardepot
Zinslose Zwangseinlage von Inländern (→ Gebietsansässige) in Höhe des jeweils geltenden Bardepotsatzes bei der → Deutschen Bundesbank, die für im Ausland aufgenommene → Kredite unterhalten werden muß (Bardepotpflicht in der BRD zwischen 1972 und 1974). Rechtsgrundlage ist § 6a des AWG (→ Außenwirtschaftsrecht). Durch → Rechtsverordnungen werden die Einzelheiten der Bardepotpflicht den währungspolitischen Erfordernissen angepaßt. Ziel der Bardepotpflicht ist die Kontrolle der Kreditaufnahme im Ausland, und zwar aus zahlungsbilanz-, währungs- und stabilitätspolitischen Gründen. Mit der Höhe des Freibetrages und des Bardepotsatzes können Zinsdifferenzen zwischen Inland und Ausland ausgeglichen werden, so daß der Anreiz zum → Kapitalimport sinkt.

Bardividende
→ Dividende vor Abzug der → Kapitalertragsteuer. Die B. ergibt sich durch Abzug der → Ausschüttungsbelastung (30% Körperschaftsteuer) von der Bruttodividende (→ Gewinn vor → Körperschaftsteuer).

Barreserve

Bargeldloser Zahlungsverkehr – Abwicklungsformen

Bärenfalle
Fehlsignal der Chartanalyse, daß ein Aufwärtstrend gebrochen ist (Analyse of → Charts).

Bargeld
→ Gesetzliche Zahlungsmittel in Form von → Banknoten und → Münzen (→ Geld).

Bargeldloser Zahlungsverkehr
→ Zahlungsverkehr durch Übertragung von → Buchgeld oder Übergabe von Geldsurrogaten (→ Geldersatzmittel). Dazu zählen insbes. der → Überweisungsverkehr, Scheckverkehr, → Lastschriftverkehr, sonstige Inkassogeschäfte (z. B. → Wechselinkasso), Kreditkartengeschäft, Reisescheckgeschäft. Der b. Z. ersetzt somit in vielen Bereichen → Münzen und → Banknoten. In den letzten Jahren werden in zunehmendem Maße papiergebundene Zahlungsmöglichkeiten (→ Scheck, → Überweisung) durch elektronische Zahlungssysteme ersetzt (→ Electronic Banking, → Electronic cash).

Abwicklungsformen: vgl. Abbildung oben.

Organisatorische Grundlage: Einheitliche, automationsgerechte Zahlungsverkehrsvordrucke mit einheitlich gestalteter → Codierzeile, Anwendung einer einheitlichen, maschinenlesbaren Schrift sowie Numerierung aller → Kreditinstitute durch → Bankleitzahlen. Zur einheitlichen Abwicklung der Zahlungsverkehrsvorgänge haben die → Spitzenverbände der deutschen Kreditwirtschaft (in einigen Fällen unter Einbeziehung der → Deutschen Bundesbank und/oder der → Deutschen Bundespost) Abkommen geschlossen (→ Abkommen zum bargeldlosen Zahlungsverkehr).

Bargeldquote
Verhältnis des → Bargeldumlaufs zum Geldvolumen (→ Geldmenge).

Bargeldumlauf
Bestände an → Bargeld in den Händen von Wirtschaftssubjekten (einschl. Ausland) ohne Kassenbestände der inländischen → Kreditinstitute. Die Kassenbestände der Kreditinstitute werden nicht im B. ausgewiesen, da sie auf die zu unterhaltende → Mindestreserve angerechnet werden (Vermeidung der Doppelerfassung im B. und in der Mindestreserve). Der B. ist Bestandteil der → Geldmenge (M_1).
(→ Geldmengenbegriffe)

Barkredit
Bezeichnung für einen → Bankkredit i. e. S., bei dem → Bargeld zur Verfügung gestellt wird. Der B. wird auch als → Geldleihe bezeichnet. Rechtlich gesehen liegt ein → Darlehen vor.
Gegensatz: → Kreditleihe.

Barliquidität
Liquidität 1. Grades. 1. Verhältnis der liquiden Mittel erster Ordnung (Kassenbestände, LZB-Guthaben, Postgiroguthaben) zu den gesamten kurzfristigen → Verbindlichkeiten (→ Liquidität).

2. Bezeichnung für die liquiden Mittel 1. Ordnung (→ Barreserve).

Barreserve
Liquide Mittel eines → Kreditinstituts, die in Form von → Zentralbankgeld (Kassenbestand, Guthaben bei → Zentralnotenbanken) und als Guthaben bei → Postgiroämtern gehalten werden; gleichnamige Bezeichnung für den Aktivposten Nr. 1 in der → Bankbilanz.

Barrier Level

Barrier Level, → Knock-in-Level, → Knock-out-Level.

Barrier Option
Variante einer →exotischen Option, deren Recht auf Ausübung aktiviert (Knock-in-Option oder Trigger Option) wird bzw. verfällt (Knock-out-Option), wenn der →Basiswert einen bestimmten Wert (Barrier Level) erreicht. B. O. sind im Vergleich zu normalen →europäischen Optionen billiger.
B. O. sind eine Variante von →Path-Dependent Option.
(→ Barrier Warrant)

Barrier Warrant
Variante eines →exotischen Optionsscheines, dessen Recht auf Ausübung aktiviert (Knock-in-Optionsschein oder Trigger Option) wird bzw. verfällt (Knock-out-Option), wenn der →Basiswert einen bestimmten Wert (Barrier Level) erreicht. Das typische Merkmal eines B. W. ist, daß der mögliche → Ertrag bei → Fälligkeit sowohl vom Kurs des Basiswertes bei Fälligkeit des Optionsscheines als auch vom Erreichen eines bestimmten Kurses während der Laufzeit des Optionsscheines abhängig ist (→ Path-Dependent Option). Ab bzw. bis zum Erreichen der Barrier Level (→ Knock-in-Level bzw. → Knock-out-Level) sind B. W. mit →europäischen Optionen vergleichbar.
B. W. sind im Vergleich zu normalen Optionsscheinen billiger.

Barscheck
→ Scheck, zumeist →Überbringerscheck, der von dem bezogenen →Geldinstitut im Unterschied zum →Verrechnungsscheck bar (auch an einen Dritten) ausbezahlt werden kann. Der B. kann durch Anbringen des Verrechnungsvermerks in einen Verrechnungsscheck umgewandelt werden. In der Praxis verwendet der Kontoinhaber sehr häufig →eurocheques (ec), um sich bei einer dritten → Bank → Bargeld auszahlen zu lassen.

Barwert
Heutiger Wert künftiger Zahlungen, der sich durch → Abzinsen ergibt.
(→ Barwertansatz, → Endwertansatz, → Rendite, Interpretation)

Barwertansatz
Ermittlung der →Rendite eines →Zinsinstrumentes, indem alle →Cash-flows mit der Rendite auf den → Valutatag abgezinst werden, so daß die Summe der →Barwerte dem →Dirty Price entspricht. Beim B. dient die Rendite als Diskontierungssatz (Diskont) zukünftiger Cash-flows.
(→ Endwertansatz, → Rendite)

Barwertkonzept, → Barwertansatz, → Barwert.

Barzahlungsklausel
Im Geschäft mit → Kreditkarten wichtiger Bestandteil in den Servicevereinbarungen zwischen Händler und →Emittent. Die B. besagt, daß Kreditkartenzahler und Barzahler gleichzustellen sind. Preisaufschläge oder spezielle Transaktionsgebühren dürfen von Kartenzahlern nicht erhoben werden. Bei Verstößen gegen die B. ist der Kartenausgeber berechtigt, den →Vertrag mit dem Händler zu kündigen.

Barzahlungsverkehr der Deutschen Bundesbank, →Zahlungsverkehrsabwicklung über die Deutsche Bundesbank.

BA's
Abk. für → Banker's Acceptance.

Base Currency, → Quanto Swap.

Baseler Abkommen
1. Im Rahmen der →Bank für Internationalen Zahlungsausgleich (BIZ) zustandegekommene Vereinbarungen zwischen der BIZ und einem um Stützungskredite nachsuchenden Staat, insbes. in neuerer Zeit im Zusammenhang mit der internationalen Verschuldungskrise in den achtziger Jahren, aber auch zunehmend mit der Unterstützung osteuropäischer Länder im Übergang zur →Marktwirtschaft.

2. Sammelbezeichnung für Beschlüsse im → Baseler Ausschuß für Bankenaufsicht (früher: Cooke Committee), die eine internationale Vereinheitlichung bankaufsichtlicher Konzepte empfehlen und regelmäßig von den Zentralbankgouverneuren der →Zehnergruppe (sowie der Schweiz) bekräftigt werden. 1983 wurde eine Neufassung des → „Baseler Konkordats" von 1975 gebilligt, welches sich mit Grundsätzen für die Beaufsichtigung der Auslandsniederlassungen von →Kreditinstituten befaßt. Dieser Vorschlag wurde im →EG-Bankrecht aufgegriffen. Gleiches gilt für die Emp-

fehlung in der Neufassung des Konkordats, international tätige Banken auf der Grundlage konsolidierter Daten zu überwachen. Weitere (nicht förmliche) Vereinbarungen betreffen die internationale Angleichung der Eigenkapitalbemessung und -anforderungen (1988), die wesentliche Vorgaben für die → Eigenmittel-Richtlinie enthielt, während neuere Anforderungen an Wertpapierfirmen für die → Kapitaladäquanz-Richtline bedeutsam wurden. 1990 wurden Mindestanforderungen für die Gestaltung und den Betrieb grenzüberschreitender Netting-Systeme verabschiedet (→ Netting durch Novation).

Baseler Ausschuß für Bankenaufsicht

Komitee zur Bankenüberwachung; 1974 im Rahmen der → Bank für Internationalen Zahlungsausgleich (BIZ) gegründeter Ausschuß für Bankenbestimmungen und -überwachung (vormals „Blunden Committee" bzw. „Cooke Committee", nach dem jeweiligen Vorsitzenden benannt). Er soll einen Informationsaustausch über die nationalen bankaufsichtsrechtlichen Vorschriften (→ Europäisches Bankenaufsichtsrecht) sicherstellen und die nationalen Überwachungssysteme miteinander vergleichen. Der Ausschuß hat die Grundsätze für die Beaufsichtigung der ausländischen Niederlassungen von Banken im sog. → Baseler Konkordat von 1975 niedergelegt. Das Konkordat wurde 1983 revidiert und veröffentlicht. Untersuchungen des Ausschusses galten dem Eigenkapitalbegriff, die Beurteilung der → Liquidität, der Fristentransformation und der Beobachtung der → Länderrisiken der international operierenden Banken. Darüber hinaus beschäftigte er sich mit der Gewinnentwicklung der Banken und den Risiken, die sich aus der starken Zunahme bilanzunwirksamer Bankgeschäfte ergeben. 1988 beschloß der Ausschuß eine Empfehlung über internationale Eigenkapital-Anforderungen (Baseler Empfehlung zur Eigenkapitalkonvergenz), die die Grundlage für die vom Rat der EG erlassene und mit der 4. KWG-Novelle in deutsches Recht umgesetzte → Eigenmittel-Richtlinie war. 1992 wurde die Empfehlung ergänzt um Mindestanforderungen für die Beaufsichtigung internationaler Bankkonglomerate und ihrer grenzüberschreitenden Niederlassungen. Ferner werden Mindestkapitalanforderungen für das → Wertpapiergeschäft vorgeschlagen.

Baseler Konkordat

1975 beschlossene und 1983 überarbeitete Empfehlung des Cooke Committee, eines Ausschusses im Rahmen der → Bank für Internationalen Zahlungsausgleich, betreffend Grundsätze für die Beaufsichtigung der ausländischen Niederlassungen von Banken. Hervorgehoben wurde das Prinzip der Überwachung von → Kreditinstituten auf konsolidierter Basis, welches im → EG-Bankrecht übernommen wurde (→ Konsolidierungs-Richtlinien). Angeregt wurde ferner eine Verteilung der Zuständigkeiten zwischen den Aufsichtsbehörden des Gastlandes einer Niederlassung und des Heimatstaates des Mutterinstituts bei der Kontrolle über die Angemessenheit der → Eigenkapitalausstattung und der → Liquidität.

Basis

Gross Basis; Differenz zwischen dem Kassakurs (Marktpreis) einer Ware oder eines → Finanztitels und dem Preis des korrespondierenden → Future. Die B. konvergiert im Zeitablauf gegen Null. Diese Entwicklung ist darin begründet, daß die Angebot und Nachfrage bestimmenden Faktoren im Liefermonat sowohl für den Kassatitel (Kontraktgegenstand) als auch für den Future gleich sind.
Je nachdem, ob der Future mit einem → Aufoder → Abschlag gegenüber dem Kassatitel gehandelt wird, spricht man von einer positiven oder negativen B. (→ Future, Preisbildung).
(→ Value Basis, → Carry Basis, → Basishandel, → → Basiskonvergenz).

Basis adjusted for Carry, → Value Basis.

Basishandel, → Basis Trading.

Basiskonvergenz

Tendenz bei → Futures-Kontrakten, daß bei Fälligkeit des → Kontraktes Kassakurs der → CTD-Anleihe und → adjustierter Futureskurs nahezu identisch sind. Vor Fälligkeit werden Futures-Kontrakte i. d. R. entweder mit einem → Abschlag oder → Aufschlag vom Kassakurs gehandelt.
(→ Carry Basis, → Basisrisiko, → Gross Basis)

Basisobjekt, → Basiswert.

Basis-over-Carry, → Value Basis.

Basis Point

Basis Point, → Basispunkt.

Basis Point Value, → Price Value of a Basis Point.

Basis Point Yield Spread, → Yield Spread.

Basispreis

Ausübungspreis, Strike Price; Preis (Kurs), zu dem der Inhaber einer → Option oder eines → Optionsscheines (Warrant) sein Optionsrecht wahrnehmen, d. h. den zugrundeliegenden Wert kaufen (→ Call, → Call-Optionsschein)) oder verkaufen (→ Put, → Put-Optionsschein) kann.

Basispunkt

Entspricht 1/100 Prozentpunkt, beispielsweise sind 0,5 Prozentpunkte 50 B. Im Gegensatz zu → Pips bezieht sich das Maß B. immer auf → Nominalzinsen oder → Renditen.

Basisrisiko

1. *Allgemein*: Der → Gewinn aus dem Hedging-Instrument ist kleiner bzw. der Verlust hieraus ist größer als der Gewinn aus der abgesicherten → Position.

2. *B. bei* → *Zinsfutures*: Bei → Hedgingstrategien mit mittel- und langfristigen Zinsfutures (z. B. → Bund-Future) wird das → zinsinduzierte Kursrisiko durch das B. getauscht. B. entstehen, weil sich die Gross Basis (→ Basis) u. a. zufällig und damit nicht vorhersehbar ändert. Obwohl diese unvorhersehbaren Veränderungen der Basis von unterschiedlichen Faktoren beeinflußt werden, können letztlich zwei wesentliche Ursachen für das B. genannt werden: (1) Gross B. und (2) Cross Hedge B.

a) *Vorhersehbare Veränderung der Gross Basis*: Bei der Ermittlung des → Fair Values von Futures mit Hilfe des kostenbezogenen Ansatzes werden sowohl die Refinanzierungskosten (Haltekosten) als auch die Zinserträge berücksichtigt. Die Differenz wird als → Carry Basis bezeichnet. Die Gross Basis hat die Tendenz, der Carry Basis zu folgen. Bei → Fälligkeit des → Kontraktes ist die Gross Basis für die → CTD-Anleihe i. d. R. Null. Dieses Verhaltensmuster der Gross Basis ist vorhersehbar und bereits bei der Ermittlung des Fair Value von Futures berücksichtigt. Deshalb fließen diese Effekte auch in die Berechnung der → Implied Repo Rate und damit letztlich in das Hedgeergebnis ein.

b) *Nicht vorhersehbare Veränderung der Gross Basis*: Das B. wird neben diesen vorhersehbaren Ursachen insbes. durch die Veränderung der → Repo Rate und einen Wechsel der CTD beeinflußt. Diese beiden Faktoren verändern die Carry Basis. Je niedriger die Repo Rate wird, desto positiver wird die Carry Basis. Im Extremfall einer Repo Rate von Null entspricht die Carry Basis dem Zinsertrag. Sind Refinanzierungskosten und Zinsertrag identisch, ist die Carry Basis Null. Liegen dagegen die Refinanzierungskosten über den Zinserträgen, wird die Carry Basis negativ. Fällt die Repo Rate, fällt der Kurs des Futures und umgekehrt. Hierbei wird der Effekt um so stärker, je länger die → Laufzeit des Kontraktes ist.

Häufig ändert sich die CTD während der Laufzeit des Zinsfutures und damit → Restlaufzeit, → Nominalzins, → Rendite und PVBP der CTD. Der Verkäufer des Futures wird sich für die Lieferung in den Kontrakt immer für jene → Anleihe entscheiden, die die höchste Implied Repo Rate hat, da bei dieser Anleihe der Verlust am geringsten bzw. der Gewinn am höchsten ist. Da aber → Kupon, Rendite und Refinanzierungskosten die Carry Basis beeinflussen, verändert sich bei einem Wechsel der CTD auch die Gross Basis.

Neben der Carry Basis beeinflußt auch die → Value Basis das Hedgeergebnis. Wird beispielsweise eine → Short Position eingegangen, wenn der Future zu billig ist (positive Value Basis) und glattgestellt (→ Glattstellung), wenn der Future zu teuer ist (negative Value Basis), entstehen zusätzliche B., die den Ertrag der Hedgingstrategie verringern.

Darüber hinaus entstehen B., wenn die abzusichernde Anleihe nicht mit der CTD des Futures identisch ist. Diese Hedgingstrategie wird als indirekter oder Cross Hedge bezeichnet. Ein Cross Hedge würde beispielsweise das Hedging eines zehnjährigen → Pfandbriefes mit dem Bund-Future darstellen. Cross Hedging ist i. d. R. aufwendiger als ein Direkt-Hedge und umfaßt zwei Arten von B.: (1) B. zwischen CTD und Future sowie (2) Cross Hedge B. zwischen abzusichernder Anleihe und CTD. Die Gross Basis wird nicht nur durch die Differenz zwischen CTD und → adjustiertem Futureskurs bestimmt, sondern auch von der Kursdifferenz zwischen CTD und abzusichernden → Zinsinstrument. Folgende Ursachen können für die Veränderung der Basis zwischen der zu hedgenden Anleihe und der

CTD verantwortlich sein: (1) unterschiedliche Laufzeit (z. B. siebenjährige Bundesanleihe und zehnjährige CTD); (2) unterschiedliche Liquidität (z. B. →Pfandbrief und hochliquide CTD); (3) unterschiedliches →Emittentenrisiko (z. B. →Schuldscheindarlehen und CTD).

Basisswap

Variante eines →Zinsswap. Bei einem B. werden im Gegensatz zum →Kuponswap nur variable Zinsen (→variabler Zinssatz) getauscht. Deshalb werden B. auch als Indexswaps oder Floating-to-Floating-Interest-Rate-Swaps bezeichnet. B. sind keine Plain Vanilla Swaps (Generic Swaps).
Folgende B. können unterschieden werden:
– B. mit unterschiedlicher Zinsanpassung des gleichen variablen Index, z. B. 3-Monats-LIBOR gegen 6-Monats-LIBOR
– B. mit gleicher oder unterschiedlicher Zinsanpassung verschiedener variabler →Indices, z. B. 3-Monats-LIBOR gegen 6-Monats-FIBOR, 6-Monats-LIBOR gegen 6-Monats-FIBOR
– B. mit Index und durchschnittlichem Index, z. B. 6-Monats-LIBOR gegen den Wochendurchschnitt des 6-Monats-LIBOR über 6 Monate
Im Gegensatz zum Kuponswap werden in einem B. – um Verwechslungen zu vermeiden – beide variablen Zinszahlungen bezeichnet. Bank A ist →Zahler des 6-Monats-LIBORs und →Empfänger des 3-Monats-LIBORs. Bank B ist dagegen Empfänger des 6-Monats-LIBORs und Zahler des 3-Monats-LIBORs.

Basis Trading

Tradingstrategie mit Kassapapieren (z. B. →lieferbaren Anleihen) und Financial Futures (→Finanzterminkontrakt, z. B. →Bund-Future), um von erwarteten Änderungen der Gross Basis (→Basis) zu profitieren. Beim B. T. unterscheidet man zwischen →Long the Basis-Strategien und →Short the Basis-Strategien. Gehen Anleger Long the Basis, kaufen sie Kassapapiere und verkaufen gleichzeitig →Futures (Short Future). Im Gegensatz hierzu werden bei einer Short the Basis-Strategie Futures gekauft (Long Futures) und eine Short →Kassaposition aufgebaut.
Die Abbildung zeigt, daß Gemeinsamkeiten zwischen →Hedgingstrategien mit Zinsfutures, →Arbitragestrategien mit mittel- und langfristigen Zinsfutures und B. T. besteht. In allen Strategien werden Positionen in Kassapapieren und Futures eingegangen.
(→Basisrisiko)

Basiswert

Kassatitel, Kassawert, Kontraktgegenstand, Underlying (Instrument); das einem Futures- oder Optionskontrakt zugrundeliegende Marktinstrument. B. können →Waren (Agrarprodukte, Rohstoffe) oder Finanzinstrumente (→Aktien, →Devisen, →Indices, →Zinsinstrumente) sein. B. kann auch ein fiktives →Wertpapier sein, das zum Zwecke des Terminhandels mit bestimmten Ausstattungsmerkmalen künstlich geschaffen wurde, so z. B. eine idealtypische →Bundesanleihe mit einer →Laufzeit von zehn Jahren und einem →Kupon von 6% beim →Bund-Future.
(→Future, →Option)

Basket-Delivery

Methode der →physischen Erfüllung von →mittelfristigen und langfristigen Zinsfutures (z. B. →Bobl-Future, →Bund-Future,

Basis Trading

Strategien mit mittel- und langfristigen Zinsfutures		
Hedging	Arbitragestrategien mit mittel- und langfristigen Zinsfutures	Basis Trading
Absicherung einer Position	Kursungleichgewichte ausnutzen	Veränderung der Gross-Basis ausnutzen
Short Hedge = Long Anleihe + Short Future	Cash & Carry = Long CTD + Short Future	Long the Basis = Long Anleihe + Short Future
Long Hedge = Long Future + Short Anleihe	Reverse Cash & Carry = Long Future + Short CTD	Short the Basis = Long Future + Short Anleihe

→ Buxl-Future), bei der nur bestimmte Kassazinsinstrumente aus einem Korb mehrerer Papiere in den → Kontrakt geliefert werden können. Diese ausgewählten Papiere werden als lieferbare Papiere bezeichnet. Beispielsweise können beim → Bund-Future an der → Deutschen Terminbörse (DTB) → Bundesanleihen in den Kontrakt geliefert werden, die bei → Fälligkeit des Kontraktes eine → Laufzeit zwischen 8,5 und 10 Jahren haben.

Diejenige → Anleihe, die für den Verkäufer des Kontraktes am billigsten zu liefern ist, wird als Cheapest-to-Delivery oder → CTD-Anleihe bezeichnet.

Basket-Optionsschein
→ Optionsschein, der als → Basiswert einen Korb mehrerer → Wertpapiere hat (z. B. → Aktienkorb-Optionsschein, → Debt Warrant).

Basta
Abk. für → Bankenstatistik.

Baudarlehen,
→ Bau- und Immobilienfinanzierung in der Kreditwirtschaft.

Baufinanzierung
Zusammenfassung verschiedener Finanzierungsarten zur Deckung des Kapitalbedarfs bei einem Bauvorhaben. B. ist → Eigenfinanzierung (Bereitstellung von Eigenmitteln in Geld oder Sachwerten) und → Fremdfinanzierung (Bereitstellung von Fremdmitteln).

Die Bereitstellung von Fremdmitteln kann der vorläufigen oder der endgültigen → Finanzierung dienen. Die vorläufige Finanzierung ist kurz- und mittelfristig, z. T. aber auch langfristig. Sie umfaßt → Bankkredite zur → Vorfinanzierung von Eigen- und Fremdmitteln, z. B. → Bankvorausdarlehen, mit denen das notwendige Ansparguthaben auf einen abzuschließenden → Bausparvertrag erbracht wird. Auch → Vorschaltdarlehen dienen der vorläufigen Finanzierung. Sie sind zweckmäßig, wenn in einer Hochzinsphase keine mehrjährige Zinsbindung vereinbart werden soll. Eine endgültige Fremdfinanzierung ist langfristig angelegt. Sie umfaßt → Realkredite, → Bauspardarlehen sowie zinsgünstige → Arbeitgeberdarlehen und öffentliche Baudarlehen.

Die B. kann eine Gesamtbaufinanzierung sein. Dann erfolgt die Fremdfinanzierung durch ein → Darlehen, das von einem einzigen Kapitalgeber zur Verfügung gestellt wird. Sie kann auch eine Verbundfinanzierung sein, bei der benötigte Mittel von mehreren Kreditgebern unter der Federführung eines Finanziers bereitgestellt werden (z. B. → Baufinanzierung aus einer Hand).

Baufinanzierung aus einer Hand
Gemeinschaftsfinanzierung für ein Bauvorhaben, bei der unter der Federführung einer → Bank oder Sparkasse die vom Kreditnehmer benötigten Fremdmittel (→ Realkredit, → Bauspardarlehen usw.) gemeinsam von dem → Kreditinstitut des Bauherrn, einem → Realkreditinstitut und einer Bausparkasse zur Verfügung gestellt werden (Verbundfinanzierung). Der Kreditnehmer kann dennoch die einzelnen Finanzierungsbausteine so auswählen und kombinieren, daß sich für ihn eine passende individuelle Finanzierung ergibt. Tilgungs- und Zinsleistungen für die einzelnen → Darlehen werden zu einem → Kapitaldienst und Zinsdienst zusammengefaßt.

Gegensatz: Gesamtbaufinanzierung, bei der ein Darlehen von nur einem Kreditinstitut zur Verfügung gestellt wird.

Baufinanzierungsvertrag
Vertrag, der nach § 2 Abs. 1 Nr. 4 → Wohnungsbau-Prämiengesetz mit Wohnungs- und Siedlungsunternehmen nach der Art von → Sparverträgen mit festgelegten Sparraten auf die Dauer von drei bis sechs Jahren mit dem Zweck einer Kapitalansammlung abgeschlossen werden. Die eingezahlten Beiträge und Prämien (→ Wohnungsbauprämie) müssen zum Bau oder Erwerb einer Kleinsiedlung, eines Eigenheims oder einer Eigentumswohnung (→ Wohnungseigentum) oder zum Erwerb eines eigentumsähnlichen → Dauerwohnrechts verwendet werden. Die → Aufwendungen für diese → Verträge sind nach dem Wohnungsbau-Prämiengesetz prämienbegünstigt.

Bauherr,
→ Bauherrenerlaß.

Bauherrenerlaß
Erlaß des Bundesfinanzministeriums vom 31.8.1990 zur einkommensteuerrechtlichen Regelung von → Einkünften aus Vermietung und Verpachtung bei → Bauherrenmodellen. Der Erlaß regelt auch Fragen,

die mit dem Erwerb, der →Sanierung und Modernisierung im Rahmen von →Erwerbermodellen und vergleichbaren steuerbegünstigten Konzepten sowie bei →geschlossenen Immobilienfonds auftreten.

Abgrenzung zwischen Bauherr und Erwerber: Ein Anleger ist regelmäßig Erwerber des bebauten bzw. sanierten oder modernisierten →Grundstücks und nicht Bauherr, wenn er sich aufgrund eines von den Projektanbietern vorformulierten Vertragswerks beteiligt und sich bei den damit zusammenhängenden Rechtsgeschäften durch einen Treuhänder (→Treuhand) oder Baubetreuer oder einen anderen Dritten umfassend vertreten läßt. Der Anleger ist nur dann Bauherr, wenn er auf eigene Rechnung und Gefahr ein Gebäude baut oder bauen läßt oder das Baugeschehen beherrscht. Er muß wirtschaftlich die für die Durchführung des Bauvorhabens auf seinem Grundstück typischen Risiken (Baurisiko, Baukostenrisiko, Finanzierungsrisiko, Vertragsrisiko) tragen sowie rechtlich und tatsächlich Planung und Ausführung in seiner Hand haben. Die Frage, ob ein Anleger Bauherr oder Erwerber ist, wird nach dem Gesamtbild unter Berücksichtigung aller Umstände des Einzelfalls beurteilt. Maßgebend sind nicht die in den →Verträgen gewählten Bezeichnungen.

Werbungskostenabzug: Der Erlaß unterscheidet zwischen →Anschaffungskosten des Grund und Bodens, Anschaffungskosten des Gebäudes bzw. der Wohnung und den sofort abziehbaren →Werbungskosten, bei denen wiederum zwischen Werbungskosten, die der Erwerber abziehen darf, und Werbungskosten, die nur beim Bauherrn abzugsfähig sind, unterschieden wird.

Bauherrenmodell
Konzept zur steuerbegünstigten Erstellung von Immobilieneigentum durch Schaffung einkommensmindernder Buchverluste (→Verlustzuweisungsgesellschaften).
Die dem Bauherrn zuzurechnenden →Aufwendungen können u. U. während der Bauphase sofort als →Werbungskosten geltend gemacht werden. Maßgeblich ist der Bauherrenerlaß von 1990. Je nach der persönlichen Belastung mit →Einkommensteuer lassen sich dadurch große Teile des →Eigenkapitals durch Steuervorteile finanzieren.

Sonderformen: →Bauträgermodell, →Erwerbermodell.

Baukastenprinzip
Synonym für →Building-Block-Approach.

Baukindergeld
Für →Steuerpflichtige, die die Steuerbegünstigung für eigengenutztes Wohneigentum in Anspruch nehmen, ermäßigt sich die tarifliche →Einkommensteuer um 1.000 DM für jedes Kind des →Steuerpflichtigen oder seines Ehegatten. Die Steuerermäßigung kann der Steuerpflichtige im Kalenderjahr nur für ein Objekt in Anspruch nehmen (§ 34f. EStG).

Baukostenindex
Statistische Meßzahl, die auf der Grundlage eines Basisjahres Veränderungen in der Baukostenentwicklung anzeigt; wird nicht mehr verwendet. Das →Statistische Bundesamt veröffentlicht jedoch zahlreiche →Baupreisindizes, die die Preisentwicklung in den verschiedenen Bereichen der Baubranche dokumentieren.
(→Baupreisindizes)

Baupreisindizes
Beschreiben die Entwicklung der Preise für den Neubau ausgewählter Bauwerksarten des Hoch- und Tiefbaus sowie für Instandhaltungsmaßnahmen an Wohngebäuden, und zwar für Deutschland sowie das frühere Bundesgebiet und das Gebiet der neuen Länder einschließlich Berlin-Ost. Die B. werden vom →Statistischen Bundesamt in Wiesbaden berechnet und in den Vierteljahresberichten veröffentlicht. Sie können als Erzeuger-Verkaufspreisindizes bezeichnet werden, die sich aber nicht auf den Gesamtumsatz eines individuell abgrenzbaren Wirtschaftsbereichs, sondern auf bestimmte Erzeugnisarten beziehen. Aus der Sicht der Bauherren können sie zugleich als Einkaufspreisindex gelten. Die den B. zugrunde liegenden Preisreihen haben die Form von Meßzahlen aufgrund des Preisstandes im Basisjahr (= 100).
Dem →Index einer jeden Bauwerksart liegt eine Reihe von einzelnen Bauwerkstypen zugrunde, wie sie für das Baugeschehen im Basisjahr (derzeit 1991) kennzeichnend waren. Die Bauwerke sind regelmäßig konventionell, jedoch unter Einbeziehung der marktüblichen Fertigteile gebaut. Maßgeblicher Leistungsumfang sind i. a. die soge-

Bausparbeitrag

nannten Bauleistungen am Bauwerk – dazu zählen im wesentlichen die Positionen, die zu Bestandteilen des eigentlichen Baukörpers werden.
Zu den Einzelindizes zählen:
(1) der B. für Wohngebäude insgesamt, der ergänzt wird durch Indizes für die Wohnungsgebäudearten Einfamilien-, Mehrfamilien- und gemischtgenutzte Gebäude; daneben stehen hier ein B. für Bauleistungen insgesamt sowie für Instandhaltungsarbeiten zur Verfügung,
(2) der Preisindex für Fertighäuser,
(3) besondere Indizes für Nichtwohngebäude wie Bürogebäude sowie gewerbliche Betriebsgebäude,
(4) besondere Indizes für sonstige Bauwerke wie Straßenbau, Brücken im Straßenbau, Ortskanäle, Staudämme und Kläranlagen.

Bausparbeitrag

→ Aufwendungen, die zur Ansammlung des Bausparguthabens im Rahmen eines → Bausparvertrages gemacht werden. B. können auch → vermögenswirksame Leistungen sein.

Bauspardarlehen

Von → Bausparkassen bei Zuteilung eines → Bausparvertrages gewährtes → Darlehen, das zweckgebunden für wohnungswirtschaftliche Maßnahmen verwendet werden muß (§ 1 Abs. 1 BauSparkG). Auf das B. hat der Bausparer aufgrund des Bausparvertrages nach Leistung von → Bauspareinlagen einen Rechtsanspruch. Das B. ist ein langfristiger Tilgungskredit.
Die Höhe des B. ist abhängig von der → Bausparsumme, über die der Bausparvertrag abgeschlossen ist, sowie von der Art des → Bausparetarifes. Je nach Bausparetarif beträgt das B. 60 Prozent (d. h. 40 Prozent anzusparendes Bausparguthaben) oder – das ist heute die Regel – 50 Prozent (d. h. 50 Prozent anzusparendes Bausparguthaben) der Bausparsumme. Der Zeitpunkt der Gewährung des B. ist von der Zuteilung des Bausparvertrages abhängig.
B. werden i. d. R. im zweitstelligen Beleihungsraum (zweite Rangstelle) durch Eintragung einer → Grundschuld abgesichert.

Kosten: B. werden erheblich niedriger verzinst als andere → Realkredite (Festzinssatz). Dieser Vorteil für den Kreditnehmer wird jedoch teilweise gemindert durch die relativ niedrige Verzinsung der Bausparguthaben während der Ansparzeit und durch den im Vergleich zu Realkrediten verhältnismäßig hohen Tilgungssatz. Die monatlichen Tilgungsleistungen werden mit den gleichbleibenden → Annuitäten des Darlehens verrechnet. B. sind je nach Bausparetarif i. d. R. nach sechs bis zwölf Jahren zurückgezahlt.

Zwischenfinanzierung und → *Vorfinanzierung:* Bausparer, die vor der Zuteilung des Bausparvertrages Finanzierungsmittel benötigen, können bei der Bausparkasse oder bei einem anderen → Kreditinstitut einen Kredit zur Zwischenfinanzierung der Bausparsumme oder ein Vorfinanzierungsdarlehen (meist als → Bankvorausdarlehen bezeichnet) aufnehmen. Sehr häufig wird mit einem Bankvorausdarlehen ein neu abgeschlossener Bausparvertrag mit einer Einzahlung bis zur Höhe des Mindestspargutbabens aufgefüllt.
(→ Baufinanzierung)

Bauspareinlage

→ Einlage, die → Bausparkassen von → Bausparern entgegennehmen, um daraus den Bausparern → Darlehen für wohnungswirtschaftliche Maßnahmen (→ Bauspardarlehen) zu gewähren (§ 1 Abs. 1 BauSparkG). B. können neben regelmäßigen → Bausparbeiträgen auch Sonderzahlungen sein. Auch Guthabenzinsen und → Wohnungsbau-Prämien erhöhen die B. eines Bausparers.

Bausparen

Erbringen von Sparleistungen (→ Bauspareinlagen) an → Bausparkassen durch Sparer, die durch Abschluß eines → Bausparvertrages einen Rechtsanspruch auf ein zinsgünstiges → Darlehen für wohnungswirtschaftliche Maßnahmen (→ Bauspardarlehen) erwerben (→ Bausparer). B. ist nur bei Bausparkassen möglich; nur sie dürfen das → Bauspargeschäft betreiben (§ 1 Abs. 1 BauSparkG). B. erfolgt nach dem Kollektivprinzip.

Grundidee des B.: Kollektives → Sparen läßt ein Sparziel schneller erreichen als individuelles Sparen. Geht man modellhaft betrachtet von der Annahme aus, daß zehn Bausparer jeweils 300.000 DM benötigen und jeweils in der Lage sind, jährlich 30.000 DM anzusparen, so könnte bereits ein Mitglied des Kollektivs nach einem Jahr

Bausparen

300.000 DM zur Verfügung gestellt bekommen (30.000 DM aus eigenem Sparguthaben und 270.000 DM als Bauspardarlehen aus dem Sparguthaben der übrigen Sparer). Unterstellt man, daß ein Bauspardarlehen jährlich mit 30.000 DM zu tilgen ist, so könnte im zweiten Jahr ein weiteres Mitglied des Sparkollektivs aufgrund der gesamten Spar- und Tilgungsleistung (Zuteilungsmasse) ebenfalls 300.000 DM erhalten (60.000 DM aus eigenem Sparguthaben und 240.000 DM als Bauspardarlehen). In der Wirklichkeit vollzieht sich das B. nicht innerhalb eines geschlossenen, sondern eines offenen Kreises von Bausparern, mit unterschiedlich hohen → Bausparsummen, unterschiedlich hohen Sparleistungen (→ Bausparbeitrag) und unterschiedlich langen Ansparzeiten sowie unter Berücksichtigung von Sparzinsen (Guthabenzinsen) und → Zinsen für Bauspardarlehen.

Abwicklung von Bausparverträgen: Nach § 5 BauSparkG haben die Bausparkassen ihrem Geschäftsbetrieb allgemeine Geschäftsgrundsätze und allgemeine Bedingungen für Bausparverträge (→ Allgemeine Geschäftsbedingungen) zugrunde zu legen. Bausparkassen bieten unterschiedliche Tarife für die Abwicklung von Bausparverträgen an. Die Tarife unterscheiden sich in der Höhe der Mindestbausparsumme und des Mindestsparguthabens, der Dauer der Mindestsparzeit, der Höhe des Mindesttilgungsbetrages, den Zinssätzen für Sparguthaben und Bauspardarlehen sowie den Berechnungsmodalitäten für die Bewertungszahl, die für die Zuteilung der Bausparverträge maßgeblich ist. Nach der Höhe der verfügbaren Mittel der Bausparkasse werden die → Verträge in der Reihenfolge der Bewertungszahl zugeteilt. Die Bewertungszahl errechnet sich grundsätzlich aus einem Zeitfaktor (Dauer der Überlassung von Bauspareinlagen) und einem Geldfaktor (Verhältnis der Ansparsumme zur Bausparsumme). Mit der Zuteilung des Bausparvertrages wird die Bausparsumme ausgezahlt. Der Bausparer erhält das angesammelte Sparguthaben einschließlich der darauf vergüteten Zinsen und das Bauspardarlehen. Bausparkassen können sich vor Zuteilung eines Bausparvertrages nicht verpflichten, die Bausparsumme zu einem bestimmten Zeitpunkt auszuzahlen (§ 4 Abs. 5 BauSparkG). Die Höhe der in der Zuteilungsmasse angesammelten Mittel ist nicht vorhersehbar; sie hängt u. a.

auch vom Umfang der Neuabschlüsse von Bausparverträgen ab. Die Sparleistung der Bausparer wird i. a. durch Zahlung bestimmter Sparraten erbracht; eine einmalige Zahlung der Sparleistung ist aber zulässig. Das von der Bausparkasse erhaltene Bauspardarlehen darf ausschließlich für wohnungswirtschaftliche Maßnahmen i. S. von § 1 Abs. 3 BauSparkG verwendet werden (z. B. Errichtung, Beschaffung, Erhaltung und Verbesserung von Wohngebäuden und Wohnungen, Erwerb von Bauland und → Erbbaurechten zur Errichtung von Wohngebäuden, Ablösung von → Verbindlichkeiten, die zur Durchführung von wohnungswirtschaftlichen Maßnahmen eingegangen worden sind). Die Höhe des Bauspardarlehens ergibt sich aus dem Unterschied zwischen dem Bausparguthaben und der Bausparsumme (abzüglich einer Darlehensgebühr) und wird als → Tilgungsdarlehen gewährt, das i. d. R. im zweitstelligen Beleihungsraum (zweistellige Besicherung) durch Eintragung einer → Grundschuld gesichert ist.

Staatliche Förderung des B.: Der Staat fördert wohnungswirtschaftliche Maßnahmen, insbes. den Wohnungsbau, durch Gewährung von → Wohnungsbauprämien nach dem → Wohnungsbau-Prämiengesetz oder durch Gewährung von Steuervergünstigungen bei der → Einkommensteuer (Abzug von Bausparbeiträgen als → Vorsorgeaufwendungen im Rahmen des Abzugs von → Sonderausgaben nach dem Einkommensteuergesetz). Bausparbeiträge können als beschränkt abzugsfähige Sonderausgaben im Rahmen bestimmter Höchstbeträge bei der Ermittlung des → zu versteuernden Einkommens abgesetzt werden.

Weiterentwicklung des B.: Bausparverträge werden zur Forcierung des Bauspargeschäfts neuerdings in einer Mischung zwischen dem traditionellen B. und der Anlage in kündbaren → Termineinlagen angeboten. Eingezahlte Gelder können vor Zuteilung des Darlehens und ohne → Kündigung des Vertrages wieder abgerufen werden.

Rechtsgrundlagen: Gesetz über Bausparkassen (→ Bausparkassengesetz), Verordnung zum Schutz der Gläubiger von Bausparkassen (→ Bausparkassen-Verordnung).
(→ Staatliche Sparförderung)

Bausparer

Bausparer
Derjenige, der mit einer Bausparkasse einen →Vertrag schließt, durch den er nach Leistung von →Bauspareinlagen einen Rechtsanspruch auf Gewährung eines →Bauspardarlehens erwirbt (→Bausparvertrag).

Bausparförderung
Staatliche Förderung für →Bausparen. Sie kann in Steuervergünstigungen bei der →Einkommensteuer (→Sonderausgaben), Gewährung von →Wohnungsbauprämien nach dem →Wohnungsbau-Prämiengesetz oder durch Gewährung von →Arbeitnehmer-Sparzulagen nach dem →Vermögensbildungsgesetz erfolgen.
(→Staatliche Sparförderung)

Bauspargeschäft
Geschäft von →Kreditinstituten, deren Geschäftsbetrieb darauf gerichtet ist, Einlagen von →Bausparern (→Bauspareinlagen) entgegenzunehmen und daraus den Bausparern für wohnungswirtschaftliche Maßnahmen →Bauspardarlehen zu gewähren (§ 1 Abs. 1 BauSparkG). Das B. darf nur von Kreditinstituten betrieben werden, die →Bausparkassen sind. Die Bezeichnung „Bausparkasse" ist gemäß § 16 Abs. 1 BauSparkG geschützt.

„Bausparkasse", →Bezeichnungsschutz für Kreditinstitute.

Bausparkassen
→Kreditinstitute (→Spezialbanken), deren Geschäftsbetrieb darauf gerichtet ist, Einlagen von →Bausparern (→Bauspareinlagen) entgegenzunehmen und aus den angesammelten Beträgen den Bausparern für wohnungswirtschaftliche Maßnahmen Gelddarlehen (→Bauspardarlehen) zu gewähren (→Bauspargeschäft). Das Bauspargeschäft darf nur von B. betrieben werden (§ 1 Abs. 1 BSpkG). B. sind Zwecksparkassen (→Zwecksparunternehmen), die nach dem Kollektivprinzip arbeiten (→Bausparen).

Arten: B. sind private oder öffentlich-rechtliche Institute. Als Rechtsform für →private Bausparkassen ist nur die →Aktiengesellschaft zulässig. Die Rechtsform der öffentlich-rechtlichen B. wird von den Ländern bestimmt (§ 2 BSpkG). Die öffentlichen B. werden als selbständige →Anstalten des öffentlichen Rechts, als Abteilungen von →Landesbanken/Girozentralen oder als Abteilungen von →Sparkassen geführt. Sie sind Landesbausparkassen. Für die öffentlich-rechtlichen B. haftet ein →Gewährträger: bei rechtlich unselbständigen B. der Gewährträger der Landesbank, bei rechtlich selbständigen B. entweder der →regionale Sparkassen- und Giroverband oder die Landesbank und die Sparkasse (→Gewährträgerhaftung). Die Bezeichnung „Bausparkasse" ist gesetzlich geschützt (→Bezeichnungsschutz für Kreditinstitute).

Rechtsgrundlage: Gesetz über Bausparkassen (→Bausparkassengesetz), die →Bausparkassen-Verordnung und das Gesetz über das Kreditwesen. Zum Schutz der Bausparer unterliegen die B. der Fachaufsicht des →Bundesaufsichtsamtes für das Kreditwesen (Bestellung eines Vertrauensmannes bei jeder B. nach § 12 BSpkG), die öffentlichen Bausparkassen ferner der Rechtsaufsicht der Länder.

Geschäftskreis: Neben dem Bauspargeschäft ermöglicht § 4 BSpkG in begrenztem Umfange auch das Betreiben von anderen Geschäften (z. B. Vor- und Zwischenfinanzierungen für die Bausparer zur Überbrückung der Wartezeiten sowie die Vergabe von Sofortdarlehen, bei denen kein Bausparvertrag zugrunde liegt (→Baufinanzierungen), Gelder von →Kreditinstituten, anderen →Kapitalsammelstellen und sonstigen →Gläubigern aufzunehmen; →Inhaberschuldverschreibungen mit →Laufzeiten bis zu vier Jahren zu emittieren; →Gewährleistungen für →Darlehen Dritter zu übernehmen, die mit dem Bauspargeschäft im Zusammenhang stehen), und von Hilfsgeschäften (z. B. Anlage verfügbarer Gelder bei Kreditinstituten, in →Schuldverschreibungen, →Schuldbuchforderungen, →Schatzwechseln und →Schatzanweisungen des Bundes und der Länder). Der Gesamtumfang der geschäftlichen Aktivitäten wird u. a. durch den →Eigenkapitalgrundsatz I begrenzt. Außerdem ist die Begrenzung des Gesamtbetrages bestimmter →Forderungen nach § 4 Abs. 2 BSpkG zu beachten.

B. haben in den 70er und 80er Jahren ihr Leistungsangebot erweitert (Entwicklung neuer →Bauspartarife); sie betreiben →„Baufinanzierung aus einer Hand" (unter Vermittlung von →Hypothekarkrediten), vermitteln Immobilien sowie Lebens-, Sach- und Krankenversicherungsverträge für Konzernunternehmen bzw. für Unternehmen, mit denen sie kooperieren; sie sind mit Banken und Versicherungen in Finanzkonzernen (→ Konzern) verbunden (→ Allfinanz-Angebote von Kreditinstituten, → Allfinanzunternehmen, -konzerne). B. haben als → Tochtergesellschaften Immobilienvermittlungsgesellschaften, Banken und Versicherungsgesellschaften gegründet, um Produkte im Verbund anbieten und vertreiben zu können. Neben dem klassischen Absatzweg des eigenen Außendienstes ist der Vertrieb über Verbundpartner getreten. Grundsätzliche Marktstrategie der B. ist also Koppelung von Versicherungs- und Bankleistungen an den Primärbedarf „Bauen". Das Ziel der Angebotserweiterung wird mit Diversifikations- und Konzentrationsstrategien verfolgt (Finanz-Dienstleistungskonzern).

Bausparkassengesetz
Gesetz, das seit dem 1.1.1973 in Kraft ist, die → Bausparkassen als → Kreditinstitute definiert und der Aufsicht des → Bundesaufsichtsamtes für das Kreditwesen unterstellt. Das B. dient in erster Linie dem Schutz des → Bausparers. Es gilt sowohl für die privaten als auch für die öffentlich-rechtlichen Bausparkassen. § 10 des B. enthält die Ermächtigung zum Erlaß von → Rechtsverordnungen, die dem Interesse der Erfüllung der Verpflichtung der Bausparkassen gegenüber ihren → Gläubigern, insbes. zur Sicherung der ihnen anvertrauten Vermögenswerte und einer ausreichenden Zahlungsbereitschaft für die Zuteilung der → Bausparsummen sowie zur Aufrechterhaltung einer möglichst gleichmäßigen Zuteilungsfolge dienen sollen. Die Ermächtigung ist auf das Bundesaufsichtsamt für das Kreditwesen übertragen worden, das die → Bausparkassenverordnung (Verordnung zum Schutz der Gläubiger von Bausparkassen) erlassen hat. Die Verordnung ist am 2.2.1973 in Kraft getreten. Die Verordnung regelt u.a. Großbausparverträge (Bausparverträge, bei denen die Bausparsumme den Betrag von 300000 DM übersteigt) sowie die Begrenzung von → Darlehen, die der → Finanzierung von Bauvorhaben mit gewerblichem Charakter dienen und der Darlehen, die für → Vorfinanzierungen und Zwischenfinanzierungen von Bausparkassen zur Verfügung gestellt werden. Die Bezeichnung „B." ist gebräuchlich, aber nicht amtlich. Die amtliche Bezeichnung lautet „Gesetz über Bausparkassen".

Bausparkassenverordnung
Vom → Bundesaufsichtsamt für das Kreditwesen erlassene Verordnung zum Schutz der → Gläubiger von → Bausparkassen (→ Bausparkassengesetz).

Bausparkonto
→ Konto, das von einer Bausparkasse zur Erfassung von → Bauspareinlagen geführt wird.

Bausparsumme
Betrag, über den ein → Bausparvertrag abgeschlossen wird. Die B. umfaßt das anzusparende Guthaben des → Bausparers (→ Bausparbeiträge plus Zinsgutschriften ergeben die → Bauspareinlage) und das → Bauspardarlehen.

Bauspartarif
Typisierung der wichtigsten Bedingungen, die in → Bausparverträgen zwischen → Bausparkassen und → Bausparern vereinbart werden können. Sie betreffen die Abschlußgebühr des Bausparvertrages, den Regelsparbetrag, die Höhe des Guthabenzinssatzes und des Darlehenszinssatzes, die Mindestsparzeit und das Mindestsparguthaben, die Höhe des Darlehensanspruchs, die Darlehensgebühr sowie den Tilgungssatz. Es ist zwischen Standardtarifen, Niedrigzins- und Hochzinstarifen, Schnell- und Langzeittarifen sowie Optionstarifen zu unterscheiden. Optionstarife vereinigen Elemente von Hoch- und Niedrigzinstarifen bzw. von Schnell- und Langzeittarifen. Die verschiedenen B. sollen dem Bausparer Wahlmöglichkeiten bei der Gestaltung seines Finanzierungsplanes im Hinblick auf Zinssatz und → Laufzeit geben.

Bausparvertrag
→ Vertrag eines Sparers (→ Bausparer) mit einer Bausparkasse, durch den der Sparer nach Leistung von → Bauspareinlagen einen Rechtsanspruch auf die Gewährung eines → Bauspardarlehens erwirbt. Aus den angesammelten Bauspareinlagen werden den Bausparern Gelddarlehen für wohnungswirtschaftliche Maßnahmen gewährt (Bauspardarlehen).
Die Anwartschaft auf Zuteilung des B. (Auszahlung der → Bausparsumme, die sich aus dem angesammelten Bausparguthaben, den

vergüteten →Zinsen sowie aus dem zu gewährenden Bauspardarlehen zusammensetzt, erwirbt der Bausparer nach Ablauf einer Mindestwartefrist, die meistens 18 Monate beträgt. Die meisten Bausparkassen verlangen außerdem, daß ein Mindestsparguthaben erreicht worden ist. Je nach →Bauspartarif beträgt es 40 Prozent (entsprechend dann ein Anspruch auf Bauspardarlehen in Höhe von 60 Prozent) oder – und das ist heute die Regel – 50 Prozent (entsprechend dann Anspruch auf Bauspardarlehen in Höhe von 50 Prozent) der Bausparsumme. Bei Vorliegen dieser Voraussetzung werden die Verträge, für die die Zuteilung beantragt ist, nach Höhe der verfügbaren Mittel in der Reihenfolge der Bewertungszahl zugeteilt (→ Bausparen).

B. können als Verträge geschlossen werden, durch die mehrere Personen in ein Vertragsverhältnis zu einer Bausparkasse treten. Es kann sich dabei um eine →Gesamthandsgemeinschaft oder um eine →Bruchteilsgemeinschaft handeln. Ein B. kann auch als →Vertrag zugunsten Dritter abgeschlossen werden. B. können übertragen werden. Die →Abtretung aller Rechte und die Übertragung aller Pflichten aus einem B. bedarf der Zustimmung der Bausparkasse.

Bauträgermodell
Konzept zum steuerbegünstigten Erwerb eines Immobilienobjekts (Wohnung), das sich in der Planungs- oder Bauphase befindet (Variante zum →Bauherrenmodell). Der steuerliche Abzug von →Werbungskosten richtet sich nach dem →Bauherrenerlaß von 1990.

Bau- und Immobilienfinanzierung in der Kreditwirtschaft
Finanzierungsaktivitäten der →Kreditinstitute zur Erstellung oder/und zum Erwerb von →Grundstücken und Gebäuden. Die Bau- und Immobilienfinanzierung der Kreditinstitute dient der Bereitstellung von →Fremdkapital (→Fremdfinanzierung).

Aktivitäten der Kreditinstitute: Während bei den →Sparkassen die Bau- und Immobilienfinanzierung traditionell einen wichtigen Teil des →Aktivgeschäftes ausmacht, waren →Kreditbanken und →Kreditgenossenschaften früher weitgehend indirekt, d. h. über →private Hypothekenbanken (als →Tochtergesellschaften bzw. zum Verbundsystem gehörend) in diesem Geschäftszweig tätig (→Hypothekenmarkt [→Hypothekenpfandbrief]). Eine besondere Stellung nahmen von jeher die →gemischten Hypothekenbanken ein, die neben dem kurzfristigen Geschäft auch im langfristigen →Kreditgeschäft tätig waren. Daneben sind noch die →öffentlich-rechtlichen Grundkreditanstalten sowie die →Kreditanstalt für Wiederaufbau zu erwähnen. Im sogenannten zweitstelligen Bereich, d. h. über die Realkreditgrenze von 60 Prozent des →Beleihungswertes hinaus, waren die →Bausparkassen tätig.

Ähnlich wie beim →standardisierten Kredit kann es durch die steigenden Realeinkommen der privaten Haushalte zu einschneidenden Veränderungen kommen: Die daraus resultierende höhere Verschuldungsfähigkeit und Verschuldungsbereitschaft eröffnete für alle Kreditinstitute zusätzliche, im nachstelligen Bereich liegende Möglichkeiten der Bau- und Immobilienfinanzierung. Hinzu kam die öffentliche Förderung der Bildung privaten →Wohnungseigentums, so daß oft nachrangige Mittel in Verbindung mit meist zinsgünstigen öffentlichen Darlehen eingesetzt werden konnten.

Finanzierungsarten (nach Jährig/Schuck): Enderwerberfinanzierungen und Finanzierungen von kurzfristigem Immobilieneigentum (Finanzierung gewerbsmäßiger Anbieter von Immobilien). Die Enderwerberfinanzierung dient der Finanzierung von Dauereigentum an Immobilien im privaten und gewerblichen Bereich. Grundformen sind das →Hypothekendarlehen (→Realkredit, →Erste Hypothek) und nachrangig gewährte Kredite, wie z. B. das Bauspardarlehen und andere oft als nicht zweckgebunden gewährte Hypothekar- und Grundschuldkredite, z. T. auch als →Bankvorausdarlehen zur Erbringung des notwendigen Ansparguthabens auf einen abzuschließenden →Bausparvertrag gewährt. Ergänzend zu diesen langfristigen Finanzierungsformen werden von Kreditinstituten im kurz- und mittelfristigen Bereich zum Zwecke der →Vorfinanzierung →Vorschaltdarlehen (mit Zinsfestschreibung nur für ein oder zwei Jahre und mit der Möglichkeit, jederzeit eine längerfristige Anpassung des Zinssatzes zu verlangen) oder →Zwischenkredite (zur Vorfinanzierung von zugesagten Hypothekendarlehen bzw. von noch nicht zuteilungsreifen Bausparverträgen) gewährt. →Bankkredite im Rahmen der Enderwerberfinanzierung sind weitgehend standardisierte Kredite, die sehr häufig im Rahmen der → Verbundfinanzierung (→ Baufinanzierung aus einer Hand) unter der Federführung eines Instituts bewilligt und ausgezahlt werden. Die Kredite können als einzelne Finanzierungsbausteine so kombiniert werden, daß sich eine passende individuelle Baufinanzierung für den Kreditnehmer ergibt. Im Gegensatz zur Verbundfinanzierung, bei der verschiedene Gruppen von Kreditinstituten in einem Finanzierungsverbund zusammenarbeiten (so z. B. Sparkassen und Landesbausparkassen, Kreditbanken und private Hypothekenbanken und private Bausparkassen) wird bei der Gesamtbaufinanzierung ein Darlehen von nur einem Kreditinstitut zur Verfügung gestellt.

Bei der Finanzierung gewerbsmäßiger Anbieter von Immobilien handelt es sich um die Zurverfügungstellung von → Fremdkapital im Rahmen von Gemeinschaftsvorhaben. Finanzierungsleistungen der Kreditinstitute werden sowohl zur Objektfinanzierung (Finanzierung der Errichtung eines Bauwerks) als auch zur Finanzierung des Erwerbs von (juristischem oder wirtschaftlichem) Eigentum an Immobilien erbracht (→ Bauherrenmodell, → Erwerbermodell, → Bauträgermodell, → geschlossener Immobilienfonds).

Bauwert
Wert, der Baulichkeiten im Rahmen der → Beleihung von Grundstücken beigemessen wird.

Methoden: Um den (nachhaltige Sicherheit bietenden) B. zu ermitteln, wird i. a. von den angemessenen → Herstellungskosten (→ Kosten, die zur Errichtung des zu beleihenden Bauwerkes unter Zugrundelegung eines normalen Durchschnittsmaßstabes notwendig sind) ausgegangen. Die tatsächlichen Herstellungskosten können die angemessenen Herstellungskosten überschreiten. Die Ermittlung der angemessenen Herstellungskosten erfolgt meistens nach der Abschlags- oder nach der Indexmethode.

(1) *Abschlagsmethode*: Beim Abschlagsverfahren geht man von den tatsächlichen Baukosten (einschl. der Nebenkosten) unter Ausschaltung besonderer Aufwendungen, die den → Verkehrswert nicht erhöhen, aus. Hiervon ist ein angemessener Risikoabschlag vorzunehmen, dessen Höhe sich im Einzelfall nach der Nutzung und der voraussichtlichen Verwertbarkeit des Objektes richtet.

(2) *Indexmethode*: Bei der Indexmethode werden die Bauwertverhältnisse von 1914 zugrunde gelegt und gleich 100 gesetzt. Mittels des → Baukostenindex (Preisindex für Wohnungsbau) werden die Bauwertverhältnisse dem heutigen Kostenniveau im Wohnungsbau angepaßt.

Methodenvergleich: Beide Bewertungsmethoden können grundsätzlich abhängig voneinander bzw. nebeneinander angewendet werden, wobei die Abschlagsmethode die einfachere und wirklichkeitsnähere ist. Diese hat allerdings den Nachteil, daß sie von einem Basisjahr ausgeht, das 80 Jahre zurückliegt. Die Sparkassenorganisation hat sich nach entsprechenden Untersuchungen in der Praxis bei Neubauten wiederholt für dieses Verfahren ausgesprochen. Die Brandversicherer verwenden die Indexmethode, weil so leicht die Versicherungswerte aktualisiert werden können. Bei Mehrfamilienhäusern und Renditeobjekten ist in erster Linie vom → Ertragswert auszugehen, lediglich bei Altbauten findet die Indexmethode nach wie vor Anwendung.

Bauzeitzinsen
→ Zinsen, die von der Planungsphase bis zur Fertigstellung anfallen. Bei Bauvorhaben, die gemäß Einkommensteuergesetz zu → Einkünften aus Vermietung und Verpachtung führen, sind die B. sofort abzugsfähige → Werbungskosten und können nicht den → Herstellungskosten zugerechnet werden. Bei Investoren, die eine handelsrechtliche → Bilanz erstellen, besteht ein → Bilanzierungswahlrecht, d. h. sie können die B. direkt als → Aufwand verbuchen oder als → Bilanzierungshilfe aktivieren und dann abschreiben.

BAV
Abk. für → Bundesaufsichtsamt für das Versicherungswesen.

BBAISR
Abk. für → British Bankers' Association Interest Settlement Rate.

BCI
Abk. für Banca Commerciale Italiana.

BCI 30-Index
Kapitalisierungsgewichteter italienischer → Aktienindex, der von der Banca Com-

merciale Italiana (BCI) konzipiert wurde. Der BCI 30-I. ist ein Kursindex, der 30 an der Mailänder Börse notierte → Aktien umfaßt.
→ MIB30-Index.

Beamte der Deutschen Bundesbank,
→ Laufbahnausbildung für Beamte bei der Deutschen Bundesbank.

Beamtenversicherungsverein des Deutschen Bank- und Bankiergewerbes a. G. (BVV)
Selbsthilfeeinrichtung des privaten Bankgewerbes zur Sicherung der Altersversorgung der Angestellten im Kreditgewerbe mit Sitz in Berlin. Der Beamtenversicherungsverein hat die Aufgabe, den bei ihm versicherten Angestellten zusätzlich zu den → Renten der Sozialversicherung bei Berufsunfähigkeit oder bei Erreichen der Altersgrenze Ruhegeld sowie den Hinterbliebenen der Versicherten Hinterbliebenenrente und ein Sterbegeld zu gewähren. Die Mitgliedschaft beim Beamtenversicherungsverein können alle Unternehmen erwerben, die Bank- und Bankiergeschäfte betreiben.

Bear, → Baissier.

Bear-Bull-Bond, → Bull-Bear-Bond.

Bearer Bond
Festverzinsliches Papier, das → Inhaberschuldverschreibung ist.
Gegensatz: → Namenspapier.

Bearer Share, → Inhaberaktie.

Bear-Floater, → Leveraged Floater.

Bear Floating Rate Note, → Leveraged Floater.

Bearish
Anleger sind für den Markt negativ gestimmt, d. h. erwarten fallende Kurse.
Gegensatz: → Bullish.

Bearish Call Spread, → Put-Spread.

Bearish Put Spread, → Put Spread.

Bearish-Time-Spread, → Time-Spread.

Bear Market, → Baisse.

Bear-Optionsschein
Put-Optionsschein; → Optionsschein, mit dem auf fallende Kurse von beispielsweise → Aktien oder festverzinslichen Papieren spekuliert wird.
Gegensatz: → Bull-Optionsschein.

Bear-Spread
1. Im *Optionshandel*: Variante eines → Vertical Spreads, die eingesetzt wird, wenn der Anleger nicht stark fallende Kurse erwartet, d. h. ein wenig → bearish ist. B.-S. werden entweder mit zwei → Calls (Bearish Call Spread) oder zwei → Puts (Bearish Put Spread) mit unterschiedlichen → Basispreisen, aber gleicher Fälligkeit gebildet. B.-S. werden in → Tradingstrategien eingesetzt, wenn ein begrenzter Kursrückgang erwartet wird. B.-S. können mit Calls oder Puts gebildet werden. In beiden Strategien wird eine → Short Position in einer Option mit dem niedrigeren Basispreis eingegangen. Deshalb bezeichnet man einen B.-S. auch als Short-Spread. Wird dagegen eine → Long Position in einer Option mit dem niedrigen Basispreis eingegangen, wird diese Strategie als → Bull-Spread oder Long-Spread bezeichnet.

2. Im *Futureshandel*: Vgl. → Intramarket Spread.

Bear Trap, → Bärenfalle.

Bedarfsermittlung
Teil des → Verkaufsgesprächs, in dem die Kundenbedürfnisse seitens des Bankmitarbeiters zu ermitteln sind, damit ein kundenspezifisches Produktangebot erarbeitet und dem Kunden präsentiert werden kann.

Bedarfsspanne
Begriff, der im Rahmen der → Gesamtzinsspannenrechnung sowie der → Margenkalkulation verwendet wird und den → Saldo aus → Verwaltungsaufwand und → Provisionsüberschuß bezeichnet, ausgedrückt in Prozent der Bilanzsumme bzw. des → Geschäftsvolumens.

Bedeutende Beteiligung i. S. des KWG
Nach § 1 Abs. 9 KWG besteht eine besondere – bzw. „qualifizierte" (gemäß der zweiten → Bankrechts-Koordinierungsrichtlinie) – → Beteiligung dann, wenn über ein oder mehrere → Tochterunternehmen" (§ 1 Abs. 7 KWG) mindestens 10% des → Kapitals oder der → Stimmrechte eines Unter-

nehmens (d. h. eines → Kreditinstituts) gehalten werden oder wenn jemand auf die → Geschäftsführung des Unternehmens, an dem eine Beteiligung gehalten wird, einen maßgeblichen Einfluß ausüben kann. Dabei sind mittelbare Beteiligungen in gleicher Weise beachtlich wie unmittelbare. Damit das → Bundesaufsichtsamt für das Kreditwesen (BAK) und die → Deutsche Bundesbank über jede wesentliche Veränderung der Inhaberstruktur bei Kreditinstituten informiert werden, müssen Erwerber einer b. B. die Aufsichtsbehörden über diesen Vorgang unterrichten, ebenso über die Erhöhung der Anteile, wenn bestimmte Schwellenwerte (20, 33, 50%) erreicht werden oder das Kreditinstitut zu einem Tochterunternehmen eines anderen wird (§ 2b KWG). Aber auch die Kreditinstitute selbst sind verpflichtet, derartige Veränderungen zu melden (§ 24 Abs. 1 Nr. 11 KWG, § 1 AnzV, → Anzeigen der Kreditinstitute über personelle, finanzielle und gesellschaftsrechtliche Veränderungen). Die → Bankenaufsicht überwacht, ob und inwieweit sich aus der Neuordnung der Anteilsinhaberschaft Gefahren für die Funktionsfähigkeit des betreffenden Kreditinstituts und für den Gläubigerschutz ergeben können. Der Anteilserwerber muß daher in seiner Anzeige auch die für die Beurteilung seiner eigenen Zuverlässigkeit (bzw. die der → gesetzlichen Vertreter oder → Geschäftsleiter) wesentlichen Tatsachen angeben (§ 2b Abs. 1 Satz 5 KWG). Das BAK ist befugt, innerhalb von drei Monaten den beabsichtigten Erwerb oder die Erhöhung der Beteiligung zu verbieten, wenn es den verantwortlichen Personen an der gebotenen Zuverlässigkeit fehlt oder sonst den im Interesse einer soliden und umsichtigen Führung des Kreditinstituts zu stellenden Anforderungen nicht genügt wird (§ 33 Abs. 1 Satz 1 Nr. 2a KWG). Eine Untersagung ist auch dann zulässig, wenn wegen der Unternehmensverbindung der Bank mit dem Inhaber der b. B. oder wegen der Struktur einer solchen Verbindung mit anderen Unternehmen eine wirksame Aufsicht über das Kreditinstitut nicht möglich ist (§ 33 Abs. 1 Satz 2 KWG). Auf eine bereits bestehende b. B. kann das BAK dadurch einwirken, daß es aus ähnlichen Gründen wie bei deren Erwerb oder Erhöhung die Ausübung der Stimmrechte aus der Beteiligung verbietet (§ 2b Abs. 2 Satz 1 KWG). Diese können jedoch, um die weitere Funktionsfähigkeit des Kreditinstituts zu gewährleisten oder Belange der Gesellschafter des → Anteilsinhabers zu sichern, von einem gerichtlich bestellten Treuhänder (→ Treuhand) wahrgenommen werden. Für den grenzüberschreitenden Beteiligungserwerb ist eine zusätzliche Anhörung der Aufsichtsbehörden der anderen EG-Mitgliedstaates vorgeschrieben (§ 2b Abs. 3 KWG). Beabsichtigt der Inhaber einer b. B., diese aufzugeben oder sie unter die genannten Schwellenwerte abzusenken, so muß er wieder BAK und Bundesbank unverzüglich hiervon unterrichten (§ 2 b Abs. 4 KWG). Die Bankaufsichtsbehörden sind aber nicht berechtigt, die geplante Veräußerung zu verhindern.

Aufgrund entsprechender Beschlüsse des Rates oder der Kommission der EG muß das BAK einen Erwerb einer Bank durch ein Unternehmen eines dritten Staates, durch den das Kreditinstitut zu dessen Tochterunternehmen würde, für zunächst höchstens drei Monate aufschieben, indem die Entscheidung hierüber ausgesetzt oder beschränkt wird (§ 2b Abs. 5 KWG).

Bedingte Immunisierung, → Contingent Immunization.

Bedingte Kapitalerhöhung
Erhöhung des → Grundkapitals einer → Aktiengesellschaft, deren Ausmaß dadurch bedingt ist, in welchem Umfang von einem Umtauschrecht oder Bezugsrecht Gebrauch gemacht werden kann, das die Gesellschaft auf die → neuen Aktien (→ Bezugsaktien) einräumt (§§ 192–201 AktG). Die b. K. soll nur zu folgenden Zwecken beschlossen werden: (1) zur Gewährung von Umtausch- oder Bezugsrechten an → Gläubiger von Wandelschuldverschreibungen (→ Wandelanleihe) oder → Optionsanleihen; (2) zur Vorbereitung einer → Fusion; (3) zur Gewährung von Bezugsrechten an die → Arbeitnehmer der Gesellschaft (meist zu bevorzugten Bedingungen und nicht über die Banken [→ Belegschaftsaktien]). Zur Beschlußfassung in der → Hauptversammlung ist eine → qualifizierte Mehrheit erforderlich (§ 193 Abs. 1 AktG). Der Nennbetrag des → bedingten Kapitals darf nicht höher sein als die Hälfte des Grundkapitals zur Zeit der Beschlußfassung (§ 192 Abs. 3 AktG).

Bedingtes Kapital
Bezeichnung für den Betrag des → Grundkapitals der → Aktiengesellschaft, der durch

Bedingtes Termingeschäft

eine → bedingte Kapitalerhöhung beschafft werden soll.

Bedingtes Termingeschäft, → asymmetrisches Risikoinstrument.

Bedingungen für den Scheckverkehr, → Scheckbedingungen.

Bedingungen für den Sparverkehr
Mit Wirkung vom 30.6.1993 hat der Gesetzgeber eine einschneidende Änderung der Vorschriften für den Sparverkehr vorgenommen. Bis zu diesem Zeitpunkt waren sie im KWG geregelt, und zwar in den §§ 21, 22 und 22a. Ab 1.7.1993 sind diese Bestimmungen aus dem KWG gestrichen worden und statt dessen teilweise in die → Verordnung über die Rechnungslegung der Kreditinstitute eingeflossen.

Mit dieser Änderung der Vorschriften für den Sparverkehr beabsichtigte der Gesetzgeber im wesentlichen, die Ausgestaltung der Sparverhältnisse weitgehend privatrechtlichen Vereinbarungen zwischen → Sparer und → Kreditinstitut zu überlassen. Deshalb arbeiten die → Sparkassen heute mit besonderen B. f. d. S. i. S. der Nr. 1 Abs. 2 der Allgemeinen Geschäftsbedingungen der Sparkassen (AGBSp). Darin heißt es, daß für die Geschäftsbeziehung ergänzend zu den einzelvertraglichen Vereinbarungen die AGBSp gelten. Für einzelne Geschäftszweige wie auch für den Sparverkehr gelten → Sonderbedingungen. Diese Bedingungen können in den Kassenräumen eingesehen werden und beschreiben den rechtlichen Rahmen, unter dem Sparkasse und Sparer zusammenarbeiten.

Abweichend von den AGBSp gelten nach den Allgemeinen Geschäftsbedingungen der Banken für einzelne Geschäftsbeziehungen (wie für den Sparverkehr) besondere Bedingungen, die Abweichungen oder Ergänzungen zu diesen AGB enthalten. Sie werden bei → Kontoeröffnung oder bei Erteilung eines Auftrags mit dem Kunden vereinbart. Änderungen dieser Geschäftsbedingungen und der Sonderbedingungen werden dem Kunden schriftlich bekanntgegeben. Sie gelten als genehmigt, wenn der Kunde nicht innerhalb eines Monats schriftlich Widerspruch erhebt (Nr. 1 AGB Banken).

In Anwendung der modifizierten Spareinlagendefinition in der Rechnungslegungsverordnung für Kreditinstitute haben die Dachverbände der Kreditinstitute generelle eigene Empfehlungen herausgebracht. Der → Deutsche Sparkassen- und Giroverband beispielsweise empfiehlt seinen angeschlossenen Instituten folgende B. f. d. S.:

(1) → *Spareinlagen:* Einlagen, die die Sparkasse als solche annimmt und durch Ausfertigung einer → Urkunde, insbes. eines Sparbuches als Spareinlage kennzeichnet. Spareinlagen dienen ferner der Ansammlung oder Anlage von → Vermögen, nicht aber dem Geschäftsbetrieb oder dem → Zahlungsverkehr.

(2) *Sparurkunde:* Bei der ersten Einlage erstellt die Sparkasse ein Sparbuch und händigt dieses dem Sparer aus. Anstelle des Sparbuches kann die Sparkasse auch andere Sparurkunden ausstellen. Im Sparbuch vermerkt werden mit Angabe des Tages Einzahlungen, Auszahlungen, sonstige Gutschriften und Belastungen sowie der jeweilige Kontostand. Auszahlungen können nur gegen Vorlage des Sparbuches erfolgen. Bei Einzahlungen, sonstigen Gutschriften oder Belastungen kann die Sparkasse die Vorlage des Sparbuches verlangen – ohne Vorlage des Sparbuches trägt die Sparkasse solche Transaktionen bei der nächsten Vorlage des Sparbuches nach. Die Sparkasse kann das Sparbuch auch in Form eines Loseblattsparbuches mit Sparbuchumschlag und Sparkontoblättern ausgeben. Das Loseblattsparbuch ist nur gültig, wenn es aus dem Sparbuchumschlag mit Kontonummer und den Sparkontoblättern des laufenden Jahres besteht.

(3) *Verzinsung:* Der Zinssatz wird durch Aushang im Kassenraum bekanntgegeben. Die Verzinsung beginnt mit dem Tag der Einzahlung und endet mit dem der → Rückzahlung vorhergehenden Kalendertag, wobei der Monat mit 30 Tagen gerechnet wird. Außerdem sollen die → Zinsen zum Ende des → Geschäftsjahres gutgeschrieben, dem Kapital hinzugerechnet und mit diesem vom Beginn des neuen Geschäftsjahres an verzinst werden.

(4) *Kündigung:* Die Kündigungsfrist beträgt mindestens drei Monate, wobei von Spareinlagen mit einer Kündigungsfrist von drei Monaten bis zu 3.000 DM für jedes Sparbuch innerhalb eines Kalendermonats zurückgefordert werden können.

(5) *Kennwort, Sperrvermerk:* Es kann ein Kennwort vereinbart werden, um zu verhindern, daß Unbefugte über Spareinlagen verfügen. Darüber hinaus kann der Sparer eine Spareinlage sperren.

(6) *Verlust, Einbehaltung:* Der Verlust eines Sparbuches ist bei der Sparkasse anzuzeigen. Diese veranlaßt dann unverzüglich eine Sperre. Im Falle des Verlustes kann die Sparkasse ein neues Sparbuch ausstellen. Wird ein als abhanden gekommenes Sparbuch vorgelegt oder besteht der Verdacht, daß unbefugte Änderungen des Sparbuches erfolgt sind, so kann die Sparkasse gegen Empfangsbescheinigung das Sparbuch bis zur Klärung der Sach- bzw. Rechtslage einbehalten (→ Sparurkunde, Verlust).

Befrachter
Bezeichnung im Seefrachtverkehr für denjenigen, der mit dem → Verfrachter den → Seefrachtvertrag abschließt (z. B. ein Exporteur). Er kann mit dem → Ablader identisch sein.

Befreiungsverordnung (BefrV)
Verordnung des → Bundesaufsichtsamts für das Kreditwesen (BAK) vom 20.8.1985 (BGBl. I, S. 1713), mit der das Aufsichtsamt die Voraussetzungen festgelegt hat, unter denen → Kreditinstitute bzw. bestimmte Kreditinstitute von der Pflicht, → Kreditanzeigen nach KWG bzw. Anzeigen wichtiger Änderungen nach § 24 KWG bzw. → Monatsausweise einzureichen, freigestellt sind. Rechtsgrundlage: §§ 24 Abs. 4 und 31 KWG i. V. mit § 1 der Verordnung zur Übertragung der Befugnis zum Erlaß von → Rechtsverordnungen auf das BAK.

Befristete Einlage
Synonyme Bezeichnung für → Termineinlage.

Beherrschungsvertrag
→ Unternehmensvertrag, durch den eine → Aktiengesellschaft oder → Kommanditgesellschaft auf Aktien sich den Weisungen eines anderen Unternehmens unterstellt (§ 291 AktG).
Dadurch verpflichtet sich die beherrschte Gesellschaft, sämtliche Weisungen des herrschenden Unternehmens in bezug auf die Leitung der Gesellschaft zu befolgen. Die Beherrschung bezieht sich auf die Vorstandsebene. Der B. gewährt dem herrschenden Unternehmen eine weitreichende Leitungsmacht, die auch nachteilige Weisungen zuläßt (§ 308 AktG). Er eröffnet dem herrschenden Unternehmen Verfügungsmöglichkeit über das → Vermögen der abhängigen Gesellschaft (§ 291 Abs. 3 AktG).

Das herrschende Unternehmen hat auf Verlangen außenstehende Aktionäre durch Aktien oder bar abzufinden (→ Abfindung außenstehender Aktionäre) und Verluste des → abhängigen Unternehmens auszugleichen (§§ 302, 303 AktG).

Belegbegleitender Datenträgeraustausch,
→ Abkommen für den zwischenbetrieblichen belegbegleitenden Datenträgeraustausch.

Belegleser
Eingabegerät, das geschriebene oder gedruckte Unterlagen direkt in ein Datenverarbeitungssystem oder auf ein externes Speichermedium einliest. Dazu gehören maschinenlesbare Formulare (→ Schecks, → Überweisungen) oder codierte Unterlagen. Voraussetzung ist eine Codierung der Belege (→ Codierzeile) mit einer maschinell lesbaren Schrift (→ OCR-A-Schrift) oder die Verwendung von Belegen, die mit Schreibmaschine oder/und Handblockschrift ausgefüllt sind und durch Schriftlesesysteme erfaßbar sind.

Belegloser Datenträgeraustausch
Verfahren, bei dem Zahlungsverkehrsdaten (Daten von Überweisungsaufträgen und von Einzugsaufträgen für → Lastschriften und → Schecks) durch Austausch elektronischer Datenträger (Magnetbänder, Disketten, Magnetbandkassetten) weitergeleitet und verrechnet werden (DTA-Clearing).

Anwendung: Für den Datenträgeraustausch (DTA) eignen sich: (1) Massenumsätze des → Zahlungsverkehrs zwischen → Kreditinstituten und Kunden. Voraussetzung ist, daß die Daten schon bei der auftraggebenden Stelle EDV-mäßig bearbeitet wurden, also nach festen Ordnungskriterien sortiert auf Magnetband oder Diskette gespeichert. Anstelle der auszudruckenden Zahlungsbelege wird lediglich der elektromagnetische Datenträger weitergegeben. (2) Zahlungsverkehrsumsätze im Verkehr zwischen Kreditinstituten.
Der Datenträgeraustausch ist also eine Form belegloser Auftragserteilung von Kunden an Kreditinstitute und eine Form der Abwicklung von Zahlungen zwischen Kreditinstituten.

Vorteile: (1) Die Umsetzung von Originalbelegen auf maschinell lesbare Datenträger

Belegloser Scheckeinzug

bzw. die Nachcodierung der Zahlungsverkehrsbelege entfällt. (2) Datensätze eines Magnetbandes oder einer Diskette lassen sich erheblich schneller in die Zentraleinheit einlesen, als Informationen über einen optischen →Belegleser aufgenommen werden können.

Rechtsgrundlage: Zur Regelung der Rechtsverhältnisse zwischen Kreditinstituten haben die →Spitzenverbände der deutschen Kreditwirtschaft die Vereinbarung über Richtlinien für den b. D. getroffen, die die Abwicklung des sog. →Magnetband-Clearingverfahrens festlegt. Die Rechtsverhältnisse der Kreditinstitute zu ihren Kunden werden durch die →Sonderbedingungen für den b. D. geregelt.

DTA-Clearing unter Einschaltung der →Deutschen Bundesbank: Die Bundesbank nimmt im b. D. von Girokonteninhabern Aufträge für beleglose →Überweisungen und von Kreditinstituten auch Aufträge für den Einzug von Zahlungsverkehrsvorgängen aus dem beleglosen Scheckeinzug und von beleglosen Lastschriften entgegen. Hierfür gelten die besonderen Bedingungen der Deutschen Bundesbank für den b. D.

DTA-Clearing der Kreditinstitute: Nach den Bedingungen für die Beteiligung von Kunden am b. D. nehmen Kreditinstitute Datenträger mit Ausführungsaufträgen für Überweisungen und Lastschriften entgegen und liefern Datenträger mit Buchungen an Kunden aus. Über DTA-Clearing werden beleghaft erteilte Aufträge als auch beleglos erteilte Aufträge abgewickelt. Beleghaft erteilte Aufträge werden gemäß →EZÜ-Abkommen, →BSE-Abkommen und →EZL-Abkommen in den elektronischen Zahlungsverkehr übergeleitet.
(→bargeldloser Zahlungsverkehr)

Belegloser Scheckeinzug, →BSE.

Belegloser Zahlungsverkehr, →elektronischer Zahlungsverkehr.

Belegschaftsaktie
Von einer →Aktiengesellschaft ihren →Arbeitnehmern meist zu einem Vorzugskurs und häufig auch zu günstigen Zahlungsbedingungen angebotene →Aktie des eigenen Unternehmens. Die Aktien stammen entweder aus einer →bedingten Kapitalerhöhung nach § 192 Abs. 2 Nr. 3 AktG, die den Arbeitnehmern aus einer eingeräumten Gewinnbeteiligung zustehen, oder aus dem Erwerb →eigener Aktien durch die Aktiengesellschaft nach § 71 Abs. 1 Nr. 2 AktG.
Die Arbeitnehmer haben u. U. eine vereinbarte Verkaufssperrfrist (z. B. fünf Jahre) einzuhalten. Bei Inanspruchnahme der →Arbeitnehmer-Sparzulage nach dem →Vermögensbildungsgesetz ist eine Sperrfrist von sechs Jahren einzuhalten. Diese Sperrfrist gilt auch bei unentgeltlicher oder verbilligter Überlassung als Kapitalbeteiligung, die nach § 19a EStG bis zu 500 DM jährlich steuer- und sozialversicherungsfrei erworben werden kann (→Vermögensbildung nach § 19a Einkommensteuergesetz).

Belegzwang, →Bankbuchführung.

Beleihungsgrenze
1. *B. bei Grundstücken:* Prozentzahl, die bei der →Beleihung von Grundstücken angibt, bis zu welchem Teilbetrag des →Beleihungswertes ein →Grundpfandrecht unter Berücksichtigung eventuell vorgehender Belastungen als erststellige Sicherheit zur Verfügung steht.
Bei →Realkrediten darf nach hypothekenbank- und sparkassenrechtlichen Vorschriften (§ 11 HypbankG, § 3 Abs. 1 Sparkassenmusterfassung der Beleihungsgrundsätze) eine Grundstücksbeleihung die ersten drei Fünftel (60 Prozent) des Beleihungswertes nicht überschreiten. Etwaige im →Rang vorgehende Rechte sind hierbei einzubeziehen. Die im Rahmen eines Realkredites einzutragende →Hypothek oder →Grundschuld darf danach zusammen mit den ihr in Abteilung II und Abteilung III etwa vorhergehenden Belastungen sowie →öffentlichen Lasten den durch die B. gezogenen Beleihungsraum nicht überschreiten. →Bausparkassen dürfen →Bauspardarlehen bis zu 80 Prozent des Beleihungswertes gewähren. Die im Vergleich zu →privaten Hypothekenbanken und →Sparkassen höhere B. ergibt sich aus der nachrangigen Finanzierungsaufgabe der Bausparkassen.

Überschreitungsmöglichkeiten: Hypothekenbanken ist nach § 5 Abs. 1 Ziff. 2 HypBankG erlaubt, inländische →Grundstücke auch über die 60prozentige Beleihungsgrenze (und über die Grenzen von § 12 Abs. 3 HypBankG) hinaus zu beleihen. Der Gesamtbetrag aller durch Hypotheken gesicherten → Forderungen, die wegen Überschreitung der ersten drei Fünftel des Verkaufswertes des Grundstücks nicht als Deckung für → Schuldverschreibungen benützt werden dürfen, darf dann aber 15 Prozent des Gesamtbetrages der hypothekarischen Beleihungen nicht übersteigen. Nach § 5 Abs. 2 der Beleihungsgrundsätze der Sparkassen braucht sich die Beleihung nicht innerhalb der 60prozentigen Beleihungsgrenze zu halten, wenn für den übersteigenden Betrag des → Darlehens der Bund, ein Land, eine Gemeinde (Gemeindeverband), eine andere mit dem Recht zur Erhebung von → Abgaben ausgestattete → Körperschaft des öffentlichen Rechts, eine öffentlich-rechtliche Bausparkasse mit eigener Rechtspersönlichkeit oder ein anderes öffentlich-rechtliches Kreditinstitut, für deren Verpflichtungen ein Land oder ein öffentlich-rechtlicher Sparkassen- und Giroverband unmittelbar oder mittelbar haftet, die → Bürgschaft, → Garantie oder sonstige Gewährleistung übernimmt. Die B. darf in diesen Fällen unbeschränkt überschritten werden.

2. *B. bei Wertpapieren*: → Effektenlombard.

Beleihungsgrundsätze, → Beleihung von Grundstücken, → Lombardkredit, → Lombardpolitik der Deutschen Bundesbank.

Beleihungsrisiko
Risiken, die bei einer Verwertung des Pfandobjektes entstehen, d. h. alle Einflüsse, die den Wert mindern, einen Verkauf erschweren oder gar gänzlich verhindern. Zu beachten sind hier etwa öffentlich-rechtliche Beschränkungen (z. B. Ausweis eines Sanierungsgebietes, Bebauungs- und Veränderungssperren); rechtliche Unklarheiten infolge von → Anfechtungen, ungeregelten Erbschaften, Rückübertragungsansprüchen; Altlasten (vor allem bei Industriegrundstücken) und langfristige → Miet- bzw. Pachtverträge.

Beleihungswert
Wert, der einem Beleihungsgegenstand (→ Grundstück, grundstücksgleiches Recht, → Schiff und Schiffbauwerk) unter Berücksichtigung aller maßgebenden Umstände beigemessen wird. Der B. ist kein allgemein gültiger, sondern ein subjektiver Wert, der nach institutsspezifischen Gesichtspunkten, wie sie z. B. in der Wertermittlungsanweisung von → privaten Hypothekenbanken oder in den Beleihungsgrundsätzen von → Sparkassen festgelegt sind, ermittelt wird. Ziel der Beleihungswertermittlung bei Grundstücken ist eine ausreichende, nachhaltige und möglichst krisenfeste Besicherung durch ein Grundstück mit seinen → wesentlichen Bestandteilen. Als Grundwerte für die rechnerische Beleihungswertermittlung, die als Grundlage für die spätere Festsetzung des B. dienen, werden der → Ertragswert, der → Bau- und → Bodenwert (→ Sachwert oder Substanzwert) und der → Verkehrswert herangezogen.

Wertschätzung: Grundlage für die Festsetzung des B. ist in den meisten Fällen eine Schätzung des Beleihungsgegenstandes. Bei Sparkassen ist eine Beleihungswertfestsetzung grundsätzlich nicht ohne Schätzung möglich. Eine Schätzung ist auch bei der Beleihung von Neubauten vorzunehmen. Die Schätzung kann dabei jedoch nur eine schriftliche Fixierung der aus den Bauunterlagen ersichtlichen Bewertungsfaktoren darstellen. Lediglich der Bodenwert läßt sich wie bei Altbauten bestimmen.

Schema der Beleihungswertermittlung: Ertragswert + Substanzwert (Bau- und Bodenwert) + Verkehrswert = Gesamtwert, aus dem durch Drittelung im Mittelwert gebildet wird. Der B. wird i. d. R. in Anlehnung an diesen Mittelwert festgesetzt. Anstelle der Mittelwertbildung lediglich aus Sachwert und Ertragswert ist hier unter Einbeziehung des Verkehrswertes eine Drittelung erfolgt, die im Kreditgewerbe immer häufiger anzutreffen ist. Der Beleihungswert darf jedoch den Verkehrswert nicht übersteigen. Nach den Beleihungsgrundsätzen der Sparkassen ist für die Festsetzung des Beleihungswertes in erster Linie der Ertragswert zugrunde zu legen.

Besonderheiten bei Grundstücksarten und Nutzungsformen:
(1) *Hausgrundstücke*: Bei diesen Grundstücken, die zu mehr als 80 Prozent Wohnzwecken dienen, ist in erster Linie der Ertragswert maßgebend; der B. soll bei Renditeobjekten den Ertragswert nicht übersteigen. Bei Ein- und Zweifamilienhäusern und Eigentumswohnungen kann in erster Linie vom Sachwert ausgegangen werden. Das gilt auch für → Wohnungseigentum, das bei der Beleihungswertermittlung Hausgrundstücken gleichgesetzt ist. Der Bau- und Bodenwert ist dabei anteilig zu ermitteln.

Beleihung von Grundstücken

(2) *Baugrundstücke*: Sie werden im →Realkreditgeschäft nur ausnahmsweise beliehen, da sie meistens keinen Ertrag bringen und kaum geeignet sind, Verzinsung und →Tilgung eines langfristigen Darlehens aus dem Objekt zu sichern. Die notwendige Umsicht bei der Beleihung von unbebauten Grundstücken findet auch in § 12 HypBankG Ausdruck. Bei der Beleihung bestimmt sich der B. in erster Linie nach dem Bodenwert. Hierbei ist der für Grundstücke gleicher Art und Lage auf Dauer erzielbare Preis zugrunde zu legen.

(3) *Land- und forstwirtschaftlich genutzte Grundstücke*: Dies sind bebaute oder unbebaute Grundstücke, die zu mehr als 80 Prozent land- und forstwirtschaftlichen Zwecken dienen. Maßgebend für die Zuordnung ist der Jahresrohertrag. Bei der Beleihung von land- und forstwirtschaftlichen Grundstücken sind bei der Beurteilung der wirtschaftlichen Verhältnisse und insbes. der nachhaltigen Ertragsfähigkeit alle Umstände, die auf den Wirtschaftserfolg Einfluß nehmen oder von denen die Verwertung der gewonnenen Erzeugnisse abhängig ist, zu berücksichtigen. Die Beleihung landwirtschaftlicher Objekte erfordert häufig die Einschaltung von Sachverständigen, so z. B. im Interesse der Risikobegrenzung besonders bei Sonderkulturen und bei spezialisierten Betrieben mit starker bodenunabhängiger Veredlung. Dem Ertragswert kommt eine besondere Bedeutung zu. Die Beurteilung des Bau- und Bodenwertes ist sehr auf den Einzelfall abgestellt.

(4) *Gewerblich genutzte Grundstücke*: Die Nachhaltigkeit der Erträge ist i. a. nicht in gleicher Weise wie bei wohnlich genutzten Objekten gewährleistet. Der Ertragswert sollte nur unter Abzug eines angemessenen Risikoabschlags, dessen Höhe sich im Einzelfall nach der voraussichtlichen Verwertbarkeit richtet, angesetzt werden. Nach den Wertermittlungsrichtlinien der Volksbanken und Raiffeisenbanken sollen Industriegrundstücke nur beliehen werden, wenn aufgrund ihrer Lage, ihres technischen Zustandes und der volkswirtschaftlichen Bedeutung des Unternehmens die Verwertbarkeit im Wege der Veräußerung jederzeit möglich erscheint. Beim Bauwert soll ebenfalls ein angemessener Risikoabschlag erfolgen; seine Höhe hat sich im Einzelfall nach der voraussichtlichen Verwertbarkeit des Objektes zu richten. Maschinen und technische Anlagen sollen i. d. R. nicht mit bewertet werden.

(5) *Gemischt genutzte Grundstücke*: Als gemischt genutzte Grundstücke gelten Grundstücke, →Erbbaurechte, Wohnungseigentum, →Teileigentum, Wohnungserbbaurecht und Teilerbbaurechte, die gleichzeitig mehreren Zwecken (Wohn-, land- und forstwirtschaftliche bzw. gewerbliche Zwecke) dienen, ohne daß eine der Nutzungsarten mehr als 80 Prozent des Jahresrohertrages erreicht. Für den Wohnteil und die anderweitig genutzten Flächen sind getrennt unterschiedliche Risikoabschläge vorzunehmen.

(→ Beleihung von Grundstücken, →Beleihung von Schiffen)

Beleihung von Grundstücken
Bezeichnung für eine Kreditgewährung, bei der →Grundstücke durch Eintragung von →Grundpfandrechten in das →Grundbuch als Sicherheit dienen und die Höhe des →Kredits durch den Beleihungsraum (als Teil des möglichen →Beleihungswertes) begrenzt wird. Die B. v. G. setzt im Interesse einer nachhaltigen Kreditsicherung eine sorgfältige Bewertung voraus. Hypothekenbanken haben nach § 13 HypBankG eine →Wertermittlungsanweisung zu erlassen, die die Vorschriften des Gesetzes über die Ermittlung des Beleihungswertes enthält und vom →Bundesaufsichtsamt für das Kreditwesen genehmigt werden muß. →Sparkassen haben die von der Aufsichtsbehörde erlassenen Beleihungsgrundsätze zu beachten. →Bausparkassen haben nach § 5 BSpkG allgemeine Geschäftsgrundsätze aufzustellen, die Bestimmungen über die Berechnung des Beleihungswertes von Grundstücken enthalten. Da die Anwendung von § 20 Abs. 2 KWG (u. a. Verzicht auf →Offenlegung der wirtschaftlichen Verhältnisse) voraussetzt, daß es sich bei Krediten gegen Grundstücksbeleihung um →Realkredite nach den Erfordernissen der §§ 11 und 12 Abs. 1 und Abs. 2 HypBankG handelt (ab 1996 vgl. § 20 Abs. 3 Nr. 5, § 21 Abs. 3 Nr. 1 KWG), haben auch andere →Kreditinstitute interne Wertermittlungsrichtlinien erarbeitet, die innerhalb des Instituts bindend sind.

Beleihung von Schiffen
Bezeichnung für eine Kreditgewährung, bei der →Schiffe bzw. im Bau befindliche Schiffe (Schiffsbauwerke) durch Eintra-

gung von →Schiffshypotheken in das →Schiffsregister als Sicherheit dienen und die Höhe des →Kredites durch den Beleihungsraum (als Teil des möglichen →Beleihungswertes) begrenzt wird. Die B. v. S. erfolgt durch Gewährung von →Schiffshypothekarkrediten. Sie ist im →Schiffsbankgesetz geregelt.

Beleihung von Wertpapieren
Bezeichnung für Gewährung eines Effektenlombardkredits (→Effektenlombard).

Belfox
Abk. für Belgian Futures and Options Exchange (→Options- und Terminbörsen an den internationalen Finanzplätzen).

Bell and Whistle Bond
→Anleihe mit „Extras", wie beispielsweise beigefügte →Optionsscheine (z.B. für →Aktienindizes, Edelmetalle oder Öl). (→Finanzinnovationen, →Stripping, →Bond Research)

Bellwether Bond
→Schuldverschreibung, an der die Kurs- und Renditeentwicklung eines bestimmten Teilmarktes für bestimmte →Laufzeiten am besten abzulesen ist (Bellwether: „Leithammel").
(→Benchmark Bond)

Benchmark
Maßstab (Gegenstand, Unternehmen) für einen (kontinuierlichen) Vergleich (→Benchmarking). Ein →Benchmark Bond bezeichnet z.B. die auf einem →Kapitalmarkt richtungsweisende →Anleihe.

Benchmark Bond
Tonangebende, richtungsweisende →Anleihe. Dies ist beispielsweise die neueste zehnjährige oder dreißigjährige →Bundesanleihe am deutschen →Kapitalmarkt. Der B. B. dient zum Vergleich anderer →Anleihen des gleichen oder anderer →Emittenten, die später emittiert werden.
In der Praxis wird →Bellwether Bond oft synonym für B. B. verwendet.

Benchmark Duration
→Duration einer →Benchmark (z.B. →REX, Salomon Brothers World Government Bond Index).
(→Risk-controlled Bond-Management)

Benchmarking
Instrument der Wettbewerbsanalyse. B. ist der kontinuierliche Vergleich von Produkten, Dienstleistungen sowie Prozessen und Methoden mit (mehreren) Unternehmen, um die Leistungslücke zum sog. „Klassenbesten" (Unternehmen, die Prozesse, Methoden usw. hervorragend beherrschen) systematisch zu schließen. Grundidee ist es festzustellen, welche Unterschiede und welche Verbesserungsmöglichkeiten bestehen.

Schritte: (1) Auswahl des Objektes (Produkt, Methode, Prozeß), das analysiert und verglichen werden soll. (2) Auswahl des Vergleichsunternehmens. Dabei ist wichtig, festzulegen, welche Ähnlichkeiten hinsichtlich Gewährleistung der Vergleichbarkeit gegeben sein müssen. (3) Datengewinnung (Analyse von Sekundärinformationen; Gewinnung von Primärinformationen). (4) Feststellung der Leistungslücken und ihrer Ursachen. (5) Festlegung und Durchführung der Verbesserungsschritte.

Benchmark-Portfolio
Das bei →Indexierungsstrategien nachzubildende →Portfolio (z.B. →Aktienindex, →Rentenindex). Wird beispielsweise der →CAC 40 Index nachgebildet, so wird ein Portfolio gebildet, das den Eigenschaften des CAC 40 entspricht (z.B. →Betafaktor, →Korrelation).
(→Internationale Aktienindices, →Rentenindex, →Tracking Error, →passive Anlagestrategien)

Benelux-Länder
Zusammenfassende Bezeichnung (nach den Anfangsbuchstaben der jeweiligen Ländernamen) für Belgien, die Niederlande und Luxemburg, zwischen denen seit 1948 eine →Zollunion besteht. Diese engere →Integration wurde durch den Abschluß des Vertrags über die Gründung der →Europäischen Wirtschaftsgemeinschaft ebensowenig betroffen (Art. 233 EG-Vertrag) wie die später (1960) geschaffene belgisch-luxemburgische →Währungsunion.

Beratung als Bankgeschäft
Kundenprobleme werden analysiert, gemeinsam mit dem Kunden wird eine Lösung erarbeitet. Aus der Lösung ergibt sich dann, welche →Bankprodukte einzusetzen sind. Die wirtschaftliche Beratung beinhaltet auch Mithilfe beim Management der finanziellen Risiken des Kunden (z.B. →Zins-, →Länder- oder →Währungsrisiko) sowie die Mitwirkung bei der Finanz- und Liquiditätsplanung.

Beratung von Firmenkunden
Hauptaufgabe der Firmenkundenbetreuung. B. v. F. erfolgt bei Zielkunden permanent im Rahmen des → Beziehungsmanagements. Je nach Größe und Branche des → Firmenkunden werden Beratungsleistungen im Bereich Betriebsmittel- oder Investitionsfinanzierung, zu den Möglichkeiten der Sonderfinanzierung, über öffentliche Fördermaßnahmen, zu Fragen des → Auslandsgeschäfts oder zu Möglichkeiten der Anlage von Geldmitteln abgefordert. Verstärkt erwarten Firmenkunden jedoch auch Beratung und Unterstützung in allen betriebswirtschaftlichen Bereichen, bei der Unternehmens- und Finanzplanung, im → Risikomanagement usw. Nichtzielkunden (Standardkunden) erhalten Beratung zumeist lediglich auf Anfrage und in standardisierten Leistungen oder Produkten.

Beratung von Privatkunden
Erfolgt seitens der Privatkundenbetreuer entsprechend der Einstufung dieser Kunden als vermögende → Privatkunden individuell oder als → Standardkunden mit standardisierten Leistungen und Produkten. Die Grundsätze von Kostenmanagement und Zielgruppenbanking sind dabei zu beachten. Beratungsqualität der Bank und Produktnutzungsquoten stehen in direkter Abhängigkeit zueinander.

Bereitstellungsprovision,
→ Kreditprovision.

Bergrechtliche Gewerkschaft
Besondere, nicht mehr vorkommende → Unternehmensrechtsform für Bergbauunternehmen. Das nennbetragsmäßig nicht festgelegte → Kapital war in quotenmäßige Anteile (→ Kuxe) zerlegt, die im Gewerkenbuch für die → Anteilseigner (Gewerken) eingetragen waren.

Berichtigungsabschlag
Abschlag auf den → Börsenkurs von → Aktien einer Aktiengesellschaft, die durch eine → Kapitalerhöhung aus Gesellschaftsmitteln → Berichtigungsaktien ausgegeben hat. Durch die Berichtigungsaktien wird die Gesamtzahl der Aktien erhöht. Der höheren Anzahl von Aktien steht ein zahlenmäßig unverändertes → Eigenkapital gegenüber, so daß der Kurs der einzelnen Aktie sinkt.
Der B. wird bei der Kursfeststellung durch den Hinweis „ex BA" (ohne Berichtigungsaktien) deutlich gemacht. Dieser Hinweis erfolgt bei der ersten Notiz nach Umstellung des Kurses auf das berichtigte → Grundkapital.
Der B. wird nach folgender Formel berechnet und gibt den rechnerischen (inneren) Wert eines → Bezugsrechts auf Berichtigungsaktien an:

$$BA = \frac{K_a - O}{m/n + 1}$$

wobei:
K_a = Kurs der alten Aktie
O = Kurs der Berichtungsaktien
m = Anzahl der alten Aktien
n = Anzahl der jungen Aktien
(vgl. Formel zur Berechnung des → Bezugsrechtswerts).

Berichtigungsaktie
→ Aktie, die durch die Umwandlung von → offenen Rücklagen in → Grundkapital entsteht und an die → Aktionäre ohne Gegenleistung (entsprechend auch als Gratisaktie bezeichnet) ausgegeben wird (§§ 207 bis 220 AktG). Die Bezeichnung „Gratisaktien" ist irreführend, weil der Aktionär bereits vor dem reinen Passivtausch an den → Rücklagen durch seinen Aktienbesitz beteiligt war. Für den Aktionär ändert sich daher der Wert seiner → Beteiligung nicht, obwohl die einzelne Aktie um den → Berichtigungsabschlag „leichter" wird. B. von → Aktiengesellschaften, deren Aktien börsennotiert sind, werden sofort ohne Zulassungsverfahren zum → amtlichen (Börsen-)Handel zugelassen. Sofern sich die Aktien in Girosammelverwahrung (→ Sammelverwahrung) befinden, schreibt die → Wertpapiersammelbank am Abend des dem ersten Ausgabetag vorausgehenden Bankarbeitstages B. auf Teilrechtekonto oder Sammeldepotkonto (→ Sammeldepot) gut.
Eine solche nominelle → Kapitalerhöhung kann angebracht sein, wenn Grundkapital und Rücklagen zu weit auseinanderklaffen. Das Verfahren entspricht im wesentlichen dem der effektiven Kapitalerhöhung (→ junge Aktien), wobei gleichfalls ein satzungsändernder Beschluß der → Hauptsammlung notwendig ist (§§ 207 Abs. 2 AktG). Die B. gebühren den Aktionären im Verhältnis ihrer bisherigen → Anteile (§§ 212, 214 AktG).

Berliner Industriebank AG
Spezialbank zur Förderung der Berliner Wirtschaft durch Vergabe zinsgünstiger mit-

tel- und langfristiger Kredite (→ Kreditinstitut mit Sonderaufgaben); im Wege der Veräußerung privatisiert. Das Aktienkapital wurde überwiegend von der öffentlichen Hand (Großaktionär BRD, vertreten durch das → ERP-Sondervermögen) bzw. ihr nahestehenden Instituten gehalten.

Bermuda Option
Atlantic Option, Limited Exercise Option, Quasi-American Option; → Option, die nur an bestimmten Terminen während der Optionslaufzeit ausgeübt werden kann. B. O. ist eine Mischform aus → europäischer Option (nur an einem Termin) und → amerikanischer Option (jederzeit während der → Laufzeit). B. O. werden häufig als → Embedded Exotic Options in → Finanzinnovationen (z. B. → Anleihe mit Zinswahlrecht) eingesetzt (→ Bond Stripping).

Berufsbegleitendes Studium, → berufsbegleitende
Weiterbildungsmöglichkeiten, Kreditbanken, → berufsbegleitende Weiterbildungsmöglichkeiten, Sparkassen, → berufsbegleitende Weiterbildungsmöglichkeiten, Genossenschaftsbanken.

Berufsbegleitende Weiterbildungsmöglichkeiten, Deutsche Bundesbank
Die Fortbildungsaktivitäten der → Deutschen Bundesbank konzentrieren sich inhaltlich auf die Schwerpunkte Vermittlung und Aktualisierung von bankbezogenem Fachwissen, Informationstechnik (z. B. Verbesserung der Datenverarbeitungskenntnisse und -fähigkeiten), Kommunikations- und Verhaltenstraining, Personalführung und Arbeitstechniken, Förderung und Intensivierung von Fremdsprachenkenntnissen sowie internationale Fortbildung.
Ergibt sich für den einzelnen Mitarbeiter in Absprache mit dem Vorgesetzten ein konkreter Weiterbildungsbedarf, so kann die Umsetzung, neben den verschiedenen Möglichkeiten eines training-on-the-job, auf folgenden Wegen erfolgen: (1) Im Rahmen der Selbstfortbildung nutzt der Mitarbeiter auf eigene Initiative Angebote externer Bildungsträger (z. B. Fremdsprachenkurse der Volkshochschulen oder Sprachschulen). Die Kosten werden von der Bank überwiegend übernommen. (2) Bei der außerbetrieblichen Fortbildung entsendet die Deutsche Bundesbank die Mitarbeiter zu Veranstaltungen im In- und Ausland, sofern dies dienstlich notwendig ist. Die im Zusammenhang damit anfallenden Kosten werden vollständig von der Bank getragen. (3) Einzelne Dienststellen bieten in Form von Vortragsveranstaltungen, Arbeitsgemeinschaften und Fortbildungskursen eigene Weiterbildungsmaßnahmen an. Die Aktivitäten finden teilweise während, teilweise aber auch außerhalb der Dienstzeiten statt. (4) Für bestimmte Themenkomplexe werden Veranstaltungen zentral, das heißt sowohl für die Mitarbeiter der → Landeszentralbanken als auch für die des → Direktoriums angeboten. Diese Kurse werden von der Dienststelle des Direktoriums in enger Zusammenarbeit mit den Landeszentralbanken konzipiert. Die Durchführung erfolgt arbeitsteilig.
Die zunehmende Verflechtung der → internationalen Finanzmärkte und ihr Einfluß auf die Durchführung der Aufgaben und Tätigkeiten der Deutschen Bundesbank sowie die Schaffung eines Europäischen Zentralbanksystems haben insbes. zur Intensivierung der internationalen Fortbildung der Mitarbeiter geführt. Die Mitarbeiter werden im Bereich der Fach-, Verhaltens- und Fremdsprachenkompetenz qualifiziert, um auslandsorientierte Tätigkeiten übernehmen zu können.
Die Angebotspalette innerhalb der internationalen Fortbildung umfaßt nicht nur den Besuch internationaler Seminare und Veranstaltungen, sondern z. B. ebenso ausländische Praxis- und Informationsaufenthalte.

Berufsbegleitende Weiterbildungsmöglichkeiten, Genossenschaftsbanken
Aufstiegsfortbildung und reine Weiterbildungsmaßnahmen: Das berufliche Bildungssystem der Genossenschaftsbanken umfaßt neben der praktischen Ausbildung im Betrieb die fachtheoretische Ausbildung über die Bildungseinrichtungen der regionalen Genossenschaftsverbände und über die → Akademie Deutscher Genossenschaften e. V., Schloß Montabaur. Grundsätzlich wird bei den Genossenschaftsbanken zwischen Weiterbildung und Aufstiegsfortbildung unterschieden. Weiterbildungsmaßnahmen dienen dem Erfahrungsaustausch, dem Anwendungstraining und insbes. der Vertiefung, der Anpassung und Aktualisierung des Wissens. Im Rahmen der Aufstiegsfortbildung werden dagegen Seminare angeboten, die die unterschiedlichen beruflichen Entwicklungswege von Mitarbeitern und → Führungskräften unterstützen.
Die Aufstiegsfortbildung ist wie folgt konzipiert: *1. Stufe:* Die Seminare sind aufga-

benorientiert gegliedert (Markt-, Marktfolge- und Betriebsbereich). Entscheidet sich der Mitarbeiter nach seiner Ausbildung für den Marktbereich, so nimmt er am Kundenberaterlehrgang (insgesamt sechs Wochen) teil. Ziel dieses Seminares ist die Vorbereitung auf die Beratung im standardisierten → Privatkundengeschäft. Im Mittelpunkt steht insbes. der → Cross-Selling- und Allfinanzgedanke. Mitarbeiter, die sich für den Marktfolgebereich entscheiden, absolvieren das Seminar „Grundlagen Kreditsachbearbeitung" (zwei Wochen), diejenigen, die ihren Aufgabenschwerpunkt im Betriebsbereich sehen, nehmen am zweiwöchigen Seminar „Grundlagen Betriebsbereich" teil. Die Seminare sind als Einstiegsseminare für weitere Entwicklungswege zu sehen. – 2. Stufe: Die Mitarbeiter werden auf der Basis der Einstiegsseminare vorbereitet auf die Übernahme qualifizierter Betreuungs- und Sachbearbeitungsfunktionen im Marktbereich (Kundenbetreuer, Kundenbetreuer vermögender Privatkunden, → Firmenkundenbetreuer, Außenhandelsbetreuer), im Marktfolgebereich (z. B. Kreditsachbearbeitung) und im Betriebsbereich (z. B. Revision, → Rechnungswesen, → Controlling, Personalbereich). Zwischen den einzelnen Seminaren liegt im Regelfall eine etwa dreijährige praktische Tätigkeit im jeweiligen Aufgabenbereich. – 3. Stufe: Qualifizierten Mitarbeitern, bei denen die Übernahme von Führungs- und Leitungsaufgaben vorgesehen ist, wird die erforderliche Managementkompetenz in speziellen Seminaren vermittelt. Das zweiwöchige „Führungsseminar" bereitet die Mitarbeiter auf erste Führungsaufgaben, z. B. als Leiter einer kleineren Geschäftsstelle, vor. Für dieses Seminar ist der Abschluß eines Entwicklungs- bzw. Ausbildungsweges nicht erforderlich. Das Seminar „Management in Genossenschaftsbanken" richtet sich an Mitarbeiter, die als Abteilungsleiter oder als Leiter einer großen Geschäftsstelle (mehr als fünf Mitarbeiter) eingesetzt werden sollen. Das vierwöchige Seminar beschäftigt sich mit den Funktionen des Managementprozesses. Voraussetzung für die Teilnahme ist ein abgeschlossener Ausbildungsweg. Absolventen der Abschlußprüfung haben die Berechtigung, die Bezeichnung „Genossenschaftlicher Bankbetriebswirt" zu führen. Das „Genossenschaftliche Bank-Führungsseminar" der Akademie Deutscher Genossenschaften (13 Wochen) qualifiziert die Mitarbeiter für höhere Führungsaufgaben, etwa als Bereichsleiter oder → Prokurist. Voraussetzung für die Teilnahme ist ein mindestens befriedigender Abschluß des Seminares Management in Genossenschaftsbanken sowie der Besuch zusätzlicher Ergänzungs- und Vorbereitungsseminare, um vergleichbare Vorkenntnisse bei den Teilnehmern zu erreichen. Bei erfolgreichem Abschluß wird den Teilnehmern der Titel „Diplomierter Bankbetriebswirt ADG" verliehen. Dieses Seminar dient gleichzeitig u. a. als Nachweis für die fachliche Eignung als → Geschäftsleiter eines genossenschaftlichen Bankinstituts gemäß § 33 KWG.

Bankkaufmann/Diplom-Betriebswirt (Berufsakademie): Auf der Basis des neuen Niedersächsischen Berufsakademiegesetzes vom 6. 6. 1994 haben der Genossenschaftsverband Weser-Ems und der Genossenschaftsverband Berlin-Hannover zwei Berufsakademien (private Einrichtungen) gegründet. Hierdurch wird ab 1. 8. 1995 in Niedersachsen und Berlin die Möglichkeit geschaffen, eine kombinierte Ausbildung zum Bankkaufmann und Betriebswirt (Berufsakademie) zu absolvieren. Der berufliche Ausbildungsgang für Abiturienten dauert an den Berufsakademien der Volks- und Raiffeisenbanken in Niedersachsen und Berlin insgesamt dreieinhalb Jahre und umfaßt in jedem Semester neben der betrieblichen Ausbildung (training on the job) umfangreichen theoretischen Unterricht. Die Zwischen- und Abschlußprüfung werden von der jeweils zuständigen Industrie- und Handelskammer abgenommen.

Diplom-Betriebswirt (FH): Seit dem 1. 10. 1993 bietet die Akademie Deutscher Genossenschaften für Mitarbeiter der Kreditgenossenschaften ein berufsbegleitendes Studium zum Diplom-Betriebswirt/-in (FH) an. Dieses Studium wird in Kooperation mit der Akademikergesellschaft für Erwachsenenfortbildung (AKAD) durchgeführt. Voraussetzung für die Zulassung zum Fachhochschulstudium ist das Abitur oder die Fachhochschulreife sowie eine kaufmännische Ausbildung. Das Studium umfaßt sechs Semester. Studieninhalte sind neben der Vermittlung wirtschaftswissenschaftlicher Grundlagen, insbes. die Vertiefung bankwirtschaftlicher Inhalte. Das überwiegend als Fernstudium konzipierte Modell integriert systematisch Präsenzveranstaltungen.

Diese Veranstaltungen werden dezentral in den Regionalstudienzentren der AKAD und den regionalen Bildungseinrichtungen der Genossenschaften sowie zentral an der Süddeutschen Hochschule für Berufstätige in Lahr/Schwarzwald und der Akademie Deutscher Genossenschaften durchgeführt.

Berufsbegleitende Weiterbildungsmöglichkeiten, Kreditbanken

Die Weiterbildungssysteme des privaten Bankgewerbes sind je nach Organisationsstruktur und Institutsgröße sehr unterschiedlich. Während große Banken eigene Bildungsabteilungen unterhalten und ihre Schulungsmaßnahmen regional bzw. überregional durchführen, nutzen kleinere Institute verstärkt die Angebote externer Anbieter (z. B. das Seminarangebot der Vereinigung für Bankberufsbildung). Fachbezogene Lerninhalte werden zunehmend durch computerunterstützte Lernprogramme (sogenanntes Computer Based Training) vermittelt. Der Vorteil liegt u. a. in der individuellen Bearbeitungsmöglichkeit durch den Mitarbeiter. Im Mittelpunkt der Weiterbildungskonzeptionen steht das Prinzip „learning by doing", das heißt, Wissensvermittlung findet in erster Linie im aktuellen Tagesgeschäft am Arbeitsplatz statt. Ein weiterer wichtiger Baustein sind die Seminare und Workshops für Fach- und → Führungskräfte. Für die Teilnahme an diesen Seminaren wird der Mitarbeiter überwiegend von seiner Arbeit freigestellt. In den meisten Fällen trägt die Bank die anfallenden Kosten.

Fachspezifische Seminare: In Abhängigkeit von der Organisationsstruktur der Bank werden für die einzelnen Geschäftssegmente sowohl in den marktbezogenen Bereichen (z. B. → Privatkunden, vermögende Privatkunden, → Firmenkunden, → Auslandsgeschäft, → Wertpapiergeschäft), als auch in den internen Bereichen (z. B. Kreditcontrolling, Personal, Organisation, Revision) fachspezifische Seminare zur beruflichen Qualifikation der Mitarbeiter durchgeführt. Dozenten der Seminare sind entweder geschulte Mitarbeiter aus den einzelnen Fachbereichen des Kreditinstituts oder externe Trainer und Referenten.

Verhaltens- und Akquisitionsseminare: Diese Seminare richten sich insbes. an Mitarbeiter, die verkaufsorientiert arbeiten. Inhaltlicher Schwerpunkt ist zum einen die Verbesserung der Kommunikationsfähigkeit, aber auch ein Verhaltenstraining der Teilnehmer. Den Teilnehmern werden z. B. verkaufspsychologische Erkenntnisse vermittelt, Ansatzpunkte für „Cross-Selling-Geschäfte" erläutert und mit ihnen Verkaufs- und Argumentationstechniken entwickelt. Außerdem werden die rhetorischen Fähigkeiten vertieft.

Führungsseminare: Die Seminare und Workshops sollen dazu beitragen, die Managementkompetenz der Teilnehmer zu verbessern. Führungskräfte aller Funktionsstufen sollen lernen, Führungsprobleme zu erkennen, zu analysieren und entsprechende Lösungswege zu finden. Das Kommunikationstraining vermittelt Methoden (z. B. Präsentations- und Vortragstechniken), um den Führungsanforderungen besser gerecht werden zu können.

Förderkreise: Überdurchschnittlich qualifizierte Bankkaufleute haben unter Umständen nach der Ausbildung die Möglichkeit, in einen Förderkreis (regional/überregional) aufgenommen zu werden. Ziel ist es, eine attraktive, berufliche Alternative zum Studium zu schaffen. Im Rahmen eines individuellen Qualifizierungs- und Entwicklungsplanes werden diese Mitarbeiter schnell an eigenverantwortliche Tätigkeiten, z. B. als qualifizierter Betreuer oder Spezialist im In- und Ausland, herangeführt.

Funktionsübergreifende Weiterbildung: Diese Seminare richten sich an die Mitarbeiter aller Funktionsbereiche. Hierbei kann es sich z. B. um Sprachkurse, EDV-Schulungen oder Rhetorikseminare handeln, aber auch um wirtschafts- oder gesellschaftspolitische Seminare. Insbes. die funktionsübergreifenden Schulungsmaßnahmen sind in ihrem Angebot abhängig von der Institutsgröße und der Spezialisierung des Kreditinstituts. In manchen Fällen werden auch die Angebote externer Anbieter (z. B. von Sprachschulen) in Anspruch genommen. Die Kosten werden dann vom Kreditinstitut teilweise oder ganz getragen.

Berufsbegleitende Studiengänge: Einige Bankinstitute bieten ihren Mitarbeitern die Möglichkeit an, nach ihrer Ausbildung auf der Basis eines Teilzeitarbeitsvertrages ein Studium an einer Fachhochschule oder Universität zu absolvieren. Das Verhältnis zwischen Arbeits- und Studienzeit ist dabei abhängig von der individuellen Absprache zwischen → Arbeitnehmer und → Arbeitge-

Berufsbegleitende Weiterbildungsmöglichkeiten

ber. Andere praxisorientierte berufsbegleitende Möglichkeiten zum Hochschulstudium bieten außerdem die Studiengänge der →Bankakademie (Bankfachwirt-Studium, Bankbetriebswirt-Studium und das Management-Studium) und der berufsbegleitende Studiengang der →Hochschule für Bankwirtschaft zum Diplom-Betriebswirt/-in (FH).

Internationale Entwicklung: Die zunehmende Globalisierung der →internationalen Kapitalmärkte hat u. a. dazu geführt, daß ein erfolgreiches Bankmanagement auch Kenntnisse ausländischer Rechts- und Finanzsysteme voraussetzt. Die Weiterbildung der Mitarbeiter berücksichtigt auch diese Anforderungen. Je nach Unternehmensgröße und Organisationsstruktur bieten die Kreditinstitute interessierten und geeigneten Mitarbeitern die Möglichkeit, sei es bei einer ausländischen →Tochtergesellschaft oder Partnerbank (Kooperationspartner, →Kooperation), im Ausland tätig zu werden.

Berufsbegleitende Weiterbildungsmöglichkeiten, Sparkassen

Die berufliche Weiterbildung der Mitarbeiter in der Sparkassenorganisation findet auf drei Ebenen statt: (1) betriebliche Weiterbildung; (2) überbetriebliche Schulungen an den Bildungseinrichtungen der →regionalen Sparkassen- und Giroverbände; (3) überregionale Weiterbildung an der →Deutschen Sparkassenakademie des →Deutschen Sparkassen- und Giroverbandes, Bonn. Daneben führt das Institut für Fernstudien der Deutschen Sparkassenakademie (Veranstalter) zusammen mit dem Deutschen Sparkassenverlag (Verlag) Fernstudiengänge für die Mitarbeiter der Unternehmen und Einrichtungen der Sparkassenorganisation durch. In Zusammenarbeit mit der FernUniversität Hagen wird außerdem die Möglichkeit geboten, ein betriebswirtschaftliches Studium zu absolvieren. Die Kosten für die Teilnahme an diesen Einrichtungen trägt der →Arbeitgeber. Oftmals ist auch die Fortzahlung der Vergütung während der Teilnahme gewährleistet.

Sparkassenfachwirt/Sparkassenfachwirtin (Kundenberaterlehrgang): Aufbauend auf der Abschlußprüfung zum Bankkaufmann bzw. Sparkassenkaufmann haben die Mitarbeiter die Möglichkeit, wenn sie ihre Kenntnisse in der Praxis vertieft haben, den Kundenberaterlehrgang zu besuchen. Ziel ist die Vorbereitung auf die qualifizierte Beratung von →Privatkunden im →Mengengeschäft. Besonderes Gewicht wird auf die Praxis des Beratungs- und Verkaufstrainings gelegt. Dieser Lehrgang wird zum Teil in Vollzeitform, zum Teil aber auch in nebendienstlicher bzw. Fernstudien-Form angeboten. Erfolgreiche Absolventen haben die Berechtigung, die Bezeichnung „Sparkassenfachwirt/Sparkassenfachwirtin" zu führen. In einigen Regionalverbandsbereichen gilt ein Prädikatsabschluß gleichzeitig als bestandene Aufnahmeprüfung zum Sparkassenfachlehrgang.

Sparkassenbetriebswirt (Sparkassenfachlehrgang): Voraussetzung für diesen Studiengang ist z. B. der erfolgreiche Abschluß des Kundenberaterlehrganges bzw. nach der Abschlußprüfung zum Bankkaufmann das Bestehen der Aufnahmeprüfung zum Sparkassenfachlehrgang. Ziel dieses Vollzeitlehrgangs ist es, innerhalb eines Zeitraumes von etwa fünf Monaten eine „Allround-Weiterbildung" des Bankkaufmanns, als Vorbereitung des Aufstiegs in mittlere und gehobene Führungspositionen (z. B. Geschäftsstellenleiter, Abteilungsleiter), zu erreichen. Erfolgreiche Absolventen dieses Lehrganges haben die Berechtigung, die Bezeichnung „Sparkassenbetriebswirt" zu tragen.

Fachseminare: Um Spezialisten für bestimmte Angebotsformen oder Betriebsfunktionen auszubilden, veranstaltet die Deutsche Sparkassenakademie, zum Teil in Zusammenarbeit mit den regionalen Akademien, fünf- bis achtwöchige Fachlehrgänge. Die Fachseminare beziehen sich z. B. auf die Tätigkeitsfelder →Auslandsgeschäft, Betriebsorganisation, →Controlling, Firmenkundenbetreuung, Interne Revision, Personalwirtschaft und Vermögensberatung. Voraussetzung für den Besuch dieser Seminare ist i. d. R. der erfolgreiche Abschluß des Sparkassenfachlehrgangs bzw. ein gleichwertiger Bildungsgang oder eine längere einschlägige Berufserfahrung.

Diplomierter Sparkassenbetriebswirt: Das →Lehrinstitut für das kommunale Sparkassen- und Kreditwesen bietet eine auf wissenschaftlicher Grundlage beruhende Weiterbildung an. Voraussetzung für die Zulassung zum Studium ist z. B. der mit gutem Erfolg abgeschlossene Sparkassenfachlehrgang sowie eine sechsjährige einschlägige Berufspraxis. Ziel des Lehrinstituts ist es, besonders qualifizierte Nachwuchskräfte auf die Übernahme leitender Funktionen vorzubereiten. Der Lehrplan umfaßt deshalb insbes. wirtschaftswissenschaftliche, juristische und geschäftspolitische Themen. Gleichzeitig findet ein intensives Verhaltenstraining statt (Seminare über Wirtschafts- und Marktpsychologie sowie Kommunikation für Führungskräfte.) Das Vorstudium dauert acht Monate, die Lehrgänge des Präsenzstudiums zwei Semester (elf Monate). Der Lehrgang endet mit der „Höheren Fachprüfung". Den erfolgreichen Absolventen des Lehrinstituts wird die Bezeichnung „Diplomierter Sparkassenbetriebswirt" (Dipl.-Sparkassenbetriebswirt) verliehen. Dieser Abschluß wird innerhalb der Sparkassenorganisation bei der Besetzung von Führungspositionen (z. B. Filialbereichs- oder Hauptabteilungsleiter) einer akademischen Abschlußprüfung gleichgesetzt.

Verbandsprüfer-Ausbildung: Da die externen Prüfungen innerhalb der Sparkassenorganisation von den Prüfungsstellen der regionalen Sparkassen- und Giroverbände wahrgenommen werden, bieten sich hier für interessierte Mitarbeiter spezielle Weiterbildungsmöglichkeiten. Neben einer zweijährigen Assistententätigkeit bei einem erfahrenen Verbandsprüfer wird in drei Lehrgängen (Gesamtdauer sieben Wochen) das praktisch erworbene Wissen theoretisch untermauert. Die Ausbildung endet mit dem Abschluß des Verbandsprüferexamens.

Bankkaufmann/Diplom-Kaufmann (-frau): Das duale Bildungsangebot der FernUniversität Hagen und der Sparkassenorganisation ermöglicht es, ein ausbildungs- und/oder berufsbegleitendes wirtschaftswissenschaftliches Studium zum Diplom-Kaufmann/zur Diplom-Kauffrau zu absolvieren. Voraussetzung für die Teilnahme am dualen Bildungsangebot ist das Abitur oder die Fachhochschulreife. Zu Beginn des Studiums können sich die Teilnehmer zwischen einer sechsjährigen (Studienplan A) und einer fünfjährigen (Studienplan B) Studiendauer entscheiden. Beim Studienplan A beginnt das Studium bereits während der Berufsausbildung. Durch erhebliche Synergieeffekte wird die Gesamtausbildungszeit verkürzt. Der Studienplan B richtet sich primär an junge Angestellte, die ihre Ausbildung abgeschlossen haben und in möglichst kurzer Zeit ein Universitätsstudium absolvieren möchten. Die Teilnahme am dualen Bildungsangebot ist verbunden mit Präsenzseminaren (15 Wochen), einem in Abhängigkeit vom Studienverlauf abgestuften Teilzeitarbeitsvertrag sowie bezahltem Sonderurlaub für den Besuch der Präsenzseminare, der Prüfung und der Anfertigung der Diplomarbeit (insgesamt 120 Tage).

Fernstudiengänge: Das Institut für Fernstudien der Deutschen Sparkassenakademie bietet zusammen mit dem Deutschen Sparkassenverlag verschiedene Fernstudiengänge an, um die Aus- und Weiterbildung in der Sparkassenorganisation zu ergänzen: (1) Studiengang A (Langform)/Studiengang E (Kurzform): Bankkaufmann/Bankkauffrau. Ziel dieser Studiengänge ist die Vorbereitung auf die Zwischen- und Abschlußprüfung für Bankkaufleute/Sparkassenkaufleute. (2) Studiengang B: Grundstudium Sparkassenfachwirt/-in. Dieser Kurs vermittelt Kenntnisse über die qualifizierte, spartenübergreifende Beratung von Privatkunden im Mengengeschäft. Er wird sowohl zur Vorbereitung auf den Kundenberaterlehrgang, aber auch als Bestandteil dieses Lehrganges eingesetzt. (3) Studiengang C: Grundstudium Sparkassenbetriebswirt/-in. Ziel des Kurses ist die fachliche Vorbereitung auf die Aufnahmeprüfung zum Sparkassenfachlehrgang. Gleichzeitig soll der Unterricht im Sparkassenfachlehrgang entlastet werden.

Seminare für Führungskräfte: Vorstandsmitglieder und obere Führungskräfte der Sparkassen und → Landesbanken/Girozentralen können sich in mehrtägigen Seminaren weiterbilden. Der inhaltliche Schwerpunkt liegt dabei auf betriebswirtschaftlichen Fragestellungen und auf Verhaltensschulungen.

Sparkassenstiftung für internationale Kooperation: Die Sparkassenstiftung verfolgt das Ziel, die wirtschaftliche und gesellschaftliche Entwicklung in Entwicklungsländern und -gebieten zu fördern (insbes. in Ost- und Zentraleuropa). Dies geschieht z. B. durch Aus- und Fortbildungsmaßnahmen, die im jeweiligen Land durchgeführt werden oder durch die Entsendung von Experten. Für interessierte und geeignete Mitarbeiter der Sparkassenorganisation besteht unter Umständen die Möglichkeit, als Kurzzeitexperte bei Kooperationsprojekten eingesetzt zu werden.

Berufs-Einstiegsmöglichkeiten

Berufs-Einstiegs- und -entwicklungsmöglichkeiten für Hochschulabsolventen

Akademischen Nachwuchskräften, insbes. der Fachbereiche Wirtschaftswissenschaften, Rechtswissenschaften, Informatik und Wirtschaftsingenieurwesen, bieten sich im privaten und öffentlichen Bankgewerbe drei Einstiegs- und Entwicklungsmöglichkeiten: (1) die qualifizierende Vorbereitung (Traineeausbildung) auf die Übernahme bestimmter Fach- und Führungsaufgaben während des Studiums, (2) die qualifizierende Vorbereitung (Traineeausbildung) auf die Übernahme bestimmter Fach- und Führungsaufgaben nach dem Studium sowie (3) der Direkteinstieg nach dem Studium. Das Auswahlverfahren findet meist in einem → Assessment-Center oder vergleichbaren Veranstaltungen statt.

Traineeausbildung während des Studiums: Manche Banken bieten denjenigen Mitarbeitern, die nach ihrer Ausbildung ein Studium absolvieren wollen, die Möglichkeit, bereits während der Studienzeit einen Teil des Traineeprogramms zu absolvieren. Die Studenten werden in einen Studien- bzw. Förderkreis aufgenommen, wobei es verschiedene Ausgestaltungsmöglichkeiten gibt. Bei der Vollzeitvariante arbeitet der Mitarbeiter unter Umständen halbtags in der Bank und besucht dann die Lehrveranstaltungen der Universität.

Traineeausbildung nach dem Studium: Traineeprogramme nach dem Studium dauern i. d. R. zwölf bis 18 Monate, wobei oftmals zwischen einer Basis- und einer Spezialisierungsphase unterschieden wird. Die Länge der Basisphase, in der praktische Grundkenntnisse über das → Bankgeschäft vermittelt werden, ist abhängig von der Einsatzbereitschaft und der Vorbildung des Trainees. Ist beispielsweise die Bank- oder Sparkassenausbildung vorhanden, so entfallen bestimmte Stationen in der Ausbildung oder werden verkürzt. Die daran anschließende Vertiefungs- und Spezialisierungsphase setzt inhaltliche Schwerpunkte, die abhängig sind von den Kenntnissen, Neigungen und Fähigkeiten des Trainees (z. B. → Privatkunden- oder → Firmenkundengeschäft, Vermögensberatung, Stabsabteilungen). Traineeausbildungen sind keine starren Ausbildungsprogramme, sondern werden individuell auf den jeweiligen Bewerber abgestimmt. Die Ausbildung findet i. d. R. primär in der Bank statt (training on the job) und wird durch spezielle Seminare ergänzt.

Direkteinstieg: Sind bereits Spezialkenntnisse oder konkrete Berufsvorstellungen beim Hochschulabsolventen vorhanden, dann bietet sich ein Direkteinstieg in die Bank/Sparkasse an. Ein Vorteil ist die damit verbundene Möglichkeit, schnell eigenverantwortlich tätig sein zu können und seinen Neigungen entsprechend zu arbeiten.

Berufs- und Wirtschaftsakademien,
→ Ausbildung im Bankensektor.

Beschaffung

Eine der marktgerichteten Grundfunktionen des → Betriebs bzw. der Unternehmung. Sie umfaßt die B. von Sachgütern, Dienstleistungen und → Rechten auf den Waren- und Dienstleistungsmärkten, die B. von Arbeitskräften auf den Arbeitsmärkten und die B. von → Eigenkapital und → Fremdkapital auf den → Geldmärkten und → Kapitalmärkten (umfassender Beschaffungsbegriff).

Nach Süchting ist bei → Kreditinstituten zwischen B. und → Absatz kaum zu trennen. Die Absatzbemühungen einer Bank vollziehen sich „rund um die → Bilanz", betreffen also → Aktiva (Verkauf von → Krediten) und → „Passiva" (Verkauf von Geldanlagemöglichkeiten) gleichermaßen. Daher kommt dem Bereich der B. in dieser Branche eine vergleichsweise geringe Bedeutung zu. B. ist eingeschränkt auf die Rekrutierung von Arbeitskräften und den Einkauf von Gegenständen der Geschäftsausstattung, Formularen etc. oder sonst benötigten Dienstleistungen.

Beschäftigungspolitik

Maßnahmen der → Wirtschaftspolitik, die auf eine Auslastung des → Produktionspotentials zielen, damit auch darauf, daß Arbeitsfähigen und Arbeitswilligen Arbeitsplätze zur Verfügung stehen, d. h. → Arbeitslosigkeit vermieden wird. Da mit Vollbeschäftigung der Ausgleich von Angebot und Nachfrage auf den Arbeitsmärkten verbunden ist, weist die B. eine enge Beziehung zur → Arbeitsmarktpolitik und auch zur → Sozialpolitik auf. Die B. stellt jedoch schwerpunktmäßig auf den gesamtwirtschaftlichen Ausgleich von Angebot und

Nachfrage nach Arbeitskräften ab und nicht auf regionale, sektorale, qualifikatorische und/oder gruppenspezifische Merkmale der Beschäftigung.
Zur Herstellung und Sicherung von gesamtwirtschaftlicher Vollbeschäftigung werden unterschiedliche wirtschaftspolitische Konzepte vertreten. Die Anhänger der Keynesschen Theorie glauben, über eine Anregung der → gesamtwirtschaftlichen Nachfrage Unterbeschäftigungssituationen beseitigen zu können (→ nachfrageorientierte Wirtschaftspolitik). Nach den Vorstellungen der Anhänger einer → angebotsorientierten Wirtschaftspolitik soll demgegenüber mehr wirtschaftliche Dynamik und mehr Beschäftigung durch eine Stärkung der Selbstheilungskräfte des Marktes erreicht werden.

Beschränkte Geschäftsfähigkeit, → Geschäftsfähigkeit.

Beschränkte persönliche Dienstbarkeiten
Der → Grunddienstbarkeit entsprechende Belastungen eines → Grundstücks (§§ 1090 ff. BGB), die allerdings einer bestimmten → natürlichen oder → juristischen Person zustehen und daher nicht übertragbar sind (§ 1092 Abs. 1 BGB).
Wegen ihrer Auswirkungen auf den → Beleihungswert eines Grundstücks sind vor allem folgende Rechte für die Kreditpraxis bedeutsam:
(1) *Wohnungsrecht*: Berechtigung zur Bewohnung des Gebäudes oder bestimmter Räumlichkeiten des belasteten Grundstücks unter Ausschluß des Eigentümers (§ 1093 BGB). Zur Bewertung: → Dauerwohnrecht; Ermittlung des Kapitalwertes nach §§ 13–16 BewG.
(2) *Wohnbelegungsrecht*: Auf Verlangen des Inhabers darf das jeweilige Grundstück oder der jeweilige Grundstücksteil nur von einem bestimmten Personenkreis bewohnt werden.
(3) *Schürfrecht*: Berechtigt zum Abbau nicht unter das Bergrecht fallender Mineralien wie Steine, Sand und Kies.
(4) *Tankstellenrecht*: Gibt dem Berechtigten, meist einer Mineralölgesellschaft, die Befugnis, auf dem Grundstück eine Tankstelle zu errichten.
(5) *Überleitungsrecht*: Berechtigt das begünstigte Energieversorgungsunternehmen zur Verlegung von Hochspannungs-, Öl- und Gasleitungen.

(6) *Wegerecht*: Verpflichtet den Eigentümer des belasteten Grundstücks, dessen Überschreiten zu Fuß, je nach Inhalt auch die Überfahrt mit Kraftfahrzeugen zu dulden.
(7) *Bauverbote und -beschränkungen*: Zwingen den Eigentümer, derartige Handlungen auf seinem Grundstück zu unterlassen.
(8) → *Wettbewerbsbeschränkungen*: Verpflichten den Eigentümer, den Betrieb eines Gewerbes überhaupt oder eines bestimmten Gewerbes auf dem Grundstück ohne Zustimmung des Berechtigten zu unterlassen. Damit kann dessen Recht verbunden sein, selbst dort ein Gewerbe zu betreiben. Derartige Grundstücksrechte mindern den → Verkehrswert und die Verkehrsfähigkeit des belasteten Grundstücks erheblich.
(→ Grundbuch)

Beschränkt konvertierbares DM-Konto
Für Devisenausländer (→ Gebietsfremde) von 1954 bis zur Herstellung der → Konvertibilität der DM (1958) geführte Konten. Mit der Konvertibilität entstanden → Ausländer-DM-Konten.

Besitz
Tatsächliche Gewalt einer → Person über eine → Sache (§§ 854 ff. BGB). Der B. ist vom → Eigentum, das sich auf die rechtliche Herrschaft über eine Sache bezieht, streng zu unterscheiden. Ein Besitzrecht kann sich auf ein dingliches (z. B. → Pfandrecht) oder auf ein obligatorisches Recht (z. B. → Miete) gründen. Der rechtmäßige Besitzer ist vom Gesetzgeber geschützt: Er darf in seinem B. nicht gestört werden, anderenfalls begeht der Störer verbotene Eigenmacht (§ 858 BGB). Hiergegen kann der Besitzer im Wege der Selbsthilfe vorgehen (§ 859 BGB).

Arten: (1) Zu unterscheiden ist der unmittelbare B. (z. B. → Kreditinstitut als → Verwahrer von → Wertpapieren im Streifbanddepot) vom mittelbaren B. (z. B. Hinterleger von Wertpapieren). Der unmittelbare B. wird teilweise wie ein → Recht geschützt (§§ 858 ff., 1007, 823 BGB). Der B. ist oft auch Voraussetzung für die Übertragung dinglicher Rechte (z. B. §§ 929, 1205 ff. BGB). Mittelbarer B. liegt dann vor, wenn die tatsächliche Sachherrschaft durch einen Dritten ausgeübt wird (§ 868 BGB), der die Sache aufgrund eines bestimmten Rechts-

Besitzkonstitut

verhältnisses (z. B. Miete, → Leihe, → Nießbrauch) in unmittelbarem B. hat, diese jedoch nach Ablauf des sich aus dem → Schuldverhältnis ergebenden Besitzrechtes zurückgeben muß (Besitzmittlungsverhältnis, → Besitzkonstitut). Der B. ist übertragbar und vererblich (§§ 854, 857 BGB). (2) Der Besitzer kann Alleinbesitz oder Mitbesitz (§ 866 BGB, z. B. gemeinschaftliches → Schließfach von Ehegatten) haben. (3) Beim Eigenbesitz fallen B. und Eigentum zusammen (§ 872 BGB). Der Fremdbesitzer besitzt eine Sache als ihm nicht gehörend, d. h. für einen anderen (z. B. Kreditinstitut als Verwahrer von Wertpapieren). (4) Teilbesitz liegt dann vor, wenn gesonderter Besitzanteil an einer Sache gegeben ist (§ 865 BGB, z. B. abgesonderte Räume, B. eines einzelnen Schließfachs einer Schließfachanlage eines Kreditinstituts).

Besitzkonstitut
Verhältnis zwischen mittelbarem Besitzer und unmittelbarem Besitzer, durch das der mittelbare Besitzer dem unmittelbaren Besitzer gegenüber auf Zeit zum → Besitz berechtigt bzw. verpflichtet ist (Besitzmittlungsverhältnis). Beispiele: → Miete, → Leihe, → Nießbrauch, → Verwahrung. Im → Kreditgeschäft wird bei der → Sicherungsübereignung regelmäßig ein B. vereinbart (§§ 930, 868 BGB).

Besitzmittlungsverhältnis, → Besitzkonstitut.

Besitzpersonengesellschaft, → Betriebsaufspaltung.

Besserungsschein
Schriftliches, beim Forderungsverzicht des → Gläubigers abgegebenes Versprechen des → Schuldners, bei Besserung der Vermögensverhältnisse Nachzahlungen an den Gläubiger zu leisten.

Bestandteil
Teil einer → Sache, der entweder von Natur aus mit dieser eine Einheit bildet oder durch Verbindung (§§ 946, 947 BGB) mit einer Hauptsache nach der Verkehrsanschauung seine Selbständigkeit verloren hat, so daß er zusammen mit dieser als Einheit angesehen wird.

Arten: (1) Ein *einfacher (unwesentlicher) B.* wird wie die Hauptsache behandelt, kann aber auch Gegenstand besonderer → Rechte sein. So bleibt z. B. ein → Eigentumsvorbehalt an der gelieferten Sache auch nach Verbindung des einfachen B. mit einer anderen Hauptsache bestehen. Ein einfacher B., etwa der Motor eines Pkw, kann auch isoliert an ein → Kreditinstitut zur Sicherung übereignet werden (→ Sicherungsübereignung). (2) Ein → *wesentlicher Bestandteil* ist demgegenüber nicht sonderrechtsfähig (§ 93 BGB). Zu den wesentlichen B. eines → Grundstücks gehören die mit dem Grund und Boden fest verbundenen Sachen, insbes. Gebäude; zu den wesentlichen B. eines Gebäudes gehören die zu seiner Herstellung eingefügten Sachen (§ 94 BGB).

B. und Zubehör: B. sind vom → Zubehör einer Sache zu unterscheiden. B. und Zubehör eines Grundstücks sowie die von diesem bereits getrennten Erzeugnisse gehören aber dem Haftungsverband von → Grundpfandrechten an (gemäß §§ 1120 ff. BGB; → Grundpfandrechte, Haftungsverband). Hierauf muß ein Kreditinstitut bei einer Sicherungsübereignung achten.

Bestätigter LZB-Scheck
Die → Deutsche Bundesbank kann nach § 23 Abs. 1 BBankG auf sie gezogene → Schecks, gleichgültig ob → Barschecks oder → Verrechnungsschecks, bei entsprechender Deckung bestätigen. Durch den Bestätigungsvermerk verpflichtet sie sich scheckrechtlich zur Einlösung des → Wertpapiers gegenüber → Aussteller, Inhaber und den → Indossanten. Rechtsgrundlagen für den b. L.-S. sind neben dem Bundesbank-Gesetz das → Scheckgesetz und die einschlägigen Bestimmungen in den → Allgemeinen Geschäftsbedingungen der Deutschen Bundesbank (AGBDB). § 23 BBankG stellt eine Ausnahme zu dem in Art. 4 SchG allgemein statuierten scheckrechtlichen Akzeptverbot dar, das grundsätzlich eine scheckrechtliche → Haftung des bezogenen → Geldinstituts verhindert.

Praktische Bedeutung: Der b. L.-S. ist nicht für alltägliche Zahlungen gedacht, sondern wird in der Praxis vielfach benutzt, wenn es um den Erwerb wertvoller → Wirtschaftsgüter geht. Der LZB-Scheck ist wegen der unbezweifelbaren → Liquidität der Notenbank ein Synonym für Zahlungssicherheit. In der Praxis hat sich der Satz eingebürgert, daß ein bestätigter Bundesbankscheck so gut wie → Bargeld ist. Der Wirtschaftsverkehr ver-

Bestätigter LZB-Scheck

wendet diese besondere Form der bargeldlosen Zahlung namentlich zur Abwicklung von Grundstücksgeschäften – Auflassung des →Grundstückes Zug um Zug gegen Hingabe eines bestätigten Bundesbankschecks – oder zur Bezahlung ersteigerter Güter, v. a. innerhalb der →Zwangsvollstreckung, insbes. der →Zwangsversteigerung (§ 69 Abs. 2 ZVG).

Bestätigungsvermerk: Eine Bestätigung wird nur dem Scheckaussteller, der bei der Bundesbank ein →Konto unterhält, auf Antrag erteilt (Abschnitt II Nr. 20 AGBDB). →Girokonten führt die Bundesbank aber nicht nur für →Kreditinstitute, sondern auch für andere →natürliche und →juristische Personen. Davon machen hauptsächlich Kaufleute und Unternehmen Gebrauch. Zuständig für die Bestätigung ist die →Zweiganstalt (Zweigstelle oder Hauptstelle) der Landeszentralbank, bei der der Scheckaussteller ein Konto unterhält. Sie erfolgt durch einen auf der Rückseite des Scheckformulars angebrachten Vermerk mit folgendem Inhalt: „Wir verpflichten uns, diesen Scheck über (folgt der Betrag) bis zum (folgt der Tag des Ablaufs der Vorlegungsfrist) während der Geschäftszeit einzulösen. An anderen Stellen der Deutschen Bundesbank wird der Scheck in Zahlung genommen, jedoch nicht bar auszahlt."
Eine Bestätigung darf die zuständige Stelle nach § 23 Abs. 1 S. 1 BBankG nur vornehmen, sofern das Girokonto des antragstellenden Scheckausstellers eine entsprechende Deckung aufweist. Sollte in gesetzeswidriger Weise auch ohne entsprechende Deckung bestätigt werden, berührt dies wegen des bloßen Ordnungscharakters dieser Vorschrift die Wirksamkeit der Bestätigung nicht. Dieser Aspekt hat indes kaum praktische Bedeutung, da die Bundesbank bei Bestätigung sofort das Konto des Ausstellers belastet (Abschnitt II Nr. 21 AGBDB). Die sofortige Abbuchung hat aber nur Sicherungsfunktion. Sollte wider Erwarten der Scheck nicht eingelöst werden, wird der Betrag später wieder gutgeschrieben (Abschnitt II Nr. 22 Abs. 2 AGBDG). Durch die Bestätigung verpflichtet sich die Bundesbank nach § 23 Abs. 1 S. 2 BBankG scheckrechtlich zur Einlösung des Schecks gegenüber dem Inhaber, dem Aussteller und den Indossanten. Rechtlich betrachtet entspricht die Verpflichtungswirkung dem Akzept beim Wechsel (→Wechsel, Annahme),

mit dem Unterschied allerdings, daß sie zeitlich auf die Vorlegungsfrist beschränkt ist. Der Sache nach handelt es sich deshalb um ein abstraktes Zahlungsversprechen der Deutschen Bundesbank gegenüber den genannten Personen, welches von der Rechtsbeziehung untereinander unabhängig ist.

Vorlegung: Der Scheckinhaber braucht den bestätigten Scheck nicht unbedingt direkt bei der Zweiganstalt vorzulegen, die den Bestätigungsvermerk angebracht hat. Andere Stellen der Bundesbank honorieren aber den Scheckbetrag nicht in bar, sondern nehmen den Scheck nur in Zahlung, so daß eine Einlösung durch Gutschrift erfolgt (Abschnitt II Nr. 20 Abs. 3 AGBDB). Dieser Unterschied besitzt aber kaum praktische Bedeutung, weil bei hohen Schecksummen ohnehin nur Verrechnungsschecks verwendet werden, welche nach Art. 39 SchG auch die Bestätigungsstelle der Bundesbank nicht bar auszahlen darf.

Einlösungsfristen: Wesentlich wichtiger für den Zahlungsverkehr ist der Umstand, daß die Einlösungsverpflichtung der Bundesbank einer zeitlichen Beschränkung unterliegt. Die Verpflichtung aus der Bestätigung erlischt gemäß § 23 Abs. 3 BBankG, wenn der Scheck nicht innerhalb der scheckrechtlichen Vorlegungsfristen, also binnen acht Tagen nach Ausstellung, zur Zahlung vorgelegt wird. Der Nachweis der Vorlegung ist nach Maßgabe von Art. 40 SchG zu erbringen. Wird diese Zeit nicht eingehalten, verliert der Scheckinhaber überdies seine Regreßansprüche gegenüber dem Aussteller und den Indossanten (→Scheck, Rückgriff). Vielfach führen Kreditinstitute für ihre Kunden auch die Vorlegung von bestätigten Bundesbankschecks im Wege des →Scheckinkassos durch. Reichen sie dabei den Scheck nicht bei der Bestätigungs-Zweiganstalt, sondern bei einer anderen Geschäftsstelle der Landeszentralbanken ein, so ist unbedingt davon abzusehen, dies im Wege des vereinfachten Scheck- und Lastschrifteneinzugs zu tun. Nach einer Entscheidung des BGH ist in diesem Fall die Einreichung bei einer nicht bezogenen Zweigstelle keine Vorlegung zur Zahlung, sondern wird „lediglich zur Weiterleitung an die bezogene Filiale übergeben" (BGH WM 1985, S. 1391). Demnach ist dann die Vorlegung zur Zahlung erst bewirkt, wenn der Scheck bei der Bestätigungsstelle eingeht. Die Bundesbank ist lediglich gegenüber der Inkassobank zur

249

Bestätigtes Akkreditiv

unverzüglichen Weiterleitung des Schecks an die bezogene Zweigstelle verpflichtet. Läuft aber inzwischen die Vorlegungsfrist ab, erlischt der scheckrechtliche Einlösungsanspruch gegenüber der Bundesbank. Nur wenn die Bundesbank die Weiterleitung schuldhaft verzögert hat, besitzt die einreichende Bank ggf. einen Schadensersatzanspruch aus → positiver Vertragsverletzung. Dieses Recht steht nach Ansicht des BGH unter dem Gesichtspunkt des → Vertrags mit Schutzwirkung zugunsten Dritter auch dem → Bankkunden als eigentlichem Scheckinhaber zu, weil er in den Schutzbereich der Inkassoverhältnisse zwischen Geschäftsbank und Bundesbank einbezogen sei. Wird jedoch der bestätigte Bundesbankscheck rechtzeitig zur Zahlung vorgelegt, kann sich der Scheckinhaber stets auf die Einlösung verlassen. Ein Widerruf des Ausstellers ist deshalb bei einem bestätigten Scheck ausgeschlossen. Ein nicht fristgerecht vorgelegter bestätigter Scheck ist dagegen als einfacher Scheck zu behandeln (Abschnitt II Nr. 22 Abs. 1 AGBDB), so daß er jederzeit von dem Aussteller widerrufen werden kann (Scheckwiderruf), wie es auch in dem vom BGH entschiedenen Fall geschehen ist. Selbst wenn der Aussteller nach Scheckbestätigung in → Konkurs fällt, darf die Bundesbank nach § 23 Abs. 2 BBankG die Einlösung eines rechtzeitig vorgelegten Schecks nicht verweigern, obwohl der der Scheckausstellung zugrunde liegende → Scheckvertrag nach § 23 Abs. 2 KO i. V. mit § 675 BGB mit Konkurseröffnung erlischt.

Durchsetzung des Einlösungsanspruchs: Wie für sonstige scheckrechtliche Ansprüche kann nach § 23 Abs. 5 BBankG der Zahlungsanspruch aus der Scheckbestätigung gegenüber der Bundesbank gerichtlich in Form des → Scheckprozesses oder → Scheckmahnbescheids geltend gemacht werden. Die → Verjährung tritt innerhalb von zwei Jahren nach Ablauf der Vorlegungsfrist ein (§ 23 Abs. 4 BBankG).

Bestätigtes Akkreditiv

→ Zahlungsakkreditiv, → Akzeptierungsakkreditiv oder → Negoziierungsakkreditiv mit Leistungsversprechen der eröffnenden und der bestätigenden Bank. Die Verpflichtung aus einer Akkreditivbestätigung besteht (wie aus einer Akkreditiveröffnung) darin, die im → Akkreditiv vorgesehene Leistung zu erbringen oder die (garantieähnliche) Verantwortung für die Leistung durch einen Dritten zu übernehmen (→ Dokumentenakkreditiv).

Bestätigung eines Akkreditivs, → bestätigtes Akkreditiv.

Bestätigungsvermerk

Testat des Wirtschaftsprüfers unter dem von ihm geprüften → Jahresabschluß bzw. → Konzernabschluß. Der uneingeschränkte B. bestätigt, daß sowohl die Buchführung und der Jahresabschluß/Konzernabschluß einer → Kapitalgesellschaft (AG, GmbH, KGaA) nach pflichtgemäßer Prüfung den gesetzlichen Vorschriften entsprechen und unter Beachtung der Grundsätze ordnungsmäßiger Buchführung ein den tatsächlichen Verhältnissen entsprechendes Bild der Vermögens-, Finanz- und Ertragslage vermitteln als auch Lagebericht/Konzernlagebericht mit dem Jahresabschluß/Konzernabschluß im Einklang stehen (§ 322 HGB, § 27 KWG). Sind Einwendungen zu erheben, kann der B. eingeschränkt oder versagt werden.
(→ Jahresabschlußprüfung)

Bestellerkredit

→ Kredit im → Außenhandel, den die → AKA Ausfuhrkreditgesellschaft mbH ausländischen Importeuren oder deren Banken zur Ablösung der Exportforderungen deutscher Exporteure (Abnehmerfinanzierung) im Rahmen ihres Plafonds C gewährt (→ Finanzkredit an das Ausland). B. gewährt auch die → Kreditanstalt für Wiederaufbau (KfW). Gegensatz: → Lieferantenkredit; → AKA-Kredit.

Bestens-Order

Unlimitierter Auftrag zum Verkauf von → Devisen oder → Effekten zum bestmöglichen Kurs (→ Devisenbörse, → Effektenbörse, → Auftragsarten an der DTB).

Besteuerung der Erträge bei Aktien

Erträge aus → Aktien können sich ergeben in Form von → Ausschüttungen, d. h. Zahlung von Gewinnanteilen durch die → Aktiengesellschaft (AG) und in Form von Kursgewinnen.
Bei *Ausschüttungen* zahlt die AG nicht nur die → Dividende, sondern erteilt zusätzlich eine → Steuerbescheinigung über das → Körperschaftsteuerguthaben des → Aktionärs (→ anrechenbare Körperschaft-

steuer). (Netto-)Dividende und Steuerguthaben ergeben die Bruttodividende, die bei den →Einkünften aus Kapitalvermögen vom Aktionär zu versteuern ist. Bei Auszahlung (Gutschrift) der Dividende werden dem Aktionär 25% KESt (→ anrechenbare Kapitalertragsteuer) abgezogen, sofern er nicht einen →Freistellungsauftrag oder eine →Nicht-Veranlagungsbescheinigung vorlegt. Daher werden dem Aktionär nur 48 v. H. der Bruttodividende (Nettodividende) überwiesen. Das Freistellungsvolumen bei einem Freistellungsauftrag gilt gleichermaßen für Aktien und für →Anleihen eines Wertpapiersparers.

Kursgewinne unterliegen als →Spekulationsgewinne der →Einkommensteuer, wenn die Papiere des Privatvermögens innerhalb von sechs Monaten nach Erwerb weiterveräußert werden; Kursgewinne im Rahmen des →Betriebsvermögens unterliegen stets der Besteuerung.
(→Spekulationsgeschäfte)

Besteuerung von Kreditinstituten

Die B. v. K. hängt zunächst von der *Rechtsform* ab, in der ein Kreditinstitut i. S. des KWG betrieben wird. Als →Kapitalgesellschaft in der Gestalt einer →Aktiengesellschaft oder einer →Gesellschaft mit beschränkter Haftung unterliegt ein Kreditinstitut mit seinem Einkommen der →*Körperschaftsteuer*. →Kommanditgesellschaften auf Aktien sind körperschaftsteuerpflichtig, soweit ihr Gewinn auf die Kommanditaktionäre entfällt; ihre →Komplementäre (persönlich haftende Gesellschafter) müssen für die ihnen zuzurechnenden Gewinnanteile →Einkommensteuer zahlen. Körperschaftsteuerpflichtig sind ferner die →Genossenschaften sowie →öffentlichrechtliche Kreditinstitute, insbesondere die kommunalen →Sparkassen; einige öffentliche Banken sind jedoch von der Körperschaftsteuer befreit (§ 5 Abs. 1 Nr. 2 KStG). Bei →Personengesellschaften (→Offene Handelsgesellschaft [OHG], →Kommanditgesellschaft [KG]) unterliegen die Gesellschafter der →*Einkommensteuer*. Dasselbe gilt für Einzelkaufleute, soweit sie noch als Bankier tätig sein dürfen. Kreditinstitute erzielen →Einkünfte aus Gewerbebetrieb (§ 15 Abs. 1 EStG). Somit sind sie auch nach § 2 Abs. 1 GewStG gewerbesteuerpflichtig (→Gewerbesteuer).
Grundlage der Ertragsbesteuerung von Kreditinstituten ist der Gewinn (→Gewinneinkunftsarten); er wird generell durch einen Betriebsvermögensvergleich ermittelt (→Gewinnermittlungsmethoden nach EStG). Da Kreditinstitute ein vollkaufmännisches →Handelsgewerbe betreiben, kann das steuerliche →Betriebsvermögen der nach den →Grundsätzen ordnungsgemäßer Buchführung aufgestellten→Handelsbilanz abgeleitet werden (→Bankbilanz); sie ist nach § 5 Abs. 1 EStG für die →Steuerbilanz maßgeblich.
Bei der →Umsatzsteuer greifen vielfach Steuerbefreiungen ein (→Umsatzsteuer bei Kreditinstituten). Bei anderen →Steuern, z. B. der →Vermögensteuer, bestehen keine Unterschiede im Vergleich zu anderen (inländischen) →Steuerpflichtigen.

Besteuerung von Renten, →Rentenbesteuerung.

Bestimmbarkeitsgrundsatz

Voraussetzung für eine wirksame Bestellung von →Abtretungen oder →Sicherungsübereignungen als →Kreditsicherheiten. Nur wenn die abgetretenen →Rechte und sicherungsübereigneten →Waren eindeutig gekennzeichnet bzw. beschrieben sind, kann im Verwertungsfall eine →Absonderung oder →Aussonderung erfolgen.

Bestimmtheitsmaß

Begriff der →Regressionsanalyse. Allgemeines Maß für die Bestimmtheit des Zusammenhangs von →Zufallsgröße im Wertbereich zwischen 0 und 1. Wenn das B. nahe bei Eins liegt, besteht ein intensiver Zusammenhang; je mehr das B. gegen Null strebt, desto schwächer ist ein Zusammenhang ausgeprägt. Aus dem B. wird durch Radizieren der allgemeine →Korrelationskoeffizient gebildet.

Bestimmungslandprinzip

Grundsatz zur Vermeidung der →Doppelbesteuerung des →Außenhandels. Die Erzeugnisse sollen mit den →Steuern des importierenden Landes belegt werden.
Gegensatz: →Ursprungslandprinzip.

Beta

Kurzbezeichnung für →Betafaktor.
(→Alpha, →Markt-Modell, →moderne Portfolio-Theorie, →Asset Allocation)

Betafaktor

Quantitative Kennzahl zur Beurteilung des →systematischen Risikos von →Aktien

z. B. im →Capital Asset Pricing Model (CAPM) und →Markt-Modell. B. geben die Sensitivität der →Periodenrendite eines Einzelwertes (z. B. einzelne Aktie) in bezug auf die Renditeänderung eines für den Gesamtmarkt repräsentativen Marktindex (z. B. DAX) wieder. Aktien mit einem B. kleiner eins haben ein geringeres Risiko als der Gesamtmarkt bzw. Aktien mit einem B. größer eins haben ein größeres Risiko als der Gesamtmarkt.
(→ Adjusted Beta, →fundamentales Beta, →Index-Modell, →moderne Portfolio-Theorie, →Asset Allocation)

Beta-Hedge

Variante der Ermittlung des →Hedge Ratios bei →Aktienindex-Futures, bei der der →Long Position in →Aktien eine →Short Position in einem Aktienindex-Future im gleichen Wert unter Berücksichtigung der →Betafaktors der Long Position bzw. eines →Aktienportfolios gegenübergestellt wird. Ein B.-H. ist eine Korrektur des →Straight-Hedge mit den Betafaktor. Die Anzahl der →Kontrakte kann mit folgender Formel ermittelt werden:

Hedge Ratio = aktueller Kurswert der abzusichernden Aktien : (aktueller Kurs des Aktienindex-Futures · Kontraktwert) · Betafaktor

Ein B.-H.-eignet sich u. a. zur Absicherung eines Aktienportfolios, das nicht die gleiche Zusammensetzung wie der →Aktienindex hat, der den →Basiswert des Aktienindex-Futures repräsentiert; wird auch bei einem Relative Performance Trade mit Aktienindex-Futures errechnet (→ Hedgingstrategien mit Aktienindex-Futures).

Beta nach Blume, → Adjusted Beta.

Beteiligung

Mitgliedschaftsrecht, das durch Kapitaleinlage (Geld- oder Sacheinlage) bei einer anderen →Gesellschaft erworben wird.
(→ Beteiligungsfinanzierung)

Formen: (1) B. ohne Gesellschaftscharakter, juristisch nach allgemeinen Rechtsnormen zu beurteilen (z. B. →partiarische Darlehen). (2) B. mit Gesellschaftscharakter aufgrund von besonderen Gesetzesnormen (BGB, HGB, Aktiengesetz): → Personengesellschaften, →Kapitalgesellschaften. (3) B. mit dem Ziel gegenseitiger wirtschaftlicher Förderung (Interessengemeinschaften). (4) B. zwecks Beherrschung (→Beherrschungsvertrag): einfache B. eines Unternehmens an einem anderen (z. B. →Tochtergesellschaften) oder Verflechtung mehrerer Unternehmen (→ verbundene Unternehmen).

Handelsrechtlich § 271 Abs. 1 Satz 1 HGB definiert B. als Anteile an anderen Unternehmen, die bestimmt sind, dem eigenen Geschäftsbetrieb durch Herstellung einer dauernden Verbindung zu dienen. Dazu zählen alle durch →Wertpapiere (→Aktien, →Kuxe) verbriefte sowie unverbriefte Anteilsrechte (GmbH-Anteile, Anteile persönlich haftender Gesellschafter bei OHG, KG und KGaA, Anteile als Kommanditist und B. als stiller Gesellschafter).

Die prozentuale Höhe des Besitzanteils am Gesellschaftskapital spielt keine ausschlaggebende Rolle. Im Zweifel gelten Anteile an einer Kapitalgesellschaft in Höhe von 20 Prozent des Nennkapitals als B. B. von →Kreditinstituten an anderen Kreditinstituten sind durch Ausgliederung in der →Bilanz kenntlich zu machen. Eigene Aktien dürfen weder unter Wertpapieren noch unter B. ausgewiesen werden; sie müssen in einer Sonderposition aufgeführt werden. Alle übrigen Anteilspapiere sind in der Position „Wertpapiere" auszuweisen.

Die B. gehören zum →Anlagevermögen und dürfen ohne Rücksicht auf einen am Bilanzstichtag höheren Börsen- oder Marktpreis bzw. Tageswert höchstens zum Anschaffungs- oder dem sonstigen Einstandswert angesetzt werden. Sofern der am Bilanzstichtag beizulegende Wert (z. B. Börsen- oder Marktpreis) niedriger ist als der Anschaffungswert, können die B. mit diesem niedrigeren Wert angesetzt werden. Sie sind mit dem niedrigeren Wert anzusetzen, wenn es sich voraussichtlich um eine dauernde Wertminderung handelt (gemildertes →Niederstwertprinzip und §§ 253 Abs. 2 und 279 Abs. 1 HGB). Nichtkapitalgesellschaften dürfen →Abschreibungen auf B. außerdem im Rahmen vernünftiger kaufmännischer Beurteilung vornehmen (§ 253 Abs. 4 HGB).
(→ verbundene Unternehmen)

Bankaufsichtsrechtlich, d. h. i. S. des →Kreditwesengesetzes besteht eine →bedeutende Beteiligung i. S. des KWG, wenn unmittelbar oder mittelbar über ein oder mehrere Tochterunternehmen mindestens zehn vom Hundert des →Kapitals oder der →Stimm-

Beteiligungsfonds

rechte eines Unternehmens gehalten werden oder wenn auf die → Geschäftsführung des Unternehmens, an dem eine B. besteht, ein maßgeblicher Einfluß ausgeübt werden kann (§ 1 Abs. 9 KWG). Die Pflichten des Inhabers bedeutender B. an einem → Kreditinstitut sowie die bankaufsichtsrechtlichen Rechte und Pflichten des → Bundesaufsichtamtes für das Kreditwesen (BAK) sind im § 2b KWG geregelt.

Steuerrechtlich gilt als B. der Besitz von Gesellschafts- und Genossenschaftsanteilen, → Aktien, → Einlagen usw. Als wesentliche B. gilt ein Anteil von mehr als 25 Prozent am Kapital einer → Kapitalgesellschaft (§ 17 EStG). Die → Doppelbesteuerung wird durch → Schachtelprivileg vermieden. B. werden bei der Ermittlung der Bemessungsgrundlagen für die → *Gewerbesteuer* berücksichtigt.

Beteiligungsanlagen

Kapitalanlagen in Form von → Beteiligungen an → Kapitalgesellschaften und → Personengesellschaften.
(→ Bankbeteiligungen)

Beteiligungseffekten

→ Effekten, die zur Aufbringung von → Eigenkapital (Beteiligungskapital) ausgegeben bzw. zum Erwerb von → Teilhaberrechten erworben werden (→ Beteiligungsfinanzierung).

Beteiligungsfinanzierung

Form der → Eigenfinanzierung, bei der einem Unternehmen → Eigenkapital von außen zugeführt wird (→ Außenfinanzierung), entweder durch die Erhöhung der Kapitalanteile der bisherigen Gesellschafter oder durch Aufnahme zusätzlicher Gesellschafter. Man unterscheidet zwischen B. mit Ausgabe von → Beteiligungseffekten (→ Aktie, → Genußscheine usw.) und B. ohne Ausgabe von Beteiligungseffekten (Anteil an einer → Personengesellschaft, → Geschäftsanteil an einer GmbH oder bei einer → Genossenschaft). B. wird auch als Einlagenfinanzierung bezeichnet.
(→ Finanzierung)

Beteiligungsfonds

→ Investmentfonds, dessen → Vermögen gemäß den besonderen Vorschriften für Beteiligungs-Sondervermögen der §§ 25 a ff. KAGG in → Wertpapieren und stillen Beteiligungen an nichtbörsennotierten deutschen Unternehmen angelegt ist. B. bieten Anlegern die Gelegenheit, sich auch mit kleineren Beträgen indirekt und in bestimmter Hinsicht risikobegrenzt an nichtbörsennotierten Unternehmen zu beteiligen. Für nichtbörsennotierte Unternehmen bieten sich über stille Beteiligungen durch → Kapitalanlagegesellschaften zusätzliche Möglichkeiten zur Verbreiterung der Kapitalbasis (→ stille Gesellschaft).

Auflagen: (1) *Qualitative Auflagen:* Kapitalanlagegesellschaften dürfen stille Beteiligungen erwerben, wenn Wertpapiere des Beteiligungsunternehmens nicht an einer inländischen → Börse gehandelt werden und zuvor ein von der Kapitalanlagegesellschaft gestellter → Abschlußprüfer bestätigt, daß die für die stille Beteiligung vereinbarte Gegenleistung (erwarteter → Ertrag, erwartete → Rückzahlung) im Zeitpunkt der Leistung angemessen ist.

(2) *Quantitative Auflagen:* Stille Beteiligungen an ein und demselben Beteiligungsunternehmen dürfen für ein Beteiligungs-Sondervermögen nur bis zu 5% des → Sondervermögens erworben werden. Die Summe aller stillen Beteiligungen darf 30% eines Beteiligungs-Sondervermögens nicht übersteigen. Die Begrenzung von 30% des Sondervermögens gilt auch für den Erwerb von → Schuldverschreibungen. In einem Beteiligungs-Sondervermögen müssen sich spätestens acht Jahre nach Errichtung dieses Sondervermögens stille Beteiligungen an mindestens zehn Beteiligungsunternehmen im Umfang von mindestens 10% des Sondervermögens befinden.

Wertermittlung des Investmentzertifikats: Zur täglichen Ermittlung des Werts eines → Investmentzertifikats und damit seines Ausgabepreises müssen die stillen Beteiligungen laufend bewertet werden. Auf der Grundlage der Bewertungsverordnung für stille Beteiligungen vom 14.12.1988 werden in einem Ertragswertverfahren (→ Ertragswert) der erwartete Ertrag, der erwartete Rückzahlungsbetrag, die Veräußerbarkeit und das Risiko der stillen Beteiligung von einem Abschlußprüfer festgestellt. Dies muß mindestens einmal jährlich geschehen, außerdem bei wesentlicher Änderung der wirtschaftlichen Verhältnisse der Beteiligungsunternehmen. Unter Berücksichtigung der aktuellen Zinsen von → Bundes-

Beteiligungskapital

wertpapieren wird der jeweilige Wert einer stillen Beteiligung errechnet und auf dieser Grundlage der Inventarwert des Investmentzertifikats ermittelt.

Beteiligungskapital
→ Eigenkapital von Gesellschaftern und → Aktionären.

Beteiligungs-Kaufvertrag nach dem Fünften VermBG
Nach § 2 5. VermBG ein Kaufvertrag zwischen → Arbeitnehmer und → Arbeitgeber zum Erwerb von bestimmten, in § 7 Abs. 1 5. VermBG bezeichneten → Rechten mit der Vereinbarung, den vom Arbeitnehmer geschuldeten Kaufpreis mit → vermögenswirksamen Leistungen zu verrechnen (zahlen zu lassen) oder mit anderen Beträgen zu zahlen. Ein Beteiligungs-Kaufvertrag ist nach § 7 Abs. 2 5. VermBG ferner ein Kaufvertrag zwischen Arbeitnehmer und einer → Gesellschaft mit beschränkter Haftung, die mit dem Unternehmen des Arbeitgebers verbunden ist, und zwar zum Erwerb eines Geschäftsanteils durch den Arbeitnehmer mit der Vereinbarung, den vom Arbeitnehmer geschuldeten Kaufpreis mit vermögenswirksamen Leistungen zahlen zu lassen oder mit anderen Beträgen zu zahlen.
(→ Fünftes Vermögensbildungsgesetz, Anlageformen)

Beteiligungspapiere
→ Wertpapiere, die → Teilhaberrechte verkörpern, z. B. → Aktien.

Beteiligungs-Sondervermögen, → Beteiligungsfonds.

Beteiligungssparen
→ Sparen in Form des (indirekten) Produktivkapitalsparens, insbes. durch Erwerb von → Anteilsscheinen an → Aktienfonds. Der Gesetzgeber fördert das B. nach dem 5. VermBG, da die Anlage in Kontenssparverträgen und Wertpapier-Sparverträgen bzw. Wertpapier-Kaufverträgen (→ Kontensparvertrag nach dem 5. VermBG, → Wertpapier-Sparvertrag nach dem 5. VermBG, → Wertpapier-Kaufvertrag nach dem 5. VermBG) nicht mehr mit einer → Arbeitnehmersparzulage gefördert wird, sofern es sich dabei um Verträge über die Anlage in → festverzinslichen Wertpapieren handelt. Anlagen in bestimmten Vermögensbeteiligungen, wie z. B. → Aktien, → Aktienfonds, bestimmten → Genußscheinen und → Beteiligungen, werden dagegen mit 20% → Arbeitnehmersparzulage gefördert (§§ 2, 12 des 5. VermBG).

Beteiligungs-Vertrag nach dem Fünften VermBG
Nach § 2 5. VermBG ein → Vertrag zwischen → Arbeitnehmer und → Arbeitgeber über die Begründung von bestimmten, in § 6 Abs. 1 5. VermBG bezeichneten → Rechten für den Arbeitnehmer am Unternehmen des Arbeitgebers mit der Vereinbarung, die vom Arbeitnehmer für die Begründung geschuldete Geldsumme mit → vermögenswirksamen Leistungen zu verrechnen oder mit anderen Beträgen zu zahlen.
Ein Beteiligungs-Vertrag ist auch ein Vertrag zwischen Arbeitnehmer und einem Unternehmen, das mit dem Unternehmen des Arbeitgebers verbunden oder an diesem Unternehmen beteiligt ist, über die Begründung von bestimmten, in § 6 Abs. 2 5. VermBG bezeichneten Rechten für den Arbeitnehmer an diesem Unternehmen oder einer inländischen → Genossenschaft, die ein → Kreditinstitut oder eine Bau- oder Wohngenossenschaft ist, über die Begründung eines → Geschäftsguthabens für den Arbeitnehmer bei dieser Genossenschaft. In beiden Fällen ist die Vereinbarung eingeschlossen, die vom Arbeitnehmer für die Begründung der Rechte oder des Geschäftsguthabens geschuldete Geldsumme mit vermögenswirksamen Leistungen zahlen zu lassen oder mit anderen Beträgen zu zahlen.
(→ Fünftes Vermögensbildungsgesetz, Anlageformen)

Betreuung
Allgemeine Sorgetätigkeit für Volljährige, die seit dem 1. 1. 1992 die bisherige → Vormundschaft für Volljährige ersetzt. Damit ist auch die Entmündigung Erwachsener abgeschafft, wodurch gleichzeitig die amtliche Feststellung fehlender → Geschäftsfähigkeit entfällt. Das wiederum erhöht die Rechtsunsicherheit, weil bei erwachsenen → Personen in strittigen Fällen für jedes einzelne Geschäft geprüft werden muß, ob ein Mangel der Geschäftsfähigkeit nach § 104 BGB vorliegt oder nicht.

Gründe für die Anordnung: Ein Volljähriger erhält einen Betreuer, wenn er aufgrund einer psychischen Krankheit oder einer körperlichen oder seelischen Behinderung seine Angelegenheiten ganz oder teilweise nicht mehr besorgen kann. In einem solchen Fall bestellt das Vormundschaftsgericht eine geeignete → natürliche Person oder → juristische Person als Betreuer, entweder auf Antrag des betroffenen Volljährigen selbst oder von Amts wegen (§ 1896 Abs. 1 BGB). Bei bloßer körperlicher Behinderung ist die Bestellung grundsätzlich nur auf Antrag des Behinderten möglich.

Aufgabenkreis des Betreuers: Je nach Sachlage kann dem Betreuer ein mehr oder weniger weit gezogener Aufgabenbereich oder auch nur eine einzige Angelegenheit zugewiesen sein. Der konkrete Umfang ergibt sich aus der gerichtlichen Bestellungsurkunde. Innerhalb seines Bereichs nimmt der Betreuer die Stellung eines → gesetzlichen Vertreters des Betreuten ein (§ 1902 BGB). Der Betreute selbst bleibt dann grundsätzlich geschäftsfähig, seine Teilnahme am Rechtsverkehr kann aber durch eine Entscheidung des Vormundschaftsgerichts in erforderlichem Umfang eingeschränkt werden (sog. Einwilligungsvorbehalt nach § 1903 BGB). Hat das Gericht einen Einwilligungsvorbehalt angeordnet, sollte jedes → Kreditinstitut → Bankgeschäfte oder Erklärungen nur mit bzw. gegenüber dem Betreuer abschließen bzw. abgeben. Insoweit besitzt der Betreute lediglich eine dem → Minderjährigen ähnliche Rechtsstellung, so daß für dessen Rechtshandlung grundsätzlich die Genehmigung bzw. Einwilligung des Betreuers erforderlich ist. Nur wenn das betreffende Geschäft für den Betreuten genau wie bei den Minderjährigen lediglich einen rechtlichen Vorteil bringt (Beispiel: → Schenkung) oder es sich dabei um geringfügige Angelegenheiten des täglichen Lebens wie etwa den → Kauf geringwertiger → Sachen handelt, kann der Betreute selbst ohne Mitwirkung des Betreuers am Rechtsverkehr teilnehmen (§ 1903 Abs. 2 BGB). Zu letzteren wird man wohl auch die Abhebung geringfügiger Beträge von → Bankkonten rechnen dürfen, um damit den Lebensunterhalt finanzieren zu können. Besser ist es aber in diesem Fall, wenn der Betreuer dem Betreuten Mittel zu einem bestimmten Zweck oder zur freien Verfügung überläßt (§ 110 BGB; z. B.: 200 DM wöchentlich für den eigenen Verbrauch). Seltener wird es dazu kommen, daß der Betreute mit Genehmigung des Vormundschaftsgerichts vom Betreuer zum selbständigen Betrieb eines Erwerbsgeschäftes ermächtigt wird (§ 112 BGB) bzw. ohne vormundschaftliche Genehmigung ein Dienst- oder Arbeitsverhältnis eingeht (§ 113 BGB). Beides schließt die Einrichtung von Geschäfts- bzw. Gehaltskonten ein.

Anwendung von Regelungen der Vormundschaft über Minderjährige auf die B.: Der Betreuer unterliegt im Hinblick auf die Vermögenssorge den gleichen Beschränkungen wie ein Vormund (§ 1908i BGB). Das betrifft v. a. die Verpflichtung zur mündelsicheren, verzinslichen und gesperrten Anlegung des Geldvermögens des Betreuten sowie die Einholung der Genehmigung des Gegenvormunds bzw. des Vormundschaftsgerichts für wichtige Geschäfte. Jugendämter und Vereine sind als Betreuer genauso wie als Vormund in hohem Maße von diesen Beschränkungen befreit.

Betrieb
In der Wirtschaftstheorie verwendete Bezeichnungen für Einzelwirtschaften, die für den Fremdbedarf produzieren. Die Begriffe B. und Unternehmung werden mit unterschiedlichem Inhalt verwendet.

Betriebswirtschaftliche Sicht: Nach Gutenberg sind B. durch die Kombination von → Produktionsfaktoren und durch die Prinzipien der Wirtschaftlichkeit und des finanziellen Gleichgewichts gekennzeichnet. Der Zweck der planmäßigen Kombination der Produktionsfaktoren ist die Erzeugung von Gütern.
Während B. in unterschiedlichen Wirtschaftssystemen (→ Wirtschaftsordnung) existieren, sind Unternehmungen an die Existenz von Marktwirtschaften gebunden (Unternehmungen als B. in der → Marktwirtschaft). Der Begriff „Betrieb" ist dann der Oberbegriff. Im Sprachgebrauch der Praxis wird „Betrieb" auch als technische Einheit im Sinne von Produktionsstätte (Werk) bzw. als Stätte der Bereitstellung von Dienstleistungen (z. B. Zweigstelle bei → Kreditinstituten) gesehen. „Unternehmung" wird dann als Oberbegriff, „Betrieb" als Unterbegriff verwendet. Eine Unternehmung kann einen oder mehrere B. haben. Die Unternehmung trägt das Risiko, stellt die Rechtsform (→ Unternehmensrechtsformen) und sorgt für die → Finanzierung des(r) B.. Betriebswirtschaftlich ist sie bestrebt, auf lange Sicht einen im Verhältnis zum eingesetzten → Ka-

pital möglichst hohen Gewinn zu erzielen (→ erwerbswirtschaftliches Prinzip).

Rechtliche Sicht: In der Sprache des Gesetzgebers wird regelmäßig der Begriff „Unternehmen" anstelle von „Unternehmung" verwendet, so z. B. bei → „verbundenen Unternehmen" (HGB, AktG). Der Unternehmensbegriff ist aber gesetzlich nicht definiert. Er wird in den verschiedenen Teilen der Rechtsordnung unterschiedlich gebraucht. Im → Arbeitsrecht werden „Betrieb" und „Unternehmen" als organisatorische Einheiten mit unterschiedlichen Zwecken gesehen (B. ist die organisatorische Einheit zur Verfolgung arbeitstechnischer Zwecke, Unternehmen ist die organisatorische Einheit zur Verfolgung wirtschaftlicher [oder ideeller] Zwecke eines Unternehmers). Auch im Steuerrecht sind die Bezeichnungen uneinheitlich (z. B. → Gewerbebetrieb, gewerblicher B., gewerbliches Unternehmen). In der → Abgabenordnung wird der Betriebsbegriff dem Unternehmensbegriff untergeordnet. Gleiches gilt für das Recht der → Umsatzsteuer (UST).

Statistische Sicht: Das → Statistische Bundesamt verwendet für die → Volkswirtschaftliche Gesamtrechnung einen sehr weitgefaßten Unternehmensbegriff.

Betriebstypologie ist die systematische Einteilung von Betriebstypen nach bestimmten Merkmalen, z. B. nach Wirtschaftszweigen (Land- und Forstwirtschaft, Bergbau/Energie, Verarbeitendes Gewerbe, Baugewerbe, Großhandel, Handelsvermittlung, Einzelhandel, Verkehr/Nachrichtenübermittlung, Kreditinstitute/Versicherungen, Sonstige Dienstleistungsunternehmen und Freie Berufe), nach Art der Leistung (Sachleistungsbetriebe, wie Rohstoffgewinnungsbetriebe, Produktionsmittelbetriebe und Verbrauchsgüterbetriebe, und Dienstleistungsbetriebe, wie z. B. Handelsbetriebe, Bank- und andere Finanzdienstleistungsbetriebe, Verkehrsbetriebe, Versicherungsbetriebe und sonstige Dienstleistungsbetriebe), nach dem bestimmenden Produktionsfaktor (arbeitsintensive B., anlageintensive B. usw.), nach der Rechtsform (Einzelunternehmung, → Personengesellschaften, → Kapitalgesellschaften, → Genossenschaften, öffentlich-rechtliche B.).

Betriebliches Vorschlagswesen

Instrument moderner Mitarbeiterführung zwecks Kostenreduzierung, Qualitätsverbesserung und Förderung innovativer Ideen. B. V. ist so zu organisieren, daß alle Verbesserungsideen erfaßt und in Verbesserungsvorschläge umgesetzt werden können, alle Mitarbeiter zur Abgabe von Verbesserungsvorschlägen motiviert und bei der Erstellung von Kollegen und/oder Vorgesetzten unterstützt sowie eingehende Vorschläge schnell und korrekt bearbeitet werden. Die vergüteten Verbesserungsvorschläge sollten möglichst kurzfristig zur Anwendung gelangen.

Betriebsabrechnung

Teilbereich der (traditionellen) → Kosten- und Erlösrechnung im Bankbetrieb. Die B. hat die Aufgabe der Analyse der → Betriebskosten und → -erlöse in bezug auf betriebliche Teileinheiten (Leistungsbereiche). Sie setzt sich zusammen aus → Kostenartenrechnung, → Kostenstellenrechnung und → Kostenträgerzeitrechnung. Der Zusammenhang der Kostenverrechnung in den einzelnen Stufen wird im Betriebsabrechnungsbogen dargestellt.

Betriebsaufspaltung

Doppelgesellschaft; Aufspaltung eines Unternehmens in zwei rechtliche → Gesellschaften, die beide weiterhin einem einheitlichen wirtschaftlichen Zweck dienen.

Formen: (1) *Echte B.:* Aufteilung einer bestehenden → Einzelunternehmung oder → Personengesellschaft in eine Besitzpersonengesellschaft, bei der das → Anlagevermögen verbleibt, und in eine Betriebskapitalgesellschaft, die das Anlagevermögen pachtet. Reguläre Geschäftsgewinne fallen nur bei der → Kapitalgesellschaft an, bei der Personengesellschaft entstehen lediglich durch die Pachtzinsen Betriebseinnahmen. (2) Aufspaltung des Unternehmens in eine Produktionspersonengesellschaft und eine Vertriebskapitalgesellschaft. Nach Inkrafttreten des Umwandlungsgesetzes vom 28. 10. 1994 (BGBl. I S. 3210) sind Auf- und Abspaltungen auch als Arten der → Umwandlung zulässig.

Vorteile: Ein Vorteil der B. liegt i. d. R. in der Einschränkung der → Haftung. Im steuerlichen Sinne kann eine B. vorteilhaft sein, wenn sich bei gegebener sachlicher Verflechtung (überlassene → Wirtschaftsgüter stellen eine wesentliche Betriebsgrundlage dar) und persönlicher Verflechtung (Beteiligungsidentität) unterschiedlich hohe Spit-

Betriebsergebnis der Kreditinstitute

zensteuersätze bei der → Einkommensteuer und der → Körperschaftsteuer (oder z. B. aus der Abzugsfähigkeit der Geschäftsführergehälter) ergeben. Im Rahmen der Besitzpersonengesellschaft kann der gewerbeertragsteuerliche Freibetrag von 48.000 DM (§ 11 Abs. 1 GewStG) genutzt werden.

Betriebsausgaben
Nach § 4 Abs. 4 EStG „die Aufwendungen, die durch den Betrieb veranlaßt sind". Es sind → Aufwendungen, die mit Rücksicht auf den → Betrieb gemacht werden und mit ihm unmittelbar oder mittelbar zusammenhängen. Von B. sind die Kosten der privaten Lebensführung zu unterscheiden, die u. U. als → Sonderausgaben oder als → außergewöhnliche Belastungen berücksichtigt werden können.

Aufwendungen, die sowohl betrieblich als auch privat veranlaßt sind, bezeichnet man als *gemischte Ausgaben*.
I. e. S. werden nur die sofort abzugsfähigen B., nicht aber die aktivierungspflichtigen Aufwendungen als B. bezeichnet (→ Aktivierung).

Steuerliche Behandlung: B. werden bei den Einkunftsarten abgezogen, bei denen die Höhe der Einkünfte als → Gewinn ermittelt wird (→ Gewinneinkunftsarten). Bei den → Überschußeinkunftsarten wird nicht von B., sondern von → Werbungskosten gesprochen. Für B. gilt grundsätzlich Belegzwang. Dabei wird jedoch nicht geprüft, ob die Ausgaben notwendig, zweckmäßig oder üblich sind.
Spezielle Regeln gelten für → Sonderbetriebsausgaben.

Betriebsbereich des Bankbetriebs
Bezeichnung in der → Kosten- und Erlösrechnung im Bankbetrieb für den → technisch-organisatorischen Bereich des Bankbetriebs, in dem → Betriebskosten (auch als → Stückkosten bezeichnet: Personalkosten, Sachkosten) und → Betriebserlös (z. B. → Provisionen für Dienstleistungen) anfallen.
Gegensatz: → Wertbereich des Bankbetriebs.
(→ Dualismus der bankbetrieblichen Leistung)

Betriebseinnahmen
Vor allem im Steuerrecht verwendete Bezeichnung für die das → Betriebsvermögen vermehrenden Einnahmen einer → Person. Sind → Kapitalerträge B., so erfolgt kein Steuerabzug (→ Zinsabschlag), wenn den → Finanzbehörden eine → Unternehmensbescheinigung i. S. des § 44 a Abs. 5 EStG vorgelegt wird.
Gegensatz: → Betriebsausgaben.

Betriebsergebnis
1. In der *internen Erfolgsrechnung* (→ Kostenrechnung) Ergebnis aus Leistungen und → Kosten. B. ist das Ergebnis des betrieblichen Leistungsprozesses und zeigt, was die Unternehmung mit dem Betriebszweck verdient hat. Die Höhe des internen Betriebserfolges ist nur Mitarbeitern des → Rechnungswesens und der Unternehmensleitung bekannt. – In der *externen Erfolgsrechnung* Ergebnis aus der Gegenüberstellung von betrieblichen → Erträgen und betrieblichen → Aufwendungen.
Das GuV-Schema des HGB sieht keinen Ausweis des B. vor. Daher muß der externe Bilanzanalytiker den → Jahresüberschuß um außerordentliche, betriebsfremde und periodenfremde Erträge und Aufwendungen korrigieren, um das Ergebnis zu ermitteln, das die dauernde Ertragsbasis für das Unternehmen darstellt.

2. → Teilbetriebsergebnis plus → Eigenhandelsergebnis.

Betriebsergebnis der Kreditinstitute
Errechneter Erfolg des → Bankbetriebs unter Ausklammerung der → außerordentlichen Erfolge.
Das → Betriebsergebnis kann auf der Grundlage der Zahlen der → Gewinn- und Verlustrechnung (→ Gewinn- und Verlustrechnung der Kreditinstitute; pagatorische Rechnung) oder unter Einbeziehung → kalkulatorische Kosten errechnet werden. Dementsprechend ist zwischen einem Betriebsergebnis i. S. der Gewinn- und Verlustrechnung und einem Betriebsergebnis i. S. der Kosten- und Erlösrechnung (Betriebsergebnis = Erlöse minus Kosten) zu unterscheiden. Die Berechnungen des B. d. K. durch die Bundesbank im Rahmen ihrer Ertragsanalyse und von den → Kreditinstituten selbst publizierte Betriebsergebnisse fußen auf Zahlen der Gewinn- und Verlustrechnungen.

1. *Betriebsergebnis i. S. der Gewinn- und Verlustrechnung:* Im „Ausschuß für Bilanzierung" des → Bundesverbandes deutscher Banken haben die → Kreditbanken Mitte

Betriebsergebnis der Kreditinstitute

Betriebsergebnis der Kreditinstitute – schematische Darstellung

- Zinserträge aus Kredit- und Geldmarktgeschäften, festverzinslichen Wertpapieren und Schuldbuchforderungen ....
- Laufende Erträge aus Aktien, anderen nicht festverzinslichen Wertpapieren, Beteiligungen und Anteilen an verbundenen Unternehmen [1]) ....
- Zinsaufwendungen ....

Zinsüberschuß ....

- Provisionserträge ....
- Provisionsaufwendungen ....

Provisionsüberschuß ....

- Löhne und Gehälter ....
- Soziale Abgaben und Aufwendungen für Altersversorgung und Unterstützung ....
- Andere Verwaltungsaufwendungen [2]) ....

Verwaltungsaufwendungen ....

```
TEILBETRIEBSERGEBNIS
```
....

- Nettobetrag/-aufwand aus Finanzgeschäften ....
- Saldo der sonstigen betrieblichen Erträge/Aufwendungen ....
- Risikovorsorge ($\triangleq$ „Nettorisikovorsorge") ....

```
BETRIEBSERGEBNIS
```
....

---
[1]) einschließlich Erträge aus Gewinngemeinschaften, Gewinnabführungs- oder Teilgewinnabführungsverträgen
[2]) einschließlich Normalabschreibungen auf Sachanlagen

1993 beschlossen, das schon früher veröffentlichte Betriebsergebnis weiterzuentwickeln, um dessen Aussagekraft zu erhöhen. Mit diesem auf Freiwilligkeit beruhenden Beschluß soll über den Gebrauch eines grundsätzlich einheitlichen Schemas insbesondere die Vergleichbarkeit der Institute untereinander verbessert werden.
Formaler Anlaß dieses Schrittes waren die für den →Jahresabschluß und für den →Konzernabschluß ab 1993 geltenden Vorschriften des →Bankbilanzrichtlinie-Gesetzes. Um die Berichtskontinuität zu wahren, wurde – an die frühere Ergebnisdarstellung anknüpfend – das unten stehende Schema als Basis für die Darstellung von Zwischenergebnissen (→Zwischenberichte der Kreditinstitute) veröffentlicht.
Der →Nettoertrag/Nettoaufwand aus Finanzgeschäften repräsentiert den →Saldo folgender Erträge und Aufwendungen (§ 340c Abs. 1 HGB):
(1) Veräußerungsgewinne und -verluste aus →Eigenhandelsgeschäften mit – →Wertpapieren des Handelsbestandes, – Finanzinstrumenten (z. B. →Optionen, →Futures, →Swaps), – →Devisen und Edelmetallen;
(2) →Abschreibungen auf Handelsbestände und Zuführungen zu →Rückstellungen für drohende Verluste;
(3) Erträge aus Zuschreibungen zu Handelsbeständen und der Auflösung von Rückstellungen für drohende Verluste.
Der Posten „Risikovorsorge" (→Bilanzielle Risikovorsorge der Kreditinstitute) stellt einen Saldo aus folgenden Positionen dar (§ 340f Abs. 3 HGB):
(1) Abschreibungen und Wertberichtigungen auf – →Forderungen und – Wertpapiere der →Liquiditätsreserve;

(2) Zuführungen zu Rückstellungen im → Kreditgeschäft (z. B. des außerbilanziellen Bereichs);
(3) Wertberichtigungen zur Erfassung → allgemeiner Bankrisiken (= Aufwendungen für die Bildung von Vorsorgereserven) (→ Vorsorgereserven für allgemeine Bankrisiken);
(4) Erträge aus Zuschreibungen zu Forderungen und Wertpapieren der Liquiditätsreserve;
(5) Veräußerungsgewinne und -verluste aus Wertpapieren der Liquiditätsreserve;
(6) Erträge aus dem Eingang abgeschriebener Forderungen und der Auflösung von Rückstellungen im Kreditgeschäft;
(7) Erträge aus Auflösung von Wertberichtigungen zur Erfassung allgemeiner Bankrisiken (= Vorsorgereserven).
Angegeben wird damit der im Betriebsergebnis enthaltene Nettoaufwand für die Bewertung von Forderungen und Wertpapieren der Liquiditätsreserve und außerbilanzielle Geschäfte (→ bilanzunwirksame Geschäfte) sowie für Vorsorgen für allgemeine Bankrisiken (§ 340f Abs. 1 HGB).

2. Eine wesentliche *Änderung gegenüber der früher verwendeten Kennziffer* „Betriebsergebnis" besteht in der Einbeziehung des Nettoaufwands für Risikovorsorge. Nachdem die Banken bereits früher dazu übergegangen waren, über das →Teilbetriebsergebnis hinaus das →Eigenhandelsergebnis zu veröffentlichen, wird nunmehr mit der Erweiterung auch der Risikoaufwand als erhebliche Bestimmungsgröße des operativen Ergebnisses einer Bank berücksichtigt. Das Teilbetriebsergebnis bleibt in der Abgrenzung der Einzelkomponenten weitgehend unverändert. Mit Angaben nach dem Schema „Betriebsergebnis der Kreditinstitute – schematische Darstellung" wird Deckungsgleichheit mit den für die Gliederung des Jahresabschlusses vorgeschriebenen → Formblättern erreicht. Vergleich von Zwischenberichtsaussagen mit Angaben im Jahresabschluß einer Bank sind somit möglich.
Unter Einbeziehung des → „außerordentlichen Ergebnisses" und des Steueraufwands (→ Steueraufwand in der Gewinn- und Verlustrechnung der Kreditinstitute) errechnet sich der →Jahresüberschuß/ Jahresfehlbetrag.

Betriebserlaubnis für Kreditinstitute,
→ Erlaubniserteilung für Kreditinstitute.

Betriebspachtvertrag

Betriebserlös
Erlös, der im → Betriebsbereich des Bankbetriebs anfällt (z. B. → Provision für Dienstleistungen).
Gegensatz: → Werterlös.
(→ Dualismus der bankbetrieblichen Leistung)

Betriebskapitalgesellschaft, → Betriebsaufspaltung.

Betriebskosten
Stückkosten; Kosten, die im → Betriebsbereich des Bankbetriebs anfallen (Personalkosten, Sachkosten usw.).
Gegensatz: → Wertkosten.
(→ Dualismus der bankbetrieblichen Leistung)

Betriebsmittel
Alle Anlagen und Einrichtungen, die zum technischen Apparat der Unternehmung gehören und über längere Zeit betrieblich genutzt werden (→ Grundstücke, Gebäude, Büroeinrichtungen, EDV-Anlagen usw.).
(→ Produktionsfaktoren)

Betriebsmittelkredit
Vom Verwendungszweck (Finanzierung des betrieblichen Umsatzprozesses) abgeleitete Bezeichnung für einen → Kontokorrentkredit. Die Zusage erfolgt i. d. R. für ein Jahr.
Gegensatz: → Investitionskredit (Anlagekredit).

Betriebsnotwendiges Kapital
Bezeichnung in der Betriebswirtschaftslehre für die Differenz zwischen dem → betriebsnotwendigen Vermögen und dem Abzugskapital (zinsloses → Fremdkapital). Es ist Grundlage für die Errechnung der kalkulatorischen → Zinsen (→ kalkulatorische Kosten).

Betriebsnotwendiges Vermögen
Bezeichnung in der Betriebswirtschaftslehre für das→ Vermögen, das zur Erstellung der Betriebsleistung erforderlich ist. Dazu zählen z. B. nicht Wohnbauten, nicht betriebsnotwendige → Beteiligungen, → Finanzanlagen und andere betriebsfremde Vermögensteile.

Betriebspachtvertrag
Betriebsüberlassungsvertrag; → Unternehmensvertrag gemäß § 292 Abs. 1 Nr. 3 AktG, in dem eine → Aktiengesellschaft

Betriebsrat

oder eine → Kommanditgesellschaft auf Aktien (KGaA) den Betrieb ihres Unternehmens einem anderen verpachtet oder sonst überläßt.

Betriebsrat

Interessenvertretung der → Arbeitnehmer eines → Betriebs. Der B. ist ein Organ der Betriebsverfassung und wird von den Arbeitnehmern des Betriebs gewählt. Er übt Beteiligungsrechte für die Arbeitnehmer des Betriebes aus (betriebliche → Mitbestimmung).

Gesetzliche Regelungen: Wenn ein Betrieb i. d. R. mindestens fünf wahlberechtigte Arbeitnehmer ständig beschäftigt, von denen drei wählbar sind, ist ein B. zu wählen (§ 1 BetrVG); die Betriebsratswahl kann aber nicht erzwungen werden. Bei bis zu 20 wahlberechtigten Arbeitnehmern besteht der B. aus einer Person; im übrigen ist die zahlenmäßige Zusammensetzung des B. von der Zahl der im Betrieb beschäftigten wahlberechtigten Arbeitnehmer abhängig, wobei Arbeiter und Angestellte in einem mehrköpfigen B. entsprechend ihrem Verhältnis im Betrieb vertreten sind (§ 10 BetrVG).

Die regelmäßige Amtszeit des B. beträgt vier Jahre.

Das Betriebsratsamt ist ein Ehrenamt; die Mitglieder dürfen aufgrund ihrer Tätigkeit weder benachteiligt sein noch Vorteile haben. Sie genießen jedoch während und nach ihrer Amtszeit den besonderen Kündigungsschutz des § 15 KSchG.

Der B. hat Mitwirkungs- und Mitbestimmungsrechte in sozialen, personellen und wirtschaftlichen Angelegenheiten sowie bei Einzelfragen zum Arbeitsplatz (§§ 80–113 BetrVG). Ferner hat er eine beratende Funktion und auf Anregungen und Beschwerden der Mitarbeiterschaft beim → Arbeitgeber auf eine Abhilfe hinzuwirken (§ 85 BetrVG).

Es gilt der Grundsatz der vertrauensvollen Zusammenarbeit zwischen Arbeitgeber und B.; beide haben alles zu unterlassen, was den Arbeitsablauf oder den Betriebsfrieden beeinträchtigt. Insbes. ist jede parteipolitische Betätigung im Betrieb unzulässig. Treten Meinungsverschiedenheiten zwischen Arbeitgeber und B. auf, so ist ggf. eine Einigungsstelle zu bilden, die sodann entscheidet (§ 76 BetrVG).

Betriebssparen, → Kleinspareinrichtungen der Sparkassen.

Betriebsstätte

Im steuerlichen Sinne jede feste Geschäftseinrichtung oder Anlage, die der Tätigkeit eines Unternehmens dient (§ 12 S. 1 AO). Als B. sind z. B. anzusehen: die Stätte der Geschäftsleitung, Zweigniederlassungen, Geschäftsstellen, Fabrikations- oder Werkstätten, Warenlager, Ein- oder Verkaufsstellen (§ 12 S. 2 AO).

Betriebsüberlassungsvertrag, → Betriebspachtvertrag.

Betriebsvereinbarung

Schriftliche Vereinbarung (→ Vertrag) zwischen dem → Arbeitgeber und dem → Betriebsrat über Angelegenheiten, die zu den Aufgaben des Betriebsrates gehören. Arbeitsentgelte und sonstige Arbeitsbedingungen, die durch → Tarifvertrag geregelt sind oder üblicherweise geregelt werden, können gemäß § 77 Abs. 3 BetrVG nur dann Gegenstand einer B. sein, wenn der Tarifvertrag dies ausdrücklich zuläßt. Die B. steht in der Rangfolge hinter dem → Gesetz und dem Tarifvertrag, geht jedoch dem Einzelarbeitsvertrag inhaltlich grundsätzlich vor.

Betriebsverfassungsgesetz (BetrVG)

Gesetz zur Regelung der betrieblichen → Mitbestimmung, insbes. für die Interessenvertretung der → Arbeitnehmer durch den → Betriebsrat. Im Rahmen der Unternehmensmitbestimmung sichert das BetrVG von 1952 die Beteiligung der Arbeitnehmer an Entscheidungen im → Aufsichtsrat.

Die Arbeitnehmervertreter werden von den Arbeitnehmern des Betriebes in allgemeiner, geheimer, gleicher und unmittelbarer Wahl gewählt.

Der Aufsichtsrat einer → Aktiengesellschaft, einer → Kommanditgesellschaft auf Aktien sowie einer → Gesellschaft mit beschränkter Haftung oder → Genossenschaft muß zu einem Drittel aus Vertretern der Arbeitnehmer bestehen, soweit es sich nicht um Montan-Gesellschaften handelt und im Durchschnitt nicht weniger als 2.000 Arbeitnehmer beschäftigt werden (bei GmbH und Genossenschaft: weniger als 500 Arbeitnehmer).

Betriebsvergleich

Verfahren, das in der Kreditpraxis allgemein bei der Jahresabschlußanalyse (→ Bilanzanalyse) angewandt wird. B. sind als Zeit-

oder Periodenvergleich und als Branchenvergleich möglich. Der Zeit- oder Periodenvergleich ist ein innerbetrieblicher Vergleich, bei dem die Kennzahlenwerte verschiedener Zeitpunkte bzw. Geschäftsperioden miteinander verglichen werden. Aus dem Trend wird versucht, Hinweise für die zukünftige Entwicklung des Unternehmens zu gewinnen. Zum Zeitvergleich sind mindestens zwei, besser drei aufeinanderfolgende → Jahresabschlüsse erforderlich. Wichtig ist, daß die einzelnen Positionen des Jahresabschlusses bezüglich ihrer Gliederung (Zusammensetzung) und Bewertung vergleichbar sind, was nur bei gleicher Kontierung und gleichen → Bewertungsgrundsätzen der Fall ist. Ein Nachteil des internen B. ist es, daß ein objektiver Vergleichsmaßstab fehlt. Zur Behebung dieses Mangels wird ergänzend der externe oder Branchenvergleich angewandt, wobei die betrieblichen Kennzahlenwerte mit denen ähnlich strukturierter Unternehmen der gleichen Branche verglichen werden.

Betriebsvermögen

Nach *Handelsrecht* (§ 238 HGB) ist jeder → Kaufmann verpflichtet, Bücher zu führen und in diesen seine → Handelsgeschäfte (nicht Privatgeschäfte) unter Angabe seines → Vermögens nach den Grundsätzen ordnungsmäßiger Buchführung ersichtlich zu machen. Das B. ist handelsrechtlich nicht definiert, es umfaßt alle betrieblich genutzten Vermögensgegenstände, die dem Unternehmen wirtschaftlich zuzurechnen sind, und wird in → Anlagevermögen und → Umlaufvermögen untergliedert. – Das *ESt-Recht* verwendet den Begriff B. in doppelter Bedeutung, nämlich einerseits als mengenmäßige Berechnung für alle → Wirtschaftsgüter, die dem → Betrieb dienen (B. i. w. S.) und andererseits als wertmäßige Berechnung für den Differenzbetrag zwischen den Vermögenswerten auf der Aktivseite und den Schuldposten auf der Passivseite, auch → Kapital genannt (B. i. e. S.). Gegenstand der *Bilanzierung* nach §§ 4 Abs. 1 und 5 EStG ist das B. i. w. S.. Dieser Begriff erfaßt alle Wirtschaftsgüter, die zu einem einheitlichen Zweck in einem Betrieb vereinigt sind und die sowohl auf der Aktivseite als auch auf der Passivseite der → Bilanz ausgewiesen sind. Der Begriff B. umfaßt in diesem Fall also alle Bilanzposten. Nach ihm regelt sich die Aktivierungs- und Passivierungsfähigkeit. Der steuerliche Begriff Wirtschaftsgut ist mit dem handelsrechtlichen Begriff des Vermögensgegenstandes identisch.

Arten: Es gibt Wirtschaftsgüter, die ausschließlich und unmittelbar betrieblichen Zwecken zu dienen bestimmt und geeignet sind. Sie gehören deshalb zum *notwendigen B.* (Lastzug eines Fuhrunternehmers, Fabrikgebäude, Herstellungsmaschinen). Daneben gibt es Wirtschaftsgüter, die ihrer Art nach sowohl betrieblichen als auch privaten Zwecken dienen können. Hier ergibt sich aus dem Umfang der betrieblichen Nutzung, ob sie zum notwendigen B. gehören. Wird das Wirtschaftsgut überwiegend betrieblich genutzt, d. h. zu mehr als 50 Prozent, dann gehört es ebenfalls zum notwendigen B. Wirtschaftsgüter, die in keiner Beziehung zum Betrieb stehen oder deren Beziehung zum Betrieb von untergeordneter Bedeutung ist (betriebliche Nutzung unter 10 Prozent), also ausschließlich oder fast ausschließlich privaten Zwecken dienen, zählen zum *notwendigen Privatvermögen* (Schmuck, private Kleidung). Wirtschaftsgüter, die weder zum notwendigen B. noch zum notwendigen Privatvermögen gehören (→ Wertpapiere, Pkw) und bei denen auch aus dem Umfang der betrieblichen Nutzung nicht auf eine Zuordnung zum notwendigen B. zu schließen ist (Pkw wird zu 30 Prozent betrieblich und zu 70 Prozent privat genutzt), gehören zum *gewillkürten B.* (Wirtschaftsgüter werden mindestens zu 10 Prozent und höchstens zu 50 Prozent betrieblich genutzt).

Die unterschiedliche Behandlung der Wirtschaftsgüter als B. (notwendiges oder gewillkürtes) oder Privatvermögen ist entscheidend im Falle der Veräußerung bzw. Entnahme. Gehören sie zum B., wirken sich auf den → Gewinn aus (Abschn. 14 a EStR). – Für die Frage, ob → Aufwendungen, die im Zusammenhang mit Wirtschaftsgütern entstehen, → Betriebsausgaben sind oder nicht, spielt die Zuordnung zum B. oder Privatvermögen keine Rolle. Hier gilt allein das Verursachungsprinzip nach § 4 Abs. 4 EStG. Wenn ein zum Privatvermögen gehörender Pkw ab und zu betrieblich genutzt wird, sind die anteiligen Aufwendungen einschließlich → Abschreibungen (→ AfA) Betriebsausgaben. Andererseits führt die private Nutzung eines betrieblichen Wirtschaftsgutes zu einer Entnahme der anteiligen Aufwendungen einschließlich AfA. → Schulden können nur

Betriebsversammlung

notwendiges B. oder notwendiges Privatvermögen sein. Eine Behandlung als gewillkürtes B. ist nicht möglich. Maßgebend ist, wodurch die Aufnahme der Schuld verursacht worden ist.

Betriebsversammlung
Im Rahmen der Betriebsverfassung ein Forum sachlicher Erörterungen von Betriebsproblemen zwischen Belegschaft und → Betriebsrat bzw. zwischen Belegschaft und → Arbeitgeber (§§ 42 ff. BetrVG).

BetrVG
Abk. für → Betriebsverfassungsgesetz.

Better-of-two Option, → Alternative Option.

Beurteilungsbogen
Standardisiertes Formblatt zur Mitarbeiterbeurteilung. Über Inhalt und Form bestehen Mitbestimmungsrechte des → Betriebsrates. Der anhand eines → Beurteilungsgespräches zumeist jährlich auszufüllende B. wird Bestandteil der → Personalakte.

Beurteilungsgespräch
Wird im Rahmen des bankbetrieblichen → Beurteilungswesens periodisch oder aufgrund besonderer Veranlassung (z. B. Wechsel des Arbeitsplatzes, Beförderung) zwischen dem → Arbeitnehmer und seinem direkten Vorgesetzten nach im → Beurteilungswesen festgelegten Vorgaben durchgeführt. Ziele: Soll-Ist-Vergleich zwischen Stellenanforderung und persönlichen Leistungen des Beurteilten, Festlegung von Zielen und Standards für die nächste Beurteilungsperiode (→ Führung durch Zielvereinbarung).

Beurteilungswesen
Die systematische Beurteilung jedes Mitarbeiters durch seinen direkten Vorgesetzten. Beschreibung und Bewertung der Leistungen, Fähigkeiten und Verhaltensweisen als Voraussetzung für gezielte Förderungsmaßnahmen. B. ist Instrument der → Personalentwicklung. Grundlage ist eine Arbeitsplatzbeschreibung mit genauer Festlegung der Tätigkeitsmerkmale und des → Anforderungsprofils. Die Leistungen des Mitarbeiters und sein persönliches Stärken-Schwächen-Profil werden gegen die Sollvorgabe abgeglichen. Zu beurteilen sind Leistung und Arbeitseinsatz (Fachwissen, Akquisitionserfolge, Arbeitseffizienz/Leistungsmenge), Persönlichkeitsmerkmale (Auffassungsgabe, Auftreten, Zuverlässigkeit, Ausdrucks- und Kontaktfähigkeit, Gewissenhaftigkeit, Belastbarkeit, Überzeugungskraft, Sozialverhalten, Fähigkeit zur Initiative, emotionale Stabilität), Entwicklungspotential, bei → Führungskräften zusätzlich die Führungsqualitäten (Entscheidungsbereitschaft, Planung und Organisation, Beaufsichtigung und Kontrolle). Alle Daten werden systematisch in einem → Beurteilungsbogen erfaßt und in einem → Beurteilungsgespräch mit dem Mitarbeiter diskutiert. Ziele des B. sind systematische Potentialerkennung, Verbesserung der qualitativen Personalplanung, Offenlegung von notwendigen Qualifikationsmaßnahmen, Motivierung der Mitarbeiter durch Zielsetzung, Auseinandersetzung mit den persönlichen Zielen der Mitarbeiter.

Bewegliche Sachen
→ Sachen, die weder → Grundstücke noch → wesentliche Bestandteile eines Grundstücks oder einer anderen b. S. sind. Im → Schiffsregister eingetragene → Schiffe und Luftfahrzeuge sind ebenfalls b. S., werden jedoch bei Übertragung und Belastung wie Grundstücke behandelt. Steht eine b. S. in wirtschaftlichem Zusammenhang mit einer anderen beweglichen Sache oder einem Grundstück (Hauptsache), so kann sie als → Bestandteil, Frucht (§ 99 BGB) oder als → Zubehör anzusehen sein.
Bewegliche Sachen werden durch → Einigung und → Übergabe übereignet (§§ 929 ff. BGB, → Übereignung). Wie b. S. werden → Inhaberpapiere und → Orderpapiere übereignet, bei letzteren ist außerdem ein → Indossament erforderlich (→ Wertpapiere). Nur bei b. S. ist eine → Sicherungsübereignung oder ein → Eigentumsvorbehalt oder ein → Pfandrecht (Mobiliarpfandrecht) möglich (→ Sachsicherheiten).
(→ Sachen)

Bewegungsbilanz
→ Bilanz, in der keine Bestände (wie in der üblichen Bilanz), sondern die Veränderungen der Bilanzpositionen während einer Periode ausgewiesen werden. In der B. werden Mittelherkunft und Mittelverwendung einer Periode gegenübergestellt. Dafür sind zwei aufeinanderfolgende → Jahresabschlüsse erforderlich: Die Zahlen des ersten werden als Anfangsbestände, die des zweiten als End-

Bewertung des Anlage- und Umlaufvermögens

Bewegungsbilanz – Erstellung

1. Schritt: Erstellung einer Beständedifferenzenbilanz

Aktiva			[Beständedifferenzenbilanz]			Passiva
	02	01	Diff.	02	01	Diff.
Anlagevermögen	200	180	+20	Eigenkapital	215	200	+15
Umlaufvermögen	160	170	−10	Fremdkapital	145	150	− 5
	360	350	+10		360	350	+10

2. Schritt: Darstellung der Differenzen in der Bewegungsbilanz

Mittelverwendung = (Investition)	[Bewegungsbilanz]	Mittelherkunft = (Finanzierung)
Erhöhung von Anlagevermögen	20	Erhöhung von Eigenkapital	15
Verminderung von Fremdkapital	5	Abbau von Umlaufvermögen	10
	25		25

bestände behandelt. Hieraus werden die Differenzen, d. h. die Bewegungen während der Periode, errechnet (Beständedifferenzenbilanz) und in die B. übernommen (vgl. Tabelle oben). Die Gegenüberstellung in Kontoform (daher: Bilanz) zeigt, aus welchen Finanzierungsquellen die Mittel geflossen sind (=Mittelherkunft) und zu welchen Zwecken sie im Unternehmen verwendet wurden (=Mittelverwendung). Es sind daher folgende Schritte erforderlich, um eine B. zu erstellen:
Die Gesamtsumme beider Seiten muß – wie bei der Bilanz – übereinstimmen. Die vorstehende Grundform wird in der Praxis vielfach variiert: Zum einen können die Hauptpositionen (→ Eigen- und → Fremdkapital sowie → Anlage- und → Umlaufvermögen) mehr oder weniger detailliert untergliedert werden. Zum anderen lassen sich die Bestandsveränderungen als Brutto- oder Nettogrößen darstellen. Während beim Nettoverfahren lediglich der → Saldo aus Anfangs- und Endbestand in die B. übernommen wird, werden bei der Bruttomethode Umsatzzahlen aus der Buchführung angegeben. Der externe Bilanzleser kann solche Bruttozahlen aus dem → Anlagespiegel und der → Gewinn- und Verlustrechnung (GuV) entnehmen und in die B. einbauen.
Die B. wurde als Kapitalflußrechnung (Funds Statement, Finanzflußrechnung) weiter verfeinert und ist in dieser Form in den USA seit längerem sehr gebräuchlich, auch in der BRD wird sie von vielen Publikums-AG veröffentlicht. In ihrer aussagefähigsten Form ermittelt die B. auch den → Cash flow und das → Working Capital (vgl. Tabelle S. 264).

Bewerberauslese
Maßnahme im Rahmen der → Personaleinstellung. Auswahlverfahren: a) Auswertung der Bewerbungsunterlagen, b) Vorstellungsgespräch, c) → Assessment Center und/oder andere Testverfahren (Leistungs-, Intelligenz- und Persönlichkeitstests), graphologische oder psychologische Gutachten.

Bewertung des Anlage- und Umlaufvermögens
Die *handelsrechtliche Bewertung* von Vermögensgegenständen des → Anlage- und → Umlaufvermögens geht von den gleichen Grundprinzipien aus (→ Bewertungsgrundsätze). Die Wertobergrenze wird durch die → Anschaffungskosten oder → Herstellungskosten bestimmt (§ 253 Abs. 1 Satz 1 HGB). Damit wird das → *Realisationsprinzip* durchgesetzt, das den Ausweis von → Gewinnen erst erlaubt, wenn sie realisiert sind. Das *Imparitätsprinzip* lautet, daß noch nicht realisierte Verluste ausgewiesen werden müssen. Es wird durch das → *Niederst-*

Bewertung des Anlage- und Umlaufvermögens

Bewegungsbilanz – Einfache Bewegungsbilanz und Kapitalflußrechnung

Einfache Bewegungsbilanz
(Beständedifferenzbilanz)
in 1000 DM

Bilanzpositionen	Bestände alt	neu	Mittelverwendung	Mittelherkunft
Aktiva				
Sachanlagen	60	70	10	
Beteiligungen	25	32	7	1
Vorräte	19	18		
Langfr. Forderungen	12	14	2	2
Kurzfr. Forderungen	8	6		1
Liquide Mittel	7	6		
	131	146	19	4
Passiva				
Eigenkapital	65	70		5
Rücklagen	16	19		3
Wertberichtigungen	4	5		1
Rückstellungen	2	4		2
Langfr. Verbindlichk.	21	18	3	
Kurzfr. Verbindlichk.	16	19		3
Rechnungsabgrenzung	3	4		1
Gewinn	4	7		3
	131	146	3	18
			22	22

Kapitalflußrechnung
in Mio. DM

	Mittelherkunft	Mittelverwendung
I. Umsatzüberschuß		
Gewinn/Verlust	15	
Rücklagen	10	
Abschreibungen	70	
Wertberichtigungen	8	
Rückstellungen	11	
Rechnungsabgrenzung	6	
Cash flow	(120)	
II. Anlagebereich		
Sachvermögen		85
Beteiligungen		32
Eigenkapital	8	9
Langfr. Verbindlichk.	2	
Langfr. Forderungen		12
Zwischensumme	(10)	(129)
III. Umlaufbereich		
Warenvorräte		10
Kurzfr. Forderungen		4
Kurzfr. Verbindlichk.	7	
Liquide Mittel	6	
Net Working Capital	(13)	(14)
Kapitalfluß	143	143

wertprinzip durchgesetzt, das zur Festlegung des Wertansatzes von Vermögensgegenständen einen Vergleich ihrer Anschaffungs- oder Herstellungskosten (vermindert um planmäßige → Abschreibungen) und ihrer → Zeitwerte verlangt. Grundsätzlich ist der niedrigere der beiden Werte anzusetzen (§ 253 Abs. 2 und 3 HGB).

Bewertung des Anlagevermögens: Das abnutzbare Anlagevermögen ist gemäß → *Handelsrecht* (§ 253 Abs. 2 HGB) zu vermindern um planmäßige Abschreibungen mittels eines Abschreibungsplanes, der die Anschaffungs- und Herstellungskosten auf die → Geschäftsjahre zu verteilen hat, in denen der Vermögensgegenstand voraussichtlich genutzt werden kann. Grundsätzlich zulässig sind Abschreibungen nach Maßgabe der Inanspruchnahme (leistungsbezogene Abschreibung) wie auch die zeitbedingten Abschreibungsverfahren (im wesentlichen lineare und degressive Abschreibung sowie der planmäßige Übergang von degressiver auf lineare Abschreibung). Bei einer voraussichtlich dauernden Wertminderung müssen außerplanmäßige Abschreibungen vorgenommen werden (§ 253 Abs. 2 HGB). Bei einer vorübergehenden Wertminderung ist die Abschreibung auf den niedrigeren Zeitwert freigestellt (gemildertes Niederstwertprinzip nach § 253 Abs. 2 HGB), bei → Kapitalgesellschaften bezieht sich diese Regelung nur auf die → Finanzanlagen (§ 279 Abs. 1 HGB). Der niedrigere Wert darf auch beibehalten werden, wenn die Gründe, die zu einer außerplanmäßigen Abschreibung geführt haben, zu einem späteren Bilanzstichtag nicht mehr bestehen (Beibehaltungswahlrecht). – Abschreibungsgebote sind auch in der → *Steuerbilanz* zu beachten. Daher sind die abnutzbaren Anlagegegenstände auch in der Steuerbilanz planmäßig abzuschreiben. Es sind aber nur bestimmte Abschreibungsmethoden und in diesem Rahmen auch nur bestimmte Abschreibungssätze zulässig. Handelsrechtliche Abschreibungswahlrechte dürfen in der Steuerbilanz nur dann ausgeübt werden, wenn die steuerrechtlichen Bewertungsvorschriften das zulassen. Fällt der Grund für eine außerordentliche Abschreibung weg, so darf der niedrigere Wert beibehalten werden (Grundsatz der Bewertungsstetigkeit). In der Handels- und Steuerbilanz darf aber auch auf den höheren tatsächlichen Wert zugeschrieben werden. Hierbei dürfen jedoch die Anschaffungs- oder Herstellungskosten, bei abnutzbaren Anlagegegenständen vermindert um planmäßige Abschreibungen, nicht überschritten werden. Steuerrechtliche Abschreibungen sind grundsätzlich nur dann zulässig, wenn in der → Handelsbilanz gleichlautend bewertet worden ist. Daher dürfen die Vermögensgegenstände in der Handelsbilanz mit den auf einer steuerrechtlich zulässigen Abschreibung beruhenden Werten angesetzt werden (§ 254 HGB). Abschreibungen im Rahmen vernünftiger kaufmännischer Beurteilung (§ 253 Abs. 4 HGB) sind nur für Nicht-Kapitalgesellschaften zugelassen, um die Bildung → stiller Reserven zu ermöglichen. Steuerrechtlich ist diese Abschreibung nicht zulässig.

Bewertung des Umlaufvermögens: Für das Umlaufvermögen gelten grundsätzlich die gleichen Abschreibungsregeln wie für das Anlagevermögen. Ausnahmen: Eine planmäßige Abschreibung kommt für das Umlaufvermögen nicht in Frage. Bei einer Wertminderung müssen außerplanmäßige Abschreibungen vorgenommen werden (§ 253 Abs. 3 HGB), auch wenn sie nicht von Dauer ist (strenges Niederstwertprinzip). Sind nach dem Bilanzstichtag weitere Wertminderungen bei Gegenständen des Umlaufvermögens zu erwarten, so können diese (allerdings nur handelsrechtlich) antizipiert werden, um zu verhindern, daß in der nächsten Zukunft der Wertansatz dieser Vermögensgegenstände auf Grund von Wertschwankungen geändert werden muß (§ 253 Abs. 3 HGB).

Bewertungsgrundsätze
Im → Handelsrecht sind die *allgemeinen B.*, die bei der Aufstellung der → Bilanz zu beachten sind, in § 252 Abs. 1 HGB zusammengefaßt: (1) Wertzusammenhang (Identitätsprinzip): Übereinstimmung der Wertansätze in der Eröffnungsbilanz des → Geschäftsjahres mit denen der Schlußbilanz des vorhergehenden Geschäftsjahres. (2) Unternehmensfortführung (Going-Concern-Prinzip): Solange mit einer Fortführung des Unternehmens zu rechnen ist, sind keine Liquidationswerte zu ermitteln; es ist auf der Grundlage des Teilwertgedankens zu bewerten. (3) Einzelbewertungsprinzip: Bewertung jedes einzelnen Vermögensgegenstandes und jeder einzelnen → Schuld. (4) Abgrenzungsprinzip: Periodengerechte Zuordnung von → Aufwendungen und → Erträgen. (5) Vorsichtsprinzip: Berücksichtigung der Risiken und Verluste, die bis zum Bilanzstichtag entstanden (→ Realisationsprinzip) oder erkennbar (Imparitätsprinzip) sind. Berücksichtigung von Gewinnen auf der Grundlage des Realisationsprinzips (→ Bewertung des Anlage- und Umlaufvermögens). (6) Stetigkeitsprinzip: Grundsätzlich sollen die angewandten Bewertungsmethoden beibehalten werden. Steuerrechtliche → Bewertungswahlrechte dürfen aber von Jahr zu Jahr unterschiedlich ausgeübt werden. – *Abweichungen* vom allgemeinen B. sind nur in begründeten Ausnahmefällen zulässig (§ 252 Abs. 2 HGB).

Bewertungsvorschriften für den Jahresabschluß der Kreditinstitute
Die §§ 340e bis g HGB enthalten Vorschriften über die → Bewertung von Vermögensgegenständen in der Bankbilanz und über die → Vorsorgereserven für allgemeine Bankrisiken (→ stille Reserven der Kreditinstitute) sowie über die Bildung eines Sonderpostens für allgemeine Bankrisiken (→ Fonds für allgemeine Bankrisiken).

Bewertungswahlrechte
B. räumen dem Bilanzierenden die freie Entscheidung ein, mit welchem Wert von mehreren zulässigen Werten er in der → Handelsbilanz ein zu bilanzierendes → Wirtschaftsgut ansetzt. Dabei unterscheidet man zwischen Wertansatzwahlrechten und Methodenwahlrechten. *Wertansatzwahlrechte* ergeben sich durch Abschreibungs- und Zuschreibungsmöglichkeiten, die ein bilanzierendes Unternehmen wahrnehmen

Bewertung von Vermögensgegenständen

kann, aber nicht wahrnehmen muß. So können → Abschreibungen des → Anlage- und → Umlaufvermögens, die nur steuerrechtlich zulässig sind, in die Handelsbilanz übernommen werden (§ 254 HGB). Zukünftige Wertschwankungen bei Vermögensgegenständen des Umlaufvermögens können antizipiert werden (§ 253 Abs. 3 HGB). Nur für Nicht-Kapitalgesellschaften gilt die Abschreibungsmöglichkeit im Rahmen vernünftiger kaufmännischer Beurteilung nach § 253 Abs. 4 HGB. Bei Zuschreibungen haben auch → Kapitalgesellschaften für sämtliche Vermögensgegenstände des Anlage- und Umlaufvermögens ein Wahlrecht, obwohl nach § 280 Abs. 1 HGB ein Wertaufholungsgebot (→ Wertaufholung) besteht. Dieses Wertaufholungsgebot wird nach § 280 Abs. 2 HGB zum Wahlrecht, wenn auch in der →Steuerbilanz ein Zuschreibungswahlrecht besteht, wie z. Zt. für sämtliche Vermögensgegenstände des Anlage- und Umlaufvermögens gilt. – Die wichtigsten *Methodenwahlrechte* ergeben sich beim Ansatz der → Herstellungskosten durch die Wahl der Wertober- oder -untergrenze und bei der Abschreibung des derivativen Firmen- oder → Geschäftswertes, der handelsrechtlich entweder über 4 Jahre abgeschrieben oder planmäßig auf die →Geschäftsjahre (z. B. auf 15 Jahre wie in der Steuerbilanz) verteilt werden kann.
(→ Bewertung des Anlage- und Umlaufvermögens)

Bewertung von Vermögensgegenständen in der Bankbilanz
Obwohl im Bilanzformblatt nicht streng zwischen → Anlagevermögen und → Umlaufvermögen unterschieden wird (→ Bankbilanz, Formblatt nach der Rechnungslegungsverordnung), ist auch für → Kreditinstitute die Unterscheidung der Vermögensgegenstände für die Bewertung von Bedeutung. Grundsätzlich als Anlagevermögen behandelt und daher nach den für das Anlagevermögen geltenden Vorschriften zu bewerten sind gemäß § 340e HGB → Beteiligungen einschl. der Anteile an → verbundenen Unternehmen, Konzessionen, gewerbliche Schutzrechte und ähnliche → Rechte und Werte sowie Lizenzen an solchen Rechten und Werten, → Grundstücke, grundstücksgleiche Rechte und Bauten einschl. der Bauten auf fremden Grundstücken, technische Anlagen und Maschinen, andere Anlagen, Betriebs- und Geschäftsausstattung sowie Anlagen im Bau (§ 253 Abs. 2 i. V. mit § 279 Abs. 1 HGB). Die genannten Vermögensgegenstände sind wie Umlaufvermögen zu bewerten, wenn sie nicht dazu bestimmt sind, dauernd dem Geschäftsbetrieb zu dienen (§ 253 Abs. 3 HGB).
Andere als die oben aufgezählten Vermögensgegenstände, insbes. → Forderungen und → Wertpapiere, sind nach den für das Umlaufvermögen geltenden Vorschriften zu bewerten. Dies gilt nicht, wenn sie dazu bestimmt sind, dauernd dem Geschäftsbetrieb zu dienen. In diesem Fall sind sie wie Gegenstände des Anlagevermögens zu bewerten (→ Bewertungsvorschriften für den Jahresabschluß der Kreditinstitute).

BEY
Abk. für → Bond Equivalent Yield.

Bezahlt-Meldung
Bestätigung des kontoführenden → Kreditinstituts über die Einlösung von → Schecks oder → Wechseln. Eine B.-M. kann angefordert werden, wenn dies für die Disposition erforderlich ist bzw. um Gewißheit über die Erledigung der Zahlungsverpflichtung zu erhalten.

Bezeichnungsschutz für Kreditinstitute
Spezifische Bezeichnungen dürfen in der → Firma, als Zusatz zu dieser, zur Bezeichnung des Geschäftszweckes, d. h. des Unternehmensgegenstandes, oder zu Werbezwecken nur bestimmte → Kreditinstitute führen. Die Bezeichnung „Bank", „Bankier" und „Sparkasse" dürfen nur Kreditinstitute, die eine Erlaubnis nach § 32 KWG besitzen, führen – bei → Sparkassen betrifft dies nur die öffentlich-rechtlichen Institute – sowie solche anderen Unternehmen, die bei Inkrafttreten des KWG (1.1.1962) nach den bis dahin geltenden Vorschriften eine derartige Bezeichnung befugt geführt haben (§§ 39 Abs. 1, 40 Abs. 1 KWG, z. B. → freie Sparkassen). Die Bezeichnung „Volksbank" oder „Spar- und Darlehenskasse" dürfen nur Kreditinstitute führen, die in der Rechtsform einer eingetragenen → Genossenschaft betrieben werden und einem Prüfungsverband angehören (§§ 39 Abs. 2, 40 Abs. 2 KWG). Die Bezeichnung „Bausparkasse" bzw. den Wortstamm „Bauspar" dürfen nur → Bausparkassen (§ 40 KWG, § 16 BSpkG) führen. Die Bezeichnungen „Kapitalanlagegesellschaft", „Investmentgesellschaft", „Kapitalanlage", „Investment", „Investor",

„Invest" dürfen nur → Kapitalanlagegesellschaften und ausländische Investmentgesellschaften, Verwaltungsgesellschaften und Vertriebsgesellschaften (§ 7 KAGG) führen. Besonders geschützt sind ferner die Bezeichnungen → „Pfandbrief", „Kommunalschuldverschreibung" und → „Kommunalobligation" (§ 5a HypBankG, § 10 PfandBG). Für die genannten Kreditinstitute werden auch Bezeichnungen geschützt, in der die angeführten Worte enthalten sind, wie Kreissparkasse oder → Sparbrief. Dagegen gelten §§ 39, 40 KWG nach § 41 Satz 1 KWG (bzw. nach § 7 Abs. 3 KAGG, § 16 Abs. 2 BSpkG) nicht für Unternehmen, die die Worte in einem Zusammenhang gebrauchen, der den Anschein des Betriebs von → Bankgeschäften ausschließt (z. B. Spielbank, Datenbank, Bankverlag, Zeitschriften „Die Bank", „Sparkasse"). Über Zweifelsfälle nach §§ 39, 40 KWG wie nach den Sondervorschriften (z. B. § 16 Abs. 3 BSpkG) entscheidet das → Bundesaufsichtsamt für das Kreditwesen (§ 42 KWG).
Zweigstellen von Kreditinstituten oder → Finanzinstituten i. S. des KWG mit Sitz in einem anderen EG-Mitgliedstaat genießen nach § 39 Abs. 1 Nr. 1 KWG denselben B. wie nach § 32 KWG zugelassene Kreditinstitute, um Wettbewerbsgleichheit zu sichern. Darüber hinaus dürfen alle Kreditinstitute mit Sitz im Ausland bei ihrer Tätigkeit in der BRD die Bezeichnungen „Volksbank", „Sparkasse", „Bausparkasse" und „Spar- und Darlehenskasse" dann führen, wenn sie hierzu in ihrem Sitzstaat berechtigt sind und die Bezeichnung durch einen Zusatz ergänzen, der auf ihre Herkunft hinweist (§ 41 Satz 2 KWG).
Der B. soll das Publikum, aber auch die berechtigten Kreditinstitute davor schützen, daß das öffentliche Vertrauen gegenüber dem Kreditgewerbe von Unternehmen beeinträchtigt wird, die nicht der → Bankenaufsicht unterliegen. Bezeichnungen wie „Kreditinstitut", „Kreditanstalt" o. ä. sind hingegen nicht durch das KWG geschützt. Eine unzulässige Firma oder ein Zusatz hierzu muß vom Amtsgericht im → Handelsregister gelöscht werden, und gegen das Unternehmen ist ein Ordnungsgeld festzusetzen, um es zu zwingen, den Gebrauch der Bezeichnung zu unterlassen. Das Bundesaufsichtsamt für das Kreditwesen ist vor dem Amtsgericht antragsbefugt und kann auch Rechtsmittel einlegen (§ 43 KWG).
(→ Bankenaufsicht)

Beziehungsmanagement
Systematische Planung, Steuerung und Kontrolle der Kunde-Bank-Beziehung. Die aus dem Investitionsgütermarketing stammende Theorie des B. ist von Süchting für die Kreditwirtschaft, insbes. mit Blick auf das Verhältnis von Banken zu → Firmenkunden und vermögenden → Privatkunden, verfügbar gemacht worden. Danach wird die Geschäftsbeziehung als Interaktionsprozeß zwischen den Geschäftspartnern gesehen, in dem aus wechselseitigen Wahrnehmungen und Handlungen ein Vertrauensverhältnis wachsen soll. Beide Partner sind an einer Beziehungspflege solange interessiert, wie sie glauben, auch bei Berücksichtigung von Alternativen einen Nettonutzen aus der Verbindung zu erzielen (→ Bankloyalität).
Je nach Art, Größe und Bedeutung der einzelnen Kunden obliegt das B. dem → Vorstand/der Geschäftsführung, Filial- oder Abteilungsleitern, Privat- oder → Firmenkundenbetreuern.

Bezogenenobligo
Wird im Rahmen der → Kreditüberwachung bezüglich der → Diskontkredite der → Bankkunden (Wechseleinreicher) geführt. Die Kreditabteilung prüft bei Ankauf eines zum Diskont angebotenen → Wechsels, in welcher Höhe der Wechselbezogene bereits als Risiko in den Büchern der Bank verzeichnet und ob das Risiko noch vertretbar ist. Unter Umständen erfolgt ein Ankauf des Wechsels dann nur noch im Hinblick auf die Bonität des Einreichers oder der Ankauf wird abgelehnt.
(→ Obligo)

Bezogener
Beim → Wechsel oder beim → Scheck derjenige, an den die unbedingte Zahlungsanweisung gerichtet ist (Adressat). Der B. eines Wechsels steht links unter dem Wechseltext. Der → Aussteller eines Wechsels kann sich auch selbst als B. einsetzen (→ trassiert-eigener Wechsel). Der Wechsel ist auch gültig, wenn der Name des B. falsch oder fingiert ist (→ Kellerwechsel). Bei Angabe eines nichtwechselfähigen B. ist der Wechsel nichtig, z. B. ausdrückliche Benennung der BGB-Gesellschaft als Bezogener. Werden dagegen als B. für die BGB-Gesellschaft die geschäftsführenden oder alle Gesellschafter genannt, ist der Wechsel formgültig (→ Wechselfähigkeit). Der B. wird erst durch sein → Akzept verpflichtet; er wird dann Akzeptant. B. eines Schecks kön-

Bezüge

nen nur Kreditinstitute (→ Deutsche Bundesbank, → Geschäftsbanken) und → Postgiroämter (→ Deutsche Bundespost Postbank, → Deutsche Postbank AG) sein.

Bezüge
Kurzbezeichnung für → Bezugsrechte.

Bezugsaktie
→ Aktie, die gemäß § 192 Abs. 1 AktG im Rahmen einer → bedingten Kapitalerhöhung ausgegeben wird.

Bezugsangebot
Angebot einer → Aktiengesellschaft, die ihr → Grundkapital im Wege einer → Kapitalerhöhung gegen → Einlagen erhöht, an ihre → Aktionäre, → junge Aktien durch Ausübung des → Bezugsrechts zu erwerben. Das B. wird in den → Gesellschaftsblättern und im → Bundesanzeiger sowie bei börsennotierten Aktien in einem → Börsenpflichtblatt veröffentlicht.

Bezugsaufforderung
Aufforderung an Inhaber von → Aktien bei einer → Kapitalerhöhung gegen → Einlagen, → junge Aktien auf Grund ihres → Bezugsrechts zu beziehen (→ Bezugsangebot).

Bezugsfrist
Frist, innerhalb derer → Aktionäre bei einer → Kapitalerhöhung gegen → Einlagen ihr → Bezugsrecht ausüben können. Die B. muß mindestens zwei Wochen betragen.

Bezugskurs
1. Ausgabepreis für → junge Aktien bei einer → Kapitalerhöhung gegen → Einlagen. Liegt der B. für junge Aktien unter dem → Börsenkurs der → alten Aktien, hat das → Bezugsrecht des Altaktionärs einen → inneren Wert (rechnerischen Wert), der unter Berücksichtigung des Bezugsverhältnisses errechnet wird (→ Bezugsrechtswert).

2. Ausgabepreis für → Aktien bzw. → Schuldverschreibungen, die aus einem → Optionsschein bezogen werden können.

3. Synonym für → Basispreis von → Optionen und → Optionsscheinen.

Bezugsobjekt, → Basiswert.

Bezugspreis, → Bezugskurs.

Bezugsrecht
1. *Bezugsrecht des Aktionärs:* (1) Das dem → Aktionär gemäß § 186 Abs. 1 AktG zustehende Recht, bei einer → Kapitalerhöhung einen seinem Anteil am bisherigen → Grundkapital entsprechenden Teil der → neuen Aktien (→ junge Aktien) zu beziehen. (2) Das dem Aktionär gemäß § 221 Abs. 5 AktG zustehende Recht, bei Ausgabe von Wandelschuldverschreibungen (→ Wandelanleihe), → Optionsanleihen, → Gewinnschuldverschreibungen und → Genußrechten (→ Genußscheine) einen seinem Anteil am Grundkapital entsprechenden Teil von → Schuldverschreibungen oder Genußrechten (Genußscheine, → Optionsgenußscheine, Wandelgenußscheine) zu erhalten.

Das B. hat in beiden Fällen grundsätzlich den Zweck, dem Aktionär eine Möglichkeit zur Sicherung seines bisherigen Anteils am Grundkapital (bzw. zur Sicherung seines Gewinnanteils) zu geben. Wandelschuldverschreibungen verbriefen einen Anspruch auf Umtausch der Schuldverschreibungen in → Aktien. Optionsanleihen verbriefen in → Optionsscheinen und Optionsgenußscheine verbriefen direkt ein Recht zum Bezug (Erwerb) von Aktien des → Emittenten. Zur Sicherung der B. nach § 221 Abs. 5 wird eine → bedingte Kapitalerhöhung durchgeführt. Vgl. Abbildung S. 269.

2. *Bezugsrecht des Inhabers von Optionsscheinen:* Das dem Inhaber von Optionsscheinen zustehende Recht, neue Aktien oder Schuldverschreibungen zu bereits festliegenden Bedingungen zu beziehen. Optionsscheine mit einem Bezugsrecht auf Aktien stammen aus Optionsanleihen oder sind → nackte Optionsscheine, d. h. Optionsscheine, die nicht im Rahmen einer Optionsanleihe emittiert sind.

Bezugsrecht auf Berichtigungsaktien
Das dem → Aktionär zustehende Recht, → Berichtigungsaktien bei einer → Kapitalerhöhung aus Gesellschaftsmitteln zu erhalten.
(→ Berichtigungsabschlag)

Bezugsrecht auf Gewinnschuldverschreibungen
Das dem → Aktionär gemäß § 221 Abs. 4 AktG zustehende Recht auf Gewinnanteil bei Ausgabe von → Gewinnschuldverschreibungen durch die → Aktiengesellschaft.

Bezugsrecht auf junge Aktien
Das dem → Aktionär zustehende Recht, bei einer → Kapitalerhöhung einen seinem An-

Bezugsrecht des Aktionärs

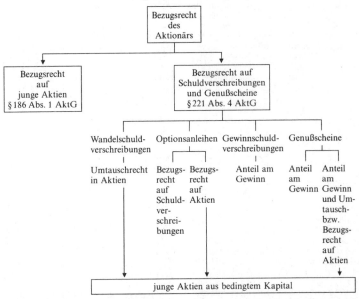

teil am bisherigen → Grundkapital entsprechenden Teil der → jungen Aktien (→ neue Aktien) zu beziehen (§ 186 Abs. 1 AktG). Das B. a. j. A. sichert dem Aktionär die Möglichkeit, seine bisherige prozentuale Beteiligung am Grundkapital mit den daraus resultierenden Gewinnansprüchen und Stimmrechtsmöglichkeiten aufrecht zu erhalten. Sofern die jungen Aktien zu einem günstigeren Kurs als zum → Börsenkurs der alten Aktien ausgegeben werden, repräsentiert der rechnerische (innere) Wert des B. (→ Bezugsrechtswert) den Ausgleich für die Werteinbuße (Kursverlust der Altaktie). Eine Pflicht zum Bezug junger Aktien besteht nicht, d. h. daß der Aktionär sein B. a. j. A. ausüben oder verkaufen kann. Nichtaktionäre müssen B. a. j. A. erwerben, wenn sie im Rahmen der Kapitalerhöhung gegen → Einlagen Aktien beziehen wollen.

Bezugsrechtsausschluß: Das B. a. j. A. kann ganz oder zum Teil durch Beschluß der → Hauptversammlung mit → qualifizierter Mehrheit ausgeschlossen werden. Die → Satzung kann eine größere Kapitalmehrheit und weitere Erfordernisse bestimmen. Die Entscheidung über den Ausschluß des B. a. j. A. kann nur zusammen mit dem Beschluß über die Erhöhung des Grundkapitals gefaßt werden (§ 186 Abs. 3 AktG). Die Beschlußfassung hat außerdem zur Voraussetzung, daß der Ausschluß des B. a. j. A. ausdrücklich und ordnungsgemäß nach § 124 Abs. 1 AktG bekannt gemacht worden ist. Bestimmte Fälle sind im Aktiengesetz selbst ausdrücklich genannt, z. B. bei Entstehung von Umtauschrechten aus Wandelschuldverschreibungen (→ Wandelanleihe) oder Bezugsrechten aus → Optionsanleihen, bei Abfindung ausscheidender Aktionäre im Zusammenhang mit dem Zusammenschluß mehrerer Unternehmen (→ Fusion) sowie zur Befriedigung von → Ansprüchen, die → Arbeitnehmer aus ihnen eingeräumter Gewinnbeteiligung auf → Belegschaftsaktien haben (§ 192 Abs. 2 AktG). Darüber hinaus verlangt die Rechtsprechung im Interesse eines effizienten Aktionärsschutzes die Beachtung eng gezogener Grenzen für den Ausschluß des B. a. j. A.

Bezugsrecht auf Optionsanleihen

Mittelbares Bezugsrecht des Aktionärs: Um einen einfachen Weg zur →Aktienemission zu ermöglichen, eröffnet das Aktiengesetz in § 186 Abs. 5 die Möglichkeit, die jungen Aktien von einem →Kreditinstitut (bzw. von einem →Emissionskonsortium) mit der Verpflichtung übernehmen zu lassen, sie den Aktionären zum Bezug anzubieten. Ein solcher Beschluß der Hauptversammlung ist nicht als Ausschluß des B. a. j. A.

Bezugsaufforderung: Die Aktionäre werden durch eine Veröffentlichung der Bezugsbedingungen im →Bundesanzeiger sowie in den →Gesellschaftsblättern und bei börsennotierten Aktien (→Börsennotierung) auch in einem →Börsenpflichtblatt zum Bezug der jungen Aktien aufgefordert. Kreditinstitute weisen ihre Kunden auf Bezugsrechte von Aktien, die bei ihnen verwahrt werden, hin und erbitten Weisungen für die Ausübung bzw. den Verkauf von B. a. j. A.

Ausübung des Bezugsrechts: Für die Ausübung des B. a. j. A. ist nach § 186 Abs. 1 AktG eine Frist von mindestens zwei Wochen zu bestimmen (→Bezugsfrist). Die Gesellschaft setzt in Mitteilungen an die Altaktionäre Einzelheiten für den Bezug der jungen Aktie fest (Bezugsbedingungen). Dazu gehören neben der Angabe der Bezugsfrist der Preis, zu dem die jungen Aktien erworben werden können (→Bezugskurs), die Dividendenberechtigung der jungen Aktien, die von der Dividendenberechtigung der Altaktien abweichen kann, sowie das Verhältnis von bisherigem Grundkapital zum Erhöhungsbetrag in DM (bzw. von bisheriger Aktienzahl zur Anzahl der neuen Aktien). Dieses Bezugsverhältnis bestimmt, wie viele alte Aktien ein Aktionär besitzen muß, um eine junge Aktie zu beziehen. So ergibt sich beispielsweise bei einer Kapitalerhöhung von 200 Mio. DM auf 250 Mio. DM ein Verhältnis von 200:50 (Grundkapital zum Erhöhungsbetrag), was ein Bezugsverhältnis für den Aktionär von 4:1 bedeutet. Ein Aktionär, der 4 alte Aktien besitzt, hat das Recht auf den Bezug einer neuen Aktie. Aus dem Börsenkurs der alten Aktien und dem Bezugskurs der jungen Aktien wird unter Berücksichtigung des Bezugsverhältnisses der rechnerische Wert (innerer Wert) des Bezugsrechts ermittelt. Bezugsrechte werden an der →Börse gehandelt und notiert (Bezugsrechtsnotierung), da Aktionäre zum Teil ihr Bezugsrecht nicht ausüben und daher verkaufen wollen, während Nichtaktionäre Bezugsrechte erwerben wollen, um junge Aktien zum Bezugskurs beziehen zu können. Der Bezugsrechtskurs, der ausschließlich von Angebot und Nachfrage bestimmt wird, kann vom →inneren Wert des Bezugsrechts abweichen. Der →Bezugsrechtshandel findet während der gesamten Bezugsfrist mit Ausnahme der beiden letzten Bezugstage statt. Die alten Aktien werden vom ersten Bezugsrechtshandelstag an „ex Bezugsrecht", d. h. mit einem →Bezugsrechtsabschlag, gehandelt. Am Tage des Bezugsrechtsabschlags wird bei der Notierung der Hinweis „ex BR" (ohne Bezugsrecht) gegeben.

Bezugsrecht auf Optionsanleihen
Recht eines →Aktionärs, das ihm gemäß § 221 Abs. 4 AktG zum Bezug auf →Aktien aus einer →bedingten Kapitalerhöhung bei Ausgabe von →Optionsanleihen durch die →Aktiengesellschaft zusteht.

Bezugsrecht auf Optionsgenußscheine
Recht eines →Aktionärs, das ihm gemäß § 221 Abs. 4 AktG zum Bezug auf →Aktien aus einer →bedingten Kapitalerhöhung bei Ausgabe von →Optionsgenußscheinen durch die →Aktiengesellschaft zusteht.

Bezugsrecht auf Schuldverschreibungen
Recht des →Aktionärs auf einen seinem Anteil am →Grundkapital entsprechenden Teil von →Schuldverschreibungen oder →Genußrechten, das ihm gemäß § 221 Abs. 4 AktG bei Ausgabe von Wandelschuldverschreibungen (→Wandelanleihe), →Optionsanleihen, Gewinnschuldverschreibungen und →Genußrechten (→Genußscheine) zusteht. Wie das →Bezugsrecht auf junge Aktien hat auch das B. a. S. grundsätzlich den Zweck, dem Aktionär eine Möglichkeit zur Sicherung seines bisherigen Anteils am Grundkapital bzw. zur Sicherung seines Gewinnanteils zu geben.

Bezugsrecht auf Wandelschuldverschreibungen
Recht des →Aktionärs auf Umtausch in →Aktien aus einer →bedingten Kapitalerhöhung, das ihm gemäß § 221 Abs. 4 AktG bei Ausgabe von Wandelschuldverschreibungen (→Wandelanleihe) durch die →Aktiengesellschaft zusteht.

Bezugsrechtsabschlag
Kursminderung bei →Aktien nach Aufnahme des Handels mit →Bezugsrechten

(→ Bezugsrechtshandel) aufgrund einer → Kapitalerhöhung gegen → Einlagen. Der B. (ex BR = ohne Bezugsrecht) erfolgt am ersten Handelstag mit Bezugsrechten und wird durch einen entsprechenden Hinweis bei der Kursnotierung der Aktie gekennzeichnet (→ Bezugsrechtswert).

Bezugsrechtsbewertung, → Bezugsrechtswert.

Bezugsrechtshandel
Börsenmäßiger Handel mit → Bezugsrechten auf junge Aktien. Er erstreckt sich auf die gesamte → Bezugsfrist – mit Ausnahme der beiden letzten Bezugstage – und beginnt am ersten Tag der Bezugsfrist.

Bezugsrechtskurs
→ Börsenkurs für an der → Börse gehandelte → Bezugsrechte. Er ist abhängig vom → inneren Wert (rechnerischer Wert) des Bezugsrechts sowie von Angebot und Nachfrage (→ Bezugsrechtswert).

Bezugsrechtswert
1. → Innerer (rechnerischer) Wert, den ein → *Bezugsrecht auf junge Aktien* bei einer → Kapitalerhöhung gegen → Einlagen hat, wenn der → Bezugskurs unter dem gegenwärtigen → Börsenkurs der alten Aktien liegt. Dem → Aktionär steht das Bezugsrecht als Ausgleich für den Wertverlust zu, den er bei den → alten Aktien erleidet.
Der Wert des B. berechnet sich nach folgender Formel:

$$B = \frac{K_a - K_n}{m/n + 1}$$

wobei:
m = Anzahl der alten Aktien
K_a = Kurs der alten Aktien
n = Anzahl der jungen Aktien
K_n = Kurs der jungen Aktien

Dividendenvorteil/-nachteil: Haben alte und junge Aktien eine unterschiedliche Dividendenberechtigung, ergibt sich ein Dividendennachteil oder ein Dividendenvorteil der jungen Aktien.
Der Dividendennachteil (Dn) der jungen Aktien wird dem Bezugspreis zugeschlagen, weil er rechnerisch wie eine Erhöhung des Bezugspreises wirkt:

$$B = \frac{K_a - (K_n + Dn)}{m/n + 1}$$

Der Dividendenvorteil (Dv) wirkt sich rechnerisch wie eine Verringerung des Bezugspreises aus:

$$B = \frac{K_a - (K_n - Dv)}{m/n + 1}$$

Börsenwert des Bezugsrechts: Vom inneren Wert des Bezugsrechts ist der Börsenwert zu unterscheiden. Der Bezugsrechtskurs bildet sich aufgrund von Angebot und Nachfrage im Handel mit Bezugsrechten (→ Bezugsrechtshandel). Die Differenz zwischen dem Bezugsrechtskurs (Börsenwert des Bezugsrechts) und dem (am Tage vor Aufnahme des Bezugsrechtshandels) notierten Börsenkurs der alten Aktien ist der → Bezugsrechtsabschlag. Rechnerisch entspricht der Bezugsrechtsabschlag dem inneren Wert des Bezugsrechts. Je nachdem, ob der Bezugsrechtskurs über oder unter dem rechnerischen Kurs (innerer Wert) liegt bzw. wie sich der Börsenkurs der Altaktien während der → Bezugsfrist entwickelt, ergeben sich verschiedene Dispositionsalternativen für Altaktionäre und Nichtaktionäre, die an einem Erwerb von Aktien interessiert sind. Aktionäre, die keine zusätzlichen Mittel einsetzen, aber trotzdem junge Aktien beziehen wollen, können einen Teil ihrer Bezugsrechte verkaufen. Mit dem erzielten Verkaufserlös bezahlen sie den entsprechenden Teil junger Aktien. Eine solche Maßnahme wird als → Opération blanche bezeichnet.

Anzahl der zu beziehenden Aktien

$$= \frac{\text{Anzahl Bezugsrechte} \cdot \text{Bezugsrechtswert}}{\text{Bezugspreis der jungen Aktie} + (\text{Bezugsrechtswert} \cdot \text{Bezugsverhältnis})}$$

2. Zum inneren (rechnerischen) Wert eines → *Bezugsrechts auf Berichtigungsaktien*: → Berichtigungsabschlag.

Bezugsschein
1. Bezeichnung für → Dividendenschein, der zur Ausübung des → Bezugsrechts auf junge Aktien bzw. des → Bezugsrechts auf Wandelschuldverschreibungen (→ Wandelanleihe) des → Bezugsrechts auf Gewinnschuldverschreibungen und → Genußrechte aufgerufen wird.

2. Auch Bezeichnung für → Optionsschein aus einer → Optionsanleihe.

Bezugsverhältnis
Verhältnis der Anzahl → alter Aktien (m) zur Anzahl → junger Aktien (n) bei einer → Kapitalerhöhung gegen →Einlagen (→ Bezugsrechtswert). Das B. wird durch den Umfang der Erhöhung des → Grundkapitals bestimmt.

BGB
Abk. für → Bürgerliches Gesetzbuch.

BGB-Gesellschaft,
→ Gesellschaft bürgerlichen Rechts (BGB-Gesellschaft, GbR).

BGB-Vollmacht
→ Vollmacht, die nach den Vorschriften des → Bürgerlichen Gesetzbuches (§§ 164 ff.) erteilt wird. Der Umfang der formlos möglichen Vollmacht ist gesetzlich nicht geregelt und muß daher in jedem Einzelfall vom Vollmachtgeber festgelegt werden. BGB-V. kommen zur Vertretung von Kaufleuten und von Nicht-Kaufleuten vor. Nicht-Kaufleute, wie z. B. Angehörige Freier Berufe, können nur BGB-V. erteilen.

Besondere, umfassende und über den Umfang der → Prokura hinausgehende Vollmachten werden als → Generalvollmachten bezeichnet. Die Stellung eines Generalbevollmächtigten einer → Aktiengesellschaft liegt gewöhnlich zwischen der eines Vorstandsmitglieds und eines Prokuristen.

BGX
Tickersymbol für den → BioTech Index der CBOE.

BGX-Option
→ Short-term Option auf den → BioTech Index (BGX) der CBOE. Neben den kurzfristigen BGX-O. werden an der CBOE auch → Long-term Equity Anticipation Securities (LEAPS) auf den BGX-Index gehandelt.

Bid
Geldkurs; → Preis, den ein Käufer bereit ist, für ein Finanzinstrument (z. B. → Aktie, → festverzinsliches [Wert-]Papier) zu zahlen. *Gegensatz*: → Ask.

Bid Bond
Andere Bezeichnung für Tender Guarantee (→ Bietungsgarantie).

Bid-Offer-Spread
Synonym für → Geld-Brief-Spread.

Bietungsgarantie
Tender Guarantee; → Bankgarantie, die den Ausschreiber (Garantienehmer) für den Fall schützen soll, daß der Bieter (Garantieauftraggeber) bei einem Zuschlag einen angebotenen Vertrag nicht abschließt oder eine vereinbarte→ Liefergarantie nicht stellt. Die → Garantie beläuft sich auf bis zu 10 Prozent des Angebotswertes oder entspricht einem bestimmten Pauschalbetrag und soll damit eingetretene wirtschaftliche Nachteile ausgleichen (→ Bankgarantien im Außenhandel).

Big Cap Index
Amerikanischer → Aktienindex, der die 50 größten im National Market System (NMS) gehandelten → Aktien umfaßt (→ internationale Aktienindices).

Big Figure
Die im → Devisenhandel zwischen → Banken als bekannt vorausgesetzten Stellen vor den beiden letzten Ziffern eines → Devisenkurses.

„Big Four"
Bezeichnung für die vier großen → Clearing Banks in Großbritannien (Barclays Bank, National Westminster Bank, Midland Bank, Lloyds Bank). Sitz dieser Banken in London.

Bilanz
Die B. ist Bestandteil des → Jahresabschlusses. Sie ist eine zusammengefaßte systematische Gegenüberstellung von → Vermögen und → Kapital eines Unternehmens zu einem bestimmten Zeitpunkt. Dabei bildet das Vermögen als Gesamtheit aller → Wirtschaftsgüter die → Aktiva, das Kapital als Summe aller → Schulden und des → Eigenkapitals die → Passiva. Auf der *Aktivseite der B.* wird erfaßt, wie das Unternehmen das ihm zur Verfügung stehende Kapital angelegt hat, indem das Vermögen nach zunehmendem Grad der Liquidierbarkeit getrennt nach → Anlage- und → Umlaufvermögen ausgewiesen wird. Die *Passivseite der B.* stellt dar, wer das Kapital zur Verfügung gestellt hat, indem zum einen die Schulden (→ Fremdkapital) und zum anderen das den Eigentümern zuzurechnende Eigenkapital (als Differenz zwischen Vermögen und Schulden) ausgewiesen wird. Insofern ist die B. stets ausgeglichen.

Das *Vollständigkeitsgebot* verpflichtet nach § 246 HGB zur Bilanzierung sämtlicher Vermögensgegenstände, Schulden und →Rechnungsabgrenzungsposten. *Bilanzierungsverbote* bestehen gemäß § 248 HGB für →Aufwendungen für die Gründung und Beschaffung von Eigenkapital sowie für selbsterstellte →immaterielle Vermögenswerte des Anlagevermögens, wie z. B. der originäre Firmenwert. Daneben werden →*Bilanzierungswahlrechte* eingeräumt. Der Gesetzgeber hat für *Nicht-Kapitalgesellschaften* auf eine Gliederungsvorschrift verzichtet und im Aufstellungsgrundsatz (§ 273 HGB) lediglich verlangt, daß der Jahresabschluß klar und übersichtlich und innerhalb einer dem ordnungsgemäßen Geschäftsgang entsprechenden Zeit aufzustellen ist. Für →*Kapitalgesellschaften* enthält der § 266 HGB Gliederungsvorschriften (→ Bilanzschema). Ferner ist der Grundsatz der Darstellungskontinuität sowie die Verpflichtung zur Angabe von Vorjahresvergleichszahlen zu beachten. Jede Kapitalgesellschaft muß für das Anlagevermögen sowie die Ingangsetzung und Erweiterungsaufwendungen einen →Anlagespiegel erstellen. Das Eigenkapital wird in das →gezeichnete Kapital (Nominalkapital), die →Kapitalrücklagen (aus Kapitalerhöhungsmaßnahmen) sowie die →Gewinnrücklagen (aus Gewinnthesaurierung) unterteilt. Steuerfreie →Rücklagen – soweit eine umgekehrte Maßgeblichkeit seitens der →Steuerbilanz besteht – sind im →Sonderposten mit Rücklageanteil auszuweisen, in dem auch steuerliche Sonderabschreibungen und erhöhte Absetzungen ausgewiesen werden dürfen. Zum Zwecke der Veröffentlichung (9 Monate, kleine Kapitalgesellschaften 12 Monate) dürfen mittelgroße und kleine Kapitalgesellschaften ihr Gliederungsschema straffen. Haftungsverhältnisse und Eventualverbindlichkeiten (aus Begebung und Übertragung von →Wechseln, →Bürgschaften, Gewährleistungsverträgen sowie Bestellung von Sicherheiten für fremde Verbindlichkeiten), soweit sie nicht auf der Passivseite auszuweisen sind, müssen unter der B. dargestellt werden.

Die B. (→Handelsbilanz) hat die *Aufgabe*, das Unternehmen gegenüber Gesellschaftern, →Gläubigern, Konkurrenten, →Arbeitnehmern usw. darzustellen. Aus der Handelsbilanz ist die Steuerbilanz abzuleiten, die der steuerlichen Gewinnermittlung dient. Für andere Zwecke gibt es Sonderbilanzen (→Umwandlung, →Sanierung, →Konkurs usw.). Für den externen Betrachter haben die aus der B. abzuleitenden Kennzahlen zur Vermögens- und Kapitalstruktur sowie zum Finanzierungsaufbau eines Unternehmens eine wichtige Funktion zur Beurteilung der Finanzlage des Unternehmens (→Bilanzanalyse).
(→Jahresabschluß)

Bilanzanalyse

Untersuchung und Auswertung der →Bilanz eines Kreditnehmers im Rahmen der →Kreditwürdigkeitsanalyse (nach: Egger, Unternehmensfinanzierung). – Wie Sie Liquidität sichern, 1995).

Erfassung aller relevanten Hintergrundinformationen zu den einzelnen Bilanzpositionen

Anlagevermögen	Bestehen für das →Anlagevermögen →Verträge, Kreditsicherungen, Investitionspläne, Versicherungen, öffentliche Lasten, Beleihungsreserven? Sind die →Abschreibungen ausreichend?
→Grundstücke/Gebäude	Art (z. B. Fabrikgelände/Reservegelände), Größe, Lage, Nutzung, Eigentumsverhältnisse, Modernität, Zustand, grundbuchliche Belastungen, Bewertungs-Reserven (Verkehrswert–Buchwert), Altlasten (Kontamination), Umfang der Versicherung
Maschinen, Inventar, Fuhrpark	Art, Modernität, Kapazität, Bewertung, bestehende →Eigentumsvorbehalte
→Beteiligungen	Art, Ausmaß, Bewertbarkeit. Bestehen Verlustübernahmeverträge, Patronatserklärungen?
→Hypotheken- und andere →Darlehen	Zusammensetzung, Fristigkeit, Absicherung, Schuldnerbonität

→*Umlaufvermögen*

Kasse, Bank, →Postscheck, →Schecks, Besitzwechsel	Art, Fristigkeit, Bindungen (z. B. →Verpfändung), Verteilung auf einzelne Kreditinstitute

Bilanzanalyse

Debitoren, Giroverbindlichkeiten	Art, Fristigkeiten/Zahlungsziele, Streuung, Bonität (wegen evtl. Bewertung von Zessionen), Versicherung, Bindungen (als →Kreditsicherheit), Beachtung von Lieferantenvorbehalten
Warenbestände einschließlich Roh-, Hilfs- und Betriebsstoffe und Halbfertigerzeugnisse	Art, Struktur (Alter, Mode, Gängigkeit), Bewertungsmethoden, Auftragsbindung, Bindungen (z.B. →Sicherungsübereignung für Kredite), Bewertungs-Reserven, Umschlagsgeschwindigkeit, Lieferantenvorbehalte, Auftragsbestand

Sonstige →*Aktiva*

Konzernforderungen, →Forderungen an Gesellschafter, ausstehende Einlagen	Geschäftsgrundlage, Art, Fristigkeit, Bewertbarkeit, Vermögenslage der Schuldner, Leistung aus →Gewinnen

→*Eigenkapital*:

→Stammkapital (GmbH), →Grundkapital (AG), →Rücklagen, →Verbindlichkeiten an Gesellschafter	Feste (GmbH, AG) oder variable (OHG, Einzelfirma) Kapital-Beträge, Relation zum Geschäftsumfang, Art, Zusammensetzung, vertragliche Vereinbarungen, Entnahmen (Aufschlüsselung), kurzfristig fällige Verpflichtungen (z.B. private →Steuern), Bürgschaftsrisiken, weiteres Privatvermögen außerhalb der Bilanz, Reserven, letzte Steuerprüfung
Mittel- und langfristige Verbindlichkeiten (einschließlich →Pensionsrückstellungen)	Art, Verwendungszweck, Zusammensetzung, Absicherung, Zinssätze (mit oder ohne Festschreibung), Tilgungsvereinbarungen
Kurzfristige Verbindlichkeiten gegenüber Banken	Zusammensetzung, Höhe der Limite (z.B. Ausnutzungsgrad der →Kreditlinien, evtl. Überziehungen), Besicherung, Konditionen, Fristigkeit, bei Darlehen Größenordnung der →Tilgungen
Warenverbindlichkeiten, →Akzepte	Zusammensetzung, Abhängigkeiten, Lieferbedingungen (branchenüblich – tatsächlich), Art der Eigentumsvorbehalte, Umschlagsgeschwindigkeit (Ist-Zahlungsziel; branchenübliches Zahlungsziel)
Kundenanzahlungen	Art, Absprachen, Absicherung
→Rückstellungen, →Wertberichtigungen	Art, Bemessungsgrundlage, Fristigkeit, Reserven
Konzernverbindlichkeiten	Geschäftsgrundlage, Art, Fristigkeit, Streuung

Ermittlung der Vermögens- und Kapitalstruktur

	Lfd. Jahr*	Vorjahr*
Anlagevermögen	%	%
Umlaufvermögen	%	%
Sonstiges	%	%

	Lfd. Jahr	Vorjahr
Eigenkapital	%	%
Fremdkapital		
– langfristig	%	%
– kurzfristig	%	%

* in Prozent der Bilanzsumme

Höhe des Eigenkapitals im Verhältnis zum Fremdkapital (kurz- und langfristiges). Dem Eigenkapital sind hinzuzurechnen:
(1) Eventuell →Gesellschafterdarlehen, sofern der Gesellschafter für die seitens der Bank gewährten Kredite die →Bürgschaft übernommen hat.
(2) →Stille Reserven (Beispiel: Betriebsobjekt ist mit 400.000 DM bilanziert, aber 800.000 DM wert. Stille Reserve, die dem Kapital zugerechnet werden kann: 400.000 DM).
(3) Privatvermögen des Inhabers einer Einzelfirma (netto nach Abzug privater →Schulden) oder des Gesellschafters einer OHG oder des →Komplementärs einer KG.

Abzusetzen vom rechnerischen Kapital sind:

Bilanzanalyse

Private Schulden des Inhabers bzw. persönlich haftenden Gesellschafters (z. B. Einkommensteuerschulden).

Kennzahlen:
(1) → *Eigenkapitalquote* in (%):

$$\frac{\text{Eigenkapital} \cdot 100}{\text{Gesamtkapital}}$$

(2) → *Verschuldungsgrad*:
Verzinsliches langfristiges → Fremdkapital
+ sonstiges Fremdkapital
+ eventuelle Dividendensumme/auszuschüttende Gewinne
= Wirtschaftliches Fremdkapital
− Debitoren
− flüssige Mittel (Kasse, Bank, Postgiro usw.)
= Effektive Verschuldung

Der Verschuldungsgrad (Anzahl der Wirtschaftsjahre, die benötigt werden, um aus dem →Cash-flow alle Schulden abzudecken) errechnet sich wie folgt:

$$\frac{\text{Effektivverschuldung (obige Rechnung)}}{\text{Bereinigter Cash-flow}}$$

wobei der bereinigte Cash-flow i. a. folgendermaßen ermittelt wird:
→ Jahresüberschuß
+ Abschreibungen auf Anlagen
+ Abschreibungen auf Umlaufvermögen
+ Erhöhung langfristiger und kurzfristiger Rückstellungen
− Auflösung von Rückstellungen
+ Steuern von Einkommen, Ertrag und Vermögen
= unbereinigter Cash-flow
± außerordentlicher Aufwand/Ertrag
= bereinigter Cash-flow

(3) *Umschlagsdauer des Gesamtkapitals* (in Jahren):

$$\frac{\text{Durchschnittliches Gesamtkapital}}{\text{Gesamtumsatz pro Jahr}}$$

Ermittlung des Dauerkapitalbedarfs:
Eigenkapital
+ →Gewinn
− Entnahmen
+ langfristiges Fremdkapital
= langfristiges Gesamtkapital
− Sach- und Finanzlagevermögen
− Deckung der langfristigen Anlagen
− Vorratsmindestvermögen (eiserner Bestand), Material in Fabrikation
= Über-/Unterdeckung an langfristigem Kapital

Deckungsverhältnisse:

$$\frac{\text{Anlagevermögen}}{\text{Eigenkapital} + \text{langfr. Fremdkapital}}$$

Wichtigste Rechnung bei → Investitionen: Pay back (in Jahren):

$$\frac{\text{Investitionsausgabe}}{\text{Einnahmeplus/Ausgabeminderung pro Jahr}}$$

Liquiditätskennzahl (sollte über 100 liegen!):

$$\frac{\text{Flüssige Mittel} + \text{kurzfr. Forderungen} \cdot 100\%}{\text{kurzfr. Verbindlichkeiten}}$$

Kapitalflußrechnung (→ Bewegungsbilanz): Mit dieser sollen die Kapitalströme innerhalb des zu untersuchenden Jahres deutlicher sichtbar gemacht werden.

	Mittelherkunft	Mittelverwendung
(1) Cash-flow		
Gewinn/Verlust lt. Ergebnisrechnung	×(Gewinn)	×(Verlust)
Rücklagen	×(Bildung)	×(Auflösung)
Abschreibungen	×	
Wertberichtigungen	×(Bildung)	×(Auflösung)
Rückstellungen	×(Bildung)	×(Auflösung)
Rechnungsabgrenzung	×	×
=Cash-flow		
(2) Kapitalbereich		
Sachvermögen/Beteiligungen	×(Verkäufe)	×(Investitionen)
Eigenkapital	×(Einlagen)	×(Entnahmen)
langfristige Verbindlichkeiten	×(Erhöhung)	×(Tilgung)
langfristige Forderungen	×(Abbau)	×(Aufbau)
(3) Umlaufbereich		
Warenvorräte	×(Abbau)	×(Erhöhung)
kurzfristige Forderungen	×(Abbau)	×(Erhöhung)
kurzfristige Verbindlichkeiten	×(Erhöhung)	×(Abbau)
liquide Mittel	×(Abbau)	×(Erhöhung)
=Gesamt-Kapitalfluß		

Liquiditätskennzahlen: Umlaufvermögen und kurzfristige Verbindlichkeiten werden in ein Verhältnis zueinander gesetzt. Als Grundregel gilt:
Die kurzfristigen Verbindlichkeiten sollten grundsätzlich durch Umlaufvermögen (Warenlager, Forderungen, Bankguthaben) zu mehr als 100 Prozent gedeckt sein. Als kurz-

Bilanzanalyse

fristige Verbindlichkeiten sind unter Umständen auch (nicht bilanzierte) Einkommensteuerschulden und ähnliche Positionen zu berücksichtigen. Andererseits schlagen Kreditreserven (nicht ausgenutzte → Kreditlimite, nicht ausgezahlte Darlehen) positiv zu Buche.

Berechnung des Warenlager-Umschlages:

$$\frac{\text{Wareneinsatz (ggf. zzgl. Reservenauflösung)}}{\text{Warendurchschnittsbestand des Jahres}}$$

Berechnung der Lagerdauer (in Tagen):

$$\frac{\text{Warendurchschnittsbestand des Jahres} \cdot 360}{\text{Wareneinsatz (ggf. zzgl. Reservenauflösung)}}$$

Berechnung der Zahlungsbereitschaft der Kunden oder bei Lieferanten (in Tagen):

$$\frac{\text{Debitorenbest. (+Giroverbindl.)} \cdot 360}{\text{Umsatz pro Jahr zzgl. Mwst.}}$$

$$\frac{\text{Lieferantenverbindl. (+Schuldwechsel)} \cdot 360}{\text{Wareneinsatz zzgl. Mwst.}}$$

Ertragsanalyse: Zunächst wird die Entwicklung der Gesamtleistung bzw. des Umsatzes gegenüber den Vorjahren unter gleichzeitiger Berücksichtigung der Branchensituation analysiert. Auch Veränderungen in der Absatzstruktur (→ Import, → Export, die verschiedenen Warengruppen) sind interessant.

Prozentuale Veränderungen in der Handelsspanne (Rohgewinn) können auf Reservenbildung oder -auflösung hinweisen. Aktivierte Eigenleistungen mindern prozentual den Gewinn, es sei denn, die vorhandenen Kapazitäten waren durch Fremdaufträge nicht voll ausgelastet.

Bestandserhöhungen, insbes. in den halbfertigen Erzeugnissen, schmälern, Bestandsminderungen erhöhen den Betriebsertrag in Prozent der Gesamtleistung bei Fabrikationsbetrieben, da die noch nicht realisierten Gewinnanteile nicht bilanziert werden dürfen.

Veränderungen im Wareneinsatz (absolut und prozentual zur Gesamtleistung) können folgende Gründe haben: (1) günstigerer Einkauf; (2) Bildung/Auflösung stiller Reserven im Warenlager; (3) bessere Verkaufspreise; (4) nennenswerte Eigenleistungen; (5) Verluste/Gewinne durch Preisänderungen; (6) Schwund durch Verderb/Diebstahl/Ausschußware.

Die angefallenen Kosten werden in Prozent der Gesamtleistung und im Vergleich zum Vorjahr gemessen. Interessant sind Kostenverschiebungen in einzelnen Kostenarten. Wichtig ist auch der Fixkostenanteil an den Gesamtkosten und dessen Veränderung.

Personalkosten werden ins Verhältnis zur Gesamtleistung gesetzt, der Unternehmerlohn bei Personengesellschaften und Einzelfirmen ist kalkulatorisch zu Vergleichszwecken zu berücksichtigen. Auch der Umsatz je beschäftigte Person und dessen Veränderung zu den Vorjahren ist eine aussagefähige Maßgröße.

Zu den *Abschreibungen*: Durch die Bank zu hinterfragen sind Art, Anlaß und Abschreibungsmodus (linear/degressiv). Sind Abschreibungen und Wertberichtigungen unterlassen? Wurden Sonderabschreibungen in Anspruch genommen? Sind die Abschreibungen in ihrer Höhe angemessen? Sind die innerhalb des Jahres getätigten Investitionen niedriger als die Abschreibungen des gleichen Jahres, *kann* ungenügende Ersatzbeschaffung vorliegen. In einem solchen Fall weist die →Gewinn- und Verlustrechnung unter Umständen verhältnismäßig höhere Kosten (z. B. bei Lohn- und Fremdarbeit) auf.

Wählt das Unternehmen beispielsweise nach einer getätigten Investition die degressive Abschreibung, dann reduziert diese in den ersten Jahren, nach Fertigstellung der Investition gerechnet, den Gewinn, in späteren Jahren jedoch wird die Gewinn- und Verlustrechnung entlastet.

Cash-flow-Ermittlung: Der Cash-flow ist eine der wichtigsten Meßzahlen für Unternehmenserträge:

    Jahresüberschuß
+ Abschreibungen auf Anlagen
+ Abschreibungen auf Umlaufvermögen
+ Erhöhung langfristiger und kurzfristiger Rückstellungen
− Auflösung von Rückstellungen
+ Steuern von Einkommen, Ertrag und Vermögen
= unbereinigter Cash-flow
± außerordentlicher Aufwand/Ertrag
= bereinigter Cash-flow
− Steuern von Einkommen, Ertrag und Vermögen
− Bilanzgewinn/Dividendensumme
= Netto-Cash-flow
+ Bilanzgewinn
− Entnahmen
− Tilgungen
− Investitionen netto
+ Neukredite
= Liquiditätsergebnis

Rentabilität und Rendite: Errechnung der →Rentabilität des gesamten eingesetzten Kapitals:

Gesamtkapitalrentabilität

$$= \frac{(\text{Gewinn} + \text{Zinsaufwand}) \cdot 100}{\text{Eigen- und Fremdkapital}}$$

Diese Gesamtkapitalrentabilität muß auf Dauer höher sein als die für das Fremdkapital zu zahlenden →Zinsen.

Eigenkapitalrentabilität

$$= \frac{\text{Gewinn} \cdot 100}{\text{Eigenkapital}}$$

Die Eigenkapitalrentabilität muß mittelfristig höher sein als der Zinssatz für langfristige Geldkapitalanlagen zuzüglich eines angemessenen Zuschlages für das Unternehmerrisiko.

Umsatzrendite (Umsatzgewinnrate) $= \dfrac{\text{Gewinn} \cdot 100}{\text{Umsatz}}$

Bilanzänderung
Bei einer B. wird ein zulässiger (richtiger) Ansatz durch einen anderen zulässigen (richtigen) Bilanzansatz ersetzt. Eine Änderung ist nur mit Zustimmung des Finanzamts bis zur Veranlagung möglich und muß wirtschaftlich begründet sein (§ 4 Abs. 2 Satz 2 EStG).

Bilanzberichtigung
Ein →Steuerpflichtiger darf seine →Bilanz auch nach ihrer Einreichung beim Finanzamt ändern, soweit ein Ansatz in der Bilanz gegen zwingende Vorschriften des Steuerrechts oder des →Handelsrechts verstößt (§ 4 Abs. 2 Satz 1 EStG). Dies erfolgt durch Mitteilung an das Finanzamt und ist bis zum Zeitpunkt der Veranlagung möglich. Darüber hinaus kann eine Änderung nur mit Zustimmung des Finanzamts vorgenommen werden. Wird ein falscher Bilanzansatz durch einen richtigen ersetzt, so liegt eine B. vor. Nach Bestandskraft der Veranlagung ist eine B. nur insoweit möglich, als die Veranlagung nach den Vorschriften der →Abgabenordnung noch geändert werden kann oder die B. sich auf die Höhe der veranlagten →Steuer nicht auswirken würde. Wird eine Berichtigung des vom Steuerpflichtigen ermittelten →Gewinns bei der Veranlagung vorgenommen oder wird der Gewinn,

Bilanzierungsgrundsätze

der der Veranlagung zugrunde lag, anläßlich einer allgemeinen →Außenprüfung berichtigt, so muß der Bilanzzusammenhang wieder hergestellt werden, d. h. der Steuerpflichtige hat dann die Zahlen der Buchführung den Beträgen der berichtigten Bilanz anzugleichen.

Bilanz der Kreditinstitute, →Bankbilanz.

Bilanz der unentgeltlichen Leistungen, →Übertragungsbilanz.

Bilanzergebnis, →Bilanzgewinn.

Bilanzformblatt, →Bankbilanz, Formblatt nach der Rechnungslegungsverordnung.

Bilanzgewinn
Nach § 158 Abs. 1 des Aktiengesetzes der Betrag, der nach teilweiser Verwendung des →Jahresüberschusses durch die Unternehmensleitung an die →Anteilseigner ausgeschüttet wird.

Bilanzielle Risikovorsorge der Kreditinstitute
Bildung von Vorsorgereserven im Rahmen der Vorsorge für allgemeine Bankrisiken bzw. →Abschreibungen und Bildung von →Wertberichtigungen bzw. →Rückstellungen für Ausfallrisiken der →Kreditinstitute (→bankbetriebliche Risiken, →Vorsorgereserven für allgemeine Bankrisiken).
Übersicht „Bilanzielle Risikovorsorge der Kreditinstitute", S. 278.

Bilanzierungsgrundsätze
B. sind Teil der →Grundsätze ordnungsmäßiger Buchführung (GoB). Die B. lassen sich in formelle und materielle Grundsätze unterscheiden. Zu den *formellen* B. zählen die Bilanzklarheit (klare Bezeichnung der Bilanzpositionen, klare Gliederung der →Bilanz, Einhaltung des Bruttoprinzips) und die Bilanzübersichtlichkeit (Gliederung des →Vermögens nach →Liquidität, Gliederung der →Schulden nach Fristigkeit). Zu den *materiellen* B. gehören die Bilanzwahrheit (der →Jahresabschluß entspricht den Bilanzierungs- und Bewertungsvorschriften des HGB), die Bilanzvollständigkeit (sämtliche Vermögensgegenstände und Schulden sind auszuweisen) und die Bilanzkontinuität, die aus der Bilanzidentität (die Schlußbilanz des vorhergehenden →Ge-

Bilanzierungshilfen

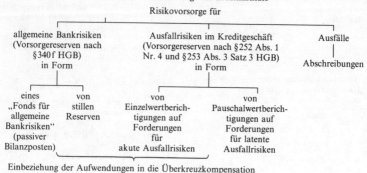

schäftsjahres ist formell und materiell identisch mit der Bilanz des darauffolgenden Geschäftsjahres), der formalen Bilanzkontinuität (Beibehaltung der gewählten Bilanzgliederung) und der materiellen Bilanzkontinuität (Beibehaltung der angewandten → Bewertungsgrundsätze) besteht.

Bilanzierungshilfen

Eine B. liegt vor, wenn bestimmte → Aufwendungen, die an sich nicht bilanzierungsfähig sind, weil durch sie kein Vermögensgegenstand begründet wurde, dennoch bilanziert werden dürfen (→ Bilanzierungswahlrecht). Dazu zählen die → Aufwendungen für die Ingangsetzung und Erweiterung des Geschäftsbetriebes (§ 269 HGB) und die aktivisch → latenten Steuern (§ 274 Abs. 2 HGB). B. sind nur handelsrechtlich erlaubt. Der Gesetzgeber hat aus bilanzfremden Gründen Abweichungen von den allgemein geltenden Bilanznormen gewährt. Als bilanzielle Hilfsgrößen sind die B. gesetzliche Ausnahmeregelungen, die mit den anderen Bilanzierungsvorschriften grundsätzlich nicht vereinbar sind. Die Aktivierungsmöglichkeit besteht unabhängig davon, ob ein den tatsächlichen Verhältnissen entsprechendes Bild der Vermögens-, Finanz- und Ertragslage nach § 264 Abs. 2 HGB entsteht.

Bilanzierungsrichtlinien

Auf vor dem 1.1.1993 beginnende → Geschäftsjahre anzuwendende Richtlinien des → Bundesaufsichtsamtes für das Kreditwesen (BAK) zur Ergänzung der → Formblattverordnung des Bundesministers der Justiz. Die B. wurden 1968 erstmalig veröffentlicht und 1988 aktualisiert. Für nach dem 31.12.1992 beginnende Geschäftsjahre sind anstelle der B. und der Formblattverordnung die „Verordnung über die Rechnungslegung der Kreditinstitute" (→ Rechnungslegungsverordnung) vom 10.2.1992 (BGBl. I S. 203) sowie die Erste VO zur Änderung der RechKredV vom 18.6.1993 (BGBl. I S. 924) anzuwenden; spezielle Regelungen enthält die „→ Verordnung über die Anlage zum Jahresabschluß von Kreditinstituten, die eingetragene Genossenschaften oder Sparkassen sind (JAGSV)", vom 13.10.1993 (BGBl. I S. 1705).

Gliederung: (1) Allgemeine Richtlinien (Begriffsbestimmungen → Kreditinstitute, → Wertpapiere, Börsengängigkeit von Wertpapieren, Fristengliederung, Definition der → Pensionsgeschäfte, Behandlung gestellter/erhaltener Sicherheiten, Kompensationen in der → Bilanz, Ausweis von Gemeinschaftsgeschäften, Bruttoprinzip und sog. → Überkreuzkompensation in der → Gewinn- und Verlustrechnung), (2) Richtlinien zu den einzelnen Bilanzposten und (3) Richtlinien zu den einzelnen Posten der Gewinn- und Verlustrechnung.

Die B. für → Sparkassen und andere öffentlich-rechtliche Kreditinstitute waren Bestandteil der Verordnungen bzw. Erlasse der zuständigen Aufsichtsbehörden zur Rechnungslegung dieser Institute. Die B. des BAK sind von diesem am 4.1.1993 aufgehoben worden.

Bilanzierungswahlrecht

Grundsätzlich kann für ein → Wirtschaftsgut entweder eine Bilanzierungspflicht bestehen, d. h. es muß aktiviert bzw. passiviert werden, oder ein B., d. h. es kann in der → Bilanz als Aktiv- oder Passivposten angesetzt werden, oder ein Bilanzierungsverbot, d. h. es darf nicht aktiviert oder passiviert werden. Bei den B. kann der Bilanzierende also selbst entscheiden, ob er ein Wirtschaftsgut, das nicht bilanzierungspflichtig ist, in die Bilanz aufnehmen will oder nicht.

Den beiden Seiten der Beständebilanz entsprechend kann dabei zwischen Aktivierungswahlrechten und Passivierungswahlrechten unterschieden werden. Dem *Aktivierungswahlrecht* in der → Handelsbilanz unterliegt das → Disagio und der derivative → Geschäftswert. In der → Steuerbilanz besteht für beide Positionen eine Aktivierungspflicht; die → Aufwendungen für die Ingangsetzung und Erweiterung des Geschäftsbetriebes können in der Handelsbilanz als → Bilanzierungshilfe aktiviert werden. In der Steuerbilanz besteht ein Aktivierungsverbot. – Zu den wichtigsten Positionen, die in der Handelsbilanz dem *Passivierungswahlrecht* unterliegen, zählen die → Rückstellungen für unterlassene Instandhaltung, die vom 4. bis 12. Monat des folgenden Jahres nachgeholt werden, und die Aufwandsrückstellungen für Großreparaturen. In der Steuerbilanz gilt für beide Positionen ein Passivierungsverbot. Für den → Sonderposten mit Rücklageanteil gilt ebenfalls ein Passivierungswahlrecht in der Handelsbilanz. Er muß aber angesetzt werden, wenn er in der Steuerbilanz bilanziert werden soll (umgekehrtes → Maßgeblichkeitsprinzip).
(→ Bewertung des Anlage- und Umlaufvermögens).

Bilanzkritik, → Bilanzanalyse.

Bilanzkurs (einer Aktie)

In Prozent ausgedrückter Bilanzwert einer → Aktie, d. h. Wert ohne Berücksichtigung → stiller Reserven:

$$\frac{(\to \text{Grundkapital plus} \to \text{Rücklagen}) \cdot 100}{\text{Grundkapital}}$$

Gegensatz: → Buchwert (einer Aktie).

Bilanzpolitik

Die B. umfaßt im weitesten Sinne alle Maßnahmen zur Gestaltung der → Bilanz im Laufe des → Geschäftsjahres und bei der Aufstellung des → Jahresabschlusses, die mit dem Ziel erfolgen, die Meinung der Bilanzadressaten zu beeinflussen und sie zu einem gewünschten Verhalten zu bewegen. Man verfolgt die bilanzpolitischen Ziele durch Finanzpolitik (Kapitalerhaltung, Minimierung der Steuerlast, Kontinuität im Gewinnausweis, Sicherung der → Kreditwürdigkeit) und durch Publizitätspolitik.

Träger und Objekte der B.: Träger der B. sind in → Einzelunternehmen und → Personengesellschaften die Gesellschafter, in → Kapitalgesellschaften der → Geschäftsführer/Vorstand. Die Objekte der B. sind die Bilanz, die → Gewinn- und Verlustrechnung (GuV), der → Anhang und der → Lagebericht.

Als *Instrumente der B.* kommen in Frage: (1) *Zeitliche Instrumente:* Durch die Wahl des Bilanzstichtags, die Festlegung des Bilanzvorlagetermins und des Bilanzveröffentlichungstermins läßt sich ein besseres oder schlechteres Bild des Jahresabschlusses darstellen. (2) *Formale Instrumente:* Die Gliederungstiefe und Darstellung von Bilanz und GuV und die Ausführlichkeit des Anhangs und Lageberichts läßt sich in Grenzen gestalten; durch Zusatzinformationen im Anhang und Lagebericht kann eine offensive Publizitätspolitik betrieben werden. (3) *Materielle Instrumente:* Noch vor Ende des Geschäftsjahres kann durch das Gestalten von Sachverhalten (z. B. Vorziehen oder Verschieben von Reparaturmaßnahmen) Einfluß auf die Gewinnhöhe genommen werden. Nach Abschluß des Geschäftsjahres kann der → Gewinn durch die Ausübung von Wahlrechten (→ Bilanzierungs- und → Bewertungswahlrechte) und Ermessensspielräumen (Verfahrensspielräume und Individualspielräume) gestaltet werden.

B. darf nicht mit Bilanzlüge und Bilanzfälschung verwechselt werden und hört dort auf, wo die *Grenzen* der Legalität überschritten werden. B. muß sich immer im Rahmen der vorgegebenen Vorschriften bewegen. Die Grundsätze ordnungsmäßiger Buchführung sind zu befolgen, es dürfen keine Einzelbestimmungen verletzt und aus notwendigem kaufmännischem Ermessen darf keine Willkür werden. B. ist deshalb nicht nur die Kunst des Möglichen, sondern auch die Kunst des Erlaubten. Ein Unternehmen hat das Recht, bestehende Rechnungslegungsspielräume für seine Zwecke zu nutzen. Dies sollte jedem Bilanzadressaten bewußt sein. Er muß sich jedoch darauf verlassen können, daß das Unternehmen die gültigen Spielregeln einhält.

Bilanzpolitik von Kreditinstituten

Die B. v. K. umfaßt „alle Entscheidungen und Maßnahmen, mit denen ein von den externen Bilanzadressaten bzw. der Öffentlichkeit insgesamt als günstig empfundener Jahresabschluß angestrebt wird" (Eilenberger, 1993, S. 408). Dementsprechend dominieren Zielsetzungen, wie z. B. ein relativ hoher Gewinnausweis und dabei insbes. eine möglichst hohe positive Veränderungsrate beim → Betriebsergebnis, Ausweis eines bestimmten Mindestvolumens an → Liquidität und Ausweis eines ausreichenden Volumens an → Liquiditätsreserven, angemessen positive Veränderungsrate bei der → Bilanzsumme bzw. dem → Geschäftsvolumen und beim → Kreditvolumen sowie einer möglichst optimalen → Bilanzstruktur im Hinblick auf → Kapital, → Finanzierung, → Rentabilität und Sicherheit bzw. Risiken.

Bilanzrichtlinie

Vierte EG-Richtlinie über die Rechnungslegung von Gesellschaften bestimmter Rechtsformen von 1978 (→ EG-Rechtsakte). Sie enthält Vorschriften über die Gliederung und den Inhalt des Jahresabschlusses und des Lageberichts (→ Jahresabschluß der Kreditinstitute, → Lagebericht der Kreditinstitute) sowie über die Bewertung und über die Offenlegung des Jahresabschlusses und des Lageberichts von → Aktiengesellschaften, → Kommanditgesellschaften auf Aktien und → Gesellschaften mit beschränkter Haftung (→ Publizitätspflicht der Kreditinstitute). Die B. diente der Harmonisierung des Einzelabschlusses der → Kapitalgesellschaften in der EG. Die Umsetzung in deutsches Recht erfolgte durch das → Bilanzrichtlinien-Gesetz.

Bilanzrichtlinien-Gesetz

Am 1.1.1986 in Kraft getretenes und aus 13 Artikeln bestehendes Gesetz zur Angleichung von Vorschriften des deutschen Rechtes an die Vierte, Siebte und Achte EG-Richtlinie (→ Bilanzrichtlinie, → Konzernbilanzrichtlinie, → Abschlußprüferrichtlinie) über den → Jahresabschluß von, → Aktiengesellschaften, → Kommanditgesellschaften auf Aktien, GmbHs und → Genossenschaften, den → Konzernabschluß bestimmter Unternehmen, die Prüfung und Offenlegung dieser Unterlagen und die an die Zulassung von → Abschlußprüfern dieser Unterlagen zu stellenden Anforderungen (BGBl. I 1985 S. 2355).

Auf Grund dieser EG-Richtlinien war die BRD verpflichtet, diejenigen Schutzvorschriften zu koordinieren und gleichwertig zu gestalten, die in den Mitgliedstaaten der EG den Gesellschaften im Interesse der Gesellschafter sowie Dritter vorgeschrieben wurden.

Bilanzschema

Das HGB sieht ein einheitliches Grundgliederungsschema (Mindestgliederung) für große und mittelgroße → Kapitalgesellschaften vor (vgl. Übersicht „Bilanzschema – Mindestgliederung").

Mittelgroße Kapitalgesellschaften brauchen die → Bilanz nur in der für kleine Kapitalgesellschaften vorgeschriebenen Form zum → Handelsregister einzureichen (vgl. Übersicht „Bilanzschema – Für kleine Kapitalgesellschaften vorgeschriebene Form").

In der Bilanz oder im Anhang (zweckmäßigerweise) sind jedoch die in der Übersicht „Bilanzschema – Anhang" aufgeführten Posten zusätzlich gesondert anzugeben (§ 327 Abs. 1 HGB).

Werden die nach § 327 Abs. 1 HGB notwendigen Posten in der Bilanz gezeigt, so ergibt sich die Übersicht „Bilanzschema nach § 327 Abs. 1 HGB".

Eine starke Straffung gegenüber großen und mittelgroßen Kapitalgesellschaften können kleine Kapitalgesellschaften in Anspruch nehmen, bei denen die Bilanz auf ca. 20 Posten zusammenschrumpft.

Bilanzstatistik, → Monatliche Bilanzstatistik.

Bilanzstruktur

Die B. kennzeichnet den Anteil des → Anlage- oder → Umlaufvermögens am Gesamtvermögen bzw. des → Eigen- oder → Fremdkapitals am Gesamtkapital.

Die Untersuchung der *Vermögensstruktur* (Investitionsanalyse) gibt Auskunft über die Art und Zusammensetzung des → Vermögens sowie die Dauer der Vermögensbindung. Die Geschwindigkeit, mit der die Vermögensteile durch den Umsatzprozeß „in Bares" umgewandelt werden, ist für den Kapitalbedarf und damit, bei gegebener Kapitalstruktur, für die

Bilanzstruktur

Bilanzschema – Mindestgliederung

Aktivseite	Passivseite

A. Ausstehende Einlagen
– davon eingefordert:
B. Aufwendungen für die Ingangsetzung und Erweiterung des Geschäftsbetriebes
C. Anlagevermögen
  I. Immaterielle Vermögensgegenstände
    1. Konzessionen, gewerbliche Schutzrechte und ähnliche Rechte und Werte sowie Lizenzen an solchen Rechten und Werten
    2. Geschäfts- oder Firmenwert
    3. geleistete Anzahlungen
  II. Sachanlagen
    1. Grundstücke, grundstücksgleiche Rechte und Bauten einschließlich der Bauten auf fremden Grundstücken
    2. technische Anlagen und Maschinen
    3. andere Anlagen, Betriebs- und Geschäftsausstattung
    4. geleistete Anzahlungen und Anlagen im Bau
  III. Finanzanlagen
    1. Anteile an verbundenen Unternehmen
    2. Ausleihungen an verbundene Unternehmen
    3. Beteiligungen
    4. Ausleihungen an Unternehmen, mit denen ein Beteiligungsverhältnis besteht
    5. Wertpapiere des Anlagevermögens
    6. sonstige Ausleihungen
      – von den Ausleihungen Nr. 2, 4 und 6 sind durch Grundpfandrechte gesichert:
D. Umlaufvermögen
  I. Vorräte
    1. Roh-, Hilfs- und Betriebsstoffe
    2. unfertige Erzeugnisse, unfertige Leistungen
    3. fertige Erzeugnisse und Waren
    4. geleistete Anzahlungen
  II. Forderungen und sonstige Vermögensgegenstände
    1. Forderungen aus Lieferungen und Leistungen
      – davon mit einer Restlaufzeit von mehr als 1 Jahr:
    2. Forderungen gegen verbundene Unternehmen
      – davon mit einer Restlaufzeit von mehr als 1 Jahr:
    3. Forderungen gegen Unternehmen, mit denen ein Beteiligungsverhältnis besteht.
      – davon mit einer Restlaufzeit von mehr als 1 Jahr:
	A. Eigenkapital
	  I. Gezeichnetes Kapital
	  II. Kapitalrücklage
	  III. Gewinnrücklagen
	    1. gesetzliche Rücklage
	    2. Rücklage für eigene Anteile
	    3. satzungsmäßige Rücklagen
	    4. andere Gewinnrücklagen
	  IV. Gewinnvortrag/Verlustvortrag
	  V. Jahresüberschuß/Jahresfehlbetrag
	B. Sonderposten mit Rücklageanteil
	C. Rückstellungen
	  1. Rückstellungen für Pensionen und ähnliche Verpflichtungen
	  2. Steuerrückstellungen
	  3. Rückstellung für latente Steuern
	  4. Sonstige Rückstellungen
	D. Verbindlichkeiten
	  1. Anleihen
	    – davon konvertibel:
	    – davon Restlaufzeit bis zu 1 Jahr:
	  2. Verbindlichkeiten gegenüber Kreditinstituten
	    – davon Restlaufzeit bis zu 1 Jahr:
	  3. erhaltene Anzahlungen auf Bestellungen
	    – davon Restlaufzeit bis zu 1 Jahr:
	  4. Verbindlichkeiten aus Lieferungen und Leistungen
	    – davon Restlaufzeit bis zu 1 Jahr:
	  5. Verbindlichkeiten aus der Annahme gezogener Wechsel und der Ausstellung eigener Wechsel
	    – davon Restlaufzeit bis zu 1 Jahr:
	  6. Verbindlichkeiten gegenüber verbundenen Unternehmen
	    – davon Restlaufzeit bis zu 1 Jahr:
	  7. Verbindlichkeiten gegenüber Unternehmen, mit denen ein Beteiligungsverhältnis besteht
	    – davon Restlaufzeit bis zu 1 Jahr:

Bilanzstruktur-Management

Bilanzschema – Mindestgliederung (Fortsetzung)

Aktivseite	Passivseite

4. sonstige Vermögensgegenstände
  – davon mit einer Restlaufzeit von mehr als 1 Jahr:
III. Wertpapiere
  1. Anteile an verbundenen Unternehmen
  2. eigene Anteile
  3. sonstige Wertpapiere
IV. Schecks, Kassenbestand, Bundesbank- und Postgiroguthaben, Guthaben bei Kreditinstituten
E. Rechnungsabgrenzungsposten
  I. Abgrenzungsposten für latente Steuern
  II. Sonstige Rechnungsabgrenzungsposten
  III. Disagio (wahlweise im Anhang)
F. Nicht durch Eigenkapital gedeckter Fehlbetrag
	8. sonstige Verbindlichkeiten
	  – davon aus Steuern:
	  – davon im Rahmen der sozialen Sicherheit:
	  – davon Restlaufzeit bis zu 1 Jahr:
	E. Rechnungsabgrenzungsposten

Bilanzschema – Für kleine Kapitalgesellschaften vorgeschriebene Form

Aktivseite	Passivseite

A. Ausstehende Einlagen
  – davon eingefordert:
B. Aufwendungen für die Ingangsetzung und Erweiterung des Geschäftsbetriebes
C. Anlagevermögen
  I. Immaterielle Vermögensgegenstände
  II. Sachanlagen
  III. Finanzanlagen
D. Umlaufvermögen
  I. Vorräte
  II. Forderungen und sonstige Vermögensgegenstände – davon mit einer Restlaufzeit von mehr als 1 Jahr:
  III. Wertpapiere
  IV. Schecks, Kassenbestand, Bundesbank- und Postgiroguthaben, Guthaben bei Kreditinstituten
E. Rechnungsabgrenzungsposten
  I. Abgrenzungsposten für latente Steuern
  II. Sonstige Rechnungsabgrenzungsposten
F. Nicht durch Eigenkapital gedeckter Fehlbetrag
	A. Eigenkapital
	  I. Gezeichnetes Kapital
	  II. Kapitalrücklage
	  III. Gewinnrücklagen
	  IV. Gewinnvortrag/Verlustvortrag
	  V. Jahresüberschuß/-fehlbetrag
	B. Sonderposten mit Rücklageanteil
	C. Rückstellungen
	D. Verbindlichkeiten
	  – davon Restlaufzeit bis zu 1 Jahr:
	E. Rechnungsabgrenzungsposten

finanzielle Stabilität von entscheidender Bedeutung. Mit abnehmender Dauer der Vermögensbindung wird zum einen das Liquiditätspotential erhöht und damit die Gefahr der → Illiquidität verringert, zum anderen der Handlungsspielraum der Unternehmensleitung erhöht. Damit verstärkt sich auch die Anpassungsfähigkeit an Beschäftigungs- und Strukturveränderungen.

Die Untersuchung der *Kapitalstruktur* (Finanzierungsanalyse) findet im Hinblick auf die Abschätzung von Finanzierungsrisiken statt. Dafür muß eine Analyse über Quellen und Zusammensetzung des Kapitals vorgenommen werden. Grundsätzlich gilt, daß bei größerem Eigenkapitalanteil die finanzielle Stabilität höher ist und entsprechend bei größerem Ertragsrisiko ein höherer Eigenkapitalanteil erforderlich ist.

Bilanzstruktur-Management

Nach Schierenbeck Managementaufgabe im Rahmen des → strategischen Controlling, die – zusammen mit dem → Portfolio-Ma-

Bilanzunwirksame Geschäfte

Bilanzschema – Anhang

Auf der Aktivseite	Auf der Passivseite
C I 2 Geschäfts- oder Firmenwert C II 1 Grundstücke, grundstücksgleiche Rechte und Bauten einschließlich der Bauten auf fremden Grundstücken C II 2 Technische Anlagen und Maschinen C II 3 Andere Anlagen und Maschinen C II 4 Geleistete Anzahlungen und Anlagen im Bau C III 1 Anteile an verbundenen Unternehmen C III 3 Beteiligungen C III 4 Ausleihungen an Unternehmen, mit denen ein Beteiligungsverhältnis besteht D II 2 Forderungen gegen verbundene Unternehmen D II 3 Forderungen gegen Unternehmen, mit denen ein Beteiligungsverhältnis besteht D III 1 Anteile an verbundenen Unternehmen D III 2 Eigene Anteile	D 1 Anleihen davon konvertibel: D 2 Verbindlichkeiten gegenüber Kreditinstituten D 6 Verbindlichkeiten gegenüber verbundenen Unternehmen D 7 Verbindlichkeiten gegenüber Unternehmen, mit denen ein Beteiligungsverhältnis besteht

nagement – die Vorstufe zum → Budget-Management bildet, nämlich die Formulierung von Begrenzungsnormen für → bankbetriebliche Risiken und die Sicherstellung ihrer Einhaltung, Bewertung risikopolitischer Spielräume unter Ertragsgesichtspunkten und Optimierung der → Bilanzstruktur sowie Planung und Durchsetzung des (durch Risikostruktur, Risikonormen, Bilanzsummenwachstum und sonstige finanzpolitische Rahmenbedingungen) determinierten strukturellen Gewinnbedarfs.

Zur Erfassung der jeweiligen Teilrisiken sind Risikokennzahlen zu bilden. Indem diese Kennzahlen Obergrenzen bzw. Untergrenzen für die Bilanzstrukturierung darstellen, wird ein angemessenes Mindestmaß an Sicherheit für die Bank gewährleistet. Soll ein bestimmter Sicherheitsstatus eingehalten werden, müssen Sollziffern (Richtziffern) für die Risikokennzahlen formuliert werden. Die Volumenstrukturen bestimmter Geschäftsarten, die durch die Risikokennzahlen charakterisiert sind, beeinflussen nicht nur die Risikostruktur der Bank, sondern auch die Rentabilitätsstruktur. Die Rentabilitätsstruktur wird daneben von den (in den Kundengeschäften) erzielten → Konditionsmargen sowie von der → Strukturmarge bestimmt. Da → Zinsmargen und Risikokennzahlen gleichermaßen das Steuerungskonzept des B.-M. im Hinblick auf die Erreichung optimaler Bilanzstrukturen bilden, spricht Schierenbeck vom „dualen Steuerungskonzept". Einerseits werden die dezentralen Marktbereiche der Bank über die Zinsmarge gesteuert, andererseits muß daneben aber unabdingbar eine Zentralinstanz existieren, die die Bilanzstruktur global vorsteuert und ggf. auch in die Geschäfts der Marktbereiche unmittelbar eingreift, um letztlich ein Gesamtbankoptimum hinsichtlich Risiko und Ertrag zu erreichen.

Bilanzsumme bei Kreditinstituten

Summe der → Aktiva bzw. → Passiva in der → Bankbilanz, deren Veränderungsrate meistens als Kennziffer für das Wachstum verwendet wird. Unter Einbeziehung von Bilanzposten, die unterhalb der Bilanz ausgewiesen werden, insbesondere → Indossamentsverbindlichkeiten aus → Wechseln, wird die B. zum → Geschäftsvolumen erweitert (→ Geschäftsvolumen bei Kreditinstituten).

Bilanzunwirksame Geschäfte

Off-Balance-Sheet-Geschäfte; → Bankgeschäfte, die keinen Niederschlag als → Aktivgeschäfte oder → Passivgeschäfte in der → Bankbilanz haben (außerbilanzielle Geschäfte). Bilanzunwirksam sind reine Dienstleistungsgeschäfte, z. B. → Kommissionsgeschäfte der Kreditinstitute, sowie bestimmte Geschäfte mit neuen Finanzinstrumenten, etwa mit Finanz-Swaps (→ Swaps) oder mit → Optionen, bei denen die aus den Optionsrechten resultierenden Ansprüche

Bilanzunwirksame Geschäfte

Bilanzschema nach § 327 Abs. 1 HGB

Aktivseite	Passivseite

A. Ausstehende Einlagen
– davon eingefordert:
B. Aufwendungen für die Ingangsetzung und Erweiterung des Geschäftsbetriebes
C. Anlagevermögen
  I. Immaterielle Vermögensgegenstände
    davon Geschäfts- oder Firmenwert
  II. Sachanlagen
    1. Grundstücke, grundstücksgleiche Rechte und Bauten einschließlich der Bauten auf fremden Grundstücken
    2. technische Anlagen und Maschinen
    3. andere Anlagen, Betriebs- und Geschäftsausstattung
    4. geleistete Anzahlungen und Anlagen im Bau
  III. Finanzanlagen
    davon
    – Anteile an verbundenen Unternehmen
    – Ausleihungen an verbundene Unternehmen
    – Beteiligungen
    – Ausleihungen an Unternehmen, mit denen ein Beteiligungsverhältnis besteht
D. Umlaufvermögen
  I. Vorräte
  II. Forderungen/sonstige Vermögensgegenstände
    – davon mit einer Restlaufzeit von mehr als 1 Jahr:
    – davon Forderungen gegen verbundene Unternehmen
    – davon mit einer Restlaufzeit von mehr als 1 Jahr:
    – davon Forderungen gegen Unternehmen, mit denen ein Beteiligungsverhältnis besteht
    – davon mit einer Restlaufzeit von mehr als 1 Jahr:
  III. Wertpapiere
    – davon Anteile an verbundenen Unternehmen
    – davon eigene Anteile
  IV. Schecks, Kassenbestand, Bundesbank- und Postgiroguthaben, Guthaben bei Kreditinstituten
E. Rechnungsabgrenzungsposten
  I. Abgrenzungsposten für latente Steuern
  II. Sonstige Rechnungsabgrenzungsposten
  III. Disagio (wahlweise im Anhang)
F. Nicht durch Eigenkapital gedeckter Fehlbetrag
	A. Eigenkapital
	  I. Gezeichnetes Kapital
	  II. Kapitalrücklage
	  III. Gewinnrücklagen
	  IV. Gewinnvortrag/Verlustvortrag
	  V. Jahresüberschuß/Jahresfehlbetrag
	B. Sonderposten mit Rücklageanteil
	C. Rückstellungen
	D. Verbindlichkeiten
	  – davon Restlaufzeit bis zu 1 Jahr:
	  – davon Anleihen
	  – davon konvertibel:
	  – davon Restlaufzeit bis zu 1 Jahr:
	  – Verbindlichkeiten gegenüber Kreditinstituten
	  – davon Restlaufzeit bis zu 1 Jahr:
	  – Verbindlichkeiten gegenüber verbundenen Unternehmen
	  – davon Restlaufzeit bis zu 1 Jahr:
	  – Verbindlichkeiten gegenüber Unternehmen, mit denen ein Beteiligungsverhältnis besteht
	  – davon Restlaufzeit bis zu 1 Jahr:
	  – sonstige Verbindlichkeiten
	  – davon Restlaufzeit bis zu 1 Jahr:
	E. Rechnungsabgrenzungsposten

oder Verpflichtungen nicht bilanzierungspflichtig sind. Bilanzunwirksame Geschäfte können →Adressenausfallrisiken und →Eindeckungsrisiken enthalten (→Bankbetriebliche [Erfolgs]-Risiken des liquiditätsmäßig-finanziellen Bereichs). →Bilanzunwirksame Risikoaktiva werden in den Grundsätzen des →Bundesaufsichtsamts für das Kreditwesen erfaßt.

Bilanzunwirksame Risikoaktiva
Im →Grundsatz I des →Bundesaufsichtsamt für das Kreditwesen für Finanz-Swaps (→Swaps), →Termingeschäfte und Geschäfte mit →Optionen verwendete Bezeichnung für Aktivpositionen, bei denen sich die Höhe der →Eindeckungsrisiken (→bankbetriebliche Risiken) nicht nur nach der Bonität des Geschäftspartners (→Kreditwürdigkeit), sondern auch nach der Schwankungsbreite (→Volatilität) der Preise (→Zinsen, →Wechselkurse, Aktienkurse) und der Kontraktlaufzeit bestimmt.

Bilanzvermerke „unter dem Strich"
Ausweis von Eventualverbindlichkeiten (→Haftungsverhältnisse) und anderen Verpflichtungen („Rücknahmeverpflichtungen aus unechten Pensionsgeschäften", „Plazierungs- und Übernahmeverpflichtungen" sowie „unwiderrufliche Kreditzusagen") unter der Passivseite der →Bankbilanz.
(→Bankbilanz, Formblatt nach der Rechnungslegungsverordnung, →Passivposten der Bankbilanz)

Bilanzwirksame Geschäfte
On-Balance-Sheet-Geschäfte; →Bankgeschäfte, die ihren Niederschlag in der →Bankbilanz als →Aktivgeschäfte oder →Passivgeschäfte finden.

Bilaterale Leitkurse
Mittelwerte der →Währungen der am EWS-Wechselkursmechanismus teilnehmenden Mitgliedsländer (der →Europäischen Gemeinschaften) untereinander. Die →Bandbreiten der Marktkurse nach unten und oben betrugen bis 1993 i.d.R. ±2,25 Prozent, in Ausnahmefällen ±6 Prozent (für Portugal und Spanien). Nach einer krisenhaften Zuspitzung der Lage innerhalb des Europäischen Währungssystems Ende Juli 1993 vereinbarten die Finanzminister und Zentralbankpräsidenten der EG-Mitgliedstaaten mit Wirkung vom 2.8.1993 eine zeitweilige Erweiterung der Bandbreiten auf ±15 Prozent. Die →Leitkurse selbst wurden nicht verändert. In einer zweiseitigen Vereinbarung verpflichteten sich die Niederlande und die BRD gegenseitig, an den bisherigen An- und Verkaufssätzen ihrer Währungen entsprechend den engen Bandbreiten festzuhalten.

Bildschirmtext (Btx)
Telekommunikationsdienst der →Deutschen Bundespost bzw. der Telekom AG, der nach Feldversuchen in Berlin und Düsseldorf/Neuss gegen Ende 1983 eingeführt wurde. Der Dienst wird über das Telefonnetz übertragen und kann bundesweit zum Ortstarif genutzt werden. Neue Bezeichnung: Datex-J.
(→Btx-Konto, →Btx-Service der Kreditinstitute, →Home Banking)

Billigst-Order
Unlimitierter Auftrag zum Kauf von →Devisen oder →Effekten zum niedrigstmöglichen Kurs (→Devisenbörse, →Effektenbörse).

Billigst zu liefernde Anleihe, →CTD-Anleihe.

Bill of Exchange
Englische Bezeichnung für →Wechsel, wobei im anglo-amerikanischen Recht die Wechselrechtsbestimmungen nicht auf das Genfer Abkommen über das Einheitliche Wechselgesetz von 1930 zurückgehen. Die B.o.E. ist eine unbedingte →Anweisung in Schriftform (unconditional order in writing), auf der nicht der Begriff „Bill of Exchange" enthalten sein muß. Die unbedingte Anweisung muß einen →Bezogenen (drawee) und einen Wechselnehmer (payee) benennen, auf eine bestimmte Geldsumme lauten (a sum certain in money) und vom →Aussteller (drawer) unterschrieben sein (signed by the person giving it).

Bill of Lading, →Konnossement.

Bill of Lading Guarantee, →Konnossementsgarantie.

Bimetallismus, →Metallwährung.

Binary Option
Digital Option; →Exotische Option, die im Gegensatz zu klassischen →europäischen Optionen oder →amerikanischen Optionen

285

einen feststehenden Betrag zahlt, wenn der → Basiswert den → Basispreis erreicht.

All-or-nothing-Option: a) *Grundform*: Die einfachste Form einer B. O. ist die All-or-nothing-Option, bei der dem Optionsinhaber „alles" oder „nichts" gezahlt wird. Ist die Option bei → Fälligkeit im Geld (→ In-the-Money), erhält der Optionsinhaber den vereinbarten Betrag. Ist die Option bei Fälligkeit dagegen nicht im Geld, erhält der Optionsinhaber ähnlich wie bei einer klassischen Option keine Ausgleichszahlung. Im Gegensatz zu All-or-nothing-Optionen hängt bei klassischen Optionen die Höhe der Ausgleichszahlung jedoch von der Höhe des → inneren Wertes ab. Während bei klassischen Optionen die Ausgleichszahlung (→ Cash Settlement) um so höher ist, je tiefer die Option im Geld ist, spielt dieser Faktor für die Höhe der Ausgleichszahlung bei einer All-or-nothing-Option keine Rolle. Entscheidend ist nur, daß die Option im Geld ist. Wurde beispielsweise eine → Long Position in einem All-or-nothing-Put auf den FT-SE 100 mit Basispreis 1600 im → Nominalwert von 25 Mio Pfund abgeschlossen, erhält der Optionsinhaber 25 Mio Pfund, wenn die Option bei Fälligkeit im Geld ist. Im Vergleich zu klassischen Optionen ist die Ausgleichszahlung einer All-or-nothing-Option bedeutend höher. Da die Ausgleichszahlung um ein vielfaches höher ist, haben Long-Positionen in All-or-nothing-Optionen auch ein entsprechend hohes → Counterpart-Risiko. Die → Short Position hat dagegen ein extrem hohes Kursrisiko. All-or-nothing-Optionen haben deshalb im Vergleich zu klassischen Optionen höhere → Optionsprämien. Die Abbildung zeigt das Gewinn-Verlust-Diagramm einer klassischen Option im Vergleich zu einer All-or-Nothing-Option.

All-or-Nothing-Optionen werden auch beispielsweise als → Embedded Exotic Options in → Accrual Notes angeboten.

b) *Varianten*: (1) One-Touch Options sind nahezu mit All-or-nothing-Optionen identisch. Der einzige Unterschied besteht darin, daß die Long Position einer One-Touch Option während der Laufzeit die Ausgleichszahlung erhält, sobald der Basiswert den Basispreis erreicht. (2) Eine weitere Variante der All-or-Nothing-Option sind Supershares. Im Gegensatz zur All-or-Nothing-Option wird bei einer Supershare nur dann eine Ausgleichszahlung fällig, wenn die

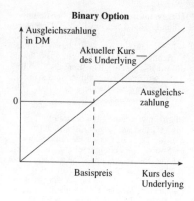

Option bei Fälligkeit → At-the-Money ist. Ist die Option im Geld, verfällt sie wertlos. Supershares sind verglichen mit All-or-Nothing-Options relativ billig, da die Wahrscheinlichkeit relativ gering ist, daß die Option bei Fälligkeit At-the-Money notiert.

Binnenwert der Währung, → Geldwertstabilität.

Binomial-Baum
Modell zur Ermittlung von zukünftigen Kursen oder → Renditen, deren künftige Entwicklung unsicher ist. Ausgehend vom aktuellen Kursniveau (S) bzw. Renditeniveau werden unter Berücksichtigung der → Volatilität und → Eintrittswahrscheinlichkeit zukünftige Kurse bzw. Renditen zu verschiedenen Zeitpunkten ermittelt. Die folgende Abbildung zeigt einen B.-B. für einen Zwei-Perioden-Zeitraum:

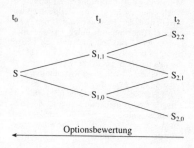

Der B.-B. ist Basis für die Ermittlung der →Fair Values von →Optionen nach dem Cox, Ross, Rubinstein-Modell. Der Fair Value von Optionen wird von rechts nach links durch den B.-B. gehend bestimmt.
(→ Binomialer Ansatz)

Binomialer Ansatz
Diskrete →Optionspreisbewertungsmodelle, die keine →Normalverteilung zur Beschreibung der Kursentwicklung unterstellen, sondern eine →Binomialverteilung. Bei der Binomialverteilung werden jeweils zwei Zeitpunkte, nämlich der Anfangs- und der Endpunkt einer Periode bzw. eines Zeitintervalls, betrachtet. Ausgehend von dem festen, aktuellen Kurs wird hierbei gefordert, daß der Kurs am Ende der Periode genau zwei Werte annehmen kann, entweder einen Maximalwert oder einen Minimalwert. Ein Optionspreisbewertungsmodell, das den B. A. als Grundlage für die Beschreibung von Kursveränderungen verwendet, ist das Cox, Ross, Rubinstein-Modell. Im Gegensatz dazu steht das kontinuierliche Modell nach Black & Scholes, bei dem eine Normalverteilung für die Kursentwicklung unterstellt wird (→Black & Scholes-Modell, →Black-Modell).
→Binomial-Baum, →Binomial Opton Pricing Model.

Binomial Option Pricing Model
Methode zur Ermittlung des →Fair Values von →Optionen und →Optionsscheinen. Das bekannteste B.O.P.M. ist das Cox, Ross, Rubinstein-Modell.
(→Binomialer Ansatz, →Gleichgewichtsmodelle, →Binomial-Baum)

Binomial Tree, →Binomial-Baum.

Binomialverteilung B(n;p)
Bernoulli-Verteilung, Newtonsche Verteilung, diskrete (diskontinuierliche) Verteilung einer →Zufallsgröße. Mit der B. wird das Eintreffen bestimmter Ereignisse bei sogenannten Bernoulli-Experimenten berechnet. Die B. hat dann eine Bedeutung, wenn es darum geht, eine Grundgesamtheit daraufhin zu untersuchen, ob ein bestimmtes Merkmal vorhanden ist oder nicht. Die Weiterentwicklung der B. führt bei einer großen Anzahl von Versuchen zur →Normalverteilung, die eine stetige Zufallsgröße beschreibt. Die B. bildet beispielsweise die Grundlage des diskreten →Optionspreisbewertungsmodells nach Cox, Ross, Rubinstein (Cox, Ross, Rubinstein-Modell). Bei der B. können auch Kurssprünge erklärt werden.
(→Binomial-Baum, →Binomial Option Pricing Model)

BioTech Index
BGX-Index; preisgewichteter amerikanischer →Aktienindex der CBOE, der aus 20 →Aktien der Genindustrie besteht.
(→ BGX-Option)

BIP
Synonym für →Basispunkt.

BISTA-Meldungen
Meldungen im Rahmen der →Monatlichen Bilanzstatistik.

BIZ, →Bank für Internationalen Zahlungsausgleich.

B/L
Abk. für Bill of Lading (→Konnossement).

Black-Modell
Variante des →Black & Scholes-Modells, das 1976 von Fischer Black für →Optionen auf Futures (→europäische Option) entwickelt wurde. Das B.-M. wird fälschlicherweise oft als Black & Scholes-Modell oder Modifiziertes Black & Scholes-Modell bezeichnet. Das B.-M. kann sowohl für Optionen auf Futures mit →Future-Style-Verfahren als auch für Optionen mit →Stock-Style-Verfahren angewendet werden. Bei Optionen mit Future-Style-Verfahren wird der risikolose Zinssatz auf Null gesetzt (→modifiziertes Black-Modell). Darüber hinaus eignet sich das B. M. auch für das →Pricing von →OTC-Optionen auf langlaufende →Straight Bonds (z.B. →Bundesanleihen).

Der →*Fair Value* eines europäischen →*Calls mit Stock-Style-Verfahren* bzw. einer europäischen OTC-Call-Option (→Zinsoption) kann mit folgender Formel ermittelt werden:

$$C = F \cdot e^{-rt} \cdot N(d_1) - X \cdot e^{-rt} \cdot N(d_2)$$

wobei:
C = Kurs der Call-Option (→Optionsprämie)
F = Kurs des →Basiswertes (z.B. →Bund-Future)
X = →Basispreis

Black'sche Korrektur

e = Eulersche Zahl 2,71828182 ..... (Basis des natürlichen Logarithmus)
r = Auf der Basis → stetiger Verzinsung berechneter annualisierter → Zins
v = → Volatilität
t = → Restlaufzeit der Option
ln = → Logarithmus naturalis
N(d) = Funktionswert der kumulativen Normalverteilung an der Stelle d
$d_1 = [\ln(F/X) + 0.5 \cdot v^2 \cdot t] : [v \cdot t^{0,5}]$
$d_2 = d_1 - v \cdot t^{0,5}$

Der *Fair Value eines europäischen* → *Puts mit Stock-Style-Verfahren* bzw. einer europäischen OTC-Put-Option (→ Zinsoption) kann mit folgender Formel ermittelt werden:

$$P = F \cdot e^{-rt} \cdot (N(d_1) - 1) - X \cdot e^{-rt} \cdot (N(d_2) - 1)$$

wobei:
P = Kurs der → Put-Option (Optionsprämie)
F = Kurs des Basiswertes (z. B. Bund-Future)
X = Basispreis
e = Eulersche Zahl 2,71828182 ..... (Basis des natürlichen Logarithmus)
r = Auf der Basis stetiger Verzinsung berechneter annualisierter Zins
v = Volatilität
t = Restlaufzeit der Option
ln = Logarithmus naturalis
N(d) = Funktionswert der kumulativen Normalverteilung an der Stelle d
$d_1 = [\ln(F/X) + 0.5 \cdot v^2 \cdot t] : [v \cdot t^{0,5}]$
$d_2 = d_1 - v \cdot t^{0,5}$

Bei OTC-Optionen auf → Anleihen ist anstelle des aktuellen Futurekurses der → Terminkurs der Anleihe in die Formel einzusetzen.

Der *Fair Value eines europäischen Calls mit Future-Style-Verfahren* kann mit folgender modifizierten Black-Formel ermittelt werden (Im Vergleich zu obiger Formel wurde nur r auf Null gesetzt, damit wird der Wert $e^{-rt} = 1$):

$$C = F \cdot N(d_1) - X \cdot N(d_2)$$

wobei:
C = Kurs der Call-Option (Optionsprämie)
F = Kurs des Basiswertes (z. B. Bund-Future)
X = Basispreis
v = Volatilität des Basiswertes
t = Restlaufzeit der Option
ln = Logarithmus naturalis
N(d) = Funktionswert der kumulativen Normalverteilung an der Stelle d
$d_1 = [\ln(F/X) + 0.5 \cdot v^2 \cdot t] : [v \cdot t^{0,5}]$
$d_2 = d_1 - v \cdot t^{0,5}$

Der *Fair Value einer Put-Option* mit Future-Style-Verfahren wird mit folgender Formel ermittelt:

$$P = F \cdot (N(d_1) - 1) - X \cdot (N(d_2) - 1)$$

wobei:
P = Kurs der Put-Option (Optionsprämie)
F = Kurs des Basiswertes (z. B. Bund-Future)
X = Basispreis
v = → Volatilität des Basiswertes
t = Restlaufzeit der Option
ln = Logarithmus naturalis
N(d) = Funktionswert der kumulativen Normalverteilung an der Stelle d
$d_1 = [\ln(F/X) + 0.5 \cdot v^2 \cdot t] : [v \cdot t^{0,5}]$
$d_2 = d_1 - v \cdot t^{0,5}$

(→ Cox, Ross, Rubinstein-Modell, → Delta)

Black'sche Korrektur

Methode zur Berücksichtigung von Dividendenzahlungen bei der Ermittlung des → Fair Values von → europäischen Optionen im → Black & Scholes Modell. Dieses Verfahren wurde 1975 von F. Black vorgeschlagen. Bei einer ungeschützten → Option kann, wenn sowohl die Höhe der → Dividende als auch der Zeitpunkt der Dividendenausschüttung feststehen, eine Adjustierung in der Art vorgenommen werden, daß die → Barwerte der Dividendenzahlungen, die während der → Laufzeit der Option anfallen, ermittelt werden und vom Aktienkurs abgezogen werden (Black'sche Korrektur). Damit ist der Nachteil der ungeschützten Option behoben. Der neue Kurs, der dann in die Black & Scholes Formel eingesetzt wird, ist der um den → Barwert der Dividenden verringerte Kurs des → Basiswertes. Eine Verfeinerung dieses Ansatzes sieht vor, daß auch Dividenden, die nach dem Verfallstermin gezahlt werden, berücksichtigt werden. Hierbei muß zusätzlich auch der → Basispreis um die Barwerte der Dividenden korrigiert werden.

Black & Scholes Modell

→ Optionspreisbewertungsmodell zur Ermittlung des → Fair Values von → europäischen Optionen auf → Aktien oder → Ak-

Black & Scholes Modell

tienindices (z. B. → Optionen auf den DAX), das 1973 von F. Black und M. Scholes konzipiert wurde. Der Fair Value eines europäischen → Calls kann mit folgender Formel ermittelt werden:

$$C = S \cdot N(d_1) - X \cdot e^{-rt} \cdot N(d_2)$$

wobei:
C = Kurs der Call-Option (→ Optionsprämie)
S = Kurs des → Basiswertes (z. B. → Stammaktie)
X = → Basispreis
e = Eulersche Zahl 2,71828182... (Basis des natürlichen Logarithmus)
r = auf der Basis stetiger Verzinsung berechneter annualisierter → Zins
v = → Volatilität
t = → Restlaufzeit der Option
ln = → Logarithmus naturalis
N(d) = Funktionswert der → kumulativen Normalverteilung an der Stelle d, wobei gilt
$d_1 = [\ln(S/X) + (r+0{,}5 \cdot v^2 \cdot t] : [v \cdot t^{0{,}5}]$ und $d_2 = d_1 - v \cdot t^{0{,}5}$.

Alternativ kann für d_1 geschrieben werden:

$d_1 = [\ln S/(X \cdot e^{-rt}) + 0{,}5 \cdot v^2 \cdot t] : [v \cdot t^{0{,}5}]$.

Im Gegensatz zur obigen Formel wurde bei dieser Darstellung der Basispreis der Option abgezinst. $N(d_1)$ entspricht dem Delta (→ Delta-Faktor) einer Option. Mit dieser Formel können nicht nur europäische Call-Optionen bewertet werden, sondern auch amerikanische Call-Optionen, die keine Dividendenzahlungen haben. Da → amerikanische Optionen während der → Laufzeit immer eine Zeitprämie haben, würde man sich bei vorzeitiger Ausübung immer schlechter stellen. Diese Situation entspricht der von europäischen Calls. Das zusätzliche Recht der vorzeitigen Ausübung ist damit wertlos und amerikanische Optionen ohne Dividendenzahlungen können deshalb mit dem B. & S. M. bewertet werden.

Der Fair Value einer europäischen → Put-Option kann mit folgender Formel ermittelt werden:

$$P = S \cdot (N(d_1) - 1) - X \cdot e^{-rt} \cdot (N(d_2) - 1)$$

wobei:
P = Kurs der Put-Option (Optionsprämie)
S = Kurs des Basiswertes (vgl. Basiswert
X = Basispreis
e = Eulersche Zahl 2,71828182... Basis des natürlichen Logarithmus)
r = auf der Basis stetiger Verzinsung berechneter annualisierter Zins
v = Volatilität
t = Restlaufzeit der Option
ln = Logarithmus naturalis
N(d) = Funktionswert der kumulativen Normalverteilung an der Stelle d, wobei gilt
$d_1 = [\ln(S/X) + 0{,}5 \cdot v^2 \cdot t] : (v \cdot t^{0{,}5})$ und $d_2 = d_1 - v \cdot t^{0{,}5}$.

Die Bewertung einer Put-Option kann auch durch Verwendung der → Put-Call-Parity erfolgen. Für den Preis einer Put-Option gilt allgemein: $P = C + X \cdot e^{-rt} - S$.
Folgende Prämissen liegen dem B. & S. M. zugrunde: (1) Es handelt sich um europäische Optionen. (2) Während der → Laufzeit der Option dürfen keine Ausschüttungen erfolgen. (3) Der annualisierte Zinssatz ist im Zeitablauf konstant. (4) Es existieren keine Transaktionskosten und Steuern, so daß das Hedgeportefeuille (→ Hedging, → Portfolio) kontinuierlich gebildet werden kann. (5) Die Aktienkurse unterliegen einer → Log-Normalverteilung. Folgende Abbildung zeigt den Fair Value einer Call-Option in Abhängigkeit vom aktuellen Kassakurs des Basiswertes (vgl. Abbildung S. 290).
Bei einer Volatilität von Null vereinfacht sich die Call-Gleichung wie folgt, da sowohl $N(d_1)$ als auch $N(d_2)$ den Wert 1 haben:

$$C = S - X \cdot e^{-rt}.$$

Werden entgegen Prämisse (2) → Dividenden ausgeschüttet (vgl. → Black'sche Korrektur), verringert sich der Fair Value der Call-Option, da der Optionshalter im Gegensatz zum → Aktionär keine Dividende erhält. Erfolgen während der Laufzeit einer Option Dividendenzahlungen, führt dies zu Kursabschlägen beim Aktienkurs. Dies bedeutet einen Nachteil für die → Long Position eines Calls. Andererseits profitiert eine Put-Option von niedrigeren Aktienkursen, so daß der Fair Value einer Put-Option steigt. Im Fall einer ungeschützten Option, d. h. der Optionsinhaber erhält keine Kompensation, muß die Black & Scholes Formel deshalb modifiziert werden (Black'sche Korrektur). Bei einer geschützten Option erhält der Optionshaber eine Kompensation. Der Basispreis kann hierbei beispielsweise um die Dividendenhöhe verringert werden. Deshalb

Blankoabtretung

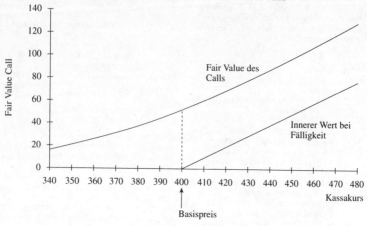

Black & Scholes Modell – Fair Value eines Calls

Black & Scholes Modell – Fair Value von Optionen

Dividendenzahlungen (ungeschützte Option)	Europäisch		Amerikanisch	
	Call	Put	Call	Put
Nein	Ja	Ja	Ja	Nein
Ja	Ja, über Black'sche Korrektur	Ja, über Black'sche Korrektur	Nein	Nein

brauchen Dividendenzahlungen beim B. & S. M. nicht berücksichtigt zu werden. Die obige Tabelle zeigt, für welche Fälle mit dem B. & S. M. der Fair Value von Optionen ermittelt werden kann.

Das B. & S. M. ist die Basis für das → Black-Modell, das zur Bewertung von → Optionen auf Futures konzipiert wurde, und wird nicht nur zur Bewertung von europäischen Aktienoptionen, sondern auch zur Ermittlung des Fair Values von Optionsscheinen auf Aktien verwendet. Modifikationen des B. & S. M. werden u. a. auch zur Bewertung von → Devisenoptionen (→ Garman/Kohlhagen-Modell) verwendet. Vgl. auch Cox, Ross, Rubinstein-Modell.

Blankoabtretung

→ Abtretung (Zession), bei der der Zessionar als Empfänger berechtigt ist, durch Ausfüllung der insoweit unvollständigen Abtretungsurkunde einen neuen → Gläubiger selbst zu bestimmen. Sie ist u. a. im Wertpapierrecht im Zusammenhang mit der Übertragung von → Namensaktien gebräuchlich, die (obwohl sie geborene → Orderpapiere sind) üblicherweise nach zessionsrechtlichen Grundsätzen übertragen werden (§ 68 AktG).

Blankoakzept

Annahmeerklärung auf einem nicht ausgefüllten Wechselformular (→ Blankowechsel). I. d. R. fehlt die Wechselsumme, z. B. bei Transaktionen in Bereichen mit stark schwankenden Preisen.

Blankoindossament

Form des → Indossaments, das nur aus der Unterschrift des → Indossanten besteht oder an den Inhaber lautet (Art. 13 Abs. 2 und Art. 12 Abs. 3 WG, Art. 16 Abs. 2 und Art. 15 Abs. 4 ScheckG). Beim → Scheck und → Wechsel ist es auf die Rückseite der → Urkunde (bzw. auf den → Anhang) zu setzen. Das B. hat die volle Legitimationswirkung mit der Besonderheit, daß wie bei den → Inhaberpapieren jeder Besitzer der Urkunde als Berechtigter gilt (Art. 16 Abs. 1 WG, Art. 19 ScheckG). Nach einem B. kann

der neue Inhaber das Indossament mit seinem Namen oder mit dem Namen eines anderen ausfüllen oder das →Orderpapier mit einem B. weitergeben oder das Orderpapier weitergeben, ohne das B. auszufüllen und ohne es zu indossieren (Art. 14 Abs. 2 WG, Art. 16 Abs. 2 ScheckG). Wird das Orderpapier ohne Ausfüllung des B. übertragen, steht es faktisch einem Inhaberpapier gleich. Deshalb hat ein →Kreditinstitut bei dem Erwerb von abhanden gekommenen blankoindossierten Orderpapieren die gleichen Sorgfaltspflichten zu beachten wie bei Inhaberpapieren (§ 367 HGB).
Gegensatz: →Namensindossament.

Blankokredit
→Kredit, der ausschließlich aufgrund der →Kreditwürdigkeit (Bonität) des Kreditnehmers gegeben wird. Unabhängig davon haftet der Kreditnehmer aber mit seinem gesamten →Vermögen. Dem →Kreditinstitut haften insbes. →Sachen, die in seinem →Besitz sind (→AGB-Pfandrecht der Kreditinstitute). Nach Nr. 13 Abs. 1 AGB Banken bzw. Nr. 22 Abs. 1 AGB Sparkassen hat das Kreditinstitut dem Kunden gegenüber jederzeit Anspruch auf Bestellung oder Verstärkung bankmäßiger Sicherheiten für alle Verbindlichkeiten. →Dispositionskredite sind regelmäßig B.

Blankowechsel
Wechselblankett; Sonderform des →Wechsels, bei dem (zunächst) nicht alle gesetzlichen Bestandteile vorhanden sind, der aber später von einem Beteiligten vereinbarungsgemäß vervollständigt wird. Akzeptiert der →Bezogene einen vom →Aussteller ausgefertigten unvollständigen Wechsel, bei dem noch die Wechselsumme einzusetzen ist, und ermächtigt er diesen, einen bestimmten Betrag einzusetzen, liegt ein →Blankoakzept vor. Der noch unvollständige Wechsel ist zunächst als Wechsel unwirksam, erlangt jedoch mit der Vollausfüllung rückwirkende Gültigkeit für alle, die vorher unterschrieben haben. Er ist daher auch als B. übertragbar. Wird der B. abredewidrig ausgefüllt und an einen gutgläubigen Erwerber übertragen, der die abredewidrige Ausfüllung weder kannte noch grob fahrlässig (→Fahrlässigkeit) handelte, haftet der Unterzeichnende diesem gegenüber in Höhe der jeweils eingesetzten Wechselsumme (Art. 10 WG). Das gleiche gilt, wenn der Wechsel unvollständig als B. unter Ver-

trauen auf eine scheinbare Ausfüllungsermächtigung gutgläubig erworben wird und von dem Erwerber entsprechend ausgefüllt wird. Allerdings sind dann an den guten Glauben höhere Anforderungen zu stellen (→gutgläubiger Erwerb von Wertpapieren). Namentlich bei außergewöhnlich hohen Wechselsummen oder erkennbaren Textänderungen oder -abweichungen besteht eine Erkundigungspflicht beim Blankozeichner. Keine Einstandspflicht trifft dagegen den Unterzeichnenden für nachträgliche Textänderungen auf einem bereits formgültigen Wechsel (Art. 69 WG; sogenannte Verfälschung).

Blitzgiroverkehr
Ausführung von →Überweisungen durch Fernschreiben, Telefax, Teletex, Telefon oder Telegramm (Blitzüberweisungen) unter Verschlüsselung.

Blitzüberweisungen, →Blitzgiroverkehr.

Blockfloating, →Gruppenfloating.

Bloomberg/EFFAS-Indices
→Rentenindices, die von EFFAS (European Federation of Financial Analyst Societies) konzipiert wurden und über das Finanzinformationssystem Bloomberg online abgerufen werden können. B./E.-I. sind sowohl als reine Kursindices als auch als Performanceindices konzipiert. Im Index sind Anleihen enthalten, die im Bloomberg-Finanzinformationssystem enthalten sind und folgenden Anforderungen genügen: Restlaufzeiten länger als ein Jahr, wahrscheinlicher Kündigungstermin bei Callable Bonds (Callable Anleihe) nicht mehr als einem Jahr, genügende Liquidität, keine Cashflow-Unsicherheit (Ausnahme: Callable Bonds), keine Anleihen mit spezieller steuerlicher Behandlung. Das mechanische Selektionsverfahren garantiert eine hohe Transparenz bezüglich historischer und zukünftiger Indexzusammensetzung. Basis sind →Staatsanleihen der wichtigsten internationalen Rentenmärkte (z. B. USA, Bundesrepublik Deutschland, Japan).
(→REX).

Blue Chips
→Aktien bekannter →Gesellschaften, die sich durch erstklassige Bonität, gute Performance-Perspektiven und Dividendenkontinuität (→Dividendenpolitik) auszeichnen.

Blue Months

Der Begriff stammt aus den USA, vor allem für Aktien, die im Dow-Jones-Index vertreten sind.

Blue Months

Bezeichnung für die ersten vier → Delivery Months von → Optionen und → Futures, die nach den → Green Months an den internationalen → Terminbörsen gehandelt werden.
Gegensatz: → Red Months, → Green Months, → Gold Months.

BLZ, → Bankleitzahl.

BM&F

Abk. für Bolsa de Mercadorias & Futuros (→ Options- und Terminbörsen an den internationalen Finanzplätzen).

BNOC

Abk. für Basis Net of Carry (→ Carry, → Carry Basis).

Bobl

Abk. für → Bundesobligation.

Bobl-Future

→ Terminkontrakt auf eine idealtypische mittelfristige → Emission des Bundes (→ Bundesobligation) mit einer Nominalverzinsung von 6% und einer → Restlaufzeit von 3,5 bis 5 Jahren (→ Zins-Future). Der → Nominalwert des → Kontraktes beläuft sich auf 250.000 DM. Die Preisermittlung erfolgt in Prozent vom Nennwert und auf zwei Dezimalstellen. Liefermonate sind die jeweils drei nächsten Monate aus dem Zyklus März/Juni/September/Dezember. Mit dem Erwerb oder Verkauf des Kontraktes ist die Verpflichtung verbunden, einen diesen Kriterien entsprechenden → Titel zu einem festgelegten Zeitpunkt zu kaufen oder zu verkaufen. Lieferbar sind Bundesobligationen und → Bundesschatzanweisungen.

Der B.-F. versetzt Anleger in die Lage, die von ihnen erwarteten Zinsänderungen im Drei- bis Fünfjahresbereich zur Erzielung von Differenzgewinnen zu nutzen (Spekulationsstrategie) oder mittelfristige Festzinspositionen gegen Zinsrisiken abzusichern (→ Hedgingstrategie). In seinem Einsatz als Handels- und Sicherungsinstrument ist der B.-F. dem → Bund-Future weitgehend vergleichbar.

Bobl-Future-Option

→ Option auf den → Bobl-Future

Bodenkredit, → Hypothekarkredit.

Bodenkreditanstalt, → Bodenkreditinstitut.

Bodenkreditinstitut

Bezeichnung für eine → private Hypothekenbank und eine → öffentlich-rechtliche Grundkreditanstalt.

Bodenrentenbank

Synonyme Bezeichnung für → Rentenbank.

Bodensatztheorie

Theoretischer Ansatz, der begründen soll, daß → Banken ohne Gefährdung ihrer Zahlungsfähigkeit (→ Liquidität) in der Lage sind, Fristentransformation zu betreiben. Der Grundgedanke der → Goldenen Bankregel, wonach die → Laufzeiten gewährter → Kredite den vereinbarten Laufzeiten der → Einlagen als Quellen der im → Aktivgeschäft eingesetzten Finanzierungsmittel entsprechen müssen, wird durch die B. modifiziert. Basis hierfür ist die Erkenntnis, daß die tatsächlichen Laufzeiten der Einlagen (materielle Fristigkeit) oftmals länger sind als die vereinbarten Laufzeiten (formelle Fristigkeit). Zu begründen ist diese Tatsache insbesondere mit der häufigen → Prolongation der Einlagen oder der Substitution abfließender durch zufließende Beträge. Wegen der sich so bildenden „Bodensätze" an Einlagen ist Fristentransformation möglich. Generell wird das Prinzip der → Fristenkongruenz zwar auch in der B. zugrunde gelegt, die Laufzeiten der Kredite müssen jedoch nun den gemäß materieller Fristigkeit erwarteten tatsächlichen Laufzeiten der Einlagen kongruent sein. Finanzierungsmittel aus Einlagen können also im → Kreditgeschäft mit längerer Überlassungsdauer eingesetzt werden als es ihrer formellen Fristigkeit entspricht.

Die Höhe der Bodensätze und damit das durchschnittliche Ausmaß, in dem die materielle Fristigkeit der Einlagen von der formellen abweicht, läßt sich nur empirisch ermitteln. Dabei ist von den individuellen Verhältnissen des einzelnen → Bankbetriebs auszugehen. Strittig diskutiert wurde häufig, ob man bei Ermittlung der Höhe derartiger Bodensätze Normalverhältnisse zugrunde legen kann oder auch Zeiten stärkerer Liquiditätsanspannung einzubeziehen hat. Der Extremfall wäre hier die oft beschriebene klassische „Run-Situation", in der die Bank das Vertrauen der Einleger weitestgehend verloren hat und durch massive Einlagenabzüge bedroht ist.

(→ Maximalbelastungstheorie, → Liquiditätsmanagement)

Boden- und Kommunalkreditinstitut, → Realkreditinstitute.

Bodenwert
Im Rahmen der → Beleihung von Grundstücken ermittelter Wert des → Grundstücks ohne Bebauung. Bei seiner Ermittlung wird i. a. von den Preisen ausgegangen, die für Grundstücke gleicher Art und Lage voraussichtlich nachhaltig erzielt werden können. Der B. bestimmt sich nicht ausschließlich als Quadratmeterpreis, sondern er schließt darüber hinaus auch (bereits bezahlte oder noch zu zahlende) Nebenkosten ein.
Schema: Grundstücksgröße × nachhaltig erzielbarer qm-Preis = reiner B.; reiner B. + Grundstücksnebenkosten = Bodenwert. (→ Beleihungswert)

Bogen
→ Urkunde, die bei → Effekten das Nebenrecht verbrieft (das Hauptrecht wird im → Mantel verbrieft). Bei → Schuldverschreibungen besteht der B. aus → Zinsscheinen, die über einen bestimmten Geldbetrag zu einem bestimmten Termin lauten. Bei → Aktien enthält der B. Gewinnanteilsscheine (→ Dividendenscheine), bei → Investmentzertifikaten → Ertragsscheine, die einen → Anspruch auf den ausgeschütteten Gewinn verbriefen. Gewinnanteilsscheine sind mit fortlaufenden Nummern versehen und können bei → Kapitalerhöhungen auch zur Ausübung des Rechts auf Bezug → junger Aktien aufgerufen werden (→ Bezugsscheine). Zins-, Dividenden- und Ertragsscheine sind selbständige → Wertpapiere. B. sind stets im Hochformat DIN A 4 210×297 mm zu drucken (Druckvorschriften für → Effekten). Am unteren Rand des B. befindet sich ggf. ein → Talon, mit dem ein neuer B. bezogen werden kann.
Um die Verwahrung und Verwaltung der Effekten zu vereinfachen, werden vielfach Globalurkunden (→ Sammelurkunde) gedruckt. In bestimmten Fällen wird auf die Ausstellung einer Urkunde völlig verzichtet (→ Wertrechte). B. und Mäntel sind im Rahmen des → Depotgeschäfts getrennt aufzubewahren.

Bollinger Bands, → Bollinger, John.

Bollinger, John
Erfinder der Bollinger Bands. Bollinger verband Anfang der achtziger Jahre Umhüllungslinien mit der → Standardabweichung.

Der Abstand der Umhüllungslinien von einem einfachen → gleitenden Durchschnitt ist abhängig von der Standardabweichung und kann sich daher ständig ändern. Bei einer starken Marktbewegung vergrößert sich der Abstand der beiden Umhüllungslinien. Bei einem sehr ruhigen Markt verringert sich dagegen der Abstand zum gleitenden Durchschnitt. Bollinger schlug vor, 20 Handelsperioden zur Ermittlung des einfachen gleitenden Durchschnittes zu verwenden. Die Umhüllungslinien sollten zwei Standardabweichungen vom einfachen gleitenden Durchschnitt entfernt sein. Je mehr Standardabweichungen gewählt werden, desto größer ist der Abstand der beiden Umhüllungslinien vom gleitenden Durchschnitt. Zur Ermittlung des einfachen gleitenden Durchschnitts als auch der Umhüllungslinien können entweder die Schlußkurse, der → Typical Price oder Weighted Close verwendet werden.

Bona-fide-Klausel, → Commercial Letter of Credit.

Bond
1. Angelsächsische Bezeichnung für → Schuldverschreibung (bzw. → Anleihe und Obligation).
2. Bezeichnung für langfristige Schuldverschreibung (→ Kapitalmarktpapiere), → Bond Research, → Bond Stripping).

Bond Currency Mix, → Currency Allocation.

Bond Dealer
Im angelsächsischen Raum Bezeichnung für eine → Person oder Unternehmung, die mit → festverzinslichen Wertpapieren handelt. Im Gegensatz zu → Brokern kaufen B. D. festverzinsliche Papiere auch in den eigenen Bestand oder geben sie aus dem eigenen Bestand ab.

Bond Equivalent Yield (BEY)
Umrechnung einer → Geldmarktrendite in eine → Kapitalmarktrendite, da ein direkter Vergleich von Geldmarktrenditen mit den → Renditen von ursprünglich langlaufenden → Zinsinstrumenten (z. B. → Bundesanleihen), die jetzt nur noch eine → Laufzeit von weniger als einem Jahr haben, nicht möglich ist. So kann beispielsweise die Geldmarktrendite eines Bulis (→ Bundesbank-Liquiditäts-U-Schätze) nicht mit der Rendite ei-

Bond-Futures

Bond Equivalent Yield

Zinsinstrument	Tageberechnung
Finanzierungsschätze des Bundes	E30/360
DM-LIBOR	Echt/360
Bulis	Echt/360
Commercial Papers	Echt/360
DM-Floater	Echt/360
Bundesanleihen	E30/360
Bundesobligationen	E30/360
Pfandbriefe	E30/360

ner Bundesanleihe, die die gleiche Laufzeit hat, verglichen werden, da die Rendite des Buli nach einer anderen → Tageberechnungsmethode kalkuliert wird, als die Rendite der Bundesanleihe. Die obenstehende Tabelle zeigt, nach welcher Methode die Renditen für verschiedene kurzfristige Zinsinstrumente am deutschen Finanzplatz ermittelt werden.

Um die Renditen des deutschen → Geldmarktes (Echt/360) mit den Renditen des deutschen Kapitalmarktes (E30/360) vergleichen zu können, muß die Geldmarktrendite in eine Kapitalmarktrendite (Bond Equivalent Yield) umgerechnet werden.

(1) Genaue Formel unter Berücksichtigung der tatsächlichen Tage:
  Kapitalmarktrendite
  = (Geldmarktrendite · Tage Geldmarkt) : Tage Kapitalmarkt.

(2) Einfache Formel, die eine gleichmäßige Verteilung der Tage unterstellt:
  Kapitalmarktrendite
  = (Geldmarktrendite · 365) : 360

Formel (2) kann verwendet werden, um Echt/360 oder 365/360 in E30/360, Echt/365 und schließlich Echt/Echt umzurechnen.
(→ Renditeberechnungsmethoden für Geld- und Kapitalmarktpapiere)

Bond-Futures
Oberbegriff für → mittelfristige Zinsfutures (z. B. → Bobl-Future, → Treasury Note Future) und langfristige Zinsfutures (z. B. → Bund-Future, → Buxl-Future, → Treasury Bond Future).
(→ Zinsfutures an der LIFFE)

Bond Portfolio
Im Unterschied zum Aktienportfolio (→ Aktien) ein aus → Anleihen (→ Bonds) bestehendes → Portfolio.

Bond-Portfolio-Management
→ Risikomanagement im Hinblick auf ein → Bond Portfolio.

Bond-Rating
Standardisierte Bonitätsbeurteilung von → Schuldverschreibungen (öffentliche Anleihen, → Bankschuldverschreibungen und → Industrieobligationen) bedeutender internationaler → Emittenten (→ Rating).

Bond Research
Analyse und Bewertung von → Zinsinstrumenten. Um diese Aufgabe erfüllen zu können, wird im B. R. eine Vielzahl von Ertrags- und Sensitivitätskennzahlen (Kennzahlen von → festverzinslichen [Wert-]Papieren) errechnet. Festverzinsliche Papiere spielen am deutschen → Kapitalmarkt eine bedeutende Rolle. Gemessen an den Umsätzen ist der → Rentenmarkt in der Bundesrepublik Deutschland ungefähr viermal so groß wie der → Aktienmarkt. Allerdings beschränkte sich die Analyse festverzinslicher Papiere in Vergangenheit i. d. R. neben der Beurteilung der Zahlungsfähigkeit des → Emittenten auf die Ermittlung von Renditekennzahlen (z. B. → ISMA-Rendite). Zinsinstrumente werden von einem Großteil der Investoren gekauft und bis zur → Fälligkeit gehalten (→ Buy-and-Hold-Strategie). Die → Rendite wird bei dieser passiven Strategie als Maßstab für den Ertrag eines Papiers benutzt. Die Höhe der Rendite, die beim Kauf erzielt wird oder die Portfoliorendite wird als Erfolgsmaßstab für die Anlage in festverzinsliche Papiere gesehen. Die Aufgabe der Wertpapieranalysen besteht allein darin, Papiere mit möglichst hohen Renditen innerhalb bestimmter „akzeptabler" Grenzen (z. B. Bonitätsstufe) zu finden.

Rahmenbedingungen, Anforderungen und Aufgaben: Das Anlageumfeld für festverzinsliche Anlagen hat sich in den letzten 20 Jahren grundlegend geändert. Die zunehmenden Renditeschwankungen stellen neue Anforderungen an die Analyse und Bewertung von Zinsinstrumenten. Die stark schwankenden Renditen sind die Antwort der →Finanzmärkte auf folgende Entwicklungstrends: (1) gestiegene Inflationserwartung; (2) Internationalisierung der Finanzmärkte; (3) zunehmende Haushaltsdefizite der führenden Industrienationen; (4) Zusammenbruch des Systems →fester Wechselkurse (Bretton-Woods) und Lockerung 1993 des →Europäischen Währungssystems (EWS); (5) Abbau von staatlichen Reglementierungen.

Mit dem veränderten Rahmenbedingungen sind auch neue Anforderungen an die Analyse von Zinsinstrumenten verbunden:
(1) *Aktive Anlagestrategien*: Aktive Strategien verfolgen das Ziel, Zinsinstrumente vor Fälligkeit zu verkaufen. In Phasen eines allgemein steigenden Zinsniveaus kann beispielsweise durch einen Tausch zwischen lang- und kurzfristigen Papieren der Ertrag erhöht werden. Damit treten aber anstelle der Rendite andere Ertragskennzahlen (z. B. →[erwarteter] Total Return). Die mit den Renditeveränderungen verbundenen Kurschancen und -risiken sind die Basis für die Ermittlung von Sensitivitätskennzahlen (z. B. →Modified Duration, →Price Value of a Basis Point).
(2) *Wiederanlage von Kuponzahlungen*: Ein weiterer Faktor, der zunehmend an Bedeutung gewinnt, ist die →Wiederanlageprämisse der Renditeberechnung, die unterstellt, daß alle Zinszahlungen zur Rendite bis zur Fälligkeit des Papiers wiederangelegt werden, wenn ein bestimmtes Endkapital erzielt werden soll (→Endwertansatz). In der Praxis können Zinszahlungen vor dem Hintergrund stark schwankender Renditen allerdings in den seltensten Fällen wieder zu der beim Kauf ermittelten Rendite des Zinsinstruments angelegt werden. Man bezeichnet dieses Risiko als →Wiederanlagerisiko. In →Immunisierungsstrategien wird zunehmend die →Duration eingesetzt, um das →Endvermögensrisiko zu verringern.
(3) *Neuartige Zinsinstrumente* (→Finanzinnovationen): Neben den stark schwankenden Renditen führen auch neuartige, teilweise sehr komplizierte Finanzkonstruktionen zu veränderten Analysemethoden. Mit den traditionellen Kennzahlen Rendite und →Laufzeit können beispielsweise →Kombizinsanleihen, Zero Bonds und →variabel verzinsliche Anleihen (→Plain Vanilla Floater), →Reverse Floater oder →Leveraged Floater nicht effizient genug analysiert werden.

Aufgaben: (1) Kennzahlen über die Vergangenheit zu liefern (z. B. →historische Volatilitäten); (2) Kennzahlen über den aktuellen Wert und Ertrag zu liefern (z. B. →Stückzinsen, Rendite); (3) Kennzahlen zum aktuellen Risikopotential zu liefern (z. B. Modified Duration); (4) Aussagen über die zukünftige Zinsentwicklung zu treffen; (5) Kennzahlen über den erwarteten Ertrag zu liefern (z. B. Total Return).

Analysemethoden: B. R. ist sowohl vergangenheits- als auch gegenwarts- und zukunftsbezogen. Zur Bewältigung dieser Aufgaben bedient man sich folgender Analysen, die hierarchisch aufgebaut sind: Wirtschaftsanalyse, Kapitalmarktanalyse und Wertpapieranalyse.
(1) *Wirtschaftsanalyse*: Diese liefert dem Anleger Informationen über die Volkswirtschaft. Inflationserwartungen, Haushaltsdefizite des Staates, Verschuldungsquote, Notenbankpolitik usw. bilden die Grundlagen für die Prognose der Zinsentwicklung in der Kapitalmarktanalyse.
(2) *Kapitalmarktanalyse*: In dieser werden Aussagen über die Entwicklung des allgemeinen Zinsniveaus und die Form der →Renditestrukturkurve getroffen (Zinsszenarien). Die Kapitalmarktanalyse stellt die Verbindung zwischen Wirtschafts- und Wertpapieranalyse dar.
(3) *Wertpapieranalyse*: Diese untersucht nicht nur Zinsinstrumente eines bestimmten Sektors (z. B. Papiere des Bundes, →Pfandbriefe, →Schuldscheindarlehen), sondern auch einzelne Papiere. Insbes. bei letzterem spielen die verschiedenen Ertrags-, Wert- und Sensitivitätskennzahlen eine wichtige Rolle.
Isoliert betrachtet, vollzieht sich die Wertpapieranalyse in drei Phasen:
Phase 1: Analyse einzelner Wertpapiere (Wertpapierebene oder Mikroebene)
- Cash-flow-Analyse, d. h. Analysieren der Merkmale →Nominalzins, Laufzeit, →Rückzahlung, Kurs und eventuell anhängende Optionsrechte.
- Analysieren der Bonität (→Kreditwürdigkeit) des Papieres bzw. →Emittenten

Bond Stripping

- Ermitteln der Rendite, Stückzinsen, Laufzeit, Duration, Modified Duration, Price Value of a Basis Point und → Convexity
- Berücksichtigung von Steueraspekten (→ Nettorendite, → Vergleichbare Bruttorendite vor → Steuern)
- Ermittlung des erwarteten Total Returns (→ Total Return Management) festverzinslicher Papiere.

Phase 2: Analyse des Portfolios (Portfolioebene oder Makroebene):
- Aufzeigen der Portfoliostruktur hinsichtlich → Währungen (DM, US-Dollar, AU-Dollar usw.), Duration, Laufzeiten, Duration, Modified Duration, Price Value of a Basis Point, Branchen (Chemie, Elektro, Banken, usw.), Märkte (Euro-, Domestic- oder Auslandsanleihen) und Sektoren (Öffentliche Titel, Pfandbriefe, usw.).
- Ermitteln von Rendite, Duration, Modified Duration, Price Value of a Basis Point, Convexity und Total Return für das Portfolio
- Vergleich mit Kennzahlen der → Benchmark (z. B. → REX, → Benchmark Duration)

(Total Return Management, Bewertung von Plain Vanilla Floatern, → Renditeberechnungsmethoden für Geld- und Kapitalmarktpapiere, → Zinsmanagement)

Phase 3: Entwicklung einer Anlagestrategie
In diesem letzten Schritt wird eine individuelle Anlagestrategie unter Berücksichtigung der beiden vorangegangenen Phasen und der Ziele, Restriktionen und Wünsche des Anlegers erarbeitet.
(→ Risikomanagement festverzinslicher Wertpapiere, → Asset Allocation)

Bond Stripping

Zerlegen eines → Zinsinstrumentes, das aus mehreren Bausteinen (→ Composite Asset) besteht, in Einzelbestandteile. Beispielsweise besteht das Composite Asset → Anleihe mit Schuldnerkündigungsrecht aus einem → Straight Bond und einer Call-Option auf diesen Straight Bond. Nahezu alle → Finanzinnovationen (z. B. → Koppelanleihen, → MEGA-Zertifikate) können auf elementare Bausteine zurück geführt werden.
Gegensatz: → Bundling.
(→ Unbundling, → Duplizierungsprinzip, → Marktrisikofaktoren-Analyse)

Bond Swap

→ Aktive Anlagestrategie mit → Zinsinstrumenten, bei der gleichzeitig ein → Zinsinstrument aus dem → Portfolio verkauft und ein anderes gekauft wird.

Arten: → Pure Yield Pick Up Swap, Rate Anticipation Swap, Intermarket Spread Swap und Substitution Swap, → Bullet-to-Dumbbell Bond Swap.

Bon du Trésor à Taux Fixe, → BTF.

Bon du Trésor à Taux Fixe et Intérêt Annuel, → BTAN.

Bond with Warrants, → Optionsanleihe.

Bonifizierung von Spareinlagen

Die B. v. S. stellt keine → Sondersparform dar. Es erfolgt lediglich eine befristete Anhebung des Regelzinssatzes für → Spareinlagen auf Festgeldzinshöhe (→ Festgelder). Bonifiziert werden i. d. R. Spareinlagen mit dreimonatiger Kündigungsfrist. Über die Bonifizierungsmodalitäten werden zwischen dem → Kreditinstitut und dem Sparkunden detaillierte Absprachen getroffen. Es ist festzulegen, ob das Gesamtguthaben oder nur ein Teilbetrag in die Bonifizierung einbezogen werden soll. Häufig verlangen die Kreditinstitute Mindestkapitalbeträge. Ferner sind die Höhe des Zinszuschlags (Bonifizierungsertrag) sowie die Bonifizierungsdauer abzusprechen. Außerdem muß eine Vereinbarung über den Zeitpunkt der Gutschrift des Bonifizierungsertrages getroffen werden. I. d. R. erfolgt die Gutschrift erst am Jahresende. Es ist aber auch eine unterjährige → Wertstellung am Ende des Bonifizierungszeitraumes denkbar.

Die B. v. S. erfolgt hauptsächlich, um eine Abwanderung von Spareinlagen in den Termingeld- bzw. Wertpapierbereich zu verhindern. Die Gefahr eines derartigen Umschichtungsprozesses besteht in einer Zinssituation, in der die Zinssätze für → Termineinlagen bzw. die → Renditen für → Wertpapiere deutlich über den Spareinlagenzinssätzen liegen (→ inverse Zinsstruktur).

Bonität, → Kreditwürdigkeit.

Bonitätsprüfung im Firmenkundengeschäft

Begriff: Prüfung der wirtschaftlichen und finanziellen Verhältnisse des Kreditkunden seitens der Bank mit dem Ziel der Risikoeinschätzung des Kreditengagements.

Bonitätsrisiko

Grundidee: Die wirtschaftliche Situation des Kreditnehmers soll gewährleisten, daß gewährte oder neu zu gewährende →Kredite störungsfrei bis zum Ablauf der Kreditbefristung entsprechend den Vereinbarungen zurückgezahlt werden können.

Grundlagen: Beurteilung des Managements, Gliederung und Analyse von mindestens drei aufeinander folgenden →Jahresabschlüssen und aktueller Zwischenzahlen, zukunftsorientierte Untersuchung der Branchensituation, Prüfung der vorgelegten kurz- und mittelfristigen Unternehmenspläne auf Plausibilität, Bewertung der privaten Vermögenssituation (insbes. bei →Einzelunternehmen und →Personenhandelsgesellschaften oder bei vorliegenden Gesellschafterbürgschaften).

Verfahren: a) Die Beurteilung des Managements kann nicht schematisch oder statistisch erfolgen. Auf dem Prüfstand stehen Alter, Belastbarkeit, Gesundheit, fachliche Kompetenz sowie persönliche Integrität der Inhaber oder →Geschäftsführer des Kundenunternehmens und die bisher im Verlauf der Geschäftsverbindung gemachten Erfahrungen. Wichtig sind auch Betriebsklima im Unternehmen (häufige Fluktuation, sogar von →Führungskräften?), reibungslose organisatorische Abläufe, insbes. auch im →Rechnungswesen und →Controlling. Eventuelle Nachfolgeprobleme müssen insbes. bei auf die Unternehmerpersönlichkeit abgestellten Unternehmen frühzeitig geregelt sein. b) Die vorgelegten Jahresabschlüsse, Zwischenzahlen und Pläne werden hinsichtlich positiver oder negativer Veränderungen untersucht, um ein möglichst wahrscheinliches Abbild der voraussichtlichen Entwicklung des Kreditkunden in den nächsten Jahren zu projizieren. Hauptkriterien: →Rentabilität, Kapitalverhältnisse, →Liquidität. Dabei muß die Entwicklung des Unternehmens mit der Entwicklung der Branche abgeglichen werden. Weiter von Wichtigkeit: Welche weiteren →Kreditinstitute stehen mit Krediten blanko oder gegen (welche?) Sicherheiten zur Verfügung. c) In Vermögensaufstellungen aufgeführte Werte sind bei Immobilien anhand von Wertgutachten und Eigenbesichtigung, Guthaben und →Wertpapiere anhand von Kontoauszügen oder Depotauszügen zu verifizieren. Durch Grundbucheinsicht ist zu prüfen, ob die eingesetzten Verpflichtungen korrekt angegeben sein können.

Bonitätsprüfung im Privatkundengeschäft

Begriff: Prüfung der Vermögens- und nachhaltigen Einkommensverhältnisse des →Privatkunden seitens der Bank mit dem Ziel der Risikoeinschätzung des Kreditengagements. Die wirtschaftliche Situation des Kreditnehmers soll gewährleisten, daß gewährte oder neu zu gewährende →Kredite störungsfrei bis zum Ablauf der Kreditbefristung entsprechend den Vereinbarungen zurückgezahlt werden können.

Grundlagen: Prüfung aktueller Einkommens- und Vermögensunterlagen, der persönlichen Zuverlässigkeit, des Arbeitsplatzrisikos, der Verwendung des beantragten/der bestehenden Kredite. Wichtig sind auch die bisher mit dem Kunden gemachten Erfahrungen.

Verfahren: Die Kreditinstitute haben Formulare „Selbstauskunft" entwickelt, in denen alle relevanten persönlichen und Einkommens- und Vermögensdaten abgefragt werden. Einkommen sind durch Gehaltsabrechnungen oder andere Bescheinigungen, Vermögen durch Grundbuchauszüge, Konto- und Depotauszüge nachzuweisen. Dem nachhaltigen (durchschnittlichen) Nettomonatseinkommen werden die laufenden Ausgaben (Mieten, Hypothekenzahlungen, Unterhalt, Versicherungen, Kfz-Kosten, sonstige laufenden Kosten) sowie die für den beantragten Kredit zu zahlende Rate gegenübergestellt. Danach muß zumindest der pfändungsfreie Betrag des Familieneinkommens (das Existenzminimum) zum Lebensunterhalt verbleiben. Die persönlichen und Einkommensdaten werden zusätzlich im Rahmen eines →Kreditscoring-Systems statistisch erfaßt und ausgewertet. Die erreichte Scoringzahl stellt im Kreditgenehmigungsverfahren eine zusätzliche Entscheidungshilfe dar.

Bonitätsrisiko

Risiko, daß ein →Vertrag nicht oder nicht rechtzeitig erfüllt wird. B. können unterschieden werden in →Counterpart-Risiken, →Emittentenrisiken, →Länderrisiken und →Anteilseigner-Risiken. B. sind neben →Marktrisikofaktoren wesentliche Risikokategorien, die im Rahmen eines →Risikomanagement (z. B. →Zinsmanagement)

Bonos

erkannt, quantifiziert, gesteuert und kontrolliert werden müssen. B. sind → unsystematische Risiken.

Bonos
Kurzbezeichnung für → Bonos del Estado.

Bonos del Estado Spanische
→ Staatsanleihen mit einer → Laufzeit von mehr als zwei Jahren.

Bonus
1. Zusätzlich zur → Dividende ausgeschüttete, einmalige Vergütung, die → Aktionären bei Erzielung eines außergewöhnlichen → Gewinns, z. T. auch bei Jubiläen gewährt wird.
2. Zinszuschlag für → Spareinlagen, um Umschichtungen in → Termineinlagen oder → Effekten zu verhindern (→ Bonifizierung von Spareinlagen).

Bonus-Sparen, → Prämiensparen, → Postsparkassendienst.

BOOST
Abk. für Banking On Overall Stability. → Exotischer Optionsschein, bei dem der Anleger für jeden Tag, den der → Basiswert innerhalb einer bestimmten Bandbreite notiert, einen festgelegten Betrag (z. B. 1 DM) erhält. Basiswerte von B. können sowohl → Aktien, → Aktienindices, → Währungen, → Zinsinstrumente (z..B. → Straight Bonds) als auch → Commodities sein.
Bei Zinsinstrumenten kann als Bandbreite beispielsweise ein Renditeniveau von 6,65% (obere Bandbreite) und 5,65% (untere Bandbreite) definiert werden. Bleibt die → Rendite des Basiswertes innerhalb dieser Bandbreiten, errechnet sich der Rückzahlungsbetrag des Optionsscheines aus den seit → Emission vergangenen Tage multipliziert mit 1 DM. Erreicht oder verläßt der Basiswert während der → Laufzeit die Bandbreiten, wird der B. automatisch ausgeübt, und der Inhaber erhält die Anzahl der seit der Emission vergangenen Tage multipliziert mit 1 DM. Wurde der BOOST beispielsweise am 150. Tag automatisch ausgeübt, erhält der Anleger 150 DM. Je länger der B. innerhalb der Bandbreite notiert, desto höher wird die Ausgleichszahlung (→ Cash Settlement). Der Rückzahiungsbetrag des B. entspricht somit seiner Laufzeit. Erreicht der Basiswert während der gesamten Laufzeit die obere bzw. untere Grenze nicht, erhält der Anleger für die gesamte Laufzeit den täglichen Betrag von 1 DM.
B. sind → derivative Instrumente, mit denen der Anleger einen umso höheren Ertrag erzielt, je stabiler der Kurs bzw. die Rendite des Basiswertes bleibt. Mit Standard-Optionen kann der Anleger an einer Seitwärtsbewegung insbes. durch Kombinationsstrategien (→ Strangle, → Short Straddle) profitieren. Allerdings ist bei diesen Strategien das unbegrenzte Verlustpotential der → Short Position nachteilig. Bei B. ist das Verlustpotential auf den Optionsscheinkurs beschränkt.

Kurskomponenten: Der Kurs eines B. setzt sich aus zwei Komponenten zusammen, dem Alter und der Lebenserwartung. Der Betrag der ersten Komponente, d. h. das Alter, erhöht sich jeden Tag um 1 DM und steht dem Optionsscheininhaber ungeachtet der weiteren Entwicklung des Basiswertes zu. Die zweite Komponente, d. h. die Lebenserwartung, kann als Risikoprämie interpretiert werden und schwankt mit den Bewegungen des Basiswertes. Bei Emission besteht der Optionsscheinpreis zu 100% aus der Lebenserwartung, da das Alter noch Null ist. Dieser Preis, ausgedrückt in Tagen, gibt den Break-even-Punkt an, den der Basiswert mindestens innerhalb der vorgesehenen Bandbreiten verbleiben muß, damit die Ausgleichszahlung dem gezahlten Optionsscheinkurs entspricht. Ab diesem Punkt erreicht der Anleger die Gewinnzone.
(→ Short-Optionsschein, → Reverse Call-Optionsschein, → Reverse Put-Optionsschein, → Accrual Warrant)

BOOST-Optionsschein, -BOOST.

Bootstrapping
Iterative Vorgehensweise, um aus der → Renditestrukturkurve von → Straight Bonds (z. B. → Bundesanleihen) oder → Kuponswaps (→ Par Swap Yield Curve) eine Implied Spot Yield Curve (→ Implied Yield; Zero Coupon Yield Curve, → Zinsstrukturkurve) errechnen zu können.

Börse
Die Bezeichnung wird sowohl für die Börsenorganisation als auch für das Börsengebäude und schließlich für die B. als organisiertem Markt für → Wertpapiere (→ Effektenbörse), → Devisen (→ Devisenbörse) und andere handelbare Gegenstände (z. B. Roh-

Börsengesetz

stoffe oder andere → Waren) gebraucht. Bis zur Novellierung des → Börsengesetzes 1989 erfaßte § 1 BörsenG nur ortsgebundene „Präsenzbörsen". Seither sind auch vollelektronische Handelseinrichtungen („Computerbörsen") wie die → Deutsche Terminbörse (DTB) zulässig. B. unterliegen einer staatlichen → Börsenaufsicht, die aber durch das jeder B. zustehende Selbstverwaltungsrecht begrenzt ist.

Börsenaufsicht

Die B. obliegt den (örtlich und sachlich) zuständigen Landesministern am Sitz der → Börse; sie erfolgt im Rahmen der Vorschriften des → Börsengesetzes (§ 1 BörsenG). Sie zielt auf die Einhaltung der Rechtsvorschriften durch die → Organe der Börse (→ Börsenvorstand, → Kursmakler) ab, wofür nicht nur die im Börsengesetz (z. B. in § 8 Abs. 1) aufgeführten Aufsichtsmittel, sondern auch unverbindliche Hinweise in Betracht kommen. Im Rahmen der B. wird auch der Staatskommissar nach § 2 BörsenG tätig.

Börsenfähige Wertpapiere

→ Wertpapiere, die die Voraussetzungen einer → Börsenzulassung erfüllen.
→ Schuldverschreibungen gelten als börsenfähig, wenn alle Stücke einer → Emission hinsichtlich Verzinsung, Laufzeitbeginn und → Fälligkeit einheitlich ausgestaltet sind.

Börsenformel

Prozentualer Ertrag aus einem → Zinsinstrument bezogen auf das eingesetzte → Kapital. Bei der B. wird neben dem → Nominalzins auch ein → Rückzahlungsgewinn bzw. → -verlust berücksichtigt. Die B. lautet:

[Zinssatz + (Rückzahlungskurs
– Kaufkurs) : (Rest)-Laufzeit · 100]
: Kaufkurs

Die B. ist eine Erweiterung der → laufenden Verzinsung, da auch Rückzahlungsgewinne bzw. -verluste berücksichtigt werden. Dieser Effekt wird gleichmäßig auf die Anzahl Jahre bis zur Endfälligkeit des Zinsinstrumentes verteilt.
(→ Renditeberechnungsmethoden für Geld- und Kapitalmarktpapiere)

Börsengehandelte Option

→ Option, die an → Terminbörsen oder an reinen → Optionsbörsen gehandelt/notiert wird. Sie wird auf eine Vielzahl unterschiedlicher Finanzinstrumente angeboten. Die Palette reicht von → Aktien (z. B. → Aktienoption) und → Zinsinstrumenten (z. B. → Option auf den → Bobl-Future) über → Währungen und Zinssätze (z. B. → Cap, → Floor, → Swaption) bis hin zu Edelmetallen und → Indices (z. B. DAX). B. O. basieren auf → Kontrakten, die hinsichtlich → Basiswert, Größe bzw. Handelseinheit, → Basispreis und → Laufzeit standardisiert sind.
Gegensatz: → OTC-Option.

Die Kontraktgröße gibt die Menge des Basiswertes an, die bei Ausübung eines → Call oder → Put erworben oder verkauft werden kann. Für Calls und Puts werden börsentäglich Optionspreise für unterschiedliche Basispreise und → Delivery Months ermittelt. Die von Optionskäufern an die Optionsverkäufer (→ Stillhalter) zu zahlenden Prämien (→ Optionsprämie) können entweder nach dem → Stock-Style-Verfahren oder nach dem → Future-Style-Verfahren abgerechnet werden. Da bei jedem Kauf oder Verkauf eines börsengehandelten Kontraktes eine → Clearing-Stelle zwischengeschaltet ist, kann jede Optionsposition (→ Position) vor ihrem Verfalltermin durch ein gegenläufiges Geschäft glattgestellt werden. Privatanleger können Geschäfte an den Optionsbörsen nur über die Clearing-Mitglieder (Banken und Broker-Häuser) abwickeln. Da die Clearing-Stelle aufgrund ihrer Zwischenschaltung letztendlich das → Erfüllungsrisiko trägt, stellt sie an ihre Mitglieder hohe Bonitätsanforderungen. Auch wenn diese Anforderungen von → Börse zu Börse variieren, sind eine hohe Eigenkapitalausstattung und eine Verpflichtung zur Leistung von Sicherheiten (Einschüsse) regelmäßig vorgeschrieben. Diese Einschußzahlungen dienen der Besicherung der gesamten Kontraktverpflichtungen eines Clearing-Mitgliedes und sind in der von der Terminbörse festgelegten Höhe in Geld oder in → Wertpapieren zu leisten (→ Margins).

Börsengesetz

Das 1896 erlassene B. wurde vor allem in den Jahren 1975, 1986, 1989 sowie 1994 (durch das Zweite → Finanzmarktförderungsgesetz) erheblich geändert und dem geänderten nationalen und internationalen Umfeld angepaßt (→ Deregulierung); dabei waren nicht zuletzt Richtlinien des Rates der → Europäischen (Wirtschafts-)Gemeinschaft umzusetzen.

Börsenkapitalisierung

Börsenkapitalisierung
1. Kennziffer, die durch Multiplikation des →Börsenkurses einer →Aktie mit der Anzahl der ausgegebenen Aktien der →Gesellschaft ermittelt wird. Synonyme Bezeichnung: Marktkapitalisierung.
2. Die B. wird auch in Prozent der Umsätze der →Aktiengesellschaft ermittelt:

$$\frac{\text{Kurswert aller Aktien} \cdot 100}{\text{Umsatzerlöse der AG}}$$

Börsenkurs
Börsenpreis, Kurs. Gemäß § 29 BörsenG an →Börsen von →Kursmaklern festgestellter Preis von →Wertpapieren (→Effekten, →Devisen) oder →Waren, die sich aus den vorliegenden Kauf- und Verkaufsaufträgen ergibt. Das →Börsengesetz stellt den amtlichen B. in den Vordergrund (→Kursfeststellung). Eine nicht-amtliche →Kursnotierung erfolgt aber auch im →geregelten Markt und im →Freiverkehr (§§ 72, 78 BörsenG).

Börsenmakler, →Kursmakler.

Börsennotierung
Nach § 7 Abs. 3 RechKredV gelten als börsennotiert →Wertpapiere, die an einer deutschen →Börse zum →amtlichen (Börsen-)Handel zugelassen sind, außerdem Wertpapiere, die an ausländischen Börsen (→Börsenplätze) zugelassen sind oder gehandelt werden.

Börsenpflichtblatt
Zeitung mit weiter Verbreitung im Inland, die von der Zulassungsstelle (→Börsenzulassung) als Bekanntmachungsblatt für vorgeschriebene Veröffentlichungen bestimmt wird (§ 37 Abs. 4 BörsenG). Gemäß § 70 BörsZulV sind im B. noch weitere Veröffentlichungen vorzunehmen. In § 39 der Börsenordnung der →Deutschen Terminbörse (DTB) ist die Börsen-Zeitung als B. vorgesehen.

Börsenplätze
Vgl. Tabelle S. 301/302.

Börsenrecht
Zum B. zählen einmal staatliche Rechtsvorschriften wie das →Börsengesetz und die Börsenzulassungs-Verordnung (BörsZulV). Daneben gibt es zur Organisation der →Börse sowie des Börsenverkehrs im allgemeinen eine vom jeweiligen →Börsenvorstand erlassene, von der Aufsichtsbehörde (→Börsenaufsicht) genehmigte Börsenordnung (§ 4 BörsenG) und ferner eine Gebührenordnung, die gemäß § 5 BörsenG vor allem die Zulassung zur Teilnahme am →amtlichen (Börsen-)Handel, die Zulassung von →Wertpapieren und deren Einführung an der Börse regelt (→Börsenzulassung). Schließlich gelten nahezu gleichlautend an allen deutschen →Wertpapierbörsen →Allgemeine Geschäftsbedingungen, die sich auf amtlich notierte und auf in den →geregelten Markt eingeführte →Effekten beziehen.

Börsenschließung durch die Bundesregierung
Vorübergehende Schließung der →Wertpapierbörsen zur Abwehr gesamtwirtschaftlicher Gefahren gemäß § 47 Abs. 1 KWG (→bankaufsichtliche Maßnahmen).

Börsentermingeschäft
→Termingeschäft auf der Basis standardisierter, börsenmäßig handelbarer →Kontrakte. Die Kontrakte verbriefen das Recht (→Option) oder die Verpflichtung (→Future) auf Erwerb (→Call) oder Verkauf (→Put) einer →Ware oder eines →Finanztitels zu einem späteren Zeitpunkt und zu einem festgelegten Preis. Die von den →Terminbörsen eingerichteten →Clearing-Stellen gewährleisten die Erfüllung der Verpflichtungen aus den Geschäften gegenüber Käufer und Verkäufer.

Mit der Teilnahme an B. wollen Kontrahenten grundsätzlich Risiken absichern (→Hedgingstrategie) oder spekulativ von einer bestimmten von ihnen erwarteten Preisentwicklung Nutzen ziehen (Spekulationsstrategie). Daher kommt es bei B. im Regelfall nicht zu effektiven Lieferungen von →Basiswerten, sondern zum →Glattstellen der Kontrakte. Die effektive Erfüllung würde dagegen zu erheblichen Transaktionskosten führen. Von Bedeutung ist außerdem der sog. →Leverage-Effekt, der dadurch entsteht, daß ein Kontrahent mit nur geringen Einzahlungen überproportional an den Preisveränderungen eines →Basiswertes teilnehmen kann.
Gegensatz: Geschäfte am →Over-the-Counter-Markt.

Entwicklung: Historische Quellen belegen, daß rudimentäre Formen eines Terminhandels bereits im Altertum bekannt waren und

Börsentermingeschäft

Börsenplätze

NATION	GRÖSSTER BÖRSENPLATZ	BEKANNTESTER INDEX	
ARGENTINIEN	Buenos Aires (BASE)	BASE SPI	Buenos Aires Stock Exchange Share Price Index
AUSTRALIEN	Sydney (SSE)	Australia All Ordinary Share Price Index	
BELGIEN	Brüssel (BSE)	BSE GPI	Brussels Stock Exchange General Price Index
BRASILIEN	São Paulo (SPE)	Bovespa	São Paulo Stock Exchange Share Price Index
CHILE	Santiago (SSE)	IGPA	Santiago Stock Exchange General Share Price Index
DÄNEMARK	Kopenhagen (CSE)	CSE-SPI	Copenhagen Stock Exchange Share Price Index
DEUTSCHLAND	Frankfurt (FSE)	DAX FAZ	Deutscher Aktien-Index FAZ General Price Index
FINNLAND	Helsinki (HSE)	KOP Hex	Kansallis-Osake-Pankki (KOP) Helsinki Share Price Index
FRANKREICH	Paris (PSE)	CAC-40	CAC-40 General Share Price Index
GRIECHENLAND	Athen (ASE)	ASE-ISPI	Athens Stock Exchange Industrial Share Price Index
GROSSBRITANNIEN	London (LSE)	FTSE-100 FT 500-I.	FT Industrial Ordinary Index FT 500 Share Index
HONG KONG	Hong Kong (HSE)	Hang Seng	Hang Seng – Price Index
INDIEN	Bombay (BSE)	ET All-India SPI	Economic Times (ET) All-India Share Price Index
INDONESIEN	Jakarta (JSE)	JSE-Index	Jakarta Stock Exchange Index
IRLAND	Dublin (DSE)	Davy-TMI	Davy Total Market Index
ISRAEL	Tel-Aviv (TASE)	TASE-GSPI	Tel-Aviv Stock Exchange General Share Price Index
ITALIEN	Mailand (MSE)	MIB BCI-General	Milano Indice Borsa Banca Commerciale Italiano Share Price Index
JAPAN	Tokio (TSE)	TOPIX TSE Nikkei	Stock Price Index Nikkei-Dow-Jones Stock Average Share Price Index
KANADA	Toronto (TSE)	TSE-CPI	Toronto Stock Exchange Composite Price Index
KOREA	Seoul (KSE)	KSE-CPI	Korea Stock Exchange Composite Price Index
LUXEMBURG	Luxembourg (LSE)	LSE-Index	Luxembourg Price Index

Börsentermingeschäft

Börsenplätze

NATION	GRÖSSTER BÖRSENPLATZ	BEKANNTESTER INDEX	
MALAYSIA	Kuala Lumpur (KLSE)	KLSE-Index	Kuala Lumpur Composite Share Price Index
MEXICO	Mexico City (MCSE)	FT-Index	FT Actuaries World Indices Mexico $ Price Index
NEUSEELAND	Auckland (NZSE)	NZSE Index Barclay's	NZSE Gross Index New Zealand Barclays Industrial Share Price Index
NIEDERLANDE	Amsterdam (ASE)	ANP-CBS CBS-All	ANP-CBS Stock Price Index CBS All Share General Price Index
NORWEGEN	Oslo (OSE)	OSE-Industr.	Oslo Stock Exchange Composite Share Price Index
ÖSTERREICH	Wien (VSE)	CA-SPI VSE-Index	Creditanstalt (CA) Share Price Index Börsenhammer-Index
PHILIPPINEN	Manila (MSE)	MSE-CIPI	MSE-Commercial & Industrial Price Index
PORTUGAL	Lissabon (LSE)	BTA-Index	Banco Totta & Acores Share Index
SCHWEDEN	Stockholm (SFB)	Jacobson & P. Index FG-Index	Jacobson & Ponsbach Industrial Share Price Index Fondbors General-Index
SCHWEIZ	Zürich	SPI SBC-Index	Swiss Performance Index Swiss Bank Corp. General Price Index
SINGAPUR	Singapur (SES)	Straits Times-SPI	Straits Times Industrial Share Price Index
SPANIEN	Madrid (MSE)	MSE-SPI	Madrid Stock Exchange Share Price Index
SÜDAFRIKA	Johannesburg (JSE)	JSE-ISPI	JSE Industrials Share Price Index
TAIWAN	Taipei (TSE)	TSE-Index	TSE Weighted Share Price Index
THAILAND	Bangkok (SET)	TSE-Index	Stock Exchange of Thailand Index
TÜRKEI	Istanbul (ISE)	ISE-Index	Istanbul Share Index
USA	New York (NYSE)	Dow Jones S & P Index NYSE-Index	Dow Jones Industrial Aver. Standard & Poor's 100 & 500 NYSE Composite Index

Quellen: Fed. Intl. des Bourses de Valeurs; Euromoney Equity Guide 1990; Statistiken der Börsen; Eigene Quellen.

vor allem von Phöniziern und Römern zur Absicherung von Schiffsladungen eingesetzt wurden. Auch die Menschen im Mittelalter, vor allem die Kaufleute in den großen Handelsnationen Holland und England, nutzten Termingeschäfte zur Risikoabsicherung. Die ersten B. wurden Mitte des 19. Jahrhunderts an der 1848 gegründeten → Chicago Board of Trade (CBOT) getätigt. Bis in die Mitte der sechziger Jahre des 20. Jahrhunderts konzentrierte sich der Handel an den Terminbörsen auf tierische, pflanzliche und mineralische Rohstoffe.

Der Terminhandel in Europa konnte aus dem Schatten der Entwicklung, die die Märkte in den Vereinigten Staaten nahmen, nie heraustreten. Behindert wurde die Entwicklung vor allem durch zeitweilige Verbote. In Deutschland beispielsweise wurde der Ende des vorherigen Jahrhunderts zugelassene Terminhandel mit Ausbruch des Ersten Weltkrieges wieder verboten, um nach einer zeitweiligen Zulassung in den zwanziger Jahren 1933 erneut verboten zu werden. Der 1970 aufgenommene Aktienoptionshandel entwickelte sich aufgrund des lange Zeit fehlenden → Sekundärmarktes und gesetzesbedingter Barrieren nicht zu einem leistungsfähigen Markt. Erst mit der Novellierung der Börsengesetzgebung im Jahr 1989 (→ Börsengesetz) wurden die Voraussetzungen für einen börsenmäßigen Terminhandel und für die Eröffnung der → Deutschen Terminbörse im Jahr 1990 geschaffen.

Es waren die Warenterminbörsen in den Vereinigten Staaten, die in dem Bemühen um eine Erweiterung ihrer Produktpalette die Kontrakte auf → Finanztitel einführten. Den Anfang machte die → Chicago Mercantile Exchange 1972 mit einem → Devisen-Future. Es folgten die Chicago Board of Trade 1975 mit dem ersten Terminkontrakt auf einen → Zinstitel (→ Zins-Future) und die Kansas City Board of Trade 1982 mit dem ersten → Aktienindex-Future. Inzwischen übertrifft der Terminhandel mit Instrumenten der → Finanzmärkte den Warenterminhandel bei weitem an Bedeutung und Volumina.

Zulassung: „B. bedürfen, soweit sie an der Börse abgeschlossen werden (Börsenterminhandel), der Zulassung durch den Börsenvorstand nach näherer Bestimmung der Börsenordnung. Zu den Börsentermingeschäften gehören auch Geschäfte, die wirtschaftlich gleichen Zwecken dienen, auch wenn sie nicht auf Erfüllung ausgerichtet sind" (§ 50 Abs. 1 BörsG). Der Gesetzgeber hat offengelassen, welche Geschäfte im einzelnen zu den B. zu zählen sind. Der Gesetzestext stellt klar, daß B. nicht notwendigerweise an der Börse abgeschlossen werden müssen; das gilt besonders für → Devisentermingeschäfte. Die Ergänzung in Abs. 1 Satz 2 dient zur Klarstellung, daß der Begriff des B. auch solche Kontrakte erfaßt, die nicht auf Erfüllung ausgerichtet sind. Zu „Geschäften, die wirtschaftlich den gleichen Zwecken dienen", gehören insbes. → Indexoptionen und Futures.

Verbindlichkeit: Ein B. ist gemäß § 53 Abs. 1 BörsG verbindlich, wenn beide Vertragsschließende im → Handels- oder → Genossenschaftsregister eingetragene Kaufleute sind. Ist nur ein Vertragsteil → Vollkaufmann, ist das Geschäft verbindlich, wenn der Kaufmann einer gesetzlichen → Banken- oder → Börsenaufsicht untersteht und der andere Vertragsteil → Termingeschäftsfähigkeit kraft Information besitzt.

Börsenvorstand
Gem. § 3 BörsenG das Leitungsorgan (→ Organ) einer → Börse, dem die Grundsatzentscheidungen zur Geschäftspolitik, → Finanzierung und Verwaltung einschließlich Personalwesen obliegen und dem das → Börsengesetz zudem den Erlaß bestimmter Rechtsvorschriften (Börsenordnung, Gebührenordnung), die Entscheidung über die → Börsenzulassung und die amtliche Feststellung der Börsenpreise (→ Kursfeststellung) überträgt. Die Mitglieder des B. werden von den zur Teilnahme am Börsenhandel zugelassenen Personen aus ihrer Mitte gewählt; ein erweiterter Kreis ist bei → Wertpapierbörsen vorgesehen.

Börsenzulassung
Gemäß § 7 BörsG ist zum Besuch einer → Börse und zur Teilnahme am Börsenhandel (ohne physische Anwesenheit) eine Zulassung durch die Geschäftsleitung, d. h. den → Börsenvorstand, erforderlich; sie erfolgt durch → Verwaltungsakt. Nicht erfaßt werden hiervon die → Kursmakler. Sie sind kraft Amtes zugelassen; ihre Bestellung richtet sich nach § 30 BörsG. Zur Teilnahme am Handel können nur Kaufleute zugelassen werden, die ein → Handelsgewerbe betreiben, welches die an den deutschen → Wert-

papierbörsen und →Terminbörsen ausgeübten Geschäfte zum Gegenstand hat, d. h. vor allem, aber nicht nur, →Kreditinstitute bzw. deren →Organe oder Mitarbeiter. Liegen die Voraussetzungen, vor allem Zuverlässigkeit und berufliche Eignung, vor, besteht ein Rechtsanspruch auf B. Für die Teilnahme am Börsenhandel in einem elektronischen Handelssystem (→IBIS) genügt die Zulassung nach § 7 BörsenG an einer →Effektenbörse, wenn das Unternehmen das Regelwerk für das elektronische Handelssystem anerkennt (§ 7 a BörsenG).

Einer B. bedürfen regelmäßig auch →Wertpapiere, die mit amtlicher Feststellung („Notierung") des Börsenpreises (§ 11 BörsenG; →Kursfeststellung) an einer Börse gehandelt werden sollen (§§ 36ff. BörsenG). Die Zulassung ist vom →Emittenten zusammen mit einem zum Börsenhandel zugelassenen Kreditinstitut (oder nur von diesem) zu beantragen; hierüber entscheidet eine aus Vertretern aller beteiligten Interessen zusammengesetzte Zulassungsstelle. Einzelheiten der Zulassungsvoraussetzungen sind in einer →Rechtsverordnung, der Börsenzulassungs-Verordnung (BörsZulV), geregelt.

BOS-Option
Abk. für Bond over Stock Option (→Outperformance Option).

BOT
Abk. für Buoni Ordinari del Tesoro; →Treasury Bills, die von der italienischen Regierung emittiert werden. (→BTE)

BP
Abk. für Basis Point (→Basispunkt).

BPV
Abk. für Basis Point Value (→Price Value of a Basis Point).

Braeß/Fangmeyer-Rendite
Variante der →Rendite, die von Herrn Braeß bzw. Herrn Fangmeyer konzipiert wurde. Bei der B./F.-R. wird die Rendite als der Jahreszins definiert, mit dem ein Konto, das den gesamten Zahlungsstrom beinhaltet, bei jährlicher Zinsverrechnung geführt werden muß, damit es am Ende der Laufzeit mit Null abschließt. Bei gebrochenen Laufzeiten unterscheiden Braeß/Fangmeyer zwei Varianten:

(1) *Berechnung von Stückzinsen*: Zinsverrechnungstermin ist der Zinstermin, der mit Tag und Monat der Fälligkeit übereinstimmt.

(2) *Festdarlehen ohne Berücksichtigung von Stückzinsen* (→Schuldscheindarlehen): Zinsverrechnungstermin ist jeweils Tag und Monat des Kaufdatums. Damit entspricht diese Variante der Zinsverrechnung nach § 608 BGB und damit der Preisangabenverordnung (PAngV), die im Kreditbereich verwendet wird. Die gebrochene Laufzeit wird bei dieser Methode auf das Laufzeitende verschoben.

Bei →Straight Bonds stimmt die WestLB-Methode mit →Braeß/Fangmeyer I überein. Auch unterjährige Zinszahlungen (z. B. →Halbjahreskupons) werden genauso wie bei Braeß/Fangmeyer I auf den Jahrestermin aufgezinst. Die WestLB-Methode ist jedoch allgemeiner als Braeß/Fangmeyer, da sie auch beispielsweise verkürzte Kupons am Ende der Laufzeit und überlange Kupons am Beginn der Laufzeit berücksichtigt. Diese Sonderfälle wurden von Braeß/Fangmeyer nicht näher behandelt. Die WestLB-Rendite ist somit eine Erweiterung der Braeß/Fangmeyer-Rendite. Bei Papieren mit →Jahreskupons ohne Besonderheiten sind →WestLB-Rendite, Braeß/Fangmeyer I und →Moosmüller-Rendite identisch, d. h. die WestLB-Rendite diskontiert die Teilperiode (→gebrochene Periode) linear. Bei Papieren mit unterjährigen Zinszahlungen werden diese erst auf den Jahreskupontermin aufgezinst. Dann wird wie bei Papieren mit Jahreskupons vorgegangen. In diesem Fall weicht die WestLB-Rendite von der Moosmüller-Rendite ab.

Branchenfonds
→Aktienfonds, der seinen Anlageschwerpunkt in einer oder in einigen wenigen Branchen hat. So kann sich die Anlagepolitik des Fonds z. B. auf Energiewerte oder Rohstoffwerte (→Rohstoffonds) oder auf →Bankaktien oder →Versicherungsaktien konzentrieren. B. zählen zu den →Spezialitätenfonds.

Branchenindex-Optionsschein
→Aktienkorb-Optionsschein, der als →Basiswert einen bestimmten Branchenindex (z. B. Auto/Transport, Banken/Versicherung) hat. Ein →Aktienindex-Optionsschein hingegen bezieht sich auf einen →Aktienindex, der aus mehreren Branchen besteht.

Branntweinmonopolaval
Avalierung von Branntweinsteuer seitens der → Kreditinstitute im Auftrag von Kunden, die Branntwein herstellen oder einführen. Begünstigte des Avals ist die Bundesmonopolverwaltung für Branntwein.
(→ Avalkredit)

Break-even-Analyse
Mit Hilfe der B. ermittelt man die Absatzmenge, bei der weder → Gewinn noch Verlust erzielt wird (Gewinnschwelle). Die Absatzmenge, bei der der Gewinn gleich Null ist, heißt kritische Menge (x_{kr}). Man erhält sie durch Gleichsetzen von → Umsatz und → Kosten beziehungsweise durch Nullsetzen des Gewinns. Der sich dabei ergebende Schnittpunkt heißt Break-even-Punkt (Deckungspunkt).
Beispiel: Eine Unternehmung bietet eine Dienstleistung an, die zum Preis p von 8 DM/Leistung abgesetzt wird. Die variablen → Stückkosten k_v belaufen sich auf 4 DM/Leistung. Pro Monat fallen fixe Kosten K_f in Höhe von 1.000 DM an. Dann gibt es drei Möglichkeiten zur Durchführung der B.:
(1) Umsatz (U) = Kosten, d.h. $8 x_{kr} = 1.000 + 4 x_{kr}$. Es folgt $4 x_{kr} = 1.000$ und $x_{kr} = 250$ Leistungen/Monat. Bei einem Monatsabsatz von 250 Leistungen werden die Gesamtkosten durch den Umsatz gedeckt.
(2) Deckungsbeitrag = fixe Kosten, d.h. $U - k_v \cdot x_{kr} = K_f$. Es folgt $8 x_{kr} - 4 x_{kr} = 1.000$ und $x_{kr} = 250$ Leistungen/Monat. Bei einem Monatsabsatz von 250 Leistungen entsprechen die kumulierten → Deckungsbeiträge (Bruttogewinne) den → Fixkosten. Der Deckungsbeitrag jeder zusätzlichen Leistung erhöht den Nettogewinn.
(3) Gewinn = 0, d.h. $p \cdot x_{kr} - K_f - k_v x_{kr} = 0$.

Es folgt $x_{kr} = \dfrac{K_f}{p - k_v} = \dfrac{1.000}{4}$

und $x_{kr} = 250$ Leistungen/Monat.

Break-even-Kurs
1. *Bei Optionen und Optionsscheinen*: Kurs bei → Optionen bzw. → Optionsscheinen, ab dem die → Long-Positionen (→ Short-Positionen) unter Berücksichtigung der gezahlten → Optionsprämie bzw. des Optionsscheinkurses einen → Gewinn (Verlust) erzielen. Der B.-e.-K. kann mit Hilfe des → Aufgeldes ermittelt werden.

(→ Zone der verminderten Kosten, → Zone des verminderten Ertrages) (→ Grundpositionen mit Optionen)

2. *Bei Fremdwährungsanlagen bzw. Kreditaufnahme in einer Fremdwährung*: → Währungs-Break-even-Punkt.

Break-even-Pensionszinssatz
Zinssatz, bei dem eine Gleichgewichts- oder Break-even-Situation zwischen Kassakurs und Futureskurs bei → Aktienindex-Futures bzw. Kassakurs und → adjustiertem Futureskurs bei → Zinsfutures mit → Basket-Delivery besteht. Arbitrageprozesse würden mit diesem Zinssatz als Refinanzierungszinssatz weder einen → Gewinn noch Verlust erbringen.
(→ Implied Repo Rate, → Cash & Carry Arbitrage, → Reverse Cash & Carry Arbitrage, → Arbitragestrategien mit mittel- und langfristigen Zinsfutures)

Break-Even-Point
Bei einer graphischen Darstellung der → Kosten und → Erlöse der Punkt, in dem die Gesamterlöse gleich den Gesamtkosten sind bzw. in dem der Preis (= Stückerlös) den → Stückkosten (= Kosten je Leistungseinheit) entspricht. Bei diesem Beschäftigungsgrad arbeitet ein Unternehmen kostendeckend. Bis zu diesem Punkt, d.h. bei niedrigerer Beschäftigung, sinken zwar seine Stückkosten, es arbeitet jedoch mit Verlust, da seine Gesamtkosten höher sind als seine Gesamterlöse. Von diesem Punkt an, d.h. bei höherer Beschäftigung, erwirtschaftet das Unternehmen einen → Gewinn (Gewinn- oder Nutzenschwelle); die Gesamterlöse übersteigen dann die Gesamtkosten.

Break-even-Rate, → Break-even-Rendite.

Break-even-Rendite
→ Rendite, bei der ein → Zinsinstrument im Vergleich zu einem alternativen Zinsinstrument den gleichen → erwarteten Total Return innerhalb eines bestimmten → Planungshorizontes erzielt. Die B.-e.-R. wird in → aktiven Anlagestrategien (z.B. → Bond Swaps, → Riding-the-Yield-Curve) ermittelt.
→ Forward Rates werden auch als B.-e.-R. bezeichnet.
(→ Break-even-Renditestrukturkurve, → Rolling Yield, → Rolling Yield Curve)

Break-even-Renditestrukturkurve
→ Renditestrukturkurve, bei der am Ende des → Planungshorizontes (z. B. drei Monate) alle zu analysierenden → Zinsinstrumente (z. B. Bundespapiere) den gleichen → erwarteten Total Return erzielen. Die B.-e.-R. wird in → aktiven Anlagestrategien (z. B. → Riding-the-Yield-Curve) errechnet. Als → Benchmark für die Ermittlung der B.-e.-R. kann beispielsweise die → Rendite von → Geldmarktpapieren, die am Planungshorizont fällig werden (z. B. drei Monate), verwendet werden.
(→ Break-even-Rendite, → Forward Rates, → Rolling Yield Curve, → Rolling Yield)

Break-even Repo Rate, → Implied Repo Rate.

Bretton-Woods-Abkommen
Auf einer Währungs- und Finanzkonferenz der (späteren) Vereinten Nationen 1944 in Bretton Woods (USA) geschlossene völkerrechtliche Verträge über die Neugestaltung der → internationalen Währungsordnung; sie betrafen insbes. die Errichtung des → Internationalen Währungsfonds und der → Weltbank. Während beide Internationalen Organisationen inzwischen ein halbes Jahrhundert bestehen, haben sich ihre ursprünglichen Aufgaben teilweise erheblich geändert. Beim Internationalen Währungsfonds betrifft dies vor allem die Ablösung des Systems → fester Wechselkurse, die endgültig mit der zweiten Änderung des IWF-Abkommens 1978 erfolgte, sowie die Erweiterung der → Fazilitäten. Bei der Weltbank hat der Auftrag zur Unterstützung des Wiederaufbaus der durch den Zweiten Weltkrieg zerstörten Länder und Volkswirtschaften bereits in den fünfziger Jahren seine Bedeutung verloren; seither steht die Unterstützung der → Entwicklungsländer im Mittelpunkt der Tätigkeit der → Weltbankgruppe.

Bretton-Woods-System
Auf der Konferenz von Bretton Woods (USA) im Juli 1944 konzipiertes → Festkurssystem für die Nachkriegszeit (→ Bretton-Woods-Abkommen). Wechselkurspolitisches Merkmal des B.-W.-S. war die Verpflichtung der Mitgliedsländer, mit dem → Internationalen Währungsfonds - → Paritäten – ab 18.12.1971 auch → Leitkurse – zu vereinbaren und die Schwankungen ihrer → Währungen innerhalb bestimmter Spannen (→ Bandbreite) zu halten. Eine Änderung der Paritäten bzw. der Leitkurse (→ Aufwertung, → Abwertung) war möglich, wenn ein „fundamentales Ungleichgewicht" vorlag. Das mit dem B.-W.-S. geschaffene System fester (aber anpassungsfähiger) Wechselkurse (→ fester Wechselkurs) fand im März 1973 sein effektives Ende, als nahezu alle wichtigen Mitgliedsländer die → Interventionen am Devisenmarkt in US-Dollar (der → Währung, in der überwiegend die Paritäten bzw. Leitkurse erklärt worden waren) einstellten (→ Wechselkurssysteme).

Brief, → Ask

Briefgrundschuld
→ Grundschuld, bei der zusätzlich zur Eintragung des Rechts im → Grundbuch ein → Grundschuldbrief ausgestellt ist (→ Grundpfandrecht, Bestellung).
Gegensatz: → Buchgrundschuld.

Briefhypothek
→ Hypothek, bei der zusätzlich zur Eintragung des Rechts im → Grundbuch ein → Hypothekenbrief ausgestellt ist (→ Grundpfandrecht, Bestellung).
Gegensatz: → Buchhypothek.

Briefkurs, → Ask.

Briefkurs im Devisenhandel
Kurs, zu dem eine → Bank bereit ist, eine Fremdwährung zu verkaufen (→ Devisenbörse, → Geldkurs im Devisenhandel).

British Bankers' Association (BBA)
Britischer Bankenverband mit Sitz in London. Die BBA entwickelte u. a. einen Standardvertrag für → Forward Rate Agreements (FRAs), die sog. → Forward Rate Agreement of the British Bankers' Association (FRABBA).

British Bankers' Associaton Interest Settlement Rate
Abrechnungskurs der → LIFFE für → Euro-DM-Future, der von der → British Bankers' Association für Drei-Monats-Euro-DM-Ausleihungen um 11.00 am letzten Handelstag festgestellt wird.

Broken Date
Nicht-standardisierte → Fälligkeit, beispielsweise bei → Forward Rate Agreements

oder → Optionen. I.d.R. haben FRA's eine → Vorlaufperiode von drei, sechs, neun oder zwölf Monaten. Ein B. D. wäre etwa eine Vorlaufperiode von 35 Tagen.

Broker
Im angelsächsischen Raum Bezeichnung für eine → Person oder Unternehmung, die → Wertpapiere vermittelt. Im Gegensatz zu → Bond Dealern kaufen B. Wertpapiere nicht auf eigene Rechnung.

Bruchteileigentum, → Miteigentum nach Bruchteilen.

Bruchteilsgemeinschaft
Gemeinschaft, bei der mehreren Teilhabern ein → Recht gemeinschaftlich zusteht, die Bruchteile als sog. ideelle → Anteile ziffernmäßig bestimmt sind und jeder Teilhaber über seinen Anteil verfügen kann (§§ 741 ff. BGB). B. kommen hauptsächlich vor als Miteigentum an → beweglichen Sachen und → Grundstücken (→ Miteigentum nach Bruchteilen, → Eigentum).
Beispiele: → Wohnungseigentum als Kombination von Sondereigentum und Miteigentum (§ 1 Abs. 2 und 5 WEG), Miteigentum am → Sammelbestand von → Wertpapieren (§ 6 DepotG).
Gegensatz: → Gesamthandsgemeinschaft.

Brutto Basis, → Basis.

Bruttodividende
→ Dividende nach Gewerbeertrag-, aber vor → Körperschaft- und → Kapitalertragsteuer (→ Anrechnungsverfahren bei der Körperschaftsteuer).

Bruttoinlandsprodukt
Die nach dem → Inlandskonzept in den Grenzen eines Landes erstellte gesamtwirtschaftliche Produktion (→ Inlandsprodukt). Der Ausweis erfolgt in der Entstehungsrechnung des → Sozialprodukts (→ volkswirtschaftliche Gesamtrechnung).

Bruttoinvestition
Güter, die in künftigen Perioden zum Einsatz in der Produktion zur Verfügung stehen. B. einer Volkswirtschaft ist der Wert des Zugangs an Sachgütern bei Unternehmen, → öffentlichen Haushalten und privaten Organisationen ohne Erwerbszweck einschl. des Wertzugangs durch den Wohnungsbau der privaten Haushalte. Die Bruttoanlageinvestition entspricht dem gesamten Zugang an dauerhaften Produktionsmitteln (→ Anlageinvestition).
Die Bruttoanlageinvestition setzt sich aus Ausrüstungsinvestition (Maschinen und dauerhafte Anlagen, Fahrzeuge, Betriebs- und Geschäftsausstattung) und Bauinvestition (Wohngebäude, Verwaltungsgebäude, gewerbliche Bauten, Straßen, Brücken, Wasserwege usw.) zusammen. Wird die Bruttoanlageinvestition um die Vorratsveränderungen ergänzt, so ergibt sich die B.
Der Teil, der dazu verwendet werden muß, um die produktionsbedingte Abnutzung, repräsentiert durch die → Abschreibungen, auszugleichen, stellt → Ersatzinvestition (Reinvestition) dar. Der noch verbleibende Teil bildet die → Nettoinvestition. Wird die Bruttoanlageinvestition um die Ersatzinvestition gekürzt, ergibt sich die Nettoanlageinvestition (Erweiterungsinvestition).
Die Nettoinvestition gibt den Betrag an, um den sich das → Sachvermögen verändert hat, unter der Annahme, daß ein Teil der B. rechnerisch dazu verwendet wurde, die produktionsbedingte Abnutzung auszugleichen (→ Investition).

Bruttosozialprodukt (BSP)
Maßgröße für die nach dem → Inländerkonzept in der Entstehungsrechnung des → Sozialprodukts ermittelte gesamtwirtschaftliche Produktion. Die einzelnen Bestandteile des B. werden in der Verwendungsrechnung ausgewiesen: privater → Konsum, → Staatsverbrauch, → Bruttoinvestition (→ Investition) und → Außenbeitrag. Werden anstelle des Außenbeitrags nur die → Exporte berücksichtigt, ergibt sich die auf das Inland gerichtete → gesamtwirtschaftliche Nachfrage.
Im Vordergrund gesamtwirtschaftlicher Vergleiche steht seit einiger Zeit das → Bruttoinlandsprodukt, d. h. das Sozialprodukt nach dem → Inlandskonzept (→ Nettosozialprodukt).

Bruttozinsspanne
Im Rahmen der → Gesamtzinsspannenrechnung ermittelter Überschuß der → Erlöse bzw. → Erträge über die → Kosten bzw. → Aufwendungen des zinsabhängigen Geschäfts, ausgedrückt in Prozent der → Bilanzsumme oder des → Geschäftsvolumens. Diese als prozentualer → Zinsüberschuß ermittelte → Zinsspanne ist die Bruttozinsspanne des Bankbetriebs. Grundlage zur Ermittlung ist die → Zinsertragsbilanz. Für

Kalkulationszwecke werden Teilzinsspannen (→ Teilzinsspannenrechnung) bzw. Zinsmargen (→ Marktzinsmethode) benötigt.
Gegensatz: → Nettozinsspanne.

BSE

Belegloser Scheckeinzug der → Kreditinstitute. Grundlage ist das „Abkommen über das beleglose Scheckeinzugsverfahren" (→ BSE-Abkommen), das die → Spitzenverbände der deutschen Kreditwirtschaft, die → Deutsche Bundesbank und die → Deutsche Bundespost zur Rationalisierung des Scheckeinzugsverkehrs geschlossen haben. Im beleglosen Scheckeinzug werden beleghaft erteilte Scheckeinzugsaufträge der Bankkunden in den → elektronischen Zahlungsverkehr übergeleitet, in dem das erstbeauftragte Kreditinstitut die Daten der überleitfähigen → Schecks als Datensätze weiterleitet, während die Belege bei der überleitenden Stelle bleiben. Überleitungsfähig sind DM-Schecks und → Zahlungsanweisungen zur Verrechnung, die auf inländische Kreditinstitute gezogen und auf Beträge bis unter 5.000 DM ausgestellt sind.
Kennzeichnend für den beleglosen Scheckeinzug ist die Kombination von maschinell-optischer Beleglesung und → beleglosem Datenträgeraustausch. Da auf den Scheckformularen Schecknummer, Kontonummer, → Bankleitzahl und Textziffer schon vorcodiert sind, braucht das Kreditinstitut des Zahlungsempfängers nur noch den DM-Betrag nachzucodieren. Die Daten aus der → Codierzeile können danach über einen → Belegleser auf ein Magnetband gespeichert werden. Die Inkassostelle archiviert das ausgefüllte Scheckformular und gibt die Abrechnungsdaten auf einem Magnetband an die zuständige → Clearingstelle weiter. Die Clearingstellen/Rechenzentren sortieren nach Leitwegen und stellen je Leitweg einen magnetischen Datenträger zur Verfügung. An Stelle des gegenständlichen Datenträgers als Übertragungsmedium kann auch die → Datenfernübertragung (DFÜ) treten.
(→ Vereinfachter Scheck- und Lastschrifteinzug der Deutschen Bundesbank)

BSE-Abkommen

Abkommen über das beleglose Scheckeinzugsverfahren (→ BSE), das die → Spitzenverbände der deutschen Kreditwirtschaft, die → Deutsche Bundesbank und die → Deutsche Bundespost zur Rationalisierung des Scheckeinzugs geschlossen haben.

Gegenstand des Abkommens sind in DM ausgestellte → Inhaberschecks und → Orderschecks sowie → Zahlungsanweisungen zur Verrechnung (Textschlüssel 01, 02, 11, 12), die auf → Kreditinstitute im Inland gezogen und auf Beträge bis unter 2.000 DM ausgestellt sind. Deren Daten (Schecknummer, Kontonummer, → Bankleitzahl und Textschlüssel) werden von dem in das BSE-Verfahren überleitenden Kreditinstitut anhand der codierten Daten in der → Codierzeile des Schecks und der Summenbelege auf EDV-Medien erfaßt. Das überleitende Kreditinstitut ist für die Richtigkeit der → Codierung verantwortlich. Es übernimmt i. d. R. auch die Lagerung der Schecks (Lagerstelle). Aus dem Ausland eingereichte Schecks können vom überleitenden Kreditinstitut in Feld 7 b des Datensatzes C mit dem Ergänzungsschlüssel „888" gekennzeichnet werden. Das überleitende Kreditinstitut ist ermächtigt, die Scheckgegenwerte von den bezogenen Kreditinstituten beleglos einzuziehen. Die → erste Inkassostelle prüft die Papiere auf ihre formelle Ordnungsmäßigkeit i. S. von Art. 1 und 2 ScG. Als formell ordnungsgemäß gelten auch → kartengarantierte Schecks, auf denen Ausstellungsort und/oder -datum fehlen, sowie Abschnitte mit faksimilierten Ausstellerunterschriften. Formell nicht ordnungsgemäße Schecks sind von den ersten Inkassostelle in → Korrekturhüllen außerhalb des beleglosen Verfahrens einzuziehen.

Einzugsverfahren: Für die Weiterleitung sind die Daten im Satz- und Dateiaufbau nach den zwischen den Spitzenverbänden vereinbarten „Richtlinien für den beleglosen Datenträgeraustausch" anzuordnen. BSE-Schecks können mit beleglosen → Lastschriften in einer logischen Datei zusammengefaßt werden. Das überleitende Kreditinstitut ergänzt die erfaßten Daten. Es stellt zusätzlich die Bankleitzahl seiner Schecklagerstelle in Feld C 3 des Datensatzes ein. Das überleitende Kreditinstitut verwahrt die Originalschecks oder davon erstellte Mikrokopien der Vorder- und Rückseite entsprechend den handels- und steuerrechtlichen Vorschriften (→ Aufbewahrung von Unterlagen).

Rückrechnungen sind vom bezogenen Kreditinstitut spätestens an dem auf den Tag des

Eingangs der Scheckdaten folgenden Geschäftstag an die in Feld C 10 des Datensatzes angegebene Stelle zu leiten. Rückrechnungen für das beleglose Verfahren übergeleitete → eurocheques (ec) sollen vom bezogenen Institut nicht vorgenommen werden, sofern der Scheckbetrag innerhalb des Garantiebetrages liegt. Die erste Inkassostelle bestätigt im Auftrag des bezogenen Kreditinstituts die Nichteinlösung durch folgenden Vermerk: „Vom bezogenen Kreditinstitut am ... nicht bezahlt." Jedes am BSE-Verfahren beteiligte Institut kann von der Schecklagerstelle die Auslieferung einer Scheckkopie verlangen, wenn dies für die Klärung von Problemen notwendig ist. Originalschecks können nur das bezogene Institut und im Falle der Nichteinlösung die erste Inkassostelle anfordern. Die Schecklagerstelle ist verpflichtet, Kopien bzw. Originalschecks spätestens am zweiten auf den Eingang der Benachrichtigung bzw. der Anforderung folgenden Geschäftstag abzusenden. Im übrigen gelten, soweit in diesem Abkommen nichts anderes bestimmt ist, das → Scheckabkommen, das → Orderscheckabkommen sowie die → Codierrichtlinien.

BTAN
Abk. für Bons du Trésor à Taux Fixe et Intérêt Annuel; französische → Staatsanleihen mit → Laufzeiten bis zu fünf Jahren.

BTE
Abk. für Buoni del Tesoro in ECU; → Treasury Bills, die von der italienischen Regierung in → Europäischer Währungseinheit (ECU) emittiert werden.
(→ BOT)

BTF
Abk. für Bons du Trésor à Taux Fixe; → Treasury Bills, die von der französischen Regierung emittiert werden.

BTP
Abk. für Buoni del Tesoro Poliannali; mehrjährige italienische → Staatsanleihen.

BTP-Future-Optionsscheine
→ Optionsscheine auf den BTP-Future (→ Future), der an der → LIFFE in London gehandelt wird. Vgl. auch → BTP.

Btx
Abk. für → Bildschirmtext.

Btx-Konto
→ Bankkonto, das Bildschirmtext-Anwendungen des Kontoinhabers ermöglicht. Erforderlich ist ein Antrag bei der Bundespost für einen Btx-Anschluß (Datex-J). Grundlage ist das Abkommen über → Bildschirmtext, das zwischen den → Spitzenverbänden der deutschen Kreditwirtschaft und der → Deutschen Bundespost geschlossen wurde.
(→ Btx-Service der Kreditinstitute)

Btx-Service der Kreditinstitute
Telekommunikationsdienst der → Deutschen Bundespost bzw. der Telekom AG (→ Bildschirmtext), den → Banken und → Sparkassen für Kunden und Nichtkunden zur Verfügung stellen. Für Nichtkunden bleiben die Leistungen auf Informationen über Börsen-, Sorten- und → Devisenkurse, Bankdienstleistungen aller Art und sonstiger Nachrichten, z. B. über aktuelle Zinssätze, beschränkt.

→ *Home Banking:* Soweit Kreditinstitute Btx-S. anbieten, können sich Kunden ein → Btx-Konto einrichten und über dieses Kontoaufträge ausführen lassen. Zusätzlich zu dem Antrag an das Kreditinstitut ist ein Antrag bei der Telekom für einen Btx-Anschluß (Datex-J) zu stellen. Bei der Abwicklung kontobezogener Kundengeschäfte (z. B. Auftragserteilungen für → Überweisungen) über Bildschirmtext tritt der Kunde weder persönlich in Erscheinung, noch legt er seine Unterschrift vor. Daher tritt an die Stelle der sonst üblichen → Legitimationsprüfung ein anderes Sicherungsverfahren. Der Kunde muß neben seiner Kontonummer bzw. Depotnummer ein persönliches Bildschirmtext-Kennwort (Btx-→ PIN) sowie für die Auftragserteilung, soweit erforderlich, zusätzlich eine jeweils einmal benutzbare Transaktionsnummer (→ TAN) eingeben. Nach der elektronischen Legitimationsprüfung kann der Kunde Einblick in seine Konten nehmen, sich den Kontostand und Umsätze der zurückliegenden Zeit angeben lassen.

Technische Voraussetzungen: Die Nutzung des Btx-Service setzt Telefonanschluß, Fernseh-Bildschirm mit Btx-Anschlußbox und eine um alphanumerische Tastatur erweiterte Fernsehbedienung oder Personalcomputer nebst Software-Decoder für Btx und Modem voraus.

Btx-Service der Postbank

Rechtliche Grundlage: Abkommen über Bildschirmtext, das zwischen den → Spitzenverbänden der deutschen Kreditwirtschaft, der → Deutschen Bundesbank und der Bundespost geschlossen worden ist und ein Konzept für Absicherungen des Benutzerzugangs zu kontobezogenen Bildschirmtext-Anwendungen (Btx-Sicherungskonzept) und Bedingungen über die Nutzung von Bildschirmtext enthält. Das Btx-Sicherungskonzept regelt wesentliche Fragen bei der individuellen Kommunikation zwischen Kunde und Kreditinstitut, um einen Zugriff durch Unbefugte auszuschließen. Die Bedingungen über die Nutzung von Bildschirmtext ergänzen die → Allgemeinen Geschäftsbedingungen der Kreditinstitute und enthalten im wesentlichen eine Beschreibung des Verfahrens, Hinweise auf die Verfahrensanleitung und die Benutzerführung. Weiterhin sind Regelungen und Hinweise über die Grenzen von Verfügungen und Voraussetzungen für Sperren und deren Aufhebung enthalten. Die → Sonderbedingungen regeln auch die → Haftung.
(→ Electronic Banking)

Btx-Service der Postbank
Das Btx-System wird heute unter der Bezeichnung Datex-J von der Deutschen Telekom AG betrieben. In diesem System können Nutzer nach Beantragung eines Btx-Anschlusses eine Vielzahl von Dienstleistungen und Informations- oder Serviceleistungen in Anspruch nehmen. Der Anschluß erfolgt direkt über die eigene, vorhandene Telefonleitung. Das Btx-Terminal besteht aus einem Bildschirm und einer Tastatur. Dies kann ein spezielles Btx-Gerät, ein Gerät zum Anschluß an den Fernseher oder eine sog. Steckkarte (Modem) – in Verbindung mit einem Software-Decoder – für einen handelsüblichen Computer sein. Über einen regulären Btx-Anschluß kann sich jeder Postbank-Kunde, egal ob Privathaushalt oder Unternehmen, über sein Btx-Terminal mit der Deutschen Postbank AG verbinden lassen. Einzige Voraussetzung ist, daß er vorher bei der Postbank eine geheime Zugangsberechtigung beantragt, um sein → Konto vor fremden Zugriffen zu schützen. Der Postbank-Kunde kann dann von zu Hause aus Kontostände abfragen, → Überweisungen tätigen und andere (Informations-) Dienste in Anspruch nehmen (→ Btx-Konto).

Bu-Bills, → Bundeswertpapiere.

Bucheffekten
Unverbriefte → Gläubigerrechte oder → Teilhaberrechte, die → Effekten gleichzusetzen sind (→ Wertrechte).

Buchführungspflichten
Aufzeichnungspflichten, die ein → Kaufmann i. S. des HGB nach handels- bzw. steuerrechtlichen Vorschriften zu erfüllen hat.
Inhalt und Rechtsgrundlagen: Vgl. Übersicht S. 311.

Buchgeld
Giralgeld, Kreditgeld. Jederzeit fällige Guthaben (→ Sichteinlagen), die auf → Konten bei → Geldinstituten und Kreditinstituten einschl. der → Deutschen Bundesbank (→ Zentralbankguthaben) für Zahlungsverkehrszwecke (→ Giralgeld) zur Verfügung stehen. B. ist die Bezeichnung für stoffloses → Geld. Es ist kein → gesetzliches Zahlungsmittel, aber ein allgemein akzeptiertes Zahlungsmittel, über das im → bargeldlosen Zahlungsverkehr mittels → Scheck, → Lastschrift und → Überweisung verfügt wird.
Diese auf → Kontokorrentkonten oder → Girokonten angesammelten Sichteinlagen entstehen durch Einzahlung, Überweisung oder Scheckgutschrift, aber auch durch Inanspruchnahme von → Krediten. B. läßt sich durch Abheben vom → Bankkonto zu → Bargeld umwandeln. V. a. aber können Bankkunden bargeldlos per Scheck oder Überweisung oder aber per → Kreditkarte und → eurocheque darüber verfügen.
(→ Geld)

Buchgrundschuld
→ Grundschuld, bei der die Erteilung des Briefs gemäß §§ 1192 Abs. 1, 1116 Abs. 2 S. 1 BGB ausgeschlossen worden ist (→ Grundpfandrecht, Bestellung). Die → Pfändung erfolgt durch Pfändungsbeschluß (→ Pfändung von Geldforderungen) und muß sich auf das abstrakte Grundpfandrecht beziehen; sie bedarf der Eintragung in das → Grundbuch (§§ 857 Abs. 6, 830 Abs. 1 S. 3 ZPO).
Gegensatz: → Briefgrundschuld.

Buchhypothek
→ Hypothek, bei der die Erteilung eines Briefs gemäß § 1116 Abs. 2 S. 1 BGB ausgeschlossen ist (→ Grundpfandrecht, Bestellung). Eine → Pfändung, die auf die ge-

Budgetierung

Buchführungspflichten

Jeder Kaufmann ist verpflichtet, Bücher zu führen und in diesen seine Handelsgeschäfte und die Lage seines Vermögens nach den Grundsätzen ordnungsmäßiger Buchführung ersichtlich zu machen.	§ 238 Abs. 1 HGB §§ 140, 141 AO §§ 4,5 EStG
Die Buchführung muß so beschaffen sein, daß sie einem sachverständigen Dritten innerhalb angemessener Zeit einen Überblick über die Geschäftsvorfälle und die Lage des Unternehmens vermitteln kann. Die Geschäftsvorfälle müssen sich in ihrer Entstehung und Abwicklung verfolgen lassen.	§ 238 Abs. 1 HGB § 145 Abs. 1 AO
Der Kaufmann ist verpflichtet, eine mit der Urschrift übereinstimmende Wiedergabe der abgesandten Handelsbriefe (Kopie, Abdruck, Abschrift oder sonstige Wiedergabe des Wortlauts auf einem Schrift-, Bild- oder anderen Datenträger) zurückzubehalten.	§ 238 Abs. 2 HGB
Führung der Handelsbücher: Bei der Führung der Handelsbücher und bei den sonst erforderlichen Aufzeichnungen hat sich der Kaufmann einer lebenden Sprache zu bedienen. Werden Abkürzungen, Ziffern, Buchstaben oder Symbole verwendet, muß im Einzelfall deren Bedeutung eindeutig festliegen.	§ 239 Abs. 1 HGB § 146 Abs. 3 AO
Die Eintragungen in Büchern und die sonst erforderlichen Aufzeichnungen müssen vollständig, richtig, zeitgerecht und geordnet vorgenommen werden.	§ 239 Abs. 2 HGB § 146 Abs. 1 AO
Eine Eintragung oder eine Aufzeichnung darf nicht in einer Weise verändert werden, daß der ursprüngliche Inhalt nicht mehr feststellbar ist. Auch solche Veränderungen dürfen nicht vorgenommen werden, deren Beschaffenheit es ungewiß läßt, ob sie ursprünglich oder erst später gemacht worden sind.	§ 239 Abs. 3 HGB § 146 Abs. 4 AO
Die Handelsbücher und die sonst erforderlichen Aufzeichnungen können auch in der geordneten Ablage von Belegen bestehen oder auf Datenträgern geführt werden, soweit diese Formen der Buchführung einschließlich des dabei angewandten Verfahrens den Grundsätzen ordnungsmäßiger Buchführung entsprechen. Bei der Führung der Handelsbücher und der sonst erforderlichen Aufzeichnungen auf Datenträgern muß insbesondere sichergestellt sein, daß die Daten während der Dauer der Aufbewahrungsfrist verfügbar sind und jederzeit innerhalb angemessener Frist lesbar gemacht werden können.	§ 239 Abs. 4 HGB § 146 Abs. 5 AO

sicherte → Forderung gerichtet ist, bedarf der Eintragung ins → Grundbuch, wozu ein Pfändungsbeschluß (→ Pfändung von Forderungen) erforderlich ist (§ 830 Abs. 1 S. 3 ZPO).
Gegensatz: → Briefhypothek.

Buchkredit
Bezeichnung für einen → Kredit, der in nichtverbriefter Form gewährt, d. h. über → Konten abgewickelt wird.

Gegensatz: → Securitization, → Commercial Paper.

Buchwert einer Aktie
In DM ausgedrückter Bilanzwert einer → Aktie, d. h. Wert ohne Berücksichtigung → stiller Reserven:

$$\frac{\rightarrow \text{Grundkapital plus} \rightarrow \text{Rücklagen}}{\text{Anzahl der ausgegebenen Aktien}}$$

Gegensatz: → Bilanzkurs (einer Aktie).

Budgetierung – Bereiche

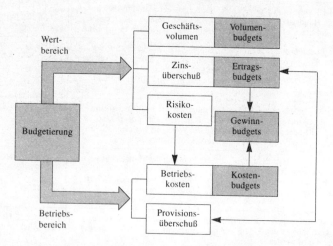

Quelle: Schierenbeck/Seidel/Rolfes, Controlling in Kreditgenossenschaften, Wiesbaden 1988, S. 30

Budgetierung

Ein Budget ist ein Wertgrößenplan, der für eine künftige Periode als Soll-Vorgabe erstellt wird. Dabei kann es sich sowohl um einen Gesamtplan als auch um einen Teilplan handeln. Man unterscheidet Erfolgsbudgets und Finanzbudgets. Erfolgsbudgets enthalten zahlenmäßige Vorgaben für →Kosten, Leistungen und Erfolge; Finanzbudgets solche für →Erträge und →Aufwendungen, Ein- und Auszahlungen sowie Geschäftsvolumina (→Geschäftsvolumen bei Kreditinstituten). Die B. erfolgt meist für kurze Perioden bis zu einem Jahr.

Budget-Management

Mittelpunkt des →operativen Controlling; nach Schierenbeck finder der Controlling-Zyklus (→Bank-Controlling) seinen Abschluß darin, daß die formulierten Bilanzstruktur- und Rentabilitätsziele (→Bilanzstrukturmanagement, →Rentabilitäts-Management) mit Hilfe von Budgetplänen und -kontrollen (→Budgetierung) in den einzelnen Geschäftsbereichen durchgesetzt werden. Dabei muß die Gesamtheit aller Zielvereinbarungen in ihrer Summe zum gewünschten Gesamtzielerreichungsgrad (→Zielkonzeptionen von Kreditinstituten) führen und somit auch eine Abstimmung zwischen „unten" und „oben" herbeigeführt werden. Darüber hinaus müssen die Kriterien der Budgetgestaltung so gewählt werden, daß die gesteckten Ziele für die einzelnen Geschäftsbereiche im Rahmen des Erreichbaren liegen, um Budgetungleichgewichte und deren negative Auswirkungen sowohl für die Zielerreichung als auch für die Motivation der Verantwortlichen zu vermeiden.

Abweichungen der Ist-Werte von den Soll-Vorgaben sind regelmäßig festzustellen und auf ihre Ursachen hin zu überprüfen. Die Abweichungsanalyse ist letztlich maßgebend dafür, ob Anpassungsmaßnahmen auf der Führungsebene oder – aufgrund einer unerwarteten Marktentwicklung – auf der Zielebene vorzunehmen sind. Voraussetzung dafür ist eine Differenzierungsmöglichkeit der Abweichungen nach Ursachen und Verantwortungsbereichen.

Building-Block-Approach
Verfahren zur Ermittlung der Höhe der Eigenkapitalanforderung nach der → Kapitaladäquanzrichtlinie. Der B.-B.-A. (Baukastenprinzip) sieht vor, daß die Eigenkapitalanforderungen bei → Schuldverschreibungen und derivativen Instrumenten bzw. → Aktien zunächst für das → spezifische Risiko und das → allgemeine Marktrisiko getrennt ermittelt und erst in einem zweiten Schritt zum → Positionsrisiko aggregiert werden. Im Gegensatz hierzu sehen die Empfehlungen des → Baseler Ausschusses für Bankenaufsicht vor, daß die Berechnung der Eigenkapitalanforderungen für Aktien nach einem integrierten Ansatz (→ Comprehensive-Approach) erfolgt, bei dem das spezifische Risiko und allgemeine Marktrisiko in einem einzigen Risikofaktor erfaßt werden.

Building Societies
→ Bausparkassen in Großbritannien; sie arbeiten nicht nach dem Kollektivprinzip (→ Bankwesen Großbritannien).

„Bulis"
Abk. für → Bundesbank-Liquiditäts-U-Schätze.

Bull, → Haussier.

Bull-Bear-Bond
Variante einer → Index-Anleihe, bei der die → Rückzahlung an einen → Index (z.B. FAZ-Index, → Devisen) gekoppelt ist. B.-B.-B. werden üblicherweise in zwei Tranchen emittiert: Während der → Rückzahlungskurs einer Tranche mit steigendem Index an Wert gewinnt (Bull Bond oder Hausse-Tranche), steigt der Bear Bond (Baisse-Tranche) mit fallendem Index. Der Rückzahlungswert wird nach einer vom → Emittenten vorgegebenen Formel ermittelt.
Der Bull Bond ist für Anleger interessant, die steigende Kurse erwarten. In diesem Fall erzielt der Investor neben der → laufenden Verzinsung, die relativ gering ist, einen → Rückzahlungsgewinn, der um so höher ist, je höher der Index steigt. Der Bear Bond stellt für Anleger ein langfristiges → Hedging-Instrument gegen fallende Kurse dar. Aber auch in → Tradingstrategien kann ein Bear Bond eingesetzt werden, um von fallenden Aktienkursen zu profitieren.

Bull-Call-Spread, → Bull-Spread.

Bulldog Bond
Bulldog Issue; → Zinsinstrument eines ausländischen → Emittenten (Auslandsanleihe) in Pfund Sterling, das in Großbritannien emittiert wird.
(→ Foreign Bond, → Euro-Bond)

Bullenfalle
Fehlsignal der Chartanalyse (→ Technische Analyse), daß ein Abwärtstrend gebrochen ist.
Gegensatz: → Bärenfalle.

Bullet Issue, → gesamtfällige Anleihe.

Bullet-Portfolio
→ Portfolio aus → Anleihen, bei denen die Papiere ausschl. mittlere → Fälligkeiten haben. B.-P. werden auch als Kugelportfolios bezeichnet.
B.-P. haben ein geringes → Yield-Curve-Risk. Im Gegensatz dazu besteht ein → Barbell-Portfolio aus → Kurzläufern und → Langläufern.

Bullet-to-Dumbbell Bond Swap
Duration-Equivalent Butterfly Swap; Tausch eines → Portfolios, das aus mittelfristigen Papieren besteht (→ Bullet-Portfolio), in ein Portfolio aus → Kurzläufern und → Langläufern (→ Barbell-Portfolio). Ziel dieses → Bond Swaps ist es, die → Convexity des Portfolios zu erhöhen, ohne die → Modified Duration des Portfolios zu verändern. Der Anleger profitiert bei einem Barbell-Portfolio zum einen von einer → Parallelverschiebung der → Renditestrukturkurve, zum anderen von einer Verflachung der Renditestrukturkurve.

Bull-Floater, → Reverse Floater.

Bullish
Anleger sind für den weiteren Marktverlauf positiv gestimmt, d.h. erwarten steigende Kurse.
Gegensatz: → Bearish.

Bullish Call Spread, → Bull-Spread.

Bullish Put Spread, → Bull-Spread.

Bullish-Time-Spread, → Time-Spread.

Bull Market

Bull Market, → Hausse.

Bull-Optionsschein
→ Optionsschein, mit dem auf steigende Kurse spekuliert wird (Bull, → Hausse).
Gegensatz: → Bear-Optionsschein.

Bull-Put-Spread, → Bull-Spread.

Bull-Spread
1. *Optionshandel*: Variante eines → Vertical Spreads, die eingesetzt wird, wenn der Anleger nicht stark steigende Kurse erwartet, d. h. ein wenig → bullish ist. B.-Sp. werden entweder mit zwei → Calls (Bullish Call Spread) oder zwei → Puts (Bullish Put Spread) mit unterschiedlichen → Basispreisen, aber gleicher → Fälligkeit gebildet. B.-Sp. werden in → Tradingstrategien eingesetzt, wenn ein begrenzter Kursanstieg erwartet wird. B.-Sp. können mit Calls oder Puts gebildet werden. In beiden Strategien wird eine → Short Position in einer → Option mit dem höheren Basispreis eingegangen. Deshalb bezeichnet man einen B.-Sp. auch als Long-Spread.
Gegensatz: → Bear-Spread (Short-Spread).

a) Bull-Spread mit Calls (Bullish Call Spread): Ein B.-Sp. mit Calls besteht aus einer → Long Position in einem Call mit einem niedrigen Basispreis und einer Short Position in einem Call mit einem höheren Basispreis. Deshalb wird ein B.-Sp. mit Calls auch als Bull-Call-Spread bezeichnet. Die Short Position verringert durch die erhaltene → Prämie den Kapitaleinsatz des Anlegers. Da die Long Position mehr wert ist als die Short Position, hat der Anleger einen Nettoabfluß an → Optionsprämien. Allerdings wird auch das Gewinnpotential durch die Short Position verringert.
Im Gegensatz zu B.-Sp. mit Puts haben B.-Sp. mit Calls ein → Counterpart-Risiko, da bei letzteren ein Nettoabfluß an Prämien erfolgt, d. h. die erhaltene Optionsprämie ist geringer als die bezahlte Optionsprämie.
(→ Capped Call Zins-Optionsschein)

b) Bull-Spread mit Puts (Bullish Put Spread): Anstatt mit Call-Optionen (→ Callrecht) kann ein B.-Sp. auch mit → Put-Optionen aufgebaut werden. Hierzu wird eine Short Position in einem Put, die leicht im Geld (→ In-the-Money) ist und gleichzeitig eine Long Position in einem Put mit einem niedrigeren Basispreis eingegangen. Da die Short Position im Put mehr wert ist als die Long Position, erhält der Anleger einen Nettozufluß an Prämie. Oftmals wird diese Strategie auch als Bull-Put-Spread bezeichnet. Auch bei einem B.-Sp. mit Puts sind sowohl das Gewinn- als auch das Verlustrisiko begrenzt.

2. *Futureshandel*: → Intramarket Spread, mit dem auf fallende → Repo Rates gesetzt wird.
Gegensatz: → Bear-Spread.

Bull-Trap, → Bullenfalle.

Bull- und Bear-Anleihe, → Bull-Bear-Bond.

Bull Warrant
→ Optionsschein, mit dem auf steigende Kurse von → Aktien, → festverzinslichen (Wert-)Papieren, → Devisen oder Rohstoffen spekuliert wird.
(→ Call-Optionsschein)

Bund
Kurzbezeichnung für → Bundesanleihe.

Bund-Bobl Spread Trading
Spread Trading mit → Zinsfutures (→ Spread Trading mit Futureskontrakten), bei der eine → Long Position (→ Short Position) im mittelfristigen fünfjährigen → Bobl-Future und gleichzeitig eine Short Position (Long Position) im langfristigen zehnjährigen → Bund Future eingegangen wird.
(→ Bund-Bobl Spread Trading Facility, → NOB-Spread, → TED-Spread)

Bundesanleihe
→ Schuldbuchforderung (→ Wertrechtsanleihe), die von der Bundesrepublik Deutschland und den → Sondervermögen des Bundes als → Einmalemission ausgegeben wird. B. zählen zu den → öffentlichen Anleihen.
Zur B. werden keine → effektiven Stücke (Wertpapierurkunden) ausgedruckt. Die → Wertrechte werden durch eine Eintragung im → Bundesschuldbuch begründet. Den Käufern von B. wird die Einlegung in ein → Sammeldepot bei der → Deutscher Kassenverein AG über ein → Kreditinstitut (→ Sammelschuldbuchforderung, Sammelbestandsanteile) oder die Eintragung als → Einzelschuldbuchforderung in das Bundesschuldbuch zur Wahl gestellt. Vor Verkaufsbeginn wird eine Sammelschuldbuchforderung im Gesamtbetrag der → Anleihe für den zuständigen Kassenverein eingetragen.

Die →Laufzeit beträgt überwiegend zehn Jahre (→ gesamtfällige Anleihe). Einige Papiere wurden auch mit einer Laufzeit von 30 Jahren emittiert. Festverzinsliche B. haben jährliche →Kupontermine, variabel verzinsliche (→Floating Rate Note) vier Zinstermine im Jahr. Zur Feineinstellung der →Rendite wird bei Ausgabe nicht sehr weit →unter pari und u. U. nur mäßig →über pari gegangen.
B. werden zum →amtlichen (Börsen-)Handel an allen deutschen →Wertpapierbörsen ohne Zulassungsverfahren und ohne Prospektzwang eingeführt.
Die Anleihen sind mündelsicher (→Mündelsicherheit), deckungsstockfähig (→Deckungsstockfähigkeit) und lombardfähig (→Lombardfähigkeit). Sie sind durch das gegenwärtige und zukünftige →Vermögen und die Steuerkraft des Bundes gesichert. Über die Ausstattung (Nominalverzinsung, Ausgabekurs, Zinszahlung, Laufzeit, →Rendite) informiert jeweils ein Verkaufsangebot. Die fälligen →Zinsen und Rückzahlungsbeträge werden bei Sammelbestandsanteilen durch die depotführende Bank gutgeschrieben, bei Einzelschuldbuchforderungen durch die Bundesschuldenverwaltung überwiesen.
B. werden über das unter Führung der →Deutschen Bundesbank stehende →Bundesanleihekonsortium begeben. Daneben bietet die Bundesbank den Mitgliedern des Bundesanleihekonsortiums weitere Teilbeträge der →Emission im →Ausschreibungsverfahren an. Die Einschaltung des Bundesanleihekonsortiums ist für die →Emittenten vorteilhaft: Festübernahme großer Beträge, umfangreicher Absatzapparat und weltweite Plazierungskraft, sachkundige Beratung.
Der →Sekundärmarkt für B. ist zur Richtschnur für die Kapitalmarktkonditionen →festverzinslicher Wertpapiere geworden. Die Kurse und Renditen der B. sind i. a. ein Indikator zur Beurteilung der Kapitalmarktlage und -entwicklung.
(→ Bond Research, →Bund-Future, →Option auf den Bund-Future).

Bundesanleihekonsortium

Für die Unterbringung der Anleihen des Bundes und dessen →Sondervermögen (→Bundesanleihe) zuständiges →Konsortium. Konsortialführerin ist stets die →Deutsche Bundesbank, die selbst keine →Konsortialquote übernimmt. Zur Unterstützung und Beratung der Konsortialführerin besteht der „Engere Ausschuß" unter Vorsitz der Bundesbank. Der Engere Ausschuß faßt die für die Anleihebedingungen erforderlichen Beschlüsse und wird bei Verhandlungen mit den →Emittenten beteiligt. Im B. sind fast alle deutschen →Kreditinstitute direkt oder indirekt repräsentiert (auch deutsche Institute im Auslandsbesitz). Gemäß Konsortialvertrag wird das Gesamtschuldner- und Gesamtgläubigerverhältnis sowie das →Gesamthandseigentum unter den Konsorten ausgeschlossen. Jeder Konsorte erwirbt an dem nach seiner Konsortialquote zu übernehmenden Teilbetrag der jeweiligen Bundesanleihe das Alleineigentum. Den Konsorten wird eine Bonifikation gewährt, die teilweise an bestimmte Stellen weitergegeben werden darf. Falls Beträge einer Bundesanleihe vor Ablauf eines Jahres nach Verkaufsbeginn von der Bundesbank zum Emissionskurs oder darunter aus dem Markt genommen werden, ist von dem Konsorten, dem die zurückgenommenen Beträge zugeteilt worden waren, die Schaltervergütung zurückzuzahlen. Die Mitglieder des Konsortiums verpflichten sich, die Bundesanleihen während der Verkaufsfrist zu den ihnen mitgeteilten Bedingungen zum Verkauf zu stellen. Insbes. sind →natürliche Personen bevorzugt zu berücksichtigen. Die Beschlüsse des Konsortiums werden mit Stimmenmehrheit gefaßt. Jeder Konsorte hat →Stimmrecht nach seiner Quote.
Die Deutsche Bundesbank bietet den Mitgliedern des Bundesanleihekonsortiums ex Emission im Auftrag und für Rechnung des jeweiligen Emittenten neben dem im Konsortialverfahren zu übernehmenden Betrag weitere Teilbeträge von Bundesanleihen im Wege der Ausschreibung an, soweit der anzustrebende Gesamtbetrag einer Anleihe dies ermöglicht. Die Konditionen der einzelnen Ausschreibungen werden den Konsortialbanken zusammen mit dem Quotenangebot für den Konsortialbetrag übermittelt.

Bundesanleihe-Terminkontrakt

Bund-Future. An der →Deutschen Terminbörse (DTB) und an der →LIFFE gehandelter Zinsterminkontrakt (→Zins-Future) auf eine DM-Bundesanleihe (→Bundesanleihe).

Bundesanstalt für Arbeit (BA)

Bundesoberbehörde mit Selbstverwaltung, die sich in die Hauptstelle in Nürnberg, neun

Bundesanzeiger

Landesarbeitsämter und Arbeitsämter mit Nebenstellen gliedert. Sie ist Träger der → Arbeitsmarktpolitik und erfüllt insbesondere die nach dem Arbeitsförderungsgesetz gestellten Aufgaben.

Bundesanzeiger (BAnz)

Amtliches Verkündungsorgan, das vom Bundesminister der Justiz herausgegeben wird. Im BAnz erfolgen amtliche Bekanntmachungen (z. B. von → Rechtsverordnungen – soweit diese nicht im → Bundesgesetzblatt verkündet werden –, von Verwaltungsvorschriften, von → Satzungen, von → Jahresabschlüssen und → Lageberichten der → Kapitalgesellschaften, der → Kreditinstitute und anderer zur Publikation verpflichteter Unternehmen) und andere (nichtamtliche) Bekanntmachungen.

Bundesaufsichtsamt für das Kreditwesen (BAK)

Organisatorisch, aber nicht rechtlich selbständige Bundesoberbehörde (§ 5 KWG) ohne Mittel- und Unterbau mit Zuständigkeit für das gesamte Bundesgebiet, dem Bundesminister der Finanzen als oberster Bundesbehörde nachgeordnet. Ihr Sitz (Berlin) bestimmt zugleich den → Gerichtsstand für Klagen gegen Maßnahmen des BAK. Der Präsident des BAK wird auf Vorschlag der Bundesregierung durch den Bundespräsidenten ernannt; die Regierung hat zuvor die → Deutsche Bundesbank anzuhören, um eine vertrauensvolle Zusammenarbeit bei der → Bankenaufsicht zu gewährleisten.

Aufgaben: Als Bankenaufsichtsbehörde (§ 6 KWG) obliegen dem BAK ordnungspolitische (gewerbepolizeiliche), hingegen nicht geld-, kredit- oder konjunkturpolitische Aufgaben. Das BAK soll Mißständen im Kreditwesen – die nicht schon beim Fehlverhalten eines einzelnen → Kreditinstitutes vorliegen – entgegenwirken, welche die Sicherheit der den Kreditinstituten anvertrauten Vermögenswerte gefährden, die ordnungsgemäße Durchführung der → Bankgeschäfte beeinträchtigen oder erhebliche Nachteile für die Gesamtwirtschaft herbeiführen können.

Kompetenzen: Gegenüber einzelnen Kreditinstituten kann das BAK durch Verhandlungen und Anregungen auf Verhaltenskorrekturen hinwirken. Das BAK kann insbesondere gegenüber Banken → Verwaltungsakte (§ 35 VwVfG) erlassen, also Verfügungen,

Entscheidungen und andere hoheitliche Einzelfall-Regelungen mit Außenwirkung. Ferner ist das BAK aufgrund einer Ermächtigung des Bundesministers der Finanzen gemäß § 31 KWG berechtigt, → Rechtsverordnungen zu setzen. Bisher sind dies u. a. die → Befreiungsverordnung, → Anzeigenverordnung, → Monatsausweisverordnung, → Länderrisikoverordnung, → Zuschlagsverordnung. Die Aufsichtsbehörde trifft auch Bekanntmachungen (Veröffentlichungen von allgemeiner Bedeutung, etwa die → Grundsätze über das Eigenkapital und die Liquidität der Kreditinstitute), Verlautbarungen und Mitteilungen (z. B. Mitteilung 1/64 über den Sparverkehr).
Gemäß § 6 Abs. 3 KWG nimmt das BAK die ihm zugewiesenen Aufgaben nur im öffentlichen Interesse wahr. Hierdurch soll ausgeschlossen werden, daß wegen eines bestimmten Handelns oder Unterlassens dieser Behörde Schadensersatzansprüche gegen die BRD erhoben werden.

Zusammenarbeit mit der Deutschen Bundesbank: Bei der Bankaufsicht arbeiten BAK und Deutsche Bundesbank eng zusammen (z. B. Stellungnahmen, Korrespondenz, gemeinsame Besprechungen mit den → Geschäftsleitern eines Kreditinstituts). Gemäß § 7 KWG haben sie einander Beobachtungen und Feststellungen mitzuteilen, die für die Erfüllung der jeweiligen Aufgaben (→ Deutsche Bundesbank, Aufgabe nach § 3 BBankG, → Deutsche Bundesbank, andere Aufgaben) von Bedeutung sein können. Insoweit gilt also weder Amts- noch → Bankgeheimnis. Der Sinn der Kooperation ergibt sich aus den vielfältigen Berührungspunkten zwischen den Aufgaben von BAK und Bundesbank. So gehen z. B. einerseits von den bankaufsichtlichen → Eigenkapitalgrundsätzen und → Liquiditätsgrundsätzen Einflüsse auf das Kreditpotential der Banken aus, andererseits haben notenbankpolitische Maßnahmen Auswirkungen auf die → Liquidität und → Rentabilität der Kreditinstitute. Auch kann die Ortsnähe des weit gestreuten Netzes von → Zweiganstalten der Deutschen Bundesbank für Zwecke der Bankenaufsicht genutzt werden.

Zusammenarbeit mit anderen Aufsichtsbehörden: Die Bankaufsichtsbehörden der Mitgliedstaaten der EG arbeiten zusammen, wenn Kreditinstitute grenzüberschreitend tätig sind (§ 8 Abs. 3 KWG). Dabei erhal-

Bundesbankfähige Wechsel

tene Informationen dürfen nur für Bankaufsichtszwecke verwendet werden (→ Datenschutz). Das BAK ist verpflichtet, die zuständigen Behörden anderer EG-Mitgliedsländer über die Aufhebung einer Betriebserlaubnis (→ Erlaubniserteilung für Kreditinstitute) zu unterrichten, wenn das Kreditinstitut dort Zweigstellen unterhält. Vor bankaufsichtlichen Maßnahmen gegen Unternehmen mit Sitz in einem anderen EG-Mitgliedstaat, die aufgrund einer rechtswidrigen Tätigkeit durch eine Zweigstelle oder bei einer Dienstleistung im Inland getroffen werden, informiert das BAK die Behörden des Herkunftsmitgliedstaates über seine Absichten (§ 8 Abs. 4 KWG). Ebenso werden im umgekehrten Fall, wenn ein Kreditinstitut mit Sitz im Bundesgebiet gegen Rechtsvorschriften eines anderen EG-Mitgliedslandes verstößt, dessen Aufsichtsbehörden vom BAK unterrichtet, welche Gegenmaßnahmen ergriffen werden sollen.

Organisationsplan: Vgl. Übersicht „Bundesaufsichtsamt das Kreditwesen – Organisationsplan", S. 318–323.
(→ Bankenaufsicht)

Bundesaufsichtsamt für das Versicherungswesen (BAV)

Selbständige Bundesoberbehörde im Geschäftsbereich des Bundesministers der Finanzen (BMF); Sitz in Berlin.

Aufgabe: Beaufsichtigung der Versicherungsunternehmen nach dem Versicherungsaufsichtsgesetz (VAG) zum Schutz der Interessen von Versicherungsnehmern und zur Erhaltung eines funktionsfähigen Versicherungswesens.

Bundesaufsichtsamt für den Wertpapierhandel, → Finanzmarktförderungsgesetz, → Wertpapierhandelsgesetz.

Bundesbank, → Deutsche Bundesbank.

Bundesbankfähige Wechsel

→ Wechsel, die bestimmten, von der Bundesbank festgelegten Anforderungen entsprechen.

Inlandswechsel: Diese müssen auf Deutsche Mark lauten, im Bundesgebiet zahlbar sein und die sachlichen und förmlichen Voraussetzungen für den Ankauf erfüllen. Der → Bezogene muß im Bundesgebiet ansässig sein.

→ *Auslandswechsel* müssen auf eine → Person oder → Personenvereinigung im Ausland gezogen und von ihr akzeptiert sein oder als eigene Wechsel ausgestellt sein und den Bestimmungen der Deutschen Bundesbank (insbesondere hinsichtlich → Währung und Zahlbarstellung) entsprechen.

Generelle Anforderungen: Aus den Wechseln müssen mindestens drei als zahlungsfähig bekannte Verpflichtete haften. Die Bundesbank kann sich mit zwei Unterschriften begnügen, wenn die Sicherheit des Wechsels in anderer Weise gewährleistet ist. (Für die Beurteilung einer Unterschrift hat die Bundesbank folgende Richtlinien aufgestellt: Wer aus einem zum Ankauf oder zur Beleihung bei der Bundesbank eingereichten Wechsel verpflichtet ist und trotz Aufforderung zur Selbstauskunft über seine finanziellen Verhältnisse keine oder keine genügende Auskunft gibt und über den auch sonst keine Unterlagen vorliegen oder zu beschaffen sind, die eine hinreichende Beurteilung seiner finanziellen Verhältnisse ermöglichen, ist nicht als ein als zahlungsfähig bekannter Verpflichteter i. S. des § 19 Abs. 1 Nr. 1 BBankG anzusehen.) Die Wechsel sollen gute → Handelswechsel sein (d. h. sie sollen auf Grund von Warengeschäften oder Dienstleistungen zwischen Unternehmen und/oder wirtschaftlich Selbständigen begeben worden sein). Die Wechsel dürfen keine → Sichtwechsel, → Nachsichtwechsel mit Zinsversprechen und Wechsel mit → Notadressen sein. Der Verkäufer ist verpflichtet, auf Verlangen über die geschäftliche Grundlage der Wechsel Auskunft zu geben. Die Wechsel dürfen beim Ankauf eine → Laufzeit von höchstens drei Monaten haben. Sie müssen eine Mindestlaufzeit von 20 Kalendertagen bis zum Verfalltag haben. Das → Indossament des → Kreditinstituts muß ein Vollindossament sein. Es muß bei Inlandswechseln „An Landeszentralbank" (ohne Angabe des Landes und der ankaufenden Stelle) und bei Auslandswechseln „An Deutsche Bundesbank" (ohne Angabe eines Ortes) lauten. Bundesbankfähig sind auch die mit den Indossamenten der → Hausbank und der → AKA Ausfuhrkredit-Gesellschaft mbH versehenen → Solawechsel deutscher Exporteure und deren vertragsgemäße → Prolongationen, die zur → Finanzierung mittel- und langfristiger Liefer- und Leistungsgeschäfte im Rahmen einer der AKA Ausfuhrkredit-Gesellschaft mbH ein-

Bundesbankfähige Wechsel

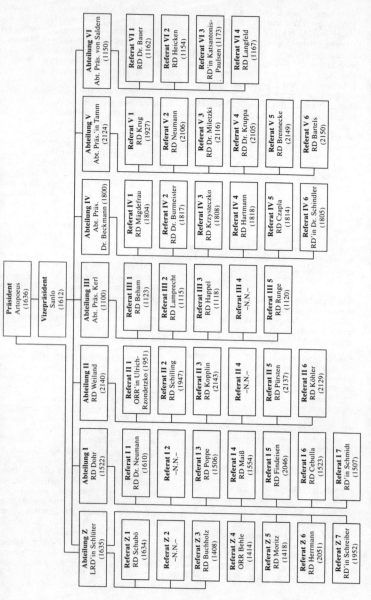

Bundesaufsichtsamt für das Kreditwesen – Organisationsplan

Bundesbankfähige Wechsel

Bundesaufsichtsamt für das Kreditwesen – Organisationsplan (Fortsetzung)

Präsident
Artopoeus (1636)

Vizepräsident
Sanlo (1612)

Abteilung Z
Organisation, Personalwesen, allgemeine Verwaltungsaufgaben; Informationstechnik; Verfolgung verbotener oder ohne Erlaubnis betriebener Bankgeschäfte; Aufgaben nach dem Geldwäschegesetz
LRD'in Schlüter (1635)

- **Referat Z 1**
  Organisation, Haushalt, Hausbewirtschaftung, Beschaffung, Datenschutz, Geheimschutz, Presse- und Öffentlichkeitsarbeit, Information und Dokumentation, Sprachendienst, Bibliothek
  RD Schubö (1634)

- **Referat Z 2**
  Personalwesen, Aus- und Fortbildung, Innerer Dienst, Arbeitssicherheit, Dienstaufsichtsbeschwerden; Petitionen, Anfragen und Beschwerden, soweit nicht andere Referate zuständig sind
  –N.N.–

- **Referat Z 3**
  Informationstechnik: IT-Grundsatzfragen, IT-Planung und Koordinierung, DV-Technik, IT-Anwendungen und Datenbanken, Benutzerberatung und -schulung, Arbeitsplatzcomputer
  RD Buchholz (1408)

- **Referat Z 4**
  Verfolgung verbotener oder ohne Erlaubnis betriebener Bankgeschäfte von Personen mit Wohnsitz bzw. Sitz in den Ländern Berlin, Brandenburg, Bremen, Hamburg, Mecklenburg-Vorpommern, Niedersachsen, Nordrhein-Westfalen, Sachsen-Anhalt und Schleswig-Holstein; Registerverfahren, Firmenrechts- und Bezeichnungsschutzfragen sowie Anfragen und Beschwerden über nichtkonzessionierte Kreditinstitute aus den vorgenannten Ländern, Beurteilung der Werbung
  ORR Behle (1414)

- **Referat Z 5**
  Verfolgung verbotener oder ohne Erlaubnis betriebener Bankgeschäfte von Personen mit Wohnsitz bzw. Sitz in den Ländern Baden-Württemberg, Bayern, Hessen, Rheinland-Pfalz, Saarland, Sachsen und Thüringen; Registerverfahren, Firmenrechts- und Bezeichnungsschutzfragen sowie Anfragen und Beschwerden über nichtkonzessionierte Kreditinstitute aus den vorgenannten Ländern; Anfragen und Beschwerden aus dem Ausland, die keinem bestimmten Bundesland zugeordnet werden können
  RD Moritz (1418)

- **Referat Z 6**
  Aufgaben nach dem Geldwäschegesetz im Bereich der Länder Berlin, Brandenburg, Bremen, Hamburg, Mecklenburg-Vorpommern, Niedersachsen, Nordrhein-Westfalen, Sachsen-Anhalt, Schleswig-Holstein, Rheinland-Pfalz, Saarland, Sachsen und Thüringen sowie für die Zweigstellen von Unternehmen mit Sitz in einem anderen Staat und die nach § 2 Abs. 4 KWG freigestellten Unternehmen
  RD Herrmann (2051)

- **Referat Z 7**
  Aufgaben nach dem Geldwäschegesetz im Bereich der Länder Baden-Württemberg, Bayern und Hessen mit Ausnahme der Zweigstellen von Unternehmen mit Sitz in einem anderen Staat sowie der gem. § 2 Abs. 4 KWG freigestellten Unternehmen
  RD'in Schreiber (1952)

Abteilung I
Grundsatzfragen der Bankenaufsicht, der internationalen Bankenaufsicht, Rechtsfragen, volkswirtschaftliche und betriebswirtschaftliche Fragen, Grundsatzfragen im Zusammenhang mit dem Geldwäschegesetz, Mitwirkung bei der Rechtsangleichung des Bankenaufsichtsrechts im EG-Bereich und bei Projekten anderer internationaler Einrichtungen (Rechtsangleichung)
RD Dohr (1522)

- **Referat I 1**
  Volkswirtschaftliche Grundsatzfragen der Bankenaufsicht: Analyse der Bankrisiken, Finanzmärkte und -instrumente; Fragen der Einlagensicherung, der Konditionen und des Zahlungsverkehrs, Rechtsangleichung im Rahmen der Inlandszuständigkeit
  RD Dr. Neumann (1610)

Bundesbankfähige Wechsel

- **Referat I 2**
  Widerspruchsverfahren, Ordnungswidrigkeitsverfahren nach Einspruch, Prozeßführung vor den Verwaltungsgerichten und ordentlichen Gerichten sowie sonstige Verfahren und Rechtsfragen gemäß Geschäftsverteilungsplan; Wettbewerbs- und Kartellrechtsfragen, Rechtsangleichung im Rahmen der Inlandszuständigkeit
  –N.N.–

- **Referat I 3**
  Auslegungsfragen zum KWG, Mitwirkung bei der gesetzgeberischen Fortentwicklung des KWG; Erlaß von Rechtsverordnungen, zu denen das BAKred ermächtigt ist, und Mitwirkung bei Rechtsverordnungen aufgrund des KWG, die vom BMF erlassen werden, soweit nicht ein anderes Referat zuständig ist, Rechtsangleichung im Rahmen der Inlandszuständigkeit
  RD Poppe (1506)

- **Referat I 4**
  Betriebswirtschaftliche Fragen, Bilanzierung, Prüfung, Steuern, Rechtsangleichung im Rahmen der Inlandszuständigkeit
  RD Maiß (1554)

- **Referat I 5**
  Grundsatz- und Auslegungsfragen im Zusammenhang mit der Geldwäsche
  RD Findeisen (2046)

- **Referat I 6**
  Internationale Kontakte im Bereich der Bankenaufsicht: Koordinierung der bilateralen Kontakte zu Bankaufsichtsbehörden in den EG-Mitgliedsstaaten und allen übrigen Ländern, insbesondere Zusammenarbeit im Rahmen der Heimat-/Gastlandaufsicht über Kreditinstitute, soweit nicht eine ausdrückliche Zuständigkeit anderer Referate gegeben ist; Erfahrungsaustausch mit ausländischen Bankaufsichtsbehörden, Rechtsangleichung, soweit kein anderes Referat zuständig ist
  RD Cebulla (1523)

- **Referat I 7**
  Erarbeitung und Fortentwicklung der Grundsätze I, Ia, II und III über das Eigenkapital und die Liquidität der Kreditinstitute, Rechtsangleichung im Rahmen der Inlandszuständigkeit
  RD'in Schmidt (1507)

Abteilung II
Aufsicht über Kreditbanken
RD Weiland (2140)

- **Referat II 1**
  Allgemeine Fragen der Kreditbanken, soweit nicht die Referate II 2 bis II 6 zuständig sind. Aufsicht über die Konzerne Commerzbank AG, Dresdner Bank AG, BfG-Bank AG und Deutsche Direktbank AG sowie über private Kreditinstitute mit Sonderaufgaben und Bürgschaftsbanken
  ORR'in Ulrich-Rzondetzko (1951)

- **Referat II 2**
  Allgemeine Fragen des Factoringgeschäfts, Aufsicht über Kreditbanken (in der Rechtsform der KGaA, AG oder GmbH) in Berlin (ehemaliger Westteil), Bremen, Hessen, Rheinland-Pfalz, Schleswig-Holstein und im Saarland sowie deren gruppenangehörige Kreditinstitute
  RD Schilling (1947)

- **Referat II 3**
  Allgemeine Fragen der Länderrisiken, Aufsicht über Regionalbanken in Baden-Württemberg, Bayern, Hamburg, Niedersachsen und Nordrhein-Westfalen sowie deren gruppenangehörige Kreditinstitute
  RD Kopplin (2143)

- **Referat II 4**
  Allgemeine Fragen des haftenden Eigenkapitals bei stillen Gesellschaften und freiem Vermögen, Aufsicht über Privatbankiers sowie deren gruppenangehörige Kreditinstitute
  –N.N.–

- **Referat II 5**
  Allgemeine Fragen der Ratenkredite und des Leasinggeschäfts, Aufsicht über die Deutsche Bank AG sowie deren gruppenangehörige Kreditinstitute und über Teilzahlungskreditinstitute, Werksfinanzierer und sonstige teilkonzessionierte Kreditinstitute
  RD Pürsten (2137)

- **Referat II 6**
  Allgemeine Fragen der Kredit- und Bürgschaftsbanken; Aufsicht über die Deutsche Postbank AG und einzelne Regionalbanken gemäß GVPI sowie über Kredit- und Bürgschaftsbanken mit Sitz in Brandenburg, Mecklenburg-Vorpommern, Sachsen-Anhalt, Thüringen, Sachsen und Berlin (ehemaliger Ostteil)
  RD Köhler (2129)

Bundesbankfähige Wechsel

Abteilung III
Aufsicht über Sparkassen, Landesbanken, Hypothekenbanken und Schiffspfandbriefbanken, öffentlich-rechtliche Realkreditinstitute, Bausparkassen sowie öffentlich-rechtliche und privatrechtliche Sonderinstitute; Grundsatzfragen des Hypothekenbank- und Bausparrechts
Abt. Präs. Kerl (1100)

- **Referat III 1**
Allgemeine Fragen des Sparkassenwesens, soweit nicht Referat III 5 zuständig ist, und der Wohnungsunternehmen mit Bankgeschäft; Aufsicht über Landesbanken, öffentlich-rechtliche Kreditanstalten mit Sonderaufgaben, private Kreditinstitute mit langfristigem Geschäft, jeweils einschließlich gruppenangehöriger Kreditinstitute; Aufsicht über die Sparkassen in Baden-Württemberg (Bereich Württemberg), soweit die Aufsicht nicht in den Abteilungen II oder V erfolgt, sowie über Wohnungsunternehmen mit Bankgeschäft
RD Beham (1123)

- **Referat III 2**
Aufsicht über Sparkassen in Rheinland-Pfalz, Schleswig-Holstein, Nordrhein-Westfalen, Niedersachsen, Bayern und im Saarland
RD Lamprecht (1115)

- **Referat III 3**
Auslegungsfragen zum BSpKG; Mitwirkung bei der gesetzgeberischen Fortentwicklung des BSpKG und der PSpKVO; Grundsatzfragen des Bausparwesens; Aufsicht über Bausparkassen und Landesbausparkassen
RD Happel (1118)

- **Referat III 4**
Auslegungsfragen zum HBG, SchBG und ÖPG; Mitwirkung bei der gesetzgeberischen Fortentwicklung von HBG, SchBG und ÖPG; grundsätzliche Fragen des Hypotheken-, Schiffsbank- und Pfandbriefwesens; Schiffsbanken und öffentlich-rechtliche Grundkreditanstalten
N.N.

- **Referat III 5**
Allgemeine Fragen des Sparkassenwesens in den neuen Bundesländern und Aufsicht über Sparkassen in Brandenburg, Mecklenburg-Vorpommern, Sachsen-Anhalt, Sachsen, Thüringen, Baden-Württemberg (Bereich Baden), Hessen, Hamburg und Bremen
RD Runge (1120)

Abteilung IV
Aufsicht über Kreditinstitute in der Rechtsform der eingetragenen Genossenschaft – ausgenommen Teilzahlungskreditinstitute – und in anderer Rechtsform, wenn sie genossenschaftliche Zentralkassenfunktionen wahrnehmen, einem genossenschaftlichen Prüfungsverband angehören oder eingetragene Genossenschaften oder Kreditinstitute mit genossenschaftlicher Zentralkassenfunktion mindestens zur Hälfte an ihnen beteiligt sind
Abt. Präs. Dr. Beckmann (1800)

- **Referat IV 1**
Aufsicht über die vorbezeichneten Kreditinstitute mit Sitz in Bayern
RD Mägdefrau (1804)

- **Referat IV 2**
Aufsicht über die vorbezeichneten Kreditinstitute mit Sitz in Berlin sowie mit Sitz im Bereich des Norddeutschen Genossenschaftsverbandes (Raiffeisen-Schulze-Delitzsch) e.V., des Genossenschaftsverbandes Weser-Ems e.V., des Genossenschaftsverbandes Hannover e.V.; Aufsicht über Kreditinstitute, die Mitglied im Verband der Sparda-Banken e.V. oder im Verband der Post-, Spar- und Darlehnsvereine e.V. sind
RD Dr. Burmeister (1817)

- **Referat IV 3**
Aufsicht über die vorbezeichneten Kreditinstitute mit Sitz im Bereich des Genossenschaftsverbandes Rheinland e.V., des Westfälischen Genossenschaftsverbandes e.V. und des Genossenschaftsverbandes Hessen-Rheinland-Pfalz-Thüringen e.V. (außer Institute in Thüringen und im Bereich des ehemaligen Genossenschaftsverbandes Kurhessen-Thüringen e.V.)
RD Krzysteczko (1808)

- **Referat IV 4**
Allgemeine Fragen des Genossenschaftswesens, Fragen grundsätzlicher Bedeutung, Aufsicht über die vorbezeichneten Kreditinstitute mit Sitz im Bereich des Saarländischen Genossenschaftsverbandes e.V., des Württembergischen Genossenschaftsverbandes e.V. und des Badischen Genossenschaftsverbandes e.V. sowie über die DG Bank Deutsche Genossenschaftsbank
RD Hartmann (1818)

- **Referat IV 5**
Aufsicht über die vorbezeichneten Kreditinstitute in Sachsen-Anhalt und Sachsen
RD Czapla (1814)

Bundesbankfähige Wechsel

- **Referat IV 6**
  Aufsicht über die vorbezeichneten Kreditinstitute in Brandenburg, Thüringen und im Bereich des ehemaligen Genossenschaftsverbandes Kurhessen-Thüringen e.V.
  RD'in Dr. Schindler (1805)

Abteilung V
Aufsicht über Kapitalanlagegesellschaften, Wertpapier- und Grundstücksfonds, Tochtergesellschaften und Zweigstellen ausländischer Banken, Wertpapiersammelbanken, freigestellte Unternehmen und Berliner Altbanken; Grundsatzfragen der internationalen Investmentaufsicht, Überwachung des Vertriebs ausländischer Investmentanteile sowie der Westvermögen-Abwicklung; Depotprüfungen; Repräsentanzen ausländischer Banken
Abt. Präs.'in Tamm (2124)

- **Referat V 1**
  Allgemeine Fragen des inländischen Investmentwesens, Grundsatzfragen des KAGG hinsichtlich: Publikums- Wertpapiersondervermögen und Grundstückssondervermögen, Aufsicht über folgende Kapitalanlagegesellschaften und die von diesen aufgelegten Sondervermögen: mit Grundstückssondervermögen, mit Geldmarkt- und/oder Wertpapier- und/oder Beteiligungssondervermögen, soweit sie der Firmengruppe der Commerzbank AG oder der Firmengruppe der Dresdner Bank AG zuzuordnen sind, sowie mit Geldmarkt- und/oder Wertpapier- und/oder Beteiligungssondervermögen und Sitz in Baden-Württemberg, Bayern, Berlin, Bremen, Hamburg, Niedersachsen oder Schleswig-Holstein
  RD Krug (1927)

- **Referat V 2**
  Allgemeine Fragen des ausländischen Investmentwesens, Überwachung des Vertriebs ausländischer Investmentfonds
  RD Neumann (2106)

- **Referat V 3**
  Allgemeine Fragen des Wertpapiergeschäfts, Aufsicht über Wertpapiersammelbanken, Anordnung und Auswertung der Depotprüfungen, Überwachung des Effektengeschäfts der Kreditinstitute, Aufgaben nach dem 3. UEG, dem WAbwG und dem ASpG, Beaufsichtigung von Berliner Altbanken und verlagerten Geldinstituten, Freistellung von Unternehmen nach § 2 Abs. 4 KWG und Überwachung der freigestellten Unternehmen
  RD Dr. Miletzki (2116)

- **Referat V 4**
  Grundsatzfragen des KAGG hinsichtlich Spezial-Wertpapiersondervermögen und Beteiligungssondervermögen, Grundsatzfragen der internationalen Investmentaufsicht, Aufsicht über folgende Kapitalanlagegesellschaften und die von diesen aufgelegten Sondervermögen: mit Geldmarkt- und/oder Wertpapier- und/oder Beteiligungssondervermögen, soweit sie der Firmengruppe der Deutsche Bank AG, der Sparkassenorganisation oder dem Genossenschaftsbereich zuzuordnen sind, sowie mit Geldmarkt- und/oder Wertpapier- und/oder Beteiligungssondervermögen und Sitz in Hessen, Nordrhein-Westfalen, Rheinland-Pfalz oder im Saarland
  RD Dr. Kruppa (2105)

- **Referat V 5**
  Allgemeine Fragen der Auslandsbanken, soweit nicht das Referat V 6 zuständig ist; Zusammenarbeit mit Aufsichtsbehörden:
  - der EWG im Rahmen der Gastlandaufsicht und Vor-Ort-Prüfungen von Zweigstellen i.S.v. § 53 b KWG sowie bei der Zulassung und laufenden Aufsicht über Tochtergesellschaften;
  - der früheren RGW-Staaten, Afrikas, des Nahen und Mittleren Ostens bei der Zulassung und laufenden Aufsicht über Zweigstellen und Tochtergesellschaften;
  Aufsicht über Tochtergesellschaften gem. GVPI; Überwachung und Registrierung von Repräsentanzen i.S.v. § 53a KWG aus den Ländern der vorgenannten Regionen; Unterstützung der für die Heimatlandkontrolle zuständigen Referate der Abteilung II
  RD Brennecke (2149)

- **Referat V 6**
  Allgemeine die Auslandsbanken betreffende Fragen der Länderrisiken, des haftenden Eigenkapitals und der Finanzinnovationen; Zusammenarbeit mit Aufsichtsbehörden außerhalb der EWG, soweit nicht Referat V 5 zuständig ist, bei der Zulassung, laufenden Aufsicht und Prüfung von Zweigstellen und bei der Beaufsichtigung von Tochtergesellschaften; Gastlandaufsicht über Zweigstellen von Unternehmen aus Ländern, mit denen Abkommen zur EWG

bestehen (§ 53c KWG); Aufsicht über Tochtergesellschaften ausländischer Unternehmen gem. GVPI; Überwachung und Registrierung von Repräsentanzen (§ 53a KWG), soweit nicht das Referat V 5 zuständig ist; Aufsicht über Zweigstellen von Unternehmen außerhalb der EWG (§ 53 KWG); Unterstützung der für die Heimatlandkontrolle zuständigen Referate der Abteilungen III und IV
RD Bartels (2150)

Abteilung VI
Fragen der Währungsumstellung und der Bilanzierung in DM bei Geldinstituten und Außenhandelsbetrieben (AHB) in der ehemaligen DDR, Prüfung und Bestätigung der Umstellungsrechnung, Zuteilung von Ausgleichsforderungen, Regelungen des Verfahrens hierzu
Abt. Präs. von Saldern (1150)

– **Referat VI 1**
Grundsatzfragen der Währungsumstellung und Bilanzierung in DM, Regelungen des Verfahrens zur Zuteilung und des Erwerbs von Ausgleichsforderungen, Widerspruchs- und Verwaltungsstreitverfahren aus dem Arbeitsgebiet der Abteilung VI
RD Dr. Bauer (1162)

– **Referat VI 2**
Fragen der Währungsumstellung der Außenhandelsbetriebe (AHB), der Volksbanken, der Geldinstitute in der Rechtsform der AG und Anstalt ö.R., Zuteilung von Ausgleichsforderungen bezüglich der genannten Unternehmen
RD Heicken (1154)

– **Referat VI 3**
Fragen der Währungsumstellung und Zuteilung von Ausgleichsforderungen bezüglich der Sparkassen
RD'in Katsantonis-Paulsen (1173)

– **Referat VI 4**
Fragen der Währungsumstellung und Zuteilung von Ausgleichsforderungen bezüglich der Raiffeisenbanken
RD Langfeld (1167)

---

geräumten Rediskontlinie ausgestellt sind (→ Außenhandelsfinanzierung).

Bundesbankgesetz (BBankG), → Deutsche Bundesbank.

Bundesbankgewinn
Reingewinn der Deutschen Bundesbank, der nach § 27 BBankG zu verwenden ist. Um die → Geldmengensteuerung nicht zu erschweren, wird der an den Bund abzuführende (Teil-)Betrag häufig in Raten gezahlt.
(→ Deutsche Bundesbank, → Jahresabschluß)

Bundesbank-Liquiditäts-U-Schätze („Bulis")
→ Unverzinsliche Schatzanweisungen der BRD, die aufgrund von § 42 BBankG ausschließlich zu geldpolitischen Zwecken begeben werden (→ Liquiditätspapiere). Diese kurzfristigen → Geldmarktpapiere wurden von der → Deutschen Bundesbank seit 1993 allen inländischen und ausländischen Privatpersonen über → Kreditinstitute zum Kauf angeboten. Alle Zins- und Tilgungsverpflichtungen hat die Bundesbank zu erfüllen, so daß, wirtschaftlich gesehen, → Emissionen der Bundesbank vorliegen.

Mit der Ausgabe der Liquiditätspapiere wurde zum einen die Ausrichtung der → Geldpolitik auf die → Offenmarktpolitik der Deutschen Bundesbank verstärkt. Die deutschen Erfahrungen damit werden bei der Debatte über das Notenbankinstrumentarium in der dritten Stufe zur → Europäischen Wirtschafts- und Währungsunion eine besondere Rolle spielen. Zum anderen erweiterte die Bundesbank – über die Steuerung des Zinssatzes für → Tagesgeld hinaus – ihre Einwirkungsmöglichkeiten auf den Finanzierungskreislauf durch ein liquiditätspolitisches Instrument, mit dem sie direkt liquide Mittel absaugen kann, und zwar nicht nur von Banken, sondern auch von Nichtbanken im In- und Ausland. Die Begebung von Liquiditätspapieren bietet sich besonders zur Neutralisierung großer Devisenzuflüsse zur Bundesbank im Gefolge von Währungsunruhen an, da ihre Liquiditätswirkung grundsätzlich über die gleichen Kanäle verläuft. Mit der Einbeziehung der Nichtbanken haben die Liquiditätspapiere besondere Vorteile gegenüber anderen Notenbankinstrumenten. Die Liquiditätspapiere werden über das → Bankensystem in einem Versteigerungsverfahren angeboten. Für die Papiere gibt die Bundesbank keine

Bundesbank-Liquiditäts-U-Schätze

Rückkaufszusage. Je nach ihren geldpolitischen Intentionen kann die Bundesbank sie aber am offenen Markt ankaufen. Das Instrument läßt sich liquiditätsabschöpfend oder liquiditätsausweitend einsetzen.
Im September 1994 erfolgte die vorläufig letzte Emission, da sich die Absicht, die Offenmarktpolitik hiermit auf eine breitere Basis zu stellen, nicht verwirklichen ließ.

→ *Ausschreibungsverfahren* (*Beispiel*):

→ *Emittent:*
Bundesrepublik Deutschland;
die Geldmarkttitel werden gemäß § 42 des Gesetzes über die Deutsche Bundesbank von ihr zu geldpolitischen Zwecken begeben. Alle Zins- und Tilgungsverpflichtungen sind von der Deutschen Bundesbank zu erfüllen.

Bezeichnungen:
(1) Unverzinsliche Schatzanweisungen der Bundesrepublik Deutschland Lit. LN („Bundesbank-Liquiditäts-U-Schätze") Ausgabe März 93/3 – WKN 112 127 –
(2) Unverzinsliche Schatzanweisungen der Bundesrepublik Deutschland Lit. LN („Bundesbank-Liquiditäts-U-Schätze") Ausgabe März 93/6 – WKN 112 128 –
(3) Unverzinsliche Schatzanweisungen der Bundesrepublik Deutschland Lit. LN („Bundesbank-Liquiditäts-U-Schätze") Ausgabe März 93/9 – WKN 112 129 –.

Emissionsbeträge:
Nicht festgelegt, bis zu insgesamt maximal 25 Mrd. DM Nennbetrag.

Nennbeträge:
100.000,– DM oder ein ganzes Vielfaches.

Fälligkeiten:
zu (1) 3. Juni 1993
   (3 Monate → Laufzeit; 93 Kalendertage)
zu (2) 3. September 1993
   (6 Monate Laufzeit; 184 Kalendertage)
zu (3) 3. Dezember 1993
   (9 Monate Laufzeit; 275 Kalendertage).
Eine Zusage der Bundesbank, die Titel vor → Fälligkeit anzukaufen, besteht nicht. Die Bundesbank behält sich jedoch vor, während der Laufzeit der Papiere Ankaufsangebote zu unterbreiten, wenn dies aus geldpolitischen Gründen geboten erscheint.

Verzinsung:
Ergibt sich aus der Differenz zwischen → Nennwert und Kaufkurs. Die Bundesbank wird → Emissionsrenditen und später evtl. auch Marktrenditen grundsätzlich auf der Basis der an den kurzfristigen → Finanzmärkten international üblichen → Eurozinsmethode (auch Französische Zinsberechnung genannt) mit taggenauer Berechnung („act/360") veröffentlichen. Die Renditen sind dadurch mit Interbanksätzen, FIBOR-Notierungen, Commercial-Paper-Renditen, Euromarktsätzen und ähnlichem vergleichbar.

Börseneinführung/Kurspflege:
Keine Börsennotierung; keine → Kurspflege der Bundesbank.

Bieterkreis:
An der Ausschreibung können sich Kreditinstitute mit → LZB-Girokonto unmittelbar beteiligen. Andere inländische und ausländische Interessenten können mittelbar über ein inländisches Kreditinstitut mitbieten; in diesem Falle entstehen Vertragsbeziehungen nur zwischen diesen mittelbaren Bietern und dem von ihnen eingeschalteten Kreditinstitut.

Bietungen:
Aufgabe des gewünschten Nennbetrages (Rückzahlungsbetrag) und des *Kurses* in Prozent des Nennbetrages, zu dem der Bieter bereit ist, die Papiere zu erwerben. Die Gebote müssen auf volle 0,01%-Punkte lauten. Gebote ohne Angabe eines Bietungskurses oder mehrere Gebote zu unterschiedlichen Kursen sind möglich. Rendite-Gebote sind nicht zulässig.

Gebotsfrist:
Für inländische Banken: Montag, 1. März 1993, 11.00 Uhr; Gebote sind schriftlich (formlos, mit Telex oder Telefax) bei der zuständigen Landeszentralbank einzureichen. Andere Interessenten wenden sich rechtzeitig vorher an ein inländisches Kreditinstitut.

Zuteilung:
Unverzüglich, spätestens jedoch bis Dienstag, 2. März 1993, 9.00 Uhr. Zuteilung zu dem im jeweiligen Gebot genannten Kurs (→ „amerikanisches" Verfahren). Gebote ohne Angabe eines Kurses werden zum gewogenen Durchschnittskurs der akzeptierten Gebote zugeteilt. Gebote, die über dem niedrigsten von der Bundesbank akzeptierten Kurs liegen, werden voll zugeteilt. Ge-

Bundesdatenschutzgesetz

bote mit niedrigeren Kursen fallen aus. Die Bundesbank behält sich vor, Gebote zum niedrigsten akzeptierten Kurs sowie Gebote ohne Angabe eines Kurses zu repartieren. Im Fall der Repartierung werden mindestens 100.000,- DM je betroffenes Gebot beziehungsweise der nächsthöhere auf volle 100.000,- DM lautende Betrag zugeteilt. Da Banken die Gebote ihrer Kunden gebündelt in die Versteigerung einbringen, können Kleinbieter im Falle von Repartierungen ganz ausfallen.

Valutierungstag (Zahlung des Gegenwertes):
Für inländische Banken: Mittwoch, 3. März 1993, bis spätestens 11.30 Uhr. Der Gegenwert wird auf den LZB-Girokonten belastet.
Für andere Interessenten gelten die mit ihren Kreditinstituten getroffenen Vereinbarungen.

Lieferung:
Girosammelbestands-Anteile (→ Sammelbestand); Umwandlung in → effektive Stücke oder → Schuldbuchforderungen ist ausgeschlossen.

Refinanzierung:
Die Titel sind lombardfähig und für → Wertpapierpensionsgeschäfte geeignet.

Sonstiges:
Soweit in dieser Ausschreibung nichts anderes bestimmt ist, gelten die „Allgemeinen Bedingungen für den Verkauf von Unverzinslichen Schatzanweisungen im Wege der Ausschreibung"

→ *Sekundärmarkt:* Bulis werden zwischen europäischen → Zentralbanken und institutionellen Anlegern gehandelt.

Bundesbanknoten
→ Banknoten der → Deutschen Bundesbank.

Bundesbankpolitik,
→ Geldpolitik der Deutschen Bundesbank.

Bundesbank-Rendite
→ Rendite umlaufender Anleihen, die von der → Deutschen Bundesbank errechnet und veröffentlicht wird.

Bundesbank-Schätze
→ Unverzinsliche Schatzanweisungen, die als → Liquiditätspapiere nach § 42 BBankG zeitweise von der → Deutschen Bundesbank an Nichtbanken im Rahmen der → Offenmarktpolitik der Deutschen Bundesbank abgegeben worden sind. Es handelt sich um standardisierte, nicht vor → Fälligkeit zurückgebbare Papiere. Die hieraus bestehenden Verbindlichkeiten sind aus der Bundesbankbilanz (→ Deutsche Bundesbank, Jahresabschluß) sowie aus dem Statistischen Teil der → Monatsberichte der Deutschen Bundesbank ersichtlich.

Bundesbankzinssätze
→ Diskontsatz (Zinssatz für Gewährung von → Rediskontkredit), → Lombardsatz (Zinssatz für Gewährung von → Lombardkredit), Pensionssatz (Verkaufszinssatz für → Offenmarktgeschäfte der Deutschen Bundesbank mit Rückkaufsvereinbarung = → Pensionsgeschäfte) und Schatzwechselabgabesatz (→ Schatzwechselzins = Verkaufszinssatz für → Schatzwechselkredite). Für → Kassenkredite wandte die Deutsche Bundesbank zuletzt den Lombardsatz an.

Bundesbeteiligungen
Beteiligungen des Bundes, der → Treuhandanstalt und des → ERP-Sondervermögens an Unternehmen in privater Rechtsform. Über die B. wird jährlich vom Bundesminister der Finanzen in einem Beteiligungsbericht berichtet.

Schwerpunkte der B.: bei Industrieunternehmen, im Verkehrswesen (Deutsche Lufthansa AG, verschiedene Flughafen- und Hafengesellschaften, Wasserbau- und Wasserbaufinanzierungsgesellschaften), in der Wohnungswirtschaft, in der Entwicklungshilfe, in der Kreditwirtschaft (→ öffentlich-rechtliche Kreditanstalten) sowie in der Forschung.

Bundesbürgschaft
Bürgschaftsübernahme (→ Bürgschaft), auch Garantieübernahme (→ Garantie) des Bundes für → Darlehen, die für Zwecke von besonderer wirtschaftlicher oder sozialpolitischer Bedeutung von → Banken oder sonstigen → Kapitalsammelstellen gegeben werden und die sonst nicht ordnungsgemäß gesichert werden können.

Bundesdatenschutzgesetz
Gesetz vom 20.12.1990, das dem Schutz personenbezogener Daten vor Mißbrauch bei ihrer Speicherung, Übermittlung, Veränderung und Löschung (Datenverarbeitung) dient. → Kreditinstitute, die schon auf-

grund des → allgemeinen Bankvertrages zur Beachtung des → Bankgeheimnisses und damit zum → Datenschutz beim Umgang mit Daten ihrer Kunden gehalten sind, haben die Regelung des Datenschutzgesetzes v. a. beim Bankauskunftsverfahren (→ Bankauskünfte) und beim SCHUFA-Verfahren (→ SCHUFA) zu beachten.

Bundesdeckungen, → Ausfuhrgewährleistungen des Bundes.

Bundeseigene Unternehmen
Unternehmen, an denen der Bund maßgeblich beteiligt ist. Schwerpunkte der → Bundesbeteiligung sind die → Treuhandanstalt, das industrielle Bundesvermögen, der Bankenbereich, das Verkehrswesen, die Wohnungswirtschaft sowie der forschungs- und entwicklungspolitische Bereich. Bei den → Sondervermögen verfügten Bundesbahn und Bundespost über den größten Beteiligungsbesitz; daran ändert sich vorläufig nichts dadurch, daß beide 1994/95 in → Aktiengesellschaften umgewandelt wurden. Für die Verwaltung der Beteiligungen sind aufgabenbezogen die einzelnen Fachressorts und Sondervermögen zuständig. Das Bundesministerium der Finanzen hat darüber hinaus in seiner Eigenschaft als Etat- und Vermögensministerium nach Haushaltsrecht allgemeine Aufgaben der Beteiligungsverwaltung wahrzunehmen. Die Treuhandanstalt ist (vorübergehend) Anteilseigner der → Kapitalgesellschaften, die kraft Gesetzes durch → Umwandlung aus den ehemals volkseigenen Kombinaten, Betrieben und sonstigen Wirtschaftseinheiten hervorgegangen waren.

Bundesgesetzblatt (BGBl.)
Amtliches Verkündungsorgan für die vom Bund erlassenen → Gesetze und → Rechtsverordnungen (Art. 82 GG). Herausgeber ist der Bundesminister der Justiz. Teil I und II des BGBl. dienen der Verkündung der Rechtsvorschriften in der zeitlichen Reihenfolge ihrer Ausfertigung. In Teil II werden völkerrechtliche Vereinbarungen einschließlich der hierzu ergangenen innerstaatlichen Zustimmungsakte abgedruckt. Teil III dient der Veröffentlichung des Bundesrechts unter dem Aspekt sachlicher Zusammengehörigkeit. Aufgenommen werden auch Rechtsvorschriften aus der Zeit vor Inkrafttreten des Grundgesetzes, soweit sie als Bundesrecht fortgelten (Art. 123 ff. GG).

Bundeskartellamt
Selbständige Bundesoberbehörde im Geschäftsbereich des Bundesministeriums für Wirtschaft mit Sitz in Berlin, die auf der Grundlage des Gesetzes gegen Wettbewerbsbeschränkungen (GWB, auch Kartellgesetz genannt) für alle → Wettbewerbsbeschränkungen zuständig ist, die sich im Geltungsbereich dieses Gesetzes auswirken und über das Gebiet eines Bundeslandes hinausreichen. Das B. hat für bestimmte Wettbewerbsbeschränkungen, z. B. für die Fusionskontrolle, die alleinige Zuständigkeit. Für Wettbewerbsbeschränkungen innerhalb eines Bundeslandes ist grundsätzlich die jeweilige Landeskartellbehörde zuständig. (→ Wettbewerb)

Bundesmünzen, → Scheidemünzen, → Münzgeld.

Bundesobligation (Bobl)
Von der Bundesrepublik Deutschland zur → Finanzierung öffentlicher → Investitionen und zur Förderung der Eigentums- und Vermögensbildung aller Bevölkerungsschichten emittierte → Schuldverschreibung (→ Bundeswertpapiere). Der Bund als → Daueremittent begibt die B. in aufeinanderfolgenden Serien mit festem → Nominalzins und variablen Ausgabekursen, um die → Rendite (Effektivverzinsung) der Marktlage anzupassen. Er verkauft sie über die → Landeszentralbanken sowie über → Banken und → Sparkassen. Eine neue Serie wird jeweils dann aufgelegt, wenn die Marktlage den Übergang zu einem anderen Nominalzins erfordert. Die Ausstattungsmerkmale neuer Serien werden im → Bundesanzeiger bekanntgemacht. Unabhängig davon wird der Verkauf einer laufenden Serie nach Ablauf von einigen Monaten eingestellt, um sie in den → amtlichen (Börsen-)Handel an allen deutschen → Wertpapierbörsen einzuführen. Der → Emittent ist gemäß Emissionsbedingungen bereit, in einem angemessenen und vertretbaren Rahmen eine der jeweiligen Kapitalmarktlage Rechnung tragende → Kurspflege zu betreiben.

Käuferkreis: B. der laufenden Serie können nur von → natürlichen Personen und von Einrichtungen, die gemeinnützigen, mildtätigen oder kirchlichen Zwecken dienen, erworben werden (Ersterwerb). Nach Börseneinführung können B. von jedermann – auch von → Kreditinstituten und Unternehmen – erworben werden. Die →Laufzeit beträgt fünf Jahre. B. können weder vom →Gläubiger noch vom →Schuldner vorzeitig gekündigt werden. Der Nennbetrag beträgt 100 DM oder ein Mehrfaches davon. Für die ausgegebenen Serien wird eine →Schuldbuchforderung der →Deutscher Kassenverein AG im →Bundesschuldbuch eingetragen (→Sammelschuldbuchforderung). Die Käufer erhalten durch die Depotgutschrift bei ihrem Kreditinstitut →Miteigentum nach Bruchteilen am →Sammelbestand. Sie können die Eintragung einer →Einzelschuldbuchforderung auf ihren Namen beantragen. Die →Zinsen werden jährlich nachträglich gezahlt. Die Konditionen orientieren sich am →Kapitalmarkt. Der Liquiditätsgrad der Titel ist wegen des Börsenhandels und der Kurspflege hoch.

Merkmale: B. sind mündelsicher (→Mündelsicherheit) und deckungsstockfähig (→Deckungsstockfähigkeit).
(→Bond Research, →Bobl-Future, →Option auf den Bobl-Future).

Bundesschatzanweisung

Mittelfristige festverzinsliche →Inhaberschuldverschreibung (→festverzinsliches Wertpapier, →Schatzanweisung) mit →Laufzeiten von vier Jahren (→Bundeswertpapiere). Von →Bundesanleihen und →Bundesobligationen unterscheiden sich B. durch die höhere →Stückelung (5.000 DM), den angestrebten Erwerberkreis (v. a. →Kreditinstitute und →Kapitalsammelstellen), durch das Emissionsverfahren (öffentliche Ausschreibung, →Tenderverfahren) sowie durch die Laufzeiten. Ihre Ausgabe wird vorher angekündigt, damit sich der Markt auf die →Emission einstellen kann.

B. werden im Tenderverfahren mit Zuteilung im →amerikanischen Verfahren bzw. im →holländischen Verfahren vergeben und in den →amtlichen (Börsen-)Handel an allen deutschen →Wertpapierbörsen eingeführt. Die Deutsche Bundesbank betreibt für Rechnung des Bundes →Markt- und →Kurspflege. Jedermann kann B. erwerben (auch →Gebietsfremde). An den Ausschreibungen können sich unmittelbar nur Kreditinstitute beteiligen, die ein →LZB-Girokonto unterhalten. Gebote müssen über mindestens 5.000 DM oder ein ganzes Vielfaches davon lauten. Sie sollen den Kurs enthalten, bis zu dem der Bieter bereit ist, zugeteilte Beträge zu übernehmen. Gebote ohne Angabe eines Bietungskurses (Billigst-Gebote) sind zulässig. Die Papiere werden zu dem im jeweiligen Gebot genannten Kurs zugeteilt, wobei die für den Bund günstigsten Gebote ausgewählt werden. Gebote ohne Kursangabe werden zum gewogenen Durchschnittskurs der akzeptierten Kursgebote zugeteilt. Zugeteilte Beträge werden als Anteile an einer →Sammelschuldbuchforderung auf den Namen der →Deutscher Kassenverein AG in das →Bundesschuldbuch eingetragen. Effektive Stücke können nicht bezogen werden. B. sind lombardfähig und für →Wertpapierpensionsgeschäfte geeignet.
(→Bond Research, →Bobl-Future, →Option auf den Bobl-Future).

Bundesschatzbrief

Von der Bundesrepublik Deutschland als →Daueremissionen zur →Finanzierung öffentlicher →Investitionen und zur Förderung der Eigentums- und Vermögensbildung aller Bevölkerungsschichten begebene →Schuldbuchforderung (→Bundeswertpapiere). B. zählen nicht zu den →Effekten, da eine Börseneinführung nicht erfolgt. Die Ausgabe von Wertpapierurkunden ist für die gesamte →Laufzeit ausgeschlossen (→Wertrechte). Erwerber erhalten abtretungsfähige Quittungen.

Ausstattung: Mindestanlage 100 DM, darüber hinaus durch 100 teilbare Beträge, Erwerb und →Rückzahlung in Höhe des Nominalbetrages. Typ A: Laufzeit sechs Jahre, Zahlung der →Zinsen jährlich nachträglich. Typ B: Laufzeit sieben Jahre, Zahlung der Zinsen mit →Zinseszinsen bei →Rückzahlung (→Aufzinsungspapiere). Angesammelte Zinsen plus Nennwert ergeben den Rückzahlungswert.

Käufer: B. können nur von →natürlichen Personen und von Einrichtungen, die gemeinnützigen, mildtätigen oder kirchlichen Zwecken dienen, erworben werden, nicht von →Gebietsfremden (ausgenommen gebietsfremde deutsche Staatsangehörige).

Übertragbarkeit: Jederzeit auf erwerbsberechtigte Dritte. Der Käufer hat die Wahl zwischen der Gutschrift auf seinem →Depotkonto bei einem →Kreditinstitut (→Miteigentumsanteil an einer →Sammelschuldbuchforderung) oder der Eintragung auf seinen Namen im →Bundesschuldbuch (Ein-

Bundes-Schufa

tragung einer →Einzelschuldbuchforderung). B. sind mündelsicher (→Mündelsicherheit).

Erwerb: Gebührenfrei bei →Banken, →Sparkassen und →Landeszentralbanken zum Nennwert (anfallende →Stückzinsen werden verrechnet).

Verzinsung: Feste jährliche Zinssätze, die im Zeitablauf ansteigen. Die Zinsen aus B. Typ B, die nach dem 31.12.1988 erworben sind, fließen dem Schatzbriefgläubiger bei Endfälligkeit oder bei Rückgabe an die →Bundesschuldenverwaltung zu (→Einkommensteuer auf Zinsen). Die Konditionen orientieren sich am →Kapitalmarkt. Der gestaffelte Zins soll einen Anreiz zur längerfristigen Anlage bilden.

Vorzeitige Rückgabe: Nach Ablauf einer Sperrfrist von einem Jahr (gerechnet auf den ersten Verkaufstag einer Ausgabe) können innerhalb von 30 Zinstagen bis zu höchstens 10.000 DM vorzeitig zurückgegeben werden (bei →Gemeinschaftsdepots je Depotbeteiligten). Eine vorzeitige →Kündigung durch den Bund ist ausgeschlossen. Aufgrund des Gläubigerrückgaberechts, dem gestaffelten Zins und dem Verzicht auf ein Schuldnerkündigungsrecht ergeben sich bei steigenden Kapitalmarktzinsen Rückgaberisiken für den Bund. Über Rückzahlungen und →Emissionen von B. unterrichtet der →Bundesanzeiger. Kreditinstitute erhalten für den Verkauf von B. eine Bonifikation, die nicht an die Erwerber weitergegeben werden darf. Nach Ablauf der Sperrfrist ist ein relativ hoher Liquiditätsgrad gegeben. Verglichen mit börsennotierten →Anleihen ist die →Liquidität der B. wegen des Sperrjahres und der monatlichen Höchstbeträge bei Rückgabe eingeschränkt. Die →Rendite ist gegenüber →Spareinlagen attraktiv, i.d.R. liegt die Durchschnittsverzinsung geringfügig unter dem →Kapitalmarktzins. Im Gegensatz zu Anleihen besteht kein Kursrisiko bzw. keine Kurschance.

Bundes-Schufa
Kurzbezeichnung für →Vereinigung der deutschen Schutzgemeinschaften für allgemeine Kreditsicherung e.V.

Bundesschuldbuch
Wertrechtsregister; →öffentliches Register, in dem Darlehensforderungen gegen den Bund, für die keine →Urkunden ausgestellt sind (→Wertrechte), eingetragen und damit beurkundet werden (→Schuldbuchforderung). Das B. sowie die Schuldbücher von →Sondervermögen des Bundes (z.B. Bundeseisenbahnvermögen, →Sondervermögen Ausgleichsfonds, Fonds Deutsche Einheit) werden auf der Grundlage des Reichsschuldbuchgesetzes und der Reichsschuldenordnung zentral von der →Bundesschuldenverwaltung in Bad Homburg v.d. Höhe als selbständiger Bundesoberbehörde geführt. Die Leitung, die für die gesetzmäßige Führung des B. sowie Erfüllung weiterer Aufgaben (z.B. Eintragung ins →Schuldbuch, Führung der Schuldbuchkonten, Bedienung der →Schulden) verantwortlich ist und zur Wahrung des (dem →Bankgeheimnis ähnlichen) Schuldbuchgeheimnisses verpflichtet ist, nimmt Aufgaben als Treuhänder zwischen →Gläubiger und →Schuldner wahr. Das B. genießt öffentlichen Glauben. Es teilt sich in Bücher, Abteilungen und Konten auf. Für jede →Emission wird ein eigenes Schuldbuch, für jeden Gläubiger ein besonderes →Konto (Schuldbuchblatt) eingerichtet. Für die Eintragung in das B. eignen sich nur mittel- und langfristige Schulden; das sind insbes. alle verzinslichen →Bundeswertpapiere wie →Bundesanleihen, →Bundesobligationen, →Bundesschatzbriefe sowie Bundes- und Bahnschatzanweisungen (→Bundesschatzanweisungen), die nur (stückelos) als Wertrechte begeben werden. →Finanzierungsschätze können seit Januar 1992 (Neuausgaben) eingetragen werden. Die Gesamtemission wird zunächst als →Sammelschuldbuchforderung treuhänderisch für den →Deutschen Kassenverein zu Gunsten der →Deutschen Bundesbank (als →Fiscal Agent des Bundes) eingetragen. Auf Antrag ist eine Umwandlung in →Einzelschuldbuchforderungen möglich. Bei anderen Finanzschulden (→Schuldscheindarlehen, →Schatzwechsel, U-Schätze) fertigt die Bundesschuldenverwaltung noch →Urkunden aus. Die Errichtung eines (Einzel-) Schuldbuchkontos erfolgt über ein →Kreditinstitut bzw. über die Bundesbank. Sie entspricht der Eröffnung eines →Depotkontos (d.h. mit Angaben zur Person und Unterschriftsprobe). Die Bundesschuldenverwaltung übernimmt mit der Kontoerrichtung die Aufgaben eines depotführenden Kreditinstituts. Eintragungen im Schuldbuch unterliegen dem Schuldbuchgeheimnis. Gebühren, insbes. Depotgebühren,

fallen für den Schuldbuchgläubiger nicht an. Einzelschuldbuchforderungen können veräußert, abgetreten oder verpfändet werden.

Bundesschuldenverwaltung
Eine dem Bundesfinanzministerium nachgeordnete obere Bundesbehörde mit Sitz in Bad Homburg v. d. Höhe.

Aufgaben: Ihr obliegt die Beurkundung und Verwaltung der → Schulden des Bundes sowie der Gewährleistungen des Bundes und seiner → Sondervermögen. Da → Schuldverschreibungen des Bundes (→ Bundeswertpapiere), wie z. B. → Bundesanleihen, → Bundesobligationen, → Bundesschatzbriefe und → Bundesschatzanweisungen stückelos begeben werden, führt die Bundesschuldenverwaltung Schuldbuch-Konten, auf denen die → Schuldbuchforderungen der → Gläubiger (→ Einzelschuldbuchforderungen, → Sammelschuldbuchforderungen) verbucht werden. In ihren Tätigkeitsbereich fällt auch die Beurkundung von → Bürgschaften und → Garantien, soweit diese im Namen des Bundes oder in dessen Auftrag von der → Hermes Kreditversicherungs-AG bzw. der → Treuarbeit als Mandatare des Bundes übernommen werden.
Im Bereich des Münzwesens sind ihr folgende Aufgaben zugewiesen: Ausgabe von Sammlermünzen der Bundesrepublik Deutschland, die Kontrolle der Ausführung von Prägeaufträgen bei Bundesmünzen (→ Scheidemünzen), die Kontrolle der Ablieferung der → Münzen an die Deutsche Bundesbank und die Abrechnung mit ihr sowie die Verfolgung von Ordnungswidrigkeiten nach dem Münzgesetz und der Verordnung über die Herstellung und den Vertrieb von → Medaillen und Marken.

Bundestagswahl-Schein
Synonym für den → Capped Chooser Warrant der Citibank.

Bundesverband der Deutschen Volksbanken und Raiffeisenbanken e. V. (BVR)
Spitzenverband des kreditgenossenschaftlichen Banksektors mit Sitz in Bonn.

Aufgaben: Förderung, Betreuung und Vertretung der fachlichen und der besonderen wirtschaftspolitischen und wirtschaftlichen Interessen der Mitglieder und der diesen angeschlossenen Einrichtungen.

Mitglieder: → Kreditgenossenschaften, → genossenschaftliche Zentralbanken, die → DG BANK Deutsche Genossenschaftsbank, die im → genossenschaftlichen Verbund tätigen anderen Finanzdienstleistungsunternehmen (Bausparkasse, → Kapitalanlagegesellschaft, Hypothekenbanken, Versicherungsunternehmen usw.) sowie die → regionalen Genossenschaftsverbände und → Fachprüfungsverbände.
(→ Verbände und Arbeitsgemeinschaften in der Kreditwirtschaft)

Bundesverband der Kursmakler an den deutschen Wertpapierbörsen
Vereinigung zur Vertretung der Berufsinteressen der → Kursmakler an den deutschen → Wertpapierbörsen mit Sitz in Hamburg.

Bundesverband deutscher Banken e. V.
Spitzenverband der → Kreditbanken sowie einiger → Kreditinstitute mit Sonderaufgaben, in dem die regionalen Bankenverbände sowie der → Verband deutscher Hypothekenbanken e. V. und der → Verband deutscher Schiffsbanken Mitglieder sind (unmittelbare Mitglieder) mit Sitz in Köln.

Aufgaben: Wahrung der Interessen der deutschen Banken, Beratung und Unterstützung der Behörden in allen die deutschen Banken betreffenden Angelegenheiten, Unterrichtung und Beratung der Mitgliedsverbände und der angeschlossenen Banken, Öffentlichkeitsarbeit usw. Der Bundesverband deutscher Banken ist Träger des Einlagensicherungsfonds (→ Einlagensicherung), der ein rechtlich unselbständiges → Sondervermögen des Verbandes ist. Voraussetzung für die Zugehörigkeit im Einlagensicherungsfonds ist die Mitgliedschaft im → Prüfungsverband deutscher Banken.

Regionale Verbände: Bankenverband Baden-Württemberg e. V., Stuttgart; Bayerischer Bankenverband e. V., München; Bankenverband Bremen e. V.; Bankenverband Hamburg e. V.; Bankenverband Hessen e. V., Frankfurt am Main; Bankenverband mittel- und ostdeutscher Länder e. V., Berlin; Bankenverband Niedersachsen e. V., Hannover; Bankenverband Nordrhein-Westfalen e. V., Köln; Bankenverband Rheinland-Pfalz e. V., Mainz; Bankenverband Saarland e. V., Saarbrücken; Bankenverband Schleswig-Holstein e. V., Kiel.
(→ Verbände und Arbeitsgemeinschaften der Kreditwirtschaft)

Bundesverband Deutscher Investment-Gesellschaften e. V. (BVI)
Interessenvereinigung der deutschen → Kapitalanlagegesellschaften mit Sitz in Frankfurt a. M. zur Förderung des Investmentgedankens (→ Investmentsparen).
(→ Verbände und Arbeitsgemeinschaften der Kreditwirtschaft)

Bundesverband deutscher Kapitalbeteiligungsgesellschaften e. V.
Interessenvertretung der → Kapitalbeteiligungsgesellschaften und Venture Capital-Gesellschaften (→ Venture-Capital-Finanzierung) mit Sitz in Berlin.

Bundesverband Deutscher Leasing-Gesellschaften e. V.
Interessenvereinigung der deutschen → Leasing-Gesellschaften mit Sitz in Köln.

Bundesverband privater Kapitalanleger e. V.
Vereinigung zur Vertretung der Interessen privater Kapitalanleger gegenüber Gesetzgebung, Regierung und Verwaltung, Aufklärung über bestehende und neue Kapitalanlagemodelle, Gewährung von Kostenschutz bei Musterprozessen; Sitz in Bonn.

Bundeswertpapiere
→ Wertpapiere (→ Schuldverschreibungen) des Bundes (→ Bundesanleihen, → Bundesobligationen, → Bundesschatzbriefe, → Finanzierungsschätze, → Bundesschatzanweisungen) und Wertpapiere (Schuldverschreibungen) der → Sondervermögen des Bundes (z. B. Bundesbahnanleihen, Bahnschatzanweisungen.

Merkmale: Vgl. Übersicht „Bundeswertpapiere – Merkmale", S. 331/332.

Bund-Future
Standarisierter → Terminkontrakt (→ Future) auf eine fiktive, sechsprozentige → Bundesanleihe mit einem → Nominalwert von 250.000 DM und einer → Restlaufzeit von achteinhalb bis zehn Jahren (→ Zins-Future). Mit dem Erwerb oder Verkauf des → Kontraktes ist die Verpflichtung verbunden, eine diesen Kriterien entsprechende Bundesanleihe zu einem festgelegten Zeitpunkt zu kaufen oder zu verkaufen. Um die unterschiedlichen Restlaufzeiten und → Kupons der einzelnen → lieferbaren Anleihen der idealtypischen Nominalverzinsung von 6% anzupassen, veröffentlicht die → Terminbörse für jede lieferbare Anleihe einen → Preisfaktor, auf dem die Berechnung des Andienungspreises basiert. Der Preisfaktor zeigt den Preis je 1 DM nominal an, bei dem die jeweilige Bundesanleihe mit 6% rentieren würde.

Naturgemäß wird der Verkäufer des Future aus dem Korb der lieferbaren Anleihen die für ihn billigste Anleihe, die sogenannte → CTD-(Cheapest-to-deliver)Anleihe, bereitstellen. Zu diesem Zweck vergleicht er bei jeder lieferbaren Anleihe den Aufwand für einen Erwerb des Titels am Markt mit dem Erlös aus der anschließenden Lieferung. Zu einer effektiven Lieferung kommt es jedoch nur in seltenen Fällen. Die Regel ist die vorzeitige → Glattstellung der → Position durch ein Gegengeschäft. Es werden immer drei Liefermonate angeboten, und zwar regelmäßig die drei nächstliegenden aus dem Zyklus März, Juni, September und Dezember. Die → Laufzeit eines Kontraktes beträgt somit maximal neun Monate.

Unabhängig davon, ob der B.-F. als Handels- (→ Tradingstrategie) oder Hedging-Instrument (→ Hedgingstrategie) eingesetzt wird, werden bei einem erwarteten Zinsrückgang B.-F. gekauft. Trifft die Marktprognose zu, ziehen die Anleihe- und Futures-Notierungen an, so daß die Kontrakte später zu einem höheren Preis wieder verkauft werden können. Umgekehrt wird der Kontrakt bei einem befürchteten Zinsanstieg verkauft, da bei Eintritt dieser Entwicklung die Rentenkurse und Futures-Preise fallen werden und ein Kontraktrückkauf zu einem niedrigeren Preis möglich ist. Die Wertentwicklung des B.-F. ist eng an die Renditeentwicklung langfristiger Bundesanleihen gekoppelt.

Bund-Future-Option
Recht, einen → Bund-Future innerhalb einer bestimmten Frist zu einem festgelegten Preis zu erwerben (→ Callrecht) oder zu verkaufen (→ Put-Option). Während der → Future selbst beide Seiten zur Erfüllung verpflichtet, den Käufer zur Zahlung und den Verkäufer zur Lieferung, ist bei dieser → Zinsoption der Erwerber nicht zur Erfüllung des zugrundeliegenden Geschäftes verpflichtet. Haben sich die langfristigen → Zinsen konträr zu seinen Erwartungen entwickelt, kann er die → Option verfallen lassen oder sie zum restlichen → Zeitwert am Markt wieder verkaufen. Im Unterschied

Bund-Future-Option

Bundeswertpapiere – Merkmale

Arten \ Merkmale	Bundesanleihen Bahn- und Postanleihen	Bundesobligationen	Bundesschatzbriefe	Finanzierungsschätze	Bundesschatzanweisungen, Post- und Bahnschatzanweisung
Nennwert (Mindestanlage)	1000 DM	100 DM	100 DM	1000 DM	5000 DM
Zinszahlung	jährlich	jährlich	Typ A = jährlich; Typ B = Zinssammlung (Auszahlung der Zinsen mit Zinseszinsen bei Rückzahlung des Kapitals)	Abzinsung (Nennwert · Zinsen = Kaufpreis)	jährlich
Laufzeit	Neuemissionen: überwiegend 10 Jahre	Neuemissionen: 5 Jahre	Typ A = 6 Jahre; Typ B = 7 Jahre	ca. 1 Jahr; ca. 2 Jahre	4 Jahre
Rückzahlung	zum Nennwert Gutschrift durch die depotführende Stelle bzw. die Bundesschuldenverwaltung	zum Nennwert Gutschrift durch die depotführende Stelle bzw. Bundesschuldenverwaltung	Typ A zum Nennwert; Typ B zum Rückzahlungswert (= Nennwert + Zinsen), Gutschrift durch die depotführende Stelle bzw. Bundesschuldenverwaltung	zum Nennwert Gutschrift durch die depotführende Stelle	zum Nennwert
Erwerber	jedermann	Ersterwerb: nur natürliche Personen sowie gemeinnützige, mildtätige und kirchliche Einrichtungen nach Börseneinführung: jedermann	nur natürliche Personen sowie gemeinnützige, mildtätige und kirchliche Einrichtungen	jedermann außer Kreditinstitute	jedermann Bieterkreis bei Ausschreibung: Kreditinstitute mit LZB-Girokonto
Erwerb durch Gebietsfremde	möglich	Ersterwerb: nur natürliche Personen nach Börseneinführung: jedermann	ausgeschlossen (Ausnahme siehe Emissionsbedingungen)	jedermann außer Kreditinstitute	möglich

Bund-Future-Option

Bundeswertpapiere – Merkmale (Fortsetzung)

Merkmale \ Arten	Bundesanleihen Bahn- und Postanleihen	Bundesobligationen	Bundesschatzbriefe	Finanzierungsschätze	Bundesschatzanweisungen, Post- und Bahnschatzanweisung
Verkauf bzw. vorzeitige Rückgabe	täglicher Verkauf zum Börsenkurs (amtlicher Handel)	nach Börseneinführung täglicher Verkauf zum Börsenkurs (amtlicher Handel)	jederzeit nach dem ersten Laufzeitjahr bis zu 10000 DM je Gläubiger innerhalb von 30 Zinstagen	nicht möglich	täglicher Verkauf zum Börsenkurs (amtlicher Handel)
Übertragbarkeit auf Dritte	jederzeit	vor Börseneinführung nur an Ersterwerbsberechtigte nach Börseneinführung an jedermann	jederzeit auf Erwerbsberechtigte	jederzeit auf Erwerbsberechtigte	jederzeit
Verkaufsstellen	Banken, Sparkassen, Kreditgenossenschaften und Landeszentralbanken					
Lieferung	Wertrechte (Anteile an einer Sammelschuldbuchforderung), keine effektiven Stücke	gebührenfrei gebührenfrei bei Landeszentralbanken und Bundesschuldenverwaltung		keine effektiven Stücke (Anteile an einem Wertpapiersammelbestand)	Wertrechte (Anteile an einer Sammelschuldbuchforderung), keine effektiven Stücke
Verwahrung/ Verwaltung	Banken, Sparkassen, Kreditgenossenschaften und Landeszentralbanken					
Kosten und Gebühren Erwerb ex Emission Einlösung bei Fälligkeit	gebührenfrei gebührenfrei bei Landeszentralbanken und Bundesschuldenverwaltung	gebührenfrei gebührenfrei bei Landeszentralbanken und Bundesschuldenverwaltung	gebührenfrei gebührenfrei	gebührenfrei gebührenfrei	gebührenfrei gebührenfrei
Verwaltung durch – Kreditinstitute – Bundesschuldenverwaltung – Landeszentralbanken	Depotgebühren gebührenfrei Depotgebühren	Depotgebühren gebührenfrei Depotgebühren	Depotgebühren gebührenfrei Depotgebühren	Depotgebühren gebührenfrei Depotgebühren	Depotgebühren gebührenfrei Depotgebühren

zum Bund-Future kann sich ein Marktteilnehmer somit gegen Zinsrisiken absichern, ohne auf das Gewinnpotential bei einer für ihn günstig verlaufenden Zinsentwicklung verzichten zu müssen. Eine Optionsausübung resultiert jedoch in der → Eröffnung einer Futures-Position und der Übernahme aller mit einer solchen Position verbundenen Verpflichtungen (→ Option auf Futures).
(→ Option)

Bundling
Verknüpfung mehrerer Bausteine zu einem neuen Anlageinstrument. Dieses wird auch als → Composite Asset bezeichnet. Beispielsweise besteht das Composite Asset → Anleihe mit Schuldnerkündigungsrecht aus einem → Straight Bond und einem → Callrecht auf diesen Straight Bond. Nahezu alle → Finanzinnovationen (z. B. → Koppelanleihen, → MEGA-Zertifikate) können auf elementare Bausteine zurückgeführt werden.
Gegensatz: → Unbundling.
(→ Duplizierungsprinzip, → Bond Stripping, → Stripping von Finanzinnovationen)

Bunds
Englische Kurzbezeichnung für → Bundesanleihen.

Bunny Bond
→ Zinsinstrument, das dem Anleger eine → Option gewährt, entweder den → Nominalzins in bar zu erhalten oder die gleiche → Anleihe zum unter festgelegten Kurs im Gegenwert der Zinszahlung zu kaufen.
(→ Multiplier Bunny Bonds, → Embedded Options)

Bunny Option, → Bunny Bonds.

Buoni del Tesoro in ECU, → BTE.

Buoni del Tesoro Poliannali, → BTP.

Buoni Ordinari del Tesoro, → BOT.

Bürgerliches Gesetzbuch (BGB)
Gesetz, das am 1.1.1900 in Kraft getreten ist und die wichtigsten Gebiete des → Privatrechts regelt. Das BGB gliedert sich in fünf Bücher. Das Erste Buch (Allgemeiner Teil: §§ 1–240) behandelt allgemeine Grundsätze (→ Fristen, → Rechts- und → Geschäftsfähigkeit, → Stellvertretung usw.).

Bürgerliches Recht

Das Zweite Buch (Recht der → Schuldverhältnisse: §§ 241–853) enthält allgemeine Regeln über schuldrechtliche → Verträge sowie die wichtigsten Vertragstypen, wie z. B. → Kauf-, → Miet-, → Darlehens-, → Werk- und Bürgschaftsvertrag. Das Dritte Buch (Sachenrecht: §§ 854–1296) regelt die Rechte an → beweglichen Sachen und → Grundstücken, wie z. B. → Besitz, → Eigentum, → Pfandrecht, → Hypothek, → Grundschuld, das Vierte Buch (§§ 1297–1921) das Familienrecht (Verlöbnis, Ehe, Scheidung, Güterrecht, Verwandtschaft, → Vormundschaft) und das Fünfte Buch (§§ 1922–2385) das → Erbrecht (gesetzliche und testamentarische Erbfolge, → Erbvertrag, Pflichtteil).

Wichtige Sonder-Bereiche des → Zivilrechts sind außerhalb des BGB geregelt. Hierzu zählen insbes. das → Handelsrecht und das → Wertpapierrecht. Andere Rechtsgebiete entwickelten sich erst später, wie z. B. das → Arbeitsrecht, oder wurden nachträglich in eigenen Gesetzen geregelt (Wohnungseigentumsgesetz, Gesetz über den Widerruf von Haustürgeschäften und ähnlichen Geschäften, → Verbraucherkreditgesetz). Sie ergänzen das BGB. Seit 1900 sind zahlreiche Einzelvorschriften und Abschnitte des BGB geändert worden. Neben Klarstellungen und Anpassungen haben die Änderungen vor allem dazu gedient, der Rechtsentwicklung und dem Wandel sozialer Grundanschauungen Rechnung zu tragen. Die Bestimmungen des BGB sind vor allem im Bereich des Schuldrechts nicht stets zwingendes → Recht, sondern sie können dispositiv, also von den Erklärenden in freier Vereinbarung abgeändert werden (→ Vertragsfreiheit).

Bürgerliches Recht
Derjenige Teil der Rechtsordnung, der die Beziehungen der einzelnen Privatpersonen zueinander weithin auf der Grundlage der Gleichberechtigung regelt. Wesentliches Merkmal ist das Prinzip der Selbstbestimmung der einzelnen Privatpersonen (Privatautonomie, → Vertragsfreiheit). Das B. R. ist das Kerngebiet des → Privatrechts und hat grundlegende Bedeutung für die gesamte Rechtsordnung. Zentrale Rechtsquelle des B. R. ist das → Bürgerliche Gesetzbuch (BGB). Ergänzend hierzu gelten viele Sondergesetze, wie z. B. Wohnungseigentumsgesetz, → Verbraucherkreditgesetz, Beurkundungsgesetz, AGB-Gesetz, Ehegesetz,

Bürgschaft

Gesetz über den Widerruf von Haustürgeschäften u. a.

Bürgschaft

Einseitig verpflichtender → Vertrag, durch den sich der Bürge gegenüber dem → Gläubiger (→ Kreditinstitut oder anderer Gläubiger) eines Dritten („Hauptschuldner", zumeist Kreditnehmer) bereiterklärt, für die Erfüllung der → Verbindlichkeiten des Dritten einzustehen (§ 765 Abs. 1 BGB).
Der Vertrag bedarf grundsätzlich der → Schriftform (§ 766 BGB). Infolge ihrer Abhängigkeit von der Hauptschuld ist die B. eine → akzessorische Sicherheit; sie gehört zu den → Personensicherheiten. Zahlt der Bürge an den Gläubiger, geht die → Forderung kraft Gesetzes auf ihn über (§ 774 Abs. 1 BGB). Der Bürge haftet dem Gläubiger grundsätzlich nur subsidiär, d. h. der Gläubiger muß zunächst erfolglos versucht haben, Befriedigung aus dem beweglichen → Vermögen des Schuldners zu erlangen (Einrede der Vorausklage, §§ 771, 772 BGB).

Akzessorietät der B.: Wegen ihrer Bindung an die Hauptschuld ist die B. wirkungslos, falls keine Hauptschuld besteht oder diese später erlischt. Jedoch kann eine B. auch für eine künftig entstehende oder eine bedingte Verbindlichkeit (wie im Fall der B. für einen → Kontokorrentkredit) übernommen werden, die aber erst mit der Entstehung der Hauptschuld wirksam wird (§ 765 Abs. 2 BGB). Die Höhe der Bürgschaftsverpflichtung bemißt sich nach dem Bestand der Hauptschuld (§ 767 BGB), jedoch berührt deren Herabsetzung innerhalb eines → Zwangsvergleichs im → Konkurs oder eines gerichtlichen → Vergleichsverfahrens die Bürgenhaftung nach ihrem Sicherungszweck nicht (§§ 193 S. 2 KO, 82 Abs. 2 S. 1 VerglO). Nachträgliche Erhöhungen der Hauptschuld sind dem Bürgen gegenüber ohne sein Einverständnis nicht wirksam. Er kann seine Haftung nach Umfang (→ Höchstbetragsbürgschaft) oder nach Zeit begrenzen. Stets muß er jedoch dem Gläubiger die aus der → Kündigung und Rechtsverfolgung entstehenden → Kosten ersetzen (§ 767 Abs. 2 BGB). Im Falle der Zahlungsaufforderung durch den Gläubiger kann der Bürge zunächst die Gegenrechte aus dem Bürgschaftsvertrag selbst, wie z. B. Formnichtigkeit, → Verjährung, geltend machen. Dagegen wird in der Praxis die ihm ebenfalls gesetzlich zustehende Berufung auf Einreden des Hauptschuldners (Stundung, Verjährung der Hauptschuld nach § 768 BGB) formularmäßig ausgeschlossen (→ Formularverträge). Das gilt auch für das Leistungsverweigerungsrecht im Falle einer Berechtigung zur → Anfechtung, → Aufrechnung und → Rücktritt vom Vertrag bzw. Kündigung nach § 770 BGB. Als akzessorisches Sicherungsrecht geht die Bürgschaftsforderung mit Übertragung der Hauptschuld automatisch auf den neuen Gläubiger über (§ 401 BGB).

Subsidiäre → *Haftung des B.*: Auch die (für die → gewöhnliche Bürgschaft typische) subsidiäre Haftung des Bürgen ist in der Praxis erheblich gelockert. Üblicherweise verzichtet der Bürge (§ 773 Nr. 1 BGB) auf die ihm kraft Gesetzes zustehende Einrede der Vorausklage (§§ 771, 772 BGB; → selbstschuldnerische Bürgschaft) sowie auf seine Rechte nach § 776 BGB, falls der Gläubiger ein die Hauptschuld sicherndes Recht (z. B. → Pfandrecht) aufgibt, aus dem der Bürge nach Zahlung an den Gläubiger gemäß § 774 BGB Ersatz hätte erlangen können. Die von Vollkaufleuten innerhalb ihres Handelsgewerbes abgegebene B. ist stets eine selbstschuldnerische (§§ 349, 351 HGB).

Form und Inhalt des Bürgschaftsversprechens: Wegen ihrer Folgen bedarf die Vertragserklärung des Bürgen mit Ausnahme von Vollkaufleuten (§§ 350, 351 HGB) stets der Schriftform (§ 766 S. 1 BGB). Der wesentliche Inhalt der Bürgschaftserklärung muß sich aus der Bürgschaftsurkunde selbst ergeben.

Verhältnis zwischen Bürgen und Gläubiger: Leistet der Hauptschuldner nicht, kann der Gläubiger den Bürgen aus dem Bürgschaftsvertrag in Anspruch nehmen. Zuvor steht dem Bürgen (unabhängig von einer entsprechenden vertraglichen Vereinbarung) im Falle einer erheblichen Verschlechterung der wirtschaftlichen Verhältnisse des Hauptschuldners ein außerordentliches Kündigungsrecht zu. Damit wird er gegenüber dem Gläubiger zwar nicht von seiner Haftung befreit, ist dann aber nur noch bis zur Höhe des Schuldsaldos im Zeitpunkt des Zugangs der Kündigungserklärung verpflichtet.

Verhältnis zwischen Bürgen und Hauptschuldner: Befriedigt der Bürge den Gläubiger, so geht gemäß § 774 Abs. 1 S. 1 BGB die Forderung des Gläubigers gegen den Hauptschuldner kraft Gesetzes auf den Bürgen über. Mit dem Übergang der Hauptforderung erwirbt der Bürge nach §§ 412, 401 BGB ebenfalls die für die Hauptforderung bestehenden anderen akzessorischen Sicherheiten und Vorzugsrechte. Dagegen müssen die →treuhänderischen Sicherheiten von den Gläubiger gesondert mit abgetreten werden, was aber der Bürge i. d. R. von ihm verlangen wird. Teilleistungen des Bürgen werden in Abweichung von § 774 Abs. 1 S. 1 BGB nach der Vertragspraxis von den Kreditinstituten als →Sicherheitsleistung behandelt.

Verhältnis zwischen mehreren Sicherungsgebern: Ist dieselbe Forderung durch eine B. und ein Pfandrecht bzw. eine →Hypothek gesichert, so erwirbt der Bürge wegen seines höheren Haftungsrisikos gegenüber den dinglichen Sicherungsgebern (Haftung mit seinem gesamten Vermögen) nach Befriedigung des Gläubigers das dingliche Sicherungsrecht gemäß §§ 774 Abs. 1 S. 1, 412, 401 BGB; im umgekehrten Fall erhalten die dinglichen Sicherungsgeber nur die Forderung gegen den Hauptschuldner, während der Bürge von seiner Haftung frei wird.

Arten: Nach dem Haftungsumfang des Bürgen sind die →unbegrenzte Bürgschaft, die Höchstbetragsbürgschaft und die →Teilbürgschaft zu unterscheiden. Von der gewöhnlichen B. sind die →Ausfallbürgschaft und die selbstschuldnerische Bürgschaft abzugrenzen. Verbürgen sich mehrere Personen, kann eine →Mitbürgschaft oder eine →Nebenbürgschaft vorliegen. B. öffentlichrechtlicher Körperschaften werden als →öffentliche Bürgschaften bezeichnet. Besondere Arten der B. sind →Nachbürgschaft und →Rückbürgschaft sowie →Globalbürgschaft. B. von Kreditinstituten im Rahmen von →Avalkrediten heißen →Bankbürgschaften. Eine B. kann zeitlich unbefristet (→unbefristete Bürgschaft) oder befristet (→Zeitbürgschaft) sein.

B. als bankmäßige Kreditsicherheiten: Kreditinstitute nehmen außer zum Zwecke der Haftungserweiterung nur B. an, die ihnen umfassende Sicherheit bieten. Sie prüfen die Bonität (→Kreditwürdigkeit) des Bürgen. Der Bürge soll ein ausreichendes Vermögen oder sichere und regelmäßige Einkünfte haben. Die Kreditinstitute verlangen stets selbstschuldnerische B., um bei →Zahlungsunfähigkeit des Kreditnehmers sofort den Bürgen in Anspruch nehmen zu können. Sie fordern i. a. betraglich unbegrenzte B., da der Bürge dann für alle Verbindlichkeiten des Kreditnehmers gegenüber dem Kreditinstitut haftet. Oft sind Bürgen jedoch dazu nicht bereit, sondern bestehen darauf, nur betragsmäßig eindeutig begrenzte Risiken einzugehen. In solchen Fällen wird eine Höchstbetragsbürgschaft vereinbart. Die Kreditinstitute sehen in ihren Formularverträgen vor: Haftung des Bürgen auch für künftige Forderungen des Kreditinstituts, kein Erlöschen der Bürgschaftsverpflichtung bei vorübergehender Abdeckung des Schuldsaldos, Verzicht auf zeitliche Befristung der B. Die →Ansprüche des Kreditinstituts gegen den Kreditnehmer werden weder ganz noch teilweise auf den Bürgen über, bevor nicht der Kredit vollständig abgedeckt ist. Zahlungen des Bürgen gelten bis dahin als Sicherheitsleistung. Die B. bleibt auch dann unverändert in Kraft, wenn das Kreditinstitut zusätzlich bestellte Sicherheiten (z. B. Pfandrechte) freigibt.

Gegensatz: →Garantie, →Schuldbeitritt. (→Personensicherheit)

Bürgschaftsähnliche Sicherheiten

→Personensicherheit, die für den Sicherungsnehmer einen gleichen wirtschaftlichen Wert wie die →Bürgschaft hat, sich in ihrer Rechtsstruktur aber von der Bürgschaft unterscheidet, z. B. →Garantie, Schuldmitübernahme (→Schuldbeitritt) und →Kreditauftrag, aber auch →Wechselbürgschaft, →abstraktes Schuldversprechen, →Depotakzept und Delkrederehaftung. (→Personensicherheiten)

Bürgschaftsakzept

→Akzept, mit dem ein Bürge durch seine Unterschrift auf einem →Wechsel eine eigene wechselmäßige Verpflichtung übernimmt. Das B. muß angegeben, für wen der Bürge die →Wechselbürgschaft übernimmt. Fehlt diese Angabe, gilt die →Bürgschaft als für den →Aussteller übernommen.

Bürgschaftsbanken

→Spezialbanken, die als Selbsthilfeeinrichtungen der mittelständischen Wirtschaft für Unternehmen, die keine ausreichenden →Kreditsicherheiten bieten können, →Ausfallbürgschaften für langfristige Investitionskredite übernehmen. Die Institute (Kreditgarantiegemeinschaften des Handwerks, des Handels, des Hotel- und Gaststättengewerbes, des Gartenbaus, der mittelständischen Industrie, der gemeinnützigen Wohnungsunternehmen) wurden Mitte der 50er Jahre in der Rechtsform der GmbH gegründet. Die Kreditgarantiegemeinschaften, in der → Bankenstatistik der Deutschen Bundesbank als B. geführt, sind → Kreditinstitute i. S. von § 1 KWG. Sie betreiben mit dem → Garantiegeschäft → Bankgeschäfte und unterliegen der → Bankenaufsicht. Das → Eigenkapital wird von der gewerblichen Wirtschaft (Handels- und Handwerkskammern, Innungen, Regionalverbände), der öffentlichen Hand und von Kreditinstituten (insbes. → Landesbanken/Girozentralen bzw. → genossenschaftliche Zentralbanken) aufgebracht.

Die B. verbürgen sich für neu von Kreditinstituten gewährte Kredite bis zu 80% der Darlehensbeträge. Die Hausbanken tragen ein eigenes Obligo von mindestens 20%, wobei → Tilgungen zuerst dem verbürgten Darlehensteil zugerechnet werden. Der Schwerpunkt der Kreditgewährungen liegt bei Krediten zur Existenzgründung und zu Rationalisierungsinvestitionen.

Das Garantiekapital besteht aus dem → Stammkapital der Gesellschafter, den Haftungsfondseinlagen und -darlehen, die von den berufsständischen Gesellschaften finanziert werden, und aus den → Rücklagen. Durch globale → Rückbürgschaften, die vom Bund und vom betreffenden Bundesland übernommen werden, deckt die öffentliche Hand einen hohen Teil des Risikos der Kreditgarantiegemeinschaften ab.

Die Kreditgarantiegemeinschaften sind in verschiedenen Garantiegemeinschaften auf Bund- und Landesebene zusammengeschlossen.

(→ Bankwesen Deutschland)

Bürokaufmann/-frau, → Ausbildung im Bankensektor.

Business-Card, → Firmenkarte.

Butterfly
1. *Optionshandel*: → Volatilitätsstrategie mit mehreren → Callrechten (Call Butterfly) oder → Put-Optionen (Put Butterfly). Ein B. ist ein → Straddle mit „gestutzten Flügeln",

d. h. die unbegrenzten Gewinn- oder Verlustmöglichkeiten beim Straddle werden mit zusätzlichen → Optionen begrenzt. Ein B. kann konstruiert werden, indem ein → Bull-Spread und ein → Bear-Spread miteinander kombiniert werden.
Ein B. besteht aus vier Optionen mit drei verschiedenen → Basispreisen. Eine → Long Position (→ Short Position) in einem Call B. besteht aus einer Long Position (Short Position) in einem → Call mit einem niedrigen Basispreis, zwei Short-Positionen (Long-Positionen) in Calls mit mittleren Basispreisen und einer Long-Position (Short-Position) in einem Call mit hohem Basispreis. Bei der Konstruktion eines B. ist zu beachten, daß die Kursdifferenz zwischen den Basispreisen identisch ist. Eine Long Position (Short Position) in einem B. wird eingegangen, wenn eine geringe (hohe) → Volatilität erwartet wird.
Gegensatz: → Condor.

2. → *Bond-Portfolio-Management*: → Barbell-Portfolio, → Butterfly Spread Trade

3. *Futureshandel*: → Intramarket Spread mit → Zinsfutures, bei dem zwei Intramarket Spreads miteinander kombiniert werden, d. h. ein B. entsteht durch den Kauf eines Intramarket Spreads und Verkauf des darauffolgenden Intramarket Spreads. Beide Intramarket Spreads haben einen gemeinsamen → Delivery Month. Ein B. besteht aus drei aufeinanderfolgenden Delivery Month des gleichen → Basiswertes (z. B. → Euro-DM-Future). Der Kauf (Buying) eines B. entspricht beispielsweise dem gleichzeitigen Kauf eines → Kontraktes des ersten in der Strategie verwandten Delivery Month, dem Verkauf zweier Kontrakte des folgenden Liefermonats und dem Kauf eines Kontraktes des darauffolgenden Delivery Month. Der Kauf eines Dezember B. mit Euro-DM-Futures besteht aus dem Kauf eines Dezember-Kontraktes, Verkauf zweier März-Kontrakte und schließlich Kauf eines Juni-Kontraktes. Der Verkauf (Selling) eines B. entspricht dem gleichzeitigen Verkauf eines Kontraktes des ersten in der Strategie verwandten Delivery Month, Kauf zweier Kontrakte des folgenden Liefermonats und dem Verkauf eines Kontraktes des darauffolgenden Delivery Month. An der → LIFFE können B. auf kurzfristige Zinsfutures (→ Geldmarkt-Future) als → kombinierter Auftrag in einer Transaktion gehandelt wer-

den. Hierdurch kann das → Execution-Risk verringert werden.

Butterfly Spread Trade
→ Aktive Anlagestrategie mit drei → Zinsinstrumenten (z. B. → Straight Bonds) mit zunehmender → Modified Duration. Bei B. S. T. wird eine → Long Position (→ Short Position) in Papieren mit geringer bzw. hoher Modified Duration und gleichzeitig eine Short Position (Long Position) in einem Papier mit mittlerer Modified Duration eingegangen. Im Gegensatz zu B. S. T. wird bei → Bullet-to-Dumbbell Bond Swaps entweder nur eine Long Position in Papieren mit geringer bzw. hoher oder mittlerer Modified Duration eingegangen. B. S. T. werden eingegangen, um von einer Veränderung des → Spreads zwischen den Long-Positionen bzw. Short-Positionen zu profitieren. Damit sind B. S. T. ähnlich wie Bullet-to-Dumbbell Bond Swaps oder → Intermarket Spreads eine aktive Anlagestrategie, um von einer Veränderung der → Renditestrukturkurve zu profitieren (→ Yield Curve-Risk).
(→ Bund-Bobl Spread Trading, → NOB Spread, → TED Spread)

Buxl-Future
Standardisierter → Terminkontrakt (→ Future) auf extrem langlaufende → Bundesanleihen (mit 15- bis 30-jähriger → Laufzeit), erstmals im März 1994 an der → Deutschen Terminbörse quotiert. Da bislang nur zwei Bundesanleihen mit → Kupons von 6% und 6,25% die → Basiswerte bilden, wird erwogen, die Notierung der → Kontrakte einzustellen.

Buy-and-Hold-Strategie
→ Passive Anlagestrategie, bei der beispielsweise → festverzinsliche (Wert-)Papiere gekauft und bis zur → Fälligkeit gehalten werden.
Gegensatz: → Aktive Anlagestrategie.

Buying a Straddle, → Long Straddle.

Buy-Sell-Back
Abschluß eines Kassakaufes mit gleichzeitiger Verpflichtung zum Terminverkauf eines → Wertpapieres gleicher Art und Menge zu einem festgelegten Preis an einem ausgehandelten Geschäftstag. Diese Form des Wertpapierdarlehens gleicht einem Reverse-Repo-Geschäft (→ Reverse REPO) und weicht nur in wenigen speziellen Punkten davon ab. Ein schriftlicher Rahmenvertrag wird nicht zusätzlich abgeschlossen, da aus rechtlicher Sicht zwei → Verträge (Kauf- und Rückkaufvereinbarung) abgeschlossen werden.
Gegensatz: → Sell-Buy-Back.
(→ Wertpapierleihe)

Buy-Write-Strategie
Optionsstrategie mit einer Grundposition (→ Position) in einem → Callrecht. Bei einer B.-W.-St. wird der → Basiswert gekauft (buy) und gleichzeitig ein → Call auf den Basiswert verkauft (write). Der Anleger hat dann eine → Long Position im Basiswert und gleichzeitig eine → Short Position in einem Call auf diesen Basiswert (Covered Short Call). Eine B.-W.-St. bedeutet, daß → Volatilität verkauft wird und somit eine → Optionsprämie vereinnahmt werden kann. Durch diese Strategie wird eine synthetische Short-Position in einem → Put hergestellt.
Im Gegensatz zur B.-W.-St. befindet sich der Basiswert bei einer → Covered-Call-Writing-Strategie bereits im Bestand des → Optionsschreibers.

BVI
Abk. für → Bundesverband Deutscher Investment-Gesellschaften e. V.

BVR
Abk. für → Bundesverband der Deutschen Volksbanken und Raiffeisenbanken e. V.

BVV
Abk. für → Beamtenversicherungsverein des Deutschen Bank- und Bankiergewerbes a. G. (BVV).

C

CAC
Abk. für Compagnie des Agents de Change.

CAC-40-Index
Abk. für Compagnie des Agents de Change 40 Index. → Aktienindex für den französischen Markt, der aus den 40 umsatzstärksten Aktien des Compagnie des Agents de Change gebildet wurde.

CAD
Amerikanische Abkürzung für → Kapitaladäquanz-Richtlinie.

Calender Spread, → Time Spread.

Call
In der Bank- und Börsenterminologie übliche Kurzbezeichnung für eine Kaufoption (Call Option, → Callrecht). Mit einem C. ist für ihren Erwerber das Recht, nicht aber die Verpflichtung verbunden, einen → Basiswert (→ Devisen, → Aktien, → Indices) oder einen Terminkontrakt (→ Future) innerhalb einer festgelegten Frist (→ Amerikanische Option) oder zu einem bestimmten Endfälligkeitstermin (→ Europäische Option) zu einem spezifizierten Preis zu erwerben. Im Gegenzug übernimmt der → Stillhalter die Verpflichtung, den Basiswert bei Optionsausübung gegen Zahlung des → Basispreises bereitzustellen. Die Einräumung des Optionsrechtes vergütet der Käufer dem Verkäufer mit der Zahlung des Optionspreises (→ Optionsprämie).
(→ Option, → Put, → Optionsschein)

Callable Anleihe, → Anleihe mit Schuldnerkündigungsrecht.

Call-Adjusted Spread, → Option-Adjusted Spread.

Call-Backspread, → Backspread.

Call Capped Option
→ Exotische Option, die sofort ausgeübt wird, wenn der → Basiswert bei einer C. C. O. den höheren → Basispreis erreicht. Der Optionskäufer erhält die Differenz zwischen dem niedrigeren und höheren Basispreis.
(→ CAPS, → Capped Warrant, → Capped Call Zins-Optionsschein, → Sky-Optionsschein)

Call Date
Termin, an dem eine → Anleihe mit Schuldnerkündigungsrecht (Callable Anleihe) vom → Emittenten gekündigt werden kann.

Call Feature, → Anleihe mit Schuldnerkündigungsrecht.

Callgeld, → Call Money.

Call Money
1. Geldanlage bei einer → Bank, für die keine besondere → Laufzeit vereinbart wird. Die → Einlage kann, je nach Vereinbarung (bis etwa 10 Uhr vormittags), eintägig („one day notice") oder zweitägig („two days notice") gekündigt werden.

2. Täglich fälliges Geld am → Euro-Geldmarkt, d. h. Geld mit eintägiger Kündigungsfrist.

3. In Deutschland auch Bezeichnung für → Tagesgeld b. a. w.

Call Option → Callrecht.

Call-Optionsschein
→ Optionsschein, der das Recht verbrieft, einen → Basiswert (z. B. → Aktie, → Straight

Call Ratio Vertical Spread

Bond) innerhalb eines befristeten Zeitraumes (→ Amerikanische Option) oder zu einem bestimmten Termin (→ Europäische Option) zu einem festgesetzten Preis (→ Bezugskurs) zu kaufen.
(→ Exotischer Optionsschein)

Call Ratio Vertical Spread, → Ratio Spread.

Callrecht
Option, die das Recht des → Emittenten einer → Anleihe (→ Anleihe mit Schuldnerkündigungsrecht) oder des → Zahlers eines Festzinssatzes eines → Swaps (Callable Swap) verbrieft, vor → Fälligkeit zu kündigen.
Gegensatz: → Putrecht.

Call-Rendite
→ Rendite, bei deren Berechnung nicht die Endfälligkeit (→ Yield-to-Maturity), sondern der für den Anleiheschuldner frühest mögliche Kündigungszeitraum zugrunde gelegt wird (Yield-to-Call).
Die Berechnung der C.-R. ist bei → Anleihen mit Schuldnerkündigungsrecht wichtig (→ Bond Stripping).
(→ Put-Rendite).

Call-Risiko
→ Anleihen (→ Anleihe mit Schuldnerkündigungsrecht) oder → Financial Swaps (Callable Swaps) können mit einem Kündigungsrecht ausgestattet sein. Das Kündigungsrecht hat für den → Emittenten einer Anleihe bzw. den Zahler des → Festzinssatzes eines → Swaps den Vorteil, daß er zu günstigeren Konditionen neu abschließen kann, wenn das Zinsniveau fällt. Hierzu kündigt beispielsweise der Emittent die Anleihe und nimmt eine neue zu dem vergleichsweise niedrigen Zinsniveau auf. Die → Laufzeit der Anleihe verkürzt sich erheblich. Für den Investor bedeutet das Callrecht des Emittenten, daß das Kursverhalten der Anleihe asymmetrisch verlaufen wird. Während der Anleger bei Zinssteigerungen ein volles Kursrisiko hat, da der Emittent in dieser Situation nicht kündigen wird, hat er bei Zinssenkungen nur begrenzte Kurschancen (→ Negative Convexity). Je weiter das Zinsniveau fällt, desto wahrscheinlicher wird es, daß der Emittent vorzeitig kündigt. In diesem Fall wird die Anleihe auf Basis der kürzesten Laufzeit bewertet (Yield-to-Worst). Eine Verringerung der Laufzeit bedeutet verringerte Kurschancen, denn je geringer die → Modified Duration ist, desto geringer sind die Kursgewinne bei fallenden → Zinsen. Die vorzeitige Kündigung stellt den Anleger vor das Problem der Wiederanlage (→ Wiederanlagerisiko). Er kann nur noch in Anleihen mit einem geringeren → Nominalzins investieren.

Call Spread
→ Kombinierte Optionsstrategie, die aus einer → Long Position in einer Call-Option (→ Callrecht) und → Short Position in einer Call-Option mit gleicher Fälligkeit besteht.
(→ Bull-Spread, → Bear-Spread)

Call Swaption, → Swaption.

Call Writer
Grundposition einer Optionsstrategie (→ Optionsschreiber), bei der eine → Short Position in einer → Call eingegangen wird.
(→ Buy-Write-Strategie, → Covered-Call-Writing-Strategie)

Canadian
→ Zinsinstrument, emittiert von kanadischen → Emittenten in Kanada (Domestic Bond, → Inlandsanleihe). C. haben → Halbjahreskupons.

Candlestick Chart
Methode der → technischen Analyse, die auf Kerzencharts basiert. Im Gegensatz zu → Balkencharts, bei denen oftmals lediglich Hoch-, Tief- und Schlußkurse als → Chart dargestellt werden, enthält der Kerzenchart noch zwei zusätzliche Informationen. Zum einen wird auch der Eröffnungskurs eingezeichnet. Zum anderen wird mit Hilfe von unterschiedlicher Farbgebung darüber hinaus deutlich gemacht, ob der Eröffnungskurs über oder unter dem Schlußkurs liegt. Eine schwarze (rote) Kerze entsteht, wenn der Schlußkurs unter (über) dem Eröffnungskurs des Tages liegt. Die oberen und unteren dünnen Linien werden als Schatten bezeichnet. Sie zeigen den Tageshöchstkurs (oberer Schatten) beziehungsweise den Tagestiefstkurs (unterer Schatten).
C. C. wurden ursprünglich in Japan konzipiert, haben sich aber heute auch in den Vereinigten Staaten und Europa durchgesetzt. Der Grundgedanke von C. C. ist auf japanische Reisbauern im 16. Jahrhundert zurückzuführen.

Standardformationen in der Candlestick-Analyse

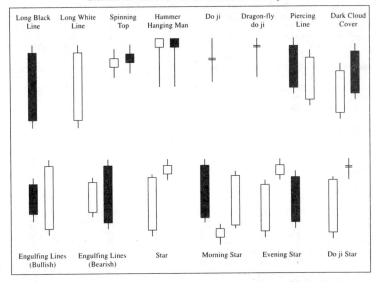

Cap

Zinscap; Vereinbarung einer Zinsbegrenzung zwischen Verkäufer und Käufer, wonach der Capverkäufer auf einen vereinbarten Betrag und für eine fixierte → Laufzeit die Differenz zwischen einem vereinbarten Zinssatz (Zinsobergrenze, Zinsdeckel, Cap-Rate bzw. Capsatz) und einem festgelegten → Referenzzinssatz (z. B. Drei- oder Sechsmonats-Libor [→ Libor], in den USA z. B. auch Zinssatz für → Treasury Bills) an den Capkäufer zu zahlen hat, sofern der Referenzzinssatz in der jeweiligen Zinsperiode die Zinsobergrenze überschreitet. Der Capverkäufer erhält für diese Verpflichtung vom Capkäufer eine Einmalprämie oder ein laufendes Entgelt (Capprämie).
Gegensatz: → Floor.

Einsatzmöglichkeiten: C. sind nutzbar (1) für Spekulationszwecke (Capverkäufer gehen z. B. eine → offene Position ein in der Erwartung, daß ein dauerhaft hohes Zinsniveau nicht eintreten werde), (2) für Arbitragezwecke (die Kombination einer → Floating Rate Note mit Zinsobergrenze [→ Capped Floating Rate Note] und eines getrennt erworbenen C. ermöglichen es, einen synthetischen Floater (→ synthetisches Asset) günstiger als „natürliche" zu erwerben) und (3) für Hedging-Zwecke (Management von → Zinsänderungsrisiken). Auf Zinscaps können nicht nur → Kreditinstitute zur Begrenzung des Zinsänderungsrisikos zurückgreifen (Banken werden dies erwägen, wenn sie Festzinsaktiva mit zinsvariablen Mitteln refinanzieren). Auch Nichtbanken als Kreditnehmer können sich durch einen C. beim Eingehen variabler Zinsverpflichtungen gegen steigende Marktzinsen absichern, ohne den Vorteil einer Zinssenkung bei rückläufigem Zinsniveau zu verlieren. Der C. kann als → Disagio abgezogen werden. Bei der Konditionengestaltung eines Kredits kann auch eine laufende Capprämie in die laufende Zinskomponente bei vereinbarter Zinsobergrenze eingebaut werden.

Die Zinscaps sind damit eine Alternative zu → Zinsswaps (→ Swap-Geschäfte). Auch beim Zinscap erfolgt keine Kapitalbewegung (Ausnahme: Capprämie), und das separat handelbare Recht findet keinen Eingang in die Bilanz (off-balance sheet). Die bei → normaler Zinsstruktur im Vergleich zu → Kapitalmarktzinsen niedrigeren → Geldmarktzinsen können gegen Zinssteigerungen abgesichert werden. Dabei ist es möglich, eine niedrige Zinsobergrenze mit einer hohen Cappprämie (interest rate insurance) oder eine hohe Zinsobergrenze mit einer niedrigen Cappprämie (desaster insurance) zu verknüpfen.

Cappprämie: Der Wert des C. ist um so höher, je höher der aktuelle oder der erwartete Referenzzinssatz bzw. je niedriger die Zinsobergrenze ist. Je größer die erwarteten Zinsschwankungen (→ Volatilität) angenommen werden, desto notwendiger erscheint eine Absicherung des Zinsänderungsrisikos. Die Cappprämie hängt auch von der Höhe des korrespondierenden risikolosen Festzinssatzes und dessen Differenz zum variablen Zinssatz ab (bei niedrigem Zinsniveau besteht i. a. ein größeres Zinsabsicherungsbedürfnis; bei hohem Zinsniveau verringert sich u. U. die Differenz zum variablen Satz bzw. kann bei → inverser Zinsstruktur negativ werden).

Stripped Caps: Neben Caps, deren Nominalbeträge und Laufzeiten durch Vereinbarung festgelegt werden können, gibt es solche, die von Capped Floating Rate Notes abgetrennt und verkauft werden. Für diese Stripped Caps liegen Capsatz, Referenzzinssatz und Laufzeit im voraus fest.

Zinsbegrenzungszertifikate: C. können auch in Zinsbegrenzungszertifikaten (→ Zertifikat, → Zinsbegrenzungsvertrag) verbrieft sein (z. B. von Banken emittiert). Der Inhaber hat das Recht, am Ende einer festgesetzten Zinsperiode (z. B. ein halbes Jahr) einen Betrag zu erhalten, sofern der für die Zinsperiode festgelegte Referenzzinssatz (z. B. Sechsmonats-Libor) einen bestimmten Zinssatz (z. B. 10%) überschreitet. Der zu zahlende Betrag bezieht sich auf einen bestimmten Nominalbetrag (z. B. 100.000 DM).

Cap Call
Synonym für → Capped Call.

Cap Floater, → Capped Floating Rate Note.

Cap-Floor Swap Parity
Vergleichbar mit der → Put-Call Parity von → Optionen. Die C.-F.S.P. legt eine feste Beziehung zwischen → Caps, → Floors und → Kuponswaps fest. Der Kauf eines Caps (Long Cap) und Verkauf eines Floors (Short Floor) mit gleicher → Fälligkeit und gleichem → Basispreis ist identisch mit dem Kauf eines → Forwardswaps (Long Swap, → Zahler) bei dem man feste → Zinsen zahlt und variable Zinsen erhält. In beiden Strategien erwartet der Käufer steigende Zinsen. Für den Anleger hat die C.-F.S.P. eine zweifache Bedeutung: Zum einen steht die Bewertung von Caps und Floors in Beziehung zum → Swap-Markt. Zum anderen können Caps, Floors und Swaps synthetisch mit Hilfe der C.-F.S.P. hergestellt werden. Sind beispielsweise die Cap-Prämien zu teuer, kann ein Cap synthetisch gebildet werden, indem eine Long Floor Position und eine Long Swap Position eingegangen werden.

Capital Asset Pricing Model (CAPM)
Von Sharpe, Mossin und Lintner entwickeltes Modell, das auf den Erkenntnissen von → Markowitz basiert. Das CAPM versucht die Frage zu klären, welche Portfoliorendite im Kapitalmarktgleichgewicht erwartet werden kann, wenn neben risikotragenden Anlageformen auch eine risikolose Anlagemöglichkeit besteht. Die Antwort wird mit der Kapitalmarktlinie gegeben, die den Zusammenhang zwischen der risikolosen Anlagemöglichkeit und dem Marktportfolio beschreibt (z. B. DAX).

(→ Asset Allocation, → Moderne Portfolio-Theorie, → Tobin'sches Separationstheorem)

Capital Gains Tax
→ Steuer, die auf Kursgewinne anfällt. In den Vereinigten Staaten ist die Differenz zwischen → Clean Price und dem höheren → Rückzahlungskurs Grundlage für die Ermittlung der C. G. T. Wird die → Netto-Rendite im US-Markt ermittelt, wird ein Steuersatz von 28% für die C. G. T. unterstellt.

Capital Growth Bond, → Aufzinsungsanleihe.

Cap-Kredit
Gegen Gebühr wird für den → Kredit eine Zinsobergrenze auf eine bestimmte Zeit vereinbart. Zusätzlich kann eine Zinsuntergrenze vereinbart sein. Der Vorteil des variablen Zinses bei sinkenden Geldmarktsätzen bleibt erhalten, der vereinbarte Höchstzins bildet für Kreditnehmer eine gute Kalkulationsgrundlage.

Zinsberechnung: → Libor oder → Fibor zuzüglich vereinbartem Aufschlag je nach Bonität des Kreditnehmers.

Caplets
Einzelne Call Option (→ Callrecht) auf einen → Zins mit verzögerter Ausgleichszahlung (→ Cash Settlement) bei einem → Cap.
Gegensatz: → Floorlets.

CAPM
Abk. für → Capital Asset Pricing Model.

Capped Call
Cap Call; → Call-Optionsschein, bei dem die Ausgleichszahlung (→ Cash Settlement) begrenzt ist. Im Gegensatz zu traditionellen Call-Optionsscheinen ist der → innere Wert des → Optionsscheines bei → Fälligkeit maximal auf die Höhe der Differenz zwischen → Cap und → Basispreis begrenzt; d. h. übersteigt der → Basiswert die Obergrenze (Cap), nimmt der innere Wert des C. C. nicht weiter zu. C. C. sind ein → Bull-Spread, der aus zwei Call-Optionsscheinen besteht. Der Basispreis der → Short Position im → Call mit dem höheren Basispreis entspricht der Obergrenze (→ Capped Call Zins-Optionsschein).
C. C. sind nicht mit → Caps zu verwechseln, bei denen ein variabler Zinssatz nach oben begrenzt wird.
Gegensatz: → Capped Put.

Capped Call Optionsscheine
Synonym für → Capped Call (→ Capped Call Zins-Optionsschein).

Capped Call Zins-Optionsschein
→ Zins-Optionsschein, bei dem eine Ausgleichszahlung (→ Cash Settlement) bei → Fälligkeit des → Optionsscheines maximal auf die Differenz zwischen → Basispreis (z. B. 98%) und Cap (z. B. 105%) des → Basiswertes (z. B. → Bundesanleihe) begrenzt ist. Beispielsweise sind C. C. Z.-O. eine → kombinierte Optionsstrategie, die als → Bull-Spread bezeichnet wird. Ein C. C. Z.-O. besteht aus einer → Long Position in einem → Call-Optionsschein und gleichzeitig in einer → Short Position in einem Call-Optionsschein mit höherem Basispreis. Der Basispreis der Short Position ist das Cap (z. B. 105%). Die → Optionsprämie von C. C. Z.-O. ist im Vergleich zu normalen Call Zins → Optionsscheinen geringer, da zusätzlich eine Short Position eingegangen worden ist, die die → Optionsprämie der Long Position teilweise finanziert.
(→ Low-Cost-Option, → Cap, → Capped Call Option, → Capped Warrant)

Capped Chooser Warrant
→ Exotischer Optionsschein, bei dem im Gegensatz zu den Chooser Optionsscheinen der → Call-Optionsschein bzw. → Put-Optionsschein mit einem → Cap ausgestattet ist. Ein weiterer Unterschied zu traditionellen Chooser-Optionsscheinen besteht darin, daß zum Zeitpunkt der Emission der → Basispreis noch nicht feststeht, sondern erst zu einem späteren Zeitpunkt fixiert wird. Der Tag, an dem der Basispreis fixiert wird, liegt i. d. R. vor einem wichtigen Ereignis (z. B. Wahl). Die Citibank emittierte einen C. C. W., bei dem der Basispreis am letzten Bankarbeitstag vor der Bundestagswahl 1994 fixiert wurde. Der → Optionstyp (Call-Optionsschein oder Put-Optionsschein) wird erst am ersten Bankarbeitstag nach der Bundestagswahl festgelegt. Ist der → Basiswert (z. B. DAX) am Tag nach der Wahl größer oder gleich dem Basispreis, verbriefen die Optionsscheine Call-Optionsscheine, andernfalls Put-Optionsscheine. Bis zu diesem Tag handelt es sich also weder um Call-Optionsscheine noch um Put-Optionsscheine. C. C. W. eignen sich für Anleger, die sich über die weitere Entwicklung des Basiswertes nicht sicher sind. Zusätzlich sind die C. C. W. der Citibank noch gekappt, d. h. der Anleger profitiert im Falle des Call-Optionsscheines nur bis zu 20% des Basispreises von steigenden Kursen bzw. im Falle des Put-Optionsscheines ebenfalls nur bis zu 20% des Basispreises von fallenden Kursen. Ab dieser Grenze sind die → Gewinne gekappt. Die Begrenzung möglicher Gewinne bei → Fälligkeit des Optionsscheines wurde eingeführt, um die → Prämie zu senken (→ Low-Cost-Optionen). Beim Capped Call-Optionsschein handelt es sich um einen → Bull-Spread mit → Calls bzw. beim Capped Put-Optionsschein um einen → Bear-Spread mit → Puts.
(→ Capped Call Zins-Optionsschein, → Straddle, → Strangle)

Capped European Option
Exotische → Europäische Option, die automatisch ausgeübt wird, wenn der → innere Wert der → Option einen bestimmten Maximalwert (Cap-Level) erreicht. C. E. O. wer-

Capped Floater

den als →Flexible Exchange Options von der CBOE angeboten.
(→Call Capped Option)

Capped Floater, →Capped Floating Rate Note.

Capped Floating Rate Note
Cap Floater, Capped Floater; →Floating Rate Note (FRN), für die ein Höchstzinssatz (→Cap) fixiert ist. Der Investor verzichtet auf die Möglichkeit, Zinserträge zu erzielen, die oberhalb des Höchstzinssatzes (Cap-Rate) liegen (falls der Marktzins so weit ansteigt), erhält dafür aber einen höheren Aufschlag (→Spread) auf den →Referenzzinssatz. Für den →Schuldner kann die FRN durch den →Zinscap vorübergehend zur →Festzinsanleihe werden.

Capped Optionsschein, →Capped Warrant.

Capped Put
Floor Put; →Put-Optionsschein, bei dem eine Ausgleichszahlung (→Cash Settlement) begrenzt ist. Im Gegensatz zu traditionellen Put-Optionsscheinen ist der →innere Wert des Optionsscheines maximal auf die Höhe der Differenz zwischen →Basispreis und →Floor begrenzt; d. h. fällt der →Basiswert unter die Untergrenze (Floor), nimmt der innere Wert des C. P. nicht weiter zu. C. C. sind ein →Bear-Spread, der aus zwei Put-Optionsscheinen besteht. Der Basispreis der →Short Position im →Put mit dem niedrigeren Basispreis entspricht der Untergrenze (Floor).
C. P. sind nicht mit →Floors zu verwechseln, bei denen ein →variabler Zinssatz nach unten begrenzt wird.
Gegensatz: →Capped Call.

Capped Swap
→Zinsswap, der mit einem →Cap ausgestattet ist. C. S. begrenzen den →variablen Zinssatz (z. B. →LIBOR, →FIBOR) auf einen bestimmten Höchstzinssatz, das Cap. Im Vergleich zu Plain Vanilla Swaps (→Generic Swap) ist das →variable Zinsrisiko bei steigenden Sätzen für den Zahler des variablen Zinssatzes begrenzt.

Capped Warrant
Variante eines →Optionsscheins, bei dem der maximale →Gewinn, den der Anleger mit dem Optionsschein erzielen kann, auf einen bestimmten Betrag begrenzt ist. Außer der Gewinnbegrenzung weisen einige →Emissionen von C. W. eine weitere Besonderheit auf. Bei der Zeichnung konnten die Call- und Put-C. W. nur gemeinsam gekauft werden. Die →Basispreise des →Call-Optionsscheins bzw. →Put-Optionsscheins wurden so gewählt, daß der Inhaber dieser beiden Optionsscheine bei →Fälligkeit immer den festgelegten Höchstbetrag erhält. Analysiert man das Gewinn-Verlust-Potential beider Papiere bei Fälligkeit, dann fällt auf, daß die Zahlungsströme dem eines synthetischen Zerobonds (→Nullkupon-Anleihe) gleichen.

Cap-Rate
Bezeichnung für Höchstzinssatz, z. B. bei einem →gekappten Darlehen oder bei einer →Capped Floating Rate Note (→Cap).

CAPS
→Exotische Optionen an der →Chicago Board Options Exchange. →Basiswert für C. sind der Standard & Poor's 100 Index (OEX CAPS) und Standard & Poor's 500 Index (SPX CAPS). C. sind →amerikanische Optionen, die automatisch ausgeübt werden, wenn der Kurs des Basiswertes den Capped Price bei Call-Optionen (→Callrecht) überschreitet bzw. bei →Put-Optionen unterschreitet. Der Capped Price liegt bei Call-Optionen immer 30 Punkte über dem →Basispreis bzw. bei Put-Optionen immer 30 Punkte unter dem Basispreis. Liegt der Schlußkurs des Basiswertes bei einem →Call am Capped Price oder darüber, wird die Option automatisch ausgeübt, und die →Long Position erhält die Differenz zwischen dem Capped Price und Basispreis, also 30 Punkte. Liegt der Schlußkurs des Basiswertes bei einem →Put am Capped Price oder darunter, wird die Option automatisch ausgeübt, und die Long Position erhält die Differenz zwischen dem Capped Price und Basispreis, also ebenfalls 30 Punkte. Die Long Position in C. hat im Vergleich zu traditionellen Optionen nur eine begrenzte Ausgleichszahlung von 30 Punkten (Cap), und das Risiko der →Short Position ist auf 30 Punkte beschränkt. Beide Positionen kennen bereits bei Abschluß die Höhe der Ausgleichszahlung. Die →Optionsprämien für C. sind deshalb auch geringer. Call CAPS haben eine ähnliche Struktur wie →Bull-Spreads (mit Calls). Put CAPS können mit →Bear-Spreads (mit Puts) verglichen wer-

den. C., die an der CBOE gehandelt werden, sind nicht mit Interest Rate Caps zu verwechseln, die beispielsweise als → Embedded Options in Cap Floatern (→ Capped Floating Rate Note) oder → Collared Floatern eingesetzt werden.
(→ Deferred Payment American Options (DPA))

Cap-Zertifikat
Als → Optionsschein verbriefter → Cap. C.-Z. sind eine Vereinbarung zwischen dem Verkäufer (Bank) und dem Käufer (Anleger), daß bei Steigen eines festgelegten → Referenzzinssatzes (z. B. → FIBOR, → LIBOR) über eine vereinbarte Zinsobergrenze der Verkäufer dem Käufer den Differenzbetrag, bezogen auf einen vereinbarten Nennwert, erstattet. Die Inhaber der C.-Z. erhalten vom → Emittenten immer nur dann die Differenz ausbezahlt, wenn der Referenzzinssatz an den Berechnungstagen über der vereinbarten Zinsobergrenze liegt. Bei C.-Z. handelt es sich um → asymmetrische Risikoinstrumente. Für das Recht, eine Ausgleichszahlung (→ Cash Settlement) zu erhalten, wenn der Referenzzinssatz über der Zinsobergrenze liegt, zahlt der Anleger einmalig eine → Optionsprämie.
Bei den angebotenen C.-Z. handelt es sich um einen Korb von Call-Zinsoptionen (→ Zinsoption) mit gleichem → Basispreis und verschiedenen → Laufzeiten, die jeweils zeitlich versetzt fällig werden. Der Kaufpreis des C.-Z. ist somit als Optionsprämie zu verstehen und entspricht der Summe der Optionsprämien des gesamten Bündels. Deshalb werden C.-Z. auch als optionsähnliche → Zinsinstrumente bezeichnet.

C.-Z. als Hedginginstrument: C.-Z. können nicht nur in Tradingstrategien auf steigende → Geldmarktzinsen eingesetzt werden, sondern auch zur Absicherung von variablen → Finanzierungen gegen steigende → Zinsen. Das C.-Z. hat hier die Aufgabe, den → Schuldner gegen steigende Geldmarktzinsen zu schützen (→ Hedgingstrategie mit → Zinsbegrenzungsverträgen). Es garantiert hier dem Schuldner eine Maximalverzinsung.

Caribbean Development Bank, → Karibische Entwicklungsbank.

Carry
→ Gewinn oder Verlust, der durch die → Finanzierung einer → Kassaposition (z. B. → Straight Bond, → Aktie) entsteht. Die C. entspricht der Differenz zwischen dem Ertrag aus dem Halten der Kassaposition (z. B. → Nominalzins, → Dividende) und den Refinanzierungskosten am → Geldmarkt. Die C. wird beispielsweise bei der Ermittlung des → Fair Values von → Forwards, → Futures und → Optionen berücksichtigt. Bei Forwards und Futures wird die C. auch als → Carry Basis bezeichnet.
(→ Abschlag, → Aufschlag)

Carry Basis
1. *Bei kurzfristigen Zinsfutures:* Bei kurzfristigen Zinsfutures (z. B. → FIBOR-Future, → Euro-DM-Future) wird die C. B. als Theoretical Basis bezeichnet. Die Theoretical Basis wird ermittelt, indem man vom Futureskurs, der sich aus dem aktuellen Geldmarktsatz ergibt, den → Fair Value des kurzfristigen Zinsfutures abzieht. Die Formel lautet:
   Theoretical Basis = Futureskurs, impliziert aus dem aktuellen Geldmarktsatz − Fair Value des → Future.

2. *Bei → mittel- und langfristigen Zinsfutures:* Die C. B. ist die Differenz zwischen dem aktuellen Kurs einer → lieferbaren Anleihe und dem → Fair Value des Futures und spiegelt die Differenz zwischen den anteiligen Zinseinnahmen und den Refinanzierungskosten wider. Die C. B. wird auch als Net Carry bezeichnet. Die C. B. kann mit folgender Formel ermittelt werden:
   C. B. = Kassakurs − Fair Value des Future · → Preisfaktor (adjustierter Futureskurs).
Am → Kassa- bzw. → Futuresmarkt wird das gleiche → Zinsinstrument gehandelt, nämlich das dem Underlying (→ Basiswert) des → Kontraktes. Beispielsweise können beim → Bund-Future alle → Bundesanleihen mit einer → Laufzeit zwischen achteinhalb und zehn Jahren in den Kontrakt geliefert werden (→ Basket Delivery). Bei → Fälligkeit des Kontraktes besteht kein Unterschied zwischen dem Kauf bzw. Verkauf der Anleihe über den Kassa- oder Futuresmarkt. Deshalb ist die Gross Basis-Anleihe bei Fälligkeit (zumindestens für die → CTD-Anleihe) immer Null, d. h. es besteht kein Kursunterschied zwischen dem Kassakurs und adjustiertem Futureskurs. Vor Fälligkeit des Kontraktes wird der Future entweder mit einem → Abschlag (Diskont) oder → Aufschlag (Prämie) gegenüber den lieferbaren Anleihen gehandelt. Dieser Ab- oder Auf-

Carry Basis

Carry Basis

Carry Basis als Differenz zwischen Refinanzierungskosten und Zinsertrag	
Positive Renditestrukturkurve (Normale Renditestrukturkurve)	Negative Renditestrukturkurve (Inverse Renditestrukturkurve)
Positive Carry	Negative Carry
Zinsertrag > Refinanzierungskosten	Zinsertrag < Refinanzierungskosten
Kassaanlage verzinst sich höher als das nicht eingesetzte Kapital beim Eingehen der Future-Position	Kassaanlage verzinst sich niedriger als das nicht eingesetzte Kapital beim Eingehen der Future-Position
Future wird mit einem Abschlag (Diskont) gehandelt	Future wird mit einer Prämie (Aufschlag) gehandelt
Terminkurs < Kassakurs	Terminkurs > Kassakurs
Futureskurs steigt tendenziell	Futureskurs fällt tendenziell

schlag wird u. a. von der C. B. determiniert. Bei der Ermittlung des Fair Values von Zinsfutures werden sowohl Refinanzierungskosten als auch Zinserträge berücksichtigt (kostenbezogener Ansatz). Die Differenz zwischen Kassakurs und adjustierten theoretischen Futureskurs kann somit aus der Differenz zwischen den Haltekosten und Zinserträgen erklärt werden. Der Fair Value von mittel- und langfristigen Zinsfutures wird deshalb auch über die C. B. ermittelt. Die Formel lautet:

Fair Value des Future = (Kassakurs + Refinanzierungskosten − anteiliger →Nominalzins auf die Laufzeit des Geschäftes) : Preisfaktor

Fair Value des Future = (Kassakurs − C. B.) : Preisfaktor

Ein wesentlicher Faktor der C. B. ist die Länge der Laufzeit zwischen dem aktuellen Zeitpunkt und der Fälligkeit des Futures. Mit abnehmender →Restlaufzeit verringert sich auch die C. B., bis diese bei Fälligkeit den Wert Null annimmt. Unterstellt man nun weiter, daß Arbitrageprozesse zur Folge haben, daß der tatsächlich gehandelte Futureskurs und der Fair Value identisch sind, so ist auch die Gross Basis Null. Bei Fälligkeit sind somit Kassakurs und adjustierter Futureskurs für die CTD (nahezu) identisch. Dieser Vorgang wird allgemein als Konvergenz oder →Basiskonvergenz bezeichnet. Die Basiskonvergenz ist wichtig für das Verständnis der Variation Margin (→Margin).

Am Beispiel einer positiven C. B. soll gezeigt werden, welchen Einfluß die Veränderung der C. B. auf die Variation Margin hat. Bei einer positiven C. B. liegt der Futureskurs unter dem Kassakurs. Die Gross Basis wird mit abnehmender Laufzeit bis zur Fälligkeit geringer (→abschwächende Basis). Bei einer positiven Renditestrukturkurve bedeutet die Basiskonvergenz, daß eine →Long Position im Future Gewinne bzw. eine →Short Position Verluste erzielt, da der Futureskurs aufgrund der geringer werdenden Gross Basis tendenziell steigt. Auf dem Margin-Konto der Long Position werden die Gewinne gutgeschrieben, während auf dem Margin-Konto der Short Position die Verluste gebucht werden. Je geringer die Basiskonvergenz ist, desto weniger wird auf den Margin-Konten gutgeschrieben bzw. belastet. Im Extremfall, wenn sich der Futureskurs nicht während der Laufzeit, sondern nur bei Fälligkeit ändert, erfolgt auch keine Buchung auf den Margin-Konten. Erst bei Fälligkeit wird dann ein eventuell entstehender →Gewinn bzw. Verlust auf den Margin-Konten gebucht. In diesem Spezialfall würde die Gewinn- bzw. Verlustrealisierung eines Futures mit der von Forward-Geschäften (→Forward) identisch sein. Das umgekehrte gilt bei einer inversen →Renditestrukturkurve und damit negativen C. B. Bei einer negativen C. B. fällt der Futureskurs mit abnehmender Laufzeit, da die Carry Basis tendenziell größer wird (→verstärkende Basis). Der Future wird mit einer Prämie im Vergleich zum Kassamarkt gehandelt. Die Long Position im Future realisiert Verluste, während der Short Position Gewinne auf dem Margin-Konto gutgeschrieben werden.

Cash & Carry Arbitrage

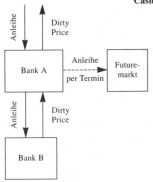
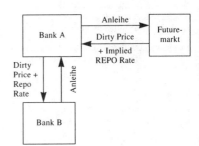

Carrying Charges, → Cost of Carry.

Carter Bond
US → Treasury Bond in Fremdwährung. C. B. wurden zur Amtszeit Präsident Carters zum Ausgleich der amerikanischen → Zahlungsbilanz emittiert.

Cash & Carry Arbitrage
→ Ausgleichsarbitrage zwischen mittel- und langfristigen → Zinsfutures und der Cheapest-to-Deliver (→ CTD-Anleihe). Bei der C. & C. A. werden Kursungleichgewichte zwischen Kassa- und Terminmarkt ausgenützt. Entfernt sich der tatsächliche Futurespreis von seinem rechnerischen Kurs, d. h. von dem Kassakurs der CTD zuzüglich den Refinanzierungskosten minus den Zinseinnahmen, setzen Arbitrageprozesse ein. Bei der C. & C. A. wird die billige CTD gekauft (Long Anleihe) die entsprechende Anzahl von Futures verkauft (Short Futures).
Die Abbildung zeigt, daß Bank A die CTD per Kassa zum → Dirty Price gekauft hat. Um sich zu refinanzieren, schließt Bank A mit Bank B ein → Wertpapierpensionsgeschäft ab. Bank A ist Pensionsgeber bzw. Bank B Pensionsnehmer. Bank B stellt Bank A die liquiden Mittel zur Finanzierung der Long Position in der Anleihe zur Verfügung. Die Kosten, die hierfür entstehen, werden durch den REPO Satz (→ REPO-Rate) festgelegt. Das Pensionsgeschäft läuft bis zur Fälligkeit des Futures.
Auf der anderen Seite verkauft Bank A die CTD über den Future per Termin. Bank A ist Short im Future und hat damit eine Lieferverpflichtung per Termin begründet. Bei Fälligkeit des Futures erhält A die Anleihe von B zurück, zahlt an B den Dirty Price und die REPO-Zinsen. Bank A liefert diese Anleihe nun in den Future und erfüllt damit ihre Lieferverpflichtung. Der Ertrag, der sich aus der C. & C. A. ergibt, kann über die → Implied REPO Rate (IRR) ermittelt werden. Die Implied REPO Rate ist aber nichts anderes als die Verzinsung eines synthetischen Geldmarktpapiers. Bei der C. & C. A. werden zwei Zinssätze miteinander verglichen. Bei der C. & C. A. sind das die Implied REPO Rate und der REPO Satz. Liegt die Implied REPO Rate über der REPO Rate lohnt sich die Arbitrage. Der Arbitragegewinn errechnete sich aus der Differenz zwischen der Implied REPO Rate und dem REPO Satz.
Gegensatz: → Reverse Cash & Carry Arbitrage.

Cash Dispenser, → Geldausgabeautomat.

Cash-flow, Cash earnings
(engl., wörtlich: Kassen-Zufluß, Kassen-Gewinn). *Umsatzüberschuß, Finanzüberschuß*; wird als Nettozugang an flüssigen Mitteln aus der Umsatztätigkeit und anderen laufenden Operationen innerhalb eines Zeitraums interpretiert. Gebräuchliche, sehr aussagefähige Kennzahl zur Beurteilung der Finanzlage einer Unternehmung und zur Aktienbewertung. Der C.-f. wird z. B. aus dem → Jahresabschluß einer AG abgeleitet: Zum Bilanzgewinn werden die → Aufwendungen hinzugezählt, denen keine Ausga-

Cash-flow

ben entsprechen, und die Einnahmen, die nicht als → Erträge erscheinen; abgezogen werden vom → Gewinn die Ausgaben, denen keine Aufwendungen gegenüberstehen, und die Erträge, die keinen Geldeingang verursacht haben. Dieser neue → Saldo wird zusätzlich um die Mittelzu- und -abflüsse korrigiert, die nicht aus laufender Geschäftstätigkeit entstanden sind (z. B. + Einzahlungen aus → Kapitalerhöhungen ./. Auszahlungen für Spenden).

Er wird heute meist von großen Unternehmen, von Banken, Börsenberatungsdiensten und der Finanzpresse ermittelt und veröffentlicht. – Man vergleicht entweder den C.-f. einer Unternehmung von Jahr zu Jahr (Zeitvergleich) oder – in der Indexzahl (z. B. C.-f. pro → Aktie) umgerechnet – mit den C.-f. von Unternehmungen der gleichen Branche (externer Vergleich). Er eignet sich auch für internationale Vergleiche einer Branche; C.-f.-Vergleiche zwischen Unternehmungen verschiedener Branchen sind meist nicht aussagefähig. Im C.-f.-Statement wird auch die Verwendung der durch den C.-f. angefallenen Mittel analysiert (→ Bewegungsbilanz).

Zur Ermittlung einer relativen Kennzahl wird der C.-f. vor allem durch die Zahl der (nennwertlosen) Aktien dividiert, und man erhält den C.-f. pro Aktie. Eine andere wichtige Kennziffer wird ermittelt durch die Division des Kurses der Aktie (Kurs pro Aktie) durch den C.-f. pro Aktie, diese Price/C.-f. ratio gibt an, das Wievielfache des C.-f. der Kurs der Aktie ausmacht. Deutsche C.-f.-Zahlen sind die Summe aus Dividendenausschüttung, Gewinnvortrag, Zuführung zu → offenen Rücklagen und → Abschreibung auf → Anlagevermögen. Mehr noch als der C.-f. werden insbes. in der amerikanischen Praxis die → Price-Earnings Ratio zur Aktienbewertung, ferner die → Return on Investment und die Payback-Period zur Beurteilung der Finanzlage einer Unternehmung sowie das → Working Capital zur Beurteilung der → Liquidität angewandt. Bei der → Bilanzanalyse unterscheidet man zwischen verschiedenen Arten von C.-f.

C.-f.-Berechnung:

Direkte Ermittlung
  → Betriebseinnahmen
– → Betriebsausgaben

= *Cash-flow*

Indirekte Ermittlung
  Bilanzgewinn (oder Verlust)
+ Zuführung zu den → Rücklagen (– Auflösung von Rücklagen)
– Gewinnvortrag aus der Vorperiode (+ Verlustvortrag aus der Vorperiode)

= → Jahresüberschuß
+ Abschreibungen (– Zuschreibungen)
+ Erhöhung der langfristigen → Rückstellungen (– Verminderung der langfristigen Rückstellungen)

= *Cash-flow*

Die Anwendung des C.-f. erfolgt im wesentlichen in zwei unterschiedlichen Formen: Die erste beschreibt die Ertragskraft (erfolgswirtschaftliche Interpretation) und die zweite die Innenfinanzierungskraft (finanzwirtschaftliche Interpretation) eines Unternehmens. Die ertragswirtschaftliche Interpretation basiert auf dem direkt ermittelten C.-f. Hier sind mehrere Modifikationen möglich.

So soll beispielsweise der betriebsbedingte C.-f. zeigen, welcher Teil des Erfolgs auf die eigentliche Betriebstätigkeit zurückzuführen ist:

Cash-flow
+ neutrale Aufwendungen
– neutrale Erträge

= *betriebsbedingter Cash-flow*

Der Brutto-C.-f. dagegen kann besonders beim Vergleich von Betrieben angewendet werden, die unterschiedlich besteuert werden:

Cash-flow
+ → Steuern vom Einkommen, vom Ertrag und vom Vermögen

= *Brutto-Cash-flow*

Die finanzwirtschaftliche Interpretation orientiert sich daran, welche Aufwendungen und Erträge finanzwirksam waren. Auch hier sind die direkte und indirekte Ermittlung möglich:

Direkte Ermittlung
  finanzwirksame Erträge
– finanzwirksame Aufwendungen
– Mehrung kurzfristiger → Aktiva (Vorräte, → Forderungen usw. ohne Kasse, → Scheck und Bankguthaben)

+ Minderungen kurzfristiger Aktiva
− Minderungen kurzfristiger → Passiva
+ Mehrung kurzfristiger Passiva

---

finanzwirtschaftlicher Cash-flow

Indirekte Ermittlung
Jahresüberschuß
+ finanzwirksame Aufwendungen
− finanzwirksame Erträge
+ Bestandsveränderungen mit Einnahmewirkung
− Bestandsveränderungen mit Ausgabenwirkung

---

finanzwirtschaftlicher Cash-flow

Cash-flow-Ratio
Rentabilitätskennziffer, die auf der Grundlage des → Cash-flow nach dem Berechnungsschema der → Deutschen Vereinigung für Finanzanalyse und Anlageberatung (DVFA) ermittelt wird:

$$\frac{\rightarrow \text{Börsenkurs der Aktie}}{\text{Cash-flow je Aktie}}.$$

Daraus kann der Cash-flow je → Aktie berechnet werden:

$$\frac{\text{Cash-flow des Unternehmens}}{\text{Anzahl der Aktien}}.$$

Cash Flow Yield
Methode zur Ermittlung der → Rendite eines → Rentenportefeuilles. Bei der C.F.Y. wird ähnlich wie bei der Ermittlung der Rendite für ein → Zinsinstrument die Rendite annähernd schrittweise über eine Iteration ermittelt, bis die Summe der → Barwerte der → Cash-flows dem → Dirty Price des Rentenportfolios entspricht. Da diese Methode relativ aufwendig ist, wird die Rendite eines Rentenportfolios auch über die → Duration ermittelt (durationsgewichtete Portfolio-Rendite).

Cashier's Cheque
Treasure Cheque; Bezeichnung in den USA für einen von einer → Bank auf sich selbst gezogenen → Orderscheck, der anstelle von → Bargeld verwendet wird.

Cash-Management-Systeme
Treasury-Management-Systeme; von → Kreditinstituten im Rahmen des → Electronic Banking angebotene → Bankleistungen zur Unterstützung und Optimierung der kurzfristigen → Finanzwirtschaft der Unternehmen. Cash bedeutet in diesem Zusammenhang Kassenhaltung, Kassendisposition, kurzfristige Finanzdispositionen und Liquiditätsdispositionen der Unternehmen. Management steht für Planung, Disposition und Kontrolle von → Liquidität und Finanzwirtschaft.

Module: (1) *Informationsmodule*, die Zahlungsverkehrsdaten elektronisch bereitstellen und die Verarbeitung der Zahlungsverkehrsdaten durch Kreditinstitute ermöglichen. Hierzu zählen die Übertragung und Darstellung aller Kontoinformationen einschließlich der valutarischen Kontostände (Balance Reporting), die elektronischen Zahlungsverfügungen über → Konten unter Festlegung der Zahlungsart und der → Währung bei Auslandszahlungen (Money Transfer). Voraussetzung ist, daß alle Marktinformationen über Zinssätze nationaler und internationaler → Geldmärkte und → Devisenkurse sowie Marktkommentare über Kursentwicklungen einschließlich Chartanalysen (→ Technische Analyse) für Devisenkursprognosen vorliegen müssen. (2) *Finanzmodule*, die aufgrund finanzwirtschaftlicher Berechnungen die Liquiditätsströme des Unternehmens optimieren sollen. Hierzu gehören u. a. das Pooling, bei dem mehrere Konten eines Unternehmens bei einem Kreditinstitut automatisch auf einem Zielkonto zusammengelegt werden, sowie das → Netting, bei dem innerhalb von → Konzernen → Forderungen und → Verbindlichkeiten aufgerechnet werden, um die Zahl der effektiv notwendigen Zahlungsströme zu reduzieren.

Bedeutung der C.-M.-S. der Kreditinstitute: Die C.-M.-S., die von Kreditinstituten unter individuellen Produktbezeichnungen angeboten werden, haben ein geschäftspolitisch-strategisches Ziel und sind gleichzeitig Instrumente zur Automatisierung im → Zahlungsverkehr.

Cash Market, → Kassamarkt.

Cash on Delivery
→ Zahlungsbedingung im Außenhandel, nach der die Zahlung bei Warenlieferung (nicht bei Dokumentenübergabe) zu erfolgen hat.

Cash Settlement
Barausgleich; Erfüllung einer Kontraktverpflichtung (z. B. → Option, → Future) in bar (im Gegensatz zur physischen Lieferung).

CATS
Abk. für Certificates of Accrual on Treasury Securities. Synthetische Zerobonds (→ synthetisches Papier), die von Salomon Brothers emittiert worden sind.
(→ COUGARs, → LIONs, → STRIPs, → TIGRs)

CBOE
Abk. für → Chicago Board Options Exchange.

CBOT
Abk. für → Chicago Board of Trade.

CBT
Alternative Abk. für → Chicago Board of Trade.

CCT
Abk. für Certificati di Credito del Tesoro; Italienische → Staatsanleihen mit variablen → Kupons.
(→ Floating Rate Notes)

CD
Abk. für → Certificate of Deposit.

CDAX
Offizielle Abk. für Composite DAX. → Aktienindex, der von der → Deutsche Börse AG berechnet und veröffentlicht wird. Im Gegensatz zum → Deutschen Aktienindex (DAX), der nur 30 Standardwerte umfaßt, wird der CDAX aus allen an der Frankfurter → Wertpapierbörse im → amtlichen (Börsen-)Handel in DM notierten deutschen → Aktien gebildet (ungefähr 320 Aktien). Die Deutsche Börse AG trägt damit der wachsenden Nachfrage nach breiter basierten → Indices Rechnung.
Auch an den internationalen Börsen wurden in der jüngsten Vergangenheit entsprechende Indices eingeführt. So beispielsweise der CAC-250 an der Pariser Börse, der FT-SE Small Cap Index, der die Kursentwicklung von 450 britischen → Aktiengesellschaften widerspiegelt, oder der Wilshire Small Cap Index, der die Wertentwicklung von 250 amerikanischen Aktien abbildet.
Der breitere CDAX wurde wie der DAX als → Performanceindex konzipiert, bei dem Dividendenzahlungen ebenfalls reinvestiert werden, und wird auch nach der Laspeyres-Formel (→ Laspeyres-Index) ermittelt. Als Basisdatum wurde – wie bereits beim DAX und beim Performanceindex für den deutschen Rentenmarkt (→ REXP) – der 30.12.1987 gewählt. Um Verwechslungen zu vermeiden, wurde die Basis des CDAX auf 100 gesetzt, während die des DAX am gleichen Tag 1000 betrug. Für den Anleger hat dies den Vorteil, daß die Wertentwicklung des Gesamtmarktes ohne Schwierigkeiten mit derjenigen des DAX verglichen werden kann. Der CDAX wird ähnlich wie der DAX minütlich von 10.30–13.30 ermittelt (Laufindex). Die Gewichtung erfolgt beim CDAX nach dem zugelassenen und für lieferbar erklärten → Grundkapital.
Zusätzlich zum CDAX-Performanceindex existiert auch ein reiner Kursindex mit gleicher Branchenaufteilung. Neben dem CDAX-Gesamtindex werden 16 Branchenindices täglich berechnet. Folgende Branchenindices können mit dem CDAX gebildet werden: Automobil-, Bau-, Chemie-, Beteiligungs-, Elektro-, Brauerei-, Hypothekenbanken-, Kreditbanken-, Verkehrs-, Maschinenbau-, Papier-, Versorgungs-, Eisen und Stahl-, Textil-, Versicherungs- und schließlich Konsum-Index.
(→ CDAX-Warrant)

CDAX-Warrant
→ Optionsschein, der als → Basiswert den → CDAX hat (→ Aktienindex-Optionsschein).

CD equivalent Yield, → Geldmarktrendite.

CD-Rating, → Certificate of Deposit-Rating.

CEDEL
Abk. für Centrale de Livraison de Valeurs mobilières SA, Luxembourg. Wichtiges internationales Clearing-Institut und Zentralverwahrer (als Partner des → Deutschen Auslandskassenvereins [AKV]).

Central Rate
Engl. Bezeichnung für → Leitkurs.

Century Bond
→ Festverzinsliches (Wert-)Papier, das eine → Laufzeit von 100 Jahren hat.

Certificate of Deposit (CD)
Depositenzertifikat, Einlagenzertifikat; von → Banken herausgegebene Inhaberschuldscheine, die die Entgegennahme einer

Certificate of Deposit

CDAX – Brancheneinteilung

CDAX – Automobil		CDXA XC0008469618
Audi Daimler Benz Mercedes Porsche Volkswagen	Bayerische Motoren Werke Hagen Batterie Phoenix Varta Ymos	Continental Hymer Pirelli VDO

CDAX – Bau		CDXB XC0008469626
Bilfinger & Berger Dyckerhoff & Widmann Glunz Hochtief Philipp Holzmann Villeroy & Boch	Didier-Werke Dyckerhoff Gruenzweig + Hartmann Kampa-Haus Strabag Bau Walter Bau	DLW Flachglas Heidelberger Zement Otavi Minen Tarkett Pegulan Weru

CDAX – Chemie		CDXC XC0008469634
Akzo Faser Bayer Cassella Fresenius Goldschmidt Kali und Salz Rütgerswerke	Altana Beiersdorf Degussa Fuchs Petrolub Henkel Kali-Chemie Schering	BASF Biotest FPB Holding Gehe Hoechst Riedel-de-Haen Wella

CDAX – Beteiligung		CDXD XC0008469642
A.A.A. Allg. Anl. Verw. Agiv Dt. Steinz. und Kunstst. Verw. Harpener Monachia VGT	Adlerwerke Concordia Edelstahlwerk Witten Industrieverw. Ges. Steucon Grundbes. und Bet. Wanderer Werke	AGAB Dt. Eff. Wechsel-Bet. Ges. Hamborner MG Vermögensverwaltung Stolberger Zink Wickrather Bauelemente

CDAX – Elektro		CDXE XC0008469659
AEG Asea Brown Boveri Felten & Guill. Energ. Philips Komm. Ind. Schneider Rundfunkw.	Aesculap Brilliant Hartmann & Braun Rheinelektra Siemens	Alcatel Sel Computer 2000 Linotype Hell Sap Signalbau Huber

CDAX – Brauerei		CDXF XC0008469667
Binding Brauerei Eichbaum-Brauereien Kupferberg & Co. Parkbrauerei Pirmasens Sinner	Blaue Quellen Henninger-Bräu Loewenbräu Reichelbräu Stuttgarter Hofbräu	Brau und Brunnen Holsten-Brauerei Mainzer Aktien-Bierbrauerei Sinalco Tucher Bräu

CDAX – Hypothekenbanken		CDXH XC0008469675
Brschw. Hann. Hyp. Bank Deutsche Hyp. Frankfurt Rheinische Hypobank	Deutsche Centralboden Kredit Deutsche Pfandbrief und Hypotheken Bank	Deutsche Hypotheken Bank Frankfurter Hypothekenbank

Certificate of Deposit

CDAX – Brancheneinteilung (Fortsetzung)

CDAX – Kreditbanken		CDXK XC0008469683
Baden-Württembergische Bank	Bayer Hypotheken- u. Wechselbank	Bayerische Vereinsbank
Berliner Bank	BHF Bank	Commerzbank
Deutsche Bank	Dresdner Bank	DSL
Deutsche Verkehrsbank	Frankf. Bankges. Gegr. 1899	LKB Dt. Industriebank
Rabobank Deutschland	Trinkaus & Burkhardt	Vereins- und Westbank

CDAX – Verkehr		CDXL XC0008469691
Eisenbahnverkehrsmittel	Hamburger Hochbahn	Lehnkering Montan Transp.
Lufthansa	Pfleiderer Bau- und Verkehr	

CDAX – Maschinenbau		CDXM XC0008469709
A. Friedr. Flender	Allweiler	Balcke-Dürr
Barmag	Buderus	CEAG
Deutsche Babcock	Dürkopp Adler	Dürr
Ex-Cell-O	FAG Kugelfischer	Friedrich Deckel
Pfaff	GEA	Gestra
GMN Georg Mueller	Hertel	Ikon
IWKA	J. Vögele	Jungheinrich
Klöckner-Humboldt-Deutz	Koenig & Bauer	Kolbenschmidt
Kraus-Maffei	Krones	KSB
Linde	Maho	MAN
MAN Roland Druckmaschinen	Mannesmann	Michael Weinig
Moenus	Pittler Maschinenfabrik	Rheinmetall
Rieter Ingol. Spinn. Masch.	Sabo Maschinenfabrik	Schiess
Seitz Enzinger Noll	Thyssen Industrie	Traub
Walter		

CDAX – Papier		CDXP XC0008469717
Hann. Papierfabrik	Herlitz	PWA
Schwäb. Zellstoff	Technocell	Zanders Feinpapiere

CDAX – Versorgung		CDXR XC0008469725
Badenwerk	Berliner Kraft und Licht	Contigas
Gelsenwasser	Kraft. Rheinfelden	Kraftanlagen
Kraftwerke Altwürttemberg	Lahmeyer	Lech Elektr. Werke
Main-Kraftwerke	Neckarwerke	RWE
RWE-DEA	Thüga	Überlandwerke Unterfranken
VEBA	VEW	VIAG
Württembergische Elektrizität		

CDAX – Eisen- und Stahl		CDXT XC0008469733
Bremer Vulkan	Fr. Krupp Hoesch-Krupp	Hindrichs-Auffermann
Klöckner-Werke	KM-Kabelmetall	Krupp Stahl
Metallgesellschaft Thyssen	Preussag	Preussag Stahl

CDAX – Textil		CDXT XC0008469741
Bremer Wollkämmerei	Dierig Holding	Escada
Gerry Weber	Gold-Zack	Hugo Boss
Jill Sander	Puma	Salamander
Stoehr & Co.	Verseidag	

Certificate of Deposit-Rating

CDAX–Brancheneinteilung (Fortsetzung)

CDAX – Versicherung		CDXV XC0008469758
Aachener Rückversicherung	Aach. u. Münch. Versicherung	Aachener u. Münch. Lebens-versicherung
Albingia		
AMB Aach. u. Münch. Bet.	Allianz	Allianz Lebensversicherung
Dt. Continentale Rückvers.	Colonia Konzern	DBV
Magdeburger Versicherung	Frankonia	Köln. Rückversicherung
Nordstern Allg. Vers.	Mannheimer Versicherung	Münch. Rückversicherungs-ges.
Volksfürsorge	Nürnberger Bet.	
	Württemb. und Badische Vers.	Thuringia Versicherung

CDAX – Konsum		CDXW XC0008469766
Moksel	A. Springer	Andrae-Noris Zahn
Asko	AVA	Douglas
Deutscher Eisenhandel	Friedrich Grohe	Geresheimer Glas
Hako	Hornbach	Horten
Hutschenreuther	Karstadt	Kaufhalle
Kaufhof	Kaufring	Leifheit
Markt & Technik	Massa	Mauser Waldeck
Oberland Glas	Otto Reichelt	PAG Pharma
Rhön-Klinikum	Rosenthal	Schmalback-Lubeca
Schwabengarage	Sixt	Spar
Stollwerck	Stumpf	Südmilch
Südzucker	VK Muehlen	WMF

→ Termineinlage bestätigen mit der Rückzahlungsverpflichtung nach Ablauf einer vereinbarten → Laufzeit. Sie sind als Diskontpapiere oder mit regelmäßiger Zinszahlung (variabel bzw. fest) ausgestattet. Derartige → Geldmarktpapiere wurden Anfang der sechziger Jahre von US-Banken zur Umgehung der Habenzinsbeschränkung (→ Regulation Q) geschaffen und 1966 am → Euro-Geldmarkt (Euro-CDs) eingeführt. Die Laufzeiten in den USA liegen i. d. R. zwischen 30 und 270 Tagen, am Euro-Markt i. d. R. zwischen sieben Tagen und einem Jahr, sie können aber auch bis zu fünf Jahre betragen.

Als → Inhaberpapiere sind CDs formlos übertragbar, so daß sich über Brokerfirmen ein tragfähiger → Sekundärmarkt für verbriefte Termineinlagen entwickelt hat. Die aufgrund von → Fungibilität und Handelbarkeit bewirkte größere Liquiditätsnähe (Verkauf vor → Fälligkeit) gegenüber herkömmlichen Termineinlagen gleicher Fristigkeit führt zu vergleichsweise niedrigeren Zinssätzen.

Seit Einführung der Pflicht zum Halten von → Mindestreserven für → Inhaberschuldverschreibungen mit einer unter zwei Jahren befristeten Laufzeit (1986) erhebt die → Deutsche Bundesbank keine Bedenken mehr gegen DM-Einlagenzertifikate deutscher → Kreditinstitute.

Certificate of Deposit Facility

Certificate of Deposit Issuance Facility. Mitglieder einer Bankengruppe verpflichten sich, → Certificates of Deposit (CDs) einer kreditnehmenden Bank während der → Laufzeit der → Fazilität bis zu einer bestimmten Höhe zu übernehmen, so daß es dieser ermöglicht wird, sich jederzeit Mittel zu geldmarktnahen Konditionen zu beschaffen. Für die Bereitschaft erhalten die beteiligten → Banken eine Bereitschaftsprovision (commitment fee), eine jährliche Inanspruchnahme-Provision (drawdown fee) und eine → Provision für den Verkauf der Papiere (issuance fee).

Certificate of Deposit Issuance Facility,
→ Certificate of Deposit Facility.

Certificate of Deposit-Rating

CD-Rating; standardisierte Bonitätsbeurteilung von kurzfristig laufenden → Geldmarktpapieren bzw. ihrer → Emittenten.
(→ Certificate of Deposit (CD), → Rating)

Certificate of Origin

Certificate of Origin, → Ursprungszeugnis.

Certificati di credito del tesoro, → CCT.

Certificati di tesoro con opzione, → CTO.

Certificati di tesoro en ECU, → CTE.

C&F
Cost and freight... (named port of destination) = → Kosten und Fracht... (benannter Bestimmungshafen); durch die → Incoterms geregelte Lieferklausel, die dort zur Vereinfachung der EDV-mäßigen Bearbeitung mit CFR abgekürzt wird und nur für See- und Binnenschiffahrtstransport gilt. Wie bei anderen C-Klauseln obliegt dem Verkäufer der Haupttransport bis zum Bestimmungsort, somit auch der Abschluß des → Frachtvertrages. Er trägt Gefahren und Kosten jedoch nur bis zur Übergabe der → Ware an den Haupttransporteur (→ Frachtführer); diese gehen auf den Käufer über, wenn die Ware die Schiffsreling im Verschiffungshafen überschritten hat.

CFA-Franc, → Franc-CFA.

CFR, → C&F.

CFTC
Abk. für → Commodity Futures Trading Commission.

Characteristic Line
Regressionsgerade (→ Regressionsanalyse) im → Markt-Modell, die durch → Alphafaktor und → Betafaktor beschrieben wird. (→ Moderne Portfolio-Theorie)

Charge-Card, → Kreditkarte.

Chart
Finanzchart; graphische Darstellung von Kurs-, Rendite-, Index- und Umsatzverläufen auf → Finanzmärkten, insbes. auf → Aktienmärkten (→ technische Aktienanalyse) und → Devisenmärkten (→ technische Analyse) zum Zweck der Gewinnung von Kursprognosen. Die Charttechnik läßt bei ihrer Kursprognose die fundamentalen Fakten (→ Fundamentalanalyse von Aktien) grundsätzlich unbeachtet und orientiert sich für ihre Prognose ausschließlich an der vergangenen Kursentwicklung. Ausgangspunkt der Charttechnik ist die Beobachtung, daß zwischen vergangenen und künftigen Kursen häufig ein Zusammenhang besteht. Bestimmte Formationen des Kursverlaufs lassen nach der Charttechnik auf eine Fortsetzung bzw. Beendigung des Kurstrends schließen. Ist die Trendrichtung ausgemacht, wird dies als Kauf- bzw. Verkaufssignal angesehen.

Arten: Hinsichtlich der Darstellung unterscheidet man → Liniencharts, → Balkencharts, Point-and-Figure-C. und → Candlestick-C.

(1) Bei *Liniencharts* werden Kurse so verbunden, daß eine Kurskurve entsteht. Der C. zeigt also eine Entwicklung in einer bestimmten Zeit.

(2) *Balkencharts* geben Höchst-, Tiefst-, Eröffnungs- und Schlußkurse an.

(3) *Point-and-Figure-C.* arbeiten mit zwei Symbolen, mit X und 0. X bezeichnet einen Kursanstieg des Kurses um eine bestimmte festgelegte → Spanne, 0 einen entsprechenden Kursrückgang. Wenn der Kurs seine Richtung um mindestens drei Spanneneinheiten ändert, werden die Eintragungen in der nächsten Zeile fortgeführt. Candlestick-C. arbeiten ähnlich wie Balkencharts mit Höchst-, Tiefst-, Eröffnungs- und Schlußkursen:

Höchstkurs

Eröffnungs- oder Schlußkurs, je nachdem, welcher größer ist

Candle Körper, bei steigenden Kursen weiß, bei fallenden Kursen schwarz

Tiefstkurs

Eröffnungs- oder Schlußkurs, je nachdem, welcher kleiner ist

Der oberste Punkt markiert den Höchstkurs, der unterste den Tiefstkurs. Diese beiden Linien werden oft auch als „Shadow" bezeichnet. Der „Körper" in der Mitte wird bestimmt durch den Eröffnungs- und Höchstkurs. Der obere Teil des Körpers stellt den Eröffnungs- oder Tiefstkurs dar, je nachdem, welcher jeweils höher lag. Das Gegenteil gilt hier für den unteren Teil. Liegt nun der Schlußkurs über dem Eröffnungskurs (Kursanstieg), so bleibt der Innenraum des Körpers weiß. Ist der Eröffnungskurs höher als der Schlußkurs, dann wird der Innenraum ausgefüllt (Kursverfall).

Chartanalyse, → Chart, → technische Studien.

Charterpartie, → Chartervertrag.

Chartervertrag
→ Seefrachtvertrag (Vertrag zwischen → Reeder und → Befrachter), durch den ein Schiff im ganzen, zu einem Teil oder mit einem bestimmten Raum vermietet wird. Die über den → Vertrag ausgestellte → Urkunde wird nach § 557 HGB Charterpartie genannt. Sie regelt die Beziehungen zwischen Reeder und Befrachter. Die Rechtsbeziehungen zwischen Reeder und Empfänger werden durch das → Konnossement bestimmt, das dem Empfänger einen Auslieferungsanspruch gibt.

Chartformation, → Formation.

Chartist
→ Finanzanalyst, der sich der Chartanalyse bedient.

Chart Reading
Interpretation graphisch dargestellter Kurs-, Index- und Umsatzverläufe auf → Finanzmärkten (→ Chart).
(→ Technische Analyse, → technische Studien).

Cheapest-to-Deliver, → CTD-Anleihe.

Cheapest-to-Delivery, → CTD-Anleihe.

Chicago Board of Trade (CBOT)
1848 gegründete und heute größte → Terminbörse der Welt. Gehandelt werden → Commodity Futures (vornehmlich → Kontrakte auf Agrarprodukte) sowie eine breite Palette von → Futures und → Optionen auf → Finanztitel. Obwohl erst 1975 mit der Einführung eines → Zins-Future der Handel in → Finanzterminkontrakten aufgenommen wurde, entfällt auf ihn inzwischen der weitaus größte Teil des Gesamtumsatzes. Die Kontrakte auf Zinstitel, allen voran der 1977 eingeführte Treasury Bond Future, zählen zu den weltweit umsatzstärksten Kontrakten.

Chicago Board Options Exchange (CBOE)
1973 als → Tochtergesellschaft der → Chicago Board of Trade (CBOT) gegründete → Börse, an der ausschließlich → Optionen gehandelt werden. Gleichwohl ist die CBOE nach der CBOT vom Umsatzvolumen her die zweitgrößte → Terminbörse der Welt. Die Produktpalette umfaßt → Aktienoptionen (auf nationale Werte) sowie → Optionen auf → Zinstitel und → Aktienindices.

Chicago Mercantile Exchange (CME)
Chicagos dritte große → Börse, umsatzmäßig die Nummer drei in der Welt. 1874 als Chicago Produce Exchange gegründet, erhielt sie 1919 ihren jetzigen Namen. Ausgehend von ihrem Produktangebot, gliedert sie sich in drei Divisions. An der eigentlichen CME findet der Handel in Terminen auf landwirtschaftliche und tierische Erzeugnisse statt, an dem 1972 eingerichteten International Monetary Market (IMM) werden → Futures und → Optionen auf → Zinstitel sowie auf die wichtigsten → Währungen der Welt umgesetzt. An dem 1982 eröffneten Index und Option Market (IOM) werden Index-Kontrakte (→ Index-Futures, → Index-Options) gehandelt.

Chip
Elektronische Funktionseinheit mit einer endlichen Anzahl zusammengehöriger (integrierter) Schaltkreise. Zu unterscheiden sind: Speicherchips (Speicherung von Daten und Programmen) und Logikchips (Ausführung arithmetischer und logischer Funktionen).

Chipkarte
Die bisherigen → eurocheque- und → Kreditkarten haben zur Sicherheit – von ganz wenigen Ausnahmen abgesehen – ein fälschungssicheres Hologramm auf der Vorderseite und einen Magnetstreifen auf der Rückseite. Auf ihm sind in codierter Form die Kontonummer und verschiedene Angaben gespeichert. Wichtigste Nutzungsarten dieser Karten: Zahlung von → Waren und Dienstleistungen sowie Beschaffung von → Bargeld und → Kontoauszügen.
Um die Möglichkeiten der Karten zu erweitern und sie noch mehr gegen Mißbrauch zu schützen, wird schon seit geraumer Zeit an einer neuen *Art der Identifizierung* gearbeitet. Die Kreditinstitute arbeiten an Karten, die mit einem von Computern her bekannten Mikroprozessor (→ Chip) ausgestattet sind. Dieser Prozessor ist so flach, daß er sich leicht in das heutige Kartenformat integrieren läßt. Der Chip kann die Richtigkeit der → Persönlichen Identifikations-Nummer (PIN) überprüfen. Außerdem liegt die

CHIPS

Speicherfähigkeit von Chips bei weitem über der von → Magnetstreifenkarten. So könnten neben den Kontodaten des Kunden zusätzlich Informationen wie Adresse, Telefonnummer und sogar Daten über Lebens- und Rentenversicherungen gespeichert werden.

Vorteile im → Zahlungsverkehr: Über 90 Prozent aller Autorisierungsvorgänge könnten direkt zwischen dem Terminal des Händlers oder Dienstleisters und der Karte erledigt werden, mit erheblich höherer Sicherheit als bei der → Magnetstreifenkarte. Der → Emittent (i.d.R. eine → Bank oder Sparkasse) könnte sogar die Funktionen und deren Umfang im Chip verändern, z.B. dadurch, daß er ein bestimmtes → Kreditlimit programmiert oder dem Karteninhaber den Zugang zu seinem Btx-Service (→ Btx-Service der Kreditinstitute) ermöglicht.

C. sind für einen Übergangszeitraum von einigen Jahren mit beiden Technologien, also Chip plus Magnetstreifen auszurüsten (→ *Hybridkarten*). Vorteil: Mit den gleichen Karten könnten die bereits installierten oder geplanten Magnetstreifengeräte des Handels und des Kreditgewerbes bedient und allmählich auf die neue Technik umgestellt werden.

CHIPS
Abk. für Clearing House Interbank Payment System; von der New York Clearing Association geführtes, inneramerikanisches Datenfernübertragungs- und -verrechnungssystem, das nur für New Yorker Banken und auswärtige Banken mit Zweigstellen in New York zur Verfügung steht.

Choice Date
Zeitpunkt bei Chooser-Optionsscheinen oder → Chooser Options, zu dem die Optionsmerkmale, z.B. → Callrecht oder → Put-Option, → Basispreis usw. festgelegt werden.
(→ Capped Chooser Warrants)

Chooser Option
→ Exotische Option, die der → Long Position das Recht gewährt, ein oder mehrere Optionsmerkmale erst zu einem späteren Zeitpunkt (→ Choice Date) vor → Fälligkeit der Option festzulegen. Grundsätzlich kann man Regular C. O. und Complex C. O. unterscheiden. Während Regular C. O. nur die Wahlmöglichkeit zwischen einer Call-Option (→ Callrecht) bzw. → Put-Option mit gleichen → Basispreis und Fälligkeit offenlassen, können bei Complex C. O. zusätzlich Basispreis, Fälligkeit usw. unterschiedlich sein. Der Anleger hat bei Complex C. O. die Möglichkeit, die Optionsmerkmale seiner veränderten Kurserwartung anzupassen. C. O. sind für den Optionsinhaber interessant, wenn ein bedeutendes Ereignis (z.B. Wahl) bevorsteht, das einen entscheidenen Einfluß auf die zukünftigen Kurse haben wird. Anstatt eine Long Position in einer Call-Option oder Put-Option einzugehen, die nur unter einem bestimmten Szenario die Gewinnzone erreichen werden, ermöglicht die C. O., die Optionsmerkmale erst dann genauer festzulegen, wenn der Anleger exaktere Kurserwartungen gebildet hat. C. O. sind damit flexibler als normale Optionen. Regular C. O. bieten den gleichen Vorteil wie → Straddles, allerdings ist die zu zahlende → Optionsprämie geringer. Einige C. O. gewähren auch der → Short Position (Optionsschreiber) das Recht, nach einem bestimmten Zeitraum zu wählen, ob die Short Position einen → Call oder → Put geschrieben hat.

(→ Chooser-Optionsschein, → Wünsch-Dir-Was-Optionsschein, → Capped Chooser Warrants)

C.I.C.P.
Abk. für Confédération internationale du Crédit populaire (→ Internationale Volksbanken-Vereinigung).

CIF
Cost, insurance and freight... (named port of destination) = → Kosten, Versicherung und Fracht... (benannter Bestimmungshafen); durch die → Incoterms geregelte Lieferklausel, deren Inhalt sich im wesentlichen mit → C&F (CFR) deckt. Bei dieser klassischen Seefrachtklausel muß der Verkäufer neben dem → Frachtvertrag bis zum Bestimmungshafen auf seine Kosten, aber zugunsten des Käufers eine Transportversicherung abschließen, die den Käufer zur Geltendmachung von → Ansprüchen ermächtigt. Der Verkäufer ist zum Abschluß einer Mindestdeckung verpflichtet, deren Summe den Kaufpreis um zehn Prozent übersteigt.

Im einzelnen verpflichtet sich der Verkäufer über die allgemeinen Vertragspflichten hinaus zum Abschluß des Transportvertrages auf eigene Rechnung bis zum vereinbarten

Bestimmungshafen sowie zur Übernahme der Fracht- und Ausladungskosten im Bestimmungshafen, zur Beschaffung der für die → Ausfuhr und Verladung notwendigen amtlichen Bescheinigungen und Übernahme der einschließlich der Verladung anfallenden → Abgaben, Gebühren und → Steuern, zur Verladung der → Ware auf eigene Kosten im Verschiffungshafen, zur Beschaffung einer übertragbaren Seeversicherungspolice (→ Transportversicherungspolice) gegen die Beförderungsgefahren auf eigene Kosten, zur unverzüglichen Beschaffung eines → Konnossements, einer Rechnung (→ Handelsrechnung) über die verschiffte Ware sowie eines Versicherungszertifikats, zur Verpackung der Ware auf eigene Kosten.

Der Käufer verpflichtet sich über die allgemeinen Vertragspflichten hinaus zur Übernahme der Kosten für Löschung und Verbringung an Land im Bestimmungshafen, sofern dies nicht in der Fracht inbegriffen ist, zur Übernahme des Risikos von dem Zeitpunkt an, in dem die Ware im Verschiffungshafen die Reling des Schiffes tatsächlich überschritten hat, und zur Beschaffung von Einfuhrbewilligungen wie anderen Bescheinigungen auf eigene Rechnung.

In Zahlungsbilanzstatistiken (→ Zahlungsbilanz) werden alle → Einfuhren mit CIF-Werten angesetzt, um jeweils den Wert der Ware an der Grenze zu erfassen.

CIM-Frachtbrief

Internationaler Eisenbahnfrachtbrief (→ Frachtbrief). Der Originalfrachtbrief begleitet die → Ware und wird dem Empfänger ausgehändigt. Die vierte Ausfertigung des Formulars ist das sog. → Frachtbriefdoppel (auch als Duplikatfrachtbrief oder Frachtbriefduplikat bezeichnet), das dem Absender als Beweisurkunde dient und ihm bis zur Auslieferung der Ware ein nachträgliches Dispositionsrecht gibt (§ 443 HGB). Es hat Sperrwirkung, da der Absender ohne den Besitz des Frachtbriefdoppels kein Verfügungsrecht hat.

CIP

Carriage and insurance paid to... (named point of destination) = frachtfrei versichert... (benannter Bestimmungsort); für jede Transportart verwendbare Lieferklausel der → Incoterms, die → CIF entspricht, wenn der Bestimmungsort kein Hafen ist. Der Verkäufer muß also eine Mindestdeckung vereinbaren. Er erfüllt seine Verpflichtung, wenn die → Ware dem → Frachtführer übergeben wird; ab diesem Zeitpunkt trägt der Käufer die Gefahr.

City-Banken

Bezeichnung für große japanische → Commercial Banks (→ Bankwesen Japan).

CLC

Abk. für → Commercial Letter of Credit.

Clean Payment

Zahlungsabwicklung im → Außenhandel (→ Zahlungsbedingungen im Außenhandel), bei der Bezahlung gegen Rechnung erfolgt (Einfache Zahlung, nichtdokumentäre Zahlung). Zugrunde liegt die Zahlungsbedingung „Zahlung gegen Rechnung", wobei zwischen „Zahlung nach Erhalt der Ware" und „Offenem Zahlungsziel" unterschieden wird. Der Schuldner zahlt mit → Überweisung (→ Zahlungsauftrag im Außenwirtschaftsverkehr) oder Übersendung eines → Schecks.
Gegensatz: → Dokumenteninkasso, → Dokumentenakkreditiv.

Clean Price

Kurs eines → Zinsinstrumentes ohne → Stückzinsen. Der → Dirty Price beinhaltet im Gegensatz zum C. P. die Stückzinsen.

Clearing

→ Aufrechnung (Verrechnung) gegenseitiger → Forderungen, so daß lediglich Verrechnungssalden zu Zahlungen führen; auch als → Abrechnung bezeichnet.
Im *internationalen Bereich* wird zwischen multilateralem C. (Verrechnung von Forderungen aus dem zwischenstaatlichen Waren- und Dienstleistungsverkehr mehrerer Länder) und bilateralem C. (Verrechnung von Forderungen zwischen Ländern mit → Devisenbewirtschaftung) unterschieden. Verrechnungssalden können bis zu einer bestimmten Höhe kreditiert werden (→ Swing). Von C. spricht man auch im *inländischen* → *Zahlungsverkehr*, z. B. beim → Abrechnungsverkehr der Deutschen Bundesbank sowie bei der netzinternen und netzüberschreitenden Zahlungsverkehrsabrechnung der → Kreditinstitute (Zentralinstitute als Clearingstellen der Gironetze).

Clearing Banks

Deposit Banks. Bedeutende Bankengruppe Großbritanniens. Sie entwickeln sich zu-

Clearing-Konto

nehmend zu → Universalbanken (→ Bankwesen Großbritannien).

Clearing-Konto, → Abkommenskonto.

Clearingstellen
1. Zentralinstitute der → Sparkassen (→ Landesbanken/Girozentralen), der → Kreditgenossenschaften (→ Genossenschaftliche Zentralbanken), Kopffilialen der → Kreditbanken, → Postgiroämter und → Landeszentralbanken, über die die Zahlungen im → bargeldlosen Zahlungsverkehr verrechnet werden.

2. → DTB-Clearing.

Cliquet Option, → Resetting Strike-Option.

Close
Schlußphase eines Markttages, die durch den offiziellen Schlußkurs (→ Settlement Price) abgeschlossen wird.

Closed-End-Funds
→ Investmentfonds, der nur während einer bestimmten Zeichnungsfrist gekauft werden kann. Während dieser Zeit müssen die → Anteile ein → Fonds gezeichnet und die Kapitaleinlage geleistet werden. Eine Anlage nach Ablauf der Zeichnungsfrist ist i. d. R. nicht möglich.
Gegensatz: → Open-End-Funds.

Close Out
Variante des → Unwindings von → Financial Swaps (z. B. → Zinsswaps), bei der der → Vertrag vorzeitig aufgelöst wird. Im Gegensatz zum Reverse Swap (→ Swap) bzw. → Assignment erlischt der Swapvertrag bei einem C. O.

Closing Price, → Close.

CME
Abk. für → Chicago Mercantile Exchange.

CMR-Frachtbrief
Internationaler → Frachtbrief, der im Straßengüterverkehr verwendet wird. Eine Ausfertigung erhält der Absender. Sie gibt ihm – ähnlich wie das → Frachtbriefdoppel beim → CIM-Frachtbrief – ein nachträgliches Dispositionsrecht über die → Ware.

CMS
Abk. für Constant-Maturity Swap (→ Swap).

CMT-linked Floater
Floater (→ Floating Rate Note), dessen → Nominalzins an die → CMT-Rendite gekoppelt ist.
(→ Surf-Anleihe)

CMT-Rendite
Kurzbezeichnung für Constant Maturity Treasury-Rendite. → Rendite von fiktiven amerikanischen → Staatsanleihen (→ Treasury Notes, → Treasury Bonds) mit einer konstanten → Laufzeit. Da es keine → Rentenpapiere mit einer konstanten Laufzeit von beispielsweise immer zehn Jahren gibt, wird die CMT-R. aus den aktuellen Renditen von tatsächlich gehandelten Papieren abgeleitet. Der Vorteil dieses Umweges liegt darin, daß die Renditen zehnjähriger Papiere ermittelt werden können, obwohl Papiere mit einer Laufzeit von zehn Jahren am Markt nicht gehandelt werden. Die CMT-R. werden für Papiere mit einer gleichbleibenden Laufzeit von ein, zwei, drei, fünf, sieben, zehn und dreißig Jahren ermittelt. CMT-R. sind beispielsweise der → Referenzzinssatz für → Surf-Anleihen und → CMT-linked Floater.

Co-branding
Kooperation einer → Kreditkartengesellschaft mit einem Unternehmen aus dem Nichtbanken-Sektor, z. B. mit einem Autohersteller, einem Sportverein, Verband oder einer Gewerkschaft. Diese Unternehmen wollen ihre Kunden oder Mitglieder mit einer → Kreditkarte ausstatten, um sie enger an ihr Haus zu binden oder – im Falle von Vereins- und Verbandskarten – mit speziellen → Zusatzleistungen auszustatten. Eine Kreditkarte aus dem C.-b.-System ist wie die Karte der → Banken und sonstiger Anbieter weltweit als → Zahlungsmittel gültig.

Sonderform: → Affinity Card.

Codierrichtlinien
Richtlinien für eine einheitliche → Codierung von zwischenbetrieblich weiterzuleitenden Zahlungsverkehrsbelegen, nach denen eine Codierpflicht für den Vordruckfuß der Zahlungsvordrucke vorgesehen ist (→ Codierzeile). Die Richtlinien regeln auch die → Haftung bei fehlerhafter Codierung. Grundlage ist eine Vereinbarung der → Spitzenverbände der deutschen Kreditwirt-

schaft. Die codierten Angaben ermöglichen bei nachgeschalteten → Kreditinstituten eine Weiterverarbeitung mittels → Belegleser.
(→ Abkommen zum bargeldlosen Zahlungsverkehr)

Codierung
1. Arbeitsphase oder Programmentwicklung, bei der der Programmablaufplan oder das Struktogramm in programmiersprachliche Anweisungen übertragen wird.
2. Anbringen von Belegdaten auf Zahlungsverkehrsvordrucken in maschinell-lesbarer Schrift (z. B. → OCR-A-Schrift), um mittels → Belegleser die Weiterverarbeitung der Daten zu automatisieren (→ Codierzeile).

Codierzeile
Vordruckfuß der Zahlungsverkehrsbelege, der die Informationen für die Bearbeitung in der maschinell-optisch lesbaren → OCR-A-Schrift enthält. Nach den → Codierrichtlinien müssen Einzelzahlungsträger (→ Überweisungen, → Lastschriften, → Schecks), Summenbelege (Belege für eine Mehrzahl von Überweisungen, Lastschriften, Schecks) und → Korrekturhüllen (Ersatzbelege für nicht maschinell bearbeitungsfähige Originalbelege) codiert werden.

Coefficient of Determination
Synonym für → Bestimmtheitsmaß.

Collar
→ Zinssicherungsinstrument, das auf der Verbindung eines → Cap mit einem → Floor basiert. In der entsprechenden Vereinbarung verpflichtet sich die → Bank zu einer Ausgleichszahlung an einen Kunden, wenn ein bestimmter Zinssatz (Capsatz) überschritten wird. Während dem Kunden durch den Erwerb des Cap eine Zinsobergrenze zugesichert wird, garantiert er seinerseits durch den Verkauf des Floor an die Bank eine Zinsuntergrenze. Unterschreitet der Marktzins eine bestimmte Grenze (Floorsatz), muß der Kunde die Differenz vergüten. C. werden nicht selten so konstruiert, daß sich die für den Cap zu zahlende und die durch den Floor vereinnahmte → Prämie gegenseitig aufheben.

Collared Floater
Floater (→ Floating Rate Note), der mit einem → Mindestzinssatz (Floor) und Höchstzinssatz (→ Cap) ausgestattet ist.
(→ Minimax Floater)

Collecting Bank
Inkassobank, d. h. jede mit der Durchführung des Inkassoauftrags befaßte → Bank beim → Dokumenteninkasso.

Collection, → Inkasso.

Co-Manager
Im → Emissionskonsortium mitführende → Banken im anglo-amerikanischen Emissionsverfahren.

Combination Order, → kombinierter Auftrag.

Combinations
→ Volatilitätsstrategien mit → Optionen mit unterschiedlichen → Optionstypen, aber gleichem → Basiswert. Die Optionen werden entweder gleichzeitig gekauft (→ Long Position) oder verkauft (→ Short Position). Folgende C. können unterschieden werden: → Straddle, → Strangle, → Strip-Spread, → Strap-Spread, → Butterfly, → Condor.
Gegensatz: → Spread.

Combined Transport Bill of Lading
Durchkonnossement (→ Konnossement) für den kombinierten Transport, wobei stets ein Transport mit Seeschiff enthalten ist. Das Konnossement wird als Übernahmekonnossement ausgestellt, kann aber nachträglich durch Eintragung des Verschiffungsdatums zum Bordkonnossement gemacht werden.

Combined Transport Document
Dokument des kombinierten bzw. multimodalen Transports (Art. 26 ERA) (→ Konnossement).

COMECON
Council for Mutual Economic Assistance, → Rat für gegenseitige Wirtschaftshilfe. 1991 aufgelöst.

Commercial Banking
Bankaktivitäten, die sich auf das → Einlagen- und → Kreditgeschäft erstrecken und in einem Spezialbanksystem (→ Geschäftsbankensystem) den Gegensatz zum → Investment Banking bilden. Banken, die in den USA nur diese Geschäfte betreiben, heißen → Commercial Banks.

Commercial Banks
→ Geschäftsbanken in den USA (→ Bankwesen USA), die hauptsächlich das → Ein-

Commercial Letter of Credit

lagen- und → Kreditgeschäft betreiben (→ Commercial Banking).

Commercial Letter of Credit (CLC)
→ Urkunde, mit der die ausstellende → Bank den Begünstigten ermächtigt, von Dokumenten begleitete → Tratten (Sichttratten oder Zieltratten) auf die ausstellende Bank zu ziehen und sich selbst jedem gutgläubigen Erwerber gegenüber zur Einlösung verpflichtet. Diese Bona-fide-Klausel macht den CLC (auch Handelskreditbrief oder Kreditbrief genannt) zu einem frei negoziierbaren Instrument. Er wird i. d. R. direkt an den Begünstigten adressiert und avisiert (Durchleitung über eine Bank ist üblich). Ein CLC kann wie ein → Dokumentenakkreditiv widerruflich oder unwiderruflich, bestätigt oder nicht bestätigt, übertragbar oder nicht übertragbar gestellt werden.
Der CLC ist ein von den anglo-amerikanischen Ländern bevorzugtes Instrument der → Außenhandelsfinanzierung, das im wesentlichen dem Dokumentenakkreditiv entspricht, ohne namentlich in den → Einheitlichen Richtlinien und Gebräuchen für Dokumentenakkreditive (ERA) erwähnt zu werden. Dort ist in Art. 10d das frei negoziierbare Akkreditiv definiert, dem der CLC gleichzusetzen ist.

Commercial Paper (CP)
Kurzfristige unbesicherte Schuldtitel (→ Inhaberschuldverschreibungen, v. a. aber Eigenwechsel) des US-amerikanischen → Geldmarktes, die von erstklassigen Finanzgesellschaften, Industrie- und Handelsunternehmen begeben werden.
Die → Laufzeiten liegen i. d. R. zwischen 30 und 50 Tagen, reichen jedoch häufig bis zu 270 Tage, da dann ein SEC-Verfahren (Security and Exchange Commission) nicht erforderlich ist. Die Verzinsung ergibt sich durch einen → Abschlag (Disagio) vom Nennwert (Diskontpapiere). Die Mindeststückelung liegt i. d. R. bei 250.000 US-$.
CP spielen auf dem nationalen Geldmarkt der USA eine große Rolle; ihr Verkauf erfolgt direkt durch die großen Unternehmen (→ Disintermediation) oder indirekt über → Banken, jedoch in Abstimmung mit dem → Emittenten, so daß dieser stets weiß, wer seine Papiere erwirbt. Vielfach werden die Schuldtitel von anlagesuchenden Unternehmen angekauft.
Die → Plazierung der Papiere wird nicht durch ein Garantiesyndikat gesichert, weshalb für den Marktzugang die höchste Bonitätsstufe von einer der großen → Rating Agencies (→ Rating) erforderlich ist. Diese standardisierte Bewertung führt zusammen mit einem Verzeichnis der → Emissionen zu einer weitgehenden Transparenz. Weniger bekannte Adressen mit einem entsprechenden Rating stellen in Verbindung mit der Emission der C. P. die Garantie (Letter of Credit) einer großen Geschäftsbank oder Versicherungsgesellschaft.
Für die Emittenten liegt ein Vorteil darin, daß der Zinssatz i. d. R. unter der → Prime Rate liegt und die Laufzeit auf kurzfristige Finanzierungsbedürfnisse abgestimmt werden kann.
Auch am → Euro-Geldmarkt werden CP (*Eurocommercial Papers*) gehandelt.

Commercial Paper-Fazilität
Obergrenze für die Summe aller ausstehenden → Commercial Paper, die in einem Rahmenabkommen zwischen dem Unternehmen (→ Emittenten) und der → Bank (Arrangeur) vereinbart sind.

Commercial Paper Programm
Rahmenvereinbarung, die zwischen dem → Emittenten und den zu Plazeuren (→ Plazierung) benannten Banken geschlossen wird. Der Emittent hat dabei das Recht, aber nicht die Verpflichtung, jederzeit → Commercial Paper zu begeben. Ein derartiges C. P. P. hat den Charakter einer → Daueremission, da Commercial Paper in mehreren Tranchen und über einen längeren Zeitraum hinweg emittiert werden können.

Commercial Paper-Rating
CP-Rating; → Rating für → Commercial Papers; standardisierte Bonitätsbeurteilung von kurzfristig laufenden → Geldmarktpapieren bzw. ihrer → Emittenten.

Commerzbank-Index
Ältester börsentäglich errechneter deutscher → Aktienindex. Er wird auf der Basis von 60 marktbreiten, an der Frankfurter → Börse notierten → Standardwerten aller wichtigen Branchen errechnet und gibt ein repräsentatives Bild des Kursverlaufs an den deutschen Aktienbörsen.
Bezugsbasis ist das Kursniveau von Ende 1953 (= 100). Neuberechnungen (im Hinblick auf die Zusammensetzung des Index und auf die Gewichtung) erfolgten Ende 1976 und Ende 1988.

Die unterschiedliche Kursentwicklung der großen Wirtschaftszweige wird durch die Berechnung von zwölf Branchenindices (Subindices) verdeutlicht. Diese Branchenindices werden an jedem Jahresende gleich 100 gesetzt, so daß die prozentuale Veränderung seit Jahresbeginn abgelesen werden kann.
(→ DAX, → Composite-DAX, → DAX 100)

COMMEX
Abk. für Commodity Exchange Inc. (→ Options- und Terminbörsen an den internationalen Finanzplätzen).

Commodities
Englischer Begriff für Rohstoff bzw. → Ware. C. werden an Waren- und Warenterminbörsen gehandelt (Commodity Future Exchanges) und bilden den → Basiswert für verschiedene → derivative (Finanz-)Instrumente (→ Commodity Derivative).

Commodity-backed Bond, → Indexanleihe.

Commodity Derivative
→ Derivatives (Finanz-)Instrument, das als → Basiswert Rohstoffe (z. B. Öl, Ölprodukte, Metalle) hat. C. D. sind beispielsweise → Commodity Swaps und → Optionsscheine auf Rohstoffe.
(→ Rohstoffabhängige Finanzierungsform)

Commodity Future
Warenterminkontrakt; vertragliche Verpflichtung, einen nach Qualität und Quantität genau definierten tierischen, pflanzlichen oder mineralischen Rohstoff zu einem festgelegten Zeitpunkt und zu einem vorher festgelegten Preis zu kaufen bzw. zu verkaufen. Diese Vereinbarungen werden in Form standardisierter → Kontrakte an → Terminbörsen gehandelt. Eine → Clearing-Stelle der Terminbörse, die in jeden Kauf und Verkauf zwischengeschaltet ist, garantiert die Einhaltung der Kontraktverpflichtungen. Erfolgt keine vorzeitige Liquidierung der → Position, muß zum Fälligkeitstermin die Lieferung bzw. Abnahme der zugrundeliegenden Warenmenge erfolgen. Zu einer → physischen Erfüllung der Kontrakte kommt es selten. I. d. R. werden Positionen vor Vertragsfälligkeit durch Gegengeschäfte glattgestellt. → Gewinne oder Verluste ergeben sich aus der Differenz zwischen dem Preis, zu dem das Geschäft abgeschlossen wurde, und der Notierung zum Zeitpunkt der Glattstellung.

Die Eröffnung von Kauf- oder Verkaufspositionen ergibt sich aus den unterschiedlichen Interessen und Markteinschätzungen der Marktteilnehmer. So setzen spekulativ ausgerichtete Käufer von C. F. auf einen steigenden, die Verkäufer der Kontrakte auf einen fallenden Kassapreis der Basisware. Unter der zweiten großen Marktgruppe sind kommerzielle Absicherer, d. h. Produzenten und Abnehmer zu verstehen, die vorhandene Bestände oder spätere Käufe gegen → Preisrisiken aufgrund unterschiedlicher Ernteerträge oder schwankender Förder- bzw. Angebotsmengen abzusichern versuchen (→ Hedgingstrategie).

Commodity Futures Exchange
Engl. Bezeichnung für (Waren-)Terminbörse.

Commodity Futures Trading Commission (CFTC)
Unabhängige staatliche US-amerikanische Terminbörsen-Aufsichtsbehörde, die vom Kongreß eingesetzt wurde, um den Handel an den US-amerikanischen → Terminbörsen seit 1975 zu überwachen und zu regulieren. Vorher wurden die Terminbörsen vom Landwirtschaftsministerium kontrolliert.

Commodity Linked Finance, → rohstoffabhängige Finanzierungsform.

Commodity Option
→ Option auf → Waren (Commodities). Mit C. O. ist für den Erwerber eines → Call oder eines → Put das Recht, nicht aber die Verpflichtung verbunden, eine nach Qualität und Quantität genau definierte Ware oder einen korrespondierenden → Commodity Future zu erwerben oder zu verkaufen. Im Gegenzug verpflichtet sich der Verkäufer zur Übernahme bzw. Bereitstellung der Ware oder des Future, wenn die Option durch ihren Inhaber ausgeübt wird.

Commodity Swap
→ Swap, bei dem Zahlungsverpflichtungen getauscht werden, die auf dem Preis von Rohstoffen (z. B. Heizöl, Metalle) basieren. Beispielsweise kann bei einem C. S. der Preis für schweres Heizöl über eine bestimmte → Laufzeit getauscht werden. Erwartet beispielsweise eine Schiffahrtsgesellschaft steigende Preise für schweres Heizöl, kann das Unternehmen mit einem Swappartner einen C. S. abschließen, bei dem die Schiffahrtsgesellschaft variable

Zahlungen erhält, die sich nach der Höhe des aktuellen Ölpreises berechnen. Diese entsprechen den Zahlungen, die die Schiffahrtsgesellschaft an die Öllieferanten zahlen muß. Im Gegenzug leistet die Gesellschaft Zahlungen an den Swappartner, deren Höhe durch den → Swapsatz für schweres Heizöl fixiert ist. Mit dem Abschluß des C. S. hat sich die Schiffahrtsgesellschaft gegen eine Veränderung des Ölpreises abgesichert (gehedgt) und somit eine feste Kalkulationsbasis geschaffen.

Einsatzmöglichkeiten: C. S. können ähnlich wie → Financial Swaps im Rahmen des → Risikomanagements eingesetzt werden, um große Ertrags- und Aufwandspositionen, die von Schwankungen der Rohstoffpreise abhängig sind, gegen nachteilige Preisschwankungen abzusichern. C. S. werden insbes. auf Öl und Ölprodukte (z. B. leichtes und schweres Heizöl, Benzin), aber auch auf Erdgas, Edelmetalle (z. B. Gold) und NE-Metalle (z. B. Aluminium, Kupfer) abgeschlossen.

Commodity Trading Advisor (CTA)
Geschulte Anlageberater in den USA.

Commodity Warrant, → Waren-Optionsschein.

Composite Asset
Mehrere → Assets, insbesondere → Finanztitel, werden zu einem neuen Wert, dem C. A., zusammengefaßt; auf diese Weise (→ Bundling) entstanden die meisten → Finanzinnovationen. Der umgekehrte Vorgang wird als → Bond Stripping oder als → Unbundling bezeichnet.

Composite-DAX (CDAX)
→ Aktienindex, der aus den Kursen aller inländischen zum → amtlichen (Börsen-)Handel an der Frankfurter → Börse zugelassenen → Aktien berechnet wird. Zusätzlich werden täglich 16 Branchenindices (Subindices) errechnet.
Der CDAX wird ebenso wie der → Deutsche Aktienindex (DAX) nach der Laspeyres-Formel ermittelt (→ Laspeyres-Index) und ist auch ein → Laufindex, der es ermöglicht, die Marktbewegungen minutenaktuell zu verfolgen.

Composite Total Return
Total Return, der als → gewichteter Durchschnitt verschiedener → erwarteter Total Returns errechnet wird. Der C. T. R. wird im Rahmen des modernen → Bond-Portfolio-Management ermittelt, um eine Portfolio-Optimierung durchführen zu können. Der C. T. R. wird in einer relativen Total-Return-Analyse verwendet, um den C. T. R. mit der → Modified Duration als → Sensitivitätskennzahl für Zinsinstrumente in Beziehung setzen zu können. Das Ziel der relativen Total-Return-Analyse besteht darin, jene Papiere zu identifizieren, die den höchsten Total Return unter Berücksichtigung eines bestimmten Risikopotentials, d. h. Modified Duration, haben.

Compoundcaps
→ Optionen auf → Caps (Caption).

Compoundfloors
→ Optionen auf → Floors (Floortion).

Compound Option
→ Exotische Option, deren → Basiswert wiederum eine → Option, d. h. → Deferred-start Option, ist. Der Basiswert bei C. O. kann beispielsweise eine Währungsoption, → Aktienoption, → Aktienindex-Option oder → Zinsoption (z. B. → Cap, → Floor) sein. Optionen auf Caps werden als Captions bzw. Optionen auf Floors als Floortions bezeichnet. Der Käufer einer Caption bzw. Floortion hat das Recht, zu einem → Basispreis ein in der Zukunft beginnendes Cap (→ Delayed Start Cap) bzw. Floor (→ Delayed Start Floor) zu kaufen.
Die → Optionsprämie für C. O. ist geringer als für normale → europäische Optionen. Wird allerdings die C. O. ausgeübt, sind die Gesamtkosten größer. C. O. werden u. a. eingegangen, wenn der Anleger eine starke Ungewißheit über die zukünftige Entwicklung des Basiswertes hat.
(→ Optionsschein auf Optionsscheine)

Compound Position, → kombinierte Optionsstrategien.

Comprehensive Approach
Verfahren zur Ermittlung der Höhe der Eigenkapitalanforderung nach dem Vorschlag des → Baseler Ausschusses für Bankenaufsicht. Der C.-A. ist ein integrierter Ansatz und sieht vor, daß die Eigenkapitalanforderungen z. B. bei → Aktien für das → spezifische Risiko und → allgemeine Marktrisiko in einem einzigen Risikofaktor erfaßt werden. Die Anwendung dieses Ansatzes soll

jedoch nur dann möglich sein, sofern die auf diese Art ermittelten Eigenkapitalanforderungen mindestens genauso hoch sind wie die nach dem → Building-Block-Approach der → Kapitaladäquanzrichtlinie.

Computerkriminalität

Vorsätzlich begangene Straftaten im Zusammenhang mit Elektronischer Datenverarbeitung bzw. dem Einsatz von Computern, insbesondere: (1) unbefugtes Ausspähen von Daten, die nicht für die betr. → Person bestimmt und gegen unberechtigten Zugang besonders gesichert sind (Computer-, Datenspionage) gem. § 202a StGB; (2) Computerbetrug gem. § 263a StGB, d. h. Schädigung eines anderen dadurch, daß das Ergebnis eines Datenverarbeitungsvorgangs durch unbefugte Einwirkung auf den Ablauf, etwa unrichtige Gestaltung des Programms, beeinflußt wird; (3) mehrere Urkundsdelikte, wie Fälschung technischer Aufzeichnungen (§ 268 StGB) und Fälschung beweiserheblicher Daten (§ 269 StGB), wobei einer Täuschung im Rechtsverkehr die fälschliche Beeinflussung einer Datenverarbeitung gleichsteht (§ 270 StGB), ferner die Unterdrückung von technischen Aufzeichnungen und Daten in der Absicht, einem anderen Nachteil zuzufügen (§ 274 StGB); (4) die rechtswidrige Veränderung von Daten (§ 303a StGB), besonders wenn sie als Computersabotage erfolgt, d. h. hierdurch oder durch die Zerstörung, Beschädigung oder andere Einwirkungen auf Datenverarbeitungsanlagen oder -träger eine für ein fremdes Unternehmen oder eine Behörde bedeutsame Datenverarbeitung gestört wird (§ 303b StGB). Das Ausspähen von Daten wird nur auf Antrag (§ 205 StGB), Datenveränderung und Computersabotage auch dann verfolgt, wenn die Staatsanwaltschaft wegen des besonderen öffentlichen Interesses an der Strafverfolgung ein Einschreiten von Amts wegen für erforderlich hält (§ 303c StGB), desgleichen Computerbetrug (§ 263a Abs. 2 i. V. m. § 263 Abs. 4, § 248a StGB).

Unbefugter Umgang mit personenbezogenen Daten kann auch nach § 43 des → Bundesdatenschutzgesetzes strafbar sein, wiederum nur auf Antrag.

Schutz vor Raubkopien sowie unbefugter Verbreitung und Bearbeitung bieten ferner das Wettbewerbsrecht (§§ 17, 18 UWG), das Urheberrecht (§ 106 i. V. m. §§ 69a ff. UrhG) sowie mittelbar das Patentrecht (§ 142 PatentG). Programme für Datenverarbeitungsanlagen sind zwar als solche nicht patentfähig (§ 1 Abs. 2 Nr. 3 und Abs. 3 PatG), können jedoch als Teil eines patentierten Gegenstands oder Verfahrens geschützt sein.

Computerunterstützte Kundenberatung

Verfahren für den Verkauf von Produkten, die der Problemlösung beim Kunden dienen sollen. Die relevanten Zahlen des Kunden werden im Personal-Computer erfaßt und unter Zugrundelegung bestimmter Prämissen hochgerechnet, um mögliche künftige Entwicklungen und deren Auswirkungen auf → Liquidität und → Rentabilität des Kunden aufzuzeigen (z. B. Baufinanzierungsprogramme, Investitionsrechnungen, Selektionsprogramme zwecks Einsatz öffentlicher Fördermittel).

Condor

→ Volatilitätsstrategie mit mehreren → Callrecht (Call Condor) oder → Put-Optionen (Put Condor). Ein C. ist ein → Strangle mit „gestutzten Flügeln", d. h. die unbegrenzten Gewinn- oder Verlustmöglichkeiten beim Strangle werden mit zusätzlichen → Optionen (→ Short Positionen) begrenzt. Ein C. kann konstruiert werden, indem ein → Bull-Spread und ein → Bear-Spread miteinander kombiniert werden. Ein C. besteht aus vier Optionen mit vier verschiedenen → Basispreisen. Eine → Long Position (→ Short Position) in einem Call C. besteht aus einer Long Position (Short Position) in einem → Call mit einem niedrigen Basispreis, einer Short Position (Long Position) in einem Call mit mittleren Basispreis, einer Short Position (Long Position) in einem Call mit hohem Basispreis und schließlich einer Long Position (Short Position) in einem Call mit höherem Basispreis. Eine Long Position (Short Position) in einem C. wird eingegangen, wenn eine geringe (hohe) → Volatilität erwartet wird. Die Abbildung auf S. 364 zeigt schematisch das Gewinn-Verlust-Diagramm einer Long Position bzw. Short Position in einem Call Condor bei → Fälligkeit der Optionen.

(→ Butterfly, → Condoranleihe)

Condoranleihe

Variante einer → Aktienindex-Anleihe, bei der die → Rückzahlung an den → Deutschen Aktienindex (DAX) gekoppelt ist (→ Koppelanleihe). Bei C. hat der → Emittent das

Confédération internationale du crédit populaire

Condor – Gewinn-Verlust-Diagramme

Long Position

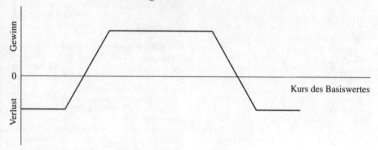

Short Position

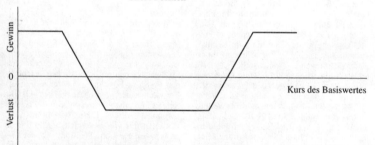

Wahlrecht, die → Anleihe zum → Nominalwert zurückzuzahlen oder, falls der Schlußkurs des DAX unter bzw. über einem bestimmten DAX-Wert notiert, den Rückzahlungsbetrag nach einer bestimmten Formel zu kürzen. Allerdings wird ein bestimmter → Rückzahlungskurs (z.B. 70% des Nominalbetrages) immer gezahlt. C. sind → Hochzinsanleihen mit einer → Laufzeit von i. d. R. nur wenigen Jahren.

Bond Stripping einer C.: Eine C. ist eine → Finanzinnovation, bei der verschiedene Anlageformen miteinander verknüpft worden sind. Zerlegt man die C. in einzelne Bausteine (→ Bond Stripping), so besteht eine C. aus einem → Straight Bond und aus → Call-(→ Bear-Spread mit → Calls) und → Put-Optionen (→ Bull-Spread mit → Puts) mit unterschiedlichen → Basispreisen und gleicher Fälligkeit auf den DAX. Da der Anleger per Saldo eine Short Position in einer → Option eingegangen ist, erhält er eine → Prämie in Form des höheren → Kupons im Vergleich zu Straight Bonds. Der höhere Kupon dient als Puffer für eventuelle Verluste aus einem verringerten Nominalbetrag. Risikofreudige Anleger verbinden mit dem Kauf einer C. eine → Trading-Strategie auf den DAX. Der höheren → laufenden Verzinsung steht das Risiko eines geringeren Rückzahlungsbetrages gegenüber.
(→ Embedded Option)

Confédération internationale du crédit populaire (C.I.C.P.), → Internationale Volksbanken-Vereinigung.

CONF-Future
Kurzbezeichnung für den langfristigen → Zinsfuture an der → SOFFEX, der mit dem → Bund-Future an der → LIFFE und der → Deutschen Terminbörse (DTB) vergli-

chen werden kann. →Lieferbare Anleihen in den CONF-F. sind Obligationen der schweizerischen Eidgenossenschaft, die bis spätestens am letzten Handelstag des fällig werdenden →Kontraktes liberiert sind und eine →Restlaufzeit zwischen acht und 13 Jahren bei →Fälligkeit des Kontraktes haben. Bei →Anleihen mit Schuldnerkündigungsrecht muß der erste und letzte Rückzahlungstermin bei Fälligkeit des Kontraktes zwischen acht und 13 Jahren liegen. Der letzte Handelstag liegt zwei Tage vor dem dritten Mittwoch des →Delivery Month. CONF-F. werden im →C-Zyklus März, Juni, September, Dezember am letzten Handelstag fällig. Auf den CONF-F. werden auch →Optionen an der SOFFEX gehandelt.

Confirming Bank
Bestätigende Bank beim →Dokumentenakkreditiv.

Consiglio di Borsa
Kontrollorgan des italienischen Finanzministeriums an der Mailänder Börse. C.d.B. konzipierte den →MIB 30-Index.

Consol
Britische →Bonds mit ewiger →Laufzeit und festem →Kupon. C. wurden zu Zeiten der Napoleonischen Kriege begeben und zählen zu den ältesten noch handelbaren →Wertpapieren.
(→Ewige Anleihen)

Consortium Banks
Bankengruppe in Großbritannien (→Bankwesen Großbritannien).

Consortium Yield
Renditeberechnungsmethode für englische →Gilts, die weder →Wandelanleihen noch Indexierte Anleihen sind und mindestens eine Zinszahlung bis zur →Fälligkeit haben. Die C. Y. wird nach der Methode →ISMA-Rendite ermittelt.

Constant Proportion Portfolio Insurance (CPPI)
→Aktive Anlagestrategie von Aktienportfolios, die von Perold und Sharpe 1988 vorgeschlagen wurde. Die CPPI garantiert dem Anleger eine bestimmte Mindestverzinsung. Um dieses Ziel zu erreichen, muß der Anleger auf einen Teil des möglichen Ertrages verzichten. Im Gegensatz zur klassischen →Portfolio Insurance werden bei der CPPI keine →Long-Positionen in →Optionen eingegangen. Deshalb hat eine CPPI-Strategie auch keinen definierten →Planungshorizont, der bei einer optionsbasierten Portfolio Insurance benötigt wird, um die →Laufzeit der Optionen festlegen zu können. Die CPPI-Strategie wird aus diesem Grund auch als „Perpetual-Strategie" bezeichnet. Der Mindestwert des →Portfolios (Floor) wird erreicht, indem ein Teil des Aktienportfolios in →festverzinsliche (Wert-)Papiere angelegt wird.

Das Grundkonzept der CPPI kann auch auf das Management von →Bondportfolios übertragen werden, indem die zur Verfügung stehenden Mittel in →Geldmarktpapiere und →Kapitalmarktpapiere investiert werden.
(→Immunisierungsstrategie, →Contingent Immunization)

Consulting Banking
Bankaktivitäten, die speziell auf →Unternehmensberatung gerichtet sind und z.T. durch speziell für Consultingaufgaben gegründete →Tochterunternehmen von →Kreditinstituten durchgeführt werden. C. B. soll die →Bankloyalität der Kunden erhöhen.
(→Allfinanz-Angebote von Kreditinstituten)

Contango
1. Der →Future wird gegenüber dem →Basiswert mit einer →Prämie gehandelt (Gross Basis [→Basis]).
2. Futures mit einem späteren →Delivery Month haben einen höheren Kurs im Vergleich zu Futures des gleichen Basiswertes mit einem früheren Delivery Month.
Gegensatz: →Backwardation, →Spread.

Contingent Immunization
Semiaktive Bond-Portfolio-Management-Strategie (→semiaktive Anlagestrategie). Die C. I. (bedingte Immunisierung) ermöglicht dem Anleger, aktive Bond-Portfolio-Management-Strategien (→aktive Anlagestrategie) zu verfolgen und gleichzeitig einen vorab bestimmten Mindestertrag zu erzielen. Hierfür verzichtet der Anleger auf einen Teil des Ertrages. Dieser Teil des Ertrages wird als Cushion Spread (Polster) bezeichnet. Ist das Sicherheitspolster durch Kursverluste aufgebraucht, wird automatisch eine →Immunisierungsstrategie mit der →Duration verfolgt. Je höher der Cushion Spread ist, desto länger kann aktives →Portfolio-Management betrieben werden und desto mehr Spielraum hat der Portfolio Manager.

Contingent Swap

Ziel der C. I. ist es, mögliche Verluste aufgrund einer ungünstigen Zinsentwicklung zu vermeiden, aber das Aufwärtspotential zu erhalten. Hierin liegt der wesentliche Unterschied zur klassischen Immunisierung. Während die klassische Immunisierung ein bestimmtes Renditeniveau bis zum → Planungshorizont einfriert (Risikoorientierung), versucht man bei der bedingten Immunisierung den Ertrag zu optimieren (Renditeorientierung).
(→ Immunisierungsstrategie)

Contingent Swap

→ Zinsswap oder → Währungsswap, der erst aktiviert wird, wenn ein Zinssatz ein bestimmtes Zinsniveau erreicht. Zu den C. S. werden neben → Swaptions auch Drop-Lock-Swaps (→ Drop-Lock-Clause) gezählt.

Continuous Compounding, → stetige Verzinsung.

Controlling

Managementaufgabe, die in der ertragsorientierten Unternehmensführung, Planung, Steuerung und Überwachung des Unternehmens auf der Grundlage zielentsprechender betriebswirtschaftlicher Informationen besteht. Zu unterscheiden sind strategisches und operatives C.; zu den jeweiligen Merkmalen vgl. Übersicht „Controlling – Merkmale".
(→ Bank-Controlling)

Conventional Yield Curve, → Renditestrukturkurve.

Conversion

Strategie z. B. mit → Futures und → Optionen auf Futures, um unterbewertete → Puts billig zu kaufen bzw. überbewertete → Calls zu verkaufen. Die C. ist eine → Arbitragestrategie, die aus einer → Long Position in einem Future (z. B. → Bund-Future) und einer synthetischen → Short Position im gleichen → Kontrakt besteht. Die synthetische Short Position im Future wird gebildet, indem eine Short Position in einem → Call auf den Future und gleichzeitig eine Long Position in einem → Put auf den Future mit gleicher → Fälligkeit und gleichem → Basispreis

Controlling – Merkmale

Controllingarten Merkmale	Strategisches Controlling	Operatives Controlling
Ziel	Langfristige Erfolgssicherung (Sicherung der Marktposition)	Kurzfristige Erfolgssicherung
Orientierung	Adaptation der Unternehmung durch die Umwelt	Betriebsergebnis als operativer Erfolg der Unternehmung
Dimensionen	Stärken und Schwächen, Ertrags- und Wachstumsmöglichkeiten, Marktrisiken (im Rahmen eines relativ langfristigen Zeithorizonts)	Aufwand – Ertrag bzw. Kosten – Erlöse (im Rahmen eines relativ kurzfristigen Zeithorizonts)
Planung	Planung der Strategien im Hinblick auf die Strukturierung des Marktleistungsprogramms (Produkt- und Sortimentspolitik), geografische Ausdehnung (Geschäftsgebiet), Kundensegmente Gesamtpositionierung der Bank (→ Strategische Planung)	Planung der Geschäftsaktivitäten im Rahmen der strategischen Vorgaben
Steuerung	Struktur- bzw. Globalsteuerung (→ Portfolio-Management, → Bilanzstruktur-Management)	Geschäftsablauf- bzw. Feinsteuerung (→ Budget-Management)

eingegangen wird. Die C. ist eine vollständig gehedgte → Position, bei der der → Gewinn oder Verlust bei Fälligkeit bereits bei Eingehen der C. festgelegt wird (→ Hedging).
(→ Reversal)

Conversion Factor, → Preisfaktor.

Convertible Bond, → Wandelanleihe.

Convertible Floating Rate Note
→ Floating Rate Note (variabel verzinsliche Anleihe), bei welcher der Investor mit Erreichen eines bestimmten → Libor-Satzes das Recht auf → Konversion in eine → Festzinsanleihe hat.

Convexity
1. *Allgemein*: C. (Krümmung) eines Finanzinstruments (z. B. → Anleihen, → Futures-Kontrakte, → Optionen) bezeichnet die Nicht-Linearität der Kursveränderung.

2. *C. bei festverzinslichen Papieren*: Bei festverzinslichen Papieren wird mit C. die gewölbte Form der → Kurs-Rendite-Kurve beschrieben. Die C. mißt die Veränderung der → Modified Duration bzw. des → Price Value of a Basis Point, wenn sich die → Rendite ändert. Die C. ist die zweite Ableitung der Kurs-Rendite-Kurve dividiert durch den → Dirty Price. Je höher die C. eines festverzinslichen Papiers ist, desto schneller ändert sich die Modified Duration bzw. der Dirty Price, wenn sich die Rendite ändert. Bei gleicher Rendite und Modified Duration sollte das Papier gekauft werden, das die höhere positive C. hat (→ Bullet-to-Dumbbell Bond Swap). Man unterscheidet zwischen einer → positiven Convexity und einer → negativen Convexity.
Die C. kann mit folgender Näherungsformel ermittelt werden.

Convexity = (100.000.000 : Dirty Price)
(Cx)   · ($PVBP_1 - PVBP_2$)
$PVBP_1$ = PVBP, wenn die Rendite um einen → Basispunkt fällt
$PVBP_2$ = PVBP, wenn die Rendite um einen Basispunkt steigt.

3. *C. bei Optionen*: C. bezeichnet die Beziehung zwischen dem Kurs der Option und dem Wert des → Basiswertes. Sie wird durch den → Gamma-Faktor gemessen. Hat eine Optionsposition beispielsweise ein positives Gamma, so bedeutet dies, daß das → Delta der Position steigt, wenn das Basis-papier steigt. Umgekehrt fällt das Delta der Position, wenn das Basispapier fällt. Eine solche Position wird auch als Long C. oder Long Volatility bezeichnet. Die C. einer Optionsposition muß insbes. beim → Delta-Hedging beobachtet werden.

Convexity-Maximierung
Das Investmentziel des Anlegers besteht darin, die → Convexity eines → Bond-Portfolios bei gleicher → Rendite und → Modified Duration bzw. PVBP (→ Price Value of a Basis Point) zu maximieren. Bei dieser aktiven Strategie profitiert der Anleger sowohl von steigenden als auch fallenden Renditen, sofern sich die → Renditestrukturkurve parallel verschiebt (→ Parallelverschiebung). Die Convexity kann beispielsweise mit einem → Bullet-to-Dumbbell Bond Swap erhöht werden.
(→ Positive Convexity)

Cooke Committee, → Baseler Ausschuß für Bankenaufsicht.

Corporate Banks
Konzernbanken; Bezeichnung für konzerneigene → Banken (Banken von Nichtbanken-Konzernen, insbes. von multinationalen → Konzernen), denen das gesamte Finanzmanagement für den Konzern und die Konzernunternehmen obliegt und die Wettbewerber am Markt für → Bankleistungen sind.

Corporate Card, → Firmenkarte.

Corporate Design
Ganzheitlich konzipierte optische Erscheinungsform eines Unternehmens, z. B. in Form der Benutzung bestimmter Symbole oder Farben bei der visuellen Gestaltung von Produkten, Briefbögen, betrieblichen Räumlichkeiten etc. Das C. D. soll das → Corporate Image eines Unternehmens positiv beeinflussen.

Corporate Finance
Bankaktivitäten im → Firmenkundengeschäft, zu denen neben dem → Investment Banking i. e. S. auch die Vermittlung von Unternehmen, Unternehmensteilen und → Beteiligungen (→ Mergers & Acquisitions), → Unternehmensberatung (→ Consulting Banking) und → Finanzierung von Unternehmensübernahmen gehören.

Corporate Identity
Nach Süchting im Gegensatz zum → Corporate Image (Fremdbildnis) das Selbstbildnis

Corporate Identity-Strategie

der Unternehmung, d. h. die Gesamtheit der Vorstellungen, die bei den Angehörigen einer Unternehmung über diese bestehen. (→ Corporate Identity-Strategie)

Corporate Identity-Strategie

Summe der Maßnahmen zur Erreichung einer bestimmten → Corporate Identity. Basis der C. I.-S. ist die → Unternehmensphilosophie. Abhängig davon, welche Personengruppen im Zentrum der Bemühungen stehen, unterscheidet man nach Süchting zwischen kunden-, mitarbeiter- (→ Unternehmenskultur) oder kapitalgeberorientierter C. I.-S.

Corporate Image

Nach Süchting im Gegensatz zur → Corporate Identity (Eigenbildnis) das Fremdbildnis eines Unternehmens, d. h. die Gesamtheit der Vorstellungen über das Unternehmen in der Öffentlichkeit.

Corporation

Bezeichnung in den USA, in Kanada und Japan für eine → Unternehmensrechtsform, die der deutschen → Aktiengesellschaft entspricht.

Correlation Product

Finanzinstrument (z. B. → Optionen, → Financial Swaps), dessen Kurs neben weiteren Einflußfaktoren auch von der → Korrelation des → Basiswertes mit einem anderen Finanzinstrument (z. B. → Währung) abhängig ist. Der → Fair Value von → Quanto Optionen, wie beispielsweise DEM Quanto Calls auf den Dow Jones Index, wird ermittelt, indem u. a. auch die Korrelation zwischen dem Dow Jones Index und dem Dollarkurs berücksichtigt wird. → Quanto Produkte (z. B. → Quanto Swaps) sind C. P., deren Wert bei → Fälligkeit nicht vollständig von der Korrelation abhängig ist, sondern nur verändert wird.

Correspondent Banking

Bankaktivitäten im Interbankenbereich (→ Korrespondentenverhältnis zwischen Kreditinstituten). Gegensatz: → Customer Banking.

Corridor, → Interest Rate Corridor.

Cost-averaging

Durchschnittskostenmethode, bei der beim → Kauf von → Investmentanteilen Preisschwankungen bei den → Investmentzertifikaten ausgenutzt werden, so daß bei regelmäßiger Anlage von Geldbeträgen in gleicher Höhe zu hohen Ausgabepreisen weniger und zu niedrigen Ausgabepreisen mehr → Anteilsscheine erworben werden (→ Anlagemöglichkeiten für Investmentsparer).

Cost-Center

Aus der Sicht des → Controlling (→ Bank-Controlling) gebildeter Unternehmensbereich, der verantwortlich ist für Leistungen, die der → Bank als Gesamtheit dienen, z. B. → Personalverwaltung, → Rechnungswesen. Im Gegensatz zum → Profit-Center, das → Deckungsbeiträge (Erfolgsbeiträge) als Gegenstand von Zielvereinbarungen hat, ist es Aufgabe des C.-C., bestimmte Leistungen mit geringstmöglichen → Kosten zu erbringen.

Cost of Carry

Carrying Charges; Bezeichnung für die Finanzierungskosten (Haltekosten), die bei → Futures für den Besitz eines → Basiswertes (Gegenstand eines → Finanzterminkontrakts) anfallen und in die → Basis eingehen.

Counterpart-Risiko

Variante des → Bonitätsrisikos, daß ein Handelspartner seinen Verpflichtungen (z. B. Lieferverpflichtung, → Überweisung des Verkaufsbetrages) nicht oder nicht rechtzeitig nachkommt. Bei → Financial Swaps kann das C.-R. beispielsweise durch → Interest Netting verringert werden. Das C.-R. ist ein → unsystematisches Risiko, das durch → Diversifikation verkleinert werden kann. (→ Emittentenrisiko)

Counter Trade

Barter-Geschäft; Gegenseitigkeitsgeschäft, d. h. Austausch inländischer gegen ausländische → Waren. Eine Form des C. T. ist das → Kompensationsgeschäft.

Coupon, → Kupon.

Coupon Rate, → Nominalzins.

Coupon Swap, → Zinsswap.

Courtage,

Kurtage. 1. *Börsenwesen:* Gebühr, die der Börsenmakler für die Vermittlung der Börsengeschäfte erhält. a) Ihre Höhe ist für den → *Kursmakler* einheitlich festgesetzt, meist in Prozent oder Promille des Kurswerts, seltener in festem Satz je Stück. Die C. ist nach

Effektengattungen (Staatspapiere, sonstige Obligationen, → Dividendenpapiere), z. T. auch nach der Höhe des Kurswerts oder nach der Art des Geschäfts gestaffelt. In der Bundesrep. D. beträgt der Satz für → Aktien 0,1%, bei → festverzinslichen (Wert-)Papieren maximal 0,75‰ des Kurswerts. b) Für *freie Makler* bestehen meist keine festen C.-Sätze, sie werden von Fall zu Fall vereinbart und fallen gelegentlich sogar ganz weg (franko C.). – Die → Bank stellt die an den → Makler entrichtete C. dem Kunden in Rechnung.

2. Der *Interbanken-Devisenhandel* wird zum Teil über zwischengeschaltete → Devisenmakler abgewickelt. Bei ihnen laufen die Kursanfragen für Käufe und Verkäufe der Banken zusammen. Im Kundenhandel verändert sich die → Devisenposition der Banken durch Währungsan- und -verkäufe der Kunden. Zusammen mit der Eigenposition ergibt sich die gesamte Devisenposition der Banken. Wollen sie diese ohne Einschaltung anderer Banken verändern, geschieht dies über Geschäfte mit Maklern. Als Entgelt erhält der Makler die C., eine vom gehandelten Volumen abhängige Gebühr, die mit den jeweiligen Kunden individuell vereinbart wird.

COV
Statistische Schreibweise für → Kovarianz. Vgl. auch → Korrelation.

Covenants
Kreditvertragsklauseln, die Auflagen für den Kreditnehmer (z. B. Beachtung betriebswirtschaftlicher Kennzahlen, restriktive → Dividendenpolitik usw.) enthalten.

Covered Call Writing
Optionsstrategie, bei der → Calls (Kaufoptionen) verkauft werden, die mit der entsprechenden Menge des → Basiswertes unterlegt sind. Kommt es zu einer Ausübung der → Kontrakte, kann der → Stillhalter seine Lieferverpflichtungen aus dem eigenen Bestand erfüllen. Ziel ist die Erhöhung der → Rendite einer → Kassa-Position bzw. eines → Portfolios bei stagnierenden Märkten durch die Vereinnahmung der → Optionsprämien.

Covered Put Writing
Optionsstrategie, bei der → Puts (Verkaufsoptionen) verkauft werden. Da im Falle einer Optionsausübung die zugrundeliegende Menge des → Basiswertes übernommen werden muß, werden während der → Laufzeit der → Kontrakte gleichzeitig flüssige Mittel als Deckung gehalten. Ziel ist die Aufbesserung der → Rendite.

Covered-Short-Call, → Covered-Call-Writing.

Covered Warrant, → gedeckter Optionsschein.

Covering
→ Devisengeschäfte zum Ausschluß eines bestehenden Kursrisikos (z. B. aus einer Warenforderung in Fremdwährung). Durch die C.-Transaktion (→ Wechselkurssicherung) wird ein später benötigter (bzw. anfallender) Devisenbetrag vorzeitig eingedeckt (bzw. abgegeben).

Cox, Ross und Rubinstein (CRR)
Cox, Ross und Rubinstein entwickelten 1979 ein Modell zur Bewertung von → amerikanischen Optionen. Dieses Modell wird nach den Namen der Entwickler als Cox, Ross, Rubinstein-Modell bezeichnet. Dieses Modell unterstellt im Gegensatz zum → Black & Scholes Modell eine → diskrete Zufallsgröße.
Gegensatz: → Black & Scholes Modell, → Black Modell.

CP
Abk. für → Commercial Paper.

CpD-Konto
Konto pro Diverse; bankinternes → Konto, auf dem als Sammelkonto Geschäftsvorfälle für verschiedene dritte → Personen gebucht werden, z. B. bei unklaren oder unvollständigen Aufträgen im → Zahlungsverkehr. CpD-K. sind nach § 30 a Abs. 3 AO Konten, für die keine → Legitimationsprüfung durchgeführt worden ist. Nach dem AO-Anwendungserlaß von 1987 ist die Abwicklung von Geschäftsvorfällen über CpD-K. nicht zulässig, wenn der Name eines Dritten bekannt ist oder unschwer ermittelt werden kann und für ihn bereits ein entsprechendes Konto geführt wird. Über CpD-K. sind → Kontrollmitteilungen zulässig. Damit will die Finanzverwaltung verhindern, daß CpD-K. zur Verschleierung oder Verdeckung steuerpflichtiger Geschäftsvorfälle mißbraucht werden.

CPPI
Abk. für → Constant Proportion Portfolio Insurance.

CP-Rating, → Commercial Paper-Rating.

CPT
Carriage paid to... (named port of destination)=frachtfrei... (benannter Bestimmungsort); wie → CIP generell verwendbare Lieferklausel der → Incoterms, die ansonsten → C&F (CFR) entspricht. Der Verkäufer muß auf eigene Kosten und zu den üblichen Bedingungen den Frachtvertrag abschließen. Die Gefahr geht mit der Übergabe der Ware an den (ersten) Frachtführer auf den Käufer über.

CRB
Abk. für Commodity Research Bureau.

CRB-Future
→ Commodity Future, dessen → Basiswert der → CRB-Index ist. Der C.-F. wird an der New York Futures Exchange gehandelt. Die Erfüllung erfolgt als → Cash Settlement. Der C.-F. hat ein Kontraktvolumen von CRB-Index mal 500 US-Dollar.
An der NYFE werden auch → Optionen auf den C.-F. gehandelt. → Delivery-Month der Option sind die Monate März, Mai, Juli, September, Dezember. Aus diesem Zyklus werden drei Optionskontrakte gleichzeitig zum Handel angeboten.

CRB-Index
Geometrisch gewichteter Preisdurchschnitt von 21 Warenterminmärkten; vom Commodity Research Bureau (CRB) konzipiert. Die Warenterminmärkte in der Abbildung rechts oben werden berücksichtigt.

Crédit dos-à-dos
Frz. Bezeichnung für → Gegenakkreditiv.

Credit-Rating, → Rating.

Credit Unions
→ Kreditgenossenschaften in den USA, die zu den → Thrift Institutions zählen (→ Bankwesen USA).

Cross-Border-Geschäfte
→ Wertpapiergeschäfte mit unterschiedlicher → Valuta (national zwei Tage/international sieben Tage).

Cross Currency Interest Rate Swap
→ Währungsswap, bei dem → Festzinssätze und → variable Zinssätze in unterschiedli-

CRB-Index

Deutscher Name	Engl. Name	Börse
Bauholz	Lumber	CME
Baumwolle	Cotton	NYCE
Benzin	Gasoline	Nymex
Gold	Gold	Comex
Heizöl	Heating Oil	Nymex
Kaffee	Coffee	CSCE
Kakao	Cocoa	CSCE
Kupfer	Copper	Comex
Mais	Corn	CBoT
Orangensaft	FCOJ	NYCE
Platin	Platinum	Nymex
Rinder	Live Cattle	CME
Rohöl	Crude Oil	Nymex
Schweine	Live Hogs	CME
Schweinebäuche	Pork Bellies	CME
Silber	Silver	Comex
Sojabohnen	Soy Beans	CBoT
Sojaöl	Soy Oil	CBoT
Sojaschrot	Soy Meal	CBoT
Weizen	Wheat	CBoT
Zucker	Sugar #11	CSCE

cher → Währung (z.B. US-Dollar gegen DM) getauscht werden (→ Currency Swap). (→ Back-to-Back-Kredit, → Parallel Loans)

Cross Currency Spreads mit Zinsfutures
→ Tradingstrategie mit → Zinsfutures, bei der gleichzeitig eine bestimmte Anzahl von Zinsfutures mit gleicher → Fälligkeit in unterschiedlichen → Währungen gekauft und verkauft werden. C.C.S. können mit kurz-, mittel- und langfristigen Zinsfutures durchgeführt werden. Ziel ist es, von Vergrößerungen oder Verkleinerungen des Renditespreads (→ Rendite) zweier Länder zu profitieren (→ Cross Currency Spread Trading).

Arten: vgl. Tabelle S. 371.

Cross Currency Spread Trading,
→ Spread Trading mit → Zinsinstrumenten zwischen zwei → Währungen (z.B. DM gegen US-$). Ziel des Spread Trading ist, nicht von absoluten Renditeveränderungen zu profitieren, sondern von einer Veränderung des → Yield Spreads zwischen zwei Währungen. C.C.S.T. kann entweder mit Kassazinsinstrumenten (→ Kassageschäft; z.B. → Bundesanleihen versus US-Treasury-Notes), mit → Optionen oder → Zinsfutures (→ Cross Currency Spreads mit Zinsfutures) erfolgen.

Cross Currency Spreads mit Zinsfutures

Cross Currency Money Market Spread	Cross Currency Bond Spread	Cross Currency Yield Curve Spread
Kurzfristige Zinsfuture	Mittel- oder langfristige Zinsfuture	Alle Zinsfuture
Long Position bzw. Short Position in zwei Geldmarkt-Futures in unterschiedlichen Währungen	Long Position bzw. Short Position in zwei mittel-, lang- oder ultra-langfristigen Futures in unterschiedlichen Währungen	Long Position in Euro-DM-Future und Short Position in Nicht-Geldmarkt-Future (z. B. Treasury Future)
Euro-DM-Future versus Eurodollar-Future	Buxl-Future versus Treasury-Bond-Future	Euro-DM-Future versus Treasury-Bond-Future

Cross Currency Swap, → Cross Currency Interest Rate Swap.

Cross Currency Yield Spread, → Yield Spread.

Crossed cheque, → gekreuzter Scheck.

Cross-Hedging
→ Hedgingstrategie, bei der ein → Wertpapier mit → Futures abgesichert wird, das nicht als Underlying (→ Basiswert) in den Future geliefert werden kann. Bei C.-H. ist das → Basisrisiko größer als beim → Direct-Hedging.

Cross Market Arbitrage, → Ausgleichsarbitrage.

Cross Market Spreading
Gleichzeitiger Kauf und Verkauf von Kassapapieren und/oder → derivativen (Finanz-) Instrumenten (z. B. → Futures-Kontrakten, → Zinsswaps) in verschiedenen → Währungen, um von einer Veränderung des → Spreads zu profitieren (→ Cross Currency Spreads mit Zinsfutures, → Cross Currency Spread Trading).

Cross rate
Aus den → Wechselkursen zweier → Währungen gegen eine dritte Währung sich ergebender Wechselkurs der beiden Währungen gegeneinander (z. B. aus US-Dollar/D-Mark und US-Dollar/Yen sich errechnender Kurs der D-Mark gegen Yen).

Cross-Selling
Ausschöpfung einer Kundenbeziehung durch zusätzliches Angebot von Produkten beim Verkauf der nachgefragten Leistung. Cross-Selling spielt beim Aufbau von → Allfinanz-Angeboten von Kreditinstituten eine bedeutsame Rolle, z. B. wenn beim Verkauf von → Bankprodukten auch Produkte von Versicherungsunternehmen angeboten werden.

CRR
Abk. für Cox, Ross und Rubinstein. Diese entwickelten 1979 ein Modell zur Bewertung von → amerikanischen Optionen (Cox, Ross, Rubinstein-Modell).
Gegensatz: → Black-Modell; → Black & Scholes-Modell.

CRSP
Abk. für Center for Research in Security Prices.

CTA
Abk. für → Commodity Trading Advisor.

CTD-Anleihe
Jene → lieferbare Anleihe bei einem → Basket Delivery (z. B. → Bobl-Future, → Bund-Future), die für die → Short Position im → Future bei Lieferung in den → Kontrakt die billigste ist. Der Short Position eines Futures ist es freigestellt, welche lieferbare Anleihe er liefert (→ Delivery Option). Die Short Position wird sich für jene Anleihe entscheiden, bei der der → Gewinn aus einer → Cash & Carry-Arbitrage am größten ist bzw. der Verlust am geringsten. Diese Anleihe ist die Cheapest-to-Delivery (CTD). Die CTD ist jene Anleihe, bei der die → Implied Repo Rate am größten bzw. die → Value Basis am geringsten ist.

CTE
Abk. für Certificati di tesoro en ECU; italienische mittelfristige Emissionen in ECU.

CTO
Abk. für Certificati di tesoro con opzione; italienische →Anleihen mit ursprünglich dreijähriger →Laufzeit und der →Option, die Anleihe bei →Fälligkeit zu gleichen Konditionen um drei Jahre zu verlängern.

Cubed Power Cap, → Power Cap.

Cum
Lat. „mit"; →Wertpapier *mit* →Zinsscheinen, Dividendenscheinen oder sonstigen →Bezugsscheinen.
Gegensatz: Ex (→ Ex Dividende).
(→ Cum-Anleihe, → Optionsanleihe Cum)

Cum-Anleihe
Ursprungsanleihe; →Anleihe mit →Zinsscheinen.
Gegensatz: Stripped Bond (→ Stripping).

Currency Allocation
Diversifikationsstufe im Rahmen der strategischen →Asset Allocation. Bei der C. A. wird das Kapital in verschiedenen Fremdwährungen (z.B. USA, JPY) investiert. →Passive Anlagestrategien bilden beispielsweise einen repräsentativen internationalen Bond-Index (z.B. Salomon Brothers World Government Bond Index) nach (→ Indexierungsstrategie). →Aktive Anlagestrategien versuchen auf Basis entsprechender Währungsprognosen über eine Unter- bzw. Übergewichtung einzelner →Währungen einen internationalen Bond-Index zu schlagen.

Currency Future, → Devisen-Future.

Currency Option, → Devisenoption.

Currency Swap
Reiner Währungsswap; →Währungsswap, bei dem entweder →Festzinssätze in unterschiedlichen →Währungen (Fixed/Fixed Currency Swap) oder →variable Zinssätze (Floating/Floating Currency Swap) getauscht werden. Im Gegensatz zu einem →Cross Currency Interest Rate Swap werden bei C. S. nur verschiedene Währungen, nicht aber die Zinsbasis verändert.

Currency-Theorie
Geldtheorie, nach der im Gegensatz zur →Banking-Theorie nur →Banknoten und →Münzen →Geld sind. Das Preisniveau kann nach Auffassung der C.-T. nur von diesen beiden monetären Größen beeinflußt werden. Geldsurrogate (→ Geldersatzmittel) werden als streng proportionale Größen zur →Geldmenge (Noten, Münzen) behandelt und haben von daher keine eigenständige Bedeutung für das Preisniveau. Nach Auffassung der C.-T. dürften Banknoten nur aufgrund voller Golddeckung (→ Goldumlaufwährung) ausgegeben werden, weil durch den Goldwährungsmechanismus der Zahlungsmittelbedarf eines Landes am besten reguliert werde. Nach Auseinandersetzung mit den Vertretern der Banking-Theorie wurde die C.-T. in England Grundlage der Peelschen Bankakte (1844); sie verlor ihre Bedeutung, als 1931 das Pfund vom Gold abgelöst wurde.

Currency Warrant, → Währungs-Optionsschein.

Current Duration
→ Duration nach → Macaulay, die auf Basis des aktuellen Bewertungstages ermittelt wird. Im Gegensatz zur C. D. wird die → Horizon Duration auf einen Zeitpunkt in der Zukunft (z.B. drei Monaten) ermittelt. Standardmäßig wird die C. D. berechnet. Die C. D. wird in →Hedgingstrategien mit →Zins-Futures verwendet, wenn die →abgesicherte Periode sehr kurz ist (z.B. wenige Tage).

Current Yield, → laufende Verzinsung.

CUSIP-Nummer
Amerikanische Wertpapierkennummer.

Customer Banking
Bankaktivitäten im Kundenbereich (Bereich der Nicht-Bankenkundschaft, Corporate Banking, Retail Banking).
Gegensatz: → Correspondent Banking.

C-Zyklus
→ Delivery Month von →Optionen und →Futures in den Monaten März, Juni, September und Dezember. Beispielsweise werden →mittel- (z.B. →Bobl-Future) und langfristige Zinsfutures (z.B. →Bund-Future) an der →Deutschen Terminbörse (DTB) am 10.Tag des C-Z. fällig, d.h. am 10. März, 10. Juni, 10. September oder 10. Dezember.
(→ A-Zyklus)

D

D/A
Abk. für „Documents against Acceptance" = „Dokumente gegen Akzept" (Akzeptleistung bei Vorlage der Dokumente [→ Zahlungsbedingungen im Außenhandel]).

Dachfonds
→ Investmentfonds, dessen → Vermögen ganz oder vorwiegend in → Anteilen anderer Investmentfonds angelegt ist. Aus steuerlichen Gründen haben D. ihren Sitz i. d. R. in „exotischen" Ländern (→ Offshore Fund). Das D.-Verbot im → Gesetz über Kapitalanlagegesellschaften ist durch das → Finanzmarktförderungsgesetz bei Erfüllung bestimmter Voraussetzungen gelockert worden (§ 8d Abs. 1 KAGG).
(→ Umbrellafonds)

Dachgesellschaft
Unternehmen (meist AG oder GmbH), das im Rahmen eines → Konzerns der Zusammenfassung der Kapitalinteressen an Erwerbsunternehmen mit dem Ziel dauernder Beherrschung und Kontrolle der → Beteiligung sowie der einheitlichen Leitung des Konzerns dient. Solcher D., die auch als Holdinggesellschaften bezeichnet werden, bedienen sich in Deutschland große Konzerne und insbes. Familienunternehmen.

DAF
Delivered at frontier... (named point) = geliefert Grenze... (benannter Ort); Ein-Punkt-Lieferklausel im Rahmen der → Incoterms. Diese Ankunftsklausel ist prinzipiell für alle Transportarten anwendbar und erweitert die Verantwortung des Verkäufers bis an den genau festzulegenden Grenzort des Bestimmungslandes. Dort ist die → Ware dem Käufer zur Verfügung zu stellen. Zuvor trägt der Käufer alle Kosten und Risiken, auch für die Durchführung der Exportformalitäten.

DAG
Abk. für → Deutsche Angestellten-Gewerkschaft.

Daily Settlement, → Marked-to-Market-Prinzip.

D/A-Inkasso
→ Dokumenteninkasso, das auf der Grundlage → „Dokumente gegen Akzept" (Documents against Acceptance) abgewickelt wird.

Damnum
Betrag, der bei einer Darlehensgewährung häufig neben den Darlehenszinsen berechnet wird. Das D. kann in Form eines Abschlages bei Auszahlung des → Darlehens (→ Disagio), eines Zuschlages bei → Rückzahlung (Agio) oder durch entsprechende Verbuchung der ersten Tilgungsraten (Tilgungsstreckung) vereinbart werden. Es ist steuerlich wie → Schuldzinsen zu berücksichtigen. Eine Zahlung des D. vor der ersten Darlehensrate wird nicht anerkannt, wenn keine sinnvolle wirtschaftliche Erwägung dafür vorliegt.

Darlehen
1. *Allgemein*: → Vertrag, durch den ein Darlehensnehmer, der → Geld oder andere vertretbare → Sachen empfangen hat, verpflichtet wird, dem Darlehensgeber das Empfangene in → Sachen von gleicher Art, Güte und Menge zurückzuerstatten (§ 607 Abs. 1 BGB) und je nach Vereinbarung auch → Zinsen zu zahlen (§ 608 BGB). Jeder → Kredit, mit dem → Bargeld oder → Buchgeld zur Verfügung gestellt wird, ist so ein D. (→ Geldleihe). Bei bargeldloser Auszahlung werden zwar keine → Geldzeichen übereignet; trotzdem wird auch hier ein D. angenommen. Ein D. ist regelmäßig in einen umfassenderen → Kreditvertrag einge-

Darlehen mit Zinsanpassung

bunden. Es ist strittig, ob das D. als Realvertrag oder als Konsensualvertrag anzusehen ist. Die herkömmliche Anschauung in Rechtsprechung und Lehre betrachtete das D. als einen Realkontrakt, d. h. daß ein wirksames Zustandekommen neben der Übereinstimmung der → Willenserklärungen der Vertragsparteien die Hingabe einer Sache erfordert. Demgegenüber hat sich mittlerweile die Auffassung durchgesetzt, daß es sich beim D. um einen Konsensualvertrag handelt, der ausschließlich durch zwei übereinstimmende Willenserklärungen zustande kommt.

2. *Bankpraxis*: Kredit, der in einer Summe oder in Teilbeträgen zur Verfügung gestellt wird und in festgelegten Raten (→ Ratenkredit, Tilgungskredit) oder auf einmal nach Ablauf der vertraglich geregelten → Laufzeit zurückzuzahlen ist (Kredit mit Endfälligkeit). Die Zinsen stellen dabei das Entgelt für den Nutzungswert des → Kapitals dar. Beispiele: → Verbraucherkredit, → Hypothekendarlehen, → Schuldscheindarlehen.

Darlehen mit Zinsanpassung
Bau- und Investitionsdarlehen (→ Bau- und Immobilienfinanzierung in der Kreditwirtschaft), die zumeist zunächst zwar mittel- oder langfristig, aber mit → variablem Zinssatz aufgenommen werden. Üblich in einer Hochzinsphase. Bauherren und Investoren hoffen, in der Zukunft auf einen günstigeren Festzinssatz umsteigen zu können. Eine Alternative stellt der → Cap-Kredit dar.

Darlehen mit Zinsfestschreibung
Bau- und Investitionsdarlehen (→ Bau- und Immobilienfinanzierung), das zu einem für eine bestimmte Periode vereinbarten → Festzinssatz ausgeliehen wird. Lebhafte Nachfrage nach D. m. Z. ist insbes. in einer Niedrigzinsphase zu verzeichnen. Der feste Zinssatz bildet für die zugrundeliegende → Investition eine sichere Kalkulationsgrundlage für den Darlehensnehmer.

Darlehenskonto
→ Konto, das zur Buchung eines → Kredites dient, der im Ganzen oder in Raten zu bestimmten Terminen gezahlt wird (→ Darlehen).
(→ Bankkonto)

Darlehensvertrag
Schriftlicher → Vertrag zwischen Darlehensgeber und Darlehensnehmer.

Bestandteile: (1) Aufführung der Vertragspartner; (2) Kontonummer, unter der das → Darlehen bereitgestellt und verwaltet werden soll; (3) Darlehenssumme in Ziffern und Worten; (4) Darlehensverwendungszweck; (5) Zinssatz, Auszahlungskurs, anfänglicher effektiver Jahreszins; (6) Dauer der Zinsfestschreibung, → Zinsanpassungsklausel; (7) Nebenkosten, Gebühren; (8) Tilgungsvereinbarungen; (9) Sicherheiten; (10) → Schuldversprechen (Übernahme der persönlichen → Haftung in Höhe des Grundschuldbetrages, wenn nicht in gesonderter Erklärung geregelt; (11) Sicherungszweckerklärung (Aufführung der → Kredite und Darlehen, denen die Sicherheiten dienen); (12) Nebenpflichten des Darlehensnehmers (z. B. Versicherungsschutz für Sicherungsgut oder Immobilien, Einreichung von → Jahresabschlüssen nach § 18 KWG usw.); (13) Vereinbarungen über den → Gerichtsstand; (14) Datum und Unterschriften der Vertragspartner.
(→ Kreditvertrag)

Datenbank-Service der Kreditinstitute
Serviceleistungen der → Banken und → Sparkassen, die Informationen aus nationalen und internationalen Datenbanken über Märkte und Produkte, Unternehmen und Organisationen, über Steuerrecht und Wirtschaftsrecht sowie über Patente und Gebrauchsrechte zur Verfügung stellen. Für → Bankkunden können diese Informationen Grundlage für Planung und Entscheidung sein. Die → Kreditinstitute nutzen dabei das in Datenbanken weltweit zur Verfügung stehende Informationspotential, das nicht nur Zahlenmaterial über Unternehmen in aller Welt, sondern auch technische, medizinische und chemische Daten bereithält sowie den Zugriff auf Rechtstexte und Gerichtsurteile ermöglicht.

Datenfernübertragung (DFÜ)
Übertragung von Zahlungsverkehrsdaten über hierfür besonders geeignete Leitungen, z. B. im Inlandszahlungsverkehr über → Datex-Dienste der Deutschen Bundespost/der Telekom, im internationalen Zahlungsverkehr über → SWIFT. DFÜ dient der Übertragung von Informationen über Strecken hinweg, die mit normalen Leitungskanälen nicht mehr zu schalten sind (z. B. DFÜ in einem verzweigten Filialnetz einer → Bank, dessen Informationen in einer Zentrale zusammenlaufen). Die alphanumerischen,

vom Terminal binär verschlüsselten Daten werden für den Transport über die Fernleitung von einem Modem (Umwandlungsgerät) zunächst in Stromschwingungen umgewandelt und erst unmittelbar vor der Zentraleinheit wieder in binäre Signale transferiert.

Datenschutz

Gemäß → Bundesdatenschutzgesetz (BDSG) Schutz → natürlicher Personen vor Mißbrauch bei der Erhebung, Verarbeitung (Speicherung, Übermittlung, Veränderung, Sperrung und Löschung) sowie sonstiger Nutzung personenbezogener Daten (i.w. S. jede Vorkehrung, um Daten vor Verlust und mißbräuchlicher Verwendung zu bewahren). Ein → Kreditinstitut hat als nichtöffentliche Stelle i. S. des BDSG die ihm dort auferlegten Beschränkungen u. a. bei der Speicherung und Übermittlung von Daten bei der → Bankauskunft und bei der Weiterleitung von gespeicherten Daten an die → SCHUFA zu beachten. Für die bankinterne Speicherung und Bearbeitung sowie die Übermittlung von Daten sind bestimmte organisatorische Schutzvorkehrungen in einzelnen Kontrollbereichen (Zugangs-, Abgangs-, Übermittlungs-, Eingabe-, Auftrags-, Transport- und Organisationskontrolle) zu treffen, die in der Anlage zu § 9 BDSG beschrieben sind. Nichtöffentliche Stellen, die mindestens fünf Arbeitnehmer ständig in der Datenverarbeitung beschäftigt haben, müssen einen betriebsinternen Datenschutzbeauftragten bestellen, der über die Einhaltung der datenschutzrechtlichen Bestimmungen zu wachen hat (§§ 36, 37 BDSG). Schutzobjekt des D. sind nach dem BDSG die personenbezogenen Daten natürlicher Personen, nicht dagegen die Daten von → juristischen Personen und → Personenvereinigungen. Eine Ausnahme ist aber zu machen, sofern durch Daten von Personenvereinigungen natürliche Personen unmittelbar betroffen werden. Das gilt insbes. für die Daten von → Personengesellschaften im Hinblick auf deren persönlich haftende Gesellschafter.

Daten aus Dateien: Das BDSG gilt vor allem für in Dateien enthaltene Daten. Eine Datei i. S. des BDSG ist jede systematische Datensammlung, die nach bestimmten Merkmalen geordnet ist und nach anderen Begriffen reorganisiert werden kann, also zweifelsfrei EDV-mäßig gespeicherte Daten. Dabei kommt es nicht auf das Verarbeitungsverfahren an. Akten und Aktensammlungen, die nicht in automatisierten Verfahren umgeordnet und ausgewertet werden können, sind keine Dateien i. S. des BDSG; jedoch kann auch hier das BDSG anwendbar sein (§ 27 Abs. 2).

Zulässigkeit von Datenspeicherung und Datenübermittlung: § 4 BDSG erlaubt die Verarbeitung personenbezogener Daten, wenn (1) der Betroffene zugestimmt, (2) das BDSG oder eine andere Rechtsvorschrift sie erlaubt oder anordnet.

Einwilligung des Betroffenen: Die wirksame Einwilligung nach § 4 Abs. 2 BDSG setzt voraus, daß sie in → Schriftform erteilt wird und daß, sofern sie zusammen mit anderen Erklärungen abgegeben wird (so v. a. bei schriftlicher Anerkennung von → Allgemeinen Geschäftsbedingungen), außerhalb des Textzusammenhangs auf die Einwilligungserklärung hingewiesen wird. Die Kreditinstitute weisen ihre Kunden in ihren Vertragstexten (z. B. → Kontoeröffnung, → Kreditvertrag) oder in anderer geeigneter Form darauf hin, daß sie personengebundene Daten ihrer Kunden im Rahmen der → Geschäftsverbindung speichern und verarbeiten sowie personenbezogene Daten ihrer Kunden an Auskunftsstellen, z. B. an die SCHUFA, weitergeben.
Bei der erstmaligen Speicherung oder Übermittlung personenbezogener Daten ist der Kunde zu benachrichtigen (§ 33 Abs. 1 BDSG). Die Kunden haben danach das Recht auf Auskunft über zu ihrer Person gespeicherten Daten. Sie haben nach § 35 BDSG ein Recht auf Berichtigung unrichtiger Daten, ein Recht auf Sperrung von bestrittenen Daten und ein Recht auf Löschung von Daten, deren Speicherung unzulässig war. Gemäß § 28 Abs. 2 BDSG ist die Übermittlung von listenmäßigen oder sonst zusammengefaßten Daten über Angehörige einer Personengruppe zulässig, wenn sie sich auf Namen, Titel, akademische Grade, Geburtsdatum, Berufs-, Branchen- oder Geschäftsbezeichnungen und Anschrift beschränken und kein Grund zu der Annahme besteht, daß dadurch schutzwürdige Belange des Betroffenen beeinträchtigt werden. Zur Angabe der Zugehörigkeit des Betroffenen zu einer Personengruppe dürfen andere als die genannten Daten nicht übermittelt werden.

Datenträgeraustausch

Erlaubnis durch das BDSG: Gemäß § 28 Abs. 1 BDSG dürfen Kreditinstitute personenbezogene Daten speichern: (1) im Rahmen der Zweckbestimmung ihrer mit den Kunden abgeschlossenen Verträge (z. B. → allgemeiner Bankvertrag, → Girovertrag, Kreditvertrag), (2) im Rahmen eines vertragsähnlichen Vertrauensverhältnisses mit dem Kunden, (3) soweit die Datenspeicherung zur Wahrung ihrer berechtigten Interessen erforderlich ist und kein Grund zur Annahme besteht, daß dadurch schutzwürdige Belange des Kunden beeinträchtigt werden. Gleiches gilt für die Datenveränderung und -übermittlung. Gemäß § 28 Abs. 2 BDSG dürfen Kreditinstitute personenbezogene Daten auch übermitteln, soweit dies zur Wahrung der berechtigten Interessen eines Dritten oder der Allgemeinheit erforderlich ist und dadurch schutzwürdige Belange des Kunden nicht beeinträchtigt werden. Bei der gebotenen Interessenabwägung kommt es darauf an, daß die mit der datenschutzrechtlichen Maßnahme dem Betroffenen zugefügten Nachteile in Bezug auf das berechtigte Interesse des Datenspeichernden bzw. Datenempfängers zumutbar erscheint. Dies läßt sich nur anhand der konkreten Umstände des Einzelfalls beurteilen.

Datenträgeraustausch (DTA), → belegloser Datenträgeraustausch.

Datex-Dienste
(Datex = data exchange service); Datendienste der Telekom im Rahmen des Integrierten Service- und Datennetzes (→ ISDN).

Datex-J, → Bildschirmtext (Btx).

Datowechsel
→ Wechsel, der eine bestimmte Zeit nach der Ausstellung (z. B. „Drei Monate von heute an" fällig ist (Art. 33 Abs. 1 WG). Im Wirtschaftsverkehr wird der → Tagwechsel bevorzugt.

Dauerauftrag
Kundenauftrag zur regelmäßigen Ausführung einer → Überweisung in bestimmter Höhe an einen bestimmten Empfänger zu regelmäßig wiederkehrenden Terminen (→ Dauerüberweisung).

Dauerauftrags-Sparen
Spartechnik, bei welcher der Sparer mit seinem → Kreditinstitut vereinbart, eine konstante Sparrate zu einem genau festgelegten Termin (monatlich oder vierteljährlich) per → Dauerauftrag von seinem → Girokonto abzubuchen und einem → Sparkonto gutzuschreiben (→ automatisches Sparen). Für die Sparrate kann von vornherein eine jährliche Steigerungsrate festgelegt werden (sog. Dynamisierung der Sparrate, dynamischer Spar-Dauerauftrag).

Daueremission
Wertpapieremission, die laufend begeben wird.
Gegensatz: → Einmalemission.

Daueremittent
→ Aussteller von → Schuldverschreibungen, der den → Kapitalmarkt laufend ohne förmliche Ankündigung mit → Emissionen beansprucht. Zu den D. zählen die → Realkreditinstitute (→ Pfandbriefe, → Kommunalobligationen, → Schiffspfandbriefe) und der Bund, soweit er ständig Emissionen anbietet (→ Bundesschatzanweisungen, → Bundesobligationen, → Bundesschatzbriefe, → Finanzierungsschätze).
Gegensatz: → Einmalemittent.

Dauernde Lasten
Begriff des Einkommensteuerrechts (§ 9 Abs. 1 Satz 3 Nr. 1 § 10 Abs. 1 Nr. 1a EStG): wiederkehrende Leistungen in → Geld oder vertretbaren → Sachen, die sich im Gegensatz zu → Renten wert- oder zahlenmäßig ändern können bzw. bei denen kein Rentenstammrecht gegeben ist. Sie sind von längerer Dauer, d. h. an das Leben einer oder mehrerer Personen geknüpft, oder haben mindestens eine → Laufzeit von zehn Jahren. D. L. sind ferner bei der → Gewerbesteuer (§§ 8 Nr. 2, 12 Abs. 2 Nr. 1 GewStG) und der → Grunderwerbsteuer (§ 9 Abs. 2 Nr. 2 GrEStG) bedeutsam.

Dauernutzungsrecht
→ Dingliches Recht an bestimmten gewerblich genutzten Räumen in einer Immobilie (→ Dauerwohnrecht), das im → Grundbuch eingetragen ist. Im Grundbuch nachrangige Gläubiger müssen zur Bewertung ihres → Grundpfandrechtes ein fiktives Nutzungsentgelt kalkulieren und bezogen auf die → Laufzeit abdiskontieren und sich als Vorlast anrechnen. Der Wert nachrangiger Grundpfandrechte kann – je nach → Laufzeit des Rechtes – dadurch erheblich beeinträchtigt sein. Im Verfahren der → Zwangs-

versteigerung geht das D., wenn es nicht ins geringste Gebot fällt, unter. An seine Stelle tritt ein Anspruch auf Wertersatz, der aus dem Versteigerungserlös ranggerecht zugeteilt werden muß.

Dauerschuldverhältnis

1. Regelmäßig durch → Vertrag begründete Rechtsbeziehung zwischen zwei oder mehr Personen, die erst durch Ablauf eines festgelegten Zeitraums oder durch → Kündigung einer Vertragspartei endet. Wichtige Fälle sind → Arbeitsvertrag, → Miete und → Geschäftsbesorgungsvertrag (z. B. Einrichtung eines → Bankkontos), aber auch die → Leibrente.

2. *Im Steuerrecht*: Mindestens zwölfmonatige durchgehende Kreditinanspruchnahme. Die Hälfte des Betrages ist dem Gewerbekapital als Basis der Bemessungsgrundlage für die Gewerbekapitalsteuer zuzuschlagen, und ebenso sind 50 Prozent der darauf entfallenden → Zinsen dem Gewerbeertrag als Basis der Bemessungsgrundlage für die Gewerbeertragsteuer hinzuzurechnen (→ Gewerbesteuer). Die sich daraus ergebende zusätzliche Gewerbesteuerbelastung ist je nach Hebesatz der Gemeinde und Höhe des Zinssatzes mit 0,6–1,0 Prozent zu veranschlagen.

Dauerüberweisung

→ Überweisung, die aufgrund eines Kundenauftrages nicht nur einmalig, sondern zu bestimmten wiederkehrenden Terminen regelmäßig in gleichbleibender Höhe zu Gunsten eines bestimmten Empfängers ausgeführt wird. Der Kundenauftrag wird als → Dauerauftrag bezeichnet.

Dauerwohnrecht

Belastung eines → Grundstücks, wonach der Inhaber unter Ausschluß des Eigentümers eine bestimmte Wohnung in einem Gebäude bewohnen oder in anderer Weise nutzen kann; bei gewerblichen Räumen spricht man von → Dauernutzungsrecht (§ 31 Abs. 1 WEG).

Bestellung: Es entsteht wie jedes Grundstücksrecht durch Einigung und Eintragung in die Abteilung II des → Grundbuches.

Wesen: Der Inhaber hat die Befugnis zur alleinigen Benutzung der belasteten Räume und zur Mitbenutzung der zum gemeinschaftlichen Gebrauch bestimmten Gegenstände. Die Einzelheiten, vor allem Arten und Umfang der Nutzung, werden zwischen den Beteiligten durch → Vertrag festgelegt, der in das Grundbuch einzutragen ist (§ 32 Abs. 2 WEG). Das D. ist im Unterschied zur → beschränkten persönlichen Dienstbarkeit, wie etwa einem Wohnrecht, veräußerlich und vererblich.

D. als Kreditsicherheit: Die Belastung mit einem → Grundpfandrecht ist ausgeschlossen (→ Grundpfandrecht, Bestellung), jedoch kann das D. verpfändet (→ Pfandrecht an Rechten) werden, indem neben der → Einigung der Verpfändungsvermerk im Grundbuch eingetragen wird (§§ 1274, 873 BGB). Neben Größe, Ausstattung und Lage der belasteten Räume und dem Rang (→ Rang von Grundstücksrechten) hängt die Sicherungsqualität von dem konkreten Inhalt des Rechtes ab. Dabei spielen etwaige Veräußerungsbeschränkungen (§§ 35, 12 WEG), ein Heimfallanspruch des Eigentümers (§ 36 WEG) und Verpflichtungen des Dauerwohnberechtigten zur Zahlung wiederkehrender Beträge an den Eigentümer, die auch ohne Eintragung im Grundbuch gegenüber einem späteren Erwerber wirksam sind (§ 38 WEG), eine Rolle.

D. als Belastung: Eine Herabsetzung des → Beleihungswertes eines Grundstücks durch Bestellung eines D. läßt sich nur nach den Umständen des Einzelfalls ermitteln. Dabei kommt es auf die Anzahl der unbelasteten Wohnungen auf dem Grundstück und etwaige besondere Verpflichtungen des Eigentümers (§ 41 WEG) an.
(→ Grundstücksrechte)

Dawesplan, → Zentralbanksystem in Deutschland.

DAX
Abk. für → Deutscher Aktienindex.

DAX 100
→ Deutscher Aktienindex (DAX), der aus 100 deutschen → Aktien besteht und zwischen 10.30 und 13.30 Uhr von der → Deutsche Börse AG minütlich errechnet wird. Im DAX 100 sind nur Aktien enthalten, die variabel gehandelt werden. Der DAX 100 ist wie der DAX als → Performance-Index konzipiert und wird mit dem zugelassenen und für lieferbar erklärtem → Grundkapital der enthaltenen Aktien gewichtet. Ebenfalls wie DAX und → CDAX wird der DAX 100 nach

der Laspeyres-Formel ermittelt (→ Laspeyres-Index). Basis für den DAX 100 ist der 30.12.1987 mit einem Indexstand von 500. Der DAX 100 wird um Kapitalveränderungen, → Bezugsrechte und → Dividenden (→ Bardividende ohne → Körperschaftsteuerguthaben) bereinigt. Der DAX 100 wird seit dem 11. April 1994 von der Deutschen Börse AG veröffentlicht.

Vergleich zu anderen → Indices: Im Gegensatz zum DAX beinhaltet der DAX 100 alle Branchen, weist aber im Vergleich zum CDAX eine deutlich höhere durchschnittliche → Liquidität der Einzeltitel auf. Die DAX-Werte machen ungefähr 78% der Kapitalisierung des DAX 100 aus. Im Gegensatz zum DAX hat kein Einzelwert einen Anteil von über 10% am Gesamtindex.

DAX Capped-Optionsschein
→ Capped Warrant, bei denen als → Basiswert der → Deutsche Aktienindex (DAX) gewählt wurde.

DAX-Future
→ Future auf den → Deutschen Aktienindex (DAX) (→ Aktienindex-Future). Es ist die vertragliche Verpflichtung, einen standardisierten Wert des DAX zu einem bestimmten Zeitpunkt und zu einem vereinbarten Indexstand zu kaufen oder zu verkaufen. Der D.-F. wird wie der DAX-Index in Punkten notiert. Sein Kontraktwert ergibt sich durch Multiplikation mit 100 DM pro Punkt des DAX-Index. Da eine physische Belieferung des → Kontraktes ausgeschlossen ist, wird das Geschäft bei → Fälligkeit durch Zahlung und Empfang des Differenzbetrages erfüllt. An der → Deutschen Terminbörse (DTB) werden D.-F. mit drei Liefermonaten gehandelt, d. h. jeweils die drei zeitlich nächstliegenden Termine aus dem Zyklus März, Juni, September und Dezember.

Unabhängig von seinem Einsatz als Trading- oder Hedginginstrument wird der D.-F. in Erwartung steigender Kurse am deutschen → Aktienmarkt erworben. Bestätigt sich seine Markteinschätzung, kann der Investor seine → Long Position durch ein gegenläufiges Geschäft mit Gewinn schließen, indem er die gleiche Anzahl von D.-F. mit demselben Liefertermin wieder verkauft. Umgekehrt wird ein Anleger, der den deutschen Markt negativ beurteilt, D.-F. verkaufen. Ist die erwartete Abwärtsbewegung eingetreten, stellt er die → Position durch den Rückkauf der Kontrakte glatt.

Gewinne und Verluste ergeben sich aus der Differenz zwischen dem Preis, zu dem das Geschäft abgeschlossen wurde, und dem bei Fälligkeit geltenden Futures-Preis.

DAX-Future-Option
→ Option auf den → DAX-Future, d. h. Recht, nicht aber die Verpflichtung, einen DAX-Future zu einem bestimmten Preis zu kaufen (Call-Option, → Callrecht) oder zu verkaufen (→ Put-Option). Die Ausübung der Option resultiert für den Käufer sowie für den zugeteilten Verkäufer in einer entsprechenden DAX-Future-Position (→ Optionen auf Futures). Der Kontraktwert ergibt sich aus der Multiplikation des → Basispreises mit 100 DM. Im Unterschied zum DAX-Future ermöglichen die D.-F.-O. sowie die → DAX-Option die Absicherung gegen rückläufige Aktienkurse bei gleichzeitiger Erhaltung des Gewinnpotentials bei einer konträr zu den Erwartungen verlaufenden Marktentwicklung.

DAX-gekoppelte Anleihe, → DAX-linked-Anleihe.

DAX-gekoppelte Rückzahlung, → DAX-linked-Anleihe, → Condoranleihe.

DAX-KGV
→ Kurs-Gewinn-Verhältnis des → Deutschen Aktienindex (DAX).

DAX-linked-Anleihe
→ Aktienindex-Anleihe, deren → Rückzahlung an die Entwicklung des → Deutschen Aktienindex (DAX) gekoppelt ist. (→ Koppelanleihe, → Condoranleihe)

DAX-Option
→ Option auf den → Deutschen Aktienindex (DAX). Es handelt sich somit um eine → Kassa-Option. Bei Ausübung gelangt die Differenz zwischen dem → Basispreis und dem aktuellen Indexstand zur Auszahlung. Im Gegensatz zur → DAX-Future-Option liegt ein wesentlich kleinerer Kontraktwert (Multiplikation des Basispreises mit 10 DM) zugrunde. Ein weiterer Unterschied besteht in der Ausübungszeit: Während die Option auf den DAX-Future grundsätzlich an jedem Börsentag während der Laufzeit ausgeübt werden kann (→ amerikanische Option), ist die Ausübung der DAX-Option nur zu einem bestimmten Fälligkeitstermin möglich (→ europäische Option).
(→ Aktienindex-Option)

DAX-Optionsanleihe mit variablem Zinssatz
→ Optionsanleihe Cum, der ein → Call-Optionsschein auf den → Deutschen Aktienindex (DAX) beigefügt ist. Die → Optionsanleihe ist im Gegensatz zu traditionellen Optionsanleihen nicht mit einem → Festsatz ausgestattet, sondern mit einem → variablen Zinssatz, der sich an einem Geldmarktindex (z. B. 6-Monats-LIBOR) orientiert. Die DAX-O. m. v. Z. der Franz Haniel und Cie. GmbH, Hamburg ist zusätzlich noch mit einem → Mindestzinssatz von 8,75% ausgestattet.

DAX-Volatilitätsindex, → VDAX.

DAX-Warrant
→ Optionsschein, der als → Basiswert den → Deutschen Aktienindex (DAX) hat (→ Aktienindex-Optionsschein).

DAX-Zertifikat
→ Index-Partizipationsschein, der an den → Deutschen Aktienindex (DAX) gekoppelt ist.

Daylightposition
→ Devisenposition (Währungsposition), die nur während eines Arbeitstages besteht und spätestens bei Geschäftsschluß geschlossen wird.

Day-Order
Kauf- oder Verkaufsauftrag, der nur für den betreffenden Tag Gültigkeit hat. Wird die Order während der Handelszeit nicht ausgeführt, erlischt der Auftrag automatisch.

Day Trading
→ Eröffnung und → Glattstellung einer → Position in beispielsweise → Optionen und → Futures innerhalb eines Börsentages.

DBV
Abk. für → Deutscher Bankangestellten-Verband.

DCM
Abk. für Direct-Clearing-Mitglied.

DDP
Delivered duty paid... (named point) = geliefert verzollt... (benannter Ort); diese für alle Transportarten anwendbare Lieferklausel der → Incoterms ist das Gegenstück zu → EXW; sie enthält für den Verkäufer Maximalpflichten. Er muß die → Ware auf eigene Gefahr und Kosten bis zu einem Bestimmungsort im Importland liefern und dabei alle anfallenden Formalitäten erfüllen sowie alle → Abgaben tragen.

DDU
Delivery duty unpaid... (named point) = geliefert unverzollt... (benannter Ort); anders als bei → DAF liegt bei dieser Lieferklausel der → Incoterms der benannte Ort im Binnenland des Einfuhrstaates. Der Verkäufer trägt bis dahin alle Gefahren und → Kosten, jedoch sind Einfuhrformalitäten und -abgaben Sache des Käufers. Die 1990 eingeführte Klausel ist sinnvoll für Bestimmungsorte in Staaten ohne komplizierte Einfuhrmodalitäten, z. B. innerhalb der → Europäischen Union.

Debenture
Angelsächsische Bezeichnung für Obligation (→ Schuldverschreibung).

Debitkarte
Karte, die sich ausschließlich für elektronisches Zahlen, beispielsweise am Point of Sale (z. B. Ladenkasse) eignet (→ POS-Banking). Ausgeber von D. in der BRD ist fast ausschließlich das Kreditgewerbe. I. d. R. sind D. mit Magnetstreifen ausgestattet (→ Magnetstreifenkarte). Mit einer vom Karteninhaber frei wählbaren Persönlichen Identifikations-Nummer (→ PIN) läßt sich die Telekart seit 1992 in Kartentelefonen einsetzen, wobei die Gesprächsgebühren vom → Konto des Kunden abgebucht werden. Somit eignen sie sich zum Einsatz an → Geldausgabeautomaten und → Kontoauszugsdruckern. Schließlich sind D. Basis des sog. → EFTPOS-Systems.
Die in der BRD gebräuchlichsten D. sind die → S-Cards der Sparkassenorganisation, die → Postbank-Card, die → Kundenkarten der → Privatbanken sowie die → Bank-Card des Genossenschaftsverbundes.
Eine D. besonderer Art ist die *Telekart der Telekom* mit implantiertem Speicherchip (→ Chipkarte).

Debitor
Bezeichnung für einen → Schuldner, in der Bankpraxis für einen Kreditnehmer.
Gegensatz: → Kreditor.

Debitoren
→ Forderungen; in der → Bankbilanz unterteilt in „Forderungen an Kunden" und „Forderungen an Kreditinstitute".

Debitorenversicherung
Bezeichnung für → Delkredereversicherung (→ Kreditversicherung).

Debitorenziehung
→ Tratte, die von einem → Kreditinstitut zur Sicherstellung einer → Forderung aus einem → Kredit auf den Kreditnehmer gezogen und von diesem akzeptiert (→ Akzept) wird. Wirtschaftlich betrachtet ist die Debitorenziehung ein → Finanzwechsel.

Debitorisches Konto
→ Konto, das für einen → Debitor (Schuldner, Kreditnehmer) geführt wird. Das Konto weist einen Sollsaldo (Debet) aus.
Gegensatz: → kreditorisches Konto.

Debt Equity Swap
Tausch von Kreditforderungen gegen Beteiligungskapital (→ Aktien) von Unternehmen eines Schuldnerlandes.
(→ Swap)

Debt Management, → Staatsverschuldung.

Debt Warrant
→ Optionsschein, der als → Basiswert einzelne Obligationen (z. B. → Bundesobligationen, → Treuhandobligationen), → Anleihen (z. B. → Bundesanleihen, Anleihen der → Treuhandanstalt), einen → Rentenindex (z. B. → REX), einen Korb mehrerer Anleihen (z. B. Bundesanleihen mit → Restlaufzeit zwischen sieben und zehn Jahren), Zinssätze (z. B. → FIBOR), Differenz zwischen inländischen und ausländischen Zinssätzen (z. B. → Yield-Spread-Option zwischen zehnjährigen französischen und deutschen → Staatsanleihen) oder → Zins-Futures hat.

Deckblattbürgschaft
Ergänzende Bundesdeckung (→ Ausfuhrgewährleistungen des Bundes) zugunsten deutscher → Kreditinstitute bei gebundenen → Finanzkrediten an das Ausland. Das Kreditinstitut, das den Finanzkredit gewährt, hat die Möglichkeit, sich bis zu 50 Prozent des Kredits langfristig bei → privaten Hypothekenbanken zu refinanzieren. Die Finanzkreditdeckung wird als → deckungsstockfähig im Sinne des → Hypothekenbankgesetzes anerkannt.

Deckungsbeitrag
Im System der → Deckungsbeitragsrechnung die Differenz zwischen → Erlös und → variablen Kosten.
Im System der relativen Einzelkostenrechnung die Differenz zwischen Erlösen und → Einzelkosten.

Deckungsbeitragsrechnung
Verfahren der → Kostenrechnung, bei dem (kurzfristig) auf Deckung der Gesamtkosten verzichtet wird (→ Teilkostenrechnung). Dazu erfolgt eine Trennung der → Kosten in → Fixkosten und → variable Kosten. Als → Deckungsbeitrag gilt der → Erlös (Preis) minus variable (Stück-) Kosten. Ein Deckungsbeitrag läßt sich sowohl auf → Kostenstellen als auch auf → Kostenträger beziehen. Das Verfahren basiert auf der Überlegung, daß vorhandene Kapazitäten und damit fixe Kosten kurzfristig konstant bleiben (absolut fixe Kosten) und damit die variablen Kosten für die unternehmerischen Entscheidungen von primärer Bedeutung sind. So lohnt z. B. bei rückläufiger Nachfrage die Produktion, sofern der Preis über den variablen → Stückkosten liegt und damit einen Deckungsbeitrag zu den fixen Kosten leistet.

Deckungsbeitragsrechnung im Bankbetrieb
Auswertungsrechnung im Rahmen der → Kosten- und Erlösrechnung im Bankbetrieb, die als → Profit-Center-Rechnung den jeweiligen Kalkulationsobjekten (→ Kontokalkulation, Geschäftsspartenkalkulation, → Kundenkalkulation, → Kundengruppenkalkulation, → Geschäftsstellenkalkulation) stufenweise Ergebnisse zuordnet und damit → Deckungsbeiträge errechnet.

Schema einer Deckungsbeitragsstruktur:
→ Konditionsbeitrag (Deckungsbeitrag I)
./. → Standardrisikokosten
= Überschuß im → Wertbereich (Deckungsbeitrag II)
+ → Provisionsüberschuß
./. → Standard-Einzelkosten
= Ergebnis (Konto oder Kunde oder Kundengruppe oder Geschäftsart oder Geschäftsstelle) (Deckungsbeitrag III)

Die D. dient der Leistungsmessung der einzelnen → Profit-Center; entsprechend kann das Schema der D. gestuft werden.

Beispiel 1: Stufung der D. in einer → Bank mit Geschäftsstellen, vgl. Abbildung

Deckungsbeitragsrechnung im Bankbetrieb

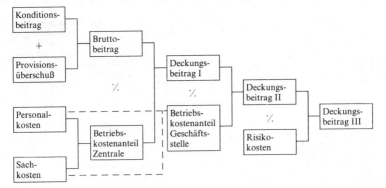

„Deckungsbeitragsrechnung im Bankbetrieb".

Beispiel 2: Stufung der D. in einer Sparkasse mit Geschäftsstellen

    Zinskonditionenbeitrag
+ Provisions- und Gebührenüberschuß
= → Erträge
− → Risikokosten
− → Eigenkapitalkosten
= Deckungsbeitrag 1
− Direkte zentrale Produktkosten
= Deckungsbeitrag 2
− Kosten Profit-Center
+/− Ergebnisverrechnungen
= Deckungsbeitrag 3

Deckungsgrenze
Gesamtbetrag aller → Ansprüche aus der bankenmäßigen Geschäftsverbindung. Die → Bank kann ihren Anspruch auf Bestellung oder Verstärkung von → Kreditsicherheiten solange geltend machen, bis der realisierbare Wert aller Sicherheiten der D. entspricht (Nr. 16 Abs. 1 AGB der Banken).
Gegensatz: → Freigabe von Sicherheiten.

Deckungskredit, → Staatsverschuldung.

Deckungsprinzip, → Kongruenzprinzip.

Deckungsregister
1. Bezeichnung für das → Hypothekenregister, das gemäß § 22 Abs. 1 HypBankG und gemäß § 3 Pfandbriefgesetz zu führen ist.
2. Register, das gemäß § 41 HypBankG von einer Hypothekenbank bzw. gemäß § 8 Abs. 1 Pfandbriefgesetz von einem öffentlich-rechtlichen Pfandbriefinstitut (Grundkreditanstalten, → Landesbanken/Girozentralen) zu führen ist und in das die zur Deckung der Kommunalschuldverschreibungen (→ Kommunalobligation) bestimmten → Kommunalkredite und Ersatzwerte einzutragen sind.

3. Register, das nach § 20 Abs. 1 SchiffsbankG von einer → Schiffspfandbriefbank zu führen ist und in das die zur Deckung der → Schiffspfandbriefe verwendeten Darlehensforderungen neben den zu ihrer Sicherung dienenden → Schiffshypotheken sowie die sonstigen als ordentliche Deckung verwendeten Werte einzutragen sind.

4. Register, das gemäß § 42 Abs. 1 SchiffsbankG von einer Schiffspfandbriefbank zur Eintragung der Deckungswerte für → Schiffskommunalschuldverschreibungen zu führen ist.
(→ Pfandbriefdeckung)

Deckungsstock
Prämienreservefonds privater Versicherungen aufgrund gesetzlicher und satzungsrechtlicher Bestimmungen; zu bilden aus den Prämienzuflüssen als → Rücklage für hohe Schadensfälle (Gegenposten der Deckungsrückstellung). Der D. ist Teil des → gebundenen Vermögens. Zu den → Wertpapieren, die für das gebundene Vermögen erworben werden dürfen: → Deckungsstockfähigkeit.
Für das Deckungsstockvermögen wird von einem Treuhänder ein Deckungsstockver-

Deckungsstockfähigkeit

zeichnis geführt; Verfügungen sind an dessen Zustimmung gebunden. Das Dekkungsstockvermögen ist dem Zugriff von → Konkursgläubigern entzogen, da es im → Konkurs den Versicherungsnehmern zusteht.

Deckungsstockfähigkeit

Lebens-, Kranken- und Unfallversicherungen sind gesetzlich verpflichtet, einen Teil ihrer Prämieneinnahmen als Deckungsrücklage (Prämienreserve) zu halten und verzinslich anzulegen, um die Risiken des Versicherungsgeschäftes abzusichern. Diese Anlage wird als → Deckungsstock bezeichnet. Zugelassen sind insbes. alle Anlageformen, die mündelsicher sind (→ Mündelsicherheit). Deckungsstockfähig sind nur bestimmte, besonders sichere → Wertpapiere (z. B. → Bundesobligationen, → Bundesanleihen, → Pfandbriefe, → Kommunalobligationen).

Deckung von Kommunalschuldverschreibungen, → Pfandbriefdeckung.

Deckung von Schiffskommunalschuldverschreibungen, → Pfandbriefdeckung.

Deep Discount Bond

Disagio-Anleihe, Niedrigzins-Anleihe, Semi Zero Bond; → Zinsinstrument, das weit → unter pari emittiert wird und somit einen relativ niedrigen → Nominalzins hat. Als Ausgleich dafür erzielt der Anleger einen → Rückzahlungsgewinn, da er das Papier zu einem Kurs unter pari (z. B. 91) kauft, die Rückzahlung aber zu → pari, d. h. 100% erfolgt. Das Extrembeispiel eines D. D. B. ist ein Zero Bond (→ Nullkupon-Anleihe). Liegt der → Rückzahlungsgewinn innerhalb der → Disagio-Staffel, kann der Rückzahlungsgewinn steuerfrei vereinnahmt werden, wenn das Papier im Privatvermögen gehalten wird.

Default Risk, → Adressenausfallrisiko.

Deferred-Payment-Akkreditiv

→ Dokumentenakkreditiv, bei dem der Begünstigte – im Gegensatz zum → Sichtakkreditiv – nach Ablauf einer bestimmten Frist nach Dokumentenaufnahme → Anspruch auf Zahlung hat, und zwar (nach Art. 9a ERA) an dem (den) nach den Akkreditivbedingungen bestimmbaren Datum (Daten). Es handelt sich um eine Form des → Zahlungsakkreditivs.

Deferred Payment American Option

→ Exotische Option (→ amerikanische Option), bei der der → innere Wert nicht ausgezahlt wird, wenn die Option während der → Laufzeit ausgeübt wird, sondern verzögert erst bei → Fälligkeit. Da die verzögerte Zahlung des inneren Wertes für die → Long Position mit einem Nachteil bzw. die → Short Position mit einem Vorteil verbunden ist, ist die → Optionsprämie im Vergleich zu klassischen Optionen geringer. D. P. A. O. sind für die Long Position mit einem höheren → Counterpart Risiko verbunden. D. P. A. O. werden oftmals als → Embedded Exotic Options in anderen Finanzinstrumenten angeboten.
(→ CAPS)

Deferred Pay-out Option, → Deferred Payment American Option.

Deferred Purchase Bond, → Partly Paid Bond.

Deferred Rate-Setting Swap, → Spreadlock Swap.

Deferred-start Option

→ Exotische Option, bei der, ähnlich wie bei → Forward Swaps oder → Forward Rate Agreements, die → Laufzeit nicht sofort beginnt, sondern erst in der Zukunft (z. B. in einem Monat). Beispielsweise beginnt die Laufzeit einer dreimonatigen Währungsoption (→ Devisenoption) mit einem Starttermin (Forward Start) in einem Monat erst in einem Monat für dann drei Monate. Der → Basiswert einer → Compound Option ist eine D.-st. O. Beispiele für D.-st. O. sind → Delayed Start Caps bzw. → Delayed Start Floors. Im Vergleich zu normalen → amerikanischen Optionen sind D.-st. O. billiger. D.-st. O. sind für Anleger interessant, die eine bestimmte Marktentwicklung erwarten und von der aktuell günstigen → Optionsprämie profitieren möchten.
(→ Chooser-Optionsschein, → Deferred Payment American Option)

Deferred Strike-Option

→ Exotische Option, bei der der → Basispreis nicht bei Abschluß der → Option fixiert wird, sondern erst zu einem späteren Zeitpunkt. Der Zeitpunkt kann entweder bereits fixiert sein (z. B. in einem Monat), oder die → Long Position hat das Recht zu bestimmen, wann der Basispreis fixiert wird. Die Höhe des Basispreises wird in Relation zum Kurs des → Basiswertes gesetzt (z. B. zum Kassakurs, 5% über Kassakurs). Wurde der Basispreis fixiert, wird aus der D. St.-O. eine Standard-Option. D. St.-O. werden auch als Shout-Optionen bezeichnet, da der Käufer der Option dem →Stillhalter zuruft (shout), zu welchem Zeitpunkt er den Basispreis fixieren möchte. D. St.-O. werden eingegangen, wenn die → implizite Volatilität im Vergleich zur → historischen Volatilität relativ gering ist.

Deficit Spending
Planmäßiges Verhalten → öffentlicher Haushalte, zusätzliche Staatsausgaben zur Verminderung der → Arbeitslosigkeit oder zur Ankurbelung der → Konjunktur zu tätigen und diese durch Verschuldung zu finanzieren.

Deflation
Anhaltendes Sinken des Preisniveaus und damit anhaltender Anstieg der → Kaufkraft des → Geldes (→ Geldwertstabilität), gekennzeichnet durch einen gesamtwirtschaftlichen Angebotsüberhang. Da die → gesamtwirtschaftliche Nachfrage geringer als das gesamtwirtschaftliche Angebot ist, spricht man auch von einer → deflatorischen Lücke. – *Gegensatz*: → Inflation, → inflatorische Lücke.
Indem in einem kontraktiven Anpassungsprozeß (→ Investitionsmultiplikator) das gesamtwirtschaftliche Angebot verringert wird, kommt es zu Unterbeschäftigung (→ Keynes'sche Theorie, → Unterbeschäftigungsgleichgewicht). Seit der → Weltwirtschaftskrise in den dreißiger Jahren ist eine ausgeprägte D. in den Industrienationen nicht mehr aufgetreten. Typisch war in den sechziger und siebziger Jahren vielmehr, daß das Deflationsmerkmal einer gesamtwirtschaftlichen Nachfrageschwäche mit Inflation verbunden war und es zu einer → Stagflation kam.

Deflatorische Lücke
Nachfragelücke; Defizit an → gesamtwirtschaftlicher Nachfrage bzw. Überschuß an gesamtwirtschaftlichem Angebot. Die volkswirtschaftlichen Produktionskapazitäten sind nicht ausgelastet.

Degussa-Klausel
Klausel, nach der Anleihegläubiger nach Ablauf einer Sperrfrist ein Kündigungsrecht haben; benannt nach der Deutschen Gold- und Silberscheideanstalt (Degussa), die 1953 erstmals diese Klausel anwandte.
(→ Anleihen mit Gläubigerkündigungsrecht)

Dekonzentration
Auflösung bzw. Entflechtung von Unternehmen, die wirtschaftlich unter einheitlicher Leitung stehen, in kleinere selbständige Unternehmenseinheiten. Dadurch wird ein Abbau von → Marktmacht erreicht und die Funktionsfähigkeit des → Wettbewerbs gestärkt.
Nach dem Zweiten Weltkrieg wurden im Bereich der BRD Dekonzentrationsaufgaben durch die westlichen Siegermächte veranlaßt, vor allem im Bankwesen, im Montan- und im Chemiebereich.
(1) *Bankwesen*: Die drei Filialgroßbanken (Deutsche Bank, Dresdner Bank, Commerzbank) wurdeyn 1947/48 nach dem Muster des amerikanischen Regionalbanksystems in 30 Nachfolgeinstitute aufgelöst, die nur in den Grenzen derjenigen Regionen tätig sein durften, in denen sie ihren Sitz hatten. In den nachfolgenden Jahren wurden jedoch schrittweise die gesetzlichen Grundlagen (1952 Großbankengesetz; 1956 Niederlassungsfreiheit) zur Revision der Dekonzentration im Bankwesen geschaffen (→ Bankenkonzentration).
(2) *Montanbereich*: Die bis 1950 dauernde Entflechtung der damals bestehenden 13 großen, wirtschaftlich stark verflochtenen Montankonzerne führte zunächst zur Neugründung einer Vielzahl kleinerer Zechen und Eisen- und Stahlunternehmen. Diese Dekonzentrationsmaßnahmen waren nur wenig erfolgreich. Bereits kurze Zeit danach haben sich viele dieser Neugründungen unter wirtschaftlich veränderten Rahmenbedingungen erneut zu Großunternehmen zusammengeschlossen.
(3) *Chemiebereich*: Die Entflechtung der IG-Farben-Industrie führte 1950 zur Bildung dreier Kerngesellschaften (Bayer, BASF, Höchst) mit zwei weiteren selbständigen Unternehmen (Cassella, Chemische Werke Hüls).
Gegensatz: Konzentration (→ Unternehmenskonzentration).

Delayed LIBOR Reset Swap

Delayed LIBOR Reset Swap, →LIBOR in Arrears-Swap.

Delayed Start Cap
→Cap, das nicht sofort, sondern erst zu einem späteren Termin beginnt.

Delayed Start Floor
→Floor, der nicht sofort, sondern erst zu einem späteren Termin beginnt.

Delayed Start Swap, →Forward Swap.

Delayed Strike-Option, →Deferred Strike-Option.

Deleveraged Floater, →SURF-Anleihe.

Deliktsfähigkeit
Rechtliche Verantwortlichkeit für eine →unerlaubte Handlung. Die volle D. tritt ein mit Vollendung des 18. Lebensjahres, nicht jedoch bei unzurechnungsfähigen →Personen i. S. von § 827 BGB. Deliktsunfähig sind Kinder, die das siebte Lebensjahr noch nicht vollendet haben, und die ihnen Gleichgestellten gemäß § 828 Abs. 1 BGB. Nach § 828 Abs. 2 BGB sind Personen zwischen dem 7. und 18. Lebensjahr nur dann nicht für die begangene unerlaubte Handlung verantwortlich, wenn ihnen die erforderliche Einsicht für das Unerlaubte ihres Tuns und die Verantwortlichkeit fehlt.
Von der D. ist die *Strafmündigkeit* (strafrechtliche Schuldfähigkeit), die grundsätzlich mit dem 14. Lebensjahr einsetzt (§ 19 StGB), zu unterscheiden. Auch deliktsunfähige Personen können ausnahmsweise aus Billigkeitsgründen zu Schadensersatz verpflichtet sein (§ 829 BGB).

Delivery Guarantee, →Liefergarantie.

Delivery Month
Monat, in dem ein →Forward, →Future oder eine →Option fällig wird. Im D.M. wird an einem bestimmten Tag das →Termingeschäft zum →Kassageschäft.
(→Front Month Futures-Kontrakt, →C-Zyklus, →A-Zyklus)

Delivery Option
Wahlmöglichkeit der →Short Position bei mittel- und langfristigen →Zinsfutures mit →Basket-Delivery, eine der →lieferbaren Anleihen bei Fälligkeit des →Kontraktes zu liefern, sofern die Short Position im →Future nicht glattgestellt wird.

Delivery Order
Lieferschein; Konnossementsanteilschein, mit dem der Konnossementshalter die Auslieferung von Teilmengen an verschiedene Empfänger anweist. Im Gegensatz zum →Konnossement ist die D. O. kein →Traditionspapier.

Delkredere
Vertraglich übernommene →Garantie für die Erfüllung einer →Forderung (→Delkrederehaftung des →Kommissionärs und des →Handelsvertreters).
Im →Rechnungswesen werden auch Korrekturposten, die durch indirekte →Abschreibung auf Forderungen entstehen (→Wertberichtigungen), als Delkredereposition bezeichnet.

Delkrederehaftung
Vertragliche Verpflichtung des →Kommissionärs gegenüber dem →Kommittenten oder eines →Handelsvertreters gegenüber dem Unternehmer, für die →Verbindlichkeit des Dritten (bei der Kommission) bzw. des Vertragspartners (bei der Handelsvertretung) einzustehen (§§ 394, 86 b HGB).
Für die Übernahme dieses zusätzlichen Risikos kann eine →Provision (Delkredereprovision) verlangt werden. Der Delkrederevertrag ist als →Garantie anzusehen.

Delkredereversicherung
Bezeichnung für →Kreditversicherung i. e. S. mit den Sparten →Warenkreditversicherung, →Investitionsgüterkreditversicherung, Konsumentenkreditversicherung und Ausfuhrkreditversicherung (→Exportkreditversicherung).

Delors-Bericht, →Europäische Wirtschafts- und Währungsunion.

Delta einer Gesamtposition
Für das Management von Kursrisiken mehrerer Optionspositionen bei →Market Makern ist das D. e. G. eine wichtige →Sensitivitätskennzahl. Es ergibt sich aus der Summe der einzelnen Positions-Deltas.
Das Positions-Delta einer →Long Position (→Short Position) in einem →Call hat ein positives (negatives) Vorzeichen. Das Positions-Delta einer Long Position (Short Position) in einem →Put hat ein negatives

Delta-Strategie

(positives) Vorzeichen. Ist das D. e. G. positiv, so steigt der Wert der Position bei einem Anstieg des → Basiswertes. Ist das Delta dagegen negativ, so steigt der Wert der Position, wenn der Basiswert fällt. Bei einem Delta von Null ändert sich der Wert der Gesamtposition nicht (→ Delta-neutral).
Die Formel für die Ermittlung des D. e. G. lautet:

$$\text{Delta (Gesamtposition)} = \sum_{i=1}^{n} \text{Delta}_i \cdot \text{Kontraktgröße}_i \cdot \text{Anzahl Kontrakte}_i$$

Das D. e. G. wird auch bei → kombinierten Optionsstrategien wie beispielsweise → Bull-Spreads, → Bear-Spreads, → Straddles und → Strangles ermittelt.

Delta-Faktor

Der D.-F. zeigt an, um wieviel sich der Preis einer → Option bei einer Kursschwankung des → Basiswertes um eine Einheit verändert. Der Delta-Parameter reicht bei Kaufoptionen (→ Calls) von 0 bis +1, bei Verkaufsoptionen (→ Puts) von −1 bis 0. Besitzt ein erworbener Aktien-Call beispielsweise ein Delta von +0.50 (der Regelfall bei → At-the-Money-Kontrakten), so erhöht sich bei einem Kursanstieg der zugrundeliegenden → Aktie um 1 DM der theoretische Marktwert dieses Call um 50 Pfennig pro Aktie oder 25 DM pro → Kontrakt. Unter gleichen Annahmen ergibt sich bei einem Rückgang des Aktienkurses um 1 DM bei diesem Call ein Verlust von 25 DM. Die Höhe des Gewinnes oder Verlustes aus einer Optionsposition wird demzufolge nicht nur durch die Richtigkeit der Kursprognose, sondern auch durch das Delta der Option bestimmt.
(→ Delta einer Gesamtposition, → Delta-Hedging, → Delta-neutral, → Delta-neutraler Spread, → Delta-Risk, → Delta-Strategie)

Delta-Hedging

Standard- → Hedgingstrategie bei → Optionen, bei der eine bestimmte Anzahl im → Basiswert gekauft oder verkauft wird, so daß das → Delta der Gesamtposition bestehend aus dem Basiswert und der gegenläufigen Option Null ist. Häufig wird diese gehedgte Position auch als → delta-neutral bezeichnet. Das Positions-Delta der Gesamtposition ergibt sich aus der Summe der einzelnen Positions-Deltas.

Delta-neutral

Eine Gesamtposition wird als D.- n. bezeichnet, wenn das → Delta einer Gesamtposition Null ist. Bei einer D.-n. Position ändert sich (theoretisch) der Wert der Gesamtposition nicht, wenn sich der → Basiswert ändert. Ist das Delta einer Gesamtposition positiv, so steigt der Wert der Position bei einem Anstieg des → Basiswertes. Ist das Delta dagegen negativ, so steigt der Wert der Position, wenn der Basiswert fällt
(→ Gamma-Faktor).
(→ Hedge-Ratio, → Delta-Hedging)

Delta-neutraler Spread

→ Spread (d. h. → Vertical Spread, → Time Spread oder → Diagonal Spread), bei dem das → Delta einer Gesamtposition Null beträgt.
(→ Delta-neutral)

Delta-Risk

Risiko einer Optionsposition (→ kombinierte Optionsstrategie), daß sich der Kurs des → Basiswertes eher in die eine als in die andere Richtung bewegt. Ist das → Delta einer Gesamtposition Null und damit → Delta-neutral, hat die Position kein D.-R. → Volatilitätsstrategien (z. B. → Straddle) sind oftmals delta-neutral, um nur von einer Veränderung der → Volatilität und nicht von der Richtung der Marktbewegung zu profitieren.

Delta-Strategie

Strategie mit → Optionen und → Geldmarktpapieren, um eine Position im → Basiswert synthetisch nachzubilden. → Optionspreisbewertungsmodelle (z. B. → Black & Scholes-Modell, → Black-Modell) unterstellen, daß das Bezugsobjekt (z. B. → Aktie) durch entsprechende Positionen in → Calls oder → Puts und einer Position in einem → Geldmarktpapier dupliziert werden kann (→ Duplizierungsprinzip). Umgekehrt kann jede Option durch eine bestimmte Position im Basiswert und eine entsprechende Position im → Geldmarkt (Kreditaufnahme bzw. Festgeldanlage) nachgebildet werden. Aus dieser Beziehung kann auch die → Put-Call-Parity abgeleitet werden, die besagt, daß eine Beziehung zwischen identischen europäischen Calls und Puts besteht. Eine → Long Position im Basiswert kann beispielsweise durch eine Long-Call-Position, eine Short-Put-Position und eine Anlage am Geldmarkt erfolgen. Die Anzahl der Calls,

Deponent

die gekauft werden müssen, wird über den Kehrwert des → Deltas (1/Delta; → Delta-Faktor) ermittelt, das dieser Strategie den Namen gab. Charakteristisch für die D.-St. ist, daß die Options- bzw. Geldmarktpositionen ständig variiert werden müssen, um einer Position im Basiswert zu entsprechen. Die Ursache für die kontinuierliche Anpassung liegt u. a. in der Änderung des Deltas, wenn sich der Basiswert ändert.
(→ 90:10 -Strategie, → Convexity, → Gamma-Faktor)

Deponent
Synonym für → Depotkunde.

Deport
Abschlag vom → Devisenkassakurs zur Errechnung des → Devisenterminkurses (→ Swapsatz, → Swapgeschäft).

Deposit Banks
Bedeutendste Bankengruppe Großbritanniens, auch als → Clearing Banks bezeichnet.

Depositen
Früher übliche Bezeichnung für → Einlagen, wobei im wesentlichen → Termineinlagen gemeint waren. Das Kreditwesengesetz von 1934 schloß in den Begriff „Depositengelder" auch → Sichteinlagen mit ein. Letztere bezeichnete man auch als Sichtdepositen, während in Abgrenzung dazu Termineinlagen Kapitaldepositen genannt wurden. Im → Sparkassenrecht werden Einlagen, die unter den Depositenbegriff fallen, auch als „sonstige Einlagen" bezeichnet. Zivilrechtlich handelt es sich bei den D. entweder um → Darlehen gemäß § 607 BGB oder um eine → unregelmäßige Verwahrung gemäß § 700 BGB. Werden D. als → Darlehen behandelt, so erfolgt der Vertragsabschluß im Interesse beider Vertragsparteien. Die → Rückzahlung geschieht erst nach → Kündigung bzw. Fristablauf am Ort/Wohnsitz des → Gläubigers. Unterliegen D. dagegen der Bestimmung des § 700 BGB, so kommt es zum Vertragsabschluß überwiegend im Interesse des Einlegers, wobei die Rückzahlung jederzeit am Orte der → Hinterlegung erfolgt.

Depositenzertifikat, → Certificate of Deposit.

Depositum Irregulare
Synonym für → unregelmäßige Verwahrung.

Depositum Regulare
Der → Verwahrer muß das Hinterlegte selbst wieder zurückgeben. Stellt die Ausnahme dar.
Gegensatz: → unregelmäßige Verwahrung.

Depot
Ort der → Verwahrung von Wertgegenständen i. d. R. bei → Kreditinstituten. Grundsätzlich unterscheidet man zwischen → geschlossenen Depots und → offenen Depots. Beim ersten werden Gegenstände (z. B. Gold, → Effekten) den Kreditinstituten in einem Safe zur Verwahrung anvertraut. Beim offenen D. werden → Wertpapiere im Sinne des DepotG dem → Verwahrer übergeben, der dabei sowohl mit der Verwahrung als auch Verwaltung beauftragt wird. Beim offenen D. unterscheidet man die → Sonderverwahrung und → Sammelverwahrung. Die Verwahrung von Wertpapieren ist im → Depotgesetz geregelt.

Depot A
Eigendepot des → Zwischenverwahrers. Das D. A dient der Aufnahme eigener → Wertpapiere im Sinne des DepotG des Zwischenverwahrers und unbeschränkt verpfändeter Kundenpapiere.
(→ Depot B, → Depot C, → Depot D, → Drittverwahrung)

Depotabstimmung
Depotführende → Kreditinstitute müssen nach den Depotprüfungsrichtlinien (→ Depotprüfung) (mindestens) einmal jährlich die Depotbestände mit den → Depotkunden durch Übersendung von Depotauszügen abstimmen. Neben den vorgeschriebenen Angaben (Nennbetrag/Stückzahl, Wertpapierbezeichnung, Verwahrungsart) bieten die → Depotbanken ihren Kunden (überwiegend) noch Zusatzinformationen (Kurswerte/Steuerkurse) an. Die besondere Art des Wertpapiereigentums (z. B. Sondereigentum, schuldrechtliche Ansprüche, Lieferansprüche, Mängelstücke, Sperren u. ä.) muß aus den Auszügen für den Kunden klar ersichtlich sein.

Depotakzept
→ Nichtakzessorische Kreditsicherheit, mit der ein Dritter eine wechselrechtliche Verpflichtung zum Zwecke der Sicherung einer → Forderung übernimmt. Im wirtschaftlichen Sinne hat das D. die Funktion einer → Bürgschaft. Wegen der Abstraktheit der

Wechselverpflichtung muß in einer →Sicherungsabrede festgelegt werden, für welche Forderung das D. eine Sicherheit darstellen soll. Mit der Sicherungsabrede wird auch festgelegt, daß der Wechselgläubiger nur →Ansprüche geltend machen darf, wenn die dadurch gesicherte Forderung entstanden ist. Die Funktion eines →Depotwechsels kann auch ein →Solawechsel übernehmen.

Depot B
Fremddepot eines →Verwahrers (→Zwischenverwahrers), das vom →Depotkunden eröffnet wurde und →Wertpapiere im Sinne des DepotG enthält, die dem →Depotkunden gehören.
(→Depot A, →Depot C, →Depot D, →Drittverwahrung)

Depotbank
1. →Kreditinstitut, das von einer →Kapitalanlagegesellschaft (Investmentgesellschaft) mit der →Verwahrung des →Sondervermögens (→Investmentfonds) sowie Ausgabe und Rücknahme der Anteilsscheine (→Investmentzertifikate) beauftragt ist. Auch die Ausschüttung der →Erträge an die Anteilsscheininhaber ist Aufgabe der D. Die Auswahl der D. bedarf der Zustimmung des →Bundesaufsichtsamts für das Kreditwesen (BAK). Die D. hat für →Wertpapiere und Guthaben des Sondervermögens gesperrte →Depots bzw. gesperrte →Konten anzulegen. Sie übt Überwachungsfunktionen aus (Überwachung der Investmentgesellschaft im Hinblick auf Gesetzmäßigkeit der Handlungen und Einhaltung der Vertragsbedingungen des Fonds), besitzt jedoch kein Mitspracherecht bei den Anlageentscheidungen der Investmentgesellschaft.
Als D. kann nur ein Kreditinstitut fungieren, das in Deutschland zugelassen ist und unter Aufsicht des BAK steht (außerdem inländische Zweigstellen von Kreditinstituten aus Mitgliedstaaten der →Europäischen Union). Mit Ausnahme von →Wertpapiersammelbanken muß die D. ein →haftendes Eigenkapital von mindestens 10 Mio. DM haben (→haftendes Eigenkapital der Kreditinstitute). Zwischen der D. und der Kapitalanlagegesellschaft darf keine personelle Verknüpfung im Bereich der Geschäftsleitungs- und Managementfunktionen (→Geschäftsleiter, →Prokuristen, zum gesamten Geschäftsbetrieb ermächtigte Handlungsbevollmächtigte [→Handlungsvollmacht]) bestehen. Auswahl und Wechsel der D. bedürfen der Genehmigung des BAK. Die Genehmigung darf vom BAK nur erteilt werden, wenn die D. zum →Einlagengeschäft und zum →Depotgeschäft i.S. von § 1 Abs. 1 KWG zugelassen ist sowie einer Sicherungseinrichtung eines Verbandes (→Einlagensicherung) oder einer vergleichbaren Einrichtung in einem EU-Mitgliedstaat angehört.

2. Kreditinstitut, das von einem Hinterleger von Wertpapieren mit der Verwahrung und Verwaltung betraut wird (→offenes Depot).

Depotbuchführung
Das →Depotgesetz verpflichtet →Verwahrer, ein Depotbuch als Handelsbuch (=Verwahrungsbuch) zu führen, in das der Hinterleger, Art und Umfang sowie Merkmale der für ihn verwahrten →Wertpapiere einzutragen sind. Hierzu gehören auch Angaben über die evtl. →Verpfändung und →Drittverwahrung der hinterlegten Werte. Sind Nummern oder sonstige Merkmale der verwahrten Wertpapiere nur aus Verzeichnissen zu ermitteln, ist hierauf Bezug zu nehmen. Soweit das Depotbuch in Loseblattform oder Datei geführt wird, müssen gemäß Depotprüfungsrichtlinien unter Einhaltung personeller und funktionaler Trennung ein Personendepot, ein Sachdepot und eine Lagerstelle nebeneinander geführt werden. Die Abstimmung und Überwachung zwischen Personen- und Sachdepot sowie Lagerstelle ist Gegenstand von Innenrevision (Revision) und →Depotprüfung. Der Einsatz von EDV ermöglicht dabei weitgehend eine automatisierte D., und zwar als Dateien einschließlich Bestandskontrolle innerhalb der verschiedenen Depotbücher auf der Grundlage von GoB. Bei Filialbanken sind die zentrale bzw. dezentrale D. üblich.

Depot C
Pfanddepot, dem →Wertpapiere im Sinne des DepotG zugeordnet sind, die der →Zwischenverwahrer entsprechend einer Ermächtigung zur →Verpfändung dem →Drittverwahrer verpfändet hat.
(→Depot A, →Depot B, →Depot D, →Drittverwahrung)

Depot D
Sonderpfanddepot; bei einer beschränkten →Verpfändung darf der →Zwischenverwahrer die →Wertpapiere im Sinne des DepotG des Hinterlegers nur bis zur Höhe des ihm gegebenen Einzelkredites drittverpfän-

den. Er haftet somit nur in Höhe des eigenen Kredits des Hinterlegers.
(→ Depot A, → Depot B, → Depot C, → Drittverwahrung)

DepotG
Abk. für → Depotgesetz.

Depotgebühren
Entgelt für die Verwahrung und Verwaltung von → Wertpapieren im Sinne des DepotG und anderen Depotgütern. Die → Verwahrung und Verwaltung von Wertpapieren ist seit 1.1.1991 nicht mehr von der Mehrwertsteuer befreit. Der Steuersatz beträgt 15 Prozent.
(→ Depotgeschäft)

Depotgeschäft
Unter D. i. e. S. sind die → Verwahrung und Verwaltung von → Wertpapieren durch → Kreditinstituten für andere (§ 1 Abs. 1 Nr. 5 KWG) und die Verwahrung sonstiger beweglicher Wertgegenstände zu verstehen. I. w. S. wird hierzu auch die Annahme von → Verwahrstücken gerechnet.

Einteilungsmöglichkeiten: Nach Art und Umfang des D. bei Kreditinstituten sind die Führung offener Depots und → verschlossener Depots zu unterscheiden (vgl. Übersicht „Depotgeschäft – Einteilung").

Verschlossene Depots: Sie dienen lediglich der sicheren Aufbewahrung von Verwahrstücken im Tresor eines Kreditinstituts; eine Verwaltung der Werte ist damit nicht verbunden, auch nimmt die Bank vom Inhalt der Verwahrstücke keine Kenntnis. Eine Art verschlossener Depots sind → Schließfächer (Safes), die Kreditinstitute ihren Kunden mietweise (§§ 535 ff. BGB) überlassen.

Offene Depots: Für die Verwahrung im offenen Depot eignen sich nur Wertpapiere i. S. d. → Depotgesetz (DepotG). Sie werden dem → Verwahrer (=→ Kaufmann) im Betriebe seines → Handelsgewerbes unverschlossen zur Gutschrift auf einem → Depotkonto (als Einzeldepot bzw. Gemeinschaftsdepot) durch Einlieferung bzw. im Rahmen der → Einkaufskommission anvertraut. Mit der Verwahrung ist gleichzeitig eine Verwaltung der Wertpapiere verbunden. → Wertrechte sind depotrechtlich diesen Wertpapieren gleichgestellt; sie können auch als → Einzelschuldbuchforderung im → Bundesschuldbuch bzw. → Landesschuldbuch eingetragen werden.

Funktion: Beim D. i. e. S. sollen Vermögenswerte (→ Sachen und → Rechte) den Hinterlegern erhalten bleiben und vor Abhandenkommen geschützt werden. Kreditinstitute führen hierüber ein Depotbuch als Teil einer in sich geschlossenen → Depotbuchführung, getrennt nach Personendepot und Sachdepot unter Beachtung der vom BAKred erlassenen Depot-Prüfungsrichtlinien. Sie machen die Nutzungen und Rechte aus den einzeln oder als Teile von → Sammelurkunden hinterlegten Wertpapieren im Rahmen des → Depotvertrags für die Hinterleger auf der Grundlage von Veröffentlichungen in den → Wertpapier-Mitteilungen geltend. Als Verwahrarten für Depotwertpapiere kommen dafür die Streifband- und Sonderverwahrung im Tresor der → Depotbank, die (Giro-)Sammelverwahrung bei einer → Wertpapiersammelbank oder die Auslandsverwahrung (z. B. über den → Deutschen Auslandskassenverein(AKV) oder → Euroclear) in Frage.

Rechtliche Wirksamkeitsvoraussetzungen: Grundlagen für das D. sind insbes. die gesetzlichen Bestimmungen über die Verwahrung (§§ 688 ff. BGB), die → Geschäftsbesorgung (§§ 675 ff. BGB) und das Kommissionsgeschäft (§§ 383 ff. HGB) ergänzt um die Einkaufskommission (§§ 18 ff. DepotG). Von besonderer Bedeutung für offene Depots sind ferner die sonstigen Vorschriften des DepotG über die Verwahrung und Verwaltung von Wertpapieren sowie im KWG über die → Depotprüfung und über die Vertretbarkeit (§ 91 BGB). Aus Gründen der Klarheit und Beweissicherung werden Verwahrungsverträge (→ Depotvertrag) auf der Grundlage der → Allgemeinen Geschäftsbedingungen geschlossen, präzisiert wiederum durch besondere Geschäftsbedingungen (z. B. für ausländische Wertpapiere).

Depotgesetz (DepotG)
Gesetz über die → Verwahrung und Anschaffung von → Wertpapieren. Dient 1. dem Schutz der Hinterleger hinsichtlich der Erhaltung des Wertpapiereigentums bei der Einlieferung ins → offene Depot und 2. der Verschaffung des Wertpapiereigentums beim Erwerbsgeschäft im Rahmen der → Einkaufskommission. Der Deponent behält als mittelbarer Besitzer das (Allein-)

Depotgesetz

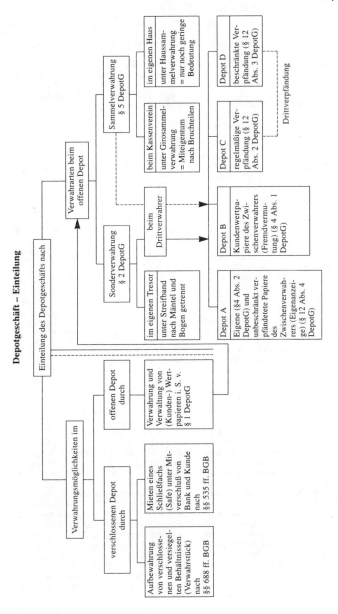

Depotkonto

Eigentum bei der → Sonderverwahrung bzw. das → Miteigentum nach Bruchteilen bei der → Sammelverwahrung an den hinterlegten Wertpapieren (Effekten); die Bank wird unmittelbarer Besitzer der Wertpapiere. Das DepotG schützt Hinterleger gegen → Insolvenz des Verwahrers (Aussonderungsrecht bei → Konkurs, → Drittwiderspruchsklage gegen Vollstreckungsmaßnahmen).
Ferner regelt das DepotG die Verwahrungsarten, → Verpfändung von Wertpapieren und → Depotbuchführung. Die Einhaltung der depotrechtlichen Vorschriften wird durch → Depotprüfung überwacht; als Grundlage hierfür dienen die Depotprüfungsrichtlinien mit den materiellen Prüfungshinweisen.

Besonderheit: Das DepotG ist auf → verschlossene Depots (→ Verwahrstücke, → Schließfächer) nicht anzuwenden.

Depotkonto

D. können als Einzel- oder Gemeinschaftsdepotkonten eingerichtet und geführt werden; die → Konten sind Teil des Handelsbücher i. S. v. §§ 238 ff. HGB. Das Einzeldepotkonto lautet auf den Namen des jeweiligen Kontoinhabers (→ natürliche oder → juristische Person). Kontoinhaber als → Gläubiger der ausgewiesenen → Forderung ist i. d. R. identisch mit dem Verfügungsberechtigten. Ausnahme: das → Depot zugunsten Dritter auf den Todesfall. Verfügungsberechtigung kann durch Kontoinhaber/Organmitglieder im Rahmen einer Vertretermitteilung auch auf Dritte (= Zeichnungsberechtigte) übertragen werden; sie gilt bei Depots natürlicher Personen als → Vollmacht über den Tod hinaus. Zur Eröffnung eines Depots ist eine → Legitimationsprüfung gemäß § 154 Abs. 2 AO durchzuführen. Ist die Depotbuchung (=Gutschrift) noch nicht endgültig bzw. nicht einer bestimmten Person zuzuordnen, kann der Geschäftsfall vorübergehend unter Beachtung der AO auf CpD-Depot buchungsmäßig erfaßt werden. Beim Tod des Depotinhabers hat die → Depotbank eine Erbschaftsteueranzeige gegenüber der Finanzverwaltung abzugeben; Anzeigepflicht besteht auch bei Depots zugunsten Dritter auf den Todesfall (→ Anzeigepflichten des Kreditinstituts beim Tod eines Kunden). Bis zur Legitimation der → Erben wird das Depot des Verstorbenen als sogenanntes Nachlaßdepot (gegebenenfalls in Form eines → Gemeinschaftsdepots) weitergeführt und entsprechend umgeschrieben.
(→ Depotgesetz)

Depotkunde

Kunde eines → Kreditinstitutes, der bei diesem ein → offenes Depot hält, das Wertpapiere i. S. d. DepotG enthält. Wird auch als Hinterleger bezeichnet.
(→ Depotgesetz)

Depotprüfung

→ Kreditinstitute, die → Effekten- und/oder → Depotgeschäfte für andere betreiben, unterliegen jährlicher D. (§ 30 KWG); über Art, Umfang und Zeitpunkt der D. hat das BAKred Richtlinien für die D. erlassen und diese um Hinweise über die materiellen Prüfungserfordernisse ergänzt. Gegenstand der Prüfung ist Einhaltung gesetzlicher (DepotG, HGB, KAGG, AuslInvestmG, AktG) und vertraglicher (AGB) Grundlagen zum Schutz der Depotkunden mit dem Ziel der Erhaltung des Wertpapiereigentums im Hinterlegungs- sowie Verschaffung des → Eigentums im Anschaffungs-(Kommissions-) Geschäft. Depotprüfer werden vom BAKred bestellt. Sonderregelungen (z. B. widerrufliche Freistellung, Prüfung in größeren Zeitabständen) für Institute mit geringem → Wertpapier- und Depotgeschäft sind möglich. Unabhängig von gesetzlicher D. sind laufend interne Teilprüfungen (sogenannte Innen- oder Hausrevisionen) üblich.

Richtlinien für die D. (= Prüfungsrichtlinien), Gegenstand der Prüfung: Richtlinien sind (1) Anweisungen des BAKred an die Depotprüfer und (2) Grundlage für die Regelung des Effekten- und Depotgeschäfts bei Kreditinstituten. Die D. erstreckt sich auf Wertpapiere (§ 1 DepotG), die Kreditinstitute als → Kommissionär (mit Selbsteintritt) bzw. im → Eigenhandel für andere anschaffen/veräußern (Effektengeschäft) oder verwahren/verwalten (Depotgeschäft); Zweigstellen werden gegebenenfalls in die Prüfung einbezogen. Zu Depotprüfern bestellt BAKred Wirtschaftsprüfer bzw. → Prüfungsverbände des Sparkassen-/Genossenschaftssektors; sie haben das Recht, im Rahmen ihrer Aufgabe Einsicht in Geschäftsbücher zu nehmen sowie Auskünfte zu verlangen und die Pflicht, das → Bankgeheimnis zu wahren. Zeitpunkt und Dauer (abhängig von Ordnungsmäßigkeit der Depothandhabung) der Prüfung bestimmt

Depotsonderformen

der Depotprüfer selbst; BAKred und LZB erhalten anschließend den Bericht.

Materieller Inhalt der Prüfung: Die (stichprobenweise) Prüfung erstreckt sich auf alle Teilgebiete des Effekten-/Depotgeschäfts sowie auf Einhaltung der Bestimmungen zu §§ 128, 135 AktG (→ Depotstimmrecht). Im einzelnen sind zu untersuchen und im Prüfungsbericht zu beurteilen:
- Verwahrung und Verwaltung von Wertpapieren (Verwahrarten)
- → Kommissionsgeschäfte (mit Selbsteintritt)
- → Einkaufskommission
- → Depotbuchführung einschließlich -abstimmung
- Umfang des Effekten-/Depotgeschäfts
- Ausübung des → Depotstimmrechts

Festgestellte Mängel sind vom depotführenden Kreditinstitut zu beseitigen; der Depotprüfer überzeugt sich davon.

Hinweise über die materiellen Prüfungserfordernisse, Wesen und Zweck: Die Richtlinienhinweise des BAKred sind Hilfsmittel für die Depotprüfer über die Auslegung und Anwendung gesetzlicher Bestimmungen bzw. Grundsätze über die Ordnungsmäßigkeit des Effekten-/Depotgeschäfts. Ihre Gliederungssystematik lehnt sich stark an das DepotG an, ergänzt um Hinweise zu (Depot-)Buchführung, -abstimmung und -stimmrecht. Kreditinstitute berücksichtigen die Hinweise in eigener Organisation.

Materieller Inhalt der Hinweise: Verhaltensregeln zu Verwahrarten (→ Sonder-, → Sammel-, Dritt- und unregelmäßige Verwahrung), → Depotverwaltung, Verpfändung von Wertpapieren (Drittverwahrung), Effektengeschäft (einschließlich Einkaufskommission), Depotbuchführung, Depotabstimmung und Depotstimmrecht ergänzt um Mustertexte für evtl. von Depotkunden einzuholende Erklärungen. Die Beachtung der Hinweise führt zu ordnungsgemäßer Abwicklung des Effekten-/Depotgeschäfts.

Depotsonderformen
D. berücksichtigen die Interessenlage der Begünstigten aus dem → Depotvertrag und deren Rechtsposition gegenüber der Bank und Dritten.

Einteilungsmöglichkeiten: Unterdepot, offenes Treuhanddepot, Sperrdepot, Pfanddepot, Nießbrauchsdepot, → Depot zugunsten Dritter, Gerichtskassendepot, Sicherheitendepot und → Dispositionsdepot.

Unterdepot: Ein Eigendepot (mit unbeschränkter Verfügungsmacht) des errichtenden Inhabers, dem ein weiterer (fremder) Name in der Kontobezeichnung hinzugefügt ist. Stehen Depotwertpapiere im (Mit-)Eigentum des Dritten, kann der → Verwahrer das → AGB-Pfandrecht gegenüber dem Depotinhaber nur bei gutem Glauben an dessen (alleiniges) Wertpapiereigentum geltend machen; für die Beleihung von Unterdepots muß sich deshalb eine Eigenanzeige bzw. Verfügungsberechtigung des Hinterlegers nachweisen lassen.

Offenes Treuhanddepot: Depotinhaber weist ausdrücklich auf die Treuhandstellung hin; die Bank kann weder gutgläubig → Eigentum an Depotwertpapieren erwerben noch das AGB-Pfandrecht gegenüber dem Hinterleger geltend machen. Typische Treuhanddepots werden für Notare, Rechtsanwälte und Wirtschaftsprüfer geführt; eine Erklärung zu der Treuhandstellung ist erforderlich. Es besteht dabei eine erschwerte Zugriffsmöglichkeit Dritter auf Treuhandbestände (z. B. bei → Pfändung, Konkurseröffnung des Depotinhabers).

Sperrdepot: Gemeinschaftliche Verfügungsbefugnis von Depotinhaber und Sperrbegünstigten; → Gläubiger gegenüber Verwahrer bleibt der Depotinhaber. Die Sperrvereinbarung zwischen dem Verwahrer und dem Depotinhaber begründet einen eigenen Anspruch des Sperrbegünstigten gegen die Bank auf Beachtung der Sperre. Art und Umfang der Sperre ist vertraglichen (zugunsten Dritter) bzw. gesetzlichen (VAG, KAGG, HypBankG) Ursprungs. Inländische Lebens-, Unfall-, Kranken- und Haftpflichtversicherungen z.B. bilden zur konkurswirksamen Absicherung der Versichertenansprüche Prämienreservefonds (=→ Deckungsstock), deren Wertpapiere im Sperrdepot lagern, über das nur mit Zustimmung des Treuhänders verfügt werden darf (VAG).

Besonderheit: Ausländische Versicherungsunternehmen müssen Deckungsstockwerte bei der → Deutschen Bundesbank oder zur Hinterlegung von Mündelwertpapieren berechtigten Instituten mit Sperrvermerk hinterlegen.
- → Kapitalanlagegesellschaften verwahren Wertpapiersondervermögen im Sperrdepot

Depotstatistik

bei der → Depotbank, über das nur beide gemeinsam verfügen dürfen (KAGG).
– → Realkreditinstitute verwahren im Sperrdepot als Ersatzdeckung dienende Wertpapiere zugunsten des Treuhänders (HypBankG).

Pfanddepot: Ist eingerichtet für private bzw. öffentliche (s. a. Sicherheitendepot) Gläubiger, wenn Wertpapiere als Sicherheit hinterlegt sind; erforderlich ist dabei die Besitzverschaffung durch → Abtretung des Herausgabeanspruchs (§ 1205 BGB) oder Einräumung des mittelbaren Mitbesitzes (§ 1206 BGB). Schriftliche Vereinbarungen und Nebenabsprachen zu Verpfändungsvereinbarungen (z. B. Nutzungsrechte aus Wertpapieren) sind üblich. (Wegen der → Verpfändung von Wertpapieren durch → Zwischenverwahrer an → Drittverwahrer → Depot A, → Depot C und → Depot D.)

Nießbrauchsdepot: Für die Bestellung eines → Nießbrauchs an Wertpapieren (Sache in → Besitz nehmen, verwalten und Nutzungen ziehen) ist eine → Einigung und Besitzverschaffung zwischen Eigentümer und Nießbrauchsbegünstigten erforderlich; letzteres ist auch durch Besitzsurrogate (§§ 929 ff. BGB) möglich. Auf Verlangen des Nießbrauchers oder Eigentümers sind Wertpapiere bei der Hinterlegungsstelle (→ Hinterlegung) einzuliefern; schriftliche Nebenabsprachen sind üblich.

Depot zugunsten Dritter: Wertpapiere sollen zu bestimmtem Zeitpunkt an Dritten übergehen (z. B. Tod des Depotinhabers, Eintritt der Volljährigkeit des Begünstigten).
Rechtliche Wirksamkeitsvoraussetzungen: Gegenstand der (unentgeltlichen) Zuwendung ist der → Anspruch des Dritten auf → Übereignung der Wertpapiere. Der Depotinhaber übereignet zunächst nur das → Treuhandeigentum an die Depotbank; bis zum Eintritt der Begünstigung behält er den Rückübereignungsanspruch und bleibt wirtschaftlicher Eigentümer der Papiere bei voller Dispositionsfreiheit.
Ausnahme: Bei Wertpapierrechnung ist keine Übereignung erforderlich; die Bank hält aufgrund von → Sonderbedingungen bereits treuhänderisches Eigentum.

Gerichtskassendepot: Wertpapiere sind, wenn deren berechtigte Eigentümer (noch) nicht bekannt sind, aufgrund Hinterlegungsordnung von Amtsgericht (=Hinterlegungsstelle) über Gerichtskasse bei der Bundesbank oder zugelassenem Kreditinstitut in Sonderverwahrung einzulegen. Der → Schuldner kann dabei durch Hinterlegung mit befreiender Wirkung erfüllen (§§ 372 ff. BGB). Die Bank übernimmt für die Hinterlegungsstelle bei Wertpapieren (§ 1 DepotG) die Verwahrung und Verwaltung, bei anderen → Urkunden nur die Verwahrung.

Sicherheitendepot: Wird bei der Bundesbank geführt, wenn Wertpapiere als Sicherheit für Steuerstundungen (AO) zugunsten der → Finanzbehörde unter Abtretung des Herausgabeanspruchs verpfändet sind. Der Steuerpflichtige (=Depotinhaber) bleibt Eigentümer und widerruflicher Nutznießer an den Papieren, das Finanzamt ist zunächst nur Pfandnehmer. Die → Verwertung bzw. die Freigabe der Sicherheit erfolgt nach Sachenrecht.

Dispositionsdepot: Wird für mindestreservepflichtige Kreditinstitute geführt, die eigene oder unbeschränkt verpfändete Wertpapiere (Depot A) im Offenmarktgeschäft (=→ Pensionsgeschäft) an/von die/der Bundesbank verkaufen/zurückkaufen wollen; bei genereller Verpfändung sind die Papiere auch als Lombardsicherheit geeignet.
Qualität der Depotwertpapiere: Amtlich notierte, lombardfähige → festverzinsliche (Wert-)Papiere; auch U-Schätze und → Kassenobligationen des Bundes sind für das Dispositionsdepot geeignet.
Funktion: Im Offenmarktgeschäft eignet sich die Bundesbank in Höhe abgegebener Gebote/erfolgter Zuteilungen benötigte Papiere – ohne weitere Mitwirkung des Kreditinstituts – zum jeweiligen → Börsenkurs auf Zeit an (Aneignungsverfahren). Das Kreditinstitut verpflichtet sich bereits bei Abgabe der Gebote zum Rückkauf der Papiere (Preis und Frist bei Ankauf vereinbart); die Bundesbank veranlaßt die Rückübertragung ins Dispositionsdepot.

Depotstatistik
Nach § 18 BBankG von der → Deutschen Bundesbank angeordnete Erhebung, in deren Rahmen die → Kreditinstitute der Bundesbank nach dem Stand am Jahresende Höhe (Nominal- und Kurswert) sowie Zahl der Wertpapierdepots (→ Depotgeschäft) melden müssen, die sie für inländische

Nichtbanken und für ausländische Kunden verwalten. Die Angaben zur jährlichen D. sind gemäß den „Richtlinien zur D." der Bundesbank nach Kundengruppen und Wertpapierarten zu gliedern. Die D. ist ein Teil der → Bankenstatistik.
(→ Melde- und Anzeigepflichten der Kreditinstitute, → Deutsche Bundesbank, statistische Erhebungen)

Depotstimmrecht

Die Ausübung des → Stimmrechts in Aktionärsversammlungen (z. B. → Hauptsammlungen) durch → Kreditinstitute aus von ihnen für ihre Depotkunden verwahrten → Aktien in deren Namen. Bieten Kreditinstitute ihren Deponenten die Ausübung des D. als Dienstleistung im Rahmen der Wertpapierverwaltung (→ Depotgeschäft) allgemein an, sind sie zur Annahme derartiger Aufträge grundsätzlich verpflichtet.
Ausnahme: Das Kreditinstitut unterhält keine Niederlassung am Ort der Hauptversammlung und der Deponent hat keine Untervollmacht erteilt.
Die Ausübung des Stimmrechts erfolgt i. d. R. im Namen dessen, den es angeht. Das Kreditinstitut hat bei Ausübung des D. Anspruch auf → Aufwendungsersatz gegenüber der → Aktiengesellschaft für die Versendung der Hauptversammlungsunterlagen einschließlich Informationsmaterial.
Die → Deutsche Bundesbank darf das D. nicht ausüben (§ 19 Abs. 1 Nr. 5 BBankG).

Funktion: Die Bank vertritt die Interessen der Depotkunden in Hauptversammlungen aus der ihr im → offenen Depot verwahrten → Aktien und sonstigen → Urkunden über Gesellschaftsrechte durch Ausübung des Stimmrechts, wenn der Deponent dies wünscht und keine anderweitigen Weisungen erteilt bzw. sein Stimmrecht selbst wahrnimmt.

Rechtliche Wirksamkeitsvoraussetzungen: Zur Ausübung des D. auf der Grundlage von § 135 AktG ist eine schriftliche → Vollmacht des Deponenten erforderlich.

Bei → Inhaberaktien ist eine Einzelstimmrechtsvollmacht oder eine allgemeine Stimmrechtsvollmacht möglich; sie darf jedoch nicht mit anderen Erklärungen verbunden sein, nur einem Kreditinstitut erteilt und nur für längstens fünfzehn Monate ausgestellt werden. Die Vollmacht ist jederzeit widerruflich; eine Untervollmacht (z. B. an ein anderes Kreditinstitut) muß vom → Aktionär ausdrücklich gestattet sein. Die → Depotbank hat Aktionären die Hauptversammlungsunterlagen (§ 125 Abs. 1 AktG) zuzuleiten, eigene Vorschläge für Stimmrechtsausübung zu einzelnen Tagesordnungspunkten auf einem Formblatt zu unterbreiten und um (formlose) Weisung zu bitten. Die Bank ist dann an die Weisung gebunden; bei Verzicht des Deponenten auf bzw. bei verspätet eingehenden Weisungen kann die Depotbank gemäß eigenen Vorschlägen abstimmen. Abweichungen hiervon sind dem Aktionär nebst Begründung mitzuteilen. Zur Ausübung des Stimmrechts in der eigenen Hauptversammlung ist für die Depotbank ausdrückliche bzw. generelle Weisung des Aktionärs zu einzelnen Tagesordnungspunkten erforderlich.
Ausnahme: Erteilt der Aktionär von sich aus Weisungen für die Ausübung des D., braucht das Kreditinstitut keine eigenen Vorschläge zu unterbreiten. Für die Ausübung des D. bei → *Namensaktien* ist eine Einzelvollmacht üblich. Soweit im Kundendepot verwahrte Namensaktien (noch) für das Kreditinstitut im → Aktienbuch eingetragen sind, darf die Bank mit schriftlicher Ermächtigung des Aktionärs das Stimmrecht im eigenen Namen, bei auf Namen des Aktionärs eingetragenen Anteilsrechten nur unter seinem Namen, ausüben.
Die Abwicklung des D. bei Kreditinstituten unterliegt der → Depotprüfung; die Ausübung des Stimmrechts ohne Vollmacht ist als Ordnungswidrigkeit zu ahnden; gegebenenfalls ist auch → Schadenersatz zu leisten. Ein Haftungsausschluß durch die Depotbank ist nicht zulässig.
Die Ausübung des D. bei ausländischen Aktionärsversammlungen ist zwar möglich, aber nicht üblich.

Depotvertrag

Der D. für → offene Depots zwischen Hinterleger und → Kreditinstitut stellt auf die offene Übergabe/Einlieferung von → Wertpapieren zur → Verwahrung und Verwaltung bei der Bank ab. Inhalt des D. sind u. a. Angaben zum → Depotkonto (Rechtsstellung des Kontoinhabers, Einzel- oder → Gemeinschaftsdepot, → Legitimationsprüfung nach der → Abgabenordnung, § 154 Abs. 2 AO), zu evtl. → Depotsonderformen, zu Verwahrarten (z. B. Ermächtigung zur Girosammelverwahrung) und zur → Depotverwaltung.

Depotverwaltung

Grundlage des D. sind Bestimmungen über die → Geschäftsbesorgung (§ 675 BGB), über die Verwahrung (§ 688 BGB) und im → Depotgesetz, ergänzt um die → Allgemeinen Geschäftsbedingungen des Kreditgewerbes, über die Wertpapierverwaltung und die → Auslandsgeschäfte in Wertpapieren; Kontoinhaber haben – unabhängig vom → Eigentum der Papiere – sachenrechtlichen Herausgabeanspruch gegen die → Depotbank. Im Unterschied zum sonstigen → Bankgeschäft kennen die AGB beim → Depotgeschäft keinen Haftungsausschluß der Bank.

Wirksamkeitsvoraussetzung des D. (für offene Depots): Der D. als Realvertrag beginnt mit der Einlieferung/Übertragung von Wertpapieren ins offene (Kunden-)Depot und endet mit der → Kündigung (= ausdrückliche → Willenserklärung) durch den Hinterleger oder die Bank; die bloße Unterzeichnung des Eröffnungsantrags ist quasi nur ein Vorvertrag, auch endet der → Vertrag mit Einlösung/Abzug der restlichen Depotwertpapiere noch nicht. Ohne anderslautende Vereinbarungen gilt der D. als auf unbestimmte Zeit geschlossen.

→ *Verschlossene Depots* werden auf der Grundlage eines Verwahrvertrages (§ 688 BGB – Annahme von → Verwahrstücken) bzw. eines Mietvertrages (§ 535 BGB – Überlassung eines → Schließfachs) geführt, jeweils präzisiert um besondere Bedingungen als Ergänzung zu den AGB.

Besonderheiten: Die offene Übergabe von → Urkunden (z. B. → Hypotheken-, → Grundschuldbriefe, Sparbücher, → Schuldscheine) durch den Kunden zur Verwahrung bei Kreditinstituten begründet nur ein Verwahrungsverhältnis und kein Depotgeschäft i. e. S., weil das DepotG nur auf Wertpapiere abstellt. Wirken Depotbanken dagegen bei der Begebung von → Schuldscheindarlehen mit, übernehmen sie i. d. R. auch den → Kapitaldienst (Zins- und Tilgungszahlungen). Zur Erleichterung der Abwicklung werden diese dann wie Wertpapiere behandelt. Gleiches gilt für → Hinterlegungen durch Gerichtskassen im „Streifbanddepot" bei → Landeszentralbanken (= sogenannte Gerichtskassendepots).

Depotverwaltung

Die Verwaltung der Depotwertpapiere ist eine → Geschäftsbesorgung (§ 675 BGB). Grundlage des Vertragsverhältnisses zwischen Bank und Deponent sind die → Allgemeinen Geschäftsbedingungen der Kreditinstitute.

Funktion: Bei der D. nehmen → Kreditinstitute die Interessen der Hinterleger aus Depotwertpapieren ohne besondere vorherige Weisungen selbst oder über → Drittverwahrer wahr. Art und Umfang dieser Verwaltungspflichten sind – einschließlich Behandlung im Ausland aufbewahrter → Wertpapiere und entsprechender Werte – in den AGB abgesteckt. Haftungsausschluß für die → Depotbank ist dabei nicht gegeben; lediglich bei → Drittverwahrung beschränkt sich die Haftung nur auf die sorgfältige Auswahl und Unterweisung des Drittverwahrers.

Einteilungsmöglichkeiten: Depotverwaltungsaufgaben sind von der Funktion her in Inkassotätigkeiten, Benachrichtigungs- und Prüfungspflichten sowie Individualtätigkeiten zu unterteilen (vgl. Übersicht „Depotverwaltung – Einteilung").

Rechtliche Wirksamkeitsvoraussetzungen bei D.: Mit der Anerkennung der AGB durch den Hinterleger sind die rechtlichen Voraussetzungen für die D. erfüllt. Darüber hinaus verdienen materielle Prüfungshinweise des BAKred zur → Depotprüfung Beachtung. Maßgebend für die D. sind die Bekanntmachungen im → Bundesanzeiger und in den → Wertpapier-Mitteilungen (WM).

Inkassotätigkeit: Erstreckt sich z. B. auf den Einzug fälliger → Zins- und → Gewinnanteilscheine sowie fälliger, verloster und gekündigter Wertpapiere sowie die Besorgung neuer → Bogen. Kapitalerträge und -erlöse werden E. v. gezahlt.

Benachrichtigungspflichten: Anhand der Bekanntmachungen im Bundesanzeiger/in den Wertpapier-Mitteilungen werden Depots auf Umtausch-, Abfindungs-, Übernahmeangebote, → Bezugsrechte, Konvertierungen u. ä. hin überwacht und die Hinterleger benachrichtigt. Benachrichtigungspflicht besteht für die Depotbank auch, wenn sie vom → Emittenten direkt oder durch Beauftragten über vorgenannte Maßnahmen unterrichtet wird.

Im Einzelfall kann sich aus der Benachrichtigungspflicht für die Bank auch noch eine Geschäftsführung ohne Auftrag (§§ 677 ff. BGB) entwickeln, und zwar wenn Kundeninteressen wahrzunehmen sind (Beispiele: Bei → Kündigungen, Auslosungen, Konvertierungen, Bezugsrechten wird die Bank

Depotwechsel

Depotverwaltung – Einteilung

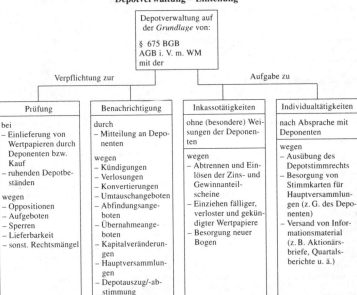

gemäß AGB aufgrund fehlender Weisungen des Deponenten interessewahrend tätig.)
Für Depotkunden bestimmte → Aktionärsmitteilungen (§§ 125, 128 AktG) müssen Kreditinstitute an diese weiterleiten; hierfür besteht → Anspruch auf → Aufwendungsersatz. Zur Ausübung des → Depotstimmrechts sind vertragliche Vereinbarungen erforderlich.
Nach Stand vom Jahresultimo erhalten die Hinterleger Depotaufstellungen unter Angabe von Nennwert/Stück, Wertpapierbezeichnung, Verwahrart und gegebenenfalls Kurswert.

Prüfungspflichten: Bei Einlieferung von Depotwertpapieren (Stammurkunden) ist zu prüfen, ob diese börsenmäßig lieferbar, fällig oder mit → Oppositionen, → Aufgeboten, Zahlungssperren und dergleichen belegt sind, weil Mängel dieser Art mit unterschiedlichen Rechtsnachteilen verbunden sind.

Individualtätigkeiten: Beruhen bei der D. auf Einzelabsprachen zwischen Bank und Hinterleger. Hierunter fallen z. B. Depotaufstellungen während des Jahres mit/ohne Wertberechnung, Erträgnisaufstellungen, Besorgung von Stimmkarten für Hauptversammlungen u. ä.; dafür besteht Anspruch auf Entgelt.

Vollmachtsstimmrecht: Ausübung des Depotstimmrechts (Bankenstimmrecht) setzt → Vollmacht des Depotkunden (Auftragsstimmrecht) voraus; diese kann – auch weisungsgebunden – für 15 Monate als offene/verdeckte Vollmacht bzw. mit Untervollmacht erteilt werden. Vor Ausübung des → Stimmrechts hat der Kunde Anspruch auf Aktionärsmitteilungen (§§ 125, 128 AktG).

Depotwechsel

Bürgschaftsähnliche, → nichtakzessorische Kreditsicherheit, die in einem → Akzept besteht, das ein Dritter zur Sicherung einer → Forderung abgibt (→ Kautionswechsel). Der akzeptierte → Wechsel wird von der kreditgewährenden → Bank „ins Depot" genommen; er darf also nicht wieder in Umlauf gesetzt werden. Erfüllt der Kreditnehmer seine Verpflichtungen nicht, so haftet der

Dritte dem →Kreditinstitut nach Art. 28 WG. Wirtschaftlich betrachtet erfüllt der D. den Zweck einer →Bürgschaft, wobei jedoch der wechselrechtliche Anspruch wegen seiner Abstraktheit eine größere Sicherheit bietet und im →Wechselprozeß leichter durchgesetzt werden kann.

Depot zugunsten Dritter
→Verwahrung von →Wertpapieren im Sinne des DepotG zugunsten Dritter (→Vertrag zugunsten Dritter).
(→Depotsonderformen)

Depression
Konjunkturphase, die durch eine starke Abschwächung der wirtschaftlichen Aktivitäten in allen Bereichen der Volkswirtschaft gekennzeichnet ist. Als D. wird oft der tiefste Punkt des Konjunkturabschwungs angesehen. Im Gegensatz zur D. wird die →Rezession als leichte Abschwächung der Aktivitäten bezeichnet (→Konjunktur).

DEQ
Delivered ex quai (duty paid)... (named port of destination) = geliefert ab Kai (verzollt)... (benannter Bestimmungshafen); bei dieser Seetransportklausel (→Incoterms) schuldet der Verkäufer anders als bei →DES auch die Abwicklung der Importformalitäten und die Zahlung der Eingangsabgaben im Bestimmungsland. Die Gefahr geht jedoch wie bei DES auf den Käufer über, wenn der Verkäufer die →Ware an Bord des Schiffes im Bestimmungshafen bereitstellt.

Deregulierung
Aus dem angloamerikanischen Raum („deregulation") stammende Bezeichnung für Aufhebung staatlicher Restriktionen der unternehmerischen Betätigung im Hinblick auf verschiedene Märkte, in den USA z.B. durch Wegfall der →Regulation Q oder Einrichtung von →International Banking Facilities. Ordnungspolitischer Hintergrund der D. ist, daß zwar einerseits Rechtsvorschriften zum Schutz des →Wettbewerbs, der Umwelt, der Verbraucher und der →Arbeitnehmer, gewerbliche Schutzrechte sowie handels-, steuer- und haftungsrechtliche Bestimmungen unerläßliche Grundlage für jede wirtschaftliche Betätigung sind. Vorgaben und Gebote hieraus sollten aber auf das im Interesse des Allgemeinwohls unumgängliche Maß beschränkt bleiben. Auch aus der Kumulation staatlicher Regulierungsmaßnahmen können sich Beeinträchtigungen für die Innovationsfähigkeit und den notwendigen Strukturwandel einer Volkswirtschaft und letztlich Gefahren für den Standort (Deutschland) ergeben. Die Bundesregierung hat seit Ende der achtziger Jahre zahlreiche Maßnahmen zum Abbau marktwidriger Regulierungen eingeleitet, insbesondere in Gestalt der Aufhebung und Vereinfachung bestehender Rechtsvorschriften; in einigen Bereichen, z.B. bei der Telekommunikation und im Versicherungswesen, dient dies zugleich der Verwirklichung von auf der Ebene der →Europäischen Union (EU) beschlossenen Zielen. Einen weiteren Abbau marktwidriger Regulierungen mahnt der →Sachverständigenrat zur Begutachtung der gesamtwirtschaftlichen Entwicklung an.

D. bei →Finanzdienstleistungen: Wichtige Schritte zur D. und Verwaltungsvereinfachung sind insbesondere: (1) das Börsenzulassungsgesetz 1986 (Voraussetzungen für die Einführung eines →geregelten Marktes an den deutschen →Wertpapierbörsen) sowie das Gesetz zur Verbesserung der Rahmenbedingungen für institutionelle Anleger 1986 (erweiterte Anlagemöglichkeiten für →Investmentfonds); (2) das Gesetz zur Änderung des →Börsengesetzes 1989 (Schaffung der Rahmenbedingungen für eine funktionsfähige →Terminbörse, Ermöglichung des elektronischen Börsenhandels und der Notierung von Wertpapieren in ausländischer →Währung oder in einer →Rechnungseinheit); (3) das (Erste) →Finanzmarktförderungsgesetz 1990 (Beseitigung der Börsenumsatz-, Gesellschaft- und Wechselsteuer, erweiterte Geschäfts- und Anlagemöglichkeiten für Investmentspezialfonds); (4) das →Bausparkassengesetz 1990 (Einsatz von →Bausparverträgen außerhalb der Bundesrepublik Deutschland, Beteiligung von →Bausparkassen an ähnlichen ausländischen Unternehmen); (5) das Gesetz zur Vereinfachung der Ausgabe von →Schuldverschreibungen 1990 (Abschaffung des Emissionsgenehmigungsverfahrens); (6) das Zweite Finanzmarktförderungsgesetz 1994 (mit Liberalisierungen im Börsen-, →Aktien- und →Depotgesetz, sowie im Gesetz über →Kapitalanlagegesellschaften (KAGG)); (7) die Vierte und Fünfte KWG-Novelle (1992, 1994), womit die An-

passung an das →EG-Bankrecht weiter vorangetrieben wurde.
Im Bereich der Versicherungsaufsicht ergingen vor allem zwei neue Durchführungsgesetze/EWG zum Versicherungsaufsichtsgesetz, die nicht zuletzt die Genehmigungspflicht für allgemeine Versicherungsbedingungen (→Allgemeine Geschäftsbedingungen) beseitigten.

Derivate
Kurzbezeichnung für →derivative (Finanz-) Instrumente.

Derivative (Finanz-)Instrumente
Derivate; Produkte, die von Kassapapieren (z. B. →Aktien, →festverzinsliche [Wert-] Papiere) abgeleitet wurden und deren Preise oder Kurse u. a. auch durch die Wertentwicklung der Ausgangsinstrumente bestimmt werden. Unter →Aktien-Derivaten sind beispielsweise →Aktienoptionen, →Futures und →Optionen auf →Aktienindices oder →Aktienoptionsscheine zu verstehen. Zu den Zins-Derivaten wiederum zählen →Zinsoptionen, →Zins-Futures, →Zinsoptionsscheine, →Swaps, →Swaptions, →Caps, →Collars, →Floors, →Forward Rate Agreements.
D. F. werden entweder in Form standardisierter →Kontrakte an →Terminbörsen gehandelt (Futures, Optionen) oder außerbörslich auf dem →Over-the-Counter-Markt (OTC) von →Banken und →Broker-Häusern angeboten (→OTC-Instrumente).
Das rasante Wachstum der derivativen Instrumente resultiert zum einen aus der angesichts volatiler →Finanzmärkte (→Volatilität) stark gewachsenen Nachfrage nach innovativen Produkten (→Finanzinnovationen) zur Steuerung von Zins- und →Währungsrisiken und zum anderen aus der Aufhebung gesetzlicher Beschränkungen, die die Einführung dieser Instrumente lange Zeit behinderten.

DES
Delivered ex ship... (named port of destination) = geliefert ab Schiff... (benannter Bestimmungshafen); Seetransportklausel der →Incoterms, die grundsätzlich →CIF entspricht. Der Verkäufer trägt aber nicht nur die Versicherungskosten, sondern auch die Gefahr bis zum Kai des Bestimmungshafens. Die Kosten der Entladung und der Importabfertigung trägt der Käufer.

Desinvestition, →Investition.

Determinationskoeffizient
Synonym für →Bestimmtheitsmaß. Der D. wird ermittelt, indem man den Korrelationskoeffizienten (→Korrelation) quadriert. Der D. gibt z. B. im→Markt-Modell den Anteil des →systematischen Risikos am →Gesamtrisiko an, d. h. zu wieviel Prozent das Gesamtrisiko eines →Wertpapieres durch den →Index (z. B. DAX) erklärt werden kann.
(→Moderne Portfolio-Theorie, →Asset-Allocation)

Deutsche Angestellten-Gewerkschaft (DAG)
Gewerkschaftliche Einheitsorganisation für Angestellte, in der die berufsspezifischen Belange der Mitarbeiter durch Berufsgruppen gefördert werden; Sitz in Hamburg. Im Bereich der Kreditwirtschaft arbeitet die Bundesberufsgruppe Banken und Sparkassen, die sich neben der Mitwirkung in der Tarifpolitik insbes. mit den sich ständig verändernden Verhältnissen an den Arbeitsplätzen in den →Kreditinstituten beschäftigt und diesen Veränderungen durch Anpassung der →Tarifverträge Rechnung tragen will.
Die DAG ist neben anderen →Gewerkschaften (wie z. B. der→Gewerkschaft Handel, Banken und Versicherungen [HBV]) Tarifpartei (im Gegensatz zur HBV auch für den Bereich der öffentlich-rechtlichen →Sparkassen) und handelt mit den →Arbeitgeberverbänden der Kreditwirtschaft Tarifverträge für das →private Bankgewerbe und für die →öffentlichen Banken aus (für die öffentlich-rechtlichen Sparkassen [→kommunale Sparkassen] gilt der Bundesangestellten-Tarif [BAT]). Die DAG ist Interessenvertretung der →Arbeitnehmer in den →Aufsichtsräten der Kreditwirtschaft im Rahmen der Unternehmensmitbestimmung (→Mitbestimmung). Sie berät ihre Mitglieder und vertritt sie vor Arbeits- und Sozialgerichten. Durch Stellungnahmen zu arbeitsrechtlichen und sozialpolitischen Fragen vertritt sie die Interessen der Gesamtheit dieser Mitglieder.

Deutsche Ausgleichsbank
1950 als „Vertriebenen-Bank AG" gegründetes →Kreditinstitut. 1952 geändert in „Bank für Vertriebene und Geschädigte (Lastenausgleichsbank) AG", 1954 geändert in „Lastenausgleichsbank (Bank für Vertrie-

bene und Geschädigte)", seit 1986 „Deutsche Ausgleichsbank" (→ Anstalt des öffentlichen Rechts mit Sitz in Bonn und Niederlassung in Berlin).

Organe: → Vorstand (Geschäftsführungsorgan), → Verwaltungsrat (Überwachungsorgan) und → Hauptversammlung (Vertretung der Anteilseigner). Anteilseigner sind der Bund, das → ERP-Sondervermögen und das → Sondervermögen Ausgleichsfonds.

Aufgaben: Die ursprüngliche Aufgabe der Bank lag in der Kreditgewährung zur wirtschaftlichen Eingliederung und Förderung der durch die Kriegsfolgen betroffenen Personen, insbes. der Vertriebenen, Flüchtlinge und Kriegsgeschädigten. Neben dem → Eigengeschäft dominierte das → Treuhandgeschäft (Mittel des Lastenausgleichsfonds wurden im Hausbankverfahren als → durchlaufende Kredite, d.h. ohne Obligo der → Hausbank, weitergeleitet). 1986 wurden die Tätigkeitsschwerpunkte gesetzlich neu festgelegt. Neben der wirtschaftlichen Förderung des oben aufgeführten Personenkreises finanziert die Bank im Aufgabenbereich des Bundes liegende Maßnahmen zur Förderung des Mittelstands und der freien Berufe, im sozialen Bereich und im Bereich des Umweltschutzes. Die Bank ist heute ein Spezialinstitut des Bundes zur Förderung von Existenzgründungen (→ Existenzgründungsdarlehen). Sie gewährt dazu zinsbegünstigte Kredite aus dem ERP-Sondervermögen (→ ERP-Darlehen) und aus eigenen Mitteln (Kredite aus → ERP-Programmen und aus eigenen Programmen). Weitere Schwerpunkte sind Kreditgewährungen zur Standortsicherung von → Betrieben und zur → Finanzierung von Umweltschutzmaßnahmen. ERP-Standortkredite dienen dem Erwerb, der Errichtung oder Erweiterung von Gebäuden in neuen oder neugeordneten Ortsteilen. Mit Umweltschutzkrediten werden umweltfreundliche Technologien bei Herstellern und Investoren gefördert.

Refinanzierung: Die → Refinanzierung des Eigengeschäfts der Bank erfolgt durch Aufnahme von → Schuldscheindarlehen und durch Ausgabe von → Inhaberschuldverschreibungen und → Kassenobligationen.
(→ Kreditinstitute mit Sonderaufgaben)

Deutsche Bau- und Bodenbank AG
Spezialkreditinstitut für Zwischen- und → Vorfinanzierungen im Bereich und zur Förderung der Bauwirtschaft. 1978 ging das Institut, das Geschäftsstellen im gesamten Bundesgebiet unterhält, aus dem unmittelbaren Bundeseigentum als Anteilsbesitz auf die → Deutsche Pfandbriefanstalt über.

Aufgaben: Die Aufgaben der Deutschen Bau- und Bodenbank hängen eng mit denen der Deutschen Pfandbriefanstalt zusammen. Die Pfandbriefanstalt vergibt die Dauerfinanzierungsmittel, die Bau- und Bodenbank dagegen → Zwischenkredite und Vorfinanzierungskredite an Bauherren – neben → Krediten an die unternehmerische Wohnungswirtschaft. Die Bank vergibt auch (im fremden Namen) für Treugeber langfristige Wohnungsbaudarlehen und fungiert als Treuhänder im Rahmen öffentlich-rechtlicher wohnungswirtschaftlicher Aufgaben.
(→ Kreditinstitute mit Sonderaufgaben)

Deutsche Börse AG
Zentraler Anbieter von Börsen-Dienstleistungen; Träger der Frankfurter → Wertpapierbörse und der → Deutschen Terminbörse (DTB). Die D.B. AG hält die Anteile am → Deutschen Kassenverein AG und an der DWZ-Deutsche Wertpapierdaten-Zentrale GmbH. An ihr sind zu 80% → Kreditinstitute beteiligt, daneben die sieben Regionalbörsen (mittelbar) zu 10% sowie → Kursmakler und freie → Makler ebenfalls zu 10%.

Deutsche Bundesbank
In Erfüllung des Verfassungsauftrags aus Art. 88 GG durch das „Gesetz über die Deutsche Bundesbank" (Bundesbankgesetz, BBankG) vom 26.7.1957 errichtete → Währungsbank und → Notenbank der BRD (→ Zentralnotenbank) mit gesetzlich fixierter Kernaufgabe der Währungssicherung (→ Deutsche Bundesbank, Aufgabe nach § 3 BBankG). Auch ihren weiteren Aufgaben nach (→ Deutsche Bundesbank, andere Aufgaben) ähnelt die Bundesbank der → Reichsbank (→ Zentralbanksystem in Deutschland). Sie ist jedoch nicht deren Rechtsnachfolgerin, sondern personengleich mit der → Bank deutscher Länder (BdL) (§ 1 Satz 2 BBankG). Daher nimmt sie bis heute Kompetenzen wahr, die ursprünglich der BdL zustanden (z.B. § 43 Abs. 1 Nr. 1 BBankG). Ihr → Grundkapital

Deutsche Bundesbank

von 290 Mio. DM (§ 2 Satz 2 BBankG) ist aus der Addition der Kapitalien von BdL und →Landeszentralbanken entstanden. Es steht dem Bund zu, darf also weder an andere öffentliche Verwaltungen noch an Private veräußert werden. Die Bundesbank kann nur durch Gesetz aufgelöst werden; in diesem Fall müßte auch über die Vermögensverwendung entschieden werden (§ 44 BBankG). Art. 88 Satz 2 GG sieht im Zusammenhang mit der vorgesehenen Errichtung einer →Europäischen Wirtschafts- und Währungsunion vor, daß Aufgaben und Befugnisse der Bundesbank der →Europäischen Zentralbank übertragen werden können.
Der *Aufbau* der Bundesbank (→Deutsche Bundesbank, Autonomie; →Deutsche Bundesbank, Organisationsstruktur) ist ebenso wie ihre Aufgaben und Befugnisse (→Deutsche Bundesbank, währungspolitische Befugnisse und Geschäftskreis) durch Art. 88 GG nur im Kern gewährleistet. Bei der Schaffung einer Europäischen Zentralbank würde ihre Stellung erheblich geschmälert. Daher verlangt Art. 88 Satz 2 GG, eine Europäische Zentralbank müsse unabhängig und vorrangig der Sicherung der →Preisstabilität verpflichtet sein. Ohne die Beteiligung der BRD könnte eine →Wirtschafts- und Währungsunion in Europa kaum zustandekommen.

Deutsche Bundesbank, Abwicklung des Zahlungsverkehrs, →Zahlungsverkehrsabwicklung über die Deutsche Bundesbank.

Deutsche Bundesbank, andere Aufgaben
Verpflichtungen der Bundesbank, die diese zusätzlich zu der in § 3 BBankG definierten Hauptaufgabe (→Deutsche Bundesbank, Aufgabe nach § 3 BBankG) zu erfüllen hat:
(1) Nach § 12 Satz 1 BBankG ist die Bundesbank verpflichtet, die allgemeine →Wirtschaftspolitik der Bundesregierung zu unterstützen, allerdings nur, soweit das mit ihrer Aufgabe, der Sicherung der →Währung, vereinbar ist.
(2) Nach § 13 Abs. 1 BBankG obliegt es der Bundesbank außerdem, die Bundesregierung in Angelegenheiten von wesentlicher währungspolitischer Bedeutung, auch auf eigene Initiative hin, zu beraten und ihr auf Verlangen Auskunft zu geben. Die natürlichen Verbindungen zwischen der Bundesbank und der Bundesregierung werden dadurch unterstrichen, daß die Mitglieder der Bundesregierung (mit Antrags-, aber ohne Stimmrecht) an den Sitzungen des →Zentralbankrats der Deutschen Bundesbank teilnehmen dürfen, andererseits die Bundesregierung zu Beratungen über Angelegenheiten von währungspolitischer Bedeutung den Präsidenten der Bundesbank hinzuziehen soll (§ 13 Abs. 2, 3 BBankG).
(3) Da Währungssicherung und →Bankenaufsicht sich vielfach berühren, ist die Bundesbank nach dem →Kreditwesengesetz an der Sicherung und Ordnung des Kreditwesens beteiligt. Besonders deutlich wird dies daran, daß das →Bundesaufsichtsamt für das Kreditwesen (BAK) des Einvernehmens mit der Bundesbank bei der Aufstellung der →Grundsätze über das Eigenkapital und Liquidität der Kreditinstitute (§§ 10 Abs. 1 Satz 2; 11 Satz 2 KWG) bedarf; in anderen Fällen hat das BAK die Bundesbank anzuhören. Eine Reihe von Melde-, Vorlage- und Auskunftspflichten der Kreditinstitute nach dem KWG sind gegenüber der Bundesbank zu erfüllen (→Bankaufsichtliche Auskünfte und Prüfungen; →Melde- und Anzeigepflichten der Kreditinstitute; →Vorlagepflichten der Kreditinstitute). Schließlich weisen noch die Informationspflichten (§ 7 Abs. 1 Satz 2, 3 KWG) und das Recht des Präsidenten des BAK, an den Beratungen des Zentralbankrates teilzunehmen, soweit Fragen der Bankenaufsicht behandelt werden (§ 7 Abs. 2 KWG), auf eine allgemeine Kooperationspflicht beider Behörden hin; § 7 Abs. 1 Satz 1 KWG bekräftigt dies.
(4) Aus den zahlreichen übrigen Aufgaben der Bundesbank, die außerhalb des BBankG geregelt sind, ragen die Maßnahmen nach dem →Außenwirtschaftsrecht hervor, insbesondere die Genehmigung von →Währungsklauseln nach § 49 Abs. 2 AWG i. V. mit § 3 WährungsG.
(5) Der Bundesbank obliegen die notwendigen Interventionen im →Europäischen Währungssystem (→Intervention am Devisenmarkt, diese können obligatorische oder intramarginale Interventionen sein). Um den →Wechselkurs der Deutschen Mark innerhalb der →Bandbreite zu halten, ist die Bundesbank im Falle obligatorischer Interventionen verpflichtet, →Devisen am Markt aufzunehmen, was eine entsprechende Schaffung von →Zentralbankgeld im Inland zur Folge hat. Änderungen der →Leitkurse liegen nicht in der Zuständigkeit der Bun-

desbank, sondern in der Zuständigkeit der Bundesregierung.

Deutsche Bundesbank, Aufgabe nach § 3 BBankG

§ 3 BBankG weist der Bundesbank die Regelung des Geldumlaufs und die Kreditversorgung der Wirtschaft sowie die Sorge für die bankmäßige Abwicklung des →Zahlungsverkehrs im Inland und mit dem Ausland als Tätigkeitsbereich zu und bestimmt dafür die Sicherung der → Währung als Ziel. Für beides nennt § 3 BBankG „Aufgabe" als Oberbegriff. Einige Autoren wollen die Aufgabenstellung nach § 3 BBankG so verstehen, daß zwischen den vier Globalzielen der → Wirtschaftspolitik (Geldwertstabilität, hoher Beschäftigungsstand, → außenwirtschaftliches Gleichgewicht, stetiges und angemessenes → Wirtschaftswachstum – Art. 109 Abs. 2 GG in Verbindung mit § 1 StabG) die Bundesbank den jeweils optimalen Kompromiß zu finden und einzuhalten habe, unter Hinweis auf § 13 Abs. 3 StabG. Aber § 3 BBankG ist nicht so zu interpretieren, als ob die Geldwertstabilität völlig losgelöst vom wirtschaftlichen Gesamtzusammenhang alleinige Richtschnur der →Geldpolitik sein könnte. Vielmehr hat die Bundesbank im Zusammenspiel der wirtschaftspolitischen Entscheidungsträger die Erhaltung der Geldwertstabilität als ihre vorrangige Aufgabe anzusehen. Deshalb hat das BBankG die Notenbank nicht nur bei der Ausübung ihrer Befugnisse von Weisungen der Bundesregierung unabhängig gemacht; vielmehr wurde die im Gesetz festgelegte grundsätzliche Verpflichtung der Bundesbank zur Unterstützung der allgemeinen Wirtschaftspolitik der Bundesregierung ausdrücklich an die Bedingung geknüpft „unter Wahrung ihrer Aufgabe" (§ 12 BBankG). Die Geldwertstabilität ist auf längere Sicht eine wichtige Voraussetzung für das reibungslose Funktionieren der → Marktwirtschaft und damit für Wirtschaftswachstum und hohe Beschäftigung. Mit der in § 3 BBankG formulierten Hauptaufgabe „Sicherung der Währung" ist die Erhaltung der inneren und äußeren Geldwertstabilität gemeint; die Bundesbank selbst sieht Stabilität des Preisniveaus als vorrangig an.

Die Regelung des Geldumlaufs und der Kreditversorgung geschieht mit Hilfe der *„währungspolitischen Befugnisse"* (§§ 14–16 BBankG); umgesetzt wird dies durch die unter der Überschrift „Geschäftskreis" in den §§ 19–25 BBankG normierten Handlungen (→ Deutsche Bundesbank, währungspolitische Befugnisse und Geschäftskreis). Wegen der ihr übertragenen Sorge für die Abwicklung des Zahlungsverkehrs stellt die Bundesbank den → Kreditinstituten wie auch der öffentlichen Hand Bankdienstleistungen für die technische Abwicklung des → bargeldlosen Zahlungsverkehrs zur Verfügung (→ Zahlungsverkehrsabwicklung über die Deutsche Bundesbank).

Um die Wirkungen der geld- und kreditpolitischen Maßnahmen zur Währungssicherung zu messen, bedarf die Bundesbank einer *Meßgröße*, die die Eigenarten des monetären Transmissionsmechanismus berücksichtigt. Als besonders geeigneten → monetären Indikator und als Zwischenzielgröße gegenüber dem Endziel „Währungssicherung" sah die Bundesbank bis 1987 die → Zentralbankgeldmenge an. Ab 1988 verwendet sie das Geldvolumen M_3 als Indikator (→ Geldmengenbegriffe). Sie geht dabei von einem engen Zusammenhang aus, der auf längere Sicht zwischen Geldmengen- und Preisniveauentwicklung besteht.

Die der Bundesbank durch § 3 BBankG übertragene Aufgabe wird ergänzt durch einige weitere Verpflichtungen, zum Teil von großer Tragweite (→ Deutsche Bundesbank, andere Aufgaben).

Deutsche Bundesbank, Autonomie

Bezeichnung für die funktionelle Unabhängigkeit im Bereich ihrer Eigenzuständigkeit nach § 12 Satz 2 BBankG. Hiernach ist die Bundesbank bei der Ausübung der Befugnisse, die ihr nach dem BBankG zustehen (→ Deutsche Bundesbank, währungspolitische Befugnisse und Geschäftskreis), von Weisungen der Bundesregierung unabhängig. Sie unterliegt allein dem Gesetz. Auch § 12 Satz 2 BBankG könnte freilich geändert werden, wofür Art. 88 GG nur mittelbar Schranken setzt. Begrenzt wird die Autonomie durch die Pflicht, die allgemeine → Wirtschaftspolitik der Bundesregierung zu unterstützen (§ 12 Satz 1 BBankG), solange nicht die Kernfunktion der Bundesbank (→ Deutsche Bundesbank, Aufgabe nach § 3 BBankG) gefährdet ist. Bei anderen Aufgaben der Deutschen Bundesbank (→ Deutsche Bundesbank, andere Aufgaben), z. B. Maßnahmen im → Außenwirtschaftsrecht oder der Abwicklung von Verpflichtungen aufgrund der Mitgliedschaft der BRD im → Europäischen Währungssystem, im → Internationalen Währungsfonds und in der → Weltbank, sind Weisungen der Bundesregierung zulässig und bindend. Eine inhaltliche Einschränkung der Autonomie ergibt sich aus der Zuständigkeit der Bundesregierung für die → Wechselkurspolitik.

In personeller Hinsicht zeigt sich die Autonomie der Mitglieder des → Zentralbankrates der Deutschen Bundesbank zwar darin, daß ihre Amtszeit über die jeweilige(n) Legislaturperiode(n) der Parlamente hinausreicht und daß das BBankG keine ausdrückliche Möglichkeit zur vorzeitigen Abberufung dieser Personen kennt. Jedoch werden sie andererseits maßgeblich von der Bundesregierung oder von einer Landesregierung zu ihrem Amt bestimmt (→ Deutsche Bundesbank, Organisationsstruktur), und die Bundesbank benötigt auch für den Erlaß von Vorschriften im → Personalwesen die Zustimmung der Bundesregierung.

Deutsche Bundesbank, Beamte, → Laufbahnausbildung für Beamte bei der Deutschen Bundesbank.

Deutsche Bundesbank, Devisenhandel
Der → Devisenhandel der → Deutschen Bundesbank ist von seiner Aufgabe her gekennzeichnet durch den Dualismus von geschäftsbankenähnlicher und notenbankspezifischer Tätigkeit.

Geschäftsbankenähnliche Tätigkeit: Die Bundesbank wickelt für öffentliche und sonstige Kontoinhaber Zahlungen in fremder → Währung ab. Die hierbei benötigten oder anfallenden Fremdwährungsbeträge kauft oder verkauft sie ähnlich wie eine → Geschäftsbank grundsätzlich am → Devisenmarkt, es sei denn, die für die betreffende Währung verantwortliche → Notenbank, die bei größeren Zahlungen kontaktiert wird, schlägt ein anderes Vorgehen vor.

Notenbankspezifische Tätigkeit: Diese Tätigkeit der Bundesbank ist die Vornahme von → Interventionen am Devisenmarkt zur Beeinflussung der → Wechselkurse. Mitunter schließt die Bundesbank auch → Swapgeschäfte oder → Devisenpensionsgeschäfte zur Regulierung des → Geldmarktes ab. Infolge der fast durchweg starken Position der D-Mark an den Devisenmärkten hat die Bundesbank im Laufe der Jahre durch Interventionskäufe sehr hohe Devisenbeträge aufgekauft. Diese → Devisenreserven werden von der Bundesbank verwaltet. Sie ist die einzige Stelle, die in der BRD offizielle → Währungsreserven hält. Die Währungsreserven bestehen vornehmlich aus US-Dollar, Gold, → Forderungen gegenüber dem → Europäischen Währungsinstitut (→ Europäischen Währungssystem) sowie aus der → Reserveposition im IWF (→ Internationaler Währungsfonds) und aus → Sonderziehungsrechten. Ein großer Teil der Währungsreserven wurde während der Geltung des Währungsabkommens von Bretton Woods erworben (→ Bretton-Woods-Abkommen, → Bretton-Woods-System). Die damit verbundene Schaffung von → Zentralbankguthaben (→ Zentralbankgeld) wirkte sich häufig störend auf die Geldmarktsteuerung (→ Geldpolitik der Deutschen Bundesbank) aus. Mit dem Übergang zum → Floating wurde diese unerwünschte Konsequenz grundsätzlich beseitigt, allerdings gehen auch heute noch sporadisch von Interventionen in EWS-Währungen und von mitunter erforderlichen US-Dollar-Interventionen Irritationen auf den Geldmarkt aus.

Deutsche Bundesbank, Funktionen
Aufgaben, die die → Deutsche Bundesbank als → Zentralnotenbank der BRD wahrnimmt, als → Notenbank, als Bank der Banken, als Bank des Staates und als Verwalterin der nationalen → Währungsreserven. Vgl. hierzu auch Übersicht S. 402.

1. *Bundesbank als Notenbank:* Nur die Deutsche Bundesbank hat allein das Recht, auf → Deutsche Mark lautende → Banknoten auszugeben. Diese Banknoten sind in der BRD das einzige unbeschränkt → gesetzliche Zahlungsmittel. Auch die → Kreditinstitute, die mit ihrer → Geldschöpfung (Kreditschöpfung) → Giralgeld schaffen, über das mit → Scheck und → Überweisung sowie mit → Lastschrift verfügt werden kann, sind auf das von der Bundesbank geschaffene → Zentralbankgeld angewiesen. Sie müssen jederzeit mit Abhebung von → Bargeld durch ihre Kunden rechnen. Die Monopolstellung der Bundesbank im gesamtwirtschaftlichen Geldkreislauf versetzt sie in die Lage, den Geldumlauf auf der Stufe des Giralgeldes (→ Buchgeld) mittelbar unter Kontrolle zu halten. Das BBankG sieht daher auch in der Regelung des umlaufenden Zen-

Deutsche Bundesbank – Strukturzusammenhang der Sektoren

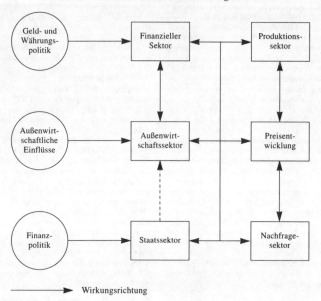

Quelle: Deutsche Bundesbank, Monatsbericht August 1982

tralbankgeldes (neben der Kontrolle des → Kreditvolumens) das Mittel, mit dem sie ihrer Hauptaufgabe, der → Währungssicherung, nachkommt (→ Deutsche Bundesbank, Aufgabe nach § 3 BBankG).

2. *Bundesbank als Bank der Banken:* Die Stellung der Bundesbank als Bank der Banken ergibt sich daraus, daß die Kreditinstitute in bestimmtem Umfang auf die Versorgung mit → Zentralbankguthaben (Sichtguthaben bei der Bundesbank, die jederzeit in Bargeld umgetauscht werden können) angewiesen sind. Die Kunden der Kreditinstitute können sich eingeräumte → Kredite oder bestehende → Sichteinlagen in Bargeld auszahlen lassen. Zum anderen sind die Kreditinstitute verpflichtet, in Höhe eines bestimmten Prozentsatzes ihrer kurz- und mittelfristigen → Verbindlichkeiten gegenüber inländischen Nichtbanken und gegenüber dem Ausland unverzinsliche Guthaben bei der Bundesbank als → Mindestreserve zu unterhalten. Beides bestimmt die Abhän-

gigkeit der Geschäftstätigkeit der Kreditinstitute von der Zentralbankgeldversorgung durch die Bundesbank. Eine rückläufige → Bargeldquote könnte durch eine höhere Mindestreservequote ausgeglichen werden und so einer abnehmenden Abhängigkeit der Kreditinstitute von der Bundesbank entgegenwirken. Die Bundesbank ist letzte Refinanzierungsinstanz der Kreditinstitute (→ lender of last resort).

Ein einzelnes Kreditinstitut ist nicht unmittelbar auf die Bereitstellung von Zentralbankguthaben durch die Bundesbank angewiesen. Es kann sich die benötigten Guthaben nicht nur durch Geschäfte mit der Bundesbank (→ Refinanzierung durch Wechseldiskontierung oder durch Lombardierung) beschaffen, sondern im Kreditwege bei anderen Kreditinstituten, die über überschüssige → Liquidität verfügen, Zentralbankgeld aufnehmen. Der Handel mit Zentralbankgeld (Zentralbankgeldkrediten) zwischen den Banken, die Geldüberschüsse, und den Banken, die Defizite haben, vollzieht sich

über den →Banken-Geldmarkt (Interbanken-Geldmarkt). Auf dem Banken-Geldmarkt steht insgesamt nur so viel Zentralbankguthaben zur Verfügung, wie letztlich von der Bundesbank geschaffen worden ist. Indem die Bundesbank gezielt die Knappheitsverhältnisse am Geldmarkt steuert, kontrolliert sie mittelbar die Geldexpansion im → Bankensystem (→ Deutsche Bundesbank, Geschäfte mit Kreditinstituten).
Als Bank der Banken stellt die Bundesbank den Kreditinstituten Bankdienstleistungen für die technische Abwicklung des unbaren Zahlungsverkehrs zur Verfügung (→Zahlungsverkehrsabwicklung über die Deutsche Bundesbank). Ebenfalls in ihrer Funktion als Bank der Banken ist die Bundesbank an der → Bankenaufsicht beteiligt.

3. *Bundesbank als Bank des Staates:* Die Bundesbank gewährt dem Bund, den → Sondervermögen des Bundes und den Ländern seit 1994 keine → Kassenkredite mehr (§ 20 Abs. 1 BBankG). Sie wirkt aber bei der Kreditaufnahme des Bundes und der Länder an den →Finanzmärkten mit. → Anleihen, →Schatzanweisungen und →Schatzwechsel sollen in erster Linie durch die Bundesbank begeben werden, anderenfalls ist das Benehmen mit der Bundesbank herzustellen (§ 20 Abs. 2 BBankG; → Deutsche Bundesbank, Mitwirkung bei Emissionen von öffentlichen Verwaltungen). Aufgrund ihrer Kenntnis der Marktverhältnisse erfüllt die Bundesbank hier vor allem Beratungs-, Mittler- und Koordinierungsfunktionen. Als Bank des Staates bringt die Bundesbank die → Münzen in Umlauf, die der Bund aufgrund des → Münzregals prägen läßt. Die Bundesbank wickelt größtenteils den → bargeldlosen Zahlungsverkehr von Bund und Ländern ab. Der Bund, das → Sondervermögen Ausgleichsfonds, das → ERP-Sondervermögen und die Länder hatten bis Ende 1993 ihre flüssigen Mittel bei der Bundesbank auf Girokonto einzulegen. Diese öffentlichen Kassenmittel durften nur mit Zustimmung der Bundesbank im Bankensystem angelegt werden. (Zusammen mit der Aufhebung der → Kassenkredite ist auch die Einlagepflicht beseitigt worden. → Einlagenpolitik der Deutschen Bundesbank).

4. *Bundesbank als Verwalterin der nationalen Währungsreserven:* Die Bundesbank hält die offiziellen Währungsreserven der BRD und sichert damit deren → internationale Liquidität. Die Währungsreserven setzen sich zusammen aus dem Währungsgold, den kurzfristigen → Forderungen in konvertierbaren → Währungen, insbesondere in der → Reservewährung US-Dollar, der Reserveposition im → Internationalen Währungsfonds (die aus den →Ziehungsrechten und den Forderungen im Rahmen der allgemeinen Kreditvereinbarungen besteht) sowie aus den → Sonderziehungsrechten (SZR). Die Nettowährungsreserven ergeben sich durch Abzug der Auslandsverbindlichkeiten der Bundesbank und nach Absetzung der → Kredite und der sonstigen Forderungen an das Ausland. Die Währungsreserven und ihre Veränderungen sind in den Ausweisen der Bundesbank (→ Wochenausweis der Deutschen Bundesbank) ersichtlich.

Die Zentralnotenbankfunktionen der Bundesbank (→ Währungsbank, Notenbank) stehen alle mehr oder weniger im Zusammenhang mit ihrer Kernaufgabe nach § 3 BBankG. Eine andere Systematisierung der Funktionen trennt zwischen geldwirtschaftlichen Funktionen, Lenkungsfunktionen und Ordnungsfunktionen (→ Funktionen und Struktur des Kreditwesens).

Deutsche Bundesbank, Geschäfte am offenen Markt

Die Deutsche Bundesbank darf nach § 21 BBankG zur Regelung des → Geldmarktes am offenen Markt zu Marktsätzen kaufen und verkaufen: (1) → Wechsel (mit drei als zahlungsfähig bekannten Verpflichteten, → Fälligkeit innerhalb von drei Monaten, vom Ankaufstag an gerechnet, gute → Handelswechsel, § 19 Abs. 1 Nr. 1 BBankG), (2) → Schatzwechsel und → Schatzanweisungen des Bundes, der → Sondervermögen des Bundes oder eines Landes, (3) → Schuldverschreibungen und → Schuldbuchforderungen des Bundes, eines Sondervermögens des Bundes oder eines Landes, (4) andere, von der Bundesbank bestimmte Schuldverschreibungen.
(→ Offenmarktpolitik, → Geldpolitik der Deutschen Bundesbank)

Deutsche Bundesbank, Geschäfte mit jedermann

Die Deutsche Bundesbank darf nach § 22 BBankG mit →natürlichen und →juristischen Personen im In- und Ausland bestimmte in § 19 Abs. 1 Nr. 4–9 bezeichnete Geschäfte betreiben (Berechtigung, aber keine Verpflichtung): (1) Annahme unver-

Deutsche Bundesbank

zinslicher → Giroeinlagen (→ Einlagengeschäft), (2) → Verwahrung und Verwaltung von Wertgegenständen, insbesondere von → Wertpapieren (→ Depotgeschäft), (3) Übernahme von → Schecks, → Wechseln, → Anweisungen, Wertpapieren und → Zinsscheinen zum Einzug (→ Inkasso), (4) Ausführung anderer bankmäßiger Auftragsgeschäfte (z. B. An- und Verkauf von Wertpapieren für fremde Rechnung, Ein- und Auszahlungen für und an Personen ohne → Girokonten), (5) Kauf und Verkauf von → Zahlungsmitteln auf ausländische → Währung einschl. Wechsel und Schecks, → Forderungen und Wertpapiere sowie Gold, Silber und Platin (Geschäfte mit bestimmten Auslandswerten und Edelmetallen), (6) Vornahme aller → Bankgeschäfte im Verkehr mit dem Ausland (→ Auslandsgeschäfte, → Auslandszahlungsverkehr der Deutschen Bundesbank). Für den Geschäftsverkehr der Bundesbank gelten Allgemeine Geschäftsbedingungen (→ Allgemeine Geschäftsbedingungen der Deutschen Bundesbank).

Deutsche Bundesbank, Geschäfte mit Kreditinstituten
Die Deutsche Bundesbank darf nach § 19 Abs. 1 BBankG (nur) mit → Kreditinstituten, zusätzlich zu den in § 22 BBankG aufgeführten, weitere Geschäfte betreiben: (1) Kauf und Verkauf von → Wechseln und → Schecks. Aus den Wechseln müssen drei als zahlungsfähig bekannte Verpflichtete haften (von dem Erfordernis der dritten Unterschrift kann abgesehen werden, wenn die Sicherheit des Wechsels oder Schecks in anderer Weise gewährleistet ist). Die Wechsel müssen innerhalb von drei Monaten, vom Tag des Ankaufs an gerechnet, fällig sein. Sie sollen gute → Handelswechsel sein. (2) Kauf und Verkauf von → Schatzwechseln des Bundes, des → Sondervermögens Ausgleichsfonds, des → ERP-Sondervermögens oder eines Landes, wobei zu beachten ist: Die Schatzwechsel müssen innerhalb von drei Monaten, vom Tag des Ankaufs an gerechnet, fällig sein. (3) Gewährung von → Lombardkrediten auf längstens drei Monate gegen Wechsel, die den in Nr. 1 genannten Anforderungen entsprechen, gegen Schatzwechsel, die den unter (2) genannten Anforderungen entsprechen, gegen → Schuldverschreibungen und → Schuldbuchforderungen, deren → Aussteller oder → Schuldner der Bund, ein → Sondervermögen des Bundes oder ein Land ist und gegen andere, von der Bundesbank bestimmte Schuldverschreibungen und Schuldbuchforderungen (→ Lombardverzeichnis), gegen im → Schuldbuch eingetragene → Ausgleichsforderungen nach § 1 des Gesetzes über die Tilgung von Ausgleichsforderungen. (4) Annahme unverzinslicher → Giroeinlagen (→ Einlagengeschäft). (5) → Verwahrung und Verwaltung (ohne Ausübung des → Stimmrechts) von Wertgegenständen, insbes. → Wertpapieren (→ Depotgeschäft). (6) Übernahme von → Schecks, → Wechseln, → Anweisungen, Wertpapieren und → Zinsscheinen zum Einzug (Inkassogeschäft). (7) Ausführung anderer bankmäßiger Auftragsgeschäfte. (8) Kauf und Verkauf von → Zahlungsmitteln auf ausländische → Währung (einschl. Wechsel und Schecks, → Forderungen und Wertpapiere) sowie von Gold, Silber und Platin. (9) Vornahme aller → Bankgeschäfte im Verkehr mit dem Ausland (→ Auslandszahlungsverkehr der Deutschen Bundesbank). Beim Kauf und Verkauf von Wechseln, Schecks und Schatzwechseln sowie bei der Gewährung von Lombardkrediten sind die von der Bundesbank festgesetzten → Diskontsätze und → Lombardsätze anzuwenden (§ 19 Abs. 2 BBankG). Für den Geschäftsverkehr der Bundesbank mit den Kreditinstituten gelten die → Allgemeinen Geschäftsbedingungen der Deutschen Bundesbank (→ Allgemeine Geschäftsbedingungen der Kreditinstitute).

Deutsche Bundesbank, Geschäfte mit öffentlichen Verwaltungen
Die Deutsche Bundesbank darf nach § 20 BBankG mit öffentlichen Verwaltungen folgende Geschäfte betreiben: (1) Begebung von → Anleihen, → Schatzanweisungen und → Schatzwechseln für die genannten öffentlichen Verwaltungen (§ 20 Abs. 2 BBankG). (2) Annahme unverzinslicher → Giroeinlagen. (3) → Verwahrung und Verwaltung von Wertgegenständen, insbesondere von → Wertpapieren. (4) Übernahme von → Schecks, → Wechseln, → Anweisungen, Wertpapieren und → Zinsscheinen zum Einzug. (5) Ausführung anderer bankmäßiger Auftragsgeschäfte. (6) Kauf und Verkauf von → Zahlungsmitteln auf ausländische → Währung (einschließlich Wechsel und Schecks, → Forderungen und Wertpapiere) sowie von Gold, Silber und Platin. (7) Vornahme aller → Bankgeschäfte im Verkehr mit dem Ausland. Die Gewährung von → Kassenkrediten ist seit 1994 ausgeschlos-

sen; jedoch darf die Bundesbank im Verlauf eines Tages Kontoüberziehungen zulassen. Auch für den Geschäftsverkehr der Bundesbank mit den öffentlichen Verwaltungen gelten → Allgemeine Geschäftsbedingungen der Deutschen Bundesbank.

Deutsche Bundesbank, Jahresabschluß

Aufgabe und Bedeutung: Die → Deutsche Bundesbank ist – trotz ihrer öffentlichrechtlichen Stellung – → Kaufmann j. S. des HGB (§ 1 Abs. 2 Nr. 4 HGB), da sie die in § 19 BBankG aufgeführten → Bankgeschäfte betreibt. Damit gelten auch für die Bundesbank die handelsrechtlichen Vorschriften über die Führung von Handelsbüchern und über den → Jahresabschluß. Der Jahresabschluß der Bundesbank hat nicht nur die Aufgabe, über die Vermögens- und Ertragslage zu informieren; er ist insbesondere auf die Aufgabe der Bundesbank, nämlich Sicherung der → Währung (§ 3 BBankG) zugeschnitten. § 26 BBankG stellt klar, daß das → Rechnungswesen der Bundesbank den Grundsätzen ordnungsmäßiger Buchführung zu entsprechen hat und der Jahresabschluß, der aus → Bilanz und → Gewinn- und Verlustrechnung besteht, unter Berücksichtigung der Aufgabe der Bundesbank zu gliedern und zu erläutern ist. Wegen der besonderen Bedeutung der Bundesbank für die gesamtwirtschaftliche Entwicklung muß sie über ihre Aktivitäten nicht nur im Jahresabschluß der Öffentlichkeit Auskunft geben. Sie hat darüber hinaus nach § 28 BBankG auch die Verpflichtung, jeweils nach dem Stand vom 7., 15., 23. und Letzten jeden Monats einen Ausweis zu veröffentlichen, der bestimmte in § 28 BBankG aufgeführte Angaben zu enthalten hat (→ Wochenausweis der Deutschen Bundesbank).

Aufstellung: Rechtsgrundlage für den Jahresabschluß der Bundesbank ist § 26 BBankG. § 26 Abs. 3 bestimmt, daß das → Direktorium der Deutschen Bundesbank so bald wie möglich den Jahresabschluß aufzustellen hat. Nach § 9 Abs. 3 der → Satzung der Deutschen Bundesbank bedarf der Beschluß des Direktoriums über die Aufstellung des Jahresabschlusses der Zustimmung von mindestens zwei Drittel seiner Mitglieder, weil derjenige, der den Jahresabschluß aufstellt, auch über die Anwendung der bilanzpolitischen Spielräume (und damit auch auf die Gewinnhöhe) entscheidet. Der für jedes → Geschäftsjahr erstellte → Geschäftsbericht informiert nicht nur über die gesamtwirtschaftliche Entwicklung und die Notenbankpolitik, sondern dient auch zur Erläuterung des Jahresabschlusses.

Prüfung: Der Jahresabschluß ist durch einen oder mehrere vom → Zentralbankrat der Deutschen Bundesbank im Einvernehmen mit dem Bundesrechnungshof bestellten Wirtschaftsprüfer zu prüfen. Zur Zeit wird die Prüfung von zwei Wirtschaftsprüfungsgesellschaften vorgenommen. Das Ergebnis der Prüfung ist ein ausführlicher Prüfungsbericht mit dem Vermerk, daß die Buchführung und der Jahresabschluß den gesetzlichen Vorschriften entsprechen (→ Bestätigungsvermerk).

Feststellung: Der Jahresabschluß der Bundesbank wird vom Zentralbankrat festgestellt. Zu diesem Zweck erhalten die Mitglieder des Zentralbankrats den Prüfungsbericht der Wirtschaftsprüfer und einen von der Bank selbst erstellten Erläuterungsbericht. Gleichzeitig mit der Feststellung des Jahresabschlusses entscheidet der Zentralbankrat über die Gewinnverteilung, für die § 27 BBankG maßgebend ist.

Veröffentlichung: Nachdem der Zentralbankrat den Jahresabschluß festgestellt hat, werden Bilanz und Gewinn- und Verlustrechnung vom Direktorium der Bundesbank im → Bundesanzeiger veröffentlicht und der Geschäftsbericht, der den Jahresabschluß enthält, der Presse und anderen Interessenten zur Verfügung gestellt.
§ 26 Abs. 4 BBankG sieht vor, daß der Prüfungsbericht des Wirtschaftsprüfers dem Bundesrechnungshof als Grundlage für die von ihm durchzuführende Prüfung dient. Diese Prüfung erstreckt sich auf die sparsame und wirtschaftliche Verwaltung. Der Prüfungsbericht des Wirtschaftsprüfers sowie die dazu getroffenen Feststellungen des Bundesrechnungshofes sind dem Bundesminister der Finanzen mitzuteilen.

Gliederung: Die Gliederung des Jahresabschlusses ist unter Berücksichtigung der Aufgabe der Bundesbank durchzuführen. Weitergehende Regelungen gibt es nicht. Die Bundesbank lehnt sich in der Praxis weitgehend an die Gliederung des Wochenausweises an, wie sie in § 28 BBankG vorgeschrieben ist.

Wertansätze: Für die Wertansätze in der Bilanz sind die Vorschriften des → Handelsgesetzbuches für → Kapitalgesellschaften entsprechend anzuwenden (§ 26 Abs. 2 BBankG).

Auf folgende Besonderheiten ist hinzuweisen: (1) Kapitalgesellschaften dürfen zwar →Pauschalwertberichtigungen vornehmen, dafür aber keinen Passivposten bilden. Die Pauschalwertberichtigung ist vielmehr in Form einer aktivischen Absetzung zu berücksichtigen. Dies gilt nicht für die Bundesbank. Ihr ist im Rahmen der Ergebnisermittlung gestattet, auch für allgemeine Wagnisse im In- und →Auslandsgeschäft Passivposten für Pauschalwertberichtigungen zu bilden. (2) Auch von der für alle bilanzierenden Kaufleute geltenden Pflicht, die →Haftungsverhältnisse zu vermerken, d. h. also →Verbindlichkeiten aus der Begebung und Übertragung von →Wechseln, aus →Bürgschaften, →Wechsel- und →Scheckbürgschaften sowie aus Gewährleistungsverträgen usw. unter der Bilanz anzugeben, ist die Bundesbank befreit. (3) Nach § 26 Abs. 2 BBankG muß die Bundesbank § 280 Abs. 1 des Handelsgesetzbuches nicht anwenden (§ 280 HGB beinhaltet für Kapitalgesellschaften ein grundsätzliches Wertaufholungsgebot). Dieses Wertaufholungsgebot findet auf die Bundesbank keine Anwendung. Besondere Bedeutung hat diese Regelung bei der Bewertung der Fremdwährungen.

Wichtige Bilanzpositionen und ihre Aussagen: In bestimmten Positionen der Bilanz sind die Funktionen der Deutschen Bundesbank zu erkennen (vgl. auch Tabelle S. 407/408):
(1) *Notenbank:* In der Passivposition Nr. 1 „Banknotenumlauf" (sowie beim Wochenausweis ergänzend in der nachrichtlichen Position „Bargeldumlauf") und durch die Aktivposition Nr. 12 „Deutsche Scheidemünzen" wird die Bundesbank als →Notenbank erkennbar. Die Bundesbank hat nach § 14 BBankG das alleinige Recht, →Banknoten in der BRD auszugeben. Die von ihr ausgegebenen Banknoten sind das einzige unbeschränkt geltende →gesetzliche Zahlungsmittel. Das bedeutet, daß jeder →Gläubiger einer Geldforderung sie in unbegrenztem Umfang als Erfüllung seiner →Forderungen annehmen muß. Die Monopolstellung der Bundesbank bezüglich der Banknotenausgabe versetzt sie in die Lage, den Geldumlauf in der Wirtschaft auf der nachgelagerten Giralgeldstufe unmittelbar unter Kontrolle zu halten. Die Passivierung des Banknotenumlaufs in der Bilanz ergibt sich aus der öffentlich-rechtlichen Verpflichtung der Bundesbank, den Inhabern aufgerufener oder außer Kraft gesetzter Noten Ersatz zu leisten. In der Aktivposition „Deutsche Scheidemünzen" wird der Bestand der Bundesbank an umlauffähigen →Münzen ausgewiesen. Umlaufende Münzen werden nicht in der Bilanz der Bundesbank ausgewiesen. Der Banknotenumlauf und die Summe ausgegebener →Scheidemünzen ergibt den →Bargeldumlauf. Er wird im Wochenausweis nachrichtlich angegeben. Aus der Bilanz der Bundesbank ist die Geldversorgung der Wirtschaft also nur zum Teil zu erkennen. Der größte Teil des →Zahlungsverkehrs wird über →Girokonten abgewickelt. Daher ist es für Analysen üblich, den Bargeldumlauf und die Sichteinlagenbestände inländischer Nichtbanken zur →Geldmenge M 1 zusammenzufassen.
(2) *Reserve- und Devisenbank:* Die Haltung der zentralen →Währungsreserven der Volkswirtschaft spiegelt sich in den Aktivpositionen 1 bis 6 der Bilanz der Bundesbank wider. Hieraus lassen sich die Währungsreserven und die Auslandsposition der Bundesbank errechnen:

Gold
+ Reserveposition im →Internationalen Währungsfonds und →Sonderziehungsrechte
+ Forderungen an den Europäischen Fonds für währungspolitische Zusammenarbeit (ab 1994: an das →Europäische Währungsinstitut) im Rahmen des EWS
+ →Devisen
+ →Sorten

= Währungsreserven
− Auslandsverbindlichkeiten

= Nettowährungsreserven
+ →Kredite und sonstige Forderungen an das Ausland

= Nettoauslandsposition

Die Währungsreserven dienen dazu, die jederzeitige Zahlungsfähigkeit der BRD nach außen sicherzustellen. Dabei ist zu beachten, daß die Deutsche Mark im Rahmen des →Europäischen Währungssystems einem Wechselkursverbund angehört, in dem die →Notenbanken die Pflicht zu →Interventionen am Devisenmarkt haben, wenn zu große Kursausschläge nach oben oder unten

Deutsche Bundesbank

Deutsche Bundesbank, Jahresabschluß – Bilanz zum 31. Dezember 1994

Aktiva

	DM	DM	31.12.1993 Mio DM
1 Gold		13 687 518 821,70	13 687
2 Reserveposition im Internationalen Währungsfonds und Sonderziehungsrechte			
2.1 Ziehungsrechte in der Reservetranche	6 241 554 017,34		(6 833)
2.2 Kredite aufgrund besonderer Kreditvereinbarungen	–		(–)
2.3 Sonderziehungsrechte	1 725 870 745,83	7 967 424 763,17	(1 663)
			8 496
3 Forderungen an das Europäische Währungsinstitut			
3.1 Guthaben in ECU 4 443 342 617,61 abzüglich: Unterschiedsbetrag zwischen ECU-Wert und Buchwert der eingebrachten Gold- und Dollarreserven 1 269 1665 843,42		31 741 676 774,19	
3.2 sonstige Forderungen	31 741 676 774,19		(31 876)
			(4 300)
			36 176
4 Guthaben bei ausländischen Banken und Geldmarktanlagen im Ausland		60 188 385 432,76	61 762
5 Sorten		20 374 011,41	22
6 Kredite und sonstige Forderungen an das Ausland			
6.1 Kredite im Rahmen des mittelfristigen EG-Zahlungsbilanzbeistands	–		(–)
6.2 sonstige Kredit an ausländische Währungsbehörden	–		(–)
6.3 Kredite an die Weltbank	2 151 800 000,–		(2 412)
6.4 sonstige Forderungen an das Ausland	208 050 000,–	2 359 850 000	(208)
			2 620

Passiva

	DM	31.12.1993 Mio DM
1 Banknotenumlauf	236 165 302 300,–	224 341
2 Einlagen von Kreditinstituten		
2.1 auf Girokonten	56 153 923 361,20	(73 345)
2.2 sonstige	27 700 771,08	(33)
	56 181 624 132,28	73 378
3 Einlagen von öffentlichen Haushalten		
3.1 Bund	41 514 156,99	(13 025)
3.2 Lastenausgleichsfonds, ERP-Sondervermögen, Fonds „Deutsche Einheit"	9 044 650,06	(22)
3.3 Länder	135 663 085,90	(387)
3.4 andere öffentliche Einleger	29 522 940,08	(62)
	215 744 833,03	13 496
4 Einlagen von anderen inländischen Einlegern	710 873 266,37	781
5 Verbindlichkeiten aus abgegebenen Liquiditätspapieren		–
6 Verbindlichkeiten aus dem Auslandsgeschäft		
6.1 Einlagen ausländischer Einleger	18 545 636 924,57	(22 033)
6.2 sonstige	5 017 902,56	(19)
	18 550 654 827,13	22 052
7 Ausgleichsposten für zugeteilte Sonderziehungsrechte	2 737 552 575,20	2 876
8 Rückstellungen		
8.1 für Pensionsverpflichtungen	2 753 000 000,–	(2 665)
8.2 sonstige Rückstellungen	7 257 480 108,80	(8 643)
	10 010 480 108,80	11 308
9 Schwebende Verrechnungen	1 955 073 820,35	–
10 Sonstige Verbindlichkeiten	539 534 380,18	560
11 Rechnungsabgrenzungsposten	722 303 723,69	485
12 Grundkapital	290 000 000,–	290
13 Rücklagen		
13.1 gesetzliche Rücklage	11 217 100 000,–	(10 668)
13.2 sonstige Rücklagen	290 000 000,–	(290)
	11 507 100 000,–	10 958
14 Bilanzgewinn		18 835
	10 858 238 905,98	
	356 482 982 873,01	405 567

Auch noch 6 038 500 000,– / 26 207 (Position 5 Verbindlichkeiten aus abgegebenen Liquiditätspapieren)

Deutsche Bundesbank

Deutsche Bundesbank, Jahresabschluß – Bilanz zum 31. Dezember 1994 (Fortsetzung)

Aktiva | **Passiva**

	DM	31.12.1993 Mio DM
7 Kredite an inländische Kreditinstitute		
7.1 Im Offenmarktgeschäft mit Rücknahmevereinbarung angekaufte Wertpapiere 146 285 230 000,–		(184 531)
7.2 Inlandswechsel 52 108 308 067,62		(47 586)
7.3 Auslandswechsel 9 545 539 028,43		(10 549)
7.4 Lombardforderungen 9 753 182 300,–	217 692 259 396,05	(14 836) 257 502
8 Ausgleichsforderungen an den Bund und unverzinsliche Schuldverschreibung wegen Berlin	8 683 585 988,93	8 684
9 Wertpapiere	3 173 075 260,22	4 729
10 Deutsche Scheidemünzen	2 126 366 759,51	2 067
11 Postgiroguthaben	2 715 897 195,23	451
12 Grundstücke und Gebäude	3 364 299 967,75	3 176
13 Betriebs- und Geschäftsausstattung	213 838 982,96	238
14 Schwebende Verrechnungen	–	2 963
15 Sonstige Vermögensgegenstände .	2 438 549 441,11	2 506
16 Rechnungsabgrenzungsposten	109 880 078,02	488
	356 482 982 873,01	405 567

Quelle: Deutsche Bundesbank, Geschäftsbericht

Deutsche Bundesbank

erfolgen. Aus diesen obligatorischen Interventionen entstehen bei Verkäufen von ausländischen Währungen Verbindlichkeiten, für deren Erfüllung Währungsreserven erforderlich sind. Inwieweit die Währungsreserven ausreichend sind, um die Aufgabe als internationales Zahlungsmittel zu erfüllen, läßt sich nur unter Berücksichtigung aller Posten der →Zahlungsbilanz der BRD und ihrer trendmäßigen Entwicklung in etwa beurteilen.

(3) *Bank der Banken:* Die Funktion der Bundesbank als Bank der Banken kommt insbesondere in der Aktivposition 7 „Kredite an inländische Kreditinstitute" und in der Passivposition 2 „Einlagen von Kreditinstituten" zum Ausdruck. Zu den Krediten an inländische Kreditinstitute, worin die den →Kreditinstituten eingeräumten Refinanzierungskredite zusammengefaßt sind, zählen insbesondere der Ankauf von Inlands- und →Auslandswechseln im Rahmen der →Diskontpolitik der Deutschen Bundesbank, der Ankauf von →Wertpapieren mit Rücknahmevereinbarung im →Offenmarktgeschäft der Deutschen Bundesbank (→Wertpapierpensionsgeschäfte) und die Lombardforderungen im Rahmen der →Lombardpolitik der Deutschen Bundesbank. Aus der Inanspruchnahme von Refinanzierungskrediten ergeben sich →Einlagen der Kreditinstitute bei der Bundesbank. Die Kreditinstitute halten diese Einlagen, weil sie zur Haltung von →Mindestreserven verpflichtet sind und weil sie die Guthaben zur Abwicklung des Zahlungsverkehrs benötigen. Über diese Geschäfte, die die Bundesbank mit Banken tätigt, erfüllt sie ihre währungspolitische Aufgabe. In den genannten Bilanzpositionen kommt auch die Bedeutung der Bundesbank als →Währungsbank zum Ausdruck.

(4) *Bank des Staates:* In den Aktivpositionen 8 „Kassenkredite (Buchkredite)" und 10 „Kredite an Bundesbahn und Bundespost" (bis 1993) sowie durch die Passivposition 3 „Einlagen von öffentlichen Haushalten" kommt die Funktion der Bundesbank als Bank der öffentlichen Haushalte zum Ausdruck. Die Bundesbank durfte bis Ende 1993 nach § 20 BBankG dem Bund, bestimmten →Sondervermögen und den Ländern kurzfristige Kredite in Form von →Buchkrediten und →Schatzwechselkrediten in begrenztem Umfang gewähren. Der Bund, das →Sondervermögen Ausgleichsfonds, das →ERP-Sondervermögen und die Länder hatten ihre flüssigen Mittel bei der Deutschen Bundesbank auf Girokonto einzulegen. Nur mit Zustimmung der Bundesbank war eine Anlage im →Bankensystem gestattet (§ 17 BBankG a. F.).

Gewinn- und Verlustrechnung: Auch für die Gewinn- und Verlustrechnung gibt es keine gesetzlichen Gliederungsbestimmungen. (Als Beispiel vgl. Übersicht S. 410.)

→*Jahresergebnis:* Das Jahresergebnis der Bundesbank wird bestimmt durch die →Aufwendungen und →Erträge aus dem Inlandsgeschäft und dem Auslandsgeschäft, durch die Aufwendungen und Erträge der Offenmarktpolitik, durch die persönlichen und sächlichen Verwaltungskosten (einschl. →Kosten für den Notendruck, →Abschreibungen und sonstige Aufwendungen), durch die Bewertungsveränderungen – hauptsächlich an den auf Fremdwährung lautenden Positionen – sowie durch die Dotierung der →Rückstellungen.

→*Jahresüberschuß und Gewinnverwendung:* Nach § 27 BBankG ist der Reingewinn in nachstehender Reihenfolge zu verwenden: (1) Zwanzig vom Hundert des Gewinns, jedoch mindestens zwanzig Millionen Deutsche Mark, sind einer →gesetzlichen Rücklage so lange zuzuführen, bis diese fünf vom Hundert des Notenumlaufs erreicht hat; die gesetzliche Rücklage darf nur zum Ausgleich von Wertminderungen und zur Deckung anderer Verluste verwendet werden; ihrer Verwendung steht nicht entgegen, daß noch andere →Rücklagen hierfür vorhanden sind.

(2) Bis zu zehn vom Hundert des danach verbleibenden Teils des Reingewinns dürfen zur Bildung sonstiger Rücklagen verwendet werden; diese Rücklagen dürfen insgesamt den Betrag des →Grundkapitals nicht übersteigen.

(3) Vierzig Millionen Deutsche Mark, vom →Geschäftsjahr 1980 an dreißig Millionen Deutsche Mark, sind dem nach dem Gesetz über die Tilgung von →Ausgleichsforderungen gebildeten Fonds zum Ankauf von Ausgleichsforderungen bis zu seiner Auflösung zuzuführen (Übersicht „Deutsche Bundesbank, Jahresabschluß – Fonds zum Ankauf von Ausgleichsforderungen", S. 411).

(4) Der Restbetrag ist an den Bund abzuführen. Ab 1995 geht der 7 Mrd. DM übersteigende Betrag an den →Erblastentilgungsfonds.

Deutsche Bundesbank

Deutsche Bundesbank, Jahresabschluß – Gewinn- und Verlustrechnung für das Jahr 1994

Aufwand

	DM	1993 Mio. DM
1 Zinsaufwand	2 197 804 497,74	3 391
2 Personalaufwand		
2.1 Bezüge, Gehälter, Löhne 1 040 594 064,10		(1 039)
2.2 Soziale Abgaben und Aufwendungen für Altersversorgung und für Unterstützung 443 769 265,73		(460)
	1 484 363 329,83	1 499
3 Sachaufwand	359 482 173,24	392
4 Notendruck	156 666 628,07	236
5 Abschreibungen		
5.1 auf Grundstücke und Gebäude 221 772 397,42		(233)
5.2 auf Betriebs- und Geschäftsausstattung sowie sonstige Vermögensgegenstände 155 119 941,78		(155)
	376 892 339,20	388
6 Abschreibungen auf Währungsreserven und sonstige Fremdwährungspositionen	2 803 755 505,10	–
7 Sonstige Aufwendungen	62 910 184,04	260
8 Jahresüberschuß (= Bilanzgewinn)	10 858 238 905,98	18 835
	18 300 113 563,20	25 001

Ertrag

	DM	1993 Mio DM
1 Zinsertrag	17 859 825 314,49	24 520
2 Gebühren	97 860 620,05	112
3 Erträge aus An- und Verkauf von Fremdwährungen sowie aus Bewertung der Währungsreserven und sonstigen Fremdwährungspositionen	–	59
4 Sonstige Erträge	342 427 628,66	310
	18 300 113 563,20	25 001

Quelle: Deutsche Bundesbank, Geschäftsbericht

Deutsche Bundesbank

Deutsche Bundesbank, Jahresabschluß – Fonds zum Ankauf von Ausgleichsforderungen im Jahre 1994
DM

	Ausgleichs-forderungen (Restkapital)	Verfügbare Mittel	Verbind-lichkeiten	Gesamtes Fondsvermögen
Stand am 31. Dezember 1993	2 454 104 196,43	218 125 294,53	63 942,49	2 672 165 548,47
Zuführung aus dem Reingewinn 1993 der Deutschen Bundesbank	–	30 000 000,–	–	30 000 000,–
Ankauf und lineare Übernahme von Ausgleichsforderungen	454 093 615,73	– 454 093 615,73	–	–
Tilgungen	– 361 999 324,94	361 999 324,94	–	–
Zinserträge aus Ausgleichsforderungen	–	83 106 076 51	–	83 106 076,51
vorübergehender Anlage der Barmittel des Fonds	–	6 117 244,30	–	6 117 244,30
Stand am 31. Dezember 1994	2 546 198 487,22	245 254 324,55	63 942,49	2 791 388 869,28

Quelle: Deutsche Bundesbank, Geschäftsbericht

Geldpolitische Wirkungen der Gewinnausschüttung: Mit der Gewinnausschüttung an den Bund ist – isoliert betrachtet – eine Schöpfung von →Zentralbankgeld verbunden, da der Bund den Gewinn zur →Finanzierung öffentlicher Vorhaben verausgabt. Diese Zentralbankgeldausweitung erhöht zunächst die →Bankenliquidität und wirkt sich verflüssigend auf den →Geldmarkt (Handel mit →Zentralbankguthaben) aus. Außerdem wird die Grundlage für die →Geldschöpfung für die Kreditinstitute erweitert. Von einer dann vermehrten →Geldmenge in Händen der Nichtbanken können inflationäre Tendenzen ausgehen, sofern diese Geldvermehrung nicht im Einklang mit der geldpolitischen Zielsetzung steht und sich im Rahmen der für das inflationsfreie Wachstum der Wirtschaft für angemessen gehaltenen Ausweitung der Geldmenge bewegt. Störungen am Geldmarkt, die durch den plötzlichen Liquiditätsschub von mehreren Milliarden DM entstehen, wurden in der Vergangenheit weitgehend dadurch vermieden, daß die Gewinnabführung an den Bund ratenweise erfolgte. Hierdurch wurde es der Bundesbank erleichtert, die Geldmenge über den Geldmarkt entsprechend ihren geldpolitischen Vorstellungen zu steuern.

Der →Sachverständigenrat zur Begutachtung der gesamtwirtschaftlichen Entwicklung hat im Jahresgutachten 1984/85 darauf hingewiesen, daß ein Teil des Gewinns, nämlich „jener aus den Geschäften der Bundesbank mit den inländischen Kreditinstituten – also vor allem die Einnahmen aus der Gewährung von →Diskontkredit und →Lombardkredit –, sowie die Erträge aus dem →Wertpapierpensionsgeschäft bei seiner Entstehung zu einer Zentralbankgeldvernichtung führt; die Konten der Kreditinstitute bei der Bundesbank werden belastet. Insoweit wird mit der Abführung des Gewinns nur dieses Zentralbankgeld wieder bereitgestellt. Für diesen Teil des Gewinns reduziert sich die Aufgabe der Bundesbank gleichsam darauf, die Zeitspanne zwischen Vernichtung und Wiederzuführung von Zentralbankgeld durch kurzfristige Bereitstellung von Geld zu überbrücken. Ähnlich verhält es sich für den weitaus größeren Teil des Gewinns, der aus der Verzinsung von Auslandsforderungen resultiert, sofern die Bundesbank, wie es überwiegend geschieht, die auf diesem Wege zugeflossenen Devisen verkauft und dafür eigenes Geld zurückerhält. Die Aufgabe einer dauerhaften Kompensation stellte sich nur dann, wenn die Bundesbank die Erträge aus dem Auslandsvermögen ansammelte, also ihren Devisenbestand erhöhte. Die Ausschüttung dieses Teils des Gewinns bedeutete dann netto eine Geldschöpfung."

Deutsche Bundesbank, Kreditgeschäfte

Der Deutschen Bundesbank sind → Kreditgeschäfte mit → Kreditinstituten nach Maßgabe des § 19 BBankG gestattet (→ Deutsche Bundesbank, Geschäfte mit Kreditinstituten). Eine besondere Vorschrift besteht für die Beleihung von → Ausgleichsforderungen von → Kreditinstituten, Versicherungsunternehmen und → Bausparkassen (§ 24 Abs. 1 BBankG). Kreditgeschäfte mit Nichtbanken sind der Bundesbank untersagt (§ 22 BBankG; → Deutsche Bundesbank, Geschäfte mit jedermann). Eine Kreditgewährung an öffentliche Verwaltungen (Bund, → Sondervermögen des Bundes, Länder) ist mit Inkrafttreten der 2. Stufe der → Europäischen Wirtschafts- und Währungsunion untersagt; § 20 Abs. 1 BBankG, der → Kassenkredite bis zu bestimmten Höchstgrenzen zuließ, wurde 1994 insoweit geändert.

Deutsche Bundesbank, kreditpolitische Regelungen

Bedingungen, zu denen die Deutsche Bundesbank → Diskontkredite und → Lombardkredite an → Kreditinstitute gewährt, Geschäfte am offenen Markt gem. § 21 BBankG betreibt (→ Deutsche Bundesbank, Geschäfte am offenen Markt) sowie von Kreditinstituten die Unterhaltung von → Mindestreserven verlangt. Im Rahmen ihrer kreditpolitischen Regelungen setzt die Bundesbank ihre Zinssätze und Mindestreservesätze fest.

Deutsche Bundesbank, Laufbahnausbildung, → Laufbahnausbildung für Beamte bei der Deutschen Bundesbank.

Deutsche Bundesbank, Mitwirkung bei Emissionen von öffentlichen Verwaltungen

§ 20 Abs. 2 BBankG bestimmt, daß → Anleihen, → Schatzanweisungen und → Schatzwechsel des Bundes, seiner → Sondervermögen und der Länder in erster Linie durch die → Deutsche Bundesbank begeben werden sollen, anderenfalls das Benehmen mit der Bundesbank herzustellen ist. Dadurch soll verhindert werden, daß diese → Emittenten durch Sonderbedingungen den → Kreditmarkt stören und dies Auswirkungen auf den → Geldmarkt und seine Steuerung durch die Bundesbank hat. Andererseits ist die Bundesbank aufgrund ihrer Kenntnis der Marktverhältnisse zu einer Beratungs-, Mittler- und Koordinierungsfunktion besonders befähigt.

Bei den meisten der vom Bund begebenen Schuldtitel fungiert die Bundesbank als „fiscal agent". So verkauft sie die im Wege der → Daueremission angebotenen → Finanzierungsschätze, → Bundesschatzbriefe und → Bundesobligationen für Rechnung des Bundes und übernimmt die Ausschreibung und → Plazierung von → Bundesschatzanweisungen (früher als → Kassenobligationen bezeichnet) und → unverzinslichen Schatzanweisungen. Sie ist → Konsortialführer im → Bundesanleihe-Konsortium, über das alle → Bundesanleihen (früher auch Anleihen der Bahn, der → Deutschen Bundespost und der → Treuhandanstalt) begeben werden; sie übernimmt jedoch keine eigene Quote (→ Konsortialquote). Für Rechnung der Emittenten interveniert sie zur → Kurspflege am Markt.

In Übereinstimmung mit der Soll-Vorschrift des § 20 Abs. 2 BBankG nehmen die Länder ihre Emissionen über die → Landesbanken/Girozentralen vor, stimmen sie aber mit der Bundesbank ab. Bei der Aufnahme von → Schuldscheindarlehen der öffentlichen Hand, die zu einem wichtigen Instrument staatlicher Kreditaufnahme geworden sind, ist eine Mitwirkung der Bundesbank von Gesetzes wegen nicht vorgesehen. Damit die Bundesbank dennoch die Marktübersicht über die öffentlichen Kreditaufnahmen behält, stimmt der Bund die Darlehenskonditionen mit ihr ab und teilt ihr regelmäßig den Betrag der aufgenommenen Schuldscheindarlehen mit.

Deutsche Bundesbank, Organisationsstruktur

In der Organisationsstruktur der Deutschen Bundesbank spiegelt sich der Kompromiß um das Bundesbankgesetz (BBankG) im Jahr 1957 wider: zentraler und damit einstufiger Aufbau der Bundesbank nach dem Vorbild der →Reichsbank oder dezentraler und damit zweistufiger Aufbau in Anlehnung an das 1948 errichtete →Zentralbanksystem. Rechtlich wurde die Bundesbank als Einheitsbank mit regionalen Hauptverwaltungen geschaffen. Ihr organisatorischer Aufbau weist dagegen dezentrale, föderative Elemente auf, was besonders beim Zusammenwirken der →Organe deutlich wird. Mit der Organvielfalt sollte eine innere Gewaltenteilung und eine Kontrolle nach dem Vorbild der staatlichen Funktionendreiheit verwirklicht werden.

Organe: Organe der Deutschen Bundesbank sind der →Zentralbankrat der Deutschen Bundesbank, das →Direktorium der Deutschen Bundesbank und die →Vorstände der →Landeszentralbanken (§ 5 BBankG). Zentralbankrat und Direktorium sind obersten Bundesbehörden, also Bundesministern, gleichgestellt. Die Landeszentralbanken und die Hauptstellen (→Zweiganstalten der Deutschen Bundesbank) haben die Stellung von Bundesbehörden (§ 29 Abs. 1 BBankG). Vgl. Übersicht „Deutsche Bundesbank – Organisationsstruktur".

(1) *Zentralbankrat:* Der Zentralbankrat (§ 6 BBankG) besteht aus dem Präsidenten und

Deutsche Bundesbank – Organisationsstruktur

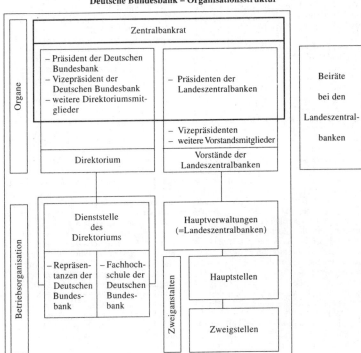

Deutsche Bundesbank

dem Vizepräsidenten der Bundesbank, den weiteren Mitgliedern des Direktoriums der Bundesbank und – mehrheitlich – den Präsidenten der Landeszentralbanken (§ 6 Abs. 2 BBankG). (Nur bei nachhaltiger Verhinderung des Präsidenten einer Landeszentralbank sieht die → Satzung der Deutschen Bundesbank in § 4 Abs. 3 eine Vertretung mit Stimmrecht durch den Vizepräsidenten vor.) Die Zusammensetzung des Zentralbankrats gewährleistet eine einheitliche Willensbildung. An der Beschlußfassung und an der Ausführung der Beschlüsse sind dieselben Personen beteiligt. Der Zentralbankrat bestimmt als oberstes Organ die → Währungs- und Kreditpolitik der Deutschen Bundesbank (§ 6 Abs. 1 Satz 1 BBankG), d. h. die → Geldpolitik. Er stellt allgemeine Richtlinien für die → Geschäftsführung und Verwaltung auf, grenzt die Zuständigkeiten (soweit sie nicht im BBankG geregelt sind) des Direktoriums und der Vorstände der Landeszentralbanken ab und erteilt ihnen im Einzelfall Weisungen (§ 6 Abs. 1 Satz 2 BBankG). Der Zentralbankrat tagt i. d. R. alle 14 Tage in Frankfurt a. M. (§ 1 Abs. 1 BBankSatzung). Er berät gemäß § 6 Abs. 3 BBankG unter dem Vorsitz des Präsidenten oder des Vizepräsidenten. Die Beschlußfassung im Zentralbankrat erfolgt mit einfacher Mehrheit der abgegebenen Stimmen.

(2) *Direktorium:* Das Direktorium (§ 7 BBankG) besteht aus dem Präsidenten, dem Vizepräsidenten sowie bis zu weiteren sechs Mitgliedern (§ 7 Abs. 2 BBankG), also aus weniger Personen als die Gesamtzahl der Landeszentralbank-Präsidenten. Die Mitglieder des Direktoriums müssen fachlich besonders geeignet sein. Sie stehen in einem öffentlich-rechtlichen Amtsverhältnis, sind jedoch keine Beamte. Ihre Rechtsverhältnisse gegenüber der Bundesbank werden durch → Verträge mit dem Zentralbankrat geregelt, die der Zustimmung durch die Bundesregierung bedürfen (§ 7 Abs. 4 BBankG). Das Direktorium ist als zentrales Exekutivorgan verantwortlich für die Durchführung der Beschlüsse des Zentralbankrates. Es leitet und verwaltet die Bank, soweit nicht die Vorstände der Landeszentralbanken zuständig sind (§ 7 Abs. 1 BBankG).

Das Direktorium führt die Geschäfte durch, die ihm nach § 7 Abs. 1 Satz 3 BBankG vorbehalten sind: (1) Geschäfte mit dem Bund und seinen → Sondervermögen, (2) Geschäfte mit → Kreditinstituten, die zentrale Aufgaben im gesamten Bundesgebiet haben (z. B. → Kreditanstalt für Wiederaufbau), (3) → Devisengeschäfte und Geschäfte im Verkehr mit dem Ausland, (4) Geschäfte am offenen Markt (→ Offenmarktpolitik der Deutschen Bundesbank).

Das Direktorium stellt den Jahresabschluß auf und veröffentlicht den durch den Zentralbankrat festgestellten Jahresabschluß (§ 26 Abs. 3 BBankG, → Deutsche Bundesbank, Jahresabschluß). Es erstellt und veröffentlicht den in § 28 BBankG geregelten Ausweis (→ Wochenausweis der Deutschen Bundesbank). Das Direktorium tagt in der Regel zweimal wöchentlich (§ 9 Abs. 1 BBankSatzung). Es berät unter dem Vorsitz des Präsidenten der Bundesbank und faßt seine Beschlüsse mit einfacher Mehrheit der abgegebenen Stimmen. Bei Stimmengleichheit gibt die Stimme des Vorsitzenden den Ausschlag (§ 7 Abs. 5 BBankG).

(3) *Vorstände der Landeszentralbanken:* Die Vorstände der Landeszentralbanken (§ 8 BBankG) bestehen jeweils aus dem Präsidenten und dem Vizepräsidenten. Die BBankSatzung kann die Bestellung von einem oder zwei weiteren Vorstandsmitgliedern zulassen (§ 8 Abs. 3 BBankG). Die Satzung erlaubt in § 12 die Bestellung von je einem weiteren Vorstandsmitglied für die Landeszentralbanken in Baden-Württemberg, Bayern, Hessen und Nordrhein-Westfalen; § 8 Abs. 1 Nr. 4, 5 BBankG sieht dies seit 1992 auch für den Bereich von Bremen, Niedersachsen und Sachsen-Anhalt sowie Hamburg, Mecklenburg-Vorpommern und Schleswig-Holstein vor. Die Mitglieder der Vorstände stehen in einem öffentlich-rechtlichen Amtsverhältnis. Die Vorstände leiten als regionale Exekutivorgane der (bis 1992 in jedem Bundesland bestehenden) Hauptverwaltungen der Bundesbank, die sich regelmäßig am Sitz einer jeweiligen Landesregierung befinden (Ausnahme: Hessen, dort hat die Hauptverwaltung ihren Sitz in Frankfurt a. M.). Die Vorstände führen die Geschäfte und Verwaltungsangelegenheiten durch, die in den Bereich der Hauptverwaltungen fallen, insbesondere die den Landeszentralbanken vorbehaltenen Geschäfte: (1) Geschäfte mit dem Land sowie mit den öffentlichen Verwaltungen im Land, (2) Geschäfte mit Kreditinstituten, deren Hauptsitz sich in ihrem Bereich befindet, soweit nicht das Direktorium zuständig ist (§ 8 Abs. 2 BBankG).

Bestellung der Mitglieder der Organe: Die Mitglieder der Organe der Deutschen Bundesbank werden für acht Jahre, ausnahmsweise auch für kürzere Zeit, mindestens jedoch für zwei Jahre, bestellt. Dabei wird der föderative Charakter der Bundesbankorganisation sichtbar: Der Präsident der Bundesbank, der Vizepräsident sowie die weiteren Mitglieder des Direktoriums wurden durch den Bundespräsidenten auf Vorschlag der Bundesregierung nach Anhörung des Zentralbankrates bestellt (§ 7 Abs. 3 BBankG), die Präsidenten der Landeszentralbanken durch den Bundespräsidenten auf Vorschlag des Bundesrates nach Anhörung des Zentralbankrates (der Bundesrat ist an den Vorschlag der jeweiligen Landesregierung gebunden), die Vizepräsidenten und die weiteren Mitglieder der Vorstände der Landeszentralbanken durch den Bundesbankpräsidenten auf Vorschlag des Zentralbankrates (§ 8 Abs. 4 BBankG). Bestellung und Ausscheiden der Mitglieder der Organe werden im → Bundesanzeiger veröffentlicht.

Beiräte: Die nach § 9 BBankG bei den Landeszentralbanken bestehenden Beiräte sind keine Organe der Bundesbank, sondern beratende Gremien. Durch sie hält die Bundesbank Kontakt zum Kreditgewerbe und zur kreditnehmenden Wirtschaft. Die Beiräte bestehen aus höchstens vierzehn Mitgliedern, die besondere Kenntnisse auf dem Gebiet des Kreditwesens haben sollen. Höchstens die Hälfte der Mitglieder soll aus den verschiedenen Zweigen des Kreditgewerbes, die übrigen Mitglieder sollen aus der gewerblichen Wirtschaft, dem Handel, der Versicherungswirtschaft, der Freien Berufe, der Landwirtschaft sowie der Arbeiter- und Angestelltenschaft ausgewählt werden (§ 9 Abs. 2 BBankG).

Betriebsorganisation: Zur Durchführung ihrer Aufgaben verfügt die Bundesbank über einen nach sachlichen und örtlichen Zuständigkeiten zu unterscheidenden Aufbau.

a) Die Dienststelle des Direktoriums in Frankfurt a. M. dient dem Direktorium dazu, die ihm vom Gesetz und/oder vom Zentralbankrat zugewiesenen Aufgaben der Bank, wie Bearbeitung von Grundsatzangelegenheiten, Abwicklung bestimmter → Auslands- und → Wertpapiergeschäfte, auszuführen. Sie ist in Dezernate aufgeteilt, die je von einem Direktoriumsmitglied geleitet werden. Den Dezernenten sind zwei bis drei Hauptabteilungen zugeordnet, die sich wiederum in Abteilungen, Hauptgruppen und Gruppen untergliedern. Den Dezernaten ist auch die → Repräsentanz in New York sowie die → Fachhochschule der Deutschen Bundesbank in Hachenburg zugeordnet.

b) Die Hauptverwaltungen (§ 8 BBankG), die die Bundesbank bis 1992 in jedem Land unterhielt, dienen den Vorständen der Landeszentralbanken dazu, die ihnen vom Gesetz und/oder vom Zentralbankrat zugewiesenen Aufgaben in ihrem Bereich (z. B. Steuerung, Auswertung und Überwachung der von den Zweiganstalten wahrgenommenen bankgeschäftlichen und statistischen Aufgaben, Grundsatzfragen der Ausführung währungspolitischer Maßnahmen oder laufende Beobachtung und Prüfung der Kreditinstitute) durchzuführen. Die Hauptverwaltungen weisen eine vom Umfang und Struktur der wahrzunehmenden Aufgaben abhängige unterschiedliche Untergliederung in Referate, Abteilungen und Gruppen auf.

c) Die → Zweiganstalten (§ 10 BBankG) sind Hauptstellen oder diesen unterstellte Zweigstellen. Sie tragen die Bezeichnung Landeszentralbank mit dem Zusatz Hauptstelle bzw. Zweigstelle der Deutschen Bundesbank. Die Zweiganstalten sollen der Bundesbank einen engen Kontakt zur Wirtschaft, insbesondere zur Kreditwirtschaft, ermöglichen, u. a. weil die Bereitstellung von → Zentralbankgeld überwiegend im Rahmen des von den Zweiganstalten abgewickelten → Kreditgeschäfts erfolgt (→ Deutsche Bundesbank, Kreditgeschäfte). Die Zweiganstalten haben folgende Aufgaben: (1) Versorgung der Wirtschaft mit → Bargeld (→ Zahlungsverkehrsabwicklung über die Deutsche Bundesbank), (2) Abwicklung des → bargeldlosen Zahlungsverkehrs, (3) Abwicklung des Kreditgeschäfts, (4) Abwicklung des Wertpapier-, → Depot- und → Devisengeschäfts, (5) Durchführung von statistischen Aufgaben, (6) Aufgaben im Zusammenhang mit der → Bankenaufsicht.

Übergangsregelungen im Zusammenhang mit der Herstellung der deutschen Einheit: Durch Art. 3 des Gesetzes zum Vertrag über die Schaffung einer Währungs-, Wirtschafts- und Sozialunion zwischen der BRD und der DDR wurde in das BBankG ein neuer Abschnitt 5 a (§§ 25 a bis 25 d) eingefügt (→ Währungsunion mit der (ehemaligen) DDR). Zum 1.7.1990 richtete die Bundesbank gemäß § 25a Abs. 1 in Berlin eine dem Direktorium unterstehende, von einem Mitglied dieses Organs (§ 5 BBankG) geleitete Vorläufige Verwaltungsstelle ein, mit 15 → Filialen im Gebiet der DDR einschl. Ost-Berlins. Bei der Vorläufigen Verwaltungsstelle wurde ein den Beiräten nach § 9 BBankG ähnliches Gremium eingerichtet, dessen Mitglieder auf drei Jahre berufen waren und noch von der DDR-Regierung benannt wurden (§ 25a Abs. 1 Sätze 3 bis 5 BBankG). Die Zuständigkeit der Vorläufigen Verwaltungsstelle bezog sich auf alle Geschäfte mit Kreditinstituten in der (ehemaligen) DDR einschl. Ost-Berlins. Sie betraf zunächst auch Geschäfte mit der DDR selbst und deren öffentlichen Verwaltungen (§ 25b Abs. 1, 3 bis 5).

Anpassung des BBankG gemäß Einigungsvertrag: Der Einigungsvertrag vom 31.8.1990 verpflichtete zur „Anpassung" des BBankG innerhalb von zwölf Monaten nach Wirksamwerden des Beitritts der DDR zur BRD. Erst zum 1.11.1992 kam jedoch die Änderung des Gesetzes zustande. Mit ihr wurde der Grundsatz „ein Land - eine LZB" aufgegeben. Im Interesse der Straffung der Entscheidungsstrukturen in Zentralbankrat und Direktorium bestehen seither nurmehr neun, zum Teil länderübergreifende Hauptverwaltungen (§ 8 Abs. 1 BBankG neuer Fassung). Erhalten bleibt aber das leichte Übergewicht der LZB-Präsidenten gegenüber den Direktoriumsmitgliedern im Zentralbankrat. Die Neuregelung wurde bereits im Hinblick auf die künftige → Europäische Zentralbank getroffen, in deren Rahmen eine Zersplitterung der Bundesbankorganisation abträglich wäre.
Seit 1.11.1992 unterhält die Deutsche Bundesbank je eine Hauptverwaltung mit der Bezeichnung Landeszentralbank für den Bereich:
- des Landes Baden-Württemberg (Sitz: Stuttgart),
- des Freistaates Bayern (München),
- der Länder Berlin und Brandenburg (Berlin),
- der Freien Hansestadt Bremen und der Länder Niedersachsen und Sachsen-Anhalt (Hannover),
- der Freien und Hansestadt Hamburg und der Länder Mecklenburg-Vorpommern und Schleswig-Holstein (Hamburg),
- des Landes Hessen (Frankfurt am Main),
- des Landes Nordrhein-Westfalen (Düsseldorf),
- der Länder Rheinland-Pfalz und Saarland (Mainz),
- der Freistaaten Sachsen und Thüringen (Leipzig).

Das Direktorium der Deutschen Bundesbank besteht aus dem Präsidenten und dem Vizepräsidenten der Bundesbank sowie bis zu sechs weiteren Mitgliedern. Der Vorstand einer Landeszentralbank besteht aus dem Präsidenten, dem Vizepräsidenten sowie in einigen im Gesetz oder der Satzung vorgesehenen Fällen einem weiteren Vorstandsmitglied.

Zusammenarbeit zwischen Bundesbank und Bundesregierung: Die Bundesbank ist im Rahmen ihrer Verpflichtung, die allgemeine → Wirtschaftspolitik der Bundesregierung zu unterstützen (§ 12 Satz 1 BBankG, → Deutsche Bundesbank, Autonomie), von sich aus zur Beratung des Kabinetts in wesentlichen währungspolitischen Angelegenheiten gehalten und muß auf Verlangen Auskunft erteilen (§ 13 Abs. 1 BBankG). Umgekehrt soll die Bundesregierung den Bundesbank-Präsidenten zu Beratungen über währungspolitisch bedeutsame Angelegenheiten hinzuziehen. Insbes. die in § 3 BBankSatzung genannten Mitglieder der Regierung sind zur Teilnahme an Zusammenkünften des Zentralbankrates berechtigt und können dort Anträge stellen. Zwar ist auf ihr Verlangen eine Beschlußfassung bis zu zwei Wochen auszusetzen (§ 13 Abs. 2 Satz 2 BBankG). Dies kommt aber keinem Vetorecht gleich. Bei Themen der → Bankenaufsicht darf auch der Präsident des → Bundesaufsichtsamtes für das Kreditwesen teilnehmen und Anträge stellen (§ 7 Abs. 2 Satz 2 KWG). Nur vorübergehend von Belang war § 25c BBankG hinsichtlich einer engen Zusammenarbeit mit der DDR-Regierung.

Deutsche Bundesbank, Rechtsstellung
Nach § 2 BBankG ist die Bundesbank eine „bundeseigene juristische Person des öffentlichen Rechts". Da eine eindeutige Einordnung in die klassischen Organisationsformen → Körperschaft, → Anstalt des öffentlichen Rechts oder Stiftung fehlt, wird sie überwiegend als Einrichtung anstaltsähnlicher Art gekennzeichnet. Ihr → Grundkapital beträgt 290 Mio. DM und

steht dem Bund zu. An diesen ist daher auch der verbleibende → Bundesbankgewinn (§ 27 Nr. 4 BBankG) abzuführen (→ Deutsche Bundesbank, Jahresabschluß). Seit der Neufassung des § 2 Satz 3 BBankG im Jahr 1991 ist der Sitz der deutschen → Zentralnotenbank endgültig Frankfurt a. M.

Bundesbank als Teil der Exekutive: Die Bundesbank gehört zur vollziehenden Gewalt i. S. der Art. 1 Abs. 3 und 20 Abs. 3 GG. Trotzdem hat sie auch Befugnisse zum Erlaß von Rechtsvorschriften, soweit sie der Gesetzgeber im BBankG, aber etwa auch im → Außenwirtschaftsrecht (AWG) damit ausgestattet hat (→ Anweisung der Deutschen Bundesbank über → Mindestreserven, Anordnung von statistischen Erhebungen, Festsetzung der Zins- und → Diskontsätze sowie der Konditionen für → Offenmarktgeschäfte der Deutschen Bundesbank). Als → Währungsbank und → Notenbank der BRD (Art. 88 GG) ist die Bundesbank bei Ausübung ihrer Befugnisse im Bereich ihres Währungssicherungsauftrages (→ Deutsche Bundesbank, Aufgabe nach § 3 BBankG) von Weisungen der Bundesregierung unabhängig (§ 12 Satz 2 BBankG; → Deutsche Bundesbank, Autonomie).

Bundesbank als Kaufmann und als Kreditinstitut: Die Bundesbank ist → Kaufmann i. S. des HGB, denn sie betreibt ein Handelsgewerbe nach § 1 Abs. 2 Nr. 4 HGB. Sie wird aber nicht im → Handelsregister eingetragen (§ 29 Abs. 3 BBankG). Zwar ist die Bundesbank → Kreditinstitut i. S. des → Kreditwesengesetzes, sie unterliegt aber nicht dessen Bestimmungen (§ 2 Abs. 1 Nr. 1 KWG). Sie wirkt vielmehr selbst an der → Bankenaufsicht mit (§ 7 KWG). Die Bundesbank betreibt → Bankgeschäfte nach § 1 KWG (→ Deutsche Bundesbank, Geschäfte mit Kreditinstituten, → Deutsche Bundesbank, Geschäfte mit öffentlichen Verwaltungen, → Deutsche Bundesbank, Geschäfte mit jedermann). Bei der Ausführung von Bankgeschäften ist die Bundesbank grundsätzlich an die Bestimmungen des → Privatrechts gebunden.

Für den Geschäftsverkehr mit der Bundesbank gelten die Allgemeinen Geschäftsbedingungen (→ Allgemeine Geschäftsbedingungen der Deutschen Bundesbank). Für bestimmte Geschäftsarten gelten daneben besondere Bedingungen. Die Geschäftsbedingungen begründen keinen Anspruch auf die Vornahme bestimmter Geschäfte durch die Bundesbank. Die Bundesbank behält sich ausdrücklich vor, bestimmte Geschäfte nach allgemeinen, insbesondere kreditpolitischen Gesichtspunkten nur in beschränktem Umfange oder zeitweilig gar nicht zu betreiben (Nr. I, 1 der AGB der Deutschen Bundesbank).

Deutsche Bundesbank, Satzung, → Satzung der Deutschen Bundesbank.

Deutsche Bundesbank, statistische Erhebungen

Nach § 18 BBankG ist die Deutsche Bundesbank berechtigt, zur Erfüllung ihrer Aufgaben als → Währungsbank und → Notenbank (→ Deutsche Bundesbank, Funktionen) Statistiken auf dem Gebiet des Bank- und Geldwesens (i. a. als → Bankenstatistik bezeichnet) anzuordnen und durchzuführen. Es kann sich um periodisch wiederkehrende oder einmalige statistische Erhebungen handeln. Sie dienen (über rein statistische Zwecke hinaus) als Grundlage für währungspolitische (geld- und kreditpolitische) Analysen und Entscheidungen der Bundesbank (→ Währungspolitik, → Geldpolitik).

Regelungen über die Anordnung von statistischen Erhebungen werden im → Bundesanzeiger veröffentlicht. Ergebnisse der statistischen Erhebungen können von der Bundesbank (aufgrund der Geheimhaltungspflicht unter Anonymisierung der Daten) für allgemeine Zwecke veröffentlicht werden; dies erfolgt im Bundesanzeiger, vornehmlich aber im statistischen Teil der → Monatsberichte der Deutschen Bundesbank, und in den Statistischen Beiheften zu den Monatsberichten (→ Deutsche Bundesbank, Veröffentlichungen). Von besonderer währungspolitischer Bedeutung sind die → Bankstatistischen Gesamtrechnungen, die von der Bundesbank im Berichtsteil der Monatsberichte kommentiert werden.

Im Bereich des Bank- und Geldwesens sind nur → Kreditinstitute (i. S. des KWG) auskunftspflichtig. Die Bundesbank hat folgende statistische Erhebungen für Kreditinstitute angeordnet: → Monatliche Bilanzstatistik (die gem. § 25 KWG zugleich als → Monatsausweis gilt), vierteljährliche → Kreditnehmerstatistik, jährliche → Depotstatistik, → Auslandsstatus der Kreditinstitute, Statistik über ausländische Kreditinstitute im Mehrheitsbesitz deutscher Kreditinstitute (→ Statistik über Auslandstöchter),

Deutsche Bundesbank

→ Kreditzusagenstatistik, Erhebung über Soll- und Habenzinssätze für ausgewählte Kredit- und Einlagearten (→ Zinserhebung, auch als Zinsstatistik bezeichnet). Zur Durchführung der angeordneten Statistiken hat die Bundesbank Richtlinien veröffentlicht. Von diesen Richtlinien werden auch die Erhebung über die Ausgabe → festverzinslicher Wertpapiere (→ Emissionsstatistik) und eine Statistik über → Kapitalanlagegesellschaften umfaßt. Für alle Meldungen der Kreditinstitute sind Vordrucke von der Bundesbank vorgeschrieben.

Die Bundesbank hat nach § 7 Abs. 1 Satz 3 KWG dem →Bundesaufsichtsamt für das Kreditwesen (BAK) die Ergebnisse ihrer statistischen Erhebungen mitzuteilen, soweit dies für die Erfüllung der Aufgabe des BAK (§ 6 KWG) von Bedeutung sein können. Die Bundesbank darf grundsätzlich keine Einzelangaben aus Statistiken machen (Statistikgeheimnis). Einzelangaben aus statistischen Erhebungen darf die Bundesbank auch dem BAK nur zuleiten, wenn in der Anordnung für eine Erhebung ein ausdrücklicher Hinweis darauf enthalten ist.

Deutsche Bundesbank, Überweisungsverkehr, → Überweisungsverkehr, → Zahlungsverkehrsabwicklung über die Deutsche Bundesbank, → Fernüberweisungsverkehr der Deutschen Bundesbank, → Platzüberweisungsverkehr der Deutschen Bundesbank, → Vereinfachter Scheck- und Lastschrifteinzug der Deutschen Bundesbank.

Deutsche Bundesbank, Veröffentlichungen

Veröffentlichungen der Deutschen Bundesbank erfolgen als amtliche Bekanntmachungen aufgrund gesetzlicher Vorschrift (für die Öffentlichkeit bestimmte Bekanntmachungen) sowie als Berichte und Kommentare. Für die Öffentlichkeit bestimmte Bekanntmachungen sind im → Bundesanzeiger zu veröffentlichen. Es sind dies nach § 33 BBankG der Aufruf von Noten (→ Banknoten) zur Einziehung (§ 14 Abs. 2 BBankG), die Festsetzung von Zinssätzen (→ Abgabesätze, → Lombardsatz), → Diskontsätzen und Mindestreservesätzen (→ Mindestreserven 2; §§ 15 und 16 BBankG) sowie die Anordnung von statistischen Erhebungen (§ 18 BBankG; → Deutsche Bundesbank, statistische Erhebungen). Weitere Veröffentlichungspflichten bestehen für Bestellung und Ausscheiden von Mitgliedern des → Direktoriums der Deutschen Bundesbank (§ 7 Abs. 3 BBankG) und der → Vorstände der →Landeszentralbanken (§ 8 Abs. 5 BBankG), für → Stückelung und Unterscheidung der Banknoten (§ 14 Abs. 1 BBankG), für den Jahresabschluß (§ 26 Abs. 3 BBankG, → Deutsche Bundesbank, Jahresabschluß) und den → Wochenausweis der Deutschen Bundesbank (§ 28 BBankG) sowie für Erlaß und Änderungen der Bundesbanksatzung (§ 34 BBankG; → Satzung der Deutschen Bundesbank). Amtlich bekanntgemacht werden auch die → „Anweisung der Deutschen Bundesbank über Mindestreserven" (AMR), das → Lombardverzeichnis, Grundsätze zu § 3 Währungsgesetz (→ Währungsgesetz) sowie Allgemeine Genehmigungen dazu, außerdem Änderungen der AGB (→ Allgemeine Geschäftsbedingungen der Deutschen Bundesbank).

Weitere „sonstige" amtliche Bekanntmachungen der Bundesbank im Bundesanzeiger sind Ergebnisse und Kommentierungen von Statistiken und im Zusammenhang damit Informationen über monetäre Größen und Zusammenhänge sowie Erläuterungen und Begründungen des währungspolitischen Standpunktes der Bundesbank bzw. der von ihr getroffenen Maßnahmen. Bekanntmachungen im Bundesanzeiger werden zusätzlich in den von der Bundesbank herausgegebenen „Mitteilungen der Deutschen Bundesbank" veröffentlicht.

Über Art, Umfang, Zweck und Wirkungsweise ihrer Tätigkeiten sowie über die Ergebnisse der auf dem Gebiet des Bank- und Geldwesens erhobenen Statistiken informiert die Deutsche Bundesbank durch regelmäßige Veröffentlichungen. Dies sind der Wochenausweis, die → Monatsberichte der Deutschen Bundesbank, die Statistischen Beihefte zu den Monatsberichten, die → Geschäftsberichte der Deutschen Bundesbank und die Auszüge aus Presseartikeln. Darüber hinaus behandelt die Bundesbank in Berichten oder Sonderaufsätzen bankbetriebliche und gesamtwirtschaftliche Themen. Sie werden in den Monatsberichten oder in Sonderdrucken dargestellt. Zu letzteren gehören Darstellungen über „Internationale Organisationen und Abkommen im Bereich von Währung und Wirtschaft", „Zahlenübersichten und methodische Erläuterungen zur gesamtwirtschaftlichen Finanzierungsrechnung der Deutschen Bundesbank" sowie über „Die Zahlungsbilanzstatistik der Bundesrepublik Deutsch-

Deutsche Bundesbank

land". Interessenten können die im Selbstverlag der Deutschen Bundesbank erscheinenden und aufgrund von § 18 BBankG veröffentlichten Informationen kostenlos erhalten.

Deutsche Bundesbank, Vertretung der Bank

Gerichtliche und außergerichtliche Vertretung der Deutschen Bundesbank erfolgt durch das → Direktorium, im Bereich einer → Landeszentralbank (LZB) (auch) durch deren → Vorstand und im Bereich einer Hauptstelle (auch) durch deren Direktoren (§ 11 Abs. 1 BBankG). Einzelheiten regelt § 11 Abs. 2 BBankG.
(→ Deutsche Bundesbank, Organisationsstruktur)

Deutsche Bundesbank, währungspolitische Befugnisse und Geschäftskreis

Das BBankG unterscheidet in seinem Aufbau zwischen „währungspolitischen Befugnissen" (§§ 14 bis 18) und „Geschäftskreis" (§§ 19 bis 25). Die einseitig-hoheitliche Entscheidung über die konkrete → Währungs- und → Kreditpolitik (→ Deutsche Bundesbank, kreditpolitische Regelungen) ist öffentlich-rechtlicher Art und gehört zur Aufgabe des → Zentralbankrates der Deutschen Bundesbank (§ 6 Abs. 1 BBankG). Die privatrechtlichen Vertragsabschlüsse bei der Durchführung der Geschäfte tätigen hingegen entweder das → Direktorium der Deutschen Bundesbank (§ 7 Abs. 1 BBankG) oder deren Hauptverwaltungen (→ Landeszentralbanken) (§ 8 Abs. 2 BBankG). Die Ausübung der Befugnisse und die Vornahme der Geschäfte dient allerdings weithin demselben Zweck. Teilweise ist das eine die unerläßliche Voraussetzung für den Vollzug des anderen.

Währungspolitische Befugnisse in der Systematik des BBankG (vgl. Übersicht „Deutsche Bundesbank – Währungspolitische Befugnisse"):
(1) *Notenausgabe:* Das → Notenausgabemonopol (§ 14 Abs. 1 BBankG) macht die Bundesbank zur letzten Quelle der → Bankenliquidität und sichert ihr mittelbar den Einfluß auf die Menge des umlaufenden → Geldes (→ Deutsche Bundesbank, Funktionen).
(2) *Refinanzierungspolitik:* Ziel der → Refinanzierungspolitik der Deutschen Bundesbank nach § 15 BBankG ist die Beeinflussung des Geldumlaufs und der Kreditgewährung durch Fixierung der jeweils maßgeblichen Zinssätze bei der Gewährung von → Diskontkredit (→ Diskontpolitik der Deutschen Bundesbank) und von → Lombardkredit (→ Lombardpolitik der Deutschen Bundesbank) sowie durch eine qualitative und quantitative oder selektierende Begrenzung der → Refinanzierung.
(3) *Mindestreservepolitik:* Die → Mindestreservepolitik der Deutschen Bundesbank umfaßt die Möglichkeit, gemäß § 16 Abs. 1 BBankG zur Beeinflussung des Geldumlaufs und der Kreditgewährung von den → Kreditinstituten zu verlangen, daß sie in Höhe eines von der Bundesbank festgesetzten Prozentsatzes bestimmter → Verbindlichkeiten zinslose Guthaben bei der Bundesbank unterhalten (→ Mindestreserve).

Deutsche Bundesbank – Währungspolitische Befugnisse

Deutsche Bundesbank

Die Mindestreservehaltung verstärkt die Abhängigkeit der Geschäftstätigkeit der →Kreditinstitute von der Versorgung mit →Zentralbankgeld.

(4) *Offenmarktpolitik:* Zur →Offenmarktpolitik der Deutschen Bundesbank zählen die Möglichkeiten, zur Regelung des →Geldmarktes für eigene Rechnung am offenen Markt bestimmte →Wertpapiere zu kaufen oder zu verkaufen. Rechtsgrundlage ist § 15 i. V. m. §§ 19, 20, 21, 42 (und früher § 42a) BBankG.

(5) *Einlagenpolitik:* Die →Einlagenpolitik der Deutschen Bundesbank (§ 17 BBankG) umfaßte die Befugnis, dem Bund, dem →Sondervermögen Ausgleichsfonds, dem →ERP-Sondervermögen sowie den Ländern durch Zustimmung der Bundesbank eine anderweitige Anlage ihrer flüssigen Mittel als bei der Bundesbank zu gestatten. § 25b Abs. 1 BBankG bezog in die Einlagenpolitik auch die DDR und deren Gebietskörperschaften ein (→Währungsunion mit der (ehemaligen) DDR). Mit der Herstellung der deutschen Einheit am 3. 10. 1990 hat diese Vorschrift ihre Bedeutung verloren; auch die „neuen" Bundesländer fielen unter § 17 BBankG. § 17 ist 1994 im Zusammenhang mit der Aufhebung des § 20 Abs. 1 Nr. 1 BBankG gestrichen worden.

(6) *Statistische Erhebungen:* Die Bundesbank ist nach § 18 BBankG berechtigt, zur Erfüllung ihrer Aufgaben Statistiken auf dem Gebiet des Bank- und Geldwesens bei allen Kreditinstituten anzuordnen und durchzuführen (→Deutsche Bundesbank, statistische Erhebungen).

2. *Geschäftskreis* (vgl. Übersicht „Deutsche Bundesbank – Geschäftskreis"): Zum Geschäftskreis der Bundesbank zählen außerdem die Bestätigung von Schecks nach § 23 BBankG (→bestätigte LZB-Schecks), die Gewährung von →Darlehen an Kreditinstitute, Versicherungsunternehmen und →Bausparkassen gegen →Verpfändung von →Ausgleichsforderungen nach § 24 Abs. 1 sowie der Ankauf von Ausgleichsforderungen nach § 24 Abs. 2 BBankG (→Fonds zum Ankauf von Ausgleichsforderungen), andere Geschäfte nach § 25 BBankG. Die Bundesbank unterliegt keinem →Kontrahierungszwang. Sie behält sich ausdrücklich vor, bestimmte Geschäfte nach allgemeinen, insbesondere kreditpolitischen Gesichtspunkten nur im beschränkten Umfang oder zeitweilig gar nicht zu betreiben.

Deutsche Bundesbank, Weiterbildung, →berufsbegleitende Weiterbildungsmöglichkeiten, Deutsche Bundesbank.

Deutsche Bundesbank, Zahlungsverkehr mit dem Ausland, →Auslandszahlungsverkehr der Deutschen Bundesbank.

Deutsche Bundespost (DBP)
Bis Ende 1994 bestehendes →Sondervermögen des Bundes mit eigener Wirtschafts- und Rechnungsführung, das von dem übrigen →Vermögen des Bundes und seinen Rechten und Pflichten getrennt gehalten wurde (§ 2 Abs. 1 PostVerfG). Das Sondervermögen gliederte sich in die Teilsondervermögen von drei öffentlichen (rechtlich unselbständigen) Unternehmen (Teilbereiche der DBP, nach betriebswirtschaftlichen Grundsätzen zu leiten): Deutsche Bundespost POSTDIENST, →Deutsche Bundespost POSTBANK und Deutsche Bundespost TELEKOM (§ 1 Abs. 2 PostVerfG). Die DBP und ihre Unternehmen waren keine

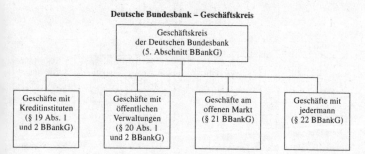

Deutsche Bundesbank – Geschäftskreis

kaufmännischen Unternehmen i. S. des HGB. Staatsrechtliche Grundlage der Bundespost war neben Art. 87 Abs. 1 GG a. F. das Postverfassungsgesetz (PostVerfG). Grundregelungen des materiellen Postrechts sind im „Gesetz über das Postwesen" (Postgesetz – PostG) enthalten. Die bis Ende 1997 befristeten Vorschriften des Postgesetzes gelten nach ihrem § 1 u. a. für den → Postgirodienst und den → Postsparkassendienst, die als → Postbankdienste von der Deutschen Bundespost POSTBANK betrieben wurden. Nach dem Postneuordnungsgesetz wurden die Post-Unternehmen in → Aktiengesellschaften umgewandelt; die → Bundesbeteiligung an der POSTBANK, die ab 1995 als → Deutsche Postbank AG auftritt, soll veräußert werden.

Infolge der Änderung des Postgesetzes durch das Poststrukturgesetz (1989) ist an die Stelle des früheren Postbenutzungsverhältnisses (öffentlich-rechtliches Benutzungsverhältnis) ein privatrechtliches Vertragsverhältnis getreten (§ 7 Satz 1 PostG); das gilt auch für den Postgirodienst und den Postsparkassendienst. An die Stelle des früheren „Benutzers" trat der „Postkunde". Die Rechtsbeziehungen zu ihm werden seither durch die von den Unternehmen beschlossenen privatrechtlichen Geschäftsbedingungen und Leistungsentgelte geregelt. Daneben durften nach § 30 Abs. 1 PostVerfG, ab 1995 gemäß § 9 PTRegG Rahmen-Rechtsverordnungen der Bundesregierung ergehen (TKV, PostV). Für den Bankbereich sind keine Regelungen ergangen und seit 1995 auch nicht mehr vorgesehen.

Deutsche Bundespost POSTBANK
Öffentliches Unternehmen, das ein Teilbereich der → Deutschen Bundespost war (§ 1 Abs. 2 PostVerfG) und den → Postgirodienst sowie den → Postsparkassendienst (→ Postbankdienste) betrieb. Die Deutsche Bundespost POSTBANK galt nach § 2 Abs. 1 KWG nicht als Kreditinstitut im bankaufsichtlichen Sinne, betrieb aber → Bankgeschäfte i. S. von § 1 KWG und unterlag bestimmten Vorschriften des → Kreditwesengesetzes (§ 23: Werbung; §§ 47 und 48: Moratorium, Einstellung und Wiederaufnahme des Bank- und Börsenverkehrs; → bankaufsichtliche Maßnahmen). Durch das Postneuordnungsgesetz wurde die Deutsche Bundespost POSTBANK zum 1. 1. 1995 den Bestimmungen des KWG unterworfen; zum selben Zeitpunkt erfolgte eine Umwandlung in die → Deutsche Postbank AG. Dies bedeutet zugleich das Ende der Beschränkung auf die Tätigkeit eines Spezialinstituts für Zahlungsverkehrsdienstleistungen und für das → Einlagengeschäft.

Deutsche Genossenschaftsbank
Spitzeninstitut des kreditgenossenschaftlichen Sektors (→ DG BANK Deutsche Genossenschaftsbank).

Deutsche Girozentrale – Deutsche Kommunalbank
Spitzeninstitut des Sparkassensektors (→ Sparkassen, → Landesbanken/Girozentralen) mit Sitz in Frankfurt a. M. und Berlin, eine → Anstalt des öffentlichen Rechts. Ihr → Gewährträger ist eine mit dem → Deutschen Sparkassen- und Giroverband e. V. nicht identische, aber gleichnamige öffentlich-rechtliche → Körperschaft. Die → Anstaltsaufsicht liegt beim Bundesminister für Wirtschaft. Sie wird kapitalmäßig von den Landesbanken/Girozentralen und (mittelbar) von den → regionalen Sparkassen- und Giroverbänden getragen. Die Rolle einer → Zentralbank, insbesondere als Geldausgleichsstelle, übt die Deutsche Girozentrale heute in begrenzter Form nur im Verhältnis zu den Landesbanken/Girozentralen aus. Sie refinanziert sich in erster Linie durch die → Emission von → Schuldverschreibungen. Bei der Mittelverwendung stehen Großfinanzierungen und → Kommunalkredite im Vordergrund.

Deutsche Golddiskontbank
Durch Gesetz vom 9. 3. 1924 von der → Reichsbank mit Sitz in Berlin gegründet. Sie diente zur Durchführung von → Finanzierungen, die der → Zentralbank versagt waren. Der anfangs auf Ausfuhrförderung und Zwischenfinanzierungen für die Landwirtschaft sowie auf Geldmarktoperationen und Treuhandaufgaben ausgerichtete Aufgabenbereich wurde später stark erweitert. Im Zuge der Liquidation durch Gesetz vom 7. 8. 1961 wurden die freien → Aktionäre vom Bund abgefunden.

Deutsche Industriebank, → Industriekreditbank AG – Deutsche Industriekreditbank.

Deutsche Investmentfonds
→ Investmentfonds, deren Verwaltungsgesellschaft (→ Kapitalanlagegesellschaft) ihren Sitz in der BRD hat und daher, so-

weit es sich um →offene Fonds handelt, dem Gesetz für Kapitalanlagegesellschaften (KAGG) unterliegen und durch das → Bundesaufsichtsamt für das Kreditwesen (BAK) beaufsichtigt werden.

Deutsche Mark

1. *Bundesrepublik Deutschland:* In der BRD und West-Berlin (ohne Beitrittsgebiet i. S. des Einigungsvertrages) seit der →Währungsreform von 1948 gültige Währungseinheit (→ Währung). Eine Deutsche Mark (Abkürzung: DM oder D-Mark) ist in 100 Pfennig (Abkürzung: Pf) eingeteilt.
Seit 1.7.1990 ist die Deutsche Mark die gemeinsame Währung von BRD und (damaliger) DDR, im Rahmen der von beiden Staaten gebildeten → Währungsunion mit einem einheitlichen → Währungsgebiet.

2. *Deutsche Demokratische Republik:* In der DDR seit 1948 gültige Währungseinheit; offizielle Bezeichnung später „Mark der → Deutschen Notenbank", seit 1968 „Mark der Deutschen Demokratischen Republik" (→ Mark der DDR).

Deutsche Mark, internationale Bedeutung

Die →Deutsche Mark (Abk. im → Devisenhandel: DEM) wird bei internationalen Handels-, Finanz- und Reservetransaktionen verwendet. Sie ist eine wichtige internationale → Reservewährung und Anlagewährung (→ Währung 2), darüber hinaus auch eine wichtige Interventionswährung und internationale Transaktionswährung.
Die Bedeutung der DM als Reservewährung wird dadurch erkennbar, daß sie in der Rangliste der internationalen Reservewährungen den zweiten Platz nach dem US-Dollar einnimmt. Die Bedeutung der DM als internationale Anlagewährung zeigt sich darin, daß sie am →Eurogeldmarkt und am internationalen Anleihemarkt an vorderer Stelle rangiert. DM-Titel stellen einen bedeutenden Grundbestandteil handelsfähiger Papiere in den Portefeuilles international disponierender Anleger dar.
Die DM ist zu einer wichtigen Interventionswährung (→ Interventionen am Devisenmarkt) und internationalen Transaktionswährung geworden. Sie nimmt im →Europäischen Währungssystem eine zentrale Stellung ein, da die →Zentralbanken des EWS die Kurse ihrer → Währungen häufig mit Hilfe von Verkäufen und Käufen von DM als der → Anker-Währung zu stabilisieren suchen (durch intramarginale Interventionen). Außerhalb des Europäischen Währungssystems spielt die DM als Gegenpol zum US-Dollar eine wichtige Rolle. Ähnlich wie die USA und die Schweiz ist die BRD eines der wenigen Länder, das in seinen Außenhandelstransaktionen überwiegend die eigene Währung benutzt und das sich in eigener Währung an das Ausland verschulden kann.
Entscheidend für die internationale Stellung der DM ist die Stabilität des inneren Geldwertes der DM (→ Geldwertstabilität), der die Basis auch dafür bildet, daß die DM im Tausch gegen andere Währungen fast nie zu Verlusten, oft aber zu nominalen Gewinnen geführt hat. Real hat die Geldwertstabilität der DM ein ziemlich unverändertes Austauschverhältnis garantiert (→ Außenwert der Währung).
Die Bundesbank betont oft, daß die DM in die internationale Stellung etwas gegen ihren Willen hineingewachsen ist. Die Rolle einer zweiten Reservewährung kann für ein Land auch mit erheblichen Problemen verbunden sein. Das „Ein- und Aussteigen" internationaler Anleger, die Zinsvorteile wahrnehmen, auf politische Spannungen reagieren und in Währungen spekulieren, kann zu größeren Wechselkursschwankungen führen. Eine Reservewährung ist hier besonders anfällig. Eine auf Stabilität bedachte →Wechselkurspolitik kann zu einem höheren Zinsniveau führen, als binnenwirtschaftlich erwünscht ist. Die internationale Bedeutung der DM kann für die →Deutsche Bundesbank auch zu einer gewissen Einengung ihres Handlungsspielraumes beim Einsatz ihrer→ Geldpolitik führen, etwa wegen Verpflichtungen innerhalb des Europäischen Währungssystems und aus Kooperationsabsprachen bei der währungspolitischen Zusammenarbeit unter den großen Industrieländern (→ Siebener-Gruppe, →Zehner-Gruppe). Die Tendenz zur Stärkung des → Wechselkurses der DM kann zu Interventionen am Devisenmarkt zwingen, was die unfreiwillige Schaffung zusätzlichen →Zentralbankgeldes zur Folge hat. Andererseits haben die internationale Rolle der DM und die → Währungspolitik der Bundesbank erheblich dazu beigetragen, die stabilitätsorientierten Kräfte in Europa und der Weltwirtschaft als Ganzes zu stärken.

Deutsche Notenbank
Vorgängerin der →Staatsbank der DDR, →Zentralnotenbank in der DDR von 1948 bis 1968.

Deutsche Pfandbriefanstalt
→Öffentlich-rechtliche Grundkreditanstalt mit →Bundesbeteiligung, die 1989 privatisiert worden ist. Sie firmiert heute als Deutsche Pfandbrief- und Hypothekenbank AG mit Sitz in Wiesbaden.

Deutsche Postbank AG
Zum Jahresanfang 1995 errichtetes Nachfolgeunternehmen der →Deutschen Bundespost POSTBANK. Die Umwandlung von einem öffentlichen Unternehmen in eine Aktiengesellschaft erfolgte aufgrund des Postneuordnungsgesetzes vom 14.9.1994. Als Anlage zum Gesetz wurde auch die →Satzung festgestellt; nach deren § 2 ist die Gesellschaft ein →Kreditinstitut und kann alle damit zusammenhängenden Tätigkeiten ausüben. Sie ist aber auch zu allen sonstigen Geschäften und Maßnahmen berechtigt, die geeignet erscheinen, dem Gegenstand des Unternehmens zu dienen. Die →Aktien stehen zunächst allein dem Bund zu, der vier Jahre lang mindestens 25 v. H. der Anteile behält; eine Veräußerung an Private ist danach uneingeschränkt zulässig. Die neue Gesellschaft behält ihren Sitz in Bonn. Ihr →Grundkapital beträgt 800 Mio. DM und ist in Inhaberaktien zu je 50 DM Nennwert aufgeteilt. Im Hinblick auf den Vorstand (aus mindestens 2 Mitgliedern) und den aus je zehn Vertretern der Aktionäre und der Arbeitnehmer bestehenden Aufsichtsrat gelten im wesentlichen die aktienrechtlichen Regeln, ebenso für die →Hauptversammlung der Aktiengesellschaft einschließlich der Bestimmungen zum Jahresabschluß und der Verwendung des Bilanzgewinns. Zwar ist auch die Deutsche Postbank AG (wie die Deutsche Post AG und die Deutsche Telekom AG) Rechtsnachfolger des Sondervermögens Deutsche Bundespost. Jedoch tritt hinsichtlich der Verbindlichkeiten aus deren Kreditaufnahme nur die Deutsche Telekom AG (ab der Eintragung im Handelsregister) nach außen hin an die Stelle des bisherigen Schuldners. Soweit die Kredite den Vorgängern der beiden anderen Unternehmen zugute kamen, steht Telekom jedoch eine Rückgriffsforderung gegen Post und Postbank zu.

Ab 1.1.1995 wird die Deutsche Postbank AG so behandelt, als wäre ihr eine Erlaubnis nach § 32 KWG erteilt. Auch ohne ein förmliches Zulassungsverfahren (Betriebserlaubnis für Kreditinstitute) unterliegt sie daher der allgemeinen →Bankenaufsicht. Jedoch stellt sie das Postneuordnungsgesetz noch bis Ende 1995 von der Einhaltung bestimmter Melde- und Anzeigepflichten sowie von der Beachtung des Grundsatzes II (→Liquiditätsgrundsätze) frei. Bereits bisher unterfielen Einlagen auf Giro- und Sparkonten bei der Deutschen Bundespost (und seit 1990 der DBP POSTBANK) der Mindestreservepflicht nach § 16 BBankG bzw. § 1 AMR (→Mindestreserven), da die Ausnahme in § 2 Abs. 1 Nr. 2 KWG nur den Geltungsbereich des KWG betraf. Keine Änderung erfolgt bei der Haftung der Deutschen Postbank AG; sie bleibt für Schäden aus der nicht ordnungsgemäßen Ausführung von Dienstleistungen auf den Umfang beschränkt, der sich aus den Vorschriften des Postgesetzes (insbesondere §§ 19, 20) ergibt (§ 11 PostG). Für Betätigung wie für die →Haftung der Postbank gelten die Vorschriften des Postgesetzes (bis Ende 1997).

Deutscher Aktienindex (DAX)
1988 geschaffener →Aktienindex, der im Hinblick auf die →Deutsche Terminbörse (DTB) als handelbarer →Index konzipiert ist. Er ist ein →Laufindex und eine statistische Meßzahl der Gesamtkursentwicklung des →Aktienmarktes. Der DAX enthält 30 zum überwiegenden Teil an allen deutschen →Wertpapierbörsen zum →amtlichen (Börsen-)Handel zugelassene →Aktien (Standardwerte) und repräsentiert ca. 60% des gesamten →Grundkapitals inländischer börsennotierter →Aktiengesellschaften sowie ca. 75% des →Free Floating Capital. Der DAX stellt die Entwicklung eines fiktiven →Portfolios dar. Die Aktien in diesem Index-Portfolio werden nach dem an der Frankfurter Wertpapierbörse zugelassenen Grundkapital der Gesellschaften gewichtet. Dem DAX liegt die Indexformel nach Laspeyres zugrunde (→Laspeyres-Index). Da der DAX als →Performance-Index (Total Return Index) dienen soll, wird er im Gegensatz zu einem Kursindex um Dividenden- und →Bezugsrechtsabschläge bereinigt. Dividendenzahlungen und →Bezugsrechte haben keinen Einfluß auf den Verlauf des Index, der die Wertentwicklung eines

Deutscher Auslandskassenverein

Portfolios wiedergibt, in das sämtliche Erträge aus den Aktien reinvestiert werden.
(→ CDAX, → DAX 100)

Deutscher Auslandskassenverein (AKV)
Gemeinschaftsgründung (Rechtsform AG) der (sieben) deutschen → Wertpapiersammelbanken (Kassenvereine) zur Erleichterung des internationalen Wertpapierverkehrs mit den Hauptaufgaben, (1) als Buchungs- und Clearingstelle im grenzüberschreitenden Wertpapierverkehr zu fungieren, (2) Träger der Auslandsverwahrung gemäß „Sonderbedingungen (AGB/KI)..." der → Kreditinstitute (s. a. → Depotvertrag) zu sein, und (3) die Durchführung des Treuhandgiroverkehrs für im Ausland verwahrte → Wertpapiere sowie eines Giroverkehrs für bei den Wertpapiersammelbanken sammelverwahrte ausländische Wertpapiere abzuwickeln.
Außerdem wirkt der AKV bei der Börseneinführung von ausländischen → (Namens-)Aktien mit.
Als Inhaber eines Treuhandgirokontos bei der AKV sind nur (inländische) Institute, die der → Depotprüfung unterliegen, sowie den deutschen Wertpapiersammelbanken vergleichbare Institute und internationale Wertpapier-Clearinginstitute zugelassen. Sammeldepotkonten werden nur für ausländische, den deutschen Wertpapiersammelbanken vergleichbare Institutionen bzw. internationale Wertpapier-Clearinginstitute geführt. Ausländische Verwahrstellen (= erste Adressen) müssen sich zur Erfüllung der folgenden Aufgaben verpflichten, und zwar (1) den Deckungsbestand unter dem Namen des AKV als Kundendepot (Fremddepot) zu führen, (2) kein → Pfand- und → Zurückbehaltungsrecht anzuwenden und (3) Werte im Lagerland verwahren zu lassen.
Beispiele für ausländische Zentralverwahrer (= Partner des AKV):

→ CEDEL	(Centrale de Livraison de Valeurs mobilières SA, Luxemburg)
CIK	(Caisse Interprofessionelle de Depots et de Virements de Titres, Brüssel)
SEGA	(Schweizerische Effekten – Giro AG, Zürich/Basel)
SICOVAM	(Societé Interprofessionelle pour la Compensation des Valeurs Mobilières, Paris)
OEKB	Österreichische Kontrollbank AG, Wien)

Beispiele für internationale Clearinginstitute (= Partner des AKV): CEDEL und → Euroclear. Durch gegenseitige Kontoverbindung ist auch eine Überleitung von Geschäften i. A. der Teilnehmer möglich.
Der AKV ist die Verbindungsstelle für den → Effektengiroverkehr zwischen (deutschen) Wertpapiersammelbanken/Kreditinstituten und (ausländischen) Lagerstellen/Zentralverwahrern; Wertpapiere bei Verwahrstellen werden unter dem Namen des AKV verwahrt. Für die Verwaltung von im Ausland verwahrten Papieren durch den AKV ist – mit Ausnahme von Zins- und Dividendenscheininkasso – die Weisung der Kontoinhaber (gegebenenfalls nach Absprache mit/im Auftrage vom Deponenten) erforderlich (z. B. bei Konvertierungen, → Bezugsrechten, Stimmrechtsausübungen); Mitteilungen/Veröffentlichungen hierüber erscheinen in den → Wertpapier-Mitteilungen bzw. im Mitteilungsblatt der AdK. Der AKV übernimmt auf Antrag deutscher Kreditinstitute (= Emissionshäuser für Börsenhandel) die Treuhänderfunktion im Hinblick auf die Lieferbarkeit börseneingeführter ausländischer Namensaktien durch Eintragung des AKV ins Aktienregister und Abgabe einer Blanko-Übertragungserklärung auf Aktienurkunden oder Ausstellung von Inhaber-Zertifikaten über ausländische Namensaktien. Ausländische Originalaktien bilden den Deckungsbestand für Zertifikate, die – bei der Wertpapiersammelbank eingeliefert – Grundlage für den Effektengiroverkehr bilden; spätere Verfügungen über AKV-verwahrte (Treuhand-) Wertpapierbestände sind wie bei Girosammelverwahrung möglich.

Besonderheit: Der grenzüberschreitende Effektenverkehr (ohne Gegenwertverrechnung) ist auch über eine Wertpapiersammelbank möglich, wenn die Voraussetzung nach § 5 Abs. 4 DepotG erfüllt ist (z. B. bei NECIGEF – Nederlands Centraal Institut voor Giraal Effectenverkeer B. V., Amsterdam – und OEKB gegeben).

Deutscher Bankangestellten-Verband (DBV)
Fachverband zur Wahrnehmung arbeitsrechtlicher und sozialpolitischer Interessen von → Arbeitnehmern im Kreditgewerbe; Sitz in Düsseldorf. Der Verband ist Tarifvertragspartei für die → Tarifverträge für das → private Bankgewerbe und die → öffentlichen Banken.

Deutscher Factoring Verband e. V.
Interessenvereinigung der deutschen → Factoring-Institute mit Sitz in Mainz.

Deutscher Genossenschaftsring, → Gironetz der Kreditgenossenschaften.

Deutscher Kassenverein AG (DKV)
→ Wertpapiersammelbank im Sinne von § 1 Abs. 3 DepotG mit Niederlassungen an allen deutschen Börsenplätzen außer Bremen. Die Aufgaben des DKV sind die Durchführung der Girosammelverwahrung, d. h. die → Verwahrung und Verwaltung der ihm anvertrauten → Effekten, die Abwicklung des → Effektengiroverkehrs und die Übernahme des Geldausgleichs, d. h. die Verrechnung von Gegenwerten. Kontoinhaber beim DKV können sein: → Kreditinstitute, die sich der → Depotprüfung oder freiwillig einer Prüfung gleicher Art unterziehen, Wertpapier-Makler und → Wertpapierhäuser, wenn sie die speziellen Zulassungsvoraussetzungen (etwa im Hinblick auf das → Eigenkapital) erfüllen, sowie ausländische Zentralverwahrer (§ 5 Abs. 4 DepotG). Der DKV führt → Depotkonten und Geldkonten, daneben auch Pfanddepots, z. B. für → Lombardkredite der → Deutschen Bundesbank.

Deutscher Rahmenvertrag für Finanztermingeschäfte
Rahmenvertrag für → Finanztermingeschäfte.

Deutscher Rentenindex, → REX

Deutscher Sparkassen- und Giroverband e. V. (DSGV)
Spitzenverband der deutschen Sparkassenorganisation in der Rechtsform des eingetragenen → Vereins mit Sitz in Bonn.

Aufgaben: Förderung der gemeinsamen Interessen seiner Mitglieder und der angeschlossenen → Sparkassen.

Mitglieder: Ordentliche Mitglieder des Verbandes sind die → Landesbanken/Girozentralen und die → regionalen Sparkassen- und Giroverbände. Außerordentliches Mitglied ist u. a. der Verband der Deutschen Freien Öffentlichen Sparkassen e. V., Frankfurt/Main, der Hauptverband der österreichischen Sparkassen, Wien sowie verschiedene Landesbausparkassen. Vgl. auch Übersicht S. 426.
(→ Verbände und Arbeitsgemeinschaften in der Kreditwirtschaft)

Deutsches Aktieninstitut e. V.
Vereinigung zur Förderung der privaten Geldanlage in → Aktien durch Grundsatzanalyse und Aufklärung der breiten Öffentlichkeit über Aktie, → Aktiengesellschaft und → Börse unter Anwendung moderner Informationsmittel. Es soll damit auch ein Beitrag zur breiteren Eigentumsstreuung geleistet werden. Sitz ist Düsseldorf.

Deutsche Schutzvereinigung für Wertpapierbesitz e. V.
Vereinigung von → Aktionären zur Interessenvertretung (→ Aktionärsschutz, → Aktionärsrechte). Die Schutzvereinigung fördert den Gedanken des Privateigentums. Sie vertritt Aktionäre auf → Hauptversammlungen.

Deutsche Siedlungs- und Landesrentenbank (DSL-Bank)
Bundesunmittelbare → Anstalt des öffentlichen Rechts mit eigener Rechtspersönlichkeit, deren Aufgabe in der → Finanzierung öffentlicher und privater Vorhaben zur Verbesserung oder Erhaltung der wirtschaftlichen oder strukturellen Verhältnisse des ländlichen Raumes liegt. Die Bank hat ferner im öffentlichen Auftrag Maßnahmen zur Strukturverbesserung des ländlichen Raumes einschl. der ländlichen Siedlung, zur Verbesserung der Infrastruktur und des Umweltschutzes sowie zur Eingliederung der aus der Landwirtschaft stammenden Vertriebenen und Flüchtlingen zu fördern. Am Grundkapital der DSL-Bank (51 % stehen dem Bund zu) können sich andere → juristische Personen, → Personengesellschaften und → natürliche Personen bis zu 49 v. H. beteiligen. Rechtsgrundlage ist das DSL-Gesetz von 1989.

Organe: Organe der DSL-Bank sind der → Vorstand (Geschäftsführungsorgan), der → Verwaltungsrat (Überwachungsorgan) und die → Hauptversammlung (Vertretung der Anteilseigner).

Geschäfte: Die Bank darf alle Geschäfte betreiben, die mit der Erfüllung ihrer Aufgabe im Zusammenhang stehen, insbesondere das → Kreditgeschäft und → Diskontgeschäft und das → Garantiegeschäft. Zur Beschaffung von Mitteln darf sie → Einlagen annehmen, → Darlehen aufnehmen sowie → Pfandbriefe, → Kommunalobligationen und sonstige → Schuldverschreibungen ausgeben. Sie darf treuhänderisch Mittel wei-

Deutsche Siedlungs- und Landesrentenbank

Deutscher Sparkassen- und Giroverband – Mitglieder

Ordentliche Mitglieder		
Region	Regionaler Verband	Girozentrale
Baden Württemberg	Badischer Sparkassen- und Giroverband, Mannheim Württembergischer Sparkassen- und Giroverband, Stuttgart	Südwestdeutsche Landesbank Girozentrale, Stuttgart/Mannheim
Bayern	Bayerischer Sparkassen- und Giroverband, München	Bayerische Landesbank Girozentrale, München
Berlin	Landesbank – Berlin Girozentrale –, Berlin	Landesbank Berlin Girozentrale, Berlin
Bremen	Hanseatischer Sparkassen- und Giroverband, Hamburg	Bremer Landesbank Kreditanstalt Oldenburg – Girozentrale –, Bremen
Hessen	Hessischer Sparkassen- und Giroverband, Frankfurt am Main	Hessische Landesbank – Girozentrale –, Frankfurt am Main
Niedersachsen	Niedersächsischer Sparkassen- und Giroverband, Hannover	Norddeutsche Landesbank Girozentrale, Hannover und Braunschweig
Brandenburg Mecklenburg-Vorpommern Sachsen Sachsen-Anhalt Thüringen	Ostdeutscher Sparkassen- und Giroverband, Berlin	Deutsche Girozentrale – Deutsche Kommunalbank –, Berlin und Frankfurt am Main
Nordrhein	Rheinischer Sparkassen- und Giroverband, Düsseldorf	Westdeutsche Landesbank Girozentrale, Düsseldorf/Münster
Westfalen	Westfälisch-Lippischer Sparkassen- und Giroverband, Münster	Westdeutsche Landesbank Girozentrale, Düsseldorf/Münster
Rheinland-Pfalz	Sparkassen- und Giroverband Rheinland-Pfalz, Mainz	Landesbank Rheinland-Pfalz Girozentrale, Mainz
Saarland	Sparkassen- und Giroverband Saar, Saarbrücken	Landesbank Saar Girozentrale, Saarbrücken
Schleswig-Holstein	Sparkassen- und Giroverband für Schleswig-Holstein, Kiel	Landesbank Schleswig-Holstein Girozentrale, Kiel

Außerordentliche Mitglieder

Hauptverband der österreichischen Sparkassen, Wien; Verband der Deutschen Freien Öffentlichen Sparkassen e.V., Frankfurt/Main; Deka Deutsche Kapitalanlagegesellschaft mbH, Frankfurt/Main; Deutscher Sparkassenverlag GmbH, Stuttgart; LBS Norddeutsche Landesbausparkasse, Hannover; Badische Landesbausparkasse, Körperschaft des öffentlichen Rechts, Karlsruhe; Öffentliche Bausparkasse Hamburg, Juristische Person des öffentlichen Rechts, Hamburg; Landesbausparkasse Württemberg, Anstalt des öffentlichen Rechts, Stuttgart; LBS Ostdeutsche Landesbausparkasse AG, Potsdam.

terleiten und verwalten, → Beteiligungen erwerben und bankübliche Dienstleistungen erbringen. Die von der DSL-Bank ausgegebenen DM-Schuldverschreibungen sind mündelsicher (→ Mündelsicherheit, § 3 DSL-Bank-Gesetz).
(→ Kreditinstitute mit Sonderaufgaben)

Deutsche Sparkassenakademie
Zentrale Weiterbildungsstätte der Sparkassenorganisation. Sitz in Bonn (Buschstraße 32, 53113 Bonn). Mit ihrem Angebot richtet sie sich an die → Führungskräfte und Spezialisten der → Sparkassen, → Landesbanken/Girozentralen und aller sonstigen Einrichtungen der Sparkassenorganisation. Neben Führungs- und Fachseminaren (z. B. zu den Themen → Auslandsgeschäft, Organisation, → Controlling, → Firmenkundenbetreuung, Revision, Marketing, Datenverarbeitung, Vermögensberatung) werden auch Seminare für Verbandsprüfer angeboten. Als Dozenten sind neben Praktikern aus der freien Wirtschaft und aus der Sparkassenorganisation auch Hochschullehrer, Unternehmensberater und externe Trainer tätig.
(→ berufsbegleitende Weiterbildungsmaßnahmen, Sparkassen)

Deutsche Sparkassenorganisation
Verbund von → Sparkassen, → Landesbanken/Girozentralen, Landesbausparkassen, → Kapitalanlagegesellschaften, → Kapitalbeteiligungsgesellschaften, → Leasinggesellschaften und → Factoring-Instituten und Gemeinschaftseinrichtungen (Deutscher Sparkassenverlag, Rechenzentrum usw.).

Deutsche Terminbörse (DTB)
→ Terminbörse in der Bundesrepublik Deutschland. Die DTB hat am 26. Januar 1990 ihren Geschäftsbetrieb mit dem Handel in → Optionskontrakten auf zunächst vierzehn deutsche → Aktien aufgenommen. Ziel war es, auch in Deutschland eine leistungsfähige, den Anforderungen nationaler und internationaler Investoren genügende Terminbörse für → Optionen und Financial Futures (→ Finanzterminkontrakt) einzurichten. Ziel war es außerdem, die Attraktivität des Finanzplatzes Deutschland zu erhöhen, denn seit vielen Jahren war weltweit eine zunehmende Internationalisierung der → Geld-, → Kredit- und → Kapitalmärkte zu beobachten. Im Zuge dieser Internationalisierung verstärkte sich der → Wettbewerb zwischen den Finanzplätzen. Der Wettbewerb der Finanzplätze ist nicht nur ein internationaler Wettbewerb um geldanlagesuchende Investoren, sondern auch ein internationaler Wettbewerb um Arbeitsplätze und Steuereinnahmen.
Seit Aufnahme des Geschäftsbetriebs verzeichnet die DTB eine ungebrochene Aufwärtsentwicklung. Im Jahre 1990 wurden insgesamt knapp 30.000 → Kontrakte durchschnittlich pro Tag gehandelt. 1994 waren es bereits durchschnittlich rund 285.000 Kontrakte pro Tag. Hierin zeigt sich, daß sowohl bei institutionellen Investoren als auch bei Privatanlegern die Akzeptanz von derivativen Produkten als → Hedge- und → Trading-Instrumenten zugenommen hat. Die enormen Umsatzzuwächse brachten die DTB schnell auf Platz drei der europäischen Terminbörsen. Betrachtet man nur die Optionsumsätze, so steht die DTB in Europa auf Platz eins. Als vollelektronische Terminbörse ist die DTB weltweit sogar führend.

Rechtliche Konstruktion: Im Gegensatz zu den bestehenden acht deutschen Kassabörsen, die alle Parkettbörsen – zum Teil inzwischen ergänzt um Computerhandelssysteme (→ IBIS) – sind, ist die DTB eine reine Computerbörse. Trägerin der DTB ist nicht, wie bei den anderen deutschen → Börsen bis 1991 üblich, eine Kammer oder ein privatrechtlicher → Verein, sondern eine → Kapitalgesellschaft. Die DTB-GmbH wurde am 26. Juli 1988 von 17 Gesellschaftern aus einem repräsentativen Kreis von → Großbanken, → Sparkassen, Genossenschaftsbanken (→ Kreditgenossenschaften), → Regionalbanken und → Privatbanken gegründet. Sie weist nach ihrer → Satzung folgende Struktur auf:
– Die → Gesellschaft firmiert als DTB Deutsche Terminbörse GmbH mit Sitz in Frankfurt am Main, ihr → Stammkapital beträgt DM 15 Millionen.
– Gegenstand der Gesellschaft ist die Planung, die Einrichtung und der Betrieb einer vollelektronischen Börse für → Termingeschäfte sowie eines integrierten Clearingsystems für die geld- und stückemäßige Abwicklung der Geschäfte.
– Die Gesellschaft hat siebzehn Gesellschafter, einen oder mehrere → Geschäftsführer und einen aus sieben Mitgliedern bestehenden → Aufsichtsrat.

Deutsche Terminbörse

Am 26. Februar 1993 wurden die 17 Geschäftsanteile auf die → Deutsche Börse AG übertragen. Seitdem ist die Deutsche Börse AG die alleinige Anteilseignerin der DTB GmbH. Die DTB-GmbH stellt die personellen, sachlichen und finanziellen Mittel zur Durchführung von → Börsentermingeschäften zur Verfügung. Das Regelwerk der DTB besteht aus der Börsenordnung (DTB-BörsO), den Clearingbedingungen, den Handelsbedingungen, der Gebührenordnung, der Schiedsgerichtsordnung und sonstigen Vorschriften (→ Börsenrecht).

Die Genehmigung zur Errichtung einer Börse gem. § 1 Abs. 1 BörsG ist der DTB-GmbH am 11. September 1989 von der Hessischen Landesregierung durch das Hessische Ministerium für Wirtschaft, Verkehr und Technologie erteilt worden. Damit ist erstmals seit Inkrafttreten des → Börsengesetzes vom 22. Juni 1896 die Genehmigung zur Einrichtung einer Börse durch eine Aufsichtsbehörde erteilt worden und § 1 Abs. 1 BörsG zur Anwendung gekommen. Die Rechtsaufsicht über die DTB liegt beim gleichen Ministerium, daneben ist ein Staatskommissar benannt worden. Die Hessische Landesregierung hat am 14. November 1989 den ersten Börsenvorstand mit einer Amtszeit von einem Jahr ernannt. Auf seiner konstituierenden Sitzung am 20. November 1989 hat der Börsenvorstand einen Vorsitzenden gewählt und einen Börsengeschäftsführer bestellt. Die Aufgaben, Befugnisse und Amtszeit des DTB-Börsenvorstandes sind in den §§ 6 bis 12 der DTB-BörsO geregelt. Der Vorstand besteht aus mindestens zwölf, höchstens vierzehn Mitgliedern. Zehn Mitglieder kommen aus dem Kreis der zum Börsenterminhandel zugelassenen → Kreditinstitute. Jeweils ein Mitglied wird von den Börsenteilnehmern, die nicht den Vorschriften des → Kreditwesengesetzes unterliegen, und den Angestellten von Börsenteilnehmern gestellt. Darüber hinaus kann der Börsenvorstand jeweils ein Mitglied aus dem Kreis der Privatanleger und dem Kreis der → Kapitalsammelstellen hinzuwählen.

Börsenteilnehmer: Wer am Börsenterminhandel der DTB teilnehmen möchte, muß vom Börsenvorstand zugelassen werden. Die Zulassung berechtigt zum Börsenterminhandel für eigene und – soweit gesetzlich zulässig – für fremde Rechnung. Zugelassen werden darf nur, wer gewerbsmäßig für eigene oder fremde Rechnung Börsentermingeschäfte vornimmt und dessen → Gewerbebetrieb nach Art und Umfang einen in kaufmännischer Weise eingerichteten Geschäftsbetrieb erfordert (§§ 13f. DTB-BörsO). Damit können alle heutigen Mitglieder der acht deutschen Kassabörsen Börsenteilnehmer der DTB werden. Die DTB hat die Zulassung als Börsenteilnehmer an die folgenden Voraussetzungen (§ 15 DTB-BörsO) geknüpft, die alle erfüllt sein müssen:

(1) Diejenigen Personen, die für den Antragsteller zum Terminhandel tätig sein sollen, müssen die für den Börsenterminhandel notwendige Zuverlässigkeit und berufliche Eignung haben. Die berufliche Eignung ist anzunehmen, wenn eine Berufsausbildung, die zum Terminhandel befähigt, nachgewiesen wird.

(2) Der Antragsteller hat die ordnungsgemäße Abwicklung der Börsentermingeschäfte, insbesondere die Teilnahme am → Clearing, sicherzustellen. Es müssen ausreichende technische Einrichtungen und qualifiziertes Personal vorhanden und die unmittelbare oder mittelbare Teilnahme am Clearing gewährleistet sein.

(3) Der Antragsteller muß die technischen Anforderungen zum Anschluß an das EDV-System der DTB erfüllen.

(4) Der Antragsteller muß, soweit gesetzlich erforderlich, Sicherheit leisten. Eine Sicherheit in Höhe von DM 500.000 in Form einer → Bankbürgschaft oder einer → Kautionsversicherung haben als Antragsteller, die nicht den Vorschriften des Kreditwesengesetzes unterliegen, beizubringen.

Die vierte Zulassungsvoraussetzung macht deutlich, daß auch Nicht-Kreditinstitute als Teilnehmer am Börsenterminhandel der DTB zugelassen werden können. Die Zulassungsvoraussetzungen nach § 15 DTB-BörsO könnten z. B. von Versicherungsunternehmen und → Kapitalanlagegesellschaften erfüllt werden. Ende 1994 hatte die DTB 107 Börsenteilnehmer.

Jeder Börsenteilnehmer – Kreditinstitut oder Nicht-Kreditinstitut – kann zusätzlich eine Zulassung als Marketmaker für ein oder. mehrere Produkte beantragen (§ 17 Abs. 1 DTB-BörsO). Um die Zulassung als Marketmaker zu erhalten, muß der Börsenteilnehmer nachweisen, daß er über die notwendigen Handelskenntnisse zur Erfüllung einer Marketmakerfunktion verfügt (§ 17 Abs. 3 i.V.m. § 14 Abs. 2 u. 3 DTB-BörsO).

Weitere Zulassungsvoraussetzungen bestehen nicht. Die DTB-Börsenordnung bietet somit auch Nicht-Kreditinstituten die Möglichkeit, eine Zulassung als Marketmaker zu erhalten.

Clearing der DTB: Ein wesentlicher Unterschied zwischen der DTB und den traditionellen deutschen Börsen besteht in der Abwicklung der Börsengeschäfte. Die DTB ist ihre eigene Clearingstelle. Unter „Clearing" in Verbindung mit einer Terminbörse wird die Abwicklung, Besicherung und geld- und stückemäßige Regulierung aller an der Terminbörse abgeschlossenen Geschäfte verstanden. Der Clearingstelle einer Terminbörse kommt besondere Bedeutung zu, was an folgendem Beispiel verdeutlicht werden soll. Angenommen, Investor A kauft einen → Terminkontrakt und Investor B verkauft den gleichen Kontrakt. Würden A und B direkt miteinander abschließen, so bestünde für A die Gefahr, daß B bei → Fälligkeit nicht liefert und für B die Gefahr, daß A bei Fälligkeit nicht zahlt. An einer Terminbörse tritt die Clearingstelle zwischen A und B, sie wird für A Verkäufer und für B Käufer. Damit sind nicht mehr A und B Vertragspartner, sondern die Clearingstelle ist der jeweilige Vertragspartner. Das Geschäft ist entpersonifiziert worden, für A ist das → Bonitätsrisiko des B ausgeschaltet worden und vice versa. Es besteht nur noch das Bonitätsrisiko der Clearingstelle.

Um die Bonität einer Clearingstelle zu gewährleisten, verfügt jede Clearingstelle über ein eigenes Sicherheitssystem, das aus einem Marginsystem und bestimmten Bonitätsanforderungen an die Clearinginstitute besteht. Das Marginsystem (→ Margin) beinhaltet im allgemeinen zwei Komponenten, den Einschuß (→ Initial Margin) und die möglicherweise zu leistenden Nachschüsse (Variation Margin). Bei → Eröffnung einer → Position ist ein Einschuß auf das Marginkonto zu leisten. Am Ende eines jeden Börsentages werden alle Positionen von der Clearingstelle mit dem von ihr festgelegten Schlußkurs (→ Settlement Price) bewertet (→ Marked-to-Market-Prinzip). Ist der Kontostand des Marginkontos unter ein bestimmtes Niveau (→ Maintenance Margin) gefallen, so hat der Inhaber der → offenen Position einen Nachschuß zu leisten.

Nur Clearinginstitute können direkt Geschäfte an der Terminbörse abschließen, und nur sie werden Vertragspartner der Clearingstelle. Ein Clearinginstitut muß über ein bestimmtes → Eigenkapital verfügen und eine Clearinggarantie beibringen. Jedes Clearinginstitut ist verantwortlich dafür, daß seine Kunden ihren Verpflichtungen nachkommen. Alle Clearinginstitute haften solidarisch für die Bonität jedes einzelnen Mitgliedes. Die Erfahrungen in den USA mit Marginsystemen und der Solidarhaftung aller Clearinginstitute seit Anfang der 70er Jahre haben gezeigt, daß kaum ein Kunde Verluste aufgrund des Bonitätsrisikos eines Vertragspartners erleiden mußte.

Voraussetzung für die Teilnahme am Clearing an der DTB ist eine Clearinglizenz und eine Clearingmitgliedschaft. Clearinglizenzen werden nur an inländische Kreditinstitute im Sinne von § 1 KWG vergeben (Ziffer 1.1.1. Abs. 3 DTB-ClearingB):
(1) Die „General-Clearing-Lizenz", die zum Clearing von eigenen Geschäften und zum Clearing von Geschäften von Börsenteilnehmern ohne Clearinglizenz berechtigt. Voraussetzung ist, daß das antragstellende Kreditinstitut über ein haftendes Eigenkapital im Sinne von § 10 KWG (→ haftendes Eigenkapital der Kreditinstitute) von mindestens DM 250 Millionen verfügt und eine Clearinggarantie in Höhe von DM 10 Millionen beibringt.
(2) Die „Direkt-Clearing-Lizenz", die nur zum Clearing von eigenen Geschäften berechtigt. Voraussetzung ist, daß das antragstellende Kreditinstitut über ein haftendes Eigenkapital im Sinne von § 10 KWG von mindestens DM 25 Millionen verfügt und eine Clearinggarantie in Höhe von DM 2 Millionen beibringt.

Ein Börsenteilnehmer ohne Clearinglizenz – Kreditinstitut oder Nicht-Kreditinstitut – muß mit mindestens einem Börsenteilnehmer, der über eine Generallizenz verfügt, eine Clearingvereinbarung schließen (Ziffer 1.8.1 Abs. 1 DTB-ClearingB). Der Börsenteilnehmer mit Generallizenz führt dann das Clearing für sämtliche Geschäfte des „Nicht-Clearing-Mitgliedes" durch. Börsenteilnehmer mit Generallizenz sind verpflichtet, mit Börsenteilnehmern ohne Clearinglizenz eine Clearingvereinbarung zu schließen. Die Clearingbedingungen erlauben es somit auch Nicht-Kreditinstituten, Börsenteilnehmer mit oder ohne Marketmakerzulassung der DTB zu werden.

An der DTB kommen Geschäftsabschlüsse nur zwischen der DTB und einem Clearinginstitut zustande (Ziffer 1.2.1 Abs. 1 DTB-

Deutsche Terminbörse

ClearingB). Bei jedem DTB-Geschäft ist die Beziehung zwischen Kunde und Börsenteilnehmer – sofern es sich um ein Kundengeschäft handelt – einerseits und die Beziehung zwischen Börsenteilnehmer und DTB andererseits zu unterscheiden. Die erste Beziehung ist durch eine Kundenvereinbarung zwischen dem kundenbetreuenden Börsenteilnehmer und seinen Kunden geregelt, die zweite Beziehung durch die Clearingbedingungen der DTB. Im konkreten Fall könnte ein Geschäftsabschluß wie folgt aussehen: Ein Kunde kauft 10 Optionen (Optionsinhaber), der Börsenteilnehmer verkauft 10 Optionen (→ Stillhalter). Gleichzeitig kauft der Börsenteilnehmer von der DTB 10 Optionen, die DTB verkauft 10 Optionen (Deckungsgeschäft). Kommt die Option ins Geld und übt der Kunde aus, muß der Börsenteilnehmer dem Kunden liefern oder vom Kunden abnehmen. Gleichzeitig übt der Börsenteilnehmer aus, und die DTB muß liefern oder abnehmen. Jedes Clearingmitglied ist verpflichtet, börsentäglich Sicherheiten (Margins) in Geld oder → Wertpapieren für bestehende Positionen zu leisten, sofern bereits bestehende Sicherheiten nicht ausreichen.

Die DTB bedient sich bei der Ermittlung der zu leistenden Sicherheiten des „theoretical intermarket margin system" (TIMS), das zu den sogenannten „intermarket cross-margin"-Systemen gezählt wird. Ziel dieses Marginsystems ist es, die potentiellen Glattstellungskosten der Nettopositionen eines jeden Clearingmitgliedes auf Basis der ungünstigsten Prognose – „Maximalbelastungsfall" – für die Marktentwicklung von heute bis zum nächsten Börsentag zu bestimmen. Damit soll dem Risiko einer größeren Kursänderung der Basisaktien über Nacht – overnight-risk – Rechnung getragen werden. Als Alternative zum Cross-Margining gibt es das sogenannte „standard portfolio analysis of risk"-System (SPAN), wie es z. B. an der → LIFFE verwendet wird. Bei SPAN wird zunächst eine Anzahl möglicher Wertentwicklungen von Positionen simuliert, die Margin wird dann in Höhe der größten potentiellen Wertminderung erhoben. Rein materiell besteht zwischen den beiden Systemen kein großer Unterschied.

Mit Hilfe von TIMS wird börsentäglich für jedes Clearingmitglied der DTB für Optionen und Financial Futures die Sicherheitsleistung berechnet. Die Sicherheitsleistung für Optionen setzt sich aus → Premium Margin und → Additional Margin zusammen. Die Premium Margin soll das Risiko decken, eine Position zum aktuellen Marktwert glattstellen zu müssen. Die → Additional Margin soll das Risiko decken, eine Position zu einem ungünstigeren Preis am nächsten Börsentag glattstellen zu müssen („Zukunftsrisiko"). Die Additional Margin wird mit Hilfe maximal anzunehmender Preisbewegungen des Basiswertes auf Grundlage historischer → Volatilitäten ermittelt. Zur Berechnung potentieller Optionspreise verwendet die DTB den → binomialen Ansatz von → Cox, Ross und Rubinstein. Die Additional Margin ist folglich in ihrer Höhe abhängig von der aktuellen Marktlage, d. h. mit steigender Voltilität erhöht sich auch die Additional Margin und vice versa. Für Futures und → Optionen auf Futures wird keine Premium Margin erhoben, sondern nur die Additional Margin täglich berechnet und eingefordert. Auf die Premium Margin wird bei diesen Kontrakten verzichtet, weil ohnehin ein täglicher Gewinn- und Verlustausgleich stattfindet.

Produkte der DTB: An der DTB werden aktien- und zinsbezogene Financial Futures und Optionen gehandelt. Gem. § 17 Abs. 1 der DTB-BörsO wird für alle Optionskontrakte das Marketmaking durchgeführt. Im März 1994 umfaßte die Angebotspalette der DTB folgende aktien- und zinsbezogene Financial Future- und Optionskontrakte (die genauen Kontraktspezifikationen findet man im 2. Abschnitt der DTB-HandelsB.):
– Financial Future auf den → Deutschen Aktienindex (→ DAX-Future); Kontrakteinführung: November 1990
– Financial Future auf eine fiktive sehr langfristige – 15 bis 30 Jahre → Restlaufzeit – → Bundesanleihe (→ Buxl-Future); Kontrakteinführung: März 1994
– Financial Future auf eine fiktive langfristige – 6,5 bis 10 Jahre Restlaufzeit – Bundesanleihe (→ Bund-Future); Kontrakteinführung: November 1990
– Financial Future auf eine fiktive mittelfristige – 2,5 bis 6,5 Jahre Restlaufzeit – Bundesanleihe (→ Bobl-Future); Kontrakteinführung: Oktober 1991
– Financial Future auf den 3-Monats-FIBOR (→ FIBOR-Future); Kontrakteinführung: März 1994
– Optionen auf 20 deutsche Aktien, nämlich auf Allianz, BASF, Bayer, Bayerische Hy-

potheken- und Wechselbank, Bayerische Vereinsbank, BMW St., Commerzbank, Daimler-Benz, Deutsche Bank, Dresdner Bank, Hoechst, Lufthansa St., Mannesmann, Preussag, RWE St., Siemens, Thyssen, VEBA, VIAG, VW St.; Kontrakteinführung: Januar 1990
- Optionen auf den Deutschen Aktienindex (→ DAX-Option); Kontrakteinführung: August 1991
- Optionen auf den DAX-Future; Kontrakteinführung: Januar 1992
- Optionen auf den Bund-Future; Kontrakteinführung: August 1991
- Optionen auf den Bobl-Future; Kontrakteinführung: Januar 1993

Gemessen an den Umsatzzahlen ist die Option auf den DAX bisher der erfolgreichste Kontrakt, dicht gefolgt von den Aktienoptionen. Großes Interesse finden auch Bund- und Bobl-Future sowie DAX-Future. Mit gewissen Akzeptanzproblemen haben noch die Optionen auf DAX-, Bund- und Bobl-Future zu kämpfen, obwohl gerade diese drei Kontrakte die flexibelsten Instrumente sind.

Mit der jetzigen Angebotspalette ist die Aktien- bzw. Aktienindexseite weitgehend abgedeckt. Es ist naheliegend, daß weitere Basisaktien aufgenommen oder auch Basisaktien herausgenommen werden, wenn ein entsprechendes Interesse daran besteht. Die Zinsseite ist vollständig abgedeckt, so daß Investoren jetzt → derivative (Finanz-)Instrumente für alle Laufzeitbereiche der → Renditestrukturkurve zur Verfügung stehen. Bei der DTB wird aber intensiv untersucht, ob, wie und mit welchen Produkten die derzeitige Angebotspalette erweitert werden kann. Zur Diskussion stehen insbesondere die Einführung von Terminkontrakten auf → Devisen und auf → Waren. In diesem Zusammenhang ist auch der im Dezember 1993 mit der französischen Terminbörse → MATIF abgeschlossene Kooperationsvertrag von Bedeutung. Ziel dieses Vertrags ist es, den Mitgliedern der jeweiligen Terminbörse den direkten Zugriff auf neue Produkte – nämlich diejenigen der Partnerbörse – zu ermöglichen und damit auch die Angebotspalette für Kunden zu erweitern. Die Erweiterung der Angebotspalette durch die engere Zusammenarbeit von MATIF und DTB – es ist auch eine Vernetzung der → SOFFEX mit der DTB im Gespräch – erhöht wesentlich die Anziehungskraft des deutsch-französischen Terminmarktes für professionelle Marktteilnehmer aus dem Ausland.

Aktien- und zinsbezogene Financial Futures und Optionen bieten eine Vielzahl von Einsatzmöglichkeiten (Strategien mit Optionen, Strategien mit Financial Futures: → Conversion, Reversal, → Spreads, → Straddle, → Strangle). Diese Entwicklung ist vor allem darauf zurückzuführen, daß bei Investoren der Bedarf an Sicherungsinstrumenten, aber auch an neuen und ausgefeilteren Anlagestrategien stark gestiegen ist (→ Portfolio-Management, → Portfolio Insurance, → Asset Allocation)

Optionen und Financial Futures sind geeignet, die Performance (→ Wertentwicklung) von → Portfolios zu verbessern. Zum einen können Absicherungsstrategien durchgeführt werden, die ein Portfolio vor Kursverlusten schützen können. Zum anderen können durch den geeigneten Einsatz derivativer Instrumente Zusatzerträge erwirtschaftet werden. Insgesamt wurde das Spektrum der Anlagealternativen durch die Einrichtung von Terminbörsen im allgemeinen und speziell für Deutschland durch die DTB erheblich erweitert.

Handel an der DTB: Ein Börsentag an der DTB ist in mehrere Phasen eingeteilt. Die erste Phase (7.30 bis 9.30 Uhr bei → Aktienderivaten, 7.30 bis 8.00 Uhr bei Zinsderivaten) ist die Vorhandelsphase, in der alle Börsenteilnehmer Aufträge und → Quotes in das Computersystem der DTB eingeben können (→ Auftragsarten an der DTB). Geschäftsabschlüsse finden in dieser Zeit noch nicht statt.

Die zweite Phase ist die Eröffnungs- und Handelsphase (9.30 bis 16.00 Uhr bei Aktienderivaten, 8.00 bis 17.30 Uhr bei Zinsderivaten). Zunächst wird auf Basis aller vorliegenden Aufträge und Quotes für die einzelnen Serien der Kontrakte nach dem Meistausführungsprinzip ein Eröffnungspreis ermittelt. Diese Preisfestlegung erfolgt praktisch genauso wie die Kassakurs-Feststellung an der traditionellen Parkettbörse. Während des Handels erfolgen die Geschäftsabschlüsse in den einzelnen Serien der Kontrakte fortlaufend zu Einzelkursen. Das Computersystem der DTB faßt dabei miteinander ausführbare Aufträge zusammen. Dabei ordnet das System Aufträge und Quotes nach dem Preis; bei gleichem Preis entscheidet der Zeitpunkt der Eingabe. Unlimitierte Aufträge werden vor limitierten

Aufträgen ausgeführt. Die Quotes der Marketmaker dienen als Referenzpreise für unlimitierte Aufträge, denn unlimitierte Aufträge können nur zum Preis von Quotes oder limitierten Preisen ausgeführt werden, die nicht ungünstiger sind als die jeweils ungünstigste Quote. Im Prinzip erfolgt die Preisfeststellung für einzelne Aufträge wie die im variablen Handel der Parkettbörse.
Die letzte Phase ist der Nachhandel (16.00 bis 17.00 Uhr bei Aktienderivaten, 17.30 bis 18.00 Uhr bei Zinsderivaten). Während dieser Phase finden keine Geschäftsabschlüsse mehr statt, es können aber weiterhin neue Aufträge oder Quotes in das Computersystem der DTB eingegeben werden.
Die meisten Elemente, die vom traditionellen Handel an den deutschen Parkettbörsen bekannt sind, finden sich im Handel an der DTB wieder. Darüber hinaus sind einige Handelselemente verbessert worden. So ist z. B. die Markttransparenz an der DTB wesentlich größer als an der Parkettbörse, weil die Börsenteilnehmer an der DTB jederzeit in der Lage sind, sich die günstigsten Preisstellungen, die im System verfügbar sind und die den gesamten Markt widerspiegeln, anzeigen zu lassen. Diese größere Transparenz kommt auch den Investoren zugute, da sie sicher sein können, daß ihre Aufträge nur zu marktgerechten Preisen ausgeführt werden.

Deutsche Vereinigung für Finanzanalyse und Anlageberatung (DVFA)

Vereinigung von → Finanzanalysten (Investmentanalysten) aus → Kreditinstituten, → Kapitalanlagegesellschaften und anderen → Finanzinstituten sowie Versicherungsgesellschaften und Anlageberatern, die die Aufgabe hat, Methoden der → Finanzanalyse und Investmentanalyse zu entwickeln und zu verbessern sowie in der Öffentlichkeit Verständnis für Bedeutung und Funktion der Finanzanalyse und → Anlageberatung zu fördern. Die DVFA sieht ihre Aufgabe darin, den Anlegerschutz zu stärken und für mehr Transparenz am deutschen → Kapitalmarkt zu sorgen. Hierzu dient v. a. die Verbreitung des DVFA/SG-Ergebnisses (meist kurz als → DVFA-Ergebnis bezeichnet), das über das Informationssystem Reuters potentiellen Investoren Informationen in Form von Kennziffern als Grundlage für Anlageentscheidungen zur Verfügung stellt. Das DVFA/SG-Ergebnis ist eine international anerkannte Kennziffer für deutsche Unternehmen. Das Berechnungsschema beruht auf einer gemeinsamen Empfehlung der DVFA und der Schmalenbach-Gesellschaft (SG).

Deutsche Verkehrs-Bank AG (DVB)

(früher Deutsche Verkehrs Kredit Bank AG, DVKB). → Hausbank der Deutschen Bahn AG (früher der Deutschen Bundesbahn und der Deutschen Reichsbahn), zugleich auch → Geschäftsbank für das übrige → Bankgeschäft, insbesondere für Geschäftspartner, die den Bahnen verbunden sind (Transport-Spezialfinanzier). Die → Einlagen stammen überwiegend von den Bahnen, von → Firmenkunden und von den → Sparda-Banken. Ein Schwerpunkt ist die → Finanzierung von Frachtkosten (Frachtstundungsgeschäft) und von Lieferungen und Leistungen an die Bahnen. Bedeutsam ist das Wechselstuben-Geschäft (→ Sortengeschäft i. S. des KWG, → Reisezahlungsmittel). Die DVB ist mit beachtlichen → Quoten an der → Emission von → Anleihen der Bahn beteiligt und hat die → Kurspflege für die Bahnanleihen an den deutschen → Börsen übernommen.
(→ Kreditinstitute mit Sonderaufgaben)

Deutsche Zinsmethode

E30/360, 30E/360; Variante der → Tageberechnungsmethoden, bei der jeder Monat mit 30 Tagen bzw. das Jahr mit 360 Tagen gerechnet wird.

Schritt 1: Ermittlung der Anzahl der Tage

$$\text{Anzahl Tage} = (J_2 - J_1) \cdot 360 \\ + (M_2 - M_1) \cdot 30 \\ + (T_2 - T_1)$$

wobei:
J_2 = Jahr des längeren Termins
J_1 = Jahr des kürzeren Termins
M_2 = Monat des längeren Termins
M_1 = Monat des kürzeren Termins
T_2 = Tag des längeren Termins
T_1 = Tag des kürzeren Termins

Sollte T_1 oder T_2 der 31. sein, dann wird die Zahl 31 durch 30 ersetzt. Damit ist gewährleistet, daß jeder Monat 30 Tage hat.

Schritt 2: Umrechnung der Tage in Jahre (Dezimal):

$$\text{Anzahl der Jahre} = \text{Anzahl der Tage} : 360$$

Die D. Z. wird an den belgischen, deutschen, niederländischen, österreichischen und schwedischen → Kapitalmärkten sowie am → Euromarkt verwendet.

Devalvation
Devaluation; → Abwertung.

Devisen
Über ausländische → Währungen lautende Kontoguthaben bei → Kreditinstituten, → Wechsel, → Schecks, Noten, → Münzen usw. I. e. S., insbes. im → Devisenhandel, nur Kontoguthaben in fremder Währung, die im Devisenhandel auch → Auszahlungen genannt werden. Über ausländische Währungen lautende → Banknoten und Münzen (→ Sorten) werden häufig nur i. w. S. zu den D. gerechnet.

Devisenarbitrage
Ausnutzung kurzfristiger Kursdifferenzen an mindestens zwei verschiedenen → Devisenmärkten, im Zuge derer die Kursdifferenzen vermindert oder ganz beseitigt werden. Voraussetzung ist das Bestehen freier Devisenmärkte. Beschränkt sich die Tätigkeit auf das Aufspüren des günstigsten Kurses für den erforderlichen Kauf oder Verkauf einer → Devise, bezeichnet man dies als → Ausgleichsarbitrage. Wird gleichzeitig ein Gegengeschäft abgeschlossen, wird die Devise also „durchgehandelt", liegt eine → Differenzarbitrage vor. Arbitragegeschäfte dieser Art haben heute nicht mehr die gleiche Bedeutung wie früher, weil die Informationssysteme erheblich besser sind, so daß wesentlich voneinander abweichende → Kursquotierungen (→ Devisenhandel) nur noch selten vorkommen, und Devisen heute überwiegend durch Zwischenschaltung des US-Dollar gehandelt werden, so daß eine Zwei- oder Dreiwährungsarbitrage kaum mehr vorkommt. (Als → Währungen noch direkt gegeneinander gehandelt wurden, kam es häufig vor, daß die Währung A gegen die Währung B einen anderen Kurs hatte als bei Zwischenschaltung der Währung C.) Die Ausgleichs- und die Differenzarbitrage werden unter dem Oberbegriff Raumarbitrage zusammengefaßt und der Zeitarbitrage (→ Terminkursarbitrage, → Swapsatzarbitrage) gegenübergestellt. Der → Arbitragehandel im engeren Sinn hat heute keine große Bedeutung. Was die → Kreditinstitute heute mit Arbitragegeschäft oder Arbitragehandel bezeichnen, ist der laufende Kauf und Verkauf von US-Dollar im Handel mit anderen Banken (Arbitrage im weiteren Sinn). In den letzten Jahren hat sich auch ein gewisser Arbitragehandel in D-Mark gegen einige andere Währungen entwickelt. Die heute mit Arbitragegeschäft bezeichnete Tätigkeit führt nur in seltenen Fällen zu dem zeitgleichen Kauf und Verkauf der Arbitragewährung. I. d. R. entsteht zumindest vorübergehend eine → Devisenposition. Daher wird mitunter hierfür auch der Begriff → Interbankenhandel verwendet.

Devisenausländer
Früher gebräuchliche Bezeichnung für → Gebietsfremde.

Devisenbewirtschaftung
Teilweise oder völlige staatliche Lenkung des Geld- und Kapitalverkehrs mit dem Ausland durch Ge- und Verbote sowie Beschränkungen, wobei Anknüpfungspunkt für die Reglementierungen verschiedene Kriterien sein können: Art der Zahlungsverpflichtung, Leistungszweck, Zahlungsort, Zahlungswährung, Herkunft des → Gläubigers usw. D. erfordert eine zentrale Steuerung und Kontrolle des → Außenwirtschaftsverkehrs und führt zu einer Einschränkung bzw. Aufhebung der → Konvertibilität der betroffenen Währung. Die D. zielt auf eine möglichst exakte Abstimmung der Einnahmen und Ausgaben von → Devisen, → Sorten und ausländischen → Wertpapieren im Hinblick auf die Kontrolle des → Wechselkurses und damit auf den Ausgleich der → Zahlungsbilanz. Durch die Lenkung des → internationalen Zahlungsverkehrs erfolgt auch eine Einflußnahme auf den grenzüberschreitenden Waren- und Dienstleistungsverkehr, wenn dieser nicht ohnehin bereits durch staatliche Außenhandelsmonopole abgewickelt wird. Der freie Besitz und die freie Austauschbarkeit (Konvertibilität) von Devisen ist ausgeschlossen. Maßnahmen der D. sind u. a. Ablieferungspflichten für Devisen, Zuteilungssysteme von Devisen für Importe entsprechend der staatlichen Bedarfsskala, Monopolisierung des Devisenhandels bei der → Zentralbank. Aufgrund der negativen Erfahrungen mit der während der dreißiger Jahre weltweit üblichen D. – der Rückgang des Welthandels brachte allen Ländern Wohlstandseinbußen – setzten nach dem Zweiten Weltkrieg im Rahmen des → Internationalen Währungsfonds (IWF) und der OECD Bemühungen um die → Liberalisierung des internationalen Kapitalverkehrs ein. Im früheren Ost-

Devisenbörse

block war die D. Teil der zentralen Lenkung des Außenwirtschaftsverkehrs.
In der BRD wurden die Reste der zuletzt seit 1931 bestehenden D. mit dem Übergang zur Konvertibilität Anfang 1959 beseitigt. Durch das mit Wirkung vom 1. September 1961 in Kraft getretene Außenwirtschaftsgesetz (AWG) wurde diese Freizügigkeit auch gesetzlich verankert (§ 1, → Außenwirtschaftsrecht). Das AWG enthält derzeit auch keine Ermächtigung, aufgrund der die Bundesregierung durch Verordnung eine Ablieferungspflicht für eingehende Devisenzahlungen und eine Genehmigungspflicht für Zahlungen an → Gebietsfremde einführen kann. Zahlungsvorgänge, die Begründung dafür bzw. die Eingehung von → Verbindlichkeiten gegenüber Gebietsfremden und die Vermögensanlagen von → Gebietsansässigen im Ausland bzw. Gebietsfremden im Inland sind jedoch zwecks statistischer Erfassung zur Aufstellung der Zahlungsbilanz der → Deutschen Bundesbank zu melden (→ Meldungen über den Außenwirtschaftsverkehr).

Devisenbörse
Unselbständige Einrichtung der jeweiligen → Wertpapierbörse, die dem Handel mit fremden → Währungen und der amtlichen Kursfeststellung für → Kassadevisen dient. Der Handel erfolgt im Rahmen des allgemeinen → Börsenrechts unter Einschaltung eines oder mehrerer amtlicher → Kursmakler.
In der BRD gibt es fünf D. (Frankfurt, Berlin, Düsseldorf, Hamburg und München). Der Frankfurter D. kommt insofern eine besondere Bedeutung zu, als allein hier die → amtlichen Devisenkurse festgestellt werden, die im → Bundesanzeiger veröffentlicht werden. An den anderen D. werden lediglich die dort erteilten Kauf- und Verkaufsaufträge von den Kursmaklern zusammengestellt und an den Frankfurter Platz weitergeleitet. Die amtliche Kursfestsetzung findet an Werktagen montags bis freitags von 13.00 Uhr bis etwa 14.00 Uhr statt. Der Reihe nach werden für die 17 in der Tabelle S. 435 aufgeführten Währungen amtliche Mittel-, Geld- und Briefkurse festgesetzt.
Zur Kurserrechnung läßt sich der Frankfurter → Devisenmakler zunächst von einem → Kreditinstitut angeben, wie der Geldkurs (→ Bid) und der Briefkurs (→ Ask) der zur Notiz (→ Kursnotierung) anstehenden Währung im Banken-Telefon-Markt (→ Devisenmarkt) lautet. Diese Kursquotierung nimmt er als Ausgangspunkt für seine Kursfestsetzung. Er gibt diese Notierung an alle Börsenplätze durch und bittet gleichzeitig um Erteilung der Kauf- und Verkaufsaufträge. Diese können limitiert oder unlimitiert sein. Bei Kaufaufträgen drückt das Limit den Höchstkurs aus, den der Käufer zu zahlen bereit ist, bei Verkaufsaufträgen entsprechend den Tiefstkurs, den der Verkäufer nicht unterschreiten will. Bei unlimitierten Aufträgen fehlt die Kursbegrenzung; die Auftraggeber akzeptieren jeden innerhalb der vorher vom Makler verkündeten → Kursspanne festgesetzten Kurs. Unlimitierte Kaufaufträge bezeichnet man als → Billigst-Order, unlimitierte Verkaufsaufträge als → Bestens-Order. Billigst- und Bestens-Orders müssen bei der Kursfixierung mit ihrem vollen Betrag ausgeführt werden, ebenso alle im Vergleich zum amtlichen Kurs niedrigeren Verkaufs- und höheren Kauforders. Limite, die mit dem amtlichen Kurs identisch sind, können teilweise ausgeführt (repartiert) werden. Die Kursfestsetzung hat auf der Höhe zu erfolgen, auf der neben den Billigst- und Bestens-Aufträgen ein möglichst großer Anteil der limitierten Aufträge ausgeführt werden kann (Prinzipien der Einheitskursermittlung). Der so gefundene Kurs ist der amtliche Mittelkurs (→ Mittelkurs im Devisenhandel). Der amtliche Geldkurs bzw. Briefkurs wird unter Zugrundelegung eines festen Ab- bzw. Aufschlages vom Mittelkurs abgeleitet (→ Geldkurs im Devisenhandel, → Briefkurs im Devisenhandel).
Die an der Börse über die Makler abgewickelten → Devisengeschäfte werden zum jeweiligen amtlichen Mittelkurs ausgeführt. Zu den amtlichen Geld- und Briefkursen werden die Kundengeschäfte der Kreditinstitute abgerechnet, sofern zwischen Kreditinstitut und Kunde nicht eine andere Absprache getroffen ist. Dies ergibt sich aus Nr. 40 AGB Sparkassen, die vorsieht, daß Banken Aufträge zum Kauf und Verkauf von Devisen als → Kommissionär durch Selbsteintritt ausführen. (Nach § 400 Abs. 5 HGB dürfen in diesem Fall keine ungünstigeren Kurse als die amtlich festgestellten berechnet werden.) Größeren Kunden konzedieren Kreditinstitute häufig günstigere Konditionen in Form sog. → „gespannter" Kurse oder „doppelt gespannter" Kurse. (Die Spanne zwischen amtlichem Mittelkurs und Geld- bzw. Briefkurs beläuft sich auf die

Devisen-Future

Devisenbörse

Währung	Auszahlung	Mindesthandelsbetrag	Von der Bundesbank verwendete Abkürzungen	ISO-Währungscode
US-Dollar	New York	100 000	US-$	USD
Pfund Sterling	London	20 000	£	GBP
Irisches Pfund	Dublin	20 000	Ir £	IEP
Kanadischer Dollar	Montreal/Toronto	50 000	Can $	CAD
Holländischer Gulden	Amsterdam/Rotterdam	200 000	hfl	NLG
Schweizer Franken	Zürich/Basel	200 000	sfr	CHF
Belgischer Franc	Brüssel/Antwerpen	2 000 000	bfr	BEC
Französischer Franc	Paris	200 000	FF	FRF
Dänische Krone	Kopenhagen	200 000	dkr	DKK
Norwegische Krone	Oslo	200 000	nkr	NOK
Schwedische Krone	Stockholm/Malmö	200 000	skr	SEK
Italienische Lira	Rom/Mailand	50 000 000	Lit.	ITL
Österreichischer Schilling	Wien	1 000 000	S	ATS
Spanische Peseta	Madrid/Barcelona	2 000 000	Pta	ESP
Portugiesischer Escudo	Lissabon	1 000 000	Esc	PTE
Japanischer Yen	Tokio	10 000 000	Y	JPY
Finnische Mark	Helsinki	100 000	Fmk	FIM

Hälfte bzw. ein Viertel der normalen Spanne.)
(→ Devisengeschäft, → Devisenhandel)

Devisen-Future
Currency Future, Foreign Currency Future, Währungs-Future, Devisenterminkontrakt.
Vertragliche Verpflichtung, einen Währungsbetrag zu einem bestimmten Kurs und zu einem festgelegten Termin zu kaufen oder zu verkaufen. Wie bei allen → Futures werden auch bei D.-F. Abschlüsse nicht unmittelbar zwischen Käufer und Verkäufer verrechnet. Kontrahent einer jeden Transaktion ist die Clearing-Stelle der → Terminbörse (→ Clearing), so daß Kauf- und Verkaufspositionen vor → Fälligkeit durch gegenläufige Geschäfte glattgestellt werden können (→ Future). Ist es zu einer vorzeitigen Liquidierung der → Position (Regelfall) nicht gekommen, muß zum Fälligkeitstermin die effektive Lieferung bzw. Übernahme des Währungsbetrages erfolgen.
Kauf- und Verkaufsverpflichtungen werden in Form standardisierter → Kontrakte an Terminbörsen gehandelt. Der beispielsweise an der → Chicago Mercantile Exchange (CME) gehandelte DM-Kontrakt basiert auf einem Kontraktwert von 125.000 DM. Notiert wird er in US-Dollar je 1 DM. Liefermonate sind März, Juni, September, Dezember.
Spekulativ orientierte Anleger, die DM-Futures der CME erwerben, setzen auf eine Wertsteigerung der D-Mark gegenüber dem US-Dollar. Erwarten sie umgekehrt eine stärkere US-Valuta und eine schwächere D-Mark, werden sie die Kontrakte verkaufen. Dem hohen Gewinnpotential bei Eintritt einer DM-Hausse (bzw. DM-Baisse) steht ein gleichhohes Verlustpotential bei Eintritt einer konträr zu den Erwartungen verlaufenden Wechselkursentwicklung gegenüber. Kauf- und Verkaufspositionen werden nicht nur zur Erzielung von Differenzgewinnen (Spekulationsstrategie), sondern auch zu Absicherungszwecken (→ Hedgingstrategie) eröffnet. So kann ein in Dollar bilanzierendes Unternehmen versuchen, durch den Erwerb von DM-Kontrakten künftige Zahlungsverpflichtungen in DM gegen einen zwischenzeitlichen Wertzuwachs der D-Mark abzusichern. Dabei geht das Unternehmen von der Erwartung aus, daß bei Bestätigung der erwarteten Entwicklung des DM/$-Kurses der bei Fälligkeit der DM-Verpflichtungen höhere Dollar-Aufwand durch den → Gewinn aus der Futures-Posi-

Devisengeschäft

Devisengeschäft – Arten

Nach Zeitpunkt der Erfüllung	Devisenkassageschäfte Devisentermingeschäfte – Swapgeschäfte – Outrightgeschäfte oder Sologeschäfte (Sonderformen der Devisentermingeschäfte: – Devisenoptionsgeschäfte – Geschäfte in Financial Futures)
Nach Art des Marktes	Devisengeschäfte im Bankenmarkt (Freiverkehr, Interbank-Handel) Devisengeschäfte an der Börse
Im Hinblick auf die Initiative	Eigengeschäfte Kundengeschäfte
Nach der Kontrahierungswährung	Devisengeschäfte gegen die eigene Währung Devisengeschäfte Fremdwährung gegen Fremdwährung (Usancegeschäfte)

tion zumindest teilweise ausgeglichen wird. Umgekehrt kann dieses Unternehmen in D-Mark denominierte → Forderungen gegen einen Wertverlust der D-Mark absichern.

Devisengeschäft
Geschäft in fremden → Währungen; → Bankgeschäft, aber nicht → Bankgeschäft i. S. des Kreditwesengesetzes.

Arten: vgl. Tabelle oben.

Devisenhandel
Kauf und Verkauf von → Devisen, entweder gegen die eigene → Währung oder gegen eine Fremdwährung (→ Usancegeschäft). Trotz bestehender bankaufsichtsrechtlicher Regelungen ist der D. kein Bankgeschäft im Sinne von § 1 KWG.
Gegenstand des D. sind ausschließlich über fremde → Währung lautende Kontoguthaben, die auch → Auszahlung genannt werden. Der Handel findet statt per Telefon, per Fernschreiber, per elektronisch gesteuertem Kommunikationssystem und an der → Devisenbörse. Nur ein geringer Teil des D. läuft über die → Börse, der weitaus größte Teil wird direkt zwischen → Kreditinstituten abgewickelt. Teilnehmer sind außerdem → Zentralbanken und große Unternehmen außerhalb des Bankenbereichs. Im Mittelpunkt des Handels stehen die Banken, die entweder für eigene Rechnung (vor allem in Form des Arbitragegeschäftes [→ Arbitrage, → Devisenarbitrage]) oder für Rechnung ihrer Kunden (→ Kundengeschäft im Devisenhandel) tätig werden. Banken, die unabhängig von ihrem Kundengeschäft ständig zu Geschäftsabschlüssen bereit sind, bezeichnet man als → „Marktmacher" (Marketmaker). Auf Anfrage nennen sie Kauf- bzw. Verkaufskurse (→ Geldkurs im Devisenhandel, → Briefkurs im Devisenhandel), zu denen sie bereit sind, bestimmte Währungen zu handeln. Der D. ist eine stark international geprägte Tätigkeit. Sehr viele Geschäftsabschlüsse kommen mit Banken im Ausland zustande, im besonderen Maße beim Handel von US-Dollar gegen D-Mark, der nahezu an allen internationalen Devisenhandelsplätzen stattfindet und „rund um die Uhr" möglich ist. Wichtigste Handelsplätze sind die größeren Städte in Deutschland, die Hauptstädte im europäischen Ausland sowie New York, Chicago, Tokio, Singapur und Hong Kong.

Erfüllung: Gehandelt wird entweder per „Kasse" (→ Devisenkassageschäfte, → Kassageschäfte) oder per „Termin" (→ Devisentermingeschäfte, → Termingeschäfte). Die Erfüllung erfolgt → Valuta kompensiert; beim Kassageschäft spätestens am zweiten Geschäftstag nach dem Abschlußtag, beim Termingeschäft später als am zweiten Geschäftstag nach Abschluß. Termingeschäfte können in Form des Outrightgeschäftes (→ Outright, d. h. ohne Verbindung mit einem Kassageschäft) oder in Form des → Swapgeschäftes (Verbindung eines Kas-

Devisenhandel

sageschäftes mit einem gegenläufigen Termingeschäft) abgeschlossen werden.

Kursbildung: Die Höhe des → Devisenkurses einer Währung wird bestimmt von der Zahlungsbilanzlage (→ Zahlungsbilanz) des betreffenden Landes (→ Wechselkurs). Die Entwicklung von Preisdiskrepanzen zwischen In- und Ausland hat i.d.R. erst längerfristig eine Veränderung des Wechselkurses über eine Verschiebung der Handelsströme zur Folge. Kapitalverkehrszahlungen, ausgelöst von Zinsdifferenzen und Wechselkurserwartungen, sind demgegenüber auf kurze Frist dominierend. Den dadurch ausgelösten Ausschlägen des Devisenkurses wirken die Zentralbanken häufig mit → Interventionen am Devisenmarkt entgegen, mit denen sie entweder im → Festkurssystem (z. B. → Europäisches Währungssystem) die festgelegten → Bandbreiten verteidigen oder im Floatingsystem (→ Floating) die Kursausschläge zu limitieren trachten (→ Wechselkurssystem). Im Falle der BRD sind diese währungssystembedingten Interventionen einerseits durch die Zugehörigkeit der Bundesrepublik zum Europäischen Währungssystem (EWS) und andererseits durch das Floating der D-Mark gegenüber dem US-Dollar und allen anderen Nicht-EWS-Währungen gekennzeichnet.

Handelspraxis: Besondere Bedeutung kommt am Devisenmarkt dem US-Dollar in seiner Eigenschaft als → Vehikelwährung zu. Die am Devisenmarkt tätigen Banken quotieren in erster Linie Kauf- und Verkaufskurse ihrer jeweiligen nationalen Währung gegen US-Dollar. Der Handel der anderen Währungen findet vornehmlich durch Zwischenschaltung des US-Dollar statt. Neben dem US-Dollar hat sich auch die D-Mark zur Vehikelwährung entwickelt; diese Funktion übt sie jedoch nur in Europa aus, und auch hier nur in begrenztem Umfang. Auch der ECU (→ Europäische Währungseinheit) wird gegen die wichtigsten Handelswährungen quotiert.

Quotierung: In der BRD und in den meisten anderen Staaten (Ausnahme: Großbritannien und Irland) werden die Devisenkurse im Wege der sog. Preisnotierung quotiert. Dabei drücken die Kurse den Preis in der jeweiligen Währung für eine bestimmte Einheit (z.B. 1 oder 100) der Fremdwährung aus (z.B. 1 US-$ = 1,7500 DM). In Großbritannien und Irland gilt demgegenüber die sog. Mengennotierung. Hier gibt der Kurs an, wie viele Einheiten der fremden Währung einer Einheit der eigenen Währung entsprechen (z.B. 2,4950 DM = 1 £). Die meisten Kurse werden mit fünf signifikanten Ziffern quotiert (z.B. 1 US-$ = 1,7515 DM). Im Handel unter Banken werden allerdings häufig nur die beiden letzten Ziffern genannt. Die → „Big Figure", die Stellen vor den letzten beiden Ziffern, werden als bekannt vorausgesetzt. Im Terminhandel quotieren die Banken untereinander keine → Devisenterminkurse, sondern Auf- und Abschläge (→ Reports bzw. → Deports) zu den → Devisenkassakursen (→ Swapsätze). Wie am → Kassamarkt quotieren die Banken auch am → Terminmarkt untereinander immer zugleich Ankauf- und Verkaufssätze (Swapgeschäfte). Die Terminkurse errechnen sich aus den Kassakursen und den Swapsätzen (Kassakurs + Aufschlag bzw. Kassakurs ./. Abschlag = Terminkurs). Banken in der BRD haben durch die Entstehung eines → Arbitragehandels in D-Mark – zumindest im Falle der wichtigeren europäischen Währungen und des Yen – die Möglichkeit, die benötigte Währung bei hierauf spezialisierten Banken direkt gegen D-Mark zu erwerben. Dies ist häufig sogar günstiger als über die Einschaltung des Dollar, da in diesem Fall eine der beiden Handelsspannen in Wegfall kommt. Häufig erhalten die Banken von ihren Kunden den Auftrag, bei Erreichen bestimmter Kurslimite tätig zu werden, also z.B. englische Pfunde zu kaufen, wenn der Kurs auf ein bestimmtes Niveau zurückgeht, oder die Banken regen im Rahmen ihrer Kundenberatung diese Auftragsgestaltung selbst an.

Terminhandel: Anders als für → Kassadevisen gibt es in der BRD keinen börsenmäßigen Devisenterminhandel. In einigen ausländischen Staaten haben sich demgegenüber in den letzten Jahren bedeutende → Terminbörsen entwickelt (Financial Futures, → Finanzterminkontrakt). Eine Abart des Devisentermingeschäfts stellt die → Devisenoption dar, bei der der Inhaber der Option gegenüber dem → Stillhalter das Recht, aber nicht die Verpflichtung erwirbt, zu einem vereinbarten Kurs eine bestimmte Devise zu kaufen bzw. zu verkaufen.

Risiken: Der D. ist eines der am meisten risikobehafteten Bankgeschäfte. Verlustgefahren entstehen insbes. aus dem → Valutarisiko (Wechselkursrisiko, Paritätsände-

Devisenhandel der Deutschen Bundesbank

rungsrisiko), dem →Swapsatzrisiko, dem →Erfüllungsrisiko, dem →Transferrisiko und dem Geschäftsrisiko.

Das *Valutarisiko* (→Währungsrisiken) ist das bei weitem bedeutsamste Risiko des D. Es ergibt sich immer dann, wenn eine offene Position (Devisenposition) eingegangen wird. Zur Vermeidung größerer Verluste ist es bei den Banken schon seit jeher üblich, den →Devisenhandels-Abteilungen Limite für das Eingehen offener Positionen zu setzen. Eine aufsichtsrechtliche Begrenzung der offenen Devisenpositionen wurde 1974 durch das →Bundesaufsichtsamt für das Kreditwesen mit dem →Grundsatz Ia erlassen, wonach der Unterschiedsbetrag zwischen Aktiv- und Passivpositionen in fremder Währung sowie in Gold, Silber und Platinmetallen, unabhängig von ihrer Fälligkeit, einen bestimmten Prozentsatz der haftenden →Eigenmittel nicht übersteigen darf. Mit Wirkung vom 1. Oktober 1990 wurde der Grundsatz neu gefaßt und erweitert. Er begrenzt jetzt nicht nur Wechselkursrisiken, sondern auch Risiken aus Zinstermin- und →Zinsoptionsgeschäften in Währungen oder anderen Gegenständen. Diese Risiken sollen nach der Änderung der Grundsätze zum 1. 1. 1993 insgesamt 42% des →haftenden Eigenkapitals täglich bei Geschäftsschluß nicht übersteigen (→Eigenkapitalgrundsätze, Grundsatz Ia). Das Swapsatzrisiko wird immer dann relevant, wenn Terminpositionen bestehen, die zwar betragsmäßig, aber nicht laufzeitmäßig geschlossen sind. Hat eine Bank z. B. jeweils 10 Mio. Einheiten einer Währung per drei Monate gekauft und per vier Monate verkauft, so ist ihre Position betragsmäßig geschlossen, laufzeitmäßig aber nicht kongruent. Dies bedeutet, daß sie zwar keinem Kursrisiko ausgesetzt ist, wohl aber einem Swapsatzrisiko, nämlich dem Risiko, daß sich bis zum Ende des 3. Monats, wenn sie die sich dann öffnende Position durch Kontrahierung eines Swapgeschäfts erneut schließt, der Swapsatz zu ihren Ungunsten entwickelt hat.

Erfüllungsrisiko: Mit jedem Devisenhandelsgeschäft, das eine Bank abschließt, geht sie das Risiko ein, daß die Gegenpartei ihre Verpflichtung nicht erfüllt und als Folge hiervon die Transaktion mit einem Verlust endet. Die Banken begrenzen das Erfüllungsrisiko durch eine sorgfältige Auswahl ihrer Geschäftspartner, durch Festsetzung interner Limite für das Handelsvolumen je Geschäftspartner sowie – im Verkehr mit Kunden – durch die Forderung der Sicherheitenstellung.

Transferrisiko: Ein Risiko des Devisenhandelsgeschäftes liegt auch in der Möglichkeit, daß durch staatliche Maßnahmen der Transfer von Geldern oder deren Konvertierung in eine andere Währung untersagt wird. Diesem Risiko begegnen die Banken durch Festsetzung von Länderlimiten.

Geschäftsrisiko: Risiken liegen ferner in der fehlerhaften Abwicklung des Devisenhandelsgeschäftes. Vergißt z.B. ein Devisenhändler, über einen Abschluß einen →Händlerzettel auszuschreiben, stimmt die Händlerposition der Bank nicht mit den tatsächlichen Gegebenheiten überein. Die Bank hat dann – wie sich später bei Eingang der schriftlichen Bestätigung des Kontrahenten herausstellt – entweder einen Devisenfehlbetrag oder -überschuß. Die →Glattstellung der Differenz kann bei zwischenzeitlich eingetretenen Kursveränderungen erhebliche Kosten verursachen. Ein gewisses Risiko liegt auch in der Möglichkeit, daß untreue Devisenhändler mit betrügerischer Absicht Geschäfte zum Nachteil der Bank abschließen (z. B. zu für die Bank nachteiligen Kursen). Um diese Gefahr nach Möglichkeit auszuschließen, hat das Bundesaufsichtsamt für das Kreditwesen mit Schreiben vom 24.2.1975 an die → Spitzenverbände des Kreditgewerbes „Mindestanforderungen für bankinterne Kontrollmaßnahmen bei Devisengeschäften" aufgestellt. In dem Schreiben werden die funktionale Trennung von Handel, Abwicklung und Buchung gefordert sowie Anforderungen für die Abwicklung und Kontrolle des Devisengeschäftes aufgestellt. Zum gleichen Zweck sowie zur Sicherung eines „standesgemäßen und moralischen Verhaltens" an den Devisenmärkten haben die Spitzenverbände des Kreditgewerbes Verhaltensnormen bzw. Leitsätze für das Verhalten am Devisenmarkt aufgestellt. Ähnlich hat die Devisenhändler-Vereinigung, der →Forex-Club, einen „Verhaltenskodex im Devisenhandel" veröffentlicht.

Devisenhandel der Deutschen Bundesbank, →Deutsche Bundesbank, Devisenhandel.

Devisenhandels-Abteilung
Arbeitseinheit in einem →Kreditinstitut, die den →Devisenhandel abwickelt. Sie glie-

dert sich auf in das Handelsbüro, in dem die effektiven Abschlüsse getätigt werden, und das sog. → „Back Office", wo die Abwicklung und Überwachung der Geschäfte erfolgt.

Handelsbüro: Es teilt sich auf in die Handelsgruppe und die Kundengruppe. Die Handelsgruppe ist bei größeren Banken weiter untergliedert nach Kassa- und Terminhandel (→ Kassageschäfte, → Termingeschäfte) sowie innerhalb dieser Gruppierung nach → Währungen. Die Verantwortung für den Geschäftsablauf liegt beim „Chefhändler". Zur Kontrolle der → Devisenposition ist einer der Händler (bei währungsmäßiger Aufteilung des Handels ggf. mehrere Händler) damit beauftragt, die Devisenposition des Instituts fortzuschreiben, d. h. jeden Handelsabschluß in einer Positionsliste zu erfassen. Die Fortschreibung erfolgt heute meist zusätzlich oder auch ausschließlich per Computer. Nach jedem Devisenhandelsabschluß ist sofort ein sog. „Händlerzettel" oder „Slip" auszuschreiben, in dem alle wichtigen Einzelheiten der Transaktion (Währung, Betrag, Kontrahent, → Fälligkeit, Anschaffungsadresse) festzuhalten sind. Der Händlerzettel ist gemäß Anordnung des → Bundesaufsichtsamtes für das Kreditwesen sofort mit einem Uhrzeitstempel und einer fortlaufenden Nummer zu versehen. Danach wird er dem Positionisten und sodann dem Back Office zugeleitet. Bei vielen Kreditinstituten werden zur Beschleunigung und Rationalisierung des Ablaufes keine Händlerzettel mehr ausgeschrieben, sondern die Daten der Geschäfte unmittelbar in die EDV-Anlage eingegeben. Der Kundengruppe obliegen die Beratung der → Bankkunden und der Abschluß von Devisenhandelsgeschäften mit dem Kunden (→ Kundengeschäft im Devisenhandel). Geschäftsabschlüsse der Kundengruppe sind sofort der Handelsgruppe zu melden.

Back Office: In dem organisatorisch vom Handelsbüro getrennten Back Office werden die schriftlichen Bestätigungen der Geschäftsabschlüsse angefertigt, die Buchungsbelege erstellt, die Zahlungen angewiesen, die Einhaltung von → Positionslimiten und Kontrahentenlimiten überwacht sowie die eingehenden Bestätigungen der Geschäftspartner mit den eigenen Unterlagen abgestimmt. Dem Back Office obliegt ferner die Unterrichtung der Geschäftsleitung über das Volumen und den Erfolg der Handelstätigkeit sowie die Erstellung der aufsichtsrechtlich geforderten Berichte, vor allem der monatlichen Meldung zum → Grundsatz I a (→ Eigenkapitalgrundsätze).

Deviseninländer
Früher gebräuchliche Bezeichnung für → Gebietsansässiger.

Devisenkassageschäft
Geschäft in fremder → Währung (→ Devisengeschäfte), das innerhalb von zwei Arbeitstagen zu erfüllen ist (→ Kassageschäft). D. im Auftrag von Kunden führen → Kreditinstitute als → Kommissionär mit Selbsteintritt unter Ausschluß der Anzeige nach § 405 HGB aus (Nr. 40 AGB Sparkassen).

Devisenkassahandel
Teil des → Devisenhandels der → Geschäftsbanken und des Auslandsgeschäfts der Deutschen Bundesbank (→ Deutsche Bundesbank, Währungspolitische Befugnisse und Geschäftskreis). Die Bundesbank handelt mit den → Kreditinstituten alle amtlich notierten → Währungen auf diejenigen Plätze, an denen sie Korrespondenten hat, sowie US-Dollar Anschaffung Frankfurt/Main (→ Deutsche Bundesbank, Devisenhandel). Die Bank handelt unmittelbar oder über → Devisenmakler. Für die Geschäfte gelten grundsätzlich die Bedingungen und Usancen der Frankfurter Börse (→ Devisenbörse). Die Kurse, zu denen Anträge zum An- und Verkauf ausgeführt werden, werden jeweils besonders vereinbart. Die äußersten Kurse für die am → Europäischen Währungssystem teilnehmenden Währungen werden von der Deutschen Bundesbank im → Bundesanzeiger als Mittelkurse bekanntgegeben; sie können um die Geld- bzw. Briefmarge unter- bzw. überschritten werden (→ Geldkurs im Devisenhandel, → Briefkurs im Devisenhandel).

Devisenkassakurs
Preis für fremde → Währungen am Devisenkassamarkt (→ Devisenmarkt, → Devisenkurs).

Devisenkassamarkt, → Devisenmarkt.

Devisenkurs
In inländischen Währungseinheiten ausgedrückter Preis für eine oder 100 bzw. 1000 ausländische Währungseinheiten (Preisnotierungen der → Wechselkurse). Die Be-

Devisenkursrisiko

Devisenkurs – Arten

Nach der Art des Wechselkurssystems	Feste Kurse (fester Wechselkurs) – Leitkurse – Interventionskurse Flexible Kurse (Flexibler Wechselkurs) Multiple Kurse (Multipler Wechselkurs)
Im Hinblick auf den Kaufkraftvergleich	Nominale Kurse Reale Kurse
Nach der Art der Kursfindung	Offizielle Kurse (offizieller Devisenkurs) Marktkurse – amtliche Börsenpreise (an der Devisenbörse festgestellte Kurse) – Freimarktkurse
An der Devisenbörse	Amtliche Devisenkurse (Kassakurse): – amtlicher Mittelkurs – amtlicher Geldkurs – amtlicher Briefkurs
Im Bankenmarkt	Kassakurse: – Geldkurs (Geldkurs im Devisenhandel) – Briefkurs (Briefkurs im Devisenhandel) Terminkurse Swapsätze
Für Abrechnungen der Kreditinstitute gegenüber der Nichtbankenkundschaft	Kassakurse: – Geldkurs – gespannter Geldkurs – doppelt gespannter Geldkurs – Mittelkurs – Briefkurs – gespannter Briefkurs – doppelt gespannter Briefkurs Terminkurse: – Geldkurs – Briefkurs Scheckankaufskurs (Sichtkurs) Wechselankaufskurs Sortenkurse – Geldkurs – Briefkurs
Kurse der Deutschen Bundesbank	Interventionskurse Scheckeinzugskurse Wechselankaufskurse

griffe „D." und „Wechselkurs" werden im allgemeinen synonym verwendet.

Arten: vgl. Tabelle oben.

Devisenkursrisiko

Wechselkursrisiko; → Währungsrisiko, das aus einer möglichen negativen Entwicklung des → Wechselkurses resultiert. Mit Blick auf Fremdwährungsaktiva liegt für eine Bank die Gefahr in der → Aufwertung der Inlandswährung bzw. der → Abwertung der Auslandswährung, d.h. der durch den sinkenden → Devisenkurs ausgelösten Wertminderung der Fremdwährungsaktiva, wenn deren Wert in Einheiten der Inlandswährung ausgedrückt wird (aktivisches D.). Bei Fremdwährungspassiva besteht die Gefahr in der Abwertung der Inlandswährung bzw. der Aufwertung der Auslandswährung. Der steigende Devisenkurs erhöht den in Inlandswährung ausgedrückten Wert der Fremdwährungspassiva (passivisches D.). Das D. wird i. d. R. allerdings als ein *Netto-Devisenkursrisiko* definiert, d. h. im Sinne der Gefahr negativer Erfolgswirkung aus Risiken und Chancen mit gleicher Ursache (Devisenkursänderung) und so als aktivisches oder passivisches D. nur auf offene Fremdwährungspositionen (aktivischer bzw. passivischer Fremdwährungsüberhang) bezogen. Das Ausmaß des D. wird dann von der Höhe einer →offenen Währungsposition und von der →Volatilität des Kurses bestimmt.

Devisenkurssicherung, →Wechselkurssicherung.

Devisenmakler
→Handelsmakler, die sich auf die Vermittlung von Devisenhandelsgeschäften (→Devisengeschäft) zwischen →Kreditinstituten spezialisiert haben. Zu unterscheiden ist zwischen amtlichen D., die an →Devisenbörsen tätig sind, und D. im →Freiverkehr. Die amtlichen D. werden durch den für die →Börsenaufsicht zuständigen Minister des jeweiligen Bundeslandes bestellt. Für die freien D. gibt es keine behördliche Zulassung. Ihre Berufsausübung setzt in der BRD lediglich den Erwerb eines Gewerbescheins voraus.

Devisenmarkt
In der BRD der →Devisenhandel der →Kreditinstitute im →Telefonverkehr (auch als Banken-Telefon-Markt, Banken-Markt, Interbank-Handel, Freier Markt, →Freiverkehr bezeichnet) einerseits und die amtliche Kursfestsetzung an der →Devisenbörse andererseits.
Unterschieden werden außerdem der Devisenkassamarkt (Handel in →Kassadevisen) und der →Devisenterminmarkt (Handel in →Termindevisen).
Ungleichgewichte zwischen Angebot und Nachfrage auf dem D. können zu außen- und binnenwirtschaftlich unerwünschten Wirkungen führen. Deshalb hat die →Deutsche Bundesbank Zugang und Eingriffsmöglichkeiten in den Devisenmarkt mit dem Ziel der Stabilisierung des →Außenwertes der Währung (→Gold- und Devisenbilanz, →Zahlungsbilanzausgleich, →Interventionen am Devisenmarkt).

Devisenoption
Währungsoption; Recht, aber nicht Verpflichtung des Optionsinhabers (→Option), einen bestimmten Währungsbetrag zu einem vereinbarten Preis (→Basispreis, strike price oder exercise price) bis bzw. zu einem festgelegten Auslauftag (expiration date) zu kaufen (Kaufoption, →Call) bzw. zu verkaufen (Verkaufsoption, →Put).
Als Äquivalent für das Wahlrecht hat der Optionsinhaber an den →Stillhalter eine Prämie (→Optionsprämie) zu zahlen. Ob der Optionsinhaber das Recht ausübt, hängt von der jeweiligen Kursentwicklung ab. Das Risiko des Käufers ist auf die Optionsprämie beschränkt. Die Gewinnmöglichkeiten sind (theoretisch) unbegrenzt. Call und Put sind während ihrer →Laufzeit handelbar.
D. eignen sich zur →Wechselkurssicherung, zum →Hedging und zur Spekulation.

Wechselkurssicherung: Mit einer Kaufoption (Verkaufsoption) kann sich ein Kreditnehmer (Kreditgeber) gegen das Risiko steigender (sinkender) →Wechselkurse schützen. (Er erwirbt das Recht, z. B. US-Dollar zu kaufen (verkaufen) und D-Mark zu verkaufen (kaufen).) Devisenoptionsgeschäfte sind eine Sonderform der →Devisentermingeschäfte.

Marktformen: D. gibt es als börsenmäßig gehandelte Optionen und als Optionen im Bankenmarkt (Over-the-Counter Options, →Over-the-Counter-Markt).
Die *börsenmäßig gehandelten Optionen* sind gekennzeichnet durch eine starke Standardisierung (Betrag, →Laufzeit usw.). Sie beinhalten entweder das Recht auf Lieferung eines bestimmten Devisenbetrags per Kasse oder auf Lieferung eines →Kontraktes über →Devisen-Futures.
Die *Over-the-Counter Options* gehen demgegenüber immer auf Lieferung von Devisen per Kasse. Sie können grundsätzlich genau auf die Bedürfnisse des Kunden abgestellt werden (z. B. hinsichtlich Betrag, Laufzeit, Basispreis). Allerdings entwickelt sich auch hier eine Tendenz zur Standardisierung.

Devisenoption – Devisentermingeschäft: Der Vorteil von D. gegenüber Devisentermingeschäften besteht darin, daß sie für den Inhaber die Möglichkeit des Verlustes aus einer nachteiligen Kursentwicklung ausschließen, die des →Gewinnes aus einer vorteilhaften Entwicklung aber aufrecht erhal-

Devisen-Optionsschein

ten. Ihr Nachteil gegenüber dem Abschluß eines Devisentermingeschäftes liegt in der an den Stillhalter zu zahlenden Prämie. Für den Stillhalter beinhalten sie eine Einnahmequelle bei allerdings unbegrenztem Risiko.
(→ Garman-Kohlhagen-Modell)

Devisen-Optionsschein
→ Optionsschein, der als → Basiswert → Devisen (z. B. US-Dollar, Japanischer Yen) hat.

Devisenpensionsgeschäft
→ Pensionsgeschäft, das die Überlassung von Devisenwerten auf Zeit durch den Pensionsgeber an den Pensionsnehmer zum Gegenstand hat. In formalrechtlicher Hinsicht wird der Devisenwert per Kasse verkauft und per Termin zurückgekauft. Insoweit ergibt sich eine Parallele zum → Swapgeschäft. Im Unterschied zu diesem werden jedoch beim D. nicht Guthaben (→ Forderungen) in fremder → Währung, sondern → Wertpapiere in fremder Währung übertragen. Zweck der Übertragung ist im Falle der kommerziellen D. die Beleihung der Papiere, im Falle der D. der Deutschen Bundesbank die → Feinsteuerung am → Geldmarkt.

Devisenpensionsgeschäfte der Bundesbank:
Pensioniert wird der Herausgabeanspruch auf US-Schatzbriefe (z. B. → Treasury Bills). Für die Laufzeit der Pensionsgeschäfte der Bundesbank ergibt sich in Höhe des Gegenwerts der pensionierten Papiere eine Verringerung der → Zentralbankguthaben der → Kreditinstitute und damit eine kontraktive Wirkung auf die → Bankenliquidität (→ geldmarktbezogene Devisenpolitik der Deutschen Bundesbank). Der Vorzug des D. gegenüber dem Swapgeschäft als Geldmarktsteuerungsmittel liegt darin, daß ein Verkauf der US-Schatzpapiere und damit eine Beeinflussung des Marktes der US-Schatzpapiere vermieden wird.

Devisenposition
Währungsposition, Valutaposition; → Saldo bzw. Salden zwischen → Forderungen und → Verbindlichkeiten in einer oder in mehreren Fremdwährungen. Überwiegen die Forderungen, spricht man von einer Plusposition oder einer → Long Position, überwiegen die Verbindlichkeiten, von einer Minusposition oder → Short Position. Die D. kann per Kasse, per Termin oder in einer Kombination von beiden bestehen. Eine offene D. (→ offene Währungsposition) beinhaltet ein → Währungsrisiko.

Devisenreserve
Bestand an internationalen liquiden → Zahlungsmitteln (kurzfristig fällige Guthaben bei ausländischen Banken, Gold, → Banknoten [→ Sorten]), über den ein Land verfügt. Besitzer dieser Zahlungsmittel können die → Zentralbank, die → Kreditinstitute, die Unternehmen und die privaten Haushalte sein. Die in der → Zahlungsbilanz ausgewiesenen Veränderungen der → Währungsreserven der Zentralbank sind also nur ein Teil der D.

Devisenspekulation
Kauf oder Verkauf einer → Währung mit dem Ziel, den Betrag später nach Eintritt der erwarteten Kursveränderung zu einem höheren Kurs wieder zu verkaufen bzw. zu einem niedrigeren Kurs einzudecken. Die Spekulation kann per Kasse oder per Termin (→ Devisenhandel) erfolgen. Des großen Risikos wegen hat das → Bundesaufsichtsamt für das Kreditwesen den erlaubten Umfang der D. der → Banken beschränkt (→ Devisenhandel, → Eigenkapitalgrundsätze, → Grundsatz I a).
Von der D. ist die → Devisenarbitrage (→ Arbitrage) zu unterscheiden.

Devisenswap
Austausch (Swap) von → Devisen, indem der Besitzer einer Währungsposition einem Partner Devisen zur Verfügung stellt (→ Kassageschäft) und gleichzeitig den Rückkauf zu einem festen Termin und Kurs vereinbart (→ Termingeschäft). Beispielsweise führt die Deutsche Bundesbank → Devisenpensionsgeschäfte mit Banken durch.
(→ Devisenswapgeschäfte, → Pensionsgeschäfte)

Devisenswapgeschäfte
→ Swapgeschäfte mit → Devisen (→ Devisengeschäft mit gleichzeitigem Abschluß eines → Kassa- und eines gegenläufigen → Termingeschäftes), die sowohl von → Kreditinstituten als auch von der → Deutschen Bundesbank durchgeführt werden. Die D. der Bundesbank dienen ausschließlich der Feinsteuerung des → Geldmarktes (→ geldmarktbezogene Devisenpolitik der Deutschen Bundesbank).

Devisentermingeschäft
Geschäft in fremder → Währung (→ Devisengeschäft), das zu einem späteren Zeitpunkt als ein → Devisenkassageschäft erfüllt wird (→ Termingeschäft). D. werden von → Kreditinstituten als → Eigengeschäfte ausgeführt. Sie können zur → Wechselkurssicherung, aber auch zur Spekulation (→ Devisenspekulation) genutzt werden.

Devisentermingeschäftsfähigkeit,
→ Termingeschäftsfähigkeit.

Devisenterminkontrakt,
→ Devisen-Future.

Devisenterminkurs
Preis für fremde → Währungen am → Devisenterminmarkt. (→ Devisenkurs).

Devisenterminmarkt
Markt, an dem → Devisentermingeschäfte (→ Devisenmarkt, → Terminmarkt) abgeschlossen werden (→ Forward Market).

Devisenterminmarktpolitik der Deutschen Bundesbank
→ Interventionen am Devisenmarkt, die als sog. Outrightterminoperationen (→ Outright) von der → Deutschen Bundesbank verschiedentlich getätigt worden sind, um spekulativen Devisenbewegungen entgegenzuwirken oder um Kursglättungsoperationen gegenüber dem US-Dollar geräuschlos durchzuführen. Durch → Termingeschäfte werden mittelbar Wirkungen am → Kassamarkt erzielt; der Geschäftspartner der Bundesbank sucht das → Währungsrisiko aus dem mit der Bundesbank abgeschlossenen Termingeschäft durch ein entgegengesetztes → Kassageschäft auszugleichen, um eine offene → Devisenposition zu vermeiden. Solche Geschäfte beeinflussen die → Bankenliquidität mit zeitlicher Verzögerung.

D%-Fast-Linie
Synonym für die D%-Linie des → Fast Stochastics (→ Stochastics).

DFÜ
Abk. für → Datenfernübertragung.

DG BANK, Deutsche Genossenschaftsbank
Spitzeninstitut des kreditgenossenschaftlichen Sektors mit Sitz in Frankfurt a. M. Universal und international arbeitende → Geschäftsbank, der als *Hauptaufgabe* die Förderung des gesamten Genossenschaftswesens obliegt. Sie wurde 1949 als → Anstalt des öffentlichen Rechts errichtet und 1976 in eine → *Körperschaft des öffentlichen Rechts* umgewandelt. Kapitaleigner sind die regionalen → genossenschaftlichen Zentralbanken und sonstige → juristische Personen im genossenschaftlichen Mitgliederkreis sowie der Bund und die Länder. Als „Bank der → Zentralbanken" dient sie dem → Liquiditätsausgleich (Liquiditätsanlage, Refinanzierung). Die Mittelbeschaffung erfolgt vorwiegend durch Entgegennahme von → Einlagen der genossenschaftlichen Zentralbanken. Dem Institut steht auch das Emissionsrecht zu (→ Inhaberschuldverschreibungen). Bei der Mittelverwendung nehmen die → Forderungen gegenüber genossenschaftlichen Zentralbanken und → Kreditgenossenschaften eine besondere Stellung ein. Das → Kreditgeschäft mit Nichtbanken konzentriert sich auf genossenschaftliche Großbetriebe (Waren- und Dienstleistungsgenossenschaften; genossenschaftliche und gemeinnützige Wohnungswirtschaft). Die DG-Bank hat die Funktion des Zentralinstituts für die Abwicklung des → bargeldlosen Zahlungsverkehrs, der über den Geschäftsbereich einer Zentralbank hinausgeht. Im → Effektengeschäft ist die DG-Bank durch Beteiligung an → Emissionskonsortien engagiert. Im → Auslandszahlungsverkehr und im Auslandskreditgeschäft arbeitet das Institut mit den genossenschaftlichen Zentralbanken eng zusammen. Für den genossenschaftlichen Bankenverbund ist die DG-Bank auf den nationalen und internationalen → Geldmärkten und → Kapitalmärkten auch mit eigenen Niederlassungen tätig.

Diagonal-Modell
Originalbezeichnung für das → Index-Modell von Sharpe. Vgl. auch → moderne Portfolio-Theorie, → portfolioorientierte Aktienanalyse.

Diagonal Spread
→ Kombinierte Optionsstrategie, bei der gleichzeitig eine → Long und → Short Position in Call-Optionen (→ Callrecht) oder → Put-Optionen in dem gleichen Underlying (→ Basiswert) mit unterschiedlicher → Fälligkeit und unterschiedlichem → Basispreis eingegangen wird.
(→ Vertical Spread, → Time Spread)

Dichtefunktion
Begriff aus der Wahrscheinlichkeitsrechnung (→ Zufallsgröße). Die D. bezeichnet die → Wahrscheinlichkeitsdichte f(x) einer stetigen Zufallsgröße; zu ihr gehört die → Verteilungsfunktion F(x).

Dienstbarkeit
Beschränkt → dingliches Recht an einem Gegenstand, das auf ein Dulden (der Benutzung, des Ziehens von → Nutzungen) oder ein Unterlassen (von tatsächlichen Handlungen oder der Ausübung von → Rechten) gerichtet ist. Beispiele: → Grunddienstbarkeit, → beschränkte persönliche Dienstbarkeiten, → Dauerwohnrecht.

Dienstleistung im Außenwirtschaftsverkehr
„Unsichtbare" grenzüberschreitende Leistung, z. B. im Reiseverkehr, in der Personenbeförderung, im Transportwesen, im privaten Versicherungsverkehr. Zu unterscheiden sind (1) aktiver Dienstleistungsverkehr (Erbringen von Dienstleistungen durch → Gebietsansässige an → Gebietsfremde = „Ausfuhr" von Dienstleistungen), (2) passiver Dienstleistungsverkehr (Entgegennahme von Dienstleistungen Gebietsfremder durch Gebietsansässige = „Einfuhr" von Dienstleistungen). Aktive und passive Dienstleistungen sind i. a. genehmigungsfrei. Rechtsvorschriften über Beschränkungen sind in den §§ 5–7 AWG (allgemeine Beschränkungsmöglichkeiten) sowie in den §§ 15–21 AWG (spezielle Beschränkungsmöglichkeiten für den Dienstleistungsverkehr) enthalten. Die → Außenwirtschaftsverordnung enthält in den §§ 44ff. Regelungen über Beschränkungen des aktiven, in den §§ 46ff. Regelungen über Beschränkungen des passiven Dienstleistungsverkehrs, in Form von Genehmigungspflichten. Einnahmen und Ausgaben aus dem Dienstleistungsverkehr mit dem Ausland werden in der → Dienstleistungsbilanz (Teilbilanz der → Zahlungsbilanz) erfaßt. Für den Dienstleistungsverkehr bestehen allgemeine Meldevorschriften (→ Meldungen über den Außenwirtschaftsverkehr) und besondere Meldevorschriften (§ 26a AWG).

Dienstleistungsbilanz
Teilbilanz der → Zahlungsbilanz (und der → Leistungsbilanz) zur Erfassung der Einnahmen und Ausgaben grenzüberschreitender Dienst- und Faktorleistungen, wie z. B. Reiseverkehr, Transport- und Versicherungsdienstleistungen, → Provisionen, Kapitalerträge, Arbeitsentgelte. Die Zusammenfassung des → Saldos der D. mit dem Saldo der → Handelsbilanz ergibt den → Außenbeitrag gemäß Inländerkonzept.

Dienstleistungsgeschäfte der Kreditinstitute, → Provisionsgeschäfte.

Dienstmädchenhausse
Letzte Phase eines Aufwärtstrends, in der der Markt durch überschäumenden Optimismus der Marktteilnehmer geprägt ist. Diese Börsenphase ist die Phase des „kleinen Mannes". Der Ausdruck D. zeigt, daß Laien am Aufwärtstrend teilhaben wollen, weil die Gazetten voll optimistischer Prognosen sind und der Markt hochgeredet wird. Es bricht ein allgemeines Spekulationsfieber aus. Sehr viele → Aktien werden auf Kredit gekauft. Diese Phase ist i. d. R. die letzte Phase eines Aufschwungs. (→ Hausse)

Dienstvertrag
Gegenseitiger → Vertrag, in dem sich der Dienstverpflichtete zur Leistung von vereinbarten Diensten, der Dienstberechtigte (Dienstherr) zur Entrichtung der vereinbarten Vergütung verpflichtet (§§ 611 ff. BGB). Gegenstand des D. können (erlaubte) Dienste jeder Art sein, auch Dienste, die eine Geschäftsbesorgung zum Gegenstand haben. Im letzteren Fall finden in erster Linie die Bestimmungen über den → Auftrag entsprechende Anwendung (§ 675 BGB, → Geschäftsbesorgungsvertrag). Im Gegensatz zum → Werkvertrag wird beim Dienstvertrag der Dienst als solcher, nicht aber der Erfolg geschuldet.
Ein Unterfall des D. ist der → Arbeitsvertrag.

Differential Swap, → Quanto Swap.

Differenzarbitrage
Variante einer → Arbitragestrategie, bei der ein bestimmter → Finanztitel auf verschiedenen Märkten mit unterschiedlichen Kursen bewertet wird. D. wird beispielsweise bei vielen → Composite Assets (z. B. → Koppelanleihe, → Anleihe mit Schuldnerkündigungsrecht, → Reverse Floater, → Leveraged Floater) vom → Emittenten des Composite Assets durchgeführt. Voraussetzung für D. ist, daß das Composite Asset in Einzelteile aufgesplittet wird (→ Unbundling)

und diese separat bewertet werden. D. wird von → Emittenten vollzogen, um Finanzierungskosten zu verringern.
Gegensatz: → Ausgleichsarbitrage.

Differenzeinwand, → Termineinwand.

Differenzgeschäfte
→ Symmetrische Risikoinstrumente oder → asymmetrische Risikoinstrumente, bei denen lediglich bei → Fälligkeit oder vorzeitiger Ausübung (z. B. → Amerikanische Optionen) eine Zahlung in Höhe der Differenz zwischen dem vereinbarten → Terminkurs (z. B. → Forward-[Geschäfte]), Terminrendite (→ Implied Yield; z. B. → Forward-Swaps) oder Basiskurs (z. B. → Optionen) und dem im Erfüllungszeitpunkt geltenden aktuellen Wert des → Basiswertes erfolgt. Eine → physische Erfüllung, d. h. Lieferung oder Abnahme, findet nicht statt (→ Cash Settlement, Barausgleich).

Diff Swap, → Quanto Swap.

Digital Cap
Exotisches → Cap, bei dem ein fester Betrag von der → Short Position gezahlt wird, wenn das Cap an den Zinsfeststellungsterminen im Geld (→ In-the-Money) ist, d. h. der aktuelle → Referenzzinssatz über dem → Basispreis liegt. Ein D.C. besteht aus mehreren → Binary Options. Im Gegensatz zu normalen Caps wird bei D.C. keine Ausgleichszahlung oder nur eine bereits fixierte Ausgleichszahlung von der Short Position geleistet. Die Höhe der Ausgleichszahlung wird deshalb auch nicht durch die Höhe des → inneren Wertes bestimmt. D. C. werden als → Embedded Exotic Options in → Accrual Notes verwendet.
Gegensatz: → Digital Floor.

Digitale Option, → Binary Option.

Digital Floor
Exotischer → Floor, bei dem ein fester Betrag von der → Short Position gezahlt wird, wenn der Floor an den Zinsfeststellungsterminen im Geld (→ In-the-Money) ist, d. h. der aktuelle → Referenzzinssatz unter dem → Basispreis liegt. Ein D. F. besteht aus mehreren → Binary Options. Im Gegensatz zu normalen Floors wird bei D. F. keine Ausgleichszahlung (→ Cash Settlement) oder nur eine bereits fixierte Ausgleichszahlung von der Short Position geleistet. Die Höhe der Ausgleichszahlung wird deshalb auch nicht durch die Höhe des → inneren Wertes bestimmt. D. F. werden als → Embedded Exotic Options in → Accrual Notes verwendet.
Gegensatz: → Digital Cap.

Digital Option, → Binary Option.

Diners Club
Als Franchiseunternehmen konzipierter Ausgeber (→ Emittent) von → Kreditkarten; weltweit ältester Emittent. In der BRD gehört der D. C. zum amerikanischen Citibank-Konzern. Der D. C. zählt wie → American Express zur Kategorie der Ausgeber von Travel-and-Entertainment-Karten (Kreditkarten für Kunden mit höherem Einkommen und häufiger Reisetätigkeit; → T&E-Karten). Entsprechend abgestimmt sind Zahl und Art der → Zusatzleistungen.

Dingliches Ankaufsrecht
Ein in der II. Abteilung des → Grundbuches eingetragenes Recht auf Grundstückserwerb. Ein Dritter kann ohne Zustimmung des Ankaufsberechtigten das → Grundstück nicht erwerben. Bei einem → Sanierungsvermerk oder Umlegungsvermerk besteht eine gesetzliche Verfügungsbeschränkung. Die → Auflassungsvormerkung bewirkt ebenfalls, daß ein Dritter ohne Zustimmung des Auflassungsberechtigten nicht neuer Eigentümer des Grundstücks werden kann.

Dingliches Recht
Herrschaftsrecht, das sich auf eine → Sache erstreckt und gegen jedermann („absolut") wirkt. Es kann ein Vollrecht (z. B. → Eigentum) oder ein beschränkt d. R. (z. B. → Hypothek) sein.
Gegensatz: obligatorisches Recht, das nur gegen bestimmte Personen („relativ") wirkt (z. B. → Anspruch aus einem → Kreditvertrag).

Dingliches Vorkaufsrecht
Beschränkt → dingliches Recht an einem → Grundstück, das dem Inhaber die Befugnis zum Erwerb des → Eigentums an einem Grundstück einräumt, sofern der Vorkaufsfall eintritt (§§ 1094 ff. BGB). Dieser besteht im Abschluß eines Verkaufsvertrages über das betreffende Grundstück (→ Kauf) zwischen dem Eigentümer und einer anderen → Person (§§ 1098, 504 ff. BGB).

Vertragliche Begründung: Wie jedes → Grundstücksrecht entsteht es durch → Ei-

Dingliche Unterwerfungsklausel

nigung und Eintragung im →Grundbuch (§ 873 BGB). Begünstigter kann entweder eine bestimmte →natürliche Person bzw. →juristische Person (sogenanntes subjektives persönliches V., § 1094 Abs. 1 BGB) oder der jeweilige Eigentümer eines anderen Grundstücks (sogenanntes subjektivdingliches V., § 1094 Abs. 2 BGB) sein.

Rechtswirkungen: Dritten gegenüber wirkt es wie eine Auflassungsvormerkung (→Vormerkung). Grundstücksrechte, die vor Eintritt der Vorkaufslage begründet werden, bleiben bestehen, während umgekehrt solche, die erst nach diesem Zeitpunkt bestellt werden, dem Vorkaufsberechtigten gegenüber relativ unwirksam sind, so daß dieser deren Löschung verlangen kann. →Kreditinstitute müssen deshalb bei der Besicherung eines →Kredits mit →Grundpfandrechten prüfen, ob der Eigentümer einen wirksamen Kaufvertrag über das Grundstück bereits abgeschlossen hat. Trifft das zu, so hat die →Beleihung zu unterbleiben, falls nicht der Vorkaufsberechtigte der Belastung des Grundstücks zustimmt oder erklärt, das Vorkaufsrecht nicht ausüben zu wollen.

Erlöschen: Das nur für den ersten Verkaufsfall bestellte V. erlischt im Falle nicht oder nicht fristgemäßer Ausübung (§§ 1098 Abs. 1 S. 1, 510 Abs. 2 BGB) sowie stets bei der →Zwangsversteigerung des Grundstücks. Wird dagegen das V. für mehrere Verkaufsfälle eingeräumt, was der Eintragung in das Grundbuch bedarf (vgl. § 1097 BGB), gilt es als vorrangiges Recht (→Rang von Grundstücksrechten) und geht in der Zwangsversteigerung nicht unter (§ 44 Abs. 1 ZVG), was aus der Sicht des Kreditgebers eine Wertminderung des Grundstücks mit sich bringt.

Gesetzliche V.: Das den Gemeinden nach §§ 24 ff. BauGB eingeräumte gesetzliche V. ist nicht mit der dinglichen Wirkung einer Vormerkung ausgestattet. Die betroffene Gemeinde kann sich aber ihren →Anspruch, allerdings erst bei Eintritt des Vorkaufsfalls, durch Eintragung einer →Auflassungsvormerkung sichern lassen.

Gegensatz: schuldrechtliches →Vorkaufsrecht
(→Grundbuch)

Dingliche Unterwerfungsklausel

Die Unterwerfung des Grundstückseigentümers unter die sofortige →Zwangsvollstreckung aus der →Grundschuld macht den dinglichen →Anspruch sofort durchsetzbar, ohne daß der →Gläubiger zuvor Klage zu erheben braucht. Da die d. U. notariell beurkundet werden muß, ist eine sachgerechte Belehrung gewährleistet. Insbes. bei hohen Beträgen versucht man Notarkosten zu sparen, indem man nur den letztrangigen Teilbetrag einer Grundschuld mit einer sofortigen Zwangsvollstreckungsklausel verbindet. Für die Eintragung einer nicht vollstreckbaren Grundschuld ist nur eine →öffentliche Beglaubigung, keine →notarielle Beurkundung erforderlich. Dies ist vor allem dann eine Sicherungsmöglichkeit, wenn die d. U. erst nachträglich erfolgt.

Diplom-Betriebswirt/-in (FH), →berufsbegleitende Weiterbildungsmöglichkeiten, Genossenschaftsbanken, →berufsbegleitende Weiterbildungsmöglichkeiten, Kreditbanken.

Diplomierter Bankbetriebswirt ADG, →berufsbegleitende Weiterbildungsmöglichkeiten, Genossenschaftsbanken.

Diplomierter Sparkassenbetriebswirt, →berufsbegleitende Weiterbildungsmöglichkeiten, Sparkassen.

Diplom-Kaufmann (-frau), →berufsbegleitende Weiterbildungsmöglichkeiten, Sparkassen.

Direct Costing

Bereich der →Deckungsbeitragsrechnung, bei dem zunächst die →Deckungsbeiträge als Differenz zwischen Preisen und variablen →Stückkosten (→variable Kosten) ermittelt werden und sodann die Summe aller Deckungsbeiträge um den Betrag der →Fixkosten vermindert wird. D. C. kann auch als Grenzkostenrechnung bezeichnet werden, da →Grenzkosten und variable Stückkosten bei den in der Praxis vorherrschenden linearen Kostenverläufen identisch sind.

Direct-Hedging

→Hedgingstrategie, bei der ein Kassapapier mit →Futures abgesichert wird, das als Underlying (→Basiswert) in den Future geliefert werden kann. Oftmals spricht man auch von einem D.-H. i. e. S., wenn bei mittel- und langfristigen →Zinsfutures mit →Basket-Delivery nur die →CTD-Anleihe

abgesichert wird. Bei D.-H. ist das → Basisrisiko geringer als bei einem → Cross-Hedging.
Gegensatz: → Cross-Hedging.
(→ Hedging-Strategien mit Zinsfutures)

Directional-Risk, → Delta-Risk.

Directional Spread
→ Kombinierte Optionsstrategie, bei der der Anleger Gewinn realisiert, wenn der Kurs des → Basiswertes in eine bestimmte Richtung tendiert. Reine D. S. sind → Vertical Spreads (z. B. → Bull-Spread, → Bear-Spread). Gemischte D. S. sind beispielsweise → Time Spreads oder → Volatilitätsstrategien. So steht z. B. bei Volatilitätsstrategien eine Veränderung der → impliziten Volatilität im Vordergrund. Allerdings kann durch die Wahl unterschiedlicher → Basispreise oder der Anzahl der eingegangenen → Long-Positionen bzw. → Short-Positionen (z. B. → Ratio Spreads) eine bestimmte Kurserwartung bei der Konstruktion des gemischten D. S. berücksichtigt werden.

Direktbank
→ Kreditinstitut, das → Bankgeschäfte mit Kunden direkt, d. h. ohne Filialen, sondern nur per Fernkommunikation, d. h. per Telefon, Telefax, Brief betreibt.

Direktes Leasing, → Hersteller-Leasing.

Direktinvestition
Anlage von → Vermögen im Ausland zur Schaffung dauerhafter Wirtschaftsverbindungen. Zu solchen Vermögensanlagen zählen u. a.: Gründungen von ausländischen → Tochtergesellschaften und Zweigniederlassungen (→ multinationales Unternehmen), Erwerb von ausländischen Unternehmen, Erwerb von Mehrheits- oder Minderheitsbeteiligungen an ausländischen Unternehmen, Ausstattung dieser Unternehmen, Zweigniederlassungen oder → Betriebsstätten mit Sach- und Finanzmitteln, Reinvestitionen von Gewinnen aus ausländischen Tochtergesellschaften und Zweigniederlassungen sowie Kauf von Gebäuden und → Grundstücken.
Als Abgrenzung zu → Käufen von Wertpapieren, die in der → Kapitalbilanz als → Portfolioinvestitionen geführt werden, wird für D. eine Mindestbeteiligung von 25 Prozent des Nominalkapitals oder der → Stimmrechte angesehen.

D. werden vorwiegend in Form von internationalen Kapitalbewegungen getätigt. *Motive* für D. sind u. a. die Sicherung von Rohstoffquellen, der leichtere Zugang zu neuen Absatzmärkten, insbes. durch Umgehung von Einfuhrbeschränkungen, das Ausnutzen von Produktions- und Transportkostenvorteilen, vor allem von Lohnkostenunterschieden, sowie die Absicherung durch mehr Marktnähe.

Direktkredite
→ Kredite, die im Gegensatz zu den → Wertpapierkrediten über → Konten zur Verfügung gestellt werden.

Direktmarketing
Bezeichnung für Marketingmaßnahmen, die sich – im Gegensatz etwa zur Werbung – unmittelbar an bestimmte Personen wenden.
(→ Banking by Mail, → Banking by Phone)

Direktorium der Deutschen Bundesbank
Zentrales Exekutivorgan der → Deutschen Bundesbank. Nach § 7 Abs. 1 BBankG leitet und verwaltet das Direktorium die Deutsche Bundesbank, soweit nicht die → Vorstände der → Landeszentralbanken zuständig sind. Das Direktorium der Deutschen Bundesbank ist für die Durchführung der Beschlüsse des → Zentralbankrates der Deutschen Bundesbank verantwortlich.
(→ Deutsche Bundesbank, Organisationsstruktur)

Dirty Duration
Synonym für → Duration nach Macaulay.

Dirty Price
Kurs eines → Zinsinstrumentes mit → Stückzinsen. Der → Clean Price wird im Gegensatz zum D. P. ohne Stückzinsen angegeben.
(→ Flat Price, → Dirty Duration)

Disagio
Abgeld; Spanne, um die der Preis oder Kurs hinter dem → Nennwert eines → Wertpapiers oder der Parität einer Geldsorte zurückbleibt, bzw. Unterschiedsbetrag zwischen dem Rückzahlungs- und dem Ausgabebetrag von → Verbindlichkeiten (→ Schuldverschreibungen, → Kredite).
→ Aktien dürfen nicht mit D. ausgegeben werden. Üblich ist die Nennung des D. in Prozent vom Nominalbetrag.
Die Vereinbarung eines D. findet in der Kreditwirtschaft häufig Anwendung bei Fest-

Disagio

zinsvereinbarungen in Darlehensverträgen. Ein D. bedeutet für den → Schuldner (Darlehensnehmer, → Emittenten) eine Verteuerung der Verzinsung (höherer → Effektivzins) seiner Verbindlichkeit. Für den Gläubiger bedeutet ein vereinbartes D. eine Verbesserung der Verzinsung (→ Rendite) seiner Geldanlage oder Ausleihe gegenüber der Nominalverzinsung (→ Nominalzins). Bei der Ermittlung des effektiven Jahreszinses ist das D. laufzeitanteilig auf die Zinsen zu verrechnen. Bei Privatpersonen sind → Kreditinstitute verpflichtet, bei Vereinbarung eines D. den „anfänglichen effektiven Jahreszins" im → Kredit- oder → Darlehensvertrag anzugeben.

Bilanzielle Behandlung: Handelsrechtlich ist Aktivierung (§ 250 Abs. 3 HGB) möglich, gesonderter Ausweis ist vorgeschrieben. Während der Darlehensrückzahlungszeit ist das D. durch → Abschreibungen zu tilgen. Es kann auch als Verlust des Kreditaufnahmejahres angesetzt werden. In der → Bilanzanalyse der Kreditinstitute wird aktiviertes D. zumeist an den → Eigenmitteln abgesetzt.
Gegensatz: Agio (→ Aufgeld).

Disagio (im Zahlungsverkehr)
Am Rechnungsbetrag orientierte → Provision, die ein Handels- oder Dienstleistungsunternehmen (→ Akzeptanzstellen) bei Akzeptanz von → Kreditkarten an den → Prozessor zu zahlen hat. Das D. bei Kartenzahlung liegt je nach Händler und Branche zwischen 0,5 und 5 Prozent des Rechnungsbetrages.

Disagiodarlehen, → Tilgungsstreckungsdarlehen.

Discount, → Abschlag.

Discounted Margin (DM)
Variante der → Margin-Analyse von → Plain Vanilla Floatern. Die DM ist eine Weiterentwicklung der → Simple Margin (SM). Voraussetzung der DM ist, daß alle zukünftigen unsicheren Cash-flows (Zinszahlungen) geschätzt werden. Diese werden dann mit dem geschätzten → Referenzzinssatz plus/minus DM auf den Bewertungstag abgezinst. Im Gegensatz zur → Adjusted Simple Margin (ASM) wird allerdings auch ein eventueller → Rückzahlungsgewinn bzw. -verlust finanzmathematisch korrekt behandelt, indem dieser ebenfalls mit dem geschätzten Referenzzinssatz plus/minus DM auf den Bewertungstag abgezinst wird. Die Summe aller zukünftigen Cash-flows, also Zins- und Tilgungszahlungen, werden somit auf den Bewertungstag abgezinst bzw. es wird der → Barwert ermittelt. Die DM ist nun jeder Spread zum Referenzzinssatz, bei dem die Summe der Barwerte der zukünftigen Cash-flows dem → Dirty Price des Plain Vanilla Floaters entspricht.

Discount Houses
Geldmarktinstitute in Großbritannien (→ Bankwesen Großbritannien).

Discount Papers, → Abzinsungspapiere.

Discount Rate, → Rate of Discount, → Abschlag.

Disinflation
Anhaltende, nicht nur kurzfristige Abnahme der jährlichen Inflationsrate (→ Inflation). Disinflationäre Prozesse waren in der BRD nicht zuletzt als Folge einer konsequenten → Geldpolitik der Deutschen Bundesbank in der ersten Hälfte der achtziger Jahre festzustellen.

Disintermediation
Bezeichnung für den z. B. im Falle der → Emission von → Commercial Papers erfolgenden Verzicht auf einen Vermittler („Intermediär") bei der Aufnahme von → Fremdkapital. Zwischen → Schuldner und Anleger tritt kein → Kreditinstitut oder → Emissionskonsortium mehr.

Diskont
1. → Abschlag.
2. Zinssatz beim Diskontkredit, der vom Kreditnehmer zu zahlen ist.

Diskontgeschäft
1. *Diskontgeschäft i. S. von § 1 Abs. 1 KWG:* Ankauf von (noch nicht fälligen) → Wechseln und → Schecks (§ 1 Abs. 1 Satz 2 Nr. 3) unter Abzug von → Zinsen für die Zeit bis zum Fälligkeitstag. Wirtschaftlich handelt es sich i. d. R. um eine Kreditgewährung, rechtlich liegt dem Geschäft ein Kaufvertrag i. S. der §§ 433 ff. BGB zugrunde. Der Ankauf von sonstigen → Wertpapieren und Buchforderungen stellt kein D. dar.

2. *Diskontgeschäft der → Banken und → Sparkassen:* Gewährung von → Diskontkredit durch Ankauf von Wechseln vor

Diskontierungssummenfaktor

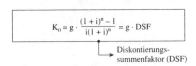

$$K_0 = g \cdot \frac{(1+i)^n - 1}{i(1+i)^n} = g \cdot DSF$$

Diskontierungssummenfaktor (DSF)

→ Fälligkeit unter Abzug von Diskont (→ Diskontsatz). Das D. ist ein Teil des bankbetrieblichen → Kreditgeschäfts.

3. *Diskontgeschäft der Bundesbank:* → Kreditgeschäft, das der Bundesbank nach Maßgabe von § 19 BBankG mit → Kreditinstituten gestattet ist (→ Deutsche Bundesbank, Geschäfte mit Kreditinstituten). Es handelt sich um die Gewährung von → Rediskontkrediten, welche die Bundesbank Kreditinstituten im Rahmen der → Diskontpolitik der Deutschen Bundesbank (→ Refinanzierungspolitik der Deutschen Bundesbank) zur Verfügung stellt.

Diskontieren, → Abzinsungsfaktor.

Diskontierungssummenfaktor

Abzinsungssummenfaktor, Barwertfaktor, Rentenbarwertfaktor. Finanzmathematischer Begriff. Er zinst die Glieder g einer Zahlungsreihe unter Berücksichtigung von → Zinsen und → Zinseszinsen ab und addiert gleichzeitig die → Barwerte (verwandelt Zahlungsreihe in „Einmalzahlung jetzt"). Vgl. Abbildung „Diskontierungssummenfaktor".
(→ Investitionsrechnung)

Diskontierung von Auslandswechseln

Ankauf von → Wechseln, die auf → Gebietsfremde gezogen und von diesen akzeptiert oder von Gebietsfremden als → Solawechsel ausgestellt sind.
→ Auslandswechsel werden auf der Grundlage eines → Diskontkredits angekauft. Sie müssen → Handelswechsel sein. Sie können zur Abwicklung eines → Inkassos (→ D/A-Inkasso) oder eines → Dokumentenakkreditivs (→ Negoziierungsakkreditiv) ausgestellt worden sein.
Auf fremde Währung lautende Auslandswechsel werden von der → Deutschen Bundesbank zum → Wechselankaufskurs in D-Mark umgerechnet. Er wird börsentäglich von der Bundesbank festgesetzt und im → Bundesanzeiger veröffentlicht. → Kreditinstitute nehmen von diesem Kurs i. d. R. einen → Abschlag vor (Spanne zwischen amtlichem Geldkurs und Mittelkurs [→ Devisenkurse der Frankfurter → Börse]). Für die Diskontierung wird der → Diskontsatz der Bundesbank zugrunde gelegt.

Diskontkredit

Im Rahmen eines mit dem Kreditnehmer vereinbarten D. kaufen → Kreditinstitute noch nicht zur Zahlung fällige → Wechsel unter Abzug der Diskontzinsen bis zum Fälligkeitstag an. Der anzurechnende Zinssatz (Diskont) richtet sich nach dem → Diskontsatz der → Deutschen Bundesbank zuzüglich eines → Aufschlages je nach Bonität des Kreditnehmers, der Güte des eingereichten Wechselmaterials und der Größenordnung der Abschnitte.

Rechtsgrundlagen: Wechselgesetz vom 21.6.1933 mit späteren Änderungen. Gesetz über die Deutsche Bundesbank (BBankG) vom 26.7.1957 sowie → Allgemeine Geschäftsbedingungen der Banken (AGB).

Bedeutung: Die Wechseldiskontierung ist rechtlich kein Darlehensgeschäft, sondern ein → Kauf. Sie ist → Bankgeschäft i. S. des → Kreditwesengesetzes (KWG). D. gehören zu den wichtigen → Aktivgeschäften der Kreditinstitute. Wegen der → Wechselstrenge und der Haftung der Wechselmitverpflichteten ist das Geschäft für die Banken relativ risikolos. Dementsprechend werden Diskontinanspruchnahmen auf Barlinien zumeist nur mit 50 Prozent angerechnet. Angekauft werden i. d. R. → bundesbankfähige Wechsel mit einer → Restlaufzeit von höchstens drei Monaten und einwandfreien Mitverpflichteten. Warenwechsel (→ Handelswechsel), die aufgrund eines Waren- oder Dienstleistungsgeschäftes ausgestellt wurden, werden den → Finanzwechseln, die Kredit schöpfen, vorgezogen. Der Kreditnehmer kann bis zur Höhe der vereinbarten Diskontkreditlinie gutes Wechselmaterial zum Ankauf anbieten.

Diskontkredit der Deutschen Bundesbank

→ Diskontkredit, den die → Deutsche Bundesbank durch → Rediskontierung von

Diskontpapier

→ Wechseln an → Kreditinstitute gewährt, die bei ihr ein → Girokonto unterhalten. Die Bundesbank kauft Wechsel an, die bestimmten, von ihr festgelegten Anforderungen entsprechen (→ bundesbankfähige Wechsel). Sie muß beim Ankauf den von ihr festgesetzten amtlichen → Diskontsatz zugrunde legen.

Diskontpapier, → Abzinsungspapier.

Diskontpolitik der Deutschen Bundesbank

Teilbereich der → Geldpolitik der Bundesbank, der sowohl Zinspolitik als auch Liquiditätspolitik (→ Geldpolitik der Deutschen Bundesbank) sein kann.
Im Rahmen der → Refinanzierungspolitik der Deutschen Bundesbank kauft diese im → Diskontgeschäft → Handelswechsel sowie → Schatzwechsel des Bundes, der → Sondervermögen des Bundes und der Länder zu einem von ihr festgelegten → Diskontsatz an (§ 19 Abs. 1 Nr. 1 und 2 BBankG). Aus den Handelswechseln sollen drei als zahlungsfähig bekannte Verpflichtete haften; von der dritten Unterschrift kann abgesehen werden, wenn zusätzliche Sicherheiten gestellt werden. Die Handelswechsel sollen „gute" Handelswechsel sein, d. h. ihnen sollen Warenlieferungen und wirtschaftliche Dienstleistungen zwischen Unternehmen bzw. Selbständigen zu Grunde liegen. Die → Wechsel müssen, vom Tage des Ankaufs an gerechnet, innerhalb von drei Monaten fällig sein.

Instrumente: Die Bundesbank unterscheidet im Rahmen ihrer Geldpolitik zwischen Veränderungen des nach § 15 BBankG festzusetzenden Diskontsatzes als Maßnahmen der → Zinspolitik der Deutschen Bundesbank und Veränderungen der → Rediskont-Kontingente als Maßnahmen der Liquiditätspolitik.
Der Diskontsatz wird vom → Zentralbankrat der Deutschen Bundesbank festgesetzt. Seine Höhe richtet sich nach den geldpolitischen Erfordernissen. Bei einer Erhöhung des Diskontsatzes steigen die Refinanzierungskosten der → Kreditinstitute in dem Maße, in dem sie Wechsel bei der Bundesbank rediskontieren. Die Banken setzen i. d. R. ihre Kreditzinsen herauf, um ihre Gewinnsituation nicht zu verschlechtern. Für den Regelfall bildet der Diskontsatz die Untergrenze der Zinssätze am → Geldmarkt. Er wird nicht laufend der Geldmarktzinsentwicklung angepaßt und kann daher als Mittel der → Grobsteuerung am Geldmarkt angesehen werden. Sobald die Geldmarktsätze unter den Diskontsatz sinken, verzichten die Kreditinstitute darauf, weitere Wechsel bei der Bundesbank zum Rediskont einzureichen, was den Geldmarkt verknappt und den Zins wieder ansteigen läßt.
Werden die Rediskont-Kontingente erhöht, so steigt im ersten Schritt der unausgenutzte Rediskontspielraum. In Zeiten knapper Liquiditätsausstattung werden die Banken diesen rasch nutzen, insbesondere, wenn es gilt, teurere Refinanzierungskredite (wie etwa → Lombardkredite) abzulösen. Soweit Aufstockungen der Rediskont-Kontingente freilich nur dazu dienen, marktbedingte Liquiditätsverluste auszugleichen oder → Zentralbankguthaben zur Verfügung zu stellen, die die Banken für die laufende Geschäftsausweitung im Rahmen des angestrebten Geldmengenwachstums benötigen, darf dies nicht als Ausdruck einer expansiven geldpolitischen Linie interpretiert werden. Liquiditätspolitische Maßnahmen dieser Art, die nahezu ausschließlich kompensatorischen Charakter tragen, liegen als „technische" Adjustierungen der → Bankenliquidität im Vorfeld der eigentlichen Geldpolitik. Die hier vorliegenden Zusammenhänge werden in der Öffentlichkeit leicht mißverstanden, mit der Folge, daß bei Änderungen der Rediskont-Kontingente häufig Signalwirkungen ausgelöst werden, die der Sache nach gar nicht gerechtfertigt sind.

Diskontsatz

Zinssatz für Wechselkredite (→ Diskontkredit, → Rediskontkredit). Beim Wechselankauf werden die anzukaufenden → Wechsel mit dem im → Kreditvertrag vereinbarten Zinssatz (D.) entsprechend ihrer → Laufzeit abgezinst. Dem Kreditnehmer (Wechseleinreicher) wird der → Barwert der Wechsel gutgeschrieben. Bei → Fälligkeit der Wechsel erfolgt die → Rückzahlung durch den Zahlungspflichtigen zum Nennbetrag der Wechsel. Die Differenz zwischen Barwert und Nennbetrag wird als Diskont bezeichnet.
Die Bundesbank gewährt → Rediskontkredit zum amtlich festgesetzten D. (§ 19 Abs. 1 Nr. 1, Abs. 2 BBankG).

Diskrete Zufallsgröße

Kann eine → Zufallsgröße (z. B. Aktienkurs) in einem Intervall nur endlich viele Werte

(d. h. zahlenmäßig exakt bestimmbar) annehmen, dann bezeichnet man sie als d. Z. oder diskrete stochastische Variable. Beispiel für eine d. Z. X ist die Augenzahl eines idealen Würfels. Die Zufallsgröße X kann nur die diskreten Werte x = 1, 2, 3, 4, 5 oder 6 annehmen. Das Optionsbewertungsmodell nach Cox, Ross, Rubinstein (Cox, Ross, Rubinstein-Modell) basiert auf der Annahme, daß Kurse eine d. Z. sind.
Gegensatz: → kontinuierliche Zufallsgröße, → stetige Zufallsgröße.

Diskretionäre Geldpolitik, → Geldpolitik der Deutschen Bundesbank 3 a).

Diskriminanzanalyse
Statistisches Verfahren zwecks Risikoeinschätzung des Kreditportfolios einer Bank. Methoden in der multivariaten (verbundene Beobachtungen mehrerer Merkmale werden zugrundegelegt) Statistik zur Einteilung (Klassifikation) vorliegender Einheiten (Personen, Gegenstände) in zwei oder mehrere Gesamtheiten nach Maßgabe der Werte mehrerer metrischer Merkmale. Die Trennung der Einheiten erfolgt mit Hilfe der Diskriminanzfunktion, in die die beobachteten → Merkmalswerte eingehen.

Diskriminierungsverbot
→ Marktbeherrschende Unternehmen sowie → Kartelle und preisbindende Unternehmen dürfen wegen ihrer → Marktmacht nach dem Gesetz gegen Wettbewerbsbeschränkungen (GWB) ein anderes Unternehmen in einem Geschäftsverkehr, der gleichartigen Unternehmen üblicherweise zugängig ist, weder unmittelbar oder mittelbar unbillig behindern noch gegenüber gleichartigen Unternehmen ohne sachlich gerechtfertigten Grund unmittelbar oder mittelbar unterschiedlich behandeln (§ 26 Abs. 2). Dieses D. gilt aber auch für Unternehmen und Unternehmensvereinigungen, von denen kleinere oder mittlere Unternehmen als Anbieter oder Nachfrager einer bestimmten Art von → Waren oder gewerblichen Leistungen in der Weise abhängig sind, daß ausreichende oder zumutbare Möglichkeiten, auf andere Unternehmen auszuweichen, nicht bestehen. Marktbeherrschenden Unternehmen, Kartellen und preisbindenden Unternehmen ist es schließlich verboten, ihre Marktstellung dazu auszunutzen, andere Unternehmen in einem Geschäftsverkehr zu veranlassen, ihnen ohne sachlich gerecht- fertigten Grund Vorzugsbedingungen zu gewähren (§ 26 Abs. 3). Das D. findet auch auf → Kreditinstitute und Versicherungsunternehmen Anwendung (→ Wettbewerbsbeschränkungen).
Ein *Verstoß* gegen das D. stellt eine Ordnungswidrigkeit dar (§ 38 Abs. 1 Nr. 8), die mit Bußgeldern geahndet werden kann. Zusätzlich macht sich das diskriminierende Unternehmen gegenüber dem benachteiligten Unternehmen schadensersatzpflichtig (§ 35).

Dispersion
Finanzmathematische Kennzahl zur Quantifizierung der Streuung der Cash-flow-Zeitpunkte eines → Zinsinstrumentes oder → Rentenportefeuille um die → Duration. Die D. ist eine gewichtete → Varianz, d. h. das gewichtete Mittel der quadrierten Abstände der Zahlungszeitpunkte zur Duration.

$$M^2 = \sum_{i=1}^{n}(t_i - T)^2 \cdot \text{Barwert}_i : \sum_{i=1}^{n} \text{Barwert}_i$$

wobei:
M^2 = Dispersion
T = Duration nach Macaulay
t_i = → Laufzeit des i-ten Cash-flows
Barwert$_i$ = → Barwert des i-ten Cash-flows
n = Anzahl der Cash-flows

Die D. wird insbes. zur Quantifizierung des → Immunisierungsrisikos und in Näherungsformeln zur Ermittlung der → Convexity verwendet. Zero Bonds (→ Nullkupon-Anleihe) haben eine D. von Null, da bei diesen → Zinsinstrumenten nur ein Cashflow bei → Fälligkeit fließt.
(→ Immunisierungsstrategien)

Dispositionsdepot
Für Offenmarktgeschäfte (→ Wertpapierpensionsgeschäfte) bestimmtes → offenes Depot, das → Kreditinstitute bei der → Landeszentralbank (LZB) unterhalten. Die im D. befindlichen → Wertpapiere werden durch einmalige Erklärung generell verpfändet. Das → Pfandrecht entsteht dabei mit der Einbuchung der Papiere in das → Depot und erlischt mit ihrer Ausbuchung. Die Wertpapiere können bei Bedarf ohne weiteres auch als Unterlage für → Lombardkredite dienen.

Dispositionskredit
→ Konsumentenkredit, der üblicherweise als → Kontokorrentkredit auf → Privatkon-

Dispositionsscheck

ten (Gehaltskonten) zur Verfügung gestellt wird. Es handelt sich zumeist um → Blankokredit, dessen Limit auf ein Mehrfaches (je nach Institut zwei- bis zehnfach) des regelmäßig monatlich über das Konto laufenden Nettoentgeltes festgesetzt wird.

Dispositionsscheck

→ Scheck, der von einer Niederlassung (→ Filiale) eines → Kreditinstituts auf die Zentralstelle (Refinanzierungsstelle) gezogen wird und zur Auffüllung des LZB-Guthabens der Niederlassung, d. h. zur → Gelddisposition, dient.

Distributionspolitik

Teilbereich des → Bankmarketing. Sie umfaßt vor allem die Gestaltung der Absatzmethoden und der Vertriebswege, wobei Organisation und Strukturierung von Zweigstellen (→ Lean Banking) und Bankautomation bzw. Einsatz/Kosten des Produktionsfaktors Arbeit die aktuellen Probleme darstellen. In den Vordergrund der Überlegungen zur D. treten zunehmend Überlegungen über die Einführung von → Home Banking.

Diversifikation

Diversifizierung; insbesondere zur Verringerung verschiedener Risiken verwendete Vorgehensweise, bei der Vermögenswerte auf eine Vielzahl von → Personen (→ Adressenausfallrisiko) oder Staaten (→ Länderrisiko) verteilt werden, um Verluste durch → Zahlungsunfähigkeit oder anderes den → Gläubiger beeinträchtigendes Verhalten einzelner → Schuldner möglichst gering zu halten. Von der Notwendigkeit der D. gehen auch Vorschriften des Bankenaufsichtsrechts aus, etwa die Bestimmungen über → Großkredite und → Millionenkredite sowie die → Länderrisikoverordnung.

Dividende

Anteil am Gewinn einer → Aktiengesellschaft, der auf die → Aktionäre entsprechend der Anzahl ihrer → Aktien entfällt.

Festsetzung: Bei Stücknotierung (→ Stückkurs) der Aktien wird die D. in DM je Aktie festgesetzt. Die D. ist von der Höhe des → Bilanzgewinns abhängig und kann daher von Jahr zu Jahr schwanken oder bei schlechter Ertragslage der AG völlig ausfallen. Bei → Vorzugsaktien ist ein Ausfall in den folgenden Geschäftsjahren nachzuzahlen (→ kumulative stimmrechtslose Vorzugsaktie). → Dividendengarantien oder feste → Zinsen für die → Einlagen auf ihre Aktien dürfen den Aktionären von der Gesellschaft nach § 57 Abs. 2 AktG nicht gemacht bzw. nicht zugesagt werden. Für die Verwendung des Bilanzgewinns und damit für die Höhe der an die Aktionäre auszuschüttenden D. ist die → Hauptversammlung zuständig (§ 174 AktG). Sie ist dabei an den festgestellten → Jahresabschluß gebunden (Gewinnverwendung der Aktiengesellschaft). Regelmäßig unterbreiten → Vorstand und → Aufsichtsrat der Gesellschaft der Hauptversammlung einen Vorschlag zur Verwendung des Bilanzgewinns. In besonders guten → Geschäftsjahren wird von Aktiengesellschaften oftmals zusätzlich zur regulären D. ein sog. → Bonus gezahlt. Durch die Bezeichnung soll deutlich gemacht werden, daß es sich um eine Sonderzahlung handelt.

Ausschüttung: Die Dividendenausschüttung erfolgt nach dem Beschluß der Hauptversammlung. Eine Vorauszahlung der D. auf den Jahresabschluß ist während des Geschäftsjahres nach deutschem Aktienrecht unzulässig (→ Zwischendividende ausländischer Aktiengesellschaften). Nach Ablauf des Geschäftsjahres kann auf Grund satzungsmäßiger Ermächtigung und nach Aufstellung eines vorläufigen Abschlusses eine Abschlagszahlung auf den Bilanzgewinn (Abschlagsdividende) geleistet werden (§ 59 AktG). Die Auszahlung/Gutschrift der D. erfolgt gegen Einreichung des → Dividendenscheins bei den in der → Dividendenbekanntmachung als Zahlstellen benannten Banken. Im Rahmen der Depotverwaltungsarbeiten übernehmen die Kreditinstitute das → Inkasso der Dividendenscheine (→ Depotverwaltung). Anrechnungsberechtigte, unbeschränkt steuerpflichtige Aktionäre erhalten zusätzlich eine Steuergutschrift für die → anrechenbare Körperschaftsteuer (→ Körperschaftsteuerguthaben). Von der Dividende werden 25% → Kapitalertragsteuer abgezogen. Der Aktionär hat als → Einkünfte aus Kapitalvermögen die gutgeschriebene → Bardividende zuzüglich Steuergutschrift zu versteuern (→ Körperschaftsteuer). Die Auszahlung der D. erfolgt ohne Abzug von Kapitalertragsteuer und zuzüglich des Steuerguthabens, wenn eine inländische → natürliche Person ihrem → Kreditinstitut eine → Nichtveranlagungsbescheinigung des Wohnsitzfinanzamts vorlegt. Nach der Dividendenausschüttung erfahren börsennotierte Aktien i. d. R. am Börsentag nach der Hauptversammlung (Tag des Dividendenabschlags) eine Kursminderung (→ Dividendenabschlag). Im → Amtlichen Kursblatt wird dies durch den Zusatz ex D (ohne Dividende) vermerkt.

Dividendenabschlag
Kursminderung bei → Aktien nach Abtrennung des fälligen → Dividendenscheins. Der D. erfolgt i. d. R. am Börsentag nach der → Hauptversammlung. Im → Amtlichen Kursblatt wird neben dem Kurs durch den Zusatz ex D (ohne → Dividende) vermerkt, daß die Notierung sich ohne Dividende versteht.
Rein rechnerisch wird die → Bardividende abgeschlagen. Tatsächlich wird jedoch meistens ein größerer D. vorgenommen, da der unbeschränkt steuerpflichtige → Aktionär neben der Bardividende auch noch das Steuerguthaben (→ Körperschaftsteuerguthaben) erhält.

Dividendenbekanntmachung
Mitteilung einer → Aktiengesellschaft über die Ausschüttung der → Dividende. Die D. erfolgt im → Bundesanzeiger und in einem → Börsenpflichtblatt. Die AG teilt in der Bekanntmachung die Höhe des Dividendenbetrages je → Aktie sowie die Höhe der Steuergutschrift (→ Körperschaftsteuerguthaben) für anrechnungsberechtigte, unbeschränkt steuerpflichtige → Aktionäre mit.

Dividendenbesteuerung
Die bei der Ausschüttung einer → Dividende von der → Aktiengesellschaft einbehaltene und abzuführende → Körperschaftsteuer in Höhe von 30% des → Gewinns vor Körperschaftsteuer wird dem → Aktionär bei seiner Veranlagung zur → Einkommensteuer als Vorauszahlung angerechnet. Erforderlich ist dafür, daß er eine Körperschaftsteuerbescheinigung vorlegt, auf der das Steuerguthaben (→ Körperschaftsteuerguthaben) vermerkt ist. Durch das → Anrechnungsverfahren bei der → Körperschaftsteuer wird erreicht, daß anrechnungsberechtigte, unbeschränkt steuerpflichtige Aktionäre ihre Dividendeneinkünfte nach ihrem individuellen Steuersatz versteuern.

Dividendengarantie
Gewährleistung einer Mindestdividende an die → Aktionäre durch Dritte, z. B. durch den → Mehrheitsaktionär, wenn die Gesellschaft zum Mehrheitsaktionär im Organschaftsverhältnis (→ Organschaft) steht und ein → Gewinnabführungsvertrag abgeschlossen wurde. Bei stimmrechtslosen → Vorzugsaktien stellt die D. eine Entschädigung für den Verzicht auf das → Stimmrecht dar. I. a. ist die D. zeitlich befristet. Bei Vorzugsaktien sind garantierte → Dividenden meist nachzahlbar.

Dividendenkauf
Kauf von → Aktien aufgrund einer bevorstehenden Dividendenausschüttung.

Dividendenkontinuität, → Dividendenpolitik.

Dividendenpapier
Dividendenwert; → Wertpapier, das seinem Inhaber einen → Anspruch auf Zahlung einer → Dividende gewährt.
Gegensatz: → Rentenpapier.

Dividendenpolitik
Maßnahmen zur Bemessung der an die → Aktionäre zu zahlenden → Dividende nach unternehmenspolitischen Gesichtspunkten. In der D. mischen sich Elemente der Rücklagenpolitik (Sicherung des Kapitalbedarfs durch Bildung von → Rücklagen), Liquiditätspolitik sowie der Öffentlichkeitsarbeit und der → Aktionärspflege. Die Unternehmen sind regelmäßig daran interessiert, über längere Zeit eine möglichst gleichbleibende bzw. langfristig eine gleichmäßig ansteigende Dividende auszuschütten (Dividendenkontinuität) und nach Möglichkeit auch in ertragsschwächeren bzw. ertragsstärkeren Jahren keine Veränderung der Dividendenhöhe vornehmen zu müssen. In der D. werden auch schon im Rahmen der → Bilanzpolitik die Ausübung der → Bilanzierungswahlrechte und → Bewertungswahlrechte und damit die Höhe des → Bilanzgewinns beeinflußt. In ertragsstärkeren Jahren, in denen Aktionäre eine höhere Gewinnausschüttung erwarten, zahlen die Gesellschaften vielfach anstelle einer höheren Dividende einen → Bonus, um auch schon im Zeitvergleich die Dividendenkontinuität wahren zu können.

Dividendenrendite
Dividend Yield, Aktienrendite, Stock Yield; → Rendite einer Aktienanlage.

$$D. = \frac{(\rightarrow \text{Bardividende} + \text{Steuergutschrift}) \cdot 100}{\text{Kapitaleinsatz}}$$

Dividendenschein

Kapitaleinsatz ist der →Börsenkurs der →Aktie zum Zeitpunkt des Kaufs. Die D. macht unterschiedlich hohe Aktienkurse vergleichbar.

Dividendenschein
Nebenpapier zu einer →Aktie, das den →Anspruch auf den Gewinnanteil (→Dividende) des →Aktionärs verbrieft (→Bogen). Die Vorlegungsfrist beträgt vier Jahre. Die aufgedruckte Bezeichnung lautet i.d.R. „Gewinnanteilsschein".
Der D. ist ein selbständiges →Wertpapier (→Inhaberpapier) und dient neben der Auszahlung der Dividende auch anderen Ausschüttungen (z.B. Sonderausschüttung in Form eines →Bonus) und der Ausübung des →Bezugsrechts auf →junge Aktien (§ 186 Abs. 1 AktG) bzw. auf Wandelschuldverschreibungen (→Wandelanleihe), Optionsschuldverschreibungen (→Optionsanleihe), →Gewinnschuldverschreibungen und →Genußrechte (§ 221 Abs. 4 AktG). Der D. dient in den letztgenannten Fällen als →Bezugsschein.
Der Dividendenscheinbogen enthält zusätzlich zu den numerierten 10 bis 20 D. einen Erneuerungsschein (→Talon), der zum Bezug eines weiteren Dividendenscheinbogens berechtigt. Der Dividendenanspruch verjährt zwei Jahre nach Ablauf der Vorlegungsfrist (→Kupon).

Dividendenstripping
Bei der einfachsten Form von D. geht es um Steuervermeidung. Der Anleger verkauft →Aktien vor Ausschüttung der →Dividende, um die Papiere danach zum geringeren Kurs ex Dividende sofort wieder zu erwerben. Der Kursgewinn ist steuerfrei, falls die →Titel zuvor länger als sechs Monate gehalten worden sind (Spekulationsfrist).
Eine andere Form des D. resultiert daraus, daß Inländer und Ausländer einkommensteuerlich bei Erhalt von →Dividenden unterschiedlich behandelt werden. Inländer dürfen zusätzlich zur →Bardividende die →Körperschaftsteuer, die bei der Dividendenzahlung einbehalten wird, in Anrechnung bringen (→Anrechnungsverfahren bei der Körperschaftsteuer). Ausländer dürfen das nicht. Für sie ist das →Körperschaftsteuerguthaben verloren. Aus diesem Grunde werden vor Dividendenterminen vielfach Aktien von Ausländern an Inländer verkauft und anschließend wieder zurückgekauft; die Einnahmen aus der Steuergutschriften wurden geteilt. § 50c EStG schränkt das D. ein. Wenn ein anrechnungsberechtigter →Steuerpflichtiger von einem nicht anrechnungsberechtigten Anteilsinhaber Anteile an einer inländischen →Kapitalgesellschaft erworben hat, darf der Erwerber keine ausschüttungsbedingten Teilwertabschreibungen vornehmen. Mit dem →Standortsicherungsgesetz wurden ab 1.1.1994 die Anwendungsvoraussetzungen des § 50c EStG erweitert, um Steuerumgehungsstrategien entgegenzuwirken.

Dividendenvorzugsaktie, →Vorzugsaktie.

Dividendenwert, →Dividendenpapier.

Dividendenzahlung in Form von Aktien, →Stockdividende.

DJIA
Abk. für →Dow Jones Industrial Average.

DJII
Abk. für Dow Jones Industrial Index (→Dow Jones Industrial Average (DJIA)).

DJTA
Abk. für →Dow Jones Transportation Average.

DJUA
Abk. für →Dow Jones Utility Average.

DKV
Abk. für →Deutscher Kassenverein AG.

DM-Auslandsanleihe
→Anleihe eines ausländischen →Emittenten, der in einem nationalen Markt Anleihen in Landeswährung emittiert. In der Bundesrepublik Deutschland werden →Auslandsanleihen als DM-A. bezeichnet. Die Heimatwährung des Emittenten und die →Währung der Anleihe sind nicht identisch. Zum Zwecke der Begebung von DM-A. haben deutsche Unternehmen zunehmend rechtlich selbständige, ausländische Finanzierungsgesellschaften (mit Sitz z.B. in den Niederlanden bzw. Curaçao/Niederl. Antillen) gegründet. Die →Garantie für die Erfüllung der Verpflichtungen aus diesen Anleihen übernimmt die deutsche Muttergesellschaft. Der entscheidende Grund für diese Ausgliederung des Finanzierungsvorgangs liegt in der Entlastung bei der →Gewerbesteuer (der Gewerbeertrag wird um 50% der Dauerschuldzinsen und das Ge-

Dokumente im Außenhandel

DM-Auslandsanleihe

Anleiheform / Merkmale	Internationale Anleihe	Nationale Anleihe	
	Euroanleihe (Euro-Bond)	Auslandsanleihe (Foreign Bond)	Inlandsanleihe (Domestic Bond)
Konsortium	International	National	National
Schuldner	Ausländer/Inländer	Ausländer	Inländer
Währung	Beliebig	Beliebig	Währung des Schuldners
Nationale Restriktionen	Nein	Ja	Ja

werbekapital von Dauerschulden verringert).
Gegensatz: → Euroanleihe
Merkmale: vgl. Abbildung oben.

DM-Certificate of Deposit, → Certificate of Deposit.

DM-Commercial Paper, → Commercial Paper.

DM-Reisescheck
→ Reisescheck, der auf D-Mark lautet und von ausländischen → Kreditinstituten emittiert wird. Er wird von deutschen Kreditinstituten kommissionsweise verkauft.

DM-Swapsatz
→ Swapsatz von → Kuponswaps, deren → Nominalwert auf D.-Mark lautet. DM-S. werden für → Laufzeiten bis zu zehn Jahren von → Marketmakern quotiert.
(→ Swap Spread, → Swapmarkt)

Documentary Credit
In der englischen Originalfassung der → Einheitlichen Richtlinien und Gebräuche für Dokumenten-Akkreditive verwendete Bezeichnung für → Dokumentenakkreditive.

Dog
Sprachgebrauch an der Wall Street für die → Aktie mit der höchsten → Dividendenrendite.

Dokumentäres Inkasso, → Dokumenteninkasso.

Dokumentäre Tratte
Von Dokumenten begleitete → Tratte (→ Dokumente im Außenhandel).

Dokumentäre Zahlung
Zahlung im Auslandsverkehr, die – im Gegensatz zum → Clean Payment – i. V. mit einem Instrument der Zahlungssicherung (→ Dokumentenakkreditiv, in eingeschränktem Maße auch → Dokumenteninkasso) durchgeführt wird (→ Internationaler Zahlungsverkehr).

Dokumente gegen Akzept
Im → Außenhandel vereinbarte Zahlungsbedingung, nach der der Käufer gegen Aushändigung bestimmter Dokumente eine auf ihn gezogene → Tratte akzeptieren soll (→ Dokumenteninkasso, → Dokumente im Außenhandel, → Zahlungsbedingungen im Außenhandel).

Dokumente gegen Zahlung
Im → Außenhandel vereinbarte Zahlungsbedingung, nach der der Käufer gegen Aushändigung bestimmter Dokumente zahlen soll (→ Dokumenteninkasso, → Dokumente im Außenhandel, → Zahlungsbedingungen im Außenhandel).

Dokumente im Außenhandel
→ Urkunden, die der Abwicklung von Außenhandelsgeschäften dienen. I. d. R. wird die → Ware bei Außenhandelsgeschäften nicht direkt vom Verkäufer an den Käufer übergeben, sondern über zwischengeschaltete → Spediteure, → Frachtführer und → Verfrachter an den Abnehmer geliefert. Den Nachweis ordnungsmäßiger Übergabe und Lieferung führt der Verkäufer anhand von Dokumenten.

Funktionen: (1) Sicherung der beiderseitigen Ansprüche: Dokumente dienen der Lieferungssicherung und der Zahlungssicherung, wenn → „Dokumente gegen Zahlung" bzw. → „Dokumente gegen Akzept" (→ Zahlungsbedingungen im Außenhandel) vereinbart wird. (2) Vereinfachte Übertragung der Verfügungsgewalt über die Ware bzw. des

Dokumente im Außenhandel

→ Eigentums an der Ware: Dokumente erleichtern, sofern sie → Traditionspapiere sind, die Übertragung der Verfügungsgewalt über die Ware bzw. des Eigentums an der Ware. (3) Finanzierung: Dokumente können als Kreditunterlage (→ Kreditsicherheit) dienen, sofern sie Traditionspapiere sind oder ein Dispositionsrecht verbrieft ist (→ Frachtbriefdoppel).

Einteilungsmöglichkeiten: (1) Nach ihrer *rechtlichen Bedeutung* sind D. i. A. Beweisurkunden, → Legitimationsurkunden oder → Wertpapiere. Beweisurkunden sind → Frachtbriefe (Eisenbahnfrachtbrief, Luftfrachtbrief, Frachtbrief im Straßengüterverkehr), Postversanddokumente (Posteinlieferungsschein, Postversandbescheinigung), → Spediteurübernahmebescheinigung und alle Handels- und Zolldokumente (→ Handelsrechnung, → Konsulatsfaktura, → Zollfaktura, → Ursprungszeugnis). Sie dienen der Beweisführung durch den Berechtigten. Zur Geltendmachung eines → Rechts müssen sie aber nicht vorgelegt werden.

Legitimationsurkunden sind das → Parcel-Receipt und (als → [qualifizierte] Legitimationspapiere) → Transportversicherungspolice und Transportversicherungszertifikat, soweit sie als → Inhaberpapiere ausgestellt sind. Sie erleichtern die Prüfung des Berechtigten.

Wertpapiere sind die gekorenen → Orderpapiere, → Konnossement, → Ladeschein, → Lagerschein und Transportversicherungspolice bzw. -zertifikat. Zur Geltendmachung eines Rechts müssen die Urkunden vorgelegt werden. Konnossement, Ladeschein und Lagerschein werden auch als → Warenwertpapiere oder handelsrechtliche Wertpapiere bezeichnet. Sie zählen zu den sachenrechtlichen Wertpapieren. Die Transportversicherungspolice zählt zu den Forderungspapieren. Konnossement, Ladeschein und Orderlagerschein sind Traditionspapiere.

(2) Nach den → *Einheitlichen Richtlinien und Gebräuchen für Dokumenten-Akkreditive* (Revision 1993) werden unterschieden: Transportdokumente (Art. 23–33 ERA), Versicherungsdokumente (Art. 34–36 ERA), Handelsrechnung (Art. 37 ERA), andere Dokumente (Art. 38 ERA) (Lagerschein, Konsulatsfaktura, Ursprungszeugnis, Gewichts-, Qualitäts- und Analysenzertifikate usw.).

(3) Nach ihrem *Verwendungszweck* werden die in der untenstehenden Übersicht aufgeführten Formen unterschieden.

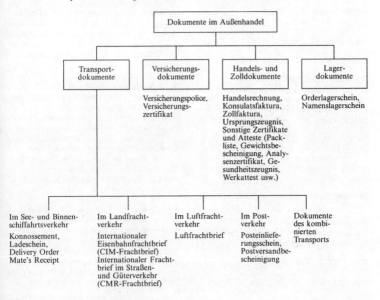

Dokumentenakkreditiv

Dokumentenakkreditiv – Beteiligte und ihre Rechtsbeziehungen

Im Falle eines Rembourses auf eine andere Filiale oder Stelle der eröffnenden Bank ist Art. 19 ERA zu beachten.

Dokumentenakkreditiv

Documentary Credit; vertragliche Verpflichtung eines → Kreditinstituts, für Rechnung und nach Weisungen des Auftraggebers innerhalb eines bestimmten Zeitraumes gegen Vorlage bestimmter Warendokumente eine Leistung an einen Dritten zu erbringen.

Nach den → Einheitlichen Richtlinien und Gebräuchen für Dokumenten-Akkreditive (Revision 1983/1993) ist ein D. „jede wie auch immer benannte oder bezeichnete Vereinbarung, derzufolge eine im Auftrag und nach den Weisungen eines Kunden oder im eigenen Interesse handelnde Bank (eröffnende Bank) gegen vorgeschriebene Dokumente

(1) eine Zahlung an einen Dritten (Begünstigten) oder dessen Order zu leisten oder vom Begünstigten gezogene → Wechsel (→ Tratten) zu akzeptieren und zu bezahlen hat oder

(2) eine andere Bank zur Ausführung einer solchen Zahlung oder zur Akzeptierung und Bezahlung derartiger Wechsel (Tratten) ermächtigt oder

(3) eine andere Bank zur → Negoziierung ermächtigt,

sofern die Akkreditiv-Bedingungen erfüllt sind" (Art. 2 ERA).

Auch → Standby Letters of Credit gelten nach den ERA als Akkreditive.

Rechtsnatur: Im deutschen Recht gibt es keine gesetzliche Regelung des D. Das unwiderrufliche und auch das widerrufliche D. sind Leistungsversprechen i. S. von § 780 BGB (→ abstraktes Schuldversprechen) mit einem durch die ERA typisierten Inhalt.

Nach Art. 3 ERA ist das D. losgelöst vom Grundgeschäft. Darüber hinaus ist es rechtlich auch losgelöst vom → Geschäftsbesorgungsvertrag zwischen Akkreditivauftraggeber und der eröffnenden Bank.

Beteiligte und ihre Rechtsbeziehungen: Beteiligte sind der Akkreditivauftraggeber (Importeur, Käufer), die eröffnende Bank (auch als Akkreditivbank bezeichnet), die (regelmäßig) eingeschaltete Zweitbank (ausländische → Korrespondenzbank) und der Begünstigte (Exporteur, Verkäufer). – Vgl. Abbildung oben.

Die eingeschaltete Zweitbank ist → Erfüllungsgehilfe der eröffnenden Bank. Zwischen der Zweitbank und dem Akkreditivauftraggeber bestehen keine unmittelbaren rechtlichen Beziehungen. Die Zweitbank (regelmäßig eine Korrespondenzbank der eröffnenden Bank) kann aufgrund des Geschäftsbesorgungsvertrages unterschiedliche Funktionen übernehmen:

(1) Sie kann avisierende Bank sein (Mitteilung der Akkreditiveröffnung an den Begünstigten ohne eigene Verbindlichkeit, Art. 7 ERA).

(2) Sie kann Zahlstelle sein (Ort der Benutzbarkeit des D. durch den Begünstigten). Die Zahlstelle ist nicht identisch mit dem Erfüllungsort (Sitz der eröffnenden Bank). Die Zweitbank kann mit der Hergabe ihres Akzeptes bzw. mit dem Ankauf (Negoziierung) der Dokumente beauftragt sein.

(3) Sie kann bestätigende Bank sein (Begründung eines zusätzlichen selbständigen Leistungsversprechens). Eröffnende und bestätigende Bank sind als → Gesamtschuldner zur Leistung verpflichtet.

457

Dokumentenakkreditiv

Dokumentenakkreditiv – Grundformen

Einteilung nach Art und Fälligkeit der Leistung (Art. 2 ERA)	Bezeichnung	Leistung
	(1) Zahlungsakkreditiv – Sichtakkreditiv (Sichtzahlungsakkreditiv)	Zahlung – bei Vorlage der Dokumente
	– Deferred-Payment-Akkreditiv (A. mit hinausgeschobener Zahlung)	– zu einem bestimmbaren Zeitpunkt (oder ratenweise zu mehreren Terminen nach Dokumentenaufnahme)
	(2) Akzeptierungsakkreditiv	Hergabe eines Akzeptes (Bankakzept) bzw. Übernahme der Verantwortung für die Akzeptierung (durch den Auftraggeber oder einen anderen benannten Bezogenen) und Einlösung des Akzeptes
	(3) Negoziierungakkreditiv	Bezahlung von Tratten oder Sorge für Bezahlung oder Negoziierung

Einteilung nach Art der Verpflichtung (Art. 6–10 ERA)	Bezeichnung	Verpflichtung
	(1) Unwiderrufliches Akkreditiv (Irrevocable Credit) – unbestätigtes Akkreditiv (Non-confirmed Credit)	Selbständiges feststehendes Versprechen der eröffnenden Bank zu einer Leistung gemäß Art. 9a ERA
	– bestätigtes Akkreditiv (Confirmed Credit)	Selbständiges feststehendes Versprechen der eröffnenden und der bestätigenden Bank zu einer Leistung gemäß Art. 9b ERA
	(2) Widerrufliches Akkreditiv (Revocable Credit)	Selbständiges Versprechen (mit auflösender Bedingung) der eröffnenden Bank zu einer Leistung gemäß Art. 8 ERA

Üblicherweise (aber nicht zwingend) ist die avisierende bzw. die bestätigende Bank Zahlstelle (Abwicklungsstelle).
Von der Benutzbarkeit (Zahlbarstellung) ist die Gültigkeit des D. zu unterscheiden. Gemäß Art. 42 ERA müssen alle Akkreditive ein Verfalldatum für die Vorlage der Dokumente zur Zahlung, Akzeptierung oder Negoziierung enthalten (Regelung der Gültigkeit). Gemäß Art. 10b ERA müssen alle Akkreditive die Bank benennen, die ermächtigt ist, zu zahlen (zahlende Bank) oder Tratten zu akzeptieren (akzeptierende Bank) oder zu negoziieren (negoziierende Bank), sofern es sich nicht um ein frei negoziierbares Akkreditiv (→ Negoziierungsakkreditiv) handelt (Regelung der Benutzbarkeit).

Grundformen: vgl. Tabelle oben.

Sonderformen: Sonderformen des D. sind das → übertragbare Akkreditiv, das → revolvierende Akkreditiv und das → Gegenakkreditiv.

Anglo-amerikanische Rechtsformen: Rechtsformen dokumentärer Geschäfte sind der → Letter of Credit (auch → Commercial Letter of Credit genannt), der Standby Letter of Credit, der → Negoziierungskredit (drawing authorisation) und der → Packing Credit.

Bedeutung: Das D. ist im → internationalen Zahlungsverkehr ein Instrument der Zahlungsabwicklung und der Zahlungssicherung (Zahlungs- und Sicherungsfunktion des D.). Der Verkäufer (Exporteur) hat bei Warenversendung grundsätzlich Gewißheit über die Zahlungsleistung des Käufers (Importeur). Das D. kann auch Kreditgrundlage im kurzfristigen Import- und Exportgeschäft sein (Kreditfunktion des D., → Importfinanzierung durch Kreditinstitute, → Exportfinanzierung durch Kreditinstitute).

Dokumentenbevorschussung
Gewährung kurzfristiger Vorschüsse (→ Warenvorschüsse) auf Import- bzw. Exportdokumente auf der Grundlage von → Dokumentenakkreditiven oder → Dokumenteninkassi (D/P-Inkassi). Die bevorschußten Waren werden sicherungsübereignet (→ Sicherungsübereignung), → Forderungen gegen → Lagerhalter, → Spediteure, → Frachtführer usw. abgetreten (→ Abtretung).
(→ Importfinanzierung durch Kreditinstitute, → Exportfinanzierung durch Kreditinstitute).

Dokumenteninkasso
Einzug von Zahlungspapieren und Handelspapieren oder nur von Handelspapieren (→ Inkasso nach ERI) durch → Kreditinstitute. Das D. (Collection) ist ein Instrument der Zahlungsabwicklung und (in eingeschränktem Maße) der Zahlungssicherung, weil dem Zahlungspflichtigen Dokumente gegen Zahlung des Gegenwertes (→ Dokumente gegen Zahlung [auch als „Dokumente gegen Kasse" oder „Kasse gegen Dokumente" bezeichnet], Documents against Payment, D/P) oder gegen Akzeptierung (→ Dokumente gegen Akzept, Documents against Acceptance, D/A) ausgehändigt werden. Bei einem Kaufvertrag mit dokumentärer Zahlungsklausel (auch als Kassaklausel bezeichnet) ist der Käufer die Verpflichtung eingegangen, allein gegen Aushändigung (Andienung) vertragsgemäßer Dokumente Zahlung zu leisten oder sein → Akzept zu geben. Mit der Kassaklausel verzichtet der Käufer auf → Einreden, Einwendungen sowie auf eine Untersuchung der → Ware vor seiner Leistung. Er übernimmt eine Vorleistungspflicht. Dieser Risikoübernahme durch den Käufer entspricht der Verzicht des Verkäufers auf Stellung eines → Dokumentenakkreditivs.

Beteiligte und ihre Rechtsbeziehungen: Beteiligte sind der Auftraggeber (der Kunde, der seine Bank mit dem Inkassovorgang betraut), die Einreicherbank (die vom Auftraggeber mit dem Inkassovorgang betraute Bank), die Inkassobank (jede mit der Durchführung des Inkassoauftrags befaßte Bank mit Ausnahme der Einreicherbank) und die vorlegende Bank (diejenige Inkassobank, die gegenüber dem → Bezogenen die Vorlegung vornimmt). Der Bezogene ist kein Beteiligter im Rechtssinne. Zwischen dem Auftraggeber und der Einreicherbank sowie zwischen den Inkassobanken besteht jeweils ein → Geschäftsbesorgungsvertrag i. S. von §§ 675, 611 BGB.

D/P-Inkasso: Dem Bezogenen werden die Dokumente gegen Zahlung (bei erster Präsentation) ausgehändigt. Die → Dokumentenprüfung der Banken beschränkt sich auf eine Vollständigkeits- und Identitätsprüfung. Die Dokumente können von → Sichttratten (Sight Drafts) begleitet sein, die die Bedeutung von Quittungen haben. (→ Nachsichtwechsel kommen bei der Zahlungsbedingung „Dokumente gegen Zahlung 30/60/90 Tage nach Sicht" vor. Sie sind vom Bezogenen zu akzeptieren. Der Bezogene erhält die Dokumente bei Akzepteinlösung.) Obwohl Ortsusancen durch die ERI ausgeschlossen sind, wird die Hamburger Usance der Dokumentenandienung „zu getreuen Händen" von → Kreditinstituten praktiziert. Der Bezogene erhält die Dokumente zur Prüfung; er ist nicht zur Untersuchung der Ware berechtigt. Er muß die Dokumente grundsätzlich am Andienungstag zurückgeben oder Zahlung leisten. Für die Treuhandandienung haftet das Kreditinstitut. Eine Sonderform der Abwicklung liegt vor, wenn gemäß der Vereinbarungen der Kaufvertragsparteien der Bezogene die Dokumente unter Verzicht auf (volle) Zahlung treuhänderisch gegen eine Verpflichtungserklärung (→ Trust Receipt) erhält, über die Ware bis zur völligen Bezahlung nur treuhänderisch zu verfügen. Das Trust Receipt ist damit auch Warenempfangsbescheinigung des Bezogenen.

D/A-Inkasso: Dem Bezogenen werden die Dokumente gegen Akzeptleistung ausgehändigt (u. U. bankavaliertes Akzept).

Bedeutung: Das D. ist im → internationalen Zahlungsverkehr ein Instrument der Zahlungsabwicklung, bei der der Verkäufer Anspruch auf Leistung allein gegen Andienung vertragsgemäßer Dokumente hat. Es kann auch Kreditgrundlage im kurzfristigen Import- und Exportgeschäft sein (→ Importfinanzierung durch Kreditinstitute, → Exportfinanzierung durch Kreditinstitute).

Dokumentenprüfung
1. Prüfung der unter einem → Akkreditiv vorgelegten Dokumente (→ Dokumente im Außenhandel) im Hinblick auf ihre formelle

Dokumentenstrenge

Übereinstimmung mit dem Wortlaut der Akkreditivbedingungen (Grundsatz der Dokumentenstrenge). Die Banken müssen alle Dokumente mit angemessener Sorgfalt prüfen, um sich zu vergewissern, daß sie ihrer äußeren Aufmachung nach den Akkreditivbedingungen entsprechen (Art. 13 ERA). Entsprechen die Dokumente den Akkreditivbedingungen, hat die nach Art. 10b ERA benannte Bank aufgrund ihrer Akkreditivleistung (Zahlung oder Verpflichtungsübernahme zur hinausgeschobenen Zahlung oder Akzeptleistung oder Negoziierung) Anspruch gegen die eröffnende Bank auf Remboursierung (Erstattung, → Remboursieren) und auf Aufnahme der Dokumente (Art. 14a ERA). Nach Art. 15 ERA übernehmen die Banken keine → Haftung oder Verantwortung für Form, Vollständigkeit, Genauigkeit, Echtheit, Verfälschung oder Rechtswirksamkeit irgendwelcher Dokumente. Dies gilt auch für Bedingungen, die in den Dokumenten angegeben oder den Dokumenten hinzugefügt sind. Die Banken übernehmen außerdem keine Haftung oder Verantwortung für Bezeichnung, Menge, Gewicht, Qualität, Beschaffenheit, Verpackung, Lieferung, Wert oder Vorhandensein der durch die Dokumente vertretenen → Waren.

Durch die Prüfung der Dokumente, die zur Ausnutzung eines Akkreditivs vorgelegt werden, soll festgestellt werden: Sind die Dokumente rechtzeitig ausgestellt worden? Ist das Akkreditiv fristgerecht ausgenutzt worden? Sind alle geforderten Dokumente eingereicht worden? Ist die jeweils geforderte Anzahl eines einzelnen Dokuments eingereicht worden? Entsprechen die Dokumente ihrer äußeren Aufmachung nach den Akkreditivbedingungen? Enthalten die Dokumente alle geforderten und alle sonstigen notwendigen Angaben? Entsprechen die Dokumente den → Einheitlichen Richtlinien und Gebräuchen für Dokumentenakkreditive (ERA)? Stimmen die Dokumente untereinander überein?

Für die rechtzeitige Ausstellung der Dokumente ist Voraussetzung, daß das Ausstellungsdatum vor dem Eröffnungsdatum (Ausstellungsdatum) des Akkreditivs liegt. Für die fristgerechte Ausnutzung des Akkreditivs ist erforderlich, daß die Dokumente innerhalb der entsprechenden → Fristen (Vorlagefrist für Dokumente, Gültigkeit des Akkreditivs – Art. 42 und 43 ERA) vorgelegt werden (Art. 22 ERA).

Für die Prüfung der Dokumente sind die Vorschriften zu beachten, die die Einheitlichen Richtlinien für Transportdokumente (→ Konnossement), Versicherungsdokumente (→ Transportversicherungspolice) und die → Handelsrechnung enthalten. Wenn andere Dokumente als Transportdokumente, Versicherungsdokumente und Handelsrechnungen vorgeschrieben sind, sollten Aussteller sowie Wortlaut oder Inhaltsmerkmale solcher Dokumente im Akkreditiv bestimmt werden. Wenn im Akkreditiv derartige Bestimmungen nicht enthalten sind, nehmen die Banken solche Dokumente grundsätzlich so an, wie sie vorgelegt werden (Art. 21 ERA).

2. Prüfung der unter einem → Inkasso vorgelegten Dokumente, ob sie gemäß Art. 2 ERI vollzählig und „den im Inkassoauftrag aufgezählten Dokumenten zu entsprechen scheinen".

Dokumentenstrenge, → Dokumentenprüfung.

Dollar-Block, → Dollar-Länder.

Dollar Duration
Risk. Die D.D. eines → Zinsinstrumentes mißt die absolute Veränderung des Kurses, wenn sich die → Rendite um 100 → Basispunkte verändert. Die D. D. entspricht dem 100-fachen Wert des → Price Value of a Basis Point (PVBP). Liegt der → Dirty Price eines Papiers bei 100%, dann sind D.D. und → Modified Duration identisch.
(→ Sensitivitätskennzahlen)

Dollar-Floater
Floater, deren → Nominalzins sich am USD-→ LIBOR orientiert.

Dollar-Länder
Staaten, deren → Währungen an den US-Dollar gebunden sind.

Dollarparität, → Parität.

Dollarstandard
Im Golddollarstandard diente der Dollar stellvertretend für das Gold als → Währungsreserve. Diese Funktion konnte er nur erfüllen, solange die → Zentralbank der USA (→ Federal Reserve Board) den Zentralbanken anderer Länder die unbedingte Verpflichtung zur Goldeinlösung des Dollars garantierte. Mit der zunehmenden → Auslandsverschuldung der USA in den sechziger Jahren wurde die Goldeinlösung

zunächst de facto eingeschränkt. Mit der offiziellen Aufhebung der Goldeinlösungsverpflichtung 1971 entstand der Papierdollarstandard. Der Dollar hat unverändert eine besonders große internationale Bedeutung: Er ist wichtigstes internationales →Zahlungsmittel, →Reservewährung, →Leitwährung sowie Anlagewährung.

Dollar Total Return
Absoluter erwarteter Betrag in einer beliebigen →Währung, der bei einer →aktiven oder →passiven Anlagestrategie am Ende des →Planungshorizontes erzielt wird. Im Gegensatz zum →(erwarteten) Total Return wird D. T. R. immer in absoluten Zahlen angegeben. Der erwartete Total Return gibt die prozentuale Verzinsung eines →Investments an.
(→Total Return Management)

Dollar Value of an 01, →Price Value of a Basis Point.

Domestic
Engl. Bezeichnung für inländisch, z. B. bei D.-Anleihe (→Inlandsanleihe).

Domestic Bond, →Inlandsanleihe.

Domizilwechsel
→Wechsel, der nicht am Wohnort bzw. Sitz des Hauptverpflichteten, also des →Bezogenen bei der →Tratte und des →Ausstellers beim →Solawechsel, sondern an einem anderen Ort zahlbar gestellt ist (Art. 4 WG) (Zahlstellenwechsel). Solche Wechsel sind häufig, wenn die Einlösung über ein →Kreditinstitut erfolgen soll.

Doppelbesteuerung
Heranziehung desselben →Steuerpflichtigen für den gleichen Zeitraum zu einer gleichartigen →Steuer aufgrund desselben Steuertatbestandes, insbes. desselben Steuergegenstandes, durch mindestens zwei verschiedene Staaten. Außer diesem Fall der D. im rechtlichen Sinn kann wirtschaftliche D. vorliegen, etwa wenn mehrere selbständige →Gesellschaften zu einem →Konzern gehören. D. kann grundsätzlich bei allen Steuerarten vorkommen. Regelmäßig treten sie bei Steuern vom Einkommen und vom Vermögen auf (→Einkommensteuer, →Körperschaftsteuer, →Vermögensteuer).

Ursachen und Wirkungen: Steueransprüche verschiedener Staaten überschneiden sich, wenn und soweit Steuertatbestände Beziehungen zu mehr als einem Träger der Steuerhoheit aufweisen, auch wenn ein beteiligter Staat nur beschränkte Steuerpflichten auferlegt. Ferner können Überschneidungen bei der Ermittlung der Steuerbemessungsgrundlagen auftreten. D. zeitigt unter betriebs-, volks- und finanzwirtschaftlichen Aspekten negative ökonomische Auswirkungen für die von ihr betroffenen Personen. Trotz der von den Staaten hieraus erzielten Einnahmen sind die aus der D. für grenzüberschreitende wirtschaftliche Betätigungen herrührenden Erschwerungen so erheblich, daß vielfältige Maßnahmen zu ihrer Verringerung oder gar Beseitigung unternommen werden.

Maßnahmen zur Vermeidung der D.: 1. Einseitige (unilaterale) Maßnahmen zur Vermeidung der D. trifft der Staat, in dem eine steuerpflichtige Person ihren Wohnsitz oder Sitz hat. Dabei verzichtet dieser Staat in seinen →Steuergesetzen freiwillig (vorübergehend) auf Steuereinnahmen. 2. Durch völkerrechtlichen Vertrag mit einem anderen Staat (→Doppelbesteuerungsabkommen) können zwischen den Parteien verschiedene Methoden zur Vermeidung der D. (Freistellung, Anrechnung, Pauschalierung, Abzug) vereinbart werden. Dies erfolgt zweiseitig (bilateral). Auf multilateraler Ebene sind hierfür vor allem im Rahmen der OECD Musterabkommen erarbeitet worden. Im Recht der →Europäischen Union gelten bislang nur Regelungen für die →Umsatzsteuer: Im Verhältnis zu Drittstaaten wird das →Bestimmungslandprinzip angewendet; innerhalb des Binnenmarktes gelten bis zur Einführung eines →Ursprungslandprinzips 1997 Übergangsbestimmungen, die ebenfalls eine D. im Lande des Herstellers/Verkäufers und dem des Endverbrauchers vermeiden sollen.

Doppelbesteuerungsabkommen
Völkerrechtliche Verträge mit anderen Staaten, um →Doppelbesteuerungen zu vermeiden. Eine Doppelbesteuerung würde dann eintreten, wenn nach dem jeweiligen nationalen Recht eine Steuerquelle eines →Steuerpflichtigen von zwei Staaten besteuert werden würde. Sie würde den Handel und die wechselseitigen →Investitionen behindern und so der wirtschaftlichen Verflechtung der Wirtschaft entgegenwirken. Die Doppelbesteuerung wird bei Vorliegen eines Abkommens durch Steuerfreistellung (meist unter Anwendung des →Progressi-

Doppelgesellschaft

onsvorbehalts) oder durch Steueranrechnung eines Vertragsstaates erreicht. Die BRD gehört zu den Staaten mit dem dichtesten Netz an D. (ca. 60).

Doppelgesellschaft, → Betriebsaufspaltung.

Doppel- oder Mehrfachabtretung

Zwei- oder mehrmalige stille → Abtretung der gleichen → Forderung. Da bei der stillen Abtretung die Zustimmung des → Schuldners nicht eingeholt wird, ist dann die erste Abtretung vorrangig.

Doppelpfändung, → Pfändung in Bankkonten.

Doppeltender

→ Wertpapierpensionsgeschäft, bei dem die → Deutsche Bundesbank zwei Tranchen mit unterschiedlicher → Laufzeit auflegt. Sie werden auch als „Doppeldecker" oder Doppelzinstender bezeichnet.

Doppelwährung, → Metallwährung.

Doppelwährungsanleihe

Dual Currency Bond; → Anleihe, bei der zwei verschiedene → Währungen (ohne Wahloptionen) verwendet werden. Der Emissionspreis wird in einer Währung eingezahlt; dieser Betrag und die Währung werden auch der Verzinsung zugrundegelegt (üblicherweise Schweizer Franken, aber auch D-Mark). Die → Rückzahlung erfolgt in einer anderen Währung (i. d. R. US-Dollar), in der die Anleihe *denominiert* wird, zu einer bereits bei Emission festgelegten → Parität (fixierter Rückzahlungsbetrag). Der Zins für solche Anleihen liegt zwischen den Anleihezinssätzen der beiden Anleihewährungen, ist aber gewöhnlich dem Kapitalmarktsatz der Zinszahlungswährung (für → Emittenten entsprechender Bonität [→ Kreditwürdigkeit]) angenähert. Die erste D. wurde Ende 1981 in sfr/US-$ emittiert.
D. wurden vorwiegend von Emittenten des US-Dollar-Raums mit ausländischen → Tochtergesellschaften genutzt. Der Tochtergesellschaft fließt der Emissionserlös in ihrer Heimatwährung zu, in der auch die → Zinsen aus den währungskongruenten Einnahmen des → Cash-flows gezahlt werden. Bei der Rückzahlung der Anleihe wird auf US-Dollar-Mittel der → Muttergesellschaft zurückgegriffen. Aus Emittentensicht sind D. dann erwägenswert, wenn bei einem Hochzinsniveau im Lande der Muttergesellschaft die Titel in einem Land mit niedrigem Zinsniveau aufgelegt werden.
Der Vorteil für den Anleger aus dem sfr- bzw. DM-Währungsbereich ergibt sich zum einen aus dem Zinssatz des Titels, der etwas über dem → Kupon einer reinen sfr- bzw. DM-Anleihe liegt, zum anderen in einer begrenzten Absicherung des → Währungsrisikos, wobei der in US-$ rückzahlbare Betrag im Vergleich zum Tageskurs bei → Emission einen sehr günstigen → Wechselkurs „suggeriert". Doch sind Zins und Wechselkurs im Zusammenhang zu beurteilen.
Will der Schweizer Anleger die D. mit dem Erwerb einer US-Dollar-Festzinsanleihe (Dollar-Straight-Bond) vergleichen, so wird dies durch die unterschiedlichen Ausstattungsmerkmale erschwert. Während bei der D. lediglich der Rückzahlungsbetrag, nicht aber die laufende Zinszahlung (in sfr) mit einem Währungsrisiko behaftet ist, unterliegen bei einer hochverzinslichen US-Dollar-Festzinsanleihe auch die laufenden Zinszahlungen einem Wechselkursrisiko, so daß die → Rendite, in sfr gerechnet, um so stärker von der US-Dollar-Rendite nach unten abweicht, je höher der Aufwertungseffekt des sfr gegenüber dem US-$ ausfällt. Aus der Sicht eines Anlegers aus dem US-Dollar-Währungsbereich wird der Erwerb der D. im Vergleich zum heimischen → Kapitalmarkt kaum attraktiv sein, wenngleich eine genaue Kalkulation wegen der mit einem Währungsrisiko (i. a. Währungschance) behafteten Zinszahlungen (in sfr) zum Emissionszeitpunkt nicht möglich ist.
Das Devisenrisiko wird bei einer D. oft auch dadurch begrenzt, daß dem Anleger ein Kündigungsrecht zusteht (→ Put). I. d. R. wird der Rückzahlungsbetrag aber niedriger als die zum Endfälligkeitstermin vorgesehene Summe sein. Bezüglich der Wechselkursentwicklung lassen sich obige Überlegungen analog anwenden.
Kennzeichnend für D. ist die Aufteilung von Wechselkursrisiken zwischen → Gläubiger und → Schuldner. Während dem Anleger das Wechselkursrisiko auf den Rückzahlungsbetrag auferlegt wird, trägt der Emittent es hinsichtlich der Zinszahlungen. Dieses Risiko mag für den Schuldner bei einem Cash-flow in der Zinszahlungswährung begrenzt bzw. durch → Swap-Geschäfte reduzierbar sein. Dann wird für ihn der Zinsvorteil gegenüber dem heimischen Kapitalmarkt (un-

ter Berücksichtigung der höheren Rückzahlung) sehr genau kalkulierbar. Im Prinzip läuft die Konstruktion der D. für den Schuldner auf die Ausstattungsmerkmale eines → Deep Discount Bonds hinaus (erheblich unter dem → Rückzahlungskurs liegender Ausgabekurs bei niedrigem → Festzinssatz, → Nullkupon-Anleihe), jedoch mit geringerem → Effektivzins.
Der Kurs einer D. wird von der Zins- und Wechselkursentwicklung (bei gegebener Ausstattung, u. a. → Restlaufzeit) beeinflußt. Doch hat sich – wohl auch wegen der Kompliziertheit des rechnerischen Kalküls – ein funktionsfähiger → Sekundärmarkt nicht hinreichend gut entwickelt, so daß auf Dauer eine Nachfrage nach D. nicht geweckt werden konnte (sie bedarf auch einer großen Zinsdifferenz zwischen zwei Märkten).

Doppelwährungs-Optionsschein
Variante eines → Devisen-Optionsscheines, die dem Anleger erlaubt, bei der Ausübung zwischen zwei → Währungen zu in den Optionsbedingungen festgelegten Kursen zu wählen.
(→ Chooser-Optionsschein, → exotische Optionsscheine)

Doppelzinstender, → Doppeltender.

Dos-à-dos-Akkreditiv
Frz. Bezeichnung für → Gegenakkreditiv.

Dotationskapital
Bezeichnung für das → Grundkapital öffentlich-rechtlicher Kreditinstitute (→ öffentliche Banken), insbes. von → Landesbanken/Girozentralen und (in Ausnahmefällen) von → kommunalen Sparkassen.

Dow
Kurzbezeichnung für → Dow Jones Industrial Average (DJIA).

Dow Jones Composite Average (DJCA)
65 Stock Average; US-amerikanischer → Aktienindex, der aus dem → Dow Jones Industrial Average (DJIA), → Dow Jones Utility Average (DJUA) und dem → Dow Jones Transportation Average (DJTA) besteht.

Dow-Jones-Index → Dow Jones Industrial Average (DJIA).

Dow Jones Industrial Average (DJIA)
US-Amerikanischer preisgewichteter → Aktienindex, der aus 30 → Blue Chips besteht, die an der New York Stock Exchange (NYSE) gehandelt werden.

Dow Jones Transportion Average (DJTA)
Subindex des → Dow Jones Industrial Average (DJIA), der aus 20 Transportgesellschaften (z. B. Fluglinien, Eisenbahnwerte) besteht.

Dow Jones Utility Average (DJUA)
Subindex des → Dow Jones Industrial Average (DJIA), der aus 15 Versorgungswerten besteht.

Down-and-in-Option, → Barrier Option.

Down-and-out-Option, → Barrier Option.

Downgrades
Das → Rating eines → Emittenten hat sich verschlechtert (z. B. von AAA auf A nach Standard & Poor's Rating) (→ Fallen Angel).
Gegensatz: → Upgrades.

Downside LIBOR Risk
Variables Zinsrisiko einer → Long Position in variabel verzinslichen → Zinsinstrumenten (z. B. Floater), daß → LIBOR fällt. Das D. L. R. kann beispielsweise mit Floor Floatern (→ Floor Floating Rate Note) verringert werden (→ Marktrisikofaktoren-Analyse).
Gegensatz: → Upside LIBOR Risk.
(→ Hedgingstrategien mit Zinsbegrenzungsverträgen)

Downside-Risiko
Risiko, eine negative Abweichung vom Mittelwert der → Periodenrendite zu erzielen. Das D.-R. wird über die → Semivarianz ermittelt. Im Gegensatz zum D.-R. mißt die → Volatilität, d. h. annualisierte → Standardabweichung, das Gesamtrisiko. Unter dem Gesamtrisiko versteht man sowohl positive als auch negative Abweichung der Periodenrenditen vom Mittelwert.
Gegensatz: → Upside-Risiko.

Down Under Bond
→ Bond in Australischen oder Neuseeländischen Dollars.

Dow-Theorie
Methode zur Bestimmung von Trendwenden am → Aktienmarkt, die auf den Gründer des Wall-Street-Journals, Charles H. Dow, zurückgehen. Nach der D.-T. sind verschiedene Trends zu unterscheiden: Der Primärtrend (Major Trend), der Sekundärtrend und der Tertiärtrend. Der Primärtrend dauert gewöhnlich ein Jahr und länger und hat eine bestimmte Wertsteigerung bzw. Wertminde-

rung der → Aktie zur Folge. Sekundärtrends haben eine Dauer von zwei Monaten bis zu einem Jahr; sie unterbrechen den Primärtrend. Solange eine Kurssteigerung ein höheres Niveau als die davorliegende Aufstiegsphase erreicht und solange jede abgerichtete Sekundärbewegung auf einem höheren Niveau als bei der davorliegenden Abstiegsphase zum Halten kommt, liegt eine → Hausse (Bull Market) vor. Umgekehrt spricht man von einer → Baisse (Bear Market). Entsprechend können Signale für einen Trendwechsel erkannt werden. Die Methode der → gleitenden Durchschnitte wird im Rahmen der → technischen Aktienanalyse bei der Globalanalyse und auch bei der Einzelwertanalyse angewendet.

D/P
Abk. für „Documents against Payment"=→ „Dokumente gegen Zahlung", d. h. Zahlung bei Vorlage der Dokumente (→ Zahlungsbedingungen im Außenhandel).

DPA
Abk. für → Deferred Payment American Option.

D/P-Inkasso
→ Dokumenteninkasso, das auf der Grundlage → „Dokumente gegen Zahlung" (Documents against Payment) abgewickelt wird.

Dragon Bond
→ Euroanleihe, die für asiatische Investoren (Ausnahme: japanische Investoren) kreiiert wurde. Im Gegensatz zu traditionellen Euroanleihen werden D. B. an den → Börsen in Hong Kong, Singapur und Taipei notiert. Einige → Anleihen werden auch in Luxemburg gelistet. Der erste D. B. wurde von der Asian Development Bank (ADB) im November 1991 mit einem Volumen von 300 Mio US-Dollar emittiert. Die meisten D. B. werden in US-Dollars emittiert. D. B., denominiert in US-Dollar, werden in den → Salomon Brothers Eurodollar Bond Index aufgenommen, sofern D. B. bestimmte Kriterien (z. B. Mindestanlage) erfüllen.

Drawing Authorisation, → Negoziierungskredit.

360/360
Variante der → Tageberechnungsmethoden. Die Methode 360/360 kann in eine US-Variante (30/360; → US-Zinsmethode) und in eine europäische Variante (E30/360, 30E/360; → deutsche Zinsmethode) unterschieden werden.

Drei-Monats-Euro-DM-Future, → Euro-DM-Future.

Dreimonatsgeld
Form des → Termingeldes im → Geldhandel zwischen Banken.

30E/360, → Deutsche Zinsmethode.

30/360, → US-Zinsmethode.

Drittorganschaft
Bei einer → Gesellschaft werden die Geschäfte durch besondere → Personen (→ Organe) geführt, die keine Gesellschafter sind. Die D. (Fremdorganschaft) ist Kennzeichen der → juristischen Personen. Bei → Personengesellschaften ist sie nur in Ausnahmefällen zulässig; hier gilt der Grundsatz der → Selbstorganschaft.

Drittschuldner
→ Schuldner, gegen den ein → Anspruch eines Dritten gerichtet ist, wenn er dem Schuldner eine bestimmte Leistung schuldet, z. B. ein → Kreditinstitut bei → Pfändung in ein → Bankkonto.

Drittschuldnererklärung
Erklärung des → Drittschuldners bei → Pfändung einer Geldforderung, die auf Verlangen des → Gläubigers abzugeben ist und in der der Drittschuldner zu erklären hat, ob bzw. inwieweit er die → Forderung als begründet anerkennt und zur Zahlung bereit ist und ob bzw. welche → Ansprüche andere → Personen an die Forderung stellen (§ 840 ZPO).

Drittverpfändung
→ Zwischenverwahrer verpfändet einem → Drittverwahrer die ihm anvertrauten → Wertpapiere. § 12 Abs. 1 DepotG bestimmt zum Schutz des → Depotkunden, daß eine Weiterverpfändung verwahrter Wertpapiere nur unter ganz bestimmten Voraussetzungen zulässig ist: (1) Das zwischenverwahrende Kreditinstitut muß dem Hinterleger einen → Effektenlombardkredit eingeräumt haben. (2) Der Hinterleger muß den Zwischenverwahrer ausdrücklich und schriftlich zur Weiterverpfändung ermäch-

Drittverwahrung

tigt haben. Der Drittverwahrer muß → Verwahrer i. S. d. → Depotgesetzes sein. Man unterscheidet drei Formen der D.: regelmäßige Verpfändung, beschränkte Verpfändung und unbeschränkte Verpfändung.
(→ Depotgesetz, → Drittverwahrung)

Drittverwahrer
→ Verwahrer, der für einen anderen Verwahrer (→ Zwischenverwahrer) → Wertpapiere im Sinne des DepotGes verwahrt, die dessen Kunden als Hinterleger gehören. D. sind beispielsweise → Wertpapiersammelbanken.
(→ Drittverwahrung)

Drittverwahrung
Zwischenverwahrende → Kreditinstitute können – ohne besondere Einwilligung des Hinterlegers (→ Hinterlegung) – ihnen anvertraute → Wertpapiere bei anderen Instituten (= → Drittverwahrer) ins → Depot einlegen (§ 3 Abs. 1 Satz 1 DepotG i. V. m. AGB). D. erfolgt unter dem Namen des → Zwischenverwahrers. Wertpapiere sind dabei unter bestimmten Voraussetzungen auch als Pfand für die Kreditaufnahme des Zwischenverwahrers beim Drittverwahrer einsetzbar (= → Drittverpfändung).

→ Depotkonten müssen zum Schutz des Hinterlegers bei Zwischen- und Drittverwahrer gekennzeichnet sein (z. B. Depot A, B, C, D). Vgl. Abbildung unten.

Depot A: Der Drittverwahrer darf Wertpapiere in → Depot A nur einlegen, wenn im Einzelfall eine schriftliche Eigenanzeige des Zwischenverwahrers (§ 4 Abs. 2 DepotG) vorliegt; gleiches gilt bei Erfüllung der → Einkaufskommission (Nostrohandel). Mit der Eigenanzeige erlangt der Drittverwahrer gutgläubig → Pfand- und → Zurückbehaltungsrecht an den Depotwertpapieren. In Depot A sind auch die Wertpapiere zu führen, bei denen Zwischenverwahrer (vom Hinterleger) zur unbeschränkten → Verpfändung (§ 12 Abs. 4 DepotG) ermächtigt wurden. Diese Papiere haften wie eigene des Zwischenverwahrers; ein Rückkredit an den Hinterleger ist nicht zwingend erforderlich. (Beispiele für Depot A: Dispositionsdepots der Kreditinstitute bei Landeszentralbanken.)

Depot B: Fehlt bei Weitergabe an den Drittverwahrer ein Eigentumsnachweis, gilt der Grundsatz der Fremdvermutung (§ 4 Abs. 1 Ziff. 1 DepotG). Nach h. M. gilt Fremdvermutung auch gegenüber ausländischen Zwischenverwahrern.

Drittverwahrung

Depotarten (Drittverwahrung)	Depotbezeichnung	Gegenstand der Verwahrung	Umfang der Haftung
A	Eigendepot	1. Eigenbestand des Zwischenverwahrers 2. Unbeschränkt verpfändete Kundenwertpapiere	Für alle Verbindlichkeiten des Zwischenverwahrens gegenüber Drittverwahrer
B	Fremddepot	Kundenpapiere	Nur für Forderungen aus Verwahrvertrag (Zurückbehaltungsrecht)
C	Pfanddepot	Regelmäßig verpfändete Kundenpapiere	Für Rückkredite des Zwischenverwahrers beim Drittverwahrer wegen verschiedener Kunden
D	Sonderpfanddepot	Beschränkt verpfändete Kundenpapiere	Nur für Rückkredit des Zwischenverwahrers beim Drittverwahrer wegen eines Kunden

Drittwiderspruchsklage

Beachte: Für eine → Wertpapiersammelbank gilt generell die Fremdvermutung; ohne den Zusatz „Depot B" (Argum. nach § 14 AGB/KV).

Drittverpfändung ist in drei Formen möglich, und zwar als regelmäßige Verpfändung (→ Depot C), beschränkte Verpfändung (→ Depot D) und unbeschränkte Verpfändung (→ Depot A); sie sollen das Ausmaß der → Haftung gegenüber Drittverwahrern widerspiegeln.

Voraussetzungen: Der Zwischenverwaher muß (1) dem Hinterleger einen (Effekten-) Kredit eingeräumt haben, (2) ausdrücklich eine schriftliche Ermächtigung zur Weiterverpfändung vorweisen können, und (3) der Drittverwahrer muß dem DepotG unterliegen.

Depot C – Pfanddepot: Die *regelmäßige Verpfändung* (§ 12 Abs. 2 DepotG) erlaubt die Weiterverpfändung der Kundenwertpapiere durch Zwischenverwahrer an Drittverwahrer bis zur Gesamtsumme der eingeräumten Rückkredite. Alle im Depot gebuchten Wertpapiere haften dem Drittverwahrer als Sicherheit für die gesamten Rückkredite an den Zwischenverwahrer; die Inanspruchnahme der Kredite durch den Hinterleger bleibt hiervon unberührt. Hinterleger bilden Gefahrengemeinschaften; sie haben Konkursvorrecht und Ausgleichsanspruch mit Ziel der gleichmäßigen Befriedigung.

Depot D – Sonderpfanddepot: Die *beschränkte Verpfändung* (§ 12 Abs. 3 DepotG) zur Rückkreditaufnahme ist dem Zwischenverwahrer nur in Höhe des dem (einzelnen) Hinterleger eingeräumten Kredits erlaubt. Verpfändete Papiere haften nur für diesen Betrag.

Drittwiderspruchsklage

Klage eines Dritten, der „ein die Veräußerung hinderndes Recht" besitzt, gegenüber ungerechtfertigten Zwangsvollstreckungsmaßnahmen (§ 771 ZPO). Eine erfolgreiche D. führt zur Einstellung der → Zwangsvollstreckung und Aufhebung einer inzwischen durchgeführten → Pfändung.

Das Interventionsinstrument der D. ist notwendig, weil weder der Gerichtsvollzieher bei Pfändung die Eigentumsverhältnisse (→ Pfändung von beweglichen Sachen) noch das Vollstreckungsgericht bei Erlaß des Pfändungsbeschlusses die Gläubigerposition des → Schuldners zu prüfen haben. Zu den „die Veräußerung hindernden Rechten" gehören vor allem das → Eigentum, auch Sicherungseigentum (→ Sicherungsübereignung), → Miteigentum nach Bruchteilen und → Gesamthandseigentum sowie die Stellung eines → Gläubigers an dem gepfändeten Recht (auch treuhänderischer Art, wie bei der → Sicherungsabtretung). Pfändet also z. B. ein Gläubiger → Sachen, die einem → Kreditinstitut sicherungsübereignet worden sind, oder → Forderungen, die einem Kreditinstitut sicherungsweise abgetreten worden sind, kann das Kreditinstitut die Einstellung der Zwangsvollstreckung mittels dieser Interventionsklage erreichen.

Drop-in-Call

Down-and-in-Call; → Barrier-Option, die entsteht, wenn der → Basiswert während der Laufzeit der → Option ein bestimmtes Niveau erreicht oder unterschreitet.

Drop-in-Put

Up-and-in-Put; → Barrier-Option, die entsteht wenn der → Basiswert während der Laufzeit der → Option ein bestimmtes Niveau erreicht oder überschreitet.

Drop-Lock-Clause

Anleihebedingung bei → Droplock Floating Rate Notes, daß bei Unterschreiten eines bestimmten Zinsniveaus (Trigger Level) am → Geldmarkt der Floater automatisch in einen → Straight Bond getauscht wird. Sollte das Geldmarktniveau wieder steigen, nachdem der Trigger Level erreicht wurde, kann nicht mehr in den Floater zurückgetauscht werden. Ähnlich wie → Floored Floating Rate Notes bietet die D.-L.-C. bei Droplock-Floatern einen Schutz des Anlegers vor fallenden Geldmarktzinsen (variables Zinsrisiko) und stellt letztlich eine → Hedgingstrategie dar.

Droplock Floating Rate Note

Droplock Floater; → Floating Rate Note (variabel verzinsliche Anleihe), die bei Sinken des → Referenzzinssatzes auf einen festgelegten Satz automatisch in einen → Straight Bond (Festzinsanleihe) umgewandelt wird. D.F.R.N. sind für Unternehmen, die eigentlich eine Festsatzfinanzierung vorziehen, in Zeiten großer Zinsunsicherheit u. U. eine akzeptable Form der Floating Rate Notes. Dem

Investor wird ein begrenzter Schutz gegen fallende →Zinsen eingeräumt, er trägt jedoch das Risiko, daß die →Kapitalmarktzinsen den →Geldmarktzinsen nur abgeschwächt und nur mit zeitlicher Verzögerung folgen, so daß eine spätere Zinsfestschreibung unterhalb des Kapitalmarktzinsniveaus erfolgen kann.

Bei der *Double-Droplock-Emission* hat der Investor bei Erreichen eines bestimmten Zinssatzes zunächst ein Wahlrecht, erst beim Erreichen des folgenden Zinslimits wird der Zinssatz automatisch festgeschrieben.

DRS-Option
Abk. für Deferred Rate Setting-Option (→ Spreadlock Swap).

Druckvorschriften für Effekten
Regelungen über die äußere Form und Beschaffenheit von →Effekten, die einen wirksamen Schutz gegen Fälschung und Verfälschung dieser Papiere gewährleisten sollen und teilweise mit einschlägigen Bestimmungen über →Banknoten übereinstimmen (z. B. Wasserzeichenpapier, Guillochen).

DSGV
Abk. für→ Deutscher Sparkassen- und Giroverband e. V.

DSL-Bank, → Deutsche Siedlungs- und Landesrentenbank.

D%-Slow-Linie
Synonym für die Slow D-Linie des → Slow Stochastics.

DTA
Abk. für Datenträgeraustausch (→ belegloser Datenträgeraustausch).

DTA-Clearing, → belegloser Datenträgeraustausch, → Magnetband-Clearingverfahren.

DTB
Abk. für → Deutsche Terminbörse.

DTB-Clearing
Besondere Form des → Clearing im Rahmen der → Deutschen Terminbörse AG (DTB) durch eine eigene Clearing-Stelle, die als Vertragspartner jedes → Börsentermingeschäftes auftritt und die Abwicklung, Besicherung und Regulierung aller an der DTB abgeschlossenen Geschäfte durchführt. Die hierfür geltenden Clearing-Bedingungen (→ Allgemeine Geschäftsbedingungen) lassen nur Mitglieder zur Teilnahme am DTB-C. zu. Die notwendige Clearing-Lizenz erhalten allein inländische →Kreditinstitute und inländische →Zweigstellen ausländischer Banken (§ 53 KWG). Eine General-Clearing-Lizenz berechtigt sowohl zum Clearing von →Eigengeschäften als auch von den Geschäften von Börsenteilnehmern ohne Lizenz; die auch kleineren Banken zugängliche Direkt-Clearing-Lizenz erlaubt nur das Clearing eigener Geschäfte. Jedes Clearing-Mitglied hat zur Besicherung seiner Verpflichtungen aus → Kontrakten börsentäglich in der von der DTB festgelegten Höhe Sicherheit in → Geld oder in → Wertpapieren zu leisten (→ Margin). Damit sollen die mit dem Termingeschäft verbundenen Risiken abgesichert werden.

DTB-FIBOR-Future
Synonym für → FIBOR-Future.

DTB-Finanzterminkontrakte
An der → Deutschen Terminbörse (DTB) gehandelte → Finanzterminkontrakte: → DAX-Future (als → Aktienindex-Future) und → Bund-Future (als → Zins-Future).

DTB-Margin-Arten
Die → Deutsche Terminbörse (DTB) unterscheidet zwischen → Premium Margin, Variation Margin, → Additional Margin und → Futures Spread Margin. Die Ermittlung der D.-M.-A. erfolgt nach dem → Risk Based Margining.
Im Gegensatz zur Variation Margin, die nur in bar geleistet werden kann (→ Margin), können die restlichen D.-M.-A. auch durch die → Hinterlegung von → Wertpapieren geleistet werden. Hinterlegt werden können von der DTB bestimmte, festverzinsliche lombardfähige Wertpapiere (→ Lombardfähigkeit), die mit 75% ihres Wertes auf die zu erbringende Margin-Leistung angerechnet werden. In bar zu hinterlegende Sicherheitsleistungen werden nicht verzinst. (→ Margin)

DTC
Abk. für Depository Trust Company.

Dual Barrier Accrual
→ Exotische Optionsscheine, bei dem der Anleger für jeden Mittwoch, an dem der

Dual Currency Bond

→ Basiswert (z. B. YEN/US-$-Wechselkurs) innerhalb einer bestimmten Grenze notiert, einen feststehenden Betrag erhält. Bei den D. B. A. von Bankers Trust erhält der Anleger für jeden Mittwoch, den der YEN/US-$-Wechselkurs innerhalb der Grenzen von 98 bzw. 108 schwankt, DM 0,20 bei Fälligkeit des Optionsscheines ausbezahlt. D. B. A. sind für solche Anleger interessant, die erwarten, daß der Basiswert innerhalb einer bestimmten Bandbreite schwankt. Im Gegensatz zu D. B. A. ist bei → Single Barrier Accrual nur eine Grenze vorgesehen. Vgl. auch BOOST-Optionsscheine, → Hamster-Optionsscheine, → E. A. R. N.-Optionsscheine.

Dual Currency Bond, → Doppelwährungsanleihe.

Dualismus der bankbetrieblichen Leistung

Die Leistungen des Bankbetriebs für den Markt (Marktleistungen) werden durch Einsatz von Arbeitskräften und → Betriebsmitteln (→ Produktionsfaktoren) erbracht. Bei den meisten Marktleistungen kommt eine Kapitaltransaktion (Einsatz des → monetären Faktors) hinzu. Der Teil der Marktleistung, der im → technisch-organisatorischen Bereich des Bankbetriebs (Betriebsbereich) erbracht wird, heißt Betriebsleistung (Stückleistung). Der Teil der Marktleistung, der im → liquiditätsmäßig-finanziellen Bereich des Bankbetriebs (Wertbereich) erbracht wird, heißt Wertleistung. Beispiele für Betriebsleistungen: Abwicklung eines Zahlungsverkehrsvorgangs, Beratung eines Kunden. Beispiele für Wertleistungen: Hereinnahme von → Einlagen, Zurverfügungstellung von → Krediten.

Aus dem Dualismus der bankbetrieblichen Marktleistung ergibt sich die Notwendigkeit, → Kosten danach zu trennen, ob sie für die Betriebsleistung oder für die Wertleistung erbracht sind, bzw. → Erlöse danach zu trennen, ob sie aus der Betriebsleistung oder aus der Wertleistung entstanden sind. → Betriebskosten (→ Stückkosten) entstehen im Betriebsbereich aus dem Einsatz von Personal (Personalkosten) und dem Einsatz von Betriebsmitteln (Sachkosten). → Wertkosten entstehen im Wertbereich; es sind die Zinskosten, die dem Bankbetrieb bei der Beschaffung des monetären Faktors entstehen (Geldeinstandskosten), sowie die → Risikokosten (z. B. Kreditausfallkosten).

→ Betriebserlöse (Stückerlöse) sind Entgelte für Betriebsleistungen (Stückleistungen); das gilt auch dann, wenn eine wertmäßige Rechnungsbasis vorliegt (z. B. Gebühren für → Dauerauftrag oder Abwicklungsgebühr bei einer Devisenzahlung). → Werterlöse entstehen im Wertbereich, es sind Zinserträge sowie Handelsgewinne (Kursgewinne im → Eigenhandel mit → Devisen, → Effekten und → Finanztiteln).

Duff & Phelps

→ Rating Agency, die ungefähr 500 → Emittenten beurteilt.
(→ Rating, → Emittentenrisiko, → Länder-Rating, → Standard & Poor's, → Moody's, → Fitch)

Dumbbell-Portfolio, → Barbell-Portfolio.

Dumping

Wettbewerbsverfälschung im internationalen Handel, bei der nach der Definition des → Allgemeinen Zoll- und Handelsabkommens (GATT) der Preis einer vom Inland in das Ausland ausgeführten → Ware niedriger ist als der vergleichbare Preis einer gleichartigen Ware im „normalen" Handelsverkehr. Dabei wird der „normale" Wert gemessen am Preis des Gutes in Ausfuhrland oder am höchsten Preis in anderen Einfuhrländern, wenn es sich um eine reine Exportware handelt, oder an den Produktionskosten zuzüglich eines üblichen Gewinnzuschlags. Innerhalb der Absatzpolitik eines Unternehmens ist das D. ein Instrument der Preispolitik, das den Export durch eine Preisdifferenzierung zwischen Inlandsmarkt und Auslandsmarkt zu fördern sucht. Liegen die Exportpreise aufgrund kostenbedingter Wettbewerbsvorteile unter den Inlandspreisen in anderen Ländern, was z. B. auf niedrigeren Lohn- und/oder Kapitalkosten beruhen kann, handelt es sich nicht um D. Gleiches gilt, wenn der in ausländischer → Währung ausgedrückte Exportpreis durch → Abwertung der eigenen Währung sinkt („Valutadumping"). Schließlich ist die Exportpreissubventionierung durch staatliche → Ausfuhrförderung ebenfalls nicht zum D. zu rechnen. D. ist nur möglich, wenn die Marktbedingungen ein monopolistisches Verhalten zulassen und der Inlandsmarkt vom Auslandsmarkt getrennt werden kann.

Duopol
Dyopol; Sonderform des → Oligopols (→ Marktformen) mit nur zwei Anbietern und vielen (sehr kleinen) Nachfragern.

Duplikatfrachtbrief, → Frachtbriefdoppel.

Duplikatwechsel
Zweitschrift (Doppel) eines → Wechsels.

Duplizierungsprinzip
Zwei Finanzinstrumente haben – unabhängig wie sie zusammengesetzt sind – den gleichen Wert und damit die gleichen Marktrisikofaktoren, wenn aus ihnen nur genau die gleichen → Cash-flows resultieren. In den letzten Jahren drängten immer komplexere → Zinsinstrumente mit immer komplizierteren Risikostrukturen auf den Markt. Beispiele hierfür sind → Reverse Floater, → SURF-Anleihen, → Leveraged Floater, Floater mit Mindestverzinsung. Die → Marktrisikofaktoren-Analyse wird deshalb in zunehmendem Maße komplexer, da auf viele Zinsinstrumente mehrere Marktrisikofaktoren wirken.

Schritte:
Phase 1: Reduzierung auf elementare Zinsinstrumente (Kassazinsinstrumente), d. h. Bausteine
Phase 2: Analyse der elementaren Zinsinstrumente
Phase 3: Additive Bewertung, d. h. Analyse des gesamten Zinsinstrumentes.
Dieser dreistufige Prozeß wird als → Bond Stripping bezeichnet, die Umkehrung als Synthetisierung (→ Synthetisches Asset).
(→ Stripping)

Duration
Gewichtete durchschnittliche → Laufzeit aller Zins- und Tilgungszahlungen einer → Anleihe (oder einer anderen langfristigen Zinsposition). Die D. wird somit auch als die mittlere Bindungsdauer einer Kapitalanlage definiert. Die Gewichtung basiert auf den → Barwerten der zu den jeweiligen Terminen eingehenden Zahlungen. Mit Hilfe dieses Zeitmaßstabes kann die Veränderung des Wertes einer Zinsposition bei einem anziehenden oder rückläufigen Zinsniveau gemessen werden. Grundsätzlich steigt mit der Laufzeit die Zinssensitivität, d. h. bei einer Anleihe mit einer hohen D. werden im Falle steigender → Zinsen die Kapitalverluste (und bei sinkenden Zinsen die Kapitalgewinne) höher ausfallen als bei einer Anleihe mit einer niedrigen D. Exakter als mit der D. kann die Zinssensitivität über die → Modified Duration ermittelt werden.
(→ Bond Research)(→ Risikokennzahlen festverzinslicher Wertpapiere).

Duration-based Yield Curve
→ Renditestrukturkurve, bei der eine Beziehung zwischen der → Rendite (Yield-to-Maturity, Yield) und der → Duration von festverzinslichen Papieren hergestellt wird. Bei einer → Zinsstrukturkurve sind D.-b. Y. C. und → Maturity-based Yield Curve identisch.

Duration einer Anleihe mit Schuldnerkündigungsrecht
Effective Duration. Die → Duration einer → Anleihe mit Schuldnerkündigungsrecht ermittelt man, indem man den gewichteten Durchschnitt (→ arithmetisches Mittel) der Durationen der beiden Komponenten (→ Long Bond, → Short Call) einer Anleihe mit Schuldnerkündigungsrecht bildet. Als Gewichtungsfaktor verwendet man den → Dirty Price des → festverzinslichen (Wert-)Papiers bzw. den aktuellen Kurs des → Calls. Die → Short Position der Call-Option wird mit einem negativen Vorzeichen berücksichtigt.

Duration eines Perpetual
Die → Duration eines → Perpetual liegt in Abhängigkeit von der → ISMA-Rendite des Papiers zwischen zehn und zwanzig Jahren. Obwohl Perpetuals eine unendliche → Restlaufzeit haben, ist die Duration im Verhältnis zur Restlaufzeit relativ gering.

$$\text{Duration} = 1 + R/100 : R/100$$

wobei:
R = ISMA-Rendite.

Duration-Equivalent Butterfly Swap,
→ Bullet-to-Dumbbell Bond Swap.

Duration-Hegde
Variante der Ermittlung des Hegde Ratios bei → Zinsfutures. Beim D.-H. wird die → Duration nach Macaulay verwendet. Die Formel für die Ermittlung des Hedge Ratios auf Basis der Duration lautet:
Hedge Ratio = (Nominal Kassa : Nominal Future) · (Duration Kassa : Duration Future).

Duration nach Hicks

(→ PVBP-Hedge, → Preisfaktorenmethode, → Regressions-Hedge)

Duration nach Hicks, → Modified Duration.

Duration nach Macaulay
Die D.n.M. (auch als Macaulay-D. oder Dirty Duration bezeichnet) ist der gewichtete Durchschnitt der Zeitpunkte der → Cash-flows eines → Zinsinstrumentes. Als Gewichtungsfaktoren werden die → Barwerte der Zins- und Tilgungszahlungen verwendet.

$$D. = \sum_{t=1}^{M} (\text{Fälligkeit des Cash-flow}_t \cdot \text{Barwert des Cash-flow}_t) : \sum_{t=1}^{M} \text{Barwert des Cash-flow}_t$$

Ermittlung:
(1) Berechnung der Zahlungszeitpunkte: Im ersten Schritt werden die Zeitpunkte ermittelt, zu denen → Zinsen und die → Tilgung am Ende der → Laufzeit fällig werden.
(2) Berechnung der Barwerte: Im zweiten Schritt werden die Barwerte der Zins- und Tilgungszahlungen ermittelt, indem die nominalen Zahlungen mit der → Rendite abgezinst werden.
(3) Gewichtung der Zahlungszeitpunkte: Im dritten Schritt werden die Zahlungszeitpunkte aus Schritt eins mit den Barwerten gewichtet.
Die D. n. M. dient als Ausgangsbasis für die Ermittlung der → Modified Duration, → Price Value of a Basis Point und → Dollar Duration und wird in → Immunisierungsstrategien eingesetzt.
(→ Contingent Immunization, → Risikomanagement festverzinslicher Wertpapiere)

Durchgeleiteter Kredit
Durchleitungskredit, Weiterleitungskredit; → Investitionskredit, der von → Banken und → Sparkassen durch Weitergabe von zweckgebundenen fremden Mitteln an einen Endkreditnehmer bereitgestellt wird, wobei das durchleitende → Kreditinstitut im eigenen Namen und für eigene Rechnung handelt.
Das Kreditinstitut trägt ganz oder teilweise das Risiko der im Rahmen zentraler Kreditaktionen vom Geldgeber darlehensweise überlassenen Förderungsmittel bei Auslegung an den Endkreditnehmer. Im Rahmen der Abwicklung bestimmter öffentlicher Kreditprogramme fungiert die → Kreditanstalt für Wiederaufbau (bzw. die → Deutsche Ausgleichsbank) sehr häufig als zentraler Geldgeber. Da das Kreditinstitut bei Gewährung von Durchleitungskrediten das → Adressenausfallrisiko übernimmt, finden auch die Struktur- und Ordnungsvorschriften des → Kreditwesengesetzes über die Liquidität und Sicherheit (§§ 10, 11 KWG; → Bankenaufsicht; → Grundsätze über das Eigenkapital und die Liquidität der Kreditinstitute) sowie über das → Kreditgeschäft (§§ 13-20, ab 1996: – § 22 KWG) Anwendung.
Gegensatz: → Treuhandkredit.
(→ Weitergeleiteter Kredit)

Durchgriffshaftung
Haftungsmäßige Inanspruchnahme von Mitgliedern und → Organen einer → juristischen Person, durch die das Prinzip der rechtlichen Selbständigkeit einer juristischen Person durchbrochen wird, nur ausnahmsweise zulässig auf der Grundlage des § 242 BGB (→ Treu und Glauben). Der Durchgriff kann nur der letzte Ausweg sein (z. B. D. des Alleingesellschafters einer → Einmanngesellschaft) und ist nicht zulässig, wenn ein durchsetzbarer → Anspruch gegen die juristische Person selbst besteht.

Durchkonnossement, → Konnossement.

Durchlaufender Kredit
→ Investitionskredit, der von → Banken und → Sparkassen durch Weitergabe von zweckgebundenen fremden Mitteln (→ öffentliche Kreditprogramme) an einen Endkreditnehmer bereitgestellt wird, wobei die Kreditgewährung im eigenen Namen, aber für Rechnung eines Treugebers ohne Übernahme des Kredit- und Liquiditätsrisikos erfolgt (→ Treuhandkredit). Diese Risiken werden vom Geldgeber getragen. Lediglich für eine ordnungsgemäße, dem Treuhandauftrag entsprechende Verwaltung der Kredite sowie für die Abführung der Zins- und Tilgungsleistungen übernimmt das zwischengeschaltete → Kreditinstitut die → Haftung. Die Weiterleitungsmittel werden auf der Passivseite der → Bankbilanz unter der Position „Durchlaufende Kredite (nur Treuhandgeschäfte)" bilanziert. In gleicher Höhe erfolgt der Bilanzausweis der kurz-, mittel- oder langfristigen durchlau-

(DVFA) errechnetes → Ergebnis je Aktie. Das DVFA-Ergebnis beruht auf einer gemeinsamen Empfehlung der Deutschen Vereinigung Finanzanalyse und Anlageberatung und der Schmalenbach-Gesellschaft (SG): → Jahresüberschuß, den die Aktiengesellschaft in ihrer → Gewinn- und Verlustrechnung ausweist, wird um mehreren bereinigt (vgl. Übersicht „DVFA" is" S. 471–473).

... Wertpapierdaten-Zen...

... ein monatlicher

Anlagebetrag mit zunehmender Ver-
laufzeit immer höher verzinst wird.

Dynamischer Verschuldungsgrad
Kennzahl der → Bilanzanalyse, bei d
Nettoverschuldung (kurz- und mittelf
Schulden abzüglich liquide Mittel)
→ Cash-flow in Beziehung gesetzt wir
d. V. ist der reziproke Wert des → Ent
dungsgrades. Er beantwortet die hyp
sche Frage, in wie vielen Jahren die
schulden mit selbst erwirtschafteten M
getilgt werden könnten, unter der V
setzung, daß in den folgenden Jahr
gleich hoher Cash-flow erzielt wird u
er ausschließlich zur Schuldentilgur
wendet wird.
(→ Entschuldungsgrad)

Durchlaufender Kredit

DVFA-Ergebnis

Lfd. Nr. der Pos.	Bezeichnung der Position lt. Jahresabschluß oder anderen Quellen	– Mio DM/TDM –	
		brutto	netto
1.	JAHRESÜBERSCHUSS lt. G. u. V.-Rechnung		
1.1.	Steuerminderaufwand aufgrund eines Verlustvortrages		./......
1.2.	Gewinnabführung (+) bzw. Verlustausgleich (./.) aufgrund eines Ergebnisabführungsvertrages mit einer Obergesellschaft	+ ./......	+ ./......
1.3.	KORRIGIERTER JAHRESÜBERSCHUSS	———	
2.	AUSSERORDENTLICHE/APERIODISCHE POSTEN		
2.1.	AUSSERORDENTLICHE/APERIODISCHE ERTRÄGE		
2.1.1.	Außerordentliche Erträge lt. GuV	./......	./......
2.1.2.	Erträge aus der Auflösung von Sonderposten mit Rücklageanteil	./......	./......
2.1.3.	Außerordentlicher/Aperiodischer Teil der „Sonstigen betrieblichen Erträge"	./......	./......
2.1.4.	Andere außerordentliche/aperiodische Erträge	./......	./......
2.1.5.	Erträge aus der Änderung von Bilanzierungs- und Bewertungsmethoden	./......	./......
2.1.6.	SUMME DER AUSSERORDENTLICHEN UND APERIODISCHEN ERTRÄGE		./......
2.2.	AUSSERORDENTLICHE/APERIODISCHE AUFWENDUNGEN		
2.2.1.	Außerordentliche Aufwendungen lt. GuV	+	+ ......
2.2.2.	Einstellungen in Sonderposten mit Rücklageanteil	+	+ ......
2.2.3.	Außerordentlicher/Aperiodischer Teil der „Sonstigen betrieblichen Aufwendungen"	+	+ ......
2.2.4.	Andere außerordentliche/aperiodische Aufwendungen	+	+ ......
2.2.5.	Aufwendungen aus der Änderung von Bilanzierungs- und Bewertungsmethoden	+	+ ......
2.2.6.	SUMME DER AUSSERORDENTLICHEN UND APERIODISCHEN AUFWENDUNGEN		+ ......
2.3.	SALDO DER AUSSERORDENTLICHEN UND APERIODISCHEN POSTEN		+ ./......
3.	BEWERTUNGSSPIELRÄUME		
3.1.	AKTIVIERUNGSWAHLRECHTE	+	+
3.1.1.	Geschäfts- oder Firmenwert	./......	./......
3.1.2.	Disagio	+	+ ......
3.1.3.	Ingangsetzungs- und Erweiterungsaufwendungen	./......	./......
3.1.4.	SALDO DER BEREINIGUNGSPOSTEN AUFGRUND VON AKTIVIERUNGSWAHLRECHTEN		+ ./......
3.2.	ABSCHREIBUNGEN AUF ANLAGEVERMÖGEN		
3.2.1.	Außerplanmäßige Abschreibungen auf Sachanlagen	+	+ ......
3.2.2.	Abschreibungen auf Finanzanlagen	+	+ ......
3.2.3.	Planmäßige Abschreibungen, soweit sie vom steuerrechtlichen Ansatz abweichen	+	+ ......
3.2.4.	Steuerrechtliche Sonderabschreibungen auf das Anlagevermögen	+	+ ......

Durchlaufender Kredit

DVFA-Ergebnis (Fortsetzung)

Lfd. Nr. der Pos.	Bezeichnung der Position lt. Jahresabschluß oder anderen Quellen	– Mio DM/TDM – brutto	netto
3.2.5.	Zuschreibungen zum Anlagevermögen	./.......	./.......
3.2.6.	Durch steuerrechtliche Sonderabschreibungen vorweggenommene Normalabschreibungen auf Sachanlagen	./.......	./.......
3.2.7.	SALDO DER BEREINIGUNGSPOSITIONEN IM ANLAGEVERMÖGEN		+ ./.......
3.3.	BEWERTUNG VON VORRÄTEN, NOCH NICHT ABGERECHNETEN LEISTUNGEN UND FORDERUNGEN		
3.3.1.	Bildung von Bewertungsreserven	+.......	+.......
3.3.2.	Auflösung von Bewertungsreserven	./.......	./.......
3.3.3.	Abschreibungen im Umlaufvermögen, soweit sie das im Unternehmen übliche Maß übersteigen	+.......	+.......
3.3.4.	Steuerrechtliche Sonderabschreibungen auf das Umlaufvermögen (z. B. Importwarenabschlag)	+ ./.......	+ ./.......
3.3.5.	Zuschreibungen zum Umlaufvermögen	./.......	./.......
3.3.6.	SALDO DER BEREINIGUNGSPOSITIONEN IM UMLAUFVERMÖGEN		+ ./.......
3.4.	RÜCKSTELLUNGEN		
3.4.1.	Außerordentliche/Aperiodische Zuführungen zu betriebliche Altersversorgungen	+.......	+.......
3.4.2.	Unterlassung der Dosierung der betrieblichen Altersversorgung	./.......	./.......
3.4.3.	Nettoerhöhung versteuerter Rückstellungen	+.......	+.......
3.4.4.	Bereinigungswürdige Teile der übrigen „Sonstigen Rückstellungen"	+ ./.......	+ ./.......
3.4.5.	Erträge aus der Auflösung von Rückstellungen	./.......	./.......
3.4.6.	SALDO DER BEREINIGUNGSPOSITIONEN BEI RÜCKSTELLUNGEN		+ ./.......
4.	ERMITTLUNG DES ERGEBNISSES NACH DVFA Korrigierter Jahresüberschuß (Position 1.3.) .... Saldo der außerordentlichen und aperiodischen Posten (Position 2.3.) .... Saldo der Bereinigungsposten aufgrund von Aktivierungswahlrechten (Positionen 3.1.4.) .... Saldo der Bereinigungspositionen im Anlagevermögen (Position 3.2.7.) .... Saldo der Bereinigungspositionen im Umlaufvermögen (Position 3.3.6.) .... Saldo der Bereinigungspositionen bei Rückstellungen (Position 3.4.6.)		....
4.1.	ERGEBNIS NACH DVFA		———
4.2.	Korrektur des Ergebnisses aus der Anwendung der Equity-Methode		+ ./.......
4.3.	ERGEBNIS NACH DVFA (Gesamtunternehmen)		———

DVFA-Ergebnis (Fortsetzung)

Lfd. Nr. der Pos.	Bezeichnung der Position lt. Jahresabschluß oder anderen Quellen	
5.	ERMITTLUNG DES ERGEBNISSES NACH DVFA JE AKTIE Ergebnis nach DVFA (Gesamtunternehmen) (Position 4.3	
5.1.	Anteile Dritter	
5.2.	ERGEBNIS NACH DVFA ohne Anteile Dritter	
5.3.	Anzahl der für das Geschäftsjahr durchschnittlich di berechtigten Aktien	
5.4.	ERGEBNIS NACH DVFA JE AKTIE („vor Ver (Pos. 5.2.) (Pos. 5.3.)	
5.5.	Steuerguthaben je Aktie	
5.6.	ERGEBNIS NACH DVFA JE AKTIE (einschließlich Steuerguthaben)	
6.	ERGEBNIS NACH DVFA JE AKTIE „VOLL VERWÄSSERT"	